A Real-World Guide to English Grammar

영문법의 바른 기준

GRAMMAR SHARP

완성

A REAL-WORLD GUIDE TO ENGLISH GRAMMAR

GRAMMAR SHARP

A Real-World Guide to English Grammar

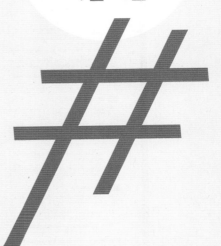

실력이
올라가는
영문법의
바른 기준

만은 학습자들이 영어문법 학습의 어려움을 호소하면서, 공부 방법을 묻는 사례가 매우 많습니다. 공식처럼 무조건 외워서 될 일도, 어휘만 외워서 저절로 습득될 일도 아닙니다. 또한 문제만 많이 푼다고 실력이 올라가는 것은 더더욱 아닙니다.

깊이 있는 문법 설명, 문법이 적용된 실용적인 예문, 핵심을 짚어주는 다양한 문제, 그리고 이 모든 것들을 응용한 풍부한 실전문제로 구성된 Grammar Sharp이 여러분의 영어 실력을 향상시켜줄 비결입니다.

YBM이 그동안 대한민국 영어교육의 리더로서 쌓아온 실력과 노하우를 접목한 Grammar Sharp 시리즈는 계속 발전하면서 여러분에게 오래도록 사랑 받는 영문법의 바른 기준이 되도록 노력하겠습니다.

기초   문법의 기초를 확실하게 다져야 하는 중학생과 예비 고교생을 위한 영문법 교재

기본 1·2   학교 내신 및 수능을 대비해야 하는 예비 고교생 및 고등학생을 위한 영문법 교재

완성   고등 문법 및 심화 문법 학습을 원하는 고교생 및 성인 학습자를 위한 영문법 교재

구성과 특징 <inline>STRUCTURE</inline> & FEATURES

문법 설명
체계적인 문법 설명과 해당 문법을 가장 잘
보여주는 실용적이고 수준 높은 예문으로
깊이 있는 문법 지식을 쌓을 수 있습니다.

GRAMMAR PLUS+
제시된 문법 사항에 더하여 심화·추가된 설명이나
반드시 알아야 할 중요 표현들을 통해 보다 심도 있고
풍부한 문법 지식을 습득할 수 있습니다.

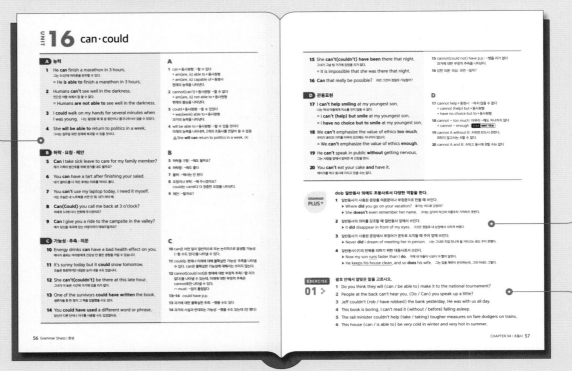

EXERCISE 각 Unit의 문법 내용을 학습 즉시 문제로 풀어
봄으로써 해당 문법에 대한 이해를 확실히 할 수 있습니다.

OVERALL EXERCISE
각 Chapter에서 학습한 문법
내용의 이해도를 다양한 유형의
쓰기 문제를 통해 종합적으로
점검할 수 있을뿐더러 영어
문장력 또한 높일 수 있습니다.

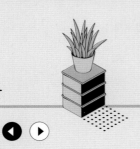

REVIEW TEST & REVIEW TEST THROUGH READING

각 Chapter에서 학습한 문법 내용을 다양한 유형의 객관식 문제를 통해 총정리를 할 수 있습니다. 또한, 재미있고 유용한
소재의 지문 독해를 통해 문법 지식을 재확인하며 독해 실력 또한 강화할 수 있습니다.

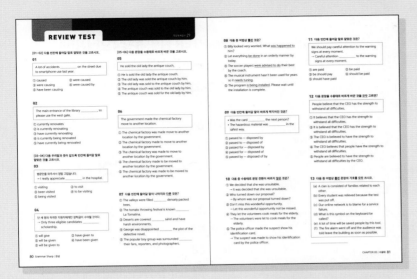

SELF-TEST BOOK

본 교재와 학습적으로 긴밀하게 연계된 다양한 유형의 주관식 및 객관식
문제를 풀어 봄으로써 문법 실력을 한층 견고하게 다질 수 있습니다.

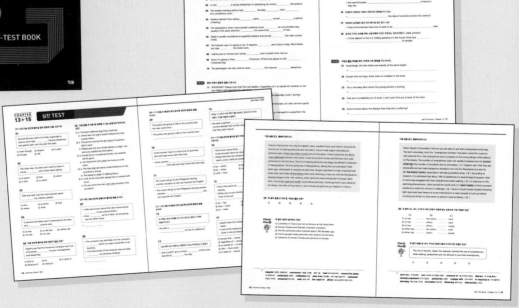

완성

CONTENTS

CHAPTER **01** 문장의 이해

UNIT **01** 문장의 필수 요소 I ································10
UNIT **02** 문장의 필수 요소 II ································12
UNIT **03** 문장의 선택 요소 ································14
UNIT **04** 구와 절 ································16

CHAPTER **02** 문장의 형식

UNIT **05** 1형식: S+V ································ 24
UNIT **06** 2형식: S+V+C ································ 25
UNIT **07** 3형식: S+V+O ································ 27
UNIT **08** 4형식: S+V+IO+DO ················ 30
UNIT **09** 5형식: S+V+O+OC ················ 32

CHAPTER **03** 시제

UNIT **10** 현재시제 ································ 40
UNIT **11** 과거시제 ································ 41
UNIT **12** 미래시제 ································ 42
UNIT **13** 현재완료 ································ 44
UNIT **14** 과거완료, 미래완료 ················ 46
UNIT **15** 진행형 ································ 48

CHAPTER **04** 조동사

UNIT **16** can · could ································ 56
UNIT **17** may · might ································ 58
UNIT **18** will · would · used to ················ 60
UNIT **19** should · ought to ················ 62
UNIT **20** must · have to ················ 64
UNIT **21** dare · need ················ 65

CHAPTER **05** 수동태

UNIT **22** 수동태의 기본 개념 ················ 72
UNIT **23** 수동태의 시제와 다양한 형태 ········ 73

UNIT 24 3형식 문장의 수동태 ·············· 74
UNIT 25 4형식 문장의 수동태 ·············· 75
UNIT 26 5형식 문장의 수동태 ·············· 76
UNIT 27 주의해야 할 수동태 ·············· 77

CHAPTER 06 부정사

UNIT 28 to부정사의 명사적 용법 ·············· 84
UNIT 29 to부정사의 형용사적 용법 ·············· 85
UNIT 30 to부정사의 부사적 용법 ·············· 87
UNIT 31 to부정사의 시제·태 ·············· 89
UNIT 32 to부정사의 의미상의 주어 ·············· 91
UNIT 33 원형부정사 ·············· 92

CHAPTER 07 동명사

UNIT 34 동명사의 역할 ·············· 100
UNIT 35 동명사와 to부정사 Ⅰ ·············· 101
UNIT 36 동명사와 to부정사 Ⅱ ·············· 102
UNIT 37 동명사의 시제·태·의미상의 주어 · 104
UNIT 38 동명사의 관용표현 ·············· 106

CHAPTER 08 분사

UNIT 39 분사의 쓰임: 한정적 용법 ·············· 114
UNIT 40 분사의 쓰임: 서술적 용법 ·············· 116
UNIT 41 분사구문의 기본 개념 ·············· 118
UNIT 42 주의해야 할 분사구문 ·············· 120

CHAPTER 09 명사·관사

UNIT 43 보통명사 ·············· 128
UNIT 44 집합명사 ·············· 129
UNIT 45 물질명사·고유명사 ·············· 131
UNIT 46 추상명사 ·············· 133
UNIT 47 명사의 수 ·············· 135
UNIT 48 명사의 성 ·············· 136

UNIT 49 명사의 소유격 ·············· 137
UNIT 50 소유격의 의미와 용법 ·············· 138
UNIT 51 부정관사 a(n) ·············· 139
UNIT 52 정관사 the ·············· 140
UNIT 53 관사의 위치 ·············· 142
UNIT 54 관사의 생략과 반복 ·············· 143

CHAPTER 10 대명사

UNIT 55 인칭대명사 ·············· 152
UNIT 56 지시대명사 this·that ·············· 153
UNIT 57 대명사 it ·············· 154
UNIT 58 지시대명사 same·such ·············· 156
UNIT 59 부정대명사 one ·············· 157
UNIT 60 부정대명사 some·any ·············· 158
UNIT 61 부정대명사 another·other ·············· 160
UNIT 62 부정대명사 all·each·both ·············· 162
UNIT 63 부정대명사 either·neither·none · 164
UNIT 64 부정대명사 -one·-body·-thing ···· 166
UNIT 65 부정대명사의 전체부정과 부분부정 · 168
UNIT 66 의문사 ·············· 169

CHAPTER 11 형용사·부사

UNIT 67 성질·상태 형용사 ·············· 178
UNIT 68 수량형용사 Ⅰ ·············· 180
UNIT 69 수량형용사 Ⅱ ·············· 182
UNIT 70 형용사의 위치와 어순 ·············· 184
UNIT 71 주요 형용사 구문 ·············· 186
UNIT 72 부사의 형태와 쓰임 ·············· 188
UNIT 73 부사의 위치와 어순 ·············· 190
UNIT 74 주요 부사의 용법 Ⅰ ·············· 192
UNIT 75 주요 부사의 용법 Ⅱ ·············· 194
UNIT 76 주요 부사의 용법 Ⅲ ·············· 196

CHAPTER 12 비교

UNIT 77 원급을 이용한 비교 구문 ············· 204
UNIT 78 비교급을 이용한 비교 구문 Ⅰ········ 206
UNIT 79 비교급을 이용한 비교 구문 Ⅱ········ 208
UNIT 80 비교급을 이용한 비교 구문 Ⅲ········ 210
UNIT 81 최상급을 이용한 비교 구문 Ⅰ········ 212
UNIT 82 최상급을 이용한 비교 구문 Ⅱ········ 214

CHAPTER 13 전치사

UNIT 83 전치사의 형태와 쓰임 ················ 222
UNIT 84 전치사의 분리 · 생략 ················ 224
UNIT 85 장소의 전치사 ························ 226
UNIT 86 이동 · 방향의 전치사 ················ 228
UNIT 87 시간의 전치사 ························ 230
UNIT 88 목적 · 이유의 전치사 ················ 232
UNIT 89 수단 · 방법 · 재료의 전치사 ········· 233
UNIT 90 주제 · 제외 · 제거 · 양보의 전치사 ··· 234

CHAPTER 14 관계사

UNIT 91 관계대명사 who ···················· 242
UNIT 92 관계대명사 which ·················· 243
UNIT 93 관계대명사 that ···················· 244
UNIT 94 관계대명사 what ···················· 246
UNIT 95 관계대명사의 생략 ·················· 247
UNIT 96 유사관계대명사 ···················· 248
UNIT 97 관계부사 ···························· 249
UNIT 98 관계사의 계속적 용법 ·············· 251
UNIT 99 복합관계사 ························· 253

CHAPTER 15 접속사

UNIT 100 등위접속사 ························· 262
UNIT 101 상관접속사 ························· 264
UNIT 102 명사절을 이끄는 종속접속사 ······· 266
UNIT 103 부사절을 이끄는 종속접속사 Ⅰ····· 268
UNIT 104 부사절을 이끄는 종속접속사 Ⅱ····· 270
UNIT 105 부사절을 이끄는 종속접속사 Ⅲ····· 272

CHAPTER 16 가정법

UNIT 106 가정법 과거 ························ 280
UNIT 107 가정법 과거완료, 혼합가정법 ······ 281
UNIT 108 I wish+가정법, as if(though)+가정법·· 283
UNIT 109 주의해야 할 가정법 ················ 284
UNIT 110 if절의 대용 표현 ··················· 286

CHAPTER 17 일치와 화법

UNIT 111 수의 일치 ·························· 294
UNIT 112 주의해야 할 수의 일치 ············· 295
UNIT 113 시제 일치와 예외 ·················· 296
UNIT 114 평서문 · 의문문의 화법전환 ········ 298
UNIT 115 명령문 · 가정법 문장의 화법전환 ·· 300
UNIT 116 감탄문 · 기원문의 화법전환 ········ 302
UNIT 117 기타 문장의 화법전환 ············· 303

CHAPTER 18 특수구문

UNIT 118 강조 ······························ 310
UNIT 119 도치 ······························ 312
UNIT 120 삽입 · 동격 ······················ 314
UNIT 121 생략 ······························ 316
UNIT 122 병렬구조 ························· 318
UNIT 123 물주구문 ························· 319

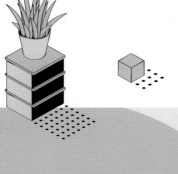

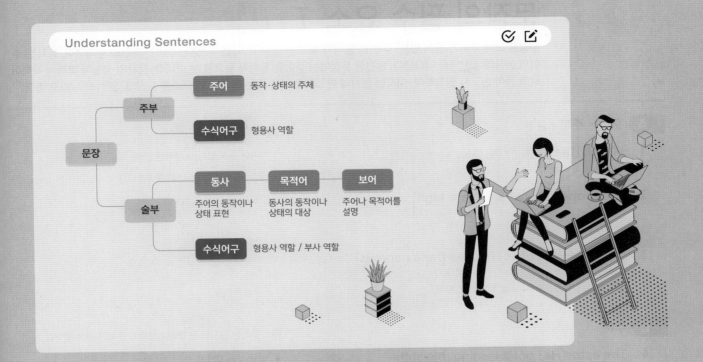

Understanding Sentences

문장	주부	주어	동작·상태의 주체
		수식어구	형용사 역할
	술부	동사	주어의 동작이나 상태 표현
		목적어	동사의 동작이나 상태의 대상
		보어	주어나 목적어를 설명
		수식어구	형용사 역할 / 부사 역할

문장의 이해

CHAPTER
01

UNIT
01
문장의
필수 요소 I

UNIT
02
문장의
필수 요소 II

UNIT
03
문장의
선택 요소

UNIT
04
구와 절

UNIT 01 문장의 필수 요소 I

문장은 크게 주어가 들어 있는 '주부'와 동사가 이끄는 '술부'로 나뉠 수 있다. 주어는 행위의 주체이며, 동사는 주어의 동작이나 상태를 나타낸다. 완전한 문장에는 주어와 동사가 필요할 뿐 아니라, 동사의 성질에 따라서 목적어, 보어 등이 반드시 필요하다. 이처럼 문장에 반드시 있어야 하는 꼭 필요한 요소를 문장의 '필수 요소'라고 한다.

A 문장 = 주부+술부

1 [**Time**] [**flies**]. 시간이 빨리 간다.
　　　주부　　술부(동사)

2 [**Her hopes for her son**] [**are high**].
　　　　　주부　　　　　　　　술부(동사+다른 요소)
아들에 대한 그녀의 기대가 높다.

3 [**Speaking in public**] [**makes Dana nervous**].
　　　　　주부　　　　　　　　술부(동사+다른 요소들)
대중 앞에서 말하는 것은 Dana를 초조하게 만든다.

B 주어

4 **The actor(He)** got a leading role in the independent film. 그 배우는(그는) 독립 영화에서 주인공 역할을 맡았다.

5 **To speak a foreign language** can be an advantage.
외국어를 말하는 것은 강점이 될 수 있다.
= **It** can be an advantage **to speak ~ language**.

6 **Washing our hands** reduces the risk of catching diseases. 손을 닦는 것은 병에 걸릴 위험을 줄여준다.

7 **That nobody was dead in the accident** was a miracle. 그 사고에서 아무도 죽지 않았다는 것은 기적이었다.
= **It** was a miracle **that nobody ~ accident**.

8 **What he did for her** was not easy.
그가 그녀에게 베푼 행동은 쉬운 일이 아니었다.

C 동사

9 The principal's speech **was** very moving.
교장 선생님의 연설은 아주 감동적이었다.

10 The Stanfords **founded** a university in memory of their son. Stanford 부부는 아들을 추모하여 대학을 설립하였다.

11 My school **will celebrate** its 25th anniversary.
우리 학교는 25주년을 기념할 것이다.

12 The Internet **has changed** many aspects of our lives. 인터넷은 우리 삶의 많은 측면을 변화시켜 왔다.

13 Sally **was awarded** first prize in the speech contest.
Sally는 말하기 대회에서 1등상을 받았다.

A

1 주부+술부(동사)로 구성된 문장
2~3 주부+술부(동사+다른 요소(들))로 구성된 문장

B 주어는 동사의 동작이나 상태의 주체가 되는 말이다.

4 명사(구) / 대명사
5 to부정사구　🔁참조 **UNIT 28 A**
(to부정사구로 시작해서 주어 부분이 길어지면 가주어 it을 문두에 쓰고, 진주어인 to부정사구를 뒤로 보낸다.)
6 동명사구　🔁참조 **UNIT 34**
7 명사절
(접속사 that으로 시작해서 주어 부분이 길어지면 가주어 it을 문두에 쓰고, 진주어인 that절을 뒤로 보낸다.)
🔁참조 **UNIT 102 A**
8 관계사절

C 동사는 주어의 동작이나 상태를 나타낸다. 동사 앞에 조동사가 오거나, 부사/전치사 등과 결합하여 동사구를 이루거나, 완료형/수동형이 되기도 하는데, 모두 동사로 취급한다.

9 be동사
10 일반동사
11 조동사+동사원형
12 완료형(have(has) p.p.)
13 수동형(be p.p.)

14 Michael **gets along with** his roommate.
Michael은 룸메이트와 잘 지낸다.

D 주어와 동사의 수 일치

15 [A mother] [**has** a special bond with her baby].
　　주어(단수)　　동사(단수)
엄마는 아기와 특별한 유대 관계를 갖고 있다.

16 [**A mother and her baby**] [**have** a special bond].
　　　　주어(복수)　　　　　동사(복수)
엄마와 아기는 특별한 유대 관계를 갖고 있다.

14 동사구(동사＋부사＋전치사)

D 주부의 중심 요소인 주어와 술부의 중심 요소인 동사 사이에는 수 일치가 이루어져야 한다.

15 주어 A mother이 단수 → has(단수)로 일치
⚠ A mother **have** a special bond with her baby. (x)

16 주어 A mother and her baby가 복수 → have(복수)로 일치
⚠ A mother and her baby **has** a special bond. (x)

GRAMMAR PLUS⁺

주어에 다양한 수식어구가 붙어 주부가 길어지는 경우 수식어구를 제외하고 핵심 주어의 수에 동사의 수를 일치해야 한다.

▶ [The **trees** along the road] [**begin** to bloom from April].　길가의 나무들은 4월부터 꽃을 피우기 시작한다.
　 핵심 주어(복수)　　　　　　동사(복수)
⚠ The <u>trees</u> along the road **begins** to bloom from April. (x)

▶ [A major **challenge** for education systems] [**is** to develop learners' creativity].
　 핵심 주어(단수)　　　　　　　　　　동사(단수)
교육 시스템의 주요 난제는 학습자들의 창의성을 개발하는 것이다.
⚠ A major <u>challenge</u> for education systems **are** to develop learners' creativity. (x)

EXERCISE 01 >

주부와 술부 사이에 /를 그으시오.

1　The lack of clean water in the region is a big concern.

2　The librarian who explained a new policy to me was very kind.

3　Spending time on your hobby gives you relaxation and peace of mind.

4　The press announced that the new factory would create thousands of new jobs.

5　Most students staying up late for exams suffer from a lack of sleep.

6　The things you have to do at home every day or every week to keep your house looking nice and clean are called household chores.

EXERCISE 02 >

괄호 안에서 알맞은 말을 고르시오.

1　Hundreds of people in the village (with / have) nothing to eat or drink after the flood.

2　The (book / books) borrowed from the library are supposed to be returned within two weeks.

3　A lot of houses on the coastline (was / were) destroyed by a tsunami last night.

4　(Play / Playing) a musical instrument improves our brain function and mental health.

5　The number of visitors to the Grand Canyon (increase / increases) every year.

UNIT 02 문장의 필수 요소 Ⅱ

문장의 필수 요소인 주어, 동사, 목적어, 보어를 주요 문장 성분이라고도 한다. 보어는 주격보어와 목적격보어로 나뉘어진다.

A 목적어

1 The bad weather spoiled **sports day** at my school.
나쁜 날씨로 인해 우리 학교 체육대회를 망쳤다.

2 You can't see **them** until tomorrow.
너는 내일까지 그들을 볼 수 없어.

3 I hope **to get a quick response**.
빠른 회신을 받기를 바랍니다.

4 He's looking forward to **graduating from high school**.
그는 고등학교 졸업을 고대하고 있다.

5 You should realize **that your habits determine your future**.
너의 습관이 너의 미래를 결정한다는 것을 깨달아야 한다.

6 I wonder **how you're doing in your new school**.
나는 네가 새로운 학교에서 어떻게 지내고 있는지 궁금하다.

7 Elin recalled **what her teacher had said**.
Elin은 선생님께서 하신 말씀을 기억해 냈다.

B 보어

a) 주격보어

8 Harold is **a gifted athlete**.
Harold는 재능 있는 선수이다.

9 This milk has turned **sour**.
이 우유는 상했다.

10 The problem still remains **unsolved**.
그 문제는 여전히 풀리지 않은 채로 남아 있다.

11 My new year's resolution is **to eat less junk food**.
내 새해 계획은 인스턴트 음식을 적게 먹는 것이다.

12 Its purpose is **communicating with others**.
그것의 목적은 다른 사람들과 의사소통하는 것이다.

13 The issue is **which department will improve the effectiveness**.
문제는 어느 부서가 효율성을 증진시킬 것인가이다.

14 Perseverance is **what brings success in our life**.
인내가 우리 삶에서 성공을 가져오는 것이다.

A 목적어는 동사가 나타내는 동작이나 상태의 대상이 되는 말이다.

1 명사(구)

2 대명사

3 to부정사구

4 동명사구

5 명사절(that절, if절, whether절)

6 의문사절

7 선행사 포함 관계사절(what절)

B 보어는 동사를 보완하여 주어나 목적어의 특성에 대해 설명하는 말이다.

a)

8 명사(구)

9 형용사(구)
(부사는 보어로 쓰일 수 없다.)
⚠ This milk has turned **sourly**. (x)

10 분사(-ing, p.p.)

11 to부정사구

12 동명사구

13 의문사절

14 선행사 포함 관계사절(what절)

b) 목적격보어

15 People call <u>Jimmie Rodgers</u> **the father of country music.**
사람들은 Jimmie Rodgers를 컨트리 음악의 아버지라고 부른다.

16 He considers <u>the film</u> **suitable for his students.**
그는 그 영화가 자신의 학생들에게 적합하다고 생각한다.

17 Oscar heard <u>someone</u> **screaming** outside.
Oscar는 누군가가 밖에서 비명을 지르는 소리를 들었다.

18 The online system enables <u>users</u> **to access library materials.**
온라인 시스템으로 사용자들은 도서관 자료에 접속할 수 있다.

19 Joe's parents let <u>him</u> **choose his college major.**
Joe의 부모님께서는 그가 대학 전공을 선택하도록 하셨다.

b)

15 명사(구)

16 형용사(구)

17 분사(-ing, p.p.)

18 to부정사구

19 원형부정사구

EXERCISE 03 >

동사에는 밑줄을 긋고, 목적어에는 동그라미를, 보어에는 네모를 표시하시오.

1 A couple of tourists bought some quilts from a local artist.

2 Wise people remain calm even during stressful moments.

3 An American inventor Elisha Otis developed a safe elevator.

4 Helping people in need made her life meaningful.

5 People wonder when the athlete will fully recover from the injury.

6 The President nominated a diplomat the Secretary of State.

7 The customers were offered complimentary drinks and snacks.

EXERCISE 04 >

밑줄 친 부분의 문장 성분을 쓰시오.

1 (1) Environmental pollution is an important <u>task</u> the world should deal with now.

(2) Lawrence accomplished the difficult <u>task</u> successfully with his teammates.

2 (1) We saw the musical actors <u>singing</u> all together.

(2) Her job in the last scene is <u>singing</u> with her stage partner.

3 (1) He began <u>viewing</u> this job as an opportunity to gain valuable work experience.

(2) <u>Viewing</u> things from the perspective of pedestrians is her top priority as a city planner.

4 (1) This <u>building</u> was newly remodeled one year ago and is modern and comfortable now.

(2) The worker's <u>building</u> a ten-foot-high wall around his garden.

UNIT 03 문장의 선택 요소

문장의 필수 요소인 주어, 동사, 목적어, 보어 등과 달리, 이들을 수식하는 역할을 함으로써 부가 정보를 나타내는 요소를 '선택 요소'라고 한다. 이들은 명사(구)를 앞뒤에서 수식하는 형용사 역할을 하거나, 동사(구), 형용사(구), 부사(구), 절 전체를 수식하는 부사 역할을 한다. 선택 요소는 생략해도 문법에 어긋나지 않는다.

A 형용사 역할

a) 명사(구) 앞에서 수식

1 **These** tourists will buy **some** cookies and candies.

이 관광객들은 쿠키와 캔디를 좀 살 것이다.

2 He attended a **medical** school. 그는 의과 대학을 다녔다.

3 The **storage** facility should be monitored 24/7.

그 창고 시설은 연중 무휴로 항상 감시되어야 한다.

b) 명사(구) 뒤에서 수식

4 The members **present** passed the test.

참석한 회원들은 테스트를 통과했다.

5 He established a college **famous for its outstanding engineering programs**.

그는 뛰어난 공학 프로그램으로 유명한 대학을 설립했다.

6 I saw a tall usher **in a black suit** guide her.

나는 검정 정장을 입은 키 큰 안내원이 그녀를 안내하는 것을 보았다.

7 The candidate **invited to the interview** didn't show up. 면접에 선발된 지원자는 나타나지 않았다.

8 Erica has made a decision **to transfer colleges**.

Erica는 대학을 옮기기로 결정했다.

9 The book is about people **who overcame adversity**.

그 책은 역경을 극복한 사람들에 관한 것이다.

B 부사 역할

a) 동사(구) 수식

10 The translator speaks several languages **fluently**.

그 통역가는 몇 개의 언어를 유창하게 말한다.

11 She is crying **to hear his death** for hours.

그의 사망 소식을 듣고서 그녀는 수시간 동안 울고 있다.

12 My worries disappeared **after I talked with him**.

그와 이야기를 나눈 후에 내 걱정이 사라졌다.

A 명사(구)의 앞이나 뒤에서 명사(구)를 수식하는 형용사 역할을 한다.

a) 보통은 명사(구) 앞에서 뒤에 올 명사(구)를 수식한다.

1 한정사
관사(a, an, the), 지시형용사(this/these, that/those 등), 수량형용사(some, any, no 등), 소유격 인칭대명사(my, your, his 등) 등

2 형용사

3 명사

b) 일부 형용사와, 다른 수식어로 길어진 구나 절은 뒤에서 명사(구)를 수식한다. **참조 UNIT 70 B**

4 형용사가 뒤에서 명사를 수식하는 경우

5 형용사구

6 전치사구

7 분사구(-ing, p.p.)

cf. The **invited** guest didn't show up.

초대된 손님은 나타나지 않았다.

8 to부정사구

9 관계사절

B 동사(구), 형용사(구), 부사(구), 부사절, 문장 전체를 수식하는 부사 역할을 한다. **참조 UNIT 72 G**

a) 부사, to부정사구, 부사절 등이 동사(구)를 수식한다.

10 부사

11 to부정사구

12 부사절

b) 형용사(구) 수식

13 Beth was **deeply** disappointed at the result.

Beth는 결과에 크게 실망했다.

14 The CEO is so confident **of a sales increase**.

그 최고경영자는 매출 증가를 아주 확신한다.

c) 부사(구) 수식

15 Troy and Eric keep in touch **quite** frequently.

Troy와 Eric은 꽤 자주 연락하고 지낸다.

16 His fame extended even further **than he thought**.

그의 명성은 그가 생각했던 것보다 훨씬 더 멀리 퍼졌다.

d) 부사절, 문장 전체 수식

17 The vegetables came **right** from the farm.

그 채소들은 바로 농장에서 온다.

18 He signed the agreement **only** after he fully understood the contents.

그는 내용을 충분히 이해한 후에야 계약서에 서명했다.

19 **Unfortunately**, it had a temporary system failure.

안타깝게도, 일시적인 시스템 장애가 있었습니다.

20 **Generally speaking**, colorful fruits are nutritious.

일반적으로 말해서 다채로운 색깔의 과일이 영양가가 높다.

---

b) 부사, 전치사구 등이 형용사(구)를 수식한다.
13 부사
14 전치사구

c) 부사, 부사절 등이 부사(구)를 수식한다.
15 부사
16 부사절

d) 부사, 부사구문 등이 부사구(전치사구), 부사절, 문장 전체를 수식한다.
17 부사가 부사구(전치사구) 수식
18 부사가 부사절 수식
 even, entirely, just, largely, mainly, only, partly, simply 등의 부사가 주로 부사절을 수식한다.
19 부사가 문장 전체를 수식
20 분사구문이 문장 전체를 수식

GRAMMAR PLUS+

동사의 종류에 따라 장소를 나타내는 부사구가 반드시 필요한 경우도 있다.

▶ Jimmy **found** his cell phone on the table. (O) Jimmy는 자신의 휴대 전화를 탁자 위에서 발견했다.
 Jimmy **found** his cell phone. (O) Jimmy는 자신의 휴대 전화를 발견했다.

▶ Emma **put** her tablet on the desk. (O) Emma는 자신의 태블릿을 책상 위에 두었다.
 ⚠ Emma **put** her tablet. (x)

EXERCISE 05 >

밑줄 친 부분이 수식하는 부분을 찾아 동그라미 하시오.

1 Overly demanding customers are troublesome to clerks.

2 The director created a film that was based on a comic book.

3 Contrary to my expectations, they have treated me kindly.

4 Ms. Jones has something to say to her daughter.

5 Luckily, all passengers and crew members survived the plane's crash landing.

UNIT 04 구와 절

두 개 이상의 단어가 모여 문장의 일부를 이루는 요소를 '구'라고 하며, 주어와 동사로 이루어져 하나의 문장이 될 수 있는 것을 '절'이라고 한다. 절이 문장 내에서 서로 대등한 관계이면 '등위절,' 어느 한 절(주절)에 속해 있으면서 명사, 형용사, 부사 역할을 하면 '종속절'이라고 한다.

A 등위절

1 **Matt loves Alice**, <u>but</u> **she doesn't love him**.
Matt는 Alice를 사랑하지만, 그녀는 그를 사랑하지 않는다.

2 **Alice loves Ben**, <u>for</u> **he is a funny guy**.
Alice는 Ben을 사랑한다, 왜냐하면 그는 재미있는 사람이니까.

B 명사구와 명사절

a) 명사구

3 **This store** carries **up-to-date equipment**.
그 매장은 최신 장비를 갖추고 있다.

4 His job is **to keep people safe**.
그가 하는 일은 사람들을 안전하게 보호하는 것이다.

5 The manual shows **how to install the program**.
그 설명서는 프로그램 설치 방법을 알려준다.

6 We should stretch properly before **diving into water**.
우리는 물에 뛰어들기 전에 제대로 스트레칭을 해야 한다.

b) 명사절

7 **Whether it'll be held or not** depends on the weather.   개최 여부는 날씨에 달려 있다.

8 **What we know** is different from **what we do**.
우리가 아는 것은 우리가 행하는 것과 다르다.

9 I wonder **why he came back at midnight**.
그가 왜 한밤중에 돌아왔는지 궁금하다.

10 Robert has a conviction **that he can make it himself**.   Robert는 자신이 해낼 수 있다는 확신을 갖고 있다.

C 형용사구와 형용사절

a) 형용사구

11 Eva found her assignment **full of errors**.
Eva는 자신의 과제가 오류투성이임을 알았다.

12 A TV campaign is a way **to raise public awareness**.
TV 캠페인은 대중의 의식을 높이는 한 방법이다.

13 In the square there are a lot of people **celebrating a "Happy New Year."**   광장에는 새해를 축하하는 많은 사람이 있다.

14 Please pass me the pepper shaker **on the table**.
테이블 위에 있는 후추통 좀 건네 주세요.

A

1~2 등위절은 다른 절에 종속되지 않고 각각 동등한 지위를 가지며 and, but, or, so, for, yet, nor 등의 접속사로 연결이 된다.

B 명사와 마찬가지로 주어, 목적어, 보어로 쓰인다.

a)
3 한정사(형용사)+명사: carries의 주어, 목적어
4 to부정사구: 주격보어
5 의문사+to부정사구: shows의 목적어
6 동명사구: 전치사 before의 목적어

b)
7 접속사절(whether절): 동사 depends의 주어
8 선행사를 포함한 관계사절(what절): is의 주어, 전치사 from의 목적어
9 의문사절: wonder의 목적어
10 동격절(that절): a conviction과 동격 관계

C 형용사와 마찬가지로 명사(구)를 수식하거나, 주어나 목적어를 부연 설명하는 보어로 쓰인다.

a)
11 형용사+전치사+명사: 목적격보어
12 to부정사구: 명사구 a way 수식
13 분사구: 명사구 a lot of people 수식
14 전치사구: 명사구 the pepper shaker 수식

b) 형용사절

15 I've enclosed a map **that shows its location**.
그것의 위치를 보여주는 지도를 첨부했습니다.

16 Paul visited the nursing home **where his sick grandfather was staying**.
Paul은 편찮으신 할아버지가 계신 요양원을 방문했다.

D 부사구와 부사절

a) 부사구

17 The dog is sleeping **on the couch**.
그 개는 소파 위에서 잠자고 있다.

18 Jo must be intelligent **to speak so logically**.
Jo는 그렇게 논리적으로 말하는 것을 보니 똑똑함에 틀림없다.

19 **To make matters worse**, my car broke down.
설상가상으로 내 차가 고장 났다.

b) 부사절

20 The cost is higher **than I thought**.
내가 생각했던 것보다 비용이 높다.

21 **Although he didn't feel good**, he went to work.
그는 몸이 좋지 않았지만 출근했다.

---

b)

15 관계대명사절: 명사구 a map 수식

16 관계부사절: 명사구 the nursing home 수식

D 부사와 마찬가지로 앞이나 뒤에서 동사(구), 형용사(구), 부사(구), 절을 수식한다.

a)

17 전치사구: 동사구 is sleeping 수식

18 to부정사구: 형용사 intelligent 수식

19 to부정사구: 절 my car broke down 수식

b)

20 접속사 than절: 앞의 형용사 수식

21 양보를 나타내는 접속사 although절: 뒤의 주절 수식

GRAMMAR PLUS+

명사절 vs. 형용사절(관계사절) vs. 부사절
동일한 형태라 하더라도 문장 내에서 다른 역할을 할 수 있다.

▶ I wonder **when Margaret comes back**. (동사 wonder의 목적어인 명사절)
나는 언제 Margaret이 돌아오는지 궁금하다.

▶ April 10th is the day **when Margaret comes back**. (the day를 수식하는 형용사절)
4월 10일은 Margaret이 돌아오는 날이다.

▶ **When Margaret comes back**, I'll have her return your call. (주절을 수식하는 부사절)
Margaret이 돌아오면 네게 전화하라고 할게.

EXERCISE 06 ﹥

밑줄 친 부분이 명사, 형용사, 부사 중 어떤 역할을 하는지 쓰시오.

1 Do you know how many participants are attending a workshop?

2 Mr. Young adopted a cat with white paws from an animal shelter.

3 This is the university where Professor King earned his doctoral degree.

4 Finally the company decided to recruit new employees.

5 Irene couldn't reserve concert tickets since they were sold out.

01 괄호 안에서 알맞은 말을 고르시오.

1 Financial counselors (advice / advise) us to maintain a savings account and make regular deposits.

2 An (advertise / advertisement) for the new product will be posted shortly on the manufacturing company's website.

3 (Fortunate / Fortunately), no historical monuments were destroyed during the heavy storm.

4 Someone who has been forced to leave a country because of war or for political reasons (is / are) called a refugee.

02 밑줄 친 부분이 형용사, 부사, 명사 중 어떤 역할을 하는지 쓰시오.

1 The dish washing machine <u>repaired by an expert technician</u> is working perfectly again.

2 I want to know <u>whether you're going to renew or cancel your subscription to our monthly magazine</u>.

3 The OECD is an international organization <u>that helps its member countries to achieve sustainable economic growth</u>.

4 I think all you have to do is <u>to plan for the future</u>.

5 <u>Although the adolescent wanted to appear grown up</u>, his temper tantrum was clearly juvenile behavior.

6 He said that the mess <u>we're currently in</u> wasn't his fault, but who else could it be?

7 My heart beats so quickly <u>every time she sees me or passes by me</u>.

03 괄호 안의 말을 알맞은 형태로 바꾸어 문장을 완성하시오. (필요한 경우 현재시제로 할 것)

1 The full list of tourist attractions, including local festivals and events, _____ available online. (be)

2 _____ water can help you to prevent headaches and stay energized throughout the day. (drink)

3 The index _____ in alphabetical order is intended to help you find information you need. (arrange)

4 When choosing a career, the most important _____ is whether your job will give you satisfaction. (consider)

5 The position _____ expertise with design software and three or more years of related experience. (requirement)

04 밑줄 친 부분 중 어법상 틀린 부분을 찾아 바르게 고쳐 문장을 다시 쓰시오.

1 Mr. Robinson, the well-known chemist, <u>to spend most of his time</u> conducting experiments in the lab last year.

→ _____

2 The income gap between regular workers and irregular workers <u>have steadily increased</u> over the last decade.

→ _____

3 <u>The pilot's courage and determine</u> contributed to saving the lives of the crew and passengers.

→ _____

4 Mr. Anderson <u>was disappointed extremely</u> to find that his suggestions had been ignored by his colleagues.

→ _____

5 The clothes <u>which was lying around the room</u> made it look very untidy.

→ _____

05 다음 글을 읽고 물음에 답하시오.

Today most of your documentation or letters might be done ① <u>electronically</u> even though you may still write paper documents or letters. (A) <u>To write emails is convenient and effective</u>, but you need to use care. You should ensure ② <u>that</u> your message is not only to the point but also concise. Your recipients may have in-boxes that are filled with messages, including spam mail, every day, so you should consider whether your email is ③ <u>true</u> necessary and worth reading or not. Be sure you avoid including long, detailed background stories, and just ④ <u>begin</u> your emails with the most important information. If possible, mention your important key message in the subject line not ⑤ <u>to be overlooked</u>.

1 위 글의 밑줄 친 ①~⑤ 중에서 어법상 틀린 부분을 찾아 바르게 고치시오.

_____ → _____

2 위 글에서 밑줄 친 (A)를 다음과 같이 바꿀 때 빈칸에 들어갈 말을 완성하시오.

→ It _____ .

[01-02] 다음 빈칸에 들어갈 말로 알맞은 것을 고르시오.

01

Dark green leafy vegetables, such as spinach, _____ age-related eye diseases.

① prevent
② prevents
③ prevention
④ preventing
⑤ to prevent

02

A real _____ is that we finally got the project done on time with dedication and perseverance.

① achieve
② achieves
③ achieved
④ achievable
⑤ achievement

03 다음 빈칸에 들어갈 말이 바르게 짝지어진 것은?

Most developing countries can attain faster _____ growth than more _____ advanced countries.

① economy — economic
② economic — economy
③ economic — economically
④ economically — economic
⑤ economically — economically

04 다음 빈칸에 공통으로 들어갈 말로 알맞은 것은?

- The contestant will be disqualified _____ he jumps the gun.
- The customer wants to know _____ the discount coupon expires.
- Arthur sometimes misses the old days _____ there were no computers or SNS.

① if
② that
③ when
④ since
⑤ whether

05 다음 밑줄 친 부분과 문장 성분이 같은 것은?

The local council is considering the reconstruction of bridge a high-priority project.

① This day pass allows you to take unlimited rides via bus all day.
② The inclement weather completely spoiled the annual crop production.
③ The color of chameleon's skin changes depending on the surroundings.
④ One of the principal's responsibilities is overseeing curriculum and instruction.
⑤ Scientists discovered that Mars has some similarities to Earth in the mid-19th century.

[06-07] 다음 빈칸에 들어갈 말로 알맞지 않은 것을 고르시오.

06

_____, the tsunami hit the coastal village before all the residents escaped safely.

① Sadly
② Unlucky
③ Unfortunately
④ Briefly speaking
⑤ To make matters worse

07

The articles featured in the special issue of the magazine _____.

① are useful for those interested in interior design
② were written by award-winning educational experts
③ gave some tips to help us manage our time efficiently
④ were focusing on consumer reviews on Internet open market sites
⑤ has included a wide range of photographs on global tourist destinations

08 다음 중 주부와 술부를 나눈 것이 <u>틀린</u> 것은?

① What matters most in our life / is frequently invisible to us.

② The adolescent / got a lesson that he couldn't get what he wanted all the time.

③ The modern apartment complex that overlooks the river / is in high demand.

④ Learning a foreign language / opens doors to opportunities for studying or working abroad.

⑤ The eco-friendly policy / adopted earlier this month aimed at encouraging customers to carry their own shopping bags.

09 다음 밑줄 친 부분의 문장 내 역할이 나머지와 <u>다른</u> 것은?

① The county has an amusement park <u>full of wonders and curiosities</u>.

② I'm wondering <u>if we can reschedule our meeting for some time next week</u>.

③ The movie <u>based on a real story</u> will be released in theaters the day after tomorrow.

④ The leading chain restaurant has opened a new branch in a <u>spacious and convenient</u> location.

⑤ A pandemic is a disease <u>that spreads quickly and affects a large number of people throughout the world</u>.

10 다음 중 어법상 옳은 것은?

① After Matthew responded to a couple of text messages, he put his cellphone.

② Strictly speaking, it's not permitted to take flash photographs in the exhibition room.

③ The local charity that helps children in need are planning to hold a bake sale to raise money.

④ The grand opening celebrate of the new sports facilities will take place on Saturday, August 10th.

⑤ Switching seats are also prohibited.

11 다음 밑줄 친 부분 중 생략해도 완전한 문장이 성립하는 것을 <u>모두</u> 고르면?

① Participants found the training session <u>quite informative and fruitful</u>.

② You should fill out the application form and submit it <u>before the deadline</u>.

③ George sent a text message <u>accepting his classmate's invitation</u>.

④ In the upcoming audition, <u>the five most talented contestants</u> will be selected.

⑤ The organizer anticipates <u>that about 100 publishers will participate in the book fair</u>.

12 다음 빈칸에 들어갈 말이 바르게 짝지어진 것은?

- A bunch of flowers is _____ arranged on the podium.
- Positive self-talk helps you to remain _____ during frustrating moments.

① attract — calm

② attraction — calmly

③ attraction — calmness

④ attractively — calm

⑤ attractively — calmly

13 다음 중 어법상 틀린 문장은 <u>모두</u> 몇 개인가?

(a) What Austin said about the new policy sounds reasonably and convincingly.

(b) To complete the application form online, people who are interested should go to our website.

(c) Identifying our own pros and cons to be crucial in our development.

(d) Interesting, emotional tears seem to contain more proteins and hormones than ordinary cleansing tears.

(e) A significantly number of guests complained about the slow service and high price.

(f) The K-pop singer received a dozen of packages full of gifts from his global fans.

① 1　　② 2　　③ 3　　④ 4　　⑤ 5

REVIEW TEST through Reading

1 다음 글의 밑줄 친 부분 중, 어법상 틀린 것은?

self-confidence 자신감

fundamentally
근본적으로, 기본적으로

fulfilling 성취감을 주는

be secure about ~을 확신하다

athletic 운동의

persistent 끈질긴, 집요한

be involved in ~에 참여하다

fall behind ~에서 뒤쳐지다

nurture 기르다

crucial 중대한, 결정적인

well-being (정신적) 행복,
건강한 상태, (경제적인) 번영

Why is self-confidence ① <u>fundamentally</u> important for children? According to recent research, a confident child is more likely to lead a happy and fulfilling life. A child who has trust in their judgement and ability ② <u>tends</u> to have a more successful school life than a child who has doubts about themselves. A child who is secure about their academic and athletic skills is reported to have more curiosity, willingly participate in school tasks, and ③ <u>persistent</u> at various activities more. On the other hand, a child that has no confidence in their own abilities tends to lose interest in school activities, get bored more easily, avoid ④ <u>being involved</u> in tasks, and fall behind their academic achievement. The basic message is ⑤ <u>that</u> if parents don't build and nurture their child's confidence, they may be ignoring a crucial factor behind their child's mental well-being.

2 (A), (B), (C)의 각 네모 안에서 어법에 맞는 표현으로 가장 적절한 것은?

outcome 결과

matter 중요하다

charity 자선, 자선 단체

foot race 도보 경주

participant 참가자

finish line 결승선

rush 급히 서두르다

single-mindedly 성실하게

from the standpoint of
~의 시점에서 보았을 때

definition 정의

reflection 심사숙고, 성찰

We should train our mind to focus on process rather than outcome. Outcome is important in what we do, but process matters just as much. Let's suppose (A) that / what life is a charity foot race. Like many things in life, the race will have a similar outcome for the participants — that is, most of the participants will reach the finish line. The only difference is the process of how they run the race. Some of the participants will rush to win the race and single-mindedly keep their eyes focused only on the finish line throughout the contest. Others, however, will enjoy the race itself, looking to the right and left, and still cross the finish line. There's nothing wrong with winning races. But (B) unfortunate / unfortunately only one person can win the race by reaching the finish line first, while every participant can be a winner from the standpoint of the process. The important point is that we should develop our own definition of winning. Winning can be participating in the race, having the time for reflection during a relaxed race, or even (C) enjoy / enjoying the scenery along the way.

	(A)		(B)		(C)
①	that	⋯⋯⋯	unfortunately	⋯⋯⋯	enjoy
②	that	⋯⋯⋯	unfortunate	⋯⋯⋯	enjoy
③	that	⋯⋯⋯	unfortunately	⋯⋯⋯	enjoying
④	what	⋯⋯⋯	unfortunate	⋯⋯⋯	enjoy
⑤	what	⋯⋯⋯	unfortunately	⋯⋯⋯	enjoying

목적어 유무	보어 유무	형식	기본 패턴	의미
X 자동사	X 완전동사	1형식	S+V 완전자동사	S가 V하다 ※ There is(are) ~: ~가(들이) 있다
	O 불완전동사	2형식	S+V+C 불완전자동사	S는 C이다 S는 C가 되다 ※ 대표 동사: be동사, 상태동사, 감각동사
O 타동사	X 완전동사	3형식	S+V+O 완전타동사	S는 O를 V하다 ※ 목적어: 명사(구), 대명사, to부정사구, 동명사구, 　명사절 등
		4형식	S+V+IO+DO 완전타동사(수여동사)	S는 IO에게 DO를 V하다 ※ S+V+IO+DO → S+V+DO+to/for/of+IO
	O 불완전동사	5형식	S+V+O+OC 불완전타동사	S는 O를 OC라고 V하다 S는 O에게 OC하도록 V하다 ※ 부사는 목적격보어로 쓸 수 없음

문장의 형식

UNIT 05
1형식:
S+V

UNIT 06
2형식:
S+V+C

UNIT 07
3형식:
S+V+O

UNIT 08
4형식:
S+V+IO+DO

UNIT 09
5형식:
S+V+O+OC

CHAPTER 02

→

UNIT 05 | 1형식: S (주어) + V (완전자동사)

1형식 문장은 주어와 완전자동사로 이루어진다. 완전자동사는 보어나 목적어 없이 단독으로 쓸 수 있는 동사이지만, 주로 부사(구)와 함께 쓰여 문장의 의미를 더 분명하게 설명해 준다.

A 주어 + 동사 + (부사구)

1 The demand **increased** (sharply).
수요가 (급격히) 증가했다.

2 Grapes **ripen** in the late summer.
포도는 늦여름에 익는다.

B There is(are) ~

3 **There are** limits to his patience.
그의 인내에는 한계가 있다.

4 **There seemed** some confusion about this.
이와 관련하여 약간의 혼란이 있는 것 같았다.

C Here/There 도치 구문

5 **Here is** the latest weather update.
최신 일기예보입니다.

6 **Here comes** an ambulance. 구급차가 온다.

7 **There goes** an ambulance. 구급차가 간다.

8 **Here he** comes. 그가 온다.

D 자동사로 쓰일 경우 의미가 달라지는 동사

9 Every opinion **counts**. 모든 의견이 중요하다.

10 It doesn't **matter** to me. 내게는 중요하지 않다.

11 The band's last album **sold** well.
그 밴드의 마지막 앨범은 잘 팔렸다.

12 Continuous overworking started to **tell on** us.
계속되는 과로가 우리들에게 영향을 미치기 시작했다.

13 The medicine **worked** quickly. 그 약은 효과가 빨랐다.

A 동사에 따라 단독으로 쓰이기도 하고 부사(구)를 수반하기도 한다.

1 주어 + 동사 (+ 부사)

2 주어 + 동사 + 부사구

B '~가(들이) 있다'는 의미로, be동사 뒤에 오는 명사가 실질적인 주어이므로, 그 명사에 따라 be동사가 결정된다. There에 장소의 의미는 없다.

3 There + be동사 + 명사

4 be동사 자리에 appear, happen, remain, seem, tend 등의 자동사와, 「조동사 + be동사」 등을 쓸 수도 있다.

C Here/There가 문두에 위치하면 주어와 동사가 도치된다.

5 Here is(are) + 명사: 여기에 ~이 있다, (소개나 도착을 알리며) ~입니다

6 Here come(s) + 명사: '~가 온다'로 등장을 알려 상대방의 주의를 끈다.

7 There go(es) + 명사: ~가 간다

8 주어가 대명사인 경우 도치되지 않는다.

D

- count 중요하다 (= be important)
- do (will과 함께) 도움이 되다, 충분하다, 족하다 (= be enough)
- matter 문제가 되다, 중요하다 (= be important)
- pay 득이 되다, 수지가 맞다, 수고한 보람이 있다 (= be profitable)
- read 읽히다
- sell 팔리다
- tell (on) (~에) 영향을 미치다
- work 작동하다 (= operate), 효과가 좋다 (= be effective)

GRAMMAR PLUS+

동사의 성질에 따라 부사(구)를 생략할 수 없는 경우도 있다.

▶ The toddler **cries** at bedtime. (O) 막 걸음마를 배우는 아기가 잘 시간이 되면 운다.
The toddler **cries**. (O)

▶ His car keys **are** in the drawer. (O) 그의 자동차 열쇠가 서랍 안에 있다.
⚠ His car keys **are**. (X)

우리말과 뜻이 같도록 괄호 안의 말을 이용하여 문장을 완성하시오.

1 여기 내 이메일 주소야. (address)

→ Here _____.

2 내 컴퓨터가 제대로 작동되지 않아. (properly)

→ My computer _____.

3 그 소설책은 아마존에서 16달러에 팔린다. (novel)

→ _____ for $16 on Amazon.

4 열심히 일하면 결국 득이 된다. (long)

→ Hard work _____.

5 분명 네가 알고 있어야 하는 것이 있을 거야. (should know, must, something)

→ There _____.

6 맛있기만 하다면, 케이크 한 조각이면 충분해요. (piece, will)

→ _____, if it's tasty.

7 인터넷 연결에 문제가 있는 것 같다. (appear)

→ _____ a problem with the Internet connection.

UNIT 06 2형식: S(주어) + V(불완전자동사) + C(주격보어)

2형식 문장은 주어, 동사, 주격보어로 이루어진다. 주격보어는 주어를 설명하는 것으로, 주로 명사(구)가 오는 경우에는 주어와 동격 관계가 되며, 형용사(구)가 오는 경우는 주어의 상태나 성질을 설명한다.

A 주어 + 동사 + 보어

1 Jane Goodall **became** an expert on wild chimpanzees.
Jane Goodall은 야생 침팬지 전문가가 되었다.

2 Karen **kept** silent for a while. Karen은 잠시 동안 침묵을 지켰다.

cf. Karen **kept silently** telling herself she could do it.
　　　　　　　부사　　　　　목적어(동명사구)
Karen은 자신은 할 수 있다고 조용히 혼잣말을 계속했다.

3 Its original purpose **was** tracking the delivery.
그것의 원래 목적은 배송을 추적하는 것이었다.

4 One obstacle **is** that the process will take years.
한 가지 문제는 그 과정이 수 년이 걸릴 것이라는 점이다.

A 보어 자리에는 명사 상당어구, 형용사 상당어구, to부정사구와 동명사구, 명사절 등이 올 수 있다.

1 주어 + 동사 + 보어(명사구)

2 주어 + 동사 + 보어(형용사(구)/분사(구))

cf. 같은 동사라도 뒤에 부사가 올 수도 있으므로 주의한다.

3 주어 + 동사 + 보어(to부정사구/동명사구)

4 주어 + 동사 + 보어(명사절)

B 대표적인 불완전자동사

5 The house **stands** empty for one year.
그 집은 1년 동안 비어 있다.

6 She'll **make** a good judge some day.
그녀는 언젠가 훌륭한 판사가 될 거야.

7 The library will **remain** open during the construction.
공사 중에도 도서관은 계속 문을 열 것이다.

8 The medicine **proved** effective in cancer patients.
그 약은 암환자들에게 효과가 있는 것으로 밝혀졌다.

9 Your suggestions **sound** reasonable to me.
네 제안이 내게는 타당하게 들린다.

C 알아두어야 할 관용표현

10 He can't **fall asleep** without sleeping pills.
그는 수면제를 복용하지 않고는 잠들 수 없다.

11 The cream cheese will **go bad** if not refrigerated.
크림 치즈는 냉장 보관하지 않으면 상할 것이다.

B

5 상태를 나타내는 동사: be동사, lie, sit, stand 등

6 상태의 변화를 나타내는 동사: become, come, fall, get, go, grow, make, run, turn 등

7 상태의 지속을 나타내는 동사: keep, remain, stay 등

8 외양·판단·의견을 나타내는 동사: appear, seem, prove 등

9 감각을 나타내는 동사: feel, look, smell, sound, taste 등

cf. 부사는 보어 자리에 올 수 없다.

⚠ Your suggestions **sound reasonably** to me. (x)

C

come true 실현되다	fall asleep 잠이 들다
get drunk 술에 취하다	go bad (음식이) 상하다
go blind 시력을 잃다	grow tall 키가 크다
stand still 가만히 있다	turn cold 추워지다
make a good lawyer 좋은 변호사가 되다	

GRAMMAR PLUS+

완전자동사인 come, die, fall, go, live, marry, return, stand 등 뒤에 명사(구), 형용사(구), 분사 등이 와서 2형식 문장처럼 쓰이기도 한다.

▶ The explorer **died** quite happy. 그 탐험가는 꽤 행복하게 죽었다.
  = The explorer was quite happy when he died.

▶ The puppy **entered** the room jumping. 그 강아지는 뛰어서 방으로 들어왔다.
  = The puppy was jumping when it entered the room.

cf. 3형식동사(완전타동사)이지만 목적어의 상태를 표현해주는 보어를 취하는 경우가 있다.

▶ This machine **washes** the clothes super white. 이 기계는 옷을 새하얗게 세탁해 준다.
  = When this machine washes clothes, they become super white.

EXERCISE 02 ⟩

괄호 안에서 알맞은 말을 **모두** 고르시오.

1 Wow! This taco tastes really (delicious / deliciously).

2 The major cause of the car accident was (used / using) a cell phone while driving.

3 Never give up. All your dreams will (come / go) true someday.

4 Mr. Williams keeps (busy / busily) with his new project.

5 The Englishman went to India and came back (a poor man / poor).

6 The blacksmith hammered the metal (flat / flatly).

7 This whole plan sounds (dangerous / dangerously) to many species.

8 The lady pulled her seatbelt (tight / tighten) and started off.

07 3형식: S(주어) + V(완전타동사) + O(목적어)

3형식 문장은 주어, 동사, 목적어로 이루어진다. 목적어는 동사가 나타내는 동작이나 상태의 대상이 되는 말이다.

A 주어 + 동사 + 목적어

1 Erick **recognized** his old friend (immediately).
Erick은 그의 옛 친구를 즉시 알아봤다.

2 The movie star **refused** to answer the reporters' questions.
그 영화배우는 기자들의 질문에 답변을 거부했다.

3 Sofia **believes** that honesty is the best policy.
Sofia는 정직이 최선의 방책이라고 믿는다.

4 Ms. Adams **lived** a fulfilling life.
Adams 씨는 충실한 삶을 살았다.

5 Maria Montessori **devoted** herself to children's education.
Maria Montessori는 아동 교육에 일생을 바쳤다.

B 다양한 3형식 동사의 형태

6 We'll need a nurse to **care for** our grandpa when he gets out of the hospital.
우리 할아버지께서 퇴원하시면 돌봐줄 간호사가 필요할 것이다.

7 This path will **lead to** the forest.
이 길로 가면 숲에 이를 겁니다.

8 The school decided to **put off** the field trip because of bad weather.
학교는 나쁜 날씨 때문에 수학 여행을 연기하기로 결정했다.

cf. The school decided to **put it off** because of bad weather.
학교는 나쁜 날씨 때문에 그것을 연기하기로 결정했다.

9 Who **came up with** this brilliant idea?
누가 이런 멋진 아이디어를 생각해 냈어?

The teachers **look up to** their principal for good leadership.
선생님들은 훌륭한 통솔력을 갖춘 교장 선생님을 존경하고 있다.

A 목적어 자리에는 명사(구), to부정사구/동명사구, 명사절 등이 올 수 있다.

1 주어 + 동사 + 목적어(명사구)
2 주어 + 동사 + 목적어(to부정사구/동명사구)
3 주어 + 동사 + 목적어(명사절)
4 주어 + 동사 + 목적어(동족 목적어)

동일한 형태:	dream a dream 꿈을 꾸다	laugh a laugh 웃다
	sigh a sigh 한숨을 쉬다	
동일한 어원:	die a death 죽다	live a life 살다
	run a race 경주하다	

5 주어 + 동사 + 목적어(재귀대명사)

enjoy oneself 즐거운 시간을 보내다	oversleep oneself 늦잠 자다
absent oneself from ~에 결석하다	convince oneself of 확신하다
devote oneself to ~에 전념하다	help oneself to 마음껏 먹다
prepare oneself for ~에 대비하다	pride oneself on 자랑하다

B

6~7 동사 + 전치사

for: account for 차지하다, 설명하다	care for 돌보다
from: result from ~로 초래되다	suffer from 겪다
on: concentrate on ~에 집중하다	depend on ~에 의존하다
of: consist of ~로 구성되다	dispose of 처리하다
with: comply with 따르다	deal with 다루다
to: lead to ~에 이르다	refer to 참조하다

8 동사 + 부사

away: throw away 버리다	put away 치우다
down: turn down 거절하다	break down 붕괴시키다
off: put off 연기하다	turn off 끄다
out: fill out (양식을) 작성하다	make out 이해하다
over: look over 검토하다	take over 인계 받다
up: give up 포기하다	use up 다 써버리다

cf. 목적어가 대명사인 경우에는 「동사 + 대명사 + 부사」의 어순

⚠ The school decided to **put off it** because of bad weather. (x)

9 동사 + 부사 + 전치사

come up with 생각해내다	get along with ~와 잘 지내다
keep up with ~에 뒤지지 않다	look forward to 고대하다
look up to 존경하다	make up for 만회하다
put up with 참다, 견디다	run out of 다 써버리다

10 His job is to **keep track of** all the shipments to Asia.
그가 맡은 일은 아시아로 나가는 모든 적하물을 기록하는 것이다.

Ava **makes use of** her free time to learn photography.
Ava는 여가 시간을 활용해 사진을 배운다.

10 동사＋명사＋전치사

catch sight of 발견하다	keep track of 기록하다
make fun of 놀리다	make use of 활용하다
pay attention to ~에 주목하다	take advantage of 이용하다
take care of 돌보다	take part in ~에 참여하다

C 타동사로 착각하기 쉬운 자동사

11 Most participants **objected to** the proposed changes.
대부분의 참석자들은 제안된 변경 사항들에 대해 반대했다.

12 I'll **reply to** your email as soon as possible.
나는 가능한 한 빨리 네 이메일에 회답할 것이다.

13 How do you **account for** your business success?
당신의 비즈니스 성공을 어떻게 설명하시겠어요?

C 자동사는 목적어를 취할 수 없지만 전치사와 함께 쓰면 목적어를 취할 수 있다.

11 ⚠ Most participants **objected** the proposed changes. (x)
→ Most participants **opposed** the proposed changes. (o)

12 ⚠ I'll **reply** your email as soon as possible. (x)
→ I'll **answer** your email as soon as possible. (o)

13 ⚠ How do you **account** your business success? (x)
→ How do you **explain** your business success? (o)

D 자동사로 착각하기 쉬운 타동사

14 She will **attend** the workshop on March 27.
그녀는 3월 27일에 워크숍에 참석할 것이다.

15 The burglar **entered** the house through the window.
도둑은 창문을 통해 그 집에 들어갔다.

cf. The two companies finally **entered into** an agreement.
그 두 회사는 마침내 계약을 맺었다.

16 We will **approach** our destination soon.
우리는 곧 목적지에 접근할 것이다.

17 They **discussed** the construction process in detail.
그들은 공사 과정에 대해 상세히 논의했다.

18 His wife will **accompany** him to the opera.
그의 아내가 그와 동행해 오페라에 갈 것이다.

19 Several species of birds **inhabit** the island.
몇몇 종의 새들이 이 섬에 서식하고 있다.

D '~에', '~에게', '~에 대해', '~와' 등으로 해석되어 전치사를 함께 써야 할 것 같지만, 타동사이므로 전치사를 쓸 필요가 없다.

14

attend at ~에 참석하다	reach to ~에 도착하다

15

enter into ~에 들어가다
cf. enter into (계약·관계 등을) 맺다, (논의를) 시작하다

16

access to ~에 접근하다	address to ~에게 연설하다
answer to ~에 대답하다	approach to ~에 다가가다
call to ~에게 전화하다	contact to ~에게 연락하다
greet to ~에 인사하다	obey to ~에 복종하다
oppose to ~에 반대하다	reach to ~에 도착하다

17

consider about ~에 대해 고려하다
discuss about ~에 대해 논의하다
explain about ~에 대해 설명하다
mention about ~에 대해 언급하다

18

accompany with ~와 동반하다	interview with ~와 인터뷰하다
marry with ~와 결혼하다	resemble with ~와 닮다

19

await for 기다리다	inhabit in ~에 살다
lack of ~이 부족하다	survive than ~보다 오래 살다

1 같은 의미를 지닌 자동사와 타동사

의미	타동사	자동사	의미	타동사	자동사
답변하다	answer	reply(respond) to	설명하다	explain	account for
묻다	ask	inquire about	다루다	handle	deal with
~에 참여하다	attend	participate in	반대하다	oppose	object to
기다리다	await	wait for	도착하다	reach	arrive at / get to
~와 연락하다	contact	communicate with	찾다	seek	look for

▶ He **attends** after-school activities. 그는 방과 후 활동에 참여한다.
   = He **participates in** after-school activities.

2 혼동하기 쉬운 자동사와 타동사

동사	의미	과거형	과거분사형	예문
lie	(자) 거짓말하다	lied	lied	She **lied** to her colleague. 그녀는 동료에게 거짓말을 했다.
lie	(자) 눕다, 놓여 있다	lay	lain	Ed **lay** on his back. Ed는 등을 대고 똑바로 누웠다.
lay	(타) ~을 놓다	laid	laid	He **laid** a tablet on the desk. 그는 책상 위에 태블릿을 놓았다.
rise	(자) 오르다, (해·달 등이) 뜨다	rose	risen	The sales have steadily **risen**. 매출이 꾸준히 증가했다.
raise	(타) 올리다, 기르다, 제기하다	raised	raised	The landlord **raised** the rent. 집주인이 집세를 올렸다.
sit	(자) 앉다, 앉아 있다	sat	sat	Ann **sat** across from Joe. Ann은 Joe 맞은 편에 앉았다.
seat	(타) 앉히다	seated	seated	Please be **seated**. 앉으세요.

EXERCISE
03 >

어법상 틀린 부분을 찾아 바르게 고쳐 쓰시오.

1 Professor Green absented him from the presentation because of a doctor's appointment.

2 Here's the application form. Please fill out it and send it back to me.

3 You can contact to me if you need any further information.

4 Ms. King carefully lay her sleeping baby in his crib a minute ago.

5 Some people shouted as the sun raised above.

6 Scammers send fake text messages to trick you, so don't respond them.

7 He laid down for 20 minutes, then continued with his studies.

8 Lewis can deal multiple projects at the same time.

9 Undergraduate students are required to participate an internship during their last semesters.

10 For safety reasons, a responsible adult should accompany with children under the age of 10.

11 After our basement flooded, we had to dispose all the boxes we'd put down there.

4형식: S(주어) + V(수여동사) + IO(간접목적어) + DO(직접목적어

4형식 문장은 주어, 수여동사, 간접목적어(~에게), 직접목적어(~을)로 이루어진다.

A 주어 + 수여동사 + 간접목적어 + 직접목적어

1 This workshop will **offer** <u>participants</u> <u>some hands-on</u>
　　　　　　　　　 수여동사 　　간접목적어 　　　　直接목적어
<u>experience</u>. 이번 워크숍은 참가자들에게 실무 경험을 줄 것이다.

2 The chef **cooked** <u>me</u> <u>an amazing T-bone steak</u>.
요리사는 내게 경탄할 만한 티본 스테이크를 요리해 주었다.

B 4형식 문장을 3형식 문장으로 전환하기

3

He **gave** <u>the orphanage</u> <u>a large donation</u>. (4형식)

→ He **gave** <u>a large donation</u> **to** <u>the orphanage</u>. (3형식)
그는 고아원에 거액을 기부했다.

cf. Collin **told** me a funny story. (4형식)
Collin은 나에게 재미있는 이야기를 해주었다.
　　→ Collin **told** a funny story **to** me. (3형식)

cf. Elena **said** (to me) that there was a funny story. (3형식)
Elena는 나에게 재미있는 이야기가 있다고 말했다.

4 Brian **bought** Zoe some freshly baked cookies.
Brian은 Zoe에게 갓 구운 쿠키를 사주었다.
　　→ Brian **bought** some freshly baked cookies **for** Zoe.

5 Can I **ask** you a favor? 　부탁 좀 해도 될까요?
　　→ Can I **ask** a favor **of** you?

cf. A stranger **asked** me **for** directions.
낯선 사람이 내게 길을 알려달라고 요청했다.

6 The trip will **cost** you $100.
그 여행은 너에게 100달러의 비용이 들 것이다.
　　⚠ The trip will **cost** $100 **to** you. (✕)

C 「간접목적어 + 직접목적어」의 어순으로 쓸 수 없는 경우

7 ⚠ Austin **lent** me it. (✕) → Austin **lent** <u>it</u> <u>to me</u>.
Austin은 내게 그것을 빌려 주었다.

cf. Austin **lent** <u>me</u> <u>his new laptop</u>.
Austin은 내게 그의 새 노트북을 빌려 주었다.

8 ⚠ He **described** the clerk his lost bag. (✕)
　　→ He **described** his lost bag **to** the clerk.
그는 점원에게 자신의 잃어버린 가방이 어떻게 생겼는지 설명했다.

9 ⚠ The king **bestowed** the winner the trophy. (✕)
　　→ The king **bestowed** the trophy **upon** the winner.
왕은 승자에게 트로피를 수여했다.

A 수여동사는 '~에게 …을 주다'라는 의미로, 수여동사 뒤에는 간접목적어(주로 사람)와 직접목적어(주로 사물)가 온다.

B 「주어 + 동사 + 간접목적어 + 직접목적어」의 4형식 문장은 「주어 + 동사 + 직접목적어 + **전치사** + 간접목적어」의 어순으로 쓸 수 있다.

3 동사 + 직접목적어 + **to** + 간접목적어

award, give, hand, leave, lend, offer, promise, sell, send, show, sing, teach, tell 등

cf. tell은 3형식과 4형식 문장에 둘 다 쓸 수 있지만, say는 3형식 문장에서만 쓸 수 있다.
　　⚠ Elena **said** me a funny story. (✕)

4 동사 + 직접목적어 + **for** + 간접목적어

buy, call, choose, cook, do, find, get, make, order, prepare, spare ~에게 (시간·돈 등을) 할애하다 등

5 동사 + 직접목적어 + **of** + 간접목적어

ask

cf. ask가 '요청하다'의 의미인 경우 전치사 for를 쓴다.

6 「동사 + 직접목적어 + 전치사 + 간접목적어」의 어순으로 쓸 수 없는 동사

allow, cost ~에게 …의 비용이 들게 하다, deny, envy, forgive, pardon ~에게 …을 사면하다, permit, refuse, save ~에게 …의 수고를 덜어주다 등

C 우리말로는 '~에게 …을'로 해석되지만, 「간접목적어 + 직접목적어」의 어순으로 쓸 수 없는 경우도 있다.

7 직접목적어가 대명사인 경우

8 「동사 + A **to** B(사람)」로 써야 하는 동사
announce, carry, confess, describe, donate, explain, introduce, owe, propose, push, suggest 등

9 「동사 + A **(up)on** B(사람)」로 써야 하는 동사
bestow 수여하다, confer 수여하다, impose 부과하다, inflict 가하다

D 4형식으로 착각하기 쉬운 3형식 동사

10 This **provides** users **with** information about health.
이것은 사용자들에게 건강에 대한 정보를 제공한다.

= This **provides** information about health **for(to)** users.

11 The company **blamed** the poor economy **for** its sales decrease. 회사는 매출 감소를 경기 불황 탓으로 돌렸다.

= The company **blamed** its sales decrease **on** the poor economy.

12 Mr. Lopez **reminded** his students **of** the deadline for the essay competition.
Lopez 씨는 학생들에게 글쓰기 대회 마감일을 다시 한 번 알려 주었다.

13 Asher **regards** the professor **as** his role model.
Asher는 그 교수님을 자신의 롤모델로 간주한다.

14 Unanticipated rains **prevented** tourists **from** continuing their travel.
예상치 못한 비 때문에 관광객들은 계속 여행을 할 수 없었다.

D 동사 다음에 주로 사람이 와서 4형식 동사로 착각하기 쉽지만, 「주어＋동사＋목적어＋전치사구」의 어순으로 써야 하는 동사가 있다.

10 동사＋A **with** B
provide, supply, furnish, fill 등

cf. provide A with B= provide B for/to A
supply/furnish A with B = supply/furnish B to A

11 동사＋A **for** B
beg, blame, demand, mistake, pay, require 등

cf. blame A for B= blame B on A

12 동사＋A **of** B
advise, convince, inform, remind, notify, rob 등

13 동사＋A **as** B
regard, look upon, see, think of, view 등

14 동사＋A **from** B(-ing)
keep, prevent, hinder, prohibit, ban, stop, discourage 등

EXERCISE 04

3형식은 4형식 문장으로, 4형식은 3형식 문장으로 바꾸어 쓰시오.

1 The leader sent her club members text messages.

→ _____

2 Mr. Perez made his eight-year-old son a sled.

→ _____

3 To celebrate its 10th anniversary, the store will give a small gift to each customer.

→ _____

4 Would you spare us a few minutes?

→ _____

EXERCISE 05

밑줄 친 부분이 어법상 맞으면 T, 틀리면 F로 표시하고 바르게 고쳐 쓰시오.

1 The merchant sold <u>her it</u>.

2 The new plan will save <u>a lot of time to us</u>.

3 I'd now like to introduce <u>you our next guest</u>.

4 He has inflicted endless suffering <u>upon</u> those innocent people.

5 We'd like to <u>beg you a big favor</u>.

6 The trainer informed the members <u>of</u> the program recently added to their curriculum.

7 The athletes on the team owed their success <u>with</u> their coach.

UNIT 09 5형식: S (주어) + V (불완전타동사) + O (목적어) + OC (목적격보어)

5형식 문장은 주어, 동사, 목적어, 목적격보어로 이루어진다. 불완전타동사는 목적어의 성질이나 상태를 설명하는 목적격보어가 반드시 필요한 동사이다. 목적격보어 자리에는 명사(구), 형용사(구), 부정사(구), 분사 등이 올 수 있다.

A 명사(구)나 형용사(구)를 목적격보어로 취하는 동사

1 The committee **elected** Ms. Jones vice president.
그 위원회는 Jones 씨를 부회장으로 선출했다.

2 Carter **left** the window open to get some fresh air.
Carter는 신선한 공기가 들어오도록 창문을 열어두었다.

B to부정사(구)를 목적격보어로 취하는 동사

3 Stress and poor diet can **cause** our hair to fall out.
스트레스와 좋지 못한 식단은 우리 머리카락을 빠지게 할 수 있다.

4 Joy **finds** rural life (to be) quite peaceful.
Joy는 시골에서의 삶이 꽤 평화롭다고 생각한다.
= Joy **finds** that rural life is quite relaxing. (3형식)

C 분사를 목적격보어로 취하는 동사

5 How long did your dentist **keep** you waiting?
치과 의사 선생님을 얼마나 오래 기다렸니?

6 The parents **left** the windows locked.
부모님께서 창문들을 잠가 두셨다.

7 Trent **got** a vehicle repaired by an engineer.
Trent는 엔지니어에게 차량 한 대를 수리하게 했다.
→ Trent **got** an engineer to repair a vehicle.

8 Trent **got** a vehicle working again.
Trent는 차량이 다시 작동되게 했다.
→ Trent **got** a vehicle to work again.

D 사역동사

9 The boss **had** him reschedule the meeting.
그 상사는 그에게 회의 일정을 조정하도록 시켰다.

10 Never **let** your opportunity slip away.
절대로 기회가 사라지도록 하지 마라.

11 Derek **had** the software installed (by an engineer).
Derek은 (기술자에 의해) 소프트웨어가 설치되도록 했다.

A appoint, call, choose, consider, drive, elect, find, keep, leave, make, name, paint, turn 등

1 보어로 명사(구)가 오는 경우 목적어와 동격 관계를 이룬다. (Ms. Jones = vice president) 특히 appoint, call, name, elect, choose 등의 동사는 명사구를 목적어로 취한다. '목적어를 보어라고 임명하다(부르다)' 등으로 해석한다.

2 '목적어를 보어의 상태로 두다(되게 하다)'로 해석한다.

B advise, allow, ask, cause, convince, enable, force, get, invite, order, persuade, require, set, tell, want, wish 등

3 '목적어가 보어 상태가 되도록 하다' 등으로 해석한다.

4 believe, consider, find, feel, know, understand 등 생각이나 감정, 견해를 나타내는 인지동사들은 to be를 생략하기도 하며 that절로 바꾸어 3형식 문장으로 쓸 수도 있다.

C get, keep, leave, set, start 등

5~6 목적어와 보어의 관계에 따라 보어의 형태가 달라진다. 목적어가 보어의 주체로 능동의 관계이면 -ing를 쓰며 '목적어가 보어하도록 동사하다'로 해석한다. 반면 목적어가 보어를 당하는 수동의 관계이면 p.p.를 쓰며 '목적어가 보어당하도록 동사하다'로 해석한다.

7~8 일부 동사들은 get처럼 분사와 to부정사를 모두 목적격보어로 취하기도 한다. 이 경우 목적어와 보어의 관계에 주의해야 한다.

D have, let, make

9~13 사역동사도 목적어와 보어의 관계에 따라 보어의 형태가 달라진다. 목적어가 보어의 주체로 능동의 관계이면 원형부정사를 쓰며 '목적어가 보어하도록 동사하다'로 해석한다. 반면 목적어가 보어를 당하는 수동의 관계이면 p.p.를 쓰며 '목적어가 보어되도록 동사하다'로 해석한다.

9 → The boss **got** him to reschedule the meeting.
10 → Never **allow** your opportunity to slip away.
11 → Derek **had** an engineer install the software.

12 He couldn't **make** himself <u>heard</u> due to the noise.
소음 때문에 그는 자신의 말이 잘 들리도록 할 수 없었다.

13 I **helped** her <u>(to) set</u> the table.
나는 그녀가 상을 차리는 것을 도와주었다.

E 지각동사

14 Liz **saw** a figure <u>creep</u> into the house.
Liz는 어떤 사람이 그 집으로 살금살금 들어가는 것을 보았다.

15 Oliver **heard** the lifeguard <u>shouting</u> "Get out!"
Oliver는 인명 구조원이 "나오세요!"라고 소리치는 것을 들었다.

cf. I **smelled** the steak <u>burning</u> on the grill.
나는 스테이크가 그릴에서 타고 있는 냄새를 맡았다.

16 He is **watching** the awards <u>performed</u>.
그는 수상식이 거행되는 것을 보고 있다.

12 make oneself heard: 자신의 말이 들리도록 하다

cf. make oneself understood: 자기 말을 남에게 이해시키다, 의사 소통이 되다

13 help는 to부정사와 원형부정사 둘 다를 목적격보어로 취할 수 있다.

E
> catch 목격하다, feel, hear, listen to, look at, notice, observe, see, smell, watch 등

14 사역동사와 마찬가지로 목적어가 보어의 주체로 능동의 관계이면 원형부정사를 쓰며 '목적어가 보어하는 것을 동사하다'로 해석한다.

15 진행중인 동작을 강조하고자 할 때는 현재분사를 쓴다.

cf. catch, smell은 현재분사를 목적격보어로 취한다.

16 목적어가 보어를 당하는 수동의 관계이면 p.p.를 쓰며 '목적어가 보어되는 것을 동사하다'로 해석한다.

GRAMMAR PLUS+

한 동사가 다양한 형식으로 사용될 수 있으므로, 문장의 구조를 보고 그 쓰임을 파악해야 한다.

1 목적격보어 vs. 수식어
▶ He usually **keeps** his musical instrument *tuned*. (5형식) 그는 보통 자신의 악기를 조율해 둔다.
　　　　　　동사　　　　　목적어　　　　　목적격보어
▶ He usually **keeps** his musical instrument *in the case*. (3형식) 그는 보통 자신의 악기를 케이스에 보관해 둔다.
　　　　　　동사　　　　　목적어　　　　　부사구

2 목적격보어 vs. 직접목적어
▶ The team members **made** Michael *the leader of the project*. (5형식) (Michael = the leader of the project)
　　　　　　　　　　　　동사　　목적어　　　　　목적격보어
팀원들은 Michael을 그 프로젝트의 리더로 만들었다.
▶ The team members **made** Michael *a photo boo*k. (4형식) (Michael ≠ a photo book)
　　　　　　　　　　　　동사　　간접목적어　　직접목적어
팀원들은 Michael에게 포토북을 만들어 주었다.

EXERCISE 06 >

괄호 안에서 알맞은 말을 고르시오.

1 Dr. Torres advised his patients (cut / to cut) down on junk food and eat fresh vegetables.

2 Nothing got Gabriel (to give / give) up his goal to succeed in business.

3 Abigail kept the patients (posted / to post) about their condition though it made her (busy / busily).

4 What (made / caused) Mr. Taylor transfer to a different branch?

5 Mr. Anderson noticed oil (leaking / to leak) and had oil filter (check / checked).

6 Something made her (yell / yelled) and it drove me (crazy / crazily) all the morning.

7 The assistant set the workers (paint / to paint) the office walls for a week.

01 괄호 안에서 알맞은 말을 고르시오.

1 In the last five decades the average annual rainfall has decreased (significant / significantly).

2 There (is / are) rising concerns among consumers over genetically engineered food.

3 Julia felt (miserable / miserably) when she was told that her scholarship was rejected.

4 The sales assistant handed the card and receipt (to / for) the customer with a big smile.

5 The audience watched the gymnast (performing / to perform) incredible feats and gave a big applause

6 As environmental hazards increase every year, we should try harder to keep our environment (clean / cleanly).

02 두 문장이 뜻이 같도록 빈칸에 주어진 철자로 시작하는 알맞은 말을 쓰시오.

1 You don't need to submit any additional documents. This application form is enough.

→ You don't need to submit any additional documents. This application form w_____ d_____

2 Even scientists couldn't explain the strange lights the local people witnessed last night.

→ Even scientists couldn't a_____ f_____ the strange lights the local people witnessed last night.

3 I'll get a customer service representative to contact you as soon as possible.

→ I'll h_____ a customer service representative contact you as soon as possible.

03 어법상 <u>틀린</u> 부분을 찾아 바르게 고쳐 쓰시오.

1 A ringing cell phone may disturb the performance, so make sure to turn off it or use silent mode.

2 The government announced new regulations to reduce traffic congestion, but some experts remain skeptically.

3 We wanted to eat out and they suggested us a deluxe restaurant.

4 Monica wrote a letter of apology to Richard and sent him it by express mail.

5 The manager had all the team members to take part in the training session.

6 Sam, have a seat and help you to some snacks and beverages if you'd like.

7 The team leader made himself understand to his teammates and got the project done on time.

04 우리말과 뜻이 같도록 괄호 안의 말을 이용하여 문장을 완성하시오.

1 그는 어제 아침 클리닉을 방문하여 눈 검사를 했다. (get, test)

→ He visited the clinic and _____ yesterday morning.

2 여기 간단한 설문지가 있습니다. 잠시 시간을 내어 그것을 작성해 주십시오. (a brief survey, fill, out)

→ _____. Please take a moment to _____.

3 Victoria는 White 교수님의 언어학 강의를 듣고 있으니 자신은 운이 좋다고 생각했다. (consider, lucky)

→ Victoria _____ to be in Professor White's linguistics class.

4 총회는 그를 제 9대 유엔 사무총장으로 임명했다. (appoint, the ninth Secretary General of the UN)

→ The General Assembly _____.

5 그 현지 식당은 채식주의자 고객들에게 다양한 특별요리를 선택할 수 있는 기회를 제공한다.
(chance, with, vegetarian customers)

→ The local restaurant provides _____ to choose from a variety of special dishes.

6 그의 부모님은 그가 밤에 TV를 너무 많이 보지 못하게 말렸다. (discourage, watch)

→ His parents _____ too much television at night.

05 다음 글을 읽고 물음에 답하시오.

It is a clichéd statement ① to make, but our children were like a piece of white paper when they were born. We should take care ② that we fill in the right colors in order to make them ③ to become something beautiful. At first children do not know negative emotions such as lies, anger, or hatred, but at some time they become a part of a child's life. The environment ④ where children live has created the negativity and black holes that ⑤ take away happiness from our children. As parents, (A) we must offer our children a positive and healthy environment.

1 위 글의 밑줄 친 ①~⑤ 중에서 어법상 틀린 부분을 찾아 바르게 고치시오.

_____ → _____

2 위 글에서 밑줄 친 (A)를 다음과 같이 바꿀 때 빈칸에 들어갈 말을 완성하시오.

→ we must provide _____.

REVIEW TEST

[01-02] 다음 빈칸에 들어갈 말로 바르게 짝지어진 것은?

01

> - The coach caught some students _____ on exam.
> - The anthropologist finally discovered that some native tribes _____ the territory.

① cheat — inhabited
② cheat — inhabited in
③ cheating — inhabited
④ cheating — inhabited in
⑤ to cheat — inhabited in

02

> Ms. Davis _____ her children do what they want to do, rather than forcing them _____ as she desires.

① lets — do
② allows — do
③ lets — doing
④ allows — to do
⑤ lets — to do

03 다음 밑줄 친 부분과 의미가 같은 것은?

> Although you don't care about free time, it matters a lot to me!

① Mr. Taylor has some urgent matters to deal with, so he can't join us at the conference.
② Please give these matters your full attention, and let me know when they are resolved.
③ The committee will look into the matters more carefully before they make a final decision.
④ What really matters is the process of achieving your goals.
⑤ The package arrived a week later than expected. To make matters worse, it wasn't what Brad had ordered.

04 다음 빈칸에 공통으로 들어갈 말로 알맞은 것은?

> - Josh _____ a toy drone for his seven-year-old nephew.
> - The documentary film _____ the audience to cry and laugh at the same time.

① had
② made
③ observed
④ blamed
⑤ got

[05-06] 다음 빈칸에 들어갈 말로 알맞지 않은 것을 고르시오.

05

> Jayden _____ a bouquet of flowers for the award winners.

① gave
② made
③ bought
④ ordered
⑤ prepared

06

> Ms. Miller saw _____.

① nothing at all
② the car accident happen
③ Serena to practice ballet
④ a musical at the national theater
⑤ herself as an independent woman

07 다음 문장과 형식이 같은 것은?

> You should occasionally leave doors and windows open for ventilation.

① The patient recovered from surgery after a few weeks.
② Rachel made her cats a wooden cat tower last weekend.
③ Adolescents usually discuss their problems with their peer groups.
④ Cybersecurity experts advise us to change our password regularly.
⑤ Sandra Day O'Connor became the first female Supreme Court justice in the U.S.

08 다음 중 어법상 틀린 것을 모두 고르면?

① We are going to reach to the destination as scheduled.
② The client's request doesn't seem appropriately at all.
③ If that book really reads as well as you say, I'd like to buy one for my niece.
④ Elton lent the lawn mower to Jennifer, but she didn't return it.
⑤ As you know well, in any election each person's vote counts.

09 다음 문장의 빈칸에 들어갈 말이 바르게 짝지어진 것은?

> Daniel found the prescription medicine _____ in relieving his back pain, but it made him _____ drowsy and sleepy.

① effective — feel
② effective — feeling
③ effective — to feel
④ effectively — feel
⑤ effectively — to feel

10 다음 중 문장 전환이 바르지 않은 것을 모두 고르면?

① The project will end up costing the company 2 million dollars.
  → The project will end up costing 2 million dollars to the company.
② His idea sounded great in theory, but it didn't work in practice.
  → His idea sounded great in theory, but it wasn't effective in practice.
③ Some parents consider their children geniuses.
  → Some parents consider their children to be geniuses.
④ Martin didn't ask his colleague a favor because he could deal with it himself.
  → Martin didn't ask a favor for his colleague because he could deal with it himself.
⑤ This app lets you become a strategic user of the data.
  → This app allows you to become a strategic user of the data.

11 다음 우리말을 영어로 바르게 옮긴 것을 모두 고르면?

> 그 5성급 호텔은 저명한 인테리어 디자이너에게 스파 시설을 개조하도록 했다.

① The five-star hotel had a renowned interior designer to renovate its spa facilities.
② The five-star hotel had a renowned interior designer renovate its spa facilities.
③ The five-star hotel made a renowned interior designer to renovate its spa facilities.
④ The five-star hotel got a renowned interior designer renovate its spa facilities.
⑤ The five-star hotel had its spa facilities renovated by a renowned interior designer.

12 다음 빈칸에 들어갈 수 없는 것은?

> - We'll send a coupon for $20 off your next purchase _____ you.
> - Some educators look upon play _____ a child's work as children learn through play.
> - The two automakers finally entered _____ a partnership.
> - These challenges won't stop Charles _____ achieving his dreams.

① as
② to
③ for
④ from
⑤ into

13 다음 중 어법상 틀린 문장의 기호를 모두 쓰시오.

> (a) The central bank decided to rise interest rates to 2%.
> (b) Beth noticed a male student to access the female dormitory.
> (c) I slipped and fell flat on my butt because the floor was wet.
> (d) Yesterday George was tired, so he laid down all day long.
> (e) The reporter decided not to mention about his scandal.
> (f) Thanks to the Internet, we can contact with one another easily.

REVIEW TEST through Reading

1 다음 글의 밑줄 친 부분 중, 어법상 틀린 것은?

memorable 기억할 만한
specific 구체적인
affirmation 단언, 확언
likeable 호감이 가는, 마음에 드는

When we finish conversations, "It was good to see you." and "It was nice to see you again." are the most common goodbyes, but they seem ① to be immediately forgettable. Instead, the most memorable people shake hands, saying something specific. They usually offer affirmation to close, "You know, I really enjoyed ② listening to your ideas on the school library renovation project. Your ideas are really creative and productive. Thank you for sharing." Then they give a real and sincere smile rather than the obviously forced smile connected with sales presentations. Making a good first impression is important, but so ③ is making an unforgettable closing impression. All this sounds so ④ simply, but it's not that easy. This kind of behavior change can be hard, but it helps people ⑤ feel better about us, which makes us more likeable.

2 (A), (B), (C)의 각 네모 안에서 어법에 맞는 표현으로 가장 적절한 것은?

conscious 의식하는, 자각하는
a variety of 다양한
interpret 해석하다
in reality 실제로, 사실상
speak volumes
많은 것을 말하다(시사하다)

Even when we speak with words, we also "speak" with our bodies. Even though we are not conscious of our body movements, we send out our messages by using the different parts of our body, such as our eyes and hands. The listeners not only listen to our words but also observe our body (A) to move / moving. Our body movements do matter a great deal because they reveal our thoughts, emotions, moods, and so on. That is, our body movements provide listeners with a variety of clues which let them interpret our words more accurately and even (B) read / to read our minds. In reality, even before we open our mouths, we can speak volumes. Our body movements often offer more powerful messages (C) to / with the listeners than our words alone can send out.

	(A)		(B)		(C)
①	to move	………	read	………	for
②	to move	………	to read	………	to
③	moving	………	read	………	for
④	moving	………	to read	………	to
⑤	moving	………	read	………	to

Tenses

개념 시제는 동사의 형태 변화나 be동사와 have동사를 이용하여 시간 관계를 나타내는 것이다. 크게 현재·과거·미래의 세 가지 시제가 있으며, 각각 완료형, 진행형, 완료진행형이 있어 총 12가지가 있다.

	과거	현재	미래
기본시제	과거시제 동사의 과거형	현재시제 동사원형, -(e)s	미래시제 will(shall)+동사원형
완료형	과거완료 had p.p.	현재완료 have(has) p.p.	미래완료 will have p.p.
진행형	과거진행 was(were) -ing	현재진행 am(are, is) -ing	미래진행 will be -ing
완료진행형	과거완료진행 had been -ing	현재완료진행 have(has) been -ing	미래완료진행 will have been -ing

시제

UNIT 10 현재시제

UNIT 11 과거시제

UNIT 12 미래시제

UNIT 13 현재완료

UNIT 14 과거완료, 미래완료

UNIT 15 진행형

CHAPTER 03

UNIT 10 현재시제

현재시제는 현재의 지속적인 상태, 반복적인 일이나 습관, 변하지 않는 진리 등을 나타내며, 동사의 현재형을 쓴다.

A 현재의 상태, 습관, 진리 등을 나타낼 때

1 I **live** in the suburbs of Denver with my parents.
나는 부모님과 함께 Denver 근교에서 살고 있다.

2 Leo **volunteers** at the animal shelter every weekend.
Leo는 매주 주말에 동물 보호소에서 자원봉사를 한다.

3 Water **freezes** at 0°C and **boils** at 100°C.
물은 0°C에서 얼고 100°C에서 끓는다.

4 Ali passes to Son... Son **shoots** and **scores** the winning goal! Ali가 손에게 패스합니다… 손 슛, 결승골입니다!

B 미래의 의미를 나타낼 때

5 He will call you when dinner **is** ready.
저녁이 준비되면 그가 당신을 부를 겁니다.

cf. If you **will eat** so much, no wonder you feel sick.
그렇게 많이 먹으니 아픈 것도 당연하지.

6 Flight 101 to Chicago **departs** in half an hour.
시카고행 101편 항공기는 30분 후에 출발할 것입니다.

C 과거시제나 현재완료를 대신할 때

7 Now Napoleon **is** exiled to Saint Helena.
이제 나폴레옹은 세인트 헬레나로 추방됩니다.

8 I **hear** (that) Joy is expecting a baby.
Joy가 임신 중이라는 얘기를 들었어.

9 I **gather** (that) you didn't like the movie, right?
너 그 영화가 마음에 안 들었던 것 같던데, 맞지?

A

1 현재의 지속적인 상태

2 일상생활에서 반복적인 일·습관

3 변하지 않는 진리, 일반적인 사실, 과학 원리, 속담, 격언

4 눈 앞에 진행되고 있는 일, 실황 중계, 구두 설명, 시연

B

5 시간·조건 부사절에서는 현재시제로 미래를 나타낸다.

cf. 주어의 강한 의지나 고집을 나타낼 때는 조건 부사절에 will을 쓸 수도 있다. ○참조 **UNIT 106 GP**

6 일정, 시간표 등에 따라 예정된 가까운 미래
흔히 왕래·발착·시작·종료(go, come, start, depart, leave, arrive, return, begin, open, finish, end 등) 동사가 미래를 나타내는 부사와 함께 쓰인다.

C

7 역사적 '현재'나 영화나 이야기 속의 '현재'를 생생하게 표현하는 경우

8 see, hear의 동사가 대화 서두에 쓰여 뒤의 (that)절에서 방금 들은 소식을 전달하는 경우 현재형으로 현재완료의 의미(I have learned)를 나타낼 수 있다.

9 gather이해하다, 추측하다, understand의 동사가 대화 서두에 쓰여 뒤의 (that)절에서 정보를 확인하는 경우 현재형을 쓰기도 한다.

GRAMMAR PLUS+

if나 when 등이 이끄는 명사절이나 형용사절에서는 미래시제로 미래의 일을 나타낸다.

▶ Please let me know if you **will be** available to attend an interview tomorrow afternoon. (명사절)
내일 오후에 있을 면접에 참석할 수 있는지 알려 주세요.

▶ Everyone is looking forward to the time when this pandemic **will end**. (형용사절)
모든 사람들이 이 전 세계적인 유행병이 끝날 때를 고대하고 있다.

EXERCISE 01 ▶ 괄호 안에서 알맞은 것을 고르시오.

1 One molecule of water (is / was) composed of 2 atoms of hydrogen and 1 of oxygen.

2 I will wash my plates after I (will finish / finish) eating.

3 The next express bus for Daegu (leaves / left) at 10:30 this morning.

11 과거시제

과거시제는 과거에 일어난 일, 과거의 상태, 역사적인 사실, 현재 사실에 반대되는 가정이나 이루지 못한 소망 등을 나타낸다.

A 과거에 일어난 일, 과거의 상태, 역사적 사실 등을 나타낼 때

1 They **founded** a charity organization several decades ago.   그들은 수 십 년 전에 자선 단체를 설립했다.

2 Mr. Wilson **was** once a journalist.
Wilson 씨는 한 때 언론인이었다.

3 I was taught that World War II **broke** out in 1939.
제2차 세계대전은 1939년에 발발했다고 배웠다.

4 Bob **used to look** up to the stars when he lived in a rural area.   Bob은 시골에 살 때 별을 쳐다보곤 했다.

cf. There **used to be** a stream in the neighborhood, but now there isn't.   동네에 개울이 있었는데 지금은 없다.

B 현재의 사실과 반대되는 가정이나 소망을 나타낼 때

5 If I **knew** her number, I could call her.
내가 그녀의 전화번호를 안다면 그녀에게 전화를 걸 수 있을 텐데.

6 I wish I **had** a brand-new hybrid supercar.
내게 최신 하이브리드 슈퍼카가 있다면 좋을 텐데.

C 과거완료를 대신할 때

7 They changed the policy after they **had(had had)** a debate.   그들은 논쟁 후에 방침을 바꾸었다.

D 시제 일치의 원칙

8 He thought that she **was** happy.
그는 그녀가 행복하다고 생각했다.

cf. He thinks that she **is(was, will be)** happy.
그는 그녀가 행복하다고(했다고, 할 거라고) 생각한다.

A 주로 yesterday, last ~, ~ ago, in+연도, once upon a time, once언젠가, 한 때 등과 함께 쓰인다.

1 과거에 일어난 일

2 과거의 상태

3 역사적 사실: 과거보다 앞선 시점(대과거)의 일이라도 항상 과거로 나타낸다.

4 과거의 습관
used to와 조동사 would는 과거의 반복적인 습관이나 행동(~하곤 했다)을 나타낼 때 쓴다.

cf. '(전에는) ~이었다'는 의미로 과거의 상태를 표현할 때는 used to+동사원형만 쓴다.   ↺참조 **UNIT 18 C**

B

5 현재의 사실과 반대되는 가정   ↺참조 **UNIT 106 A**

6 이루기 힘든 소망   ↺참조 **UNIT 108 A**

C

7 과거보다 앞서 일어난 일(대과거)을 표현할 때는 과거완료를 쓰는 것이 원칙이나, after나 before 등 시간의 전후 관계를 명확히 나타내는 말이 사용된 경우에는 과거시제를 쓸 수 있다.

D

8 주절의 시제가 현재인 경우 종속절의 시제는 의미에 따라 자유롭게 쓸 수 있지만, 주절의 시제가 과거인 경우 종속절의 시제는 과거나 과거완료를 써야 한다.   ↺참조 **UNIT 113 A**

EXERCISE 02 〉

밑줄 친 부분이 어법상 맞으면 T, 틀리면 F로 표시하고 바르게 고쳐 쓰시오.

1 According to most scientists, dinosaurs <u>existed</u> around 200 million years ago.

2 Korean people <u>hold</u> a gold-collecting campaign to get over a foreign-exchange crisis in 1998.

3 If we <u>spent</u> more time together, the relationship would be better.

4 They worked so hard that everything <u>is</u> back to normal in no time.

5 The audience gave Ms. Williams thunderous applause after she <u>delivered</u> her speech.

UNIT 12 미래시제

미래시제는 미래 시점에 발생할 일을 나타내며, 보통 「will + 동사원형」이나 「be going to + 동사원형」을 쓴다.

A will + 동사원형

1 My eldest son **will go** into the 11th grade next year.
우리 큰 아들은 내년에 고등학교 2학년이 된다.

2 According to the weather forecast, it **will be** a white Christmas this year.
일기예보에 따르면 올해는 화이트 크리스마스가 될 것이다.

3 Why don't you ask Irene for help? She **will** gladly **assist** you.
Irene에게 도움을 요청하지 그래? 그녀는 기꺼이 널 도와줄 거야.

4 You **won't** need a license to operate this equipment.
이 장비를 작동하는 데 면허증은 필요 없다.

A 앞으로 일어날 일에 대한 정보를 제공하거나 예측할 때 쓴다.

> 주로 함께 쓰이는 표현: tomorrow, next ~, soon, in the future, by the time 등

1 미래에 대한 정보
2 미래에 대한 예측
3 주어의 의지나 결심
4 won't = will not

B be going to + 동사원형

5 There**'s going to be** a storm soon.
곧 폭풍이 일 것이다.

6 The nature forest **is going to close** its doors to the public from October for three months.
자연 휴양림은 10월부터 3개월간 일반인에게 공개되지 않을 것이다.

7 I bought some apples at the grocery store. I**'m going to make** apple pies this evening.
나는 식품점에서 사과를 좀 샀다. 나는 오늘 저녁에 애플 파이를 만들 작정이다.

8 Oscar **was going to see** the musical but he couldn't get tickets — the tickets were sold out.
Oscar는 뮤지컬을 볼 작정이었으나 표를 구할 수 없었다. 표가 매진되었다.

B 가까운 미래에 일어날 일이나 사전에 계획된 일을 표현할 때 쓴다.

5 곧 일어날 것 같은 일
6 사전에 계획된 일
7 주어의 현재의 의도 강조(~할 예정이다, ~할 작정이다)
8 was(were) going to + 동사원형: ~하려고 했다(실현하지 못한 과거의 계획)

C will vs. be going to

9 The weatherman says it **will(is going to)** be freezing cold tomorrow.
일기예보에 의하면 내일은 매섭게 추울 것이다.

10 Participants **are going to spend** time enjoying outdoor activities at the upcoming camp.
참가자들은 곧 있을 캠프에서 야외 활동을 하면서 즐거운 시간을 보낼 것이다.

11 See those dark clouds? It**'s going to rain** in a minute.
저 먹구름 보여? 곧 비가 오겠는걸.

12 **Will** you copy the document for the meeting?
회의에 사용할 문서를 복사해 줄래요?

C

9 단순한 미래의 일을 나타내거나 추측할 때는 will과 be going to 둘 다 쓸 수 있다.
10 현재 시점에서 미리 계획되어 실현될 가능성이 높은 일에는 주로 be going to를 쓴다.
11 현재 바로 눈에 보이는 상황이나 증거를 두고 미래의 날씨나 사건을 예측할 때는 be going to를 쓴다.
⚠ See those dark clouds? It **will rain** in a minute. (x)
12 권유나 요청의 의미로 상대방의 의사를 물을 때는 will을 쓴다.

13 The doorbell is ringing. **I'll** get it.
초인종이 울리고 있어. 내가 나가볼게.

D 미래를 나타내는 다른 표현들

14 We'll send you an alert email when a special exhibition **is about to open**.
특별 전시회가 열리면 알림 이메일을 보내드리겠습니다.

15 Our flight **is due to land** at Incheon International Airport around 10:30.
우리 항공편은 10시 30분경에 인천국제공항에 착륙할 예정입니다.

16 The two group leaders **are to meet** tomorrow to resolve the long-standing issue.
그 두 단체 지도자들은 오래 지속되고 있는 쟁점을 해결하기 위해 내일 만날 예정이다.

17 Mr. Clark **is on(at) the point of starting** a new restaurant chain.
Clark 씨는 새 레스토랑 체인을 시작하려는 참이다.

13 즉흥적 결심에는 will을 쓴다.

D

14 be (just) about to+동사원형: 막 ~하려고 하다

15 be due(scheduled) to+동사원형: ~할 예정이다

16 be+to부정사: ~할 예정이다 ↻참조 **UNIT 29**

17 be on(at) the point of -ing: 막 ~하려는 참이다, 막 ~하려고 하다

GRAMMAR PLUS+

현재시제나 진행형으로도 가까운 미래를 표현할 수 있다.

1 현재 시제: 주로 미래를 나타내는 부사(구)와 함께 쓰여 가까운 미래에 예정된 일을 표현한다.
A new school year **starts** soon, so parents should get their kids ready for school.
새 학년이 곧 시작될 것이므로, 부모들은 아이들이 학교에 갈 준비가 되도록 해야 한다.

2 현재진행: 「be -ing」의 형태로 주로 가까운 미래에 예정되어 있는 일정이나 계획을 표현한다.
Gabriel **is meeting** a celebrity to interview for a magazine article tomorrow afternoon.
Gabriel은 내일 오후에 잡지 기사에 쓸 인터뷰를 하기 위해 유명 인사를 만날 예정이다.

3 미래진행: 「will be -ing」의 형태로 이미 예정되어 있는 미래의 계획을 표현한다.
Mr. Taylor **will be making** a speech at the opening ceremony next Tuesday.
Taylor 씨는 다음 주 화요일 개회식에서 연설을 할 것이다.

EXERCISE 03 ⟩

괄호 안에서 알맞은 것을 고르시오.

1 Please turn off your cell phone. The performance (start / will start) in a minute.

2 Look at that painter! He (will / is going to) fall off the ladder.

3 Our flight is about (taking / to take) off soon. Please fasten your seat belt.

4 Mr. Garcia is leaving for Frankfurt to participate in the annual book fair (last / next) week.

5 You're sweating! I (am going to / will) turn on the air conditioner.

6 I (am / was) going to drop by your office, but I didn't have enough time.

7 The President (is to visit / is visit) the United Kingdom and Ireland next month.

8 My older sister is pregnant now. She (will / is going to) have a baby in August.

UNIT 13 현재완료

현재완료는 「have(has) p.p.」의 형태로 과거에 일어난 일이 현재까지 영향을 미치고 있는 경우에 쓰며, 크게 '계속, 경험, 완료, 결과'를 나타낸다.

A 현재완료의 용법

1 The company **has grown** <u>since</u> its founding.
그 기업은 창립 이후 계속 성장해왔다.

Walter, <u>how long</u> **have** you **been** in Korea?
Walter, 한국에 온 지 얼마나 되었니?

2 I **have** never **thought** about that <u>before</u>.
나는 전에 그 생각을 해 본 적이 없다.

Have you <u>ever</u> **tried** bungee jumping?
번지점프 해 본 적 있어?

3 Austin **has** <u>just</u> **completed** the application form for a summer camp.
Austin은 막 하계 캠프 신청서를 작성했다.

The construction crew **haven't finished** repaving the road <u>yet</u>.
건설 공사 인부들은 아직 도로 재포장을 끝내지 못했다.

4 I **have lost** my driver's license, so I need to get it reissued.
나는 운전면허증을 분실해서 재발급 받아야 한다. (지금도 못 찾은 상태)

Erica **has gone** to Canada to live with her parents.
Erica는 부모님과 함께 살기 위해 캐나다로 갔다. (가버리고 현재 여기에 없음)

B 과거시제 vs. 현재완료

5 Mr. Walker **worked** as a diplomat for 20 years.
(He doesn't work as a diplomat now.)
Walker 씨는 20년 동안 외교관으로 근무했다.
(그는 지금은 외교관으로 근무하지 않는다.)

Mr. Walker **has worked** as a diplomat for 20 years.
(He still works as a diplomat.)
Walker 씨는 20년 동안 외교관으로 근무하고 있다.
(그는 여전히 외교관으로 근무한다.)

6 The city **converted** the agricultural land into an apartment complex a <u>decade ago</u>.
그 시는 10년 전에 농경지를 아파트 단지로 개조했다.

The city **has converted** the agricultural land into an apartment complex <u>before</u>.
그 시는 이전에 농경지를 아파트 단지로 개조했다.

7 When I **have completed** a tour itinerary, I'll email you a copy of it.
여행 일정표를 완성하면 이메일로 한 부 보내드릴게요.

A

1 계속(계속 ~해왔다): 과거의 어느 시점부터 현재까지 계속되고 있는 동작이나 상태를 나타낸다.

> 주로 함께 쓰이는 표현: for, since, how long 등

2 경험(~해 본 적이 있다): 과거 어느 시점부터 현재까지의 경험을 나타낸다.

> 주로 함께 쓰이는 표현: ever, never, often, seldom, sometimes, before, once한 번, twice, ~ times 등

3 완료(~했다): 과거 어느 시점에 시작된 동작이나 상태가 현재 시점에서 완료된 것을 나타낸다.

> 주로 함께 쓰이는 표현: already, yet, just, now, recently, lately 등

4 결과(그 결과 ~했다): 과거에 행한 동작의 결과가 현재 시점에도 그대로 남아 있음을 나타낼 때 쓴다.

> 주로 함께 쓰이는 표현: go, come, leave, lose 등

B

5 과거시제는 과거의 어떤 시점에 이미 일어난 일을 나타내며, 현재완료는 과거 어느 시점에 일어난 일이 현재에도 계속되고 있거나 현재까지 영향을 미치는 것에 초점을 둔다.

6 현재완료는 명확한 과거를 나타내는 표현과 함께 쓸 수 없다.

> 명확한 과거를 나타내는 표현: yesterday, ~ ago, last ~, when, just now, in+연도, 과거의 날짜 등

⚠ The city **has converted** the agricultural land into an apartment complex a decade **ago**. (x)

7 시간이나 조건 부사절에서는 미래완료 대신 현재완료를 쓴다.

⚠ When I **will have completed** a tour itinerary, I'll email you a copy of it. (x)

C 현재완료를 포함하는 구문

8 <u>This is the first</u> time that I **have posted** my selfie on the social media.
내가 SNS에 셀카 사진을 게시한 것은 이번이 처음이다.

cf. <u>It is the last</u> cake you **are getting** from me.
그게 네가 나한테 받는 마지막 케이크야.

9 Two years **have passed** <u>since</u> our beloved musician died. 우리의 사랑을 받은 음악가가 죽은 지 2년이 된다.

= Our beloved musician **has been** dead <u>for</u> two years.

= It **has been(is)** two years <u>since</u> our beloved musician died.

= Our beloved musician **died** two years <u>ago</u>.

C

8 This(It, That) is the first(second, third, best, worst, only) 등이 이끄는 절에는 흔히 현재완료를 쓴다.

cf. This(It, That) is the last 등이 이끄는 절에는 현재, 현재진행, 미래를 쓸 수 있다.

9 ~한 지 (시간)이 되다:
시간+have(has) passed since+주어+과거시제
= 주어+have(has) ~+for+시간
= It has been(is)+시간+since+주어+과거시제
= 주어+과거시제+시간+ago

GRAMMAR PLUS+

have been to vs. have gone to vs. have been in

1 have(has) been to: ~에 가본 적이 있다(경험), ~에 다녀 왔다(완료)
Have you ever been to Detroit? 디트로이트에 가본 적이 있나요?
I **have been to** Detroit to attend the auto show. 나는 자동차 전시회에 참가하기 위해 디트로이트에 다녀왔다.

2 have(has) gone to: ~에 가고 (여기) 없다(결과)
Logan **has gone to** Detroit to finish his degree at college.
Logan은 대학 학위를 마치기 위해 디트로이트에 가고 (여기) 없다.
cf. 주로 3인칭 주어와 함께 쓴다.
I have gone to Detroit to finish my degree at college. (x)

3 have(has) been in: ~에 죽 있다(계속)
Sofia **has been in** Detroit since last fall. Sofia는 지난 가을부터 죽 디트로이트에 있다.

EXERCISE 04 〉

괄호 안에서 알맞은 것을 고르시오.

1 The villagers have never experienced such extreme flooding (ago / before).

2 Tim (visited / has visited) the Korean Folk Village with his colleagues last Saturday.

3 I (have been / was) to Greenland to see the Northern Lights.

4 This is the first time that I (see / have seen) Rio Carnival.

5 It (was / has been) three years since I last visited my relatives in California.

6 Amy is not here now. She (has been / has gone) to Germany.

7 After you (will have passed / have passed) the test, you will be given your results.

8 Ms. Torres (taught / has taught) high school students English since she came to Korea.

9 When (did you become / have you become) aware of the problem?

10 This is the last time you (will see / have seen) me here.

UNIT 14 과거완료, 미래완료

과거완료는 「had p.p.」의 형태로 과거의 특정 시점을 기준으로 그보다 이전에 일어난 일을 나타내며, 미래완료는 「will have p.p.」의 형태로 미래의 특정 시점을 기준으로 그때까지 일어나게 될 일을 나타낸다. 과거완료와 미래완료 둘 다 현재완료와 마찬가지로 '계속, 경험, 완료, 결과'를 나타낸다.

A 과거완료의 용법

1 Sharon <u>arrived</u> at the airport to discover that her flight **had been** delayed.
Sharon은 공항에 도착해서 자신이 탈 비행기가 지연되었음을 알게 되었다.

2 Mr. Green **had served** in the military for 15 years <u>before he took retirement last month.</u>
Green 씨는 지난 달에 퇴역하기 전에 15년 동안 군복무를 했었다.

3 Donald **had** never **seen** dolphins in the sea <u>before he visited Guam.</u>
Donald는 괌을 방문하기 전에 바다에서 돌고래를 본 적이 없었다.

4 Daisy **had finished** solving all the questions <u>when the bell rang.</u> Daisy는 종이 울렸을 때 모든 문제를 다 풀었었다.

5 She **had lost** her husband to cancer <u>when I first met her.</u> 내가 그녀를 처음 만났을 때 그녀는 암으로 남편을 잃은 상태였다.

B 과거완료를 포함하는 구문

6 The awards ceremony **had** <u>no sooner</u> **ended** <u>than</u> the celebration began. (← <u>No sooner</u> **had** the awards ceremony **ended** <u>than</u> the celebration began.)
시상식이 끝나자마자 기념행사가 시작되었다.
= The awards ceremony **had** <u>scarcely(hardly)</u> **ended** <u>when(before)</u> the celebration began.
(← <u>Scarcely(Hardly)</u> **had** the awards ceremony **ended** <u>when(before)</u> ~ .)
= As soon as the awards ceremony ended, the celebration began.

7 They **had** already **finished** the meeting <u>before</u> he arrived at the conference venue.
그가 회의장에 도착하기 전에 그들은 이미 회의를 끝내 버렸다.

8 I **had hoped** to reserve a morning flight but it was fully booked.
나는 오전 비행편을 예약하기를 바랐지만 완전히 매진되었다.

9 <u>It was the third time</u> that the boy **had asked** the same question.
소년은 똑같은 질문을 세 번째 물었다.

A

1 대과거: 과거의 어느 특정 시점보다 순서상 먼저 일어난 일을 가리킨다.
→ 항공기가 지연된(had been delayed) 것은 Sharon이 공항에 도착한(arrived) 특정 시점보다 먼저 일어난, 즉 대과거의 일이다.

2 계속: (과거의 특정 시점까지 계속) ~해왔다, ~하고 있었다
→ 특정 시점: before he took retirement last month

3 경험: (과거의 특정 시점까지) ~해본 적이 있었다
→ 특정 시점: before he visited Guam

4 완료: (과거의 특정 시점 전에) ~했었다, ~해 버렸다
→ 특정 시점: when the bell rang

5 결과: (그 결과 과거의 특정 시점까지) ~했었다, ~인 상태였다
→ 특정 시점: when I first met her

B

6 'A하자마자 B하다'
주어+had no sooner p.p.(A) ~ than+주어+과거시제(B)
= 주어+had scarcely(hardly) p.p.(A) ~ when (before)+주어+과거시제(B)
= as soon as+주어+과거시제(A), 주어+과거시제(B)
→ 부정어(no sooner, scarcely, hardly)를 문장 앞으로 보내고 주어와 had를 도치할 수도 있다. **참조 UNIT 103 D**

7 before, after, as soon as, when, once 등과 같이 시간의 순서를 분명하게 알 수 있을 때는 과거완료 대신 과거시제를 쓸 수 있다.
= They already **finished** the meeting before he arrived at the conference venue.

8 소망을 나타내는 동사(hope, expect, wish 등)가 과거완료로 쓰이면 과거에 이루지 못한 소망을 나타낸다.

9 This(It, That) was the first(second, third) 등이 이끄는 절에는 흔히 과거완료를 쓴다.

C 미래완료를 포함하는 구문

10 Some employees **will have worked** from home for 4 weeks <u>tomorrow</u>.
내일이면 일부 직원들은 4주 동안 재택근무를 한 것이 된다.

11 Brian **will have watched** the soap drama three times <u>if he watches it again</u>.
Brian은 그 드라마를 다시 보면 세 번 본 셈이 될 것이다.

12 The sale event **will have ended** by the end of the next week. 할인 행사는 다음 주 말에 종료될 것이다.

13 Joe's family **will have left** Korea by this time tomorrow. Joe의 가족은 내일 이 시간쯤이면 한국을 떠나고 없을 것이다.

14 Let's wait <u>until</u> the rain **has stopped**.
비가 그칠 때까지 기다립시다.

C 주로 함께 쓰이는 표현: by, until, by the time (that) ~할 때쯤이면, by the end of 등

10 계속: (미래의 특정 시점까지 계속) ~한 것이 될 것이다
→ 특정 시점: tomorrow

11 경험: (미래의 특정 시점까지) ~을 (몇 번) 한 셈이 될 것이다
→ 특정 시점: if he watches it again

12 완료: (미래의 특정 시점까지는) ~하게 될 것이다
→ 특정 시점: by the end of the next week

13 결과: (그 결과 미래의 특정 시점까지) ~할 것이다, 그대로 ~인 상태일 것이다
→ 특정 시점: by this time tomorrow

14 시간이나 조건의 부사절(when, as, until, if, as long as 등) 다음에는 미래완료 대신 현재완료를 쓴다.
⚠ Let's wait until the rain **will have stopped**. (x)
🔄 참조 **UNIT 13 B**

EXERCISE 05 > 괄호 안에서 알맞은 것을 고르시오.

1 The fans (will have / had) waited for several hours before the movie star finally came.

2 By the time you get to the concert hall, the performance (had / will have) started.

3 Jack finally cleaned up his desk. He (hadn't / hasn't) tidied it up for several months, so it was a big task.

4 No sooner (had / has) Mr. Brown signed the contract than he began to regret the deal.

5 If I (have / will have) finished my work by ten, I'll probably watch a film on TV.

6 This was the fifth time that she (has / had) watched him play "Dr. Jekyll and Mr. Hyde."

7 The engineer could not stop the train until it (had / will have) gone five miles beyond the station.

EXERCISE 06 > 우리말과 뜻이 같도록 괄호 안의 말을 이용하여 문장을 완성하시오.

1 Turner 교수님이 내년에 은퇴할 때면 교단 생활을 20년 이상 한 것이 될 것이다. (teach)
→ Professor Turner ＿＿＿＿＿＿＿＿＿ for more than 20 years until he retires next year.

2 부모는 Hilda가 대학원에 진학하기를 바랐지만 그녀는 그러고 싶어 하지 않았다. (hope)
→ Parents ＿＿＿＿＿＿＿＿ that Hilda would go to a graduate school, but she didn't want to.

3 이 과정을 완수하면 참가자들은 이수 증명서를 받게 될 것이다. (earn)
→ Upon completion of this course, participants ＿＿＿＿＿＿＿＿＿ a certificate.

4 Davis 씨는 지난 달에 공장 문을 닫기 전까지 30년 동안 공장을 운영해 왔다. (operate, close)
→ Mr. Davis ＿＿＿＿＿＿＿＿ the factory for 30 years before he ＿＿＿＿＿＿＿＿ its door last month.

15 진행형

진행형은 「be동사+-ing」의 형태로 어떤 한 시점에 진행되는 일을 나타낸다.

A 진행형의 형태

1 Ellen **is baking** scones with her own recipe now.
Ellen은 지금 그녀 자신의 요리법으로 스콘을 굽고 있는 중이다.

cf. We **are arriving** at our destination on schedule.
우리는 예정대로 목적지에 도착할 것이다. (= will arrive)

2 Martin **was struggling** to attract customers in 1990.
Martin은 1990년에 고객을 유치하느라 애를 먹고 있었다.

3 Dana **will be doing** part-time job from next week.
Dana는 다음 주부터 아르바이트를 하고 있을 것이다.

4 For centuries, we **have been damaging** our environment. 수세기 동안 우리는 우리의 환경을 해치고 있다.

5 I didn't know how long Billy **had been waiting** outside the gate.
나는 Billy가 문 밖에서 얼마나 오랫동안 서 있었는지 알지 못했다.

B 진행형으로 잘 쓰이지 않는 동사

6 Every man **belongs to** a certain culture or society.
모든 사람들은 어떤 문화나 사회에 속해 있다.

7 The USA **consists of** various immigrants, so it is often called a melting pot.
미국은 다양한 이민자들로 구성되어 있어서 종종 용광로라고 불린다.

8 Your idea **sounds** reasonable, but it's not correct.
네 생각은 타당한 것처럼 들리지만, 옳지 않다.

9 Most people **admire** music, but they have diverse tastes in it.
대부분의 사람들은 음악을 좋아하지만 음악에 대한 취향은 다양하다.

10 I **know** the rough idea of the strategy, but I don't **understand** the details.
나는 그 전략의 대략적인 아이디어는 알지만 세부사항은 이해하지 못한다.

C 의미에 따라 진행형으로 쓰일 수 있는 동사

11 He **is having** a hard time being away from his family.
그는 가족과 떨어져서 힘든 시간을 보내고 있다.

The applicant **has** a lot of experience in advertising field. 그 지원자는 광고 분야의 경험이 많다.

A

1 현재진행형(am(are, is) -ing): (현재) ~하고 있다, ~하는 중이다
지금 현재 (일시적으로) 진행되고 있는 일을 나타낸다.

> 함께 자주 쓰이는 표현: now, currently, presently 등

cf. 확정된 일정일 경우 미래 시제 대신 쓰인다.

2 과거진행형(was(were) -ing): (과거에) ~하고 있었다, ~하는 중이었다
과거의 특정 시점에 진행되었던 일을 나타낸다.

3 미래진행형(will be -ing): (미래에) ~하고 있을 것이다, ~하는 중일 것이다
미래의 특정 시점에 진행될 일을 나타낸다.

4 현재완료진행형(have(has) been -ing): (현재까지 계속해서) ~하고 있다, ~하고 있는 중이다
과거의 특정 시점부터 현재까지 진행되는 일을 나타낸다.

5 과거완료진행형(had been -ing): (과거의 특정 시점까지 계속해서) ~하고 있었다, ~하던 중이었다
과거의 특정 시점을 기준으로 그보다 앞서 일어난 일이 과거 시점까지 진행되었음을 나타낸다.

B

6 소유나 소속을 나타내는 동사

> belong to, have, possess, own 등

7 상태를 나타내는 동사

> appear, be, consist of, contain, differ, exist, lack, mean, resemble, seem 등

8 감각을 나타내는 동사

> feel, hear, see, smell, sound, taste 등

9 감정을 나타내는 동사

> admire, dislike, hate, like, love, prefer, respect, want 등

10 인식이나 사고를 나타내는 동사

> believe, imagine, know, realize, recognize, remember, think, understand 등

C

11~15 진행형으로 잘 쓰이지 않는 동사들도 일시적인 동작이나 상태, 변화 과정을 나타내는 의미로 쓰일 경우에는 진행형을 쓸 수 있다.

12 Joe **is resembling** his father more and more every year. Joe는 매해 점점 아버지를 닮아가고 있다.

The flower doesn't **resemble** a lily at all.
그 꽃은 백합과 전혀 안 닮았다.

13 The dentist **is seeing** his patients at the moment.
그 치과 의사는 지금 환자를 진료하고 있다.

She says she can't **see** well at night.
그녀는 밤에 잘 보이지 않는다고 말한다.

14 The chef **is tasting** the dish to see if it is delicious.
주방장은 맛있는지 확인하기 위해 요리를 맛보고 있다.

This wine **tastes** a little bit sour.
이 포도주는 약간 시큼한 맛이 난다.

15 I'm now **understanding** what you feel inside.
이제야 네 속마음이 이해가 되고 있다.

I don't **understand** the complicated manual.
나는 그 복잡한 매뉴얼을 이해하지 못하겠다.

동사	진행형 O	진행형 X
be	~하게 굴다(행동하다)	~이다
feel	(기분이) 들다	(촉감으로) 느끼다
have	먹다, (시간을) 보내다	가지다
resemble	닮아가고 있다	닮다
see	배웅하다, 만나다	보다, 이해하다
smell	(코를 대고) 냄새를 맡아 보다	(냄새가) 나다
taste	맛을 보다	~맛이 나다
think	(곰곰이) 생각(숙고)하다	~라고 생각(인식, 판단)하다
understand	이해가 되고 있다	이해하다, 알다

GRAMMAR PLUS+

1 현재시제 vs. 현재진행형

▶ Charles **takes** a warm shower each night before he goes to bed. <규칙적으로 반복되는 일상의 일 → 현재시제>
Charles는 매일 밤 잠들기 전에 따뜻한 물에 샤워를 한다.

▶ Charles **is taking** a shower now so he can't answer the phone. <지금 일시적으로 하고 있는 일 → 현재진행형>
Charles는 지금 샤워를 하고 있어서 전화를 받을 수 없다.

cf. always, continually 등과 함께 진행형을 쓰면 아주 빈번하게 일어나는 (못마땅한) 사건이나 상황을 나타낸다.
I'm always **forgetting** my own username or password. 나는 걸핏하면 사용자 이름이나 비밀번호를 잊어버린다.

2 현재완료 vs. 현재완료 진행

▶ She **has read** *The Great Gatsby* written by Fitzgerald. <현재 시점에서 완료된 일 → 다 읽음>
그녀는 Fitzgerald의 '위대한 개츠비'를 다 읽었다.

▶ She **has been reading** *The Great Gatsby* written by Fitzgerald. <현재까지 계속 진행되는 일 → 다 읽지 못함>
그녀는 Fitzgerald의 '위대한 개츠비'를 읽고 있다.

EXERCISE 07 ▷

밑줄 친 부분이 어법상 맞으면 T, 틀리면 F로 표시하고 바르게 고쳐 쓰시오.

1 Currently, the family restaurant <u>was conducting</u> a customer satisfaction survey.

2 The manager points out that she <u>is being</u> rude to customers.

3 The Millers <u>will be celebrating</u> their 25th wedding anniversary when I visited them.

4 Oh, I'm sorry for my previous misunderstanding. Now I <u>see</u> what you mean.

5 Hugh <u>is continually finding</u> fault with others and criticizing their behavior.

6 That cell phone <u>is belonging to</u> me. I just left it there accidentally.

7 The girl <u>is smelling</u> the muffins that her mom has just baked.

01 괄호 안의 동사를 알맞은 형태로 바꾸어 쓰시오.

1 In general, sound _____ fastest in solids, the next fastest in liquids, and slowest in gases. (travel)

2 The charity _____ thousands of endangered animals since it was founded in 2000. (rescue

3 Lucy _____ vitamin C supplements for years and seldom catches a cold in winter. (take)

4 The delivery man _____ a hard time finding the recipient's contact information right now. (have

5 The organizer distributed the event flyer and realized she _____ the name of the venue.
(misspell)

02 밑줄 친 부분을 어법에 맞게 고쳐 쓰시오.

1 When has the car accident happened?

2 Lightning and thunder are striking. It will rain soon.

3 You will automatically receive a text message when your order will be ready to be shipped out.

4 The endangered tribe inhabited the valley since their ancestors arrived about 700 years ago.

5 Matt will have published a total of five detective novels if he will publish a new novel again.

03 두 문장의 뜻이 같도록 빈칸에 알맞은 말을 쓰시오.

1 According to the forecast, it will be partly cloudy tomorrow.

→ According to the forecast, it _____ _____ _____ be partly cloudy tomorrow.

2 The dance began to overwhelm the world about two years ago, and it is still overwhelming the world now.

→ The dance _____ _____ _____ _____ _____ for about two years.

3 Our research center was established more than a decade ago.

→ More than a decade_____ _____ _____ _____ _____ _____
_____ _____.

4 As soon as a tsunami struck the area, people fled from the seashore to their homes.

→ No _____ _____ _____ _____ _____ _____ _____ than
people fled from the seashore to their homes.

04 우리말과 뜻이 같도록 괄호 안의 말을 이용하여 문장을 완성하시오.

1 Joe는 과학 시간에 지구의 자전으로 낮과 밤이 생긴다는 것을 배웠다. (rotation, cause)

→ In the science class, Joe learned _____.

2 시내 도로에 공중전화박스들과 우체통들이 있었는데 지금은 없다. (be, phone booths, mailboxes)

→ There _____ on the streets of the town.

3 저희의 의류 신제품이 3월 27일 다음 주 금요일에 출시될 예정입니다. (due, launched)

→ Our brand-new line of apparel _____ next Friday, March 27.

4 최근 선진국의 평균 출생률이 급격히 감소해 왔다. (drastically, decrease, recent years)

→ The average birth rates in the developed countries _____.

5 Dorothy는 전액 장학금을 받기를 바랐지만, 받지 못했다는 말을 전해 들었다. (hope, get a full scholarship)

→ Dorothy _____, but she was told that she'd failed to get one.

6 커피는 로스팅 시간에 따라 다른 맛이 난다. (different)

→ Coffee _____ depending on how long it's roasted.

7 Anderson 씨가 설치 버튼을 클릭하자마자 그의 노트북 컴퓨터가 고장나 멈추었다. (scarcely, install button, crash, freeze)

→ Ms. Anderson _____ when his laptop _____.

05 다음 글을 읽고 물음에 답하시오.

In the previous time, most people ① took up a job and stuck to it for their whole life. Therefore, there ② would be little change in the working environment. However, today we ③ live in the period of the rapid changes. People tend to stay in the same job only for a few years or even for a few months. Furthermore, technology and business practices ④ have changed quickly. As a result, it is very critical that we ⑤ should keep learning throughout our lives in order to succeed in this constantly changing environment. (A) 만일 우리가 톱을 날카롭게 하는 데 시간을 보내지 않는다면, we will no longer be able to survive in the job world.

1 위 글의 밑줄 친 ①~⑤ 중에서 어법상 틀린 부분을 찾아 바르게 고치시오.

_____ → _____

2 위 글에서 밑줄 친 (A)와 뜻이 같도록 괄호 안의 말을 이용하여 문장을 완성하시오. (spend, some time)

→ _____ sharpening the saw

REVIEW TEST

01 다음 빈칸에 들어갈 말로 알맞은 것은?

It's weird that I haven't seen Brad for a while. He _____ here every other day.

① volunteer
② volunteers
③ will be volunteering
④ had volunteered
⑤ was going to volunteer

02 다음 빈칸에 들어갈 말로 알맞은 것을 <u>모두</u> 고르면?

The final interview _____ in a few days.

① was concluded
② is due to be held
③ usually lasts an hour
④ has been conducted
⑤ is scheduled to take place

[03-04] 다음 우리말과 뜻이 같도록 빈칸에 들어갈 말로 알맞은 것을 고르시오.

03

Daniel은 선셋 비치에서 찍은 셀카 사진을 올렸다.
→ Daniel posted his selfie that he _____ at Sunset Beach.

① takes   ② is taking
③ had taken   ④ will have taken
⑤ is going to take

04

이번 주 금요일까지 저희 제안에 대한 수락 여부를 알려 주십시오.
→ Please let us know by this Friday if you _____ our proposal.

① accept   ② will have accepted
③ will accept   ④ had accepted
⑤ were accepting

05 다음 빈칸에 들어갈 말이 나머지와 <u>다른</u> 것은?

① I _____ lost my passport so I don't have it now.
② The gallery _____ operated for 30 years before it closed down last month.
③ They _____ been developing a new medicine for the incurable disease for years since 2018.
④ Bob and Julia seem to have good chemistry. They _____ dated for over 4 years.
⑤ The construction company will _____ completed construction of a skyscraper by the end of this year.

06 다음 중 어법상 옳은 것은?

① I bet she still won't have done her homework by the time <u>we'll</u> get home.
② Nothing will change as long as we <u>won't</u> change our mind.
③ This was the third time that he <u>had experienced</u> this condition.
④ The U.S. Senate <u>is consisting</u> of two elected officials from each state.
⑤ Fans <u>have</u> reserved their tickets for the tournaments before they were sold out.

07 다음 중 의미하는 바가 나머지와 <u>다른</u> 것은?

① As soon as the earthquake occurred, the government set up a disaster center.
② When the earthquake occurred, the government was about to set up a disaster center.
③ The earthquake had scarcely occurred when the government set up a disaster center.
④ Hardly had the earthquake occurred before the government set up a disaster center.
⑤ No sooner had the earthquake occurred than the government set up a disaster center.

08 다음 중 어법상 틀린 것은?

① The flight to Guam is departing in approximately one hour.
② Prior to this incident on May 15th, I had never had any major issues with your electronics.
③ We had a short brainstorming session before we came up with a good solution.
④ Please feel free to contact us, and our customer service representatives will happily assist you.
⑤ You will be an expert after you will have completed a comprehensive training course.

09 다음 빈칸에 들어갈 말이 바르게 짝지어진 것은?

- Chloe is delighted to hear that her favorite K-pop singer _____ tomorrow.
- The local company _____ the non-profit organization since early 1990.

① came — sponsors
② will come — sponsored
③ is going to come — sponsored
④ is coming — has sponsored
⑤ has come — had sponsored

10 다음 중 문장 전환이 바르지 않은 것은?

① La Tomatina began to be held in 1945. It is still held.
  → La Tomatina has been held since 1945.
② There used to be so much forest here.
  → There would be so much forest here.
③ The plane was to land at midnight.
  → The plane was scheduled to land at midnight.
④ The economist predicts that things will be different next month.
  → The economist predicts that things are going to be different next month.
⑤ Dana transferred to the Department of Digital Media six months ago.
  → Six months have passed since Dana transferred to the Department of Digital Media.

11 다음 밑줄 친 부분과 쓰임이 같은 것은?

I have never seen such a miraculous thing.

① The romantic comedy movie has just released online.
② Austin has visited the natural history museum several times.
③ The Italian restaurant has been in business since 2000.
④ The community center has finished its renovations.
⑤ Billy has lost his experiment report, so he needs to print it out again.

12 다음 빈칸에 들어갈 말로 알맞은 것은?

The picky guest started to complain about the quality of the service an hour ago. He is still complaining now.
→ The picky guest _____ about the quality of the service for an hour.

① complains
② was complaining
③ had complained
④ was going to complain
⑤ has been complaining

13 다음 중 어법상 틀린 문장의 기호를 모두 쓰시오.

(a) I'm wondering when the damaged network will be repaired.
(b) Roy has used his tablet for three years before it broke down.
(c) I've been knowing Paul is a hard-working student and usually reviews his lessons after dinner.
(d) Charles is getting more and more resembling his grandfather in appearance each year.
(e) Frogs are belonging to the class of amphibians which can live both on land and in water.
(f) Oh, the phone is ringing. I'm going to answer it.

1 다음 글의 밑줄 친 부분 중, 어법상 틀린 것은?

transfer 이전하다
developed country 선진국
destination 목적지
consumer 소비자
preserve 보존하다
impact 영향
sustainable 지속 가능한
highlight 강조하다
emerge 출현하다, 등장하다
implement 시행하다
strategy 전략
potential customer 잠재 고객

Today tourism ① is one of the most important export industries in the world. It is usually regarded as an effective and efficient method to transfer income from developed countries to developing countries because of the purchase of services or goods carried out by tourists while visiting foreign destinations. Among travel professionals and consumers, responsible travel ② has recently become a hot topic. It has a specific emphasis on travel that preserves the natural and cultural resources of destinations, gives economic benefits to the countries you are visiting, and ③ reduces negative impacts on the environment and society. The green hotel, or environmentally sustainable hotel, has become a popular concept that is used to highlight the green image of the hotel. The real concept of green marketing ④ has emerged in the late 1980s. Hotels ⑤ have been implementing green marketing strategies in order to attract more potential customers since then.

2 (A), (B), (C)의 각 네모 안에서 어법에 맞는 표현으로 가장 적절한 것은?

routine (판에 박힌) 일상
shift 변화, 이동
achievable
성취할 수 있는, 달성할 수 있는
associate A with B
A와 B를 결부시켜 생각하다
reminder 상기시키는 것
attain 이루다
prompt 프롬프트, 상기시켜 주는 말

If you'd like to change your routine, it helps to make the shift as effortless as you can. One way to do this is to decide on a specific and achievable goal, and then to associate the desired new behavior with something that (A) has / had already been part of your routine. As research suggests, establishing these kinds of "when-then" reminders can increase your chances of attaining your aims. For instance, if you're trying to build exercise into your daily routine, it's going to take time for your brain to form all the new connections needed for you to develop a new desired habit. But if you (B) use / will use something that you already do regularly as a prompt for the action that you want to take, you will make immediate progress. You might say to yourself, "When I go to lunch, then I will take the stairs instead of the elevator." You may go further and say "Whenever I have a choice between the two, then I (C) have taken / will take the stairs."

	(A)		(B)		(C)
①	has	....	use	....	have taken
②	has	....	will use	....	have taken
③	has	....	use	....	will take
④	had	....	will use	....	have taken
⑤	had	....	use	....	will take

Auxiliary Verbs

개념
be동사나 일반동사 앞에 쓰여서 보조적 의미를 더하는 말

종류 및 의미
can · could: 능력, 허락, 요청, 제안, 가능성, 추측, 의문
may · might: 불확실한 추측, 가능성, 허락, 제안
will · would · used to: 의지, 고집, 거절, 추측, 요청, 습성, 경향
should · ought to: 의무, 권고, 예상, 추측
must · have to: 의무, 필요, 금지, 불필요, 추측, 확신
need: 필요

조동사

CHAPTER
04

UNIT
16
can ·
could

UNIT
17
may ·
might

UNIT
18
will · would
· used to

UNIT
19
should ·
ought to

UNIT
20
must ·
have to

UNIT
21
dare ·
need

UNIT 16 can·could

A 능력

1 He **can** finish a marathon in 3 hours.
그는 3시간에 마라톤을 완주할 수 있다.

= He **is able to** finish a marathon in 3 hours.

2 Humans **can't** see well in the darkness.
인간은 어둠 속에서 잘 볼 수 없다.

= Humans **are not able to** see well in the darkness.

3 I **could** walk on my hands for several minutes when I was young. 나는 젊었을 때 몇 분 동안이나 물구나무서서 걸을 수 있었다.

4 She **will be able to** return to politics in a week.
그녀는 일주일 뒤면 정계에 복귀할 수 있을 것이다.

B 허락 · 요청 · 제안

5 **Can** I take sick leave to care for my family member?
제가 가족의 병간호를 위해 병가를 내도 될까요?

6 You **can** have a tart after finishing your salad.
네가 샐러드를 다 먹은 후에는 타트를 먹어도 좋다.

7 You **can't** use my laptop today. I need it myself.
너는 오늘은 내 노트북을 쓰면 안 돼. 내가 써야 해.

8 **Can(Could)** you call me back at 3 o'clock?
저에게 3시에 다시 전화해 주시겠어요?

9 **Can** I give you a ride to the campsite in the valley?
제가 당신을 계곡에 있는 야영지까지 태워드릴까요?

C 가능성 · 추측 · 의문

10 Energy drinks **can** have a bad health effect on you.
에너지 음료는 여러분에게 건강상 안 좋은 영향을 끼칠 수 있습니다.

11 It's sunny today but it **could** snow tomorrow.
오늘은 화창하지만 내일은 눈이 내릴 수도 있습니다.

12 She **can't(couldn't)** be there at this late hour.
그녀가 이 늦은 시간에 거기에 있을 리가 없다.

13 One of the survivors **could have written** the book.
생존자들 중 한 명이 그 책을 집필했을 수도 있다.

14 You **could have used** a different word or phrase.
당신이 다른 단어나 어구를 사용할 수도 있었잖아요.

A

1 can+동사원형: ~할 수 있다
= am(are, is) able to+동사원형
= am(are, is) capable of+동명사
현재의 능력을 나타낸다.

2 cannot(can't)+동사원형: ~할 수 없다
= am(are, is) not able to+동사원형
현재의 불능을 나타낸다.

3 could+동사원형: ~할 수 있었다
= was(were) able to+동사원형
과거의 능력을 나타낸다.

4 will be able to+동사원형: ~할 수 있을 것이다
미래의 능력을 나타내며, 2개의 조동사를 연달아 쓸 수 없다.

⚠ She **will can** return to politics in a week. (x)

B

5 허락을 구함: ~해도 될까요?

6 허락함: ~해도 좋다

7 불허: ~해서는 안 된다

8 요청이나 부탁: ~해 주시겠어요?
could는 can보다 더 정중한 요청을 나타낸다.

9 제안: ~할까요?

C

10 can은 어떤 일이 일반적으로 또는 논리적으로 발생할 가능성
(~할 수도 있다)을 나타낼 수 있다.

11 could는 현재나 미래에 대해 불확실한 가능성·추측을 나타낼
수 있다. can은 불확실한 가능성에 대해서는 쓰이지 않는다.

12 cannot(could not)은 현재에 대한 부정적 추측(~할 리가
없다)을 나타낼 수 있는데, 미래에 대한 부정적 추측은
cannot으로만 나타낼 수 있다.
↔ must: ~임이 틀림없다

13~14 could have p.p.

13 과거에 대한 불확실한 추측: ~했을 수도 있다

14 과거의 사실과 반대되는 가능성: ~했을 수도 있는데 (안 했다)

15 She **can't(couldn't) have been** there that night.

그녀가 그날 밤 거기에 있었을 리가 없다.

= It is impossible that she was there that night.

16 Can that really be possible? 과연 그것이 정말로 가능할까?

D 관용표현

17 I **can't help smiling** at my youngest son.

나는 막내 아들에게 미소를 짓지 않을 수 없다.

= I **can't (help) but smile** at my youngest son.

= I **have no choice but to smile** at my youngest son.

18 We **can't** emphasize the value of ethics **too much**.

우리가 윤리의 가치를 아무리 강조해도 지나치지 않는다.

= We **can't** emphasize the value of ethics **enough**.

19 He **can't** speak in public **without** getting nervous.

그는 사람들 앞에서 말하면 꼭 긴장을 한다.

20 You **can't** eat your cake **and** have it.

케이크를 먹고 동시에 가지고 있을 수는 없다.

15 cannot(could not) have p.p.: ~했을 리가 없다

과거에 대한 부정적 추측을 나타낸다.

16 강한 의문·의심: 과연 ~일까?

D

17 cannot help + 동명사: ~하지 않을 수 없다

= cannot (help) but + 동사원형

= have no choice but to + 동사원형

18 cannot ~ too much: 아무리 ~해도 지나치지 않다

= cannot ~ enough ⟳참조 **UNIT 75 B**

19 cannot A without B: A하면 반드시 B한다,

B하지 않고서는 A할 수 없다

20 cannot A and B: A하고 동시에 B할 수는 없다

GRAMMAR
PLUS+

do는 일반동사 외에도 조동사로서 다양한 역할을 한다.

1 일반동사가 사용된 문장을 의문문이나 부정문으로 만들 때 쓰인다.

▶ Where **did** you go on your vacation? 휴가는 어디로 갔어?

▶ She **doesn't** even remember her name. 그녀는 심지어 자신의 이름조차 기억하지 못한다.

2 일반동사의 의미를 강조할 때 일반동사 앞에서 쓰인다.

▶ It **did** disappear in front of my eyes. 그것은 정말로 내 눈앞에서 사라져 버렸다.

3 일반동사가 사용된 문장에서 부정어가 문두로 도치될 때 주어 앞에 쓰인다.

▶ Never **did** I dream of meeting her in person. 나는 그녀와 직접 만나게 될 거라고는 꿈도 꾸지 못했다.

4 일반동사(구)의 반복을 피하기 위한 대동사로서 쓰인다.

▶ Now my son runs faster than I **do**. 이제 내 아들이 나보다 더 빨리 달린다.

▶ He keeps his house clean, and so **does** his wife. 그는 집을 깨끗이 관리하는데, 그의 아내도 그렇다.

EXERCISE
01

괄호 안에서 알맞은 말을 고르시오.

1 Do you think they will (can / be able to) make it to the national tournament?

2 People at the back can't hear you. (Do / Can) you speak up a little?

3 Jeff couldn't (rob / have robbed) the bank yesterday. He was with us all day.

4 This book is boring. I can't read it (without / before) falling asleep.

5 The rail minister couldn't help (take / taking) tougher measures on fare dodgers on trains.

6 This house (can / is able to) be very cold in winter and very hot in summer.

A 불확실한 추측 · 가능성

1 The child **may(might)** be Oliver's lost daughter.
그 아이는 Oliver의 잃어버린 딸일지도 모른다.

2 She **may(might) not take** the rumor seriously.
그녀는 그 소문을 심각하게 받아들이지 않을지도 모른다.

3 A natural gas leak **may(might) have caused** the explosion.
천연가스 누출이 그 폭발을 일으켰을지도 모른다.

4 The theater director didn't give her a lead role. She **might have been** perfect for it.
그 연극 감독은 그녀에게 주인공 배역을 주지 않았다. 그녀가 그 배역에 안성맞춤이었을지도 모르는데.

5 He **may(might) not have enlisted** in the army.
그는 입대하지 않았을지도 모른다.

B 허락 · 제안

6 You **may(can)** observe classes and talk with teachers.
여러분은 수업에 참관하거나 교사들과 이야기할 수 있습니다.

7 Campers **may not** have any alcoholic beverages or cigarettes, including e-cigarettes.
야영객들은 주류나 전자 담배를 포함한 담배류를 소지하면 안 됩니다.

8 A: **May** I enter the conference room now?
제가 지금 회의장에 들어가도 될까요?
B: Yes, you **may(can)**. 네, 들어가도 됩니다.
No, you **may not(can't)**. 아니요, 들어가면 안 됩니다.

9 **May** I offer you some advice on the article?
제가 그 기사에 대해 조언을 좀 해도 될까요?

C 관용표현

10 **May** you have a long and content life!
오래도록 만족한 삶을 살기를!
= I(We) **wish** you have a long and content life!

11 She **may(might) well disagree** with your decision.
그녀가 너의 결정에 동의하지 않는 것도 당연하다.
= She **has good(every) reason to disagree** with your decision.

A

1 may(might) + 동사원형: ~일지도 모른다
현재나 미래에 대한 불확실한 추측·가능성을 나타낸다.
might는 may보다 더 불확실한 추측·가능성을 나타내며, 과거에 대한 추측이 아닌 것에 유의해야 한다.

2 may(might) not + 동사원형: ~하지 않을지도 모른다

3 may(might) have p.p.: ~했을지도 모른다
과거에 대한 불확실한 추측을 나타낸다.

4 might have p.p.: ~했을지도 모르는데 (안 했다)
과거의 사실과 반대되는 가능성을 나타내며, 유감·비난의 의미가 내포되어 있다. may는 이 경우에 쓰이지 않음

5 may(might) not have p.p.: ~하지 않았을지도 모른다
과거에 대한 부정적 추측을 나타낸다.

B

6 허락: ~해도 된다
허락의 may는 can보다 더 격식을 차린 표현이며, might는 허락의 의미로 거의 사용되지 않는다.

7 불허: ~해서는 안 된다

8 허락의 요청과 이에 대한 응답

9 정중한 제안: ~할까요?

C

10 May + 주어 + 동사원형 ~!: (부디) ~하기를!
may는 기원·소망을 나타낼 때 쓰인다. might는 이 경우에 쓰이지 않음

11 may(might) well + 동사원형: ~하는 것도 당연하다
= have good(every) reason to + 동사원형

12 We **might(may) as well stay** here.
우리는 여기에 머무는 편이 낫겠어.

cf. We **had better stay** here.　우리는 여기에 머무는 편이 낫겠어.

13 I **may as well** go to prison **as** give false testimony.
나는 위증을 하느니 차라리 감옥에 가는 편이 낫겠다.

14 We need to learn from failures **so (that)** we **may develop** ourselves.
우리는 발전하기 위해 실패를 통해 배울 필요가 있다.

15 Whatever they **may** say to me, my trust in you won't change.
그들이 나에게 무슨 말을 하든지, 너에 대한 나의 믿음은 변하지 않을 거야.

12 may(might) as well+동사원형: ~하는 편이 낫다
현 상황에서는 최선의 선택이라는 의미를 내포한다.

cf. had('d) better+동사원형: ~하는 편이 낫다, ~해야 한다
강력한 권고·지시를 나타낸다.

13 may as well A as B: B하느니 차라리 A하는 편이 낫다
↻참조 UNIT 77C

14 목적(~하기 위해)을 나타내는 부사절에서 쓰인다.
so (that)+주어+may(might, can, will)+동사원형

15 양보(~하든지, ~하더라도)를 나타내는 부사절에서 쓰인다.

GRAMMAR PLUS+

had better의 주요 용법

1 had better의 부정형은 had better not이다.
▶ **I'd better not** leave my bag there. Someone might steal it.
　내 가방을 거기에 두지 않는 편이 낫겠어. 누군가 훔쳐갈지도 모르니까.

2 had better는 강력한 권고·지시이므로 의무인 경우 must나 have to를 써야 한다.
▶ You **have to(must)** have a driving license to hire a car.　차를 빌리려면 운전면허증이 있어야 합니다.
⚠ You**'d better** have a driving license to hire a car. (x)

3 had better와 would rather 둘 다 '~하는 편이 낫다'는 의미지만, 선호를 나타낼 때는 반드시 would rather를 써야 한다.
▶ **I'd better** get a taxi. The buses are so slow.　나는 택시를 타는 편이 낫겠어. 버스는 너무 느려.
▶ **I'd rather** get a taxi. I don't like buses.　나는 택시를 타는 편이 낫겠어. 나는 버스를 좋아하지 않아.

4 격식을 차리지 않는 대화에서는 had('d)를 생략하기도 한다.
▶ You **better** leave now.　너는 지금 떠나는 편이 낫겠다.

EXERCISE 02 >

괄호 안에서 알맞은 말을 고르시오.

1 (May / Might) everything go well with you!

2 Sally is not answering the phone. She may (be / have been) at the gym.

3 I may as well have takeaway for dinner (so / as) cook at home.

4 He (may well / may as well) be disappointed. He has been working really hard for it.

5 Try to feel happiness in life however trivial it (may / may well) seem.

6 Inside information was leaked to the competitor. Leo might (divulge / have divulged) it.

7 They are learning taekwondo (so / as) they may protect themselves.

8 I might (help / have helped) them, but they didn't even contact me.

9 She might (not have / have not) told the truth about the incident.

UNIT 18 will·would·used to

A 의지 · 고집 · 거절

1 Whatever happens in the future, the student union **will** be on your side.
앞으로 무슨 일이 생기든지, 학생회는 너의 편이 되어 줄 거야.

2 This stain **will not(won't)** wash out.
이 얼룩은 잘 지워지지 않는다.

3 He **would** patronize the orphans despite his financial difficulties.
그는 재정적 어려움에도 불구하고 그 고아들을 후원하려고 했다.

4 Her parents tried hard to persuade her, but she **would not(wouldn't)** listen to them.
그녀의 부모님은 그녀를 설득하려 애썼지만, 그녀는 그들의 말을 들으려고 하지 않았다.

B 추측 · 요청

5 That **will(would)** be a delivery person knocking on the door. I ordered pizza.
문 두드리는 사람은 배달원일 거야. 내가 피자를 주문했어.

6 The witness **would have changed** her mind before the trial.
그 목격자는 재판 전에 생각을 바꾸었을 것이다.

7 I **would have called** him, but I didn't have his number.
내가 그에게 전화를 했을 텐데, 나에게 그의 전화번호가 없었다.

8 **Will(Would)** you please fill out the registration form and sign it at the bottom?
등록 서류를 작성하고 밑에 사인해 주시겠어요?

C 습성 · 경향

9 A drowning man **will** clutch at a straw.
물에 빠진 사람은 지푸라기라도 붙잡으려고 한다.

10 My grandmother **would(used to)** make me delicious pumpkin soup.
나의 할머니는 나에게 맛있는 호박 수프를 만들어주곤 하셨다.

11 There **used to** be a swamp here before the airport was constructed.
공항이 건설되기 전에는 이곳에 습지가 있었다.

A

1 will+동사원형: (반드시) ~하겠다
현재의 의지·고집을 나타낸다. will의 축약형('ll)을 쓰지 않고 그대로 will을 쓰면 주어의 의지를 강조할 수 있다.

2 will not(won't)+동사원형: (좀처럼) ~하려고 하지 않는다
will의 부정은 현재의 고집·거절을 나타낸다.

3 would+동사원형: (반드시) ~하려고 했다
과거의 의지·고집을 나타낸다.

4 would not(wouldn't)+동사원형: (좀처럼) ~하려고 하지 않았다
would의 부정은 과거의 고집·거절을 나타낸다.

B

5 현재·미래에 대한 추측: ~일 것이다
will과 would는 확실한 추측을 나타내는데, would는 will보다 확실성의 정도가 덜하다.

6~7 would have p.p.

6 과거에 대한 단순한 추측: ~했을 것이다

7 과거의 사실을 반대로 가정하여 추측: ~했을 텐데 (안 했다)

8 요청이나 부탁: ~해 주시겠어요?
would는 will보다 더 공손한 요청을 나타낸다.

C

9 일반적인 습성·경향: ~하기 마련이다, ~하려고 한다

10 would(used to)+동사원형: ~하곤 했다
would는 단순히 과거의 습성을 나타내고, used to는 현재는 중단된 과거의 습성을 나타낸다.

11 used to+동사원형: ~이었다 (더 이상 그렇지 않다)
used to는 과거의 상태를 나타낼 수 있지만 would는 과거의 상태를 나타낼 수 없다.

⚠ There **would** be a swamp here before the airport was constructed. (x)

12 We **would like to book** balcony seats to have the best view of the stage.
저희는 무대를 잘 볼 수 있도록 발코니 좌석을 예약하고 싶어요.

13 I **would rather** go get some fresh air (**than** sit on the couch all day).
난 (하루 종일 소파에 앉아 있느니) 차라리 바람 좀 쐬러 가겠어.

14 **Would(Do) you mind waiting** in line for a while?
잠시 줄을 서서 기다려 주시겠어요?

= **Would(Do) you mind if you wait** in line for a while?

15 He **is used(accustomed) to driving** on the left now.
그는 이제 좌측으로 운전하는 데 익숙하다.

cf. Vinegar **is used to remove** pesticides from fruits.
식초는 과일에 있는 농약을 제거하는 데 사용된다.

D

12 would like to + 동사원형: ~하고 싶다

13 would rather(sooner) A (than B): (B하느니) 차라리 A하겠다

14 Would(Do) you mind + 동명사 ~?: ~해 주시겠어요?
= Would(Do) you mind if + 주어 + 동사원형 ~?

15 be used(accustomed) to + (동)명사: ~에(하는 데) 익숙하다

cf. be used to + 동사원형: ~하는 데 사용되다
use의 수동태 표현과 혼동하지 않도록 주의하여야 함

GRAMMAR PLUS+

used to의 부정형과 의문문

1 used to의 부정형은 보통 「never used to + 동사원형」 또는 「didn't use to + 동사원형」의 형태로 쓰인다.
「used to not + 동사원형」 혹은 「used not to + 동사원형」도 존재하나 실제로는 거의 쓰이지 않는다.
▶ I **never used to snore** before I gained weight. 나는 살이 찌기 전에는 코를 골지 않았다.
= I **didn't use to snore** before I gained weight.

2 의문문이나 부가의문문을 만들 때는 used to를 쓰지 않고 did를 활용한다.
▶ **Did** you **use to** be an introvert as a kid? 너는 어릴 때 내성적인 아이였니?
▶ You **used to** be an introvert as a kid, **didn't you**? 너는 어릴 때 내성적인 아이였어, 그렇지 않니?

EXERCISE 03 >

밑줄 친 부분에 유의하여 우리말로 옮기시오.

1 Children will love to run and play outdoor games.

2 He pulled at the front door repeatedly but it wouldn't open.

3 They would play in the mud puddles on rainy days.

4 Would you gentlemen please move aside for the elderly?

5 I would have continued studying, but I had to support my family.

6 When he stayed in New York, he used to be a regular customer of Jay's bar.

7 I would rather work overtime tonight than come to work early tomorrow.

8 She didn't use to eat any green vegetables before she was sixteen.

9 We are used to living in a remote village now.

10 By now they would have heard the news about the discovery.

should·ought to

A 의무·권고

1 He **should(ought to)** apologize to the customers for being rude.
그는 자신의 무례에 대해 고객들에게 사과해야 한다.

2 You **shouldn't** underestimate the value of a well-balanced diet. 당신은 균형 잡힌 식단의 가치를 과소평가해서는 안 된다.

3 Parents **ought not to** punish their children for making mistakes.
부모는 자녀들이 실수를 저질렀다고 해서 벌을 줘서는 안 된다.

4 I **should(ought to) have followed** my thesis director's advice earlier.
내가 더 일찍 논문 지도교수의 조언대로 했어야 했는데.

B 합리적 예상·개연성이 높은 추측

5 She has many friends. There **should(ought to)** be a crowd of people at her wedding.
그녀는 친구가 많다. 그녀의 결혼식에 많은 사람들이 올 것이다.

6 He left his office at 5 p.m. He **should(ought to) have gotten** home around 6 p.m.
그는 5시에 퇴근했다. 그는 6시쯤에 집에 도착했을 것이다.

C 중요 용법

a) 중요성·소망의 강조

7 We <u>suggested</u> that they **(should) do** the experiment more than once.
우리는 그들이 몇 번은 실험을 해야 한다고 제안했다.

cf. It <u>suggested</u> that they **had done** the experiment more than once over the past two years.
그것은 그들이 지난 2년간 몇 번은 실험을 했다는 것을 암시했다.

8 It is <u>essential</u> that we **(should) develop** an efficient marketing strategy.
우리는 효과적인 마케팅 전략을 개발하는 것이 필수적입니다.

9 My <u>wish</u> is that I **(should) not be** considered for the position. 제 바램은 제가 그 직책에 고려되지 않는 것입니다.

b) 개인적 감정·판단의 강조

10 We deeply <u>regret</u> that he **should be** ill.
그가 병이 들다니 우리는 매우 유감스럽다.

A

1 should(ought to)＋동사원형: ~해야 한다
도덕적으로 타당한 의무와 권고를 나타내며, 일반적으로는 should가 많이 쓰인다. ought to는 다소 격식이 있는 표현이다.

2 should의 부정: should not(shouldn't)＋동사원형

3 ought to의 부정: ought not to＋동사원형

4 should(ought to) have p.p.: ~했어야 했는데 (하지 않았다)
과거에 대한 후회·유감을 나타낸다.

B

5 should(ought to)＋동사원형: ~할 것이다
근거를 바탕으로 어떤 일이 일어날 것이라는 합리적 예상·개연성이 높은 추측을 나타낸다.

6 should(ought to) have p.p.: ~했을 것이다
과거에 대한 합리적 예상·개연성이 높은 추측을 나타낸다.

C

a)

7~9 should는 미래 지향적인 명령·요구·제안·권고·주장·동의·결정·소망·중요·당위를 나타내는 단어(동사·형용사·명사) 뒤의 that절에서 쓰이며, 일반적으로 생략된다.
참조 **UNIT 71 A**

7 advise, command, decide, demand, insist, order, propose, recommend, request, suggest, urge 등의 동사 뒤에서 쓰이는 경우

cf. 미래 지향적인 일이 아닌 사실에 대해서는 that절에 should를 쓰지 않고 직설법을 사용한다.

8 crucial, desirable, essential, important, necessary, vital 등의 형용사 뒤에서 쓰이는 경우

9 advice, decision, order, recommendation, suggestion, wish 등의 명사 뒤에서 쓰이는 경우

b)

10~12 should는 유감·놀라움 등의 개인적 감정 및 판단을 나타내는 단어(동사·형용사·명사) 뒤의 that절에 쓰여 그 감정 및 판단을 강조하며 '~하다니'로 해석할 수 있다. 미국 영어에서는 통상 would를 쓴다.

11 It is <u>odd</u> that the new student **should transfer** to another school again.
그 전학생이 다른 학교로 또 전학을 가다니 이상하다.

cf. It is <u>odd</u> that the new student **transferred** to another school again.
그 전학생이 다른 학교로 또 전학을 갔다는 것은 이상한 일이다.

12 It is a <u>shame</u> that they **should misappropriate** public money for their own use.
그들이 개인적 용도로 공금을 횡령하다니 부끄러운 일이다.

D 관용표현

13 Why **should** I want to violate other people's privacy?
제가 왜 다른 사람들의 사생활을 침해하고 싶겠어요?

14 If you **should** change your mind, let me know.
혹시 생각이 바뀌면, 나에게 알려줘.
= **Should** you change your mind, let me know.

15 Be extra careful **lest** you (**should**) **lose** your footing.
발을 헛디디지 않도록 특별히 조심해라.
= Be extra careful **for fear that** you **should lose** your footing.
= Be extra careful **so (in order) that** you **would not lose** your footing.

---

10 grieve, marvel, regret, wonder놀라다 등의 동사 뒤에서 쓰이는 경우

11 absurd, good, logical, natural, odd, proper, puzzling, rational, regrettable, right, strange, sorry, reasonable, surprising, wrong 등의 형용사 뒤에서 쓰이는 경우

cf. 과거의 객관적인 사실

12 pity, shame, shock, surprise, wonder놀람 등의 명사 뒤에서 쓰이는 경우

D

13 should는 놀람·의아함 등을 나타내기 위해 의문사와 함께 쓰여 의문문의 형태로 반어적 의미를 나타낸다. 의문의 뜻 없이 강한 긍정 진술을 내포하는 수사의문문에 해당한다.

14 if절에서 should가 쓰여 일어날 가능성이 매우 낮은 일을 나타내기도 한다. 이 때 should가 문두로 도치되면서 if가 생략되기도 한다. ⟳참조 UNIT 109 A, E

15 lest + 주어(+ should) + 동사원형: ~하지 않도록
= for fear that + 주어 + should(would, might, will, may) + 동사원형
= so(in order) that + 주어 + would(should, might) not + 동사원형

EXERCISE
04

괄호 안에서 알맞은 말을 고르시오.

1 Your coffee ought (be / to be) ready in a minute. Please wait a moment.

2 The suspect insisted that he (be / was) a doctor by presenting a fake medical license.

3 If I (ought to / should) find your wallet, I'll call you right away.

4 The workshop was a disaster. I should (check / have checked) everything beforehand.

5 Write down your ideas now (lest / so that) you should forget.

6 It is important that the patient (take / took) the medication regularly from now on.

7 The country ought to (end / have ended) its decades-long policy of strategic ambiguity long ago.

8 Mrs. Jones requested that her lost bag (be / were) sent to her by tomorrow.

9 It is surprising that she (donate / should donate) her entire fortune to charity.

10 We (ought not to / don't ought to) make a loud noise in public places.

UNIT 20 must·have to

A

A 의무·필요

1 All candidates **must(have to)** submit the required documents for admission by the deadline.
모든 지원자는 입학 필요 서류를 마감 기한까지 제출해야 합니다.

2 I **must** leave now. It's already dark outside.
나는 이제 가야겠어요. 벌써 밖이 어두워졌어요.

3 I **have to** leave now. I have a 9 o'clock curfew.
나는 이제 가야겠어요. 저는 9시가 통금 시간이에요.

4 The financial director **had to** retire due to ill health.
그 재무 이사는 건강이 좋지 않아 사임해야 했다.

5 You **will have to** pay repair expenses after the expiration of the warranty period.
보증 기간이 만료된 후에는 수리비를 지불하셔야 합니다.

B 금지·불필요

6 You **mustn't** give false testimony at a trial.
재판에서 거짓 증언을 하면 안 됩니다.

= You **aren't allowed to** give false testimony at a trial.

7 He **doesn't have to** work on a part-time basis now.
그는 이제 파트타임으로 일할 필요가 없다.

= He **needn't** work on a part-time basis now.

C 추측·확신

8 She stayed up all night yesterday. She **must** be very sleepy.
그녀는 어제 밤샘을 했다. 그녀는 틀림없이 매우 졸릴 것이다.

9 He **must have stayed** up all night yesterday. He is dozing off in class.
그는 어제 밤샘을 했음이 틀림없다. 그는 수업 중에 졸고 있다.

A

1 must(have to)+동사원형: ~해야 한다
일반적으로 법과 규칙과 같이 강제성이 있거나 중요한 의무와 필요를 나타낸다.

2~3 경우에 따라서 must는 주어의 의지에 의한 내적인 필요와 의무를 나타내고, have to는 약속과 같은 외적인 필요와 의무를 나타내기도 한다.

4~5 have to는 인칭과 시제에 따라 형태가 변하며, must의 과거형과 미래형을 대신할 수 있다.

4 과거의 의무·필요: had to+동사원형
must의 과거형으로도 쓰인다.

5 미래의 의무·필요: will have to+동사원형
must의 미래형으로도 쓰인다.

B

6 must not(mustn't)+동사원형: ~해서는 안 된다
must의 부정은 금지를 나타낸다.

7 don't(doesn't) have to+동사원형: ~할 필요가 없다
= need not(needn't)+동사원형
have to의 부정은 불필요를 나타낸다.

C

8 must: ~임이 틀림없다, 틀림없이 ~일(할) 것이다
합리적 근거에 의한 현재의 추측·확신을 나타낸다.
↔ cannot: ~일 리가 없다

9 must have p.p.: ~이었음(했음)이 틀림없다
과거에 대한 단정적 추측·확신을 나타낸다.
↔ cannot(could not) have p.p.: ~이었을(했을) 리가 없다

EXERCISE

05 >

밑줄 친 부분에 유의하여 우리말로 옮기시오.

1 She <u>must be</u> very exhausted after such a long trip.

2 Passengers <u>must not interfere</u> with the vision of the bus driver.

3 The notorious thief <u>must have smuggled</u> the paintings out of the country.

4 He <u>doesn't have to wait</u> long for his eye operation.

5 All new employees <u>had to receive</u> marketing training.

dare·need

dare와 need는 주로 일반동사로 쓰이지만, 부정문이나 의문문에서 조동사로도 쓰이기도 한다.

A dare

1 He **daren't recall** the accident.
그는 그 사건을 기억해 낼 엄두를 내지 못한다.
= He doesn't have the courage to recall the accident.

2 **Dare** you **ask** the president for a promotion?
감히 네가 사장님에게 승진을 요구하려고?

3 He **doesn't dare (to) recall** the accident.
그는 그 사건을 기억해 낼 엄두를 내지 못한다.

4 **Do** you **dare (to) ask** the president for a promotion?
감히 네가 사장님에게 승진을 요구하려고?

5 **How dare** he **challenge** me to a duel?
어떻게 감히 그가 나에게 결투를 신청한단 말인가?

cf. **How dare you!** 어떻게 감히 네가!

6 **Don't you dare** speak ill of me. 감히 나를 험담하기만 해 봐.

B need

7 She **needn't appear** in court.
그녀가 법정에 출두할 필요는 없습니다.

8 They **needn't have gotten** a loan for house repair.
그들은 집수리를 위해 대출을 받을 필요가 없었는데 (받았다).

9 A: **Need** he **stay**? 그가 남을 필요가 있나요?
B: Yes, he **must**. / No, he **needn't**.
네, 그래야 합니다.   아니요, 그럴 필요 없습니다.

10 She **doesn't need to appear** in court.
그녀가 법정에 출두할 필요는 없습니다.

11 They **didn't need to get** a loan for house repair.
그들은 집수리를 위해 대출을 받을 필요가 없었다.

12 **Does** he **need to stay**? 그가 남을 필요가 있나요?

A ~할 엄두를 내다, 감히 ~하다

1~2 조동사로 쓰일 때: dare+동사원형

1 부정: dare not(daren't)+동사원형

2 의문문: Dare+주어+동사원형 ~?

3~4 일반동사로 쓰일 때: dare to+동사원형
부정과 의문문에서 to는 생략이 가능하다.

3 부정: don't(doesn't, didn't) dare (to)+동사원형

4 의문문: Do(Does, Did)+주어+dare (to)+동사원형 ~?

5~6 관용표현

5 How dare+주어+동사원형 ~?: 어떻게 감히 ~한단 말인가?

cf. How dare you!: 어떻게 감히 네가!

6 Don't you dare+동사원형: 감히 ~하기만 해 봐

B ~할 필요가 있다

7~9 조동사로 쓰일 때: need+동사원형

7 현재의 부정: need not(needn't)+동사원형

8 과거의 부정: need not(needn't) have p.p.
그렇게 할 필요가 없었지만 실제로는 했다는 의미

9 의문문: Need+주어+동사원형 ~?
긍정의 응답은 must로 하고, 부정의 응답은 need not(needn't)으로 한다.

10~12 일반동사로 쓰일 때: need to+동사원형

10 현재의 부정: don't(doesn't) need to+동사원형

11 과거의 부정: didn't need to+동사원형
과거의 불필요를 나타낼 뿐, 실행 여부는 알 수 없다.

12 의문문: Do(Does, Did)+주어+need to+동사원형 ~?

EXERCISE 06 >

괄호 안에서 알맞은 말을 고르시오.

1 Dare you (judge / to judge) those people by their skin color?

2 She doesn't need (worry / to worry) about the test. It will be easy for her.

3 Jeff dares (express / to express) opposition to their plan to create urban infrastructure.

4 I (needn't have gone / didn't need to go) to school today, so I stayed home.

OVERALL EXERCISE

01 두 문장의 뜻이 같도록 조동사를 이용하여 문장을 완성하시오.

1 Chicken pox once was a common cause of death among children, but not anymore.

→ Chicken pox _____ a common cause of death among children.

2 It is impossible that she missed worship. She is a devout Christian.

→ She _____ worship. She is a devout Christian.

3 They complain about his coercive attitude but don't have the courage to confront him.

→ They complain about his coercive attitude but _____ him.

4 Students are not allowed to enter the conference room without permission.

→ Students _____ the conference room without permission.

5 We wish both of you all the best on your life after retirement!

→ _____ both of you have all the best on your life after retirement!

02 어법상 틀린 부분을 찾아, 바르게 고쳐 문장을 다시 쓰시오.

1 She left early, so she ought to gotten there by now.

→ _____

2 I didn't used to sleep very well, but doing meditation helped me a lot.

→ _____

3 We would rather remain silent as expressing our own opinions.

→ _____

4 The doctor ordered that she takes one year's leave of absence.

→ _____

5 Would you mind if sharing your experience on gender-based violence?

→ _____

6 He has better deal with the local environmental issues during his presentation.

→ _____

03 우리말과 뜻이 같도록 조동사와 괄호 안의 말을 이용하여 문장을 완성하시오.

1 그 학자는 학계의 인정을 받았으니 매우 총명함이 틀림없다. (be)

→ The scholar _____ highly intelligent since she gained academic recognition.

2 그는 끔찍한 실수를 저질렀다. 그는 더 분별력이 있어야 했는데. (know)

→ He made a terrible mistake. He _____ better.

3 감히 독단적으로 그 프로젝트를 취소하기만 해 봐! (cancel)

→ _____ the project on your own judgment!

4 비록 당신이 무언가에 실패했다 하더라도 수치스러워할 필요는 없다. (feel)

→ Even though you have failed at something, you _____ ashamed.

5 나를 곤경에서 벗어나도록 도와준 것에 대해 내가 너에게 아무리 감사해도 지나치지 않아. (thank)

→ I _____ for helping me out of the trouble.

6 대회에서 우승하기 위해서 그녀는 자신감 부족을 극복해야 했다. (overcome)

→ She _____ her lack of confidence to win the competition.

7 경기가 하락하기 시작했으므로 그들이 투자 결정을 후회하는 것도 당연하다. (regret)

→ They _____ their investment decision as the economy has started to decline.

04 다음 글을 읽고 물음에 답하시오.

Fiber lasers ① are used to marking many different kinds of materials. Metal ② may be the most common material marked, others are ceramics, plastics, and so on. Among them, diamonds ③ should be the biggest challenge as they ④ won't get marked easily. (A) 레이저로 자국을 새기는 기술이 발명되기 이전에는 다이아몬드에 로고 혹은 숫자, 상표를 쓰거나 그리는 것이 매우 어려웠을 것이다. But now it's different. Furthermore, the fiber laser process ⑤ can provide more precise marking than traditional means.

1 위 글의 밑줄 친 ①~⑤ 중에서 어법상 틀린 부분을 찾아 바르게 고치시오.

_____ → _____

2 위 글에서 밑줄 친 (A)와 뜻이 같도록 괄호 안의 말을 이용하여 문장을 완성하시오. (difficult)

→ It _____ to write or draw logos, numbers or trademarks on diamonds before the invention of laser marking technology.

[01-02] 다음 밑줄 친 부분과 바꾸어 쓸 수 있는 것을 고르시오.

01

I can't believe that she <u>could</u> play Mozart when she was four.

① dared to　　② had to　　③ ought to
④ was able to　　⑤ used to

02

You <u>are not allowed to</u> drive under the influence of alcohol in any circumstances.

① must not　　　　　② might not
③ don't need to　　　④ would not
⑤ don't have to

03 다음 빈칸에 공통으로 들어갈 말로 알맞은 것은?

- _____ you tell me where I can find career information?
- Before she got married, she _____ travel alone for relaxation, but now she doesn't.

① Will(will)　　　　　② Can(can)
③ Should(should)　　④ Could(could)
⑤ Would(would)

04 다음 두 문장의 뜻이 같도록 빈칸에 들어갈 말로 알맞은 것은?

It is certain that the manager gave her full details of the project.
→ The manager _____ her full details of the project.

① could have given　　② may have given
③ cannot have given　　④ must have given
⑤ should have given

[05-06] 다음 우리말과 뜻이 같도록 빈칸에 들어갈 말로 알맞은 것을 고르시오.

05

이어폰이 작동하지 않는데도, 그들은 그 물건을 환불해 주려고 하지 않았다.
→ The earphones were not working, but they _____ a refund on the item.

① won't issue
② wouldn't issue
③ wouldn't rather issue
④ wouldn't have issued
⑤ wouldn't sooner issued

06

우리는 막판에 시간에 쫓기지 않으려면 일을 미루지 말아야 한다.
→ We _____ put things off so as not to be pressed for time at the last moment.

① could not　　　　② don't need to
③ are not going to　④ are not able to
⑤ ought not to

[07-08] 다음 밑줄 친 부분과 쓰임이 같은 것을 고르시오.

07

The guy you saw <u>cannot</u> be Evans. He is on a business trip now.

① You <u>cannot</u> fix the situation without compromising your beliefs.
② <u>Can</u> you give me a hand carrying these boxes?
③ He <u>can't</u> be sick. I saw him play soccer a few minutes ago.
④ People <u>can</u> get a sense of self-efficacy through their jobs.
⑤ You <u>cannot</u> leave the room until you finish your report.

08

> Accidents will happen however hard we may try to prevent them from happening.

① That will be my brother in the kitchen.
② Little babies will cry when they are hungry.
③ Will you please keep away from the water?
④ Amazingly, this material will not burn.
⑤ We will make sure not to make the same mistake again.

09 다음 중 의미가 같은 문장끼리 짝지어지지 <u>않은</u> 것을 <u>모두</u> 고르면?

① He can't have signed the contract with the company.
→ It is impossible that he signed the contract with the company.
② In London, you must not park either partially or wholly on the pavement.
→ In London, you don't have to park either partially or wholly on the pavement.
③ The employees had no choice but to accept the salary reduction.
→ The employees cannot help but accept the salary reduction.
④ Patricia may well refuse to talk with you.
→ Patricia has no reason to refuse to talk with you.
⑤ The politician should have empathized with the public.
→ The politician ought to have empathized with the public.

10 다음 중 어법상 <u>틀린</u> 것은?

① Should you have further questions, visit me in my office in the afternoon.
② They insisted that he double-check the numbers.
③ It is absurd that the reservation be cancelled without any notice.
④ The police suspected that they might have been involved in the case.
⑤ The new manufacturing process could have increased the production by 50%.

11 다음 문장과 의미가 같은 것은?

> We can't praise her too much for her kindness and understanding.

① We have no choice but to praise her for her kindness and understanding.
② We are not capable of praising her for her kindness and understanding.
③ We can't help praising her for her kindness and understanding.
④ We can't have praised her for her kindness and understanding.
⑤ We can't praise her enough for her kindness and understanding.

12 다음 중 어법상 옳은 것은?

① Fresh food is stored in the refrigerator so that it would not go bad easily.
② All passengers will must present valid photo identification at check-in for the flight.
③ We would like thanking you for your support and cooperation.
④ The government will take action lest there should not be economic recession.
⑤ I will sooner accept criticism than give up my belief.

13 다음 중 어법상 <u>틀린</u> 문장의 기호를 <u>모두</u> 쓰시오.

> (a) Would you mind to tell him to call me back?
> (b) To make matters worse, I was running out of gas, so I must stop for fuel.
> (c) Never did I imagine that you would ignore my advice and lose the big opportunity.
> (d) People set barricades for fear that they should be attacked by the enemies.
> (e) I don't want to waste the ticket. I better go to see a movie.
> (f) Don't you dare denying the usefulness of preparation.

1 다음 글의 밑줄 친 부분 중, 어법상 틀린 것은?

podium 시상대
satisfaction 만족감
analyze 분석하다
facial expression 얼굴 표정
counterfactual thinking
반사실적 사고

Imagine there are Olympic medalists standing on the podium. Who do you think is happier between the two medalists, silver or bronze? You ① may think the level of satisfaction of the silver medalist ② would be higher. Well, researchers analyzed the facial expressions and body language of silver and bronze medalists after the race, and they found out that bronze medalists are happier. Why? Bronze medalists think they are one step away from the no medal result. So, they ③ can't help but feel grateful and satisfied. On the other hand, silver medalists think that they almost won. They ④ may well be disappointed because they got one step behind from gold. People's emotional responses to past events are influenced by their thoughts about what ⑤ might be. This way of thinking is called "counterfactual thinking."

2 (A), (B), (C)의 각 네모 안에서 어법에 맞는 표현으로 가장 적절한 것은?

sustain 살아가게 하다
entomophagy 식충(食蟲),
곤충을 먹는 것
consumption 소비, 음식 섭취
alternative 대체 가능한
protein source 단백질 공급원
feed 먹이, 사료
nutritious 영양이 풍부한

3D printing technology is being used in a variety of fields like medicine, education, transportation, and so forth. It is even used to (A) make / making food! As the world's population continues to grow, experts believe that current food supplies won't (B) can / be able to sustain the population. Studies have shown that entomophagy, the consumption of insects, has the potential to solve the problem. Insects such as crickets are a perfect alternative protein source. They require much less feed and water than cattle or chickens do to provide the same amount of protein. We can make insect powders that don't resemble insects and 3D print them into nutritious foods. In addition, 3D printing can help create intricate designs which (C) should / could not have been possible with traditional food manufacturing that required hand-made skills.

	(A)		(B)		(C)
①	make	········	can	········	should
②	making	········	be able to	········	could
③	make	········	be able to	········	could
④	making	········	can	········	could
⑤	make	········	be able to	········	should

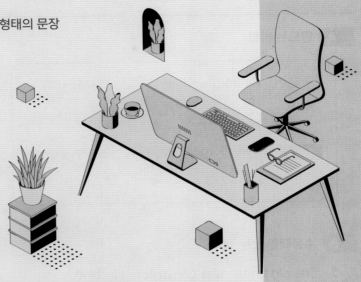

Passive Voice

개념
주어가 동사의 대상이 되어, 동사의 행위를 받는 형태의 문장

기본 형태
주어+be동사+p.p.+by+행위자

시제
현재: am(are, is) p.p.
과거: was(were) p.p.
미래: will be p.p.
현재진행: am(are, is) being p.p.
과거진행: was(were) being p.p.
현재완료: have(has) been p.p.
과거완료: had been p.p.
미래완료: will have been p.p.

수동태

CHAPTER
05

UNIT
22
수동태의 기본
개념

UNIT
23
수동태의 시제와
다양한 형태

UNIT
24
3형식 문장의
수동태

UNIT
25
4형식 문장의
수동태

UNIT
26
5형식 문장의
수동태

UNIT
27
주의해야 할
수동태

UNIT 22 수동태의 기본 개념

주어와 동사의 관계에 따라 능동태 또는 수동태를 쓰는데, 주어가 행위를 할 때는 능동태를 쓰고,
주어가 행위의 대상이 되면 수동태를 쓴다.

A 만드는 방법

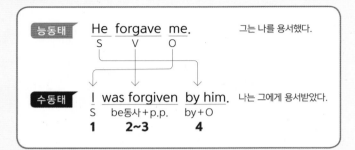

A

1 능동태의 목적어를 수동태의 주어로 바꾸기
2 동사를 「be동사＋p.p.」 형태로 바꾸기
3 be동사의 수와 인칭은 수동태의 주어에, 시제는 능동태에 맞춰 일치시키기
4 주어를 「by＋목적격」 형태로 바꾸기

B 수동태를 쓰는 경우

5 The old bridge **was constructed** in 1870.
그 오래된 다리는 1870년에 건설되었다.

6 French **is** also **spoken** in Canada.
프랑스어는 캐나다에서도 사용된다.

7 This issue will **be discussed** at the next meeting.
이 문제는 다음 회의에서 논의될 것이다.

8 A cat jumped into the road and **was hit by** a truck.
고양이 한 마리가 도로로 뛰어들어 트럭에 치었다.

B 수동태에서는 일반적으로 「by＋행위자」를 생략하고,
행위자를 밝히고자 할 때에만 언급한다.

5 행위자가 불분명하거나 중요하지 않을 때
6 행위자가 일반인(you, they, we, one 등)일 때
7 맥락을 통해 행위자를 알 수 있을 때
8 문장 주어의 통일성을 위해

GRAMMAR PLUS+

자동사(appear, happen, belong 등) 또는 상태를 나타내는 타동사(become ~에 어울리다,
fit, have, hold, lack, reach, resemble, suit 등)는 수동태로 쓰이지 않는다.

▶ The magician suddenly **appeared** at the back of the stage. 마술사가 갑자기 무대 뒤에서 나타났다.
  ⚠ At the back of the stage **was** suddenly **appeared** by the magician. (x)

▶ Those visitors **lack** basic manners. 저 방문객들은 기본 예의가 없다.
  ⚠ Basic manners **are lacked by** those visitors. (x)

EXERCISE 01 >

괄호 안에서 알맞은 말을 고르시오.

1 The great old pine tree (struck / was struck) by lightning a month ago.
2 A well-known pediatrician (disappeared / was disappeared) in Brighton on 20 December.
3 The Irish boy (resembles / is resembled by) his grandfather a lot.
4 Over 100 cultural relics (displayed / were displayed) at the exhibition.
5 The suspect ran down the road and (stopped / was stopped) by a police car.

UNIT 23 수동태의 시제와 다양한 형태

A 수동태의 시제

1 Some experiments **are done** in space.
몇몇 실험들은 우주에서 이루어진다.

2 Some experiments **were being done** in space.
몇몇 실험들은 우주에서 이루어지고 있었다.

3 Some experiments **have been done** in space.
몇몇 실험들은 우주에서 이루어져왔다.

B 수동태의 다양한 형태

4 **Was** his short story **accepted** for publication?
그의 단편 소설이 출판하도록 허락되었나요?

5 **What is** this fruit **called** in English?
이 과일은 영어로 뭐라고 불리나요?

cf. **By whom was** the victim **rescued** that night?
그날 밤 피해자는 누구에 의해 구조되었나요?
(← Who rescued the victim that night?)

6 The employee wanted **to be promoted**.
그 직원은 승진이 되기를 원했다.

7 He enjoys **being photographed** by the paparazzi.
그는 파파라치에게 사진 찍히는 것을 즐긴다.

8 The same mistake **should** not **be repeated**.
같은 실수가 반복되어서는 안 된다.

9 **Let** the job **be done** today.
그 일이 오늘 이루어지게 해라.
(← Do the job today.)

10 **Don't let** the job **be done** today.
그 일이 오늘 이루어지게 하지 마라.
= Let the job not be done today.
(← Don't do the job today.)

A

1 현재: am(are, is) p.p., 과거: was(were) p.p.,
미래: will be p.p.

2 현재진행: am(are, is) being p.p., 과거진행:
was(were) being p.p.

3 현재완료: have(has) been p.p., 과거완료:
had been p.p., 미래완료: will have been p.p.
⚠ 미래진행시제와 완료진행시제는 거의 쓰이지 않는다.

B

4 의문사가 없는 의문문의 수동태: be동사＋주어＋p.p. ~?

5 의문사가 있는 의문문의 수동태:
의문사＋be동사＋주어＋p.p. ~?

cf. who가 주어인 의문문의 수동태:
By whom＋be동사＋주어＋p.p. ~?

6 to부정사의 수동태: to be p.p.

7 동명사의 수동태: being p.p.

8 조동사가 있는 수동태: 조동사＋be p.p.

9 긍정 명령문의 수동태: Let＋목적어＋be p.p.

10 부정 명령문의 수동태: Don't let＋목적어＋be p.p.

EXERCISE 02 > 괄호 안에서 알맞은 말을 고르시오.

1 My house (is / was) designed by a prestigious architect 20 years ago.

2 Don't let your time (wasted / be wasted) on such a trivial thing.

3 He hopes (to accepted / to be accepted) into a medical school.

4 The problems have (being solved / been solved) by an unknown mathematician.

5 (Did / Was) the new singer recognized at the concert by anybody?

UNIT 24 3형식 문장의 수동태

A 목적어가 명사절인 경우

1 It **is agreed** that the woman is an influential artist.
그 여성이 영향력 있는 예술가라는 데 의견이 일치된다.

(← They agree that the woman is an influential artist.)

2 It **is believed** that the man is very stubborn.
그 남자는 매우 고집이 세다고 여겨진다.

(← They believe that the man is very stubborn.)

3 The man **is believed to be** very stubborn.
그 남자는 매우 고집이 세다고 여겨진다.

(← They believe that the man is very stubborn.)

4 The man **is believed to have painted** the picture.
그 남자가 그 그림을 그렸다고 여겨진다.

(← They believe that the man painted the picture.)

B 동사구가 쓰인 경우

5 The orphan **was brought up** by an old farmer.
그 고아는 한 늙은 농부에 의해 길러졌다.

(← An old farmer brought up the orphan.)

6 The magazine **is highly spoken of** by the readers.
그 잡지는 독자들에게 호평을 받는다.

= The magazine is spoken highly of by the readers.
(← The readers speak highly of the magazine.)

A

1 목적어로 명사절이 올 수 있는 agree, announce, decide, mention, propose, suggest 등의 동사는 가주어 it을 수동태의 주어로 하고 명사절을 그대로 두어서 수동태를 만든다.

2~4 ask, believe, consider, expect, feel, find, know, report, say, show, think, understand 등의 동사는 가주어 it을 이용하거나, 명사절의 주어를 수동태의 주어로 하고 명사절의 동사를 to부정사로 바꾸어 수동태를 만든다.

2 가주어 it을 이용

3 명사절의 주어를 이용하고 명사절의 시제가 주절과 일치하므로 명사절의 동사를 단순부정사「to+동사원형」으로 바꾼다.

4 명사절의 시제가 주절보다 앞서므로 완료부정사「to have p.p.」로 바꾼다.

B

5 문장의 동사가 부사나 전치사와 결합한 동사구인 경우 하나의 동사로 취급하여 수동태를 만든다.

6 정도나 방법을 나타내는 highly, ill, well 등의 부사는 p.p. 앞에 위치하는 경우가 많다.

GRAMMAR PLUS+

수동태에서 많이 쓰이는 대표적인 동사구

1 타동사+부사: bring up, call off, put off, put out, set up, take over, turn down 등
2 타동사+명사+전치사: make fun of, pay attention to, take care of 등
3 자동사+전치사: dispose of, deal with, depend on, laugh at, look after, rely on, run over 등
4 자동사+부사+전치사: catch up with, do away with, look down on, look up to, put up with, speak highly of 등

EXERCISE 03 >

괄호 안에서 알맞은 말을 고르시오.

1 It (said / is said) that someone threatened Mr. Simons persistently with anonymous letters.
2 Children (are considered / considered) to acquire language actively.
3 (It / He) was thought that he caught sharks illegally for their fins.
4 The great conductor is believed (to pass away / to have passed away) at the age of 36 in 1972.
5 Sadly, all my proposals (turned down / were turned down) by the municipal assembly.

UNIT 25 4형식 문장의 수동태

4형식 문장은 간접목적어와 직접목적어를 가지므로, 일반적으로 두 개의 수동태를 만들 수 있지만, 동사에 따라서 간접목적어만 또는 직접목적어만을 주어로 하여 수동태를 만든다.

능동태
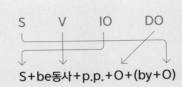
수동태
S+be동사+p.p.+O+(by+O)

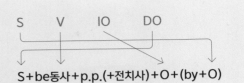
S+be동사+p.p.(+전치사)+O+(by+O)

A 간접목적어와 직접목적어를 각각 주어로 하는 경우

1 She **was given** a new chance by the company.
그녀는 그 회사에 의해 새 기회를 얻었다.
(← The company gave her a new chance.)

2 A new chance **was given (to)** her by the company.
새 기회가 그 회사에 의해 그녀에게 주어졌다.
(← The company gave her a new chance.)

B 직접목적어만을 주어로 하는 경우

3 The article **was read to** her by her mother.
그 기사가 그녀의 엄마에 의해 그녀에게 읽혀졌다.
(← Her mother read her the article.)

4 A nice house **was made for** the dog by Jason.
멋진 집이 Jason에 의해 그 개를 위해 만들어졌다.
(← Jason made the dog a nice house.)

C 간접목적어만을 주어로 하는 경우

5 We **were saved** a lot of time by the computer.
우리는 컴퓨터에 의해 상당한 시간을 덜게 되었다.
(← The computer saved us a lot of time.)

A allow, give, lend, offer, promise, send, show, teach, tell 등의 수여동사

1 간접목적어를 주어로 하는 수동태

2 직접목적어를 주어로 하는 수동태
간접목적어 앞에는 보통 전치사 to가 오는데, 간접목적어가 인칭대명사인 경우 간혹 생략하기도 한다.
⚠ A new chance **was given** Jane by the company. (x)

B 다음의 수여동사는 뒤에 남는 간접목적어 앞에 적절한 전치사를 쓴다.
to+간접목적어: pass, read, sell, write 등
for+간접목적어: book, build, buy, call, choose, cook, do, find, fix, get, make, leave남기다, order 등

3 ⚠ She **was read** the article by her mother. (x)

4 ⚠ The dog **was made** a nice house by Jason. (x)

C envy, kiss, save, spare 등의 수여동사

5 ⚠ A lot of time **was saved** us by the computer. (x)

EXERCISE 04 ▶ 다음 문장을 수동태로 바꾸어 쓰시오.

1 The judge and jury taught the young man the value of gratitude.

2 They sent the company a letter of complaint on Monday.

3 We cook the patients every meal in the kitchen in the hospital.

4 Philip will write Julie a Valentine's card on Valentine's Day.

5 The director of the orphanage kissed all the children good night.

UNIT 26 5형식 문장의 수동태

5형식 문장은 목적어와 목적격보어를 가지는데, 일반적으로 목적격보어는 수동태에서 형태가 변하지 않고 동사 뒤에 그대로 위치하지만, 사역동사와 지각동사가 쓰인 경우에는 형태가 변하기도 한다.

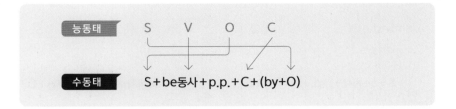

능동태   S   V   O   C

수동태   S+be동사+p.p.+C+(by+O)

---

1 Steve Jobs **was called** a showman by some people.
Steve Jobs는 일부 사람들에 의해 쇼맨이라 불리었다.
(← Some people called Steve Jobs a showman.)

2 The suspect **was found** guilty by the jury.
그 용의자는 배심원에 의해 유죄 판결을 받았다.
(← The jury found the suspect guilty.)

3 A wolf **was heard** howling in the forest (by them).
숲에서 늑대가 울부짖는 소리가 들렸다.
(← They heard a wolf howling in the forest.)

4 I **was encouraged** to study abroad by my teacher.
나는 선생님으로부터 유학을 하라는 권유를 들었다.
(← My teacher encouraged me to study abroad.)

5 They **were seen** to enter the room (by us).
그들이 방으로 들어가는 것이 보였다.
(← We saw them enter the room.)

6 He was **made to** sit on the bench by the coach.
그는 코치에 의해 벤치에 앉도록 강요되었다.
(← The coach made him sit on the bench.)

7 Kate **was allowed** to use the truck by Uncle Joe.
Kate는 Joe 삼촌에 의해 트럭을 사용하도록 허락되었다.
(← Uncle Joe let Kate use the truck.)

8 We **were asked** to attend a breakfast meeting by her.
우리는 그녀에 의해 한 조찬회에 참석하도록 요청되었다.
(← She had us attend a breakfast meeting.)

1 목적격보어가 명사인 경우, 수동태에서 동사 뒤에 그대로 둔다.

2 목적격보어가 형용사인 경우, 수동태에서 동사 뒤에 그대로 둔다.

3 목적격보어가 분사인 경우, 수동태에서 동사 뒤에 그대로 둔다.

4 목적격보어가 to부정사인 경우, 수동태에서 동사 뒤에 그대로 둔다.

5 지각동사의 목적격보어가 원형부정사인 경우, 수동태에서 to부정사로 바뀐다.

6 사역동사의 목적격보어인 원형부정사는 수동태에서 to부정사로 바뀐다.

7 사역동사 let의 수동태는 「be allowed+to부정사」의 형태로 나타낸다.

8 사역동사 have의 수동태는 「be asked+to부정사」의 형태로 나타낸다.

EXERCISE

05 >

다음 문장을 수동태로 바꾸어 쓰시오.

1 The popular TV show made an ordinary person turn into a global star.

2 The headmaster found some students cheating on the test systematically.

3 My mentor persuaded me to sign a contract with the firm.

4 Aunt Sally had me mow the lawn every other week.

5 He let all the attendees in the conference room clap and chant that day.

UNIT 27 주의해야 할 수동태

A by 이외의 전치사를 쓰는 수동태

1 We **were disappointed at** the results of the game.
우리는 경기 결과에 실망했다.
(← The results of the game disappointed us.)

2 The furniture in the room **was covered with** cloth.
방 안의 가구는 천에 덮여 있었다.
(← Cloth covered the furniture in the room.)

B 수동태로 해석하는 능동태

3 Overall this paper **reads** very well.
대체로 이 논문은 매우 잘 읽힌다.

4 The old oak tree **needs trimming**.
그 늙은 떡갈나무는 손질이 필요하다.
= The old oak tree needs to be trimmed.

5 The man is **to blame** for the accident.
그 남자가 사고에 대해 비난 받아야 한다.
= The man is to be blamed for the accident.

C 수동태에서 동작과 상태의 의미 구분

6 The vase **was(got) broken** by the burglar.
그 꽃병은 강도에 의해 깨졌다.
(← The burglar broke the vase.)

7 The vase **was(lay) broken** by the fireplace.
그 꽃병은 난롯가에 깨진 채로 있었다.

A 수동태에서 행동보다 상태를 부각시키고자 by 대신 at, with, in 등 다른 전치사를 쓰기도 한다.

1 감정을 나타내는 경우: be amazed at, be disappointed at(in, with), be interested in, be satisfied with, be surprised at(by), be scared of, be terrified of 등

2 그 외의 경우: be composed of, be covered with(in), be filled with, be known for/to/as, be located in, be made up of, be married to, be surrounded with(by) 등

B 능동태가 수동태의 의미를 나타내기도 한다.

3 동사(구) 자체가 수동의 의미를 나타내는 경우: bake, break, cook, cut, lock, open, read, sell, stop, come true, consist of, take place 등

4 동명사가 수동의 의미를 나타내는 경우: need(deserve, want, be worth)+동명사

5 to부정사가 수동의 의미를 나타내는 경우: to lose, to do, to blame 등

C 수동태는 '~되다'라는 동작을 나타내기도 하지만, '~되어 있다'라는 상태를 나타내기도 한다.

6~7 동작은 능동태로도 나타낼 수 있지만, 상태는 그렇지 못하다. 수동태에서 동작과 상태의 구분을 명확히 하기 위해 be동사 대신 동작의 경우 become, get, grow 등의 동사를 쓰기도 하며, 상태의 경우 lie, remain, stand 등의 동사를 쓰기도 한다.

EXERCISE 06

괄호 안에서 알맞은 말을 고르시오.

1 Another humidifier is worth (buy / buying) to keep the air of the basement fresh.

2 Do you know water is composed (by / of) hydrogen and oxygen in a 2:1 ratio?

3 Sometimes the passenger door (locks / to lock) automatically.

4 Let us help you, because there is no time (losing / to lose) at the moment.

5 The audience was filled (with / of) admiration for the veteran's great achievements.

6 A lot of foreigners are interested (at / in) the Korean language these days.

7 The book reviewers don't think this article deserves (reading / to read).

8 Those black jeans currently (sell / selling) for 100 dollars.

OVERALL EXERCISE

01 괄호 안의 말을 알맞은 형태로 바꾸어 문장을 완성하시오.

1 Theodor _____ an understanding of other people's minds. (lack)

2 I remember _____ a cardiac disorder for a long time. (plague)

3 She didn't expect _____ to their housewarming party. (invite)

4 The experiment failed and the government _____ the results. (disappoint)

5 The little kid _____ a babysitter when his parents are out. (take care of)

02 밑줄 친 부분을 어법에 맞게 고쳐 쓰시오.

1 The elderly actor <u>has been appeared</u> in over 70 movies so far.

2 The damaged road can cause accidents, so it <u>needs to repair</u> urgently.

3 The team <u>is made up by</u> eight people from different cultures and races.

4 Five pizzas and three bottles of soda <u>were ordered to</u> the children at the party.

5 The author <u>was made taking</u> a three-year-long hiatus from writing.

6 Soon the superstar basketball player <u>was seen board</u> a yacht.

03 두 문장의 뜻이 같도록 빈칸에 알맞은 말을 쓰시오.

1 Who taught the child French so well?

→ _____ _____ _____ _____ _____ French so well?

2 Don't spend your money on buying such a useless thing.

→ Don't _____ _____ _____ _____ _____ on buying such a useless thing.

3 People say that the yogi attained enlightenment after a long meditation.

→ It _____ _____ _____ the yogi attained enlightenment after a long meditation.

→ The yogi _____ _____ _____ _____ _____ enlightenment after a long meditation.

04

다음 문장을 수동태로 바꾸어 쓰시오.

1 I found the desperate widow a place to stay that night.

→ _____ that night by me.

2 They let her go to the awards show last year.

→ _____ to the awards show last year.

3 We had the students participate in the competition in 2022.

→ _____ in the competition in 2022.

4 The mobile application spares people the trouble of waiting in line.

→ _____ by the mobile application.

5 What genetic features did they pass to their descendants?

→ _____ their descendants?

6 Everybody heard the witness talk about the terrible incident.

→ _____ about the terrible incident.

7 The brave police officer caught up with the robber.

→ _____ the brave police officer.

05

다음 글을 읽고 물음에 답하시오.

Millions of travelers ① <u>visit</u> the Indian city Agra to see the Taj Mahal every year. Its white marble dome shimmers in sunlight and ② <u>sparkles</u> in moonlight. (A) <u>Many people believe that the Taj Mahal is one of the most beautiful buildings in the world.</u> Most people think that it's a palace, but it ③ <u>didn't construct</u> for people to live in. The Taj is a tomb that ④ <u>was built by</u> Mughal Emperor Shah Jahan in memory of his beloved wife. The Taj Mahal ⑤ <u>is named after</u> her name, Mumtaz Mahal.

1 위 글의 밑줄 친 ①~⑤ 중에서 어법상 틀린 부분을 찾아 바르게 고치시오.

_____ → _____

2 위 글에서 밑줄 친 (A)를 수동태로 바꾸어 쓰시오.

→ The Taj Mahal _____.

[01-02] 다음 빈칸에 들어갈 말로 알맞은 것을 고르시오.

01

A lot of accidents _____ on the street due to smartphone use last year.

① caused　　　　② were caused
③ were causing　　④ were caused by
⑤ have been causing

02

The main entrance of the library _____, so please use the west gate.

① currently renovates
② is currently renovating
③ have currently renovating
④ is currently being renovated
⑤ have currently being renovated

[03-04] 다음 우리말과 뜻이 같도록 빈칸에 들어갈 말로 알맞은 것을 고르시오.

03

병문안을 와주셔서 정말 고맙습니다.
→ I really appreciate _____ in the hospital.

① visiting　　　　② to visit
③ been visited　　④ to be visiting
⑤ being visited

04

단 세 명의 적격한 지원자에게만 장학금이 수여될 것이다.
→ Only three eligible candidates _____ scholarship.

① will give　　　　② have given to
③ will be given　　④ have been given
⑤ will be given to

[05-06] 다음 문장을 수동태로 바르게 바꾼 것을 고르시오.

05

He sold the old lady the antique couch.

① He is sold the old lady the antique couch.
② The old lady was sold the antique couch by him.
③ The old lady was sold to the antique couch by him.
④ The antique couch was sold to the old lady by him.
⑤ The antique couch was sold for the old lady by him.

06

The government made the chemical factory move to another location.

① The chemical factory was made move to another location by the government.
② The chemical factory made to move to another location by the government.
③ The chemical factory was made to move to another location by the government.
④ The chemical factory made to be moved to another location by the government.
⑤ The chemical factory was made to be moved to another location by the government.

07 다음 빈칸에 들어갈 말이 나머지와 다른 것은?

① The valleys were filled _____ densely packed trees.
② The tomato throwing festival is known _____ La Tomatina.
③ Deserts are covered _____ sand and have harsh environments.
④ George was disappointed _____ the plot of the detective novel.
⑤ The popular boy group was surrounded _____ their fans, reporters, and photographers.

08 다음 중 어법상 틀린 것은?

① Billy looked very worried. What <u>was happened to</u> him?

② Let everything <u>be done</u> in an orderly manner by today.

③ The soccer players <u>were advised to do</u> their best by the coach.

④ The musical instrument hasn't been used for years so it <u>needs tuning</u>.

⑤ The program <u>is being installed</u>. Please wait until the installation is complete.

09 다음 빈칸에 들어갈 말이 바르게 짝지어진 것은?

- Was the card _____ the next person?
- The hazardous material was _____ in the safest way.

① passed to — disposed by

② passed to — disposed of

③ passed for — disposed by

④ passed for — disposed of

⑤ passed by — disposed of by

10 다음 중 수동태로 문장 전환이 바르지 않은 것은?

① We decided that she was unsuitable.
  → It was decided that she was unsuitable.

② Who turned down our proposal?
  → By whom was our proposal turned down?

③ Don't miss this wonderful opportunity.
  → Let this wonderful opportunity not be missed.

④ They let the volunteers cook meals for the elderly.
  → The volunteers were let to cook meals for the elderly.

⑤ The police officer made the suspect show his identification card.
  → The suspect was made to show his identification card by the police officer.

11 다음 빈칸에 들어갈 말로 알맞은 것은?

We should pay careful attention to the warning signs at every moment.
→ Careful attention _____ to the warning signs at every moment.

① are paid   ② be paid

③ be should pay   ④ should be paid

⑤ should have paid

12 다음 문장을 수동태로 바르게 바꾼 것을 모두 고르면?

People believe that the CEO has the strength to withstand all difficulties.

① It believes that the CEO has the strength to withstand all difficulties.

② It is believed that the CEO has the strength to withstand all difficulties.

③ The CEO is believed to have the strength to withstand all difficulties.

④ The CEO believes that people have the strength to withstand all difficulties.

⑤ People are believed to have the strength to withstand all difficulties by the CEO.

13 다음 중 어법상 틀린 문장의 기호를 모두 쓰시오.

(a) A clan is consisted of families related to each other.

(b) Every student was relieved because the test was put off.

(c) Our online network is to blame for a service failure.

(d) What is this symbol on the keyboard be called?

(e) A lot of time will be saved people by this tool.

(f) The fire alarm went off and the audience was told leave the building as soon as possible.

_____

1 다음 글의 밑줄 친 부분 중, 어법상 틀린 것은?

astronomer 천문학자
doctoral degree 박사 학위
thesis 학위 논문
hydrogen 수소
helium 헬륨
radical 과도한, 극단적인
pave the way for
~을 위해 길을 열어주다

Cecilia Helena Payne was a British-born American astronomer. She was the first person to earn a doctoral degree in the field of astronomy from Radcliffe College of Harvard University. When she was a college student, most scientists ① thought that stars including the Sun ② were made of the same material as the Earth. But in her 1925 doctoral thesis, Payne proposed stars mostly consisted of hydrogen and helium. Her idea was so radical that she ③ was initially dissuading from publishing it. However, her work was later regarded as the most outstanding PH. D thesis in astronomy. Despite her brilliance, she had to work as a low-paid technical assistant for 11 years because astronomy ④ was thought of as a man's field. Finally in 1938, Payne ⑤ was given the title of "Astronomer" and paved the way for a lot of women after her.

2 (A), (B), (C)의 각 네모 안에서 어법에 맞는 표현으로 가장 적절한 것은?

improbable 일어날 성 싶지 않은
step foot on ~에 발을 내딛다
underlying 기초를 이루는
advisor 고문
limitation 한계
innovative 혁신적인
insightful 통찰력 있는
dedicated 헌신적인

You must reach far beyond your dreams and set improbable goals. During the 1960s, this surprising statement (A) made / was made by John F. Kennedy, the 35th President of the United States. He thought that it would be the greatest achievement for the United States to be the first nation to step foot on the Moon. He promised to the world that the mission would be (B) accomplished / accomplishing within the decade. However, the United States had no actual knowledge or underlying technology to achieve the task. So, he met with his scientific advisors, who were made (C) find / to find the new way, reached beyond their limitations, and created innovative technologies that had never existed before. Thanks to the insightful vision and dedicated efforts, Neil Armstrong took his first step on the moon on July 20, 1969.

	(A)		(B)		(C)
①	made	·········	accomplished	·········	find
②	made	·········	accomplishing	·········	find
③	was made	·········	accomplished	·········	find
④	was made	·········	accomplishing	·········	to find
⑤	was made	·········	accomplished	·········	to find

Infinitives

기본 형태
to+동사원형

용법
명사적 용법: 주어, 목적어, 보어 역할
형용사적 용법: (대)명사 수식, 보어 역할
부사적 용법: 동사, 형용사, 부사 수식

시제·태
단순부정사: to+동사원형
완료부정사: to have p.p.
단순수동태: to be p.p.
완료수동태: to have been p.p.

부정사

CHAPTER

06

UNIT
28
to부정사의
명사적 용법

UNIT
29
to부정사의
형용사적 용법

UNIT
30
to부정사의
부사적 용법

UNIT
31
to부정사의
시제·태

UNIT
32
to부정사의
의미상의 주어

UNIT
33
원형부정사

28 to부정사의 명사적 용법

부정사에는 동사에 to를 붙이는 to부정사(to + 동사원형)와 동사원형을 그대로 쓰는 원형부정사가 있다.
to부정사의 쓰임은 크게 명사적, 형용사적, 부사적 용법으로 나눌 수 있다.

A 기본 용법

1 **To work** in the UK has always been her greatest wish.
영국에서 일하는 것은 항상 그녀의 최대 희망사항이었다.

2 **It** was complicated **to set** up the new software.
새로운 소프트웨어를 설치하는 것은 복잡했다.
= **To set** up the new software was complicated.

3 I decided **to take** precautions against fires.
나는 화재에 대한 예방 조치를 취하기로 결정했다.

4 He found **it** exciting **to sail** across the sea.
그는 바다를 항해하는 것이 신난다는 것을 알았다.
= He found that it was exciting **to sail** across the sea.

5 Her job is **to serve** coffee to the customers.
그녀의 일은 손님들에게 커피를 대접하는 것이다.

6 He forced me **to ascend** the mountain.
그는 내가 산에 오르도록 강요했다.

7 She asked me **not to overwork** myself.
그녀는 나에게 과로하지 말라고 부탁했다.

B 의문사 + to부정사

8 **How to sign** up for the class is still unknown.
그 수업을 어떻게 신청하는지 아직 알려져 있지 않다.

9 I don't know **what to do** when a baby cries.
나는 아기가 울 때 무엇을 해야 할지 모른다.

10 The problem was **where to put** up the poster.
문제는 어디에 그 포스터를 붙여야 하는지였다.

A to부정사는 문장에서 명사처럼 주어, 목적어, 보어 역할을 할 수 있고, 이를 명사적 용법이라고 한다.

1 주어 역할을 한다.

2 가주어-진주어 구문. to부정사로 시작하는 진주어 부분을 뒤로 보내고 그 자리에 가주어 It을 쓴다.

3 목적어 역할을 한다.

4 가목적어-진목적어 구문. to부정사로 시작하는 진목적어 부분을 뒤로 보내고 그 자리에 가목적어 it을 쓴다.

5 주격보어 역할을 한다.

6 목적격보어 역할을 한다. (advise, ask, enable, encourage, force, want, tell, persuade 등은 목적격보어로 to부정사를 씀)

7 to부정사의 부정은 to부정사 앞에 not이나 never를 붙인다.

B 문장 안에서 주어, 목적어, 보어 등으로 사용되며, 「의문사 + 주어 + can/should + 동사원형」으로 바꾸어 쓸 수 있다.

8 주어 역할을 한다.
= How I can sign up for the class is still unknown.

9 목적어 역할을 한다.
= I don't know what I should do when a baby cries.

10 보어 역할을 한다.
= The problem was where we should put up the poster.

EXERCISE 01 >

밑줄 친 부분에 유의하여 우리말로 옮기시오.

1 She thought it intriguing to measure people's brain activity during sleep.

2 To figure out the relationship between diet and mood change is important.

3 What's necessary is to gain as much knowledge as possible.

4 The hospitalized patients agreed never to quit taking their prescribed medication.

5 The question is whom to recommend for the lawsuit against the chemical company.

6 The competitors passionately persuaded me to retract my words.

UNIT 29 to부정사의 형용사적 용법

to부정사는 형용사처럼 명사 또는 대명사를 수식하거나 be동사 등 다음에 쓰여 주어를 설명하는 주격보어 역할을 할 수 있는데, 이를 to부정사의 형용사적 용법이라고 한다.

A (대)명사를 수식하는 to부정사

1 He desperately needs a person **to guide** him.

그는 자신을 안내해줄 사람이 간절히 필요하다.

2 I need more potatoes **to cook**.

나는 요리할 감자가 더 필요하다.

3 I have a lot of friends **to turn to**.

나는 의지할 친구들이 많다.

4 She ordered something **savory to eat**.

그녀는 짭짤한 먹을 것을 주문했다.

B be+to부정사

5 The prime minister **is to visit** China next week.
총리는 다음 주에 중국을 방문할 예정이다.

6 You **are to come** back home no later than 11 o'clock.
너는 11시 이전에 집에 돌아와야 한다.

7 If you **are to predict** the future, study the past.
미래를 예측하고자 한다면, 과거를 공부해라.

8 He **was to outlive** his friend by ten years.
그는 그의 친구보다 10년 더 살 운명이었다.

9 Only the dim light **was to be** seen in the room.
그 방에서는 오직 희미한 빛만 볼 수 있었다.

C 주격보어로 쓰이는 to부정사

10 She **seemed (to be)** perplexed by his response.
그녀는 그의 반응에 당황한 것 같았다.

= **It seemed that she was** perplexed by his response.

11 He **turned out to be** married.
그는 기혼임이 드러났다.

12 The babies **appeared to be** awake.
아기들은 깨어 있는 것 같았다.

A

1 명사(person)가 to부정사(구)(to guide him)의 의미상의 주어 역할을 한다.

2 명사(potatoes)가 to부정사(구)(to cook)의 의미상의 목적어 역할을 한다.

3 「to부정사+전치사」가 명사(friends)를 수식할 경우 이 명사는 전치사의 의미상의 목적어이므로 전치사를 생략하지 않도록 주의한다.

4 형용사와 to부정사가 동시에 -thing, -one, -body로 끝나는 대명사를 수식하는 경우에는 「-thing, -one, -body+형용사 +to부정사」의 어순으로 쓴다.

B 「be+to부정사」는 주어를 설명하는 서술어 역할을 하며, 예정, 의무, 의도, 운명, 가능 등의 의미를 나타낸다.

5 예정: ~할 예정이다(= will, be going to)

6 의무: ~해야 한다(= should, have to)

7 의도: ~하고자 하다(= intend to)

8 운명: ~할 운명이다(= be destined to)

9 가능: ~할 수 있다(= can, be able to)

C

10 seem, appear, prove, turn out 등의 동사와 함께 to부정사가 주격보어로 쓰일 때, 주관적인 감정이나 의견을 나타내면 to be는 생략이 가능하다.

11 주어의 신분이나 지위를 나타내는 단어 앞이나, 객관적 사실에 대해 말할 때는 보통 to be를 생략하지 않는다.

⚠ He **turned out** married. (x)

12 alive, alone, awake와 같은 형용사나 현재분사 앞에서는 to be를 생략하지 않는다.

⚠ The babies **appeared** awake. (x)

1 형용사 역할을 하는 to부정사(구)를 절로 전환

(대)명사를 수식하는 형용사적 용법의 to부정사(구)는 관계사를 사용해서 형용사절로 바꾸어 쓸 수 있다.

▶ I'm looking for a developer **to make** a computer program.   나는 컴퓨터 프로그램을 만들 개발자를 찾고 있다.

= I'm looking for a developer **who(that) will make** a computer program. (주격 관계대명사)

▶ He has a lot of things **to do** tomorrow.   그는 내일 해야 할 많은 일들이 있다.

= He has a lot of things **which(that) he should do** tomorrow. (목적격 관계대명사)

▶ The travelers found a spacious place **to stay in**.   그 여행자들은 머물 넓은 장소를 찾았다.

= The travelers found a spacious place **in which they can stay**. (전치사＋목적격 관계대명사)

= The travelers found a spacious place **in which to stay**. (전치사＋목적격 관계대명사＋to부정사)

2 '의무'의 뜻을 나타내는 to부정사

(1) 「명사＋to부정사」가 '~해야 한다(의무)'의 뜻을 나타내면 능동과 수동이 모두 가능하다.

▶ There will be so many challenges **to face(to be faced)**.   마주해야 하는 아주 많은 도전이 있을 것이다.

(2) 그러나 행위자에 초점을 맞출 때는 능동태, 행위 대상에 중점을 둘 때는 수동태를 쓰는 것처럼, 행위자에 중점을 둘 때는 능동형 to부정사, 대상에 중점을 둘 때는 수동형 to부정사를 쓴다.

▶ He has many tasks **to finish** by tonight.   그는 오늘밤까지 끝내야 할 많은 과업들이 있다.

▶ Pills **to be taken** are going to arrive tomorrow.   복용되어야 할 약은 내일 도착할 예정이다.

(3) 의무를 나타내는 「be＋to부정사」 다음에는 보통 수동형을 쓴다.

▶ The carpets **are to be cleaned**.   이 카펫들은 세탁되어야 한다.

(4) nothing to do vs. nothing to be done

▶ I'm bored. There's **nothing to do**.   나는 심심해. 할 일이 없어.

▶ There's **nothing to be done**. We have to buy a new car.   어찌 해 볼 도리가 없어. 우리는 차를 새로 사야 해.

EXERCISE 02

밑줄 친 부분에 유의하여 우리말로 옮기시오.

1 The boy wanted to have more chances to enjoy various kinds of winter sports.

2 The residents seemed to be shocked at the size of the earthquakes.

3 Did you buy anything particular to decorate your apartment with?

4 If you are to use the chatting application, download it on your smartphone.

5 Brian looked out of the window, but there was nothing to be seen.

6 The physical therapist in the hospital has a lot of patients to look after.

EXERCISE 03

두 문장의 뜻이 같도록 빈칸에 알맞은 말을 쓰시오.

1 The biologist is going to present a new theory at the international conference.

→ The biologist ＿＿＿＿ ＿＿＿＿ ＿＿＿＿ a new theory at the international conference.

2 I want to buy a waterproof jacket to wear when climbing.

→ I want to buy a waterproof jacket ＿＿＿＿ ＿＿＿＿ ＿＿＿＿ ＿＿＿＿ when climbing.

3 You should apologize to the professor for lying to her.

→ You ＿＿＿＿ ＿＿＿＿ ＿＿＿＿ to the professor for lying to her.

4 The woman was destined to meet the man in the end.

→ The woman ＿＿＿＿ ＿＿＿＿ ＿＿＿＿ the man in the end.

UNIT **30** to부정사의 부사적 용법

to부정사는 부사처럼 동사, 형용사, 부사를 수식할 수 있고, 목적, 원인, 결과, 근거, 조건, 정도 등 다양한 의미를 가진다.

A 기본 용법

1 You need to wear sunscreen **to protect** your skin.
너는 피부를 보호하기 위해서 자외선 차단제를 발라야 한다.

2 He was sad **to see** how ill his father was.
그는 그의 아버지가 얼마나 아픈지를 봐서 슬펐다.

3 She did her best, only **to lose** the game.
그녀는 최선을 다했지만, 경기에서 졌다.

4 The jurors were stupid **to believe** what the accused said.
피고가 말한 것을 믿다니 배심원들은 어리석었다.

5 **To hear** her talk, you'd think she is sweet and kind.
그녀가 이야기하는 것을 듣는다면, 당신은 그녀가 상냥하고 친절하다고 생각할 것이다.

6 The problem is complicated **to deal** with.
그 문제는 해결하기에 복잡하다.
= It is complicated to deal with the problem.

B 관용표현

7 Many employees **are bound to be** laid off next month.
다음 달에 많은 직원들이 확실히 해고될 것이다.

8 Teachers **are inclined to look** for the best from their students.
교사들은 학생들로부터 최고의 모습을 찾으려는 경향이 있다.

9 Seniors who live alone **are liable to become** depressed.
혼자 사는 어르신들은 우울해지기 쉽다.

10 He is **too** sensitive **to take** criticism.
그는 너무 예민해서 비판을 받아들일 수 없다.

11 The room was large **enough to place** an extra bed.
그 방은 추가 침대를 놓을 만큼 충분히 컸다.

12 He was **so** smart **as to meet** such a complicated demand.
그는 매우 똑똑해서 그런 까다로운 요구를 맞췄다.

A

1 목적: ~하기 위해서(= in order to, so as to)
~하지 않기 위해서(= in order not to, so as not to)

2 원인: ~해서(감정을 나타내는 형용사(afraid, anxious, ashamed, disappointed, (un)happy, pleased, sad 등)나 동사(laugh, smile, weep 등) 뒤에 위치)

3 결과: ~해서 (결국) …되다(앞에 only를 붙이면 놀람이나 실망을 강조, 문맥에 따라 to부정사는 and나 but으로 해석)

4 판단의 근거: ~하다니

5 조건: ~한다면(주절에는 흔히 you'd think나 you'd never know 등과 같은 표현이 오며, 사실과 다른 인상을 받을 때 사용) **참조 UNIT 110 D**

6 정도: ~하기에

B

7~9 be동사+형용사+to부정사
be동사+apt+to부정사: ~하는 경향이 있다
be동사+bound(sure, certain)+to부정사: 확실히 ~할 것이다
be동사+due+to부정사: ~할 예정이다
be동사+inclined+to부정사: ~하려는 경향이 있다
be동사+liable+to부정사: ~하기 쉽다
be동사+likely+to부정사: ~할 것 같다, ~하기 쉽다
be동사+ready+to부정사: ~할 준비가 되어 있다
be동사+willing+to부정사: 기꺼이 ~하다

10~12 정도를 나타내는 관용표현

10 too+형용사/부사+to부정사: 너무 ~해서 …할 수 없는
참조 UNIT 75 B

11 형용사/부사+enough+to부정사: ~할 만큼 충분히 …한(하게) **참조 UNIT 75 B**

12 so+형용사/부사+as+to부정사: 매우 ~해서 …한(하게)

13 To make matters worse, even the car broke down.
설상가상으로, 심지어 차까지 고장났다.

14 The lecture was not impressive, **to tell you the truth**.
사실을 말하자면, 그 강의는 인상적이지 않았다.

15 To begin with, I'd like to thank all of you who came here.
우선, 저는 여기에 오신 여러분 모두에게 감사를 드리고 싶습니다.

C

13 to make matters worse: 설상가상으로

14 to tell (you) the truth: 사실을 말하자면

15 to begin with: 우선, 시작하자면

GRAMMAR PLUS+

독립부정사

- to be brief 간단히 말해서
- to be sure 확실히
- to name a few 두 세 개 예를 들면
- needless to say 말할 필요도 없이
- to say nothing of / not to speak of / not to mention ~은 말할 것도 없이
- to put it mildly(simply, bluntly) 부드럽게(간단하게, 직설적으로) 말하면
- to make(cut) a long story short 요약하자면

- to be frank (with you) 솔직히 말하자면
- strange to say 이상한 이야기지만
- to say the least 과장이 아니라
- so to speak 말하자면

EXERCISE 04 > 밑줄 친 부분에 유의하여 우리말로 옮기시오.

1 I arrived at the restaurant only to find all the tables were booked.

2 To make a long story short, the plan for demolishing the old castle was delayed.

3 This new medicine is quite effective to treat various kinds of mental diseases.

4 To see her walk, you'd never know she was affected with polio.

5 The economic outlook for the coming year is very unstable, to say the least.

EXERCISE 05 > 우리말과 뜻이 같도록 괄호 안의 말을 이용하여 문장을 완성하시오.

1 직설적으로 말하면, 그들은 나에게 민감한 사안에 대해서 의견을 낼 것을 강요했다. (put)

→ _____, they forced me to comment on the subtle issue.

2 그녀가 화재 경보에도 그 건물에서 나오지 않았다니 어리석었다. (silly, get)

→ She was _____ out of the building at a fire alarm.

3 그 소년은 괴롭히는 사람들에게 맞설 만큼 충분히 용감했다. (brave, stand up)

→ The boy was _____ to the bullies.

4 그 나라는 심지어 몇 년 전에도 너무 위험해서 여행할 수 없었다. (dangerous, travel in)

→ The country was _____ even some years ago.

UNIT 31 to부정사의 시제·태

to부정사는 단순부정사(to＋동사원형)와 완료부정사(to have p.p.)의 형태로 시제를 나타낼 수 있고,
수동태도 가능하다.

A to부정사의 시제

1 The assignment appears **to be** difficult for him.
그 과제는 그에게 어려운 것처럼 보인다.

= It <u>appears</u> that the assignment <u>is</u> difficult for him.

2 Jane hopes **to be** back within a month.
Jane은 한 달 이내에 돌아오기를 희망한다.

= Jane <u>hopes</u> that she <u>will be</u> back within a month.

3 Everything seems **to be working** normally.
모든 것이 정상적으로 작동하고 있는 것 같다.

= It <u>seems</u> that everything <u>is working</u> normally.

4 He was sorry **to have missed** her call.
그는 그녀의 전화를 놓쳐서 유감인 것처럼 보였다.

= He <u>was</u> sorry that he <u>had missed</u> her call.

cf. I hope that she **will(can) pass** the verbal test.
나는 그녀가 구두 시험을 통과하면 좋겠다. (통과할 가능성이 있음)

I hope that she **passes** the verbal test.
나는 그녀가 구두 시험을 통과하면 좋겠다. (통과할 가능성 여부가 불확실)

I wish that she **would(could) pass** the verbal test.
그녀가 구두 시험을 통과하면 좋겠는데. (통과할 가능성이 전혀 없음)

5 She seems **to have been reading** a science magazine.
그녀는 과학 잡지를 읽고 있었던(읽어 왔었던) 것 같다.

= She <u>seems</u> that she <u>was(has been)</u> reading a science magazine.

B to부정사의 수동태

6 The woman was frightened **to be chased** by the police.
그 여자는 경찰에 쫓겨서 겁을 먹었다.

= The woman <u>was</u> frightened that she <u>was chased</u> by the police.

7 He is contented **to have been given** a good opportunity.
그는 좋은 기회가 주어졌던 것에 만족한다.

= He <u>is</u> contented that he <u>was given</u> a good opportunity.

A

1 단순부정사(to＋동사원형): to부정사의 시제가 주동사의 시제와 같거나 이후일 때 쓴다.

2 hope, expect, promise 등과 같은 동사 뒤에 오는 to부정사는 주동사의 시제 이후 미래를 표현할 수 있다.

3 단순부정사 진행형(to be -ing): to부정사에서도 진행형을 쓸 수 있다.

4 완료부정사(to have p.p.): to부정사의 시제가 주동사의 시제보다 앞설 때 쓴다.

cf. hope와 wish: hope 다음에 미래의 의미가 올 때 가능성이 있다고 판단되면 will이나 can, 가능성 여부가 불확실하면 현재시제를 사용한다. 가능성이 전혀 없을 때는 「wish that＋주어＋would(could)」를 쓴다.

5 완료부정사 진행형(to have been -ing): 완료부정사에서도 진행형을 쓸 수 있다.

B

6 단순수동태(to be p.p.): 수동의 의미를 가지며 주동사의 시제와 같을 때 쓴다.

7 완료수동태(to have been p.p.): 수동의 의미를 가지는 동시에 to부정사의 시제가 주동사의 시제보다 앞설 때 쓴다.

CHAPTER 06 | 부정사 **89**

1 대부정사: 앞에 나온 동사의 반복을 피하기 위해 to부정사(구) 대신 to만 쓸 수 있다. be동사나 소유의 의미를 갖는 have는 보통 생략하지 않는다.

▶ I feel regretful that I disrupted the filming of the movie. I didn't mean **to** (disrupt the filming of the movie).   나는 영화 촬영을 방해해서 유감으로 생각한다. 그럴 의도는 아니었다.

▶ There are fewer spectators in the field than there used **to be**.   예전보다 필드에 관중들이 적다.

⚠ There are fewer spectators in the field than there used **to**. (x)

2 분리부정사: to부정사는 to 다음에 바로 원형부정사를 쓰는 것이 원칙이지만, 그 사이에 부사(구)를 삽입하는 경우가 있다. 수식하는 동사의 의미를 더욱 확실하게 전달하는 효과가 있다.

▶ It can be dangerous **to suddenly stop** taking prescribed medications.
처방약 복용을 갑자기 중단하는 것은 위험할 수 있다.

EXERCISE 06 >

두 문장의 뜻이 같도록 to부정사를 이용한 문장으로 바꾸어 쓰시오.

1 The building is said that it obtained its name from a renowned architect.

→ The building _____ its name from a renowned architect.

2 It appears that the wildfire is spreading swiftly all over the mountain.

→ The wildfire appears _____ swiftly all over the mountain.

3 Paul is delighted that he was reunited with old friends from high school.

→ Paul is delighted _____ with old friends from high school.

4 Julie promised that she would cut down on the use of electricity.

→ Julie promised _____ on the use of electricity.

EXERCISE 07 >

우리말과 뜻이 같도록 괄호 안의 말을 이용하여 문장을 완성하시오.

1 너무 많은 소금을 먹는 것은 다양한 질병으로 이어지는 것 같다. (seem, lead to)

→ Eating too much salt _____ various diseases.

2 그 남자는 주로 돈에 의해 동기부여가 되었던 것처럼 보인다. (appear, motivate)

→ The man _____ primarily by money.

3 그 동물은 1,000만년 전에 멸종되었던 것으로 믿어진다. (become extinct)

→ The animal is believed _____ 10 million years ago.

4 나는 그 문제에 대해서 걱정하는 것을 의식적으로 그만두려고 노력했다. (consciously, stop)

→ I tried _____ worrying about the problem.

5 그는 보안 시스템을 교체할 것을 고려했으나, 그렇게 하지 않기로 결정했다. (decide, not)

→ He considered changing the security system, but _____.

UNIT 32 to부정사의 의미상의 주어

to부정사는 보통 문맥상 그 주체가 쉽게 드러나지만, 문맥상 모호하거나 따로 주체를 밝혀야 하는 경우에는 그 앞에 「for/of+목적격」의 형태로 의미상의 주어를 쓴다.

A 의미상의 주어를 쓰지 않는 경우

1 She hoped **to begin** an official investigation.
그녀는 공식적인 조사를 시작하고 싶었다.

2 He expects me **to write** good customer reviews.
그는 내가 좋은 고객 리뷰를 쓰기를 기대한다.

3 It is desirable **to use** your time effectively.
시간을 효율적으로 쓰는 것이 바람직하다.

B 의미상의 주어를 쓰는 경우

4 The truth was painful **for her to admit** publicly.
그 사실은 그녀가 공개적으로 인정하기에 고통스러웠다.

5 It is easy **for them to increase** the sales of the car.
그들이 자동차 판매를 늘리는 것은 쉽다.

cf. The sales of the car is easy **for them to increase**.
그들이 자동차 판매를 늘리는 것은 쉽다.

6 It is kind **of you to take** the time to email me.
시간을 내어 내게 이메일을 보내다니 당신은 매우 친절하군요.

7 It was reasonable **of him to turn** down her offer.
그녀의 제안을 거절하다니 그는 합리적이었다.

cf. It is reasonable **for them to explore** various possibilities. 그들이 다양한 가능성을 탐색하는 것은 타당하다.

A
1 문장의 주어와 일치하는 경우
2 문장의 목적어와 일치하는 경우
3 막연한 일반인인 경우

B
4~5 일반적으로 to부정사 앞에 「for+목적격」으로 쓴다.

cf. difficult, easy 등의 형용사는 to부정사의 목적어를 주어로 쓸 수 있다.

6 It is 다음에 사람의 성격이나 성질을 나타내는 형용사가 오면 「It is+형용사+of+목적격+to부정사」로 쓴다.

7 형용사 reasonable이 문맥상 주관적 평가로 '(사람이) 합리적인'이라는 뜻으로 쓰이면 「of+목적격」으로 의미상의 주어를 쓴다.

cf. 이성적 판단으로 '타당한'의 뜻으로 쓰이면 「for+목적격」으로 의미상의 주어를 쓴다

GRAMMAR PLUS+

1 「for+목적격」과 주로 쓰이는 형용사: easy, hard, important, good, difficult, common, (im)possible, pleasant, necessary, normal 등

2 「of+목적격」과 주로 쓰이는 형용사: kind, generous, polite, clever, brave, thoughtful, stupid, silly, foolish, rude, cruel, unkind, careless, selfish, unreasonable, mean, considerate, (un)friendly, wrong, nice, good 등

EXERCISE 08 >

괄호 안에서 알맞은 말을 고르시오.

1 It was impossible (for / of) them to prevent animal habitats from being destroyed.

2 The driver parked the truck (for / of) workers to set down the load.

3 It was careless (for / of) them to spread the rumors through the blog.

4 There are five points (for / of) you to remember when writing a résumé.

5 It is thoughtful (for / of) her to set an example and show the team what to do.

UNIT 33 원형부정사

to가 없는 부정사를 원형부정사라고 하며, 지각동사나 사역동사의 목적격보어 자리에 쓴다.

A 지각동사 · 사역동사와 원형부정사

1 She <u>felt</u> someone **grab** her wrist.
그녀는 누군가가 자신의 손목을 잡는 것을 느꼈다.

cf. Everyone in the class <u>saw</u> him **dozing** off.
교실에 있는 모두가 그가 졸고 있는 것을 보았다.

I <u>noticed</u> the wash **hung** on the clothesline.
나는 빨래가 빨랫줄에 걸려 있는 것을 알았다.

2 He <u>made</u> the boy **put** more firewood on the fire.
그는 그 소년에게 불에 장작을 더 넣도록 시켰다.

cf. She <u>had</u> her car **fixed** yesterday.
그녀는 어제 자신의 차가 수리되도록 했다.

3 Can you <u>help</u> me **(to) trim** the trees?
당신은 내가 나무를 다듬는 것을 도와줄 수 있나요?

4 **All** you have to do is **outrun** other players.
네가 해야 할 것은 다른 선수들을 앞지르는 것이다.

B 원형부정사가 들어간 관용표현

5 You **had better leave** now before it gets too late.
너는 너무 늦기 전에 지금 떠나는 것이 낫다.

6 Gary **could not (help) but gaze** at her.
Gary는 그녀를 응시하지 않을 수 없었다.

7 The complaint **did nothing but waste** city resources.
그 청원은 단지 도시의 자원을 낭비하기만 했다.

8 I can **do anything but accept** the failure.
나는 실패를 받아들이는 것 말고는 다 할 수 있다.

9 We **may as well cancel** the trip to the coast.
우리는 해안 지방으로의 여행을 취소하는 것이 낫다.

10 I'd **rather buy** a new bicycle **than fix** the old bike.
나는 오래된 오토바이를 고치기보다 새 자전거를 사고 싶다.

11 **Why not submit** the application for the marathon?
그 마라톤 대회에 신청서를 내보는 것이 어때?

12 It is time to **let go of the past**.
이제는 과거를 놓아줄 때이다.

13 Let's **make believe that** it is 2025 now.
지금이 2025년인 것처럼 하자.

A

1 지각동사＋목적어＋원형부정사
지각동사: listen to, hear, feel, see, notice, look at, watch 등

cf. 동작이 진행중임을 강조할 때는 현재분사를, 목적어가 동작의 대상인 경우에는 과거분사를 쓴다.

2 사역동사＋목적어＋원형부정사
사역동사: have, let, make 등

cf. 목적어가 동작의 대상인 경우에는 과거분사를 쓴다.

3 준사역동사인 help는 목적격보어로 원형부정사나 to부정사를 모두 쓸 수 있다.

4 all이나 what으로 시작하여 행위자의 행동을 강조하는 문장에서는 주로 주격보어로 원형부정사를 쓴다.

B

5 had better＋원형부정사: ~하는 것이 낫다(강한 조언), ~해야 한다(권고, 독촉) ↻참조 **UNIT 17 C**

6 cannot (help) but＋원형부정사: ~하지 않을 수 없다 (= cannot help -ing) ↻참조 **UNIT 16 D**

7 do nothing but＋원형부정사: 단지 ~하기만 하다

8 do anything but＋원형부정사: ~말고는 다 하다

9 may(might) as well＋원형부정사: ~하는 것이 낫다 ↻참조 **UNIT 17 C**

10 would rather＋원형부정사(＋than＋원형부정사): (…보다) ~하고 싶다 ↻참조 **UNIT 18 D**

11 Why not＋원형부정사 ~?: ~하는 것이 어때? (= Why don't you ~?)

12 let go (of＋명사): (~을) 놓아주다

13 make believe (that): ~인 것처럼 하다

GRAMMAR PLUS+

1 have(make, let)+목적어+원형부정사 vs. get+목적어+to부정사

사역동사 have, make, let은 목적격보어로 원형부정사를 쓰지만, 사역의 의미로 쓰이는 get은 to부정사를 쓰는 것에 주의한다.

▶ The captain <u>had</u> the crew **report** for duty at 7:00 a.m.
그 선장은 승무원들에게 아침 7시에 출근 보고를 하도록 했다.

▶ I <u>got</u> him **to check** her identification in advance.
나는 그에게 미리 그녀의 신분증을 확인하도록 했다.

2 to부정사(구)의 병렬연결

접속사(and, or, but, as, than, like, except 등)로 to부정사(구)를 병렬연결할 때 to를 생략하고 원형부정사를 쓰는 경우가 있다. 단, 생략해도 의미가 명확해야 한다.

▶ He encouraged me **to read** the reviews and **(to) research** the company.
그는 내가 후기들을 읽고 그 회사를 조사하도록 권장했다.

▶ It is usually better **to reach** consensus **than (it is to) vote**.
투표를 하는 것보다 의견 일치에 이르는 것이 보통 더 낫다.

EXERCISE 09 >

밑줄 친 부분에 유의하여 우리말로 옮기시오.

1 The man <u>let the board members sell</u> the stocks of the company at the highest price.

2 I <u>watched them</u> on TV <u>exploring</u> the surface of Mars.

3 He <u>could not help but recognize</u> the independence of a new state.

4 You <u>might as well study</u> how volcanoes erupt in the ocean.

5 The couple <u>made believe that their relationship was OK</u>, but they divorced soon.

6 I <u>got the repairman to adjust</u> the rear brakes of my bicycle.

7 The president will <u>do anything but apologize</u> about his mistake related to the nomination of the prime minister.

8 You <u>had better try</u> to maintain correct posture.

EXERCISE 10 >

괄호 안에서 알맞은 말을 모두 고르시오.

1 A neighbor saw a fierce dog (approach / approaching) a little boy.

2 My parents had the roof (repairing / repaired) before the rainy season.

3 Why don't you help him (dig / to dig) a deep hole on the ground?

4 The big cabinet did nothing but (take / to take) up space in my classroom.

5 What she needs to do is (switch / switched) on the boiler.

6 She promised to finish writing and (publish / to publish) the book next month.

7 Everyone in the train listened to the man (hum / humming).

8 He'd rather (cope / to cope) with destiny than (complain / to complain) about it.

OVERALL EXERCISE

01 밑줄 친 부분을 어법에 맞게 고쳐 쓰시오.

1 He found it challenging <u>persuade</u> all members of Congress to pass the bill.

2 John noticed a group of trespassers <u>to sneak</u> into his front yard.

3 The police officer got his colleague <u>write down</u> the details.

4 Neither a lamp nor a flashlight was <u>to find</u> in the dark laboratory.

5 It was necessary <u>of us</u> not to underestimate the cost of the construction.

6 You had better <u>to reach</u> unanimous agreement sooner or later.

7 Important tasks <u>to complete</u> are rapidly increasing rapidly.

02 두 문장의 뜻이 같도록 to부정사를 이용하여 빈칸에 알맞은 말을 쓰시오.

1 To install a new operating system is often a time-consuming job.

→ _____ is often a time-consuming job _____ _____ a new operating system.

2 Claire was wondering what she should do to improve the desperate situation.

→ Claire was wondering _____ _____ _____ to improve the desperate situation.

3 You have to separate raw meat from cooked meat in the refrigerator.

→ You _____ _____ _____ raw meat from cooked meat in the refrigerator.

4 It seems that he was granted permanent residence last year.

→ He _____ _____ _____ _____ _____ permanent residence last year

5 Kate walked on tiptoe so as not to wake up her sleeping baby.

→ Kate walked on tiptoe _____ _____ _____ up her sleeping baby.

6 She rushed to the platform but found that her train had already departed.

→ She rushed to the platform, _____ _____ _____ that her train had already departed.

7 If you intend to pass the test, you should not skip your classes.

→ If you _____ _____ _____ the test, you should not skip your classes.

03 괄호 안의 말을 알맞게 배열하여 문장을 완성하시오.

1 _____ the global tourism market.
(was / many developing countries / encouraging / to join / it / for)

2 I was asked if I had a particular ambition or _____.
(in my life / special / anything / to accomplish)

3 The company should keep improving its competitiveness _____
_____. (is / to succeed / if / it / in the online commerce industry)

4 She is always _____.
(hardworking / to come up with / so / as / for the experiment / new ideas)

5 _____ since the launch of
the new product. (under serious pressure / the entrepreneur / to have / appears / been)

6 _____ a kind person.
(expected / the doctor / to be considered)

7 People in my neighborhood _____.
(willing to / a hand / are / lend)

04 다음 글을 읽고 물음에 답하시오.

It's always been uncomfortable ① of me ② to talk to people I don't know well. But over the years, I've learned exactly what ③ to do whenever I find myself thinking, "I don't know what to say." If you're wondering, "(A) 이야기 할 것이 아무것도 없는 것이 정상적이지 않은가?" the answer is "YES!" I used to have similar worries, and I believed there was something wrong with me. It turned out that I simply needed ④ to learn some strategies ⑤ to deal with those moments when my mind goes blank. You see, social skills aren't something we're born with. They're just that: skills. They can be practiced and improved.

1 위 글의 밑줄 친 ①~⑤ 중에서 어법상 틀린 부분을 찾아 바르게 고치시오.

_____ → _____

2 위 글에서 밑줄 친 (A)와 뜻이 같도록 괄호 안의 말을 이용하여 문장을 완성하시오. (normal, talk about)

→ Isn't it _____?

[01–03] 다음 우리말과 뜻이 같도록 빈칸에 들어갈 말로 알맞은 것을 고르시오.

01

그는 심한 장애에도 불구하고 자신의 꿈을 실현하는 것을 망설이지 않았다.
→ He didn't hesitate _____ his dream despite his enormous disabilities.

① actualize
② to actualize
③ actualizing
④ actualized
⑤ to actualizing

02

이 프로젝트는 연방 세금의 인상 없이 재원이 조달될 예정이었다.
→ This project _____ without raising federal taxes.

① financed
② was financing
③ was to be financing
④ was to be financed
⑤ was to finance

03

기름 유출은 산호초에 파괴적인 영향을 미치는 것 같다.
→ Oil spills _____ a devastating effect on coral reefs.

① appear to have
② appear to having
③ appear to had
④ appear to be have
⑤ appear to have been had

04 다음 빈칸에 들어갈 말로 알맞은 것은?

I had my hair _____ by a hairdresser two weeks ago.

① color
② coloring
③ to color
④ to be colored
⑤ colored

[05–06] 다음 밑줄 친 부분과 쓰임이 같은 것을 고르시오.

05

The speaker is to explain the significance of making a good first impression.

① The young biologist's goal is to receive worldwide recognition.
② She has no close family to turn to.
③ These pills will enable her to decrease her excessive appetite.
④ The wounded soldier was never to return to his home again.
⑤ She has the courage to apply for the contest on her own.

06

He must be considerate not to disturb other guests at night.

① Everybody praises his ability, not to mention his attitude.
② What a lucky man he is to win the lottery!
③ I found it amazing for him to support orphans for years.
④ He is a treasure hunter, so to speak.
⑤ I tried my best, only to fail the college entrance exam last year.

07 다음 빈칸에 들어갈 말로 알맞지 않은 것은?

The professor _____ me to review recent studies related to the topic.

① asked
② persuaded
③ told
④ forced
⑤ let

08

① He appointed <u>someone capable to handle</u> the social media assets in the company.

② A workman must first sharpen his tools if he <u>is to do</u> his work well.

③ There are some properties <u>to be vacated</u> until next week.

④ They were driven <u>to overcome and improve</u> their situation through education.

⑤ The toxic waste seems <u>to have been contaminated</u> the river for months.

09

① They were ecstatic <u>to have found</u> someone alive in the snow.

② We're going <u>to certainly debrief</u> and evaluate what happened here today.

③ There are more grumblings about the legitimacy of copyright than there <u>used to</u>.

④ The following resources are provided free <u>for you to download</u>.

⑤ The man did nothing but <u>compliment</u> her on her excellent French.

10 다음 빈칸에 들어갈 말로 알맞은 것은?

> It seems that the community faced the problem of an aging population.
> → The community _____ the problem of an aging population.

① seems to face

② seems to facing

③ seems to faced

④ seems to have faced

⑤ seems to have been facing

11 다음 중 어법상 틀린 것은?

① The application shows where to find an empty vehicle.

② To say the least, this system offers the best cost efficiency.

③ Most swimming pools have differing depths in order to accommodate different swimmers' requirements.

④ Will you send someone to mend the broken garden fence?

⑤ The teaching assistant got the student counsel with the psychiatrist at once.

12 다음 중 어법상 옳은 것은?

① We might as well to shut down the whole organization.

② He felt someone standing by his bed and whispering something.

③ Why not strengthening existing labor law through legislation?

④ The painter appears to have inspired by a trip to France.

⑤ She is inclined to deferring payment for as long as possible.

13 다음 중 어법상 틀린 문장은 모두 몇 개인가?

> (a) He was never to be associated with the family business again.
> (b) The building is liable to collapsing at any moment.
> (c) I am sorry to have been embarrassed you in public.
> (d) Jamie couldn't decide how to allocate the marketing budget.
> (e) She can do anything but collaborate on the work with them.
> (f) To be frank with you, she intended to deceive other people.

① 0   ② 1   ③ 2   ④ 3   ⑤ 4

1 다음 글의 밑줄 친 부분 중, 어법상 틀린 것은?

industrial 산업의
react 반응하다
combine 결합하다
confine 가두다
priority 우선 순위
assess 평가하다

Robots in the industrial sector can help companies ① get more things done with fewer errors. Of course, safety is a key factor when adding robots in the workplace. That is why some AI robotics companies are developing offerings where robots can understand what's in their environment and ② react accordingly. One company has an industrial robotics system that combines computer vision, AI, and sensors. This setup allows the machines ③ to work at full speed unless humans get too close. As such, robots are no longer confined behind cages, but human safety is still a priority. Its technology enables the robot ④ assess how far it must remain from a person ⑤ to avoid hitting the human.

2 (A), (B), (C)의 각 네모 안에서 어법에 맞는 표현으로 가장 적절한 것은?

plow 쟁기로 갈다
rump (네발 달린 동물의) 엉덩이
udder (암소나 염소 등의) 젖통
squirt (액체나 가스 등을 가늘게) 짜다
threshing 탈곡을 하는
gunnysack 마대

I walked beside Father while he plowed and saw the rumps of Paddy and Lady, our plow horses, (A) rise and fall / to rise and fall in the sun as the blade of the plow laid back the brown earth. And the dogs walked beside us. When Father milked the cows, I stood beside him, watching his strong hands pull and squeeze the udders, (B) made / making milk into the bucket. My hands were not (C) enough strong / strong enough to bring down milk. Sometimes he squirted milk into the mouths of a waiting row of barn cats. I stood on the fence to watch Father work with the threshing crew as the men caught in gunnysacks the golden stream of wheat from the threshing machine.

	(A)		(B)		(C)
①	rise and fall	·········	made	·········	enough strong
②	rise and fall	·········	making	·········	strong enough
③	to rise and fall	·········	made	·········	strong enough
④	to rise and fall	·········	making	·········	enough strong
⑤	to rise and fall	·········	making	·········	strong enough

Gerunds

기본 형태
동사원형+-ing

특징
명사적 특징: 주어, 목적어, 보어 역할
동사적 특징: 부정형 표현, 의미상의 주어와 목적어를 가질 수 있음,
　　　　　　시제 표현, 태(능동형·수동형) 표현

시제·태
단순동명사: 동사원형+-ing
완료동명사: having p.p.
단순수동태: being p.p.
완료수동태: having been p.p.

동명사

CHAPTER
07

UNIT 34
동명사의 역할

UNIT 35
동명사와
to부정사 I

UNIT 36
동명사와
to부정사 II

UNIT 37
동명사의 시제·
태·의미상의
주어

UNIT 38
동명사의
관용표현

UNIT 34 동명사의 역할

동명사는 문장에서 명사 역할(주어, 목적어, 보어)을 하고, 동사와 명사의 성질을 모두 가지고 있기 때문에 목적어를 취할 수 있다.

1 **Eating** a balanced diet <u>is</u> necessary for you.
균형 잡힌 식사를 하는 것은 너에게 필수적이다.

2 **It** was a wonderful experience **working** with such great experts.
그러한 훌륭한 전문가들과 함께 일하는 것은 멋진 경험이었다.

3 I found **it** interesting **assembling** a motorcar.
나는 자동차를 조립하는 것이 흥미롭다는 것을 알았다.

4 Would you mind **turning** down the radio?
라디오 소리를 좀 줄여주시겠어요?

5 She is good at **finding** a fault, not a solution.
그녀는 해결책이 아닌 결점을 찾는 것에 능숙하다.

6 My job is **developing** the emerging market.
내 일은 신흥 시장을 개척하는 것이다.

7 **Not changing** your car's tires regularly is dangerous.
정기적으로 자동차 타이어를 점검하지 않는 것은 위험하다.

1 주어 역할을 하며, 동명사(구)가 주어일 때는 단수 동사를 쓴다.

2 가주어–진주어 구문. 「It ~ to부정사」 구문을 주로 쓰지만, to부정사 대신 동명사를 쓰기도 한다.

3 가목적어–진목적어 구문. 진목적어 대신 가목적어 it을 쓴다.

4 동사의 목적어 역할을 한다.

5 전치사의 목적어 역할을 한다.

6 주격보어 역할을 한다.

7 동명사의 부정은 동명사 앞에 not이나 never를 붙인다.

GRAMMAR PLUS+

동명사 vs. 현재분사

1 동명사와 현재분사의 형태는 같지만, 동명사는 명사 역할을, 현재분사는 명사를 수식하거나 진행형 문장에 사용되는 형용사 역할을 한다.

▶ Jimmy's hobby is **swimming** in the river.   Jimmy의 취미는 강에서 수영을 하는 것이다. (동명사: ~하는 것)
▶ Look at the **swimming** fish.   헤엄치고 있는 물고기를 보아라. (현재분사(명사 수식): ~하고 있는)
▶ The man is **swimming** in the ocean.   그 남자는 바다에서 수영을 하고 있다. (현재분사(진행형): ~하고 있는)

2 동명사와 현재분사가 명사 앞에 사용되는 경우 동명사는 용도나 목적, 현재분사는 동작이나 상태를 나타낸다.

▶ Did you see my **sleeping** bag?   너는 내 침낭을 보았니? (동명사: ~을 위한, ~용의)
▶ The **sleeping** koala is so cute.   그 자고 있는 코알라는 무척 귀엽다. (현재분사: ~하고 있는)

EXERCISE 01 >

밑줄 친 부분에 유의하여 우리말로 옮기시오.

1 <u>Watching the popular singer's rock concert</u> was an unforgettable experience.

2 Every writer is busy in <u>writing an introductory book for the beginners</u>.

3 They <u>found it difficult achieving a high standard in the competition</u>.

4 The manager was accused of <u>never arriving at the office on time</u>.

5 Would you tell me where you <u>bought that pair of running shoes</u>?

6 The key to happiness is <u>having healthy relationships with others</u>.

7 The man <u>is sweeping the floor</u> with a long broom.

35 동명사와 to부정사 I

영어 문장에서 일반동사 두 개가 나란히 놓일 수 없으므로, 동사를 다른 동사의 목적어로 쓰기 위해서는
동명사나 to부정사의 형태로 써야 한다. 동사에 따라서 동명사만을 목적어로, 혹은 to부정사만을 목적어로
취하므로 각각 구분해서 알아두어야 한다.

A to부정사만을 목적어로 취하는 동사

1 She **promised to share** some suggestions for
stimulating the economy.
그녀는 경제를 부양하기 위한 몇몇 의견들을 공유할 것을 약속했다.

2 He **volunteered to convey** how urgent the
situation was.
그는 그 상황이 얼마나 긴박한지를 전달하는 데 자원했다.

3 The family **pretended to return** to a normal life.
그 가족은 평범한 생활로 돌아간 척 했다.

A 주로 특정한 일이나 미래 지향적인 의미를 갖는 경우가
많다.

1~3 afford, agree, ask, attempt, choose, decide,
expect, fail, hesitate, hope, learn, manage,
mean의도하다, offer, plan, prepare, pretend, promise,
refuse, resolve, threaten, volunteer, want, wait,
wish 등

B 동명사만을 목적어로 취하는 동사(구)

4 They **postponed departing** for Africa due to the
weather. 그들은 날씨 때문에 아프리카로 떠나는 것을 연기했다.

5 She has been **putting off paying** her debt for more
than six months.
그녀는 6개월 넘게 자신의 빚을 갚는 것을 미루고 있다.

6 He needs to **give up planting** more trees in the
garden. 그는 정원에 더 많은 나무를 심는 것을 포기해야 한다.

B 주로 일반적인 사실이나 과거 지향적인 의미를 갖는 경우가
많다.

4~6 advise, avoid, consider숙고하다, delay, deny, dislike,
endure, enjoy, escape, finish, forgive, imagine,
include, mind, miss~하지 못하다, postpone, practice,
mention, suggest, understand, carry on, end up,
give up, keep on, put off, set about착수하다 등

GRAMMAR PLUS+

동명사를 목적어로 취하는 구문

- be devoted to -ing ~하는 것에 헌신하다
- be(get) used(accustomed) to -ing ~하는 데 익숙하다
- look forward to -ing ~하기를 고대하다
- with a view to -ing ~하는 것을 목적으로

- be opposed to -ing ~하는 것에 반대하다
- in addition to -ing ~하는 것 이외에도
- object to -ing ~하는 것에 반대하다

EXERCISE 02

괄호 안에서 알맞은 말을 고르시오.

1 Ashley is seriously considering (to resign / resigning) her position this year.

2 The man passed the exam and managed (to acquire / acquiring) the certificate.

3 The activists have been devoted (to rescue / to rescuing) abandoned animals.

4 I think you should avoid (to eat / eating) greasy and salty food.

5 Why did he object (to introduce / to introducing) the technology that automatically reads
written text?

6 Please don't hesitate (to get / getting) a medical check-up right away.

7 I practiced (to swim / swimming) back and forth across the swimming pool.

UNIT 36 동명사와 to부정사 II

동사에 따라서 동명사와 to부정사 모두를 목적어로 취할 수 있다.

A 의미가 거의 달라지지 않는 경우

1 Let's **start enjoying(to enjoy)** the cherry blossoms.
벚꽃을 즐깁시다.

2 They're **beginning to worry** about hair loss.
그들은 탈모를 걱정하기 시작했다.

3 His behavior **deserved blaming(to be blamed)**.
그의 행동은 비난 받을만했다.

B 의미가 달라지는 경우

4 I'll never **forget witnessing** the accident yesterday.
나는 어제 그 사고를 목격했던 것을 절대 잊지 못할 것이다.

5 He **forgot to take** out the garbage this morning.
그는 오늘 아침에 쓰레기를 내놓는 것을 잊었다.

6 She **remembered turning off** her computer.
그녀는 컴퓨터를 껐던 것을 기억했다.

7 I will **remember to call** him back.
나는 그에게 다시 전화할 것을 기억할 것이다.

8 She doesn't **regret throwing** away the desk.
그녀는 그 책상을 버렸던 것을 후회하지 않는다.

9 We **regret to say** that you failed the test.
우리는 당신이 시험에 낙제했다고 말하게 되어 유감이다.

10 He **tried starting** the boat on the river.
그는 강에 있는 배의 시동을 시험 삼아 걸어봤다.

11 Why did you **try to publish** your thesis?
너는 왜 논문을 출간하려고 노력했니?

12 You have to **stop drinking** beer at night.
너는 밤에 맥주 마시는 것을 멈춰야 한다.

13 He **stopped to say** hello to his teacher.
그는 선생님에게 인사를 하기 위해 멈췄다.

14 They **went on dancing** after the festival.
그들은 축제 후에도 계속 춤을 췄다.

15 She read a book and **went on to write** a report.
그녀는 책을 읽고 이어서 보고서를 쓰기 시작했다.

A 동명사와 to부정사 모두를 목적어로 취하며 의미 변화가 거의 없다.

1 begin, bother, cease, continue, deserve, hate, intend, like, love, neglect, propose, start 등

2 start와 begin이 진행형으로 쓰일 때는 to부정사를 쓴다.
⚠ They're **beginning worrying** about hair loss. (x)

3 deserve, need 다음에 오는 동명사의 형태는 능동이지만, 수동의 의미를 가지며 「to be p.p.」로 바꾸어 쓸 수 있다.

B 동명사와 to부정사 모두를 목적어로 취하지만 의미 변화가 있다.

4~5 forget+동명사: (과거에) ~했던 것을 잊다
forget+to부정사: (미래에) ~할 것을 잊다

6~7 remember+동명사: (과거에) ~했던 것을 기억하다
remember+to부정사: (미래에) ~할 것을 기억하다

8~9 regret+동명사: (과거에) ~했던 것을 후회하다
regret+to부정사: (주로 나쁜 소식을 전하여 앞으로) ~하게 되어 유감이다

10~11 try+동명사: ~을 시험 삼아 해보다
try+to부정사: ~하려고 노력하다

12~13 stop+동명사: ~하는 것을 멈추다
stop+to부정사: ~하기 위해 멈추다

14~15 go on+동명사: (지속적인 행위) 계속 ~하다
go on+to부정사: (행위의 변화) 이어서 ~하기 시작하다

1 동명사 · to부정사 · that절이 동사의 목적어로 쓰이는 경우

(1) 동명사와 that절이 목적어로 쓰이는 경우: acknowledge, appreciate, deny, imagine, mind, recall, recommend, suggest, understand 등의 동사 뒤

(2) to부정사와 that절이 목적어로 쓰이는 경우: agree, ask, decide, demand, expect, hope, learn, pledge, pretend, promise, swear, resolve, vow 등의 동사 뒤

(3) that절이 목적어로 쓰이는 경우: accept, assume, believe, discover, explain, feel, find, find out, guess, know, point out, show, suppose, think, worry 등의 동사 뒤 　○참조 **UNIT 102 A**

2 advise, allow, forbid, permit + to부정사/v-ing

(1) 능동태로 쓰인 경우: 목적어가 있는 경우 「동사+목적어+to부정사」, 목적어가 없는 경우 「동사+v-ing」로 주로 쓴다.

▶ The man will <u>allow you</u> **to enter** the building.　그 남자는 당신이 건물에 들어가도록 허락할 것이다.

▶ The man will <u>allow</u> **entering** the building.　그 남자는 건물에 들어가도록 허락할 것이다.

(2) 수동태로 쓰인 경우: 주어가 사람인 경우 「to부정사」, 동사가 주어인 경우 「v-ing」로 쓴다.

▶ <u>People are allowed</u> **to enter** the building.　사람들은 건물에 들어가는 것이 허락된다.

▶ **Entering** the building <u>is allowed</u>.　건물에 들어가는 것이 허락된다.

EXERCISE 03 >

괄호 안에서 알맞은 말을 모두 고르시오.

1 Don't forget (to sterilize / sterilizing) the burns with antibiotics ointment every day.

2 Do you remember (to hear / hearing) the heartbreaking story from her last week?

3 We regret (to inform / informing) you that our business went bankrupt.

4 She will continue (to carry / carrying) out the plan with determination.

5 Please stop (to talk / talking) and pay close attention to me for a moment.

6 The speaker pointed out (to / that) reducing carbon emissions is important.

7 The disease started (to infect / infecting) the patients in the hospital.

EXERCISE 04 >

우리말과 뜻이 같도록 괄호 안의 말을 이용하여 문장을 완성하시오.

1 그는 자신의 가족이 TV 쇼에 출연하는 것을 허락하지 않았다. (permit, appear)

→ He didn't _____ on TV shows.

2 지칠 때, 조용한 장소에서 명상을 하려고 노력해 보세요. (try, meditate)

→ When you are exhausted, _____ in a quiet place.

3 그의 제안들은 진지하게 숙고될 필요가 없었다. (need, consider)

→ His suggestions didn't _____ seriously.

4 그 어부는 계속 그의 낚싯대를 세게 당겼다. (go on, pull)

→ The fisherman _____ hard on his rod.

5 나는 그 테니스 대회 출전을 포기하라는 충고를 들었다. (advise, give up, enter)

→ I was _____ the tennis championship.

동명사의 시제·태·의미상의 주어

동명사는 to부정사와 마찬가지로 동사의 성격을 가지고 있으므로 단순동명사나 완료동명사로 시제를 나타낼 수 있고, 능동태와 수동태로 쓰는 것이 가능하다.

A 동명사의 시제

1 I am proud of **being** honest.   나는 정직한 것이 자랑스럽다.

= I am proud that I am honest.

2 He is sure of **getting** a good grade in the next semester.   그는 다음 학기에 좋은 성적을 받을 것을 확신한다.

= He is sure that he will get a good grade in the next semester.

3 She advised his **reducing** daily intake of salt.

그녀는 그가 일일 소금 섭취량을 줄여야 한다고 충고했다.

= She advised that he (should) reduce daily intake of salt.

4 I am proud of **having been** honest.

나는 정직했던 것이 자랑스럽다.

= I am proud that I was honest.

5 The boy **denied breaking** the rules.

그 소년은 규칙들을 어겼던 것을 부인했다.

= The boy **denied having broken** the rules.

B 동명사의 수동태

6 He disliked **being treated** like a child.

그는 아이 같은 대접을 받는 것을 싫어했다.

= He disliked that he was treated like a child.

7 I was ashamed of **having been arrested**.

나는 체포되었던 것이 수치스러웠다.

= I was ashamed that I had been arrested.

C 동명사의 의미상의 주어

8 He couldn't understand **my(me) attacking** her.

그는 내가 그녀를 공격한 것을 이해할 수 없었다.

9 **Learning** a foreign language is not easy.

외국어를 배우는 것은 쉽지 않다.

10 He postponed **announcing** the alteration of the implementation plan.   그는 실행 계획의 변경 발표를 연기했다.

11 The participants thanked the staff for **conducting** the program smoothly.

그 참가자들은 직원들이 프로그램을 매끄럽게 진행해준 것에 감사했다.

A

1~3 단순동명사(v-ing): 동명사의 시제가 문장의 시제와 같거나 미래를 나타낼 때 쓴다.

3 주장, 제안, 요구, 충고 등을 나타내는 동사 다음에 오는 동명사(구)는 「that+주어+(should)+동사원형」으로 바꾸어 쓸 수 있다.

⟳ 참조 **UNIT 19 C**

4 완료동명사(having p.p.): 동명사의 시제가 문장의 시제보다 앞설 때 쓴다.

5 「admit, deny, remember, forget, regret+-ing」, 「accuse+목적어+of+-ing」, 「blame, punish, scold+목적어+for+-ing」는 완료동명사 대신 단순동명사를 쓸 수 있다.

B

6 단순수동태(being p.p.): 동명사가 수동의 의미를 가지며 문장의 시제와 같거나 미래를 나타낼 때 쓴다.

7 완료수동태(having been p.p.): 동명사의 시제가 문장의 시제보다 앞설 때 쓴다.

C

8 동명사의 주어가 문장의 주어와 다를 때 소유격이나 목적격(일상체에서)으로 의미상의 주어를 나타낸다.

9~11 동명사의 주어가 일반인이거나, 문장의 주어나 목적어와 같은 경우 의미상의 주어를 쓰지 않는다.

9 동명사의 주어가 일반인인 경우

10 동명사의 주어가 문장의 주어와 같은 경우

11 동명사의 주어가 문장의 목적어와 같은 경우

동명사의 의미상의 주어로 목적격이나 소유격을 사용할 수 없는 경우

1 문장 맨 앞에는 소유격으로 의미상의 주어를 나타내며, 목적격은 사용할 수 없다.

▶ **His participating** in the project means a lot to me.
그의 프로젝트 참여는 나에게 큰 의미이다.

2 의미상의 주어가 다른 단어의 수식을 받을 때는 소유격을 사용하지 않는다.

▶ She was tired of **the students** in her class **asking** too many questions.
그녀는 자신의 반 학생들이 너무 많은 질문들을 하는 것에 지쳤다.

3 의미상의 주어가 복수형, 집합명사, 추상명사, 물질명사, 무생물일 때는 소유격을 사용하지 않는다.

▶ There is no possibility of **the ocean drying** up.
바다가 마를 가능성은 없다.

4 의미상의 주어가 all, each, some, few, this, that, several 등일 때는 소유격을 사용하지 않는다.

▶ They were pleased with **several coming** to the party.
그들은 여러 명이 파티에 참석해서 기뻤다.

EXERCISE 05 >

괄호 안에서 알맞은 말을 모두 고르시오.

1 He ended up (involving / being involved) in criminal activities.

2 (My / I) forgetting other people's mistakes is not easy.

3 Mr. Roberts didn't blame me for (dropping / having dropped) out of the team.

4 I was embarrassed at (the snow / the snow's) blocking the driveway.

5 The woman was afraid of (enrolling / being enrolled) on the list.

6 My mom was satisfied with (having bought / being bought) the flower pot.

7 She accused him of (suspending / having suspended) the plans of acquiring foreign companies.

EXERCISE 06 >

두 문장의 뜻이 같도록 문장을 완성하시오.

1 I am certain that I will play a prominent role in the campaign next year.

→ I am certain of _____ next year.

2 He was proud that he had been treated as a member of the soccer club.

→ He was proud of _____ of the soccer club.

3 She advised us announcing the result of the audition a week later.

→ She advised that _____ the result of the audition a week later.

4 The man was ashamed that he was mentioned as a troublemaker.

→ The man was ashamed of _____ as a troublemaker.

UNIT 38 동명사의 관용표현

1 The students **are busy preparing** for the experiment.
그 학생들은 실험 준비를 하느라 바쁘다.

2 He **had difficulty (in) finding** a parking space.
그는 주차할 장소를 찾느라 애를 먹었다.

3 The professor **couldn't help admitting** the truth.
그 교수는 진실을 인정하지 않을 수 없었다.

= The professor **couldn't (help) but admit** the truth.

4 She **feels like talking** with her sister.
그녀는 여동생과 이야기를 하고 싶은 기분이다.

= She **feels inclined to talk** with her sister.

5 **On seeing** me, she got off the train.
그녀는 나를 보자마자, 기차에서 내렸다.

= **As soon as she saw** me, she got off the train.
= **Scarcely had she seen** me **when** she got off the train.

6 **It is no use worrying** about the future.
미래에 대해 걱정해도 소용없다.

= **It is useless to worry** about the future.

7 He **was on the point of canceling** the reservation.
그는 막 예약을 취소하려고 했다.

= He **was about to cancel** the reservation.

8 She **is far from deceiving** other people.
그녀는 결코 다른 사람을 속이지 않는다.

= She **never deceives** other people.

9 **What do you say to going** to the mountain?
산에 가지 그래?

= **Why don't we go** to the mountain?

10 She **made a point of running** every morning.
그녀는 매일 아침 뛰는 것을 규칙으로 삼았다.

= She **made it a rule to run** every morning.

11 **It goes without saying that** all people are equal.
모든 사람이 평등하다는 것은 말할 필요도 없다.

= **It is needless to say that** all men are equal.

12 The heavy rain **kept me from leaving** the cabin.
폭우로 인해 나는 그 산장을 떠나지 못했다.

= The heavy rain **forbad me to leave** the cabin.

---

1 be busy -ing: ~하느라 바쁘다

2 have difficulty(fun, a good time) (in) -ing:
~하느라 애를 먹다(~하면서 즐거운 시간을 가지다)

3 cannot(can't) help -ing: ~하지 않을 수 없다
= cannot(can't) (help) but+동사원형
= have no choice(can't) but to+동사원형

4 feel like -ing: ~하고 싶은 기분이다
= feel(be) inclined to+동사원형

5 On(Upon) -ing: ~하자마자
= As soon as(The moment, The minute,
The instant, Immediately)+주어+동사
= Scarcely(Hardly, Barely) ~ when(before)

6 It is no use(good) -ing: ~해도 소용없다
= It is useless(of no use) to+동사원형

7 be on the point of -ing: 막 ~하려고 하다
= be about to+동사원형

8 be far from -ing: 결코 ~하지 않다
= never ~

9 What do you say to -ing ~?: ~하지 그래?
= Why don't we+동사원형 ~?
= How about -ing ~?
= What do you think of -ing ~?

10 make a point of -ing: 반드시 ~하다, ~하는 것을
규칙으로 삼다
= make it a rule to+동사원형
= have a habit of -ing

11 It goes without saying that ~: ~은 말할 필요도 없다
= It is needless to say that ~

12 keep(prevent, hinder) A from B(-ing): A가 B하는
것을 막다
= forbid A to B(동사원형)

13 My sister **spends time (in) doing** volunteer work.
내 여동생은 봉사 활동에 시간을 쓴다.

14 He **never** thinks of her **without crying**.
그는 그녀를 생각할 때마다 운다.

= **Whenever** he thinks of her, he always **cries**.

15 **There is no winning** the gold medal.
금메달을 따는 것은 불가능하다.

= **It is impossible to win** the gold medal.

16 **When it comes to cleaning**, he is useless.
청소에 관한 한, 그는 쓸모 없다.

= **Regarding cleaning**, he is useless.

13 spend(waste) time(money, energy) (in) -ing / on+소비대상: ~에 시간(돈, 에너지)을 쓰다

14 never(cannot, hardly) ~ without -ing:
~할 때마다 …하다
= Whenever(Each time, Every time)+주어+동사, …
= never(cannot, hardly) ~ but+주어+동사

15 There is no -ing: ~하는 것은 불가능하다
= It is impossible to+동사원형

16 When it comes to -ing: ~하는 것에 관한 한
= Regarding ~
= As for ~

EXERCISE 07 >

밑줄 친 부분을 어법에 맞게 고쳐 쓰시오.

1 It is no good <u>to object</u> to the release of the controversial documentary.

2 The factory had no choice but <u>increasing</u> the production of hybrid cars.

3 Upon <u>charge</u> his cellphone battery, Brian called his friend right away.

4 The player was about to <u>setting</u> out to break the world record.

5 When it comes to <u>deal</u> with picky customers, Julia is the best.

6 It is needless <u>saying</u> that scientific experimentations on animals should be stopped.

EXERCISE 08 >

두 문장의 뜻이 같도록 동명사를 써서 문장을 완성하시오.

1 The police couldn't help but disclose the victim's identity.

→ The police _____ the victim's identity.

2 I suddenly felt inclined to visit my grandfather in the nursing home.

→ I suddenly _____ my grandfather in the nursing home.

3 Each time he crosses the bridge over the river, he always gets nervous.

→ He never _____ nervous.

4 It is impossible to figure out how to reduce the amount of wastewater.

→ _____ how to reduce the amount of wastewater.

5 The astronomer makes it a rule to observe stars every night.

→ The astronomer _____ every night.

OVERALL EXERCISE

01 괄호 안의 말을 알맞게 배열하여 문장을 완성하시오.

1 My long-term goal _____.
(helping / in need / a lot of children / is)

2 _____ cut down on your spending.
(will / all your expenses / writing down / you / make)

3 You should _____.
(in your air purifier / remember / the filter / on a regular basis / to change)

4 He was frustrated at _____.
(of the apartment building / being accepted / not / as a tenant)

5 The law will _____.
(people / copyrighted music files / from posting / prevent / on the Internet)

6 We are _____.
(with the best flight service / to continuing / you / looking forward / to provide)

02 어법상 틀린 부분을 찾아, 바르게 고쳐 문장을 다시 쓰시오.

1 She regrets to make careless remarks at the formal meeting yesterday.

→ _____

2 Environmentalists insisted that the government designates the area as a conservation zone.

→ _____

3 There is no possibility of all's supporting the drastic economic policy.

→ _____

4 Every user makes it a rule updating the anti-virus software every month.

→ _____

5 They were on the point of lose the bid due to their lack of preparation.

→ _____

03 두 문장의 뜻이 같도록 문장을 완성하시오.

1 The employees are certain that they will get a pay raise next year.

→ The employees are certain of _____.

2 It is needless to say that those who break the law should be punished.

→ _____ saying that those who break the law should be punished.

3 It is impossible to measure the exact size of the universe.

→ _____ the exact size of the universe.

4 It was useless to eradicate the deeply rooted corruption in the organization.

→ _____ the deeply rooted corruption in the organization.

5 Every time she walks out of the room, she slams the door behind her.

→ She never _____ the door behind her.

6 Medical ethics forbids them to reveal their patients' private information.

→ _____ revealing their patients' private information.

7 James was worried that the roof would be damaged by the severe storm.

→ James was worried about _____.

04 다음 글을 읽고 물음에 답하시오.

Do you have difficulty ① in taking care of your teeth? First of all, you should ② make it a rule ③ to brushing your teeth right after you eat a meal or snack. Also, it is needless ④ to say that you should ⑤ visit the dentist on a regular basis. (A) 너무 늦기 전에 치아를 관리해야 할 것을 기억하세요.

1 위 글의 밑줄 친 ①~⑤ 중에서 어법상 틀린 부분을 찾아 바르게 고치시오.

_____ → _____

2 위 글에서 밑줄 친 (A)와 뜻이 같도록 괄호 안의 말을 이용하여 문장을 완성하시오. (remember, manage them)

→ _____ before it is too late.

01 다음 우리말과 뜻이 같도록 빈칸에 들어갈 말로 알맞은 것은?

우리는 저자가 표시한 부분들을 변경할 수 없다고 말씀드리게 되어 유감입니다.
→ We regret _____ that we cannot alter the author's markings.

① say
② says
③ saying
④ to say
⑤ to saying

02 다음 빈칸에 공통으로 들어갈 말로 알맞은 것은?

- The main goal of the project is _____ people with terminal diseases.
- The chairman didn't mind _____ the educational charities at all.

① support
② to support
③ supporting
④ to supporting
⑤ being supported

03 다음 두 문장의 뜻이 같도록 빈칸에 들어갈 말로 알맞은 것은?

She is contented that her daughter was given a new chance by the professor.
→ She is contented with _____ a new chance by the professor.

① her daughter's be given
② her daughter's was given
③ her daughter giving
④ her daughter having given
⑤ her daughter having been given

04 다음 빈칸에 들어갈 말로 알맞지 <u>않은</u> 것은?

He _____ to renew his driver's license before the expiration date.

① failed
② refused
③ attempted
④ volunteered
⑤ considered

05 다음 밑줄 친 부분과 쓰임이 같은 것은?

Kate mentioned <u>subscribing</u> to several sports channels.

① Her job is <u>encouraging</u> the youth to make better career decisions.
② The man can't endure <u>being</u> apart from his family.
③ <u>Supplying</u> the wounded soldiers with medicine is urgent.
④ They disapproved of <u>commenting</u> on the new treatment for cancer.
⑤ It is my dream <u>majoring</u> in psychology at college.

[06-08] 다음 괄호 안의 동사를 알맞게 바꾸어 쓰시오.

06

The patient is starting _____ a delicate surgical operation. (undergo)

07

The CEO couldn't imagine _____ up such an excellent offer. (pass)

08

The woman pretended _____ for saying cruel things to him. (apologize)

09 다음 빈칸에 공통으로 들어갈 말을 쓰시오.

- What do you say _____ participating in the competition?
- When it comes _____ finding excuses, she is ingenious.

10 다음 중 어법상 틀린 것은?

① The teacher scolded him for not having been handed in the biology report.
② Upon receiving the degree in sociology, David left for America with aspirations for success.
③ Her finding a new candidate for the imminent election was impossible.
④ In addition to educating the students, the program aims to motivate them.
⑤ The machine made a loud noise and stopped working entirely.

[11-12] 다음 두 문장의 뜻이 같도록 문장을 완성하시오.

11

They remember that they saw an unidentified flying object last night.
→ They remember _____ an unidentified flying object last night.

12

She was proud that her son was elected mayor of the town.
→ She was proud of _____ mayor of the town.

13 다음 중 문장 전환이 바르지 않은 것은?

① The man makes a point of taking an hour's walk every day.
   → The man makes it a rule to take an hour's walk every day.
② The woman strongly advised his losing some weight.
   → The woman strongly advised that he lose some weight.
③ They admitted having extorted a large amount of money from him.
   → They admitted that they had extorted a large amount of money from him.
④ His sculpture deserved recognizing by the prestigious art organization.
   → His sculpture deserved to be recognized by the prestigious art organization.
⑤ I can't help feeling sympathy for what the poor boys went through.
   → I have no choice but feel sympathy for what the poor boys went through.

14 다음 중 어법상 틀린 문장의 기호를 모두 쓰시오.

(a) She permitted everyone to express their political opinions freely.
(b) It is expected that the report will suggest to make some major reforms.
(c) We found it rewarding helping baby elephants to adjust to the wild again.
(d) Everyone was shocked by the apartment building collapsing in the middle of the night.
(e) She bought the land with a view to build a small house.
(f) Not interrupting other people is important.
(g) He pretended to listen to her, but he thought about the subject of an article.
(h) Increasing the number of charging stations is the most important.

_____

1 다음 글의 밑줄 친 부분 중, 어법상 틀린 것은?

access ~에 접근하다
(= gain access to)

turn on a tap 수도꼭지를 틀다

flush the toilet 변기 물을 내리다

ingredient 구성 요소

be composed of ~로 구성되다

In most developed countries, ① accessing clean, safe water is as simple as ② to turn on a tap. Regretfully, however, people in these countries needlessly waste every day, as they brush their teeth, shower, and flush the toilet. In fact, about 1.1 billion people, or almost one-seventh of the world's population, are suffering from water shortages for household use and ③ drinking. A total of 2.7 billion people find it difficult ④ to gain access to clean water for at least one month of the year globally. Water is an essential ingredient of life on Earth and our bodies are mainly composed of it. When we are forced ⑤ to do without it, our situations could worsen very quickly.

2 (A), (B), (C)의 각 네모 안에서 어법에 맞는 표현으로 가장 적절한 것은?

be devoted to -ing
~하는 것에 전념(헌신)하다

phenomena 현상
(phenomenon의 복수형)

subatomic 아원자

particle 입자

breadth 폭, 너비

subfield 하위 분야

come to mind ~이 떠오르다

maglev train 자기부상 열차

microscopic 미세한

Physics is devoted to (A) understanding / understand all the world's natural phenomena. In fact, physicists examine the full range of the physical world — from the tiniest subatomic particles to breadth of the entire universe. Despite the field's wide scope of investigation, physics has diverse subfields focused on a common core of knowledge. Training in the fundamentals of physics will allow you (B) working / to work in any area of physics and in related fields of science and engineering. When you think about the world of technology, devices such as computers, smartphones, global positioning systems (GPSs), and satellite radio probably come to mind. You have also read media reports about cutting-edge modern technologies such as maglev trains and microscopic robots that can travel in our bodies and battle cancer. All these advances (C) heavy / heavily rely on the principles of physics.

	(A)		(B)		(C)
①	understanding	········	working	········	heavy
②	understanding	········	to work	········	heavily
③	understanding	········	to work	········	heavy
④	to understand	········	working	········	heavy
⑤	to understand	········	to work	········	heavily

개념
동사의 활용형으로 동사적·형용사적·부사적 기능을 하는 것

종류
현재분사: 능동 및 진행의 의미
과거분사: 완료 및 수동의 의미

기능
동사적 기능: 능동·진행·완료·수동을 나타내며 의미상의
　　　　　　주어·목적어를 가짐
형용사적 기능: 명사를 수식하거나 주격보어·목적격보어
　　　　　　　역할을 함
부사적 기능: 단순분사구문, 완료분사구문, 독립분사구문,
　　　　　　with 분사구문은 부사구 역할을 함

분사

CHAPTER
08

UNIT 39
분사의 쓰임 :
한정적 용법

UNIT 40
분사의 쓰임 :
서술적 용법

UNIT 41
분사구문의
기본 개념

UNIT 42
주의해야 할
분사구문

분사의 쓰임: 한정적 용법

분사는 형용사로서의 역할을 하여 명사의 앞이나 뒤에서 그 명사를 수식할 수 있다.

A 현재분사

1 The judge condemned the **wailing** suspect to fifty years' imprisonment.

그 판사는 울부짖는 피의자에게 징역 50년 형을 선고했다.

= ~ condemned the suspect who **was wailing** to ...

2 The waiter threw away the **remaining** food.

그 종업원은 남아 있는 음식을 버렸다.

= ~ the food that **remained**.

3 The judge condemned the suspect **wailing** with fear to fifty years' imprisonment.

그 판사는 두려워 울부짖는 피의자에게 징역 50년 형을 선고했다.

= ~ the suspect who **was wailing** with fear ...

4 The waiter threw away the food **remaining** on the dish.

그 종업원은 접시에 남아 있는 음식을 버렸다.

= ~ the food that **remained** on the dish.

5 He's demonstrating his electricity-**generating** bike.

그는 전기를 생성하는 자신의 자전거를 시연하고 있다.

= ~ his bike that **generates** electricity.

6 What are the fast-**growing** trees among these?

이들 중 빨리 자라는 나무는 어떤 것들인가요?

= ~ the trees that **grow** fast?

B 과거분사

7 The dentist will pull out a **decayed** tooth.

그 치과 의사가 썩은 이를 뽑을 것이다.

= ~ pull out a tooth which **has decayed**.

8 We are rebuilding the **destroyed** bridge.

우리는 파괴된 다리를 재건하는 중입니다.

= ~ rebuilding the bridge that **was destroyed**.

9 The dentist will pull out a tooth **decayed** down to the root.

그 치과 의사가 뿌리까지 썩은 이를 뽑을 것이다.

= ~ pull out a tooth which **has decayed** down to ...

10 We are rebuilding the bridge **destroyed** by fire.

우리는 화재로 파괴된 다리를 재건하는 중입니다.

= ~ rebuilding the bridge that **was destroyed** by fire.

A 능동(~하는) 및 진행(~하고 있는)

1~2 명사를 앞에서 수식

1 suspect는 wailing의 능동적 주체이며 wailing은 동작이 진행되고 있음을 나타낸다.

2 food는 remaining의 능동적 주체이며 remaining은 상태를 나타낸다.

3~4 (분사가 다른 수식어와 함께 구를 이루는 경우) 명사를 뒤에서 수식

3 wailing이 with fear와 함께 구를 이루어 수식

4 remaining이 on the dish와 함께 구를 이루어 수식

5~6 현재분사가 의미상의 목적어 또는 현재분사를 수식하는 단어 등과 함께 복합어를 이루어 명사를 앞에서 수식할 수 있다.

5 electricity는 generating의 의미상의 목적어

6 fast는 growing을 수식하는 부사

B 완료(~한) 및 수동(~된, ~되는)

7~8 명사를 앞에서 수식

7 tooth는 decayed의 능동적 주체이며 decayed는 동작이 완료된 상태 및 결과를 나타낸다.

8 bridge는 destroyed의 수동적 대상이며 destroyed는 동작이 행해진 상태 및 결과를 나타낸다.

9~10 (분사가 다른 수식어와 함께 구를 이루는 경우) 명사를 뒤에서 수식

9 decayed가 down to the root와 함께 구를 이루어 수식

10 destroyed가 by fire와 함께 구를 이루어 수식

11 People used a horse-**drawn** carriage to get around.

사람들은 이동을 위해서 말이 끄는 마차를 사용했었다.

= ~ a carriage that **was drawn** by a horse ...

12 He teaches Spanish to recently-**arrived** immigrants.

그는 최근에 온 이민자들에게 스페인어를 가르친다.

= ~ to immigrants who **have arrived** recently.

11~12 과거분사가 의미상의 주어 또는 과거분사를 수식하는 단어 등과 함께 복합어를 이루어 명사를 앞에서 수식할 수 있다.

11 horse는 drawn의 의미상의 주어

12 recently는 arrived를 수식하는 부사

GRAMMAR PLUS+

명사를 수식하는 현재분사를 관계대명사절로 전환하기

1 동작을 나타내는 동사는 대개 진행형으로 바꿀 수 있다.

▶ The spokesperson **sitting** by the podium has the statement.   단상 옆에 앉아 있는 대변인이 성명서를 가지고 있다.

→ The spokesperson **who is sitting** by the podium has the statement.

2 상태를 나타내는 동사는 대개 문장의 동사에 시제를 일치시킨다.

▶ The Sumerians were religious people **believing** in multiple deities.

수메르인들은 여러 신들의 존재를 믿는 종교적인 민족이었다.

→ The Sumerians were religious people **who believed** in multiple deities.

⚠ 진행형인 who was believing은 어색함

3 현재의 일반적인 사실이나 상태를 나타낼 때는 현재시제를 쓴다.

▶ Peregrine falcons are the fastest-**flying** birds on earth.   송골매는 지구에서 가장 빨리 나는 새이다.

→ Peregrine falcons are the birds **that fly** the fastest on earth.

EXERCISE 01 >

우리말과 뜻이 같도록 괄호 안의 말을 이용하여 문장을 완성하시오.

1 그 교수는 믿지 못하겠다는 얼굴로 어깨를 으쓱했다. (face, doubt)

→ The professor shrugged his shoulders with a _____.

2 일부 마을 사람들은 광장에 있는 훼손된 조각상을 없애고 싶어 했다. (statue, disfigure)

→ Some villagers wanted to remove the _____ in the plaza.

3 뇌물 추문으로 고생하고 있는 그 정치인은 막다른 길에 이르렀다. (struggle, politician)

→ The _____ with a bribery scandal came to a dead end.

4 비밀 통로의 문은 낙엽들 아래에 숨겨져 있었다. (leaves, fall)

→ The door to a secret passage was hidden under the _____.

5 이 약은 행동이상을 개선하는 데에 지속적인 효과가 있다. (effects, last, long)

→ This medicine has _____ on improving behavioral abnormalities.

6 관객들은 그 잘 알려진 이야기꾼이 들어서자 일어서서 환호했다. (know, raconteur, well)

→ The audience rose and cheered when the _____ entered.

7 그 기록 영화는 전쟁에 의해 헤어진 가족에 관한 내용이었다. (family, separate)

→ The documentary film was about a _____ by the war.

UNIT 40 분사의 쓰임: 서술적 용법

분사는 보어로서의 역할을 하여 주어와 목적어의 성질·상태 또는 동작을 보충 설명할 수 있다.

A 주격보어 역할

1 A zookeeper stood **feeding** the giraffes in the cage.
   한 사육사가 우리에 있는 기린들에게 먹이를 주며 서 있었다.

   = A zookeeper **was feeding** the giraffes in the cage while she stood.

2 All of the products came **packaged** perfectly and securely.
   모든 제품들이 완벽하고 안전하게 포장된 상태로 왔다.

   = All of the products **were packaged** perfectly and securely when they came.

B 목적격보어 역할

3 She saw the patients **trembling** with anxiety.
   그녀는 환자들이 불안으로 몸을 떠는 것을 보았다.

4 He had his old car **inspected** before selling.
   그는 자신의 낡은 차를 판매하기 전에 점검을 받았다.

A ↺참조 UNIT 06 A

1~2 2형식 구조(S+V+C)에서 appear, become, come, feel, get, lie, look, remain, stand, seem, sit, turn 등의 동사는 분사를 주격보어로 취할 수 있는데, 주어와 주격보어와의 관계가 능동이면 현재분사, 수동이면 과거분사가 쓰인다.

1 zookeeper와 feed는 능동 관계로 현재분사가 주어의 동작을 보충 설명

2 All of the products와 package는 수동 관계로 과거분사가 주어의 상태를 보충 설명

B ↺참조 UNIT 09 C

3~4 5형식 구조(S+V+O+C)에서 catch, feel, find, get, have, keep, leave, see, watch 등의 동사는 분사를 목적격보어로 취할 수 있는데, 목적어와 목적격보어와의 관계가 능동이면 현재분사, 수동이면 과거분사가 쓰인다.

3 patients와 tremble은 능동 관계로 현재분사가 목적어의 동작을 보충 설명

4 his old car와 inspect는 수동 관계로 과거분사가 목적어의 상태를 보충 설명

GRAMMAR PLUS+

기분·감정을 나타내는 분사의 쓰임

1 기분이나 감정을 나타내는 분사는 보통 형용사로서의 역할을 한다. 현재분사는 사람·사물 주어와 함께 쓰여 '~한 감정을 유발하는'의 의미를 나타내고, 과거분사는 사람 주어와 함께 쓰여 '~한 감정을 느끼는'의 의미를 나타낸다.

▶ My nasty brother is very **embarrassing**.
   나의 못된 남동생은 무척 창피스럽다.

▶ Eating out at restaurants with my brother is **embarrassing**.
   나의 남동생과 식당에서 외식하는 건 창피스럽다.

▶ Whenever I eat out at restaurants with my brother, I am **embarrassed**.
   나는 남동생과 외식할 때마다 창피하다.

cf. My **embarrassing** brother returned from a summer sports camp. <한정적 용법>
   나의 창피스러운 남동생이 여름 스포츠 캠프에서 돌아왔다.

2 기분이나 감정을 나타내는 주요 분사

amazing 놀라운	annoying 짜증스러운	astonishing 정말 놀라운	bewildering 어리둥절하게 하는
amazed 놀란	annoyed 짜증난	astonished 깜짝 놀란	bewildered 어리둥절한
boring 지루한	confusing 혼란스러운	disappointing 실망스러운	embarrassing 창피스러운
bored 지루해 하는	confused 혼란스러워 하는	disappointed 실망한	embarrassed 창피한
frightening 무서운	frustrating 불만스러운	interesting 흥미로운	satisfying 만족스러운
frightened 무서워하는	frustrated 불만스러워 하는	interested 흥미를 갖는	satisfied 만족한

밑줄 친 부분에 유의하여 우리말로 옮기시오.

1 Most of them appeared <u>participating</u> actively in the Earth Day campaign.

2 The company noticed some confidential data <u>stolen</u>.

3 Those students are <u>disappointing</u> to their teachers and parents.

4 An old lady sat <u>surrounded</u> by her grandchildren.

5 The nourishment kept my plants <u>thriving</u> and healthy.

6 The speed of his recovery left his doctor <u>astonished</u>.

EXERCISE 03 >

괄호 안에서 알맞은 말을 고르시오.

1 The wounded area remained (infecting / infected) for two weeks despite the surgery.

2 His financial predicament had him (estranging / estranged) from his family.

3 The minister's proposal to increase unemployment benefits was (satisfying / satisfied).

4 We see people (messing / messed) up the environment with plastics and disposables.

5 The girls became (frightening / frightened) at the sight of running mice.

6 The new policy kept the income disparity of society (widening / widened).

7 The constant exposure to the wars got them (desensitizing / desensitized) to threats.

8 The professor sat (analyzing / analyzed) the results of her experiment with a vaccine.

EXERCISE 04 >

우리말과 뜻이 같도록 괄호 안의 말을 이용하여 문장을 완성하시오.

1 그 패션 모델은 수상한 남자가 자신의 집 근처에서 기웃거리는 것을 목격했다. (snoop)

→ The fashion model caught a strange man _____ around her house.

2 무슨 이유에서인지 그는 여러 날 동안 현관문을 망가진 채로 방치했다. (break)

→ For some reason, he left the front door _____ for many days.

3 그녀의 당 대표직 경쟁자들은 계속해서 지지를 호소했다. (appeal)

→ Her contenders for the party leadership kept _____ for support.

4 조명이 갑자기 꺼졌기 때문에 그는 어리둥절한 채로 무대에 서 있었다. (bewilder)

→ He stood _____ on the stage because the lighting suddenly went out.

5 나는 영국의 몇몇 도로 표지판은 무척 헷갈리게 한다고 생각했다. (confuse)

→ I found some of the road signs in the United Kingdom very _____.

6 우리는 그녀의 체포 소식으로 억눌린 감정이 쏟아짐을 느꼈다. (release)

→ We felt our pent-up emotions _____ by the news of her arrest.

분사구문의 기본 개념

분사구문은 접속사가 이끄는 부사절을 분사가 이끄는 부사구로 간결하게 나타낸 것이다. 구어보다는 문어에서 쓰이며, 이유·연속동작·동시동작·시간·조건·양보 등의 의미를 나타낸다.

A 만드는 방법

When he resigned from his post, he felt relieved.
 1 **2**

그는 자신의 직위에서 사임할 때 안심이 되었다.

→ **Resigning** from his post, he felt relieved.
 3

cf. While she was cleaning the attic, she found her old diaries.

그녀는 다락을 청소하면서 자신의 오래된 일기장들을 발견했다.

→ **Cleaning** the attic, she found her old diaries.

B 분사구문의 의미

4 **Living** in a remote village, she has to go miles to get antenatal care.

벽촌에 살기 때문에 그녀는 산전 건강관리를 받기 위해 몇 마일이나 가야 한다.

(← Because she lives in a remote village, ~.)

5 The chef added olive oil on the meat, **stir-frying** it in the pan.

그 요리사는 고기에 올리브유를 첨가하고 팬에서 볶았다.

(← The chef added olive oil on the meat and stir-fried it ~.)

6 **Apologizing** for his remarks, he shed tears of repentance.

자신의 발언에 대해 사과하면서 그는 참회의 눈물을 흘렸다.

(← While he was apologizing for his remarks, ~.)

7 **Arriving** at the church, we heard a holy song.

성당에 도착했을 때 우리는 성스러운 노래를 들었다.

(← When we arrived at the church, ~.)

8 **Confessing** his crime, he will gain remission.

범죄를 자백한다면 그는 감형을 받을 것이다.

(← If he confesses his crime, ~.)

9 **Though trying** their best, they couldn't advance to the semifinals.

최선을 다했지만 그들은 준결승에 진출하지 못했다.

(← Though they tried their best, ~.)

cf. **Despite participating** in the race, she received little attention from the press.

경기에 참가했음에도 불구하고 그녀는 언론으로부터 거의 관심을 얻지 못했다.

A

1 부사절의 접속사를 생략하기

2 부사절의 주어가 주절의 주어와 같으면 생략하기

3 부사절의 동사를 「동사원형+-ing」의 형태로 바꾸기

cf. 일반적으로 진행형에 쓰인 be동사는 생략한다.

B

4 이유: ~ 때문에, ~이므로(as, because, since)

5 연속동작: ~하고, 그리고(and)
사건이나 동작이 연속해서 일어나는 경우를 나타낸다.

6 동시동작: ~하면서, ~하는 동안(while)
주어가 동시에 두 가지 동작을 하는 경우로 동작의 순서가 바뀌어도 의미의 차이가 거의 없다.

7 시간: ~할 때(when, as), ~하자마자(as soon as), ~한 후에(after), ~하기 전에(before)

8 조건: 만약 ~한다면(if)

9 양보: 비록 ~이지만(although, though), ~일지라도(even though)
양보의 분사구문은 실제로는 거의 쓰이지 않고, 꼭 써야 할 경우에는 양보를 나타내는 접속사를 생략하지 않고 그대로 남겨두어 의미를 명확하게 한다.

cf. 실생활에서는 양보의 의미를 나타내기 위해 일반적으로 전치사 despite(~에도 불구하고)를 쓴다. 이때 participating은 전치사의 목적어로 쓰인 동명사이다.

C 분사구문의 위치

10 **Entering** the funeral hall, all the condolers took off their hats.
장례식장에 들어서면서 모든 조문객은 모자를 벗었다.

= All the condolers, **entering** the funeral hall, took off their hats.

= All the condolers took off their hats **entering** the funeral hall.

D 분사구문의 시제

11 **Stepping** into the bullring with a red cape, he starts to taunt the bull. 붉은 망토를 걸치고 투우 경기장으로 걸어 들어오자마자 그는 황소를 조롱하기 시작한다.

(← As soon as he <u>steps</u> into the bullring with a red cape, he <u>starts</u> to taunt the bull.)

12 **Having rejected** his request for mediation, she feels uncomfortable.
그의 중재 요청을 거절했기 때문에 그녀는 마음이 편치 않다.

(← Because she <u>rejected</u> his request for mediation, she <u>feels</u> uncomfortable.)

C

10 분사구문은 부사구이기 때문에 기본적으로 문장의 시작, 중간, 끝 어디에나 위치할 수 있지만 대개 문장의 시작에 위치한다. 단, 주어가 대명사인 경우에는 분사구문이 문장 중간에 오지 않는다.

⚠ They, **entering** the funeral hall, took off their hats. (×)

D

11~12 주절과 부사절의 시제가 같거나 다름에 따라 분사도 주절과의 선후 관계를 표현한다.

11 단순분사구문: 동사원형+ing
부사절과 주절의 시제가 같은 경우에 쓴다.

12 완료분사구문: Having p.p.
부사절의 시제가 주절보다 앞서는 경우에 쓴다.

EXERCISE 05 >

밑줄 친 부분에 유의하여 우리말로 옮기시오.

1 <u>Waiting for the client to arrive</u>, she stood in front of the elevator.

2 <u>Having survived many management crises</u>, he will be reappointed as chairman.

3 <u>Moving to a different school during the school year</u>, he had a hard time adapting.

4 <u>Having shown her outstanding talent</u>, she wasn't nominated for any awards.

5 <u>Working together</u>, we will be able to protect endangered species from extinction.

EXERCISE 06 >

밑줄 친 부분을 분사구문으로 바꾸어 쓰시오.

1 <u>When they reviewed old business plans</u>, they paid heed to the details.

2 <u>If you go up the stairs</u>, you will reach an observation platform.

3 <u>While I was waiting for a subway train to come</u>, I tried to connect to a Wi-Fi network.

4 <u>As she recanted her promises to her supporters</u>, she will lose her solid support base soon.

5 They fastened their seatbelts and <u>made sure that their trays were in the locked position</u>.

UNIT 42 주의해야 할 분사구문

A 분사구문의 태

1 **(Being) Used** properly, this technology can make communication more effective.

잘만 활용된다면 이 기술은 의사소통을 더 효과적으로 만들 수 있다.

(← If it <u>is used</u> properly, this technology <u>can make</u> communication more effective.)

2 **(Having been) Designated** as the Minister of Environment, she is scheduled to give a speech.

환경부 장관으로 지명되어 그녀는 연설을 하기로 예정이 되어 있다.

(← As she <u>was designated</u> as the Minister of Environment, she <u>is</u> scheduled to give a speech.)

B 분사구문의 부정

3 <u>Not</u> **showing** any particular symptoms, she was discharged from the hospital.

별다른 증상을 보이지 않아서 그녀는 병원에서 퇴원했다.

(← Since she did <u>not</u> show any particular symptoms, ~.)

4 <u>Never</u> **having traveled** abroad, I was excited.

해외 여행을 해 본 적이 없어서 나는 신이 났다.

(← Since I had <u>never</u> traveled abroad, ~.)

C 접속사를 포함한 분사구문

5 <u>Before</u> **deprived** of the opportunity, they were very hopeful.　그 기회를 박탈당하기 전에는 그들은 매우 희망적이었다.

(← <u>Before</u> they were deprived of the opportunity, ~.)

D with 분사구문

6 Inadvertently, he took a nap **with the tap running**.

부주의로 그는 수도꼭지가 흐르는 채로 낮잠을 잤다.

7 She lost all her will **with her laboratory destroyed**.

그녀는 자신의 연구실이 파괴되어 모든 의욕을 잃었다.

cf. They welcomed the refugees **with their arms (being) open**.　그들은 두 팔 벌려 난민들을 환영했다.

A

1~2 부사절이 수동태이면 분사구문도 수동태가 된다. 이때 being 또는 having been은 보통 생략된다.

1 수동형 단순분사구문: being p.p.
부사절과 주절의 시제가 일치하는 경우

2 수동형 완료분사구문: having been p.p.
부사절의 시제가 주절보다 앞서는 경우

B

3~4 부사절의 부정어 not, never 등은 분사구문에서 분사 바로 앞에 위치한다.

3 단순분사구문의 부정

4 완료분사구문의 부정

C

5 분사구문에 접속사가 없으면 의미에 혼동이 생기거나 혹은 의미를 분명하게 나타내고 싶을 때는 접속사를 생략하지 않고 남겨둔다.

D

6~7 with를 이용하여 동시 상황·상태를 나타내는 분사구문을 만들 수 있다.

6 with + (대)명사 + 현재분사: ~이 …하며(한 채로)
의미상의 주어와 분사의 관계가 능동

7 with + (대)명사 + 과거분사: ~이 …되어(된 채로)
의미상의 주어와 분사의 관계가 수동

cf. with + (대)명사 + 형용사(부사, 전치사구)
분사구문에서 being은 보통 생략되므로 분사 대신 형용사나 부사, 전치사구만 남기도 한다.

E 독립분사구문

8 **The stock price** fluctuating wildly, **we** were restless.
주가가 미친 듯이 변동을 거듭하는 동안 우리는 안절부절못했다.
(← While the stock price was fluctuating wildly, we were restless.)

F 비인칭 독립분사구문

9 **Generally speaking**, extroverts prefer group work.
일반적으로 말해서 외향적인 사람들은 그룹 활동을 선호한다.
= If we speak generally, extroverts prefer group work.

E

8 분사구문의 의미상의 주어가 주절의 주어와 다르면 분사 앞에 주어를 밝혀준다.

F

9 분사구문의 의미상의 주어가 주절의 주어와 다르지만 you, they, we, people, one과 같은 일반인일 경우 생략한다.

GRAMMAR PLUS+

자주 쓰이는 주요 비인칭 독립분사구문

- assuming(supposing, suppose) that ~이라고 가정하면
- broadly(frankly, roughly, strictly) speaking 대체로(솔직히, 대충, 엄밀히) 말해서
- compared with ~와 비교하자면
- given that ~을 고려하면
- providing(provided) that ~을 조건으로

- granting(granted) that 가령 ~이더라도
- judging from ~으로 판단하자면
- simply put 간단히 말해서
- speaking(talking) of ~에 관해 말하자면

EXERCISE 07 >

괄호 안에서 알맞은 말을 고르시오.

1 (Being deceived / Deceiving) by a swindler, he lost 1 million dollars.
2 The vehicle began to slow down with its engine (making / made) rumbling noises.
3 (Not having / Having not) an adequate supply of water, all the residents were furious.
4 (After treated / I being treated) by the medical specialist, I gained consciousness.
5 (Being / The weather being) terrific tonight, we will be able to see an aurora.

EXERCISE 08 >

우리말과 뜻이 같도록 괄호 안의 말을 이용하여 문장을 완성하시오.

1 양고기 요리를 먹어본 적이 없어서 그녀는 그것이 어떤 맛일지 무척 궁금하다. (never, eat)
→ _____ a lamb dish, she is very curious about how it tastes.

2 무고로 수감되었기 때문에 그 회계사는 억울함으로 가득하다. (imprison)
→ _____ under a false accusation, the accountant is full of resentment.

3 그녀가 시험에서 낙제했기 때문에 그녀의 엄마는 그녀에게 무척 화가 났다. (fail)
→ _____ the exam, her mother was furious with her.

4 그는 자신의 손들이 주머니 안에 있는 채로 노래를 흥얼거리고 있었다. (with, pockets)
→ He was humming a song _____.

OVERALL EXERCISE

01 괄호 안에서 알맞은 말을 고르시오.

1 My family went out to the balcony to see (falling / fallen) stars at around midnight.

2 They agreed on a truce with their intention (hiding / hidden).

3 Would you show my children some pictures of (funny-looking / funny-looked) animals?

4 The waiter became (thrilling / thrilled) when I agreed to try one of their new dishes.

5 Students (applying / applied) for this program will be eligible for our yearly scholarship.

6 He has a great deal of knowledge (accumulating / accumulated) over the decades in engineering.

02 괄호 안의 말을 알맞게 배열하여 문장을 완성하시오.

1 A group of escaped convicts ran to _____.
　　　　　　　　　　　　　　　　　　　(the / frozen / to the bottom / river)

2 The old lady was reading a newspaper _____.
　　　　　　　　　　　　　　　　　　　(her cat / dozing / on her lap / with)

3 _____, he acts upon his self-interest.
　　(others' feelings / giving consideration / never / to)

03 괄호 안의 말을 이용하여 문장을 완성하시오.

1 Finally we had the guest room _____ during the Easter holidays. (revamp)

2 _____ several violent scenes, the movie could be detrimental to some viewers. (have)

3 She didn't dare to start a new plan with her previous plan _____. (thwart)

4 I don't know why but the atmosphere got _____ all of a sudden. (intimidate)

5 _____ by the reality of modeling, Emma left the modeling industry. (disenchant)

6 _____ he made a remarkable achievement, he deserves to get the prize. (give)

04 밑줄 친 부분을 분사구문으로 바꾸어 쓰시오.

1 While he was sitting on a bench, the homeless man fed the stray dog with the cookie crumbs.

→ _____, the homeless man fed the stray dog with the cookie crumbs.

2 As soon as I was diagnosed with extreme obesity, I started to receive treatment.

→ _____, I started to receive treatment.

3 Even though Jane is suffering from dementia, her parents don't give up on her.

→ _____, her parents don't give up on her.

4 If we judge from his haphazard manner, he will face a lot of challenges.

→ _____, he will face a lot of challenges.

5 She is panting heavily while she is burying her head in her hands.

→ She is panting heavily with _____.

6 After he disgraced the name of his family, he was isolated from social circles.

→ _____, he was isolated from social circles.

7 As they haven't been invited to the opening ceremony, they feel very offended.

→ _____, they feel very offended.

05 다음 글을 읽고 물음에 답하시오.

Many animals have a useful storage ① built in their bodies. For example, female seahorses deposit their eggs into males. (A) When they hold the eggs, the males use a frontal compartment ② called a brood pouch. They deliver up to 1,500 fry in a water birth in two to four weeks. It requires a great deal of hard labor. Also, sea otters have a storage ③ carried a rock or food under their forearms. The storage is a pocket of loose skin and there they keep a rock ④ used to crack open shellfish and food ⑤ gathered to eat later.

1 위 글의 밑줄 친 ①~⑤ 중에서 어법상 틀린 부분을 찾아 바르게 고치시오.

_____ → _____

2 위 글에서 밑줄 친 (A)를 분사구문으로 바꾸어 쓰시오.

→ _____

[01-02] 다음 빈칸에 들어갈 말로 알맞은 것을 고르시오.

01

> _____ the truth about her background, they will be exasperated.

① Discovering
② Discovered
③ Being discovering
④ Being discovered
⑤ Having discovered

02

> The fashion show presented outfits _____ by top-notch designers.

① handpicking
② handpicked
③ was handpicked
④ being handpicking
⑤ been handpicked

[03-04] 다음 문장을 분사구문을 이용하여 바르게 바꾼 것을 고르시오.

03

> As soon as the excitement died down, the crowd began to disperse quickly.

① Died down, the crowd began to disperse quickly.
② As soon as dying down, the crowd began to disperse quickly.
③ The excitement dying down, the crowd began to disperse quickly.
④ The excitement being dying down, the crowd began to disperse quickly.
⑤ The excitement being died down, the crowd began to disperse quickly.

04

> Because it was constructed three decades ago, the tower needs repairing.

① Because constructing three decades ago, the tower needs repairing.
② The tower constructing three decades ago, the tower needs repairing.
③ Constructed three decades ago, the tower needs repairing.
④ Being constructed three decades ago, the tower needs repairing.
⑤ Having constructed three decades ago, the tower needs repairing.

05 다음 빈칸에 들어갈 말이 바르게 짝지어진 것은?

> • The man seemed _____ by the recent change.
> • We saw him _____ at the office at midday.
> • The lava flow from the volcano eruption looks _____.

① galvanized — arriving — frightening
② galvanized — arriving — frightened
③ galvanized — arrived — frightened
④ galvanizing — arrived — frightened
⑤ galvanizing — arrived — frightening

06 다음 우리말과 뜻이 같도록 빈칸에 들어갈 말로 알맞은 것을 모두 고르면?

> 무거운 트럭에 짓눌렸음에도 불구하고, 그 물건은 온전했다.
> → _____ by a heavy truck, the object was intact.

① Although squashing
② Being squashed
③ Although squashed
④ Having squashed
⑤ Having been squashing

07 다음 우리말과 뜻이 같도록 빈칸에 들어갈 말로 알맞은 것은?

> 변호사 자격 시험에 합격하지 못했기 때문에, 그는 변호사업을 하도록 허락되지 않는다.
> → _____ the bar exam, he is not allowed to practice law.

① Wasn't passing
② Being not passing
③ Not being passed
④ Having not passed
⑤ Not having passed

08 다음 우리말과 뜻이 같도록 빈칸에 들어갈 말이 바르게 짝지어진 것은?

> 선물 상자를 받았을 때, 그 아이는 그것이 너무나 가볍다는 것에 매우 불만스러웠다.
> → _____ the gift box, the child was very _____ at how light it was.

① Receive — frustrating
② Receiving — frustrating
③ Receiving — frustrated
④ Received — frustrating
⑤ Received — frustrated

[09~10] 다음 문장을 분사구문을 이용하여 바르게 바꾼 것을 고르시오.

09

> As termites had taken over the building, we called a local pest control company.

① Taking over the building, we called a local pest control company.
② Termites taken over the building, we called a local pest control company.
③ Termites having taking over the building, we called a local pest control company.
④ As having taken over the building, we called a local pest control company.
⑤ Termites having taken over the building, we called a local pest control company.

10

> The student answered the question and his eyes shined with excitement.

① The student answered the question with his eyes shine with excitement.
② The student answered the question with his eyes shining with excitement.
③ The student answered the question with his eyes shined with excitement.
④ The student answered the question with his eyes being shining with excitement.
⑤ The student answered the question with his eyes having shined with excitement.

11 다음 중 어법상 틀린 것은?

① Used improperly, the medicine can cause serious damage to the patients.
② By accident, the banker got a client's account suspended temporarily.
③ I found the conversation between me and my mother annoying.
④ At first, their offer seemed appealed to the board members.
⑤ The oil extracted from the plant was used in this cosmetic product.

12 다음 중 어법상 틀린 문장의 기호를 모두 쓰시오.

> (a) Having not a car of his own, he felt inconvenient to commute long distance.
> (b) Despite being tricked by a scammer, she did not panic at all.
> (c) With the cost of living increased every year, our family lives on a tight budget.
> (d) The monk, leading an austere way of life, dedicates his life to serving others.
> (e) Our target readers being children, we are going to write lots of educational stories.
> (f) She always tells me not to speak with my mouth full.

1 다음 글의 밑줄 친 부분 중, 어법상 틀린 것은?

planetary science 행성학
exobiology 우주 생물학
habitability 거주성, 살 수 있음
extraterrestrial 지구 밖의
astronomy 천문학
propel 나아가게 하다
drive 욕구
planetary system 행성계
communicate 전하다, 알리다
transcend 초월하다
personage 저명인사

Carl Sagan was a founder of the modern disciplines of planetary science and exobiology ① studying the potential habitability of extraterrestrial environments for living things. ② Playing a major role in the scientific study of the solar system, he was also a devoted supporter of scientific thinking, a popular teacher whose influence reached far beyond the classroom, and a brilliant educator inspiring the public interest in science through his books and television series that covered astronomy. ③ Propelled by an intense drive to succeed, he began his research to understand our planetary system. With a lot of talented people ④ supported him, he communicated the excitement of scientific discovery to others. Transcending the usual categories of the academic world, he became one of the world's ⑤ best-known scientists and a true personage.

2 (A), (B), (C)의 각 네모 안에서 어법에 맞는 표현으로 가장 적절한 것은?

in other words 다시 말해서
artificial intelligence 인공 지능
make use of ~을 활용하다
personalize (개인의 필요에) 맞추다
routine 일상적인
automate 자동화하다
interaction 상호 작용
in time to come 장래에
connection 연결, 접촉
recommendation 추천

AI, in other words "artificial intelligence," is the foundation basis of the future of customer experience. Brands need to make use of AI to become more efficient and (A) personalizing / personalized . Many aspects of the customer experience, such as answering routine questions or checking out in store, can become automated with AI, (B) leaving / left human employees more time to have a meaningful interaction with customers. In time to come, there will be more applications, robots and other technology we haven't even created yet. What is important is to find balance between technology and human interaction. While (C) enjoying / enjoyed the convenience of using a chatbot or an application for information, customers are anxious for real human connection, like talking to a manager about more complicated problems or getting product recommendations only for themselves.

	(A)		(B)		(C)
①	personalizing	········	leaving	········	enjoying
②	personalizing	········	left	········	enjoyed
③	personalized	········	leaving	········	enjoyed
④	personalized	········	left	········	enjoyed
⑤	personalized	········	leaving	········	enjoying

명사

가산명사(셀 수 있는 명사)
- 보통명사: 같은 종류의 사람, 사물, 동식물을 나타내는 명사
- 집합명사: 각각의 사람, 사물, 동식물이 모여 집합체를 나타내는 명사

불가산명사(셀 수 없는 명사)
- 물질명사: 일정한 모양이나 형태가 없는 물질을 나타내는 명사
- 고유명사: 사람, 장소, 요일과 같은 고유한 이름을 가진 명사
- 추상명사: 눈에 보이지 않는 추상적인 개념을 나타내는 명사

관사

부정관사 a(n)
- 단수 가산명사에 쓰임
- 불특정, 즉 청자나 독자가 모르는 것에 쓰임

정관사 the
- 단수 가산명사와 복수 가산명사, 불가산명사에 모두 쓰임
- 특정, 즉 청자나 독자가 알고 있는 것에 쓰임

명사·관사

CHAPTER

09

UNIT 43 보통명사

UNIT 44 집합명사

UNIT 45 물질명사·고유명사

UNIT 46 추상명사

UNIT 47 명사의 수

UNIT 48 명사의 성

UNIT 49 명사의 소유격

UNIT 50 소유격의 의미와 용법

UNIT 51 부정관사 a(n)

UNIT 52 정관사 the

UNIT 53 관사의 위치

UNIT 54 관사의 생략과 반복

같은 종류의 사람이나 사물, 동식물을 나타내는 명사를 보통명사라고 하며, 단수와 복수의 구분이 있고 앞에는 관사나 수사와 같은 한정사를 쓴다.

A 기본 용법

1 <u>A</u> **game** is a joint effort between programmers, artists, and musicians.
게임은 프로그래머들, 화가들, 음악가들 사이의 공동 노력의 산물이다.

2 That **definition** of terrorism has proved controversial.
테러리즘에 대한 그 정의는 논란의 여지가 있음이 밝혀졌다.

3 <u>His</u> **opinion** is worthy of deep consideration.
그의 의견은 깊이 고려할 가치가 있다.

4 **Penguins** adapt superbly to aquatic life.
펭귄은 수생 생활에 훌륭하게 적응한다.
= <u>The</u> **penguin** adapts superbly to aquatic life.

cf. **Gorillas** are considered at risk of extinction.
고릴라는 멸종 위기에 처한 것으로 생각된다.
= <u>The</u> **gorilla** is considered at risk of extinction.
Are you afraid of **dogs**?
너는 개를 무서워하니?
= Are you afraid of <u>the</u> **dog**?

B 관용표현

5 The woman lives with **a saint of a husband**.
그 여자는 성자 같은 남편과 산다.
= The woman lives with <u>a husband like a saint</u>.

6 Her life was full of happiness from **the cradle** to **the grave**.
그녀의 인생은 요람에서 무덤까지 행복한 일로 가득했다.

A

1~3 단수 보통명사 앞에는 반드시 부정관사, 정관사, 수사, 지시형용사, 소유격 등 한정사가 와야 한다.

1 부정관사 a

2 지시형용사 that

3 소유격 his

4 한 집단이나 종 전체를 가리키는 말로는 복수 보통명사가 가장 흔히 쓰이며, 「the+단수명사」로도 쓸 수 있다.

cf. 한 집단이나 개체의 특정한 예를 일반화할 때는 '어떤 집단의 하나의 구성원(any member of the group)'이라는 의미로 단수 보통명사 앞에 a(n)을 붙인다. 그러나 '어떤 집단의 모든 구성원(all of the members of the group)'이나 개체를 통틀어 일반화할 때는 a(n)을 붙이지 않는다.
⚠ A **gorilla** is considered at risk of extinction. (x)
⚠ Are you afraid of <u>a</u> **dog**? (x)

B

5 a(n)+보통명사(A)+of+a(n)+보통명사(B): A와 같은 B
(= a(n) B like a(n) A)

6 the+보통명사: 추상명사의 뜻을 나타내는 경우도 있다.

EXERCISE 01 > 괄호 안에서 알맞은 말을 <u>모두</u> 고르시오.

1 (Watch / A watch) is a small device which you wear on a strap on your wrist, or on a chain.

2 (The camel / Camels) can run at up to 65km/h in short bursts.

3 The boy was looking at a mountain of (a / the) wave on the beach.

4 Michael calmly captured the incident on (camera / his camera).

5 The heart-breaking scene brought out (a / the) mother in her.

6 People built a palace (of / like) an aviary in the zoo a decade ago.

7 The woman watched (daughter / her daughter) playing badminton in front of the house.

UNIT 44 집합명사

사람이나 사물의 집합체를 나타내는 명사를 집합명사라고 한다. 집합명사에는 family형, police형, cattle형, luggage형(물질적 집합명사)이 있다.

A family형

1 The **team** is(are) going to win.
그 팀은 승리할 것이다.

2 The **family** is well off. 그 가족은 부유하다.

3 My **family** are doing great. 나의 가족들은 잘 지내고 있다.

4 **Each club** has a culture that is somewhat unique.
각각의 클럽은 다소 독특한 문화를 가지고 있다.

5 The **team** has received high praise for years and they are determined to maintain their reputation.
그 팀은 몇 년간 높은 평가를 받아왔고 그들은 자신들의 평판을 유지하기 위한 각오를 하고 있다.

6 A **large audience** is gathering to enjoy the piano recital. 대규모의 청중이 피아노 연주회를 즐기기 위해 모여 있다.

B police형

7 The **police** are investigating the murder case.
경찰은 살인 사건을 조사하고 있다.

cf. A poor **peasant** was deprived of his harvest.
불쌍한 농부는 그의 수확물을 빼앗겼다.

C cattle형

8 **Cattle** are raised chiefly for dairy farming.
소들은 주로 낙농업을 위해 사육된다.

D luggage형(물질적 집합명사)

9 Cotton **clothing** allows your skin to breathe.
면 의류는 너의 피부가 숨을 쉬도록 한다.

10 Three pieces of **baggage** are permitted for per each passenger. 승객 당 세 개의 수화물이 허용된다.

11 Too much **furniture** is in his room.
너무 많은 가구가 그의 방 안에 있다.

12 Over twenty **poems** were submitted.
이십 편이 넘는 시들이 제출되었다.

A army, audience, class, club, company, committee, council, crew, crowd, family, firm, government, group, jury, mankind, nation, party, public, school, staff, team, union 등은 단수·복수 둘 다 취급이 가능하다.

1~3 단수로도 복수로도 취급 가능하다. 문맥상 하나의 집단으로 볼 때는 단수 취급, 각각의 구성원을 지칭할 때는 복수 취급을 한다.

4 a(n), each, every 등의 한정사와 쓰이면 보통 단수 취급한다.

5 단수형 동사를 사용해도 이를 다시 받을 때 복수형 대명사를 쓰는 것도 가능하다.

6 많고 적음을 나타낼 때는 large나 small을 쓴다.

B

7 clergy, gentry신사 계급, nobility귀족 계급, peasantry소작농들, police 등이 있다. 복수형이 없고 부정관사를 붙이지 않는다. 형태는 단수이지만 항상 복수 취급한다.

cf. 집합에 속한 구성원 개인을 나타낼 때는, 다른 보통명사를 사용한다.
police – policeman(cop), peasantry소작농들 – peasant소작농, nobility귀족 계급 – nobleman귀족

C

8 cattle, people, poultry(닭·오리 등) 가금류, vermin해로운 작은 동물 등이 있다. 복수형이 없고 부정관사를 붙이지 않는다. 형태는 단수이지만 항상 복수 취급한다.

D

9~12 baggage(luggage), clothing, furniture, machinery, merchandise상품, poetry, produce농작물 등은 물질명사처럼 취급하며, 부정관사를 붙이지 않고 복수형도 불가능하며, 단수 취급한다.

10 수를 나타낼 때는 a(n) piece(item, article) of 등을 쓴다.

11 양을 나타낼 때는 much, little, a lot of 등을 쓴다.

12 집합체를 구성하는 하위 개체를 나타내는 명사: baggage(luggage) – bag, clothing – clothes, machinery – machine, merchandise – goods, poetry시 – poem한편의 시, scenery풍경 전체 – scene(개개의) 풍경 등

GRAMMAR PLUS⁺

주의해야 할 명사

1 동형명사: deer, fish, fruit, sheep 등과 같은 단수와 복수의 형태가 같은 명사

▶ A **sheep** is standing alone in front of the fence.   양 한 마리가 울타리 앞에 혼자 서있다.

▶ Lots of **sheep** are grazing in the field.   많은 양들이 들판에서 풀을 뜯고 있다.

cf 1. fish: 종류를 나타낼 때는 fishes를 사용할 수 있다.

▶ Nearly 100 **fishes** are on this list of endangered species.
거의 100가지 종류의 물고기들이 이 멸종위기종 명단에 있다.

cf 2. fruit: 특정 과일에 대해 나타낼 때 주로 fruits를 쓴다.

▶ Orange **fruits** have special nutritional value for good health.
오렌지는 건강에 특별한 영양적 가치가 있다.

2 보통명사로도 쓰이는 people

people은 '사람들'이라는 의미로서는 집합명사이며 항상 복수 취급하지만, '민족', '국민'이라는 뜻의 보통명사로 쓰일 수도 있다.

▶ Native **peoples** were used as forced labor.
토종 민족들은 강제 노동에 동원되었다.

▶ The **people**'s anxiety for the war to end was strong.
전쟁이 끝나기를 바라는 그 국민의 열망이 강했다.

EXERCISE 02 >

괄호 안에서 알맞은 말을 <u>모두</u> 고르시오.

1 The police (was / were) called but nobody was charged.

2 Each government (has / have) promised $60 million for emergency assistance.

3 Poultry (provides / provide) lots of nutrients your body needs, like protein, iron, and zinc.

4 By the time passengers reached the carousel, the baggage (was / were) already on it.

5 A (many / large) crowd took to the streets to protest against the unfair dismissal.

6 Two items of high-quality merchandise (is / are) displayed in the store.

7 The audience (was / were) clapping for more than 5 minutes.

8 Waterproof clothing (is / are) necessary for most outdoor activities.

9 The English gentry (is / are) next below the nobility.

EXERCISE 03 >

밑줄 친 부분이 어법상 맞으면 T, 틀리면 F로 표시하고 바르게 고쳐 쓰시오.

1 The firm <u>has</u> achieved significant gains in overall customer satisfaction.

2 The clergy <u>was</u> asked to attend the funeral last Sunday.

3 Every staff <u>were</u> courteous and friendly and <u>they</u> were helpful for the conference.

4 We have become increasingly fragmented as <u>a people</u>.

5 Our <u>luggages</u> had been weighed and taken away for loading.

6 There are many colorful <u>fishes</u> in the Hawaiian aquarium.

UNIT 45 물질명사·고유명사

물질명사는 물, 얼음, 우유 등과 같이 일정한 모양이나 형태가 없는 물질을 나타내는 명사이다. 부정관사를 붙일 수 없고, 복수형으로 쓰지 않는다. 고유명사는 사람, 장소, 요일과 같은 고유한 이름을 가진 명사로 대문자로 시작한다. 물질명사와 마찬가지로 부정관사를 붙일 수 없고, 복수형으로 쓰지 않는다.

A 물질명사

1 **Water** plays an important role in many geological processes.
물은 많은 지질학적 과정에서 중요한 역할을 한다.

2 It is very important to replenish the **water** that our body loses daily.
우리 몸이 매일 잃는 물을 보충하는 것은 매우 중요하다.

3 He went to the fridge and fetched some **cheese**.
그는 냉장고로 가서 치즈를 조금 가져왔다.

4 She introduced a little **milk** and **butter** into her diet.
그녀는 그녀의 식단에 약간의 우유와 버터를 도입했다.

5 Put three pounds of **sugar** into a bowl.
3파운드의 설탕을 그릇에 넣어라.

6 He drinks four cups of **coffee** every day.
그는 매일 네 잔의 커피를 마신다.

7 The hotel gave each guest two bars of **soap**.
그 호텔은 각 투숙객에게 두 개의 비누를 주었다.

8 The man gulped down two **beers**.
그 남자는 맥주 두 잔을 벌컥벌컥 마셨다.

9 I'd like a black **coffee**, please.
저는 블랙커피 한 잔을 마시고 싶습니다.

10 She smoothed her shirt with an **iron**.
그녀는 다리미로 자신의 셔츠를 다렸다.

B 고유명사

11 **John** worked for **Apple Inc.** and remained a resident of **California** throughout his life.
John은 Apple 사에서 일했고 평생 캘리포니아 주의 주민으로 남았다.

12 One of the tycoon's daughters married the **Clintons**.
그 거물의 딸들 중 한 명은 Clinton 가문과 결혼했다.

13 The art dealer bought three **Monets**.
그 미술상은 세 점의 모네 작품을 구입했다.

14 He is hailed as a new **Michael Jackson**.
그는 새로운 마이클 잭슨과 같은 인물로 일컬어진다.

A

1 일반적인 물질을 가리킬 때는 관사를 쓰지 않는다.

2 수식어구와 함께 특정한 것을 가리키면 정관사 the를 쓴다.

3~7 물질명사의 수량 표현

3~4 정확하지 않은 양은 some, any, much, (a) little, no 등을 붙여서 표현한다.

5~7 수사＋단위 명사＋of＋물질명사

5 측정 단위: a pound(gallon, spoonful 등)
a spoonful of medicine 약 한 숟가락

6 담는 용기: a glass(can, cup, bottle, bucket, carton, tube 등)
a tube of glue 접착제 한 통

7 물질의 모양: a bar(slice, piece, sheet, head, loaf 등)
a head of lettuce 상추 한 포기

8~10 물질명사의 보통명사화: 동일한 재료로 만들어진 사물이나 제품을 나타낼 때, 주문 등으로 음료의 개수를 나타낼 때는 부정관사를 쓰거나 복수형으로 쓸 수 있다.
air 공기 – an air 태도
beer 맥주 – a beer 맥주 한 잔
cheese 치즈 – a cheese 치즈 한 종류
coffee 커피 – a coffee 커피 한 잔
fire 불 – a fire 화재
iron 철 – an iron 다리미
light 빛 – a light 전등
paper 종이 – a paper 신문
wood 나무 – a wood 목재

B

11 고유명사는 항상 대문자로 시작하며, 원칙적으로 관사를 쓰지 않지만 붙이는 경우도 있다. 참조 UNIT 52 B

12~16 고유명사의 보통명사화: 보통명사로 의미가 바뀐 경우에는 관사나 복수형을 쓸 수 있다.

12 ~ 집안의 사람, ~ 가문, ~ 부부, 온 가족, ~ 일가

13 ~의 작품

14 ~와 같은(특성을 가진) 인물

15 There's a **Mr. Smith** on the phone.
Smith 씨라고 하는 사람에게 전화가 왔다.

16 He came to see a **Porsche** but bought a **Tesla** instead.
그는 포르셰 차를 보러 왔다가 대신 테슬라 차를 샀다.

15 ~라고 하는 사람

16 ~(회사)의 제품

GRAMMAR PLUS+

주의해야 할 가산명사와 불가산명사

corn, grapes 같은 사물은 개별적 요소들이 모인 집합체로 볼 수도 있고 한 덩어리로 볼 수도 있다. 이런 종류의 사물 중에는 가산명사도 있고 불가산명사도 있는데, 그 구분이 체계적이지 않으므로 주의해야 한다.

불가산명사: fruit, rice, spaghetti, corn, wheat밀, barley보리, rye호밀, gravel자갈 등
가산명사: vegetable(s), bean(s), pea(s)완두콩, grape(s), lentil(s)렌즈콩, pebble(s)조약돌 등

EXERCISE 04 >

괄호 안에서 알맞은 말을 고르시오.

1 They managed to extinguish (fire/ a fire) using dry chemicals.

2 Knead the dough on a board, dusting with (a little / a few) flour if it is sticky.

3 The pie was made with various (cheese / cheeses), eggs, and salted meats.

4 (The Johnson / The Johnsons) will hold the charity event this weekend.

EXERCISE 05 >

우리말과 뜻이 같도록 괄호 안의 말을 이용하여 문장을 완성하시오.

1 그녀는 한 장의 종이 위에 방정식 하나를 쓰기 시작했다. (paper)

→ She started writing an equation on _____.

2 그녀는 현대의 레오나르도 다 빈치와 같은 인물로 간주된다. (Leonardo da Vinci, of modern times)

→ She is considered _____.

3 그 남자는 하루에 세 잔의 주스를 마셨다. (juice)

→ The man drank _____.

4 그는 클림트의 작품 두 점을 경매로 팔도록 강요 받았다. (auction off, Klimt)

→ He has been forced to _____.

5 그 여행 가이드는 어두운 동굴 안으로 전등을 비추었다. (flash, light)

→ The tour guide _____ into the dark cave.

6 Bush 씨라는 분이 복도에서 당신을 기다리고 있습니다. (Mr. Bush)

→ _____ for you in the corridor.

7 그 여자는 자신감 있는 태도를 가지고 있었다. (air, self-confidence)

→ The woman had _____.

46 추상명사

일정한 형태와 성질을 갖추고 있지 않은 추상적인 개념을 나타내는 명사로, 관사를 쓰지 않고 원칙적으로 단수 취급한다.

A 용법

1 **Confidence** is the most significant key to success.
자신감은 성공에 있어 가장 중요한 열쇠이다.

2 Nothing can substitute for **the expertise** of healthcare professionals.
어떤 것도 건강관리 전문가들의 전문 지식을 대체할 수 없다.

3 I didn't like what he advised me to do. **The advice** was utterly irrelevant and useless.
나는 그가 나에게 하라고 충고한 것이 마음에 들지 않았다. 그 충고는 전혀 관련이 없고 쓸모가 없었다.

4 A cookie is a piece of **information** written into a special file on a site visitor's own computer.
쿠키는 사이트 방문자 자신의 컴퓨터의 특별한 파일에 저장되는 한 조각의 정보이다.

5 He possesses some **knowledge** of Jewish literature.
그는 유태인 문학에 대해 어느 정도 지식이 있다.

cf. We don't receive much **education** about what we shouldn't idealize.
우리는 이상화하면 안 되는 것에 대해 교육을 별로 받지 않는다.

6 The film was a **failure** both financially and critically.
그 영화는 금전적인 면과 비평적인 면 둘 다 실패작이었다.

7 She always stressed the importance of a good **education**.
그녀는 항상 좋은 교육의 중요성을 강조했다.

B 관용표현

8 She **had the kindness to** consult a doctor about my illness.
그녀는 친절하게도 나의 병에 관해 의사와 상담했다.

= She was so kind as to consult ~.
= She was so kind that she consulted ~.
= She was kind enough to consult ~.
= She kindly consulted ~.

9 The singer was **passion itself**.
그 가수는 무척 열정적이었다.

= The singer was very passionate.

A

1 원칙적으로 관사와 복수형을 쓰지 않는다.

2~3 뒤에 수식어구가 오거나 수식어구 없이도 문맥상 의미가 특정이 되는 경우에는 정관사 the를 쓴다.

4~5 추상명사의 수량 표현

4 수를 나타내는 경우에는 a word(piece) of, an item of, a bit of 등을 붙여서 표현한다.

5 양을 나타내는 경우에는 some, any, a bit of(bits of), much, (a) little, no 등을 붙여서 표현한다.

cf. much는 주로 부정문에서 사용한다.

6~7 추상명사의 보통명사화

6 일부 추상명사는 부정관사를 써서 구체적인 예, 사람, 사물, 종류, 품질, 감정 등을 나타낼 수 있다.

7 일부 사람의 감정이나 정신적 행동과 관련된 추상명사는 주로 형용사와 함께 쓰여 a(n)이 붙는다.
a first-class knowledge, a deep distrust, a crucial discovery, a great help, a good night's sleep, a good education, a surprising understanding, a long meditation 등

B

8 have the+추상명사+to부정사: ~하게도 …하다
= be동사+so+형용사+as+to부정사
= be동사+so+형용사+that+주어+동사
= be동사+형용사+enough+to부정사
= 부사+동사

9 추상명사+itself: 무척 ~한
= very+형용사

10 His historical works, despite many inaccuracies, remain **of great value** for historians.
그의 역사적 작품들은 많은 오류에도 불구하고 역사가들에게 훌륭한 가치를 가진다.

= ~ remain <u>very valuable</u> for historians.

11 The man moved the vase **with care**.
그 남자는 그 화병을 조심스럽게 옮겼다.

= The man moved the vase <u>carefully</u>.

10~11 전치사와 함께 써서 형용사나 부사 역할을 한다. 특히 「of+추상명사」는 형용사 역할을 한다.

of courage = courageous	of no use = useless
of great value = very valuable	
of importance = important	
at liberty(+to부정사) 자유롭게 (~할 수 있는)	
by accident = accidently	
on purpose = intentionally, deliberately	
to perfection = perfectly	with care = carefully
with ease = easily	with fluency = fluently
with kindness = kindly	with patience = patiently
with safety = safely	

GRAMMAR PLUS+

「to one's+감정을 나타내는 추상명사」는 '~하게도'라는 뜻을 가지며, 강조하고 싶을 때는 「to one's great+추상명사」로 쓴다.

- to one's dismay(disappointment) 실망스럽게도
- to one's surprise 놀랍게도
- to one's satisfaction 만족스럽게도
- to one's joy(delight) 기쁘게도

▶ **To my great surprise**, I was admitted to the college.   대단히 놀랍게도, 나는 그 대학에 합격했다.

EXERCISE 06 >

괄호 안에서 알맞은 말을 모두 고르시오.

1 The best relationships are built on (honesty / an honesty) and constructive comments.

2 He always gives a (piece / word) of advice, or encouraging words to others.

3 This application can produce various combinations (with / of) ease.

4 Her stories reflect (great / a great) understanding of female friendships.

5 (Definition / The definition) of modern furnishing is constantly changing.

6 There isn't (any / much) difference between the two options.

EXERCISE 07 >

우리말과 뜻이 같도록 괄호 안의 말을 이용하여 문장을 완성하시오.

1 그 단체는 정부에 대해 깊은 불신을 가지고 있었다. (deep distrust)

→ The group had _____.

2 만족스럽게도, 내가 치료한 그 환자는 매우 건강해졌다. (satisfaction)

→ _____, the patient I treated became very healthy.

3 그는 용감하게도 자신들의 의무를 간과했던 공무원들을 비판했다. (courage, criticize)

→ He had _____ public officials who ignored their duty.

4 그 제국의 정복자는 무척 잔인했다. (cruelty)

→ The conqueror of the empire was _____.

UNIT 47 명사의 수

A 항상 복수형으로 쓰이는 명사

1 **Economics** is not able to provide answers to all the fundamental questions.
경제학은 모든 근본적인 문제들에 대한 답을 제공할 수 없다.

2 **Jeans** were originally made for manual laborers.
청바지는 본래 육체 노동자들을 위해 만들어졌다.

3 I exchanged **seats** with him on the train.
나는 기차에서 그와 자리를 교환했다.

4 A **means** of managing domestic violence is counseling. 가정 폭력을 관리하는 하나의 방법은 상담이다.

cf. The **means** she inherited from her father were all gone. 그녀가 아버지로부터 물려받은 재산은 모두 사라졌다.

5 **Hundreds** of spectators are gathering to enjoy the festival. 수백 명의 관중들이 축제를 즐기기 위해 모여 있다.

cf. Bring three **dozen** eggs. 계란 36개를 가져와라.

6 He invented the device **in his sixties**.
그는 그 장치를 60대에 발명했다.

B 복수형이 되면 뜻이 달라지는 명사

7 Most consumer **goods** are imported.
대부분의 소비재는 수입된다.

8 **Customs** has seized 50 kilograms of the counterfeit medication. 세관은 50 킬로그램의 위조 약을 압수했다.

A

1~6 항상 복수형으로 쓰이는 명사는 단수 취급하는 경우와 복수 취급하는 경우가 있다.

1 학과명·운동명·병명: 주로 단수 취급
economics, linguistics언어학, statistics통계학, physics, genetics유전학, ethics윤리학, politics, aerobics, measles홍역, diabetes당뇨병, the blues우울증, rabies광견병 등

2 glasses, scissors, pants, binoculars 등과 같이 짝을 이루는 명사: 복수 취급

3 상호관계, 상호교환 등을 나타내는 명사

4 단수형과 복수형이 같은 명사: headquarters본부 (단수로도 복수로도 쓰임), means방법, species종, series (주로 단수 취급) 등

cf. means가 '재산'의 뜻으로 쓰이면 복수 취급

5 수를 세는 명사(dozen(12), score(20), hundred, thousand, million 등)를 복수로 써서 막연한 다수를 나타내면 복수형으로 쓰고 복수 취급

cf. 명확한 수를 나타낼 때는 단수형

6 근사치를 나타낼 때: 「the+연도+-s(~년대)」, 「in one's teens(twenties 등)(10(20)대에(의))」

B

7~8 air 공기; 태도 – airs 뽐내는 태도, arm 팔 – arms 무기, custom 관습 – customs 세관; 관세, good 선 – goods 제품, letter 편지; 문자 – letters 문학, manner 방법 – manners 예절; 풍습, pain 고통 – pains 고생, 수고

7 arms, clothes, goods, manners: 주로 복수 취급

8 customs, news: 주로 단수 취급

GRAMMAR PLUS+

주의해야 할 단수·복수형: 「숫자+명사(A)(+형용사)」가 형용사구가 되어 명사(B)를 수식하는 경우
형용사구를 이루는 단어는 하이픈(-)으로 연결하며 A는 단수형이 된다. 그러나 B가 journey, delay, flight, walk처럼 <중량·가치·시간·길이> 등을 나타내는 경우 A는 복수형의 소유격이 되기도 한다.

- a **17-year-old** student 17살 난 학생
- a **five-hour** flight ≒ **five hours'** flight
- a **seven-page** booklet 7페이지 짜리 책자
- a **30-minute** walk ≒ **30 minutes'** walk

EXERCISE 08 >

괄호 안에서 알맞은 말을 모두 고르시오.

1 Thousands of commuters (was / were) stuck in a heavy traffic jam.

2 Interns took (a turn / turns) being on night call at the hospital.

3 The firm's headquarters (is / are) located in the center of the historic town.

4 His manners (was / were) those of an aristocrat born and bred.

명사의 성

영어에서는 대부분 명사 자체에 여성, 남성, 중성이 표시되지 않지만, 대명사와 소유격에서는 성이 표현된다.
일부 명사는 여성명사와 남성명사가 구분되어 있지만, 점차 중립적인 말을 쓰는 추세이다.

A 대명사로 명사의 성을 나타낼 때

1 The bus driver said **she** prefers working night shifts.
그 버스 운전사는 자신이 야간 근무를 선호한다고 말했다.

2 When you see a patient, make sure **he or she** talks about all the relevant symptoms.
당신이 환자를 볼 때, 관련된 모든 증상을 이야기하도록 해라.
= When you see a patient, make sure **they** talk ~.

3 The infant cried for a long time before **it(he, she)** fell asleep from exhaustion.
그 유아는 지쳐서 잠들기 전에 오랫동안 울었다.

4 Look at that print. **It** is a facsimile of the original painting.
저 판화를 봐라. 그것은 진품의 복제품이다.

5 They increased their trade with England and **her(its)** colonies.
그들은 영국과 영국의 식민지들과의 교역을 늘렸다.

B 별개의 단어로 명사의 성을 나타낼 때

6 The **waitress** brought me the bill.
그 여자 종업원은 나에게 계산서를 가져다 주었다.

7 David is my **nephew**, and Emily is my **niece**.
David는 나의 남자 조카이고, Emily는 나의 여자 조카이다.

8 During turbulence, **flight attendants** must ensure the cabin is secure.
이상 기류 동안, 승무원들은 기내가 안전하도록 해야 한다.

A

1 화자가 언급되는 사람의 성별을 아는 경우에는 he나 she로 받는다.

2 언급되는 사람의 성별이 분명하지 않은 경우에는 he or she로 받는다. 단수라도 they로 받기도 한다.

3 infant, baby, child 등 성별이 분명하지 않거나 중요하지 않을 때는 it으로 받을 수 있다.

4 무생물은 일반적으로 it으로 받는다.

5 자동차, 배, 국가, 국민 등은 의인화하여 she로 받을 수 있지만, 현대 영어에서는 주로 it으로 받는다.

B

6 남성명사+-ess = 여성명사
waiter – waitress, host – hostess, actor – actress, emperor황제 – empress황후, god – goddess 등

7 남성과 여성이 별개의 단어인 경우: brother – sister, priest – priestess, monk – nun, hero – heroine, landlord남주인 – landlady여주인, son – daughter, gentleman – lady, nephew – niece, bull – cow, king – queen, widower – widow, wizard – witch 등

8 중립적인 단어: flight attendant, police officer, spokesperson대변인, firefighter, businessperson 등

EXERCISE 09 >

괄호 안에서 알맞은 말을 <u>모두</u> 고르시오.

1 If an employee wants to take a medical leave, (he or she / they) must present medical certificates.

2 The baby was playing with (his / her / its) toys when the incident took place.

3 The missile became a key deterrent against the Soviet Union for America and (his / her / its) western allies.

4 My family has known the priest since (he / she / it) was little.

5 This is a necklace made of crystal. (He / She / It) is around $500.

UNIT 49 명사의 소유격

사람이나 동물을 나타내는 명사와 일부 무생물 명사에는 「명사+'s」, 무생물 명사에는 「of+명사」를 사용해서 소유격을 만드는 것이 원칙이다. 하지만 둘 다 사용하는 경우도 있으므로 주의해야 한다.

A 생물의 소유격

1 **Tom's** book (= the book **of Tom**) Tom의 책

2 She was the cousin **of the man** who got convicted of treason.
그녀는 반역죄로 유죄판결을 받은 그 남자의 사촌이었다.

3 **Adams's** laptop Adams의 노트북 컴퓨터
the **boss's** business card 상사의 명함
Socrates' teachings 소크라테스의 가르침

4 **Alexander the Great's** troops 알렉산더 대왕의 군대
my **sister-in-law's** car 내 형수님의 자동차

5 He never put in an appearance at the **parents'** meeting.
그는 학부모회에 전혀 출석하지 않았다.

6 The room was filled with **children's** laughter.
그 방은 아이들의 웃음소리로 가득했다.

7 The man was **at his wits' end** with the fire.
그 남자는 불이 나자 어찌할 줄을 몰라 했다.

B 무생물의 소유격

8 the top **of the page** (= **the page's** top)
그 페이지의 상단

9 Where is the **organization's** office?
그 조직의 사무실은 어디에 있나요?

A

1 원칙적으로 「명사+'s」로 쓰며, 「of+명사」로 바꾸어 쓸 수도 있다.

2 명사가 수식어로 인해 길어지면 「of+명사」로 쓰기도 한다.

3 -s로 끝나는 단수명사도 끝에 's를 붙이는 것이 원칙이나 역사적 인물을 언급할 때는 '(apostrophe)만 붙이기도 한다. 이때 발음은 복수형과 동일하다.

4 복합명사나 명사구의 소유격은 전체 단어의 끝에 's를 붙인다.

5 -s로 끝나는 복수명사는 끝에 '(apostrophe)만 붙인다. 이 경우 's가 붙어도 발음은 변하지 않는다.

6 -s로 끝나지 않는 복수명사는 단수명사와 같이 's를 붙인다.

7 관용표현: at one's wits' end 당황하여, 어찌할 줄을 몰라 하며, for goodness'(God's, mercy's) sake 제발

B

8 원칙적으로 「of+명사」로 쓰며, 「명사+'s」로 바꾸어 쓸 수도 있다.

9 단체, 집단, 나라, 지명, 시간, 거리, 장소, 가격을 나타내면 「명사+'s」로 쓰기도 한다.

EXERCISE 10 >

괄호 안에서 알맞은 말을 <u>모두</u> 고르시오.

1 The explorers found the nests of (birds / birds') on the tree.

2 After about one (hour's / of the hours) sleep, the troopers were awakened to resume the march.

3 Have you read (Dickens's / Dickens') novels recently?

4 When the building burned down, the orchestra lost tens of thousands of (dollars' / dollars's) worth of string instruments.

5 Please spare my life for (mercys' / mercy's) sake.

6 He stopped by his (mother's-in-law / mother-in-law's) house last weekend.

7 Did you make the (girls' / girls's) bracelets by yourself?

UNIT 50 소유격의 의미와 용법

A 소유격의 의미

1 We are going to visit **Janet's** school this afternoon.
우리는 오늘 오후에 Janet의 학교를 방문할 것이다.

2 **Picasso's** masterpieces   피카소의 명작들

3 a **boy's** high school   남자 고등학교

4 **Alex's** arrival   Alex의 도착
(← Alex arrived.)

5 the **prisoners'** release   죄수들의 석방
(← (They) released the prisoners.)

6 **tomorrow's** weather   내일의 날씨

7 one **hour's** concert   한 시간 동안의 콘서트
three **euros'** worth of service   3유로 가치의 서비스

B 소유격의 용법

8 A: Whose key is this?   이것은 누구의 열쇠인가요?
B: It's **Peter's** (key).   그것은 Peter의 것입니다.

9 **Joe's** (restaurant)   Joe의 식당

10 the city **of** New York   뉴욕이라는 도시
the news **of** discharging waste water into a river
강에 오수를 방류한다는 그 소식

11 a cousin **of his**   그의 사촌
this poem **of Henry's**   Henry의 이 시

12 Bill**'s** and Mike**'s** mothers   Bill과 Mike의 (각자의) 엄마

13 Jane and Kate**'s** mother   Jane과 Kate의 (공동의) 엄마

A

1 소속, 소유를 나타냄
Janet's school = the school Janet goes to

2 기원, 저작자, 출처 등을 나타냄

3 특징, 목적, 용도, 대상 등을 나타냄

4 뒤에 나오는 행위의 의미상 주어
A's B = A(주어)+B(동사)

5 뒤에 나오는 행위의 의미상 목적어
A's B = B(동사)+A(목적어)

6 특정 시점에 발생한 사건을 나타냄

7 행위가 지속된 시간을 나타내거나, 가격을 나타내는 단위 명사 뒤에 worth를 써서 값어치를 나타냄

B

8 독립소유격: 맥락상 소유격 뒤에 오는 명사가 무엇인지 확실한 경우 그 명사를 생략하기도 한다.

9 집, 회사, 상점, 교회 등의 장소와 건물은 생략하기도 한다.

10 동격: ~라고 하는, ~인, ~의   ⟳참조 **UNIT 120B**

11 이중소유격: 원칙적으로 소유격은 부정관사, 지시형용사, 부정형용사 등과 같은 한정사와 이어서 쓸 수 없으므로, 「한정사＋명사＋of＋소유대명사」의 형태로 쓴다.
⚠ a his cousin (x)
⚠ this Henry's poem (x)

12~13 개별소유와 공동소유

12 개별소유는 복수로 받는다.

13 공동소유는 단수로 받는다.

EXERCISE

11 ❯

우리말과 뜻이 같도록 소유격과 괄호 안의 말을 이용하여 문장을 완성하시오.

1 나는 그녀의 가까운 친구들 몇 명을 만났다. (some)

→ I met _____.

2 그 남자는 어제 이발소에서 머리를 잘랐다. (the barber)

→ The man had his hair cut at _____ yesterday.

3 나의 노트북 컴퓨터가 고장 나서, 오빠의 노트북 컴퓨터를 빌렸다. (borrow)

→ My laptop was broken, so I _____.

부정관사 a(n)

부정관사 a(n)은 셀 수 있는 단수명사 중 특정되지 않은 명사, 즉 처음 언급되거나 화자가 모르는 것 등을 나타낼 때 쓴다. an은 첫 글자와 관계없이 발음이 모음으로 시작되는 단어 앞에 쓴다.

1 **A** bird in the hand is worth two in the bush.
손 안에 든 한 마리 새는 풀 숲에 있는 두 마리 새의 가치가 있다.

2 My wife is **a** professor in college.
나의 아내는 대학 교수이다.

3 All of the boys are of **an** age.
그 소년들은 모두 같은 나이이다.

4 **A** hippopotamus can be very dangerous.
하마는 매우 위험할 수 있다.

5 He took vocal lessons once **a** week.
그는 일주일마다 한 번씩 성악 레슨을 받았다.

6 **A** woman is waiting for you.
어떤 여자가 너를 기다리고 있다.

7 The medicine relieved the pain for **a** while.
그 약은 한동안 고통을 덜어주었다.

1 하나의(= one)

2 의례적으로 '동종의 것 중 하나'라는 의미로 해석하지 않아도 된다.

3 같은(= the same)

4 ~라는 것: 종족 대표(= any) ↻참조 **UNIT 43 A**
= the+단수 보통명사= 복수 보통명사

5 ~마다, ~당(= per, each)

6 어떤(= a certain)
in a sense 어떤 의미에서는

7 어느 정도, 약간(= some)
for a time 잠시, 당분간
to a degree 어느 정도
in a measure 어느 정도

GRAMMAR PLUS+

관용어구 안에서 쓰이는 부정관사

- all of a sudden 갑자기
- at a loss 당황하여
- at a distance 좀 떨어져서
- have a mind to부정사 ~하고 싶다
- in a word 한마디로
- once in a while 때때로
- to make a long story short 간단히 말하면
- as a token of ~의 표시로
- as a rule 대체로, 일반적으로
- in a hurry 서둘러, 급히
- in a nutshell 간단명료하게
- make a face 얼굴을 찡그리다
- put an end ~을 끝내다

EXERCISE 12 >

밑줄 친 부정관사가 어떤 의미인지 <보기>에서 골라 쓰시오.(복수 사용 가능)

| 보기 | per | one | a certain | the same | any |

1 A pulled calf muscle usually gets better in <u>a</u> day or two.

2 The children in the classroom are all of <u>a</u> size.

3 In <u>a</u> sense, almost all Americans are immigrants.

4 The subjects for the research study were interviewed once <u>a</u> month for six months.

5 <u>A</u> tiger is known as a fierce animal.

6 The maximum speed is limited to 100km <u>an</u> hour on the expressway.

7 Rome was not built in <u>a</u> day.

UNIT 52 정관사 the

A 일반적인 쓰임

1 I bought a camera. **The** camera is fully automatic and of good quality.
나는 카메라 하나를 샀다. 그 카메라는 완전 자동이고 품질이 좋다.

2 Let me try **the** dress on the display stand.
제가 진열대에 있는 그 드레스를 입어볼게요.

3 Would you mind my closing **the** window?
제가 창문을 좀 닫아도 될까요?

4 There is a small minority who believes that **the** earth is flat. 지구가 평평하다고 믿는 소수의 사람들이 있다.

5 The cathedral is **the** tallest church building in Scandinavia. 그 대성당은 스칸디나비아에서 가장 높은 교회 건물이다.

6 I prefer **the** mountains to **the** sea for holiday destinations. 나는 휴일을 보내는 장소로 바다보다 산을 선호한다.

cf. She was the first woman in space.
그녀는 우주로 나간 첫 번째 여성이었다.

7 The painter was influenced by **the** post-impressionists, especially van Gogh.
그 화가는 후기 인상주의 화가들, 특히 반 고흐에게 영향을 받았다.

cf. She created works inspired by Italian and French painters.
그녀는 이탈리아와 프랑스 화가들에게 영감을 받은 작품들을 만들었다.

B 다양한 쓰임

8 **The** farmers became strong supporters of the government. 그 농부들은 정부의 강력한 지지자가 되었다.

cf. Farmers are especially busy during the harvest.
농부들은 추수 기간에 특히 바쁘다.

9 **The** lion is probably the world's most efficient predator. 사자는 전 세계에서 아마 가장 효율적인 포식 동물이다.

10 A person who plays **the** cello is called a cellist.
첼로를 연주하는 사람은 첼리스트라고 불린다.

11 What is the price of that pork by **the** kilogram?
저 돼지고기는 킬로그램 단위로 가격이 얼마인가요?

12 He stared the dog in **the** eyes.
그는 개의 눈을 들여다보았다.

A

1 앞에서 이미 언급된 명사 앞

2 구나 절의 수식을 받는 명사 앞

3 상황으로 보아 명백하거나 서로 알고 있는 명사 앞

4 태양, 달, 지구 등과 같이 하나밖에 없는 유일한 대상 앞

5 서수, 최상급 형용사, same, only, very 앞

6 모든 사람들이 공유하는 자연 환경, 주변의 세계와 기후 등을 칭하는 명사 앞
the country, the rain, the night, the town, the sea(side)해변, the sunshine, the weather, the wind, the mountains, the universe우주, the cosmos우주, the environment, the atmosphere대기 등

cf. light빛, space, society, nature자연 등은 관사를 쓰지 않는다.

7 비교적 한정적이고 제한적인 기간이나 숫자의 단체를 나타내는 명사 앞

cf. 범위가 넓을 때는 관사를 쓰지 않는다.

B

8 the+복수 보통명사: 그룹이나 단체를 총칭하며 인간 집단에만 쓰임

cf. 단체에 대한 일반화를 할 때는 관사 없이 복수 보통명사를 쓴다.

9~10 the+단수 보통명사: 종족이나 동물 대표, 과학 발명품이나 악기 이름, 문화 기관을 나타내는 명사 앞
참조 UNIT 43 A

11 by the+단위를 나타내는 명사: ~ 단위로

12~14 동사+사람·동물·사물+전치사+the+신체부위

12 look(stare 등)+사람·동물·사물+in the+신체부위

13 The woman hit him on **the** chest.　그 여자는 그의 가슴을 쳤다.

14 Kate pulled me by **the** hand towards the dance floor.
Kate는 무도장 쪽으로 나의 손을 잡아 끌었다.

15 He is in charge of caring for **the** sick and **the** disabled.　그는 환자들과 장애인들을 돌보는 책임을 지고 있다.

16 She has memory abilities above **the** common.
그녀는 평범한 것을 뛰어넘는 기억력을 가지고 있다.

17 When he dies, **the** crown will pass to his son.
그가 죽으면, 왕좌는 그의 아들에게 갈 것이다.

18 **The** Himalayas are the roof of the world.
히말라야 산맥은 세계의 지붕이다.

cf. The tourists were impressed by the beauty of Lake Tahoe.　그 관광객들은 타호 호수의 아름다움에 감명을 받았다.

19 **The** Washington Post　워싱턴 포스트 지(紙)
The Week　위크 지(誌)

20 I want to pray for **the** late Mr. Robert.
나는 고인이 된 Robert 씨를 위해서 기도하고 싶다.

21 Tom Cruise, **the** actor　배우 톰 크루즈
the ambitious Caesar　야심만만한 시저

---

13 hit(pat, strike 등)+사람·동물·사물+on the+신체부위

14 take(catch, pull, push, seize, hold, shake 등)+사람·동물·사물+by the+신체부위

15 the+형용사·분사 = 복수 보통명사
the sick = sick people
the disabled = disabled people

16 the+형용사·분사: ~ 한 것(추상적인 개념)

17 the+보통명사 = (가끔) 추상명사
the crown 왕좌, the cradle 발상지; 어린 시절,
the heart 애정, the stage 연극; 배우일

18 항상 the를 붙이는 장소명: 강, 바다, 해양, 운하, 만, 군도,
산맥, 사막, 배, 철도, 호텔, 박물관, 미술관, 공공건물,
일부(republic, state, union, kingdom이 포함된) 국가의
이름

cf. 호수, 산, 역, 공원, 다리, 항구, 공항, 거리, 대학 이름 앞에는
the를 붙이지 않는다.

19 대부분의 신문과 일부 잡지 이름 앞

20 형용사 뒤에 사람 이름이 올 때

21 이름 뒤에 직업이나 신분 등이 와서 '유명인사'임을 나타내거나,
특정한 수식어가 붙은 인명 앞

EXERCISE 13 >

괄호 안에서 알맞은 말을 고르시오.

1 Janet recently bought a new dress with a ribbon, but she lost (ribbon / the ribbon) soon.

2 The journalist has been working for (Boston Globe / The Boston Globe) for over five years.

3 The children living in the city need to spend more time communicating with (nature / the nature).

4 His mother took him (in / by) the arm and he went with her, unresisting.

5 For a decade, the audition program was (cradle / the cradle) for many talented singers.

EXERCISE 14 >

정관사 the가 들어갈 자리에 ✓표시를 하시오.

1 Don't forget to return suitcase you borrowed from me last Saturday.

2 I think that conservatives are likely to be against the progressive bills.

3 He looked me in eye without denial or any comment.

4 Koala uses the eucalyptus tree to get water.

5 The actor was cremated and his ashes were spread in Pacific Ocean.

6 Does the butcher in the supermarket sell meat by pound?

UNIT 53 관사의 위치

일반적으로 「관사(+부사)(+형용사)+명사」의 순서로 쓰지만, such, so, too, all, both 등이 오면 관사의 위치가 달라지므로 주의해야 한다.

A 정관사의 위치

1 **All the universities** are under enormous financial pressure. 모든 대학교들은 엄청난 재정적인 압박을 받고 있다.

2 The dosage is **double the recommended daily amount**. 그 복용량은 1일 권장량의 두 배이다.

3 About **half the arrested men** were later released. 체포된 사람의 대략 절반이 후에 석방되었다.

B 부정관사의 위치

4 Vested interests take **too big a share of voice**. 기득권층은 발언권의 너무 많은 비중을 차지한다.

5 I think shame is **as good a motivator** as anger. 나는 창피함이 분노만큼 좋은 자극이라고 생각한다.

6 She has **such a beautiful, glowing smile**. 그녀는 매우 아름답고 빛나는 미소를 가지고 있다.

A

1~3 all(both, double, half, twice 등)+the(+형용사)+명사

B

4~5 too(so, as, how 등)+형용사+a(n)+명사
6 such(quite, rather, half, what 등)+a(n)(+형용사)+명사

GRAMMAR PLUS+

주의해야 할 부정관사의 위치

1 quite: 영국식 영어에서는 정도를 나타낼 수 없는 형용사가 있는 경우 「a quite+형용사+명사」도 가능하다.
정도를 나타낼 수 없는 형용사: amazing, fantastic, perfect, fascinating, gorgeous, awful, terrible, terrifying, enormous, excellent, acceptable, dead, destroyed, certain 등(very가 아닌 absolutely, completely 등의 수식을 받음)
▶ It was **quite an excellent restaurant(a quite excellent restaurant)**. 그것은 상당히 훌륭한 식당이었다.

2 rather: 미국식 영어에서는 형용사가 있으면 「a rather+형용사+명사」도 가능하다.
▶ The participants heard **rather a boring story(a rather boring story)**.
참가자들은 상당히 지루한 이야기를 들었다.

3 half: '측정, 척도'를 나타내는 표현에서는 「a half+명사」도 가능하다.
▶ I bought **half a gallon(a half gallon)** of milk. 나는 우유 반 갤런을 샀다.

EXERCISE 15 >

괄호 안의 말을 알맞게 배열하여 문장을 완성하시오.

1 She has come back to exact her revenge on those who made her life _____.
(a / misery / such)

2 _____ affirmed their commitment to the merger. (the / sides / both)

3 It is _____ of expert craftsmanship. (great / a / example / rather)

4 He recorded an alcohol level nearly _____. (legal limit / twice / the)

5 I have never seen _____. (a / so / attractive / singer)

UNIT 54 관사의 생략과 반복

A 관사의 일반적인 생략

1 Let's have **lunch** together soon. 곧 함께 점심 식사를 합시다.

cf. They will have **a** delicious **dinner** on Christmas Eve.
그들은 크리스마스 이브에 맛있는 저녁 식사를 할 것이다.

2 The official announcement is expected on **Thursday**. 공식 발표는 목요일로 예상된다.

cf. Let's meet on **the Monday** before Easter.
부활절 전 월요일에 만나자.

3 I have done nothing wrong, **officer**.
저는 아무 것도 잘못하지 않았습니다, 경찰관님.

4 Can you pick me up later, **Dad**?
이따가 저를 좀 데리러 와 주실래요, 아빠?

5 Her psychology department colleagues elected her **chair** of the department.
그녀의 심리학과 동료들은 그녀를 학과장으로 선출했다.

6 Courage is the virtue that **President** Kennedy most admired. 용기는 케네디 대통령이 가장 높이 평가했던 미덕이다.

7 He appointed her **Secretary** of State for Defense.
그는 그녀를 국방부 장관으로 임명했다.

8 Emma, **researcher** in the biotechnology laboratory, is my sister. 그 생명공학 연구실의 연구원인 Emma는 나의 언니이다.

9 He was employed as **personal trainer**.
그는 개인 트레이너로 고용되었다.

cf. He is working as **an assistant teacher** at school.
그는 학교에서 조교로 일하고 있다.

B 관용어구에서의 관사의 생략

10 Shall we go on **foot** or by **bus**? 걸어갈까 아니면 버스로 갈까?

11 I majored in chemistry at **college**.
나는 대학에서 화학을 전공했다.

cf1. The organization founded **the college** in 1900.
그 기관은 1900년에 그 대학을 설립했다.

cf2. He studied biology at **the university**.
그는 대학에서 생물학을 공부했다.

12 He is vehemently opposed to working at **home**.
그는 집에서 일하는 것에 맹렬하게 반대한다.

A

1 학과명·운동명·식사를 나타낼 때

cf. 특정한 식사를 의미하거나 수식어가 붙으면 관사를 쓴다.

2 요일, 월 등을 나타낼 때

cf. 특정한 요일이나 월을 나타내면 관사를 쓴다.

3~4 일반명사가 고유명사처럼 쓰일 때

3 직업명을 호칭으로 사용할 때

4 가족 구성원 내에서 가리키는 대상이 명확할 때(보통 대문자로 씀)

5 조직 내에서 해당 칭호, 관직을 가진 사람이 유일할 때

6 인명 앞에서 칭호로 사용될 때

7 관직, 신분, 혈통을 나타내는 말이 보어로 사용될 때

8 사람 이름 뒤에서 동격어구로 사용될 때

9 as 뒤에서 관직, 신분, 혈통을 나타내는 말이 자격을 나타낼 때

cf. 여러 명 중 한 명을 나타내면 관사를 쓴다.

B

10 「by+교통·통신수단」: by를 제외한 다른 전치사를 쓰면 관사를 쓰지만, on foot은 예외이다.

11 건물이나 장소를 나타내는 명사가 본래의 목적이나 기능과 관련될 때

cf1. 장소나 건물이 그 자체로 쓰이면 the를 쓴다.

cf2. 미국식 영어에서 university와 hospital은 관사 없이 단독으로 쓰이지 않는다.

12 home이나 town이 자신이 살고 있는 마을이나 집을 나타낼 때

13 Nocturnal animals sleep by **day** and hunt at **night**.
야행성 동물들은 낮에 자고 밤에 사냥한다.

14 Most patients should undergo some <u>sort of</u> **drug therapy**.
대부분의 환자들은 어떤 종류의 약물 치료를 받아야 한다.

15 He gained ground in the committee **inch by inch**.
그는 그 위원회에서 조금씩 입지를 굳혔다.

16 It came to my ears **by chance**. 그것은 우연히 내 귀에 들려왔다.

C 관사의 반복

17 The actor and (the) singer were on the stage.
그 배우와 그 가수는 무대 위에 있었다.

cf. **The** actor and singer was on the stage.
그 배우이자 가수는 무대 위에 있었다.

13 day, night 등 시간과 관련된 표현

14 종류를 나타내는 type(kind, sort) of 등의 다음에 오는 명사

15 짝을 이루는 두 명사가 접속사나 전치사로 연결된 대구 표현: arm in arm 서로 팔짱을 끼고; 제휴하여, day after day 매일같이, inch by inch 서서히, 조금씩, from top to bottom 구석구석(샅샅이), on land and sea 바다와 육지에서 등

16 관사가 생략된 관용어구: at hand 가까운, by chance 우연히, by mistake 실수로, in fact 사실, on account of ~때문에, give way (to) 항복하다; 무너지다 등

C

17 두 명사가 and로 연결되는 표현에서 다른 두 대상을 의미하면 각각의 명사 앞에 관사를 써야 하지만 구어체에서는 다른 두 대상이라도 관사를 생략하는 경우가 있다.

cf. and로 연결된 두 명사가 하나의 개념을 나타내거나 동일한 사람이나 사물을 나타내면 앞의 명사에만 관사를 쓴다.
a cup and saucer 받침 딸린 잔, a knife and fork 나이프와 포크 한 벌, a watch and chain 줄 달린 시계 등
↻참조 **UNIT 100 A**

GRAMMAR PLUS+

1 관사의 유무에 따라 의미가 달라지는 관용어구
- behind time 시간에 늦어서 / behind the times 시대에 뒤떨어진
- out of question 틀림없이 / out of the question 불가능한
- at risk of ~의 위험에 처한 / at the risk of ~의 위험을 무릅쓰고
- in course of ~되고 있는 중인 / in the course of ~ 동안
- take place 발생하다 / take the place (of) ~을 대신하다
- of moment 중요한 / of the moment 일시적인

2 관사가 생략된 관용어구
- at ease 걱정 없이, 편히
- go to prison 투옥되다
- in case 경우에 대비해서
- out of date 시대에 뒤떨어진
- at sea 항해 중인
- in bed 취침 중
- in need 어려움에 처한; 궁핍한
- out of order 고장 난
- by heart 기억해서, 외워서
- in brief 간단히 말해서
- on fire 불타는
- under control 통제되는

EXERCISE 16 >

빈칸에 a(n)이나 the를 쓰시오. 단, 필요 없는 곳에는 X표를 하시오.

1 Could you write a prescription for me, _____ doctor?

2 When George went to _____ prison, his whole family was devastated.

3 _____ Prime Minister Richard signed the amendment on February 15th.

4 They searched the lake from _____ top to _____ bottom.

5 The National Assembly elected him _____ chairman.

6 His way of thinking is absolutely behind _____ times.

7 Nelson, _____ developer of a new software program, received an award.

8 A big fire broke out near _____ church late last night.

9 They had _____ wonderful lunch yesterday.

OVERALL EXERCISE

01 빈칸에 a(n)이나 the를 쓰시오. 단, 필요 없는 곳에는 X표를 하시오.

1 _____ Cheetahs are the world's fastest land animal, capable of reaching a speed of 120kph in 3.3 seconds.

2 The highest price on record for _____ Picasso is £28.1m, which was paid in May for his self-portrait, *Yo Picasso*, of 1901.

3 Confucius had _____ deep trust in Heaven and believed that Heaven overruled human efforts.

4 The idea of a political party which embraces all activities of the individual from _____ cradle to _____ grave was first put into practice by the socialists.

5 This advisory body meets formally at least once _____ year.

6 Ben wrote his second book. Despite good reviews, _____ book sold poorly.

7 His mentor patted him on _____ back and praised him for what he had done.

8 He started to live near _____ college but dropped out of _____ college before long.

9 _____ largest desert in the world is _____ Sahara Desert.

02 빈칸에 알맞은 현재형 be동사를 쓰시오.

1 The government _____ planning tax increases on tobacco products to help curb smoking.

2 Each family _____ founded in marital or quasi-marital partnership situations.

3 Cattle _____ grazing in the pasture peacefully.

4 Mathematics _____ concerned essentially with understanding abstract concepts.

5 Article 27 provides for freedom of assembly, provided arms _____ not carried.

6 The good news _____ that traffic mortality is getting lower in the city.

7 This species _____ found in coastal waters around the Pacific Ocean.

8 Genetics _____ a field of biology concerned with the study of genes and heredity in organisms.

9 Millions of people _____ enthusiastic about the new music program.

10 His manners _____ abhorrent to our feelings.

03 어법상 **틀린** 부분을 찾아, 바르게 고쳐 문장을 다시 쓰시오.

1 He rounded off the evening meal with two beer.

→ _____

2 The agency collected some bits of critical informations in the region.

→ _____

3 That Liam's explanation was very helpful for understanding the theory.

→ _____

4 The double expected number of people participated in the conference.

→ _____

5 Flooding affected roads and low-lying areas along Potomac River.

→ _____

6 The auditorium is located in a third floor in the building.

→ _____

7 So a remarkable gift for languages impelled his teachers to put him forward for a Foreign Office vacancy.

→ _____

8 She is the first woman to capture a Grand Slam in her thirty.

→ _____

04 두 문장의 뜻이 같도록 문장을 완성하시오.

1 Ryan was a man like a giant and did the work of three.

→ Ryan was _____ and did the work of three.

2 The student has something important in his mind.

→ The student has something _____ in his mind.

3 When I felt very frightened, she reassured me and was very kind.

→ When I felt very frightened, she reassured me and was _____.

4 The sage was so wise as to help me look on the bright side when mishaps occurred.

→ The sage had _____ me look on the bright side when mishaps occurred.

05 우리말과 뜻이 같도록 괄호 안의 말을 이용하여 문장을 완성하시오.

1 그녀는 새로운 마릴린 먼로와 같은 인물로 명성을 얻고 있다. (Marilyn Monroe)

→ She is gaining recognition as _____.

2 그녀는 자신의 식단에서 땅콩버터가 고기를 대신할 것이라고 생각했다. (place)

→ She thought that peanut butter would _____ meat in her diet.

3 어젯밤에 병원에서 화재가 있었지만, 다행히 아무도 다치지 않았다. (fire)

→ There was _____ in the hospital last night, but fortunately nobody was hurt.

4 그 책은 수십 년간의 정치적 억압으로 고통을 받은 한 민족을 그리고 있다. (people)

→ The book describes _____ that have suffered from decades of political oppression.

5 백혈병을 더 잘 이해하는 것은 더 나은 치료로 이어질 수 있다. (better understanding)

→ _____ of leukemia can lead to better treatment.

6 대단히 만족스럽게도, 그는 성공적으로 그 임무를 완수했다. (satisfaction)

→ _____, he accomplished the task successfully.

06 다음 글을 읽고 물음에 답하시오.

We expect that if you had been in ①a grocery store today, you wouldn't have given a second thought to ②the opportunities (a / business / such) has with a product as mundane as lettuce. Yet, someone in the food industry figured out that for a customer who buys a head of lettuce, there is still work to do before eating it: ③he or she needs to wash and chop up the vegetable first. This simple insight enabled the transformation of a commodity produce item to ④a highly profitable prepared food. Helping the consumer by adding convenience is now an significant way that companies like ⑤the Whole Foods Market have fundamentally changed their business practices and focused more on customer service.

1 위 글의 밑줄 친 ①~⑤ 중에서 어법상 **틀린** 부분을 찾아 바르게 고치시오.

_____ → _____

2 위 글에서 괄호 안의 단어들을 알맞게 배열하시오.

→ _____

[01-02] 다음 빈칸에 들어갈 말로 알맞은 것을 고르시오.

01

> This is _____ complicated a problem for Jenny to deal with.

① all   ② what   ③ too
④ quite   ⑤ rather

02

> She rose from her seat and stared him _____ the face.

① on   ② by   ③ at
④ in   ⑤ to

[03-04] 다음 밑줄 친 부분 중 어법상 틀린 것을 고르시오.

03

> It is said that an Edison cannot become the
>   ①   ②   ③   ④   ⑤
> Shakespeare.

04

> Ben's adventures on the land and sea is well
>   ①   ②   ③   ④
> described in his journal.
>   ⑤

05 다음 빈칸에 들어갈 말로 알맞지 않은 것은?

> The historian has _____ knowledge of prehistoric religions.

① no   ② many   ③ little
④ some   ⑤ bits of

[06-07] 다음 우리말을 영어로 옮길 때 괄호 안의 말을 이용해 빈칸에 알맞은 말을 쓰시오.

06

> 그는 어찌할 줄을 몰라 부모님에게 사실을 털어놓기로 결심했다. (wit, end)

→ He made a decision to confess to his parents because he was _____.

07

> 무력은 친구를 모른다. (sword)

→ _____ knows no friend.

[08-09] 다음 중 빈칸에 들어갈 말이 나머지 넷과 다른 것을 고르시오.

08

① People say birth is the beginning of death in _____ sense.
② Last week the teacher explained facts about _____ ambitious Caesar.
③ To make _____ long story short, my primary doctor finally referred me to a neurologist.
④ There is nothing wrong playing devil's advocate once in _____ while.
⑤ Birds of _____ feather flock together.

09

① Neptune revolves around _____ sun once every 165 years.
② Centuries ago immigration was a leap into _____ unknown.
③ Could you pass _____ pepper on the table, please?
④ Harley and I are exactly of _____ size.
⑤ What are your attitudes toward _____ rich?

10 다음 밑줄 친 소유격의 주체와 명사의 관계가 나머지와 다른 것은?

① Following his defeat in the election, Beckham returned to his law practice.
② The leaders agreed to restrict their uprisings to the city.
③ He did everything he could to secure the hostage's release.
④ The scandal led to his dismissal from the government.
⑤ On April 1, the president terminated his secretary's employment.

[11–12] 다음 중 밑줄 친 부분이 어법상 틀린 것을 모두 고르시오.

11

① How big a briefcase do you want to borrow from me?
② Half a minute later his father came in full of anxiety.
③ No earlier president had won the election by so a large margin.
④ The man in charge of the project admitted that he had made a quite serious mistake.
⑤ These factors play as great a role as DNA in determining our behavior.

12

① Women typically shoulder the greatest domestic burdens.
② People can enjoy the beautiful scenery of the Sydney Harbor while having dinner.
③ We visited a secluded village surrounded by the mountains.
④ What time does your airplane leave John F. Kennedy International Airport?
⑤ The ribbons can be purchased by meter.

13 다음 중 어법상 옳은 것은?

① Every staff have utilized materials that are locally grown and are readily available.
② In Anglican churches the clergy is permitted to marry.
③ He has built a palace of a house on the land he recently purchased.
④ Many carton of milk served in schools contained less than the amount stated on the label.
⑤ Where did you find my sister's-in-law identification card?

14 다음 중 어법상 틀린 것은?

① Under some circumstances, infiltration is best accomplished on foot.
② I will dedicate this my book as a token of our friendship to you.
③ The actor finally left the stage to devote himself to films.
④ Socrates' death was the result of his asking philosophical questions.
⑤ Some employees are entitled to double the paid annual leave than others.

15 다음 중 어법상 틀린 문장의 기호를 모두 쓰시오.

(a) She felt mother rise in her heart.
(b) The Queen of England's son attended the charity event.
(c) Goods is anything which has economic value.
(d) I got an email from a distant relation of mine.
(e) Working on this farm is quite a change from sitting behind a desk for 8 hours a day.
(f) The man shook hands with her.
(g) Furniture is mainly made of wood.
(h) He says mindless things once in a while.
(i) It is located on the north bank of Thames.

REVIEW TEST　through Reading

1 다음 글의 밑줄 친 부분 중, 어법상 틀린 것은?

turnoff 분기점, 갈림길
grassy 풀로 덮인
shot ~ to death ~을 쏘아 죽이다
flee 달아나다
sprawling 제멋대로 뻗어 나가는
compound (큰 건물의) 구내
assassination 암살

① The entrance to CIA headquarters ② is off George Washington Memorial Parkway, approximately a ten-minute drive up the Potomac from the White House. On a sunny day in June 1993, an air-conditioned bus exited the parkway, onto ③ the Dolley Madison Boulevard and slowed down at the turnoff to the Langley headquarters. Passengers saw a bouquet of flowers that had been placed on a grassy area in the center of the roadway. Now, every day, someone was leaving a fresh bunch of flowers here to mark ④ the spot where three months earlier a young Pakistani took out an assault rifle and shot two Agency employees to death, and then fled the scene. It had never been easy for outsiders to get into the CIA's sprawling wooded compound, not even before ⑤ the assassinations.

2 (A), (B), (C)의 각 네모 안에서 어법에 맞는 표현으로 가장 적절한 것은?

distance oneself from
~로부터 거리를 두다
temporarily 일시적으로
outperform 능가하다
lapse 차츰 약해지다
presumably 아마
spouse 배우자
dissolution 파경
unconditional 무조건적인

A person may be able to distance oneself temporarily from a friend who outperforms him or her, and one may even choose to let the friendship lapse to some degree. (A) A such / Such a distancing strategy, however, would presumably have a negative effect on a romantic relationship. Particularly, it would be hard to create distance with one's spouse, and even trying this could lead to stress in the relationship. If distancing continues, (B) relationship / the relationship may fall into the danger of dissolution. Ignoring or dismissing a partner's achievements — whether out of jealousy or other emotions — could be even more damaging. Individuals depend on their romantic partners for (C) an unconditional / unconditional love and support. If this support is lacking in the relationship, the partnership will be harmed tremendously.

	(A)		(B)		(C)
①	A such	·········	relationship	·········	an unconditional
②	A such	·········	the relationship	·········	unconditional
③	Such a	·········	relationship	·········	unconditional
④	Such a	·········	the relationship	·········	unconditional
⑤	Such a	·········	the relationship	·········	an unconditional

Pronouns

인칭대명사	– 언급되고 있는 사람을 가리킴
	– I, you, he, she, it, we, they 등
지시대명사	– 특정한 사람이나 사물을 가리킴
	– this, that, these, those 등
부정대명사	– 분명하지 않거나 특정하지 않은 사람이나 사물을 가리킴
	– one(s), some, any, other, another, all, each,
	every, both, either, neither 등
의문대명사	– 의문의 대상을 가리킴
	– who, which, what 등

대명사

CHAPTER
10

UNIT 55
인칭대명사

UNIT 56
지시대명사
this · that

UNIT 57
대명사 it

UNIT 58
지시대명사
same · such

UNIT 59
부정대명사
one

UNIT 60
부정대명사
some · any

UNIT 61
부정대명사
another ·
other

UNIT 62
부정대명사
all · each ·
both

UNIT 63
부정대명사
either · neither
· none

UNIT 64
부정대명사
-one · -body
· -thing

UNIT 65
부정대명사의
전체부정과
부분부정

UNIT 66
의문사

UNIT 55 인칭대명사

A 일반인을 지칭하는 you, we, they

1 **You** should never judge a person by external appearances. 사람을 겉모습으로 판단해서는 안 된다.

cf. **One** cannot turn back the clock.
누구도 시간을 되돌릴 수는 없다.

2 **We** have a large amount of rain in the summer.
여름에는 많은 양의 비가 온다.

3 **They** don't want to build the bridge here.
여기 사람들은 다리를 건설하는 것을 원하지 않는다.

B 소유대명사

4 Sarah always puts her own interest over **mine (= my interest)**. Sarah는 항상 나의 것보다 자신의 이익을 우위에 둔다.

5 It is **no business of his**.
그것은 그가 알 바가 아니다.

C 재귀대명사

6 The thief quickly found **himself** surrounded by the security team.
그 도둑은 순식간에 보안팀에 둘러싸인 자신을 발견했다.

7 The mayor **herself** presented the award to Mr. Pitt.
그 시장은 직접 Pitt 씨에게 그 상을 수여했다.

A 인칭대명사 you, we, they는 일반인을 뜻하기도 한다.

1 you: 화자와 청자를 포함한 막연한 사람들을 가리킨다.

cf. one: 격식을 갖춘 문장에서 사용할 수 있다.

2 we: 화자를 포함한 막연한 사람들을 가리킨다.

3 they: 화자와 청자를 제외한 이웃이나 주변 사람들 등 특정 집단으로 구분되는 사람들을 가리킨다.

B

4 소유대명사: 「대명사의 소유격＋명사」를 합친 개념으로 '~의 것'으로 해석되며, 「소유격＋명사」로 바꾸어 쓸 수 있다.

5 이중소유격: 소유격 앞에는 부정관사나 지시형용사, 부정형용사 등과 같은 한정사가 함께 올 수 없으므로 「한정사＋명사＋of＋소유대명사」의 형태로 쓴다. ↻참조 **UNIT 50 B**

C

6 재귀적 용법: 주어가 하는 동작이 주어 자신에게 되돌아 가는 경우에 목적어로 쓰며, 생략할 수 없다.

7 강조 용법: 주어, 목적어, 보어와 동격으로 각각의 의미를 강조하는 경우에 쓰며, 생략할 수 있다. 주로 강조하는 말 뒤나 문장 끝에 위치하며, '스스로, 자신이, 직접'이라는 이라는 의미를 나타낸다.

GRAMMAR PLUS+

재귀대명사가 포함된 관용어구

- for oneself 혼자 힘으로
- in itself 본래, 본질적으로
- avail oneself of ~을 이용하다
- keep oneself from ~을 참다
- enjoy oneself 즐기다
- burn oneself 데다

- by oneself 혼자서, 홀로
- in spite of oneself 자기도 모르게
- behave oneself 올바로 행동하다
- teach oneself 독학하다
- devote oneself to ~에 전념하다
- excuse oneself from ~에서 나오다

- beside oneself 제정신이 아닌
- absent oneself from ~에 결석하다
- busy oneself with(in) ~하느라 바쁘다
- come to oneself 정신이 들다

EXERCISE 01 >

괄호 안에서 알맞은 말을 고르시오.

1 He cut (his / himself) shaving this morning.

2 Everyone in the meeting was satisfied with the brilliant idea of (you / yours).

3 They (themselves / theirs) tried to handle the problem that their party was caught up in.

4 The customers prefer our merchandise because (ours / ourselves) is of excellent quality.

지시대명사 this · that

공간적, 시간적, 심리적으로 화자와 가까운 사람이나 사물을 가리킬 때는 this(these), 멀리 있는 사람이나 사물을 가리킬 때는 that(those)를 쓴다.

1 What I want to say is **this**: life is what you make it.
내가 하고 싶은 말은 이것이다. 인생은 자신이 개척하기 마련이다.

2 **That** was the last opportunity that I gave you.
그것은 내가 너에게 준 마지막 기회였다.

3 **This** is my son, and **that** is my daughter.
이쪽은 내 아들이고, 저쪽은 내 딸이다.

4 Hello, **this** is Olivia. Is **that** Patrick?
여보세요. 저는 Olivia입니다. 당신은 Patrick인가요?

cf. Who is **this**? 전화 받는 분은 누구신가요?

5 Meet **this** man. He is perfect for the job.
이 남자를 만나 보세요. 그는 그 일에 적합합니다.

6 Don't make contact with **those** people. They are not trustworthy. 그 사람들과 접촉하지 마라. 그들은 신뢰할 수 없다.

7 The public's current reaction to his remarks is harsher than **that** of the past.
그의 발언들에 대한 대중들의 현재 반응은 과거의 반응보다 더 혹독하다.

8 Our sales this quarter surpassed **those** of any period during the last decade.
이번 분기의 판매량은 지난 10년 동안 발생한 그 어떤 기간의 판매량을 능가했다.

9 Let's find ways to help **those** (**who** are) in need.
어려움에 처한 사람들을 도와줄 방법들을 찾아봅시다.

1~2 앞에 나온 내용이나 앞으로 나올 내용은 this, 앞에 나온 내용은 that을 쓴다. 또한, 현재진행 중이거나 막 시작하려고 하는 상황이나 사건은 this, 막 끝났거나 지나간 과거의 상황이나 사건은 that을 쓴다.

3 사람을 소개할 때도 this나 that을 쓴다.

4 전화를 건 사람이 자신의 신원을 밝힐 때 this, 전화를 받는 사람은 that을 쓴다.

cf. 미국인들은 상대방의 신원을 물을 때도 this를 쓴다.

5~6 관심이나 애정 등 긍정적인 감정은 this(these), 미움 등의 부정적인 감정은 that(those)를 쓴다.

7~8 문장 내에서 앞에 나온 명사의 반복을 피하기 위해 단수일 때는 that, 복수일 때는 those를 쓴다.

7 that = the reaction

8 those = the sales

9 those who: ~하는 사람들

GRAMMAR PLUS+

this/these, that/those는 지시형용사로도 쓰며, 특히 this와 that은 so와 비슷한 의미의 부사로도 쓴다.

▶ **This** chocolate is from Eli, and **that** cake is from Ben. 이 초콜릿은 Eli에게 받은 것이고, 저 케이크는 Ben에게 받은 것이다.

▶ Do you really hate the woman **that** much? 너는 그 여자를 정말 그 정도로 싫어하니?

EXERCISE 02 >

괄호 안에서 알맞은 말을 고르시오.

1 Have you heard (this / that)? The vice president is resigning next week.

2 I don't think her achievements are any less remarkable than (that / those) of the other students.

3 (These / Those) who get the silent treatment are often left feeling hurt and confused.

4 I don't want to go with (this / that) woman over there. She is very rude and arrogant.

5 The concentration of both groups showed no difference whatsoever to (that / those) of the control group.

6 He confined himself to a cottage for days. (This / That) worried everyone.

57 대명사 it

대명사 it은 사물이나 동물, 전반적인 상황을 지칭하는 명사구(절)을 대신하는 경우 이외에도 다양하게 쓰인다.

A it의 일반적인 쓰임

1 I like hiking. **It** helps me relive stress.
나는 등산을 좋아한다. 그것은 내가 스트레스를 푸는 데 도움을 준다.

2 He wanted to turn his head, but found **it** difficult.
그는 머리를 돌리려고 했지만, 그것이 어렵다는 것을 깨달았다.

3 I did everything in my power, but **it** was not enough.
나는 내가 할 수 있는 모든 것을 했지만, 그것은 충분하지 않았다.

4 Someone is appearing on the screen. I think **it** is Katherine.
누군가가 화면에 나타나고 있다. 내 생각에 그것은 Katherine이다.

B 기타 it의 쓰임

5 **It** was foggy that night the accident occurred.
그 사고가 일어난 그날 밤은 안개가 자욱했다.

6 **It** has been about a year since the media first reported their relationship.
언론이 그들의 관계에 대해 보도를 한 지 약 1년이 되었다.

7 **It was** at that moment **that** I grasped the futility of our negotiations.
내가 우리가 했던 협상들의 무용함을 이해하게 된 것은 바로 그 순간이었다.

8 **It was** his grandmother **that** provided the love and care he craved.
그가 간절히 바란 사랑과 보살핌을 제공한 것은 바로 그의 할머니였다.

9 **It** is necessary to prohibit smoking in public places.
공공장소에서 흡연을 금지하는 것은 필수적이다.

10 **It** is unknown how many species are endangered now.
현재 얼마나 많은 종들이 멸종위기에 처했는지 모른다.

11 **It seems that** she is annoyed by the long delay.
그녀는 장시간의 지연에 짜증이 난 것처럼 보인다.

12 The employees found **it** difficult to adjust to the new circumstances.
그 직원은 새로운 환경에 적응하는 것이 어렵다는 것을 알았다.

13 I thought **it** fascinating making elaborate sculptures.
나는 정교한 조각품을 만드는 것은 놀랍다고 생각했다.

14 I took **it** for granted that she would come.
나는 그녀가 올 것을 당연하게 여겼다.

A

1 앞에 나온 단어를 받는다.

2 앞에 나온 구를 받는다.

3 앞에 나온 절을 받는다.

4 사람의 신원을 묻거나 밝히거나, 성별이 중요하지 않거나 알 수 없을 때 쓴다.

B

5~6 비인칭 주어 it: 날씨, 명암, 시간, 요일, 계절, 거리를 나타내며 해석할 필요가 없다.

5 날씨

6 시간

7~8 「It is(was) ~ that ...」 강조구문: '…한 것은 바로 ~이다 (이었다)'라는 의미로, It is(was)와 that 사이에 강조하고 싶은 명사구나 시간과 장소의 부사구(절)를 넣는다.
⊙참조 **UNIT 118 B**

7 부사구 강조

8 주어(사람) 강조

9~11 가주어 it: 진주어인 to부정사(구), 동명사(구), 명사절 (that절, if/whether절, 의문사절)을 뒤로 보내고 그 자리에 가주어 it을 쓴다. ⊙참조 **UNIT 28 A**

9 to부정사구

10~11 명사절

10 의문사절

11 자주 쓰이는 that절
it seems(appears) that ~: ~처럼 보이다, ~인 듯하다
it happens that ~: 우연히 ~하다

12~14 가목적어 it: 진목적어인 to부정사(구), 동명사(구), 명사절(that절, if/whether절, 의문사절)을 뒤로 보내고 그 자리에 가목적어 it을 쓴다. ⊙참조 **UNIT 28 A**

12 to부정사구

13 동명사구

14 명사절(that절)

C it이 들어간 관용표현

15 A: Why are you so late? 왜 이렇게 늦었니?
B: The traffic was so terrible. I couldn't help **it**.
교통 상황이 너무 안 좋았어. 나도 어쩔 수 없었어.

C

15 That's it!: 바로 그것이다!, 다 됐다!
Go for it!: 힘내!
That's the way it is.: 사는 게 다 그렇지.
I couldn't help it.: 나도 어쩔 수 없었어.
Take it easy.: 쉬엄쉬엄 해.

GRAMMAR PLUS+

「가주어-진주어」 구문 vs. 「It is(was) ~ that ....」 강조구문 ⏻참조 **UNIT 28 A**

「가주어-진주어」 구문에서는 It, be동사, that을 생략하면 문장이 성립되지 않지만, 강조구문에서는 문장이 성립된다.

▶ **It is** essential **that** you should submit your application. (「가주어-진주어」 구문)
네가 신청서를 제출해야 하는 것은 필수적이다.
Essential you should submit your application. (x)

▶ **It was** last night **that** we heard a loud noise. (「It is(was) ~ that ....」 강조구문)
우리가 큰 소음을 들은 것은 바로 어제 밤이었다.
Last night we heard a loud noise. (o)

EXERCISE 03 ›

문장에서 it이 들어갈 위치에 ✓표시를 하시오.

1 Everyone thought natural for him to pursue a career in engineering.

2 The man tried to calculate the volume of the container, but found impossible.

3 People found interesting why they don't use the metric system of weights and measures.

4 I hope that is not so dark before they come back to the hotel tonight.

EXERCISE 04 ›

우리말과 뜻이 같도록 빈칸에 알맞은 말을 쓰시오.

1 문화 교류를 위해 전적인 지원을 했던 사람은 바로 그 회장이었다.

→ _____ was the president _____ gave full support for the cultural exchange.

2 나는 매년 건강검진을 받는 것을 규칙으로 삼는다.

→ I make _____ a rule _____ undergo a medical check-up every year.

3 어젯밤에 한 남자가 내 사무실에 잠시 들렀다. 내 생각에 그것은 Jeremy였다.

→ A man stopped by my office last night. I think _____ was Jeremy.

4 오른손을 사용해서 악수를 하는 것은 관례이다.

→ _____ is customary _____ use right hand to shake hands.

5 그 두 배우는 또 다른 영화에서 함께 주연을 맡았고, 그것은 사람들의 호기심을 자극했다.

→ The two actors starred together in another movie, and _____ stimulated people's curiosity.

6 우연히 그녀의 서류가 사라졌다.

→ _____ happened _____ her document was missing.

UNIT 58 지시대명사 same · such

same은 대명사나 형용사로, such는 대명사나 한정사로 쓰인다.

A same

1 Your hat looked sophisticated, so I bought **the same**.
너의 모자가 세련되어 보여서, 나도 동일한 것을 샀다.

2 My new job is **the same** as the old one.
나의 새로운 일은 예전 것과 같다.

3 I'll take **the same** as she ordered.
나는 그녀가 주문한 것과 같은 것으로 하겠다.

4 I prefer friends who share **the same** values with me.
나는 나와 동일한 가치관을 공유하는 친구가 좋다.

B such

5 **Such** is her usual response to her father.
그러한 것이 자신의 아버지에 대한 그녀의 평소 반응이다.

6 Ball games, **such as** tennis and baseball, are exciting.
구기 종목 경기들, 예를 들어 테니스와 야구는 신난다.

cf. fruits **such as** apples and grapes
사과와 포도 같은 과일들

7 They are professionals, and should be paid **as such**.
그들은 전문가들이고, 그렇게 보수를 받아야 한다.

8 Her stupidity **was such as to fill** us with despair.
그녀의 어리석음은 우리를 절망하게 할 정도였다.

9 It was **such a timely debate**.
그것은 시기 적절한 토론이었다.

10 It was **such** a controversial play **as to make** the audience dumbfounded.
그것은 관객들이 말문이 막히게 할 정도로 논란이 많은 연극이었다.

≒ It was **such** a controversial play **that** it made the audience dumbfounded.

A '동일한 것'이나 '같은 종류의 것'을 가리키며, 보통 the same의 형태로 쓴다.

1~3 대명사

1 동일한 것

2~3 「the same as + 명사」 혹은 「the same as + 주어 + 동사」로 쓰는 경우가 많다.

4 형용사: 동일한, 같은

B 앞에 나온 내용을 가리키며 '그러한 (것)'의 의미를 나타내거나 정도를 강조할 때 쓴다.

5~8 대명사

5 그러한 것

6 such as: 예를 들어

cf. A such as B(= such A as B): B와 같은 A
= **such** fruits **as** apples and grapes

7 as such: 그렇게, 그러한 자격으로

8 be동사 + such as + to부정사: ~할 정도이다

9~10 한정사

9 「such + a(n)(+형용사) + 단수명사」 혹은 「such(+형용사) + 복수명사(혹은 셀 수 없는 명사)」로 쓸 수 있다.

10 such ~ as + to부정사: ~할 정도로 …한, 매우 ~하여 …한
≒ such ~ that + 주어 + 동사

EXERCISE 05 > 빈칸에 such와 the same 중 알맞은 말을 쓰시오.

1 To your surprise, I am ＿＿＿＿＿＿ age as you.

2 The accuracy of the report was ＿＿＿＿＿＿ as to impress every professor in the organization.

3 I might have hurt your feelings, but ＿＿＿＿＿＿ was not my intention.

4 His new design is exactly ＿＿＿＿＿＿ as the other designer's.

5 Farmers in the region are likely to grow export crops ＿＿＿＿＿＿ as coffee and tea.

6 It was ＿＿＿＿＿＿ a rational decision as to persuade all the members.

UNIT 59 부정대명사 one

1 My phone isn't working. I need to buy a new **one(= phone)**.
내 전화기가 작동하지 않는다. 나는 새 전화기를 사야 한다.

cf. My phone isn't working. I need to fix **it(= my phone)**.
내 전화기가 작동하지 않는다. 나는 그것을 고쳐야 한다.

2 I thought the gold earrings suited her, but she chose the silver **ones(= earrings)**.
나는 그녀에게 금 귀걸이가 어울린다고 생각했지만, 그녀는 은 귀걸이를 선택했다.

3 I think my cat is the cutest **(one)** in the world.
내 생각에 나의 고양이는 세상에서 가장 귀엽다.

4 Neither **(one)** will suit you.
어느 것도 너와 안 어울릴 것이다.

5 I have never seen a show like that **(one)**.
나는 그런 것과 같은 쇼를 본적이 없다.

cf. I like this red **one**.   나는 이 빨간 것을 좋아한다.

6 My bag is heavier than your bag.
나의 가방은 너의 것보다 더 무겁다.

cf. I will give you my fresh **ones**.
나는 너에게 나의 싱싱한 것들을 줄 것이다.

7 Her career is more brilliant than her sister's.
그녀의 경력은 여동생의 것보다 더 화려하다.

= Her career is more brilliant than that of her sister.

8 She is **one of** my former students.
그녀는 나의 예전 제자 중 한 사람이다.

9 Should I buy the regular strawberry jam or **the one** with less sugar?
일반적인 딸기잼을 사야 할까 아니면 설탕이 덜 들어있는 것을 사야 할까?

10 He is **the one who** broke the previous record.
그는 이전 기록을 깬 바로 그 사람이다.

1 단수 가산명사의 반복을 피하기 위해 쓴다.

cf. 이미 언급된 특정한 물건을 지칭할 때는 it을 쓴다.

2 복수 가산명사는 ones로 쓴다.

3~5 최상급 형용사, 서수, which, this/these, that/those, each, another, either, neither 뒤에 나오는 one(s)는 생략할 수 있다.

cf. 하지만 형용사가 있으면 생략할 수 없다.

6 some, several, a few, both, 소유격 인칭대명사, 숫자 뒤에서는 one(s)는 쓸 수 없다.
⚠ My bag is heavier than your one. (x)

cf. 하지만 형용사가 있으면 쓸 수 있다.

7 명사의 소유격 뒤에는 대체로 one(s)를 쓰지 않는다. 주로 one(s)를 생략하거나 「that/those of」로 쓴다.
⚠ Her career is more brilliant than her sister's one. (x)

8 one of ~: ~ 중 한 사람(하나)

9 the one(s)는 수식어구와 함께 앞에 나온 명사를 한정할 때 쓴다.

10 the one(s) who ~: ~하는 바로 그 사람(들)

EXERCISE 06 > 빈칸에 one, ones, it 중에서 가장 알맞은 말을 쓰시오.

1 Manned space missions are more expensive than unmanned _____.

2 Jason has bought a new computer. He uses _____ every day for his online class.

3 Mr. and Mrs. Smith were the _____ who urgently called the police last night.

4 The teacher needs three black markers, two blue _____, and a red _____.

5 Every dog looks good here, but I think this small _____ looks the best.

60 부정대명사 some·any

some과 any는 막연한 수나 양을 나타낼 때 쓴다. 수를 나타내면 복수 취급, 양을 나타내면 단수 취급한다. some은 긍정의 평서문에 쓰며, 긍정의 대답이 기대되거나 권유를 나타내는 의문문에서도 쓴다. any는 부정문, 의문문에서 주로 쓰며, '어떤 ~이라도'의 의미를 나타내면 긍정의 평서문에서도 쓴다. some과 any는 대명사와 동일한 의미의 한정사로 더 빈번하게 쓴다.

A some

1 I will save **some** for tomorrow.
나는 내일을 위해 조금 남겨둘 것이다.

2 **Some** of the advice was helpful.   몇몇 조언은 도움이 되었다.

cf. **Some** advice was helpful.   몇몇 조언은 도움이 되었다.

3 **Some** of the boxes are out of place.
그 상자들 중 몇 개는 제자리에 있지 않다.

cf. **Some** boxes are out of place.
몇 개의 상자들은 제자리에 있지 않다.

4 Lisa doesn't like **some** of my new friends.
Lisa는 나의 새 친구들 중 일부를 좋아하지 않는다.

5 I made a pizza. Would you want **some**?
나는 피자를 만들었어. 조금 먹어 볼래?

6 You can find **some** job where you can show your potential.
너는 너의 잠재력을 보여줄 수 있는 어떤 일을 찾을 수 있을 것이다.

7 He earned **some** three thousand dollars in a week.
그는 일주일 동안 상당한 3,000달러를 벌었다.

B any

8 She knows everything. Ask **any**.
그녀는 모든 것을 안다. 어떤 것이라도 물어봐라.

cf. **Any** teacher will tell you that students learn at different rates.
어떤 선생님이라도 학생들은 다른 속도로 배운다고 말할 것이다.

9 There's hardly **any** left.   거의 남지 않았다.

10 We scored all the points. We did**n't** give **any**.
우리는 모든 점수를 획득했다. 우리는 조금도 주지 않았다.

11 I have many plans this weekend. Do you have **any**?
나는 이번 주말에 계획이 많다. 너는 무엇이든 계획이 있니?

12 If you have **any/some** questions, feel free to ask me.
어느 것이라도 질문이 있으면, 저에게 물어보세요.

13 **Any** cracks on the wall will be filled up.
벽의 실금은 메워질 것이다.

A

1~5 대명사

1~3 긍정의 평서문: 조금(의), 일부(의), 약간(의), 몇몇, 몇 개, 어떤

2 some of+셀 수 없는 명사+단수형 동사

cf. 한정사

3 some of+복수명사+복수형 동사

cf. 한정사

4~5 부정의 평서문과 의문문

4 부정문이더라도 '(특정한 사람이나 사물들 중 불특정한) 일부'를 나타낼 때는 some을 쓴다.

5 의문문이더라도 긍정의 대답을 기대, 유도하거나 권유나 의뢰의 뜻을 나타내면 some을 쓴다.

6~7 한정사

6 미지의 사람이나 사물을 가리킬 때 대체로 단수명사와 함께 쓰여 '어떤'의 의미를 나타낸다.

7 숫자와 함께 쓰면 그 수가 아주 많거나 인상적이라는 뜻으로, '아주 많은, 상당한'의 의미를 나타낸다.

B

8~11 대명사

8~9 긍정의 평서문: 아무라도, 어떤 것이라도

cf. 한정사: 어느(어떤, 아무) ~이라도

9 긍정문이지만 부정의 의미가 담긴 never, hardly, little, without이 있을 때 쓴다.

10 부정문: 아무것도, 조금도
not ~ any: 아무것도(하나도) ~아니다, 조금도(조금의 …도) ~않다

11 의문문: 무엇이든, 누구든, 얼마간, 무슨

12~13 한정사

12 if절에서는 any나 some을 모두 사용할 수 있다.

13 희박한 가능성을 나타내어 '만약 조금이라도 있다면, 혹시 있다고 해도'의 의미를 나타내기도 한다.
= If there are **any** cracks on the wall, they will be filled up.   혹시 벽에 실금이 있다고 해도, 메워질 것이다.

「some, any, many, much, all, both, half, none 등+of+한정사+명사」

some, any, many, much, all, both, half, none 등이 한정사(정관사, 지시형용사, 소유격)를 수반하는 명사나 목적격 인칭대명사나 소유대명사를 수식할 경우에는 of로 연결되어야 한다. 그러나 all, both, half는 뒤에 목적격 인칭대명사가 오는 경우를 제외하면 of를 생략할 수 있다.

▶ I'm not interested in **any** of the classes. 나는 어떤 강의에도 관심이 없다. / any the classes (x)

- some the apples (x) → **some** of the apples (o)
- some these apples (x) → **some** of these apples (o)
- some them (x) → **some** of them (o)
- **none** of the books / **none** of his arguments / **none** of you (o)
- **both** (of) her parents / **half** of them (o)

EXERCISE 07 >

빈칸에 some과 any 중 알맞은 말을 쓰시오. (둘 다 가능하면 둘 다 쓰시오.)

1 The party hasn't come up with _____ effective economic policies.

2 The doctor gave me _____ medicine and said to get _____ rest.

3 I got many apples from my uncle. Tell me if you want _____.

4 The farmer didn't plan to sell _____ of the chickens.

5 _____ car in front of this building will be ticketed.

6 We need _____ more paint. There isn't _____ left.

7 Do you have _____ idea of what I am talking about, Mike?

8 Look, they have a lot of second-hand goods. _____ of the bags are almost new.

9 The company imported _____ 30,000 kilograms of coffee beans this year.

EXERCISE 08 >

우리말과 뜻이 같도록 빈칸에 some과 any 중 알맞은 말을 쓰시오.

1 그 수술은 현재의 치료 과정에 조금의 차이도 만들지 못 할 것이다.

→ The surgery wouldn't make _____ difference to the current healing process.

2 여기 샐러드가 있어요. 스테이크를 먹기 전에 좀 드시겠어요?

→ We have salad here. Would you like to have _____ before eating the steak?

3 혹시 제한 속도보다 더 빠르게 달리는 차량이 있다면, 그 운전자가 벌금을 받을 것이다.

→ If there are _____ vehicles driving faster than the speed limit, their drivers will be ticketed.

4 Stanley는 조금의 어려움도 없이 입학 시험을 통과했다.

→ Stanley passed the entrance examination without _____ difficulties.

5 아무라도 너에게 에펠탑으로 가는 길을 알려줄 것이다.

→ _____ will tell you the directions to the Eiffel Tower.

UNIT 61 부정대명사 another·other

A another

1 This hot dog is delicious. I'd like **another**.
이 핫도그는 맛있네요. 저는 또 하나를 먹고 싶어요.

2 I don't like this. Show me **another**.
저는 이것이 마음에 들지 않아요. 다른 것을 보여주세요.

3 Let's meet at **another** time.   다른 때에 만나자.

4 It will take **another** three days(= three more days).
삼 일이 더 걸릴 것이다.

B other

5 He shifted his weight from one foot to **the other**.
그는 체중을 한 쪽 발에서 나머지 하나로 옮겨 실었다.

6 Each student took turns telling **the others** his or her name.   각각의 학생은 차례대로 그들의 이름을 다른 학생들에게 말했다.

7 You will never know what **others** are thinking about you.   너는 다른 사람들이 너에 대해 어떻게 생각하고 있는지 절대 알지 못할 것이다.

8 She finished the race far ahead of some **other** runners.   그녀는 몇몇 다른 선수들보다 훨씬 앞서서 경기를 마쳤다.

9 Stretch your **other** leg.   너의 나머지 하나의 다리를 뻗어라.

10 The **other** side of the valley is still green.
그 골짜기의 반대편은 여전히 푸르다.

11 The members get together **every other** week.
그 회원들은 2주마다 한 번씩 모인다.

12 Please give me the bread **other than** what I ate yesterday.   나에게 내가 어제 먹은 것과 다른 빵을 주세요.

13 No one knows my secret **other than** Amelia.
Amelia 외에 아무도 나의 비밀을 모른다.

C 관용표현

14 He has two stores. **One** is a bakery, and **the other** is a fruit store.
그는 두 개의 가게를 가지고 있다. 하나는 빵집이고, 나머지 하나는 과일 가게이다.

15 I have four cats. **One** is black, and **the others** are white.   내게는 고양이가 네 마리 있다. 한 마리는 검정색이고, 나머지 전부는 흰색이다.

16 She has three skirts. **One** is purple, **another** is red, and **the other** is black.   그녀에게는 치마가 세 벌 있다. 하나는 보라색, 또 다른 하나는 빨간색, 그리고 나머지 하나는 검정색이다.

A

1~2 대명사: '(같은 종류의) 또 하나' 혹은 '다른 하나(것)'을 의미한다.

3~4 형용사: '또 하나의(= one more)' 혹은 '다른'을 의미한다. another 뒤에는 단수명사/of+복수명사/수사+복수명사가 올 수 있다.

3 another+단수명사

4 another+수사+복수명사

B

5~7 대명사

5~6 특정한 것을 나타낼 때는 정관사 the를 앞에 붙인다.

5 the other: (둘 중) 나머지 하나

6 the others: (나머지 전부를 지칭하며) 다른 사람(것)들

7 others: 다른 사람(것)들

8~10 형용사

8 다른, 추가의

9 나머지 하나의

10 반대의

11~13 관용어구

11 every other+단수명사: 두 ~마다 한 번씩, 하나 걸러
= every other week= every second week
= every two weeks

12 other than(= different from): ~와 다른, ~이 아닌

13 other than(= except): ~ 외에

C

14 one ~, the other ...: (둘 중) 하나는 ~, 나머지 하나는 …

15 one ~, the others ...: (셋 이상) 하나는 ~, 나머지 전부는 …

16 one ~, another ~, the other ...: (셋 중) 하나는 ~, 또 다른 하나는 ~, 나머지 하나는 …

17 **Some** are religious, but **others** are not.

일부는 종교가 있고, 또 다른 일부는 종교가 없다.

18 **Some** ran to the snack bar, but **the others** stayed in the classroom.

일부는 매점으로 달려갔지만, 나머지 전부는 교실에 머물렀다.

19 Knowing **is one thing, but** teaching **is another**.

아는 것과 가르치는 것은 별개이다.

= **It's one thing to know, but it's another thing to teach.**

17 some ~, others ...: (셋 이상) 일부는 ~, 또 다른 일부는 ···

18 some ~, the others ...: (셋 이상) 일부는 ~, 나머지 전부는 ···

19 A is one thing, but B is another (= It's one thing + to부정사, but it's another (thing) + to부정사): A와 B는 별개이다

GRAMMAR PLUS+

one, another, other가 포함된 관용표현

- the other day 며칠 전에, 요전에
- at one time or another 한번쯤, 때때로
- from one job to another 이 직장 저 직장으로
- one after another(= one after the other) 번갈아, 교대로
- (in) one way or another(= one way or the other) 어떻게 해서든
- on the one hand ~, on the other hand ... 한편으로는 ~, 다른 한편으로는 ···

- in other words 다시 말해서, 달리 말하면
- for one reason or another 어찌 되었든, 이런저런 이유로
- with one thing or another 이런저런 이유로

EXERCISE 09 >

빈칸에 one, (the) other(s), another 중 알맞은 말을 쓰시오.

1 I have three flowers. One is for me, _____ is for my mother, and _____ is for you.

2 Some give substantial amounts to one or two charities, while _____ give small amounts to many charities.

3 There are two people standing on the stage. _____ is wearing a blue shirt, and _____ is wearing a red shirt.

4 Jennifer ate a shrimp burger, but she wanted _____.

5 There are three books on the desk. Only one is mine, but _____ are my brother's.

EXERCISE 10 >

우리말과 뜻이 같도록 빈칸에 other, another 중 알맞은 말을 쓰시오.

1 그들은 그에게 떠나라고 요구했다. 달리 말하면, 그는 해고되었다.

→ They asked him to leave. In _____ words, he was fired.

2 미술을 좋아하는 것과 화가가 되는 것은 별개이다.

→ Loving art is one thing, but being a painter is _____.

3 높은 건물들이 보이는 전망 외에, 이 호텔 방은 훌륭하다.

→ _____ than having a view of the tall buildings, this hotel room is great.

4 너의 딸은 어떻게 해서든 과제를 완성하려고 노력할 것이다.

→ Your daughter will try to complete her tasks one way or _____.

부정대명사 all·each·both

all은 '모든, 모두'의 의미로, 뒤에 단수명사가 오면 단수 취급하고 복수명사가 오면 복수 취급한다. each는 '각각(의)'의 의미로, 뒤에 오는 명사와 관계 없이 단수 취급한다. both는 '둘 다'의 의미로 뒤에 항상 복수명사가 오며 복수 취급한다. 부정대명사 all, each, both는 대명사와 동일한 의미의 한정사로도 쓰인다.

A all

1 **All** (of) the merchandise was displayed on the shelf.
모든 상품이 선반에 진열되어 있었다.

2 **All** (of) the patients were moved to the third floor.
모든 환자들이 3층으로 옮겨졌다.

cf. **all** of us/them   우리들/그들 모두

3 That's **all**. There's nothing else.
그것이 전부이다. 더 이상 아무것도 없다.

4 He will sell almost **all** (that) he collected.
그는 자신이 수집했던 거의 모든 것을 팔 것이다.

cf. **All** (that) I expected from her is some support.
내가 그녀에게 기대했던 유일한 것은 약간의 지지이다.

5 Investment is **all** about running risks.
투자는 위험을 감수하는 것이 전부이다.

6 The dancers were **all** tall and graceful.
그 무용수들은 모두 키가 크고 우아했다.

= **All** (of) the dancers were tall and graceful.

7 I wish I could buy them **all**.   나는 그것들 모두를 살 수 있으면 좋겠다.
= I wish I could buy **all** of them.

8 **All** ants are insects.   모든 개미는 곤충이다.

9 **all** summer / **all** day / **all** week / **all** year
여름 내내 / 하루 종일 / 한 주 내내 / 1년 내내

cf. The document was in my bag **all the time**.
그 서류는 줄곧 내 가방 안에 있었다.

10 She is **all** kindness.   그녀는 대단히 친절하다.

11 She was sitting **all** alone in the hallway.
그녀는 복도에 완전히 혼자 앉아 있었다.

B each

12 **Each** of the answers is worth ten points.
정답들 각각은 10점이다.

13 **Each** of us was willing to donate some money.
우리들 각각은 약간의 돈을 기꺼이 기부했다.

14 **Each** of the women has her(their) own role models.
그 여성들 각각은 자신들의 역할 모델을 가지고 있다.

A

1~7 대명사

1 all (of)+한정사+셀 수 없는 단수명사+단수형 동사

2 all (of)+한정사+셀 수 있는 복수명사+복수형 동사

cf. 「all of+복수형 목적격 인칭대명사」는 of를 생략할 수 없다.

3 단독으로 쓰여 everything(전부, 모든 것)의 의미를 나타낼 수 있다.

4 관계대명사 that절의 수식을 받아 everything의 의미를 나타낼 수 있다.

cf. that절의 수식을 받아 'the only thing(s)'의 의미를 나타낼 수 있다.

5 전치사구의 수식을 받아 everything의 의미를 나타낼 수 있다.

6~7 주어나 목적어로 쓰인 명사나 인칭대명사를 강조

6 주어나 be동사, 조동사 뒤에서 주어를 강조하며 「all (of)+명사」로 바꾸어 쓸 수 있다.

7 인칭대명사 뒤에서 목적어를 강조하며 「all of+목적격 인칭대명사」로 바꾸어 쓸 수 있다.

8~10 한정사

8 「all+복수명사」는 사람이나 사물을 포괄적으로 지칭하거나 한 집단의 구성원 전체를 지칭한다.

9 all+시간을 나타내는 단수명사: 전(온) ~, ~내내

cf. all the time: 줄곧, 내내, 아주 자주

10 all+추상명사: 대단히 ~인

11 부사: 일부 형용사·전치사·부사 등을 강조하며 '완전히, 온통, 전적으로, 아주'의 뜻을 가진다.

B

12~16 대명사

12 each of+한정사+복수명사+단수형 동사

13 each of+복수형 목적격 인칭대명사+단수형 동사

14 each를 대명사로 받을 때, 단수형 인칭대명사(he/she/it) 또는 복수형 인칭대명사(they)가 모두 가능하다.

15 The students **each** gave a short speech.
각각의 학생들은 짧은 연설을 했다.
= **Each** of the students ~. = **Each** student ~.

16 The principal gave us **each** a notebook.
교장선생님은 우리들 각각에게 공책을 주셨다.
= ~ **each** of us a notebook.

17 **Each** blank needs to be filled. 모든 빈칸은 채워져야 한다.

18 Tickets are twenty dollars **each**.
티켓은 장당 20달러이다.

C both

19 **Both** (of) the languages are important.
두 개의 언어는 모두 중요하다.

cf. **Both** of us are trying hard to be good parents.
우리 둘 다 좋은 부모가 되기 위해 노력하고 있다.

20 My children are **both** in Paris now.
나의 두 자녀 모두 지금 파리에 있다.
= **Both** (of) my children are ~.

21 We thank you **both** very much for coming.
두 분 모두 와주셔서 정말 감사합니다.
= We thank **both** of you very much ~.

15~16 주어나 목적어로 쓰인 명사나 인칭대명사를 강조

15 주어나 be동사, 조동사 뒤에서 주어를 강조하며 「each (of)+명사」로 바꾸어 쓸 수 있다

16 인칭대명사 뒤에서 목적어를 강조하며 「each of+목적격 인칭대명사」로 바꾸어 쓸 수 있다.

17 한정사: 「each+단수명사」는 사람이나 사물을 포괄적으로 지칭하거나 한 집단의 구성원 전체를 지칭하며, '예외 없이'라는 어감을 준다.

18 부사: 각자에게, 한 개(사람)마다

C

19~21 대명사

19 both (of)+한정사+복수명사+복수형 동사

cf. 「both of+복수형 목적격 인칭대명사」는 of를 생략할 수 없다.

20~21 주어나 목적어로 쓰인 명사나 인칭대명사를 강조

20 주어나 be동사, 조동사 뒤에서 주어를 강조하며 「both (of)+명사」로 바꾸어 쓸 수 있다.

21 인칭대명사 뒤에서 목적어를 강조하며 「both of+목적격 인칭대명사」로 바꾸어 쓸 수 있다.

GRAMMAR PLUS+

each vs. every

each와 every는 비슷한 의미를 가지고 있지만, 약간 다르다. each는 대명사, 한정사, 부사로 둘 이상의 사람(사물)에 대해 '각각의, 각자의'라는 의미로 개별적, 독립적 존재로 본다. 반면, every는 한정사로 셋 이상의 사람(사물)에 대해 '모든, 모두'라는 의미로 대상을 통틀어 하나의 집단으로 보기에 all에 가깝다. 따라서, every는 집단 전체의 개념을 강조하는 almost, nearly, practically, without exception 등과 함께 쓰일 수 있다.

▶ **Each(Every)** room of the apartment has the same lights. 그 아파트의 각각의(모든) 방에는 동일한 전등이 있다.
▶ The man had a bag holding on to **each** arm. 그 남자는 양팔에 가방을 하나씩 들었다.
▶ **Nearly every** student was from the same town. 거의 모든 학생들이 같은 마을 출신이었다.

EXERCISE 11 밑줄 친 부분을 어법에 맞게 고쳐 쓰시오.

1 Each of us <u>engage</u> in many types of complex activities every day.

2 All of the expertise <u>have</u> to be considered before drawing a conclusion.

3 Both <u>them</u> were frustrated at missing the good opportunity.

4 All <u>us</u> were embarrassed about rumors related to the campaign.

5 The hotel I stayed at for vacation was hot and humid <u>all time</u>.

6 <u>Every</u> of the biologists stressed the importance of preserving wild animals' natural habitats.

UNIT 63 부정대명사 either·neither·none

either는 긍정문에서는 '(둘 중) 어느 한 쪽, (둘 중) 어느 것이든(one or the other of two)', 부정문에서는 '둘 중 어느 쪽도 (~아니다)'로 해석된다. neither는 '둘 중 어느 ~도 아니다', 그리고 none은 '(셋 이상 중) 아무(것)도(어느 것도) ~않다'의 뜻으로 쓰인다. 모두 뒤에 복수명사가 오면 단수로도 복수로도 취급 가능하고, 단수명사가 오면 단수 취급한다.

A either

1 **Either** of your parents is(are) able to come. I don't mind which.
너의 부모님 두 분 중 어느 한 분이 오셔도 된다. 나는 어느 분이 오셔도 상관 없다.

cf. If **either** of the men reviews the report, he(they) will notice the problem.
두 남자 중 한 명이 그 보고서를 검토한다면, 그는(그들은) 그 문제를 알아챌 것이다.

2 There are two roads into the village, and you can take **either**.
마을로 가는 길이 두 개 있고, 너는 두 개의 길 중 아무 길이나 가도 된다.

3 **Either** of the baggage is mine.
두 짐 중 하나는 내 것이다.

4 I don't know **either** of them.
나는 그들 두 명 중 어느 한 명도 모른다.

= I know **neither** of them. 나는 그 두 명 중 아무도 모른다.

cf. I don't know **any** of them. 나는 그들 중 아무도 모른다.

5 You can park on **either** side of the road.
길 양편 어느 편이든 주차할 수 있다.

6 There are big trees on **either** side of the river.
강 양쪽에 커다란 나무들이 있다.

= There are big trees on **both** sides of the river.

7 I didn't call her, and he did**n't either**.
나는 그녀에게 전화하지 않았고, 그도 역시 하지 않았다.

B neither

8 **Neither** of his friends has(have) finished their assignments. 그의 친구들 둘 다 숙제를 끝내지 않았다.

9 A: I have one red hat and one blue hat. Which one do you like?
나는 빨간색 모자 한 개와 파란색 모자 한 개가 있어. 너는 어떤 것이 좋니?

B: I like **neither**.(= I don't like **either**.)
나는 둘 다 마음에 안 들어.

10 **Neither** answer is correct. 둘 중 어느 것도 답이 아니다.

11 A: I don't want to wait that long.
나는 그렇게 오래 기다리고 싶지 않다.

B: **Neither(Nor)** do I. 나도 마찬가지이다.

A

1~4 대명사

1 either of + 한정사 + 복수명사 + 단수(복수)형 동사
either of + 복수형 목적격 인칭대명사 + 단수(복수)형 동사

cf. 복수명사를 인칭대명사로 받을 때, 단수형 인칭대명사(he/she/it) 혹은 복수형 인칭대명사(they/we)로 받을 수 있다.

2 문맥상 의미가 명확한 경우에는 수식어 없이 단독으로 쓸 수 있다.

3 either of + 한정사 + 단수명사 + 단수형 동사

4 「not ~ either」는 neither로 바꾸어 쓸 수 있다.

cf. 「not ~ any」는 '(셋 이상) 아무(것)도 ~ 않다'로 전체부정의 의미를 나타낸다.

5~6 한정사

5 either + 단수명사 + 단수형 동사: 어느 것이든 하나의(한 쪽의)

6 문맥에 따라 '양쪽의'라는 의미를 나타낼 수 있다. 이 경우 「both + 복수명사」와 뜻이 같다.

7 부사: 부정문에서 '역시'의 의미를 나타낸다.

B

8~10 대명사

8 neither of + 한정사 + 복수명사 + 단수(복수)형 동사
neither of + 복수형 목적격 인칭대명사 + 단수(복수)형 동사

9 either와 마찬가지로 문맥상 의미가 명확한 경우에는 수식어 없이 단독으로 사용할 수 있다.

10 한정사: neither + 단수명사 + 단수형 동사

11 부사: 「neither(nor) + be동사(조동사, do동사) + 주어」로 '~도 마찬가지이다'의 의미를 나타낸다.

C none·no

12 **None** of these pens works(work).
이 펜들 중 어느 것도 나오지 않는다.

cf. **Neither** of my twin sisters is(are) in the house.
나의 쌍둥이 여동생들 둘 다 집에 있지 않다.

13 **None** of her information was helpful.
그녀의 정보는 아무것도 도움이 되지 않았다.

14 He had **no** right to stop the project.
그는 그 프로젝트를 중단시킬 어떤 권리도 없었다.
= He did**n't** have **a** right to stop the project.

15 I have **no** sugar. **None (of it)** is in the bottle.
나에게는 설탕이 조금도 없다. 그 병에도 없다.

C

12~13 대명사 none
none of + 한정사 + 복수명사 + 단수(복수)형 동사
none of + 복수형 목적격 인칭대명사 + 단수(복수)형 동사

cf. 대상이 둘이면 neither, 셋 이상이면 none

13 none of + 한정사 + 단수명사 + 단수형 동사

14~15 한정사 no

14 「no + 명사」는 '어떤 ~도 아닌(없는)', '하나(조금)의 ~도 없는'의 뜻으로, 「not ~ a(n)/any + 명사」보다 부정의 의미를 강조한다.

15 「no + 명사」는 「none (of + 대명사)」로 받을 수 있다.

GRAMMAR PLUS⁺

no + 명사 vs. not ~ a(n)/any + 명사
「no + 명사」는 주어로 쓸 수 있지만, 「not ~ a(n)/any + 명사」는 주어로 쓸 수 없다.

▶ **No** visitors ever came to the museum. 한 명의 방문객도 그 박물관에 온 적이 없다.
⚠ **Not any visitors** ever came to the museum. (x)

EXERCISE 12 >

우리말과 뜻이 같도록 괄호 안의 말을 이용하여 문장을 완성하시오.

1 업무 둘 중 어느 하나는 Derek에게 할당될 것이다. (be)
→ _____ of the two tasks _____ going to be assigned to Derek.

2 세 학생 중 아무도 교복을 입고 있지 않다. (be)
→ _____ of three students _____ wearing school uniforms.

3 두 여자 중 누구도 그의 아내가 아니었다. (be)
→ _____ of the two women _____ his wife.

4 그 팀에게 가능한 선택지 5개 중 어느 것도 특별히 마음에 들지 않았다. (be)
→ _____ of the five choices available to the team _____ particularly attractive.

5 사전 예약들 때문에, 나는 두 날짜 모두 가능하지 않았다. (be)
→ Due to the previous appointments, _____ date _____ possible for me.

6 복도 양편 끝에 화분들이 놓여 있다. (end)
→ There are flower pots at _____ _____ of the corridor.

7 그 국가는 여전히 미국의 연방국이지, 어떤 주도 아니다. (state)
→ The country still remains a US commonwealth, _____ _____ _____.

UNIT 64 부정대명사 -one··-body··-thing

부정대명사 'some, any, no, every'에 '-one, -body, -thing'을 붙여서 대명사로 쓴다. 수식하는 형용사(구)는 뒤에 온다.

A -one · -body

1 **Someone(Somebody)** entered the door. <u>They</u> were my cousins. 누군가가 문으로 들어왔다. 그들은 나의 사촌들이었다.

2 She grabbed **someone's** arm tightly.
그녀는 누군가의 팔을 꽉 잡았다.

3 The land fell into **somebody else's** hands.
그 땅은 다른 누군가의 손에 넘어갔다.

4 Before he came around, I was **somebody** in this village. 그가 오기 전에, 나는 이 마을에서 중요한 사람이었다.

5 Does **everyone(everybody)** have <u>their</u> invitation cards? 모두가 자신들의 초대장을 가지고 있습니까?

6 Is **anyone(anybody)** getting hungry?
누구 배가 고픈 사람이 있나요?

7 **Anyone(Anybody)** can stay in this hotel.
누구든지 이 호텔에 머물 수 있다.

8 That boy slid out while **no one(nobody)** was looking. 그 소년은 아무도 보지 않을 때 빠져나갔다.

9 Luckily **nobody** was hurt in the explosion.
다행히 그 폭발 사고로 아무도 다치지 않았다.

10 She was a **nobody** before becoming a singer.
그녀는 가수가 되기 전에는 보잘것없는 사람이었다.

B -thing

11 I have **something** to give you.
나는 너에게 줄 무언가가 있다.

12 This drawer you are looking at is really **something**, all made of metal.
네가 보고 있는 서랍은 모두 금속으로 만들어진 대단한 것이다.

13 This building looks **something like** a church.
이 건물은 교회 같이 생겼다.

14 I always write **everything** down.
나는 항상 모든 것을 적는다.

15 My family is **everything** to me.
나의 가족은 나에게 매우 중요한 것이다.

A
-one과 -body는 사람을 나타내며 복수형 인칭대명사 they로 받고, everyone만 they뿐 아니라 he/she로도 받을 수 있다.

1~4 someone/somebody: 어떤 사람, 누군가

2~3 -'s를 붙여 소유격을 나타내며, 뒤에 else가 있으면 소유격은 ~else's가 된다.

4 somebody: '대단한(중요한) 사람'의 의미도 있다.

5 everyone/everybody: 모두, 모든 사람

6~7 anyone/anybody: (의문문·부정문에서) 누구, 아무, (긍정의 평서문에서는) 누구든지, 아무나

8~10 no one/nobody: 아무도 ~ (않다)

10 nobody: '보잘것없는(중요하지 않은) 사람'이나 '무명 인사'의 의미도 있다.

B

11~13 something

11 무언가, 어떤 것

12 something: '대단한(중요한) 것(사람)'의 의미도 있다.

13 something like: 무언가를 설명하거나 정확하지 않은 수량에 관해 말할 때

14~15 everything

14 모든 것, 모두

15 everything: '매우 중요한 것(사람)(= the most important thing(person))'의 의미도 있다.

16 I haven't ordered **anything** cold to drink yet.
나는 아직 차가운 마실 것을 아무것도 주문하지 않았다.

17 I'd do **anything** to see my mother again.
나는 엄마를 다시 볼 수 있다면 무엇이든 할 것이다.

18 He is **anything but** a liar.   그는 결코 거짓말쟁이가 아니다.
= He isn't a liar **at all**.

19 We did **nothing** last weekend.
우리는 지난 주말에 아무 것도 하지 않았다.
= We did **not** do **anything** last weekend.

20 My skill is **nothing** compared to his.
나의 기술은 그의 기술과 비교하면 아무것도 아니다.

21 **Nothing but(= Only)** a miracle can save her life
now.   지금은 다만 기적만이 그녀의 생명을 구할 수 있다.

22 Why did he give the dress to you **for nothing**?
그는 왜 너에게 그 드레스를 공짜로 주었니?

16~18 anything: (의문문·부정문에서) 무엇, 아무것,
(긍정의 평서문에서) 무엇이든, 아무거나

18 anything but: 결코 ~이 아닌(= not ~ at all)

19~22 nothing: 아무것도 ~ (아니다)(= not ~ anything)

20 nothing: '보잘것없는 것(사람)'이나 '무가치한 것(사람)'의
의미도 있다.

21 nothing but: 다만 ~만이(= only)

22 for nothing: 거저, 공짜로; 헛되이

EXERCISE
13 >

우리말과 뜻이 같도록 <보기>에서 가장 알맞은 말을 골라 문장을 완성하시오.

보기   everything   someone   nobody   somebody   nothing   anything   anybody

1 밸런타인 데이에, 우리는 특별한 누군가에게 초콜릿을 준다.
→ On Valentine's Day, we give chocolates to _____ special.

2 그녀는 누구에게도 Tommy에게 들은 것을 말하지 않았다.
→ She didn't tell _____ about what she heard from Tommy.

3 그 남자는 하루 종일 그의 우산을 헛되이 가지고 다녔다.
→ The man carried around his umbrella all day for _____.

4 그 배우는 다시 보잘것없는 사람이 되고 싶지 않았다.
→ The actor didn't want to become _____ again.

5 하지만 그녀의 설명은 결코 만족스럽지 않았다.
→ Her explanation, however, was _____ but satisfactory.

6 서로를 신뢰하는 것이 그들에게 매우 중요한 것이었다.
→ Trusting each other was _____ to them.

7 Kate는 항상 그 지역 사회에서 대단한 사람이 되기를 열망해왔다.
→ Kate has always been eager to become _____ in the community.

UNIT 65 부정대명사의 전체부정과 부분부정

A 전체부정

1 **Neither** of the employees had any idea about this new construction project.
그 직원들 둘 다 이 새로운 건설 프로젝트에 대해 아이디어가 없었다.

2 **None** of the students were over the age of 13.
그 학생들 중 누구도 13세를 넘지 않았다.

3 They did **not** purchase **any** alcoholic drinks.
그들은 어떠한 알코올이 든 음료도 구입하지 않았다.

B 부분부정

4 **Not all** of them attributed financial damage to managements.
그들 모두가 금전적인 손해를 경영진의 탓으로 돌리는 것은 아니었다.

5 **Not everyone** is born with a silver spoon in his mouth.
모두가 유복한 가정에 태어나는 것은 아니다.

6 She doesn**'t** subscribe to **both** of the magazines.
그녀는 그 잡지 둘 다를 구독하는 것은 아니다.

cf. The more expensive chair is **not necessarily** more comfortable.
더 비싼 의자가 반드시 더 편한 것은 아니다.

A neither, none, nobody, nothing, no, not ~ any(thing) 등: 누구도(아무것도) (전혀) ~아니다

B

4~5 부정어(not, never)+all(everyone): 모두가(모든 것) ~인 것은 아니다

6 「not ~ both」는 의미가 모호하므로 거의 사용하지 않는다.

cf. 부사와 부정어와 결합하여 부분부정의 의미를 나타내는 경우가 많다.
not ~ necessarily(absolutely, altogether, fully, entirely, exactly, totally, wholly) 등

EXERCISE 14 >

밑줄 친 부분에 유의하여 우리말로 옮기시오.

1 Nothing can stop Julia from pursuing her goal to become a writer.

2 The manager interviewed six applicants, but none of them was qualified.

3 The journalist said not all of these new products were environmentally friendly.

4 Fortunately, the tourist didn't leave anything behind in the hotel room.

5 Not everyone refused to use the new treatment for cancer.

6 Jackson and I had an unspoken agreement that neither of us would talk about our mistakes.

7 The baseball players didn't totally give up the hope to advance to the semi-final.

8 Nobody knew about her background and parentage.

9 The announcement was not entirely unexpected.

10 None of the construction workers were wearing helmets.

UNIT 66 의문사

의문의 초점이 되는 사물이나 사태를 지시하는 말을 의문사라고 하고, 의문대명사(who, whom, whose, which, what), 의문형용사(whose, which, what), 의문부사(when, here, how, why) 등이 있다.

A 의문대명사

1 **Who** wants the last piece of pizza?
누가 마지막 피자 조각을 원하니?

2 **Whom(Who)** did you meet last night?
너는 어제 밤에 누구를 만났니?

cf. **To whom** should I send the letter?
제가 누구에게 편지를 보내야 하나요?

3 **Whose** is the report on the desk?
책상 위의 보고서는 누구의 것인가요?

4 **What** is in the drawer?
서랍 안에 있는 것은 무엇이니?

5 **What** does the man do (for a living)?
그 남자는 어떤 일을 하나요?

6 **Which** is the best way to solve the problem?
그 문제를 해결하기에 어느 것이 가장 좋은 방법인가?

7 **Which** of the patients have recovered?
그 환자들 중 누가 회복했나요?

B 의문형용사

8 **Which** TV program(s) do you like?
너는 어떤 TV 프로그램을 좋아하니?

9 **Whose** orchestra score is this? 이것은 누구의 관현악 악보니?
= **Whose** is this orchestra score?

C 의문부사

10 **When(= What time)** did you leave my place?
너는 우리 집에서 언제 떠났니?

11 **Why(= For what reason)** did he break the window?
그는 왜 유리창을 깼니?

D 주의해야 할 의문사의 용법

12 **What** is the price? 가격이 얼마인가요?

13 A: **What** is she **like**? 그녀의 성격은 어때?
B: She is shy and quiet. 그녀는 수줍음이 많고 조용해.

14 A: **What does** he **look like**? 그는 어떻게 생겼니?
B: He is slim and has a beard. 그는 날씬하고 턱수염이 있어.

A

1~3 who(주격), whom(목적격), whose(소유격)

1 who: 누가

2 whom: '누구를'의 뜻으로 주로 격식체에서는 whom,
일상체에서는 who를 쓴다.

cf. 전치사의 목적어가 의문사인 경우 보통 전치사는 문장 뒤쪽에
위치한다. 하지만 격식을 갖춘 표현으로 「전치사+whom」
으로 쓰기도 한다. ⟳참조 **UNIT 84A**

⚠ **To who** should I send the letter? (×)

3 whose: 누구의 것

4~5 what: '무엇, 어떤 것'의 의미이며, 사람에 쓰면 '직업, 신분,
국적' 등을 나타낸다.

6~7 which: 어느 것, 누구

6 사람이나 사물에 모두 쓸 수 있다.

7 which of+명사구: ~중 어느 것, 누구

B

8~9 의문형용사 which, what, whose

8 which, what: 어떤

9 whose: 누구의
whose에는 '누구의 것'이라는 의미도 있다.

C

10~11 의문부사: where(= in(at, to) what place),
when(= (at) what time), why(= for what reason),
how(= in what way)

D

12~18 what

12 가격을 물을 때
= **How much** is it?

13 what ~ like?: 성격이나 인성 등을 물을 때

14 what do(es) ~ look like?: 외모를 물을 때

cf. A: **How** is he this morning?　오늘 아침에 그는 어때?
B: He is OK.　그는 괜찮아.

15 **What** do you **think of** your new tutor?
너는 새로운 가정교사에 대해 어떻게 생각하니?
= **How** do you **feel about** your new tutor?
= **How** do you **like** your new tutor?

cf. **What** do you **like about** your new tutor?

16 **What** do you call this?　이것을 어떻게 부르나요?

17 **What** is your height(weight/age/size)?
당신의 키(몸무게/나이/사이즈)는 얼마인가요?

18 A: **What** is the center of the U.S. economy?
미국 경제의 중심은 어디인가요?
B: It's Wall Street.　월 가입니다.

19 A: **Where** is the center of the U.S. economy?
미국 경제의 중심은 어디에 위치해 있나요?
B: It's in the Financial District of Lower Manhattan in New York City.
그것은 뉴욕 시의 로워 맨해튼 금융 지구에 위치해 있습니다.

20 I want to know **why** he is laughing.
나는 그가 왜 웃는지 알고 싶다.
(← I want to know. + **Why** is he laughing?)

21 **What** made him laugh was not known.
무엇이 그를 웃게 만들었는지 모른다.
(← **What** made him laugh? + was not known.)

22 **Why** do you think he is laughing?
너는 그가 왜 웃는다고 생각하니?
(← Do you think? + **Why** is he laughing?)

cf. 일반적인 사람의 기분, 상태, 건강과 같이 변하는 것을 물을 때는 how를 쓴다.

15~16 '어떻게'로 해석되지만, 특정 동사나 구조에서는 how 대신 what을 쓴다.

15 어떤 대상에 대해 전반적인 의견을 물을 때

cf. 어떤 대상의 어떤 점이 좋은지 구체적인 의견을 물을 때는 「what ~ like about ...?」을 쓴다

16 사물의 이름을 물을 때

17 척도나 양 등을 물을 때

18~19 장소명을 물을 때는 what, 물리적인 위치를 물을 때는 where

20~22 간접의문문 ⟳참조 UNIT 114 B

20 의문사절은 문장 내에서 주어, 목적어, 보어 등의 역할을 할 수 있다. 보통 「의문사＋주어＋동사」의 어순으로 쓴다.

21 who, which, what, whose 등의 의문사가 주어일 경우, 「의문사＋동사」의 어순으로 쓴다.

22 주절의 동사가 think, believe, guess, suppose, imagine 등이면, 「의문사＋do you think＋주어＋동사」의 어순으로 쓴다.

EXERCISE 15

빈칸에 알맞은 의문사를 쓰시오.

1 A: _____ does she look like?
B: She is tall and has blue eyes.

2 A: Do you recognize _____ camera this is?
B: I think it's Jane's.

3 A: _____ do you feel about your new partner?
B: I think he's quite cooperative and friendly.

4 A: _____ is the coldest place on earth?
B: It is Antarctica. It is also the windiest and driest place on earth.

OVERALL EXERCISE

01 우리말과 뜻이 같도록 <보기>에서 가장 알맞은 말을 골라 문장을 완성하시오.

> 보기   another   nobody   neither   all   something

1 축구 시합 날에, 그 선수들 둘 중 누구도 몸 상태가 좋지 않았다.

→ On the day of the soccer match, _____ of the players were in good condition.

2 Edward는 저 그림들 모두를 지난 2년 간 그렸다.

→ Edward painted _____ of those pictures for the last two years.

3 연구자들이 최근에 발견한 그 금속 활자는 대단한 것이다.

→ The metal types the researchers discovered recently are _____.

4 그의 고향에서는, 아무도 어느 농장에서 온 닭인지 모르는 채로 닭을 구매하려고 하지 않을 것이다.

→ In his hometown, _____ would buy a chicken without knowing which farm it came from.

5 그 남자는 이런저런 이유로 새 집으로 이사를 가야 했다.

→ The man had to move to a new house with one thing or _____.

02 괄호 안의 말을 알맞게 배열하여 문장을 완성하시오.

1 _____, people will not respect you or like you.
   (behave / you / if / don't / yourself)

2 _____ owe this to the fact that their concentration is great.
   (who / in life / have succeeded / those)

3 It _____ Dave said sorry to me.
   (late evening / that / was / on the way home)

4 Tiffany looks exactly _____.
   (did / the same / she / as / at school)

5 The evidence _____ the jury's attitudes toward the man.
   (to change / as / was / such)

6 _____ conditions that would support life?
   (of / these planets / have / do / any)

03 어법상 **틀린** 부분을 찾아, 바르게 고쳐 문장을 다시 쓰시오.

1 I have three cats. One is black, another is brown, and other is white.

→ _____

2 They decided to run any more tests on the blood samples for an exact diagnosis.

→ _____

3 Each of the students have received the new handbook.

→ _____

4 The temperature of Denmark is usually lower than this of Indonesia.

→ _____

5 The fisherman goes fishing every other weeks.

→ _____

6 Neither candidate have participated in the opening ceremony.

→ _____

7 My cousins invited some friends of their to a dinner on Christmas Eve.

→ _____

04 두 문장의 뜻이 같도록 빈칸에 알맞은 말을 쓰시오.

1 The man has not done anything to help improve the medical research.

→ The man _____ _____ _____ to help improve the medical research.

2 Having good personal relationships is the most important thing to me.

→ Having good personal relationships is _____ to me.

3 The priests were all sincere and honest.

→ _____ _____ _____ _____ _____ sincere and honest.

4 The girl had beautiful flowers in either hand.

→ The girl had beautiful flowers in _____ _____.

5 Everyone thought that his excuse wasn't convincing at all.

→ Everyone thought that his excuse was _____ _____ _____.

05 우리말과 뜻이 같도록 괄호 안의 말을 이용하여 문장을 완성하시오.

1 모두가 의도된 방식으로 그의 연극을 이해한 것은 아니었다. (everyone)

→ _____ understood his play in the intended manner.

2 당신은 정부가 발표한 새로운 예산안에 대해 어떻게 생각하나요? (think)

→ _____ of the new budget plan the government announced?

3 주머니에 연필 없이 절대 집을 나서지 않는 것은 내 습관이 되었다. (habit of)

→ It became _____ never to leave the house without a pencil in my pocket.

4 가격 인상에도 불구하고, 우리의 제품들은 여전히 경쟁업체들의 제품들보다 더 경쟁력이 있다. (competitive, competitors)

→ Even with the price increase, our products are still _____.

5 그 전자레인지는 내가 광고에서 본 것과 같은 것처럼 보였다. (the same, the one)

→ The microwave looked _____ I saw in the commercial.

6 열망하는 것과 성취하는 것은 별개이다. (aspiring, achieving)

→ _____, but _____.

06 다음 글을 읽고 물음에 답하시오.

> Do you have a religion? There are many different ① religions throughout the world. (A) 전 세계적으로 정확한 종교의 숫자를 알아내는 것은 거의 불가능하다. However, ② some people estimate that there are over 4,000. ③ Among them, Christianity is the most popular religion, with about 2.3 billion followers, accounting for about 33% of people. Islam is the second-largest ④ one with about 1.9 billion followers, or 25% of the world's population. ⑤ The other religions such as Hinduism and Buddhism also have large numbers of believers, with 1.16 billion and 507 million followers respectively.

1 위 글의 밑줄 친 ①~⑤ 중에서 어법상 **틀린** 부분을 찾아 바르게 고치시오.

_____ → _____

2 위 글의 밑줄 친 (A)와 뜻이 같도록 괄호 안의 단어들을 알맞게 배열하시오.

→ It's _____.

(to determine / religions / the exact number of / almost impossible / around the world)

[01-03] 다음 우리말과 뜻이 같도록 빈칸에 들어갈 말로 알맞은 것을 고르시오.

01

그의 아이디어는 이런저런 이유로 동료들에게 거절당했다.
→ His ideas were rejected by his colleagues for one reason or _____.

① other   ② others   ③ no other
④ another   ⑤ an another

02

그녀는 자기도 모르게 뒤돌아서 그 남자를 보았다.
→ She turned around and saw the man in spite of _____.

① the one   ② another   ③ others
④ herself   ⑤ her

03

피지행 비행기는 이틀에 한 번밖에 없다.
→ The flight to Fiji leaves only every _____ day.

① other   ② another   ③ others
④ two   ⑤ some

04 다음 밑줄 친 부분 중 어법상 틀린 것은?

None of the information leaked to the journalists
  ①   ②   ③
were from the executive officer.
 ④   ⑤

[05-06] 다음 빈칸에 공통으로 들어갈 말로 알맞은 것을 고르시오.

05

• I am _____ but a thief.
• He would not do _____ to jeopardize his career.

① nothing   ② anything   ③ something
④ everything ⑤ somebody

06

• I think my grandmother is _____ an awesome cook.
• People love these modern labor-saving devices _____ as washing machines and dishwashers.

① such   ② same   ③ so
④ other   ⑤ one

07 다음 빈칸에 들어갈 말로 알맞은 것을 모두 고르면?

_____ member is going to vote.

① All   ② Each   ③ Every
④ Some   ⑤ Both

08 다음 밑줄 친 부분과 쓰임이 같은 것은?

It is compulsory that all the motorcyclists have to wear helmets.

① It was Alice that knocked my door last night.
② It is almost midnight.
③ It was the black dress that she eagerly wanted to buy in the department store.
④ It is getting windy and snowy.
⑤ It was uncertain why we should take the medicine for at least two weeks.

09 다음 빈칸에 들어갈 말을 쓰시오. (단, be동사의 현재형을 쓰시오.)

- All of the merchandise _____ in display on the shelf.
- Neither of the mammals _____ able to live in the Arctic.

[10-11] 다음 중 어법상 틀린 것을 고르시오.

10

① Each of the employees needs to accomplish their duties successfully.
② I haven't met the people in the apartment above mine.
③ Not any politicians ever received the award.
④ The large offices on either side have been empty for a while.
⑤ Large animals are actually less dangerous to campers than smaller ones.

11

① Either of them was able to apply for the job.
② Neither of the two socks was in the drawer.
③ The archeologists tried to excavate the ruins, but it was in vain.
④ Every writer wants to read a short passage from the book.
⑤ Your blouse is more colorful than my sister's one.

12 다음 문장에서 생략된 부분에 ✓표시를 하고 들어갈 말을 쓰시오.

The number of those unemployed is on the decrease.

13 다음 중 어법상 옳은 것은?

① Henry visits his parents every second week.
② The truth is totally another than what other people think.
③ My printer needs ink, so I will buy it.
④ Some like pizza, and another like pasta.
⑤ Both them have to present their medical certificates.

14 다음 우리말을 영어로 옮긴 것 중 바르지 않은 것은?

① 나는 그녀의 조언을 전혀 진지하게 여기지 않는다.
→ I don't take any of her advice seriously.
② 만약 부모님 중 한 분이라도 나를 용서해 주신다면, 나는 그들이 하라는 것은 무엇이든 할 것이다.
→ If either of my parents forgives me, I will do anything as they say.
③ 나는 이렇게 말할 것이다. 이 가죽 재킷은 비싸지만, 그만한 가치가 있다.
→ I'll say this: The leather jacket is expensive, but it is worth it.
④ 그 두 터널 모두 철저한 조사 대상이다.
→ The tunnels are both the subjects of the thorough inspection.
⑤ 다만 재능만이 네가 그 분야에서 성공하도록 만들 것이다.
→ Anything but talent will make you succeed in the field.

15 다음 중 어법상 틀린 문장의 기호를 모두 쓰시오.

(a) At what time did Mike stop by?
(b) He thinks he is really something.
(c) I will buy the same as Timothy bought last week.
(d) He had someone's else pictures in his wallet.
(e) Don't hang out with those boys. They are mean.
(f) She showered and got ready for nothing.
(g) She broke her glasses. She needs to buy new one.

1 다음 글의 밑줄 친 부분 중, 어법상 틀린 것은?

trump 이기다, 능가하다
newsworthy 뉴스거리가 되는
discourage 좌절시키다
up and running 제대로 운영 중인
aid 도움

Nowadays, the "engine" that pushes scientific research forward is money. ① How else can laboratories and professors get the necessary supplies and students to continue experiments? Sometimes, the need for money is ② so great that it trumps passion, and to realize their financial goals, scientists focus on the kinds of research that are most likely to get newsworthy results. ③ This leads to a lot of short studies with almost no value to the community. Research studies like those are performed merely to pay the bills. Meanwhile, more comprehensive projects that may demand more time to complete tend to be discouraged. However, those large projects are ④ the ones that tend to produce the most valuable results. To keep those projects up and running, researchers are often faced with ⑤ neither option — finishing the study or turning to industrial corporations for financial aid.

2 (A), (B), (C)의 각 네모 안에서 어법에 맞는 표현으로 가장 적절한 것은?

brighten ~ up ~을 밝게 하다
centerpiece 중앙부 장식
bloom 꽃
customize 원하는 대로 만들다
keep ~ in mind ~을 명심하다
take in ~을 흡수하다
aesthetic 미적인
secure 고정시키다
container 용기
tie 묶다
twine 끈

(A) Something / Nothing can brighten a house up like a centerpiece of fresh blooms. Those wishing to assemble and customize their own bouquet should keep some basic tips in mind. Before you begin arranging your flowers, make sure to cut the stems at an angle so they can take in enough water. Next, you'll want to remove (B) no / any leaves from your flower stems. If you want to leave some for aesthetic purposes, just make sure (C) none / neither remain below the waterline. When it comes to making a bouquet, start with the tallest flower first. This will determine your bouquet's height so that you can build the rest of it around that point. Finally, you will need to secure your bouquet before placing it in its container. Tying a rubber band or a piece of twine around the flowers' stems will hold the bouquet together firmly enough.

	(A)		(B)		(C)
①	Something	…	no	…	none
②	Something	…	any	…	neither
③	Nothing	…	no	…	none
④	Nothing	…	no	…	neither
⑤	Nothing	…	any	…	none

Adjectives & Adverbs ✓ ✐

형용사의 개념 사물의 성질과 수량 등을 나타내는 말

종류 성상형용사, 수량형용사

용법 한정적 용법: 명사를 앞이나 뒤에서 수식
서술적 용법: 주어와 목적어의 보어 역할
명사적 용법: the와 결합하여 명사로 쓰임

부사의 개념 시간, 장소, 양태, 빈도 등 추가적인 정보를 나타내는 말

형태 형용사에 -ly가 붙지만 형용사와 부사가 같은 형태 등 예외도 있음

위치 수식하는 말 앞에 위치하지만 역할과 의미에 따라 달라짐

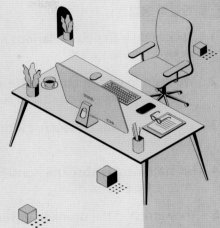

형용사·부사

CHAPTER 11

UNIT **67** 성질·상태 형용사

UNIT **68** 수량형용사 Ⅰ

UNIT **69** 수량형용사 Ⅱ

UNIT **70** 형용사의 위치와 어순

UNIT **71** 주요 형용사 구문

UNIT **72** 부사의 형태와 쓰임

UNIT **73** 부사의 위치와 어순

UNIT **74** 주요 부사의 용법 Ⅰ

UNIT **75** 주요 부사의 용법 Ⅱ

UNIT **76** 주요 부사의 용법 Ⅲ

UNIT 67 성질·상태 형용사

A 한정적 용법

A 명사의 앞이나 뒤에서 직접 그 명사를 수식한다.

1 Jack and I watched a **hilarious** movie yesterday.
Jack과 나는 어제 웃긴 영화를 봤다.

1 앞에서 수식

2 We want to try something **different** this season.
우리는 이번 시즌에 무언가 다른 것을 시도해보고 싶다.

2 뒤에서 수식

3 The enquiry was conducted with **utmost** secrecy.
그 조사는 극비리에 진행되었다.

3~5 한정적으로만 쓰이는 형용사

3 elder, former이전의, inner, latter후자의, lower하급의, outer, upper, utmost최대의 등 비교의 의미를 내포하는 형용사

4 His statement is **absolute** nonsense.
그의 진술은 완전한 헛소리이다.

4 absolute완전한(절대적인), chief주요한, future, main, mere, only, previous, prime주된, principal, sheer 순전한(완전한), sole유일의, total, utter완전한, very바로 그 등 강조 및 한정을 나타내는 형용사

5 They arrested the **drunken** driver.
그들은 술에 취한 운전자를 체포했다.

5 daily, drunken, fallen, live살아 있는, polar극지의, woolen모직의 등 기타 형용사

cf. They arrested the driver because he was **drunk**.
그들은 그 운전자가 술에 취했기 때문에 체포했다.

cf. drunken은 한정적 용법으로만 쓰이므로, 서술적 용법에는 drunk를 써야 한다. ⚠ He is **drunken**. (x)

B 서술적 용법

B 주어나 목적어의 보어가 되어 간접적으로 수식한다.

6 The room was **empty** of furniture.
그 방은 가구가 없이 비어 있었다.

6 주격보어

7 She found the room **empty** of furniture.
그녀는 방이 가구가 없이 비어 있는 것을 알게 됐다.

7 목적격보어

8~9 서술적 용법으로만 쓰이는 형용사

8 The structure is **afloat** on the Han River.
그 구조물은 한강 위에 떠 있다.

8 afire불타는, afloat, afraid, aghast겁에 질린, alight불타는, alike, alive, aloof냉담한, alone, awake, aware, ashamed 등 접두사 a-가 붙은 형용사

cf. The **floating** structure is a landmark on the Han River. 떠 있는 그 구조물은 한강 위의 주요 지형지물이다.

cf. afloat는 서술적 용법에만 쓰이므로 한정적 용법에는 floating을 써야 한다. ⚠ It is an **afloat** structure. (x)

9 The girl was **loath** to part with her old friend.
그 소녀는 자신의 오랜 친구와 헤어지기 싫었다.

9 content만족하는, drunk, fond, glad, liable, loath싫은, unable, well, worth 등 기타 형용사

C 명사적 용법

C the와 결합하여 명사로 쓰인다.

10 The **blind** read books in braille using their fingers.
시각 장애인들은 손가락을 이용해서 점자책을 읽는다.

10 the+형용사(분사): ~한 사람들 = 형용사+people
복수 보통명사를 의미하며, 동사의 수 일치에 주의해야 한다.
⚠ The blind **reads** books ~. (x)
the injured 부상당한 사람들, the unemployed 실업자들, the old 노인들, the young 젊은이들 등

cf. Both sound good but **the former** sounds more reasonable than **the latter**.
둘 다 괜찮은데 전자가 후자보다 더 합리적인 것 같다.

cf. the accused 피고인, the deceased 사망자, the former 전자, the latter 후자 등은 주로 단수 취급한다.

11 Is there a way we can tell **the true** from **the false**?
우리가 사실인 것과 거짓인 것을 구별하는 방법이 있을까?

11 the+형용사(분사): ~한 것
추상 명사로서 추상적 개념을 나타낸다.
the abstract 추상적인 것, the invisible 보이지 않는 것, the supernatural 초자연적 것, the true 사실인 것, the unknown 미지의 것 등

12 **In general**, products made in Korea are considered strong and reliable.
일반적으로 한국에서 생산된 제품은 견고하고 신뢰할 만하다고 여겨진다.

D 용법에 따라 의미가 달라지는 형용사

13 The **present** financial situation is pushing him into a corner. 현재의 재정 상황이 그를 궁지로 몰아넣고 있다.

14 Many reporters were **present** at the press conference. 많은 기자들이 기자 회견에 참석했다.

cf. The reporters **present** peppered him with questions.
참석한 기자들이 그에게 질문을 퍼부었다.

= The reporters who were **present** peppered him with questions.

12 전치사(+the)+형용사
전치사의 목적어로서 명사적 역할을 한다.
before long 머지않아, for certain 확실히, for good 영원히, in full 전부, in general 일반적으로, in vain 헛되이, of late 최근에, on the whole 대체로 등

D

13~14 한정적 용법과 서술적 용법으로 모두 쓰이면서 용법에 따라 의미가 달라지는 형용사로는 certain 어떤, 특정한; 확신하는 / late 늦은, 작고한, 이전의; 늦은, 지각한 / poor 불쌍한; 가난한 / right 오른쪽의; 올바른, 정확한 / ill 나쁜; 아픈, 병이 든 / sorry 딱한; 미안한 등이 있다.

13 present 현재의

14 present 참석한

cf. 서술적 용법으로 쓰이면서 명사를 수식할 때는 명사 뒤에 위치한다.

GRAMMAR PLUS+

어원은 같으나 의미가 전혀 다른 형용사

- comparable 비교할 만한
- comparative 비교의

- credible 믿을 수 있는
- credulous 쉽게 믿는

- intelligent 총명한
- intellectual 지적인

- imaginary 가상의, 상상의
- imaginable 상상할 수 있는
- imaginative 상상력이 풍부한

- confident 확신하는
- confidential 은밀한

- economic 경제의
- economical 절약하는

- memorable 기억할 만한
- memorial 기념하기 위한

- literary 문학의
- literate 학식이 있는
- literal 문자 그대로의

- considerable 상당한
- considerate 사려 깊은

- historic 역사적인
- historical 역사에 관한

- momentary 순간적인
- momentous 중대한

- respectable 존경할 만한
- respectful 공손한
- respective 각각의

- continual 빈번히 일어나는
- continuous 지속적인

- industrial 산업의
- industrious 근면한

- successful 성공인
- successive 연속적인

- sensible 분별 있는
- sensitive 민감한
- sensual 관능적인

EXERCISE 01

괄호 안에서 알맞은 말을 고르시오.

1 After the explosion, the injured (was / were) immediately taken to the hospital.

2 She left the (dog asleep / asleep dog) in her backyard all afternoon.

3 I can't believe that the lobsters are still (live / alive).

4 The (literal / literate) meaning of the word "breakfast" is "to break a fast."

5 The young celebrity has huge followers but ironically he is leading a (alone / lonely) life.

6 When it comes to the issue, there's nothing that I can say for (certain / a certain).

7 A (considerable / considerate) number of athletes will not attend the Olympics.

8 The brothers undertook research on (a / the) supernatural such as spirits and ghosts.

9 The faculty discussed how to develop the students' (intellectual / intelligent) curiosity.

A 기본 용법

1 They have worked hard to reconstruct their country for two **score** years.
그들은 40년 동안 자신들의 나라를 재건하기 위해 애써왔다.

2 Pirates have attacked commercial vessels passing through the region for **scores** of years.
해적들은 수십 년 동안 그 지역을 지나는 상선들을 공격해왔다.

3 The native people lived in the land for **scores** of **thousands** of years.
그 원주민들은 수만 년 동안 그곳에 살았다.

4 We are going to take a close look at the **third** chapter today.
우리는 오늘 세 번째 챕터를 자세히 살펴볼 거예요.

5 Do you think the expedition will discover the great king's tomb on a **third** try?
그 원정대가 세 번째 시도에서는 그 위대한 왕의 무덤을 발견할 것이라 생각하니?

6 My toenails are **twice** as thick as the baby's.
내 발톱은 아가의 발톱보다 두 배 더 두껍다.
= My toenails are **two times** thicker than the baby's.

B 수사 읽기

7 72,834 = seventy-two thousand eight hundred (and) thirty-four

8 43.12 = forty-three point one two

9 2:30 = two thirty = half past two
5:45 = five forty-five = a quarter before(to, of) six
20:00 = twenty hundred (hours)

10 2021 = twenty twenty-one
= two thousand (and) twenty-one

11 $12.35 = twelve dollars (and) thirty-five cents
£40.50 = forty pounds fifty (pence) = forty-fifty

12 –2°C = minus two (degrees Celsius)
= two degrees below zero (Celsius)
68°F = sixty-eight degrees Fahrenheit

13 505-3657 = five oh(zero) five, three six five seven
= five oh(zero) five, thirty-six fifty-seven

A

1~3 기수사는 개수를 나타낸다.
dozen 12, score 20, hundred 100, thousand 1000, million 100만, billion 10억, trillion 1조 등

1 단수형 기수사+명사: 특정한 수

2~3 복수형 기수사+of+명사: 막연히 큰 수

4~5 서수사는 순서를 나타낸다.
first, second, third를 제외하고는 대개 기수사 뒤에 -th를 붙인 형태이다.

4 the+서수사: 특정한 순서

5 a+서수사: 불특정한 하나로 another의 의미

6 배수사는 배율을 나타낸다.
quarter 1/4, half 1/2, twice(double) 2배,
「기수사+times」 ~배 등 ○참조 **UNIT 77 A**

B

7~13 기수사로 읽는 경우

7 정수는 끝에서부터 세 자리씩 끊어 읽는다.

8 소수는 소수점까지 기수로 읽고, 소수점은 point로, 소수점 이하는 한 자리씩 끊어 읽는다.

9 시각은 a quarter 15분, half 30분, three quarters 45분, before(to, of) 전, past 후 등으로 읽는다.

10 연도는 두 자리씩 끊어 읽는다.
일반적으로 모든 네 자릿수는 두 자리씩 끊어 읽는다.

11 금액은 달러 화폐의 경우 소수점까지 dollar 또는 buck으로 읽고, 소수점 이하는 cent로 읽는다. 파운드 화폐는 소수점까지 pound로 읽고, 소수점 이하는 penny로 읽는다. penny의 복수형은 pence이며, 100 pence는 1 pound에 해당한다.

12 온도는 섭씨(°C)를 Celsius 또는 Centigrade로 읽고, 화씨(°F)를 Fahrenheit로 읽는다.

13 전화번호는 한 자리씩 끊어 읽는 것이 원칙이다.
0은 zero 또는 oh로, 00은 double zero 또는 double oh로 읽을 수 있고, 뒤 네 자릿수는 두 자리씩 끊어 읽을 수 있다.

14 March 31 = March (the) thirty-first
= the thirty-first of March

15 Napoleon III = Napoleon the Third

16 World War I = World War One = the First World War

17 Chapter 4 = Chapter Four = the fourth chapter

18 $\frac{1}{2}$ = a(one) half

$\frac{2}{3}$ = two thirds

$2\frac{3}{4}$ = two and three fourths(quarters)

14~18 서수사로 읽는 경우

14 날짜는 날에 해당하는 부분을 서수로 읽는다.

15 왕은 '~세'에 해당하는 부분을 서수로 읽는다.

16 전쟁은 기수 또는 서수로 읽을 수 있다.

17 책의 장은 기수 또는 서수로 읽을 수 있다.

18 분수는 분자를 기수로, 분모를 서수로 읽는다. 분자가 복수형(2 이상)이면 분모도 복수형으로 읽는다.

GRAMMAR PLUS+

수사를 이용한 관용표현

- nine times out of ten 십중팔구, 거의 매번(= almost always)
- ninety-nine times out of a hundred 백에 아흔아홉은, 거의 언제나(= almost always)
- ten to one 십중팔구, 거의 틀림없이(= very likely)
- second(next) to last 끝에서 두 번째(= last but one)
- second only to ~에 버금가는
- second to none 제일인, 첫째가는(= the best)

▶ Her reputation in Poland is **second only to** Chopin. 폴란드에서의 그녀의 명성은 쇼팽에 버금간다.

EXERCISE 02 >

우리말과 뜻이 같도록 문장을 완성하시오.

1 그들은 3시 15분에 시계탑 앞에서 만나기로 되어 있다.

→ They are to meet in front of the clock tower at a _____ past three.

2 사람은 세 번째 치아 세트가 나지 않는다는 것이 널리 알려져 있다.

→ It is widely known that people don't have _____ set of teeth.

3 나는 수백 번이나 전화를 걸었지만 그는 절대 전화를 받지 않았다.

→ I've made _____ of calls, but he never answered the phone.

4 그 건물의 6층에는 회계사 사무소들이 많이 있다.

→ There are many accountant offices on _____ floor of the building.

5 옥수수가 쌀에 버금가는 그 나라의 주요 작물이라고 보고되고 있다.

→ It is reported that corn is _____ rice as the country's major crop.

6 실험 참가자의 2/5는 고도 비만이었다.

→ _____ of the test participants were severely obese.

7 그들은 그 섬유가 양털보다 네 배 더 강하다는 것을 알게 되었다.

→ They found out that the fiber is _____ as strong as wool.

UNIT 69 수량형용사 II

A many

1 I haven't seen **many** cherry blossoms this year.
나는 올해는 벚꽃을 많이 보지 못했다.

cf. There are **a lot of** female role models nowadays that men can learn from.
오늘날에는 남성들이 배울 수 있는 여성 역할 모델들이 많다.

2 She painted three portraits in **as many** days.
그녀는 세 편의 초상화를 그 수만큼의 날 동안 그렸다.

3 **Many an animal** is at risk of extinction.
많은 동물들이 멸종 위험에 처해 있다.

= **Many animals** are at risk of extinction.

B much

4 Does he enjoy getting **much** attention in class?
그는 수업 중에 많은 관심을 받는 것을 즐기니?

cf. Americans consume **a great deal of** coffee in a year.
미국인들은 연간 상당량의 커피를 소비한다.

5 I bought five pounds of salt and **as much** pepper.
나는 5파운드의 소금과 그 양만큼의 후추를 샀다.

C few · a few

6 **Few** houses in this district have a swimming pool.
이 지역에는 풀장을 구비한 집은 거의 없습니다.

7 **A few** houses in this district have a swimming pool.
이 지역에는 풀장을 구비한 집이 몇 채 있습니다.

cf. We spotted **not a few** dolphins on our boat trip.
우리는 보트 여행을 하던 중에 상당수의 돌고래를 봤다.

D little · a little

8 There is **little** chance that you would get chosen in the juror selection.
당신이 배심원 선발에서 뽑힐 가능성은 거의 없어요.

9 We all got **a little** help from the renowned scholar.
우리는 모두 그 유명한 학자로부터 약간의 도움을 받았다.

cf. The musical turned out to be **quite a little** success.
그 뮤지컬은 상당한 성공을 한 것으로 드러났다.

A many는 셀 수 있는 명사의 수가 많음을 나타낸다. 일상체의 부정문과 의문문에 주로 쓰이고, 격식체의 긍정문에도 흔히 쓰인다. 일상체의 긍정문에는 다른 표현으로 대신하는 경우가 많다.

1 일상체의 부정문

cf. 일상체의 긍정문에서 쓰이는 주요 대응 표현으로는 a good(great) many, a good(great, considerable, large, substantial) number of, a lot of(lots of), a multitude of, plenty of, not(quite) a few 등이 있다.

2 as many: (앞서 나온 수사와) 같은 수만큼의

3 many a(n)+단수명사: 많은 (명사)
= many+복수명사
명사에 따른 동사의 수 일치에 주의해야 한다.

B much는 셀 수 없는 명사의 양이 많음을 나타낸다. 일상체의 의문문과 부정문에 주로 쓰이고, 격식체의 긍정문에도 흔히 쓰인다. 일상체의 긍정문에는 다른 표현으로 대신하는 경우가 많다.

4 일상체의 의문문

cf. 긍정문에서 쓰이는 대응 표현으로는 a good(great) deal of, a good(great, considerable, large, substantial) amount of, a lot of(lots of), plenty of, not(quite) a little 등이 있다.

5 as much: (앞서 나온 수사와) 같은 양만큼의

C few와 a few는 셀 수 있는 명사의 수가 적음을 나타낸다.

6 few: (부정적 의미로) 거의 없는, 극소수의
= not many, hardly any

7 a few: (긍정적 의미로) 조금 있는, 몇 개의
= some, a small number of

cf. not(quite) a few: 다수의, 상당수의

D little과 a little은 셀 수 없는 명사의 양이 적음을 나타낸다.

8 little: (부정적 의미로) 거의 없는, 조금밖에 없는

9 a little: (긍정적 의미로) 조금 있는, 약간의
= some, a small amount of

cf. not(quite) a little: 다량의, 상당양의, 적지 않은

E enough

10 He has **enough** money for a first class air ticket.
그는 일등석 비행기 표를 살 만큼의 돈이 있다.

cf. We don't have food **enough** to distribute to all.
우리는 모두에게 분배할 만큼의 충분한 음식이 없다.

11 There are **enough** containers (for them) to meet the demand of the shippers.
(그들은) 해운 회사들의 요구에 맞추기에 충분한 컨테이너들이 있다.

cf. Not **enough** is being invested in protecting wildlife.
야생 동물을 보호하는 데 충분한 양이 투자되고 있지 않다.

F several

12 The author wrote **several** books about the Fourth Industrial Revolution.
그 작가는 4차 산업 혁명에 대해 몇 권의 책을 저술했다.

E

10 enough+셀 수 없는 명사(셀 수 있는 명사의 복수형): 충분한(필요한 만큼의) (명사)

cf. 형용사로 쓰이는 enough는 주로 명사 앞에 위치하지만 간혹 명사 뒤에 위치하기도 하는데 일부 표현을 제외하고는 현대 영어에서는 드물다.

11 enough+명사(+for+의미상의 주어)+to부정사: (의미상의 주어가) ~하기에 충분한 (명사)

cf. enough: 충분한 수(양)
대명사로 쓰이기도 한다.

F

12 several+셀 수 있는 명사의 복수형: 몇몇의 (명사)
several은 a few보다 많고 many보다 적은 수에 해당한다.

GRAMMAR PLUS+

수량(많고 적음)을 나타내는 기타 주요 표현

1 cost, fee, income, salary, wage 등은 주로 high 또는 low로 나타낸다.
▶ Mary will not accept the offer unless the salary is **high**.
Mary는 월급이 높지 않다면 그 제안을 받아들이지 않을 것이다.

2 amount, audience, family, population, quantity, sum 등은 주로 large 또는 small로 나타낸다.
▶ A **large** audience attended the meeting. 많은 청중이 회의에 참석했다.

3 attendance, number 등은 high, low, large, small을 모두 쓸 수 있다.
▶ That is a **high(low, large, small)** number. 그것은 큰(작은, 많은, 적은) 수이다.

EXERCISE 03 >

<보기>에서 가장 알맞은 말을 골라 문장을 완성하시오.

보기   few   a few   little   a little   enough   many   much   large   small   high   low

1 People living in big cities are suffering from _____ cost of living.

2 There was _____ hope of being elected, so he withdrew as a candidate.

3 The chamber orchestra was disappointed that they had a _____ audience today.

4 _____ a politician makes the same mistakes over and over again.

5 I can remember all his lines in the movie because I've seen it quite _____ times.

6 The fee for participating is _____ this time, so she may attend the seminar.

7 Fortunately, the car has _____ room for five passengers and all of the suitcases.

8 You need to prepare five cups of vinegar and as _____ soy sauce to make it.

UNIT 70 형용사의 위치와 어순

A 명사를 앞에서 수식하는 경우

1 **Those seven gorgeous** <u>men</u> are all singers.
저 일곱 명의 멋진 남자들은 모두 가수이다.

2 The **first two** <u>questions</u> were easy but the third was very difficult for me.
처음 두 문제는 쉬웠지만 세 번째 문제는 나에게 매우 어려웠다.

3 This region has warmed at **three times** the global warming <u>rate</u> over the last four decades.
이 지역은 지난 40년 동안 지구온난화 속도의 세 배로 더워졌다.

4 The cartoon character has **weird thick** <u>eyebrows</u>.
그 만화 캐릭터는 괴상하고 짙은 눈썹을 하고 있다.

5 An enormous new **railway** <u>station</u> will be built soon.
거대한 새 철도역이 곧 지어질 것이다.

6 How can I relieve my painful **swollen** <u>ankle</u>?
어떻게 하면 저의 아픈 부은 발목을 나아지게 할 수 있을까요?

B 명사를 뒤에서 수식하는 경우

7 This is a <u>dictionary</u> **useful** for intermediate students.
이것은 중급 수준의 학생들에게 유용한 사전이다.
= ~ a dictionary which is **useful** for intermediate ...

8 I like the bride's <u>face</u> **aglow** with happiness.
나는 행복으로 빛나는 신부의 얼굴이 좋다.
= ~ bride's face that is **aglow** with happiness.

9 The <u>authorities</u> **concerned** have always denied the allegations.   관련 당국은 그 의혹을 계속해서 부인해왔다.
= The authorities that are **concerned** have ...

cf. The **concerned** <u>parents</u> decided to take action.
걱정이 된 부모들은 행동을 취하기로 결정했다.

10 Sarma Cave in Georgia is about 1,830 <u>meters</u> **deep**.
조지아주에 있는 Sarma 동굴은 약 1,830미터의 깊이이다.

cf. The stolen sculpture is **worth** half a million <u>bucks</u>.
도난당한 그 조각상은 50만 달러의 가치가 있다.

11 She couldn't find <u>anything</u> **wrong** there.
그녀는 그곳에서 잘못된 점을 찾을 수 없었다.

12 The doctors finally found the best <u>cure</u> **possible** for the disease.
그 의사들은 마침내 그 병에 대한 가능한 최고의 치료법을 찾아 냈다.
= ~ the best **possible** <u>cure</u> for the disease.

A

1 여러 종류의 형용사가 함께 수식하는 경우:
관사 / 대명형용사＋수량형용사＋성상형용사＋명사

2 서수와 기수가 수식하는 경우: 서수＋기수＋명사

3 배수사는 정관사나 형용사들보다 앞에 위치한다.

4 의견과 사실을 나타내는 형용사가 수식하는 경우:
주관적 의견＋객관적인 사실＋명사

5~6 명사 수식어(다른 명사를 수식하는 명사)나 분사는 명사와 제일 가까운 곳에서 위치한다.

B

7~9 「주격 관계대명사＋be동사」 형태로 나타낼 수 있는 경우

7 다른 수식어와 함께 길게 구를 이루어 수식하는 경우

8 서술적 용법으로만 쓰이는 형용사가 명사를 수식하는 경우

9 한정적 용법과 서술적 용법으로 모두 쓰이는 형용사가 서술적 용법으로서 명사를 수식하는 경우

cf. 같은 단어라도 한정적 용법으로 쓰이는 경우에는 명사 앞에 위치함

10 deep, high, long, old, tall, thick, wide 등의 형용사가 단위 또는 나이를 나타내는 명사를 수식하는 경우

cf. worth는 단위를 나타내는 명사를 수식하는 경우에도 명사 앞에 위치함

11 -body, -one, -thing 등으로 끝나는 부정대명사를 수식하는 경우

12 -able, -ible로 끝나는 형용사는 명사의 앞뒤 어디에서든 수식할 수 있다.

13 The ethnic group has lived on this continent from time **immemorial**.
그 인종 집단은 태곳적부터 이 대륙에 살았다.

13 「명사＋형용사」 관용표현
attorney general 법무장관, from time immemorial 태곳적부터, notary public 공증인, poet laureate 계관시인, proof positive 확증, the sum total 총 합계, things Western 서양 문물 등이 있다.

GRAMMAR PLUS+

1 한정적 용법으로 쓰이는 성상형용사의 어순

주관적 의견	크기	형태*	나이·신구*	색상	무늬	기원	재료	명사 수식어/ 분사	명사
beautiful good interesting	large big small	square round polygonal	old new ancient	purple green brown	striped dotted plain	French English Korean	silk rubber wooden	beach training tea	scarf ball table

*형태와 나이·신구는 서로 자리가 바뀌는 경우가 많다.

성상형용사가 명사를 앞에서 수식할 때의 어순은 일반적으로 위와 같다. 여러 형용사가 나열될 경우 콤마(,)가 필요하지만 대개 생략하며, 성상형용사 중에서 같은 계열의 형용사가 동시에 명사를 수식할 때는 반드시 콤마나 and로 연결한다.

▶ It is an **interesting**(,) **wooden** table. 그것은 흥미로운 나무 탁자이다.
⚠ It is an **interesting and wooden** table. (x)

▶ It is an **interesting and beautiful** table. 그것은 흥미롭고 아름다운 탁자이다.
⚠ It is an **interesting beautiful** table. (x)

2 서술적 용법으로 쓰이는 여러 형용사의 어순
서술적 용법으로 쓰일 때는 한정적 용법에서보다는 형용사끼리의 어순이 비교적 자유롭다. 단, 콤마를 반드시 쓰고 마지막 형용사를 and로 연결한다.

▶ The table is **small**, **brown**, **and polygonal**. 그 탁자는 작고, 갈색이며 다각형이다.

EXERCISE 04 >

괄호 안의 말을 알맞게 배열하여 문장을 완성하시오.

1 I adopted _____ from an animal shelter. (three, cats, white, these)

2 _____ of the tower has arrived at the harbor. (parts, last, the, two)

3 We can give you this at _____ if you buy two of these. (price, half, the)

4 Look at _____ with blue and gray patterns. (bag, lovely, the, knitting)

5 We had _____ for lunch together. (pizza, crust, Italian, a, thin)

6 The children found _____ in the cupboard. (cookies, jar, full, a, of)

7 He purchased the pink diamond from _____. (trustworthy, someone)

8 She needs some pictures of _____ for her article. (factory, the, afire)

9 James appears to be about _____. (tall, centimeters, 180)

10 The legendary writer's autograph is _____. (dollars, five million, worth)

11 _____ is already reserved. (chair, small, wooden, that, dotted)

12 She has calculated _____ and that was over 300 dollars. (total, the, sum)

13 I'd really love to ride _____ myself. (truck, huge, that, tow, red)

UNIT 71 주요 형용사 구문

A it is(was)+형용사+that ~ should+동사원형

1 It is **desirable** that he (**should**) shoot the movie at once.
그가 당장 영화를 촬영하는 것이 바람직하다.

= It is desirable <u>for him</u> to shoot the movie at once.

2 It was **odd** that she **should** sell her horse farm for a giveaway price.
그녀가 헐값에 자신의 말 농장을 팔다니 이상했다.

3 It is **wrong** that the athlete **should** be stripped of his Olympic silver medal.
그 선수가 올림픽 은메달을 박탈당하다니 잘못되었다.

cf. It is **wrong** that the athlete <u>was</u> stripped of his Olympic silver medal.
그 선수가 올림픽 은메달을 박탈당했다는 것은 잘못된 일이다.

B 사람 주어+be동사+형용사+that절

4 The children were **frustrated** (that) some of the puzzle pieces were missing.
그 아이들은 퍼즐 조각 일부가 사라져서 불만스러웠다.

cf. The children were **thrilled** to find all the missing puzzle pieces.
그 아이들은 없어진 퍼즐 조각을 모두 찾아서 무척 신이 났다.

5 They were **convinced** that she could complete the contract without undue delay.
그들은 그녀가 지체 없이 계약을 이행할 수 있다고 확신했다.

C it is(was)+형용사+for+의미상의 주어+to부정사

6 It is **important** <u>for her</u> to apply for the civil service exam in time.
그녀가 시간에 맞춰 공무원 시험에 지원하는 것이 중요하다.

cf. It is **inconvenient** to sign up for the site in order to make a reservation.
예약을 하기 위해 사이트에 회원 가입을 해야 하는 것은 불편하다.

7 It is not **easy** for her to hang out with <u>them</u>.
그녀가 그들과 어울려 다니는 것은 쉽지 않다.

= **They** not <u>easy</u> for her to hang out with.

8 It is **necessary** to convince the potential customers.
잠재적 고객들에게 확신을 주는 것이 필요하다.

A

1 미래 지향적인 명령·요구·제안·권고·주장·동의·결정·소망·중요 등을 나타내는 형용사가 that절을 수반하여 당연·필요를 나타낸다. 이때 that절의 should는 보통 생략된다.
🔄 참조 **UNIT 19 C**

2~3 유감·놀라움 등을 나타내는 형용사와 옳고 그름 등을 나타내는 형용사는 should를 포함한 that절을 수반하여 개인적 감정 및 판단을 강조할 수 있으며 '~하다니'로 해석할 수 있다.

2 감정을 나타내는 형용사

3 판단을 나타내는 형용사

cf. 감정과 판단을 나타내는 구문에 직설법을 쓰면 객관적 사실을 강조할 수 있다.

B

4 afraid, astonished, anxious, ashamed, bewildered, content, disappointed, frightened, frustrated, proud, sorry 등의 감정을 나타내는 형용사가 사람을 주어로 하고 that절을 수반하는 경우, that절은 감정의 원인이나 이유를 나타낸다. 이때 that은 생략 가능하다.

cf. that절의 주어와 주절의 주어가 같으면 to부정사를 주로 쓴다.

5 aware, certain, confident, convinced, sure 등의 형용사가 사람을 주어로 하고 that절을 수반하는 경우, that절은 형용사의 목적어에 상당하게 된다.

C

6 '(의미상의 주어)가 ~하는 것은 (형용사)하다'를 나타내는 구문에서 common, convenient, dangerous, difficult, easy, essential, hard, important, natural, necessary, normal, pleasant, possible, safe, usual 등의 형용사는 사람이 아닌 it을 주어로 하고, 의미상의 주어를 「for+목적격」 형태로 밝혀준다. 🔄 참조 **UNIT 32 B**

cf. 의미상의 주어가 막연한 일반인인 경우 밝히지 않음

7 to부정사의 목적어가 사람인 경우, 문장의 주어가 될 수 있다.
⚠ **She** is not easy to hang out with them. (x)

8 to부정사의 목적어가 사람이더라도 important, necessary, possible 등의 형용사가 쓰인 경우, 문장의 주어가 될 수 없다.
⚠ **The potential customers** are important to convince. (x)

cf. It was **exciting** to get on the submarine.
  잠수함에 타는 것은 흥미진진했다.
  = The submarine was **exciting** to get on.

cf. 기분·감정을 나타내는 분사형 형용사가 쓰인 문장에서 to부정사의 목적어가 문장의 주어가 되는 경우도 있다.

GRAMMAR PLUS⁺

「it is(was)+형용사+that ~ should+동사원형」 구문에 쓰이는 형용사

1 당연·필요를 나타내는 형용사
adamant, advisable, best, crucial, desirable, essential, imperative, important, natural, necessary, unthinkable, urgent, vital 등 ⚠ 이 경우에는 should 생략 가능

2 감정을 나타내는 형용사
absurd, astonishing, bewildering, disappointing, embarrassing, exciting, frustrating, funny, odd, perplexing, sad, strange, surprising, unusual, weird, wonderful 등

3 판단을 나타내는 형용사
common, customary, good, natural, probable, proper, reasonable, logical, right, wrong 등

EXERCISE 05 >

괄호 안에서 알맞은 말을 고르시오.

1 (It / He) is normal to have a guilty conscience once in a while.

2 They are (necessary / difficult) for me to maintain a good relationship with.

3 It was vitally essential that she (submitted / submit) her term paper by next week.

4 She was bewildered (seeing / to see) two police cars and several police officers at her house.

5 It is natural (for / of) him to want to look for his biological parents.

EXERCISE 06 >

우리말과 뜻이 같도록 괄호 안의 말을 이용하여 문장을 완성하시오.

1 저희가 일부 뛰어난 예술가들을 대표하게 되어 자랑스럽습니다. (proud, represent)
  → _____ some of the exceptional artists.

2 나는 자서전을 쓰라고 그를 설득하는 것이 쉬웠다. (easy)
  → _____ to persuade to write his autobiography.

3 그녀가 감독에게 동의하다니 놀랍다. (astonishing, agree)
  → _____ with the director.

4 그가 우리에게 두 번째 기회를 주다니 적절했다. (proper, give)
  → _____ us a second chance.

5 나는 우리가 국제적 지지를 필요로 한다는 것을 알고 있다. (aware, need)
  → _____ international support.

\underset{\text{UNIT}}{72} 부사의 형태와 쓰임

A 형용사에 -ly, -y, -ally를 붙인 부사

1 glad → glad**ly** 기쁘게	calm → calm**ly** 고요히
2 guilty → guilt**ily** 유죄로	busy → bus**ily** 바쁘게
3 undue → undu**ly** 지나치게	true → tru**ly** 진심으로
cf. opaque → opaqu**ely** 불투명하게	
4 dull → dul**ly** 둔하게	full → ful**ly** 충분히
5 capable → capab**ly** 유능하게	idle → id**ly** 한가하게
cf. whole → whol**ly** 완전히	sole → sole**ly** 단독으로
6 specific → specific**ally** 명확하게	
basic → basic**ally** 기본적으로	
cf. public → public**ly** 공공연하게	
frantic → frantic**ly**(frantic**ally**) 미친 듯이	

B 명사에 -ly를 붙인 부사

7 Success is **partly** a matter of perspiration and **partly** of chance.   성공은 부분적으로는 땀, 또 다른 부분적으로는 운의 문제이다.

C -ly로 끝나는 형용사 겸 부사

8 We publish a **weekly** magazine about health.
저희는 건강 관련 주간지를 출판합니다.

9 This health magazine is published **weekly**.
이 건강 관련 잡지는 매주 출판됩니다.

D -ly로 끝나지 않는 형용사 겸 부사

10 After the conference, we all had a **late** lunch.
회의가 끝난 후, 우리는 모두 늦은 점심을 먹었다.

11 We may have to work **late** this month.
우리는 이번 달에 늦게까지 일을 해야 할지도 모른다.

E -ly가 붙든 안 붙든 뜻이 같은 부사

12 The travelers flew **direct(directly)** to Seoul from Helsinki.
그 여행객들은 헬싱키에서 서울로 직항으로 비행했다.

F -ly가 붙으면 뜻이 달라지는 부사

13 What was the **most** significant moment last year?
작년에 가장 의미 있는 순간은 무엇이었는가?

14 The first three days were spent **mostly** meeting people in the office.
첫 3일은 대개 사무실에서 사람들을 만나면서 지나갔다.

A

1 대부분의 경우: 형용사+-ly

2 「자음+-y」로 끝나는 경우: y를 i로 바꾸고+-ly

3 -ue로 끝나는 경우: e를 생략하고 형용사+-ly

cf. 예외

4 -ll로 끝나는 경우: 형용사+-y

5 -le로 끝나는 경우: e를 생략하고 형용사+-y

cf. 예외

6 -ic로 끝나는 경우: 형용사+ally

cf. 예외

B

7 명사에 -ly를 붙인 부사로는 partly 부분적으로, purposely 일부러, quarterly 분기별로 등이 있다.

C

8~9 -ly로 끝나는 형용사 겸 부사로는 deadly 치명적인; 치명적으로, early 이른; 일찍, hourly 매 시간마다의; 매 시간마다, daily 매일의; 매일, weekly 매주의; 매주, monthly 매월의; 매월, yearly 매년의; 매년 등이 있다.

D

10~11 -ly로 끝나지 않는 형용사 겸 부사로는 hard 딱딱한; 열심히, last 마지막의; 마지막으로, late 늦은; 늦게, pretty 예쁜; 매우 등이 있다.

E

12 -ly가 붙든 안 붙든 뜻이 같은 부사로는 direct(directly) 직접적으로, fair(fairly) 공정하게, quick(quickly) 빨리, slow(slowly) 느리게, tight(tightly) 단단히, wrong(wrongly) 잘못되게 등이 있다.

F

13~14 -ly가 붙으면 뜻이 달라지는 부사로는 close 가까운 – closely 면밀히, 밀접하게 / hard 열심히 – hardly 거의 ~않다 / high 높이 – highly 매우 / just 바로 – justly 당연히 / late 늦게 – lately 최근에 / most 가장 – mostly 대개 / near 가까이 – nearly 거의 / short 짧게 – shortly 곧 등이 있다.

G 부사의 쓰임

15 I got **extremely** <u>angry</u> about the ridiculous situation.
나는 터무니 없는 상황에 대해 극도로 화가 났다.

16 The boy can speak three languages **quite** <u>fluently</u>.
그 소년은 3개 국어를 꽤 유창하게 말할 수 있다.

17 The woman <u>ran</u> **frantically** to the police station.
그 여자는 경찰서로 미친 듯이 달렸다.

18 Those illegal immigrants are **exactly** <u>in the same</u>
<u>boat</u>. 그 불법 체류자들은 정확하게 같은 처지에 놓여 있다.

19 I will attend the reception **only** <u>if you are there</u>.
네가 그 연회에 참석할 경우에만 나도 참석할 거야.

20 **Surprisingly**, <u>the secretary turned out to be guilty</u>.
놀랍게도 그 비서가 유죄로 밝혀졌다.

21 <u>He</u> was **out** on pressing business when we arrived at
his office. 우리가 그의 사무실에 도착했을 때 그는 급한 용무로 자리에 없었다.

22 She kept <u>her head</u> **down** under the hood of her coat.
그녀는 코트에 달린 모자 아래로 고개를 숙인 채였다.

23 I stumbled backwards and fell on my **behind**.
나는 뒤쪽으로 휘청거리다가 엉덩방아를 찧었다.

24 The most eventful month of the year is **nearing** its
end. 올해의 가장 다사다난했던 달이 막바지에 다다르고 있다.

G

15~20 부사는 형용사(구), 부사(구), 동사(구), 전치사구,
부사절, 문장 전체 등을 수식한다. ⟳참조 **UNIT 03 B**

15 형용사 수식

16 부사 수식

17 동사 수식

18 전치사구 수식

19 부사절 수식
even, entirely, just, largely, mainly, only, partly,
simply 등이 주로 부사절을 수식한다.

20 문장 전체 수식

21~24 above, away, behind, below, down, in, near,
off, on, out, over, through, up 등과 같은 부사들은 명사,
형용사, 전치사, 동사 등 다른 품사로 쓰이기도 한다.

21 out: 주격보어인 형용사(외부의)

22 down: 목적격보어인 형용사(아래로의)

23 behind: 명사(엉덩이)

24 near: 동사(가까워지다)

GRAMMAR PLUS+

부사가 be동사와 함께 보어로 쓰이는 다양한 경우

▶ The admiral will <u>be</u> **back** soon. 그 장군은 곧 복귀할 것이다.

▶ Watch your step since all the lights <u>are</u> **off**. 불이 전부 꺼져 있으니 발을 조심하세요.

▶ Time to go. <u>I'm</u> **off**. 갈 시간이네. 나 갈게.

▶ The TV series <u>was</u> **over** a long time ago. 그 TV 시리즈는 오래 전에 종영했다.

EXERCISE 07 >

밑줄 친 부분에 유의하여 우리말로 옮기시오.

1 The criminal profiler examined <u>closely</u> every letter in the note.

2 The wind is strong, so hold on <u>tight</u> to your umbrella.

3 She was orphaned <u>early</u> in life and found success at an <u>early</u> age.

4 The new recruit has been late to work several times <u>lately</u>.

5 Please leave the flashlight <u>on</u> until I find the switch for the room.

6 Everybody was curious about the results when the election was <u>over</u>.

7 It is a simple but <u>highly</u> effective way to protect the environment at home.

8 Economic future is uncertain due to the <u>ups</u> and <u>downs</u> of the stock market.

9 Both teams promised to play <u>fair</u> and it was a <u>fair</u> play.

UNIT 73 부사의 위치와 어순

A 수식할 때의 위치

1 All his friends waved **pretty** enthusiastically.
그의 친구들은 모두 매우 열정적으로 손을 흔들었다.

cf. Could you check if the water is warm **enough**?
물이 충분히 따뜻한지 확인해 주시겠어요?

2 The person in charge answered **instantly**.
담당자가 즉시 응답했다.

3 **Fortunately**, he was recognized as the lawful heir.
다행히도 그는 합법적 상속자로 인정되었다.

4 He is **arguably** the world's best tennis player.
그는 틀림없이 세계 최고의 테니스 선수이다.

5 She **foolishly** signed the contract without reviewing it. 그녀는 어리석게도 계약서를 검토하지 않고 사인을 했다.

B 종류에 따른 위치

6 We will have a family get-together **tomorrow**.
내일 우리는 가족 모임을 가질 것이다.
= **Tomorrow**, we will have a family get-together.

7 Humans will **someday** find another Earth.
인류는 언젠가 또 다른 지구를 찾게 될 거야.
= **Someday**, humans will find another Earth.
= Humans will find another Earth **someday**.

8 They are planning to have an audition **overseas**.
그들은 해외에서 오디션을 가질 계획이다.

9 **Inside** goes the following: shrimp, pork belly, and cucumber. 안에는 다음의 것, 즉 새우, 삼겹살, 오이가 들어갑니다.

cf. **Everywhere** he went to find the first edition of the book. 그는 그 책의 초판을 찾기 위해 온 데로 다녔다.

10 "I think you need help," she said **softly**.
"내 생각에 너는 도움이 필요해."라고 그녀는 부드럽게 말했다.

11 They will restructure the project **comprehensively**.
그들은 그 프로젝트를 완전히 재구성할 것이다.

cf. They will restructure **comprehensively** the project that has many problems.
그들은 문제점이 많은 그 프로젝트를 완전히 재구성할 것이다.

12 Their project will be **comprehensively** restructured.
그들의 프로젝트는 완전히 재구성될 것이다.

A

1 형용사나 부사, 구, 절을 수식하는 경우 수식하는 말 바로 앞에 위치한다.

cf. enough는 수식하는 말 뒤에 위치한다.

2 동사를 수식하는 경우, 동사 뒤에 위치한다.

3~5 문장을 수식하는 경우, 일반적으로 문장 맨 앞에 오지만 be동사 뒤나 일반동사 앞에 오기도 한다.

B

6~7 시간을 나타내는 부사

6 구체적인 시간을 나타내는 부사는 일반적으로 문장 끝에 위치하며, 문장 첫머리에 올 때는 뒤에 쉼표를 붙이기도 한다.

7 막연한 시간을 나타내는 later, recently, someday, soon 등과 같은 부사들은 동사 앞에 위치하기도 한다.

8~9 장소를 나타내는 부사

8 일반적으로 문장 끝에 위치한다.

9 강조하기 위해 문장의 맨 앞에 위치하는 경우, 주어가 명사이면 주어와 동사가 도치된다. **↺참조 UNIT 119 A**

cf. 부사가 문장의 맨 앞에 위치하더라도 대명사 주어인 경우에는 도치가 일어나지 않는다.

10~12 양태를 나타내는 부사

10 보통 동사의 뒤에 위치한다.

11 목적어나 보어가 있는 경우 그 뒤에 위치한다.

cf. 목적어가 길면 목적어 앞에 위치한다.

12 수동태에서는 흔히 be동사와 과거분사 사이에 위치한다.

13 The information on the website is updated **daily**.
그 웹 사이트의 정보는 매일 업데이트된다.

14 The retired swimmer could **rarely** swim over 1,000 meters.   그 은퇴한 수영 선수는 1000미터도 좀처럼 헤엄치지 못했다.

15 We should **never** have forgiven them for the theft.
우리는 절도에 대해 절대 그들을 용서하지 말았어야 했다.

16 **Usually** he sends text messages to me after lunch.
대체로 그는 점심 식사 후에 나에게 문자 메시지를 보낸다.

17 **Never** try to be ordinary, be extraordinary.
절대로 평범해지려 하지 말고 비범해지려고 노력하라.

C 「타동사+부사」에서의 위치

18 Our labor union called **off** the five-month strike.
우리 노동조합은 5개월 간의 파업을 철회했다.

= Our labor union called the five-month strike **off**.

19 Our labor union called it **off**.   우리 노동조합은 그것을 철회했다.

D 여러 부사 사이의 어순

20 She works **at the train station in Seoul**.
그녀는 서울에 있는 기차역에서 근무한다.

= **In Seoul** she works **at the train station**.

21 He had a consultation **for two hours once a week this year**.   그는 올해 일주일에 한 번, 두 시간 동안 상담을 받았다.

22 The ball **rolled down the hill, past the hole, and into the pond**.   그 공은 언덕을 굴러 내려가 구멍을 지나치고 연못으로 들어갔다.

23 It rained **heavily in New York last night**.
어젯밤 뉴욕에는 폭우가 내렸다.

24 The actor arrived **at the airport safely this morning**.
그 배우는 오늘 아침 무사히 공항에 도착했다.

13~15 빈도를 나타내는 부사

13 명확한 빈도를 나타내는 부사는 주로 문장 끝에 위치한다.

14~15 막연한 빈도를 나타내는 부사는 be동사와 조동사 뒤, 일반동사 앞에 위치한다. 조동사가 2개 이상일 경우 첫 번째 조동사 뒤에 위치한다.

16~17 frequently, hardly ever, normally, occasionally, often, sometimes, usually 등 거의 대부분의 빈도 부사는 문장 맨 앞이나 끝에 위치할 수 있지만 always, never 등은 명령문을 제외하고는 문장 맨 앞에 위치할 수 없다.

⚠ **Never** I try to be ordinary. (x)

C

18 목적어가 명사이면 부사는 목적어 앞, 뒤 어디든 위치할 수 있다. ↻참조 **UNIT 07 B**

19 목적어가 대명사이면 부사는 목적어 뒤에 위치한다.
⚠ The labor union called **off** it. (x)

D

20 종류가 같은 여러 부사가 함께 오는 경우, 일반적으로 작은 범위에서부터 큰 범위 순서로 나타내며, 큰 범위의 부사구는 문장 맨 앞으로 이동할 수 있다.
at the train station < in Seoul

21 시간 부사가 기간이나 빈도를 나타내는 부사와 함께 오는 경우, 「기간+빈도+시간」 순서이다.

22 방향을 나타내는 여러 부사가 오는 경우, 이동 순서에 따라 나타낸다.

23~24 양태, 장소, 시간 등의 부사가 함께 오는 경우, 강조 내용에 따라 위치가 비교적 자유로운 편이다.

23 일반적으로 동사 뒤에서 「양태+장소+시간」 순서로 나타낸다.

24 arrive, come, depart, go, leave, return, start 등의 동사 뒤에서는 대개 「장소+양태+시간」 순서로 나타낸다.

EXERCISE
08 >

괄호 안의 말을 알맞게 배열하여 문장을 완성하시오.

1 Out _____ and we also saw numerous stars. (moon, came, the)

2 Your uncle will _____ from school today. (you, pick, up)

3 He _____ to run his own farm. (wanted, must, have, always)

4 We practiced _____. (twice a week, for an hour, this month)

5 _____ at school as a teacher. (your first day, remember, always)

A before · ago · since

1 He testified that he <u>had visited</u> the bookstore a week **before**.
그는 일주일 전에 그 서점에 방문했다고 진술했다.

2 I <u>immigrated</u> to the Netherlands two decades **ago**.
나는 20년 전에 네덜란드로 이민 왔다.

3 Cats <u>have</u> **ever since** <u>occupied</u> the deserted building. 고양이들이 그 후로 줄곧 그 버려진 건물을 차지하고 있다.

cf. It <u>has been</u> two decades **since** I immigrated to the Netherlands. 내가 네덜란드로 이민온 지 20년이 되었다.

4 She <u>has worked</u> as a ghostwriter **before**.
그녀는 전에 대필 작가로 일한 적이 있다.

5 She was lost in the mountain last year, and she <u>hasn't gone</u> climbing **since**.
그녀는 작년에 산에서 길을 잃었는데, 그 이후로 등산을 가지 않았다.

B still · yet · already

6 The intersection is **still** under construction.
그 교차로는 여전히 공사 중이다.

7 They **still** haven't apologized properly to her.
그들은 아직도 그녀에게 제대로 사과하지 않았다.

8 They haven't apologized properly to her **yet**.
그들은 아직 그녀에게 제대로 사과하지 않았다.
= They have **not yet** apologized properly to her.

9 Is it time to go to bed **yet**? 이제 잠자리에 들 시간인가요?

10 She has **already** underwent a surgical operation.
그녀는 이미 수술을 받았다.

11 He made Christmas cards **already**. It's only October.
그는 이미 크리스마스 카드를 만들었다. 겨우 10월인데.

12 Have you **already** met Jonathan?
당신은 이미 Jonathan을 (만났으리라 짐작하는데) 만났나요?

13 Have you met Jonathan **yet**?
당신은 이제 Jonathan을 (만났는지 모르겠는데) 만났나요?

C ever · never · once

14 A: Have you **ever** thought of changing your career?
직업을 바꿔볼 생각을 해본 적 있나요?
B: No, I **never** have. 아뇨, 없어요.

A

1~3 기간을 나타내는 말과 함께 쓰이는 경우

1 before: (과거의 어느 시점보다) ~ 전에
과거완료시제에 쓰인다.

2 ago: (말하는 시점 또는 현재로부터) ~ 전에
과거시제에만 쓰인다.

3 since: (과거의 어느 시점부터 지금까지) 줄곧
주로 현재완료시제에 쓰인다.
ever since: 그 후로 줄곧, long since: 오래 전에

cf. since가 접속사로 쓰이는 경우 **↺참조 UNIT 103 C**

4~5 before와 since는 단독으로도 쓰일 수 있으나, ago는 단독으로 쓰이지 않는다.

4 before: 전에, 예전에
주로 완료시제에 쓰인다.

5 since: 그 이후로 (지금까지) = since then
현재완료시제에 쓰인다.

B

6~7 still: 여전히, 아직도

6 어떤 일이 계속 진행된다는 것에 유감이나 놀람을 나타낸다.

7 마땅히 이루어져야 하는 일이 아직도 이루어지지 않고 있다는 부정적 의미를 내포한다.

8~9 yet: <부정문> 아직; <의문문> 이제, 벌써

8 부정문에서 아직은 아니지만 곧 예상했던 일이 이루어질 것이라는 긍정적 의미를 내포한다. yet은 보통 문장 끝에 오지만, 격식체에서는 not 바로 뒤에 오기도 한다.

9 의문문

10~13 already: <긍정문> 벌써, 이미
부정문에서는 거의 쓰이지 않는다.

10~11 예상했던 일이 생각보다 일찍 일어났음을 나타낸다.
보통은 조동사 뒤, 일반동사 앞에 위치하지만 강조를 위해 문장 끝에 오기도 한다.

12~13 already가 의문문에 쓰이면 일이 일어난 것을 짐작하고 있음을 나타내기도 한다. 반면 yet은 일이 일어났는지 여부를 알지 못함을 나타낸다.

C

14~15 ever: <의문문·부정문·조건절> 언젠가, 언제든, 한 번이라도
not ever = never

15 I've **never** thought of changing my career.

나는 직업을 바꿔볼 생각을 해본 적이 없다.

= I haven**'t ever** thought of changing my career.

16 Contact me if you **ever** need my help.

언젠가 내 도움이 필요하면 (그럴 가능성이 희박하지만) 연락해.

17 This botanical garden **once** belonged to him.

이 식물원은 한때 그의 소유였다.

18 We will visit you in the office **sometime**.

우리가 언젠가 사무실로 당신을 만나러 갈게요.

19 I'll go all out because I'll do this **once**.

나는 이 일을 한 번 할 것이기 때문에 총력을 기울일 것이다.

D rarely · seldom / hardly · scarcely · barely

20 Temperatures **rarely(seldom)** drop below zero even in winter in that country.

그 나라에서는 겨울에도 기온이 좀처럼 영하로 떨어지지 않는다.

21 He is **hardly(scarcely)** able to read the alphabet.

그는 알파벳도 거의 읽을 수 없다.

cf. He is **barely** able to read the alphabet.

그는 간신히 알파벳을 읽을 수 있다.

22 They **hardly(scarcely)** showed **any** interest in the vote. 그들은 투표에 대해 거의 관심을 보이지 않았다.

23 We **hardly(scarcely) ever** eat out at restaurants.

우리는 거의 식당에서 외식하지 않는다.

24 The news was **hardly** a surprise to most of us.

그 소식은 우리 대부분에게는 전혀 놀랄 일이 아니었다.

25 I had **barely** lifted the spoon **when** someone knocked on the door. 내가 숟가락을 들자마자 누군가가 문을 두드렸다.

16 if 다음에 오면 부정적인 의미가 내포된다.

17~18 once: <긍정문> (과거의) 언젠가, 한때
동사 앞이나 문장 맨 앞에 위치하며, 미래시제에 쓰이지 않기 때문에 sometime이나 one day로 미래를 나타낸다.

⚠ We will **once** visit you in the office. (x)

19 '한 번'의 횟수를 의미일 때는 동사나 조동사 뒤, 또는 문장 끝에 위치하며, 미래시제에도 쓰일 수 있다.

D

20 rarely · seldom: (횟수가) 좀처럼 ~않게

21~24 hardly · scarcely · barely: (정도 · 양이) 거의 ~않게

21 scarcely는 격식이 있는 표현이다.

cf. barely는 '간신히'를 뜻하기도 한다.

22 양을 나타낼 때는 흔히 any, anyone, anything을 동반한다.

23 횟수를 나타낼 때는 흔히 ever를 동반한다.

24 「hardly a(n) + 명사」 형태로 '(전혀) ~가 아니다'의 의미를 나타내기도 한다.

25 hardly(scarcely, barely) ~ when(before) …: ~하자마자 …하다
주절에는 과거완료시제, 종속절에는 과거시제를 쓴다.

🔎참조 **UNIT 119 A**

EXERCISE

09 >

괄호 안에서 알맞은 말을 고르시오.

1 Have the twins decided which university to apply to (yet / still)?

2 My grandfather (yet / once) worked as a superintendent at a national park.

3 I found out that I had been at school with her ten years (before / ago).

4 The wooden arch bridge has long (since / ago) been demolished.

5 If you have (ever / never) been to Paris, you won't understand why I love that city.

6 We had scarcely begun eating the pizza (before / since) we heard the squeaking sound.

7 Has the judge (still / already) issued a warrant for the man's arrest?

UNIT 75 주요 부사의 용법 Ⅱ

A very · much

1 It's a **very** <u>rare</u> chance, so try **very** <u>hard</u> to get it.
이것은 매우 드문 기회이니 그 기회를 잡기 위해 매우 열심히 노력해라.

2 The novel seems **very** <u>intriguing</u> to me because its setting is a **very** <u>isolated</u> village.
그 소설은 내게 매우 흥미로워 보이는데, 그 배경이 매우 고립된 마을이기 때문이다.

3 We will provide you with the **very** <u>best</u> service.
저희는 여러분께 단연코 최고의 서비스를 제공할 것입니다.

4 We <u>appreciate</u> your consideration so **much**.
저희는 귀하의 배려에 크게 감사드립니다.

5 The river was (very) **much** <u>polluted</u> with waste water.
그 강은 폐수로 아주 많이 오염되었다.

6 She is (very) **much** <u>happier</u> in her new house.
그녀는 새 집에서 훨씬 더 행복하다.

7 Sue is **much** the <u>funniest</u> of all my friends.
Sue는 내 친구들 중 단연코 가장 재미있다.

8 **Much** <u>to the grief of his fans</u>, he decided to retire.
그의 팬들에게는 애석하게도, 그는 은퇴하기로 결심했다.

B enough · too

9 She listened <u>attentively</u> **enough** (to understand him).
그녀는 (그의 말을 이해할 만큼) 충분히 귀 기울여 들었다.

10 The porridge is <u>soft</u> **enough** (for the baby) **to eat**.
그 죽은 (아기가) 먹기에 충분히 부드럽습니다.

11 He is **too** <u>adventurous</u> **to stay** at home.
그는 너무 모험적이어서 집에 머물러 있을 수 없다.
= He is so adventurous that he cannot stay at home.

12 It is **too** <u>cold a day for</u> a swim.   수영하기에 너무 추운 날이다.

13 The importance of sleep **cannot be too** <u>stressed</u>.
수면의 중요성은 아무리 강조해도 지나치지 않다.
= The importance of sleep **cannot be** <u>stressed</u> **enough**.

14 The theory is <u>much</u> **too** complicated to understand.
이 이론은 이해하기에 너무 복잡하다.

15 She was **only too** pleased to publish her first novel.
그녀는 자신의 첫 소설을 출간하게 되어 매우 기뻤다.

A

1~3 very

1 형용사·부사를 수식한다.

2 형용사 역할을 하는 현재분사와 과거분사를 수식한다. 그러나 수동태 문장의 과거분사를 수식할 땐 much를 주로 쓴다.

3 the very 형태로 최상급을 수식하며, '단연코'라는 강조의 의미를 나타낸다. ↻참조 UNIT 81 C

4~7 much

4 동사를 수식하며, 대개 so, too, very 등이 함께 쓰인다.

5~6 수동태 문장의 과거분사나 비교급을 수식하며, 앞에 very가 올 수 있다.

7 최상급을 수식한다.

8 구를 수식한다.

B

9~10 enough는 형용사·부사·동사를 수식하여 '충분하다'는 의미를 나타낸다.

9 ~ enough(+to부정사): (…할 만큼) 충분히 ~한(하게)

10 ~ enough(+for+의미상의 주어)+to부정사: (의미상의 주어가) …할 만큼 충분히 ~한(하게) ↻참조 UNIT 30 B

11~15 too는 형용사·부사를 수식하여 '정도가 지나치다'는 의미를 나타낸다.

11 too ~ to부정사: 너무 ~해서 …할 수 없는

12 too ~ a(n)+명사: 너무 ~한 (명사)

13 cannot be too ~: 아무리 ~해도 지나치지 않다
= cannot be ~ enough ↻참조 UNIT 16 D

14 비교급을 수식하는 far, much, rather, a little, a lot, a bit 등이 too를 수식할 수 있다.
⚠ The theory is <u>very</u> **too** complicated ~. (x)

15 only too: 매우, 아주
= very, extremely

Grammar Sharp | 완성

C | so

16 The boy was **so** <u>mean</u> to the transfer.
그 소년은 전학생에게 너무 심술궂었다.

17 The boy was **so** <u>mean</u> to the transfer **that** she cried.
그 소년은 전학생에게 너무 심술궂어서 그녀가 울어버렸다.

18 She was **so** <u>creative</u> **that** she developed a new field.
그녀는 새로운 분야를 개척할 만큼 창의적이었다.

= She was **so** <u>creative</u> **as to develop** a new field.

19 He is **not as(so)** <u>muscular</u> **as** a body builder.
그는 보디빌딩을 하는 사람만큼 근육질은 아니다.

20 We could**n't so much as** meet the dog's eyes when it growled fiercely.
우리는 그 개가 사납게 으르렁거리자 그 개와 눈을 마주치지조차 못했다.

21 My happiness lies **not so much** in possession **as** in consumption.   나의 행복은 소유에 있다기보다는 소비에 있다.

= My happiness lies **not** in possession **so much as** in consumption.

22 A: Will the policy help generate more jobs?
그 정책이 더 많은 일자리를 창출하게 해줄까?

B: I suppose **so**.   나는 그럴 거라고 생각해.

cf. I don't think **so**.   나는 그럴 거라고 생각하지 않아.
I'm afraid **not**.   유감스럽지만 나는 아닐 것 같아.

23 A: I have a tendency to procrastinate until the last minute.   나는 마지막 순간까지 미루는 경향이 있어.

B: **So do I**.   나도 그래.

24 We were frustrated, and **so** was the coach.
우리는 좌절했고, 코치님도 역시 그랬다.

C

16 서술적 용법으로 쓰인 형용사나 부사 앞에서 강조의 의미로 쓰인다.

17~18 so ~ that절: 너무 ~해서 …한, …할 만큼 ~한
= so ~ as+to부정사

19 not as(so) ~ as …: ~만큼 ~하지 않는(않게)
ↄ 참조 **UNIT 77 A**

20 not so much as ~: ~조차 않다

21 not so much ~ as …: ~이라기보다는 …
= not ~ so much as … ↄ 참조 **UNIT 77 B**

22 앞에 나온 절의 내용을 대신하는 말로 쓰인다.
주로 believe, expect, guess, hope, imagine, say, suppose, tell, think, be afraid 등의 동사 뒤에 쓰임

⚠ so = that the policy will help generate more jobs

cf. 부정문에서는 not ~ so 또는 so 대신 not이 쓰인다. think는 흔히 not ~ so 형태로 쓰이고, be afraid와 hope 뒤에서는 not만 쓰인다. 또한 say와 tell은 앞에 나온 절을 부정문으로 대신하여 쓰이지 않는다. ↄ 참조 **UNIT 121 A**

23~24 so+be동사(조동사, do동사)+주어:
(주어)도 역시 그렇다
앞에 나온 술부의 내용을 대신한다.

EXERCISE

10 ⟩

괄호 안에서 알맞은 말을 고르시오.

1 The designers were (much / enough) distracted by the incidental details.

2 Jeremy is (very / so) considerate as to keep her secret to himself.

3 According to the recent report, the situation is (very much / very) serious.

4 The little girl speaks French fluently (too / enough) to work as an interpreter.

5 This is (the very / very the) worst thing people can experience in pursuing a career.

6 His painting was not so much extraordinary (as / than) weird to my eyes.

7 Youngsters cannot be (so / too) careful in the choice of their friends.

UNIT 76 주요 부사의 용법 Ⅲ

A too · either · neither

1 A: I really hate spinach. 나는 시금치가 정말 싫어.
B: Me **too**. (= **So** do I.) 나도 그래.

2 If you cooperate, we will cooperate **too(as well)**.
당신이 협조한다면 저희도 협조하겠습니다.
= If you cooperate, we will **also** cooperate.

3 I learned French, but I did**n't** learn English **too(as well)**. 나는 프랑스어를 배웠지만 영어도 배우지는 않았다.
= I learned French, but I did**n't also** learn English.

4 If you don't cooperate, **neither** will we.
당신이 협조하지 않는다면 저희도 협조하지 않겠습니다.
= If you don't cooperate, we **won't** cooperate **either**.

5 A: I'm not a billionaire. 나는 억만장자가 아니야.
B: **Neither**(Nor) am I. 나도 아니야.
= I'm **not either**.
= Me **either(neither)**.

B here · there

6 **Here(There)** still remains the ruins of the fortress.
여기(저기) 아직 요새의 잔해가 남아 있다.

cf. **Here** she comes. 여기 그녀가 온다.
There he goes. 저기 그가 간다.

7 A: Hello, is Jim **there**? 안녕하세요. Jim이 그곳에 있나요?
B: No, he is not **here** now. 아뇨, 그는 지금 여기에 없어요.

8 Does she like that place? 그녀가 그 곳을 좋아하나요?
= Does she like it **there**?

A

1~2 too는 긍정문에서 쓰여 '역시, 또한'의 의미를 나타낸다.

3 too는 부정문에서는 쓰이지 않지만 긍정적 사실을 언급한 뒤에 부정적 사실을 추가할 때에는 쓰일 수 있다.

4~5 either은 부정문에서 쓰여 '역시, 또한'의 의미를 나타낸다.
not either = neither
neither+be동사(조동사, do동사)+주어:
(주어)도 역시 그렇다
앞에 나온 술부의 내용을 대신한다.

B

6 「here(there)+동사+주어」 도치구문
here(there)은 be동사, appear, arrive, come, enter, follow, go, live, remain, rise, seem 등의 자동사와 함께 쓰여 강조를 위해 문장 맨 앞에 위치한다.

cf. 주어가 대명사인 경우 주어와 동사가 도치되지 않음
🔄 참조 **UNIT 05 C**

7 (전화 상에서) 화자가 있는 쪽을 here로, 그 외는 there로 표현한다.

8 here과 there은 명사로 쓰이지 않는다.
⚠ Does she like **there**? (x)

EXERCISE

11 ⟩ 괄호 안에서 알맞은 말을 고르시오.

1 Oh, I just spotted a celebrity on the street. There (is she / she is)!

2 If she doesn't participate in the campaign, I won't participate (either / neither).

3 He hasn't registered for the course yet and (too / neither) has she.

4 There (seem / seems) little room for further negotiation.

5 Since you are at the stationery store, will you get a ruler for me (as well / also)?

6 I don't want to come here again because I don't like (it here / here).

7 If you buy this book, you can (too / also) audit a free leadership lecture.

8 When I finish vacuuming my room, I will vacuum yours (either / too).

OVERALL EXERCISE

01 밑줄 친 부분에 유의하여 우리말로 옮기시오.

1 I have <u>absolute</u> faith that she is the <u>sole</u> candidate for the position.

2 Those girls are very <u>close</u> friends and <u>closely</u> related to this incident.

3 I'm glad to say that all students <u>present</u> will get extra points in social studies.

4 Has the government decided to operate more trains during the holidays <u>yet</u>?

5 We catch the flu, which is a <u>highly</u> contagious respiratory disease, in the <u>late</u> fall or <u>early</u> winter.

6 The electricity is <u>off</u> again and the residents are angry about the <u>continual</u> power cuts.

7 The store is in a <u>sorry</u> situation because a big mall will open downtown <u>before long</u>.

8 The <u>deadly</u> attack occurred <u>shortly</u> after midnight on the <u>twenty-first</u> of June.

02 괄호 안에서 알맞은 말을 고르시오.

1 Has Katherine (still / already) given a speech in front of the public?

2 (It / She) is necessary to learn from the recent natural disasters.

3 He remembered that he had accompanied them to Berlin twenty years (before / ago).

4 Many a fugitive (spend / spends) thousands of dollars on crossing the border.

03 괄호 안의 말을 알맞게 배열하여 문장을 완성하시오.

1 We'll buy _____. (boxes, square, five, golden, those, beautiful)

2 _____ to get rid of this purple stain. (no, appears, there, way)

3 That was the last chance they could get but _____. (it, gave, they, up)

4 He _____ to leave his family. (sometimes, wanted, have, may)

5 She hasn't decided the topic of the essay yet and _____ he. (has, neither)

6 I exercised _____. (a week, three times, this year, for an hour)

7 Jumping into the sea from that height is _____. (a, try, too, perilous)

04 우리말과 뜻이 같도록 문장을 완성하시오.

1 교육부는 10시 15분에 질의응답 시간을 가질 것이다.

→ The ministry of education will have a Q&A session at a _____ past ten.

2 그녀의 피부는 너무 예민해서 쉽게 붉어지고 따끔따끔해진다.

→ Her skin is _____ that it becomes red and irritated easily.

3 이 법을 또다시 어기는 경우에는 당신은 50달러의 벌금형에 처해집니다.

→ If you break this rule _____ time, you will be fined $50.

4 나는 3년 연속으로 수업에 최첨단 기술을 소개해왔다.

→ For three _____ years, I've introduced the cutting-edge technology in class.

5 상당수의 손님들이 그녀의 주요리를 칭찬했다.

→ Quite _____ guests complimented her on her main course.

6 우리는 그것에 관해 정보가 거의 없어서 조사를 더 할 필요가 있다.

→ We have _____ information about it, so we need to do more research.

05 어법상 틀린 부분을 찾아, 바르게 고쳐 문장을 다시 쓰시오.

1 The drunk man got arrested for attempting a hit and run.

→ _____

2 Until now, only ten millions vaccines have been distributed to 27 countries.

→ _____

3 Two fifth of women in the country face high rates of miscarriages.

→ _____

4 I wonder why there is so many traffic this morning.

→ _____

5 We opposed the project on the grounds that the cost was large.

→ _____

6 The optimistic has a tendency to enjoy playing the lottery.

→ _____

06 우리말과 뜻이 같도록 괄호 안의 말을 이용하여 문장을 완성하시오.

1 그것은 첫 만남에서 물어보기에는 너무 개인적인 질문인가요? (question, personal)

→ Is it _____ to ask at a first meeting?

2 나는 그들을 이해하는 것이 어려웠다. (difficult)

→ _____ to understand.

3 그는 Eva에게 동료라기보다 친구이다. (colleague, friend)

→ He is not _____ to Eva.

4 그녀는 손상된 유화 그림을 복원하는 데 있어서 제일이다. (second)

→ She is _____ in restoring damaged oil paintings.

5 온라인 광고는 당신이 생각하는 액수의 열 배의 가치가 있다. (amount, worth)

→ Online advertising is _____ you think.

6 Brendan은 졸업생들 중 단연코 최고의 학생이다. (very, good)

→ Brendan is _____ of all the graduates.

7 우리가 그 건물에 들어서자마자 비가 내리기 시작했다. (enter, building)

→ We had _____ before the rain started to fall.

07 다음 글을 읽고 물음에 답하시오.

①In general, the young ②have unrealistic optimism even when they start a new business. About the two ③thirds of new businesses end in failure. However, the young enterprisers commonly believe that their business will be (A)successive. Two questions were asked of some young businessmen. ④The former was what the chances of success in a typical business like theirs was and ⑤the later was what the probability of success their company would achieve was. The respondents answered 50 percent to 90 percent to both questions.

1 위 글의 밑줄 친 ①~⑤ 중에서 어법상 틀린 부분을 찾아 바르게 고치시오.

_____ → _____

2 위 글에서 밑줄 친 (A)를 문맥에 맞게 바꾸어 쓰시오.

→ _____

[01-03] 다음 우리말과 뜻이 같도록 빈칸에 들어갈 말로 알맞은 것을 고르시오.

01

> 그 약이 정말로 효과가 있었다고 답한 환자는 거의 없었다.
> → _____ patients responded that the medicine had worked really well.

① Few   ② Little   ③ Several
④ Some   ⑤ Small

02

> 그녀는 우리가 상상력이 풍부한 작가가 되기 위해서는 계속해서 쓰고 검토해야 한다고 말했다.
> → She said we should keep writing and reviewing to be an _____ writer.

① imagine   ② imaginary
③ imaginative   ④ imaginable
⑤ imagination

03

> Benjamin이 그 계획에 동의하지 않는다면, 그의 아내도 동의하지 않을 거예요.
> → If Benjamin doesn't agree to the plan, his wife won't agree _____.

① so   ② either   ③ too
④ also   ⑤ neither

[04-05] 다음 괄호 안의 말이 들어갈 위치로 알맞은 곳을 고르시오.

04

> Contrary ① to what people ② think, Johnson is ③ qualified ④ to get promoted ⑤ to the position. (enough)

05

> The countries have ① ever ② accepted travelers ③ with digital certificates ④ of vaccination ⑤. (since)

06 다음 빈칸에 들어갈 말이 바르게 짝지어진 것은?

> • I had _____ reached the bus station when the last bus left.
> • I'd rather work _____ tonight than work on my off days.

① hardness — lateness   ② hard — late
③ hard — lately   ④ hardly — late
⑤ hardly — lately

[07-08] 다음 중 어법상 틀린 것을 고르시오.

07

① There comes the birthday boy! Let's sing "Happy Birthday."
② The police found that she was drunken and didn't have a driving license.
③ I've never done skydiving before, but I did bungee jumping once.
④ At long last, the spring semester is nearing its end!
⑤ Many people fear the unknown that lies before them.

08

① I had to prepare 200 printouts for the conference and as many chairs.
② The authorities concerned didn't want to reveal the truth to the public.
③ The wall of the castle is seven meters high and three meters thick.
④ The rail strike in particular can pose a threat to the safety of citizens.
⑤ According to tradition, brides should have new something and a sixpence in their shoe.

09 다음 빈칸에 들어갈 말로 알맞지 <u>않은</u> 것은?

> This is the _____ issue that we need to deal with for the future.

① main   ② only   ③ worth
④ very   ⑤ chief

10 다음 밑줄 친 부분과 바꾸어 쓸 수 있는 것은?

> They immediately moved <u>the wounded people</u> to the hospital.

① wounded   ② the wound
③ a wounded   ④ the wounded
⑤ wounded person

11 다음 우리말을 영어로 옮긴 것 중 바르지 <u>않은</u> 것은?

① 그가 자신의 아이들과 시간을 더 보내는 것이 바람직하다.
  → It is advisable that he spend more time with his kids.
② 절대 지하철에서 졸지 마, 그렇지 않으면 너는 내려야 할 정류장을 지나치게 될 거야.
  → Never doze off on the subway, or you'll pass your stop.
③ 주민들의 1/4이 농업이나 관련 활동에 종사하고 있다.
  → One fourth of the residents are engaged in agriculture or related activities.
④ 안타깝게도 운동회 날에 아픈 학생들이 많았다.
  → Unfortunately, there were a lot of ill students at the school sports day.
⑤ 여러분도 아시다시피 4차 산업 혁명은 이미 시작되었습니다.
  → As you can see, the Fourth Industrial Revolution has already begun.

12 다음 빈칸에 공통으로 들어갈 말로 알맞은 것은?

> • The clothes won't dry because it's _____ humid a day today.
> • The sculpture is _____ massive to carry without help.

① such   ② very   ③ so
④ much   ⑤ too

13 다음 중 밑줄 친 부분의 쓰임이 나머지와 <u>다른</u> 것은?

① Jennifer noticed the candy jar <u>empty</u> that morning.
② I strongly object to cosmetic experiments on <u>live</u> animals.
③ Sadly, the boy was sent to somewhere <u>unfamiliar</u> in Germany.
④ The company's budget is reviewed on a <u>yearly</u> basis.
⑤ You should achieve this goal by all means <u>possible</u>.

14 다음 문장과 의미가 같은 것은?

> We cannot be too polite when talking to the elderly.

① We are too polite to talk to the elderly.
② We are polite enough to talk to the elderly.
③ We are only too polite when talking to the elderly.
④ We are not so polite as to talk to the elderly.
⑤ We cannot be polite enough when talking to the elderly.

15 다음 중 어법상 틀린 문장의 기호를 모두 쓰시오.

> (a) My kids have learned to play the piano since they were three, but both have little interest in music.
> (b) The minority race has resided in this region from immemorial time.
> (c) They studied so hardly that all of them passed the test.
> (d) He bought a cute little old green lantern for camping last month.
> (e) You have all the lights on. To save electricity, you need to turn off them.
> (f) The virus identified in the country proved to be more infectious and deadly.

REVIEW TEST through Reading

1 다음 글의 밑줄 친 부분 중, 어법상 틀린 것은?

perceive 인지하다
be the case 사실이 그러하다
regardless of ~에 관계없이
live up to ~에 부응하다
draw a conclusion
결론을 도출하다

Reputation is important for three reasons. First of all, many chances in life can be given depending on how our personalities are perceived. We will ① never be hired by someone who thinks that we are not credible. This will be the case regardless of how credible we might really be. Next, ② a great deal of research shows that we live up to other's impressions of us. If we are expected to be warm and friendly, we tend to become ③ too. Finally, what others think of us might be ④ right. If we want to learn what our personalities are like, we can just look around. The people around us observe us and draw conclusions about our personalities. They are, ⑤ therefore, an important source of feedback about our personalities.

2 (A), (B), (C)의 각 네모 안에서 어법에 맞는 표현으로 가장 적절한 것은?

novice 초보자, 풋내기
experienced 경험이 있는, 능숙한
(↔ inexperienced)
predictably 예상대로
likewise 마찬가지로
empirical 경험적인
well informed 잘 아는, 정통한
(↔ ill(poorly) informed)

Suppose that there is a chess novice who plays against an experienced player. Predictably, the novice would lose (A) precise / precisely because he is apt to make inferior choices. Likewise, ordinary consumers are novices in a world dominated by experienced professionals trying to sell them things. How (B) good / well people choose is an empirical question and the answer can vary. It is reasonable to say that people make good choices in situations where they are experienced and well informed. However, people do less well in situations where they are inexperienced and poorly informed. So, for example, if you are to choose among thirty ice cream flavors, you can make a perfect choice because you know what flavor you like. However, if you are to choose among drugs with multiple features, you might need (C) a little / little help.

	(A)	(B)	(C)
①	precise	well	a little
②	precise	good	little
③	precisely	well	little
④	precisely	good	a little
⑤	precisely	well	a little

Comparison

개념
둘 또는 그 이상의 성질 · 상태 등을 견주어 차이를 밝히는 것

종류 및 기본 형태
원급 비교: as+형용사〔부사〕의 원급+as ...
비교급 비교: 형용사〔부사〕의 비교급+than ...
최상급 비교: the+형용사〔부사〕의 최상급(+명사)(+in+단수명사)

비교

CHAPTER
12

UNIT 77
원급을 이용한
비교 구문

UNIT 78
비교급을 이용한
비교 구문 I

UNIT 79
비교급을 이용한
비교 구문 II

UNIT 80
비교급을 이용한
비교 구문 III

UNIT 81
최상급을 이용한
비교 구문 I

UNIT 82
최상급을 이용한
비교 구문 II

원급을 이용한 비교 구문

원급을 이용한 비교 구문은 기본적으로 「as+형용사(부사)의 원급+as …」 형식을 쓰며, 종속절인 as 뒤에는 형용사, 부사, (대)명사, 구와 절 등이 와서 앞의 주절과 동급 비교를 한다. 종속절 중 주절과 공통되는 부분은 생략되거나 대동사로 대체된다.

A 기본 형식

1 He is perceived **as trustworthy as** she (is).
그는 그녀만큼 믿을 만하다고 여겨진다.

= He is perceived **as trustworthy as** her.

2 I completed the puzzle **as fast as** Brendan (did).
나는 Brendan만큼 빠르게 퍼즐을 완성했다.

3 The population density of Howrah is **as high as** that of Paris.
하우라의 인구 밀도는 파리의 인구 밀도만큼 높다.

= ~ is **as high as** the population density of Paris.

4 Their suggestion was **not as(so) intriguing as** the current plan. 그들의 제안은 지금의 계획만큼 흥미롭지는 않았다.

5 Bella is **as excellent a sprinter as** Michael.
Bella는 Michael만큼 훌륭한 단거리 육상 선수이다.

6 Bella is **not such an excellent sprinter as** Michael.
Bella는 Michael만큼 훌륭한 단거리 육상 선수는 아니다.

7 The orientation was **as beneficial as** I had expected.
그 예비 교육은 내가 예상했던 만큼 유용했다.

8 My new apartment is **twice as spacious as** the previous one. 나의 새 아파트는 이전 아파트보다 두 배 넓다.

= ~ is **twice the size of** the previous one.

9 **As much as** 200 millimeters of rain battered Manila Bay overnight.
200밀리미터나 되는 비가 밤새 마닐라만을 강타했다.

B 주요 구문

10 We will send the contract **as** quickly **as possible**.
저희가 계약서를 가능한 한 빨리 보내드리겠습니다.

= We will send the contract **as** quickly **as we can**.

11 This plot is **as intricate as** (intricate) **can be**.
이 줄거리는 더할 나위 없이 복잡하다.

12 The imperial castle stood **(as)** magnificently **as ever**.
황제의 성은 늘 그렇듯이 장엄하게 서 있었다.

cf. She is **as** influential a journalist **as ever lived**.
그녀는 지금까지 없었던 아주 영향력 있는 언론인이다.

A

1~3 as+원급+as …: …만큼 ~한(하게)

1 as 뒤의 종속절에서 동사를 생략할 수 있고, 주어가 인칭대명사이면 주격 대신 목적격을 쓸 수도 있다.

2 as 뒤의 종속절에서 대동사를 쓸 수 있다.

3 비교 대상에 쓰인 동일한 단어의 반복을 피하기 위해 대명사 that이나 those를 쓸 수 있다.

⚠ The population density of Howrah is **as high as** Paris. (x)

4 not as(so)+원급+as …: …만큼 ~하지 않는(않게)

5 as+원급+a(n)+명사+as …: …만큼 ~한 (명사)
관사의 위치에 유의해야 한다.

6 not such+a(n)+원급+명사+as …: …만큼 ~한 (명사)가 아닌

7 두 번째 as는 주절과 종속절을 연결하는 접속사 역할을 하면서 동시에 종속절 안에서 주어·목적어·보어 역할을 하여 유사관계대명사처럼 쓰이기도 한다. ⤷참조 **UNIT 96 A**

8 배수사+as+원급+as …: …보다 몇 배 ~한(하게)
= 배수사+the+단위 명사+of …
배수사 다음에 쓸 수 있는 단위 명사로는 amount, height, length, number, size 등이 있다.

9 as many(much, few, little) as+수/양: ~만큼이나 되는 수나 양을 강조한다.

B

10 as+원급+as possible: 가능한 한 ~한(하게)
= as+원급+as+주어+can

11 as A as (A) can be: 더할 나위 없이 ~한

12 (as+)원급+as ever: 늘 그렇듯이 ~한(하게)

cf. as+원급+as ever lived(was): 지금까지 없었던 아주 ~한

13 The college principal was **not so much** an educator **as** a businessman.

그 대학 학장은 교육자라기보다는 사업가였다.

= He was **not** an educator **so much as** a businessman.
= He was **less** an educator **than** a businessman.
= He was **more (of)** a businessman **than** an educator.
= He was a businessman **rather than** an educator.

13 not so much A as B: A라기보다는 B
　 = not A so much as B
　 = less A than B
　 = more (of) B than A
　 = B rather than A

C 관용표현

14 **As(So) long as** you behave yourself, you'll be fine.

네가 예의 바르게 행동하기만 한다면, 너는 괜찮을 거야.

15 **As(So) far as** I'm concerned, he is innocent in this matter. 내가 아는 한 그는 이 문제에 있어서 결백하다.

16 **As soon as** he got home, he collapsed on the bed.

집에 도착하자마자, 그는 침대에 드러누웠다.

17 This portable folding stool is **as good as** new.

이 이동식 접이 의자는 새것과 다름없다.

18 I **may(might) as well** accept the job offer.

나는 그 일자리 제의를 수락하는 편이 낫겠어.

19 You **may as well** talk to a brick wall **as** talk to her.

그녀에게 말하느니 차라리 벽돌담에 말하는 편이 낫겠다.

C

14~16 as(so) long as, as(so) far as, as soon as는 접속사로 봐도 무방하다.

14 as(so) long as: ~하기만 하면(조건), ~하는 동안(기간)
　 ↻참조 **UNIT 103 A**

15 as(so) far as: ~하는 한(범위), ~까지(거리)

16 as soon as: ~하자마자 ↻참조 **UNIT 103 D**

17 as good as: (사실상) ~와 다름없는

18 may(might) as well + 동사원형: ~하는 편이 낫다
원하는 바는 아니지만 현 상황에서는 최선의 선택이라는 의미를 내포한다.

19 may as well A as B: B하느니 차라리 A하는 편이 낫다
B하는 것은 A하는 것과 마찬가지라는 의미로 비난과 유감을 나타내기도 한다.

GRAMMAR PLUS+

원급을 이용한 주요 비유 표현

- (as) black as night 칠흑같이 어두운
- (as) bold as brass 아주 뻔뻔한
- (as) clear as day 명명백백한
- (as) hard as nails 튼튼한, 완고한

- (as) blind as a bat 앞을 잘 못 보는
- (as) bright as a button 총기가 넘치는
- (as) cool as a cucumber 대단히 침착한
- (as) pale as death 몹시 창백한

▶ The child went upstairs and was **(as) quiet as a church mouse** all evening.

그 아이는 위층으로 올라가서는 저녁 내내 아주 조용했다.

EXERCISE 01 ▶ 괄호 안에서 알맞은 말을 고르시오.

1 This scientific theory is not as complicated (as / so) you might think.

2 Isaac Newton was as (a gifted / gifted a) scientist as Albert Einstein.

3 This quarter's profit is nearly (twice as / as twice) high as the second quarter's.

4 The fans seemed not (as / so) much angry as puzzled at the result of the game.

5 The experiment shows that the love of fathers is as strong as (mothers / that of mothers).

6 I may as well watch TV at home (as / than) keep him company at parties.

UNIT 78 비교급을 이용한 비교 구문 I

비교급을 이용한 비교 구문은 기본적으로 「형용사(부사)의 비교급＋than ...」 형식을 쓰며, 종속절인 than 뒤에는 (대)명사, 구와 절 등이 와서 앞의 주절과 우열 비교를 한다. 종속절 중 주절과 공통되는 부분은 생략되거나 대동사로 대체된다.

A 기본 형식

1 He gets off work **earlier than** she (does).
그는 그녀보다 더 일찍 퇴근한다.
= He gets off work **earlier than** her.

2 A penguin's bones are **heavier than** those of other birds.
펭귄의 뼈들은 다른 새들의 뼈들보다 더 무겁다.
= ~ are **heavier than** the bones of other birds.

3 My grandfather was **skinnier than** he is now.
나의 할아버지는 지금보다 더 마르셨었다.

4 City people have a **higher death rate than** do country people.
도시 사람들은 시골 사람들보다 더 높은 사망률을 보인다.

5 Don't use **more words than** are necessary.
필요 이상의 말을 쓰지 마라.

6 Oxygen is **less heavy than** carbon dioxide.
산소는 이산화탄소보다 덜 무겁다.
= Oxygen is not as heavy as carbon dioxide.
= Carbon dioxide is heavier than oxygen.

7 Kaieteur Falls in Guyana is **four times taller than** Niagara Falls.   가이아나의 카이초 폭포는 나이아가라 폭포보다 4배 높다.

8 This automotive battery is **5 kilograms lighter than** the former one.
이 자동차 배터리는 이전 것보다 5킬로그램 더 가볍다.
= This automotive battery is lighter than the former one by 5 kilograms.

9 He was **more** wise **than** intelligent.
그는 똑똑하다기보다는 현명했다.

B than을 필요로 하지 않는 비교급

10 Benjamin's twin sister is **superior to** him in giving a presentation in public.
Benjamin의 쌍둥이 누나는 대중 앞에서 발표하는 데 있어서는 그보다 우월하다.
= Benjamin's twin sister is better than him in giving a presentation in public.

A

1~5 비교급＋than ...: ...보다 더 ~한(하게)

1 than 뒤의 종속절에서 동사를 생략하거나 대동사를 쓸 수 있고, 주어가 인칭대명사이면 주격 대신 목적격을 쓸 수도 있다.

2 비교 대상에 쓰인 동일한 단어의 반복을 피하기 위해 대명사 that이나 those를 쓸 수 있다.

3 시점끼리 비교할 때는 주절과 상관 없이 종속절에 해당 비교 시점을 쓴다.

4 than 뒤의 종속절에서 주어가 구를 이루어 길어지는 경우 간결한 표현을 위해 도치를 시키기도 한다. 주어가 대명사일 경우에는 도치가 일어나지 않는다.

5 than이 유사관계대명사로서 접속사 역할과 동시에 종속절 안에서 주어·목적어·보어 역할을 하기도 한다.

6 less＋원급＋than ...: ...보다 덜 ~한(하게)
한쪽이 정도가 덜함을 나타내는 열등 비교

7 배수사＋비교급＋than ...: ...보다 몇 배 더 ~한(하게)

8 수사＋단위 명사＋비교급＋than ...: ...보다 몇 (단위) 더 ~한(하게)

9 more A than B: B라기보다는 A
다른 대상과 비교하지 않고 하나의 대상이 가진 성질이나 특징끼리 비교하는 경우에 쓰인다. 형용사의 음절 수와 상관없이 more를 쓴다.

B

10 라틴어에서 유래한 형용사는 than이 아닌 to를 이용하여 우열을 나타낸다.
자주 쓰이는 표현으로 superior to ~보다 우월한, inferior to ~보다 열등한, senior to ~보다 연상의, junior to ~보다 연하의, prior to ~에 앞선, posterior to ~보다 뒤인, preferable to ~보다 선호되는, prefer A to B A를 B보다 더 좋아하다 등이 있다.

11 Social media has made keeping in touch with old friends **easier** (than in the past).

소셜 미디어가 오랜 친구와 연락하며 지내는 것을 (이전보다) 더 쉽도록 만들었다.

12 A group of people held a demonstration for the expansion of **higher** education.

한 무리의 사람들이 고등교육 확대를 지지하는 시위를 벌였다.

C 비교급 수식

13 Extreme weather changes have become **far** <u>more common than</u> before.

극단적인 기후 변화가 이전보다 훨씬 더 흔해졌다.

14 There are **many more** <u>electric vehicles</u> running on the roads than a few years ago.

몇 년 전보다 길에 다니는 전기 차량들이 훨씬 더 많다.

15 They invest **much more** <u>money</u> on the education system than they used to.

그들은 예전에 그랬던 것보다 훨씬 더 많은 돈을 교육에 투자하고 있다.

---

11 비교 대상이 명확하여 굳이 밝히지 않아도 의미 전달에 이상이 없다면 than 이하를 생략하는 경우가 많다.

12 절대비교급: 비교 대상을 구체적으로 나타내지 않고 상대적으로 정도가 더 함을 나타냄
자주 쓰이는 표현으로 higher education 고등교육, the inner circle 핵심층, the latter part 후반부, the upper(lower) class 상류(하류)층, the younger generation 젊은 세대 등이 있다.

C

13 even, far, still, (very) much, a lot 등은 비교급 앞에서 '훨씬'이라는 의미로 비교급을 수식한다. any, no, rather, a bit, a little 등도 비교급을 수식할 수 있다.

14 many more+가산명사 복수형: 훨씬 더 많은 …
many는 복수명사의 비교급 앞에서만 비교급 수식을 위해 쓰일 수 있다.

15 much more+불가산명사: 훨씬 더 많은 …

EXERCISE

02 >
우리말과 뜻이 같도록 괄호 안의 말을 이용하여 문장을 완성하시오.

1 디지털 통신 기술은 십 년 전보다 더 발달했다. (advanced)

→ Digital communication technologies are _____ 10 years ago.

2 이 지역들에서는 1990년대보다 다섯 배 더 빨리 얼음이 사라지고 있다. (fast)

→ These areas are losing ice _____ they were in the 1990s.

3 그 서랍장은 우리가 계획했던 것보다 폭이 40센티미터 더 좁다. (narrow)

→ The dresser is _____ we have planned.

4 당신이 다른 이들보다 열등하다고 느끼면, 당신의 자긍심은 낮아지게 된다. (inferior)

→ If you feel _____ others, your sense of self-esteem will decline.

5 상위권 대학에 들어가는 것이 전보다 훨씬 더 힘들다. (hard)

→ It's _____ to enter highly ranked universities than before.

6 측량에 따르면, 휴런호는 그레이트베어호보다 덜 깊다. (deep)

→ According to the measurement, Lake Huron is _____ Great Bear Lake.

7 엑스선 파장들이 자외선의 파장들보다 더 짧다는 것은 잘 알려져 있다. (short)

→ It is well-known that X-ray wavelengths are _____ UV rays.

UNIT 79 비교급을 이용한 비교 구문 Ⅱ

A the를 이용하는 비교급

1 **The more** you earn, **the more** taxes you pay.
돈을 많이 벌면 벌수록, 세금을 더 많이 내게 된다.
= As you earn more, you pay more taxes.

cf. **The poorer** (they are), **the fewer** educational opportunities (they have).
가난하면 할수록, 교육 기회는 더 적다.

2 The second equation is **the easier of the two**.
두 번째 방정식이 둘 중 더 쉬운 쪽이다.
= The second equation is the easiest of the two.

3 Which is **the more fatal of** the car accident **and** motorcycle accident?
자동차 사고와 오토바이 사고 중 어느 쪽이 더 치명적인 쪽인가?

4 Alexandrite gemstone is **all the more valuable** for its high scarcity.
알렉산드라이트 원석은 희소성이 높기에 그만큼 더 가치가 있다.

5 She was still **none the wiser** even after the detailed instruction.
그녀는 상세한 설명에도 불구하고 여전히 조금도 더 이해하지 못했다.

6 It would be **so much the better** if we could have Aaron in our team.
Aaron을 우리 팀에 들일 수 있다면 훨씬 더 좋을 거야.

B 주요 구문

7 The subway train went **slower and slower** and then it stopped in the middle of the tunnel.
지하철이 점점 더 천천히 가더니 터널 중간에서 멈춰버렸다.

cf. Hateful comments appear on social media **more and more frequently**.
소셜 미디어에 악성 댓글이 점점 더 자주 등장하고 있다.

8 We **no longer** search a telephone directory to find telephone numbers.
우리는 전화전호를 알아내기 위해서 더 이상 전화번호부를 찾아보지 않는다.
= We do **not** search a telephone directory to find telephone numbers **any longer(more)**.

9 We will ask **no more** questions about him.
우리는 그에 대해서 더 이상의 질문을 하지 않을 것이다.
= We will **not** ask **any more** questions about him.

A

1 the+비교급 ~, the+비교급 …: ~하면 할수록 더 …하다
cf. 의미 전달에 무리가 없을 경우, 「the+비교급」 뒤의 주어와 동사를 생략하기도 한다.

2~3 최상급을 쓸 수도 있지만 비교급이 더 일반적이다.

2 the+비교급+of the two: 둘 중 더 ~한 쪽

3 the+비교급+of A and B: A와 B 중 더 ~한 쪽

4~5 비교급 앞에 the를 써서, 어떤 원인으로 혹은 원인에도 불구하고, 정도가 심해지는 상태를 나타낸다. 따라서 이유, 양보, 결과를 나타내는 as, for, since, if, despite, when, (even) after, but (still) 등이 포함된 구나 절과 함께 잘 쓰인다.

4 (all) the+비교급: 그만큼(훨씬) 더 ~한

5 none(not ~ any) the+비교급: 전혀(조금도) 더 ~하지 않은

6 so much the better(worse): 훨씬 더 좋은(안 좋은)

B

7 비교급+and+비교급: 점점 더 ~한(하게)
cf. more and more+원급: 점점 더 ~한(하게)
비교급의 형태가 「more+원급」인 경우에 해당한다.

8 no longer: 더 이상 ~아닌
= not ~ any longer(more)
동작이나 상황에 관련된 문장에서 쓰이며, no longer는 동사 앞에 위치한다.

9 no more+명사: 더 이상 ~아닌
= not ~ any more+명사
현대 표준 영어에서는 수나 양에 관련된 문장의 명사 앞에서 쓰인다.

10 The new employee **knows better than to argue** with the main customer.
그 신입 사원은 주요 고객과 언쟁을 벌일 정도로 어리석지 않다.

= The new employee **is wise enough not to argue** with the main customer.

11 She had **no sooner** finished the long-term project **than** she was given another.
그녀가 장기 프로젝트를 끝내자마자 또 다른 프로젝트가 주어졌다.

10 know better (than to+동사원형): (~할 정도로) 어리석지 않다
= be wise enough not to+동사원형

11 no sooner A than B: A하자마자 B하다
no sooner가 있는 주절에는 과거완료시제를, than 이하의 종속절에는 과거시제를 쓴다. ○참조 **UNIT 103 D**

C 관용표현

12 Public transportation is **few and far between** even in the big city at this late hour.
이런 늦은 시간에는 대도시에서도 대중 교통이 잦지 않다.

13 The new marketing strategy has made the struggling business **more or less** a success.
새로운 마케팅 전략이 고전하던 사업을 거의 성공으로 이끌었다.

14 **More often than not**, a slight misunderstanding can lead to a serious conflict.
흔히 사소한 오해가 심각한 갈등으로 이어질 수 있다.

15 **For better or (for) worse**, artificial intelligence has become part of our lives.
좋든 싫든 인공 지능은 우리 삶의 일부가 되어버렸다.

16 As expected, the home team **got the better of** the opposing team from the start.
예상대로 홈 팀이 시작부터 상대 팀을 능가했다.

C

12 few and far between: 흔치(잦지) 않은
13 more or less: 거의, 대략, 다소
14 more often than not: 흔히, 자주, 대개
15 for better or (for) worse: 좋든 싫든(나쁘든)
16 get the better of: ~을 이기다(능가하다)

EXERCISE

03 >

괄호 안에서 알맞은 말을 고르시오.

1 Which swimming style do you think is (easier / the easier) of the two?

2 These days, tattoos are (no / not) longer seen as a sign of gangsters.

3 The patient's condition was getting more (critical and critical / and more critical).

4 Mia seems to be none (worse / the worse) though she broke up with her boyfriend.

5 He had no sooner heard someone screaming (than / when) he rushed out of the room.

6 No other shot putter in the country can get (better / the better) of Jonathan.

7 Her marriage will change her life entirely for (better / the better) or (worse / the worse).

8 If tornadoes become more powerful, so much (worse / the worse) for the people in the area.

9 (More / The more) you exercise, (stronger / the stronger) your heart will become.

10 You should know (better / the better) than (ignore / to ignore) these significant issues.

UNIT 80 비교급을 이용한 비교 구문 Ⅲ

A 비교급의 부정

1 The second session of the seminar was **not shorter than** the first one. 그 세미나의 두 번째 세션은 첫 번째보다 짧지 않았다.

= The second session of the seminar was the same length as or longer than the first one.

2 Cruising is **no more glamorous than** yachting.
크루즈 여행은 요트 여행보다 더 매혹적이지 않다.

= Cruising is as glamorous as or less glamorous than yachting.

3 Yachting is **no less glamorous than** cruising.
요트 여행은 크루즈 여행보다 덜 매혹적이지 않다.

= Yachting is as glamorous as or more glamorous than cruising.

cf. The majority of public schools had **no** sports facilities of their own.
대다수의 공립학교가 아무런 자체 스포츠 시설을 갖추지 않고 있었다.

= ~ did **not** have **any** sports facilities of their own.

B 부정의 관용표현

4 There is a nice park nearby. It's **not(no) more than** five minutes' walk from here.
근처에 멋진 공원이 있어. 이곳에서 기껏해야 도보로 5분 거리야.

5 Donald gave up his inheritance and now he is **no more than** a beggar.
Donald는 자신의 유산을 포기했고 이제 그는 거지에 불과하다.

6 Any drivers who run the red light will be fined **not less than** 60 dollars.
적신호를 위반한 운전자에게 최소한 60달러의 벌금이 부과된다.

7 The driver drank **no less than** four liters of beer.
그 운전자는 맥주를 4리터나 마셨다.

8 **No fewer than** 50 thousand of people are waiting online to buy the concert tickets.
5만 명이나 그 콘서트 표를 사려고 온라인으로 대기 중이다.

9 The young man was **no less than** the CEO of the giant digital company.
그 청년은 다름아닌 거대 디지털 기업의 최고 경영자였다.

cf. She passed the entrance exam—at the top of her class, **no less**! 역시, 그녀는 입학 시험에서 반에서 수석으로 합격했다!

A

1 부정어 not은 문장 전체를 부정한다. 부정의 중점이 되는 단어나 구, 절 앞 어디에나 위치할 수 있으며, 사실을 중심으로 한 객관적인 느낌을 준다.

2~3 부정어 no는 단어를 부정한다. 비교급 단어 앞에 위치하여 부정을 나타내며, 화자의 주관적 느낌이 반영된 뉘앙스가 담겨 있다.

cf. no를 쓸 때 부정이 더 강조된다.
= not ~ any

B

4 not(no) more than+수사: 기껏해야, 겨우 ~밖에
= at most, only
수나 양이 적거나 작다고 강조하는 의미로 쓰인다.

5 no more than+사람: ~에 불과한, 단지 ~일 뿐
= only, merely
유감의 의미를 나타내고자 할 때 쓰일 수 있다.

6 not less than+수사: 최소한, 적어도
= at least

7~8 no less(fewer) than+수사: ~만큼이나
= as much(many) as
수나 양이 많거나 크다고 강조하는 의미로 쓰이며, less는 양을 나타내는 명사와 함께, fewer는 수를 나타내는 명사와 함께 쓰인다.

9 no less than+사람: 다름아닌 ~인
= no other than
놀람을 강조할 때 쓰인다.

cf. '역시, 과연, 그야말로, 바로' 등의 의미로, 주로 문장 끝에 사용되어 놀람이나 감탄을 표현한다.

10 The contract must be renewed **no(not) later than** its expiration date.
계약이 늦어도 만기일까지는 갱신되어야 합니다.

11 The team will be able to finish this project **no earlier than** May 27.
그 팀은 빨라야 5월 27일에 이 프로젝트를 마칠 수 있을 거예요.

12 Your mistakes are **no better than** theirs.
너의 실수들은 그들의 실수들보다 나을 건 없다.
= Your mistakes are as bad as or worse than theirs.

13 Their mistakes are **no worse than** yours.
그들의 실수들은 너의 실수들보다 나쁘지는 않다.
= Their mistakes are as good as or better than yours.

14 Being poor is **no more** a disgrace **than** being rich is a boast.
가난함이 수치가 아닌 것은 부유함이 자랑이 아닌 것과 같다.
= Being poor is **not** a disgrace **any more than** being rich is a boast.
= Being poor is **not** a disgrace **just as** being rich is **not** a boast.

15 A platypus is **no less** a mammal **than** a giraffe is (a mammal).   오리너구리가 포유류인 것은 기린이 포유류인 것과 같다.
= A platypus is a mammal **just as** a giraffe is (a mammal).

10 no(not) later than: 늦어도 ~까지는, ~에는 이미, ~보다 늦지 않게
= at the latest, not after

11 no earlier than: 빨라야 ~에, ~ 이후에, ~에야 비로소
= at the earliest, not before

12 no better than: ~보다 나을 건 없는
비교 대상인 둘 다 안 좋다고 전제함

13 no worse than: ~보다 나쁘지는 않은
비교 대상인 둘 다 안 좋다고 전제하면서도 상대적으로 비교하자면 그나마 낫다는 의미

14 A+동사+no more B than C+동사+D: A가 B 아닌(하지 않는) 것은 C가 D 아닌(하지 않는) 것과 같다
= A+동사+not B any more than C+동사+D
= A+동사+not B just as C+동사+not D
D가 반복되는 내용일 경우에는 생략하는 것이 자연스럽다.

15 A+동사+no less B than C+동사+D: A가 B인(하는) 것은 C가 D인(하는) 것과 같다
= A+동사+B just as C+동사+D
D가 반복되는 내용일 경우에는 생략하는 것이 자연스럽다.

EXERCISE 04 >

밑줄 친 부분에 유의하여 우리말로 옮기시오.

1 To my surprise, the man in the store was <u>no less than</u> the archbishop.

2 They are <u>no more</u> your enemies <u>than</u> you are their enemies.

3 You must get the job done <u>no later than</u> this Friday to avoid any further delays.

4 Repeat offenders will be sentenced to <u>not less than</u> 6 months and <u>not more than</u> two years.

5 We won the game by a score of five to nothing, <u>no less</u>!

6 There are <u>no fewer than</u> 20 members who expressed opposite opinions.

7 Despite the material wealth, people today are <u>no happier than</u> those 50 years ago.

8 The popular burger at the restaurant was <u>no better than</u> any other burgers on the street.

9 How efficiently you study is <u>no less</u> important to improving your academic performance <u>than</u> how long you study.

최상급을 이용한 비교 구문 I

최상급을 이용한 비교 구문은 기본적으로 「the+형용사〔부사〕의 최상급(+명사)(+in+단수명사)」형식을 쓰며, 비교 범위 안에서 셋 이상의 대상에 대해 정도가 가장 큼을 비교한다. 비교 범위는 전치사구나 관계사절로 나타낸다.

A 기본 형식

1 The sales department operates **the largest** amount of the budget in our company.
판매 부서가 우리 회사에서 가장 큰 예산을 운용한다.

2 Which has **the shortest** working hours of all the OECD countries?
모든 OECD 국가들 중 근무 시간이 가장 짧은 나라는 어디인가요?

3 He is **the most diversely talented** person that I've ever interviewed.
그는 이제껏 내가 인터뷰했던 사람 중 가장 다재다능한 사람이다.

4 The blue whale is **the heaviest** animal that has ever existed.
흰긴수염고래는 이제껏 존재해온 동물들 중 가장 무게가 많이 나가는 동물이다.

= ~ is **the heaviest** animal to ever exist.

5 Ethan was **the least suitable** candidate for the position among the five.
Ethan은 다섯 명 중 그 직책에 가장 덜 적합한 후보자였다.

6 It was **the nation's most difficult** conflict to solve in history.
그것은 역사상 그 나라의 가장 풀기 어려운 갈등이었다.

7 He was **the third youngest** player who scored more than 30 points in a game.
그는 한 게임에서 30점 이상을 득점한 세 번째로 어린 선수였다.

8 Suede is **the most durable** leather produced in this factory **but one**.
스웨이드가 이 공장에서 생산되는 두 번째로 가장 질긴 가죽이다.

= Suede is **the second most durable** leather produced in this factory.

B the를 필요로 하지 않는 최상급

9 The moon is **closest** to Earth on its orbit tonight.
달은 오늘밤 궤도상 지구에 가장 가깝다.

cf. The moon is **the closest** to Earth among all the celestial bodies.
달은 모든 천체들 중 지구에 가장 가깝다.

A

1 the+최상급(+명사)(+in+단수명사): (…에서) 가장 ~하게〔한 (명사)〕

2 the+최상급(+명사)(+of〔among〕+복수명사): (… 중) 가장 ~하게〔한 (명사)〕

3~4 the+최상급+명사+관계사절: (이제껏) …한 중 가장 ~한 (명사)

3 목적격 관계대명사절로 비교 범위를 나타낼 수 있다.

4 주격 관계대명사절은 to부정사구로 나타낼 수 있다.

5 the least+원급(+명사): 가장 덜 ~하게〔한 (명사)〕

6 the+명사's+최상급: (명사)의 가장 ~한

7 the+서수+최상급(+명사): …번째로 가장 ~하게〔한 (명사)〕

8 the+최상급(+명사)+but one: 두 번째로 ~한 (명사)
= the second+최상급(+명사)

B

9 다른 대상들과 비교하지 않고 하나의 대상이 가진 성질이나 특징끼리 비교하는 경우에는 the를 붙이지 않는다.

⚠ The moon is **the closest** to Earth on its orbit tonight. (x)

cf. 다른 대상과 비교하는 경우

10 This is **our best** technology and materials available at the moment.
이것이 현재 사용 가능한 우리의 최고의 기술과 자재이다.

11 The moonlit ocean was a **most(very) beautiful** sight to behold.
달빛이 비치는 바다는 바라보기에 정말 아름다운 광경이었다.

12 This language course seems (the) **best** for the beginner level students.
이 어학 과정은 초급 수준의 학생들에게 최고인 것 같다.

13 Canada ranked (the) **highest** in terms of energy saving last year.
캐나다는 작년에 에너지 절약에 있어서 가장 높은 순위에 올랐다.

C 최상급 수식

14 TV broadcasting is **far and away** the most effective way of raising public awareness.
TV 방송은 대중의 인식을 높이는 단연코 가장 효과적인 방법이다.

cf. The **very** best thing you can do now is to have a sound sleep.
당신이 지금 할 수 있는 단연코 최선의 일은 한숨 푹 자는 것이다.

10 최상급 앞에 소유격이 오는 경우에는 the를 붙이지 않는다.

11 most+원급+명사: 매우 ~한 (명사)
최상급 비교가 아닌 very의 의미로 단순히 정도가 큼을 나타낸다.

12 형용사가 한정적 용법이 아닌 서술적 용법으로 쓰인 경우에는 생략할 수 있다.

13 부사의 최상급이 쓰인 경우에는 생략할 수 있다.

C

14 by far, far and away, quite, much, very는 최상급 앞에서 쓰여 '단연코'라는 의미로 최상급을 수식한다. quite와 much는 다소 격식을 갖춘 표현이다. ⟳참조 **UNIT 118 D**

cf. very는 most가 들어가는 최상급보다는 best, worst 등의 최상급을 주로 수식하며, 다른 수식어들과 달리 the very의 형태로 최상급을 수식한다.

EXERCISE
05 >

우리말과 뜻이 같도록 괄호 안의 말을 이용하여 문장을 완성하시오.

1 삼림 경비원이 내가 가져본 가장 덜 단순한 직업이다. (job, simple)
→ A forest ranger is _____ that I have ever had.

2 이 터널은 하루 중 이 시간에 가장 혼잡하다. (congested)
→ This tunnel is _____ at this time of the day.

3 Williams 씨는 내가 이 회사에서 만난 단연코 최고의 임원이다. (executive, good, very)
→ Ms. Williams is _____ I have ever met in this company.

4 전체 항목 중에서 그것이 두 번째로 가장 싼 제품입니다. (product, cheap, but)
→ Among all categories, it is _____.

5 사회 복지를 향상시키는 것이 인생에서 그녀의 가장 중요한 목표이다. (goal, important)
→ Promoting social welfare is _____ in life.

6 Great Trango의 동쪽 면은 1,340미터의 높이로 세계에서 가장 높은 절벽이다. (world, high)
→ The east face of Great Trango is _____ cliff with a height of 1,340 meters.

A 주요 구문

1 It was **one of the greatest inventions** in human history.
그것은 인류 역사상 가장 위대한 발명품들 중 하나였다.

2 He is probably **the last person to shop** at the online stores.
그는 아마도 가장 그 온라인 상점에서 물건을 살 것 같지 않은 사람일 것이다.

3 Here is some advice on how to **make the most of** your computers.
당신의 컴퓨터를 최대한 활용할 수 있는 몇 가지 조언이 있다.

4 **The fastest** rocket <u>may</u> take more than 2 years to get to Mars.
가장 빠른 로켓이라도 화성에 가는 데 2년이 넘게 걸릴지도 모른다.

5 He is **the most controversial** <u>politician</u> in the party.
그는 그 당에서 가장 논란이 많은 정치인이다.

= He is **more controversial than any other** <u>politician</u> in the party.
그는 그 당에서 다른 어떤 정치인보다 더 논란이 많다.

= He is **more controversial than all the other** <u>politicians</u> in the party.
그는 그 당에서 다른 모든 정치인들보다 더 논란이 많다.

= **No (other)** <u>politician</u> in the party is **more controversial than** him.
그 당에서 어떤 정치인도 그보다 더 논란이 많지 않다.

= **No (other)** <u>politician</u> in the party is **as(so) controversial as** him.
그 당에서 어떤 정치인도 그만큼 논란이 많지 않다.

cf. Health is **the most precious** <u>thing</u> in life.
건강은 인생에서 가장 소중한 것이다.

= Health is **more precious than any other** <u>thing</u> in life.
건강은 인생에서 다른 어떤 것보다 더 소중하다.

= Health is **more precious than all the other** <u>things</u> in life.
건강은 인생에서 다른 모든 것들보다 더 소중하다.

= **Nothing** in life is **more precious than** health.
인생에서 무엇도 건강보다 더 소중하지 않다.

= **Nothing** in life is **as(so) precious as** health.
인생에서 무엇도 건강만큼 소중하지 않다.

A

1 one of the+최상급(+복수명사): 가장 ~한 … 중 하나

2 the last+명사+to부정사(관계사절): 가장 ~할 것 같지 않은 (명사), 절대 ~하지 않을 (명사)

3 make the most(best) of: ~을 최대한 활용하다

4 문맥에 따라서 최상급이 양보의 의미를 나타내기도 한다. 주로 조동사 may와 함께 쓰임

5 원급·비교급을 이용한 최상급 표현
A+동사+the+최상급+명사: A는 가장 ~한 (명사)이다
= A+동사+비교급+than any other+단수명사:
　A는 다른 어떤 (명사)보다 더 ~하다
= A+동사+비교급+than all the other+복수명사:
　A는 다른 모든 (명사)보다 더 ~하다
= no (other)+단수명사+동사+비교급+than A:
　어떤 (명사)도 A보다 더 ~하지 않다
= no (other)+단수명사+동사+as(so)+원급+as A:
　어떤 (명사)도 A만큼 ~하지 않다

cf. 최상급 표현에 thing, one 등의 부정대명사가 쓰이는 경우

B 관용표현

6 **At (long) last**, the airplane for the Netherlands has departed safely from the runway.
마침내 네덜란드행 비행기가 안전하게 활주로에서 이륙했다.

7 My relations with Betty are **at best** indifferent.
나와 Betty와의 관계는 잘해야 냉담한 정도이다.

8 The group was **at their best** when they were with John Lennon.
그 그룹은 존 레논과 함께였을 때 전성기였다.

9 A preterm birth can be, **at (the) worst**, dangerous to both mother and baby.
조산은 최악의 경우에 산모와 아이 모두에게 위험할 수 있다.

10 We need the opinion of the medical association by tomorrow **at (the) latest**.
저희는 늦어도 내일까지 의사회의 의견이 필요합니다.

11 It is **for the best** that the couple don't attend the gathering.
그 부부가 그 모임에 참석하지 않는 것이 가장 좋은 방향이다.

12 **Last but not least**, cover your mouth with a cloth to avoid inhaling smoke.
마지막으로 중요한 것은 연기를 들이마시지 않도록 천으로 입을 막는 것입니다.

13 Strangely, he was **not in the least** worried about the physical examination.
의아하게도 그는 신체검사에 대해 전혀 걱정하지 않았다.

B

6 at (long) last: 마침내

7 at best: 잘해야, 기껏해야

8 at one's best: 가장 좋은 상태에, 전성기인

9 at (the) worst: 최악의 경우에

10 at (the) latest: (아무리) 늦어도

11 for the best: 가장 좋은 방향으로

12 last but not least: 마지막이지만 중요한 것은, 마지막으로 (말하지만 결코 무시하지 못할)

13 not in the least: 전혀(조금도) ~아닌
   = not ~ at all

EXERCISE

06 > 밑줄 친 부분에 유의하여 우리말로 옮기시오.

1 The opera singer's voice is never <u>at its best</u> early in the morning.

2 Releasing this little tortoise back into nature is <u>for the best</u>.

3 She is <u>the last person</u> to say such nonsense.

4 <u>The smartest professor</u> may not solve this problem in three minutes.

5 <u>Last but not least</u>, I'd like to thank all the volunteer helpers.

6 Their teaching method is <u>at best</u> ineffective and <u>at worst</u> detrimental.

7 You must arrive at the office by 7 o'clock in the morning <u>at the latest</u>.

8 He was <u>more professional than all the other dealers</u> in the field.

9 The reporter <u>made the best of</u> her ability to write quickly under pressure.

10 The newly established policy is <u>not in the least</u> environmentally friendly.

OVERALL EXERCISE

01 우리말과 뜻이 같도록 괄호 안의 말을 이용하여 문장을 완성하시오.

1 무채색은 선명한 색보다 덜 눈길을 끈다. (eye-catching)

→ Neutral colors are _____ vivid ones.

2 새끼 오리들의 색깔은 성체 오리들의 색깔보다 더 갈색을 띤다. (brown)

→ The colors of ducklings are _____ adult ducks.

3 그들은 가장 적은 액수의 식비 예산을 우유와 유제품에 소비한다. (small, amount)

→ They spend _____ of their food budget on milk and dairy foods.

4 물리학 분야에서 가장 획기적인 발명들 중 하나는 무엇인가요? (groundbreaking, invention)

→ What is _____ in the field of physics?

5 그녀는 언어 교육에 있어서 나의 접근법만큼 유연한 접근법을 제안했다. (flexible, approach)

→ She suggested as _____ in language education as mine.

6 Max는 대화를 나누기에 매우 즐거운 이웃이다. (most, pleasant)

→ Max is _____ neighbor to have a conversation with.

02 어법상 틀린 부분을 찾아, 바르게 고쳐 문장을 다시 쓰시오.

1 It is wrong to believe one ethnic group is intellectually inferior than another.

→ _____

2 They sped up more and more fast to finish construction in time.

→ _____

3 Steve is the most enthusiastic about sharing his knowledge with the younger generation.

→ _____

4 Actually, what she said was not so much a question than an opinion.

→ _____

5 Reducing consumption is very the best way to solve the worldwide problem of waste.

→ _____

03 두 문장의 뜻이 같도록 문장을 완성하시오.

1 It is the largest volunteer organization in Korea but one.

→ It is _____ volunteer organization in Korea.

2 A kiwi bird can no more fly than an ostrich can.

→ A kiwi bird cannot _____ than an ostrich can.

3 Chemically synthesized odors are stronger than naturally-occurring ones.

→ Naturally-occurring odors are not _____ chemically synthesized ones.

4 The executives know better than to engage in such a high-risk venture.

→ The executives are _____ to engage in such a high-risk venture.

5 Lake Baikal in Siberia is 720 meters deeper than Lake Vostok in Antarctica.

→ Lake Baikal in Siberia is deeper than Lake Vostok in Antarctica _____.

6 It will take not less than three hours at this time of the day.

→ It will take _____ three hours at this time of the day.

7 As she gets more reputation as a special guest speaker, she will become busier.

→ _____ she gets as a special guest speaker, _____
she will become.

04 다음 글을 읽고 물음에 답하시오.

Recently, there has been a boom in "telehealth" and some health care facilities increased its use ① as much as 8,000 percent. This shift happened more quickly ② than expected. Is telehealth really ③ as good as in-person care? If it is done right, it can be ④ no less effective as in-person care. Telehealth can be ⑤ even better than in-person care, especially in case of managing ongoing care for chronic illnesses like diabetes. (A) Telehealth can be a more effective tool than any other medical service system available.

1 위 글의 밑줄 친 ①~⑤ 중에서 어법상 틀린 부분을 찾아 바르게 고치시오.

_____ → _____

2 위 글의 밑줄 친 (A)를 다음과 같이 바꿀 때, 빈칸에 들어갈 말을 완성하시오.

→ No _____ as telehealth.

01 다음 빈칸에 들어갈 말로 알맞지 <u>않은</u> 것은?

> This drug can be _____ more effective in lowering blood sugar levels of adults with type 2 diabetes.

① even ② by far ③ still
④ very much ⑤ a bit

[02-03] 다음 우리말과 뜻이 같도록 빈칸에 들어갈 말로 알맞은 것을 고르시오.

02

> 협상에 진전이 없자, 양측은 점점 더 지쳐갔다.
> → With the negotiation making no progress, both sides got _____.

① a lot more exhausted
② as good as exhausted
③ more or less exhausted
④ as exhausted as can be
⑤ more and more exhausted

03

> 마지막이지만 중요한 것은 추가적인 노력을 실천해야 한다는 점입니다.
> → _____, you have to put extra efforts into practice.

① At best ② At long last
③ Last but not least ④ Not in the least
⑤ For the best

04 다음 대화의 빈칸에 들어갈 말로 알맞은 것은?

> A: Tuition for the advanced calligraphy course is $300, right?
> B: Yes. The payment is due _____ May 27.

① more or less ② no later than
③ no better than ④ not more than
⑤ few and far between

[05-06] 다음 문장과 의미가 같지 <u>않은</u> 것을 고르시오.

05

> What matters most is not so much winning as doing our best.

① What matters most is less winning than doing our best.
② What matters most is doing our best rather than winning.
③ What matters most is not winning so much as doing our best.
④ What matters most is more of doing our best than winning.
⑤ What matters most is not winning as much as doing our best.

06

> Being healthy is the most valuable part of our existence.

① No part of our existence is as valuable as being healthy.
② No other part of our existence is more valuable than being healthy.
③ Being healthy is not as valuable as any other part of our existence.
④ Being healthy is more valuable than any other part of our existence.
⑤ Being healthy is more valuable than all the other parts of our existence.

07 다음 빈칸에 공통으로 들어갈 말로 알맞은 것은?

> • As _____ as I know, you don't need a visa for a short trip.
> • This new model consumes _____ more electricity than the previous one.

① good ② long ③ soon
④ far ⑤ even

08 다음 빈칸에 들어갈 말이 바르게 짝지어진 것은?

- As we can see, the heart is posterior _____ the sternum.
- The export growth of Spain was stronger _____ Italy last year.

① than — than
② than — than that of
③ to — to that of
④ to — than that of
⑤ to — than those of

09 다음 중 의미가 같은 문장끼리 짝지어지지 <u>않은</u> 것은?

① It's the greatest musical that has ever been staged.
  → It's the greatest musical to ever be staged.
② This option seems the cheaper of the two.
  → This option seems the cheapest of the two.
③ Consuming too much sugar is no better than smoking.
  → Consuming too much sugar is as bad as or worse than smoking.
④ Without appropriate rewards, students would no longer participate in the school events.
  → Without appropriate rewards, students would not participate in the school events any more.
⑤ A penguin is a bird just as a canary is.
  → A penguin is no more a bird than a canary is.

[10-11] 다음 중 어법상 <u>틀린</u> 것을 고르시오.

10

① The new photocopier is out of order more often than not.
② Sometimes, people let their emotions get the better of them.
③ Jasmine is the last person to go broke and default on a debt.
④ My boss made me all more furious because he decided to cut my salary.
⑤ The diameter of replacement pipes is twice the length of that of the old ones.

11

① Would you give me some tips to create as a mouth-watering menu as yours?
② They automated the manufacturing process as expeditiously as possible.
③ We received a visit from the princess, no less!
④ My friend invested at most $500 in stocks.
⑤ Nonverbal expressions carry much more information than do verbal expressions.

12 다음 우리말을 영어로 옮긴 것 중 바르지 <u>않은</u> 것은?

① 그녀가 이를 회피한다면 상황은 훨씬 더 안 좋아질 것이다.
  → Things will be so much the worse if she gets away from it.
② 이 고속도로의 주유소는 멀리 떨어져 있다.
  → Service stations on this highway are few and far between.
③ 좋든 싫든 저 둘 중에 하나를 선택해라.
  → For better or for worse, choose from the two.
④ 그녀는 다름아닌 대법관이었어!
  → She was no less than a chief justice!
⑤ 그런 미경험의 병사들을 그 전쟁터로 보내는 것은 그들을 죽이는 것과 다름없었다.
  → Sending the unexperienced soldiers out into that war was as good as killing them.

13 다음 중 어법상 <u>틀린</u> 문장의 기호를 <u>모두</u> 쓰시오.

(a) The contract will be signed no earlier than the day after tomorrow.
(b) She looks the prettiest when she's in black.
(c) The annual income of the player is far and away the highest in the league.
(d) The hotel is no less than 10 miles away from the airport.
(e) The senator looks hard as nails.
(f) I know better than hang out with the bad boys.

_____

1 다음 글의 밑줄 친 부분 중, 어법상 틀린 것은?

pollen concentration
꽃가루 농도

contributor 원인 (제공자)

respiratory 호흡기관의

offset 상쇄하다

pandemic 세계적인 유행병

airborne 공기로 운반되는

allergen 알레르기 유발 물질

pollen count (대기 중의) 꽃가루 수

Allergy season is getting longer and pollen concentration is getting stronger. A recent study found that the pollen season got longer than 2 years ago ① by 20 days, while the pollen concentration increased 21 percent over the same period. Climate change is ② the biggest contributor to the changes in the length of the pollen season and pollen concentration. This trend is likely to become ③ more and more influential on our respiratory health. Interestingly, however, the problems may have been offset ④ more or fewer due to the recent pandemic that led people to spend more time indoors and thus to limit their exposure to airborne allergens. So, here's what you can do to avoid contact with seasonal allergens. Learn what pollens you're allergic to and check pollen counts daily before going out. It is one of ⑤ the best ways of limiting contact with airborne allergens.

2 (A), (B), (C)의 각 네모 안에서 어법에 맞는 표현으로 가장 적절한 것은?

whole self 온전한 자아

authentic 진정한, 진짜의

competitive edge 경쟁 우위

deviate from ~에서 벗어나다

core value 핵심 가치

fit well in ~에 잘 어울리다

gain acceptance 용인되다

exercise influence
영향력을 발휘하다

Nowadays you're often encouraged to bring your "whole self" to work, to be your (A) best / the best self and thus to be more authentic. You'll waste less energy concealing certain parts of your identity, have more energy for work, and increase productivity. This is an appealing idea to organizations seeking a competitive edge as well as to individuals hoping to be accepted as fully as (B) can / possible by their colleagues and bosses. However, the more your authentic self deviates from the values of the organization, the (C) risky / riskier revealing your authentic self becomes. Organizations promote people who represent the core values of the organizations, not just those who are productive. This suggests that if you don't fit well in the organization, you are unlikely to gain acceptance or effectively exercise influence.

	(A)		(B)		(C)
①	best	………	can	………	risky
②	the best	………	can	………	riskier
③	best	………	possible	………	risky
④	the best	………	possible	………	risky
⑤	best	………	possible	………	riskier

Prepositions

개념

명사나 명사 상당어구 앞에 위치하여 장소·시간·목적·수단 등의 관계를 나타내며
문장 내에서 형용사나 부사 역할을 하는 말

종류

한 단어로 된 단일 전치사
명사, 형용사, 부사, 접속사, 전치사 등 다른 단어와 결합한 복합 전치사
두 개의 전치사로 된 이중 전치사

의미

장소: at · in · on · next to · over 등
이동·방향: onto · into · across · out of 등
시간: at · on · in · since · during 등
목적·이유: for · on · due to · at 등
수단·방법·재료: by · on · with · from · (out) of 등
주제·제외·제거·양보: on · about · but · from · despite 등

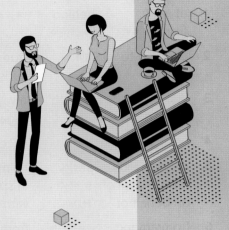

전치사

CHAPTER

13

UNIT 83 전치사의 형태와 쓰임

UNIT 84 전치사의 분리·생략

UNIT 85 장소의 전치사

UNIT 86 이동·방향의 전치사

UNIT 87 시간의 전치사

UNIT 88 목적·이유의 전치사

UNIT 89 수단·방법·재료의 전치사

UNIT 90 주제·제외·제거·양보의 전치사

UNIT 83 전치사의 형태와 쓰임

전치사는 단독으로 뜻을 가질 수 없고 명사나 명사 상당어구 앞에 위치하여 문장 내에서 형용사나 부사 역할을 한다.

A 전치사의 형태

1 at ~에(서)　behind ~의 뒤에　beside ~의 옆에
from ~으로부터　in ~의 안에　near ~의 근처에

2 contrary to ~에 반하여　due to ~ 때문에
prior to ~에 앞서　subsequent to ~ 다음의

3 along with ~와 함께　away from ~에서 떠나서
instead of ~ 대신에　regardless of ~에 상관없이

4 because of ~ 때문에　except for ~을 제외하고

5 at odds with ~와 상충하여　by means of ~에 의하여
for the sake of ~을 위하여　in spite of ~에도 불구하고
on behalf of ~을 대신하여　with respect to ~에 대하여

6 from among ~ 중에서　from under ~의 아래에서
in between ~의 중간에　until after ~ 이후까지

B 전치사의 목적어

7 **Despite** the concerns, he tried to cooperate **with** her.
우려에도 불구하고, 그는 그녀와 협업하려 했다.

8 She devoted herself **to** raising her children.
그녀는 자신의 아이들을 기르는 데 헌신했다.

9 He was worried **about** where his son was.
그는 자신의 아들이 어디에 있는지에 대해 걱정했다.

10 We were amazed **at** how he treated the dogs.
우리는 그가 개들을 다루는 모습을 보고 놀랐다.

11 I prefer the new system **in** that it is more secure.
나는 더 안전하다는 점에서 새로운 시스템을 선호한다.

12 My financial condition is a total mess **of** late.
내 재정 상태가 최근에 완전히 엉망진창이다.

13 Hello? Who is **in** there?　여보세요? 거기 안에 누가 있나요?

C 전치사구의 쓰임

14 Our policy specifies four areas **of importance**.
우리의 정책은 4가지 중요 분야를 명시하고 있다.

15 The wound is **in the healing process** now.
그 상처는 지금 치유 과정에 있다.

16 His harsh criticism left me **at a loss for words**.
그의 혹평이 나를 말문이 막히게 만들었다.

A

1 단일 전치사: 한 단어로 된 전치사

2~5 복합 전치사: 전치사 포함 둘 이상의 단어가 결합하여 전치사 역할을 하는 것

2 형용사＋전치사

3 부사＋전치사

4 접속사＋전치사

5 전치사＋명사＋전치사

6 이중 전치사: 단독으로 쓰이는 두 개의 전치사가 하나의 전치사 역할을 하는 것

B 전치사는 반드시 목적어를 취하며, 전치사의 목적어로는 일반적으로 (관사＋)명사, 대명사, 동명사, 명사절(의문사절, 관계사절, that절 등)이 가능하다.

7 despite의 목적어는 「관사＋명사」인 the concerns이고, with의 목적어는 대명사 her이다. 대명사의 경우 반드시 목적격이 되어야 한다.

8 to의 목적어는 동명사구 raising her children이다.

9 about의 목적어는 의문사절 where his son was이다.

10 at의 목적어는 관계사절 how he treated the dogs이다.

11 in의 목적어는 that절 that it is more secure이다.
in that: ~이라는 점에서
이 경우를 제외하고는 접속사 that절 앞에 어떤 전치사도 쓰이지 않는다.

12~13 전치사의 목적어로 형용사나 시간 또는 장소를 나타내는 부사가 관용적으로 쓰이는 경우도 있다.
from abroad 해외로부터　in short 요컨대 = briefly

C

14~16 전치사구는 형용사 역할을 할 수 있다.

14 명사 수식

15 주격보어

16 목적격보어

17 Today's youth are <u>fond</u> **of taking a selfie**.

요즈음의 젊은이들은 셀카 사진을 찍는 것을 좋아한다.

18 She is driving too <u>close</u> **to the truck**.

그녀는 트럭에 너무 가까이 운전하고 있다.

19 Robert will probably <u>get</u> there **on time**.

Robert는 아마 제 시간에 그곳에 도착할 것이다.

20 **In reality**, he is just an ordinary office worker.

현실에서 그는 단지 평범한 사무원일 뿐이다.

17~20 전치사구는 부사 역할을 할 수 있다.

17 형용사 수식

18 부사 수식

19 동사 수식

20 문장 전체 수식

GRAMMAR PLUS+

전치사 vs. 접속사

after, as, before, except, for, until, than, since 등은 전치사뿐만 아니라 접속사의 역할을 하기도 하는데, 이때 명사 상당어구가 뒤따르면 전치사, 주어와 동사로 이루어진 절이 뒤따르면 접속사로 본다.

▶ The body was identified **as** a soldier who had fought in the Second World War. <전치사>
그 시신은 2차 세계대전에서 싸웠던 군인으로 확인되었다.

▶ Small populations are likely to lose genetic diversity **as** time goes by. <접속사>
소수 집단은 시간이 흐름에 따라 유전적 다양성을 잃기 쉽다.

▶ Stay on the subway **until** City Hall Station and then transfer to a bus. <전치사>
시청역까지 지하철을 타고 가다가 그 다음에 버스로 갈아타세요.

▶ Why don't you just wait **until** they establish mutual respect? <접속사>
그들이 상호 존중을 확립할 때까지 기다리는 게 어때요?

EXERCISE 01 >

전치사구에 밑줄을 긋고 형용사 역할인지 부사 역할인지 쓰시오.

1 What is of importance in assessing quality of life?

2 I am poor at introducing my knowledge.

3 Unexpectedly, her team won the final game with difficulty.

4 The businessman purchased a house without a roof and remodeled it.

5 Mary found herself in need of a new career.

6 To everyone's sorrow, the beloved actress died too young.

EXERCISE 02 >

밑줄 친 부분에 유의하여 우리말로 옮기시오.

1 I'm lucky <u>in that I have a lot of good people around me</u>.

2 The witness's story was completely <u>at odds with the police report</u>.

3 You should be conscious <u>of where you are buying your food</u>.

4 My team members are people <u>with great creativity and imagination</u>.

5 We will open the swimming pool and it will be <u>of use to our little guests</u>.

UNIT 84 전치사의 분리·생략

A 전치사를 분리하는 경우

1 Who did you go to the concert **with**?
너는 누구와 함께 콘서트에 갔니?

= **With** whom did you go to the concert?

2 Do you know <u>where</u> she bought it **from**?
그녀가 그것을 어디에서 샀는지 아세요?

3 What a variety of music genres he's listening **to**!
그는 어찌나 많은 장르의 음악들을 듣는지!

4 What **for**?   무엇 때문에?
Where **to**?   어디로 가십니까?

cf. **With** what <u>evidence</u>?   어떤 증거를 가지고요?

5 It is the museum <u>that</u> I told you **about**.
이것이 내가 너에게 말했던 박물관이야.

= It is the museum **about** <u>which</u> I told you.

6 Finally, I was able to find a <u>person</u> to talk **to**.
마침내 나는 대화할 사람을 찾을 수 있었다.

= Finally, I was able to find a person **to** <u>whom</u> to talk.

7 <u>Every idea</u> has been thought **of** before.
모든 아이디어가 이전에 생각되었던 것이다.

8 <u>Who(m)</u> did those children laugh **at**?
저 아이들이 누구를 비웃었던 거니?

9 <u>What</u> is the little girl afraid **of**?
그 어린 소녀가 두려워하는 것이 무엇인가요?

10 **Since** when have you been waiting here?
언제부터 여기서 기다리고 계셨습니까?

11 **During** which decade was the book published?
그 책이 몇 십 년대에 출간되었나요?

B 전치사를 쓰지 않는 경우

12 I get up with a cup of coffee <u>every</u> morning.
나는 매일 아침 커피 한 잔으로 잠자리에서 일어난다.

13 My parents preached a very long sermon to me
<u>yesterday evening</u>.
어제 저녁에 부모님은 나에게 아주 긴 설교를 하셨다.

14 Private lessons cost sixty dollars <u>a</u> session in this
yoga studio.
이 요가 강습실의 개인 수업은 회당 60달러입니다.

15 She is just the right <u>height</u> to be a basketball player.
그녀는 농구 선수가 되기에 딱 알맞은 키이다.

A
전치사는 '전치'라는 용어에서 알 수 있듯 목적어 앞에 와야 하지만, 목적어와 분리되어 관련된 명사, 형용사, 동사 등과 함께 문장 뒤쪽에 위치하기도 한다.

1~5 전치사의 목적어가 의문사 또는 관계대명사인 경우
일반적으로 비격식체에서 전치사가 분리된다.

1 의문사인 경우
비격식체에서는 who가 whom을 대신하는데, 격식체인 whom이 쓰이는 경우 보통 전치사를 앞에 둔다.

2 의문사가 포함된 간접의문문인 경우

3 what이 쓰인 감탄문인 경우

4 「의문사＋전치사」 형태의 의문문도 가능하다.

cf. 의문사 뒤에 명사가 있는 경우에는 대체로 전치사가 문장 앞에 위치한다.

5 관계대명사인 경우
일반적으로 비격식체에서 전치사가 분리되지만, 격식체라고 해도 관계대명사가 생략된 경우, 또는 that, whom 대신 쓰인 who일 때는 반드시 전치사가 분리된다.

⚠ It is the museum **about** that I told you. (x)

6 명사·형용사를 수식하는 to부정사 구문에 포함된 전치사는 to부정사와 함께 문장 뒤쪽에 위치한다. 격식체에서는 「전치사＋관계대명사＋to부정사」로 나타낼 수도 있다.

7 수동태 구문에서 동사구에 포함된 전치사인 경우

8~9 전치사가 목적어보다 관련 동사나 형용사와 의미상 강하게 연결된 경우

10~11 예외적으로 전치사 since와 during은 문장 뒤에 위치하지 않는다.

⚠ When have you been ~ here **since**? (x)
Which decade was ~ published **during**? (x)

B

12~13 전치사 in·on이 '~에'의 의미로 시간을 나타낼 때 특정 표현 앞에서는 쓰지 않는다.

12 all, any, each, every, next, some, last, one, that, this 등이 시간을 나타내는 표현 앞에 오는 경우

13 하루의 때를 나타내는 afternoon, evening, morning, noon 등과 yesterday, tomorrow 등이 합쳐진 표현 앞에 오는 경우

14 a(an)이 '~당(마다)'의 의미로 단위를 나타내는 말과 함께 오는 경우

15 측정 명사인 age, color, height, length, price, shape, size, weight 등이 포함된 표현이 주격보어로 be동사 다음에 오는 경우

C 전치사를 생략할 수 있는 경우

16 She has been teaching Spanish **(for)** <u>10 years</u>.
그녀는 스페인어를 10년 동안 가르쳐 오고 있다.

17 The elderly got together to play racquetball **(on)** <u>Saturday afternoons</u>.
그 어르신들은 토요일 오후마다 라켓볼을 치러 모이셨다.

18 **(At)** <u>What time</u> would you like to be called?
몇 시에 전화받기를 원하시나요?

19 **(On)** <u>Which day</u> of the week does Thanksgiving Day fall? 추수감사절은 무슨 요일인가요?

20 We heard a squeaky sound **(at)** <u>about five o'clock</u> in the morning. 우리는 새벽 5시경에 삐걱거리는 소리를 들었다.

21 They should have gotten the job done **(in)** <u>the right way</u>. 그들이 그 일을 제대로 처리했어야 했는데.

22 Do you know <u>the reason</u> **(as to)** <u>why</u> he didn't apply for the position?
너는 왜 그가 그 자리에 지원하지 않았는지에 대한 이유를 아니?

23 I can't be <u>certain</u> **(about)** <u>when</u> the medicine will come into effect. 나는 그 약이 언제 효력을 나타낼지 확신할 수 없다.

24 We will <u>look</u> **(at)** <u>whether</u> we should invest in shares.
우리는 주식 투자를 해야 될지 검토할 것이다.

25 The lady needs a chair to <u>sit</u> **(on)**.
그 부인은 앉을 의자가 필요하다.

26 The couple ran away **(to)** some <u>place</u> where no one knew them. 그 두 연인은 아무도 그들을 알지 못하는 곳으로 달아났다.

C

16~21 비격식체에서 전치사를 생략해도 되는 경우도 있다.

16 지속되는 시간에 대한 전치사 for 생략 가능

17 요일 또는 요일과 시간을 나타내는 명사가 합쳐진 표현 앞에서 전치사 on 생략 가능

18~19 의문문 what time 앞에서 전치사 at이 생략 가능하고, 의문문 what(which) day 앞에서 전치사 on이 생략 가능하다.

20 시간을 나타내는 말 앞에 about이 '~쯤(경)'의 의미로 함께 오는 경우 전치사 at 생략 가능

21 (in) another way, (in) the same way, (in) this(that) way, (in) the right(wrong) way 등 방법을 나타내는 표현 앞에서 전치사 in 생략 가능

22~24 일부 명사(idea, reason 등)와 형용사(certain, sure 등), 동사(ask, depend, look, tell 등) 뒤에 의문사절이나 whether절이 뒤따르는 경우 전치사를 생략할 수 있다.

25 「명사+to부정사+전치사」 구문에서 전치사가 없어도 충분히 의미가 통하는 경우 생략할 수 있다.

26 place를 포함한 일부 어구에서 to 생략 가능

EXERCISE 03 > 굵게 표시된 전치사의 목적어에 밑줄을 긋고 전치사가 생략 가능하면 괄호 표시를 하시오.

1 I wasn't sure **about** whether he was crying or laughing.

2 They are the patients whom the nurse is taking care **of**.

3 During my lecture, some of the topics will be dealt **with**.

4 **At** what time are we going to have dessert?

5 These days I found that Benjamin is uncomfortable to talk **to**.

6 Do you understand what the customer was angry **about**?

7 The ceremony is acted out **in** the same way every year.

8 **For** how long have you provided them with the gluten-free meals?

UNIT 85 장소의 전치사

A at · in · on

1 The climber is standing **at** the peak of the mountain **in** Lausanne, Switzerland.
그 등반가는 스위스의 로잔에 있는 산 꼭대기에 서 있다.

2 This train stops **at** Lausanne for about an hour.
이 기차는 한 시간 가량 로잔에 정차한다.

3 We were **at** the theater to have a rehearsal.
우리는 리허설을 하기 위해 극장에 있었다.

4 You are not allowed to eat or drink **in** the theater.
극장 안에서 음식이나 음료수를 먹는 것이 허용되지 않습니다.

5 We met **at** the new restaurant downtown.
우리는 시내의 새로 생긴 음식점에서 만났다.

6 We stayed **in** the restaurant for over an hour.
우리는 그 음식점에 한 시간이 넘게 머물렀다.

7 I noticed a black mark **on** the white wall.
나는 하얀 벽에 검은 자국이 있는 것을 알아차렸다.

8 The language institute is **on** Main Street.
그 어학원은 Main Street에 있다.

B by · beside · next to · near

9 The visitor sat **by** the fireplace **by** the window.
그 손님은 창문 옆 난롯가에 앉았다.

10 He is planning to open a coffee shop **beside** a lake.
그는 호숫가에 커피숍을 열 계획을 가지고 있다.

11 A bomb exploded **next to** a military truck last night.
어젯밤 군용 트럭 옆에서 폭탄이 폭발했다.

12 He told the children not to go **near** the reservoir.
그는 아이들에게 저수지 근처로 가지 말라고 했다.

C before · in front of · ahead of · behind

13 Present your idea confidently **before** an audience.
청중 앞에서 너의 의견을 자신감 있게 제시해라.

14 What was the woman doing **in front of** the mirror?
그 여자는 거울 앞에서 무엇을 하고 있었나요?

15 **Ahead of** them was a muddy, rutted road.
그들 앞에는 진흙투성이의 바퀴 자국이 깊이 난 길이 있었다.

16 You don't have to hide **behind** the mask any longer.
당신은 더 이상 가면 뒤에 숨지 않아도 됩니다.

cf. The frontal lobes are **in the front of** the brain and the cerebellum is **in the back of** the brain.
전두엽은 뇌의 앞쪽에 있고 소뇌는 뇌의 뒤쪽에 있습니다.

A

1~6 at · in: ~에(서)
at은 장소의 한 지점이나 비교적 작고 좁은 지역 또는 잠깐 거치는 장소를 나타낼 때 쓰이고, in은 도시와 국가, 대륙 같은 다소 넓은 지역 또는 장소의 내부를 나타낼 때 쓰인다.

1 장소의 한 지점을 나타내는 at
넓은 지역을 나타내는 in

2 넓은 장소라도 잠시 거치는 지점인 경우에는 at이 쓰인다.

3 제 용도에 맞게 쓰일 때의 건물 이름을 나타내는 at

4 장소의 내부를 나타내는 in

5~6 같은 장소에 대해서 약속 장소인 경우에는 at, 시간을 보내는 내부 장소인 경우에는 in을 쓰는 등 화자의 의도에 따라 전치사가 달라질 수 있다.

7~8 on: ~의 위에

7 표면 위의 한 지점 또는 장소에 닿아 있는 상태를 나타낸다.

8 도로나 강처럼 선형을 이루는 대상 위의 한 지점을 나타낸다.

B

9 by: ~의 (바로) 옆(가)에 = beside, next to

10 beside: ~의 옆(가)에, ~의 가까이에

11 next to: ~의 옆에

12 near: ~의 근처에, ~에 인접하여
거리상 near보다 더 가까운 것은 by로 나타낸다.

C

13 before: ~의 앞에 ↔ behind
격식을 갖춘 장소나 사람의 앞을 나타내는 경우에 흔히 쓰인다.

14 in front of: ~의 앞(정면)에 ↔ in back of

15 ahead of: (장소)의 전방에

16 behind: ~의 뒤에
= in back of

cf. 사물 자체의 앞쪽은 in the front of로, 뒤쪽은 in the back of로 나타낸다.

D over · above

17 Hanging a chandelier **over** a dining table is a great option. 식탁 위에 샹들리에를 다는 것은 좋은 선택이다.

18 He was asked to put on a hospital gown **over** his clothes. 그는 옷 위에 병원 가운을 입으라는 요청을 받았다.

cf. You have to be **over** 18 to legally buy alcohol.
당신이 합법적으로 주류를 구매하려면 18세 이상이어야 합니다.

19 Place your hands **above** your shoulders.
여러분의 손을 어깨 위로 올리세요.

cf. The temperature is four degrees **above** zero Celsius.
기온이 섭씨 영상 4도이다.

E under · below

20 Position yourself **under** a desk during an earthquake.
지진이 났을 때는 책상 밑에 자리잡으세요.

21 The treasure is still buried **under** the ground.
그 보물은 아직도 땅 아래 묻혀 있다.

cf. You should drive at **under** 100 km/h on this road.
이 길에서는 시속 100킬로미터 이하로 운전해야 합니다.

22 We watched the sun sinking **below** the horizon.
우리는 태양이 지평선 아래로 지는 것을 바라보았다.

cf. Some parts of the Netherlands are **below** sea level.
네덜란드의 일부 지역은 해수면 아래에 있다.

F between · among

23 The factory is **between** the river, the forest, and the village. 그 공장은 강과 숲, 마을 사이에 있다.

24 They gathered information about non-Jews **among** the Holocaust survivors.
그들은 홀로코스트 생존자들 중에서 비유대인의 정보를 수집했다.

cf. His bracelets are **among** the jewelry on display.
그의 팔찌가 전시된 장신구 중에 있다.

D

17~18 over: ~의 위에; ~을 (덮어서) 위에 ↔ under

17 공간적으로 떨어져 있는 높은 위치 = higher than

18 맞닿아 있으면서 덮은 상태

cf. 나이·속도·수량 등이 '~ 이상'이라는 의미로 쓰인다.
= more than

19 above: ~보다 위에 ↔ below
기준점보다 더 높은 위치 = higher than

cf. 온도·높이 등의 수치나 수준이 '~을 넘는'이라고 표현할 때 쓰인다. = more than

E

20~21 under: ~의 아래(밑)에; ~의 안(속)에

20 공간적으로 떨어져 있는 낮은 위치 = lower than

21 맞닿아 있으면서 덮이거나 숨겨진 상태

cf. 나이·속도·수량 등이 '~보다 아래에'라는 의미로 쓰인다.
= less than

22 below: ~보다 아래에
기준점보다 더 낮은 위치 = lower than

cf. 온도·높이 등의 수치나 수준이 '~보다 아래에'라고 표현할 때 쓰인다. = less than

F

23 between: ~ 사이에
일반적으로 두 장소·대상에 대해 쓰이지만, 장소·대상의 구분이 명확하다면 셋 이상의 대상에 대해서도 쓰일 수 있다.

24 among: ~ 사이에, ~중에서
셋 이상의 대상 또는 구분이 명확하지 않은 무리에 대해 쓰인다.

cf. 보통 불가산명사 앞에서 among이 쓰인다.

EXERCISE

04 >

괄호 안에서 알맞은 말을 고르시오.

1 Jasmine saw her baby crawling (under / below) the blanket.

2 He put his hands (above / over) his eyes so as not to see the terrible sight.

3 The delivery person is (at / on) the door. He is knocking (on / in) the door.

4 It's a good idea to put a pillow (between / among) your legs when you get into bed.

5 She always writes her names in (front / the front) of the books.

UNIT 86 이동·방향의 전치사

A up · onto · into · down · off · out of

1 An usher helped her climb **up** the flight of steps.
한 안내원이 그녀가 계단 위로 오르는 것을 도와주었다.

2 Look! Salmon are swimming **up** the stream.
봐! 연어가 개울을 거슬러 상류로 올라가고 있어.

cf. The post office is two blocks **up(down)** the road.
우체국은 길을 따라 두 구역 거리에 있다.

3 A group of spectators has jumped **onto** the stage.
한 무리의 관중들이 무대 위로 뛰어올랐다.

4 She reached **into** her pocket for a dime.
그녀는 호주머니에 손을 넣어 10센트짜리 동전을 찾았다.

cf. One day, the caterpillar will change **into** a butterfly.
언젠가 그 애벌레는 나비로 변모할 것이다.

5 A ball rolling **down** a ramp has both kinetic and potential energy.
경사로를 굴러 내려가는 공은 운동 에너지와 위치 에너지 둘 다 가지고 있다.

6 He accidentally knocked the plate **off** the table.
그는 잘못하여 치는 바람에 접시를 탁자에서 떨어뜨렸다.

7 We saw a huge ape running **out of** the forest.
우리는 거대한 유인원이 숲에서 뛰쳐나오는 것을 보았다.

B from · to · toward · for · via

8 Most rocks that fall **from** the sky are not meteorites.
하늘에서 떨어지는 바위 대부분은 운석이 아니다.

9 The road on the right leads **to** the lodge.
오른쪽 길은 숙소로 이어진다.

10 The Norwegian explorer raced **toward** the South Pole.
그 노르웨이인 탐험가는 남극을 향해 질주했다.

11 The cricket team will leave Australia **for** India soon.
그 크리켓 팀은 곧 호주를 떠나 인도로 향할 것이다.

12 You can take an alternate route **via** Steamboat Lake.
여러분은 스팀보트 호수를 경유하는 우회 경로로 갈 수도 있습니다.

C across · through · along

13 His van is parked **across** the road under a tree.
그의 밴은 길 건너편 나무 아래에 주차되어 있다.

14 Rain clouds will move **across** the country tonight.
비구름대가 오늘밤 전국에 걸쳐 이동할 것입니다.

15 They had to walk **across** the desert for seven days.
그들은 7일 동안 사막을 가로질러 걸어가야 했다.

A

1~2 up: ~의 위쪽으로; ~의 상류로; ~을 따라 ↔ down

cf. up이 '~을 따라'의 의미일 때는 down과 의미상의 차이가 없다.

3 onto: (표면)의 위로 ↔ off

4 into: (공간)의 안으로 ↔ out of

cf. 추이·변화·결과를 나타내기도 한다.

5 down: ~의 아래쪽으로; ~의 하류로; ~을 따라

6 off: (표면)에서 떨어져, ~에서 벗어나

7 out of: (공간)의 밖으로

B

8 from: (출발지)에서(부터)

9 to: (목적지) 쪽으로, (도착지)까지

10 toward: (목적지)를 향하여, ~의 쪽으로
toward는 to와 달리 반드시 목적지에 도착함을 의미하지는 않는다.

11 for: (목적지)를 향하여, ~행의

12 via: ~을 경유하여(거쳐서), ~을 통하여
= by way of

C

13~15 across: (강·도로 등)의 건너(반대)편에; ~의 전역에 걸쳐; (평평한 공간)을 가로질러

16 The campers walked **through** the thick forest.
야영객들이 울창한 숲을 통과해서 걸어갔다.

17 They traveled **through** the Middle East and Asia.
그들은 중동과 아시아를 지나 여행했다.

18 I rode my bike **along** the river to refresh myself.
나는 기분전환을 하려고 강을 따라 자전거를 탔다.

16~17 through: (입체적 공간)을 통과하여(지나서),
(한 쪽에서 다른 쪽으로) 지나서(관통하여)

18 along: ~을 따라
도로·강·복도처럼 선으로 이어지는 사물에 대해 쓰인다.

GRAMMAR
PLUS+

work와 함께 쓰이는 전치사

1 work for: (회사)에서 일하다, (고용주)를 위해서 일하다
▶ He works **for** Citibank(the government). 그는 씨티은행에서(정부를 위해) 일한다.

2 work at: (회사)에서 일하다, (장소)에서 일하다
▶ He works **at** Citibank(a government office in Florida). 그는 씨티은행(플로리다의 관공서)에서 일한다.

3 work in: (분야·부서)에서 일하다
▶ He works **in** the banking industry(the accounting department). 그는 금융업계(회계 부서)에서 일한다.

4 work as: (직업·자격)으로 일하다
▶ He works **as** a banker(a bank president). 그는 은행원(은행장)으로 일한다.

5 work on: (기반) ~ 작업을 하다
▶ He is working **on** the computer(the building). 그는 컴퓨터 수리(건물 공사) 중이다.

6 work with: (도구)로 일하다, (사람)과 일하다
▶ He works **with** a computer(a lot of colleagues). 그는 컴퓨터로(많은 동료들과 함께) 일한다.

cf. be **with**: ~에 소속(고용)되어
▶ He has been **with** Citibank for two years. 그는 씨티은행에서 2년 동안 근무해왔다.

be **out of** work: 실직 상태인
▶ He has been **out of** work for two years. 그는 2년째 실직 상태이다.

EXERCISE
05 >

괄호 안에서 가장 알맞은 말을 고르시오.

1 The Hunterian Museum lies just (across / via) the square.

2 The medication should be injected (into / onto) the muscle very slowly.

3 The criminal got into the conference room (across / through) the window.

4 As we drove (across / along) the coast, we came upon many picturesque spots.

5 Donovan might have to send his messages to Sue (via / from) his sister.

6 My cousin is working (at / on) the Paris branch of Microsoft.

7 After two hours of riding, I asked her to help me get (out of / off) the horse.

8 First, the students need to translate the whole passage (into / out of) Finnish.

9 He said farewell to Seoul when he set out (via / for) London.

10 We pulled over 350 kilograms of trash (off / out of) the river bed thanks to the volunteers.

UNIT 87 시간의 전치사

A at · on · in

1 The tour begins **at** noon and **at** two o'clock every day.   투어는 매일 정오와 2시에 시작합니다.

2 We will go snowboarding **at** Easter(Christmas).
우리는 부활절 주간(성탄절 연휴)에 스노우보드를 타러 갈 것이다.

cf. Many kids go on an egg hunt **on** Easter Sunday.
많은 아이들이 부활절 일요일에 달걀 찾기에 나선다.

3 My sister's birthday is **on** September 20 and it falls **on** a Monday this year.
내 여동생의 생일은 9월 20일이고 올해는 월요일에 해당한다.

4 I'll give her a birthday present **on** Monday (evening).
난 월요일 (저녁)에 그녀에게 생일 선물을 줄 것이다.

5 The tragic accident happened **in** April **in** 2022.
그 비통한 사건은 2022년 4월에 발생했다.

6 You can take the pill either **in** the (early) morning or **in** the (late) evening.
이 알약을 (이른) 아침에 또는 (늦은) 저녁에 드세요.

cf. The temperature never drops below zero even **at** night.   밤에도 기온이 영하로 떨어지지는 않는다.

The temperature dropped below zero **in** the night.
밤에 기온이 영하로 떨어졌다.

B before · ahead of · after · behind · in

7 He was able to find the right way **before** the dawn.
그는 새벽이 오기 전에 올바른 길을 찾을 수 있었다.

8 The construction ended seven days **ahead of** schedule.   그 공사는 예정보다 7일 일찍 끝났다.

9 The street lighting influenced the people's route choices **after** dark.
해가 진 후에는 가로등이 사람들의 경로 선택에 영향을 주었다.

10 A motorbike race started ten minutes **behind** time.
오토바이 경주가 10분 늦게 시작되었다.

cf. Their way of thinking is extremely **behind the times**.
그들의 사고방식은 극도로 시대에 뒤떨어져 있다.

11 Could you please call me back **in** ten minutes?
10분 후에 저에게 다시 전화해 주실 수 있을까요?

12 How much work he managed to do **in** a day!
그가 하루 안에 얼마나 많은 일을 해냈는지!

A

1~2 at: ~에
시계의 시각과 어느 한 시점이나 명절·연휴 전체 기간 등을 나타낼 때 쓰인다.

cf. 연휴 중 특정한 날에 대해서는 on이 쓰인다.
on Christmas Day: 성탄절(12월 25일)에
on New Year's Day(Eve): 1월 1일(12월 31일)에

3~4 on: ~에
날짜·요일처럼 특정한 날과 특정한 날의 오전·오후 등을 나타낼 때 쓰인다.

5~6 in: ~에
월·년·계절처럼 비교적 긴 기간과 오전·오후 등 하루의 일부를 나타낼 때 쓰인다.

cf. 일반적으로 밤 시간을 at night으로 나타내지만 특정한 날의 밤은 in the night으로 나타낸다.

B

7 before: ~의 전에 ↔ after

8 ahead of: ~보다 빨리 ↔ behind

9 after: ~의 후에

10 behind: ~보다 늦게

cf. behind the times: 시대에 뒤떨어진

11~12 in: (말하는 시점으로부터) ~ 후(만)에; ~ 이내에
= within

C · since · from · for · during · through

13 The medical staff has been on strike **since** last week.
지난주부터 의료진이 파업을 해오고 있다.

14 It has been two months **since** the last gathering.
지난번 만남 이후로 두 달이 지났다.

15 We're open **from** 8 a.m. to 7 p.m. every day.
저희는 매일 오전 8시부터 오후 7시까지 영업합니다.

16 Every participant kept a sleep log **for** half a year.
모든 참가자가 반 년 동안 수면 일지를 작성했다.

17 It has been snowing heavily **for** a week.
일주일 동안이나 폭우가 내리고 있다.

cf. The firefighters put out the huge wildfire **in** five days.
그 소방관들은 5일 만에 그 거대한 산불을 진압했다.

It is reported to be the worst drought **for[in]** two decades.   그것은 20년 만의 최악의 가뭄으로 알려져 있다.

18 The child was in hospital for three weeks **during** the summer.   그 아이는 여름 동안 3주나 입원해 있었다.

19 Someone passed a note to me **during** my lecture.
누군가 나의 강의 시간 중에 나에게 쪽지를 전달했다.

20 We provided the homeless with free meals **through** the winter.   우리는 노숙자들에게 겨울 내내 무료 급식을 제공했다.

D · by · until(till)

21 I ought to finish my final report **by** tomorrow.
나는 내일까지 기말 리포트를 끝마쳐야 한다.

22 He stayed in bed, reading a book **until** noon.
그는 책을 읽으며 정오까지 침대에 있었다.

cf. The victims did **not** hear the truth **until** today.
그 피해자들은 오늘에야 비로소 진실을 듣게 되었다.

= **Not until** today did the victims hear the truth.

C

13~14 since: ~ 이후로(부터) (줄곧)
주로 완료시제와 함께 쓰인다.
it has(had) been ~ since ...: … 이후로 ~의 시간이 지났다

15 from: (어떤 일의 시작 시점)부터
from A to B: A부터 B까지

16~17 for: (어떤 일이 지속된 기간) 동안
현재까지 지속된 기간에 대해서는 현재완료시제와 함께 쓰일 수 있다.

cf. 일이 완료되는 데 걸린 기간에는 in만 쓰고, 부정어·최상급 뒤에서는 for와 in 모두 시간의 지속을 나타낼 수 있다.
⚠ ~ put out the huge wildfire **for** five days. (x)

18~19 during: (어떤 일이 일어난 시기) 동안
시간뿐 아니라 특정 활동 도중에 일어난 일에 대해서도 쓰일 수 있다.

20 through: (특정 기간 동안) 내내(줄곧)
처음부터 끝까지의 의미를 내포한다.

D

21 by: ~까지 (일이 완료되어)
미래의 특정 시점 이전까지 일이 발생함을 나타낸다.

22 until(till): ~까지 (일이 지속되어)
일정 시점까지 일이 계속됨을 나타낸다.

cf. not A until B: B 전까지는 A하지 않다, B에야 비로소 A하다
강조를 위해 부정어와 until구가 문장 맨 앞에 위치하기도 하는데 이때 주어와 동사가 도치된다.

EXERCISE 06 >

괄호 안에서 알맞은 말을 고르시오.

1 You have to submit the proposal (by / until) the due date at all costs.

2 Elvis the dog was rescued (before / after) being stuck in a pipe (for / during) two days.

3 Finally they could see Virgo (at / on / in) midnight (at / on / in) March 10 (at / on / in) 2021.

4 The tickets for the musical have been on sale (since / through) the start of the year.

5 The garden will be open to the residents (in / from) April (until / by) May.

UNIT 88 목적·이유의 전치사

A for · on · to

1 Find out where to contact him **for** an interview.
인터뷰를 위해서 그에게 어디로 연락할지 알아보세요.

2 New supplies **for** the army are stored in the supply room. 군대용 새 보급품들은 보급 창고에 보관되어 있다.

3 They had to go all the way to Denmark **on** business.
그들은 업무로 인해(업무차) 덴마크까지 가야 했다.

4 **To** that end, we deleted ill comments on our website.
그 목적을 위해서 우리는 웹 사이트에서 악성 댓글들을 삭제했다.

B for · from · due to · out of · through · at · with · of

5 He doesn't go bungee jumping **for** fear of an accident. 그는 사고에 대한 두려움으로 번지 점프를 하러 가지 않는다.

6 The eagle was weak **from** starvation when it was captured. 그 독수리는 포획되었을 때 굶주림으로 쇠약했다.

7 The parade was postponed again **due to** nasty weather. 그 퍼레이드는 궂은 날씨로 인해 다시 연기되었다.

8 The family adopted the old dog **out of** sympathy.
그 가족은 동정심으로 그 노견을 입양했다.

9 We failed **through** laziness and carelessness.
우리는 게으름과 부주의로 실패했다.

10 She was shocked **at** the news of her aunt's death.
그녀는 자신의 이모의 부고에 충격을 받았다.

11 The minister was disappointed **with** the outcome of the talks. 그 장관은 회담의 결과에 실망했다.

12 My children are afraid **of** scarecrows and clowns.
우리 아이들은 허수아비와 어릿광대를 무서워해요.

A 목적·의도·용도

1~2 for: ~을 (얻기) 위해; ~용으로, ~에 적합한

3 on: ~의 용무로, ~ 때문에

4 to: ~을 위하여

B 원인·이유

5 for: ~ 때문에, ~의 이유로

6 from: ~으로 인해

7 due to: ~ 때문에 = owing to
비격식체에서는 같은 의미로 because of가 흔히 쓰인다.

8 out of: ~ 때문에, ~으로 인해
흔히 행동에 대한 동기를 나타낸다.

9 through: ~으로 인해

10~12 감정의 원인이나 이유를 나타내는 경우가 많다.

10 at: ~으로 인해

11 with: ~ 때문에, ~으로 인해

12 of: ~ 때문에, ~으로 인해

EXERCISE 07 >

밑줄 친 부분에 유의하여 우리말로 옮기시오.

1 The boy ran to the nearest supermarket <u>on</u> an errand.

2 The island of Hawaii is renowned <u>for</u> its outstanding natural beauty.

3 Mumbai's Western Railway services were suspended <u>from</u> the heavy rain.

4 Dean was bewildered <u>at</u> the sight of the brand-new car in the garage.

5 The brave hen came rushing <u>to</u> the rescue of her chicks in danger.

6 During the test, she forgot what she had memorized <u>due to</u> an anxiety disorder.

UNIT 89 수단·방법·재료의 전치사

A by · on · in · with · through

1 The company transports their goods **by** cargo ship.
그 회사는 자신들의 상품을 화물선으로 실어 나른다.

2 Let's make changes **by** facilitating investment in education. 교육에 대한 투자를 촉진함으로써 변화를 만듭시다.

3 His visa was issued **by** the German Embassy.
그의 비자는 독일 대사관에 의해 발급되었다.

4 The company transports their goods **on** a cargo train. 그 회사는 자신들의 상품을 화물 열차로 실어 나른다.

5 She searched the related information **on** the Internet.
그녀는 인터넷으로 관련 정보를 검색했다.

6 Would you play a popular tune **on** your oboe?
당신의 오보에로 대중음악을 한 곡을 연주해 줄 수 있을까요?

7 The company transports their goods **in** a cargo truck.   그 회사는 자신들의 상품을 화물 트럭으로 실어 나른다.

8 I prefer to speak **in** English and write **in** ink.
나는 영어로 말하는 것과 잉크로 쓰는 것을 선호해.

9 My toddler can feed herself **with** a spoon.
걸음마 단계인 내 아기는 숟가락으로 밥을 먹을 수 있다.

10 The ceremony was conducted **with** great dignity.
그 의식은 대단히 위엄 있게 거행되었다.

11 Promoting events **through** email was very effective.
이메일을 통한 이벤트 홍보가 매우 효과적이었다.

B from · (out) of

12 Shortening is made **from** vegetable oil like palm oil.
쇼트닝은 야자유 같은 식물성 기름으로 만들어진다.

13 The middle dome is built **(out) of** brick in a conical form.   그 중간 돔은 원뿔 형태로 벽돌로 지어졌다.

A 수단·도구·방법

1~3 by: ~을 타고, ~으로; ~함으로써; ~에 의하여

1 교통수단의 경우 by가 일반적으로 쓰이며 무관사이다.

2 결과를 얻기 위한 행위와 방법

3 수동태에서 행위자

4~6 on: ~을 타고, ~으로

4 서거나 앉아서 이동할 수 있는 교통 수단

5 통신 수단

6 도구·악기

7~8 in: ~을 타고, ~으로

7 앉아서 이동할 수 있는 교통 수단

8 언어·(필기) 도구

9~10 with: ~을 가지고(사용하여); ~하게

9 도구

10 방식

11 through: ~을 통해서, ~에 의하여
= by means of

B 재료
현대 영어에서는 재료에 따른 from과 (out) of의 구분이 뚜렷하지 않은 경향이 있다.

12 from: ~으로(부터)
재료의 본래 성질을 잃는 경우에 주로 쓰인다.

13 (out) of: ~으로 만든, ~으로 된(이루어진)
재료의 본래 성질이 유지되거나 형태적 변화의 경우에 주로 쓰인다.

EXERCISE 08 > 괄호 안에서 가장 알맞은 말을 고르시오.

1 Golden syrup is made (in / from) sugar, water, and a slice of lemon.

2 One of the most effective ways to connect with readers is (through / out of) social media.

3 His pupils started to draw pineapples step by step (in / from) pencil.

4 The emergency medical technicians arrived at the accident spot (on / in) a helicopter.

A on · about · of · over · for

1 This is a well-balanced book **on** anthropology.
이것은 인류학에 관한 균형 잡힌 책이다.

2 The novel is **about** the life of a private detective.
그 소설은 어느 사설탐정의 삶에 대한 것이다.

3 Most respondents disapproved **of** the development.
대부분의 응답자들이 개발에 대해 반대했다.

4 They are divided **over** the issue of raising taxes.
그들은 세금 인상 문제를 두고 의견이 나뉘어 있다.

5 You can put your mind at ease **for** this matter.
여러분은 이 문제에 관해서 염려 놓으셔도 됩니다.

B except · but · apart from · save · excluding

6 She has painted all her house **except (for)** the kitchen. 그녀는 부엌을 제외하고 집을 모두 페인트칠 했다.

7 We traveled in all continents **except** in Africa.
우리는 아프리카를 제외한 모든 대륙을 여행하였다.

8 The food was wonderful **except** that it wasn't warm enough. 그 음식은 충분히 따뜻하지 않았다는 점을 제외하고는 훌륭했다.

9 He inherited everything **except (for)** the botanical garden. 그는 식물원을 제외한 모든 것을 상속받았다.
= **Except for** the botanical garden, he inherited everything.

10 The girls are sociable and outgoing **except (for)** her.
그 소녀들은 그녀를 제외하고는 외향적이고 사교적이다.

11 I don't want to partner up with anybody **but** Olivia.
나는 Olivia 이외에는 누구와도 파트너가 되고 싶지 않다.

12 Who **but** him(he) could know such details?
그 사람을 제외하고 누가 그러한 세부 사항을 알 수 있었겠어요?

13 **But for(Without)** your help, we wouldn't have managed to finish our assignments on time.
너의 도움이 없었다면, 우리는 과제를 제시간에 끝내지 못했을 거야.

cf. I went to Berlin, and **who should** I encounter **but** Jason? 내가 베를린에 갔는데 Jason을 만나지 않았겠어?

14 The film was enjoyable **apart from** some violent scenes. 그 영화는 일부 폭력적인 장면들을 제외하고는 재미있었다.

15 **Apart from** the cocktail dress, she bought a shawl.
그 칵테일 드레스 외에도 그녀는 숄을 하나 샀다.

16 No one knows the answer **save (for)** the professor.
그 교수를 제외하고는 아무도 답을 모른다.

A 주제·관련

1 on: ~에 관한
전문적이고 심도 있는 내용에 관련되어 쓰인다.

2 about: ~에 대한(관한)
평범하고 일반적 정보에 관련되어 쓰인다.

3 of: ~에 대한

4 over: ~에 대한, ~을 두고
논쟁이나 문제에 관련되어 쓰인다.

5 for: ~에 관하여, ~의 점에서는
= regarding, as for

B 제외

6~10 except: ~을 제외하고, ~ 이외에

6~8 except 뒤에는 명사(구)와 전치사(구), 절이 올 수 있고, except for 뒤에는 명사(구)만 가능하다

9 all, any, every, no, anybody, anywhere, everything, nobody, nothing, whole 등의 뒤에서는 except (for)가 쓰이나, 없는 경우 흔히 except for가 쓰인다. 또한 except for는 문장 맨 앞에 위치할 수 있지만 except는 불가하다.
⚠ **Except** the botanical garden, he inherited ~. (x)

10 except (for) 뒤에 대명사가 올 때는 다른 전치사와 마찬가지로 목적격이 온다.

11~13 but: ~을 제외하고, ~ 이외에

11 all, any, every, no, anybody, anywhere, everything, nobody, nothing 등의 뒤에서 except (for)와 같은 의미로 쓰이며, 문장 맨 앞에 위치하지 않는다.

12 but 뒤에는 주로 목적격 대명사가 오지만, 격식체에서는 동사가 뒤따르는 경우 주격 대명사가 올 수 있다.

13 일어나지 않은 일을 가정하여 말할 때는 but for(without)가 쓰인다. ↻참조 **UNIT 110 A**
⚠ **Except for** your help, we wouldn't have ~. (x)

cf. who(what) should ~ but …: ~한 것은 다름 아닌 …이 아니겠는가?

14~15 apart from: ~을 제외하고; ~ 외에도(뿐만 아니라)

14 말하는 주요 내용에 적합하지 않은 일부에 대해 언급할 때 자주 쓰인다.

15 덧붙이는 의미로 언급할 때 쓰인다.

16~17 save: ~을 제외하고는
save 뒤에는 명사(구)와 절이 올 수 있고, save for 뒤에는 명사(구)가 온다.

17 Little is known about him, **save** that he is Irish.
아일랜드인인 것을 제외하고 그에 대해 알려진 것이 거의 없다.

18 A main course dish costs 200 dollars **excluding** drinks. 코스 요리는 음료를 제외하고 200달러입니다.

18 excluding: ~을 제외하고
특히 수나 양에 대해서 쓰이며, 흔히 전체 항목 중에서 포함되지 않는 일부에 대해 쓰인다.

C from · of

19 Heavy metals and other hazardous wastes were released **from** the facility.
중금속과 기타 유해 폐기물이 그 시설에서 배출되었다.

20 She was absent **from** the climate change summit.
그녀는 기후변화 정상회담에 불참했다.

cf. Technical writing differs **from** creative writing.
기술적인 글쓰기는 창의적인 글쓰기와 다르다.

21 Authorities arbitrarily deprived her **of** her property.
정부 당국이 멋대로 그녀에게서 그녀의 재산을 빼앗았다.

C 제거 · 분리 · 박탈

19~20 from: ~에서 (떨어져), ~으로부터
곁에 없거나 해방된다는 의미를 내포한다.

cf. 구별이나 차이를 나타낼 수 있다.

21 of: (…에게서) ~을
빼앗거나 벗어난다는 의미를 내포한다.

D despite · with

22 **Despite** her efforts, she was stuck in a dilemma.
그녀의 노력에도 불구하고 그녀는 딜레마에 빠져 있었다.

23 He loves himself the way he is, **with (all)** his imperfections.
그는 자신의 모든 결점에도 불구하고, 있는 그대로의 자신을 사랑한다.

D 양보

22 despite: ~에도 불구하고
= in spite of, notwithstanding

23 with (all): ~에도 불구하고

우리말과 뜻이 같도록 전치사를 이용하여 문장을 완성하시오.

1 코끼리에 관한 동화책을 읽고 있을 때 나에게 한 아이디어가 떠올랐다.
→ An idea occurred to me while I was reading a storybook _____ elephants.

2 그녀의 아파트에서는 수위 이외에는 아무도 그녀에게 말을 걸지 않았다.
→ _____ the janitor, nobody ever talked to her at her apartment building.

3 오토바이를 탄 남자가 순식간에 그녀에게서 가방을 강탈했다.
→ A man on a motorbike robbed her _____ her bag in a flash.

4 많은 노예들이 잔혹한 주인들로부터 탈출을 시도했다.
→ A lot of slaves made attempts to escape _____ their brutal masters.

5 우리는 장소 외에도 우리가 부담해야 하는 비용도 생각해야 해.
→ We need to consider the cost we have to bear _____ the venue.

6 부와 권력에도 불구하고 그녀는 자신의 삶에 만족하지 못했다.
→ _____ of her wealth and power, she wasn't contented with her life.

01 <보기>에서 가장 알맞은 말을 골라 문장을 완성하시오. (중복 사용 가능)

보기	about	at	before	by	in	into	on	out of	with

1 _____ all these obstacles, the physically challenged athlete refused to give up.

2 The 300-year-old maidenhair tree has been preserved _____ the local government.

3 We're going to stay _____ Toronto but shortly stop _____ Vancouver.

4 The prisoner stood _____ the judge and his smile turned _____ a frown.

5 The research was done, either _____ necessity or curiosity.

6 He lives _____ the suburbs and commutes to his workplace _____ subway.

7 The lamp was installed _____ the ceiling _____ means of a hook.

8 She is talking _____ her new boss _____ the phone _____ Dutch.

9 The plan to display the ancient flute made _____ an animal bone will be completed _____ June 30.

02 어법상 틀린 부분을 찾아, 바르게 고쳐 문장을 다시 쓰시오.

1 The birds are of the size of the Dalmatian Pelican.

→ _____

2 The prolific novelist finished his fifteenth novel for two months.

→ _____

3 Except the bed and some clothes, nothing was found in his house.

→ _____

4 She had a surgery last week and didn't leave the hospital by yesterday.

→ _____

5 This is the child of whom the man attempts to get custody.

→ _____

03 우리말과 뜻이 같도록 빈칸에 알맞은 말을 쓰시오.

1 우리는 지붕 위에 있는 사람들을 헬기로 대피시킬 것이다.

→ We are going to evacuate the people _____ the roof _____ a helicopter.

2 Ruth Law Oliver는 이 도시에서부터 뉴욕까지 약 950킬로미터를 비행했다.

→ Ruth Law Oliver flew _____ this city _____ New York, which is about 950 kilometers.

3 우리가 당신의 차 뒤쪽에 짐을 실어도 될까요?

→ Can we load our luggage _____ _____ _____ _____ your car?

4 그의 에세이는 더 길다는 점을 제외하고는 내 것과 그다지 다르지 않다.

→ His essay is not much different _____ mine _____ that it is longer.

5 주말까지 우리는 일정을 앞설 수 있을 것이다.

→ _____ the end of the week, we will be able to get _____ _____ our schedule.

6 그들은 쇼핑몰 건너편에 있는 은행 앞에 서 있다.

→ They are standing _____ _____ _____ the bank _____ the mall.

04 다음 글을 읽고 물음에 답하시오.

(A) Do you remember the topic about which we talked before? There are two types of money: commodity and fiat. Commodity money has intrinsic value ① apart from its specified value. Fiat money has neither intrinsic value nor use value. ② At the beginning, fiat money, in other words, paper currency was just a receipt indicating that gold held in reserve would be paid to you. It was used ③ for a long time but ④ during the nineteen-seventies, its value has not been exchangeable for gold any longer. Its value is set entirely ⑤ by the U.S. Treasury.

1 위 글의 밑줄 친 ①~⑤ 중에서 어법상 틀린 부분을 찾아 바르게 고치시오.

_____ → _____

2 위 글에서 밑줄 친 (A)의 which를 that으로 바꾸어 문장을 다시 쓰시오.

→ _____

01

> Despite her age, she is working as a part-timer and still very sharp.

① Excluding
② In spite of
③ Although
④ Apart from
⑤ Notwithstanding

02

> I told you what I know, and for the rest, she will tell you when the time is right.

① regarding
② save for
③ as for
④ due to
⑤ except for

03

> Jacob was by the soldier holding his hand when he breathed his last breath.

① beside
② across
③ between
④ next to
⑤ in back of

04 다음 중 밑줄 친 전치사구의 쓰임이 나머지와 다른 것은?

① The noble family held their heads high with conceit.
② To my surprise, the student didn't fail the exam. He did rather well.
③ The elevator is out of order, so please use the stairs.
④ Are you aware of the changes set to take place this month?
⑤ Do you remember the day when you hit your ball over the fence for the first time?

05 다음 빈칸에 들어갈 말이 나머지와 다른 것은?

① You all need to submit the registration form _____ the end of the week.
② The expedition team went back to Antarctica _____ plane.
③ We can help those children _____ providing food and other resources.
④ The department store downtown opens from 10 a.m. _____ 8 p.m.
⑤ My family likes to have dinner at the fancy restaurant _____ the lake.

06 다음 우리말을 영어로 바르게 옮긴 것은?

> 그들은 지진으로 인해 손쉽게 감옥에서 탈출했다.

① They escaped from prison through ease from an earthquake.
② They escaped out of prison by ease through an earthquake.
③ They escaped through prison in ease for an earthquake.
④ They escaped from prison with ease due to an earthquake.
⑤ They escaped out of prison on ease due to an earthquake.

07 다음 빈칸에 들어갈 말이 바르게 짝지어진 것은?

> • We haven't seen her _____ ages.
> • There is still some controversy _____ the use of the medicine.

① with — over
② for — by
③ for — at
④ in — of
⑤ in — over

08 다음 밑줄 친 부분 중 생략할 수 있는 것을 모두 고르면?

① Who would ever like to be yelled <u>at</u>? No one!
② They were not absolutely sure <u>about</u> how to use the equipment.
③ <u>Since</u> when have the U.S. forces been stationed in those countries?
④ How long are the workers going to work on the construction <u>for</u>?
⑤ Have the students write the things that they are good <u>at</u>.

09 다음 우리말을 영어로 옮긴 것 중 바르지 <u>않은</u> 것은?

① 그때 가재가 바위 아래에서 나왔다.
  → Then a crawfish came out from under the rock.
② 우리는 시드니에서 방콕을 거쳐 서울에 도착했다.
  → We arrived at Seoul from Sydney via Bangkok.
③ 그들은 내일까지 이 일에 힘쓰고 있을 거야.
  → They'll be working on this by tomorrow.
④ 갑자기 그는 피아노로 재즈를 연주하기 시작했다.
  → Suddenly he started to play Jazz on the piano.
⑤ 흑해는 유럽과 아시아 사이에 위치해 있다.
  → The Black Sea is located between Europe and Asia.

[10–11] 다음 중 어법상 <u>틀린</u> 것을 고르시오.

10

① With what intention?
② You can find a variety of innovative tools to work with here.
③ It is a beautiful town through which a big stream is running.
④ Let's go some place where we can have a talk.
⑤ Could you explain the theory on that your hypothesis is based?

11

① It depends when they are going to send a search team to find the missing people.
② The purse on the showcase is made out of the jeans.
③ I think a class reunion is wonderful in that it brings back good old memories.
④ Those shirts and pants are of the same price.
⑤ The new medicine is expected to relieve the patients of their pain.

12 다음 중 어법상 옳은 것은?

① Twenty students have enrolled in the phonetics course during the last week.
② The actor was nervously peeking at the audience from behind the curtain.
③ Did he really complete his high school studies for two years?
④ Except the bedrooms, the visitors can look around all the rooms.
⑤ She told her students to speak only with German in her class.

13 다음 중 어법상 <u>틀린</u> 문장의 기호를 모두 쓰시오.

> (a) You also need a sleeping bag to sleep in and a sleeping mattress to sleep on.
> (b) I realized that it was dangerous to go across the desert by relying on GPS.
> (c) Not until yesterday did the villagers know his true identity.
> (d) We are going to meet in the movie theater at New Year's Eve.
> (e) Do they sell yogurt that is made from nonfat milk in the store?
> (f) We welcomed all new members regardless gender or age.

1 다음 글의 밑줄 친 부분 중, 어법상 틀린 것은?

pluralist 다원론자
multidimensional 다차원의
theoretical 이론상의
strictness 엄밀함
ultimate 궁극적인
connect with ~와 관련되다
aesthetic 심미적
dimension 차원, 관점

We are pluralists ① regarding the environmental problems, their causes, and possible solutions because they are basically multidimensional. We are not chiefly motivated by a concern for theoretical strictness or ultimate explanation, but ② by what can actually solve the problems. So, we adopt the vocabularies that are useful, that connect ③ with how we think about these problems, and the kinds of considerations that make us act. ④ With respect to environmental problems, it is clear that these vocabularies include considerations about ethics, values, and the aesthetic dimensions of the environment as well as scientific, technological, and economic considerations. Someday we may discover that this vast array of concerns can be made into a single concept but whether or not it actually happens is ⑤ little relevance to addressing the current problems.

2 (A), (B), (C)의 각 네모 안에서 어법에 맞는 표현으로 가장 적절한 것은?

figure out ~을 이해하다
absolute 절대의
certainty 확실성
indisputable 부인할 수 없는
existence 존재
as opposed to ~이 아니라, ~와는 대조적으로
three-dimensional 3차원의

Descartes, who was a French philosopher, mathematician, and scientist, began his philosophy by (A) doubt / doubting everything so that he could figure out what he could know about with absolute certainty. Though he could be wrong about what he was thinking, that he was thinking was indisputable. Upon the realization that he thinks, Descartes concluded that he could be certain that he existed because his thought could not be separated (B) from / of him. Believing in his existence, Descartes asked who he was. His answer was that he was a thinking thing as opposed to a physical thing which was extended in three-dimensional space. So, based on this thought, Descartes knew he existed, (C) despite / although the fact that he wasn't sure if he had a body.

	(A)		(B)		(C)
①	doubt	....	from	....	despite
②	doubting	....	from	....	despite
③	doubt	....	of	....	although
④	doubting	....	of	....	despite
⑤	doubting	....	from	....	although

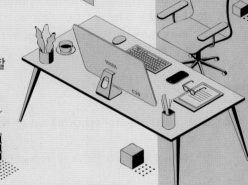

Relatives

종류
관계대명사(who(m), whose, which, that, what),
관계부사(when, where, why, how), 유사관계대명사(as, but, than),
복합관계대명사(who(m)ever, whichever, whatever),
복합관계부사(whenever, wherever, however)

구성 요소
선행사 : 관계사절 앞에서 관계사절의 수식을 받음
관계사 : 선행사를 대신하는 대명사와 두 문장을 연결하는 접속사 역할

용법
한정적 용법 : 관계사절이 선행사의 의미를 한정
계속적 용법 : 관계사절이 선행사를 부연 설명하며,
　　　　　　 관계사 앞에 콤마(,)를 붙임

관계사

CHAPTER 14

UNIT 91
관계대명사
who

UNIT 92
관계대명사
which

UNIT 93
관계대명사
that

UNIT 94
관계대명사
what

UNIT 95
관계대명사의
생략

UNIT 96
유사관계대명사

UNIT 97
관계부사

UNIT 98
관계사의
계속적 용법

UNIT 99
복합관계사

UNIT 91 관계대명사 who

관계대명사는 선행사(명사, 구, 절, 문장 전체 등)를 대신하는 대명사와 뒤에 오는 관계사절을 주절과 연결해 주는 접속사 기능을 동시에 하기 때문에 「접속사＋대명사」 역할을 한다고 할 수 있다. 선행사가 사람일 경우, 관계사절 내의 역할에 따라 주격(who), 목적격(who(m)), 소유격(whose)을 쓴다.

A 주격 who

1 She is the woman **who** was appointed as delegate to the UN. 그녀는 UN에 대표로 임명된 여자이다.
(← She is the woman. + She was appointed as delegate to the UN.)

A
1 who는 동사(was)의 주어 역할을 한다.

B 목적격 who(m)

2 She is a professor **who(m)** we all respect.
그녀는 우리 모두가 존경하는 교수이다.
(← She is a professor. + We all respect her.)

3 He is the patient **of whom** I took care.
그는 내가 돌봤던 환자이다.
(← He is the patient. + I took care of him.)

B
2 who(m)는 동사(respect)의 목적어 역할을 한다.
3 whom은 전치사(of)의 목적어 역할을 한다. 전치사는 관계대명사 앞에 두거나 문장 끝에 둘 수 있다. 전치사가 관계대명사 앞에 오면 관계사는 반드시 목적격으로 써야 한다.
= He is the patient **who(m)** I took care **of**.

C 소유격 whose

4 I met the man **whose** work was impressive.
나는 인상적인 작품을 쓴 남자를 만났다.
(← I met the man. + His work was impressive.)

C
4 whose는 명사(work)의 소유격 역할을 한다.

GRAMMAR PLUS+

삽입절이 있는 경우의 관계대명사

일상체에서 I think〔believe, feel, know, say, hope, wish〕가 관계대명사절에 삽입될 수 있는데, 이때 관계대명사의 격에 주의한다. 또한, 선행사와 관계대명사 사이에 수식어구가 삽입되는 경우도 있다.

▶ She is a woman **who** I believe is beautiful. 그녀는 내가 생각하기에 아름다운 여자이다. (주격 관계대명사)
(← She is a woman. + (I believe) she is beautiful.)

cf. She is a woman **who(m)** I believe to be beautiful. 그녀는 내가 아름답다고 생각하는 여자이다. (목적격 관계대명사)
(← She is a woman. + I believe her to be beautiful.)

▶ She called Mr. Smith, the owner of the restaurant, **who** wanted to start a new business.
그녀는 새로운 사업을 시작하기를 원하는 식당 주인 Smith 씨에게 전화를 했다.

EXERCISE 01 >

빈칸에 who, whom, whose 중 알맞은 관계대명사를 쓰시오.

1 I invited the highly acclaimed artist _____ I had admired for a long time.

2 Urgent help is needed for people _____ homes were destroyed by the storm.

3 Do you remember the psychiatrist about _____ you talked last meeting?

4 He likes the Swedish actor _____ I think is especially attractive in the action movie.

5 My father, _____ major is astronomy, teaches students at the university.

6 I talked to a man _____ was wearing a black necktie.

UNIT 92

관계대명사 which

선행사가 사물이나 동물일 경우, 관계사절 내의 역할에 따라 주격이나 목적격(which), 소유격(whose나 of which)을 쓴다.

A 주격 which

1 He delivered a speech **which** made a profound impact on us.
그는 우리에게 깊은 영향을 준 연설을 했다.
(← He delivered a speech. + It made a profound impact on us.)

A

1 which는 동사(made)의 주어 역할을 한다.

B 목적격 which

2 A classic is a book **which** people praise and don't read.
고전은 사람들이 칭찬하고 읽지 않는 책이다.
(← A classic is a book. + People praise and don't read it.)

3 I bought a suitcase **in which** I can put my stuff.
나는 내 물건을 넣을 수 있는 여행 가방을 샀다.
(← I bought a suitcase. + I can put my stuff in it.)

B

2 which는 동사(praise and don't read)의 목적어 역할을 한다.

3 which는 전치사(in)의 목적어 역할을 한다. 전치사는 관계대명사 앞에 두거나 문장 끝에 둘 수 있다.
= I bought a suitcase **which** I can put my stuff **in**.

C 소유격 whose(of which)

4 The girl has a cat **whose** tail is long.
그 소녀는 꼬리가 긴 고양이가 있다.
= The girl has a cat **of which the tail(the tail of which)** is long.
(← The girl has a cat. + Its tail is long.)

C

4 whose(of which)는 명사(tail)의 소유격 역할을 한다. of which는 문어체 표현으로 주로 whose를 쓴다.

GRAMMAR PLUS+

which의 소유격

which의 소유격으로 문어체에서는 whose를 많이 쓰지만, 일상체에서는 아래와 같이 쓴다

▶ Give me the book **of which** the cover is red. 나에게 표지가 빨간 책을 줘. (소유격 관계대명사)
= Give me the book **with** the red cover.

EXERCISE 02

괄호 안에서 알맞은 말을 고르시오.

1 You need to buy a watch with a leather strap (which / of which) is waterproof.
2 There is the committee (which / whose) members oversee finance and general policies.
3 The Arts Council (which / whose) Brian works in is funding various local dance festivals.
4 We want to purchase some bread (which / whose) ingredients are purely organic.
5 The tax notice (for which / of which) I was looking was behind the refrigerator.
6 These are old objects (of which the value / the value of the which) goes up over time.

UNIT 93 관계대명사 that

관계대명사 that은 선행사에 관계없이 쓸 수 있고, 소유격이 없이 주격과 목적격으로만 쓴다.

A that의 일반적인 쓰임

1 We want to hire an employee **that(who)** is a team player.
우리는 협력을 잘하는 직원을 고용하기를 원한다.

2 I have an opinion **that(which)** I need to share.
나는 공유해야 하는 의견이 있다.

B that을 흔히 쓰는 경우

3 It was the first analysis **that** was recognized by the academic world.
그것은 학계의 인정을 받은 첫 번째 분석이었다.

cf. I was the very candidate **who** arrived on time.
나는 제 시간에 도착한 바로 그 후보였다.

4 All **that** he had was his passion for the arts.
그가 가진 전부는 예술에 대한 열정이었다.

5 Who **that** is lazy could jog in the morning?
게으른 사람이 누가 아침에 조깅을 할 수 있겠니?

6 What is the thing **that** is hidden in the garden?
그 정원에 숨겨진 것은 무엇인가요?

7 The organization provided a shelter to children and animals **that** lost their homes.
그 기관은 집을 잃은 아이들과 동물들에게 보호소를 제공했다.

8 He is the kind of person **that** everyone wants to spend time with.
그는 모두가 함께 시간을 보내고 싶어하는 타입의 사람이다.

9 She is not the optimistic person **that** she used to be.
그녀는 예전의 낙관적인 사람이 아니다.

C 주의해야 할 that의 용법

10 She will go to the university **that(which)** she graduated **from**.
그녀는 자신이 졸업한 대학에 갈 것이다.

= She will go to the university **from which** she graduated.

11 It was the important meeting **during which** I fell asleep.
내가 도중에 잠든 회의는 중요한 회의였다.

A

1~2 관계대명사 that은 선행사가 사람, 사물, 동물 등 어느 경우에나 쓸 수 있고, who, whom, which를 대신할 수 있다.

B

3 선행사가 최상급이거나, the only, the very, the same 등의 수식을 받을 때 쓴다.

cf. 그러나 선행사가 사람인 경우에는 who나 whom을 쓸 수도 있다.

4 선행사가 all, none, every, some, any, no, little, few 등이거나 이를 포함할 때, -thing으로 끝날 때 쓴다.

5~6 what, which, who 등의 의문사가 선행사이거나 선행사 앞쪽에 있는 경우에 쓴다.

7 사람과 사물, 사람과 동물이 함께 선행사가 되는 경우에 쓴다.

8 선행사가 사람 자체가 아닌 성격, 속성, 자격 등을 나타낼 때 쓴다.

9 선행사가 주격보어이고 관계사절이 「주어＋be동사」나 「주어＋used to＋be동사」인 경우에 쓴다.

C

10 관계대명사 that 앞에는 전치사를 쓸 수 없다. 즉, 관계대명사 that을 쓰는 경우 전치사는 반드시 문장 끝에 위치해야 한다.

⚠ She will go to the university **from that** she graduated. (x)

11 around, beside, outside, opposite, during, except, outside 등의 전치사는 반드시 관계대명사 앞에 위치해야 하므로, that과 함께 쓰지 않는다.

⚠ It was the important meeting **during that** I fell asleep. (x)

GRAMMAR
PLUS+

관계대명사 that vs. 명사절을 이끄는 접속사 that

관계대명사 that 뒤에는 주어나 목적어가 없는 불완전한 문장이 오고, 접속사 that 뒤에는 주어와 동사, 목적어가 있는 완전한 문장이 온다.

▶ Did you read the notice about the restructuring **that** I sent you? (관계대명사)

                                        목적어가 없는 불완전한 절

    제가 당신에게 보낸 구조조정에 관한 공지 사항을 읽었나요?

▶ I heard **that** some students dropped out of school. (명사절을 이끄는 접속사)

                                완전한 절

    나는 몇몇 학생들이 중퇴했다고 들었다.

EXERCISE 03 >

빈칸에 가장 알맞은 관계대명사를 쓰시오.

1 The surgeon checked everything _____ she needed for the crucial operation.

2 His grandfather was buried in the grave beside _____ we are now gathered.

3 The governing body _____ set down the standards took responsibility for the decision.

4 I saw an old woman and a dog _____ were searching for something to eat in the trash.

5 She is the very assistant _____ is in charge of the upkeep of the gardens.

6 Edward is not the bad-tempered man _____ he used to be.

EXERCISE 04 >

우리말과 뜻이 같도록 관계대명사와 괄호 안의 말을 이용하여 문장을 완성하시오.

1 오스트리아로 국경을 넘은 몇몇 난민들은 어디에도 정착하지 못했다. (crossed the border into)

    → A few refugees _____ failed to settle down.

2 그의 입에서 나오는 모든 말은 새빨간 거짓말이다. (every, comes out of his mouth)

    → _____ is an absolute lie.

3 그 학교는 학생들이 배우는 훌륭한 커리큘럼을 제공한다. (are tutored)

    → The school offers a great curriculum in _____.

4 그 다큐멘터리는 시골에 사는 소녀와 그녀의 말에 관한 이야기이다. (the countryside)

    → The documentary is about _____.

5 그는 허리케인으로 인해 그 지역에 많은 사상자가 발생했다고 보도했다. (the hurricane, caused, casualties)

    → He reported _____.

6 규약의 초안을 작성할 수 있는 권한을 가진 사람은 누구인가요? (who, the person)

    → _____ was mandated to draft a constitution?

7 나는 카메라를 모든 사람이 서있는 반대 방향으로 향하도록 휙 돌렸다. (opposite, stood)

    → I had swung the camera around to the direction _____.

what은 선행사를 포함하는 관계대명사로 the thing(s) which(that)으로 바꾸어 쓸 수 있다. 명사절을 이끌며 문장 내에서 주어, 보어, 목적어 역할을 한다.

A what의 일반적인 쓰임

A

1 **What** disturbed me was her arrogant behavior.
나를 거슬리게 한 것은 그녀의 건방진 행동이었다.

1 주어 역할을 한다.

2 I can't believe **what** I just witnessed.
나는 내가 방금 목격한 것을 믿을 수 없다.

2 목적어 역할을 한다.

3 The predictive power of science is just **what** we want. 과학의 예견력이 바로 우리가 원하는 것이다.

3 보어 역할을 한다.

4 I need **what advice** you can offer.
나는 당신이 줄 수 있는 모든 조언이 필요하다.
= I need **all the advice that** you can offer.

4 관계형용사 what(= all the(little, any) ~ that): 뒤에 있는 명사를 수식하며 '(~하는) 모든(어떠한); ~하는 만큼의'로 해석된다.

B 관용표현

B

5 I am no longer **what I was**. 나는 더 이상 과거의 내가 아니다.

5 what+주어+be동사: 주어의 인격

6 Exercise **is to** the body **what(as)** reading **is to** the mind. 운동과 몸의 관계는 독서와 정신의 관계와 같다.

6 A+be동사+to B what(as) C+be동사+to D: A와 B의 관계는 C와 D의 관계와 같다

7 This is **what they call** an open office.
이것이 소위 개방형 사무실이다.

7 what we(they, you, people) call(= what is called): 이른바, 소위

8 She is smart, and **what is better**, she is attractive.
그녀는 똑똑하고, 금상첨화로 매력적이다.

8 what is+비교급: 더욱 ~한 것은

9 **What with** the famine and the war, many people died. 기근이기도 하고 전쟁이기도 해서, 많은 사람들이 죽었다.

9 what with A and B: (여러 이유를 나열할 때) A이기도 하고 B이기도 해서

GRAMMAR PLUS+

의문사 what vs. 관계대명사 what: 의문사 what은 주절이 의문의 뜻을 포함하고 있으며 '무엇'이라고 해석되고, 관계대명사 what은 '~한 것'이라고 해석된다.

▶ I wanted to ask **what** you are doing. 나는 당신이 무엇을 하고 있는지 물어보고 싶었다. (의문사 what)
▶ Keep doing **what** you are doing. 당신이 하고 있는 것을 계속해라. (관계대명사 what)

EXERCISE 05 > 관계대명사 what이 들어갈 알맞은 자리에 ✓표시를 하시오.

1 Nobody believed the woman testified against her husband before the jury.

2 He lost a lot of money, and is worse, he lost his health.

3 I think matters most is not physical appearance but inner beauty.

4 Give them information the intelligence agency collected.

5 Music is to the soul air is to the body.

UNIT 95 관계대명사의 생략

A 주격 관계대명사의 생략

1 Children **(who are)** <u>subjected</u> to abuse will be under state care.
학대의 대상이 되는 아이들은 국가의 보호를 받을 것이다.

2 I am not the capable person **(that)** I <u>was</u> before.
나는 예전처럼 유능한 사람이 아니다.

3 The man **(that(who))** I <u>guessed</u> was the thief was actually a detective. 내가 도둑이라고 생각했던 남자는 사실 탐정이었다.

4 You've had every opportunity **(that)** <u>there is</u>.
너는 그 동안 매번 기회가 있었다.

5 There is <u>a lady</u> **(who)** wants to see you.
너를 보고 싶어하는 한 여자가 있다.

B 목적격 관계대명사의 생략

6 The man **(whom)** you just met is our principal.
네가 방금 만났던 그 남자는 우리 교장 선생님이다.

7 The politician dismissed the opinions **with which** he disagreed.
그 정치인은 자신이 동의하지 않았던 의견들을 묵살했다.
= The politician dismissed the opinions **(which(that))** he disagreed **with**.

A 주격 관계대명사는 생략할 수 없는 것이 보통이지만 다음의 경우 생략할 수 있다.

1 「주격 관계대명사+be동사」 다음에 분사나 형용사가 오면 「주격 관계대명사+be동사」는 생략할 수 있다.

2 선행사가 관계사절 안 be동사의 보어일 때 생략할 수 있다.

3 관계대명사 바로 뒤에 「주어+동사」 형태의 삽입절이 나올 때 생략할 수 있다.

4 관계사절에 there is가 있으면 생략할 수 있다.

5 선행사가 there is(are)의 주어이면 생략할 수 있다.

B

6 목적격 관계대명사 who(m), which, that은 생략할 수 있다.

7 목적격 관계대명사 앞에 전치사가 있는 경우에는 목적격 관계대명사를 생략할 수 없다. 하지만 전치사와 떨어져 있는 목적격 관계대명사는 생략할 수 있다.

EXERCISE 06 > 문장에서 생략할 수 있는 부분에 밑줄을 그으시오.

1 The photos which the prestigious photographer had taken were displayed in the gallery.

2 Why did the journalist write the article which is irrelevant to the current financial system?

3 She is the most competitive employee that there is.

4 The pedestrian kindly told me the bus stop that I could take the bus to the assembly hall at.

5 I was terrified when the baby who I knew was healthy died of communicable disease.

EXERCISE 07 > 문장에서 생략된 부분을 찾아 ✓표시를 한 후 생략된 부분을 쓰시오.

1 There are a lot of cancer patients suffering from vomiting and the shivers.

2 The woman is the best mechanic there is.

3 The sales person I bought the telescope from told me to clean the lens regularly.

4 She is no longer the enthusiastic woman she was five years ago.

5 It is a unique wooden couch we feel we might want to purchase.

UNIT 96 유사관계대명사

접속사 as, but, than 이 관계대명사와 유사하게 「접속사＋대명사」역할을 할 수 있다.

A as

1 I use <u>the same</u> smartphone **as** you do.
나는 네가 사용하는 것과 같은 스마트폰을 사용한다.

2 The laboratory has <u>such</u> equipment **as** is necessary for a scientific experiment.
그 실험실은 과학 실험에 필수적인 그런 장비를 갖추고 있다.

3 She didn't know that Emily was <u>as</u> smart **as** she was.
그녀는 Emily가 자신과 같이 똑똑하다는 것을 알지 못했다.

B but

4 There is <u>no</u> rule **but** has its exceptions.
예외 없는 규칙은 없다.
= There is no rule <u>that</u> does <u>not</u> have its exceptions.

C than

5 Try not to use <u>more</u> shampoo **than** is needed.
필요 보다 더 많은 샴푸를 쓰지 않도록 노력해라.

6 They served <u>more</u> food **than** we can eat.
그들은 우리가 먹을 수 있는 것보다 더 많은 음식을 차렸다.

A

1~3 선행사 앞에 the same, such, as 등이 나올 경우 관계대명사처럼 쓰인다. ↻참조 **UNIT 77 A**

1 동사(use) 대신 쓰인 대동사(do)의 목적어 역할을 한다.
the same A as B: B와 같은 A

2 동사(is)의 주어 역할을 한다.
such A as B: B하는 그런 A

3 주어(she)의 주격보어 역할을 한다.
as A as B: B와 같은 A

B

4 관계대명사로 쓰인 but은 선행사에 부정어(no, not, few 등)가 나오고 주격으로 쓴다. 따라서 but 다음에는 동사가 오며 「that ~ not」을 의미한다.

C

5~6 비교급 문장에서 관계대명사 역할을 한다.

5 동사(is needed)의 주어 역할을 한다.

6 동사(eat)의 목적어 역할을 한다.

GRAMMAR PLUS+

유사관계대명사 as가 들어간 관용표현
- as follows 다음과 같이
- as is well known 잘 알려진 대로
- as (was) agreed 합의된 바와 같이
- as (was) expected 예상한 대로
- as is often the case (with) (~에게) 흔히 있는 일이지만

EXERCISE 08 >

빈칸에 as, but, than 중 알맞은 유사관계대명사를 쓰시오.

1 The next round of the discussion will be more heated _____ can be expected.

2 The racial composition of the country, _____ is well known, radically changed after the law revision.

3 There are few people _____ are eager to seek for happiness in life.

4 Don't turn a blind eye to such a tragic massacre _____ is happening across the border.

5 Peter didn't notice that the girl was as terrified _____ he was.

6 There is no rose _____ has some thorn.

7 _____ is often the case with children, Henry is afraid of doctors.

UNIT 97 관계부사

관계부사는 「접속사 + 부사」 역할을 하며, 장소, 시간, 이유, 방법을 나타내는 선행사를 수식하는 관계부사절을 이끈다. 그리고 「전치사 + 관계대명사」로 바꾸어 쓸 수 있다.

A 종류와 용법

1 Here is the place **where(= at which)** we watched fireworks.
여기는 우리가 불꽃놀이를 본 장소이다.
(← Here is the place. + We watched fireworks at the place.)

cf. This is a case **where(= in which)** honesty is not the best policy.
이것은 정직이 가장 좋은 방침이 아닌 경우이다.

2 There was the period **when(= during which)** interest rates were over 10 percent.
이자율이 10 퍼센트가 넘던 시기가 있었다.
(← There was the period. + Interest rates were over 10 percent during the period.)

3 This is the reason **why(= for which)** the population shrank by 60 percent in 50 years.
이것이 인구가 50년 만에 60퍼센트가 줄어든 이유이다.
(← This is the reason. + The population shrank by 60 percent in 50 years for the reason.)

4 I'll respect **how(= the way (in which))** you raise your kids.
나는 당신이 아이들을 키우는 방법을 존중할 것이다.
(← I'll respect the way. + You raise your kids in the way.)

B 생략 및 대체

5 Nobody knows (the reason) **why** the birds became extinct. 누구도 그 새들이 멸종된 이유를 모른다.

6 Let me know the day **(when/that)** you are available for taking inventory in a warehouse.
당신이 창고에서 재고 정리가 가능한 날을 저에게 알려주세요.

7 It was the place **(where/that)** we stayed in Berlin.
이곳은 우리가 베를린에서 머물렀던 장소였다.

8 He showed us the way **(that)** NASA developed humanoids for space.
그는 우리에게 NASA가 우주용 휴머노이드를 개발한 방법을 보여주었다.

A

1 where(= at(in/on/to) which): 장소를 나타내는 관계부사절을 이끈다.

cf. 선행사가 경우, 상황, 예시, 상태, 점, 사정(case, circumstance, condition, direction, example, instance, point, position, respect) 등 추상적 의미를 나타낼 때도 where를 쓴다.

2 when(= at(in/on/during) which): 시간을 나타내는 관계부사절을 이끈다.

3 why(= for which): 이유를 나타내는 관계부사절을 이끈다.

4 how(= in which): 방법을 나타내는 관계부사절을 이끈다. 선행사 the way와 관계부사 how는 함께 쓸 수 없고 반드시 하나는 생략해야 한다.
⚠ I'll respect **the way how** you raise your kids. (x)

B

5 선행사의 생략: 선행사가 시간, 장소, 이유를 나타내는 일반적인 명사이면 생략할 수 있다.

6~8 관계부사의 생략 및 대체: time(day, any time, year), place(somewhere, anywhere, nowhere), reason, way 등 일반적인 선행사 뒤에 오는 관계부사는 생략하거나 that으로 대체할 수 있다. 또한, the way how는 쓸 수 없지만 the way 다음에 that은 쓸 수 있다.

괄호 안에서 알맞은 말을 <u>모두</u> 고르시오.

1 The nation dispatched a group of volunteers to the area (where / why) earthquake victims suffered.

2 It was the time (that / when) the concept of copyright did not yet exist.

3 You should learn (how / when) you handle the photographic equipment for clear images.

4 This is the reason (why / that) a fair division of time and resources is essential.

5 Do you know the day (how / when) the head of the prominent conglomerate passed away?

6 I reached a point (where / when) I simply couldn't remain silent any longer.

두 문장의 뜻이 같도록 관계부사를 이용한 문장으로 바꾸어 쓰시오.

1 2019 was the year in which the number of hospital admissions for asthma attacks doubled.

→ 2019 was the year _____.

2 What is the reason for which they are trying to figure out the link between exposure to radiation and cancer?

→ What is the reason _____?

3 I admire the way in which the top executive in the computer firm runs her company.

→ I admire _____.

4 There might be some circumstances in which departure is delayed because of rain.

→ There might be some circumstances _____.

우리말과 뜻이 같도록 빈칸에 알맞은 관계사를 쓰시오.

1 그들은 의회가 추가 수정 없이 그 법안을 통과시킨 이유를 결코 언급하지 않았다.

→ They never mentioned the reason _____ Parliament passed the bill without further amendment.

2 미국 독립 선언서가 쓰여진 때는 종종 이성의 시대로 불리기도 한다.

→ The time _____ the Declaration of Independence was written is often referred to as the Age of Reason.

3 그 계획은 시대에 뒤진 법의 개정에 상당한 진전을 가져올 방법을 보여줄 것이다.

→ The plan will show _____ they can make significant progress in reforming outdated rules.

4 여기는 인구의 상당한 부분이 문맹인 곳이다.

→ This is the place _____ a substantial portion of the population is illiterate.

관계사의 계속적 용법

관계사의 계속적 용법은 관계사 앞에 콤마(,)가 있는 경우로, 관계사절이 선행사 또는 앞 절의 내용을 추가적으로 설명한다. 「접속사＋대명사(부사)」로 바꾸어 쓸 수 있고, 생략할 수 없다.

A 관계대명사의 계속적 용법

1 I don't like <u>the man</u>, **who(= because he)** always talks behind my back.
나는 그 남자를 좋아하지 않는데, 그는 항상 나의 뒷담화를 한다.

cf. He saw the elephant, **which** looked exhausted.
그는 코끼리를 봤는데, 그것은 지쳐 보였다.

2 This jacket, **which** I bought at a flea market, is a rare vintage item.
이 재킷은 내가 벼룩시장에서 샀는데, 희귀한 빈티지 품목이다.

3 She wanted <u>to accomplish her mission</u>, **which** she found(= **but she** found it) impossible.
그녀는 자신의 임무를 완수하고 싶었지만, 그것이 불가능하다는 것을 알았다.

4 He told me that <u>he was innocent</u>, **which(= but it)** was a lie.
그는 나에게 자신이 무죄라고 말했는데, 그것은 거짓말이었다.

5 She ordered <u>the release of the prisoners</u>, **which (= and it)** was acceptable.
그녀는 죄수들의 석방을 명령했는데, 그것은 납득할 수 있었다.

6 Mike is <u>rational</u>, **which** Robert is not.
Mike는 합리적이지만, Robert는 그렇지 않다.

7 <u>The woman is from Germany</u>, **as** is clear from her pronunciation.
그 여자는 독일 출신인데, 이는 그녀의 발음에서 명확하게 알 수 있다.

8 She announced the plan to expand the airport, **which** fact(= **and that** fact) made us worried.
그녀는 공항을 확장하는 계획을 발표했는데, 그 사실이 우리를 걱정하게 했다.

B 관계부사의 계속적 용법

9 We found a suitable place, **where(= and there)** we observed the planet through a telescope.
우리는 적당한 장소를 찾았는데, 우리는 거기에서 망원경을 통해 그 행성을 관찰했다.

10 He was cheered by his fans last night, **when(= but then)** he was depressed.
그는 어제 밤에 자신의 팬들에게 환호를 받았지만, 그때 그는 우울했다.

A

1 선행사에 대한 부가적인 설명을 한다.

cf. 관계대명사 that과 what은 계속적 용법으로 쓸 수 없다.

⚠ He saw the elephant, **that** looked exhausted. (×)

2 삽입절의 형태로 선행사가 고유명사이거나 이미 아는 경우에 쓴다.

3~5 계속적 용법의 관계대명사 which는 앞에 나온 구나 절의 일부 혹은 전체를 선행사로 받을 수 있다.

6 계속적 용법의 관계대명사 which는 선행사가 사람의 속성, 성격, 자격을 나타낼 때 쓴다. 주로 선행사가 관계대명사절의 be동사의 보어인 경우가 많다. 보통 한정적 용법에서는 that을 쓰고 생략할 수 있다.

7 유사관계대명사 as는 앞 문장 전체를 선행사로 받아 계속적 용법으로 쓸 수 있다.

8 which는 명사 앞에서 관계형용사로 사용되기도 하지만, 실제로 잘 쓰이지는 않는다.

B

9~10 관계부사 where와 when은 계속적 용법으로 쓸 수 있고, 「접속사＋부사」로 바꾸어 쓸 수 있다.

한정사＋of＋which, whom, whose

「한정사(all, both, some, any, many, few, one, none, each, most, half, 서수, 최상급 형용사 등)＋of」 다음에 관계대명사 which, whom, whose가 올 수 있다. 격식체에서는 한정사가 관계대명사 뒤에 올 수도 있다.

▶ He gave me some information, **most of which** was useless.
그는 나에게 약간의 정보를 주었는데, 그 대부분은 쓸모 없었다.

▶ Ms. Siena has three daughters, **of whom two** are in Hawaii.
Siena 씨는 세 명의 딸이 있는데, 그 중 두 명은 하와이에 있다.

EXERCISE 12 >

괄호 안에서 알맞은 말을 고르시오.

1 We will visit the town in May, (when / how) the cherry blossoms are in full bloom.

2 I know the young man, (that / who) inherited a fortune from his father not long ago.

3 Alternative medicine, (which / what) has been gaining credence, is actually controversial.

4 At the age of seven, he began learning English, (that / as) is often the case here.

5 One solution is to have habitat preserves, (when / where) wild animals live with the minimum possible human interference.

6 He used to make excuses, all of (whose / which) didn't make any sense.

7 She lent me *The Old Man and the Sea*, (which / that) is easy to read.

EXERCISE 13 >

두 문장의 뜻이 같도록 관계사를 이용한 문장으로 바꾸어 쓰시오.

1 I tried to compose my thoughts calmly, and then I stepped on the podium.
→ I tried to compose my thoughts calmly, _____.

2 He decided to apply for membership to the association, but he found it complex.
→ He decided to apply for membership to the association, _____.

3 Lisa was introduced to several students, and half of the students belonged to the student council.
→ Lisa was introduced to several students, _____.

4 The prosecutor investigated some witnesses, but most of their statements were not consistent with the facts.
→ The prosecutor investigated some witnesses, _____
_____.

5 This is a difficult situation, because there their father is standing trial for alleged malpractices.
→ This is a difficult situation, _____.

6 The historian confused the chronicles of the events, and it made everyone embarrassed.
→ The historian confused the chronicles of the events, _____.

UNIT 99 복합관계사

「관계사+-ever」는 선행사를 포함한 관계사로, 명사절이나 부사절을 이끈다.

A 복합관계대명사

1 **Whoever** wears the crown must bear its weight.
왕관을 쓴 자는 누구든지 그 무게를 감당해야 한다.

2 You can invite **who(m)ever** you want to meet in the guest room.
너는 손님방에서 만나고 싶은 누구든지 초대할 수 있다.

3 You are free to take **whichever** you like.
네가 좋아하는 것은 무엇이든지 마음껏 가져가라.

4 She will defer to **whatever** the committee decides.
그녀는 그 위원회가 결정하는 것은 무엇이든지 따를 것이다.

5 **Whoever** asks, he can answer all the difficult questions.
누가 묻더라도, 그는 모든 어려운 문제들에 대답할 수 있다.

6 **Who(m)ever** she teaches, she tries to find their advantages.
그녀는 누구를 가르치더라도, 그녀는 그들의 장점을 찾으려고 노력한다.

7 **Whichever** you give up, we will compensate for your loss.
네가 어느 것을 포기하더라도, 우리는 너의 손실을 보상할 것이다.

8 She looks elegant **whatever** she wears.
그녀는 무엇을 입더라도 우아해 보인다.

B 복합관계부사

9 Come to me **whenever** you need my advice.
나의 조언이 필요할 때면 언제든지 나에게 와라.

10 The police investigated **wherever** the hideous crimes happened.
경찰은 끔찍한 범죄가 발생했던 곳은 어디든지 조사했다.

11 He can organize the team **however** he needs to.
그는 그가 필요한 방법대로 팀을 구성할 수 있다.

12 **Whenever** I visited his office, he was absent.
내가 그의 사무실에 언제 가더라도, 그는 부재중이었다.

13 **Wherever** she goes, she makes friends easily.
그녀는 어디에 가더라도, 쉽게 친구를 사귄다.

A

1~4 명사절(주어, 목적어, 보어 역할)

1 whoever(= anyone who): ~하는 누구든지
= **Anyone who** wears the crown must bear its weight.

2 who(m)ever(= anyone who(m)): ~하는 누구든지
= You can invite **anyone who(m)** you want to meet in the guest room.

3 whichever(= anything that): ~하는 것은 무엇이든지
= You are free to take **anything that** you like.

4 whatever(= anything that): ~하는 것은 무엇이든지
= She will defer to **anything that** the committee decides.

5~8 양보의 부사절

5 whoever(= no matter who): 누가 ~하더라도
= **No matter who** asks, he can answer all the difficult questions.

6 who(m)ever(= no matter who(m)): 누구를 ~하더라도
= **No matter who(m)** she teaches, she tried to find their advantages.

7 whichever(= no matter which): 어느 것을 ~하더라도
= **No matter which** you give up, we will compensate for your loss.

8 whatever(= no matter what): 무엇을 ~하더라도
= She looks elegant **no matter what** she wears.

B

9~11 시간·장소·방법의 부사절

9 whenever(= at any time when): ~할 때면 언제든지
= Come to me **at any time when** you need my advice.

10 wherever(= at any place where): ~하는 곳은 어디든지
= The police investigated **at any place where** the hideous crimes happened.

11 however(= in whatever way): ~하는 방법대로
= He can organize the team **in whatever way** he needs to.

12~14 양보의 부사절

12 whenever(= no matter when): 언제 ~하더라도
= **No matter when** I visited his office, he was absent.

13 wherever(= no matter where): 어디에서 ~하더라도
= **No matter where** she goes, she makes friends easily.

14 However you expend much time and effort, you can't beat him.
네가 아무리 많은 시간과 노력을 들이더라도, 너는 그를 이길 수 없다.

cf. I opened the window **however** cold (it is).
아무리 춥다 할지라도 나는 창문을 열었다.

14 however(= no matter how): 아무리 ~하더라도
= **No matter how** you expend much time and effort, you can't beat him.

cf. however＋형용사/부사＋주어＋동사: 아무리 ~할지라도
뒤에 오는 「대명사＋be동사」는 생략할 수 있다.
= I opened the window **no matter how cold** (it is).
= I opened the window <u>even if it is very cold</u>.

GRAMMAR PLUS+

복합관계형용사 whichever와 whatever는 뒤에 나오는 명사를 수식하며 명사절이나 부사절을 이끈다.
whatever: 무슨 ~든(명사절), 무슨 ~라도(부사절)
whichever: 어느 쪽의 ~든(명사절), 어느 쪽의 ~라도(부사절)

▶ **Whatever shirt(= Any shirt that)** you choose looks good on you.
네가 선택한 무슨 셔츠든 너에게 잘 어울린다.

▶ There will be hardships **whichever path(= no matter which path)** she takes.
그녀가 어느 쪽의 길을 택하더라도 어려움은 있을 것이다.

EXERCISE 14 >

괄호 안에서 알맞은 말을 고르시오.

1 (Whoever / Whichever) likes discussing books can join the book club.

2 (Whenever / However) I go to his house, he welcomes me.

3 Interpersonal skills are crucial (wherever / however) you go and work.

4 The whole community is ready to support (whichever / whoever) decision she makes.

5 If you can't start writing a novel, write down (whoever / whatever) comes to your mind first.

6 (Whenever / However) hard he tried to overcome racial prejudice, it was deep-rooted in the society.

EXERCISE 15 >

우리말과 뜻이 같도록 복합관계사와 괄호 안의 말을 이용하여 문장을 완성하시오.

1 우리는 그녀가 추천하는 누구든지 채용할 것이다. (recommends)
→ We will employ _____.

2 그들은 자신들이 원하는 방법대로 그 일을 마칠 수 있었다. (wanted)
→ They were able to accomplish the job _____.

3 그는 자신이 가는 곳이면 어디든지 그의 친절함으로 그들에게 깊은 인상을 준다. (goes)
→ He impresses them with his kindness _____.

4 네가 무엇을 하더라도, 너는 정치적 탄압을 받고 있는 모든 사람들을 구할 수 없다. (do)
→ _____, you can't save all the people suffering from political oppression.

5 그녀가 어느 쪽의 가구를 구입하든 그녀의 집을 편안하게 만들 것이다. (purchase)
→ _____ will make her house comfortable.

OVERALL EXERCISE

01 <보기>에서 가장 알맞은 말을 골라 문장을 완성하시오. (중복 사용 가능)

| 보기 | where | when | than | that | which | what |

1 She is not the woman _____ she was five years ago.

2 Brian found himself in a situation _____ he was surrounded by enemies on all sides.

3 Give me _____ equipment you brought for the experiment.

4 Christopher is very emotional, _____ Paul is not.

5 This painting, _____ he completed in only a few days, is still mentioned as a masterpiece.

6 This is _____ we call the extraction of fossil fuels.

7 A lot of people in the industrial nations are likely to lose their jobs during the economic crisis _____ factories move to the countries _____ the pay is low.

8 The next competition will be more competitive _____ can be imagined.

02 어법상 틀린 부분을 찾아, 바르게 고쳐 문장을 다시 쓰시오.

1 Here is the place to find peculiar items were produced in France.

→ _____

2 The information on that the conclusion was based is quite questionable.

→ _____

3 I saw a truck of which windows were all broken.

→ _____

4 We will discuss the way how the dam obstructs the flow of water in the area.

→ _____

5 The couple have four children, all of who are in the tourist industry.

→ _____

6 Who which has been seen the documentary can forget the last scene?

→ _____

03 괄호 안의 말을 알맞게 배열하여 문장을 완성하시오.

1 2020 was the year _____.

(the title / the man / when / of world champion / reclaimed)

2 She endured the jeers and ended up becoming _____.

(of whom / the inventor / was / everyone / proud)

3 He doesn't want to take any risks, _____.

(small / no matter / are / they / how)

4 _____ is to provoke people into action.

(they / to do / what / need / really)

5 The political party wanted someone _____.

(reputation / flawless / was / whose)

6 There are two purple dresses. I will wear _____.

(me / better / whichever / fits)

7 The woman underwent _____.

(did / laborious process / as / the same / I)

04 두 문장의 뜻이 같도록 관계사를 이용하여 문장을 완성하시오.

1 He had no respect for the woman. The woman's sole business of life was to increase her wealth.

→ He had no respect for the woman _____.

2 The only rule is to be in bed by midnight. You have to follow this rule.

→ _____ is to be in bed by midnight.

3 The woman was none other than your sister. He bought the ring for the person.

→ _____ was none other than your sister.

4 My family went to the auditorium, because there I won a literary award.

→ My family went to the auditorium, _____.

5 The boy turned out to be the culprit. Most people had thought he was a victim.

→ _____ turned out to be the culprit.

6 They were able to repay the loan early. And this surprised everyone.

→ They were able to repay the loan early, _____.

05 우리말과 뜻이 같도록 가장 알맞은 관계사와 괄호 안의 말을 이용하여 문장을 완성하시오.

1 인류학자들은 유물을 찾을 수 있는 곳이면 어디든지 답사를 떠난다. (find artifacts)

→ Anthropologists go on a field trip _____.

2 그녀가 관계를 유지하고 있는 남자는 그녀에게 전적인 지지를 보낸다. (maintains a relationship)

→ The man _____ provides her with full support.

3 그녀는 예전의 청렴한 정치인이 아니다. (used to be)

→ She is not the incorruptible politician _____.

4 너는 나에게 네가 가진 바로 그 정보를 줄 수 있니? (the very, information)

→ Can you give me _____?

5 그의 현대 미술 개인 소장품은 우리가 예상했던 것 보다 더 훌륭하다. (expected)

→ His private collection of contemporary art is more brilliant _____.

6 그는 서로 좋은 친구가 된 그의 할아버지와 로봇의 다큐멘터리를 만들었다. (good friends)

→ He made a documentary of his grandfather and a robot _____.

7 네가 무엇을 하더라도, 나는 실망하지 않을 것이다. (matter)

→ _____, I won't be disappointed.

06 다음 글을 읽고 물음에 답하시오.

> After the royal family, the 200 or so families with titles were at the top of the social pyramid. (A) They had large country estates. They derived their incomes from these estates. Like the aristocracy, although on a smaller scale, the landed gentry also derived their incomes from rents. About a thousand of them were titled. The two titled ranks were baronet, _____ title passes to his eldest son, and knight, _____ title died with him.

1 위 글의 빈칸에 공통으로 들어갈 관계사를 쓰시오.

_____

2 위 글의 밑줄 친 (A)를 관계사를 이용한 한 문장으로 바꾸어 쓰시오.

_____

REVIEW TEST

정답 및 해설 p. 86

[01-02] 다음 빈칸에 들어갈 말로 알맞은 것을 고르시오.

01

> The financier _____ we hope would invest in our company will visit our company tomorrow.

① who　　　② whom　　　③ which

④ where　　　⑤ what

02

> One important thing that I learned from my parents is that I should make the best of _____ life happens to bring us.

① however　　　② wherever　　　③ whoever

④ whenever　　　⑤ whatever

[03-04] 다음 빈칸에 공통으로 들어갈 말로 알맞은 것을 고르시오.

03

> • You should be careful about _____ you eat every day.
> • Imagery is to poetry _____ fact is to prose.

① why　　　② what　　　③ that

④ which　　　⑤ where

04

> • All of the staff work hard to create an environment _____ students feel safe and cared for.
> • I think this is a case _____ we might make an exception to the general rule.

① who　　　② whose　　　③ where

④ that　　　⑤ what

05 다음 밑줄 친 부분 중 어법상 틀린 것은?

① Emily is the woman to <u>who</u> I apologized last week.

② Sometimes I wonder <u>what</u> other people think of me.

③ The author is the most talented person <u>that</u> I've ever met.

④ The man, <u>whose</u> hair is all gray, is fluent in both English and Spanish.

⑤ I was looking for a suitable colloquial expression <u>which</u> I can use for my essay.

06 다음 밑줄 친 부분 중 생략할 수 <u>없는</u> 것은?

① Henry <u>that</u> I thought was a capable lawyer was not able to win the suit.

② He met the doctor <u>who</u> prolonged my mother's life by almost three years.

③ This is the light <u>which</u> she bought for illuminating her room.

④ The man is the most competent psychiatrist <u>that</u> there is.

⑤ Paintings and ceramic works <u>which were</u> submitted by students will be exhibited.

07 다음 밑줄 친 부분을 괄호 안의 말로 바꾸어 쓸 수 <u>없는</u> 것은?

① He saw a man and a cat <u>that</u> were running away.
　　　　　(→ whose)

② She will welcome <u>whoever</u> comes her house.
　　　　　(→ anyone who)

③ He has two sisters, <u>who</u> became adventurers.
　　　　　(→ and they)

④ <u>Whenever</u> I see her, she gives me a big smile.
　(→ No matter when)

⑤ I visited the store <u>where</u> I bought kitchen implements.　(→ in which)

08 다음 두 문장의 뜻이 같도록 문장을 완성하시오.

> There is no action that does not have its train of consequences.

→ There is _____.

09 다음 빈칸에 들어갈 말이 바르게 짝지어진 것은?

> • He finally got the job _____ he applied.
> • This is the room _____ Peter stayed for ten years.

① which — where
② that — in which
③ whom — where
④ for that — which
⑤ for which — in which

[10-11] 다음 중 어법상 틀린 것을 고르시오.

10

① It began to rain, and what was worse, we lost our way in the dark.
② I like the way that she expressed herself in the speech.
③ They cleared out some space why they would put the leather couch.
④ The institution to which he was sent didn't know how to renovate the old system.
⑤ He bought stocks in a company whose profits decreased dramatically in the following weeks.

11

① The audience ardently applauded whenever he paused for breath.
② Don't read such books as you can't comprehend.
③ Joan always follows the opinions of whoever listens up.
④ This is the memorial building where the public officials visited a few years ago.
⑤ Never take the first offer, however strongly you're tempted to do so.

12 다음 빈칸에 that이 들어갈 수 없는 것은?

① The very thing _____ we wanted was somewhere to keep out of the wind and rain.
② I keep searching for the girl _____ you used to be, instead of seeing who you are now.
③ The boys, many of _____ were not even teenagers, were taken away to become soldiers.
④ They had no idea that the woman and the cat _____ had stayed at the hotel were famous on social media.
⑤ I realized we were ignoring the conflicts at the time _____ we should have been confronting them.

13 다음 중 우리말을 영어로 옮긴 것 중 바르지 않은 것은?

> 그는 내가 이야기했던 저명한 학자이다.

① He is the renowned scholar whom I talked about.
② He is the renowned scholar about whom I talked.
③ He is the renowned scholar that I talked about.
④ He is the renowned scholar who I talked about.
⑤ He is the renowned scholar about that I talked.

14 다음 중 어법상 틀린 문장은 모두 몇 개인가?

> (a) There were few but were willing to fund the project.
> (b) You always purchase more groceries than are needed.
> (c) The plan will be adopted, that will please everyone in the community.
> (d) It was a period during which predominantly rural societies increasingly became industrial.
> (e) The new member that used to be a lawyer was not at all impressed by Bob's arguments.
> (f) The trees may become important tools what will clean the environment.

① 0
② 1
③ 2
④ 3
⑤ 4

1 (A), (B), (C)의 각 네모 안에서 어법에 맞는 표현으로 가장 적절한 것은?

tram 전차

poorly dressed
옷차림이 형편 없는

medical attention 치료

be funded by ~의 자금을 지원받다

patron 후원자

The Sagrada Familia Church in Barcelona is home to the tomb of Antoni Gaudí, (A) who / which is open to visitors. Gaudí died a few days after being hit by a tram. Because he was poorly dressed, he was mistaken for a beggar and didn't receive much medical attention, (B) which / that eventually led to his death. When he died, only a quarter of the construction was completed. The construction still goes on today. In the earliest stages, it was funded by private patrons, but now most of the money for its construction comes from the tourists (C) who / whose purchase entrance tickets to the basilica.

	(A)		(B)		(C)
①	who	········	which	········	who
②	who	········	which	········	whose
③	who	········	that	········	who
④	which	········	that	········	whose
⑤	which	········	which	········	who

2 다음 글의 밑줄 친 부분 중, 어법상 틀린 것은?

oblivious to ~을 의식하지 못하는

collective 집합적인

aesthetic 미적인

rationale behind
~을 뒷받침하는 근거

execute 실행하다

In contrast to the dancing of modern times, ① in which couples dance more or less oblivious to ② which everyone else is doing, dancing in the eighteenth and early nineteenth century was a highly collective affair. All the dancers faced one another, moving in stylized patterns ③ which gave aesthetic pleasure to observers. This style of dancing had originated in the French court, ④ where a set number of dancers stood in a square or circle. When adapted to the English country house or ballrooms, dances were changed to fit the rectangular shape of the dancing rooms. The rationale behind ⑤ what was called the English Country Dance was to demonstrate the polish and elegance of eighteenth century manners. Indeed, to learn and execute the steps of an English Country Dance to perfection required real skill on part of the dancers.

개념

앞의 단어·구·절을 뒤의 단어·구·절과 대등하게 연결을 하는 말

종류 및 기능

등위접속사

– 문법적 성격이 대등한 단어와 단어, 구와 구, 또는 절과 절을 연결

– and, but, or, so 등

상관접속사

– 두 개의 어구가 짝을 이루어 단어와 단어, 구와 구, 또는 절과 절을 연결

– both A and B, either A or B, not A but B 등

종속접속사

– 종속절을 주절과 연결

– 명사절을 이끄는 종속접속사: that, whether, if 등
  부사절을 이끄는 종속접속사: when, because, if, though 등

접속사

CHAPTER 15

UNIT 100 등위접속사

UNIT 101 상관접속사

UNIT 102 명사절을 이끄는 종속접속사

UNIT 103 부사절을 이끄는 종속접속사 I

UNIT 104 부사절을 이끄는 종속접속사 II

UNIT 105 부사절을 이끄는 종속접속사 III

등위접속사

등위접속사는 문법적 성격이 대등한 단어와 단어, 구와 구, 절과 절을 연결한다.

A and

1 She has money **and** personal connections.
그녀에게는 돈과 인맥이 있다.

2 I heard rustling noises, **and** the alarm went off.
나는 바스락거리는 소리를 들었고, (그러고 나서) 경보가 울렸다.

3 Why don't we just wait **and** see what happens?
무슨 일이 벌어질지 그냥 기다려 보는 게 어떨까요?
= Why don't we just wait to see what happens?

cf. He tries to keep calm under pressure.
그는 압박감 속에서도 냉정을 잃지 않으려고 애쓴다.

4 Go **(and)** get the documents in the third drawer.
세 번째 서랍에 있는 서류들을 좀 가져오렴.

5 Hide **and** seek has been a favored game worldwide.
숨바꼭질은 세계적으로 사랑 받아온 놀이이다.

6 Confide it to me, **and** you will feel much better.
나에게 그것을 털어놔. 그러면 기분이 훨씬 더 나아질 거야.
= If you confide it to me, you will feel much better.

B or

7 Is he going to take a walk **or** ride a bike in the park?
그는 공원에서 산책을 할 건가요 아니면 자전거를 탈 건가요?

8 They visited the Big Apple, **or** New York City.
그들은 Big Apple, 즉 뉴욕 시를 방문했다.

9 Keep up with the changes, **or** you will lag behind.
변화에 따라가야 한다, 그렇지 않으면 당신은 뒤쳐질 것이다.
= If you don't keep up with the changes, you will ~.

C nor

10 He **isn't** interested in investing overseas, **nor** is she.
그는 해외 투자에 관심이 없고, 그녀도 또한 관심이 없다.

cf. I don't know the answer, and **nor** do other students know.   나는 답을 모르고 다른 학생들도 또한 모른다.

D but

11 Their trust faltered **but** their marriage didn't.
그들의 신뢰는 흔들렸지만 그들의 결혼 생활은 그렇지 않았다.

A ~와, 그리고

1 A and B: A와 B

2 A and B: (순서상) A하고 나서 B

3 be sure, come, go, see, try, wait, write 등의 뒤에서 to부정사의 to(~하기 위해)를 대신할 수 있다.

cf. 단, 동사원형에만 적용되기 때문에 tries, tried, trying 등의 형태에는 해당되지 않는다.
⚠ He tries **and** keeps calm under pressure. (x)

4 come, go, hurry up, run, stay 등과 함께 쓰여 뒤따르는 동사와 연속적 동작을 나타낼 수 있다. 미국 영어에서 and는 생략되기도 한다.

5 and로 연결된 두 단어가 단일 개념을 나타낼 수 있으며, 이때 단수 취급한다.
a cup and saucer 받침 딸린 잔, a knife and fork 나이프와 포크 한 벌, a watch and chain 줄 달린 시계, bread and butter 버터 바른 빵 등 ◐참조 **UNIT 54 C**

6 명령문＋and: ~해라, 그러면

B 또는, 아니면

7 A or B: A 또는 B

8 A, or B: (동격) A, 즉 B
콤마(,)와 함께 쓰여 앞의 말과 이에 대한 부가 설명을 연결한다.

9 명령문＋or: ~해라, 그렇지 않으면

C ~도 또한 아니다

10 no, not, never 등의 부정어가 포함된 절 뒤에서 부정적으로 연관된 내용을 소개하며, nor 뒤에서 주어와 동사가 도치된다.

cf. nor 앞에 and가 오는 경우도 있음

D 그러나

11 A but B: A 그러나 B

cf. I have access to everything **but(except)** classified files. 나는 기밀 문서들을 제외하고는 모든 것에 접근 권한이 있다.

12 I **did nothing but(except)** complain about my boss all day. 나는 종일 내 상사에 대해 불평하기만 했다.

13 We **had no choice but to admit** its systemic racism. 우리는 그것의 구조적 인종 차별을 인정하는 수밖에 없었다.

= We **could not (choose) but admit** its systemic racism.

E yet

14 The speaker delivered a simple **yet** strong message to the audience. 그 연사는 청중에게 단순하지만 강한 메시지를 전했다.

15 **Although** it's early fall, **yet** it's quite chilly in the evening. 초가을이긴 하지만 그래도 저녁에는 꽤 쌀쌀하다.

F so

16 Text messages poured in, **so** I couldn't concentrate. 문자 메시지가 연달아 와서, 나는 집중을 할 수 없었다.

17 Text messages poured in. **So(Therefore)**, I couldn't concentrate. 문자 메시지가 연달아 왔다. 그래서, 나는 집중을 할 수 없었다.

G for

18 I evade her, **for(because)** she is hypocritical. 나는 그녀를 피하는데, 그녀가 위선적이기 때문이다.

cf. **Because** she is hypocritical, I evade her. 그녀가 위선적이기 때문에 나는 그녀를 피한다.

---

cf. all, any, every, no, anywhere, everybody, everything, nobody, nothing 등의 뒤에서 명사를 연결하는 경우 전치사로 취급하며, except(~을 제외하고, ~ 이외에)로 바꿔 쓸 수 있다. ⟳참조 **UNIT 90 B**

12 do nothing but(except)+동사원형: ~하기만 하다

13 have no choice(alternative, option, other way) but to+동사원형: ~하는 수밖에 없다
= cannot (choose(help)) but+동사원형

E 그렇지만, 그런데도

14 A yet B: A이지만 (그래도) B

15 although(though)로 시작되는 종속절과 상관적으로 쓰이기도 한다.

F 그래서, 그러므로

16 주로 절을 연결한다.

17 문장 맨 앞에 올 때는 Therefore로 바꿔 쓸 수 있다.

G ~이기 때문에

18 for는 보통 앞에 콤마(,)가 오며 because로 바꿔 쓸 수 있다.

cf. for는 결과를 먼저 밝힌 상태에서 부가적으로 이유를 설명할 때 쓰이므로 because와 달리 문장 맨 앞에 오지 않는다.
⚠ **For** she is hypocritical, I evade her. (x)

EXERCISE 01 〉

밑줄 친 부분에 유의하여 우리말로 옮기시오.

1 He is a convicted criminal, <u>yet</u> he is admired by the people around him.

2 There is an ATM, <u>or</u> a cash machine at the entrance of the main terminal.

3 She wants to forge diplomatic ties with them, <u>for</u> they will eventually rule the world.

4 The developer has no option <u>but</u> to redesign the application from a user's perspective.

5 The president wasn't satisfied with the company's sales, <u>nor</u> were the employees.

6 We are going to buy a watch <u>and</u> chain for our grandfather's birthday present.

상관접속사

상관접속사는 두 개의 어구가 짝을 이루어 단어와 단어, 구와 구, 절과 절을 연결한다.

A both(at once) A and B

1 **Both** the politician **and** the bureaucrat are aware of the gravity of the situation.
그 정치인과 관료 둘 다 상황의 심각성을 알고 있다.

= The politician **and** the bureaucrat **alike** are aware of the gravity of the situation.

cf. The politician, the bureaucrat, **and** the expert **alike** are aware of the gravity of the situation.
그 정치인과 관료, 전문가 모두 상황의 심각성을 알고 있다.

B not only(alone, just, merely, simply) A but (also) B

2 **Not only** they but (also) their dog was rescued.
그들뿐만 아니라 그들의 개도 구조되었다.

= **Not only** they **but** their dog was rescued **too(as well)**.

= Their dog **as well as** they was rescued.

3 The feudal lord **not only** forgave (her) **but also** showed mercy to her.
그 영주는 그녀를 용서했을 뿐만 아니라 그녀에게 자비도 베풀었다.

C not A but B

4 **Not** your colleagues **but** your manager is harboring suspicion against you.
당신의 동료들이 아니라 매니저가 당신을 의심하고 있어요.

5 As far as I know, the artificial lake was built **not** in the 60's **but** in the 80's.
내가 알기로는 그 인공 호수는 60년대가 아닌 80년대에 조성됐다.

cf. It's **not that** your essay lacks coherence **but that** it is not original.
그것은 당신의 에세이가 일관성이 부족하기 때문이 아니라 독창적이지 않기 때문이다.

D either A or B

6 **Either** the students **or** their teacher is going to conduct a preliminary survey.
그 학생들 또는 그들의 교사가 사전 답사를 할 예정이다.

7 This course is going to be **either** very dangerous **or** very difficult to finish.
이 코스는 매우 위험하거나 또는 완주하기 어려울 것입니다.

A A와 B 둘 다(모두)

= A and B alike

1 주어일 때 복수 취급한다.

cf. 연결하는 어구가 3개 이상일 경우, 「A, B, and C alike」와 같이 쓸 수 있다.

B A뿐만 아니라 B도

= not only A but B too(as well)

= B as well as A

2 주어일 때 B에 동사의 수를 일치시킨다.

3 동사구 연결

C A가 아니라 B

4 주어일 때 B에 동사의 수를 일치시킨다.

5 부사구 연결

cf. not that A but that B: A 때문이 아니라 B 때문에
= not because A but because B

D A 또는 B

6 주어일 때 B에 동사의 수를 일치시킨다.

7 형용사구 연결

E neither A nor B

8 **Neither** you **nor** I am responsible for the disastrous performance.
여러분도 나도 그 형편없는 공연에 책임이 없습니다.

9 He **neither** sold his amusement park **nor** renovated it. 그는 자신의 놀이공원을 팔지도 개조하지도 않았다.
= He did**n't** sell his amusement park **or** renovate it.

cf. He did**n't** sell his amusement park, **nor** (did he) renovate it.

E A도 B도 아닌

= not A or B

8 주어일 때 B에 동사의 수를 일치시킨다.

9 동사구 연결

cf. nor은 부정어가 포함된 절 뒤에서 부정적으로 연관된 내용을 강조하거나 소개한다.

EXERCISE 02 >

밑줄 친 부분에 유의하여 우리말로 옮기시오.

1 The people in charge <u>didn't</u> admit their blunder <u>or</u> deny it.

2 We called for an action plan <u>both</u> to detect <u>and</u> to eradicate the new bird influenza.

3 They are donating their money <u>not</u> for society <u>but</u> for their own good.

4 She has many friends <u>not that</u> she is funny <u>but that</u> she is helpful.

5 You should <u>either</u> fetch water <u>or</u> get the wood for the campfire.

6 He has an interesting view about <u>not only</u> children's education <u>but also</u> parental health.

7 Buying recyclable items <u>and</u> using public transportation <u>alike</u> can help protect the environment.

8 Nuclear bombs turned out to be deadly <u>as well as</u> destructive.

EXERCISE 03 >

괄호 안에서 알맞은 말을 고르시오.

1 Either you or Sally (have / has) to give diversity training for all our members.

2 It's not that the movie is long (but / or) that it's poorly made.

3 Not only small fishing boats but large cargo ships were capsized by the storm (also / too).

4 He was neither promoted to a managerial position (or / nor) assigned to another office.

5 Many adults (and / or) children alike enjoy watching animated films.

6 Your truck won't be ready for collection on Thursday (or / also) on Friday.

7 The singer's fame is not only universal (and / but) enduring.

8 At once the dining room and the living room (need / needs) more space.

9 They are looking for an apartment not to rent but (buying / to buy) this time.

10 Your sisters as well as your brother (is / are) going to be tested for genetic diseases.

11 The new system works (either / neither) efficiently nor effectively.

12 Not the organizers but the weather (was / were) to blame for cancellation of the event.

13 The last episode of the series was sudden, shocking, and brutal (as well / alike).

명사절을 이끄는 종속접속사

종속접속사는 종속절을 주절과 연결하며, 명사절을 이끄는 종속접속사는 주어, 보어, 목적어 역할을 하는 절을 이끈다.

A that

1 **That** violence in media affects teenagers is indisputable.

미디어에서의 폭력이 십 대들에게 영향을 미친다는 것은 논쟁의 여지가 없다.

= It is indisputable **that** violence in media affects teenagers.

2 The best thing is **that** we are helping people in need.

가장 좋은 점은 우리가 도움이 필요한 사람들을 돕고 있다는 것이다.

3 I believe **(that)** the film reminds her of joyful memories.

나는 그 영화가 그녀에게 즐거운 기억들을 상기시킨다고 믿는다.

4 They broadcasted <u>the news</u> **that** children were exploited for labor.

아이들이 노동 착취를 당하고 있다는 뉴스가 보도되었다.

B whether · if

5 **Whether** she will drop out of the college is uncertain.

그녀가 대학을 중퇴할지는 불확실하다.

= It is uncertain **whether(if)** she will drop out of the college.

6 The point is **whether** his biography is all a lie.

핵심은 그의 전기가 모두 거짓이냐는 것이다.

7 We don't know **whether(if)** the evidence is decisive **(or not)**.   우리는 그 증거가 결정적인지 아닌지 모른다.

= We don't know **whether or not** the evidence is decisive.

8 This raises the question <u>of</u> **whether** this medicine works.   이것은 이 약이 효과가 있는지에 대한 의문을 일으킨다.

9 I can't decide **whether** <u>to file</u> a complaint **or not**.

나는 소장을 제출할지 말지 결정할 수가 없다.

C 간접의문문의 의문사

10 **When** the argument got intense is not directly relevant to this case.

언제 언쟁이 격렬해졌는지는 이 사건과 직접적인 관련이 없다.

11 My concern is **why** he concealed his status.

제 관심사는 왜 그가 자신의 지위를 숨겼느냐는 거예요.

A '~라는 것'을 의미하며, 확실한 내용에 대해서 쓴다.

1 주어절
that절이 주어일 때는 보통 가주어 it을 주어로 하는 문장으로 만든다.

2 보어절

3 목적어절

4 fact, feeling, idea, news, opinion 등의 말 뒤의 that절은 동격으로서 앞 말에 대한 구체적인 내용을 제시한다.

⚠ the news = children were exploited for labor

B '~인지 (아닌지)'를 의미하며, or not과 함께 의문스럽거나 확실하지 않은 내용에 대해서 쓴다.

5 주어절
whether절이 주어일 때는 보통 가주어 it을 주어로 하는 문장으로 만든다. if절은 문장 앞에 위치하는 주어 역할을 할 수 없다.

6 보어절
if절은 보어 역할을 하지 않는다.

7 동사의 목적어절
목적어절에서 or not은 자주 생략된다. whether 바로 뒤에는 or not이 올 수 있지만, if는 그렇지 않다.

⚠ We don't know **if or not** the evidence is decisive. (x)

8 전치사의 목적어절
if절은 전치사의 목적어가 될 수 없다.

9 whether+to부정사
if는 to부정사와 함께 쓸 수 없다.

C 간접의문문 형태의 의문사절은 문장 안에서 주어, 목적어, 보어 역할을 할 수 있고 어순은 「의문사＋주어＋동사」이다. 의문사가 주어일 경우의 어순은 「의문사(주어)＋동사」가 된다.

10 주어절

11 보어절

12 The intelligence realized **what** his motivation behind this campaign is.
그 정보국은 이 캠페인 뒤에 숨겨진 그의 동기가 무엇인지를 알아챘다.

13 We are interested <u>in</u> **how** these stereotypes were shaped.
우리는 이러한 고정 관념들이 어떻게 형성되었는지에 관심이 있다.

14 Can you tell me **who** violated work ethics?
누가 직업 윤리를 어겼는지 나에게 말해 줄 수 있나요?

12 동사의 목적어절

13 전치사의 목적어절

14 직접목적어절

GRAMMAR PLUS+

접속사 that이 생략되는 경우

1 목적격 관계대명사절 또는 동사 바로 뒤에 위치한 목적어절인 경우 생략할 수 있다. 바로 뒤가 아니라면 생략하지 않는다. 또한, reply, email, shout 등 특히 자동사로 잘 쓰이는 동사 뒤에서도 생략하지 않는다.

▶ She will sell the scarf **(that)** you wanted.   그녀는 네가 원하던 그 스카프를 팔 것이다.

▶ I promised **(that)** I would win the tournament.   나는 시합에서 이기겠다고 약속했다.

⚠ I promised confidently **that** I would win the tournament.   나는 시합에서 이기겠다고 자신 있게 약속했다.

▶ Joe thinks **that** Ms. Smith's class is boring.   Joe는 Smith 선생님의 수업이 지루하다고 생각한다.

2 확신의 형용사(certain, confident, sure 등) 뒤의 that절인 경우 또는 감정의 형용사(afraid, anxious, content, regretful, pleased 등) 뒤의 that절이 감정의 이유를 나타내는 경우에 that절이 이들 형용사의 목적어절 역할을 하는 것으로 보아 생략할 수 있다.

▶ I'm sure **(that)** the medicine will work on me.   나는 그 약이 나에게 효과가 있을 것이라고 확신한다.

▶ The child was anxious **(that)** he might lose his way.   그 아이는 길을 잃을지도 몰라서 초조했다.

3 so that, such ~ that, now that, considering that, assuming(provided, providing, suppose, supposing) that처럼 두 단어로 이루어진 상용 접속사구의 경우 생략할 수 있다.

▶ We walked faster so **(that)** we could catch the bus.   우리는 버스를 타려고 더 빨리 걸었다.

▶ Considering **(that)** he is ill, he shouldn't travel.   그가 아픈 것을 고려하면, 그는 여행을 하면 안 된다.

EXERCISE 04 >

괄호 안에서 알맞은 말을 고르시오.

1 We are trying to figure out (whether / that) the newly discovered plant is edible or not.

2 The ambassador denied the fact (when / that) the country used tear gas to quell the riot.

3 My concern is (if / where) the board members learned the news.

4 The cooking time depends on (how / if) you like your vegetables cooked.

5 They asked the mayor (if / whether) to renovate the old government office building or not.

6 She has meditated steadily (so / whether) she can recover her mental strength.

7 I'm not sure (if / that) she misses the ordinary and mundane life back in the days or not.

8 You need to check (if / whether) or not your insurance coverage has been narrowed down.

9 Supposing (if / that) you have fulfilled your dreams, what would you do then?

10 The patient is concerned about (whether / if) the treatment is really the best or not.

부사절을 이끄는 종속접속사 I

문장에서 부사의 역할을 하는 부사절을 이끄는 종속접속사는 시간, 원인, 목적, 결과, 조건, 양보 등 다양한 의미를 나타낸다. 시간이나 조건을 나타내는 부사절은 현재시제로 미래시제를 대신한다.

A 시간 – 동시 혹은 연속된 상황

1 Please contact me **when** you find the document.
그 문서를 찾으면 저에게 연락해 주세요.

2 He was a student activist **when** he was a teenager.
그는 십 대였을 때 학생활동가였다.

3 I feel queasy **when** I get on a moving object.
나는 움직이는 것을 탈 때마다 속이 울렁거린다.

= I feel queasy **whenever(every time)** I get on ~.

4 **While** they were inspecting the site, they discovered some relics. 그들은 그 현장을 조사하는 동안 유물들을 발견했다.

5 **As** you practice harder, you will become more skillful.
더욱 열심히 훈련함에 따라 더욱 능숙해진다.

6 She stood up **as(when)** I walked into the room.
내가 방에 들어섰을 때, 그녀는 일어섰다.

7 **As(While)** I was away, my neighbor fed my cat.
내가 집을 비운 동안에 이웃이 나의 고양이에게 밥을 주었다.

B 시간 – 지속 또는 완료

8 The deserter waited in the forest **until(till)** the night came. 그 탈영병은 밤이 될 때까지 숲에서 기다렸다.

9 We do **not** realize the value of friendship **until** we lose it. 우리는 우정을 잃고 나서야 비로소 그 가치를 깨닫는다.

cf. **Not until** we lose it <u>do we realize</u> the value of friendship.

10 **By the time (that)** school starts, the repair work will have been completed.
개학할 때쯤이면 보수 공사가 완료되었을 것이다.

C 시간 – 전후 관계

11 They finished cleaning the house **before** their parents came back. 그들은 부모님이 돌아오기 전에 집 청소를 마쳤다.

12 **After** the recession hit, he got furloughed.
경제 침체가 닥친 후 그는 일시 해고되었다.

13 The actor hasn't appeared in public **since** he fell sick. 그 배우는 병에 걸린 이후로 대중 앞에 모습을 보이지 않았다.

A

1~3 when: ~할 때

1 어떤 일이나 상황이 벌어지는 특정한 시점을 나타낸다.

2 인생의 일정한 기간이나 나이를 나타낸다.

3 어떤 일이나 상황이 벌어질 때마다 반복됨을 나타낼 수 있다.
= whenever, every time

4 while: ~하는 동안에(= as long as), ~하면서
일정한 기간 동안 동시에 진행되는 두 가지 일이나 상황을 나타낸다.

5~7 as: ~함에 따라, ~할 때(= when),
~하는 동안에(= while)

B

8 until(till): ~할 때까지
어떤 일이나 상황이 지속됨을 나타낸다.

9 not A until B: B하고 나서야 비로소 A하다, B하기 전까지는 A하지 않다

cf. 강조를 위해 부정어와 until절이 문장 맨 앞에 위치하기도 하는데 이때 주절의 주어와 동사가 도치된다.

10 by the time (that): ~할 때쯤이면, ~할 때까지는
완료의 의미를 나타내는 접속사 대용어구로 주절에는 완료시제가 흔히 쓰인다. ◐참조 **UNIT 14 C**

C

11 before: ~하기 전에

12 after: ~한 후에

13 since: ~한 이후로 (줄곧)
주절은 현재완료시제, 종속절은 과거시제가 주로 쓰인다.

D 시간 – 연달아 일어나는 일이나 상황

14 Once you listen to their music, you'll definitely love it.   일단 그들의 음악을 들으면, 너는 분명 그것을 좋아하게 될 거야.

15 As soon as he heard the news, he was palpably flustered.   그는 그 소식을 듣자마자 눈에 띄게 당황했다.
= **The moment** he heard the news, he was ~.
= **On** <u>hearing</u> the news, he was ~.

16 She had **no sooner** fallen asleep **than** her cellphone started to vibrate.   그녀가 잠들자마자 휴대 전화가 진동하기 시작했다.
= She had **hardly** fallen asleep **when** her cellphone started to vibrate.

cf. **Hardly** had she fallen asleep **when** her cellphone started to vibrate.

D

14 once: 일단 ~하면, ~하자마자

15 as soon as: ~하자마자
= the moment, the instant, the minute, immediately, instantly, directly
= on(upon)+-ing

16 no sooner A than B: A하자마자 B하다
= hardly(scarcely, barely) A when(before) B
주절은 과거완료시제, 종속절은 과거시제가 쓰인다.
🔄 참조 **UNIT 14 B**

cf. 부정어가 강조를 위해 문장 맨 앞에 위치하면 주어와 동사가 도치된다.

EXERCISE 05 >

괄호 안에서 알맞은 말을 고르시오.

1 Everything will have been done (until / by the time) you return home.

2 He went out with the singer Georgiana (when / as) he was in his mid-twenties.

3 Her parents look after her daughter (when / while) Jennifer works at her job.

4 (On / Instantly) stretching his legs, he felt pain in his right leg due to a muscle spasm.

5 (Before / Whenever) there was a conflict between them, it escalated into a full-scale war.

6 Scarcely had we suggested the plan (than / before) they expressed a special interest.

EXERCISE 06 >

우리말과 뜻이 같도록 빈칸에 알맞은 말을 쓰시오.

1 일단 압제 정권이 무너지면 그녀는 자국으로 돌아가려고 했었다.
→ _____ the repressive regime collapsed, she was going to return to her home country.

2 그녀는 학교에서 돌아온 이후로 줄곧 자신의 개와 프리스비 던지기를 하며 놀고 있다.
→ She has been playing Frisbee with her dog _____ she came back from school.

3 알레르기 철이 더 길어짐에 따라 나의 알레르기도 더 심해졌다.
→ _____ the allergy season got longer, my allergy got worse.

4 귀빈들이 도착하고 나서야 비로소 우리는 안도의 한숨을 쉬었다.
→ _____ _____ the distinguished guests arrived _____ we breathe a sigh of relief.

5 그는 총성을 듣자마자 숨을 장소를 찾았다.
→ He had no _____ heard the gun shot _____ he looked for a place to hide.

A 이유·원인

1 The firm receives a subsidy **because** they hire people with disabilities.
그 회사는 장애인들을 고용하기 때문에 국가 보조금을 받는다.

= **Because** they hire people with disabilities, the firm receives a subsidy.

cf. A: Why do you look so tired? 왜 그렇게 피곤해 보이니?
B: **Because** I stayed up all night. 밤새서 그래.

2 **Since(As)** we are on a tight budget, we can't launch another campaign.
예산이 빠듯하므로 우리는 또 다른 캠페인을 시작할 수 없다.

3 **Now (that)** he is desperate, I think he will make another offer.
그가 절박하므로 내 생각에 그는 또 다른 제안을 할 것이다.

4 We are very different from other animals **in that** we have written languages.
우리는 문자 언어가 있다는 점에서 다른 동물들과 매우 다르다.

5 **Seeing (that(as))** he is consistently uncooperative, I can't work with him anymore.
그가 계속 비협조적이므로 나는 더 이상 그와 일할 수 없어요.

6 The case will be dismissed **on the grounds that** the evidence is not sufficient.
그 사건은 증거가 충분하지 않다는 근거로 기각될 것이다.

B 목적

7 She installed a security camera **so (that)** she **could** monitor potential thieves.
그녀는 잠재적 도둑을 감시하기 위해 보안 카메라를 설치했다.

= She installed a security camera **in order that** she **could** monitor potential thieves.

8 They are very cautious **for fear (that)** the bomb **would** explode. 그 폭탄이 폭발하지 않도록 그들은 아주 조심한다.

= They are very cautious **lest** the bomb **(should)** explode.
= They are very cautious **so(in order) that** the bomb **would not** explode.

cf. We stayed at home for a month **for fear of** infection(being infected) by the virus.
우리는 그 바이러스에 감염되지 않도록 한 달간 집에 머물렀다.

A

1 because: ~이기 때문에
직접적이고 강력한 인과 관계나 상대방이 알지 못하는 이유를 전달할 때 쓰인다.

cf. why로 묻는 의문문에 대해서는 because로만 답할 수 있고, because절은 since(as)와 달리 단독으로 쓰일 수 있다.

2 since(as): ~이므로
흔히 주절 앞에 위치하여 상대방이 이미 알고 있거나 알 만한 당연한 이유를 전달할 때 쓰인다.

3 now (that): ~이므로
일반적으로 주절 앞에 위치한다.

4 in that: ~라는 점에서, ~이므로
주절 앞에 위치하지 않는다.

5 seeing (that(as)): ~인 것으로 보아(= considering), ~이므로(= since)

6 on the grounds that: ~이라는 근거로, ~의 이유로

B

7 so (that)+주어+can(may, might, will)+동사원형: ~하도록
= in order that+주어+can(may, might, will)+동사원형
조동사의 시제는 주절의 시제에 일치시킨다.

8 for fear (that)+주어+would(should, might, may, will)+동사원형: ~하지 않도록, ~하면 안 되니까
= lest+주어(+should)+동사원형 **○참조 UNIT 110 D**
= so(in order) that+주어+would(should, might) not+동사원형

cf. for fear of+(동)명사: ~하지 않도록, ~하면 안 되니까
= so as(in order) not to+동사원형

= We stayed at home for a month **so as(in order)
not to** be infected by the virus.

C 원인 · 결과

9 Joan described the accident **so** vividly **that** everyone
could picture it easily.
Joan은 그 사고를 너무 생생하게 묘사해서 모두가 그것을 쉽게 상상할 수 있었다.

cf. The weather was getting worse, **so (that)** they
hurried to the base camp.
날씨가 점점 더 나빠져서, 그들은 서둘러 기지로 향했다.

10 There was **such** a subtle difference **that** no one
noticed it.　너무 미묘한 차이가 있어서 아무도 눈치채지 못했다.

= There was **so** subtle a difference **that** no one
noticed it.

C

9 so+형용사(부사)+that ...: 너무 ~해서 …한

cf. , so (that): 그래서(그 결과) ~하다
콤마(,)와 함께 쓰이고 that은 흔히 생략된다.

10 such a(n)+형용사+명사+that ...: 너무 ~한 (명사)여서 …한
= so+형용사+a(n)+명사+that ...
　참조 UNIT 58 B

EXERCISE 07

괄호 안에서 알맞은 말을 고르시오.

1 Jane is (such / so) great a strategist that her business plans usually pan out well.

2 (Now / So) that he fabricated the whole story, we decided not to publish his work.

3 She wore a colorful outfit (since / in order that) she could look conspicuous.

4 Most people succumbed to the pressure (so as / for fear) not to ruin their career.

5 The shaman terrifies me (because / for fear that) he says he can communicate with the dead.

6 I advise you to manage your stress well lest it (affect / affects) your productivity.

EXERCISE 08

우리말과 뜻이 같도록 빈칸에 알맞은 말을 쓰시오.

1 Ben은 매우 분별력이 있다는 점에서 나이에 비해 성숙하다.
→ Ben is mature for his age _____ _____ he is very levelheaded.

2 그들은 너무 완벽히 변장해서 아무도 그들을 알아보지 못했다.
→ They were disguised _____ perfectly _____ no one recognized them.

3 Cathy는 상황이 악화되고 있음을 근거로 브라질에 방문하지 않을 것이다.
→ Cathy won't visit Brazil _____ _____ _____ that the situation there is
deteriorating.

4 그 동굴은 너무 복잡한 미로여서 나는 감히 들어갈 엄두가 나지 않는다.
→ The cave is _____ a complex maze _____ I don't dare to enter it.

5 비가 퍼붓는 것으로 보아 우리가 행사 일정을 변경하는 것이 낫겠다.
→ _____ as the rain is pouring down, we had better reschedule the event.

부사절을 이끄는 종속접속사 Ⅲ

A 조건

1 **If** you get involved, he will face more obstacles.
만약 당신이 관여한다면 그는 더 많은 장애에 직면하게 될 것이다.

2 **Unless** you empty the Recycle Bin, the deleted file can be recovered.
당신이 휴지통을 비우지 않는 한 삭제된 파일은 복원이 가능하다.
= **Except if** you empty the Recycle Bin, ~.
= **If** you do **not** empty the Recycle Bin, ~.

3 Let's make an early start **in case** there is a lot of traffic. 차가 막힐 경우에 대비하여 일찍 출발하자.
= Let's make an early start because there might be a lot of traffic.

4 We'll take over the company **providing (that)** it has a great potential for growth.
만약 그 회사가 높은 성장 가능성이 있다면 우리는 그 회사를 인수할 것이다.

5 I will let my son have a car **on condition (that)** he pays the insurance.
나는 내 아들이 보험료를 내는 조건으로 차를 소유하게 할 것이다.

6 **As(So) long as** it is pertinent to the subject, we're going to take a look at it.
그것이 그 주제와 상관이 있기만 하다면 저희는 그것을 검토할 것입니다.

B 양보 · 대조

7 **Although(Though)** he led his team to success, he didn't get promoted.
비록 그가 그의 팀을 성공으로 이끌었지만 승진하지는 못했다.
= **Despite(In spite of)** the fact that he led his team to success, he didn't get promoted.

cf. He thought Janet was from the Netherlands. He wasn't sure, **though**.
그는 Janet이 네덜란드 출신이라고 생각했다. 확신할 수는 없었지만.

8 **Even though** the painting is very costly, he will buy it.
비록 그 그림이 매우 비싸지만, 그는 그것을 살 것이다.

9 **Even if** the painting is very costly, he will buy it.
설사 그 그림이 매우 비쌀지라도 그는 그것을 살 것이다.

cf. The house, **if small**, is enough for one person to live in. 그 집은 작지만 한 사람이 살기에는 충분하다.

A ↻참조 UNIT 106 C/110 B,C

1 if: 만약 ~라면

2 unless: ~하지 않는 한, 만약 ~가 아니라면
= except if, if ~ not
unless는 아직 일어나지 않은 일을 말하는 조건문에만 쓰이고 가정법에는 쓸 수 없다.

3 in case: ~일 경우에 대비하여
in case는 어떤 일이 발생할 가능성을 전제로 예방·대비한다는 의미를 내포하는 반면 if는 어떤 일이 발생하는 시점에 행동이 이루어짐을 의미한다.

4 providing(provided, suppose, supposing) (that):
만약 ~라면

5 on condition (that): ~의 조건으로

6 as(so) long as: ~하기만 하면, ~하는 한

B

7 although(though): 비록 ~이지만
실생활에서는 전치사 despite 또는 in spite of를 이용하여 양보의 의미를 나타내는 경우가 많다.

cf. although와 달리 though는 문장 끝에서 '~이긴 하지만'의 의미를 나타내는 부사로 쓰일 수 있다.
⚠ He wasn't sure, **although**. (x)

8 even though: 비록 ~이지만
기정 사실을 전제로 하며, though가 강조되는 표현이다.

9 even if: 설사 ~일지라도
가정이나 가상을 전제로 한다. ↻참조 UNIT 109 F

cf. if+형용사: 비록 ~일지라도

10 Try **as(though)** she may, she can't find time to play with her child.
비록 애를 쓰지만 그녀는 자신의 아이와 놀 시간을 마련할 수가 없다.

11 **No matter who** you are, you should respect the law.
당신이 누구든지 법을 존중해야 한다.

= **Whoever** you are, you should respect the law.

12 The police will never stop finding her **whether** she is dead **or** alive.
그녀가 죽었든 살았든 경찰은 그녀를 찾기를 멈추지 않을 것이다.

13 She voted for the male candidate **while(whereas)** her husband voted against.
그녀는 남성 후보자에게 찬성 투표를 한 반면에 그녀의 남편은 반대 투표를 했다.

14 **While(Although)** there is no reliable evidence, we think she is the criminal.
믿을 만한 증거가 없긴 하지만, 우리는 그녀가 범인이라고 생각한다.

15 He says he can't give a hand **when(although)** he can. 그는 도울 수 있는데도 불구하고 도울 수 없다고 한다.

C 양태

16 We will hire her **as** they suggested.
그들이 제안한 대로 우리는 그녀를 고용할 것입니다.

17 **Just as** you want to be forgiven, **so** should you forgive others. 여러분이 용서받기를 원하는 것처럼 여러분도 타인을 용서해야 합니다.

= **Just as** you want to be forgiven, you should forgive others.

18 She places a bet **as if(though)** she has a strong hand. 그녀는 마치 좋은 패를 가진 것처럼 내기를 건다.

19 She places a bet **as if(though)** she had a strong hand. 그녀는 (좋은 패가 없는데도) 마치 좋은 패를 가진 것처럼 내기를 건다.

10 동사(형용사, 부사, 명사)+as(though)+주어+동사:
비록 ~이지만
⚠ 명사는 관사 없이 though와 함께 쓰인다. as와는 쓸 수 없다.

11 no matter+의문사: ~이더라도
no matter 뒤에 의문사 who, what, where, how 등이 올 수 있으며 whoever, whatever, wherever, however 등으로 바꾸어 쓸 수 있다. ↻참조 **UNIT 99 A**

12 whether A or B: A이든 B이든

13~14 while: ~인 반면에(= whereas),
~이긴 하지만(= although)

15 when: ~인데도 불구하고(= although)

C

16 as: ~대로, ~하듯이

17 just as A, (so) B: (꼭) A인 것처럼 B도 그렇다
so 뒤에서 주어와 동사가 도치되는데, so가 생략되는 경우에는 도치되지 않는다.

18~19 as if(though): 마치 ~인 것처럼

18 사실의 가능성이 있을 때는 as if(though)절을 직설법으로 나타낸다.

19 사실과 반대되는 일을 가정할 때는 as if(though)절을 가정법으로 나타낸다. ↻참조 **UNIT 108 B**

EXERCISE 09 >

괄호 안에서 알맞은 말을 고르시오.

1 (Despite / Even though) the fact that we are socially connected, we often feel isolated.

2 The guards corral the prisoners in the yard (on condition that / as if) they were animals.

3 Dr. Webber wants to establish his own laboratory (no matter / even though) what it takes.

4 Make sure you take the emergency kit with you (if / in case) you get hurt.

5 Nutrient-dense (as / providing) the food is, it doesn't attract consumers in the market.

6 (No matter / Unless) you come up with a feasible excuse, your behavior won't be tolerated.

OVERALL EXERCISE

01 <보기>에서 가장 알맞은 말을 골라 문장을 완성하시오.

| 보기 | nor | but | or | whether | that | though | so | yet | because |

1 His idea of a good time is either playing online games _____ going camping.

2 _____ we use real flowers or not will not make much of a difference.

3 The electricity went out, _____ we used the old kerosene lamp instead.

4 The rumor _____ he has a Victorian mansion in London turned out to be true.

5 _____ his business is in a bad situation, he doesn't dismiss his employees.

6 This map shows that the region has neither high mountains _____ vast wilderness.

7 Sarah bought not only a secluded cottage in a forest _____ a beachfront condo.

8 _____ I was immersed in my work, I didn't realize that it was past midnight.

9 Though she doesn't believe in miracles, _____ she doesn't deny them.

02 어법상 틀린 부분을 찾아, 바르게 고쳐 문장을 다시 쓰시오.

1 We just found out that the oven as well as the fridges were not in working condition.

→ _____

2 They agreed on if the lack of exercise can deplete chromium or not.

→ _____

3 Her doctor will prescribe antibiotics if she will develop symptoms like a high fever.

→ _____

4 Needless to say, alike the food, beverage, and accommodation were wonderful.

→ _____

5 For these glasses can make you look cute, I advise you to wear these.

→ _____

03 두 문장의 뜻이 같도록 문장을 완성하시오.

1 Although he was a coward, he decided to join the defense forces.

→ Coward _____ .

2 The criminals will not send their hostage unless they receive ransom money.

→ The criminals will not send their hostage if _____ .

3 I had no sooner picked up a daisy than I got stung by a bee.

→ Scarcely _____ .

4 She hired a private security guard in order that she might not get attacked.

→ She hired a private security guard lest _____ .

5 It was such a memorable phrase that we wanted to jot it down.

→ It was so _____ .

6 However terrifying the horror movie is, he won't even flinch.

→ No _____ .

7 As soon as they had a quick swill of wine, they frowned.

→ The _____ .

04 다음 글을 읽고 물음에 답하시오.

Tuna is a staple in many households in the U.S. Sadly, most of the tuna we found on the market comes from both overfishing ① and destructive fishing practices that injure other marine animals. The global tuna industry is not only emptying our oceans of fish but also ② harm other marine life. We consumers should act to make companies play their parts ③ in order that they can protect the oceans ④ as well as offer a sustainable seafood option to customers. This is ⑤ why we are here and we will stand here until they (A) be ready to talk to us.

1 위 글의 밑줄 친 ①~⑤ 중에서 어법상 틀린 부분을 찾아 바르게 고치시오.

_____ → _____

2 위 글에서 밑줄 친 (A)를 문맥에 맞게 바꾸어 쓰시오.

→ _____

[01-02] 다음 빈칸에 들어갈 말로 알맞은 것을 고르시오.

01

> Not only egg yolks but vanilla _____ an important part in making a perfect pudding.

① play   ② plays   ③ playing
④ to play   ⑤ is played

02

> _____ you have met my family, tell me what you think of them.

① Lest   ② Whether   ③ So that
④ Now that   ⑤ In order that

[03-04] 다음 두 문장의 뜻이 같도록 빈칸에 들어갈 말로 알맞은 것을 <u>모두</u> 고르시오.

03

> Not alone the low-income bracket but middle-income bracket benefits from the policy.
> → Not only the low-income bracket but middle-income bracket benefits from the policy _____.

① so   ② too   ③ alike
④ as well   ⑤ yet

04

> She won't have an operation if it is not really necessary.
> → She won't have an operation _____ it is really necessary.

① unless   ② even if   ③ except if
④ in case   ⑤ as long as

05 다음 우리말과 뜻이 같도록 빈칸에 들어갈 말이 바르게 짝지어진 것은?

> 우리가 시내에 들어설 때마다 그는 나에게 은행에 들를지 바로 목적지로 갈지 묻는다.
> → _____ we enter the downtown area, he asks me _____ to stop by a bank or go straight to the destination.

① Once — how   ② Whenever — if
③ As — whether   ④ Every time — if
⑤ When — whether

[06-07] 다음 빈칸에 들어갈 말이 바르게 짝지어진 것을 고르시오.

06

> • They were _____ happy to hear the news that they even shed tears of joy.
> • The burden on her shoulders made her listless _____ gaunt.
> • _____ the company offered a large sum of compensation to the victims, they didn't accept it.

① so — but — Even if
② such — and — Whereas
③ so — as well as — Despite
④ such — but — Even though
⑤ so — and — Although

07

> • _____ you become an art major, you'll need to experiment with many different styles to find your own.
> • Our house will have been fully furnished with modern appliances _____ we return home.

① Since — until   ② Once — by the time
③ Despite — whenever   ④ Because — while
⑤ Whereas — as though

08 다음 빈칸에 들어갈 말로 알맞지 <u>않은</u> 것은?

_____ the parties concerned are here today, let's start the meeting.

① As   ② Since   ③ For
④ Because   ⑤ Now that

09 다음 빈칸에 들어갈 말이 나머지와 <u>다른</u> 것은?

① He could not decide _____ he should sell his house or rent it.
② I splashed icy water on my face to stay awake for fear _____ I would fall asleep with my work unfinished.
③ Rachel could not come to terms with the fact _____ she failed.
④ They agreed to give it a try in _____ there could be a breakthrough.
⑤ The memory of his betrayal hit her so hard _____ she couldn't walk straight.

10 다음 중 의미가 같은 문장끼리 짝지어지지 <u>않은</u> 것은?

① At once humans and monkeys have evolved from a common ancestor.
→ Humans and monkeys alike have evolved from a common ancestor.
② The boy completed neither formal education nor home schooling.
→ The boy didn't complete formal education or home schooling.
③ Upon opening the window, she heard the car crash.
→ Immediately she opened the window, she heard the car crash.
④ Keep your words, or they will distrust you.
→ If you don't keep your words, they will distrust you.
⑤ She quickly ran away so that she would not be taken by the enemy forces.
→ She quickly ran away for fear that she would not be taken by the enemy forces.

11 다음 중 어법상 <u>틀린</u> 것을 <u>모두</u> 고르면?

① He began to wonder if this city should be his home in the future.
② The woman was considering whether to relish the chance to shop for new clothes.
③ They shouted the swimmer was being attacked by a large shark.
④ The question is if you want to do something creative in your life.
⑤ There is some doubt as to how this method can produce better outcomes.

12 다음 밑줄 친 접속사 중 생략할 수 <u>없는</u> 것을 <u>모두</u> 고르면?

① The singer promised repeatedly <u>that</u> he would have a concert in the country again.
② The girl was anxious <u>that</u> the weather would not improve in time for the picnic.
③ I normally finish my report a day before the deadline so <u>that</u> I may have time to review it.
④ The police replied <u>that</u> fog had been the cause of the accident.
⑤ Seeing <u>that</u> he was furious, something must have happened to him.

13 다음 중 어법상 <u>틀린</u> 문장의 기호를 <u>모두</u> 쓰시오.

(a) It has been two years since the earthquakes occurred.
(b) Always carry a spare tire if you have a blowout on the road.
(c) They debated if or not they should recommend him as a student representative.
(d) No matter what I have accomplished, my parents only care about what I can do next.
(e) She thinks that she has left her cellphone either at her house nor in her car.
(f) I did nothing except giving a straight answer and the interview went well.

REVIEW TEST through Reading

1 다음 글의 밑줄 친 부분 중, 어법상 틀린 것은?

telegraph 전신, 전보
electrical signal 전기 신호
extensive 광범위한
figure out 생각해 내다
transmit 전송하다
concurrently 동시에
formulate 만들어 내다
pitch 음의 높이

The success of Alexander Graham Bell with the telephone is actually a result of his attempts to improve the telegraph. The telegraph had been a noted means of communication for about 30 years ① when he began experimenting with electrical signals. Highly successful ② as the telegraph was, it could only send and receive one message at a time. Bell had extensive knowledge of the nature of sound and much understanding of music, so they enabled him to figure out how to transmit multiple messages over the same wire concurrently. ③ Despite this idea had existed before Bell, he was the first one who actually formulated it. His idea was based on the principle ④ that several notes could be sent along the wire at the same time ⑤ if the signals or notes differed in pitch.

2 (A), (B), (C)의 각 네모 안에서 어법에 맞는 표현으로 가장 적절한 것은?

minimal 아주 적은, 최소의
wake-up call 주의를 환기하는 경고
doze off (깜빡) 잠이 들다
wakefulness 잠들지 않음, 각성
phenomenon 현상
sleep-deprived 잠이 부족한

Do you think you can function on minimal sleep? Then, here's a wake-up call for you. According to a new study, parts of your brain may doze off (A) even if / as if you think you are fully awake. Scientists forced lab rats to stay up longer than usual and observed the electrical activity of their brains. They found out that some sections of the lab rats' brains, such as problem-solving brain regions, fell into a state of sleep. However, they couldn't tell (B) that / which the rats were in a different state of wakefulness because their overall brain activity suggested that they were fully awake. This phenomenon is not just an interesting observation but it actually affects behavior. (C) When / Because the scientists had the lab rats perform a challenging task, the sleep-deprived rats had trouble completing it.

	(A)		(B)		(C)
①	even if	········	that	········	When
②	as if	········	that	········	When
③	even if	········	which	········	When
④	as if	········	which	········	Because
⑤	even if	········	that	········	Because

개념

가정법은 접속사 if를 사용하여 실제 사실과 반대되는 상황을 가정하는 표현이다.

시제

과거: 현재 사실의 반대 가정 / 현재나 미래의 실현 가능성이 거의 없는 일 상상

　　　If+주어+동사의 과거형 ~, 주어+would(could, might)+동사원형 …

과거완료: 과거 사실의 반대 가정

　　　　　If+주어+had p.p. ~, 주어+would(could, might) have p.p. …

현재: 인칭이나 때와 상관 없이 동사원형을 사용

　　　　If+주어+동사원형 ~, 주어+조동사+동사원형 …

기타 용법

I wish+가정법: ~라면 좋을 텐데 / ~였더라면 좋을 텐데

as if(though)+가정법: 마치 ~인 것처럼 / 마치 ~였던 것처럼

if절의 대용 표현: without, but for, unless, otherwise 등

가정법

CHAPTER 16

UNIT 106

가정법 과거

UNIT 107

가정법 과거완료,
혼합가정법

UNIT 108

I wish+가정법,
as if(though)
+가정법

UNIT 109

주의해야 할
가정법

UNIT 110

if절의 대용
표현

→

가정법 과거

'만약 ~한다면, …할 텐데'라는 의미로 현재 사실과 반대되는 일을 가정하거나, 일어날 것 같지 않은 현재나 미래의 일을 상상해서 표현할 때 쓴다.

A 가정법 과거의 형태

1 If I **were** super rich, I **would buy** a super car.
만약 내가 엄청난 부자라면, 수퍼카를 살 텐데. (현재 사실과 반대되는 일 가정)

2 If **we had** snow tomorrow, we **could go** skiing.
만약 내일 눈이 온다면, 스키 타러 갈 수 있을 텐데. (실현 가능성이 희박한 미래의 일 상상)

A ⌜ If+주어+동사의 과거형 ~, 주어+would(could, might)+동사원형 … ⌟

1~2 현재의 일을 가정하지만 if절의 동사를 과거형으로 쓰기 때문에 '가정법 과거'라고 한다.

1 가정법 과거에서 be동사는 주어의 인칭과 수에 상관없이 were를 쓰는 것이 원칙이나, 오늘날은 was를 쓰기도 한다.

2 주어가 I/we일 경우 would 대신 should를 쓰기도 하지만 미국영어에서는 거의 쓰지 않는다. could는 '~할 수 있을 텐데', might는 '어쩌면 ~할 수도 있을 텐데, 아마 ~할 텐데'를 의미한다.

B 직설법 문장으로 전환하기

3 ⌈가정법⌋ If I **were** not allergic to nuts, I **would eat** those nuts.
내가 견과류 알레르기가 아니라면, 저 견과류들을 먹을 텐데.
↓
⌈직설법⌋ As I ⓐ **am** allergic to nuts, I ⓑ **will not eat** those nuts.

B

3 현재 사실과 반대되는 일을 가정하므로 직설법 현재 문장으로 전환할 수 있으며, 부정은 긍정으로(ⓐ), 긍정은 부정으로(ⓑ) 바꾸어 쓴다.

C 가정법 과거 vs. 직설법의 조건문

4 ⌈가정법⌋ If I **had** further questions, I **would contact** you. 만약 추가 질문이 있으면, 당신에게 연락할 텐데.

5 ⌈직설법⌋ If I **have** further questions, I **will contact** you. 추가 질문이 있으면, 당신에게 연락할게요.

C 가정법은 확실한 현재 사실의 반대 상황을 가정하며, 직설법의 조건문은 일어날 가능성이 있음을 나타낸다.

4 추가 질문이 없을 거라고 생각함. (→ As I don't have further questions, I don't contact you.)

5 추가 질문이 있을 가능성이 있다고 생각함.

GRAMMAR PLUS+

주어의 '의지, 고집'을 나타내거나 '정중한 요청'을 할 때는 if절에 will을 쓴다.

▶ If you **will** work in the USA, you need a work permit.
미국에서 일을 하고자 한다면, 취업허가증이 필요하다.

▶ If you **will** follow me, I'll take you to your seat. (= are willing to)
저를 따라오시면 좌석을 안내해 드리겠습니다.

EXERCISE 01 >

괄호 안에서 알맞은 말을 고르시오.

1 I don't have a driver's license. If I (do / did), I could pick you up at the airport.

2 The story would be more moving (if / as) it were nonfiction, but it's fiction.

3 If the weather (were / is) nice tomorrow, more people will come to the flea market.

4 If I were in your shoes, I (will / would) apologize to Emma for talking so bluntly.

5 Lewis is busy these days. If he (had/ has) free time, he would volunteer at an animal shelter.

107 가정법 과거완료, 혼합가정법

가정법 과거완료는 '만약 ~했다면, …했을 텐데'라는 의미로 과거 사실과 반대되는 일을 가정할 때 쓴다. 혼합가정법은 if절의 시제와 주절의 시제가 서로 다른 경우에 쓴다.

A 가정법 과거완료의 형태

1 If I **had had** enough time, I **would have explained** the process in detail.
만약 시간이 충분했다면, 나는 그 과정을 자세히 설명했을 텐데.

2 If Edgar **had rejected** Dana's offer, he **couldn't have completed** his research.
만약 Edgar가 Dana의 제안을 거절했다면, 그는 자신의 연구를 끝낼 수 없었을 텐데.

B 직설법 문장으로 전환하기

3 [가정법] If our ancestors **had not tried** to keep our traditions, most of them **would have disappeared**.   만약 우리 조상들이 전통을 지키려고 애쓰지 않았다면, 대부분의 전통들은 사라졌을 텐데.
↓
[직설법] **As** our ancestors ⓐ **tried** to keep our traditions, most of them ⓑ **did not disappear**.

4 If the couch **had not been** on sale, Dan **would not have bought** it.
만약 소파가 할인 중이 아니었다면, Dan은 그것을 사지 않았을 텐데.
→ **As** the couch **was** on sale, Dan **bought** it.

C 혼합가정법의 형태

5 If we ⓐ **had set** up a complete schedule from the beginning, we ⓑ **wouldn't be** in a mess *now*.
만약 우리가 처음부터 완벽한 일정을 짰더라면, 지금 곤경에 빠져 있지 않을 텐데.

6 If Andrew **hadn't taken** his coach's advice, he **couldn't become** a well-known athlete *today*.
만약 Andrew가 코치의 조언을 듣지 않았더라면, 그는 오늘날 유명한 운동선수가 될 수 없을 텐데.

7 If George **had** a good memory, he **would not have forgotten** his dentist's appointment yesterday.
만약 George가 기억력이 좋다면, 그는 어제 치과 진료 예약을 잊지 않았을 텐데.

A | If+주어+had p.p. ~, 주어+would(could, might) have p.p. …

1~2 과거의 일을 가정하지만 if절의 동사를 과거완료형으로 쓰기 때문에 '가정법 과거완료'라고 한다.

2 could have p.p.는 '~할 수 있었을 텐데', might는 '어쩌면 ~했을지도 모르는데, 아마 ~했을 텐데'를 의미한다.

B 과거 사실과 반대되는 일을 가정하므로 직설법 과거 문장으로 전환할 수 있으며, 부정은 긍정으로(ⓐ), 긍정은 부정으로(ⓑ) 바꾸어 쓴다.

C

5~6 '만약 (과거에) ~했다면, (지금) …할 텐데'라는 의미로 과거 사실이 현재까지 영향을 미치는 경우에 쓴다.

| If+주어+had p.p. ~, 주어+would(could, might)+ 동사원형 …

if절과 주절의 가정법 시제가 서로 다른데, if절은 가정법 과거완료의 형태(ⓐ)이고 주절은 가정법 과거의 형태(ⓑ)의 혼합형이다. if절에는 ten years ago, at that time 등 과거를 나타내는 표현이, 주절에는 now, today, tonight 등 현재를 나타내는 부사가 함께 쓰이는 경우가 많다.

7 '만약 (현재) ~라면, (과거에) …했을 텐데'라는 의미로 현재 상태를 반대로 가정해서 과거를 돌아보는 경우에 쓴다.

| If+주어+동사의 과거형 ~, 주어+would(could, might) have p.p. …

if절에는 현재의 특정한 사건보다는 사람의 인성, 능력, 상태가 언급되는 경우가 흔하다.

D 혼합가정법 문장을 직설법 문장으로 전환하기

8 **가정법** **If** my tablet **had not broken** down, I **could lend** it to you now.

만약 내 태블릿이 고장나지 않았다면, 지금 너에게 빌려 줄 수 있을 텐데.

↓

직설법 **As** my tablet ⓐ **broke** down, I ⓑ **can't lend** it to you now.

9 **If** Monica **were** bilingual in English and Korean, she **would have volunteered** to translate the short story.

만약 Monica가 영어와 한국어를 둘 다 할 줄 안다면, 그녀는 단편 소설을 번역하는 자원봉사를 했을 텐데.

→ **As** Monica ⓐ **isn't** bilingual in English and Korean, she ⓑ **didn't volunteer** to translate the short story.

8 ⓐ 가정법 과거완료의 형태인 if절은 직설법 과거 문장으로 전환할 수 있는데, 부정은 긍정으로, 긍정은 부정으로 바꾸어 쓴다.
ⓑ 가정법 과거의 형태인 주절은 직설법 현재 문장으로 전환할 수 있는데, 긍정은 부정으로, 부정은 긍정으로 바꾸어 쓴다.

9 ⓐ 가정법 과거의 형태인 if절은 직설법 현재 문장으로 전환할 수 있는데, 긍정은 부정으로, 부정은 긍정으로 바꾸어 쓴다.
ⓑ 가정법 과거완료의 형태인 주절은 직설법 과거 문장으로 전환할 수 있는데, 긍정은 부정으로, 부정은 긍정으로 바꾸어 쓴다.

EXERCISE 02 >

괄호 안의 말을 알맞은 형태로 바꾸어 쓰시오.

1 If the fog _____ (be) thick, the flight for Chicago might have been cancelled.

2 If Vivian had not applied sunscreen, her skin _____ (be) blistered by the hot sun.

3 The client would have signed the agreement if Mr. Davis _____ (give) a more persuasive presentation.

4 If George _____ (have) a sound sleep last night, he _____ (not, get) sleepy now.

5 If I had gotten a visa on time, I _____ (can, study) at a college in the USA right now.

6 She _____ (can, expand) her company if Emily had had marketing experience.

7 If Jack were a highly talented actor, he _____ (can, pass) the audition last week.

EXERCISE 03 >

가정법 문장은 직설법 문장으로, 직설법 문장은 가정법 문장으로 바꾸어 쓰시오.

1 If I had looked over my email before sending it, I could have corrected any errors.

→ _____

2 As we didn't properly prepare before rainy season, we get severe damage now.

→ _____

3 If the firm had continued to invest in new technology, it would remain a leader in the field today.

→ _____

4 As we didn't actively take part in brainstorming discussions, we couldn't get effective solutions.

→ _____

5 If Owen were cautious about his health, he would have gotten vaccinated for influenza.

→ _____

I wish+가정법, as if(though)+가정법

「I wish+가정법」은 실현 불가능한 소망이나 실현하지 못한 일에 대한 아쉬움을 나타내며, 「as if+ 가정법」은 사실과 반대되는 상황을 가정한다. 가정법 과거가 오면 주절의 동사와 동일한 시제에 대한 반대를 가정하고, 가정법 과거완료가 오면 주절의 시제보다 더 이전 시점의 반대를 가정한다.

A I wish(ed)+가정법

1 **I wish** I **could speak** French fluently.
내가 프랑스어를 잘할 수 있으면 좋을 텐데.
(→ **I'm sorry** (that) I **can't speak** French fluently.)

2 **I wish** she **hadn't said** that.
그녀가 그 말을 하지 않았더라면 좋을 텐데.
(→ **I'm sorry** (that) she **said** that.)

3 **I wished** the goal **were** so easily attainable.
그 목표가 아주 쉽게 이루어지는 것이라면 좋았을 텐데.
(→ **I was sorry** (that) the goal **wasn't** so easily attainable.)

4 **I wished** you **hadn't smoked**.
네가 담배를 피우지 않았더라면 좋았을 텐데.
(→ **I was sorry** (that) you **had smoked**.)

B as if(though)+가정법

5 Most kids <u>treat</u> their toys **as if(though)** they **were** alive. 대부분의 아이들은 자신들의 장난감을 마치 살아있는 것처럼 취급한다.
(→ In fact, their toys **aren't** alive.)

6 The construction worker <u>talks</u> **as if(though)** the crack **had not been** serious.
공사장 인부는 그 금이 심각한 것이 아니었던 것처럼 말한다.
(→ In fact, the crack **was** serious.)

7 I <u>felt</u> comfortable **as if(though)** I **were** in my hometown. 마치 고향에 있는 것처럼 편하게 느껴졌다.
(→ In fact, I **was** not in my hometown.)

8 Michael <u>looked</u> thrilled **as if(though)** he **had won** the lottery. Michael은 마치 복권에 당첨되었던 것처럼 신나 보였다.
(→ In fact, Michael **hadn't won** the lottery.)

A

1~4 '~라면/~였더라면 좋을 텐데/좋았을 텐데'라는 뜻으로, '실제로는 ~하지 못해/못했기에 유감이다 / 유감이었다'라는 의미를 나타내므로, 「I'm(I was) sorry (that) ~」 직설법 문장으로 바꾸어 쓸 수 있다.

1 I wish+가정법 과거: ~라면 좋을 텐데 (현재나 미래의 이루기 힘든 소망)

2 I wish+가정법 과거완료: ~였더라면 좋을 텐데 (과거 사실에 반대되는 소망)

3 I wished+가정법 과거: ~라면 좋았을 텐데 (과거 사실에 반대되는 소망)

4 I wished+가정법 과거완료: ~였더라면 좋았을 텐데 (과거 이전(대과거) 사실에 반대되는 소망)

B

5~8 '마치 ~인 것처럼 / 마치 ~였던 것처럼'의 의미로, 사실과 반대되는 상황을 가정하므로, 「in fact, ~」 직설법 문장으로 바꾸어 쓸 수 있다.

5 현재시제+as if(though)+가정법 과거: 마치 ~인 것처럼 …한다 (현재 사실의 반대 가정)

6 현재시제+as if(though)+가정법 과거완료: 마치 ~였던 것처럼 …한다 (과거 사실의 반대 가정)

7 과거시제+as if(though)+가정법 과거: 마치 ~인 것처럼 …했다 (과거 사실의 반대 가정)

8 과거시제+as if(though)+가정법 과거완료: 마치 ~였던 것처럼 …했다 (과거 이전(대과거) 사실의 반대 가정)
⟳ 참조 UNIT 105 C

EXERCISE 04 >

가정법 문장은 직설법 문장으로, 직설법 문장은 가정법 문장으로 바꾸어 쓰시오.

1 I am sorry I can't quit my job and just travel for the rest of my life.

→ _____

2 I wished my childhood dream had come true.

→ _____

3 Anna behaved as if she were in charge of the entire project.

→ _____

UNIT 109 주의해야 할 가정법

A if ~ should / were to+동사원형

1 **If** I **should(happen to) find** the password, I **could access** the account. 비밀번호를 알아내면, 계정에 접속할 수 있을 텐데.

2 If you **should run** into him, just **run** away. 그와 마주친다면, 그냥 도망쳐.

3 **If** Earth **were to rotate** backward, what **would happen**? 만약 지구가 거꾸로 돈다면, 무슨 일이 생길까?

4 If you **were to budge** a little, I **could come** through. 약간만 움직여 주시면, 제가 지나갈 수 있겠는데요.

A If+주어+should/were to+동사원형 ~, 주어+조동사의 과거형+동사원형 …

1 '~한다면, …할 것이다'라는 의미로 미래에 실현 가능성이 거의 없는 일을 가정한다. 오늘날엔 should보다는 happen(chance) to, by any chance 등을 쓴다.

2 주절에는 현재형이나 미래형, 명령문이 잘 온다.

3 불가능한 일을 강조하여 '(그럴 리 없지만) ~한다면, …할 것이다'라고 말할 때 쓴다.

4 정중한 요청이나 완곡한 제안을 할 때도 쓴다.

B 가정법 현재

5 **If** it **rain** heavily tomorrow, the outdoor activities **will be** canceled. 내일 폭우가 내리면, 야외 활동은 취소될 것이다.

cf. If it **rains** heavily tomorrow, ~ (직설법)

B If+주어+동사원형 ~, 주어+조동사+동사원형 …

5 가정법 현재는 인칭이나 때와 상관 없이 동사원형을 사용하는 형식을 지칭한다. 현재나 미래의 불확실한 가정을 나타낸다.

cf. 요즘은 주로 법률 문장에만 쓰이며, 직설법(조건문)을 쓰는 것이 더 일반적이다.

C 가정법 현재 명사절

6 The expert strongly **suggested** that further research **(should) be** undertaken as soon as possible. 그 전문가는 가능한 한 빨리 추가 조사가 착수되어야 한다고 강력히 제안했다.

7 It is **important** that you **(should) not forget** overuse of a smartphone can damage your eyes. 스마트폰을 과도하게 사용하는 것이 눈에 손상을 줄 수 있음을 잊지 않는 것이 중요하다.

8 My **advice** is that he **(should) accept** the offer right away. 내 조언은 그가 그 제안을 즉각 수락해야 한다는 것이다.

9 The witness **insisted** the burglar **broke** in through a window. 증인은 강도가 창문으로 침입했다고 주장했다.

C

6~8 명령·요구·제안·권고·주장·동의·결정·소망·중요·당위를 나타내는 동사·형용사·명사 뒤에 오는 that절에는 「(should)+동사원형」을 쓴다. 부정형은 (should) not+동사원형이므로 주의한다. 참조 UNIT 20 C

6 advise(command, decide, demand, insist, order, propose, recommend, request, require, suggest, urge 등)+that+주어+(should)+동사원형

7 crucial(desirable, essential, important, necessary, vital, natural, desirable, essential 등)+that+주어+(should)+동사원형

8 advice, decision, order, recommendation, suggestion, wish 등의 명사 뒤에서 쓰이는 경우

9 that절이 당위성을 포함하지 않고, 단순 사실을 언급할 때는 주절의 시제에 따른 시제 일치가 되어야 한다.

D It is time (that)+가정법 과거

10 **It is high time that** we **used** eco-friendly products. (이제는) 우리가 친환경 제품을 사용해야 할 때이다.

= **It is high time that** we **should use** eco-friendly products.

cf. **It is time (for us) to use** eco-friendly products. 친환경 제품을 사용해야 할 때이다. (재촉이나 소망의 의미는 없음)

D It is (high/about) time (that)+가정법 과거 = It is (high/about) time (that)+주어+should+동사원형

10 '(이제) ~할 때이다'라는 의미로 이미 할 때가 되었는데 하고 있지 않은 일을 재촉하거나 소망할 때 쓴다.

E if의 생략과 도치

11 Were I a little taller, I **could dunk** a basketball.
내가 키가 조금만 더 크면, 덩크 슛을 할 수 있을 텐데.

12 Had Ben not chosen her, he **would have made** his life more fruitful.
만약 Ben이 그녀를 택하지 않았더라면, 그는 더 결실이 있는 삶을 살았을 텐데.

13 Should you be hungry, eat the pie on the table.
혹시 배가 고프면, 식탁 위의 파이를 먹어라.

F even if의 의미

14 **If** he **were** the last man on earth, **I wouldn't marry** him. 설령 그가 지구에 남은 마지막 남자라 해도, 그와는 결혼하지 않겠다.

E
가정법 문장에서 문두의 If를 생략할 수 있는데, 이때 주어와 (조)동사는 도치된다. 주로 were, had, should 등의 (조)동사가 문장 앞으로 나간다.

11 ← **If I were** a little taller, I **could dunk** a basketball.

12 부정문을 도치시킬 때 not은 축약하지 않는다.
← **If Ben hadn't chosen** her, he **would have made** his life more fruitful.

13 Should의 경우 주절에는 권유의 명령문이 잘 온다.
← **If you should** be hungry, eat the pie on the table.

F

14 if가 '설령 ~한다 해도'의 양보의 의미로 해석될 때가 있다.
⟳ 참조 **UNIT 105 B**

GRAMMAR PLUS+

1 if절의 생략: 주절에 조동사의 과거형이 있는 경우 가정법의 if절이 생략된 듯이 해석하면 된다.
▶ You could do that **(if you want to)**. (네가 원한다면) 해도 돼.
▶ I wouldn't worry **(if I were you)**. (내가 너라면) 고민하지 않겠다.

2 if절 내 「주어+동사」 생략: 이 경우 관용적 표현으로 굳어져 주로 삽입적으로 쓰인다.
▶ He'll stay late **if necessary**. 그는 필요하다면 늦게까지 남아 있을 것이다. (= ~ if it is necessary)
▶ **If in doubt**, ask her directly. 확신이 안 서면 그녀에게 단도직입적으로 물어봐. (= If you are in doubt, ~)
▶ It seldom, **if ever**, snows. 눈이 전혀 안 오지는 않지만, 좀처럼 오지 않는다. (= If it ever snows, it seldom snows.)
▶ I'd say she is more like her father, **if anything**. 어느 편인가 하면 그녀는 오히려 아버지를 닮은 편이지.
(= If anything can be said about her, I'd say she is more like her father.)

EXERCISE 05 ›

괄호 안에서 알맞은 말을 고르시오.

1 If the sun (were / were to) rise in the west, the parental love for kids would still remain unchanged forever.

2 People demanded that the candidate (resign / resigned) right away owing to the scandal.

3 It is essential that news (not / don't) give inaccurate information to the public.

4 It is time that the buffet restaurant (make / made) all efforts to reduce food waste.

5 (Hadn't I / Had I not) installed the program, my laptop wouldn't have been attacked by viruses.

EXERCISE 06 ›

우리말과 뜻이 같도록 괄호 안의 말을 이용하여 문장을 완성하시오.

1 그가 고객들 앞에서 발표를 하는 것이 바람직하다. (desirable, give)
→ _____ he _____ a presentation in front of the clients.

2 이제는 우리가 기후 변화를 막기 위해 긴급한 조치를 취해야 할 때이다. (time, that, take)
→ _____ urgent action to combat climate change.

UNIT 110 if절의 대용 표현

'만약'의 의미로 주로 if를 사용하지만, if 외에 조건이나 가정을 나타내는 다른 표현들이 있다.

A without(but for), with

1 **Without(But for)** the citizens' donation, this event would not exist at all.
시민들의 기부가 없다면, 이 행사는 아예 존재하지 않을 텐데.

= **If it were not for** the citizens' donation, this ~.

= **Were it not for** the citizens' donation, this ~.

2 **Without(But for)** your dedication, we couldn't have completed the project on time.
여러분의 헌신이 없었다면, 우리는 프로젝트를 제때 완수할 수 없었을 텐데.

= **If it had not been for** your dedication, we ~.

= **Had it not been for** your dedication, we ~.

3 **With** a great deal of effort, Alan could achieve his goal.

= **If** he made a great deal of effort, Alan ~.
정말 열심히 노력한다면, Alan은 자신의 꿈을 이룰 수 있을 텐데.

B if와 유사한 의미의 표현들

4 **Suppose that** you had missed the flight, what would you have done? 그 비행기를 놓쳤다고 가정하면, 너는 어떻게 했을 것 같니?

5 **Imagine** you could be somebody for one day. Who would you want to be?
하루만 다른 사람이 될 수 있다고 상상해봐. 누가 되고 싶어?

6 You'll get a 20% discount **on condition that** you spend more than 500 dollars.
500달러 이상 쓰신다는 조건으로 20% 할인을 받으실 겁니다.

7 She always takes an umbrella **in case** it rains.
그녀는 비가 올 경우를 대비하여 늘 우산을 가지고 다닌다.

C unless, otherwise

8 I'll drive over and see you **unless(except if)** it snows.
→ I'll drive over and see you **if** it **doesn't** snow.
눈이 오지 않는 한 운전해서 너를 보러 갈게.

cf. I'll be surprised **if** it doesn**'t** snow.
눈이 오지 않는다면 놀랄 일이지.

9 You'd better take notes; **otherwise**, you'll forget it.
→ You'd better take notes; **if you don't take notes**, you'll forget it.
메모를 하는 편이 나을 것이다. 그렇지 않으면, 잊어버릴 것이다.

A

1 Without(But for) ~, 가정법 과거: ~이 없다면, …할 텐데
= If it were not for ~
= Were it not for ~ <도치>

2 Without(But for) ~, 가정법 과거완료: ~이 없었다면, …했을 텐데
= If it had not been for ~
= Had it not been for ~ <도치>

3 with ~는 '~가 있다면'의 의미로, 조건·가정의 의미를 나타낸다.

B

4~5 suppose(supposing) (that) 만약 ~라고 가정하면
imagine ~라고 상상해봐
if와 유사한 의미이며, 문장 구조 또한 유사한 경우가 많다.

6 provided(providing) (that) 만약 ~라면
on condition that ~라는 조건으로, 만약 ~라면
as long as ~하는 한
조건을 언급할 때 흔히 쓰이는 표현이다.

7 in case ~할 경우에 대비해서
어떤 일이 발생할 가능성을 전제로 예방·대비하는 의미가 내포되어 있다. **⤷참조 UNIT 105 A**

C

8 unless는 사실과 반대되는 가정을 하는 가정법 문장이 아니라 장차 발생할 가능성이 있는 일에 대해 쓴다. '~하지 않는 한, 만약 ~하지 않는다면'이라는 의미로 except if나 if ~ not으로 바꿔 쓸 수 있다.

cf. if ~ not으로 쓰인 문장이 모두 unless로 바꿔지지는 않으므로 주의한다.
⚠ I'll be surprised **unless** it snows. (x)

cf. unless 자체에 not(부정)의 의미가 포함되어 있으므로 부정의 표현을 중복해서 쓰지 않도록 한다.
⚠ I'll drive ~ **unless** it doesn**'t** snow. (x)

9 otherwise는 '만약 그렇지 않다면'이라는 의미로 앞에 언급된 내용과 반대되는 상황을 가정하며, if ~ not으로 바꿔 쓸 수 있다.

D 기타 if절 대용 표현

10 **An ordinary man** <u>would want</u> to lead a comfortable life. → **If he were an ordinary man**, he ~.
보통 사람은 안락한 삶을 살기를 원할 텐데.

11 **To hear him sing**, you <u>would know</u> how talented he is. → **If you heard him sing**, you ~.
그 소년가 노래 부르는 것을 듣는다면, 그가 얼마나 재능이 있는지 알 텐데.

12 **Given a second chance**, I <u>would have started</u> over again from the beginning.
→ **If I had been given a second chance**, I ~.
다시 한 번 기회가 주어졌다면, 처음부터 다시 시작했을 텐데.

13 The world must act right now **lest** hate crimes **(should) increase**.
증오 범죄가 증가하지 않도록 세계가 당장 행동을 취해야 한다.

D 명사구, to부정사구, 분사구문이 주로 가정법을 나타내는 조동사(would) 표현과 함께 쓰여 가정의 의미를 나타낸다.

10 명사구(주어)

cf. 주로 주어는 「a(n)+형용사+명사」의 형태로, 동사는 「조동사의 과거형+동사원형」이나 「조동사의 과거형+have p.p.」의 형태가 된다.

11 to부정사구(부사적 용법의 조건) **참조 UNIT 30 A**

12 분사구문 **참조 UNIT 41 B**

13 lest ~ (should)+동사원형: ~하지 않도록
가정법 현재의 흔적이 남아 있는 표현이라고 할 수 있다.
참조 UNIT 104 B

EXERCISE 07

괄호 안에서 알맞은 말을 고르시오.

1 (Without / Were it for) a vaccine, people would suffer from the disease.

2 (But for / With) a proof of purchase of the product, we could give you a full refund.

3 Meat won't quickly go bad (if / unless) you leave it at room temperature.

4 We should have freedom to do what we want (provide / provided) that we don't violate others' rights.

5 Immediate action should be taken (unless / lest) child abuse should happen.

6 (Supposed / Supposing) the boy refuses to testify, what do we do then?

7 (To see / If you had seen) him walk, you'd never think he is blind.

8 (Had it been for / Had it not been for) her husband's help, she couldn't have completed her book.

9 They escorted the boy to the car lest he (is / be) challenged by the reporters.

EXERCISE 08

밑줄 친 부분에 유의하여 우리말로 옮기시오.

1 <u>Without their desperate efforts</u>, passers-by couldn't have saved the kid from the car accident.

2 <u>With your financial support</u>, we would help children learn and play in a better environment.

3 The solitary man will take care of the abandoned dog <u>unless it is fierce</u>.

4 Sort those documents in alphabetical order; <u>otherwise</u>, you'll waste time searching files.

5 <u>A sensible critic</u> would have a keen eye for detail.

6 <u>To see her perform</u> *Swan Lake* on stage, you would realize she is a genius ballerina.

OVERALL EXERCISE

01 주어진 동사를 알맞은 형태로 바꾸어 문장을 완성하시오.

1 If Frederick had more time to review his essay, he _____ (make) fewer mistakes.

2 If you _____ (not, ignore) the warning signs your bodies gave you, you _____ (be) healthy and well now.

3 If the safety device _____ (work) properly, nobody would have been seriously injured in the accident.

4 The appliance guarantee requires that installation _____ (do) by an authorized technician.

5 _____ (offer) a good work environment, he would have done the project successfully.

6 _____ (hear) the intern talk, you'd think he is a veteran, not a novice.

7 We were supposed to submit our opinions an hour ago. It is time we _____ (come) to a conclusion.

02 밑줄 친 부분을 어법에 맞게 고쳐 쓰시오

1 If my coach had not given me the courage not to give up, I <u>wouldn't have been</u> here where I am now.

2 <u>Had Michael knew</u> how to perform CPR properly, he could have saved the victim.

3 The environmental committee made a strong suggestion that the government <u>implemented</u> the long-term strategy right away to preserve ecosystems.

4 If <u>it was not for</u> electricity, we would literally live in the dark ages.

03 우리말과 뜻이 같도록 괄호 안의 말을 이용하여 문장을 완성하시오.

1 그 파티룸은 마치 허리케인이 지나갔던 것처럼 엉망이었다. (pass by)

→ The party room was such a mess, _____.

2 그는 자신의 벨소리가 다른 관객들에게 방해가 되지 않도록 휴대 전화를 진동모드로 했다.
(phone ringtone, disturb, audience members)

→ He set his cell phone to vibrate mode _____.

3 충분한 기금이 모금되지 않는 한 그 자선 단체는 불확실한 미래에 직면할 것이다. (unless, funds, raise)

→ The charity is facing an uncertain future _____.

4 콘테스트에서 상금을 받는다고 가정하면, 너는 그 돈으로 무엇을 할 거니? (suppose, win the prize money)

→ _____, what would you do with the money?

04 다음 문장을 주어진 말로 시작하는 문장으로 바꾸어 쓰시오.

1   As we don't pay more attention to the environment, we can't save endangered animals from extinction.

→ If _____.

2   Without your continuous support and cooperation, we wouldn't have yielded such fruitful results.

→ Had _____.

3   I am sorry that we can't afford a new washing machine.

→ I wish _____.

4   Unless I hear from you, I will assume that you agree to the contents of the changed curriculum.

→ If _____.

5   To see Eugene take a selfie, you would mistake him for a professional model.

→ If _____.

6   Arthur is nodding his head, but in fact he doesn't understand the professor's lecture.

→ Arthur is nodding his head _____.

7   Last night we missed the last subway; otherwise, we could have arrived home in time.

→ Last night we missed the last subway; if _____.

05 다음 글을 읽고 물음에 답하시오.

One of the most important insect pollinators ① is probably bees. Unfortunately, bees of all types are in decline today. What's worse, some species are even listed ② as endangered. If all of the bees died off, there ③ would have been major effects throughout ecosystems worldwide. (A) But for bees, a number of plants pollinated by bees would die off. In addition to plants, a lot of animals would lose their prey, ④ which would also have a huge impact on natural systems and food webs. If bees ⑤ should perish from the earth, we all would perish!

1   위 글의 밑줄 친 ①~⑤ 중에서 어법상 틀린 부분을 찾아 바르게 고치시오.

_____ → _____

2   위 글에서 밑줄 친 (A)를 다음과 같이 바꿀 때 빈칸에 들어갈 말을 완성하시오.

→ Were _____.

REVIEW TEST

01 다음 우리말과 뜻이 같도록 빈칸에 들어갈 말로 알맞은 것은?

> 소중한 팬들이 없다면, 오늘밤 이 자리에 설 수 없을 텐데.
> → _____, I wouldn't be standing up here tonight.

① Weren't it for my beloved fans
② Were it not for my beloved fans
③ Unless there were my beloved fans
④ If it had not been for my beloved fans
⑤ Suppose that there are any beloved fans

02 다음 빈칸에 들어갈 말이 바르게 짝지어진 것은?

> • The long day seemed _____ it would never end.
> • _____ his dedication, we couldn't have found out the causes of some diseases.
> • _____ you make a conscious effort, you'll experience serious mental illness.

① as if — With — If
② as if — Without — Unless
③ as if — With — Unless
④ even if — Without — If
⑤ even if — With — Unless

03 다음 빈칸에 들어갈 말이 나머지와 <u>다른</u> 것은?
(대·소문자는 무시할 것)

① _____ the crew were better equipped, they could increase their efficiency.
② _____ it hadn't been for perseverance, the marathoner might have given up on running.
③ Hilda acts as _____ nothing serious had happened between her and her co-worker.
④ Ms. Wilson tries not to use disposable products _____ it's absolutely necessary.
⑤ Even _____ people drink coffee to keep them awake, too much caffeine is dangerous.

04 다음 빈칸에 들어갈 말로 알맞은 것은?

> If the flight hadn't been cancelled, I _____ sunbathing at the tropical beach now.

① will not be
② had been
③ would be
④ had not been
⑤ would have been

[05–06] 다음 문장을 가정법 문장으로 바르게 바꾼 것을 고르시오.

05

> As Eva booked in advance, she could get the airline ticket.

① If Eva didn't book in advance, she could not get the airline ticket.
② If Eva didn't book in advance, she could not have gotten the airline ticket.
③ If Eva had booked in advance, she could have gotten the airline ticket.
④ If Eva hadn't booked in advance, she could not get the airline ticket.
⑤ If Eva hadn't booked in advance, she could not have gotten the airline ticket.

06

> I was sorry I couldn't offer a magic solution to existing problems.

① I wish I could offer a magic solution to existing problems.
② I wish I couldn't offer a magic solution to existing problems.
③ I wished I could offer a magic solution to existing problems.
④ I wished I couldn't offer a magic solution to existing problems.
⑤ I wished I could have offered a magic solution to existing problems.

07 다음 중 어법상 틀린 것은?

① It is high time that you stopped pushing your vision upon your children about how they should live their lives.

② If Bess had taken her teacher's advice then, she would not be in such difficulties now.

③ The resentful artist insisted that the critic's criticism on his painting be too harsh.

④ A brilliant habitat program could have saved hundreds of wild animals.

⑤ Foreigners can drive in Korea on condition that they have an international driving permit.

08 다음 우리말을 영어로 옮긴 것 중 바르지 <u>않은</u> 것은?

① 취미 활동에 참여할 여가 시간이 더 있다면 좋을 텐데.
  → I wish I had more leisure time to take part in recreational activities.

② 좋은 리더라면 다른 스텝을 위해 좋은 모범을 보여주려고 노력할 텐데.
  → A good leader would try to set an example for the other staff.

③ 내가 죽는 한이 있더라도 복수를 하겠다.
  → I'll do my revenge even if it's the last thing I do.

④ 네가 시험에 합격했더라면, 현재 더 나은 직업을 가지고 있을 텐데.
  → If you'd passed your exams, you would have a better job today.

⑤ 그녀는 며칠 동안 잠을 못 잔 것처럼 보인다.
  → She appears as if she didn't sleep for days.

09 다음 빈칸에 들어갈 말이 바르게 짝지어진 것은?

As the workers cleared the snow from the road last night, the road is not slippery now.
→ If the workers _____ the snow from the road last night, the road _____ slippery now.

① did not clear — wouldn't be
② had cleared — would not be
③ had cleared — would not have been
④ had not cleared — would be
⑤ had not cleared — would have been

10 다음 괄호 안의 동사를 알맞은 형태로 바꾸어 쓰시오.

The President issued an order that the Secretary of State _____ next month. (resign)

11 다음 <보기>와 의미가 같은 문장을 <u>모두</u> 고르면?

<보기> Without SNS, it would be more difficult to maintain relationships with people far away.

① SNS would be more difficult to maintain relationships with people far away.

② But for SNS, it would be more difficult to maintain relationships with people far away.

③ If it had not been for SNS, it would be more difficult to maintain relationships with people far away.

④ Unless there was no SNS, it would be more difficult to maintain relationships with people far away.

⑤ Were it not for SNS, it would be more difficult to maintain relationships with people far away.

12 다음 중 어법상 틀린 문장의 기호를 <u>모두</u> 쓰시오.

(a) If I were to be born again, I would live a totally different life.

(b) It is natural that each of us conform to the customs of society.

(c) Billy spent money like water as though there were no tomorrow.

(d) Unless we don't take action now, the economic situation will get worse.

(e) Had it been for repeated practice, Rachel couldn't be a great guitarist now.

(f) She's not thin. If anything, she's a bit plump.

(g) If you will spend so much, it's not surprising that you go bankrupt.

(h) If Brad spoke German fluently, he could have gotten the job as a translator.

1 다음 글의 밑줄 친 부분 중, 어법상 틀린 것은?

budget 예산, 비용; 예산을 세우다
financial expert 금융전문가
set a limit 한도를 정하다
stick to 고수하다, 지키다
make a list of ~의 목록을 만들다
costly 돈이 많이 드는, 비싼
end up -ing 결국 ~하게 되다
keep ~ in mind ~을 유념하다

If you're looking for ideas on how to be a smart shopper, here are some helpful tips for the next time you go shopping. First, set a budget. The financial experts suggest that you ① set a monthly limit on how much you spend on purchases and stick to it. Second, it is important that you ② should buy not what you want but what you need. Before you purchase something, ask yourself whether you truly need the item or not. It is time that you ③ will realize that the goods you purchase will be a waste unless you use them. It is also necessary that you should make a list of items you need. Take that list with you when you go shopping. ④ Otherwise, you may make unnecessary purchases. Finally, choose quality over quantity. Even if a high-quality item is usually more costly, it will end up lasting much longer. ⑤ Should you keep these tips in mind, you would be someone that knows how to budget and save money on purchases.

2 (A), (B), (C)의 각 네모 안에서 어법에 맞는 표현으로 가장 적절한 것은?

leave ~ behind ~을 두고 가다
ill will 악감정, 악의
disrupt 방해하다, 붕괴하다
keep one's distance from
~와 가까이 하지 않다(거리를 두다)

When I was a junior in high school, the worst possible thing that could happen to me did. My parents decided to move from Oregon to Michigan. I had to leave my dear friends behind and begin a totally new life. I felt miserable (A) as if / even if my life were over, and I felt ill will toward my parents for disrupting my life in this way. When I arrived in Michigan, I was determined to keep my distance from everyone. I only missed my friends waiting for me in Oregon, and I would just be returning to Oregon the first chance I had. When the first day of my new school came, I was depressed. I only thought of my friends in Oregon, and I wished I (B) could be / could have been with them. Eventually though, things got a little better after I first saw Erica during the math class. She was sitting just next to me, and talked to me first, smiling. Erica became my best friend during such a difficult time, and I started enjoying my new school life. Without her, I (C) could not have adjusted / could have adjusted to a new school.

	(A)		(B)		(C)
①	as if	………	could be	………	could have adjusted
②	as if	………	could have been	………	could have adjusted
③	as if	………	could be	………	could not have adjusted
④	even if	………	could have been	………	could have adjusted
⑤	even if	………	could be	………	could not have adjusted

Agreement & Direct and Reported Speech

일치
수의 일치: 주어의 수와 인칭에 동사의 수와 인칭을 맞추는 것
시제 일치: 종속절의 시제를 주절에 맞추는 것

화법
말이나 생각을 전달하는 방법
– 직접화법: 인용부호를 이용해서 말을 있는 그대로 전달하는 화법
– 간접화법: 말하는 사람의 입장을 중심으로 그 내용만을 전달하는 화법

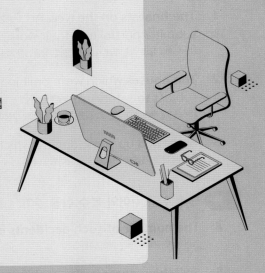

일치와 화법

CHAPTER 17

UNIT 111
수의 일치

UNIT 112
주의해야 할
수의 일치

UNIT 113
시제 일치와
예외

UNIT 114
평서문 · 의문문의
화법전환

UNIT 115
명령문 · 가정법
문장의 화법전환

UNIT 116
감탄문 · 기원문의
화법전환

UNIT 117
기타 문장의
화법전환

UNIT 111 수의 일치

A 기본 개념

1 **The finalists** on the New Art Prize **were** asked to submit a portfolio of their work.
New Art 상의 최종 후보자들은 그들의 작품집을 제출하도록 요청을 받았다.

2 **The houses** which **were** built in the late 1960s **were** subject to safety inspections.
1960년대 후반에 지어진 그 집들은 안전 점검의 대상이었다.

3 He picked up some apples, which **was** fun.
그는 사과 몇 개를 땄는데, 그것은 재미있었다.

B 단수 취급 주어와 복수 취급 주어

4 **The number of such accidents is** over 1,000 cases.
그런 사고들의 수가 천 건이 넘는다.

5 **Switching seats is** also prohibited.
좌석을 바꾸는 것도 금지되어 있다.

cf. **What he needs is(are)** your reactions.
그가 필요로 하는 것은 너의 반응이다.

6 **Who is** to set up the systems? 누가 그 시스템을 설치할건가요?

cf. Who **are** the contest's winners?
그 대회의 수상자들은 누구인가요?

7 My wool **trousers are** thick for today's weather.
나의 모직 바지는 오늘 날씨에 두껍다.

8 **The handicapped are** likely to have difficulty traveling. 장애인들은 여행하는 데 어려움이 있기 쉽다.

A 주어가 단수인지 복수인지와 인칭에 맞춰 동사의 수와 인칭을 일치시키는 것이다.

1 수식어구[절]로 인해 주어가 길어진 경우에 특히 유의한다.

2~3 주격 관계대명사가 이끄는 절: 관계사절의 동사는 선행사의 수와 인칭에 일치시킨다.

B

4~6 단수 취급 주어: every, each, -thing, -one, -body, 「the number of + 복수명사(~의 수)」, 동명사구·부정사구· 명사절 주어 등

cf. what절이 문장의 주어일 경우 문장의 동사는 원칙적으로 단수형 동사를 써야 하지만 보어가 복수인 경우에는 복수형 동사를 쓸 수도 있다.

6 who, what 등 의문사가 주어인 문장은 주로 단수 취급한다.

cf. 의문사가 보어일 때는 주어의 수에 따른다.

7~8 복수 취급 주어: 쌍을 이루는 명사(binoculars, glasses, trousers, scissors 등), 「a number of + 복수명사(많은 ~)」, 「the + 형용사(~한 사람들)」 등

GRAMMAR PLUS+

team, audience, choir, herd, family, committee 등과 같은 집합명사는 문맥에 따라 하나의 집합체를 의미하면 단수형 동사, 구성원 각자를 의미하면 복수형 동사를 쓴다.

▶ The average **family consists** of 3.6 members. 보통의 가족은 3.6명으로 구성된다.

▶ The **family are** working together in the factory. 가족 구성원들은 함께 공장에서 일하고 있다.

EXERCISE 01 >

괄호 안에서 알맞은 말을 <u>모두</u> 고르시오.

1 The underprivileged (is / are) less inclined to finish higher education.

2 The long dress with pictures of rabbits (is / are) a present from my grandmother.

3 A number of sea animals (has / have) become extinct.

4 Each student (was / were) bewildered by the disappearance of their professor.

5 What the company requires from its partners (is / are) specific plans.

1 <u>Jack</u> **and** <u>his old colleagues</u> **are** to leave the firm.
Jack과 그의 오랜 동료들은 그 회사를 떠날 예정이다.

2 <u>The famous actor</u> **and** <u>director</u> **was** applauding.
그 유명한 감독이자 배우가 박수를 치고 있었다.

3 <u>A knife</u> **and** <u>fork</u> **is** prepared. 포크와 칼이 준비되었다.

4 <u>The doctor</u> **as well as** his interns **was** ready to make the rounds. 그의 인턴들뿐 아니라 그 의사도 회진을 돌 준비가 되었다.

5 <u>The polo player</u>, **along with** his friends, **is** to host the ceremony.
그의 친구들과 함께 그 폴로 선수가 그 기념식을 주최할 것이다.

6 <u>Half of</u> his wage **is** spent on food.
그의 급여의 절반은 식비로 쓰인다.

7 <u>Forty miles</u> **is** not a short distance to commute.
40마일은 출퇴근하기에 짧은 거리는 아니다.

cf. <u>The past nine years</u> **have** been successful.
지난 9년은 성공적이었다.

8 <u>Politics</u> **was** his major in the university.
정치학은 대학에서 그의 전공이었다.

9 <u>The United Nations</u> **was** founded in 1945.
유엔은 1945년에 창설되었다.

10 <u>Three and four</u> **is(are)** seven. 3 더하기 4는 7이다.

11 <u>More than one creator</u> **was** involved in the program. 한 명 이상의 창작자가 그 프로그램에 관여했다.

12 <u>The majority of respondents</u> **are** for the new rule.
응답자들 중 대다수가 새로운 규칙에 찬성한다.

1~4 접속사로 연결된 주어의 수 일치

1~3 등위접속사 A and B: 기본적으로 복수형 동사를 사용

2 관사가 하나로 동일한 사람을 나타내는 경우에는 단수형 동사를 사용 ⟳참조 **UNIT 54C**

3 두 개의 명사가 and로 연결되어 관용적으로 쓰이는 경우에는 단수형 동사를 사용 ⟳참조 **UNIT 54C**

4 상관접속사 「either A or B」, 「neither A nor B」, 「not A but B」, 「not only A but also B(= B as well as A)」는 B에 동사의 수를 일치

5 두 개의 명사가 together(along) with와 같은 표현으로 연결될 때 첫 번째 명사에 수를 일치

6 부분명사(all, lots, most, half, some, any, the rest, 분수 등)+of+전체명사: 전체명사에 수를 일치

7 시간, 거리, 금액, 중량의 표현이 하나의 의미 덩어리로 쓰이면 단수형 동사를 사용

cf. 하나의 의미 덩어리가 아닌 낱낱의 의미를 강조할 때는 복수형 동사를 사용

8~9 국가명(the Netherlands, the Philippines 등), 단체명(The United Nations), 학문명(physics, economics, linguistics, politics, ethics 등), 병명(blues, measles, shingles, diabetes 등), 운동명(gymnastics, aerobics, billiards 등) 등은 단수형 동사를 사용

10 계산과 관련해서 단수형 동사를 사용하는 것이 원칙이지만 복수형 동사를 쓰기도 한다.

11 「the majority(minority) of+단수명사」, 「more than one+단수명사」, 「many a/an+단수명사」 등은 단수형 동사를 사용

12 「the majority(minority) of+복수명사」, 「more than one of+복수명사」, 「a group(couple) of+복수명사」 등은 복수형 동사를 사용

EXERCISE 02 >

괄호 안에서 알맞은 말을 모두 고르시오.

1 Neither the Prime Minister nor his cabinet members (was / were) willing to comment on the scandal.

2 More than one of the babies (is / are) suffering from genetic abnormalities.

3 Economics (is / are) playing a central role in the modern world.

4 Most of the recommendations (was / were) accepted by the administrators.

5 Nine times four (is / are) thirty six.

6 All the educational resources (is / are) available for children in need.

7 The rest of the nominations for the Academy Awards (was / were) from the United States.

8 The Vice President, together with several secretaries, (is / are) going to attend the meeting.

종속절의 시제를 주절에 맞추는 것을 시제 일치라고 한다.

A 시제 일치

1 I think that she **is(was/will be)** kind.
나는 그녀가 친절하다고(했다고/할 것이라고) 생각한다.

2 She believes that he **messed** up on the test yesterday.   그녀는 그가 어제 시험을 망쳤다고 생각한다.

3 The woman said that he **recovered** from an illness.
그 여자는 그가 병에서 회복되었다고 말했다.

4 They realized that he **had reduced** his weight.
그들은 그가 체중을 감량했다는 것을 깨달았다.

B 시제 일치의 예외

5 I heard that the early bird **catches** the worm.
나는 일찍 일어나는 새가 벌레를 잡는다고 들었다.

6 They learned that water **boils** at 100 degrees Celsius.
그들은 물은 섭씨 100도에서 끓는다고 배웠다.

7 The teacher said the Civil War **broke** out in 1861.
선생님은 미 남북 전쟁은 1861년에 발발했다고 말씀하셨다.

8 She was more energetic than she **is** now.
그녀는 지금보다 예전에 더 활기가 넘쳤다.

9 I will visit you as soon as I **am** done with my exam.
시험을 마치자마자, 나는 너를 만나러 갈 것이다.

10 She **had to** have regular check-ups during pregnancy.   그녀는 임신 기간 동안 정기적인 검사를 받아야 했다.

11 Her memo said Brian **came(had come)**.
그녀의 메모에 Brian이 왔었다고 적혀있었다.

A

1~2 주절의 시제가 현재이면 종속절의 시제에는 특별한 제한이 없다. 종속절에 시제를 나타내는 어구가 있으면 그에 따른다.

3~4 주절의 시제가 과거인 경우 종속절에는 과거(진행), 과거완료만 쓴다.

B

5~6 종속절이 일반적인 진리나 격언, 과학적 사실, 변하지 않는 습관·성질을 나타내면 주절의 시제와 관계 없이 종속절에 항상 현재시제를 쓴다.

7 종속절이 시점이 분명한 역사적인 사건·사실인 경우 주절의 시제가 과거라도 과거완료로 쓰지 않는다.

8 과거와 현재를 비교하는 경우에는 시제 일치가 적용되지 않는다.

9 when, as soon as, before, after, until 등으로 시작하는 때를 나타내는 부사절에서는 현재시제가 미래를 나타낸다.

10 조동사의 과거형은 바뀌지 않지만, '필요·의무'를 나타내는 must는 had to로 바꾸어 쓸 수 있다.

11 주절과 종속절 사건의 전후관계가 명백할 때 과거완료 대신 과거시제도 쓸 수 있다.

GRAMMAR PLUS+

현재시재와 미래시제의 전달
전달하려는 내용이 현재까지 지속되는 사실이나 습관, 앞으로도 변하지 않을 내용이면, 전달동사의 과거형 뒤에 오는 종속절의 시제를 그대로 유지할 수도 있고 바꿀 수도 있다.

▶ He told me that he **is(was)** a geology professor.   그는 나에게 자신이 지질학 교수라고 말했다.

그러나 원래 화자의 말에 찬성하지 않거나, 진위를 확인할 수 없을 때, 자신이 한 말이 아니라는 것을 명확히 밝힐 때는 시제를 바꾸는 경향이 있다. 이때 전달동사로는 announce, believe, hope, know, report, say, think, wish 등이 자주 쓰인다.

▶ The ancient Greeks thought the sun **went** around the earth.   고대 그리스 사람들은 태양이 지구 주위를 돈다고 생각했다.

▶ The man said he **declined** a good offer, but I can't believe him.
그 남자는 자신이 좋은 제안을 거절했다고 말했지만, 나는 그를 믿을 수 없다.

▶ The journalist reported that the exports **would** reach $100 billion this quarter.
그 기자는 이번 분기에 수출이 1,000억 달러에 도달할 것이라고 보도했다.

괄호 안에서 알맞은 말을 <u>모두</u> 고르시오.

1 We learned that there (are / were) 206 bones in the human body.

2 A lot of scientists predict that the Arctic sea ice (melts / will melt) away in the near future.

3 Liam told me that he (had been / has been) to South Africa when he was young.

4 I was taught that Great Britain, France, and the Russian Empire (had been / were) allied during the First World War.

5 He told me that Vicky (is / was) a nurse in a big hospital.

6 Nick told you that he (played / had played) with Joe this morning, didn't he?

7 My grandmother always said that prevention (is / was) better than cure.

8 When I (arrive / will arrive) at the dormitory, I will send you a text message.

9 Are you listening? I asked a couple of times how old you (are / were).

밑줄 친 부분을 어법에 맞게 고쳐 쓰시오.

1 Did you know that the dolphins <u>were</u> regarded as one of the most intelligent animals?

2 Peter told me that he always <u>had gone</u> to bed after midnight.

3 The road in the neighborhood was much narrower than it <u>was</u> now.

4 I was glad to hear that he <u>enjoy</u> his trip to Norway.

5 I heard that the players <u>will</u> return to the entrance to the golf club.

6 Ancient people believed the earth <u>is</u> the center of the universe.

우리말과 뜻이 같도록 괄호 안의 말을 이용하여 문장을 완성하시오.

1 과학자들은 목성은 주로 수소로 구성되어 있다는 것을 발견했다. (primarily composed of)

→ Scientists found that Jupiter _____ hydrogen.

2 그 산은 오늘만큼 푸르지 않았다. (green)

→ The mountain _____.

3 나는 Diana가 그날 그의 속임수를 알았다고 생각하지 않았다. (aware of)

→ I didn't think that Diana _____ his deception that day.

4 선생님은 어려울 때 친구가 진정한 친구라고 말씀하셨다. (a friend indeed)

→ The teacher said that a friend in need _____.

5 그는 모차르트가 아이일 때 이미 천재로 생각되었다고 우리에게 가르쳤다. (considered)

→ He taught us that Mozart _____ a genius as a child.

114 평서문·의문문의 화법전환

A 평서문의 화법전환

> He said to me, "I will submit this tomorrow."
>
> → He told me (that) he would submit that the next day.
> **1   2   3   4   5**
>
> 그는 나에게 "나는 내일 이것을 제출할 거야."라고 말했다.
> → 그는 나에게 그가 그 다음날 저것을 제출할 거라고 말했다.

6 He said, "You **must** confer with your advisor."
그는 "너는 너의 고문과 협의해야 한다."라고 말했다.

  → He said that I **must** confer with my advisor.
  그는 내가 나의 고문과 협의해야 한다고 말했다.

B 의문문의 화법전환

7 She **said to** me, "**Where are you** going **now**?"
그녀는 나에게 "너는 지금 어디로 가고 있니?"라고 말했다.

  → She **asked** me **where I was** going **then**.
  그녀는 나에게 그때 어디로 가고 있냐고 물었다.

8 He asked her, "**What shall** I wear?"
그는 그녀에게 "내가 무엇을 입어야 할까?"라고 물었다.

  → He asked her **what he should** wear.
  → He asked her **what to wear**.
  그는 그녀에게 자신이 무엇을 입어야 하냐고 물었다.

9 She asked me, "**Can you** infer a conclusion?"
그녀는 나에게 "너는 결론을 추론할 수 있니?"라고 물었다.

  → She asked me **if(whether) I could infer**
  a conclusion.   그녀는 나에게 내가 결론을 추론할 수 있는지 물었다.

10 The man asked, "**Are you** still working as a
pharmacist?" and I said, "Yes."
그 남자는 "너는 아직 약사로 일하고 있니?"라고 물었고, 나는 "그렇다."라고 말했다.

  → The man asked **if(whether) I was** still working
  as a pharmacist, and I **said (that) I was**.
  그 남자는 내가 여전히 약사로 일하고 있냐고 물었고, 나는 그렇다고 말했다.

11 He asked her, "**Have you been** to Paris?" and she
said, "**No**."
그는 그녀에게 "너는 파리에 가본적이 있니?"라고 물었고, 그녀는 "아니."라고 대답했다.

  → He asked her **if(whether) she had been** to Paris,
  and she **answered (that) she hadn't**.
  그는 그녀에게 파리에 가본적이 있냐고 물었고, 그녀는 없었다고 대답했다.

A

1 주절의 전달동사 say는 say로, say to는 tell로 바꾼다.

2 쉼표와 따옴표를 없애고, 접속사 that을 쓰거나 생략한다.

3 인칭대명사를 전달자의 시점에 맞게 바꾼다.

4 시제를 전달동사의 시제에 일치시킨다.

5 지시어 및 부사(구)를 전달자의 시점에 맞게 바꾼다.

6 종속절의 조동사 must, had better, used to, ought to,
should 등의 시제는 변하지 않는다.

B

7~8 의문사가 있는 의문문: 전달동사 say, say to, ask는 ask로
쓰고, 쉼표와 따옴표를 없애고 종속절은 「의문사＋주어＋동사」
의 순서로 쓴다. 인칭대명사, 시제, 지시어 및 부사(구)는
전달자의 시점에 맞게 바꾼다.

8 「의문사＋shall(should)＋I＋동사원형?」은 「의문사＋
to부정사」로도 바꾸어 쓸 수 있다.

9~11 의문사가 없는 의문문: 전달동사 say, say to, ask는
ask로 쓰고, 종속절은 「if(whether)＋주어＋동사」의 순서로
쓴다.

10 질문에 대해 "Yes."로 대답할 때: 「전달동사＋(that)＋주어＋
동사」로 쓴다. 이때 전달동사로는 answer, reply, say, tell
등을 쓴다.

11 질문에 대해 "No."로 대답할 때: 「전달동사＋(that)＋주어＋
동사＋not」

GRAMMAR
PLUS+

1 화법전환 시 지시어와 부사(구) 변환

- this(these) → that(those)
- here → there
- now → then, at the time
- ~ ago → ~ before
- today → that day
- tomorrow → the next day, the following day
- next ~ → the following ~
- last ~ → the previous ~
- tonight → that night
- yesterday → the day before, the previous day

2 화법전환 시 조동사 변환

- will → would
- can → could
- may → might

EXERCISE 06 >

직접화법 문장을 간접화법으로 바꿀 때 빈칸에 알맞은 말을 쓰시오.

1 Bobby said to us, "I will affirm her innocence in court next week."

→ Bobby _____ us that _____ _____ affirm her innocence in court _____ _____ _____.

2 Mr. Pitt asked her, "Why did you infuse tea leaves yesterday?"

→ Mr. Pitt asked her _____ _____ _____ _____ tea leaves _____ _____ _____.

3 She said to him, "You ought to ask profound questions about life and death now."

→ She _____ him that _____ _____ _____ ask profound questions about life and death _____.

4 Dave said to me, "I didn't expect these kinds of rumors without foundation here."

→ Dave _____ me that _____ _____ _____ _____ kinds of rumors without foundation _____.

EXERCISE 07 >

직접화법 문장을 간접화법 문장으로 바꾸어 쓰시오.

1 The manager said to me, "Your credit card will be issued next month."

→ The manager _____.

2 He said to us, "Were there any messages left for me today?

→ He _____.

3 Mike said, "I can't understand what Jasmine is saying."

→ Mike _____.

4 The police officer asked him, "Where have you gone?"

→ The police officer asked him _____.

5 He asked us, "What should I do to improve the ability to relate to others?"

→ He asked us _____.

UNIT 115 명령문·가정법 문장의 화법전환

A 명령문의 화법전환

1 She **said to** me, "**Stop** nagging, please."
그녀는 나에게 "잔소리를 그만해 주세요."라고 말했다.
→ She **asked** me **to stop** nagging.
그녀는 나에게 잔소리를 그만해 달라고 부탁했다.

2 He **said to** them, "**Don't use** mobile phones."
그는 그들에게 "휴대 전화를 사용하지 마라."라고 말했다.
→ He **ordered** them **not to use** mobile phones.
그는 그들에게 휴대 전화를 사용하지 말라고 명령했다.

3 The guard **said**, "**Let me escort** you back to your seat." 그 경호원은 "제가 당신의 자리까지 안내하겠습니다."라고 말했다.
→ The guard **offered to escort** me to my seat.
그 경호원은 나에게 내 자리까지 안내하겠다고 제안했다.

4 He **said**, "**Let's have** dinner together."
그는 "함께 저녁 식사를 합시다."라고 말했다.
→ He **suggested(proposed) having** dinner together.
→ He **suggested(proposed) (that) we (should) have** dinner together. 그는 함께 저녁 식사를 하자고 제안했다.

5 "**Would you close** the door?" she **asked**.
"문을 좀 닫아주시겠어요?"라고 그녀가 물었다.
→ She **asked** me **to close** the door.
그녀는 나에게 문을 좀 닫아달라고 요청했다.

6 He **said**, "**You must compress** the file."
그는 "너는 반드시 그 파일을 압축해야 한다."라고 말했다.
→ He **told me to compress** the file.
그는 나에게 그 파일을 압축하라고 말했다.

7 "**You had better not drink** cold drinks," he **said to** me. 그는 나에게 "너는 차가운 음료를 마시지 않는 것이 낫다."라고 말했다.
→ He **advised me not to drink** cold drinks.
그는 나에게 차가운 음료를 마시지 않는 것이 낫다고 충고했다.

B 가정법 문장의 화법전환

8 She said to me, "If you **buy** it on the Internet, you **will get** a better price."
그녀는 나에게 "그것을 인터넷에서 산다면, 더 좋은 가격에 살 텐데."라고 말했다.
→ She told me that if I **bought** it on the Internet, I **would get** a better price.
그녀는 나에게 내가 그것을 인터넷에서 산다면, 더 좋은 가격에 살 것이라고 말했다.

9 He said, "If I **hadn't slowed** down, I **would have hit** the deer." 그는 "만약 내가 속도를 줄이지 않았다면, 사슴을 쳤을 텐데."라고 말했다.
→ He said that if he **hadn't slowed** down, he **would have hit** the deer. 그는 속도를 줄이지 않았다면, 사슴을 쳤을 것이라고 말했다.

A

1 긍정명령문: 전달동사(ask, advise, allow, beg, command, order, tell, warn 등)+목적어+to부정사(간접화법에서 please는 삭제)

2 부정명령문: 전달동사(ask, advise, allow, beg, command, order, tell, warn 등)+목적어+not+to부정사

3 「let me ~」로 시작하는 문장: 전달동사(offer, volunteer 등)+to부정사

4 let's로 시작하는 문장: 「suggest(propose)+-ing」 혹은 「suggest(propose) (that) we (should)+동사원형」

5~7 내용상 명령의 의미를 가지는 준명령문

5 「Would you+동사원형 ~?」으로 시작하는 문장: 전달동사(ask)+목적어+to부정사

6 「You must+동사원형 ~」으로 시작하는 문장: 주어+전달동사(order, tell 등)+목적어+to부정사

7 「You had better+동사원형 ~」으로 시작하는 문장: 주어+전달동사(advise, caution, recommend, urge, warn 등)+목적어+to부정사

B

8 조건문의 경우 보통 앞선 시제로 바꾼다.

9 가정법 과거완료는 앞선 시제로 바꾸는 것이 불가능하므로 시제를 그대로 유지한다.

10 He said, "If we **took** a taxi, we**'d get** there faster."
그는 "만약 우리가 택시를 탄다면, 거기에 더 빨리 갈 텐데."라고 말했다.

→ He said that if we **took** a taxi, we**'d get** there faster. 그는 만약 우리가 택시를 탄다면, 거기에 더 빨리 갈 것이라고 말했다.

11 She said, "If I **won** the lottery, I**'d go** on a cruise."
그녀는 "만약 내가 복권에 당첨된다면, 나는 유람선 여행을 갈 텐데."라고 말했다.

→ She said that if she **won** the lottery, she**'d go** on a cruise.
그녀는 만약 그녀가 복권에 당첨된다면, 그녀는 유람선 여행을 갈 것이라고 말했다.

12 He said, "If I **knew** the answer, I**'d tell** you."
그는 "만약 내가 그 답을 안다면, 너에게 말할 텐데."라고 말했다.

→ He said that if he **knew(had known)** the answer, he**'d tell(have told)** me.
그는 만약 그가 그 답을 알았다면, 그는 나에게 말했을 것이라고 말했다.

13 She said to me, "If you **hadn't forgotten** my birthday, I **wouldn't be** so upset." 그녀는 나에게 "만약 네가 나의 생일을 잊지 않았더라면, 나는 그렇게 속상하지 않을 텐데."라고 말했다.

→ She told me that if I **hadn't forgotten** her birthday, she **wouldn't have been** so upset.
그녀는 나에게 만약 내가 그녀의 생일을 잊지 않았더라면, 그녀는 그렇게 속상하지 않았을 것이라고 말했다.

14 She said, "I **wish** I **could leave** for Hawaii."
그녀는 "내가 하와이로 떠날 수 있으면 좋을 텐데."라고 말했다.

→ She said that she **wished** she **could leave** for Hawaii. 그녀는 자신이 하와이로 떠날 수 있으면 좋겠다고 말했다.

10~12 가정법 과거는 정중한 요청이나 미래를 상상하는 경우에는 시제를 그대로 유지한다. 그러나 현재의 비현실적인 상황을 가정하는 경우에는 앞선 시제로 고쳐도 된다.

10 정중한 요청

11 미래 상상

12 현재의 비현실적인 상황을 가정

13 if절은 가정법 과거완료, 주절은 가정법 과거인 혼합가정법은 if절의 시제는 그대로 유지하고, 주절은 앞선 시제로 고친다.
⟲참조 **UNIT 107 C**

14 I wish that절에서는 wish는 바꾸지만 that절의 동사는 바꾸지 않는다. ⟲참조 **UNIT 108 A**

EXERCISE 08 ❯

직접화법 문장을 간접화법 문장으로 바꾸어 쓰시오.

1 My mother said to me, "Don't forget to bring your umbrella today."

→ My mother advised me _____.

2 He said, "Let's get out of this place now."

→ He _____.

3 She said to him, "If it were not snowing, we would go hiking."

→ She told him _____.

4 Mr. Clinton said, "Let me proceed to tell the rest of the story."

→ Mr. Clinton volunteered _____.

5 Paul asked, "Would you announce the winner of the contest, please?"

→ Paul asked _____.

116 감탄문·기원문의 화법전환

A 감탄문의 화법전환

1 They said, "**Hurrah!** We have won!"
그들은 "우와! 우리가 이겼다!"라고 말했다.

→ They **exclaimed with joy** that they had won.
그들은 이겼다고 환호했다.

2 He said, "**Alas,** I lost my wallet."
그는 "아이구! 나는 지갑을 잃어버렸어."라고 말했다.

→ He **exclaimed with a sigh** that he had lost his wallet.
그는 자신의 지갑을 잃어버렸다고 한숨을 쉬며 탄식했다.

3 She said, "**What a good chance it is!**"
그녀는 "그것은 정말 좋은 기회네!"라고 말했다.

→ She said that it was a **very** good chance.
그녀는 그것은 정말 좋은 기회라고 말했다.

→ She **exclaimed with delight** that it was a good chance. 그녀는 그것은 좋은 기회라며 환호했다.

B 기원문의 화법전환

4 He said, "**May you live long!**" 그는 "오래 사세요!"라고 말했다.

→ He **expressed his hope(wish) that I would(might) live** long. 그는 내가 오래 살기를 바라는 소망을 표현했다.

5 They said, "**God, help us.**"
그들은 "신이시여, 우리를 도우소서."라고 말했다.

→ They **wished that God might(would) help** them.
→ They **wished for God to help** them.
그들은 신에게 자신들을 도와달라고 기원했다.

A

1 전달동사는 감정을 강조하기 위해 주로 exclaim을 쓴다. 기쁨을 나타내는 감탄문은 with joy(delight), with pleasure, with wonder를, 놀람을 나타내는 감탄문은 with surprise 등의 부사구를 추가한다.

2 슬픔, 후회, 실망 등을 나타내는 감탄문은 with sorrow, with regret, with a sigh, with disappointment 등의 부사구를 추가한다.

3 how나 what으로 시작하는 감탄문은 very, so를 추가할 수 있다.

B

4 사람에 대한 기원: express one's hope(wish) that + 주어 + would(might) + 동사원형

5 초자연적인 존재인 God, Heaven에 대한 기원: 「wish that God may(might, would) + 동사원형」 또는 「wish for God + to부정사」

EXERCISE

09 >

직접화법 문장을 간접화법 문장으로 바꾸어 쓰시오.

1 He said, "May you recover from the illness soon!"
→ He _____.

2 He said, "Oh, no! I failed the microbiology test."
→ He _____.

3 She said, "Wow! What a beautiful flower it is!"
→ She _____.

4 She said, "Yes! I received an acceptance letter from the university."
→ She _____.

A 중문과 복문의 화법전환

1 She said, "I **listened** carefully, **for** he brought news of my family." 그녀는 "나는 주의 깊게 들었어. 그가 나의 가족 소식을 가져왔거든."이라고 말했다.

→ She said **(that)** she **had listened** carefully **for** he **had brought** news of her family.
그녀는 그가 자신의 가족 소식을 가져와서 주의 깊게 들었다고 말했다.

2 He said, "I **am** curious who **selected this** from the list." 그는 "나는 누가 이것을 목록에서 선택했는지가 궁금하다."라고 말했다.

→ He said **(that)** he **was** curious who **had selected that** from the list.
그는 누가 그것을 목록에서 선택했는지가 궁금하다고 말했다.

B 종류가 다른 문장의 화법전환

3 She asked me, "**Can** I open the window? It **is** hot."
그녀는 나에게 "창문을 열어도 될까? 더워."라고 말했다.

→ She asked me **if(whether)** **she could** open the window **and told** me **(that)** it **was** hot.
그녀는 나에게 자신이 창문을 열어도 괜찮은지 물으며 덥다고 말했다.

4 He **said**, "**How sad I am! I broke** up with my girlfriend."
그는 "나는 너무 슬퍼! 여자친구와 헤어졌어."라고 말했다.

→ He **exclaimed with a sigh that he was** sad **and said (that) he had broken** up with his girlfriend.
그는 정말 슬프다고 한숨을 쉬며 자신의 여자친구와 헤어졌다고 말했다.

5 She **said to me**, "You **can't** be late again. **Hurry** up."
그녀는 나에게 "너는 또 늦으면 안 된다. 서둘러라."라고 말했다.

→ She **told** me **(that)** I **couldn't** be late again **and advised me to hurry** up.
그녀는 나에게 또 늦으면 안 된다고 말하며 서두르라고 충고했다.

A

1 중문의 화법 전환: and, but, or 등의 접속사 다음에 that을 쓴다. 하지만 for 다음에는 that을 쓰지 않는다.
⚠ She said (that) she had listened carefully **for that** he had brought news of her family. (×)

2 복문의 화법 전환: 단문과 같은 방법으로 전환하며, 종속절 안의 시제, 대명사, 부사 등에 주의한다.

B 각각 다른 전달동사와 접속사를 쓰며, 문장은 and로 연결한다.

3 의문문＋평서문

4 감탄문＋평서문

5 평서문＋명령문

EXERCISE 10 ▶

직접화법 문장을 간접화법 문장으로 바꾸어 쓰시오.

1 He said, "It is getting late, but I still need to find more information."

→ He _____.

2 She said, "Don't go swimming in the ocean. The water is filthy."

→ She warned _____.

3 Cathy said to me, "I am very thirsty. Do you have anything to drink?"

→ Cathy _____.

OVERALL EXERCISE

01 어법상 <u>틀린</u> 부분을 찾아, 바르게 고쳐 문장을 다시 쓰시오.

1 The old checkroom with its stained carpet and cracked walls need a major refurbishment.

→ _____

2 Many a man have tried but few men have succeeded.

→ _____

3 The chronicle said that the Spanish flu had infected one third of the world's population.

→ _____

4 Gymnastics are the most popular spectator sports at the Summer Olympic Games.

→ _____

5 More than one employee are going to have to work on the project.

→ _____

6 The oceanographer discovered that the oceans moved in circular currents.

→ _____

02 직접화법 문장을 간접화법 문장으로 바꾸어 쓰시오.

1 Andy asked me, "When will you be able to compensate me for extra work?"

→ Andy _____.

2 He said to me, "Don't interrupt the view, please."

→ He warned me _____.

3 Ellen said, "Oh, no! You messed up all my arrangements."

→ Ellen _____.

4 The boy said, "Let's wait for the elevator."

→ The boy _____.

5 She asked, "Did you attend the meeting?" and I said, "No."

→ She _____.

03 우리말과 뜻이 같도록 괄호 안의 말을 이용하여 문장을 완성하시오.

1 언어학은 음성학과 문체론과 같은 다양한 과목을 포함한다. (embrace, various subjects)

→ Linguistics _____ such as phonetics and stylistics.

2 그 역사가도 그 비평가들도 이번 주 세미나에 참석하지 않을 것이다. (be going to, participate)

→ Neither the historian nor the critics _____ in this week's seminar.

3 부상자들은 곧장 가까운 병원으로 이송되었다. (be taken to)

→ The wounded _____ a nearby hospital immediately.

4 일부 과학자들은 먼 미래에 태양은 소멸할 것이라고 예상한다. (die, in the distant future)

→ Some scientists predict that _____.

5 엄마는 입에 좋은 약은 쓰다고 나에게 항상 말씀하셨다. (taste bitter)

→ Mom always told me that good medicine _____.

6 필리핀은 세계에서 20번째로 가장 인구가 많은 국가이다. (be, the 20th most populous)

→ The Philippines _____ in the world.

04 다음 글을 읽고 물음에 답하시오.

Each spring farmers and land managers around the globe set fires on land, which ① is also called a prescribed burn. Burning fields and ditches ② are an essential tool to prepare land for the next round of planting. Fires break down dead matter above the ground and ③ put nutrients back to earth. (A) 모든 과정은 땅을 정화하고 토양을 비옥하게 한다. Prescribed burns also assist in controlling ticks and worms, which ④ will ensure that livestock ⑤ graze on the parasite free land.

1 위 글의 밑줄 친 ①~⑤ 중에서 어법상 틀린 부분을 찾아 바르게 고치시오.

_____ → _____

2 위 글에서 밑줄 친 (A)와 뜻이 같도록 괄호 안의 말을 이용하여 문장을 완성하시오.
(clear the land, enrich the soil)

→ All the process _____.

01

The majority of the participants _____ against the new rules.

① be ② is ③ are
④ to be ⑤ been

02

The elderly _____ likely to be socially conservative.

① be ② is ③ are
④ been ⑤ was

[03–04] 다음 빈칸에 들어갈 말이 바르게 짝지어진 것을 고르시오.

03

• Bacon and eggs _____ my favorite breakfast dish.
• Watching baseball games and basketball games _____ his favorite pastime.

① is — is ② is — are ③ are — is
④ are — are ⑤ is — be

04

• The component that was tested by researchers _____ supposed to be produced.
• Three fifths of the tenants _____ complaining of the cracks in the walls.

① is — is ② is — are ③ are — is
④ are — are ⑤ is — be

05 다음 밑줄 친 부분 중 어법상 틀린 것은?

A group of riders on the road is likely to interrupt
①   ②   ③   ④   ⑤
the traffic.

06 다음 우리말과 뜻이 같도록 빈칸에 들어갈 말로 알맞은 것은?

그 교사는 지금보다 예전에 그의 학생들에게 훨씬 더 엄격했다.
→ The teacher was much stricter with his students than he _____ now.

① be ② is ③ had been
④ will be ⑤ was

[07–08] 다음 문장을 간접화법 문장으로 바꿀 때 빈칸에 알맞은 말을 쓰시오.

07

He asked me, "Would you take these bills to the bank for me?"

→ He _____ me _____ _____ _____ bills to the bank for _____.

08

She said to me, "You had better not believe what the man said to you."

→ She advised me _____ _____ believe what the man _____ _____ to _____.

09 다음 밑줄 친 부분 중 어법상 옳은 것은?

① What he wears <u>are</u> colorful sneakers.
② The number of people out of work <u>have</u> been increasing over the last few years.
③ Who <u>are</u> going to build the foundation for the underprivileged children?
④ The majority of people <u>is</u> going to leave the room soon.
⑤ The Netherlands <u>are</u> renowned for its love of dairy products.

[10-11] 다음 두 문장의 뜻이 같도록 빈칸에 들어갈 말로 알맞은 것을 고르시오.

10

> He asked me, "Are you still a member of the debate club?" and I said, "Yes."
> → He _____.

① asked me if I was still a member of the debate club, and I said that I had been
② asked me if I was still a member of the debate club, and I said that I was
③ asked me whether I had been still a member of the debate club, and I said that I had been
④ asked me whether I was still a member of the debate club, and I said that I had been
⑤ asked me whether I am still a member of the debate club, and I said that I was

11

> She said to me, "Don't swim here. You can drown."
> → She _____.

① warned me not to swim here and said I can drown
② warned me not swim there and said I can drown
③ warned me not to swim here and said I could drown
④ warned me not to swim there and said I could drown
⑤ warned me not swim there and said I could drown

12 다음 중 어법상 틀린 것은?

① She will call me when she returns to her office.
② What they need are a few brilliant young engineers.
③ The rest of the water was polluted.
④ Ian, along with his team members, are going to accomplish the difficult mission.
⑤ Two hours is enough for the students to complete their projects.

13 다음 중 문장 전환이 바르지 <u>않은</u> 것은?

① She said, "What an awful fever you have!"
   → She exclaimed with a sigh that I had an awful fever.
② The man said, "May all of you have a wonderful time together!"
   → The man expressed his hope that all of us might have wonderful time together.
③ The girl said, "I burst into tears, for his story about his family was tragic."
   → The girl said she had burst into tears for that his story about his family had been tragic.
④ The man said, "Let me carry your bag for you."
   → The man offered to carry my bag for me.
⑤ She said, "I am concerned about who should take the responsibility from now."
   → She said that she was concerned about who should take the responsibility from then.

14 다음 중 어법상 틀린 문장의 기호를 <u>모두</u> 쓰시오.

> (a) Many a person is going to board the ship.
> (b) The chairman who is accompanied by her assistants are traveling to Belgium.
> (c) Expanding your career opportunities is the most important thing.
> (d) Public officials thought that the country's economy was recovering slowly.
> (e) Four miles is a long way to walk for a little boy.
> (f) A couple of monthly periodicals is stored in the wooden box.

REVIEW TEST through Reading

1 다음 글의 밑줄 친 부분 중, 어법상 **틀린** 것은?

biodiversity 생물다양성
extinction 멸종
endangered 멸종 위기에 처한
indicator 지표
assess 평가하다
wipe out 멸종시키다

Overall biodiversity loss can speed up extinction. More and more plants and animals ① are facing an uncertain future. The global authority on the status of the natural world ② keeps a Red List of endangered species, an important indicator of the health of the world's biodiversity. More than 30,000 species are listed as threatened with extinction, which ③ are 27% of all assessed species. We know that millions of species ④ have already gone extinct over the long history of planet Earth. Biodiversity rates have always changed. In fact, at least 99% of all the organisms that ⑤ have ever lived are now extinct. Experts think that five huge mass extinction events have already happened, including the one that wiped out the dinosaurs 66 million years ago.

2 (A), (B), (C)의 각 네모 안에서 어법에 맞는 표현으로 가장 적절한 것은?

artificial 인공의
discipline 학과목
advancement 진보
humanity 인류
laugh off 웃어넘기다
legitimate 타당한
conceptual 개념의
implementation 실행

Artificial intelligence(AI) was formally introduced as an academic discipline in the mid-1950s. Ever since scholarly efforts as well as massive funding (A) has / have been poured into AI research with high hopes to make significant impact on the advancement of humanity. Yet, many also voiced (B) lurking / lurked danger of the rapidly evolving technology. They have warned that in the near future we might not be able to laugh off dystopian scenarios depicted in science fiction movies. It was from a response to those legitimate worries that a new branch of applied ethics, AI ethics, (C) was / were started. It seeks to provide the conceptual and practical tools for responsible design and implementation of AI systems to ensure public benefit.

	(A)		(B)		(C)
①	has	....	lurking	....	were
②	has	....	lurked	....	was
③	have	....	lurked	....	were
④	have	....	lurking	....	was
⑤	have	....	lurked	....	were

강조	단어나 구 등을 이용하여 특정한 문장 성분의 의미를 강조할 수 있음
도치	강조하고자 하는 말을 문장 앞으로 보내고 이어지는 주어와 (조)동사의 위치가 바뀜
삽입·동격	삽입: 부연설명을 위해 특정 어구나 절을 끼워 넣음 동격: 명사나 대명사를 부연설명하기 위해 다른 명사나 명사절 등을 활용
생략	문맥을 통해 의미의 복구가 가능한 반복어구를 생략하여 문장을 간결하게 표현
병렬구조	등위접속사나 상관접속사를 사용해서 구조적·품사적으로 동일한 문장 성분을 나열
물주구문	물주구문은 문맥상의 주어를 찾아 자연스럽게 해석하는 것이 핵심

특수구문

UNIT 118 강조

UNIT 119 도치

UNIT 120 삽입·동격

CHAPTER 18

UNIT 121 생략

UNIT 122 병렬구조

UNIT 123 물주구문

UNIT 118 강조

단어나 구 등을 이용하여 특정한 문장 성분의 의미를 강조할 수 있다.

A 부정문·의문문의 강조

1 Harry could <u>not</u> persuade the investors **at all**.
Harry는 투자자들을 전혀 설득할 수 없었다.

2 Her joke was <u>not</u> funny **in the least**.
그녀의 농담은 조금도 재미있지 않았다.

3 Why **on earth** did he abandon his own family?
도대체 왜 그는 자신의 가족을 저버렸나?

B 「It is(was) ~ that ....」 강조구문

Napoleon invaded Egypt at the age of 28.
나폴레옹은 28살의 나이에 이집트를 침략했다.

4 **It was** <u>Napoleon</u> **that(who)** invaded Egypt at the age of 28.
28살의 나이에 이집트를 침략한 사람은 바로 나폴레옹이었다.

5 **It was** <u>Egypt</u> **that(which)** Napoleon invaded at the age of 28.
28살의 나이에 나폴레옹이 침략한 곳은 바로 이집트였다.

6 **It was** <u>at the age of 28</u> **that(when)** Napoleon invaded Egypt.
나폴레옹이 이집트를 침략한 것은 바로 그의 나이 28살때였다.

7 <u>Where</u> **was it that** Napoleon invaded at the age of 28?　나폴레옹이 28살의 나이에 침략한 곳은 어디였나?

8 **It was** <u>not until the 19th century</u> **that** the original texts were restored.
19세기가 되어서야 비로소 원문이 복구되었다.

C 동사의 강조

9 Many experts **do** <u>advocate</u> rewarding your child for good behavior.
많은 전문가들은 아동이 잘한 행동에 대해 보상을 하는 것을 적극 지지한다.

10 **Do** <u>acknowledge</u> your mistake.
너의 실수를 좀 인정해라.

D 기타 강조 표현

11 His new book brings us to a **much** better understanding of climate crisis.
그의 새 책은 우리에게 기후 위기에 대한 훨씬 더 나은 이해를 가져다 준다.

A

1~2 at all 전혀, in the least 조금도 등은 부정문에서 부정어 not과 함께 쓰여 부정의 의미를 강조할 수 있다.

3 ever, on earth, in the world 도대체 등은 의문사 바로 뒤에서 의문사를 강조할 수 있다.

B '…한 것은 바로 ~이다(이었다)'라는 의미로 It is(was)와 that 사이에 강조하고자 하는 말을 넣어 주어, 목적어, 부사(구) 등을 강조할 수 있다.

4 주어를 강조하며, 강조되는 말이 사람인 경우 that은 관계대명사 who로 바꾸어 쓸 수 있다.

5 목적어를 강조하며, that은 관계대명사 which로 바꾸어 쓸 수 있다.

6 시간의 부사구를 강조하며, that은 관계부사 when으로 바꾸어 쓸 수 있다.

7 의문사는 「의문사+is(was) it that ~?」의 형태로 강조할 수 있다.
= Where did Napoleon invade at the age of 28?

8 It is(was) not until A(시간) that B: A해서야 비로소 B하다
= not B until A(A하기 전까지는 B하지 않다)
= The original texts were **not** restored **until** the 19th century.

C

9 동사원형 앞에 do(does, did)를 써서 동사를 강조할 수 있다.

10 명령문 앞에 Do를 쓰면 설득의 의미가 더욱 강해진다.

D

11 비교급은 (very) much, still, even, far, a lot, rather, no, a little, any 등으로 강조할 수 있다. **참조 UNIT 78 C**

12 Here is **by far** <u>the best</u> Chinese restaurant in the neighborhood.
여기는 이 동네에서 단연코 최고의 중식당이다.

13 Practice the song **again and again**.
그 노래를 되풀이해서 연습해라.

14 He is **the very** <u>man</u> who worked as a key advisor to the president.
그는 대통령의 핵심 고문으로 일했던 바로 그 남자이다.

15 Once again, I **myself** had to clean up the mess.
다시 한번, 내가 직접 어질러진 것을 치워야 했다.

12 최상급은 by far, very, practically, almost, much, easily, nearly, quite 등으로 강조할 수 있다.
↻참조 UNIT 81 C

13 again and again 되풀이해서, over and over 반복해서 등과 같이 동일 어구를 반복함으로써 의미를 강조할 수 있다.

14 the very+명사: 바로 (그) ~

15 (대)명사 ~ oneself: 직접, 스스로, 자신이

EXERCISE 01 >

괄호 안에서 알맞은 말을 고르시오.

1 Why (in the world / in the least) did they postpone the meeting and wait for further instructions?

2 The man (did enjoyed / did enjoy) the thought-provoking discussions with leading scholars.

3 It was in 2006 (when / who) the global finance sector started to fall apart.

4 David is (the very / by far) person who came up with the ingenious plan.

5 The reason why the man (him / himself) went to extremes was to protect his friend.

6 (Do / Does) study the past if you would define the future.

EXERCISE 02 >

밑줄 친 부분을 강조하는 문장으로 바꾸어 쓰시오.

1 All the flights were suspended as the fighting became <u>worse</u>.
→ _____

2 <u>Who</u> spread the vicious rumor about Mr. Smith?
→ _____

3 <u>Roy</u> exaggerated the employment rate of the graduates.
→ _____

4 They did <u>not</u> seem concerned about modifying their diet in normal times.
→ _____

5 He didn't get promoted to the vice president of the company until <u>June 20th</u>.
→ _____

6 Surmounting the financial crisis is <u>the most urgent</u> problem.
→ _____

강조하고 싶은 말이 있을 때 그 말을 문장 첫머리로 보내고 이어지는 주어와 (조)동사의 위치가 바뀌는 것을 도치라고 한다.

A 의미를 강조하기 위한 도치

1 <u>So severe</u> **was his illness** that he had to be admitted to the intensive care unit.
그의 병이 너무 심각해서 그는 중환자 병동에 입원해야 했다.

2 <u>Enclosed in the envelope</u> **is the contract**.
봉투 안에 들어있는 것은 계약서이다.

3 <u>Over the table</u> **was a colorful painting**.
그 탁자 위에 화려한 그림 한 점이 있었다.

cf. <u>Down the railway</u> **they went**. 철길을 따라 그들은 갔다.

4 <u>Rarely</u> **did they realize** the power of tolerance.
그들은 거의 관용의 힘을 깨닫지 못했다.
= **They** <u>rarely</u> **realized** the power of tolerance.

cf. <u>Under no circumstances</u> **am I** able to accept moderate policies.
어떤 상황에서도 나는 중도 정책을 수용할 수 없다.

5 <u>Barely</u> **had he crossed** the finishing line when he fell, losing his consciousness.
그는 결승선을 막 통과하자마자 의식을 잃으며 쓰러졌다.
= He had <u>barely</u> **crossed** the finishing line when ~.
= <u>No sooner</u> **had he crossed** the finishing line <u>than</u> he ~.

6 <u>Not a single statistical error</u> **could we find** in his thesis. 단 하나의 통계 오류도 우리는 그의 논문에서 찾아 낼 수 없었다.

cf. <u>A very expensive vase</u> **the boy broke**.
무척 비싼 화병을 그 소년이 깼다.

7 <u>Only with great reluctance</u> **did they agree** not to file a lawsuit. 마지못해 그들은 소송을 걸지 않기로 합의했다.
= They agree not to file a lawsuit <u>only with great reluctance</u>.

8 <u>Here</u> **is a drunkard**. 여기 술주정꾼이 있다.

cf. <u>Here</u> **he is**. 여기에 그가 있다.

B 기타 도치 구문

9 He thought highly of freedom of speech, and **so did his followers**.
그는 표현의 자유를 아주 중요하게 여겼고, 그의 추종자들도 마찬가지였다.

A 보어, 장소의 부사구, 부정어 등의 의미를 강조하기 위해 문장 첫머리로 보낸다.

1 형용사 보어 강조: 주로 「so+형용사+동사+주어+that ~」

2 분사 보어 강조: 분사(+부사구)+동사+주어

3 부사(구) 강조: 부사(구)+자동사(be, go, lie, sit, stand, hang 등)+주어

cf. 대명사가 주어일 때는 도치하지 않는다.

4~7 부정어(구[절]) 강조

4 not, little, no, few, in no way, never, rarely, seldom, scarcely가 포함된 부정어(구[절])+조동사+주어+본동사

cf. be동사인 경우: 부정어(구[절])+be동사+주어

5 barely[hardly, scarcely]+조동사+주어+본동사 ~ when[before]+주어+동사: ~하자마자 …하다(두 사건이 거의 동시에 일어남을 강조) ○참조 **UNIT 14 B**

6 부정어를 포함하는 목적어를 문장 첫머리로 보내고 주어와 동사를 도치한다. ○참조 **UNIT 103 D**

cf. 부정어가 없는 목적어가 문장 첫머리에 가면 도치는 일어나지 않는다.

7 「only+때를 나타내는 구[절]+조동사+주어+본동사」, 「only+전치사구(by, in, with 등)+조동사+주어+본동사」

8 here/there+동사+주어

cf. here/there+대명사 주어+동사

B

9 so+(조)동사+주어: ~도 역시 그렇다
neither+(조)동사+주어: ~도 역시 그렇지 않다
○참조 **UNIT 75 C**

10 "That can't be right," **said Mike**.

그럴 리가 없어."라고 Mike가 말했다.

cf. "That can't be right," **he said**.

그럴 리가 없어."라고 그가 말했다.

11 **Were I** young again, I would spend time more wisely.

내가 다시 젊은 시절로 돌아간다면, 나는 시간을 더 현명하게 사용할 텐데.

= If **I were** young again, I would spend time ~.

12 **Should you** see him again, just run away!

혹시 그를 다시 보게 되면, 무조건 도망쳐라!

= If you **should see** him again, just run away!

13 **Had he** not invested carelessly, he would have made his fortune.

그가 부주의하게 투자하지 않았더라면, 그는 엄청난 부자가 되었을 텐데.

14 The new study argued, as **did previous research**, that intrinsic motivation triggers learners' engagement. 새 연구도, 기존의 연구가 그랬던 것처럼, 내적 동기가 학습자의 참여도를 자극한다고 주장했다.

10 직접 인용문 다음에서 주어와 동사를 도치한다.

cf. 주어가 대명사이면 도치하지 않는다.

11~13 가정법 문장에서의 도치

11~12 가정법 if절의 동사가 were, had, should이면 if를 생략하고 주어와 동사를 도치한다. 이때, should는 경고, 제안, 권고의 의미가 강하다. **�참조 UNIT 109 E**

13 가정법 문장을 도치할 때 not은 축약하지 않는다.

= If **he hadn't** invested carelessly, ~.

14 '~하듯이'라는 의미의 접속사 as나 비교 구문에서 접속사로 쓰이는 than 뒤에 주어가 구를 이루어 길어질 경우, 「대동사 do, 조동사, be동사＋주어」로 도치된다. 단, 대명사인 경우에는 도치되지 않는다.

EXERCISE 03 >

괄호 안에서 알맞은 말을 고르시오.

1 So well-written (was his dissertation / his dissertation was) that his supervisor advised him to publish it as a book.

2 Rarely (someone has been / has someone been) so high-minded as him.

3 Only after finishing the crossword puzzle (did my grandpa / my grandpa did) sip at his tea.

4 (Should you / You should) need some more money, take an extra twenty.

5 (Hadn't she / Had she not) lost faith in me, she would have allowed me to use her car.

EXERCISE 04 >

우리말과 뜻이 같도록 괄호 안의 말을 이용하여 문장을 완성하시오.

1 결코 나는 그의 명성을 해하는 말을 한적이 없다. (said)

→ In no way _____ to damage his reputation.

2 Jonathan은 그 질문에 대답을 할 수 없었고, 다른 학생들도 역시 그럴 수 없었다. (other students)

→ Jonathan couldn't answer the question, and _____.

3 후퇴하라는 장군의 명령을 병사들은 거역했다. (disobeyed)

→ The general's order to retreat _____.

4 그녀의 눈앞에 야심과 열정으로 가득 찬 사람들이 서 있었다. (filled with ambition and enthusiasm)

→ In front of her eyes _____

UNIT 120 삽입·동격

A 삽입

1 He, **it appears**, prefers not to talk about his private life.
그는 자신의 사생활에 대해 이야기하지 않는 것을 좋아하는 것 같다.
= It appears that he prefers not to talk ~.

2 She recently published a research article that **I believe** would transform the energy industry.
그녀는 내가 생각하기에 에너지 산업을 변화시킬 연구 논문을 최근에 발표했다.

3 She, **as far as I know**, has a genius for business.
그녀는 내가 아는 한 사업에 특별한 재능을 가지고 있다.
= **As far as I know**, she has ~.

4 The urgent meeting, **scheduled at three**, is to discuss the response to the epidemic.
3시에 잡혀 있는 긴급 회의는 전염병 사태에 대한 대응방안을 논의하기 위함이다.
= The urgent meeting, **which is scheduled at three**, ~.

5 What **do you suppose** I am thinking?
너는 내가 무엇을 생각하고 있다고 짐작하니?

6 Known, **as it is**, to the world as a classic, the movie is very impressive.
세상에 고전으로 알려진 것 같이, 그 영화는 무척 감명 깊다.

7 She hardly, **if ever**, drinks coffee.
　　　　　= **if** she **ever** drinks it
그녀는 비록 커피를 마신다고 해도 거의 마시지 않는다.

8 What could be the benefits, **if any**, of emigrating to Canada?　　　　　= **if** there are **any**
캐나다로 이민을 가는 것의 장점이 만약 조금이라도 있다면 무엇일까요?

B 동격

9 Dr. Katharine, **a renowned neurosurgeon**, came from an unprivileged background.
유명한 신경외과 의사인 Katharine 박사는 빈곤한 가정에서 성장했다.

10 **Bob's favorite colleague**, Tom is retiring soon.
Bob이 가장 좋아하는 동료인 Tom은 곧 은퇴한다.

11 He stayed at the Hut Inn, **the most affordable guesthouse in the neighborhood**.
그는 동네에서 가장 저렴한 게스트하우스인 Hut Inn에 머물렀다.

A 특정 의미를 강조, 추가 정보를 제공, 혹은 완곡한 어조로 표현하기 위해서 문장에 구나 절을 삽입할 수 있다.

1~2 it appears(seems), I am sure, I believe(think, hear, suggest, suppose) 등을 문장 중간에 삽입한다.

3 as far as I know, as far as I am concerned 등의 부사절을 삽입한다.

4 분사구나 관계사절을 삽입한다.

5 의문문을 삽입한다.

6 as + 주어 + do(be동사): 분사구문을 강조

7~8 관용표현의 삽입

7 if ever: 비록 ~한다고 해도 　**ⓢ참조 UNIT 109 GP**

8 if any: 비록 있다고 해도, 만약 조금이라도 있다면

B 다른 명사나 명사 상당어구, 명사절로 대명사나 명사(구)의 의미를 보충할 수 있다.

9 대명사나 명사(구) 뒤에서 부가적인 내용을 제시하고자 사용된 동격의 명사구 앞뒤에는 반드시 콤마를 쓴다.

10~11 동격의 구는 문장 맨 앞과 맨 뒤에 올 수 있다.

12 The notion **that the earth is round** was dismissed as preposterous at first.
지구가 둥글다는 개념은 처음에는 터무니없다고 묵살되었다.

13 He is determined to break his habit of **procrastinating.** 그는 미루는 자신의 습관을 고치려는 결심이 대단하다.

14 The question of **who leaked the classified intelligence** is to be further investigated.
누가 기밀을 누설했는지의 문제는 추가로 조사될 것이다.

15 I have a wish **to see auroras with my own eyes**.
나는 내 눈으로 오로라를 보고 싶은 소망이 있다.

16 Danny **(my little brother)** set off toward home.
나의 남동생인 Danny는 집을 향해 출발했다.

17 The Netherlands — **the Land of Tulips** — is located between 50 and 53 degrees north latitude.
튤립의 땅인 네덜란드는 북위 50도에서 53도 사이에 위치해 있다.

12 명사(구)와 명사절이 동격을 이루는 동격절을 이끄는 주요 명사: assertion, claim, danger, doubt, fact, hope, idea, news, notion, opinion, question 등

13~14 A of B: A와 B는 동격

13 명사(구)+of+(동)명사

14 명사(구)+of+의문사절

15 명사(구)+to부정사(구)

16~17 괄호나 대시 기호로 동격을 표시하기도 한다.

GRAMMAR PLUS+

삽입에 자주 사용되는 관용어구

- accordingly 따라서
- as (대명사) expected ~가 기대했던 대로
- in all honesty 솔직히 말해서
- in short 간단히 말해서
- on the other hand 반면에
- that is (to say) 즉, 다시 말하자면
- what is better 더 나은 것은

- after all 결국
- first of all 우선
- in particular 특히
- more importantly 더 중요한 것은
- so to speak 말하자면
- therefore 그러므로
- what is more important 더욱 중요한 것은

- as a result 결과적으로
- for one thing 우선 첫째로
- on the contrary 이와는 반대로
- nevertheless 그럼에도 불구하고
- in addition 그밖에
- by the way 그런데
- what is worse 설상가상으로

EXERCISE 05 >

삽입된 어구는 괄호로 표시하고, 동격 관계에 있는 어구에는 밑줄을 그으시오.

1 He is eager to achieve his goal of completing the training fully.

2 There is little, if any, difference between the two model airplanes.

3 Emily, as far as I am concerned, very much enjoys his eloquent speeches.

4 She stringently denied the claim that she misled the parliament.

5 They, what is worse, ended up resorting to violence to make a point.

6 Steve Jackson, my brilliant little brother, has made his debut as a director at last.

7 The project, consuming much time and effort, entirely came to naught.

8 He suggested an ingenious marketing proposal which I thought would win the competition.

9 A display of his enormous wealth, his supercar sped along the road towards the highway.

10 Isolated, as it is, in the cave, the man is helpless and hopeless.

의미 전달에 방해가 되지 않는 범위 내에서 불필요하거나 반복되는 부분을 생략할 수 있다.

A 반복되는 부분 생략

1 To some life is pleasure; to others **(life is)** suffering.
어떤 사람들에게 인생은 기쁨이지만, 다른 사람들에게는 고통이다.

2 He can now retire comfortably, but I don't think you can **(now retire comfortably)**.
그는 이제 편안하게 은퇴할 수 있지만, 내 생각에 너는 아니다.

3 She didn't go, but she could have **(gone)**.
그녀는 갈 수도 있었지만, 가지 않았다.

4 They didn't deport the illegal immigrants, although he told them to **(deport the illegal immigrants)**.
그는 그들에게 불법 이민자들을 추방하라고 말했지만, 그들은 불법 이민자들을 추방하지 않았다.

cf. There are more trees than there used **to be**.
예전보다 더 많은 나무들이 있다.

5 I complied with the rule as I **promised (to comply with the rule)**. 나는 약속했던 대로 규칙을 따랐다.

cf. She opted out of the pension scheme because she **chose to (opt out of the pension scheme)**.
그녀는 퇴직 연금에 가입하지 않기로 했는데 그녀가 그렇게 선택했기 때문이었다.
You can apply for a scholarship if you **want (to apply for a scholarship)**. 네가 원한다면 너는 장학금을 신청할 수 있다.

6 Amy runs much faster than Nancy **(runs)**.
Amy는 Nancy 보다 훨씬 더 빠르게 뛴다.

7 He can speak four languages, but she can speak only two **(languages)**.
그는 4개 국어를 할 수 있지만, 그녀는 오직 2개 국어만 할 수 있다.

8 She didn't want to be anxious, but she was **(anxious)**.
그녀는 초조해하고 싶지 않았지만, 초조했다.

9 A: Can you come over today? 오늘 놀러 올 수 있니?
B: I am afraid **not**. 유감스럽지만 그럴 수 없어.
= I am afraid **that I cannot** come over today.
유감스럽지만 오늘 놀러 갈 수 없어.

10 A: Will he use the power to oppress? 그는 억압하기 위해 권력을 이용할까?
B: I hope **not**. 나는 그러지 않기를 바라.
= I hope he will **not** use the power to oppress.
나는 그가 억압하기 위해 권력을 이용하지 않기를 바라.

A

1~3 단어나 구의 생략

1 반복되는 주어, 「주어+(조)동사」는 생략할 수 있다.

2 반복되는 동사(구)는 생략할 수 있다.

3 앞 절에 나온 동사를 받는 「could(should, might, would) have+과거분사」에서 과거분사는 생략할 수 있다.

4~6 to부정사에서 (원형)부정사의 생략

4 앞 절에 나온 동사(구)의 반복을 피하기 위해 to부정사(구)에서 to를 제외한 나머지는 생략할 수 있다.(이때 to를 대부정사라고 함)

cf. to부정사의 동사가 be나 have일 경우에는 생략할 수 없다.

5 to부정사가 형용사나 명사 뒤에 오거나 try, offer, refuse, promise 등의 동사 뒤에 오면 to만 남기거나 to부정사 전체를 생략할 수 있다.

cf. 그러나 love, hate, prefer, want, choose, would like 등의 동사는 to를 제외한 나머지를 생략할 수 있다. 하지만 동사 want가 접속사 when, if, what, as와 함께 쓰이면 to부정사(구) 전체를 생략할 수 있다.

6 비교 구문에서 반복되는 단어를 생략할 수 있다.

7 앞 절에 언급된 명사(구)가 형용사나 한정사 뒤에 오면 생략할 수 있다.

8 보어는 생략할 수 있다.

9~10 부정의 절을 대신하는 not

9 I'm afraid not.: 유감스럽지만 그렇지 않다.
↻참조 **UNIT 75 C**

10 I hope not.: 그렇기 않기를 바라.

B 부사절에서의 생략

11 When **(he was)** asked for a donation, he declined.
기부를 제안 받았을 때, 그는 거절했다.

12 If **(I were)** in her shoes, I would cancel the plan.
내가 그녀의 입장이라면, 나는 그 계획을 취소할 텐데.

13 I'll try to correct all the spelling errors **if necessary**.
= **if** it is **necessary**

필요하다면 나는 모든 철자 오류를 고치기 위해 노력할 것이다.

C 기타 구문에서의 생략

14 **What if** he doesn't keep the appointment tonight?
만약 그가 오늘 밤 약속을 지키지 않으면 어떻게 하지?

= **What** will happen **if** he ~?

15 **The sooner, the better**.
빠르면 빠를수록 좋다.

= **The sooner** you do it, **the better** it will be.

16 **Out of sight**, out of mind.
눈에서 멀어지면, 마음에서도 멀어진다.

= If he is **out of** your **sight**, he is **out of** your **mind**.

17 **No trespassing.**   무단출입 금지
= **No trespassing** is permitted.

18 What's **(the matter)** with her face this morning?
오늘 아침에 그녀의 얼굴은 왜 그런 것이니?

B

11~13 시간(when, while), 조건(if), 양보(though)의 부사절: 주절의 주어와 부사절의 주어가 같을 때, 부사절의 「주어+be동사」는 생략할 수 있다.

13 주절과 부사절의 주어가 같지 않아도, 관용적으로 부사절의 「주어+be동사」는 생략 가능하다.   **참조 UNIT 109 GP**
if necessary: 필요하다면
if possible: 가능하다면

C

14 will happen, would happen, would have happened가 문맥에 따라 생략되었음이 추측 가능하다.

15 정보가 충분히 복구될 수 있는 경우 생략

16 속담이나 격언

17 주의나 금지의 내용을 담은 게시판이나 표지판

18 구어에서의 생략

EXERCISE 06 >

문장에서 생략된 곳에 ✓표시한 후 생략된 내용을 쓰시오.

1 He didn't deposit $200 into the savings account even though I asked him to.

2 The teacher told her to recite a poem to the class, but she wasn't ready.

3 The soldiers with military equipment didn't leave, but they should have.

4 Chris was invited to participate in a student exchange program, but he refused.

5 On the counter there were ten glass containers, so I threw away five.

6 Please inform me beforehand, if possible.

7 While walking home after work, she was attacked by a total stranger.

8 Some animals have more sensitive hearing than humans.

9 Though disappointed with the exam results, he would not give up trying again.

10 To err is human, to forgive divine.

병렬구조

병렬구조란 등위접속사나 상관접속사에 의해 복수의 단어나 구, 절이 나열되는 것을 말한다. 이때 연결되는 요소들은 구조적으로나 품사적으로나 형태가 같아야 한다.

A 단어의 병렬구조

1 What he likes is <u>not</u> **English** <u>but</u> **French**.
그가 좋아하는 것은 영어가 아니라 프랑스어이다.

2 The researcher is <u>not only</u> **passionate** <u>but also</u> **confident**. 그 연구원은 열정적일 뿐 아니라 자신감이 넘친다.

3 The statesman spoke **slowly** <u>but</u> **eloquently**.
그 정치인은 천천히 그러나 설득력 있게 말했다.

4 I <u>would rather</u> **die** <u>than</u> **live**.
나는 사느니 죽는 것이 낫다.

B 구의 병렬구조

5 She **attended a musical**, **ate at a fancy restaurant**, <u>and</u> **met some old friends**.
그녀는 뮤지컬을 보고, 고급 식당에서 식사를 하고, 몇 명의 옛 친구들을 만났다.

6 **These birds** are <u>as</u> significant <u>as</u> **any other creatures**. 이 새들은 다른 생물들만큼 중요하다.

7 I'm interested in <u>neither</u> **interfering in his life** <u>nor</u> **giving him any advice**.
나는 그의 생활에 간섭하거나 그에게 조언을 하는 것에 관심이 없다.

8 He wanted **to upgrade the quality** <u>or</u> **(to) lower the price**. 그는 품질을 개선하거나 가격을 낮추기를 원했다.

C 독립된 문장의 병렬구조

9 **His arguments were succinct**, <u>so</u> **every participant agreed with them**.
그의 주장은 명료해서, 모든 참가자들이 그의 주장들에 동의했다.

A
1 명사의 병렬
2 형용사의 병렬
3 부사의 병렬
4 비교 구문에서 동사의 병렬

B
5 동사구의 병렬: 여러 개의 동사구가 나열될 때는 동사의 시제, 주어의 인칭과 수에 유의하여 같은 형태로 써야 한다. 세 개 이상이 나열될 때는 콤마(,)를 사용하고 마지막 항목 앞에 and를 쓴다.
6 비교 구문에서 명사구의 병렬
7 동명사구의 병렬
8 to부정사구의 병렬: to부정사구가 두 개 이상 나열되면 두 번째 to부정사구부터는 일반적으로 to를 생략한다.

C
9 등위접속사로 문장과 문장을 병렬구조로 연결할 수 있다.

EXERCISE 07 > 밑줄 친 부분을 어법에 맞게 고쳐 쓰시오.

1 What we need is not hatred but <u>compassionate</u>.

2 I learned a lot of things from talking with my parents as well as <u>read</u> books.

3 It is more effective to communicate in person than <u>writing</u> an email.

4 He succeeded not because he was lucky but because <u>diligent</u>.

5 She will watch sports coverage on TV, meet some friends, and <u>to take</u> a short trip to the island.

물주구문은 사물이 주어가 되는 구문을 의미하며, 이 경우 사물을 부사구(절)처럼, 사람을 주어로 해석하면 훨씬 자연스럽다.

1 **Distance learning** <u>enables</u> her to continue her studies.   그녀는 원격학습 덕분에 학업을 계속할 수 있다.
= She can continue her studies thanks to **distance learning**.

2 **Heavy snow** <u>prevented</u> him from catching the train on time.   그는 폭설로 인해 정각에 기차를 타지 못했다.
= He could not catch the train on time because of **heavy snow**.

3 **The court order** <u>compelled</u> him to appear as a witness.   그는 법원 명령으로 인해 증인으로 출석해야 했다.
= He had to appear as a witness because of **the court order**.

4 **What** <u>makes</u> you say that?
너는 왜 그렇게 말하는 거니?
= **Why** do you say that?

5 **The incident** <u>caused</u> me to reflect on my life.
나는 그 사건으로 인해 내 인생을 돌아보았다.
= I reflected on my life because of **the incident**.

6 **A three-hour drive** <u>took</u> us to the country manor house.   세 시간 운전을 한 뒤 우리는 시골 저택에 도착했다.

7 **The arrival of our first child** <u>brought</u> us to reconsider our house-buying plan.
첫째 아이가 태어나면서 우리는 주택 구입 계획을 재고했다.

8 **His recent illness** <u>gave</u> him a chance to rest.
그는 최근에 병으로 쉴 수 있는 기회를 가졌다.

1 물주(A)+enable+목적어(B)+to부정사(C)
= B can C thanks to A

2 물주(A)+prevent(keep, prohibit, hinder)+목적어(B)+from -ing(C)
= B cannot C because (of) A

3 물주(A)+force(compel, oblige)+목적어(B)+to부정사(C)
= B have to C because (of) A

4 What makes+목적어(A)+동사원형(B) ~?
= Why do+A+B ~?

5 물주(A)+cause(drive)+목적어(B)+to부정사(C)
= B C because (of) A

6 물주+take+목적어+to+장소

7 물주+bring+목적어+to부정사

8 물주+give+사람 목적어+사물 목적어

EXERCISE 08 >

밑줄 친 부분에 유의하여 우리말로 옮기시오.

1 The thesis about the genesis of life <u>gave me a brilliant idea for my next book</u>.

2 An innate sense of rhythm <u>enabled her to become a renowned ballerina</u>.

3 The restructuring <u>forced a lot of employees to leave the company</u>.

4 A sudden commotion outside the building <u>brought us to come out</u>.

5 A one-hour walk <u>took them to the summit of the mountain</u>.

6 His busy work schedule <u>kept him from spending quality time with his children</u>.

7 What <u>made you give up the good opportunity to develop your career</u>?

8 Severe stress at work <u>drove him to quit the job</u>.

OVERALL EXERCISE

01 괄호 안의 말을 알맞게 배열하여 문장을 완성하시오.

1 Why _____ so foolishly?
(did / on earth / waste / he / the money)

2 Only _____ the time to relax.
(the baby / can / is sleeping / find / mothers / when)

3 It _____ at the outset.
(who / the editor-in-chief / her talent / took notice of / was)

4 So _____ he decided to go by himself.
(were / that / unwilling and hesitant / his children)

5 It _____ global inequality.
(they / the last year / not until / sought to address / that / was)

6 Between _____ the East Sea.
(Korea / is / Japan / and)

7 Scarcely _____ John found her wording too
obscure and verbose. (started reading / her essay / he / before / had)

02 어법상 **틀린** 부분을 찾아, 바르게 고쳐 문장을 다시 쓰시오.

1 If should you want to find the immediate cause of his death, go to the laboratory.

→ _____

2 The company didn't pay the damages to the affected families although the government told it.

→ _____

3 Kate can mediate the negotiations, and so Emily can.

→ _____

4 Applicants should be good at either administering the budget or allocate the assets.

→ _____

5 This new welfare program will enable older people study at college.

→ _____

03 우리말과 뜻이 같도록 괄호 안의 말을 이용하여 문장을 완성하시오.

1 그녀가 역사에 관한 권위 있는 책을 쓰겠다는 생각은 곧 실현될 것이다. (the idea, the authoritative book on history)

→ _____ will come true soon.

2 나는 그들과의 법적 분쟁과 결코 관련이 없다. (in no way, related to)

→ _____ the legal battle with them.

3 그 회사는 전략적으로 잘못된 정보를 제공하여 직원들이 파업에 돌입하게 했다. (caused, go on strike)

→ The company's strategic misinformation _____.

4 인터뷰 동안, 그녀는 주의 깊게 듣지도 진실하게 대답을 하지도 않았다. (neither, attentively, responded, truthfully)

→ Throughout the interview, she _____.

5 지난 몇 년 만에 그 도시는 패션과 오락의 중심지가 되었다. (last few years, become)

→ _____ the center of fashion and entertainment.

04 다음 글을 읽고 물음에 답하시오.

Experts warn that the global ecosystems and communities are increasingly at risk of ① losing food and water security due to global warming. Glaciers and sea ice ② melting, the most visible sign of the climate crisis, has accelerated the rate of soil erosion in all Arctic and high mountain regions. (A) 전 세계적으로 7억 명의 집과 농지를 빼앗아 간 것은 바로 기후 변화였다. Not ③ surprisingly, the global crop yields have dropped by 35 percent. In particular, such impacts are acute and getting ④ even worse in the poorest regions around the globe. As a result, global warming has forced the wealth gap between the world's richest and poorest countries ⑤ grow even wider.

1 위 글의 밑줄 친 ①~⑤ 중에서 어법상 틀린 부분을 찾아 바르게 고치시오.

_____ → _____

2 위 글에서 밑줄 친 (A)와 뜻이 같도록 괄호 안의 말을 이용하여 문장을 완성하시오.
(climate change, left, dispossessed of)

→ It _____
and farmland across the globe.

01 다음 대화의 빈칸에 들어갈 말로 알맞은 것은?

> A: I don't subscribe to the music streaming service.
> B: _____ I prefer watching movies.

① So do I.　　② Neither do I.　③ So I did.
④ Neither did I.　⑤ So did I.

02 다음 우리말과 뜻이 같도록 빈칸에 들어갈 말로 알맞은 것은?

> 그녀는 가난에서 벗어나자마자 병에 걸렸다.
> → No sooner _____ she contracted a disease.

① had she emerged from the poverty than
② she had emerged from the poverty than
③ had emerged from the poverty she than
④ she emerged from the poverty had than
⑤ than had she emerged from the poverty

03 다음 밑줄 친 부분을 강조하는 문장으로 바꾸어 쓸 때 틀린 것은?

① I believe what Adam said to me.
　→ I do believe what Adam said to me.
② Paul found his credit card under the couch.
　→ It was his credit card that Paul found under the couch.
③ Vicky little dreamed that she could see her favorite singer on the street.
　→ Little Vicky dreamed that she could see her favorite singer on the street.
④ He is the archaeologist who excavated the artifacts.
　→ He is the very archaeologist who excavated the artifacts.
⑤ The statue stands by the Brooklyn Bridge.
　→ By the Brooklyn Bridge stands the statue.

04 다음 밑줄 친 부분 중 생략할 수 없는 것은?

① He was asked to recommend a few candidates, but he refused to recommend a few candidates.
② Some students were for the new class schedule, but others were against it.
③ Devon, though he was unfamiliar with computers, was in charge of finishing the project.
④ Emma donated much more money than the whole organization donated.
⑤ The man tried not to be reckless, but he was reckless.

05 다음 중 어법상 틀린 것은?

① Had we gone by car, we would have arrived already.
② Fred seldom, if ever, compromises his opinions easily.
③ Into the burning building ran they.
④ You should always carry your passport with you while traveling in a foreign country.
⑤ As the temperature increases, so does power consumption.

06 다음 밑줄 친 부분 중 생략할 수 없는 것을 모두 고르면?

① You can come to my house whenever you would like to.
② He really wanted to leave his home, but he hadn't got the courage to.
③ My parents encouraged me to study medicine, but I didn't want to.
④ I followed the instructions as I promised to.
⑤ You can't defer making a decision if you want to.

07 다음 밑줄 친 두 부분의 관계가 나머지와 다른 것은?

① The document was loaded with <u>the mistaken facts</u> <u>of the case</u>.
② Some people agreed with <u>the idea</u> <u>that the adequacy of the process should be required</u>.
③ <u>The question</u> of <u>how they performed before the large audience</u> was still unknown.
④ The citizens welcomed <u>the news</u> of <u>using hydroelectricity and wind power</u>.
⑤ They visited <u>the Smithsonian Institute</u>, <u>the world's largest museum, education, and research complex</u>.

08 다음 중 어법상 옳은 것은?

① He couldn't reinforce the team with new players, and neither she could.
② Never I did confuse the ideal with the real.
③ I don't know anything about the accident at all.
④ It was far the worst speech he had ever made.
⑤ The man is capable of not only managing the task but also improve the procedure.

09 다음 중 어법상 옳은 문장끼리 짝지어진 것은?

① a. Along the lake are a lot of tall pine trees.
   b. She loves horror movies and so am I.
② a. Under no circumstances Jessica gives up her dream.
   b. Studying while listening to music causes students to have a difficult time understanding the material.
③ a. His illness hindered him from attending the important meeting.
   b. Most of college students do worry about careers after graduation.
④ a. A short walk gives me a good appetite.
   b. It was San Francisco when was chosen as the best city in the world last year.
⑤ a. There the train goes.
   b. The principal's speech was, I think, educational and informative.

10 다음 밑줄 친 부분을 강조하는 문장으로 바꾸어 쓰시오.

Mike <u>rarely</u> participates in fierce discussions.

→ _____ in fierce discussions.

11 다음 중 문장 전환이 바르지 않은 것은?

① Countries had to clean up the environment because of public opinion.
   → Public opinion obliged countries to clean up the environment.
② What will happen if you find that the design of your product is the same as the competitor's?
   → What if you find that the design of your product is the same as the competitor's?
③ If you should fail this time again, just give up.
   → Should you fail this time again, just give up.
④ No pain, no gain.
   → If there is no pain, there is no gain.
⑤ People can become more mobile thanks to cars.
   → People enable cars to become more mobile.

12 다음 중 어법상 틀린 문장의 기호를 모두 쓰시오.

(a) A lot of colorful fish the scuba divers saw.
(b) Hadn't I listened to this session carefully, I wouldn't have gotten a grade of 100.
(c) Written, as it is, in easy English, the manual is appropriate for general consumers.
(d) She saw her brother waving his hand, calling her name, and ran toward her.
(e) The electric fence kept the sheep from escaping the ranch.
(f) There are more passengers than there used to.
(g) Brian, as far as I know, came to prominence as a model.

REVIEW TEST / through Reading

1 다음 글의 밑줄 친 부분 중, 어법상 틀린 것은?

steadily 지속적으로
mobility 이동
correlate with ~와 관련 있다
inequality 불평등
inflicted on ~에게 가해진(지워진)
persistent 지속적인
chronic 만성의
implement 시행하다

A recent review reported that there is a steadily declining trend in social mobility between classes and that low social mobility correlated highly with income inequality. It was the growing wealth gap within countries ① why the analysis most analyzed. As low-income families were denied access to quality education and health care, they had in consequence ② far less chance of moving up the social ladder. The paper also highlighted mental health issues ③ inflicted on families living with persistent poverty. They were shown to suffer ④ much more from chronic anxiety and depression. Only by implementing sustained systematic intervention programs ⑤ can the global community tackle the problem of inequality that extends to education, health, and life opportunities.

2 (A), (B), (C)의 각 네모 안에서 어법에 맞는 표현으로 가장 적절한 것은?

integral 필수적인
ramification 파문, 영향
breach 위반, 침해
proponent 지지자
literacy 지식, 능력
outlet 발산 수단
participatory 참여의, 참가의

Never before has social media so dramatically (A) shape / shaped teenagers' day-to-day lives. So integral has social media become to their life that concerns are raised about its harmful ramifications, such as exposure to inappropriate content, personal information breaches and (B) cyberbully / cyberbullying to name a few. However, proponents voice educational benefits of using it. They argue that it allows teens to develop digital media literacy as enjoying online activities. In addition, it provides an outlet for teens' creative energies and self-expression. (C) What / Which is so thrilling about social media is, its advocates maintain, that it can function as a participatory learning space to share learning resources and debate different ideas.

	(A)		(B)		(C)
①	shape	········	cyberbully	········	What
②	shaped	········	cyberbullying	········	Which
③	shaped	········	cyberbullying	········	What
④	shaped	········	cyberbully	········	Which
⑤	shape	········	cyberbullying	········	What

A Real-World Guide to English Grammar

영문법의 바른 기준

GRAMMAR SHARP

완성

A REAL-WORLD GUIDE TO ENGLISH GRAMMAR

SELF-TEST BOOK

YBM

A Real-World Guide to English Grammar

영문법의 바른 기준

GRAMMAR SHARP 완성

01-04 주부와 술부 사이에 /를 그으시오.

01 Every participant in the summer hiking camp will be given a backpack as a gift.

02 Thinking about changing careers after working in the same field for several years is considered to be a bad idea.

03 The common belief that taking vitamin supplements is good for your health is not always true.

04 People spending long hours working on computers are likely to suffer from TATT(Tired All The Time) syndrome.

05-09 밑줄 친 부분을 어법에 맞게 고쳐 쓰시오.

05 Antoni Gaudí, the architectural genius, <u>to devote</u> himself to the construction of the Sagrada Família until his death in 1926.

06 The hotel room with modern facilities <u>have</u> an ocean view and a spacious balcony.

07 Mr. Hearst made a couple of suggestions regarding extra-curricular activities but they sounded <u>unreasonably</u> to me.

08 Jasmine found her new colleague <u>thought</u> and considerate.

09 FAQ is a list of the most <u>frequent</u> asked questions and answers on a website to provide basic information.

10-12 밑줄 친 부분의 문장 성분(주어, 목적어, 주격보어, 목적격보어)을 쓰시오.

10 (1) Traffic congestion is an urgent <u>problem</u> that needs to be solved immediately.

(2) Martin overcame his financial <u>problem</u> by doing part-time job during summer vacation.

11 (1) Please note <u>that you should replace the filter of the air conditioner regularly</u>.

(2) The announcement the mayor made was <u>that a new airport would open in July 2025</u>.

12 (1) <u>Inspiring children in remote villages</u> was one of his missions as a priest.

(2) Most of the elderly people found the documentary on life-long education <u>inspiring</u>.

13-17 <보기>에서 가장 알맞은 말을 골라 문장을 완성하시오.

> **보기**
> to record their lives online
> helps to improve brain function
> get through the most frustrating times
> organizing the materials for our presentation
> based on events that took place in New York a century ago

13 Playing musical instruments _____.

14 Have you finished _____?

15 My parents' encouragement and support made me _____.

16 The use of the Internet and social media has led people _____.

17 The Rainbow Troupe recently released a musical _____.

18-22 우리말과 뜻이 같도록 괄호 안의 말을 배열하시오.

18 반려 동물과 함께 시간을 보내는 것은 우리의 정신 건강에 도움이 될 수 있다.
(time / benefit / with / can / companion animals / spending)

→ _____ our mental health.

19 주민들은 폭풍이 얼마나 심할지 예상할 수 없었다.
(how severe / anticipate / the storm / would / couldn't / be)

→ The residents _____.

20 아이들이 안전과 안정감을 느끼는 데 도움이 되는 것은 사랑과 애정이다.
(to / safe and secure / children / helps / feel / what)

→ _____ is love and affection.

21 Jeff는 그 프로그램에 대한 간략한 개요를 제공하는 사용자 설명서를 다운받았다.
(of the program / which / a user's manual / provides / a brief overview)

→ Jeff downloaded _____.

22 저희 로열티 프로그램의 회원이시므로 이 특별 할인을 받을 수 있습니다.
(you / of our loyalty program / since / are / a member)

→ _____, you are eligible for this special offer.

01-05 밑줄 친 부분에 유의하여 우리말로 옮기시오.

01 Ms. Emerson's bitter complaint really <u>counted</u>.

02 I believe that hard work always <u>pays</u> in the long run.

03 How can you know if he will <u>make</u> a good husband?

04 Would you <u>stand still</u> while I'm cutting your hair?

05 Before the awards were <u>bestowed upon</u> the winners, the mayor <u>addressed</u> the audience.

06-10 빈칸에 알맞은 전치사를 쓰시오. 단, 필요 없는 곳에는 X표를 하시오.

06 How do you account _____ the growth of your company in the stagnant economy?

07 I'm wondering if you could do me a favor. Can you choose a housewarming gift _____ my co-worker?

08 The law prohibits all retailers _____ selling energy drinks _____ minors.

09 Antelopes resemble _____ deer in appearance, but they belong to different scientific families.

10 The marketing team came up _____ a fantastic idea that increased its corporate profits by 10 percent.

11-13 두 문장의 뜻이 같도록 빈칸에 알맞은 말을 쓰시오.

11 Emma showed a customs officer her passport and visa.

→ Emma showed her passport and visa _____ _____ _____ _____.

12 Some scholars consider the Parthenon in Athens the icon of classical architecture.

→ Some scholars consider the Parthenon in Athens _____ _____ the icon of classical architecture.

→ Some scholars consider _____ the Parthenon in Athens _____ the icon of classical architecture.

13 The coach had the athletes practice the daily exercise routine.

→ The coach got the athletes _____ _____ the daily exercise routine.

→ The coach had the daily exercise routine _____ by the athletes.

14-22 밑줄 친 부분을 어법에 맞게 고쳐 쓰시오.

14 Apartment prices <u>have raised</u> dramatically in the downtown area of the city in recent years.

15 There will be an official event after the conference, so <u>it seems appropriately</u> for you to wear formal attire.

16 Her dog has recently learned to <u>obey to</u> several commands.

17 I would appreciate it greatly if you could <u>respond the brief questionnaire</u> I have attached.

18 Mr. Johnson will retire from his firm next year, so he needs to take some time out and <u>prepare him for</u> it.

19 The director <u>had the client meeting to reschedule</u> for Tuesday instead of Wednesday.

20 The state-of-the-art equipment may <u>cost a lot of money for you</u>, but it will improve efficiency and productivity.

21 The clerk <u>mentioned about many benefits</u> associated with becoming a member of the book club.

22 The rescue team <u>reached to</u> the spot 30 minutes after the deadly earthquake.

23-27 우리말과 뜻이 같도록 괄호 안의 말을 이용하여 문장을 완성하시오.

23 Greg은 다양한 기복을 경험하면서 다사다난한 삶을 살았다. (live, colorful)

→ As he experienced a variety of highs and lows, Greg _____.

24 Abby는 지난밤에 기말시험 결과에 대해 걱정하느라 누워서도 잠을 이루지 못했다. (lie, awake, worry)

→ Abby _____ the results of his final exams last night.

25 몇몇 과학자들은 Edison이 전구를 발명하겠다고 약속했을 때 그를 놀렸다. (make, fun)

→ Some scientists _____ Edison when he promised that he would invent the light bulb.

26 Angela는 Eric 차의 미등이 멀리 사라져 가는 것을 지켜 보았다. (disappear into the distance)

→ Angela watched the tail lights of Eric's car _____.

27 그는 집으로 오는 길에 차에 문제가 생겼기에 차를 고쳤다. (get, fix)

→ On his way home he had a problem with his car, so he _____.

01-05 괄호 안의 말을 알맞은 형태로 바꾸어 대화를 완성하시오.

01 A: Do you know why milk looks white to us?

B: Yeah, scientifically speaking, milk appears white because it _____ (reflect) all the colors of the sunlight.

02 A: Hi, how _____ (be) your business meeting with our supplier yesterday?

B: It was fruitful. We reached an agreement and _____ (finalize) the contract.

03 A: Look at her hair!

B: Oh, the hair clip is going to fall off her hair! I _____ (fix) the clip.

04 A: I heard you had travelled to Rome again during the vacation!

B: Yeah. It was the third time I _____ (be) to Rome.

05 A: The chemistry between the leader and team members seems fantastic.

B: Yes, they have great teamwork. They _____ (work) together since the team was created.

06-12 〈보기〉에서 가장 알맞은 말을 골라 문장을 완성하시오. (필요한 경우 형태를 바꿀 것)

보기 happen   have   make   go   work   conduct   need

06 I _____ an early start so that I won't get stuck in a traffic jam.

07 We feel dread when we are anticipating that something terrible is about _____.

08 The staff at the front desk will happily give you a hand if you _____ any assistance.

09 I've been working a lot of overtime lately. I wish I _____ more time to spend with my kids.

10 Victor isn't in his office today. He _____ to Germany to attend the Frankfurt Book Fair.

11 Pharmaceutical companies _____ ongoing experiments to develop a vaccine since then.

12 Ms. Richter _____ as a lecturer for 10 years before she joined our company as a marketing analyst.

13-21 밑줄 친 부분이 어법상 맞으면 T, 틀리면 F로 표시하고 바르게 고쳐 쓰시오.

13 Shane was told that the largest continent <u>is</u> Asia, both by area and population.

14 The lost kid <u>has been walking</u> for an hour when he happened to meet a police officer.

15 The world-wide soccer star <u>will have retired</u> by the end of this year.

16 I <u>was lying</u> in a hammock on a tropical beach somewhere this time next Saturday.

17 The judges <u>are tasting</u> each dish to select the winner of the culinary contest now.

18 I'll contact Nathan and check if he <u>will be able to lead</u> the first session of the conference.

19 The world's first cell phone was launched by Motorola in 1983, and then it <u>costs</u> approximately $4,000.

20 Colin used to <u>enjoying</u> weekend farming in the suburbs, but he doesn't have time for it nowadays.

21 I <u>was believing</u> I was the only one who felt that way, but now I <u>know</u> that there are others like me.

22-26 우리말과 뜻이 같도록 괄호 안의 말을 이용하여 문장을 완성하시오.

22 지난밤에 Grace는 태양 에너지가 지구의 표면과 대기를 따뜻하게 해 준다는 기사를 읽었다.
(warm, surface, atmosphere)

→ Last night Grace read an article that the energy from the sun _____

_____.

23 Vincent는 자신의 능력과 관심에 적합한 일을 찾을 때까지 아르바이트를 하고 있는 중이다.
(work, part-time job, find, job)

→ Vincent _____ until he _____ that fits his skills and interests.

24 나는 Max가 3년 전 박사 학위를 따기 위해 Boston으로 떠난 이후 그를 보지 못했다. (see, since, leave)

→ I _____ for Boston to earn a doctorate degree three years ago.

25 Dave가 세차를 끝내자마자 폭우가 쏟아지기 시작했다. (finish)

→ No _____ washing his car than the heavy rain started to fall.

26 죄송하지만 Meyer 박사님은 환자 진료 중이어서 바꿔 드릴 수가 없습니다. 메시지를 남겨 주시겠어요?
(see, a patient, will, leave)

→ I'm sorry I can't connect you to Dr. Meyer because he _____ right now. _____ a message?

[01–03] 다음 빈칸에 들어갈 말로 알맞은 것을 고르시오.

01

> Participants in the science camp received their
> first _____ from Mr. Patel.

① assign　　　　　② to assign
③ assigned　　　　④ to be assigned
⑤ assignment

02

> Chris _____ his favorite backpack to his
> roommate Vincent.

① got　　　　　② lent
③ chose　　　　④ bought
⑤ ordered

03

> Anna _____ in her old school days.

① has been volunteering
② is going to take a field trip
③ enjoys extracurricular activities
④ used to be a shy and quiet girl
⑤ will read various genres of books

04 다음 밑줄 친 절의 문장 내 역할이 나머지와 다른 것은?

① I'm wondering <u>if you could teach me how to take a good selfie</u>.
② <u>That openness to change declines with age</u> is commonly accepted.
③ <u>What matters most important in maintaining good relationships</u> is mutual trust.
④ The fundamental issue is <u>how we can reduce the gap between the rich and the poor</u>.
⑤ The pension <u>where we stayed during last summer vacation</u> was located in an isolated area.

05 다음 대화의 빈칸에 들어갈 말로 알맞은 것은?

> A: Patrick, what's wrong? I couldn't reach you.
> B: Sorry, but no reason my cell phone _____
>   well since yesterday.

① doesn't work　　　② isn't working
③ didn't work　　　　④ hasn't worked
⑤ hadn't worked

06 다음 빈칸에 들어갈 말로 알맞지 <u>않은</u> 것을 <u>모두</u> 고르면?

> The booklet _____ some good tips on
> adjusting to a new culture to international
> students.

① prepares　　② shows　　③ offers
④ gives　　　　⑤ requires

07 다음 빈칸에 들어갈 수 <u>없는</u> 것은?

> • It doesn't _____ to me. Any model you
>   choose is fine.
> • Reusing your towels and sheets can _____
>   our hotel reduce water and energy consumption.
> • The security program can _____
>   unauthorized users from accessing confidential
>   information.
> • As long as we _____ more attention to the
>   noise level, we won't have problems with the
>   neighbors.

① pay　　　　② stop　　　③ help
④ cause　　　⑤ matter

08 다음 문장에서 어법상 틀린 부분을 바르게 고쳐 문장을 다시 쓰시오.

> Can you spare a few minutes to me? I have
> something urgent to discuss about.

_____

_____

[09-10] 다음 빈칸에 공통으로 들어갈 말을 쓰시오.

09

- Ms. Santos is seeking a babysitter who can care _____ her son while she is at work.
- The volunteers made a special Christmas lunch _____ the elders.

→ _____

10

- My fans' support and love _____ me get on this stage tonight.
- The old factory complex _____ a park for the residents a year ago.
- Justin _____ a bouquet of flowers for his girlfriend on Valentine's Day last year.

→ _____

11 다음 중 의미가 같은 문장끼리 짝지어지지 <u>않은</u> 것은?

① Stella participated in an internship program during her senior year.
  → Stella attended an internship program during her senior year.
② Our flight is landing at the destination airport in 30 minutes.
  → Our flight is going to land at the destination airport in 30 minutes.
③ I had wished to study abroad but my admission was rejected.
  → Fortunately, I could finally study abroad as I wished.
④ Our new free audio guide allows visitors to explore exhibitions in the gallery.
  → Our new free audio guide lets visitors explore exhibitions in the gallery.
⑤ To get a good night's sleep is important for metabolism and health.
  → It is important for metabolism and health to get a good night's sleep.

12 다음 빈칸에 들어갈 말이 바르게 짝지어진 것을 고르시오.

- If you need any further information, please _____ to this email.
- The seafood restaurant _____ here for 10 years by the end of this year.

① reply — will operate
② reply — will have operated
③ answer — will operate
④ answer — will have operated
⑤ respond — will operate

13 다음 빈칸에 'is having'이 들어갈 수 <u>없는</u> 것은?

① Mario _____ his favorite shrimp dish with special recipe.
② Nicholas got another part-time job, so he _____ two jobs now.
③ Amy _____ fun while shopping at the flea market with her classmates.
④ The landlord _____ a barbecue party in his backyard to welcome a new tenant.
⑤ The panel _____ a discussion about construction of a bridge to solve the traffic problem.

14 다음 밑줄 친 부분 중 어법상 <u>틀린</u> 것은?

① I'd like to know when my package <u>will be shipped</u>.
② I <u>was about to submit</u> my application when I noticed some misspelled words.
③ Emma found the new interior of the living room <u>too fancy</u> for her taste.
④ I don't believe <u>that</u> academic knowledge always leads us to right decisions.
⑤ The global movie star <u>announced her fans</u> that she would retire from acting.

15

_____ helps to manage and
reduce stress.
---

① It
② Laugh it off
③ The daily meditation
④ That you take some time out
⑤ Listening to classical music

16

Mr. Sanders made _____.
---

① himself understand clearly
② his daughter a genius pianist
③ a new law to protect wild animals
④ Abigail a sandwich with fresh ingredients
⑤ campers clean up campsites before they leave

17

The board members _____ the
job applicants the day after tomorrow.
---

① will interview   ② are to interview
③ have interviewed   ④ will be interviewing
⑤ are going to interview

18 다음 밑줄 친 부분 중 어법상 옳은 것은?

① Ms. Pham is shopping at the mall while her
husband <u>was taking</u> care of her kids now.
② The sports center with state-of-the-art facilities <u>to
open</u> next weekend.
③ It <u>has been</u> almost two years since the pandemic
began.
④ Participation is FREE! <u>Additional</u>, all attendees will
receive a complimentary gift.
⑤ Local environmentalists <u>objected</u> the proposed
development project.

19 다음 빈칸에 들어갈 말이 바르게 짝지어진 것은?

• The principal observed drama club members
_____ final rehearsal.
• Mr. Bryce encouraged Robert _____ the
city-sponsored cartoon competition.
• The moving and powerful speech made all the
audience _____.
---

① perform — enter — impress
② perform — to enter — impress
③ performing — enter — impressed
④ performing — to enter — impressed
⑤ to perform — enter — to impress

[20-21] 다음 우리말을 영어로 바르게 옮긴 것을 고르시오.

20

Ben은 Lucas의 사교적인 성격을 부러워한다.
---

① Ben envies Lucas his social character.
② Ben envies Lucas to his social character.
③ Ben envies his social character of Lucas.
④ Ben envies his social character for Lucas.
⑤ Ben envies his social character to Lucas.

21

Tiffany는 호텔에 투숙하자마자 여행 가방을 풀었다.
---

① Scarcely had Tiffany checked into a hotel when
she unpacked her baggage.
② No sooner Tiffany checked a hotel than she
unpacked her baggage.
③ Hardly did Tiffany check a hotel before she had
unpacked her baggage.
④ Tiffany has no sooner checked a hotel than she
unpacked her baggage.
⑤ As soon as Tiffany checks into a hotel, she
unpacked her baggage.

22 다음 중 어법상 <u>틀린</u> 문장은 <u>모두</u> 몇 개인가?

(a) Parents should be careful about their words and actions before their children.
(b) Daisy had her picture take to renew her driver's license.
(c) Having some shared hobbies makes relationships firmer and stronger.
(d) The charity center supplies refugees for shelter and commodities.
(e) I'll lend you it if you can give it back to me by next Friday.
(f) I'll let you know as soon as I'll have the contact information of the potential customer.
(g) The doctor asked his patient to lie down on the bed and performed some tests.
(h) Due to the heavy rain, the water level of the dam has risen by 2 meters.

① 2개 　　　② 3개 　　　③ 4개
④ 5개 　　　⑤ 6개

23 다음 중 어법상 옳은 문장끼리 짝지어진 것은?

① a. The new regulation banned supermarkets to offer disposable plastic bags to shoppers.
　 b. I know the ponytailed girl seating by the window.
② a. Mark's resolution was so firm that his parents couldn't persuade him to change it.
　 b. By the time she will complete her degree, she will have been in the UK for 5 years.
③ a. The incentive programs will keep employees motivated.
　 b. Alex has been married to his wife Jennifer more than two decades ago.
④ a. The package reached to Henry late because the address was incorrect.
　 b. My flight to California will be cancelled unless the thick fog will clear soon.
⑤ a. They finally agreed to name their new-born baby Laura.
　 b. His parents objected to his going abroad to study.

[24~26] 다음 우리말과 뜻이 같도록 괄호 안의 말을 이용하여 문장을 완성하시오.

24

그것이 내 평생 두 번째로 본 뮤지컬이었다. (see)

→ It was the second musical _____ in my life.

25

지도가 포함되어 있는 관광 안내책자는 당신에게 뉴욕에서 가야 할 곳을 소개해준다. (introduce, where, you, go)

→ The tourist guidebook, which includes maps, _____ in New York.

26

Daisy는 1시간째 줌으로 그녀의 어릴 적 친구들과 수다를 떨고 있는 중이다. (chat, childhood friends)

→ Daisy _____ on Zoom for an hour.

[27~28] 다음 글을 읽고 물음에 답하시오.

I ①<u>ordered</u> a striped rug from your website last week, and I also selected the Express Delivery option for an additional $5. The rug ②<u>was due to be delivered</u> within two business days of purchase. However, ten days have passed since I ordered the rug, but it ③<u>has not arrived</u> yet. (A) 이렇게 지연된 이유를 제게 알려주시겠어요? And let me know when I ④<u>receive</u> my order. ⑤<u>I'm hoping</u> that you will look into this matter.

27 위 글의 밑줄 친 ①~⑤ 중에서 어법상 <u>틀린</u> 부분을 찾아 바르게 고치시오.

_____ → _____

28 위 글의 밑줄 친 (A)와 뜻이 같도록 괄호 안의 말을 이용하여 문장을 완성하시오. (inform, reason, this delay)

→ Could you please _____?

다음 글을 읽고, 물음에 답하시오.

Abraham Harold Maslow is an American psychologist that ① created Maslow's hierarchy of human needs. As he suggested in his paper on human needs, basic needs must be satisfied first of all in order that students pay attention to learning. Only after food, shelter, and safety from harm ② is secured, people then seek affection and esteem as their next most important needs. As caring and interested teachers ③ come to know their students, they can develop rapport and trust not only between teachers and students but also among students. This trust builds a psychologically safe atmosphere in the classroom, which provides students ④ with a sense of security. With this sense of security, students can get over their intellectual discomfort of new learning and adjust their pre-existing mental models to accommodate new ideas. In addition, a sense of belonging and being valued maximizes the chances ⑤ that students will take such risks.

*rapport (친밀한) 관계

29 위 글의 밑줄 친 부분 중, 어법상 <u>틀린</u> 것은?

①   ②   ③   ④   ⑤

Check Plus ➕

위 글에서 필자가 주장하는 바로 가장 적절한 것은?

① Maslow의 욕구 단계 이론에 간과할 수 없는 허점이 있다.
② 기본적인 욕구에 앞서 애정 욕구가 먼저 충족되어야 한다.
③ 교사는 학생들 사이의 신뢰감 형성에 개입해서는 안 된다.
④ 교사는 심리적으로 안전한 교육 환경을 조성해야 한다.
⑤ 교사는 개별 학생들의 특기와 소질 계발에 주의를 기울여야 한다.

---

psychologist 심리학자   **hierarchy** 계층   **human needs** 인간의 욕구   **shelter** 주거지, 피신처   **secured** 보증된
esteem 존중, 존경   **caring** 배려하는, 보살피는   **psychologically** 심리학적으로   **atmosphere** 분위기, 공기
get over ~을 극복하다   **adjust** 조절하다   **pre-existing** 기존의   **accommodate** 수용하다

다음 글을 읽고, 물음에 답하시오.

You may often use humor when you want to avoid delivering a boring presentation. Humor can play a crucial role in getting people on your side and it is also necessary in getting your point across. (①) Once you (A) start / will start your presentation with a fun and nice joke, your audience will be more likely to listen to your words! (②) Your good humor can help them connect with you. (③) Your humor can take people's attention away from (B) what / that you say. (④) It comes to mind that I've heard some people saying after presentation, "The presentation was hilarious, but what was it the presenter was trying to say?" (⑤) Perhaps it does not matter if your only goal is to get people to have fun with you, but it does matter if you have an essential point (C) make / to make. Therefore, you should be careful not to overuse humor in an important presentation.

*hilarious 웃기고 재미있는

30 위 글의 (A), (B), (C)의 각 네모 안에서 어법에 맞는 표현으로 가장 적절한 것은?

	(A)	(B)	(C)
①	start	.... what	.... make
②	start	.... that	.... make
③	start	.... what	.... to make
④	will start	.... that	.... to make
⑤	will start	.... what	.... to make

Check Plus ➕

위 글의 흐름으로 보아, 주어진 문장이 들어가기에 가장 적절한 곳은?

There are, however, dangers with the use of humor.

①　　　　②　　　　③　　　　④　　　　⑤

deliver 전하다, (연설 등을) 하다　　get ~ on one's side ~을 …의 편으로 만들다　　get one's point across ~의 주장을 이해시키다　　connect with ~와 친해지다　　take one's attention away from ~로부터 …의 관심을 빼앗다　　come to mind 생각이 떠오르다　　matter 문제가 되다, 중요하다　　overuse 남용하다

01-11 밑줄 친 부분에 유의하여 우리말로 옮기시오.

01 My computer doesn't work right. There <u>must</u> be some problems.

02 You may tell me your opinion, but I <u>won't</u> change my mind.

03 Whoever you <u>may</u> be, you have to respect the local customs.

04 You <u>don't need to</u> wait so long to get such an expensive and worthless device.

05 The old lady <u>would</u> always take the nine o'clock bus.

06 New research indicates that lost long-term memories <u>might be able to</u> be restored.

07 <u>May</u> you all be happy and prosperous!

08 It's a shock that he <u>should</u> intentionally be so rude to you.

09 We <u>cannot stress too much</u> the idea that global citizenship education is greatly required.

10 He <u>ought to have known</u> of the error and <u>reported</u> it to the authorities concerned.

11 You <u>may as well</u> enjoy the process of learning from mistakes <u>as</u> try to be perfect.

12-17 어법상 <u>틀린</u> 부분을 찾아, 바르게 고쳐 문장을 다시 쓰시오.

12 Her grandfather was used to reminisce about the days when he was in the U.S. Navy.

→ _____

13 Parents don't ought to allow their children to watch violent movies.

→ _____

14 You had not better to water begonia too often, which is sensitive to overwatering.

→ _____

15 The chef ordered that he makes 100 meals by tomorrow.

→ _____

16 Did she used to be very shy as a teenager?

→ _____

17 Her parents live nearby, so she can't but to go there on holidays.

→ _____

18-25 우리말과 뜻이 같도록 빈칸에 알맞은 말을 쓰시오.

18 이 보고서에는 오류가 너무나 많아서 다시 작성되어야 할 것이다.

→ There are so many inaccuracies in this report that it _____ _____ _____ be written again.

19 우리는 경영진에게 공장을 폐쇄하지 말라고 간청했지만, 그들은 들으려고 하지 않았다.

→ We begged the management not to close the factory, but they _____ _____ listen.

20 나는 길가에서 조깅하느니 차라리 러닝머신에서 달리겠다.

→ I _____ _____ run on a treadmill _____ jog along the road.

21 이 비행기 사고는 발생하지 말았어야 했던 엄청난 비극이다.

→ This plane crash is a tremendous tragedy which _____ _____ _____ _____ happened.

22 그는 10년 전 전장에서 전사했는지도 모른다.

→ He _____ _____ _____ killed in the battle field 10 years ago.

23 한때 그 아름다운 정원을 둘러싼 사이프러스 나무들이 있었다.

→ There _____ _____ be cypress trees surrounding the beautiful garden.

24 그들이 그 같은 무적의 팀을 자랑스러워하는 것도 당연하다.

→ They _____ _____ be proud of such an unbeatable team.

25 나는 지체된 것에 대해 그에게 사과하지 않을 수 없었다.

→ I had _____ _____ _____ _____ apologize to him for the delay.

26-28 need, must, should와 괄호 안의 말을 이용하여 대화를 완성하시오.

26 A: Jake hadn't seen the doctor for a week until he was diagnosed with pneumonia.

B: Oh my! He _____ it for a common cold. (mistake)

27 A: You didn't stay up late last night, did you?

B: No. I completed the report yesterday morning, so I _____ at night. (work)

28 A: I heard he missed the train because of heavy traffic.

B: Oh, he _____ earlier. (leave)

01-04 괄호 안의 말을 이용하여 문장을 완성하시오.

01 Her painting will _____ for two weeks. (exhibit)

02 How and when were the ancient walls _____? (discover)

03 The church _____ three times because of fire accidents since 1600. (rebuild)

04 Don't let the same query _____ multiple times. (repeat)

05-09 두 문장의 뜻이 같도록 문장을 완성하시오.

05 She didn't let the kids eat and drink inside the tent.

→ The kids _____ eat and drink inside the tent by her.

06 They believe that the accident happened due to the slippery road.

→ The accident _____ due to the slippery road by them.

07 I saw you and Jim go out for a walk the other day.

→ You and Jim _____ go out for a walk the other day by me.

08 We agreed that the proposal offered the best solution to our problem.

→ _____ that the proposal offered the best solution to our problem.

09 The police caught up with the bank robber at the border of Canada.

→ The bank robber _____ at the border of Canada by the police.

10-13 주어진 시제와 괄호 안의 말을 이용하여 문장을 완성하시오.

10 The decision of whether or not the criteria _____ should _____. <현재>
　　　　　　　　　　　　　　　　　　　　　　　(meet)　　　　　　　(make)

11 The research _____ that many businesses _____ by the pandemic. <과거>
　　　　　　　　　(show)　　　　　　　　　　　　(affect)

12 They _____ the survey soon and it _____ to the public. <미래>
　　　　　　(complete)　　　　　　　　　　　　(publish)

13 Her team _____ what type of software needs _____. <현재>
　　　　　　　　(decide)　　　　　　　　　　　　(develop)

14-21 다음 문장을 수동태로 바꾸어 쓰시오.

14 Who coined the ridiculous term?

→ _____

15 Send the invitation to all the guests.

→ _____

16 Sadly, they are ignoring the poor child's feelings.

→ _____

17 The emperor built his wife the magnificent palace.

→ _____

18 Scientists made the satellites collect and deliver data in space.

→ _____

19 Every student in the class looked up to the teacher.

→ _____

20 Matt secretly envies the man his enormous success and fame.

→ _____

21 Do you keep the medicine in the original container?

→ _____

22-24 다음 문장을 수동태로 바꾸어 쓰시오.

22 The company promised employees a bonus for reaching sales goals.

→ Employees _____.

→ A bonus for reaching sales goals _____.

23 They say that he did his best to support his family.

→ It _____.

→ He _____.

24 My GPS map showed me the way through the city.

→ I _____.

→ The way through the city _____.

01-04 밑줄 친 부분에 유의하여 우리말로 옮기시오.

01 Participation in all course activities is mandatory if you <u>are to get</u> a good grade in the class.

02 Megan felt lucky <u>to survive</u> the horrendous car accident.

03 The man was <u>brave enough to make</u> a disclosure of what she had done wrong.

04 Reducing the high unemployment rate requires careful handling <u>in order not to aggravate</u> the problem.

05-09 괄호 안의 말을 이용하여 문장을 완성하시오.

05 Jackson was determined and consistent in _____ an agriculturist.
(decision / his / become)

06 You _____ too often to keep you healthy and save money.
(had better / eat out)

07 After having a long snowball fight, the little boys wanted _____.
(hot / something / drink)

08 Some experts say that buying _____ is not a good way to build wealth.
(a house / live)

09 It was _____ extra heaters for security staff for winter nights.
(them / considerate / provide)

10-13 어법상 틀린 부분을 찾아, 바르게 고쳐 문장을 다시 쓰시오.

10 We often found that so annoying to have pop-ups before we could use a mobile application.
→ _____

11 Spending a year working in Australia helped me broadening my horizon.
→ _____

12 The management got the promising singer-songwriter sign a new long-term contract.
→ _____

13 When they watched the stars to move, they noticed that the stars were in some patterns.
→ _____

14-20 우리말과 뜻이 같도록 괄호 안의 말을 이용하여 빈칸에 알맞은 말을 쓰시오.

14 수면 부족은 당신이 너무 피곤해서 운동할 수 없다고 느끼게 만들 수 있다. (tired, exercise)

→ The lack of sleep can make you _____ _____ _____ _____.

15 말할 필요도 없이, 모든 부모들은 자신의 자녀들이 학업적으로 잘 수행하기를 기대한다. (say)

→ _____ _____ _____, every parent expects their children to perform well academically.

16 컴퓨터는 당신의 논리에서의 결함을 발견할 만큼 충분히 영리하지 않다. (clever, identify)

→ Computers are not _____ _____ _____ _____ a flaw in your logic.

17 Allen 씨는 잘생긴 것은 말할 것도 없고 친절하고 익살스럽다. (mention)

→ Mr. Allen is kind and humorous, _____ _____ _____ good-looking.

18 당신은 언제 갈지 그리고 누구와 함께 갈지 결정해야 한다. (go)

→ You should decide _____ _____ _____ and _____ _____ _____ with.

19 중앙의 그 큰 조각품은 이집트에서 도난당했던 것처럼 보인다. (steal)

→ The large sculpture in the center seems _____ _____ _____ _____ from Egypt.

20 나는 채식을 좋아하는데, 두세 개 예를 들면 샐러리 수프, 두부 상추 쌈 등이다. (name)

→ I like vegetarian meals, celery soup, tofu lettuce wraps, _____ _____ _____ _____.

21-24 두 문장의 뜻이 같도록 빈칸에 알맞은 말을 쓰시오.

21 Many software companies are not sure where to invest their resources and budgets.

→ Many software companies are not sure _____ _____ _____ _____ their resources and budgets.

22 To grant equal rights to the members of the organization was a basic principle.

→ _____ _____ a basic principle _____ _____ _____ _____ to the members of the organization.

23 It appears that digital literacy is important not only for adults but also for children.

→ Digital literacy _____ _____ _____ important not only for adults but also for children.

24 All the family is going to get together and celebrate the baby's first birthday.

→ All the family _____ _____ _____ together and celebrate the baby's first birthday.

[01-02] 다음 빈칸에 들어갈 말로 알맞은 것을 고르시오.

01

> The CEO turned out _____ 20 years ago.

① adopt   ② to adopt
③ adopting   ④ to have adopted
⑤ to have been adopted

02

> The young woman was politely asked _____ the restaurant because of what she was wearing.

① to leave   ② leave
③ to leaving   ④ to be left
⑤ being left

[03-04] 다음 빈칸에 들어갈 말로 알맞은 것을 <u>모두</u> 고르시오.

03

> Mr. Jones noticed the prisoner _____ to the door.

① flees   ② flee
③ having been fled   ④ be fled
⑤ fleeing

04

> It definitely was _____ of her not to report the missing child to the police to find her parents.

① normal   ② careless
③ selfish   ④ important
⑤ inconsiderate

[05-06] 다음 우리말과 뜻이 같도록 빈칸에 들어갈 말로 알맞은 것을 고르시오.

05

> 우리는 이미 배가 불러서 디저트를 먹지 말았어야 했지만, 어쨌든 먹었다.
> → While we _____ dessert because we were already full, we did anyway.

① can't have had
② wouldn't have had
③ might have had
④ shouldn't have had
⑤ mustn't have had

06

> 학교 경비원으로서, 그가 젊은 사람들과 잘 지낼 필요가 있다.
> → As a school caretaker, it is necessary that he _____ along well with young people.

① get   ② got
③ have to get   ④ would get
⑤ is going to get

07 다음 빈칸에 들어갈 말이 바르게 짝지어진 것은?

> 나는 아이에게 꽃을 만지지 말라고 어떻게 경고해야 할지 모르겠다.
> → I don't know _____ the kid _____ the flower.

① how should I warn — not to touch
② how to warn — not to touch
③ to warn how — to not touch
④ how I should warn — does not touch
⑤ how to warn — to not touch

08 다음 문장을 수동태로 바꾸어 쓰시오.

> A boy named Jack wrote the president a long letter.

→ _____

_____

[09-10] 다음 빈칸에 공통으로 들어갈 말을 쓰시오.

09

> • The desk was covered _____ papers.
> • Norah would become a terrible teacher; to begin _____, she doesn't like kids.

→ _____

10

> • The club _____ no choice but to call off today's race after heavy rain.
> • Ed, you _____ better brush your teeth before bed.

→ _____

[11-13] 다음 빈칸에 들어갈 말이 바르게 짝지어진 것을 고르시오.

11

> • The politician was made _____ for her impolite comments.
> • Their faces became white, and their eyes were _____ terror.

① apologize — full of
② apologize — filled of
③ apologized — full with
④ to apologize — filled with
⑤ to apologize — full with

12

> • The program helped the students _____ the most as it aroused their interest.
> • If you want to _____ for the job, you need to be well-informed and experienced in the field.

① learn — choose
② learn — have been chosen
③ to learn — chosen
④ to learn — be chosen
⑤ learning — choosing

13

> • French words are added for clarity so that people _____ what the term means.
> • The small cells _____ strongly to the tumor cells.

① can understand — were seen stick
② may be understood — were seen to stick
③ can understand — were seen to stick
④ could be understood — saw to stick
⑤ might have understood — were seen to be stuck

14 다음 우리말을 영어로 바르게 옮긴 것은?

> 그들은 그 약속을 미리 취소할 수도 있었는데.

① They should have cancelled the appointment in advance.
② They may cancel the appointment in advance.
③ They could have cancelled the appointment in advance.
④ They must have cancelled the appointment in advance.
⑤ They might not have cancelled the appointment in advance.

15

① How dare he ask me, a regular customer, to get out of the bar?
② Nobody in world history has ever loved to be ignored by someone.
③ Be sure to check if there are any errors.
④ Nothing was to be heard in my small room all though the day.
⑤ The four-year-old girl was read the book every night by her father.

16

① I'm going to do nothing but to rest this weekend.
② The organization strongly encouraged the authorities to punish everyone found guilty.
③ "I would rather choose to die in prison than go to the hospital for treatment," said one of them.
④ The decision will be made shortly after they complete the survey.
⑤ When it comes to the marketing budget, you'd better listen to him.

17

I stayed at the hotel for 5 nights and never ①they changed the bed linen, not even once! They just ②didn't seem ③to care about hygiene and cleanliness. ④To be brief, I recommend you ⑤never to stay there!

18

Arsenal football club based in England ①must improve if they ②are to win the league this year. It also desperately needs a new center back ③to be supported the defensive line ④in order to win. ⑤May Arsenal win!

19

It ①is believed that the glorious diamond crown ②was belonged to her grandmother before it ③was given ④to Princess Mary, and ⑤so did the gorgeous blue bracelet.

20

① Those attachment files were not able to be downloaded to the computer.
  → Those attachment files couldn't be downloaded to the computer.
② Please submit the proposal by this Thursday.
  → Please let the proposal be submitted by this Thursday.
③ I couldn't help bursting into laughter at the sight.
  → I couldn't but burst into laughter at the sight.
④ You're to wake up early before 5 to see the sunrise.
  → You have to wake up early before 5 to see the sunrise.
⑤ The shy boy may well dislike being the center of attention.
  → The shy boy has no reason to dislike being the center of attention.

21

① Should you change your mind, please let us know.
  → If you should change your mind, please let us know.
② They believed that the Earth was flat.
  → The Earth was believed to be flat by them.
③ It's impossible to say which one is to blame.
  → It's impossible to say which one is to be blamed.
④ We don't have to have a license to cycle on the roads.
  → We must not have a license to cycle on the roads.
⑤ Our team hopes for you to interact with the members.
  → Our team hopes that you will interact with the members.

22 다음 중 빈칸에 to가 들어갈 수 없는 것은?

① The institution helped people of all ages and backgrounds _____ cope with change.
② It was kind of you _____ kindly recommend a beautiful scarf.
③ Brandon was her ex-husband, who she was married _____ from 2010 to 2015.
④ Clare was seen _____ leave the bank at 12.
⑤ We couldn't help but _____ accept his invitation.

[23-25] 다음 우리말과 뜻이 같도록 괄호 안의 말을 이용하여 문장을 완성하시오.

23

그녀가 그렇게 일찍 떠나야 한다니 유감이다. (leave)

→ It's a shame _____.

24

그 집은 대가족이 살기에는 너무 좁았다. (too, to live)

→ The house _____.

25

그 낡은 트럭은 어디서 발견되었어요? (find)

→ Where _____?

26 다음 대화 중 어법상 어색한 것은?

① A: May I use yours?
   B: No, you can't.
② A: Why are they inclined to disagree with his opinion?
   B: He has a biased view.
③ A: The book sells very well.
   B: Yes, it is spoken highly of by readers.
④ A: Need he go at once?
   B: Yes, he must.
⑤ A: The company is recruiting graphic designers.
   B: I want you to not miss the chance this time.

27 다음 중 어법상 옳은 문장의 기호를 <u>모두</u> 쓰시오.

(a) They had better not to wake the little boy up too early.
(b) The woman was felt to be responsible for his death.
(c) We were disappointed on her harsh comments.
(d) I was given some good tips about the course.
(e) Not only time but money was saved us by the technology.
(f) Gold was used to painting the columns of the building.
(g) To decide when to invest in the stock market isn't easy.

_____

[28-29] 다음 글을 읽고 물음에 답하시오.

Safety Instructions While Using Escalators
- Heavy baggage ① doesn't permit.
- Do not let children sit or play on steps.
- It is recommended ② to accompany senior citizens/children.
- Loose clothes and shoelaces ③ can get trapped.
- Take precaution ④ to avoid the sides of the escalator when wearing flip-flops.
- The emergency stop buttons ⑤ are located at the entrance and exit.

28 위 글의 밑줄 친 ①~⑤ 중에서 어법상 <u>틀린</u> 부분을 찾아 바르게 고치시오.

_____ → _____

29 괄호 안의 말을 이용하여 현재시제로 문장을 완성하시오. (post, educate)

→ The instructions above _____ with the goal _____ the escalator users about safety rules while using escalators.

다음 글을 읽고, 물음에 답하시오.

The avocado ①has become one of the superfoods mainly due to its health benefits; it contains multiple vitamins and minerals. Mexico produces more avocado than any other country in the world, but this "green gold" ②is consumed mainly in the States, Europe, and Asia. With a huge demand for the fruit, shrubs and old trees ③cut down in Mexico to plant avocado trees, ④contributing to deforestation, and in consequence, global warming and climate change. Also, it takes about as much as 9.5 billion liters of water daily to produce avocados. Hence, avocado production requires a massive extraction of water from Michoacan aquifers, which causes unexpected consequences, such as small earthquakes. Local authorities admit avocado-related water extraction has opened up subsoil caverns that ⑤could be causing seismic movements.

*aquifer 대수층

30 위 글의 밑줄 친 부분 중, 어법상 틀린 것은?

①   ②   ③   ④   ⑤

Check Plus ➕

위 글의 내용으로 알 수 있는 것은?

① 아보카도는 단백질 함량이 매우 높다.
② 멕시코와 미국에서 아보카도를 대량으로 재배한다.
③ 유럽에서는 아보카도의 인기가 높지 않다.
④ 아보카도 재배에는 많은 물이 필요하지 않다.
⑤ 물을 빼내 생겨난 땅속 공간이 지진의 원인일 수 있다.

---

shrub 관목   **cut down** (나무 등을) 베다   **contribute to** ~에 기여하다, ~의 원인이 되다   **deforestation** 삼림 벌채
in consequence 결과적으로   **extraction** 뽑아냄, 추출   **authorities** 당국   **subsoil** 심토, 하층토   **cavern** 동굴
seismic 지진의

다음 글을 읽고, 물음에 답하시오.

Many people like to own a pet. Research suggests that about 70 percent of U.S. households owned some sort of pets in 2017. At the same time, however, millions of pets (A) abandoned / were abandoned and sent to animal shelters within a few months or years just because the pet didn't meet people's expectations or needs. So before selecting one, consider your and your family's own needs. It's also important to bear in mind the animal's needs as well as your own. _____, dogs are very social and friendly animals requiring a fair amount of attention and care. Many of them cannot be left alone at home all day long like cats, rabbits, or fish. They also must (B) be walked / walk on a regular basis. When you consider getting a dog, I recommend you (C) making / to make sure you can spend at least one hour a day to walk or play with him or her. Dogs live 10 years or more, so keep in mind that you should make a long-term commitment.

31 위 글의 (A), (B), (C)의 각 네모 안에서 어법에 맞는 표현으로 가장 적절한 것은?

	(A)		(B)		(C)
①	abandoned	…………	be walked	…………	to make
②	abandoned	…………	walk	…………	making
③	abandoned	…………	walk	…………	to make
④	were abandoned	…………	be walked	…………	to make
⑤	were abandoned	…………	walk	…………	making

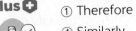

Check Plus ➕

위 글의 빈칸에 들어갈 연결어로 알맞은 것은?

① Therefore   ② However   ③ Above all

④ Similarly   ⑤ For example

---

abandon 버리다, 유기하다   **animal shelter** 동물 보호소   **bear(keep) in mind** 명심하다   **leave ~ alone** ~을 혼자 내버려두다   **walk** 산책시키다   **on a regular basis** 주기적으로   **make sure** 분명하게 하다, 다짐하다   **make a commitment** 헌신하다

01-03 밑줄 친 부분에 유의하여 우리말로 옮기시오.

01 The construction company is notorious <u>for never having paid</u> returns to its shareholders.

02 One of the essential pieces of camping gear is a good <u>sleeping</u> bag.

03 Despite hours of <u>my attempting</u> to convince him that nothing was wrong with me, I could not persuade him.

04-07 괄호 안에서 알맞은 말을 <u>모두</u> 고르시오.

04 Being exhausted while working in front of the computer, I stopped (getting / to get) some rest.

05 Satisfaction and happiness stem from the time we spend with the people we enjoy (being / to be) with.

06 They don't allow (us to smoke / smoking) in the hotel room.

07 It is no use (arguing / to argue) whether or not global warming is the main cause of climate irregularities.

08-11 어법상 <u>틀린</u> 부분을 찾아, 바르게 고쳐 문장을 다시 쓰시오.

08 Taking the intermediate or advanced level math courses aren't that easy for the elementary students.

→ _____

09 Ms. Johnson regretted not to speak out publicly about her concerns at the city council meeting.

→ _____

10 People say the politician enjoys criticism and doesn't mind calling rude, arrogant, or disrespectful.

→ _____

11 The man forgot turning off the lights when he left.

→ _____

12-15 두 문장의 뜻이 같도록 빈칸에 알맞은 말을 쓰시오.

12 The medical personnel are not sure of his coming back soon from a coma.

→ The medical personnel are not sure that _____ _____ _____ back soon from a coma.

13 The nutritionist suggested her cutting junk food out of her diet for a month.

→ The nutritionist suggested that _____ _____ _____ junk food out of her diet for a month.

14 The witness admitted that he had lied under oath to the grand jury to cover up his previous lies.

→ The witness admitted _____ _____ under oath to the grand jury to cover up his previous lies.

15 As soon as he finished his homework, Tim helped his mother with her household chores.

→ _____ _____ _____ _____, Tim helped his mother with her household chores.

16-21 우리말과 뜻이 같도록 괄호 안의 말을 이용하여 문장을 완성하시오.

16 그녀가 왜 항상 다른 사람들을 무시하는지 추측하려 해도 소용없다. (use, speculate)

→ It _____ why she always ignores other people.

17 그녀는 그의 얼굴을 보고 미소를 짓지 않을 수 없었다. (smiling)

→ She _____ at his face.

18 나쁜 날씨는 우리가 해변에서 놀지 못하게 했다. (keep, play)

→ Bad weather _____ on the beach.

19 우리는 당신의 제안을 받아들일 수 없다고 당신에게 말하게 되어 유감이다. (regret, tell)

→ We _____ that we cannot accept your proposal.

20 내 상사는 당신으로부터 곧 소식을 듣기를 고대하고 있다. (look, hear)

→ My supervisor _____ from you soon.

21 어려운 문제들을 해결하는 것에 관한 한, Chris가 최고이다. (comes, deal with)

→ _____ difficult cases, Chris is the best.

`01-08` 우리말과 뜻이 같도록 괄호 안의 말을 이용하여 분사구문을 완성하시오.

01 그가 도로를 건너는 것을 보았지만, 나는 그를 부르지 않았다. (see)

→ _____ _____ him crossing the road, I didn't call him.

02 최근의 자동차 사고에서 세 명은 죽고 한 명은 부상을 입었다. (get, injure)

→ Three died and one _____ _____ in a recent car accident.

03 그 낯선 사람은 위협하는 몸짓을 이용해 그의 화를 표현했다. (intimidate, gestures).

→ The stranger expressed his anger using his _____ _____ .

04 그 자선 단체는 자연재해로 인해 어려움을 겪고 있는 지역 사업체들을 지원한다. (local business, struggle)

→ The charity supports _____ _____ _____ due to the natural disaster.

05 자신의 휴대 전화로 통화하는 것에 정신이 팔린 그 운전자는 거의 사고를 낼 뻔했다. (driver, distract)

→ _____ _____ _____ by talking on her cellphone almost caused an accident.

06 그 의식이 TV에서 방송되면서, 모든 사람들이 그 왕족의 행사를 볼 수 있었다. (with, ceremony, broadcast)

→ _____ _____ _____ _____ on TV, everyone could witness the royal event.

07 작년에 나의 생일 파티에 참석하지 못했기 때문에, 그녀는 올해 나의 생일 파티를 고대하고 있다. (attend)

→ _____ _____ _____ my birthday party last year, she is looking forward to it this year.

08 그 실망스러운 매출 건수는 판매 부서를 축소시키는 것에 대한 결정에 영향을 미쳤다. (disappoint, sales number)

→ _____ _____ _____ affected the decision on downsizing the sales department.

`09-13` 밑줄 친 부분을 어법에 맞게 고쳐 쓰시오.

09 The interviewee stood tapped his feet nervously while he was waiting for his turn.

10 If using improperly or carelessly, any medical product can cause an injury.

11 Some of the questions were very confused to the students.

12 Hearing the story multiple times before, she knows how it ends.

13 My grandfather doesn't forget to keep the door locking when he goes out.

14-18 괄호 안에서 알맞은 말을 <u>모두</u> 고르시오.

14 While (passing / being passed) by the river, she noticed that the water level reached the highest point.

15 I witnessed a little boy (threatening / threatened) by a bunch of school bullies.

16 The sound (coming / having come) from the machine was so (annoying / annoyed) that I used my ear plugs.

17 Applications for renewals may be granted, (provided / providing) that they continue to meet the criteria.

18 The old man was sitting with his back (leaning / leaned) against the wall and he looked (exhausting / exhausted).

19-22 괄호 안의 말을 알맞게 배열하여 문장을 완성하시오.

19 A _____ is hiring new managers.
　　　　(in / Singapore / located / company)

20 Jake, _____ the danger of currents, swam far from the beach.
　　　　　　(not / of / aware / being)

21 _____, she was diagnosed with lung cancer.
(a smoker / though / never / been / having)

22 I tell my kids not to _____.
　　　　　　　　(talk / full / with / mouth / their)

23-26 밑줄 친 부분을 분사구문으로 바꾸어 쓰시오.

23 <u>Even though crowdfunding has many merits</u>, we should be wary of scams and tricks that prevail online.

→ _____

24 <u>If we are given enough time to prepare</u>, we can make it.

→ _____

25 <u>Since I had not pushed myself hard enough</u>, I lost an opportunity to surpass my competitors.

→ _____

26 <u>As the shoreline has been formed by wave erosion for a long time</u>, there are many beaches with fine sand.

→ _____

01-10 빈칸에 a(n)이나 the 중 알맞은 말을 쓰시오. 단, 필요 없는 곳에는 X표를 하시오.

01 _____ first shot missed the criminal while the other three hit him on _____ chest.

02 A: How do you usually go to work, Bill?

B: I used to go by _____ bus, but these days I try to go on _____ foot. You know, I need to work out.

03 Many scientific discoveries that took _____ place by _____ chance have changed our lives.

04 The current trend is that the number of _____ unemployed is increasing.

05 The researchers calculated that elephant trunks can suck up _____ water at speeds of 540 kilometers per hour.

06 A man was arrested after he refused to return half a million dollars put into his bank account by _____ mistake.

07 The man appreciated receiving _____ good education when he was young.

08 The company wants to become the pioneer of _____ space.

09 With a total length of about 6,650km, _____ Nile is _____ longest river on Earth.

10 People say that the dog is definitely _____ most loyal friend of mankind.

11-14 두 문장의 뜻이 같도록 빈칸에 알맞은 말을 쓰시오.

11 Our group fortunately watched a spectacular sunset.

→ Our group had _____ _____ _____ watch a spectacular sunset.

12 The Jacksons were very cruel in treating their slaves.

→ The Jacksons _____ _____ _____ in treating their slaves.

13 It is important to keep customer satisfaction levels high.

→ It is _____ _____ to keep customer satisfaction levels high.

14 He was so wise as to help me deal with the problem with my close friends.

→ He _____ _____ _____ _____ _____ me deal with the problem with my close friends.

어법상 <u>틀린</u> 부분을 찾아, 바르게 고쳐 문장을 다시 쓰시오.

15 At the end of the match, the football player exchanged a T-shirt with the referee.

→ _____

16 Everybody agrees that it is difficult to imagine the magnitude of universe.

→ _____

17 The big supermarket sells a merchandise at competitive prices.

→ _____

18 The clergy is going to accept responsibility for whatever happens.

→ _____

19 Many products are made from a machinery rather than by hand.

→ _____

우리말과 뜻이 같도록 괄호 안의 말을 이용하여 문장을 완성하시오.

20 그 작가는 그녀의 첫 만화책들이 80년대에 출간되었을 때 50대의 나이였다. (fifty, eighty)

→ The writer was _____ when her first comic books were published

_____.

21 그 건설 회사는 약 절반의 가격으로 주택을 지으려고 노력하고 있다. (price)

→ The construction company is trying to build the houses for about _____.

22 Jim의 아빠와 Sean의 아빠는 이번 여름휴가를 위해 캠핑 여행을 계획 중이다. (dad)

→ _____ planning a camping trip for this summer vacation.

23 눈보라로 모든 기차가 늦어지고 사상자도 보도되고 있다. (time)

→ All trains are _____ and casualties are reported due to the blizzard.

24 그 비 예보는 틀렸고 우리는 지난 토요일에 정말 햇빛 쨍쨍한 날을 즐겼다. (so, day)

→ The forecast for rain was wrong and we enjoyed _____ last Saturday.

25 농부들과 정부 관료들은 둘 다 현대화에 같은 생각이다. (mind)

→ Farmers and government officials alike _____ about modernization.

26 그 피해자는 경찰에게 Shorty 씨라는 사람이 그녀의 손목을 잡았다고 말했다. (take, wrist)

→ The victim told the police that _____.

[01-04] 다음 빈칸에 들어갈 말로 알맞은 것을 고르시오.

01

The head of the service team needs time to get accustomed _____ in a more digitized workplace.

① to be work
② to working
③ for work
④ for working
⑤ working

02

The company published the second edition _____ thoroughly by the author last month.

① revising
② revised
③ to revise
④ was revise
⑤ that revises

03

_____ from above, the remains look like huge circles and squares.

① See
② Seen
③ Having seen
④ Seeing
⑤ Having been seen

04

"The chemical was put in the dish right before being served, either _____ or on purpose," said the police officer.

① by mistake
② by heart
③ to their surprise
④ at ease
⑤ in a nutshell

[05-08] 다음 우리말과 뜻이 같도록 빈칸에 들어갈 말로 알맞은 것을 고르시오.

05

금고형을 선고 받은 뒤, Jason은 수감 중이다.
→ _____ to imprisonment, Jason is in jail.

① Sentencing
② Sentenced
③ Been sentenced
④ Having sentenced
⑤ After being sentencing

06

나는 당신의 많은 책들을 읽었고, 이제는 그 새 시리즈를 읽을 준비가 되어 있어요!
→ I've read _____ and now I'm ready to try the new series!

① your books
② your many books
③ many your books
④ many books of your
⑤ many books of yours

07

당신의 주문이 취소되었다고 전하게 되어 유감스럽습니다.
→ I regret _____ you that your order has been cancelled.

① telling
② having told
③ to tell
④ to telling
⑤ to have told

08

이 진공청소기는 절반도 안 되는 가격으로 세일 중이다.
→ This vacuum is on sale _____.

① for half the price of the original price
② at the half price
③ for less than the half price
④ for the half of the original price
⑤ for less than half the price

09 다음 밑줄 친 부분과 바꾸어 쓸 수 있는 것은?

> <u>Since I was not able to sleep</u> well at night, I consulted my doctor.

① Since being not able to sleep
② My been not able to sleep
③ Not being able to sleep
④ Having not been able to sleep
⑤ Since I being not able to sleep

[10-11] 다음 빈칸에 공통으로 들어갈 말을 쓰시오.

10

> • Your support would be _____ great value as we pursue our goals.
> • The mass of a bar _____ chocolate is about 480g.

→ _____

11

> • He was on the _____ of leaving when the phone rang.
> • Many Americans make a(n) _____ of eating turkey at Thanksgiving.

→ _____

[12-13] 다음 빈칸에 들어갈 말이 바르게 짝지어진 것을 고르시오.

12

> • There is little chance of _____ to power again.
> • The fans said that the result of the game was _____.

① him coming — embarrassed
② him coming — of embarrassing
③ his coming — embarrassed
④ his coming — embarrassing
⑤ his coming — of embarrassed

13

> • A man moved and miraculously caught the boy _____ legs.
> • Throughout _____, Michael Jordan and his team was the dominant force in the NBA.

① by — the 1990   ② by — 1990s
③ by the — 1990's   ④ by the — the 1990s
⑤ by his — 1990s

14 다음 두 단어의 관계가 나머지와 <u>다른</u> 것은?

① nephew — niece   ② wizard — witch
③ god — goddess   ④ priest — monk
⑤ actor — actress

15 다음 우리말을 영어로 바르게 옮긴 것은?

> 공항 직원들이 파업에 들어가서, 우리의 비행편은 지연되었다.

① While airport workers on strike, our flight was delayed.
② Airport workers were on strike, our flight was delayed.
③ Being on strike of airport workers, our flight was delayed.
④ Airport workers been on strike, our flight was delayed.
⑤ With airport workers on strike, our flight was delayed.

16 다음 중 의미가 같은 문장끼리 짝지어지지 <u>않은</u> 것은?

① Since it is Monday, the traffic is especially heavy.
→ It being Monday, the traffic is especially heavy.
② If we speak generally, they seem to fall into two categories.
→ Generally speaking, they seem to fall into two categories.
③ The girl had the braveness to try something new.
→ The girl was enough brave to try something new.
④ The lawyer insisted on her taking legal action.
→ The lawyer insisted that she take legal action.
⑤ Sam is kindness itself; he's always willing to help.
→ Sam is very kind; he's always willing to help.

17

> Those books and articles, reading without
> ①   ②
>
> reflection and therefore not fully understood,
> ③   ④
>
> may often do more harm than good.
> ⑤

18

> The council admits automatic diagnostic methods
> ①
>
> are preferable provided they are accurate and
> ②   ③
>
> reliable and used with the care.
> ④   ⑤

19

> In a word, antibiotics are powerful and astonished
> ①   ②
>
> medicines that fight certain infections and can
> ③
>
> help save lives of the sick when used properly.
> ④   ⑤

20

① Two Picassos would be sold to the city of Boston.
② Mom scolded my brother for having made fun of me.
③ The professor said economics are primarily about the study of scarcity and choice.
④ Most of the workers received too small a share of corporate earnings.
⑤ A lot of passengers are waiting for their luggage.

21

① Some people were opposed to name the school after Martin Luther King.
② The teacher gave me a piece of advice.
③ The Woods enjoyed the remaining days of their honeymoon.
④ Consumer goods are products bought for consumption.
⑤ Having survived a plane crash, Mrs. Williams is carrying out her bucket list.

22

> They _____ going to the shopping mall.

① promised   ② put off
③ postponed   ④ gave up
⑤ suggested

23

> _____ live most of their entire life on the farm.

① The pig   ② Cattle
③ Goats   ④ Lots of sheep
⑤ A lot of horses

24

> _____ she arrived at the airport, she phoned her father.

① The moment   ② The minute
③ Immediately   ④ Upon
⑤ As soon as

25 다음 중 어법상 옳은 것은?

① To my great disappoint, my parents objected to the idea.
② I have deep trust in what you're doing.
③ The Peyto Lake in Canada is famous for its bright turquoise color.
④ A friend of their blamed me for losing the package.
⑤ To make a long story short, rain kept us from arriving at the airport on time.

[26-28] 다음 우리말과 뜻이 같도록 괄호 안의 말을 이용하여 문장을 완성하시오.

26

> Janet은 팔짱을 낀 채로 혼자 앉아 있었다. (with, fold)

→ Janet was sitting alone _____.

27

> Ashley는 말하는 것을 멈춘 후, 밖에 나가는 것을 제안했다. (stop, suggest)

→ Ashley _____ and _____.

28

> 수십 명의 조깅하는 사람들이 여전히 공원에서 달리고 있었다. (dozen, jogger)

→ _____ still running at the park.

29 다음 대화 중 어법상 어색한 것은?

① A: How do you go to school in the morning?
B: I go to school by bike or on foot.
② A: How do you sell oranges?
B: We sell them by the kilogram.
③ A: Are you ready to order?
B: Yes, we'd like two beers and a glass of wine.
④ A: Nearly a million tons of dust come from Gobi Desert every spring.
B: That sounds awful.
⑤ A: Why don't we go to the beach?
B: Sorry, I'm busy preparing for the finals.

30 다음 중 어법상 틀린 문장은 모두 몇 개인가?

(a) The construction was carried out with a view to modernize the road network.
(b) Two sodas a day doubled the risk of heart disease.
(c) If the employee meets these criteria, he or she may submit a written request.
(d) Being part of the project was an amazing experience.
(e) One of them pulled me in the shoulder, yelling.
(f) It scrutinizes the models of well-performed government organizations.
(g) Don't waste valuable time on worthless things and futile people.
(h) They had to go to the Philippine Islands next month.

① 3개   ② 4개   ③ 5개   ④ 6개   ⑤ 7개

[31-32] 다음 글을 읽고 물음에 답하시오.

> When ① speaking of the global warming debate, many scientists, as well as politicians and other ② well-known figures, claim that global warming is nothing to be concerned about. They claim that ③ reduce greenhouse gas ④ emitted from industrial ⑤ related activities can have a worse impact on our economy than global warming.
> (A) They claim to have evidence that backs up their views and theories.

31 위 글의 밑줄 친 ①~⑤ 중에서 어법상 틀린 부분을 찾아 바르게 고치시오.

_____ → _____

32 위 글에서 밑줄 친 (A)를 분사를 이용한 문장으로 바꾸어 쓰시오.

→ _____

다음 글을 읽고, 물음에 답하시오.

Coral species often spawn eggs and sperm simultaneously for one week each year in spring in order to increase their chances of successful reproduction. Many research studies show that ①their annual mass spawning and the exact time depend on a delicate mixture of conditions such as water temperature, ②tides, and weather. Above all things, the amazing synchronization of spawning ③occurs after a full moon suggests that moonlight plays a key role. Corals possess light-sensitive molecules and detect and respond to light. Researchers say the introduction of artificial light at night competes with moonlight, and it can prevent corals ④from spawning, ⑤disrupting their moonlight-sensing systems. The effects of moonlight on the period of spawning are very important to their annual reproduction. So, light pollution from excessive artificial light can be a real threat to the reproduction and eventually the survival of corals.

33 위 글의 밑줄 친 부분 중, 어법상 틀린 것은?

①   ②   ③   ④   ⑤

Check Plus ➕

위 글의 주제로 알맞은 것은?

① How corals reproduce
② Coral's moonlight-sensing systems
③ Why corals spawn at the same time
④ Light pollution that prevents coral spawning
⑤ Artificial light's effect on coral eggs and sperm

species (생물의) 종   **spawn** 알을 낳다   **egg** 난자, 알   **sperm** 정자   **reproduction** 생식, 번식   **delicate** 섬세한
above all things 무엇보다도, 특히   **synchronization** 동시에 하기   **molecule** 분자   **detect** 감지하다
respond to ~에 반응하다   **disrupt** 방해하다   **threat** 위협   **survival** 생존

다음 글을 읽고, 물음에 답하시오.

It is obvious that (A) eat / eating with people is one of the foundations of our social interaction. (B) Growing / Grown up, we learn the importance of interaction with the family over the dinner table. However, people are losing the tradition of eating together and cooking for themselves. People are eating out more than ever. A report showing survey results from between 2015 and 2019 shows the number of people going out for meals on their own increased by 80% in New York. People are becoming more and more disconnected from each other, (C) retreating / retreated into their own private world. The popularity of food delivery services is rising rapidly, and many of them are for single meals that are consumed alone, which might not be so desirable on a human level. Even if several factors push us to dine alone, the desire to _____, hopefully, remains deep and universal in our soul.

34 위 글의 (A), (B), (C)의 각 네모 안에서 어법에 맞는 표현으로 가장 적절한 것은?

	(A)		(B)		(C)
①	eat	…………	Growing	…………	retreating
②	eat	…………	Grown	…………	retreated
③	eating	…………	Growing	…………	retreating
④	eating	…………	Grown	…………	retreating
⑤	eating	…………	Grown	…………	retreated

Check Plus ➕

위 글의 빈칸에 들어갈 말로 가장 적절한 것은?

① cook for only ourselves
② interact with people online
③ get together around food
④ enjoy our own private world
⑤ be disconnected from society

---

foundation 토대, 기반 **interaction** 상호 작용(상호 관계) **on one's own** 혼자서, 스스로 **disconnected from** ~로부터 분리된(단절된) **retreat** 물러가다, 도피하다 **popularity** 인기 **consume** 소비하다 **desirable** 바람직한 **hopefully** 바라건대, ~이길 기대하는

01 〈보기〉에서 가장 알맞은 말을 골라 문장을 완성하시오.

보기	all	whom	other	one	that
	some	mine	such	who	it

The (a) _____ day, walking on the street, I met Jim, a friend of (b) _____. He was on his way to the grocery store with his parents to buy (c) _____ food items (d) _____ as meat, dairy, and vegetables for their visitors. I asked him, "By the way, (e) _____ will come?" "My grandparents and aunt will come," he answered. "Actually, (f) _____ is my birthday this Saturday. I can't wait!" added Jim, smiling.

02-04 괄호 안에서 알맞은 말을 <u>모두</u> 고르시오.

02 The judges said that both the parties (have / has) an obligation to pay for the expenses.

03 Make sure to be prepared to discuss how each of the examples (support / supports) your opinion.

04 Neither of the students (have / has) any idea about what the word means.

05-08 우리말과 뜻이 같도록 괄호 안의 말을 알맞게 배열하여 문장을 완성하시오.

05 오늘날 그 나라의 정치적, 경제적 상황은 1990년의 그것과 거의 동일하다.

→ The country's political and economical situation today is almost _____.
(1990 / that / same / of / the / as)

06 그 저자는 화학적 변화와 같은 그러한 현상들은 불가능하다고 주장한다.

→ The author argues that _____ would be impossible.
(phenomena / chemical changes / as / such)

07 Brandon은 그 연극의 주인공 역의 최종 후보가 되었을 정도로 재능 있는 배우이다.

→ Brandon is _____ have been one of the final candidates for the main role of the play. (to / such / a / as / actor / talented)

08 Ted, 이번 시즌의 우승자는 누가 될 것이라고 생각하니?

→ Ted, _____ the champion of this season?
(be / guess / you / who / do / would)

09-12 우리말과 뜻이 같도록 〈보기〉에서 가장 알맞은 말을 골라 문장을 완성하시오. (중복 사용 가능)

보기	the other	one	every	another	others
	the others	the one	other	some	any

09 일부는 돈이 행복을 성취하는 데에 가장 중요한 요소라고 생각하는 반면, 또 다른 일부는 돈이 행복과는 관련이 없다고 느끼는 경향이 있다.

→ While _____ believe that money is the most important factor in achieving happiness, _____ tend to feel that it has nothing to do with happiness.

10 당신에게는 두 개의 선택사항이 있다. 하나는 고용인이 되는 것이고, 나머지 하나는 고용주가 되는 것이다.

→ You have two options. _____ is to be employed and _____ is to become the employer.

11 Sarah는 한편으로는 자녀를 갖고 싶지만, 다른 한편으로는 그녀의 자유를 포기하고 싶지 않다.

→ On _____ hand, Sarah would love to have kids, but on _____ hand, she doesn't want to give up her freedom.

12 이 남색 스커트는 저에게 잘 어울리지 않는 것 같아요. 다른 것을 보여주시겠어요?

→ I don't think this navy skirt fits me well. Can you show me _____?

13-17 우리말과 뜻이 같도록 괄호 안의 말을 이용하여 문장을 완성하시오.

13 바이오 연료 연소는 대개 화석 연료의 연소보다 오염이 덜하다. (fossil fuel)

→ Biofuel combustion usually pollutes less than _____.

14 나는 전화로 그와 연락하려고 노력했지만, 그것은 헛된 일이었다. (in vain)

→ I tried to reach him by phone, _____.

15 모든 야구선수들이 몸집이 큰 것은 아니지만, 그들은 모두 강력하다. (all of, big)

→ _____, but they are all powerful.

16 너는 다음 동계 올림픽이 어디에서 개최될 거라고 생각하니? (think)

→ _____ be held?

17 무엇을 할지 아는 것과 그것을 행하는 것은 별개이다. (thing, know, do)

→ It's _____.

01-07 괄호 안에서 알맞은 말을 <u>모두</u> 고르시오.

01 The developing country is experiencing the longest (economic / economical) expansion ever.

02 The mountain climbers have not (yet / before) recovered from the fatigue.

03 Well-organized pressure groups can exert (considerate / considerable) influence on government policies.

04 She asked me some questions because she had heard of my personal story (ago / before).

05 The students hated the testing policy and weren't happy about my explanations (neither / either).

06 Please drive (slow / slowly) and carefully until you're (complete / completely) out of foggy areas.

07 (Typical / Typically), an aircraft flies between 31,000 and 38,000 feet (high / highly).

08-10 다음 문장을 주어진 말로 시작하는 문장으로 바꾸어 쓰시오.

08 Keys, credit cards, and bundles of paper tied with string were inside the drawer.

→ Inside the drawer _____.

09 Jonathan's grades were too low to get into any prestigious colleges.

→ Jonathan's grades were so _____.

10 It is difficult for us to be on good terms with the new manager.

→ The new manager _____.

11-13 어법상 <u>틀린</u> 부분을 찾아, 바르게 고쳐 문장을 다시 쓰시오.

11 Becky is pouring three quarter of the water into the flask.

→ _____.

12 Due to his twins, Professor Dunster has been in a prettily good mood late.

→ _____.

13 Many people thought that it was a too sensitive issue.

→ _____.

14-17 괄호 안의 말을 알맞게 배열하여 문장을 완성하시오.

14 I gave her a _____!
(pearl / necklace / pink / lovely / little)

15 Jack got personal training _____.
(that year / for two hours / a week / twice)

16 There is _____ at home.
(both of us / room / enough / for / to / work comfortably)

17 The team _____ of the following environmental factors on agriculture. (hardly / could / the effects / explain)

18-22 〈보기〉에서 가장 알맞은 말을 골라 문장을 완성하시오.

보기	enough	so	much	too	little	few

18 Some Romantic painters were very _____ influenced by Blake's work.

19 The story was intriguing _____ to get my full attention.

20 I feel very disappointed because my website for retail business is receiving _____ visitors.

21 She has British citizenship and _____ does her husband, Mr. Simpson.

22 Unfortunately, the player had _____ time to recover from his injuries last summer.

23-26 우리말과 뜻이 같도록 괄호 안의 말을 이용하여 문장을 완성하시오.

23 그 두 가지 제안들 중에서 전자가 더 나은 것 같다. (sound)
→ Between the two suggestions, _____ better.

24 Mariam이 살아 있다는 것을 그녀가 부인하려고 하다니 이상했다. (weird)
→ _____ try to deny that Mariam was alive.

25 이 마리네이드는 치아 교정기를 한 내 아들이 먹을 정도로 소고기 부위들을 충분히 부드럽게 만든다. (with braces)
→ This marinade makes cuts of beef tender _____.

26 내가 청소를 끝내자마자 내 딸이 바닥에 우유를 쏟았다. (hardly, when, finish, clean)
→ I had _____ spilt milk on the floor.

01-06 두 문장의 뜻이 같도록 괄호 안의 말을 이용하여 빈칸에 알맞은 말을 쓰시오.

01 Europe is about half as large as South America. (the)

→ Europe is about _____ _____ _____ _____ South America.

02 She considers it not so much a job as a hobby. (than)

→ She considers it _____ _____ _____ _____ a job.

03 The Amazon rainforest is no less than 200 miles wide at its mouth. (as)

→ The Amazon rainforest is _____ _____ _____ 200 miles wide at its mouth.

04 Your final paper must be submitted no later than this Tuesday. (at)

→ Your final paper must be submitted by this Tuesday _____ _____ _____.

05 As far as I know, ice hockey is the most popular sport in Canada. (other)

→ As far as I know, ice hockey is _____ _____ _____ _____
_____ _____ in Canada.

06 We were wise enough not to trust their unconditional acceptance of our suggestions. (than)

→ We _____ _____ _____ _____ trust their unconditional
acceptance of our suggestions.

07-11 괄호 안의 말을 알맞게 배열하여 문장을 완성하시오.

07 This is _____ that I've ever seen.
(one of / inventions / most / the / useful)

08 That figure is _____ since the start of the pandemic.
(second / the / daily count / highest)

09 According to the author, the third phase was _____.
(by / the / one / far / longest)

10 Here's how to take advantage of opportunities and _____.
(the / of / your internship program / most / make)

11 The European countries _____ prepared for the invasion
from the south. (were / the / in / not / least)

12-18 우리말과 뜻이 같도록 괄호 안의 말을 이용하여 문장을 완성하시오.

12 신선한 샘플은 냉동 샘플보다 훨씬 더 많은 정보를 제공한다. (information)

→ Fresh samples provide _____ frozen ones.

13 우리가 항생제를 더 많이 사용하면 할수록, 내성균들이 잘 자라도록 더욱 촉진하는 셈이 된다. (antibiotics, use)

→ _____ we encourage resistant bacteria to thrive.

14 그는 많은 세계 정상급 선수들처럼 빠른 달리기 주자가 될 수 있을 것이다. (runner)

→ He'll be _____ many world-class athletes.

15 그 폭발 사고가 일어나자마자, 그 테러리스트들을 잡으라는 극도의 압박이 경찰에게 가해졌다. (sooner, occur)

→ The explosion accident _____ extreme
pressure was put on the police to catch the terrorists.

16 대기실에서 긴장했지만, Wilson은 일단 연단에 올라서자 대단히 침착했다. (cucumber)

→ Although he had been nervous in the waiting room, Wilson was
_____ once he stepped up to the podium.

17 수성이 다른 모든 행성들보다 더 빨리 태양을 도는 것을 알았니? (planets)

→ Did you know that Mercury circles the Sun _____?

18 체벌은 그것이 합당하고 그 아이에게 어떤 부상도 유발하지 않기만 한다면 학대로 간주되지 않는다.
(reasonable, long)

→ Physical discipline is not considered abuse _____
and causes no injury to the child.

19-21 어법상 틀린 부분을 찾아, 바르게 고쳐 문장을 다시 쓰시오.

19 The more often than not, getting involved in corruption scandals is the first thing politicians
get in trouble for.

→ _____

20 The new policy will offer much more practical protection for the poor as before.

→ _____

21 His progress as a swimmer is all more remarkable when taking into account his handicap.

→ _____

[01-02] 다음 빈칸에 들어갈 말로 알맞은 것을 고르시오.

01

> Chestnuts have relatively low calorie, compared with _____ of other nuts and seeds.

① this   ② those   ③ that
④ these   ⑤ some

02

> Sophie is 15 and Kevin is 16. Sophie is _____ Kevin.

① not as old as   ② not young as
③ more younger than   ④ older than
⑤ not so old than

03 다음 빈칸에 들어갈 말로 알맞은 것을 <u>모두</u> 고르면?

> It was crucial that she _____ the whole course by next year.

① complete   ② completes
③ completed   ④ had completed
⑤ should complete

[04-07] 다음 빈칸에 들어갈 말이 바르게 짝지어진 것을 고르시오.

04

> • I bought a white case last week and it started to look a little dirty. I'll probably go for a black _____ next time.
> • A: I just don't like to be involved in controversy.
>   B: I don't _____.

① ones — too   ② ones — either
③ one — do so   ④ one — neither
⑤ one — either

05

> The woman has three sons. _____ is in Germany, _____ in the States, and _____ in Thailand.

① Some — one — the other
② One — another — the other
③ One — other — the other
④ One — the other — another
⑤ Some — the other — another

06

> • Buying online is preferable _____ a shop because it saves time.
> • Our study would require a lot of patience and _____ personal interaction.

① to visiting — respectful
② to visit — respective
③ to visit — respectful
④ than visiting — respective
⑤ than to visit — respectful

07

> • Advances in technology have made _____ to do DNA tests on the scarf that had been found on Julia's body.
> • The built-in buoyancy kept the boat _____ when it was swamped.

① possible — afloating
② it possible — afloat
③ possible — to be afloated
④ it possible — afloating
⑤ that possible — afloat

[08-09] 다음 우리말과 뜻이 같도록 빈칸에 들어갈 말로 알맞은 것을 고르시오.

08

일부 국가에서, 6은 4만큼 밀접하게는 아니지만 죽음과 연관된다.

→ In some countries, six is associated with death, although _____ four.

① not so much closely to
② not close as
③ not as closely as
④ never close enough to
⑤ not so close as

09

그 회사의 발전에도 불구하고, 모든 목표가 충족되지는 않을 것이다.

→ With all the progress of the company, _____.

① each of the goals will be met
② any single goal would be meet
③ all the goals won't be met
④ not all the goals will be met
⑤ not every goal would meet

[10-12] 다음 밑줄 친 부분 중 어법상 틀린 것을 고르시오.

10

This <u>mouth-watering round vanilla</u> pudding
           ①
<u>can be made</u> in a pudding bowl or loaf tin. If you
    ②
want to eat it hot, I'd recommend a pudding

bowl. If you want it cold, however, use a loaf tin.

Personally, I prefer the <u>later</u> because this makes
        ③   ④
the pudding set <u>enough to be</u> cut into slices.
          ⑤

11

Assuming Bill weighs <u>twice</u> as much <u>as</u> Julie,
          ①   ②
Bill has to sit on the seesaw two times <u>close</u> to
                  ③
the center <u>than</u> Julie <u>for</u> them to balance.
     ④   ⑤

12

After such <u>awful an event</u> <u>in</u> Fukushima, I came to
         ①   ②
believe that the question of the future of a sector

<u>as sensitive as</u> nuclear energy <u>requires</u> more than
     ③   ④
<u>hastily arranged</u> resolutions.
     ⑤

13 다음 빈칸에 공통으로 들어갈 말을 쓰시오.

- An archaism refers to a dead word that's so old-fashioned _____ hardly anyone uses it anymore.
- Among all of the ancient cultures, _____ of the Andean amazed me the most.

→ _____

14 다음 밑줄 친 It의 쓰임이 나머지와 다른 것은?

① <u>It</u> was Gina that volunteered to teach me math for free.
② <u>It</u> was annoying to hear people talk loudly in the library.
③ <u>It</u> surprised me that he finished reading the book in a day.
④ <u>It</u> is of importance for you to know the process by heart.
⑤ <u>It</u> is quite surprising learning how little is known about the universe.

15 다음 빈칸에 공통으로 들어갈 말로 알맞은 것은?

- This special issue is dedicated to the _____ Dr. Hopkins D. Hufford, a former professor at the University of Sussex.
- Smith was so _____ that he could not even join the meeting.

① present　　② memorable　　③ intellectual
④ concerned　　⑤ late

[16~17] 다음 중 문장 전환이 바르지 않은 것을 고르시오.

16

① The spectators were all excited.
　→ All the spectators were excited.
② Whose purse is this?
　→ Whose is this purse?
③ They believed nothing but prayer could save her.
　→ They believe only prayer could save her.
④ She doesn't know either of the boys.
　→ She knows one of the boys.
⑤ The information available online can be used.
　→ The information that is available online can be used.

17

① Kids are encouraged to be as imaginative as possible during the course.
　→ Kids are encouraged to be as imaginative as they can during the course.
② For him, it was not so much a crisis as a chance.
　→ For him, it was more of a chance than a crisis.
③ I planted roses on either side of the walk.
　→ I planted roses on both sides of the walk.
④ John knows better than to spend all his money on it.
　→ John is wise enough to spend all his money on it.
⑤ A whale is no more a fish than a horse is.
　→ A whale is not a fish any more than a horse is.

18 다음 대화 중 어법상 어색한 것은?

① A: My son doesn't play with the other kids in his class.
　B: Nor does my daughter!
② A: Which one do you like?
　B: To be honest, I don't like either.
③ A: What is Jason like?
　B: He is slim and tall.
④ A: What do you think of your new boss?
　B: He's okay. He's a nice man to work with.
⑤ A: By the way, what time is it?
　B: It's half past three.

19 다음 우리말과 뜻이 같도록 빈칸에 들어갈 말로 알맞은 것을 쓰시오.

일부는 학교에서의 운동이 시간 낭비라고 생각하지만, 반면 또 다른 일부는 그것이 교육의 필수적인 부분이라고 생각한다.

→ _____ believe that sports in school are a waste of time, while _____ believe that it's a vital part of education.

[20~21] 다음 우리말과 뜻이 같도록 괄호 안의 말을 이용하여 문장을 완성하시오.

20

그 소파는 우리 둘이 모두 동시에 누울 수 있을 정도로 충분히 크다. (big, lie)

→ The sofa is _____
　at the same time.

21

네가 덜 가질수록, 그것은 더 가치가 있다. (worth)

→ The _____.

[22-24] 다음 문장을 괄호 안의 지시대로 영작하시오.

22

> Everything exciting was waiting for me outside the classroom.
> (outside the classroom을 강조하는 문장으로)

→ _____

_____

23

> The two friends climbed up and up.
> (부사가 문두에 오는 문장으로)

→ _____

24

> Seoul is the biggest city in Korea.
> (원급을 이용한 문장으로)

→ _____

[25-26] 다음 중 어법상 옳은 문장끼리 짝지어진 것을 고르시오.

25

① a. Speaking is one thing, but writing is the other.
　 b. What do you believe they were thinking?

② a. You don't have to leave at once just because you're drunken.
　 b. The first two meetings were not so productive as I expected.

③ a. Look at this big square luxurious blue diamond!
　 b. The gentleman was tall handsome and smart.

④ a. The couple called off the wedding due to an unknown reason.
　 b. It's definitely vital not to give it up.

⑤ a. At best, they're meaningless and at worst, they're misleading.
　 b. To who was the book addressed?

26

① a. In general, ants are very industrious workers.
　 b. My calculation is not as accurate as the software.

② a. The suite is located on third the floor.
　 b. Almost all of the news was focused on what's going wrong.

③ a. It's so amazing that he taught himself not only French but Spanish.
　 b. It was unsafe of her to return to India last year.

④ a. Half them were tested in a cold room, and the other half in a hot room.
　 b. I really want to know how to study late at night and wake up early.

⑤ a. A tough reality was characterized by low income and high cost of living.
　 b. I think the man is really something.

[27-28] 다음 글을 읽고 물음에 답하시오.

> Parents ① sometimes think that their children should know how to behave ② them. If they are not shown by examples, however, they ③ quite often don't have any idea what parents mean. If parents want their children ④ to act properly, they should make sure their kids understand what is expected of ⑤ them. (A) 부모들이 가능한 한 명확하게 지침들을 세우는 것이 또한 중요하다.

27 위 글의 밑줄 친 ①~⑤ 중에서 어법상 틀린 부분을 찾아 바르게 고치시오.

_____ → _____

28 위 글에서 밑줄 친 (A)와 뜻이 같도록 괄호 안의 말을 이용하여 문장을 완성하시오. (guideline, set, as, clearly)

→ It is also important _____

_____.

다음 글을 읽고, 물음에 답하시오.

France is famous for not only its majestic views, excellent food, and historic monuments but the art of making perfumes and cosmetics. France holds higher international perfume sales ① <u>than any other country</u> around the globe. French perfumes are ② <u>the most celebrated</u> brands in the world. It was the ancient Greeks and Romans who used perfumes for the first time. The art of making perfumes was begun by Western civilization in Mesopotamia. The first perfumes in Mesopotamia, dating from an estimated 7,000 years ago, were based on sesame oil and wine. People used them to hide unwanted bad body odors and make ③ <u>themselves</u> look more charming. It was not until the Renaissance, ④ <u>which</u> began in the 14th century, when perfumes were introduced in Europe. Back then, only ⑤ <u>the royal and wealth</u> could afford perfumes. Some say that it was Catherine De Medici, the wife of King Henry II, who introduced perfume as a fashion in France.

29 위 글의 밑줄 친 부분 중, 어법상 <u>틀린</u> 것은?

①   ②   ③   ④   ⑤

Check Plus ✚

위 글의 내용과 일치하는 것은?

① Cosmetics in France are not so famous as the food there.
② Ancient Greeks and Romans invented cosmetics.
③ The first perfumes were invented about 700 decades ago.
④ French people made perfumes with sesame oil and wine.
⑤ Catherine De Medici introduced perfume to Europe.

---

majestic 장엄한, 위풍당당한　**monument** 기념물, 건축물　**art** 기술　**hold** 유지(보유)하다　**around the globe** 전 세계적으로　**celebrated** 유명한　**civilization** 문명　**date from** (연대를) ~으로 거슬러 올라가다　**estimated** 어림의, 추측의　**unwanted** 원치 않는　**odor** 냄새, 악취　**the royal** 왕족　**afford** ~을 살 금전적 여유가 있다

다음 글을 읽고, 물음에 답하시오.

Never heard of Smombies? And yet you are able to see them everywhere every day. The term smombies, short for "smartphone zombies" has been coined for a person who watches his or her smartphone and is unaware of the surroundings while walking on the streets. The number of smartphone users has rapidly increased and (A) so has / either has the number of accidents due to smombies. (①) Experts warn that they are distracted and can make dangerous situations not only for themselves but also for (B) the others / others, especially in densely populated areas. (②) According to research, it is estimated that about 18% of pedestrians in several large European cities in some way engaged with their smartphones while walking. (③) In response to this alarming phenomenon, cities around the world work (C) hard / hardly to find innovative solutions to solve this century's challenge. (④) Seoul in South Korea installed flickering light signs and laser beams at some intersections to warn people to look up before crossing and drivers to slow down to prevent road accidents. (⑤)

30 위 글의 (A), (B), (C)의 각 네모 안에서 어법에 맞는 표현으로 가장 적절한 것은?

	(A)		(B)		(C)
①	so has	············	the others	············	hard
②	so has	············	others	············	hard
③	so has	············	others	············	hardly
④	either has	············	the others	············	hard
⑤	either has	············	others	············	hardly

Check Plus ➕

위 글의 흐름으로 보아, 주어진 문장이 들어가기에 가장 적절한 곳은?

> The city of Yamato, Japan, for example, banned the use of smartphones while walking; pedestrians are not allowed to use their smartphones.

①   ②   ③   ④   ⑤

short for ~의 축약형인   **coin** (새로운 단어 등을) 만들다   **unaware of** ~을 인지하지 못하는   **distract** ~의 주의를 빼앗다
densely populated 인구가 밀집한   **pedestrian** 보행자   **engage with** ~으로 바쁘다   **in response to** ~에 대응하여
alarming 걱정스러운, 두려운   **innovative** 혁신적인   **flickering** 깜박거리는   **intersection** 교차로

01-10 <보기>에서 가장 알맞은 말을 골라 문장을 완성하시오. (중복 사용 가능)

보기	at	in	on	from	with
	out	until	during	prior to	below

01 She wanted to purchase the huge statue made _____ of bronze.

02 A man _____ a racing wheelchair is celebrating his victory _____ the podium.

03 The weekly meeting will be held _____ Monday _____ noon _____ the conference room.

04 Muslims abstain from eating _____ dawn _____ sunset _____ a period of fasting.

05 The stampede is when many people suddenly move _____ an uncontrolled way, usually in the same direction _____ the same time, _____ of fear.

06 Salad is usually considered as appetite builders and served _____ the main course meals.

07 The forecast says it is going to be 15 degrees _____ zero Celsius today. We'd better just stay _____ the hotel room.

08 I advise you to choose your words _____ care in public from now on.

09 Since I'm going to Paris _____ Christmas, I'll find nice places to visit _____ Christmas Day.

10 The passengers can also reserve seats _____ the Internet _____ departure.

11-14 괄호 안에서 알맞은 말을 고르시오.

11 IMPORTANT: Please note that this rule applies, (regardless of / on behalf of) whether or not you make a pre-payment for a booking.

12 It is important for pregnant women to follow a balanced diet especially (until / during) pregnancy.

13 If your kids are fond of doing experiments (of / with) the microscope, our class can be a good choice for them.

14 Louis, working as a consultant (in / at) the insurance industry, managed to outperform the others (despite / from) all these barriers.

15-20 우리말과 뜻이 같도록 괄호 안의 말을 이용하여 빈칸에 알맞은 말을 쓰시오.

15 해양 온도 외에도 빛이 산호 백화 현상에 한몫을 한다. (ocean temperature, from)

→ _____ _____ _____ _____, light plays a role in coral bleaching.

16 확실히 그는 경기장에서 자신의 능력 이상으로 해냈다. (perform, ability)

→ Certainly, he _____ _____ _____ _____ on the field.

17 그녀를 도와줄 친구가 있었다는 점에서 그녀는 운이 좋았다. (that, have)

→ She was fortunate _____ _____ _____ _____ a friend to help her.

18 언제부터 진화라는 개념이 과학으로 진화했는가? (do)

→ _____ _____ _____ the idea of evolution evolve into science?

19 대부분의 농부들은 일 년 내내 해야 할 일이 많다. (all)

→ Most of the farmers have lots of work to do _____ _____ _____ year.

20 중국은 자국민 보호를 위해, 남중국해에 미군이 주둔하는 것에 반대한다. (sake, protect)

→ China objects to the U.S. military presence in the South China Sea _____ _____ _____ _____ its people.

21-25 어법상 틀린 부분을 찾아, 바르게 고쳐 문장을 다시 쓰시오.

21 Surprisingly, the twin sisters are exactly of the same height.

→ _____

22 Except that one typo, there were no mistakes in the book.

→ _____

23 This is the baby after whom the young woman is looking.

→ _____

24 That pot is completely out of stock. I can't even find any in back of the store.

→ _____

25 Does he know about the disease from that she is suffering?

→ _____

01-05 〈보기〉에서 가장 알맞은 말을 골라 문장을 완성하시오.

01 Participants _____ complete the marathon will receive a medal.

02 Sometimes it's hard for me to know _____ people actually mean.

03 I know the woman _____ life was shattered by the unexpected accident.

04 The boy unwrapped the only gift _____ he received on Christmas.

05 The transportation sector is the biggest contributor to greenhouse gases,
    _____ means it can be a big part of the solutions to climate change.

보기

whose
which
that
what
who

06-09 두 문장의 뜻이 같도록 관계사를 이용하여 문장을 완성하시오.

06 Uncle Jack's Barn is the place. You can enjoy a relaxing holiday together there.

    → Uncle Jack's Barn is the place _____.

07 Ashley is the guitarist. Her performance was very impressive.

    → Ashley is the guitarist _____.

08 I was about to leave home around 4 o'clock, and then the bell rang.

    → I was about to leave home around 4 o'clock, _____.

09 She goes to the doctor at any time when she feels back pain.

    → She goes to the doctor _____.

10-13 어법상 <u>틀린</u> 부분을 찾아, 바르게 고쳐 문장을 다시 쓰시오.

10 He will teach me the way how I make chicken soup.

    → _____

11 I'm writing this email to inquire about my laptop, that I purchased a few weeks ago.

    → _____

12 Language reflects the culture from that it is derived and developed.

    → _____

13 Ben was the man whom I thought would do anything for her.

    → _____

14-17 두 문장의 뜻이 같도록 빈칸에 알맞은 말을 쓰시오.

14 When bad things are going to happen, they just are going to happen whatever you try to do to stop them.

→ When bad things are going to happen, they just are going to happen _____ _____ _____ _____ to do to stop them.

15 A developing country cannot afford a situation in which people lose faith in parliamentary democracy.

→ A developing country cannot afford a situation _____ _____ _____ _____ in parliamentary democracy.

16 The Cathedral is mainly in Romanesque Gothic style of which the porch is notable for extravagant decoration.

→ The Cathedral is mainly in Romanesque Gothic style _____ _____ _____ notable for extravagant decoration.

17 Anyone who gossips to you will gossip about you.

→ _____ _____ _____ will gossip about you.

18-22 우리말과 뜻이 같도록 관계사와 괄호 안의 말을 이용하여 문장을 완성하시오.

18 우리 모두는 올해 크리스마스를 약간 다르게 기념하고 있지만, 당신이 어디에 있더라도 당신이 누구와 있더라도 즐거운 크리스마스를 보내기를 바랍니다. (with)

→ We're all celebrating Christmas a bit differently this year, but _____ _____, we hope you have a good one.

19 이사회는 그들이 생각하기에 그들의 문제를 해결할 수 있는 후보자를 이미 선택한 것으로 보인다. (candidate)

→ It seems that the board of directors have already chosen _____ _____ solve their problems.

20 나는 아무리 운명이 잔인하다고 할지라도, 우리가 열정을 갖는 한 삶이 파괴되지는 않는다고 생각한다. (destiny, cruel)

→ I think life cannot be destroyed, _____, as long as we have passion.

21 너는 동물원에서 놀고 있었던 남자와 코끼리를 보았니? (play, in the zoo)

→ Did you see a man and an elephant _____?

22 이것이 내가 매일 수영 연습을 하는 이유이다. (practice swimming)

→ This is the reason _____.

01-06 우리말과 뜻이 같도록 괄호 안의 말을 이용하여 문장을 완성하시오.

01 그것은 매우 훌륭한 공연이어서, 나는 그 공연에 매료되었다. (such, exceptional, performance)

→ It was _____ I was fascinated by it.

02 James뿐만 아니라 나도 그 질병에 취약하다. (but, be)

→ _____ vulnerable to the disease.

03 나는 왜 그들이 우리를 한계까지 밀어붙이고 싶은 건지 이해가 안 된다. (want, push)

→ I don't understand _____ us to our limits.

04 우리가 도중에 예상 못한 장애들을 만날 경우에 대비해서, 우리는 추가적인 지원이 필요하다.
(unexpected, encounter, barriers, case)

→ _____ on the way, we need additional support.

05 그녀는 그 회사가 지금까지 주요 횡령 사건을 은폐해오고 있다는 사실을 폭로할 것이다. (cover up, fact)

→ She will expose _____ a major embezzlement
case up to now.

06 Simon은 그것을 잘하기 때문이 아니라 열심히 하기 때문에 성공할 것이라고 나는 생각한다.
(that, good, work hard)

→ I think Simon will be successful _____.

07-11 두 문장의 뜻이 같도록 괄호 안의 말을 이용하여 문장을 완성하시오.

07 Both the teachers and the students could understand the lecturer's intent. (alike)

→ _____ could understand the lecturer's intent.

08 The woman tiptoed around the crib for fear that she might wake up the baby. (lest)

→ The woman tiptoed around the crib _____.

09 He said, "Nothing will end war unless the people themselves refuse to go to war." (except)

→ He said, "Nothing will end war _____."

10 You'd better leave early so as not to get stuck in the rush-hour traffic on Friday. (order)

→ You'd better leave early _____ on Friday.

11 Though he wanted to live in the suburbs, he settled in the city for his kids. (spite)

→ _____, he settled in the city for his kids.

12-17 〈보기〉에서 가장 알맞은 말을 골라 문장을 완성하시오. (중복 사용 가능)

> **보기** but   though   although   the moment   whether   as if

12 _____ he trespassed on someone's property or not will greatly affect his sentencing.

13 She was very satisfied with what I did for her. Not for long, _____.

14 Whenever I'm scared or startled, I feel _____ my heart just stopped for a moment.

15 _____ the cameras were turned off, the actor was able to relax.

16 It is unusual to serve a meatless dinner for guests, _____ the party organizer requested it.

17 _____ the virus wreaked havoc on my laptop, I was able to recover some important files.

18-21 괄호 안에서 알맞은 말을 고르시오.

18 The animal-rights activist insisted on the idea (that / once) we need more shelters for stray animals.

19 He takes care of the less fortunate in his community (lest / since) he feels that he has a moral debt to them.

20 The prognosis of his cancer would be poor (even though / in that) the surgery went well.

21 They were curious about (if / whether) the chairman would give his consent to the proposal or not.

22-25 어법상 틀린 부분을 찾아, 바르게 고쳐 문장을 다시 쓰시오.

22 Neither you nor your friend are invited to attend the event.

→ _____

23 I know you're irritated, but I have no choice but intervene here.

→ _____

24 For she believed in them, she continued to support them financially.

→ _____

25 Not until the 1950s it was possible for the immigrants to assimilate into American society.

→ _____

[01-04] 다음 빈칸에 들어갈 말로 알맞은 것을 고르시오.

01

Samuel did very well in his finals, especially in science and math, _____ having headaches and gastric pain over the past few days.

① even though　② despite　③ in spite
④ though　⑤ still

02

The other day, my sister and I went to Kevin's house _____ we'd never been before.

① of which　② that　③ which
④ in that　⑤ to which

03

Hide and seek was the most popular game _____ the children played.

① who　② at which　③ that
④ where　⑤ what

04

It seemed that Bella wasn't impressed by the idea, and _____ anyone else.

① so was　② so did was　③ neither did
④ nor did　⑤ nor was

05 다음 빈칸에 들어갈 말로 알맞지 않은 것은?

Experts say that the insurance company went out of business _____ its poor management and leadership.

① due to　② for　③ in spite of
④ because of　⑤ owing to

06 다음 밑줄 친 부분 중 생략할 수 있는 문장끼리 짝지어진 것은?

① a. The team believed that they could win.
　b. James was not only a great husband but also a great father.
② a. The prince married the girl whom his parents didn't want.
　b. Please give me your email address so that I can send you additional information.
③ a. Except for an occasional shower, the weather will be good.
　b. He missed the time when he hung out with them.
④ a. The idea that aid exerts a bad influence on the countries is wrong.
　b. The laptop is what I'm talking about.
⑤ a. Look at the mountain whose top is covered with snow.
　b. Do you know the men who were injured in the accident?

[07-08] 다음 빈칸에 공통으로 들어갈 말을 쓰시오.

07

- Little was known about the new movie except _____ it was science fiction.
- Now _____ we're in Paris, we should go visit the Eiffel Tower.

→ _____

08

- His company was definitely not the company _____ which our team would like to do business.
- The final results of the research were at odds _____ our previous findings.

→ _____

[09-11] 다음 두 문장의 뜻이 같도록 빈칸에 알맞은 말을 쓰시오.

09

The police are going to talk to the country that the man came from.

→ The police are going to talk to the country from

_____ _____ _____ _____.

10

Some women have no choice but to quit their jobs and stay home with their kids.

→ Some women _____ _____ _____

_____ their jobs and stay home with their kids.

11

My cousin will go to the Philippines during summer vacation so she can improve her English.

→ My cousin will go to the Philippines during summer vacation _____ _____ _____ she can improve her English.

[12-14] 다음 우리말과 뜻이 같도록 빈칸에 알맞은 말을 쓰시오.

12

우리 아빠는 휴대 전화를 갖고 있지 않다는 점에서 시대에 뒤떨어져 있다.

→ My dad is _____ _____ _____

_____ he has no cellphone.

13

그날 하루 내내 내렸던 눈 때문에 Josh는 학교에 갈 수 없었다.

→ Josh couldn't go to school _____ of the snow that fell all _____ the day.

14

우리는 그 나라가 이미 핵무기를 보유하고 있어서가 아니라 그들이 그것을 떠벌려서 놀랐다.

→ We were surprised _____ _____ the country already had nuclear weapons _____ that they said it aloud.

[15-17] 다음 빈칸에 들어갈 말이 바르게 짝지어진 것을 고르시오.

15

- The church stood there _____ 1990 when it was brought down by missiles.
- Please describe the situation _____ you had to solve a difficult problem.

① by — which
② by — where
③ by — when
④ until — where
⑤ until — how

16

- This is the same car _____ you were driving.
- Either you or your brother _____ to bring Hush to the vet.

① as — has
② but — has
③ than — have
④ but — have
⑤ as — have

17

- Sarah loved her husband _____ all his faults.
- Look at the awesome magazine _____ cover is red and black.

① except that — where
② regardless of — whose the
③ on behalf of — of which
④ with — from which
⑤ in spite of — whose

[18-22] 다음 밑줄 친 부분 중 어법상 **틀린** 것을 고르시오.

18

A welcome package will be <u>sent to</u> each student
①
one week <u>prior</u> the course, <u>which</u> will <u>consist of</u>
② ③ ④
student guidance booklet and general
information <u>on how to</u> submit assessment.
⑤

19

My aunt, <u>as</u> she passed <u>by me</u>, shouted angrily,
① ②
"Jimmy, <u>if</u> you want to stay <u>or not</u> is none of
③ ④
my business. But <u>so long as</u> you stay here,
⑤
behave yourself."

20

<u>When</u> I first met her, Ms. Anderson made a huge
①
impression <u>on me</u> not only <u>because of</u> the way
② ③
<u>how</u> she dressed <u>but because</u> she was so
④ ⑤
charismatic.

21

That is <u>what</u> <u>happened</u> to my family, <u>as</u> an Asian
① ② ③
people, for many years <u>ever since</u> we <u>immigrated</u>
④ ⑤
from Thailand to this country 15 years ago.

22

Those analyses include DNA patterns and
fragmentation profiles, <u>which</u> can show
①
<u>information</u> on the health and origin <u>of the cell</u>
② ③
from <u>that</u> they <u>are derived</u>.
④ ⑤

[23-24] 다음 중 어법상 옳은 것을 고르시오.

23

① When has this show been about K-pop culture since?
② Scarcely the dog saw the man before it ran away.
③ With all the rumors, I still believe in him, although.
④ The students had to walk silently lest other classes should not be disturbed.
⑤ The scholars were not certain when the books were written.

24

① For I was not feeling very well, I had to leave early before 10.
② But for the support of my friends, I would never have survived those difficult times.
③ However he tried hard, Eric was unable to fix his smartphone.
④ As a lawyer, I work on behalf for a number of different clients.
⑤ My brother bought a pair of shoes, that cost 10 dollars.

[25-26] 다음 밑줄 친 부분을 어법에 맞게 고쳐 쓰시오.

25

She wore the expensive shoes <u>what</u> she bought in France.

26

Samuel has a son whom I guess is a stockbroker.

_____

[27-28] 다음 중 의미가 같은 문장끼리 짝지어지지 않은 것을 고르시오.

27

① He wanted to fly to Paris via Frankfurt.
　→ He wanted to fly to Paris by way of Frankfurt.
② He offered her a good job, and she gratefully accepted it.
　→ He offered her a good job, who gratefully accepted it.
③ Upon finishing my work, I'll go to the gym.
　→ As soon as I finish my work, I'll go to the gym.
④ She won't listen whatever he tells her.
　→ She won't listen no matter what he tells her.
⑤ Whatever clothes you wear will look good on you.
　→ The clothes you wear will look good on you.

28

① Does your work pay psychologically as well as economically?
　→ Does your work pay not only economically but psychologically?
② I know someone who doesn't want to try for fear of failing.
　→ I know someone who doesn't want to try so as not to fail.
③ You might develop serious health problems unless you start exercising.
　→ You might develop serious health problems if you don't start exercising.
④ The heated debate regarding radiation techniques followed.
　→ The heated debate as for radiation techniques followed.
⑤ The kitchen was completely dark, save for one candle burning on the table.
　→ The kitchen was completely dark, despite one candle burning on the table.

[29-30] 다음 두 문장을 한 문장으로 바꾸어 쓰시오.

29

The defendant will be able to receive legal aid. His case will be sent to the Supreme Court.

→ _____
_____

30

The firm needs to create a climate. Business can prosper in the climate.

→ _____
_____

[31-32] 다음 글을 읽고 물음에 답하시오.

Who first invented potato chips is often a matter of controversy. Still, it is said ① that the most common story for the potato chips involved George Crum, the cook at a restaurant in New York. One day in 1853, ② when a customer (A) _____ had ordered French fries sent them back to the kitchen, complaining ③ of their French fries were too thick and soggy, George was so angry. In order to give the customer a lesson, he sliced potatoes as thin as possible, fried them longer ④ until they were crispy, and served with salt. But instead of being angry, the customer loved the new fried potatoes. The world's favorite snack was born completely ⑤ out of the chef's rage and desire to irritate the customer.

31 위 글의 밑줄 친 ①~⑤ 중에서 어법상 틀린 부분을 찾아 바르게 고치시오.

_____ → _____

32 위 글의 밑줄 친 (A)에 들어갈 관계사를 쓰시오.

→ _____

다음 글을 읽고, 물음에 답하시오.

Tropical rainforests are found close to the equator and nearly 60 percent of them are in Latin America. These rainforests are home to more than half of the world's species of plants and animals. For plants there, rainforests ① are like battlefields, ② in which they fight not just with the insects, birds, and grass-eating animals, but also with each other. ③ Despite tropical rainforests do receive 12 hours of sunlight daily, less than 2% of the sunlight can reach the ground in a dense rainforest. The tropical rainforests often form three different layers — the canopy, the understory, and the ground layer. The higher they rise, the more sunlight they get. ④ Thus, in order to access more sunlight, rainforest trees compete ⑤ by growing faster and taller than their neighboring friends. This _____ is a good survival strategy for them. For example, lianas, one of the very common rainforest plants, grow much taller than those in other climates.

33 위 글의 밑줄 친 부분 중 어법상 틀린 것은?

①   ②   ③   ④   ⑤

Check Plus

위 글의 빈칸에 들어갈 말로 가장 적절한 것은?
① futile endeavor
② rapid vertical growth
③ slow but steady development
④ fast adaptation to the high temperature
⑤ success in competing with insects and birds

---

tropical rainforest 열대 우림   **equator** 적도   **battlefield** 전쟁터   **canopy** 임관층(숲의 우거진 윗부분)
understory (식물 군락의) 하층   **neighboring** 인접하는, 이웃하는   **strategy** 전략   **liana** 리아나(열대산 칡의 일종)
futile 헛된, 소용없는   **endeavor** 노력   **vertical** 수직의   **adaptation** 적응

다음 글을 읽고, 물음에 답하시오.

Do you drink milk? Milk is often called nutritionally complete food (A) that / what is rich in protein, calcium, and vitamins. That's (B) why / because we are sometimes urged to drink milk from people in every direction. Still, there are some other opinions. First of all, milk contains lactose. Since many people are intolerant to lactose, they have a difficult time digesting it. And (C) according to / except for many research studies, many antibiotics and growth hormones were found in milk. These medicines and hormones have been ingested from the cattle food or sometimes given to the cows directly. Importantly, milk is not the only source of protein or calcium. Every nutrient in milk can be found in other foods: beans, salmon, almonds, and kale. So some people suspect that current encouragement of milk consumption may be about political lobbying from the dairy industry, not about science. They think cow milk is not for humans, but for calves.

*lactose 젖당, 락토오스

34 위 글의 (A), (B), (C)의 각 네모 안에서 어법에 맞는 표현으로 가장 적절한 것은?

	(A)		(B)		(C)
①	that	....	why	....	according to
②	that	....	why	....	except for
③	that	....	because	....	according to
④	what	....	because	....	according to
⑤	what	....	because	....	except for

Check Plus ✚

위 글의 요지로 알맞은 것은?

① 우유의 영양소는 실제보다 부풀려져 있다. ② 우유 섭취를 권장하는 것은 과학적 근거가 없다.

③ 우유 섭취에 대해 쟁점이 되는 부분들이 있다. ④ 젖당 불내증을 가진 사람에게는 우유가 해로울 수 있다.

⑤ 젖소에 항생제나 성장 호르몬을 투약하는 것을 멈춰야 한다.

---

nutritionally 영양상으로 **complete food** 완전 식품 **rich in** ~가 풍부한 **contain** 함유하다
be intolerant to ~에 과민증이 있다 **digest** 소화하다 **antibiotic** 항생제 **ingest** 섭취(복용)하다
cattle 소 **nutrient** 영양소 **encouragement** 장려 **consumption** 소비, 섭취

01-05
괄호 안의 말을 이용하여 대화를 완성하시오.

01 A: Andrew is stuck in traffic now, so he will be late for the club meeting.

B: That's too bad. If the traffic _____ so terrible, he _____ on time.

(be, will arrive)

02 A: Good job! Your presentation left nothing to be desired.

B: Thanks. I _____ the presentation successfully without my co-workers' assistance. (can, lead)

03 A: Sometimes Mr. Rivera treats us as if we _____ his servants. (be)

B: I agree. I wish he _____ more politely toward us. (behave)

04 A: How can I get access to the document?

B: You can get the document _____ you won't share it with anyone else.

(condition)

05 A: I made a terrible mistake at the audition. I wish I _____ that! (do)

B: Try to forget about it. I think it's time that you _____. (restart)

06-10
두 문장의 뜻이 같도록 문장을 완성하시오.

06 An average student could easily have completed the course without burning out.

→ If _____, he could easily have completed the course without burning out.

07 As I'm not talented at ballet dancing, I gave up my dream to become a ballerina.

→ If I _____ talented at ballet dancing, I _____ to become a ballerina.

08 I miss my grandmother. I'm sorry I can't have a chance to eat my grandmother's kimchi again.

→ I miss my grandmother. _____ to eat my grandmother's kimchi again.

09 Unless both parties are open to negotiation and compromise, they can't reach an agreement.

→ If _____ to negotiation and compromise, they _____.

10 If I had learned how to surf then, I could enjoy surfing here in Hawaii now.

→ As _____.

11-16 〈보기〉에서 가장 알맞은 말을 골라 문장을 완성하시오.

> 보기 should   unless   otherwise   lest   supposing   as though

11 I had a long day. It seemed _____ the day would never end.

12 _____ you make a reservation immediately, you may miss our special offer.

13 I want to hear from you soon; _____, I will assume that you have no objection to my opinion.

14 _____ you discover any problem, contact our customer service department.

15 The manager set an alarm on his cell phone _____ he should miss any important appointments.

16 _____ you were elected class president, what's the first thing you would do?

17-20 밑줄 친 부분이 어법상 맞으면 T, 틀리면 F로 표시하고 바르게 고쳐 쓰시오.

17 Dr. Feroli's recommendation is that Mr. Silveira <u>would</u> work less and exercise more.

18 If gravity <u>were to disappear</u> all of a sudden, we could float just like in space.

19 If Brandon <u>hadn't gotten</u> proper treatment within the golden time then, he <u>couldn't have been</u> alive now.

20 The suspect insisted firmly that he <u>had</u> no connection with the burglary.

21-23 우리말과 뜻이 같도록 괄호 안의 말을 이용하여 문장을 완성하시오.

21 모든 학생이 기본적인 능력과 지식을 발전시키는 것은 극히 중요하다. (crucial, every student)

→ It _____ basic skills and knowledge.

22 그는 그의 인생의 멘토를 만나지 못했더라면 불운한 삶을 살았을 텐데. (mentor, live, miserable life)

→ Had _____ in his life, he _____.

23 내가 모든 장비들을 더 적절하게 관리해 왔더라면 좋았을 텐데. (maintain)

→ I wished _____ all the equipment more properly.

01-05 괄호 안의 말을 알맞은 형태로 바꾸어 문장을 완성하시오.

01 Diabetes _____ people more likely to get serious complications such as heart disease and blindness. (make)

02 The human resources manager said that more than a quarter of the applicants _____ not qualified. (be)

03 Statistics, a type of mathematics, _____ us with a useful strategy for summarizing data. (provide)

04 Yesterday we baked some wholemeal cookies, which _____ hilarious. (be)

05 Ms. Wilson asked the engineer how she _____ the new microwave oven. (can operate)

06-10 괄호 안에서 알맞은 말을 골라 써넣어 문장을 완성하시오.

06 _____ as well as _____ is going to march on the runway at the end of the fashion show. (the models, the top designer)

07 Not _____ but _____ are responsible for basic household maintenance like replacing light bulbs. (tenants, the landlord)

08 Not only _____ but also _____ were loaded onto the truck. (the trumpets, the piano)

09 A deposit of 10 percent _____ required in advance before your reservation _____ confirmed. (is, will be)

10 Anna said, "I'm too exhausted to do a workout at the gym _____."
→ Anna said that she was too exhausted to do a workout at the gym _____."
(tonight, that night)

11-15 밑줄 친 부분이 어법상 맞으면 T, 틀리면 F로 표시하고 바르게 고쳐 쓰시오.

11 In ancient times people believed the earth <u>is</u> flat, but now we <u>know</u> that is not true.

12 Three weeks <u>seem</u> to be a long time to wait for the results of the admission test.

13 Downloading movies from unauthorized sites <u>is</u> illegal.

14 Joe learned in chemistry class that oil <u>was</u> lighter than water so it always <u>floated</u> on the surface of water.

15 Mr. Ellis <u>said</u> his students that the essay should be short and clear.

16-21 〈보기〉에서 가장 알맞은 말을 골라 형태를 바꾸어 문장을 완성하시오.

> **보기**
> "Is there anybody in there?"
> "Don't go outside alone after midnight."
> "Take this medication three times a day, please."
> "I wish I could stay at the tropical beach resort."
> "What color of blouse would you like to try on?"
> "Let's book our museum tour early since we have a large group."

16 The firefighter asked _____, knocking on the door.

17 The salesclerk asked Ms. Simmons _____.

18 The doctor ordered me _____.

19 The tour guide warned the tourists _____.

20 Jason said _____.

21 Bella suggested _____

_____.

22-26 우리말과 뜻이 같도록 괄호 안의 말을 이용하여 문장을 완성하시오.

22 저희 월간지를 구독하는 데 관심이 있는 분들은 저희의 웹사이트를 방문해야 합니다.
(subscribe to, monthly magazine)

→ People who _____ should visit our website.

23 교장 선생님과 선생님들은 반드시 모든 학생들이 안전하다고 느끼도록 하기 위해 열심히 노력한다.
(try, make sure, every student, safe)

→ The principal and teachers _____.

24 태양광이 일곱 가지 색깔의 스펙트럼으로 구성되어 있다는 것을 누가 발견했는가?
(discover, the light of the sun)

→ _____ composed of the seven colors of the spectrum?

25 일기예보에 따르면 내일은 습하고 부분적으로 구름이 낀 날씨가 될 것이다. (humid, partly cloudy)

→ The weather forecaster said, "It _____."

→ The weather forecaster said that _____.

26 Jordan은 Nora에게 "시간이 있니? 너와 논의할 게 있어."라고 말했다. (have a minute, something, discuss)

→ Jordan said to Nora, "_____? I have _____."

→ Jordan _____.

01-04 괄호 안의 말을 이용하여 대화를 완성하시오.

01 A: Do you know when J. K. Rowling began her career?

B: As far as I know, _____ _____ not until the early 1990s _____ she began her career. (that)

02 A: Try this Carbonara from my grandmother's recipe. I hope you love pasta!

B: Wow, it looks yummy. Of course I _____ _____ pasta. (love)

03 A: Congratulations! I heard you won first prize in the audition.

B: Thanks, I couldn't believe it. _____ _____ _____ _____ I could win the audition. (little, dream)

04 A: We're going to go Molly's housewarming party. Can you join us?

B: Sorry, I'm _____ _____. I have another appointment. (afraid)

05-09 두 문장의 뜻이 같도록 빈칸에 알맞은 말을 쓰시오.

05 Jake couldn't figure out how to install the new software, and Tiffany couldn't figure it out, either.

→ Jake couldn't figure out how to install the new software, and _____ _____ _____.

06 Scarcely had the sports celebrity appeared for the interview when camera flashes started to fire off.

→ _____ _____ had the sports celebrity appeared for the interview than camera flashes started to fire off.

07 The former Olympic medalist couldn't compete at the World Championships because of a shoulder injury.

→ A shoulder injury prevented _____ _____ _____ _____ at the World Championships.

08 If you should need additional information, please feel free to contact me.

→ _____ _____ need additional information, please feel free to contact me.

09 The renowned director recently released a documentary movie on the families who were affected by the natural disaster.

→ The renowned director recently released a documentary movie on the families _____ by the natural disaster.

10-17 밑줄 친 부분 중 어법상 틀린 부분을 찾아 바르게 고쳐 쓰시오.

10 <u>Attached to this email is</u> the scanned files of the documents you requested.

11 There is little possibility, <u>if ever</u>, that Chloe will win the student council election.

12 The marathoner had a strong conviction <u>which he could complete the race despite suffering an injury</u>.

13 You may experience a temporary system failure <u>while upgraded</u> your software program.

14 The manufacturing automation helped them <u>to improve the speed, accuracy, safety, and efficient</u>.

15 Some nutritionists say garlic <u>works by far better</u> to thin the blood than aspirin does.

16 Only after we experience a variety of suffering <u>we can become remarkably resilient</u>.

17 Out of the woods walked a couple of soldiers in full camouflage, and <u>down the trail went they</u>.

18-22 우리말과 뜻이 같도록 괄호 안의 말을 이용하여 문장을 완성하시오.

18 그 펜션을 투숙객들에게 매력적으로 만든 것은 바로 넓은 뒤뜰의 정원이었다. (spacious, backyard garden)

→ It _____ made the pension appealing to guests.

19 선인장 식물은 키우기에도 쉽고, 게다가, 전자파를 차단하는 데도 아주 좋다. (what, more)

→ Cactus plants are easy to take care of, and _____, they are great at blocking electromagnetic waves.

20 그들은 풍선으로 방을 장식하고 벽에 현수막을 걸어 축하 행사를 준비할 것이다. (hang, a banner, wall)

→ They'll prepare for the celebratory event by decorating the room with balloons and

_____.

21 혁신적인 디지털 시스템의 발전으로 인해 직원들을 재택 근무를 할 수 있다.
(enable, employees, work from home)

→ The development of the innovative digital system _____.

22 Michael은 수업의 바로 첫 날에 시험을 봤고, 수업을 잘 준비해야만 한다는 것을 정말 깨달았다.
(first day, class, realize)

→ Michael had an exam _____, and he _____ that he should be well prepared for the class.

[01–02] 다음 대화의 빈칸에 들어갈 말로 알맞은 것을 고르시오.

01

> A: I'm really looking forward to taking a day off tomorrow.
> B: I'm swamped with work now. I wish I _____ a day off.

① can take   ② can't take
③ could take   ④ couldn't take
⑤ could have taken

02

> A: I'm on a tight budget these days, so I don't want to spend more than $100 a night for a hotel.
> B: _____ Let's surf the Internet more.

① So am I.   ② So do I.
③ Neither am I.   ④ Neither I do.
⑤ Neither do I.

03 다음 밑줄 친 두 부분의 관계가 나머지와 다른 것은?

① <u>Marco's habit</u> of <u>traveling alone</u> lets him recharge his batteries.
② Over 20 nocturnes were composed by <u>Chopin</u>, <u>the poet of the piano</u>.
③ <u>The jazz festival</u>, <u>held in a different location each year</u>, will take place in Toronto this year.
④ <u>Mr. Pierce</u>, <u>assistant professor of Philosophy</u>, always responds promptly to inquiries of his students.
⑤ <u>The news</u> <u>that the local sea levels are rising faster than the average global rate</u> is shocking to the residents.

04 다음 우리말과 뜻이 같도록 빈칸에 들어갈 말이 바르게 짝지어진 것은?

> 작업반원들이 지난밤에 제설 작업을 했더라면, 오늘 아침에 도로가 미끄럽지 않을 텐데.
> → If the crew _____ the snow last night, the street _____ slippery this morning.

① removed — would be
② removed — would not be
③ removed — would have been
④ had removed — would not be
⑤ had removed — would have been

05 다음 중 어법상 틀린 것은?

① That suitcase seems a little small, so I'll take this.
② I didn't enjoy the documentary film. Did you enjoy the film?
③ Billy has no time to travel overseas, but someday he hopes.
④ People who have a purpose in life tend to enjoy their lives more than those who do not.
⑤ While researching chimpanzees, Jane Goodall realized the urgent need to protect them from extinction.

06 다음 빈칸에 공통으로 들어갈 말을 쓰시오.

> • I would prefer to stay in a quiet spot in the mountains, _____ possible.
> • The noise from next-door neighbors sounded as _____ a bomb were detonated.
> • The customer service representative asked Ms. Durant _____ she needed any help.

→ _____

[07~09] 다음 빈칸에 들어갈 말이 바르게 짝지어진 것을 고르시오.

07

> The detective said to the suspect, "Where were you at 10 last night?"
> → The detective asked the suspect where he _____ at 10 _____.

① was — last night
② was — the previous night
③ were — the previous night
④ had been — last night
⑤ had been — the previous night

08

> If I had enough money with me, I would have bought the condominium.
> → As I _____ enough money with me, I _____ the condominium.

① don't have — don't buy
② don't have — didn't buy
③ didn't have — don't buy
④ hadn't had — didn't buy
⑤ hadn't had — don't buy

09

> The manager couldn't give his client more details because of a lack of time.
> → A lack of time _____ the manager _____ his client more details.

① enabled — to give
② enabled — from giving
③ prevented — to give
④ prevented — from giving
⑤ prohibited — to give

10 다음 밑줄 친 부분을 강조하는 문장으로 바꾸어 쓸 때 틀린 것은?

① It stood near the old castle.
   → Near the old castle stood it.
② Some English letters seldom match the sounds.
   → Seldom do some English letters match the sounds.
③ Why do we have to go to that boring exhibition?
   → Why in the world do we have to go to that boring exhibition?
④ Angela's heart-warming smile made Anthony fall in love with her.
   → It was Angela's heart-warming smile that made Anthony fall in love with her.
⑤ Most artists do not like criticism, but this film director believes it helps her directing a lot.
   → Most artists do not like criticism, but this film director does believe it helps her directing a lot.

11 다음 빈칸에 들어갈 수 없는 것은?

> • Jerry, _____ makes you think so?
> • The clerk asked me _____ I would like to pay by cash or card.
> • The physical effects of 4D films made me feel as _____ I were hero of the movie.
> • It is on "Twinkle, Twinkle, Little Star" _____ the tune of the alphabet song is based.

① that   ② what   ③ where
④ though   ⑤ whether

12 다음 밑줄 친 부분을 강조하는 문장으로 바꾸어 쓰시오.

> Esther could find the time to eat only when her baby was sleeping.

→ _____ the time to eat.

13 다음 중 의미가 같은 문장끼리 짝지어지지 않은 것은?

① Brian said, "Alas, my puppy died yesterday."
→ Brian said with sorrow that his puppy had died the previous day.

② Readers have praised his recent novel, and the critics also have praised it.
→ Readers have praised his recent novel, and so have the critics.

③ Angela said to Jacob, "Which locations are you going to visit in Seoul?"
→ Angela asked Jacob which locations to visit in Seoul.

④ Hardly had the K-pop singer left the stage when the audience started to shout, "Encore, encore."
→ No sooner had the K-pop singer left the stage than the audience started to shout, "Encore encore."

⑤ But for painstaking efforts, the athletes couldn't step onto the medal podium.
→ Were it for painstaking efforts, the athletes couldn't step onto the medal podium.

[14-16] 다음 빈칸에 들어갈 말로 알맞지 않은 것을 고르시오.

14

_____ are going to participate in the event.

① Many a public official
② Most of the employees
③ One third of the residents
④ The citizens as well as the mayor
⑤ Not only the professor but also graduates

15

The manufacturing company tries to improve not only productivity but also _____.

① safety
② save costs
③ efficiency at work
④ employee well-being
⑤ customer satisfaction

16

Here is _____.

① it
② a good tip
③ the change
④ the receipt
⑤ your credit card

17 다음 중 어법상 옳은 것은?

① The police officer said the driver to present his driver's license.
② Should you have any problems with your purchase, please contact your service representative.
③ As demand for automation grows, so is the number of unemployed workers.
④ A volunteer does needs to have a basic understanding of computer software.
⑤ Sending paper greeting cards in stamped envelopes were replaced by writing electronic ones.

18 다음 중 어법상 틀린 문장은 모두 몇 개인가?

(a) It is desirable that every child have the same educational opportunities.
(b) The majority of participants thinks that the training session was informative and helpful.
(c) To see him play the musical instrument, you would never know he's deaf. Actually, he lost his hearing at the age of five.
(d) It was at the age of eight that Franz Liszt began composing.
(e) She's reading a variety of texts and solve several reading comprehension questions now.
(f) You'll watch a short instructional video before you'll tour the factory.
(g) According to the survey, most of companion animal owners treats their companion animal as if it were their child.

① 3개　② 4개　③ 5개　④ 6개　⑤ 7개

19 다음 중 어법상 옳은 문장끼리 짝지어진 것은?

① a. Scarlett likes lying in a hammock and to look at the clouds in the sky.
   b. Indian curry and rice are very different from Japanese curry and rice.

② a. I know more than one carrot are in the fridge.
   b. Half of the respondents complain about bad room conditions and poor services.

③ a. On the stool a bundle of comic books was.
   b. The consultant's suggestion is that the company invest in new equipment.

④ a. When asked about scandals involving his family, the movie star kept his silence.
   b. What I want are some really interesting movies.

⑤ a. If I had signed up for the winter camp, I could have fun throwing snowballs, making a snowman, and ride a snowboard now.
   b. The golf player, along with his caddie, are going to show up in no time.

20 다음 중 어법상 틀린 것은?

① If in doubt, visit our website at www.service.com.
② Enclosed is a gift certificate for a free night at Golden Hotel.
③ Supposing you'd missed your flight, what would you have done?
④ Had I made a reservation in advance, I would enjoy snorkeling in Hawaii now.
⑤ Extreme sports such as skydiving, bungee jumping and ice climbing gives us a unique sense of thrill.

21 다음 문장을 간접화법 문장으로 바꾸어 쓰시오.

Clara said to Lucas, "I can't download the app. Can you help me?"

→ Clara _____
_____.

[22-23] 다음 우리말과 뜻이 같도록 괄호 안의 말을 이용하여 문장을 완성하시오.

22

대다수의 워킹맘들은 자기 자신을 위한 시간을 거의 갖지 못한다.
(majority, working mothers, have time)

→ Hardly _____
for themselves.

23

만약 그때 내 항공편이 취소되지 않았다면, 나는 오늘밤 북극광을 볼 수 있을 텐데. (flight, cancel, watch, northern lights)

→ If _____ at that time,
I _____ tonight.

[24-25] 다음 글을 읽고 물음에 답하시오.

Do you feel gloomy, or do you feel as though you ①had no energy at all this week? (A) The food specialist Dr. Martelli said, "Make sure you have a rainbow on your plate." That is to say, his advice is that we ②should eat bright colorful fruits and vegetables. Our bodies benefit from fresh fruits and vegetables of all types and colors. For example, yellow and orange fruits such as lemons and oranges are rich in vitamin C and ③improve our immune system. Red fruits and vegetables such as strawberries and tomatoes help to reduce the risk of heart disease. Green vegetables such as spinach and broccoli ④increase our energy. If you want to raise your energy level and become more productive, please ⑤does keep the simple tips in mind.

24 밑줄 친 ①~⑤ 중에서 어법상 틀린 부분을 찾아 바르게 고치시오.

_____ → _____

25 위 글의 밑줄 친 (A)를 간접화법 문장으로 바꾸어 쓰시오.

→ The food specialist Dr. Martelli told you _____
_____.

다음 글을 읽고, 물음에 답하시오.

One day, Timothy went on a field trip to a greenhouse, and learned tomatoes grow well indoors during the winter. The owner of the greenhouse said to Timothy, "It is crucial that you ① should maintain the greenhouse climate. You can grow tomatoes successfully because the climate inside the greenhouse enables tomatoes ② to be protected from the bad weather dangers or pests." Scarcely ③ has Timothy come home, before he told all about the greenhouse to his mother. He asked ④ whether they could make a greenhouse in their backyard. Mom said, "A greenhouse sounds fun and exciting, but it can require more hard work than you expect. Therefore, why don't you try growing some tomatoes in a pot first to see if (A) you have a green thumb?" Even though he wished he ⑤ had a greenhouse to protect his tomatoes all year around, Timothy said that he would give up on the greenhouse plan and grow tomatoes in a pot.

26 위 글의 밑줄 친 부분 중 어법상 **틀린** 것은?

①   ②   ③   ④   ⑤

Check Plus➕

위 글에서 밑줄 친 (A)가 의미하는 바로 가장 적절한 것은?

① tomatoes are vegetables, not fruits
② it is easier to raise tomatoes in a pot
③ you yourself can build a greenhouse
④ green tomatoes are good for our health
⑤ you have the ability to raise tomatoes well

---

field trip 견학, 현장 학습   **greenhouse** 온실, 비닐 하우스   **crucial** 극히 중요한   **maintain** 유지하다   **pest** 해충
pot 화분   **have a green thumb** 원예에 소질이 있다

다음 글을 읽고, 물음에 답하시오.

Elephants, our earth's largest land animals, consume approximately 200 kilograms of food and (A) produce / produces up to 100 kilograms of excrement every day. Interestingly, the animal's large amounts of bodily waste can be useful to humans and nature in a variety of ways. An elephant's excrement is loaded with fibers, so it can be used for several purposes. For starters, the solid waste can be made into paper. Using elephant dung paper indirectly protects nature, as it stops the indigenous tree populations of nearby forests from being cut down. Secondly, the manure has some surprisingly delicious benefits. (B) But / Without elephant excrement, we could not drink Black Ivory Coffee, known as elephant dung coffee. Finally, elephants play an essential biological role. Their excrement contains seeds from many plants. (C) Given / Giving the long distance of elephants' home ranges, plant species can be dispersed far away, growing into new grasses, bushes, and trees. Who knew elephant excrement could be such a(n) _____?

*excrement 배설물, 대변

27 위 글의 (A), (B), (C)의 각 네모 안에서 어법에 맞는 표현으로 가장 적절한 것은?

	(A)	(B)	(C)
①	produce	Without	Giving
②	produce	But	Giving
③	produce	Without	Given
④	produces	But	Given
⑤	produces	Without	Given

Check Plus➕

위 글의 빈칸에 들어갈 말로 가장 적절한 것은?

① tasty meal ② harmful material
③ short-term effect ④ precious resource
⑤ eco-friendly detergent

consume 먹어치우다 **approximately** 대략 **be loaded with** ~가 충분히 있다 **fiber** 섬유질 **for starters** 우선, 첫째로(= first of all) **dung** (큰 동물의) 똥 **indigenous** 그 지역의, 토종의 **population** 개체군, 개체수 **manure** 거름 **plant species** 식물종 **disperse** 퍼뜨리다 **grow into** ~로 자라다 **bush** 관목, 덤불

영문법의 바른 기준

GRAMMAR SHARP

영문법의 바른 기준

GRAMMAR
SHARP

영문법의 바른 기준
GRAMMAR
SHARP

A Real-World Guide to English Grammar

영문법의 바른 기준

GRAMMAR SHARP

A Real-World Guide to English Grammar

영문법의 바른 기준

GRAMMAR
SHARP

정답 및 해설

완성

A REAL-WORLD GUIDE TO ENGLISH GRAMMAR

YBM

A Real-World Guide to English Grammar

영문법의 바른 기준

GRAMMAR
SHARP

완성

A REAL-WORLD GUIDE TO ENGLISH GRAMMAR

EXERCISE 01 p.11

> 1 The lack of clean water in the region / is a big concern.
> 2 The librarian who explained a new policy to me / was very kind.
> 3 Spending time on your hobby / gives you relaxation and peace of mind.
> 4 The press / announced that the new factory would create thousands of new jobs.
> 5 Most students staying up late for exams / suffer from a lack of sleep.
> 6 The things you have to do at home every day or every week to keep your house looking nice and clean / are called household chores.

1 그 지역에 깨끗한 물이 부족해서 큰 걱정이다.
  ▶ The lack of clean water in the region이 주부이고, 동사 is 뒤에 다른 요소인 a big concern이 온 구조이다.
  【어휘】concern 걱정, 우려
2 내게 새로운 방침을 설명해 준 사서는 아주 친절했다.
  ▶ The librarian who explained a new policy to me가 주부이고 was가 동사이다. 핵심 주어 The librarian은 관계사절(who explained a new policy to me)의 수식을 받고 있다.
  【어휘】librarian 도서관 사서 policy 방침, 정책
3 당신의 취미 활동에 시간을 보내는 것은 당신에게 휴식과 마음의 평화를 준다.
  ▶ 동명사구(Spending time on your hobby)가 주어이고, gives가 동사이다. 참고로 동명사구 주어는 단수 취급하므로, 단수 동사 gives가 왔다.
4 언론은 새 공장이 수천 개의 새로운 일자리를 창출할 것이라고 발표했다.
  ▶ The press가 주어이고, announced가 동사이며, that절은 announced의 목적어 역할을 하는 명사절이다.
5 시험 공부를 하느라 늦게까지 자지 못하는 대부분의 학생들은 수면 부족에 시달린다.
  ▶ Most students staying up late for exams가 주부이고, suffer가 동사이다. 분사구(staying up late for exams)가 핵심 주어 Most students를 수식하고 있다.
  【어휘】stay up late 늦게까지 자지 않고 있다
6 당신의 집을 좋고 깨끗하게 보이도록 유지하기 위해 매일 또는 매주 당신이 해야 하는 것을 집안일이라고 부른다.
  ▶ The things you have to do at home every day or every week to keep your house looking nice and clean이 주부이고, are called가 동사이다. 주부는 「명사구(The things)+관계사절(you have to do at home every day or every week)+to부정사구(to keep your house looking nice and clean)」로 구성되어 있다.
  【어휘】household 가정(의) chores 잡일, 허드렛일

EXERCISE 02 p.11

> 1 have   2 books   3 were
> 4 Playing   5 increases

1 수백 명의 마을 사람들은 홍수 후에 먹을 것과 마실 것이 아무 것도 없다.
  ▶ 주부(Hundreds of people in the village)에 대한 동사 자리이므로 have가 적절하다.
2 도서관에서 빌린 책들은 2주 이내에 반납되어야 한다.
  ▶ 동사가 are(복수)이므로, 핵심 주어도 동사에 수 일치하여 복수명사(books)가 와야 한다.
  【어휘】be supposed to ~하기로 되어 있다, ~해야 한다
3 해변가에 있는 많은 집들이 지난 밤 쓰나미로 파손되었다.
  ▶ 핵심 주어가 houses(복수)이므로, 이에 수 일치하여 복수형 동사(were)가 적절하다.
4 악기를 연주하는 것은 우리 뇌의 기능과 정신 건강을 증진시킨다.
  ▶ ~ a musical instrument가 주부이고, improves가 동사이므로, 주어 역할을 할 수 있는 동명사구나 to부정사구가 되어야 한다. 따라서 Playing이 적절하다.
  【어휘】musical instrument 악기 function 기능
5 그랜드 캐니언을 방문하는 방문객의 수는 매년 증가한다.
  ▶ 핵심 주어가 The number(단수)이므로, 이에 수 일치하여 단수형 동사 increases가 적절하다. cf.「a number of(많은)+복수명사+복수형 동사」

EXERCISE 03 p.13

> 1 A couple of tourists bought some quilts from a local artist.
> 2 Wise people remain calm even during stressful moments.
> 3 An American inventor Elisha Otis developed a safe elevator.
> 4 Helping people in need made her life meaningful.
> 5 People wonder when the athlete will fully recover from the injury.
> 6 The president nominated a diplomat the secretary of state.
> 7 The customers were offered complimentary drinks and snacks.

1 두세 명의 여행객들이 지역 예술가에게서 퀼트 제품들을 샀다.
  ▶ A couple of tourists(명사구)가 주어이고, bought가 동사이며, some quilts(명사구)가 목적어이다.
  【어휘】local 지역의, 현지의

2 현명한 사람들은 스트레스가 많은 순간에도 냉정함을 유지한다.
▶ Wise people(명사구)이 주어이고, remain이 동사이며, 형용사 calm이 주격보어로 쓰였다.
【어휘】 stressful 스트레스가 많은

3 미국 발명가인 Elisha Otis가 안전한 엘리베이터를 개발했다.
▶ An American inventor Elisha Otis(명사구)가 주어이고, developed가 동사이며, a safe elevator(명사구)가 목적어이다. 참고로 An American inventor와 Elisha Otis는 동격 관계이다.

4 어려움에 처한 사람을 돕는 것은 그녀의 삶을 의미 있게 만들었다.
▶ 동명사구 Helping people in need가 주어이고, made가 동사, her life(명사구)가 목적어이고, 형용사 meaningful이 목적격보어로 쓰였다.
【어휘】 in need 어려움에 처한

5 사람들은 그 운동선수가 언제 부상에서 완전히 회복할지 궁금해한다.
▶ People이 주어이고, wonder가 동사이며, when the athlete will fully recover from the injury(의문사절)가 목적어로 쓰인 구조이다.

6 대통령은 외교관을 국무장관으로 임명했다.
▶ The President가 주어, nominated가 동사, a diplomat이 목적어, the Secretary of State(명사구)가 목적격보어 역할을 하고 있다.
【어휘】 nominate 임명하다, 지명하다　diplomat 외교관　the Secretary of State 국무장관

7 고객들은 무료 음료와 간식을 제공받았다.
▶ The customers가 주어이고, were offered(수동형)가 동사이다. complimentary drinks and snacks는 offered의 목적어 역할을 한다.
【어휘】 complimentary 무료의

EXERCISE **04**　　p. 13

1 (1) 주격보어 (2) 목적어	**2** (1) 목적격보어 (2) 주격보어
3 (1) 목적어 (2) 주어	**4** (1) 주어 (2) 동사

1 (1) 환경오염은 전 세계가 지금 처리해야 할 중요한 과제이다.
(2) Lawrence는 자신의 팀원들과 함께 그 어려운 과제를 성공적으로 해냈다.
▶ (1) an important task(명사구)는 주격보어 역할을 한다. 참고로 the world should deal with now는 목적격 관계대명사가 생략된 관계사절로, an important task를 수식한다.
(2) accomplished는 목적어를 취하는 동사로, the difficult task가 목적어 역할을 한다.
【어휘】 deal with ~을 처리하다, 다루다　teammate 팀 동료

2 (1) 우리는 뮤지컬 배우들이 다 함께 노래를 부르고 있는 것을 보았다.
(2) 마지막 장면에서 그녀가 해야 할 일은 그녀의 상대역과 함께 노래를 부르는 것이다.
▶ (1) 「saw(지각동사) + 목적어(the musical actors) + 목적격보어」 구조로, 현재분사 singing은 saw의 목적격보어 역할을 한다.
(2) Her job in the last scene이 주어이고, is가 동사이며, 동명사구인 singing with her stage partner는 주격보어로 쓰였다.

3 (1) 그는 이 일을 소중한 업무 경험을 얻을 수 있는 기회로 보기 시작했다.

(2) 보행자의 관점에서 사물을 보는 것은 도시 계획 입안자로서 그녀의 최우선 과제이다.
▶ (1) 동명사구인 viewing this job as an opportunity to gain valuable work experience는 동사 began의 목적어 역할을 한다.
(2) 동명사구인 Viewing things from the perspective of pedestrians가 주어이고, is가 동사이다.
【어휘】 perspective 관점, 시각　pedestrian 보행자, 도보 여행자　top priority 최우선 과제(사항)　city planner 도시 계획 입안자

4 (1) 이 건물은 1년 전에 새롭게 리모델링을 했기에 지금은 현대적이고 편안하다.
(2) 그 인부는 그의 정원 둘레에 10피트 높이의 벽을 쌓고 있(었)다.
▶ (1) This building이 주어이고, was remodeled와 is가 동사이다. building은 '건물'이라는 의미의 명사이다.
(2) The worker가 주어이고 's building이 동사이다. 여기서 building은 현재분사로, be동사와 함께 쓰여 '~하고 있(었)다'는 진행의 의미를 나타낸다.

EXERCISE **05**　　p. 15

1 Overly demanding (customers) are troublesome to clerks.
2 The director created (a film) that was based on a comic book.
3 Contrary to my expectations, they (have treated) me kindly.
4 Ms. Jones has (something) to say to her daughter.
5 Luckily, (all passengers and crew members survived the plane's crash landing).

1 지나치게 까다로운 고객은 점원들에게 골칫거리이다.
▶ Overly demanding customers는 동사 are의 주어로, 부사 overly는 형용사 demanding을 수식하고, 형용사 demanding은 명사 customers를 수식한다.
【어휘】 overly 너무, 지나치게　demanding 까다로운, 요구가 많은　troublesome 골칫거리인

2 감독은 만화책에 근거한 영화를 제작했다.
▶ that was based on a comic book(관계사절)은 동사 created의 목적어 역할을 하는 명사구 a film을 수식한다.

3 내 예상과는 반대로 그들은 나에게 친절하게 대해 주었다.
▶ 부사는 동사(구), 형용사(구), 부사(구)나 절을 수식하는데, 여기서 kindly는 동사구 have treated를 수식한다.
【어휘】 contrary to ~와 반대로

4 Jones 씨는 딸에게 말할 것이 있다.
▶ to부정사구인 to say to her daughter는 바로 앞에 온 대명사 something을 수식한다.

5 다행히도, 모든 탑승객들과 승무원들은 항공기 불시착에서 살아남았다.
▶ 문장 맨 앞에 쓰인 부사 Luckily는 뒤의 절 all passengers and crew members survived the plane's crash landing을 수식한다.
【어휘】 survive ~에서 살아남다(생존하다)　crash landing 불시착

1 명사	2 형용사	3 형용사
4 명사	5 부사	

1 워크숍에 얼마나 많은 참가자들이 참석할지 아세요?
 ▶ 의문사절(명사절)로 동사 know의 목적어이므로 명사 역할을 한다.
2 Young 씨는 동물 보호소에서 흰 발을 가진 고양이를 입양했다.
 ▶ 「주어(Mr. Young) + 동사(adopted) + 목적어(a cat)」의 구조로, 전치사구인 with white paws는 앞에 온 명사구 a cat을 수식하는 형용사 역할을 한다.
 【어휘】adopt 입양하다 paw (동물의) 발 animal shelter 동물 보호소
3 이곳은 King 교수가 박사 학위를 받은 대학교이다.
 ▶ 「주어(This) + 동사(is) + 보어(the university)」의 구조로 관계부사절인 where Professor King earned his doctoral degree는 앞에 온 명사구 the university를 수식하는 형용사절로 형용사 역할을 한다.
 【어휘】doctoral degree 박사 학위
4 마침내 그 회사는 신입사원을 채용하기로 결정했다.
 ▶ 「주어(The company) + 동사(decided) + 목적어(to부정사구)」의 구조. to부정사구인 to recruit new employees는 동사 decided의 목적어로 명사 역할을 한다.
 【어휘】recruit 모집(채용)하다 expansion 확장, 확대
5 Irene은 콘서트 표가 매진되어 예약할 수 없었다.
 ▶ 「주어(Irene) + 동사구(couldn't reserve) + 목적어(concert tickets)」의 구조로, 부사절 since they were sold out은 앞의 주절을 수식하는 부사 역할을 한다.
 【어휘】reserve 예약하다 be sold out 매진되다

OVERALL EXERCISE   pp. 18-19

01

1 advise	2 advertisement
3 Fortunately	4 is

1 금융 상담가들은 우리에게 보통 예금을 유지해서 정기적으로 입금을 하라고 조언한다.
 ▶ 주어 Financial counselors의 동사가 필요하므로 동사(advise)가 적절하다.
 【어휘】financial 재정의, 금융의 counselor 상담역, 고문 savings account 보통 예금 make a deposit 입금하다
2 신제품 광고는 제조 회사의 웹사이트에 곧 게시될 것이다.
 ▶ 동사(will be posted)의 핵심 주어 자리이므로, 명사(advertisement)가 적절하다. advertise는 '광고하다'는 의미의 동사.
 【어휘】shortly 곧, 얼마 안 되어 manufacturing company 제조(생산) 회사
3 다행히도, 강한 폭풍우가 휘몰아 치는 동안에 어떤 역사적인 기념물도 파손되지 않았다.

 ▶ 절 전체를 수식하는 부사 자리이므로, 부사(Fortunately)가 적절하다.
 【어휘】monument 기념물, 기념비적인 건축물
4 전쟁이나 정치적인 이유로 인해 강제로 조국을 떠나야 했던 사람은 난민이라고 불린다.
 ▶ 핵심 주어가 Someone(단수)이므로, 동사도 수 일치하여 단수형 동사(is)가 적절하다. who has been forced to leave a country because of war or for political reasons는 Someone을 수식하는 형용사절(관계사절)이다.
 【어휘】refugee 난민, 망명자

02

1 형용사	2 명사	3 형용사	4 명사	5 부사
6 형용사	7 부사			

1 전문 기술자에 의해 수리된 식기 세척기는 다시 완벽하게 작동하고 있다.
 ▶ 분사구 repaired by an expert technician은 주어 The dish washing machine(명사구)을 수식하는 형용사구이므로 형용사 역할을 한다.
 【어휘】dish washing machine 식기 세척기 expert 전문가(의) technician 기술자
2 저희 월간지 구독을 갱신하실 것인지 아니면 해지하실 것인지 알고 싶습니다.
 ▶ 접속사 whether가 이끄는 명사절로 know의 목적어이므로 명사 역할을 한다.
 【어휘】renew 갱신하다 subscription (정기) 구독 monthly magazine 월간지
3 OECD는 회원국들이 지속 가능한 경제 성장을 이룰 수 있도록 돕는 국제 단체이다.
 ▶ 주격 관계대명사 that이 이끄는 관계사절로 명사구 an international organization을 수식하는 형용사절이므로 형용사 역할을 한다.
 【어휘】organization 단체, 기관 sustainable 오래도록 지속 가능한
4 내 생각에 너는 미래를 위해 계획을 세우기만 하면 된다.
 ▶ all you have to do is to plan for the future는 접속사 that이 생략된 명사절로 think의 목적어 역할을 한다. 명사절은 「주어(all you have to do) + 동사(is) + 주격보어」의 구조로, to부정사구인 to plan for the future는 주격보어인 명사구이므로 명사 역할을 한다.
5 비록 그 청소년은 어른처럼 보이기를 원했지만, 그의 짜증은 명백히 청소년의 행동이었다.
 ▶ 접속사 Although가 이끄는 부사절로, 절 전체를 수식하는 부사 역할을 한다.
 【어휘】adolescent 청소년 grown up 어른이 된 temper tantrum 짜증, 분노 발작 juvenile 청소년의, 유치한
6 그는 현재 우리가 처한 엉망진창인 상황이 그의 책임은 아니라고 말했지만, 아니면 또 누구겠어?
 ▶ that절은 said의 목적어 역할을 하는 명사절로, 「주어(the mess we're currently in) + 동사(wasn't) + 주격보어(his fault)」의 구조이다. 목적격 관계대명사가 생략된 관계사절인 we're currently in은 앞에 온 명사구(the mess)를 수식하는 형용사 역할을 한다.
 【어휘】mess 엉망진창(인 상황) currently 현재, 지금 fault 잘못, 책임

7 그녀가 나를 보거나 내 옆을 지나갈 때면 언제나 내 심장은 빠르게 뛴다.
▶ every time이 이끄는 부사절로, 앞에 온 절 전체를 수식하는 부사 역할을 한다.
【어휘】 every time ~할 때마다, ~할 때는 언제든지 (= whenever)

03

1 is	2 Drinking / To drink
3 arranged	4 consideration
5 requires	

1 지역 축제와 행사를 포함한 관광 명소의 전체 목록은 온라인에서 구할 수 있다.
▶ 핵심 주어가 The full list(단수)이므로, 동사도 단수(is)로 일치시킨다.
【어휘】 tourist attraction 관광 명소
2 물을 마시는 것은 당신의 두통을 막고 하루 종일 활력을 유지하는 데 도움이 될 수 있다.
▶ 동사 can help의 주어 역할을 할 수 있는 동명사구(Drinking)나 to부정사구(To drink) 형태가 적절하다.
【어휘】 energize ~의 활기(기운)를 북돋우다
3 알파벳 순으로 정리된 색인은 필요한 정보를 찾는 데 도움을 주기 위한 것이다.
▶ 주어(The index)를 수식하는 수식어 자리로, 의미상 '알파벳 순으로 정리된'이라는 수동의 의미가 되어야 하므로 과거분사 arranged가 적절하다.
【어휘】 index 색인 arrange 정리하다, 배열하다
4 직업을 선택할 때 가장 중요한 고려 사항은 당신의 직업이 당신에게 만족감을 줄 것인지의 여부이다.
▶ 동사 is(단수)의 주어 자리이므로, 단수명사 consideration이 적절하다.
【어휘】 career 직업, 이력
5 그 자리는 디자인 프로그램에 대한 전문 지식과 3년 이상의 관련 분야 경력을 필요로 한다.
▶ 주어 The position(단수)의 동사 자리이므로 수를 일치시켜 단수형 동사(requires)가 적절하다.
【어휘】 expertise 전문 지식(기술)

04

1 Mr. Robinson, the well-known chemist, spent most of his time conducting experiments in the lab last year.
2 The income gap between regular workers and irregular workers has steadily increased over the last decade.
3 The pilot's courage and determination contributed to saving the lives of the crew and passengers.
4 Mr. Anderson was extremely disappointed to find that his suggestions had been ignored by his colleagues.
5 The clothes which were lying around the room made it look very untidy.

1 잘 알려진 화학자인 Robinson 씨는 지난 해 대부분의 시간을 실험실에서 실험을 하는 데 썼다.
▶ Mr. Robinson, the well-known chemist가 주부이고, 핵심 주어 Mr. Robinson(단수)의 동사가 필요하므로 to spend를 과거 시제에 맞게 고친다.
【어휘】 chemist 화학자 conduct (특정 활동을) 하다, 수행하다 experiment 실험 lab 실험실
2 정규직 근로자와 비정규직 근로자의 소득 격차는 지난 10년간 꾸준히 증가해 왔다.
▶ 핵심 주어가 The income gap(단수)이므로 동사도 수 일치하여 have를 has로 고쳐 쓴다.
【어휘】 income gap 소득 격차 irregular worker 비정규직 근로자 steadily 꾸준히, 끊임없이 decade 10년
3 그 비행사의 용기와 결단력은 승무원들과 탑승객들의 목숨을 구하는 데 기여했다.
▶ The pilot's로 시작되는 부분이 주부이고 contributed가 동사이므로, 동사 determine을 명사 determination으로 고쳐 쓴다.
【어휘】 contribute to ~에 기여하다
4 Anderson 씨는 자신의 제안이 동료들에 의해 무시되었다는 것을 알고 크게 실망했다.
▶ extremely는 형용사 disappointed를 수식하는 부사이므로, disappointed 앞에 와야 한다.
5 방 여기저기에 놓여 있는 옷들로 인해 방이 아주 지저분해 보였다.
▶ which was lying around the room은 주어 The clothes(복수)를 수식하는 형용사절(관계사절)로, 주격 관계대명사의 동사 was도 clothes에 수 일치하여 복수형 동사(were)로 고쳐 쓴다.

05

1 ③ true → truly
2 is convenient and effective to write emails

당신이 아직 종이 문서나 편지를 쓴다 해도 오늘날 대부분의 문서나 편지는 컴퓨터로 작성된다고 할 것이다. 이메일을 쓰는 것이 편리하고 효율적이기는 하지만, 조심해야 한다. 당신은 자신의 메시지가 명료할 뿐만 아니라 간결하도록 해야 한다. 수신자가 스팸 메일을 포함한 메시지들로 인해 매일 꽉 찬 수신함을 갖게 될 수 있으므로, 당신은 자신의 이메일이 정말 필요한지 그리고 읽을 만한 가치가 있는지를 생각해야 한다. 길고 상세한 배경 이야기를 포함시키는 것을 반드시 피하도록 하고, 이메일은 가장 중요한 정보부터 시작하자. 가능하다면, 중요한 핵심 메시지는 간과되지 않도록 제목란에 언급하자.

1 ③ 형용사(necessary)를 수식하는 것은 부사이므로, true(형용사)를 truly(부사)로 고쳐 쓴다.
2 to부정사구로 시작해서 주어 부분이 길어지면 가주어 it을 문두에 쓰고, 진주어인 to부정사구를 뒤로 보낸다.
【어휘】 documentation 문서 electronically 전자적으로, 컴퓨터로 to the point 요점이 분명한, 명료한 concise 간결한 recipient 수취인, 수신자 overlook 간과하다, 못 보고 넘기다

01 ①	02 ⑤	03 ③	04 ③	05 ①
06 ②	07 ⑤	08 ⑤	09 ②	10 ②
11 ②, ③	12 ④	13 ④		

01 시금치와 같은 짙은 녹색 잎 채소는 나이와 관련된 눈 질환을 막아준다.
▶ 주부(Dark green leafy vegetables, such as spinach)의 동사 자리이다. 핵심 주어가 vegetables(복수)이므로 동사도 수 일치하여 prevent가 적절하다.
【어휘】 leafy vegetable 잎 채소

02 진정한 성취는 우리가 헌신과 인내로 제시간에 프로젝트를 마침내 끝내는 것이다.
▶ 동사 is의 주어 자리이므로, 명사 achievement가 적절하다.
【어휘】 dedication 헌신, 전념   perseverance 인내(심)

03 대부분의 개발도상국들은 경제 선진국들보다 더 빨리 경제 성장을 이룰 수 있다.
▶ 뒤에 온 명사 growth를 수식하는 형용사(economic)와 형용사(과거분사) advanced를 수식하는 부사(economically)가 적절하다.
【어휘】 developing country 개발도상국   advanced country 선진국

04 • 참가자는 부정 출발하면 실격될 것이다.
• 그 고객은 할인 쿠폰이 언제 만료되는지 알고 싶어 한다.
• Arthur는 때때로 컴퓨터나 SNS가 없던 옛날을 그리워한다.
▶ 첫 번째 문장에는 부사절을 이끄는 접속사 when이 들어가야 한다. 두 번째 문장에는 know의 목적어인 명사절을 이끄는 의문사 when이 들어가야 한다. 세 번째 문장에는 the old days를 수식하는 관계부사절의 관계부사 when이 들어가야 한다.
【어휘】 contestant 참가자   disqualified 실격이 된, 자격을 잃은   jump the gun (출발 신호 전에) 부정 출발하다   expire 만료되다

05 지역 의회는 교량 재건을 최우선 프로젝트로 생각하고 있다.
▶ 목적격보어 / 명사구 a high-priority project는 목적격보어이다.
【어휘】 local 지역의, 현지의   council 의회, 위원회   reconstruction 복원, 재건   high-priority 최우선 순위의
① 이 1일권으로 하루 종일 버스를 무제한으로 탑승할 수 있다.
▶ 목적격보어 / to부정사구인 to take unlimited rides via bus all day는 목적격보어이다.
【어휘】 unlimited 무제한의   via ~을 통해서, ~에 의해서
② 굳은 날씨로 인해 연간 작물 수확을 완전히 망쳤다.
▶ 목적어 / 명사구인 the annual crop production은 동사 spoiled의 목적어이다.
【어휘】 inclement (날씨가) 좋지 못한, 굳은   spoil 망치다   annual 연간의, 연례의   crop 작물, 수확량
③ 카멜레온의 피부 색은 환경에 따라 변한다.
▶ 주어 / 명사구인 The color of chameleon's skin이 문장의 주어이고, changes가 동사이다.
【어휘】 surroundings 환경
④ 교장의 책무 중 하나는 교육과정과 교육을 감독하는 것이다.
▶ 주격보어 / 동명사구인 overseeing curriculum and instruction은 주격보어이다. 참고로, 핵심 주어가 One이므로, 이에 수 일치하여 단수형 동사 is가 쓰였다.
【어휘】 principal 교장   oversee 감독하다, 두루 살피다   curriculum 교육과정   instruction 교수, 교육
⑤ 과학자들은 19세기 중반에 화성이 지구와 다소 유사하다는 것을 발견했다.
▶ 목적어 / that절은 동사 discovered의 목적어이다.
【어휘】 similarity 유사점

06 슬프게도 / 유감스럽게도 / 간단히 말해서 / 설상가상으로 모든 주민들이 안전하게 대피하기 전에 쓰나미가 해안 마을을 덮쳤다.
▶ 절 전체를 수식하는 부사 자리이므로, '불행한'이라는 의미의 형용사인 Unlucky는 빈칸에 알맞지 않다.
【어휘】 coastal 해안의   resident 주민, 거주자

07 그 잡지의 특집호에서 특별히 다룬 기사는 _____.
【어휘】 feature (신문 등이) ~을 특집(특종)으로 하다   special issue (잡지 등의) 특집호
① 실내 디자인에 관심이 있는 사람들에게 유용하다
② 상을 받은 교육 전문가에 의해 쓰여졌다
【어휘】 award-winning 상을 받은
③ 우리가 시간을 효율적으로 관리하는 데 도움이 되는 몇 가지 조언을 해주었다
④ 인터넷 오픈 마켓 사이트에 관한 고객 후기에 중점을 두었다
⑤ 전 세계 여행지에 관한 다양한 사진을 포함했다
▶ 핵심 주어가 The articles(복수)이므로, 수 일치하여 복수형 동사를 쓴다. has → have

08 ① 우리 인생에서 가장 중요한 것은 종종 우리 눈에 보이지 않는다.
【어휘】 invisible 보이지 않는, 볼 수 없는
② 그 청소년은 자신이 원하는 것을 항상 얻을 수 없다는 교훈을 얻었다.
【어휘】 adolescent 청소년
③ 강을 내려다 보는 현대적인 아파트 단지는 수요가 많다.
【어휘】 apartment complex 아파트 단지   overlook 내려다 보다   in high demand 수요가 많은
④ 외국어를 배우는 것은 해외에서 공부하거나 일할 수 있는 기회를 열어 준다.
⑤ 이달 초에 채택된 친환경 정책은 고객들이 자신의 쇼핑백을 가지고 다니도록 독려하는 것을 목표로 했다.
▶ The eco-friendly policy adopted earlier this month가 주부이고, aimed가 동사이므로 The eco-friendly policy adopted earlier this month / aimed ~이 되어야 한다. 참고로 분사구인 adopted earlier this month는 명사구인 The eco-friendly policy를 수식하는 형용사구이다.
【어휘】 eco-friendly 친환경적인   adopt 채택하다

09 ① 그 카운티에는 불가사의와 진기한 것들로 가득한 놀이 공원이 있다.
▶ 형용사 / 명사구인 an amusement park를 수식하는 형용사구이다.
【어휘】 amusement park 놀이공원   wonder 불가사의, 경이
② 우리 회의 일정을 다음 주쯤으로 변경할 수 있을지 궁금합니다.
▶ 명사 / am wondering의 목적어로 명사절이다.
【어휘】 reschedule ~의 일정을 변경하다
③ 실제 이야기에 근거한 그 영화는 모레 극장에 개봉될 것이다.

▶ 형용사 / 주어인 The movie(명사구)를 수식하는 형용사구(분사구)이다.
【어휘】 release 개봉하다
④ 그 선두적인 체인 레스토랑은 넓고 편리한 위치에 새 지점을 개설했다.
▶ 형용사 / 뒤에 온 명사 location을 수식하는 형용사구이다.
【어휘】 leading 선두적인, 선두의   spacious 널찍한
⑤ 팬데믹은 전 세계에 걸쳐 빠르게 전염되어 수 많은 사람들에게 영향을 미치는 질병이다.
▶ 형용사 / 주격 관계대명사 that이 이끄는 관계대명사절로 앞에 온 명사구 a disease를 수식한다.
【어휘】 pandemic 팬데믹, 전 세계적인 유행병

10 ① Matthew는 두어 개의 문자 메시지에 응답한 후에, 자신의 휴대 전화를 놓았다.
▶ put은 뒤에 장소를 나타내는 부사어구가 반드시 필요하다.
② 엄밀히 말하면, 전시실에서 플래시를 켜고 사진 찍는 것은 허용되지 않는다.
【어휘】 strictly speaking 엄밀히 말하면   exhibition room 전시실
③ 어려움에 처한 어린이들을 돕는 지역 자선 단체는 모금을 하기 위해 베이크 세일을 열기로 계획하고 있다.
▶ 핵심 주어가 The local charity(단수)이므로 동사도 수 일치하여 단수형으로 쓴다. are → is
【어휘】 charity 자선 (단체)   in need 어려움에 처한, 궁핍한   bake sale (기금을 모으기 위해 빵, 케이크 등을 구워 파는) 베이크 세일, 빵 바자   raise money 모금하다
④ 새로운 스포츠 시설의 성대한 개관 축하 행사가 8월 10일 토요일에 열릴 것이다.
▶ will take place의 핵심 주어 역할을 해야 하므로, 동사 celebrate을 명사로 고쳐 쓴다. celebrate → celebration
【어휘】 facility 시설   take place 개최되다
⑤ 좌석을 맞바꾸는 것도 역시 금지되어 있습니다.
▶ 동명사구 Switching seats가 주어로 단수이므로 동사도 수 일치가 되어야 한다. are → is

11 ① 참가자들은 교육 과정이 아주 유익하고 효과가 있다고 생각했다.
▶ found의 목적격보어(필수 요소)이므로 생략할 수 없다.
【어휘】 participant 참가자   training session 교육 과정   informative 유익한, 유용한 정보를 주는   fruitful 효과적인, 유익한
② 신청서를 작성해서 마감 기한 전에 제출해야 한다.
▶ 부사구(선택 요소)이므로 생략 가능하다.
【어휘】 fill out (양식을) 작성하다   application form 신청서, 지원서   submit 제출하다
③ George는 반 친구의 초대를 수락하는 문자 메시지를 보냈다.
▶ a text message를 수식하는 분사구(선택 요소)이므로 생략 가능하다.
④ 다가오는 오디션에서 가장 재능이 있는 5명의 참가자가 선발될 것이다.
▶ 문장의 주부(필수 요소)이므로 생략할 수 없다.
【어휘】 upcoming 다가오는, 곧 있을   talented 재능이 있는   contestant 참가자

⑤ 행사 주최측은 약 100개의 출판사가 도서 박람회에 참가할 것으로 예상한다.
▶ anticipates의 목적어(필수 요소)로 쓰인 명사절이므로 생략할 수 없다.
【어휘】 organizer (행사) 주최자   anticipate 예상하다, 기대하다   publisher 출판사   fair 박람회

12 • 한 다발의 꽃이 연단 위에 보기 좋게 꽂꽂이되어 있다.
• 긍정적인 혼잣말은 좌절감을 주는 순간에도 평정을 유지하는 데 도움이 된다.
▶ 첫 번째 문장은 과거분사 arranged를 수식하는 부사(attractively)가 적절하다.
두 번째 문장은 주격보어 자리이므로 형용사(calm)가 적절하다.
【어휘】 a bunch of 한 다발(묶음)의   podium 연단, 지휘대   frustrating 좌절감을 주는

13 (a) Austin이 새로운 정책에 관해 말한 것은 합리적이고 설득력 있게 들린다.
▶ sounds의 주격보어로 형용사가 필요하다. reasonably and convincingly → reasonable and convincing
【어휘】 convincingly 설득력 있게
(b) 온라인에서 신청서를 작성하기 위해, 관심 있는 사람들은 우리 웹사이트를 방문해야 한다.
【어휘】 complete 작성하다, 완성하다   application form 신청서
(c) 우리 자신의 장단점을 발견하는 것은 우리의 발전에 아주 중요하다.
▶ 동명사구 주어(Identifying our own pros and cons)의 동사 자리이다. to be → is
【어휘】 identify 발견하다, 확인하다   pros and cons 장단점
(d) 흥미롭게도, 감정적인 눈물은 보통 (눈을) 깨끗이 하기 위해 나오는 눈물보다 더 많은 단백질과 호르몬을 포함하는 것 같다.
▶ 절 전체를 수식하는 부사가 필요하다.
Interesting → Interestingly
【어휘】 protein 단백질   ordinary 보통의, 일상적인
(e) 상당수의 손님들이 늦은 서비스와 높은 가격에 대해 불평했다.
▶ 핵심 주어는 number이며 이를 수식하는 형용사가 와야 한다.
significantly → significant
(f) 케이팝 가수는 전 세계 팬들이 보낸 선물로 가득한 수십 개의 소포를 받았다.

REVIEW TEST through **Reading**   p. 22

1 ③   **2** ③

1
【해석】 아이들에게 왜 근본적으로 자신감이 중요할까? 최근 연구에 따르면, 자신감 있는 아이가 행복하면서 성취감을 느끼는 삶을 살아갈 가능성이 더 높다. 자신의 판단과 능력에 대한 믿음이 있는 아이는 자기 자신에게 의구심을 갖는 아이보다 더욱 성공적인 학교 생활을 이끌어가는 경향이 있다. 자신의 학업 기량이나 운동 능력을 확신하는 아이는 더 호기심이 많으며, 학업 과제에 자발적으로 참여하고, 다양한 활동을 끝까지 한다고

보고되고 있다. 반면에, 자신의 능력에 확신이 없는 아이는 학교 활동에 관심을 잃고, 보다 쉽게 싫증을 내고, 과제에 참여하는 것을 피하고, 학업 성취 면에서 뒤쳐지는 경향이 있다. 기본 메시지는, 부모가 자녀의 자신감을 형성시키고 북돋아 주지 않는다면, 그 부모는 자녀의 정신적 안녕과 관련된 중대한 요인을 무시하고 있는 건지도 모른다.

【해설】 reported to 다음에 원형의 동사구가 병렬로 이어져야 하는 구조이므로, have ~, participate ~, and 다음에 동사가 와야 한다.
③ persistent (끈질긴) → persist (끝까지 해내다)

【어휘】 confident 자신감 있는   academic 학업의, 학구적인
willingly 자발적으로, 기꺼이

2
【해석】 우리는 결과보다 과정에 초점을 맞추도록 우리 정신을 훈련시켜야 한다. 우리가 하는 일에서 결과가 중요하기는 하지만 과정 역시 그만큼 중요하다. 삶이 자선 도보 경주라고 가정해 보자. 삶의 많은 것들과 마찬가지로, 경주는 참가자들에게 비슷한 결과를 가져다 줄 것인데, 다시 말해 참가자 대부분이 결승선에 도달할 것이라는 것이다. 유일한 차이는 어떻게 경주하느냐 하는 과정이다. 몇몇 참가자는 경주에서 이기기 위해 서두르면서 시합 내내 오로지 결승선에만 뚫어져라 시선을 집중할 것이다. 하지만 다른 사람들은 오른쪽 왼쪽 둘러보면서 경주 그 자체를 즐기고,

그러면서도 결승선을 넘을 것이다. 경주에 이기는 것이 잘못된 것은 전혀 아니다. 하지만 유감스럽게도 단지 한 사람만이 일등으로 결승선에 도달함으로써 경주의 승자가 될 수 있지만, 과정이라는 관점에서 보았을 때는 모든 참가자가 승자가 될 수 있다. 중요한 점은, 우리는 승리에 대한 우리 나름의 정의를 찾아내야 한다는 것이다. 승리란 경주에 참가하는 것일 수도, 여유롭게 달리는 동안 성찰의 시간을 갖는 것일 수도, 심지어 쭉 가면서 경치를 감상하는 것일 수도 있다.

【해설】 (A) suppose 뒤에는 목적어 역할을 하는 명사절이 와야 한다. life is ~ race가 완전한 문장이므로 이를 이끄는 접속사가 필요하므로, that이 적절하다.
(B) 전체 절을 수식하는 부사 자리이므로, unfortunately가 적절하다.
(C) can be 다음의 주격보어로 participating ~, having ~, enjoying 이 or로 연결된 병렬 구조이다.

【어휘】 rather than ~ 보다는, ~ 대신에   just as much (앞서 언급된) 딱 그만큼   relaxed 느긋한, 여유 있는   scenery 경치, 풍경
along the way 그 과정에서, 길을 쭉 따라서

CHAPTER 02 문장의 형식 Sentence Patterns

EXERCISE 01   p. 25

1 is my email address
2 doesn't work(is not working) properly
3 The novel sells
4 pays in the long run
5 must be something (that) you should know
6 One piece of cake will do
7 There appears

1 Here is+단수명사: Here가 문두에 위치하면 주어와 동사가 도치된다.
2 work: 작동하다 (= operate)
3 sell: (자동사) 팔리다
4 pay: (자동사) 득이 되다, 수지가 맞다, 수고한 보람이 있다
   【어휘】 in the long run 결국
5 There가 문두에 위치해서 주어(something)와 동사(must be)가 도치. (that) you should know는 관계사절로 something을 수식한다. must는 '분명 ~일 것이다'는 의미의 조동사
6 do: (자동사) 충분하다, 족하다
7 There+be동사+명사: be동사 대신 appear, happen, remain, seem, tend 등 사용 가능

EXERCISE 02   p. 26

1 delicious	2 using	3 come
4 busy	5 a poor man, poor	6 flat
7 dangerous	8 tight	

1 와! 이 타코는 정말 맛있어.
  ▶ 감각을 나타내는 동사(taste)의 보어 자리에는 부사가 올 수 없다.
2 자동차 사고의 주된 원인은 운전하면서 휴대 전화를 사용한 것이었다.
  ▶ 주어+동사(was)+보어(동명사구)
3 절대 포기하지 마. 네 꿈은 언젠가는 모두 실현될 거야.
  ▶ come true: 실현되다
4 Williams 씨는 새로운 프로젝트로 계속 바쁘다.
  ▶ 주어+동사(keep)+보어(형용사(구))
5 그 영국인은 인도에 갔고 가난한 사람이 되어(가난해져서) 돌아왔다.
  ▶ come은 완전자동사지만 뒤에 명사(구)나 형용사(구) 등이 와서 2형식 문장처럼 쓰일 수 있다.
6 대장장이는 쇠붙이를 두드려서 납작하게 만들었다.
  ▶ hammer는 3형식동사(완전타동사)지만 목적어(metal)의 상태(flat)를 표현해주는 보어를 취하고 있다.

【어휘】 blacksmith 대장장이 hammer (망치로) 두드리다, 치다

7 이 모든 계획은 많은 종들에게 위험하게 들린다.
 ▶ 감각을 나타내는 동사(sound) 다음에는 형용사가 온다. 부사는 보어
자리에 올 수 없다.

8 숙녀는 안전벨트를 팽팽하게 잡아당겨 매고 출발했다.
 ▶ pull은 3형식동사(완전타동사)지만 목적어(her seatbelt)의 상태
(tight)를 표현해주는 보어를 취한다.
 【어휘】 start off 출발하다

EXERCISE 03   p. 29

1 him → himself	2 fill out it → fill it out
3 to me → me	4 lay → laid
5 raised → rose	6 respond → respond to
7 laid → lay	8 deal → deal with
9 participate → participate in	
10 accompany with → accompany	
11 dispose → dispose of	

1 Green 교수는 진료 예약이 잡혀 있었기 때문에 발표회에 참석하지
않았다.
 ▶ absent oneself from: ~에 불참하다
 【어휘】 appointment (병원 진료) 예약, 약속
2 신청서 여기 있어요. 작성하셔서 제게 다시 보내주세요.
 ▶ 목적어가 대명사(it)이므로「동사＋대명사＋부사」의 어순으로 쓴다.
 【어휘】 application form 신청서 fill out (양식을) 작성하다
3 추가로 궁금한 사항이 있으시면 제게 연락주세요.
 ▶ contact는 '연락하다(= communicate with)'라는 의미의 타동사
이다.
4 King 씨는 조금 전에 잠자고 있는 아기를 조심스럽게 유아용 침대에 내려
놓았다.
 ▶ her sleeping baby가 목적어이므로 타동사가 필요하고 과거형
이므로 lay-laid-laid의 laid를 써야 한다.
 【어휘】 crib 유아용 침대
5 몇몇 사람들이 해가 뜨는 것을 보고 소리를 질렀다.
 ▶ '(해·달 등이) 뜨다'는 의미의 자동사 rise의 과거형인 rose로 고쳐
쓴다.
6 사기꾼들은 당신을 속이기 위해 허위 문자 메시지를 보내니 그 문자
메시지에 답하지 마세요.
 ▶ respond는 자동사로 '~에 답변하다(= answer)'의 의미를 가지려면
전치사 to와 함께 쓰여야 한다.
 【어휘】 scammer 사기꾼 fake 가짜의, 거짓의 trick 속이다
7 그는 20분 동안 누워 있더니 그러고 나서 공부를 계속했다.
 ▶ 뒤에 목적어가 없으므로, '눕다'라는 의미의 자동사 lie의 과거형으로
고쳐야 하므로, laid는 lay가 되어야 한다. 참고로, laid는 '~을 놓다'라는
의미의 타동사 lay의 과거형이다.

8 Lewis는 동시에 여러 프로젝트를 처리할 수 있다.
 ▶ deal은 자동사로 뒤에 바로 목적어(multiple projects)를 취할
수 없다. 전치사 with가 있어야 '~을 처리하다, 다루다(= handle)'의
의미가 된다.
9 학부생들은 마지막 학기 동안에 인턴 연수 프로그램에 참여해야 한다.
 ▶ participate는 자동사로 바로 뒤에 목적어(an internship)를 취할
수 없다. 전치사 in이 있어야 '~에 참여하다(= attend)'의 의미가 된다.
 【어휘】 undergraduate student 학부생, 대학생 semester 학기
10 안전상의 이유로 책임감 있는 어른이 10세 미만의 어린이와 동행해야
합니다.
 ▶ accompany는 '~와 동행(동반)하다'라는 의미의 타동사이므로
전치사를 쓸 필요가 없다.
11 지하실이 침수된 후에 우리는 거기에 둔 모든 상자들을 처리해야 했다.
 ▶ dispose는 자동사로 바로 뒤에 목적어(all the boxes)를 취할 수
없다. dispose 뒤에 of를 추가해야 '~을 처리하다'라는 의미가 된다.
 【어휘】 basement (건물의) 지하층, 지하실 flood 침수되다

EXERCISE 04   p. 31

1 The leader sent text messages to her club members.
2 Mr. Perez made a sled for his eight-year-old son.
3 To celebrate its 10th anniversary, the store will give
  each customer a small gift.
4 Would you spare a few minutes for us?

1 회장은 동아리 회원들에게 문자 메시지를 보냈다.
 ▶「send＋간접목적어(her club members)＋직접목적어(text
messages)」의 4형식 문장이다. send는 간접목적어 앞에 전치사 to를
쓰는 동사이므로,「send＋직접목적어 (text messages)＋to＋
간접목적어(her club members)」의 어순으로 바꿔 쓴다.
2 Perez 씨는 8살짜리 아들에게 썰매를 만들어 주었다.
 ▶「make＋간접목적어(his eight-year-old son)＋직접목적어(a
sled)」의 4형식 문장이다. make는 간접목적어 앞에 전치사 for를 쓰는
동사이므로,「make＋직접목적어 (a sled)＋for＋간접목적어(his
eight-year-old son)」의 어순으로 바꿔 쓴다.
 【어휘】 sled 썰매
3 10주년 기념일을 축하하기 위해 그 상점은 각 고객에게 작은 선물을 줄
것이다.
 ▶「give＋직접목적어(a small gift)＋to＋간접목적어(each
customer)」의 3형식 문장이다.「give＋간접목적어(each
customer)＋직접목적어(a small gift)」의 어순으로 바꿔 쓴다.
 【어휘】 anniversary 기념일
4 우리에게 잠시 시간 좀 내 주시겠어요?
 ▶ '~에게 (시간·돈 등을) 할애하다, 내주다'는 의미의 spare가
4형식으로 쓰인 문장을 3형식으로 바꾸려면「spare＋직접목적어(a
few minutes)＋for＋간접목적어(us)」의 어순이 되어야 한다.

1 F, it to her	2 F, us a lot of time
3 F, our next guest to you	4 T
5 F, beg you for a big favor	6 T
7 F, to	

1 그 상인은 그녀에게 그것을 판매했다.
▶ 직접목적어가 대명사인 경우 「수여동사＋간접목적어＋직접목적어」의 어순으로 쓸 수 없다. 동사가 sell이므로 간접목적어 앞에 to를 넣어 「직접목적어＋to＋간접목적어(대명사)」의 어순으로만 써야 한다.
【어휘】merchant 상인

2 그 새로운 계획은 우리에게 많은 시간을 절약해 줄 것이다.
▶ save는 「save＋직접목적어＋전치사＋간접목적어」의 어순으로 쓸 수 없는 동사로, 「save＋간접목적어(us)＋직접목적어(a lot of time)」의 어순으로 고쳐 쓴다.

3 이제 여러분에게 우리의 다음 초대 손님을 소개하고자 합니다.
▶ introduce는 3형식 동사로 '~에게'에 해당하는 사람 앞에는 반드시 to를 써야 한다.

4 그는 그 순진한 사람들에게 끊임없는 고통을 주었다.
▶ inflict는 3형식 동사로 「inflict＋A＋(up)on＋B(사람)」의 어순으로 쓰여 'B에게 A를 주다(가하다)'의 의미를 나타낸다.

5 당신에게 큰 부탁을 하나 하고 싶습니다.
▶ beg은 3형식 동사로 「beg A for B」의 어순으로 쓰여 'A에게 B를 간청하다'의 의미를 나타낸다.

6 트레이너는 최근에 교육과정에 추가된 프로그램을 회원들에게 알려주었다.
▶ inform은 3형식 동사로 「inform＋A＋of＋B」의 어순으로 쓰여 'A에게 B를 알려주다'의 의미를 나타낸다.
【어휘】curriculum 교육과정

7 그 팀 선수들의 성공은 코치의 덕이었다.
▶ owe는 「owe A to B(사람)」의 어순으로 쓰여 'A는 B 덕분이다, A를 B에게 빚지다(신세 지다)'의 의미를 나타낸다.
【어휘】athlete 선수

1 to cut	2 to give	3 posted, busy
4 made	5 leaking, checked	6 yell, crazy
7 to paint		

1 Torres 씨는 자신의 환자들에게 정크 푸드를 줄이고 신선한 야채를 먹으라고 조언했다.
▶ advise는 5형식 동사로, to부정사를 목적격보어로 취한다.
【어휘】cut down on ~을 줄이다

2 그 어떤 것도 사업에서 성공하겠다는 Gabriel의 목표를 포기하도록 하지 못했다.
▶ get은 have, let, make 등과 달리 목적격보어로 원형부정사가 아니라 to부정사를 써야 한다.

3 Abigail은 비록 그렇게 하면 바빴지만 환자에게 그들의 상태를 계속 알려주었다.
▶ keep은 5형식 동사로 여기서는 목적어 the patients가 post를 당하는 수동의 관계이므로 p.p.인 posted가 적절하다. make 또한 5형식 동사이므로 목적격보어로 부사가 아닌 형용사가 와야 한다.

4 Taylor 씨는 왜 다른 지사로 전근을 갔나요?
▶ 목적격보어가 transfer(원형부정사)이므로 사역동사 made가 적절하다. cause는 목적격보어로 to부정사를 취하는 동사이다.
【어휘】transfer 전근 가다, 옮기다   branch 지사, 지점

5 Anderson 씨는 오일이 새는 것을 보고 오일 필터를 점검했다.
▶ notice가 지각동사로 목적격보어로 원형부정사(leak)나 현재분사(leaking)가 적절하다. have 다음의 목적어(oil filter)가 check를 당하는 수동의 관계이므로 p.p.인 checked가 적절하다.
【어휘】leak (액체·기체가) 새다

6 무엇인가가 아침 내내 그녀로 하여금 소리를 지르게 했고, 그것은 나를 미치게 했다.
▶ 사역동사 make의 목적어(her)가 보어(yell)의 주체로 능동의 관계이므로 원형부정사인 yell이 적절하다. 목적격보어 자리에 부사는 쓸 수 없다.

7 비서는 일꾼들에게 1주일 동안 사무실 벽을 페인트칠하도록 했다.
▶ set은 목적격보어로 to부정사를 취하는 5형식 동사이므로, to paint가 적절하다.
【어휘】assistant 조수, 비서

01

| 1 significantly | 2 are | 3 miserable |
| 4 to | 5 performing | 6 clean |

1 지난 50년간 연간 평균 강수량이 상당히 감소해 왔다.
▶ 「주어(the average annual rainfall)＋동사(has decreased)」의 1형식 문장으로, 동사를 수식하는 부사 significantly가 알맞다.
【어휘】decade 10년   average annual rainfall 연간 평균 강수량   significantly 상당히

2 소비자들 사이에서 유전자 변형 식품에 대한 우려가 증가하고 있다.
▶ 「There is(are) ~」 구문으로, be동사 뒤에 오는 명사구 rising concerns(복수명사)가 주어이므로, 복수형 동사 are가 알맞다.
【어휘】concern 우려, 걱정   genetically engineered food 유전자 변형 식품

3 Julia는 장학금을 받을 수 없다는 말을 들었을 때 비참한 기분이 들었다.
▶ 감각을 나타내는 동사 felt의 보어 자리로 형용사 miserable이 적절하다. 부사(miserably)는 보어 자리에 올 수 없다.
【어휘】miserable 비참한   reject 퇴짜 놓다, 거부하다

4 그 판매 사원은 환하게 웃으면서 고객에게 카드와 영수증을 건네주었다.
▶ 4형식 동사 hand는 3형식으로 쓸 때 「hand＋직접목적어(the card and receipt)＋to＋간접목적어(the customer)」의 형태로 쓰므로, to가 알맞다.
【어휘】sales assistant 판매 사원   receipt 영수증

5 관중들은 체조 선수가 믿을 수 없는 묘기를 부리는 것을 보고 박수 갈채를 보냈다.

▶「지각동사(watch)+목적어(the gymnast)+목적격보어 (원형부정사/현재분사)」구조로, 현재분사 performing이 적절하다.
【어휘】gymnast 체조 선수 incredible 믿을 수 없는 feat 묘기 give a big applause 박수 갈채를 보내다

5 환경 오염원이 매년 증가하니 우리는 환경을 깨끗하게 지키기 위해 더 노력해야 한다.
▶「keep+목적어(our environment)+목적격보어(형용사)」구조로, 형용사 clean이 알맞다. 부사 cleanly는 보어 자리에 올 수 없다.
【어휘】hazard 위험 (요소), 위험한 것

02

| 1 (w)ill, (d)o | 2 (a)ccount, (f)or | 3 (h)ave |

1 추가 문서를 제출하실 필요는 없습니다. 이 지원서로 충분합니다.
▶ do는 will과 함께 자동사로 쓰이면 '충분하다, 족하다, 도움이 되다'는 의미로 쓰인다. 따라서 is enough는 will do로 바꿔 쓸 수 있다.
【어휘】submit 제출하다 document 문서, 서류 application form 지원서

2 과학자들조차도 현지 사람들이 지난 밤에 목격한 이상한 빛에 대해 설명할 수 없었다.
▶ explain은 '설명하다'라는 의미의 타동사로, account for와 바꿔 쓸 수 있다.
【어휘】local 지역의, 현지의 witness 목격하다

3 가능한 한 빨리 고객 서비스 담당자가 고객님께 연락하도록 하겠습니다.
▶「get+목적어+목적격보어(to부정사)」는「have(사역동사)+목적어 +목적격보어(동사원형)」으로 바꿔 쓸 수 있다.
【어휘】customer service representative 고객 서비스 상담원 〔담당자〕

03

1 turn off it → turn it off	2 skeptically → skeptical
3 us a deluxe restaurant → a deluxe restaurant to us	
4 him it → it to him	5 to take → take
6 you → yourself	7 understand → understood

1 울리는 휴대 전화가 공연에 방해가 될 수 있으니, 반드시 휴대 전화를 끄거나 무음 모드로 해주세요.
▶ turn off는 목적어가 대명사인 경우에는「동사+대명사+부사」의 어순으로 쓰므로, turn off it을 turn it off로 고쳐 쓴다.
【어휘】disturb 방해하다 silent mode 무음 모드

2 정부에서는 교통 혼잡을 줄이기 위해 새 규정을 발표했지만, 일부 전문가들은 여전히 회의적이다.
▶ remain은 불완전자동사로, 부사는 보어 자리에 올 수 없다. 따라서 부사인 skeptically를 형용사인 skeptical로 고쳐 써야 한다.
【어휘】regulation 규정, 규제 traffic congestion 교통 혼잡 skeptical 회의적인

3 우리는 외식하고 싶어 했고 그들은 우리에게 어떤 고급 레스토랑을 제안했다.
▶ suggest는 4형식 동사가 아니며, '~에게'에 해당하는 목적어 앞에는

to를 써주어야 한다.
【어휘】deluxe 고급의

4 Monica는 Richard에게 사과 편지를 써서 그에게 그것을 빠른 우편으로 보냈다.
▶ 직접목적어가 대명사인 경우「동사(send)+직접목적어(it)+전치사 (to)+간접목적어(him)」의 순서로만 쓴다.
【어휘】a letter of apology 사과 편지 by express mail 빠른 우편으로

5 관리자는 모든 팀원들에게 훈련에 참가하도록 했다.
▶「사역동사(have)+목적어+목적격보어」구문이다. 목적어(all the team members)가 보어(take part)의 주체로 능동 관계이므로 원형부정사(take)가 적절하다.
【어휘】training session 훈련 (시간)

6 Sam, 자리에 앉으셔서 원하시는 간식과 음료를 마음껏 드세요.
▶ '마음껏 먹다'는 help oneself to로 표현한다.
【어휘】beverage 음료

7 팀장은 팀 동료들에게 자신의 말을 이해시켰고 그 프로젝트가 제시간에 완수되도록 했다.
▶「사역동사(make)+목적어+목적격보어」구문에서 목적어(himself) 가 보어(understand)를 당하는 수동의 관계이므로 p.p.가 적절하다.
【어휘】teammate 팀 동료 on time 시간을 어기지 않고, 시간에 맞추어

04

| 1 got his eyes tested |
| 2 Here is a brief survey, fill it out |
| 3 considered herself lucky |
| 4 appointed him the ninth Secretary General of the UN |
| 5 vegetarian customers with the chance |
| 6 discouraged him from watching |

1 목적어(his eyes)가 보어(test)를 당하는 수동의 관계이므로,「get+ 목적어(his eyes)+목적격보어(p.p.)」의 어순으로 쓴다.

2 '여기 ~가 있다'는「Here is(are)+명사」형태로 쓴다. 여기서는 a brief survey(단수명사)가 왔으므로,「Here is+단수명사(a brief survey)」의 어순으로 쓴다.
'~을 작성하다'는 fill out으로 표현하는데, 목적어가 대명사인 경우에는 「동사(fill)+대명사(it)+부사(out)」의 어순으로 쓴다.
【어휘】brief 간단한, 짧은 survey 설문 (조사)

3 「consider+목적어+(to be) 형용사」구조이다. 주어 Victoria와 목적어(her)가 동일하므로 재귀대명사(herself)를 쓰는 것에 유의한다.
【어휘】linguistics 언어학

4 appoint는 명사(구)가 보어로 와서 목적어와 동격 관계를 이룬다.
【어휘】General Assembly (UN의) 총회 appoint 임명하다 Secretary General 사무총장, 사무국장

5 provide가 전치사 with와 함께 'A에게 B를 제공하다'는 의미가 되려면 「provide A(사람) with B(사물)」로 표현한다.
【어휘】vegetarian 채식주의자(의) choose from ~에서 선택하다

6 'A에게 B를 못하게 말리다'는「discourage A from B(-ing)」로 표현한다.

05

1 ③ to become → become
2 positive and healthy environment for(to) our children
/ our children with a positive and healthy environment

진부한 말을 하는 것일 수도 있지만, 우리 아이들은 태어날 때 한 장의 하얀 종이와 같았다. 그들이 아름다운 존재가 되도록 하기 위해서 우리는 알맞은 색깔들을 채워 넣도록 신경 써야 한다. 처음에 아이들은 거짓, 분노, 미움 같은 부정적인 감정들을 알지 못하지만, 언젠가 이들은 아이 삶의 일부가 된다. 아이들이 살고 있는 환경이 우리 아이들에게서 행복을 앗아가는 그런 부정적 태도와 블랙홀을 만들어 내고 있다. 부모로서, 우리는 아이들에게 긍정적이면서 건강한 환경을 제공해야 한다.

1 ③ 「make+목적어(them)+목적격보어」의 어순으로, 목적어 (them)가 보어(become)의 주체로 능동의 관계이므로 원형부정사 become이 적절하다.
2 「offer A(간접목적어, 사람) B(직접목적어, 사물)」는 'A에게 B를 제공하다'의 의미로, 「provide A(사람) with B(사물)」나 「provide B(사물) for/to A(사람)」로 바꾸어 쓸 수 있다.
【어휘】 clichéd 진부한, 낡은, 상투적인   statement 진술
take care that ~하도록 조심하다   fill in ~을 채우다
at some time 어느 때에, 언젠가   negativity (나쁜 면만 보는) 부정적인 태도   take away ~을 앗아가다

REVIEW TEST
pp. 36-37

01 ③	02 ⑤	03 ④	04 ⑤	05 ①
06 ③	07 ④	08 ①, ②	09 ①	10 ①, ④
11 ②, ⑤	12 ③	13 (a), (b), (d), (e), (f)		

01 • 교사는 일부 학생들이 시험에서 부정행위를 하는 것을 목격했다.
• 그 인류학자는 마침내 일부 원주민들이 그 지역에 거주했다는 것을 알아냈다.
▶ catch가 '목격하다'는 의미로 5형식 동사로 쓰일 경우 목적격보어로 현재분사를 쓴다.
inhabit은 '~에 거주하다'는 의미의 타동사이므로 전치사 in을 쓸 필요가 없다.
【어휘】 cheat 부정행위를 하다   anthropologist 인류학자
native tribe 원주민, 토착부족   territory 지역, 영토

02 Davis 씨는 본인이 원하는 것을 자녀들에게 하도록 강요하기보다는 차라리 자녀들이 원하는 것을 하도록 허락해 준다.
▶ '목적어가 ~하도록 허락(허가)하다'라고 할 때 「let(사역동사)+목적어(her children)+목적격보어(원형부정사)」나 「allow+목적어(her children)+목적격보어(to부정사)」로 표현한다. 여기서는 목적격보어로 원형부정사인 do가 왔으므로 lets가 적절하다.
'목적어가 ~하도록 강요하다'는 「force+목적어(them)+목적격보어 (to부정사)」로 표현하므로, to do가 적절하다.

03 비록 너는 자유 시간에 관해 신경 쓰지 않지만, 나에게는 아주 <u>중요해</u>!

① Taylor 씨는 급히 처리할 일이 있어서, 우리와 함께 회의에 참석할 수 없다.
【어휘】 urgent 긴급한, 시급한
② 이 <u>문제</u>에 만전을 기해 주시고, 해결이 되면 제게 알려주세요.
③ 위원회에서는 최종 결정을 내리기 전에 그 <u>문제</u>를 더 주의 깊게 조사할 것이다.
【어휘】 look into ~을 조사하다
④ 정말 중요한 것은 너의 목표를 성취하는 과정이다.
⑤ 배송품은 예상보다 1주일 늦게 도착했다. <u>일</u>이 더 꼬여버려서 그것은 Brad가 주문한 것도 아니었다.
▶ 주어진 문장과 ④에서 matter는 '중요하다(= be important)'라는 의미의 자동사로 쓰였다. ①, ②, ③, ⑤에서 matter는 '일, 문제'라는 의미의 명사로 쓰였다.
【어휘】 to make matters worse 일이 더 꼬여버려서, 설상가상으로

04 • Josh는 7살짜리 조카에게 장난감 드론을 사주었다.
• 다큐멘터리 영화는 청중들이 울다가 웃도록 만들었다.
▶ 「동사+직접목적어(a toy drone)+for+간접목적어(his seven-year-old nephew)」의 3형식 문장이다.
「동사+목적어(the audience)+목적격보어(to부정사구)」의 5형식 문장이다.
따라서 이 두 구조에 모두 쓰일 수 있는 ⑤ got이 알맞다. ② made 역시 3형식과 5형식 문장 둘 다에 쓰일 수 있지만, 사역동사 made는 목적격보어로 원형부정사를 취하므로 정답이 될 수 없다.

05 Jayden은 수상자들을 위해 꽃다발을 만들어 주었다 / 사주었다 / 주문했다 / 준비했다.
▶ 동사 make, buy, order, prepare는 간접목적에 앞에 for를 써서 「동사+직접목적어+for+간접목적어」의 형태로 쓴다. give는 「동사+직접목적어+to+간접목적어」의 형태로 써야 하므로, 빈칸에 들어갈 수 없다.
【어휘】 a bouquet of flowers 꽃다발   award winner 수상자

06 ① Miller 씨는 전혀 아무것도 보지 못했다.
▶ 「see+목적어(nothing)+부사」의 구조로 쓰인 3형식 문장이다.
② Miller 씨는 자동차 사고가 일어나는 것을 보았다.
▶ 「see+목적어(the car accident)+목적격보어 (원형부정사)」의 구조로 쓰인 5형식 문장이다.
③ Miller 씨는 Serena가 발레 연습하는 것을 보았다.
▶ see는 「see+목적어(Serena)+목적격보어(원형부정사/ 현재분사)」의 구조를 취하므로, to practice를 practice나 practicing으로 바꿔야 한다.
④ Miller 씨는 국립극장에서 뮤지컬을 보았다.
▶ 「see+목적어(a musical)+부사」의 3형식 문장이다.
⑤ Miller 씨는 자기 자신을 독립적인 여성으로 간주했다.
▶ 「see A as B」는 'A를 B로 간주하다'는 의미이다.
【어휘】 independent 독립적인

07 때때로 환기를 위해 문과 창문들을 열어두어야 한다.
▶ 「주어(You)+동사(should leave)+목적어(doors and windows)+목적격보어(open)」의 5형식 문장이다.
【어휘】 ventilation 환기
① 그 환자는 몇 주 후에 수술에서 회복했다.

▶「주어(The patient)+동사(recovered)」의 1형식 문장이다.
【어휘】 recover 회복하다   surgery 수술
② Rachel은 지난 주말에 고양이들에게 목재 캣타워를 만들어 주었다.
　▶「주어(Rachel)+동사(made)+간접목적어(her cats)+
직접목적어(a wooden cat tower)」의 4형식 문장이다.
③ 청소년들은 종종 자신의 문제를 또래 그룹과 상의한다.
　▶「주어(Adolescents)+동사(discuss)+목적어(their
problems)」의 3형식 문장이다.
【어휘】 adolescent 청소년   peer 또래, 동료
④ 사이버보안 전문가들은 우리에게 정기적으로 비밀번호를 변경하라고
조언한다.
　▶「주어(Cybersecurity experts)+동사(advise)+목적어(us)
+목적격보어(to change our password regularly)」의 5형식
문장이다.
【어휘】 cybersecurity 사이버보안
⑤ Sandra Day O'Connor는 미국 최초의 여성 대법관이 되었다.
　▶「주어(Sandra Day O'Connor)+동사(became)+주격보어
(the first female Supreme Court justice)」의 2형식
문장이다.
【어휘】 Supreme Court justice 대법관

08 ① 우리는 일정대로 목적지에 도착할 것이다.
　▶ reach는 '도착하다'라는 의미의 타동사이므로 reach 뒤에
전치사 to를 쓸 필요가 없다. reach to → reach
【어휘】 destination 목적지   as scheduled 일정대로
② 고객의 요청은 전혀 적절해 보이지 않는다.
　▶ 동사 seem의 보어 자리에 형용사가 와야 한다.
appropriately → appropriate
③ 그 책이 네 말처럼 정말 잘 읽힌다면, 내 질녀에게 한 권 사주고 싶어.
　▶ read는 '읽히다'는 의미의 완전자동사이다.
④ Elton은 Jennifer에게 잔디 깎는 기계를 빌려 주었지만, 그녀는
그것을 돌려주지 않았다.
　▶ 4형식 동사인 lend는 3형식이 될 경우 전치사 to가 필요하다.
【어휘】 lawn mower 잔디 깎는 기계
⑤ 너도 잘 알다시피, 어떤 선거에서든 한 사람 한 사람의 표가
중요하다.
　▶ count는 '중요하다'는 의미의 완전자동사이다.

09 Daniel은 처방 받은 약이 허리 통증을 완화시키는 데 효과가 있다고
생각했지만, 그 처방 받은 약은 그를 나른하고 졸리게 만들었다.
　▶ find는 5형식 동사일 때, 「find+목적어(the prescription
medicine)+목적격보어(형용사)」의 구조로 쓰인다. 따라서 형용사인
effective가 알맞다.
「사역동사(make)+목적어(him)+목적격보어(원형부정사)」이므로
원형부정사인 feel이 알맞다.
【어휘】 prescription 처방 (전)   relieve 줄이다, 완화하다
back pain 요통, 허리 통증   drowsy 나른한

10 ① 결국 그 프로젝트로 그 회사는 2백만 달러의 비용이 들게 될 것이다.
　▶ cost는 「동사+직접목적어+전치사+간접목적어」의 어순으로
쓸 수 없는 동사이므로, costing 2 million dollars to the
company로 바꾸어 쓸 수 없다.
② 그의 아이디어는 이론상으로는 근사하게 들렸지만, 실제로는 효과가
없었다.

▶ work는 '효과가 좋다'라는 의미의 자동사로 be effective로
바꿔 쓸 수 있다.
【어휘】 in theory 이론상〔원칙적〕으로는   in practice 실제는
③ 몇몇 부모들은 자신의 자녀를 천재라고 생각한다.
　▶ consider는「consider+목적어+목적격보어(to be 명사)」의
구조로 쓸 수 있는데, to be는 생략 가능하다.
④ Martin은 스스로 그것을 처리할 수 있었기 때문에 동료에게 도움을
요청하지 않았다.
　▶ ask는「ask+간접목적어(his colleague)+직접목적어(a
favor)」의 4형식 문장이나「ask+직접목적어(a favor)+of+
간접목적어(his colleague)」의 3형식 문장으로 쓸 수 있다. 따라서
for를 of로 고쳐 써야 한다.
【어휘】 colleague (직장) 동료
⑤ 이 앱은 당신이 전략적인 데이터 사용자가 되도록 한다.
　▶「let(사역동사)+목적어+목적격보어(원형부정사)」는「allow+
목적어+목적격보어(to부정사)」의 형태로 바꿔 쓸 수 있다.
【어휘】 strategic 전략적인

11 ② 목적어 a renowned interior designer가 renovate의 주체로
능동의 관계이므로,「사역동사(have)+목적어+목적격보어
(원형부정사)」의 형태로 쓴다.
⑤ 목적어 its spa facilities가 renovate를 당하는 수동의
관계이므로,「사역동사(have)+목적어+목적격보어(p.p.)」의
형태로 쓴다.
【어휘】 renowned 유명한, 명성 있는   renovate 개조하다,
수리하다   facility 시설

12 • 우리는 다음 구매 시에 20달러 할인 받을 수 있는 쿠폰을 당신에게
보내드리겠습니다.
　▶ send는「send+직접목적어(a coupon for $20 off your
next purchase)+to+간접목적어(you)」의 형태로 쓰므로 to가
들어가야 한다.
• 어린이들은 놀이를 통해 배우기 때문에 일부 교육학자들은 놀이를
어린이들이 해야 할 일로 간주한다.
　▶ 'A를 B로 간주하다'라고 할 때는「look upon A as B」로
표현하므로, as가 들어가야 한다.
• 그 두 자동차 회사는 마침내 제휴를 맺었다.
　▶ enter는 '들어가다'라는 의미일 때는 전치사 없이 enter로 쓰지만,
'(계약·관계 등을) 맺다'라는 의미일 때는 enter into로 쓴다. 따라서
into가 들어가야 한다.
• 이러한 난제들이 Charles가 자신의 꿈을 성취하는 것을 막지 못할
것이다.
　▶ 'A가 B하는 것을 못하게 막다'는「stop A from B(-ing)」의
형태로 쓰므로, from이 들어가야 한다.

13 (a) 중앙 은행은 금리를 2%로 인상하기로 결정했다.
　▶ 뒤에 목적어 interest rates가 왔으므로, '올리다'라는 의미의
타동사 raise가 와야 한다.
【어휘】 interest rate 금리, 이율
(b) Beth는 남학생이 여학생 기숙사에 접근하는 것을 목격했다.
　▶ 지각동사 notice는「notice+목적어+목적격보어(원형부정사/
현재분사)」의 형태로 쓰므로, to access를 원형부정사인
access나 현재분사인 accessing으로 고쳐 써야 한다.
【어휘】 access ~에 접근하다   dormitory 기숙사

(c) 바닥이 젖어 있었기 때문에 나는 미끄러져서 엉덩방아를 찧었다.
- ▶ 완전자동사 fall 뒤에 형용사 flat이 와서 마치 2형식 문장처럼 쓰였다.

(d) 어제 George는 피곤해서 하루 종일 누워 있었다.
- ▶ 뒤에 목적어 없이 부사 down이 왔으므로, '눕다'라는 의미의 자동사 lie의 과거형 lay로 고쳐 써야 한다. laid는 '~을 놓다'라는 의미의 타동사 lay의 과거형이므로 laid 뒤에는 목적어가 있어야 한다.

(e) 리포터는 그의 스캔들에 관해 언급하지 않기로 결정했다.
- ▶ mention은 타동사이므로 뒤에 전치사 about 없이 바로 목적어(his scandal)가 올 수 있다. 따라서 about을 삭제해야 한다.

(f) 인터넷 덕분에, 우리는 쉽게 서로 연락할 수 있다.
- ▶ contact는 타동사이므로 뒤에 전치사 with 없이 바로 목적어(one another)가 올 수 있다. 따라서 with를 삭제해야 한다.

REVIEW TEST through Reading   p. 38

1 ④   **2** ⑤

1

【해석】 우리가 대화를 마칠 때 "만나서 반가웠어요.", "다시 만나게 되어 좋았어요." 등이 흔한 작별 인사이지만, 이들은 즉시 잊혀질 것 같다. 그 대신, 가장 오래 기억되는 사람들은 악수를 하고 구체적인 말을 나눈다. 그들은 대개 마무리하는 확실한 말을 이렇게 제시한다. "저기, 학교 도서관 보수 공사 사업에 관한 좋은 아이디어 정말 잘 들었어요. 당신 아이디어는 정말 독창적이고 생산적입니다. 공유해 주신 것 감사 드립니다." 그런 다음 그들은 제품 소개와 연결된 명백한 억지 웃음 대신 진짜 진심 어린 미소를 지어 보인다. 좋은 첫인상을 주는 것이 중요하지만, 잊히지 않는 마무리 인상을 남기는 것도 중요하다. 이 모든 것이 매우 단순하게 들리겠지만, 그렇게 쉽지가 않다. 이런 식의 행동 변화가 어려울 수도 있지만, 그것은 사람들이 우리에 대해 좋은 느낌을 갖게 해 주고, 이것이 우리를 더 호감이 가게 만들어 준다.

【해설】 ④ sounds의 보어 자리이다. 부사는 보어 자리에 쓸 수 없으므로 부사 simply를 형용사 simple로 고쳐 써야 한다.

【어휘】 sincere 진심 어린, 진정한   rather than ~대신에(보다는)   make a good first impression 좋은 첫인상을 남기다

2

【해석】 우리는 말로 이야기를 하면서, 또한 몸으로도 '이야기'를 한다. 비록 신체 동작을 의식하지는 못하지만, 우리는 눈이나 손과 같은 신체의 각기 다른 부분들을 사용해 메시지를 전한다. 청자들은 우리의 말을 들을 뿐만 아니라 우리의 신체가 움직이는 것을 관찰하기도 한다. 신체의 움직임은 우리의 생각, 감정, 기분 등등을 드러내기 때문에 굉장히 중요하다. 다시 말해, 신체 동작은 청자에게 우리의 말을 보다 정확하게 해석하고, 심지어 우리의 마음까지 읽을 수 있게 해 주는 다양한 단서를 제공한다. 사실, 우리는 입을 열기도 전에, 많은 것을 말할 수 있다. 우리의 신체 동작은 말만 가지고 전달할 수 있는 것보다 더욱 강력한 메시지를 종종 청자들에게 전한다.

【해설】 (A) observe(지각동사)의 목적격보어 자리이므로, 현재분사 moving이 적절하다.
(B) interpret과 and로 병렬 연결되어 let(사역동사)의 목적격보어 역할을 하므로, 원형부정사 read가 적절하다.
(C) offer는 간접목적어 앞에 전치사 to를 쓴다.

【어휘】 send out ~을 내보내다   matter 중요하다   reveal 드러내다   emotion 감정, 정서   clue 단서   accurately 정확하게

CHAPTER 03 시제   Tenses

EXERCISE 01   p. 40

1 is	**2** finish	**3** leaves

1 한 개의 물 분자는 두 개의 수소 원자와 한 개의 산소 원자로 구성되어 있다.
- ▶ 과학 원리나 일반적인 사실은 현재시제로 나타내므로, is가 알맞다.
- 【어휘】 molecule 분자   atom 원자   hydrogen 수소   oxygen 산소

2 먹고 난 뒤에 설거지를 할게.
- ▶ 조건이나 시간 부사절에서는 현재시제로 미래의 의미를 나타내므로, finish가 알맞다.

3 다음 대구행 급행 버스는 오늘 아침 10시 30분에 출발합니다.
- ▶ 일정이나 시간표 등에 따라 예정된 가까운 미래는 현재시제로 미래의 의미를 나타내므로, leaves가 알맞다.

EXERCISE 02   p. 41

1 T	**2** F, held	**3** T
4 F, was	**5** T	

1 대부분의 과학자들에 따르면 공룡은 2억년 전에 존재했었다.

▶ 과거에 일어난 일(around 200 million years ago)은 과거시제로 표현하므로, 과거동사 existed는 어법상 옳다.

2 한국인들은 1998년에 외환 위기를 극복하기 위해 금 모으기 운동을 펼쳤다.
▶ 과거에 일어난 일이나 역사적 사실은 과거시제로 나타내므로, 현재동사 hold를 과거동사 held로 고쳐 쓴다.
【어휘】 get over ~을 극복하다   foreign-exchange crisis 외환 위기

3 우리가 더 많은 시간을 함께 한다면 관계가 더 좋아질 텐데.
▶ 현재의 사실과 반대되는 가정이나 소망을 나타낼 때는 if절에 과거시제를 쓰므로, spent는 어법상 옳다.

4 그들은 아주 열심히 일해서 모든 것이 곧 정상으로 되돌아갔다.
▶ 주절의 시제가 과거(worked)이므로, 종속절의 시제도 과거로 써야 한다. 따라서 is를 was로 고쳐 쓴다.
【어휘】 back to normal 정상으로 되돌아가   in no time 곧, 즉시

5 Williams 씨가 연설을 한 후에 청중은 그녀에게 우레와 같은 박수갈채를 보냈다.
▶ 과거(gave)보다 앞서 일어난 일을 표현할 때는 과거완료(had delivered)를 쓰는 것이 원칙이나, after나 before 등과 함께 쓰여 시간의 전후 관계를 명확히 알 수 있을 때는 과거시제(delivered)를 쓸 수도 있다. 따라서 delivered는 어법상 옳다.
【어휘】 thunderous 우레와 같은   applause 박수(갈채)
deliver one's(a) speech 연설을 하다

EXERCISE 03
p. 43

1 will start	**2** is going to	**3** to take
4 next	**5** will	**6** was
7 is to visit	**8** is going to	

여러분의 휴대 전화를 꺼 주세요. 공연이 곧 시작될 것입니다.
▶ 앞으로 일어날 일을 나타낼 때는 미래시제를 쓴다. 따라서 will start가 알맞다. 참고로, 현재시제도 가까운 미래의 일을 나타낼 수 있으므로, The performance starts in a minute.이라고 표현할 수도 있다.
【어휘】 turn off ~을 끄다   in a minute 곧, 즉시

2 저 화가 좀 봐! 곧 사다리에서 떨어질 것 같아.
▶ 앞으로 일어날 미래의 일은 「will+동사원형」이나 「be going to+동사원형」으로 표현할 수 있는데, 현재 바로 눈에 보이는 상황을 근거로 하여 미래의 사건을 예측할 때는 「be going to+동사원형」을 쓴다.

3 우리 비행기가 곧 이륙할 것입니다. 안전벨트를 매 주세요.
▶ '막 ~하려고 하다'는 의미로 미래의 일을 나타낼 때는 「be about to+동사원형」을 쓴다. 따라서 to take가 알맞다.
【어휘】 take off 이륙하다

4 Garcia 씨는 다음 주에 연례 도서 박람회에 참석하기 위해 프랑크푸르트로 떠날 것이다.
▶ 동사가 현재진행형(is leaving)으로 가까운 미래에 예정되어 있는 일정을 표현한다. 따라서 미래를 나타내는 부사 next가 알맞다.
【어휘】 annual 연례의

5 땀을 흘리고 있구나! 내가 에어컨을 켜 줄게.
▶ 즉흥적 결심을 나타낼 때는 「will+동사원형」을 쓴다.

【어휘】 sweat 땀을 흘리다

6 당신의 사무실에 들르려고 했는데, 시간이 부족했어요.
▶ '~하려고 했다'라는 의미로 실현하지 못한 과거의 계획을 나타낼 때는 「was(were) going to+동사원형」을 쓴다.
【어휘】 drop by 잠깐 들르다

7 대통령은 다음 달에 영국과 아일랜드를 방문할 것이다.
▶ 미래를 나타내는 부사구 next week가 있으므로 미래를 나타내는 표현이 되어야 한다. 「be+to부정사」가 '~할 예정이다'라는 의미로 미래의 일을 나타낼 수 있으므로, is to visit이 알맞다.

8 언니는 현재 임신 중이다. 8월에 아이를 낳을 것이다.
▶ 현재 바로 눈에 보이는 상황이나 증거를 근거로 하여 미래의 사건을 예측할 때는 「be going to+동사원형」을 쓴다.
【어휘】 pregnant 임신한

EXERCISE 04
p. 45

1 before	**2** visited	
3 have been	**4** have seen	
5 has been	**6** has gone	
7 have passed	**8** has taught	
9 did you become	**10** will see	

1 마을 사람들은 이전에 그렇게 극심한 홍수를 경험해 본 적이 없었다.
▶ 동사가 현재완료(have experienced)이므로, before가 알맞다. 명확한 과거를 나타내는 ago는 현재완료와 함께 쓸 수 없다.
【어휘】 extreme 극심한, 극도의   flooding 홍수

2 Tim은 지난 토요일에 동료와 함께 한국민속촌을 방문했다.
▶ 명확한 과거를 나타내는 부사구(last Saturday)는 현재완료와 함께 쓸 수 없고 과거시제와 쓰인다. 따라서 visited가 알맞다.
【어휘】 colleague (직장) 동료

3 나는 북극광을 보기 위해 그린란드에 다녀왔다.
▶ '~에 다녀왔다, ~에 가본 적이 있다'라는 의미로 완료나 경험을 나타낼 때는 have been to를 쓴다.
【어휘】 Northern Lights 북극광, 오로라

4 내가 리우 카니발을 본 것은 이번이 처음이다.
▶ '~하는 건 이번이 처음이다'는 의미의 「This is the first time」 다음에는 주로 현재완료가 오므로, have seen이 알맞다.

5 내가 캘리포니아에 있는 친척을 마지막으로 방문한 지 3년이 된다.
▶ '~한 지 (시간이) 되다'는 「It has been(is)+시간+since+주어+과거시제」로 표현한다. 따라서 has been이 알맞다.
【어휘】 relative 친척

6 Amy는 지금 여기에 없다. 그녀는 독일에 가버렸다.
▶ 「have been to」는 '~에 가본 적이 있다, ~에 다녀 왔다'라는 의미로 경험이나 완료를 나타내며, 「have gone to」는 '~에 가고 (여기) 없다'는 결과를 나타낸다. Amy is not here now.로 보아 결과를 나타내는 has gone이 알맞다.

7 테스트를 통과한 후에 결과를 받게 될 것입니다.
▶ 시간 부사절(after ~)에서 미래완료는 쓰지 못하므로, have passed만 가능하다.

8 Torres 씨는 한국에 온 이래로 고등학교 학생들에게 영어를 가르쳐왔다.
▶ since she came to Korea로 보아 과거의 어느 시점부터 현재까지 계속되고 있는 동작이나 상태를 나타내는 현재완료가 되어야 한다. 따라서 has taught이 알맞다.

9 너는 언제 그 문제를 알게 되었니?
▶ 명확한 과거를 나타내는 표현(When)은 현재완료와 함께 쓸 수 없으며, 과거시제와 함께 쓴다.
【어휘】 be aware of ~을 알다

10 네가 여기서 나를 보는 건 이번이 마지막이야.
▶ '~하는 건 이번이 마지막이다'는 의미의 「This is the last」가 이끄는 절에는 현재, 현재진행, 미래를 쓸 수 있다.

EXERCISE 05   p. 47

1 had	2 will have	3 hadn't	4 had
5 have	6 had	7 had	

1 팬들은 그 유명 영화배우가 드디어 올 때까지 몇 시간을 기다렸다.
▶ 과거(came)의 어느 특정 시점보다 순서상 먼저 일어난 일은 과거완료(had p.p.)로 나타낸다.

2 네가 콘서트 홀에 도착할 때쯤이면 공연은 시작된 상태일 것이다.
▶ 미래의 특정 시점(By the time you get to the concert hall)을 기준으로 그 때까지 일어나게 될 일은 미래완료(will have p.p.)로 나타내므로, will have가 알맞다. 참고로, by the time은 '~할 때쯤이면'이라는 뜻으로 주로 미래완료와 함께 쓰이는 표현이다.

3 Jack은 마침내 책상을 치웠다. 그는 몇 달 동안 책상을 치우지 않아서 아주 큰 일이었다.
▶ 과거(cleaned up)의 어느 특정 시점까지 '계속 ~해왔다'는 과거완료(had p.p.)로 나타낸다.

4 Brown 씨는 계약서에 서명하자마자 그 거래에 대해 후회하기 시작했다.
▶ 'A하자마자 B하다'는 「주어+had no sooner p.p.(A) ~ than+주어+과거시제(B)」로 표현하는데, 부정어(no sooner)를 문장 앞으로 보내면 주어와 had가 도치된다. 따라서 had가 알맞다.
【어휘】 contract 계약(서) deal 거래, 매매

5 나는 10시까지 일을 완료하면 아마도 TV에서 영화를 볼 것이다.
▶ 조건 부사절(if ~)에서는 미래완료 대신 현재완료를 쓰므로 have가 알맞다.

6 그가 '지킬 박사와 하이드 씨'를 공연하는 것을 그녀가 본 것은 이번이 다섯 번째였다.
▶ 「This was the first(second, third)」 등이 이끄는 절에는 흔히 과거완료를 쓰므로 had가 알맞다.

7 그 기사는 기차가 역을 지나 5마일을 가고 나서야 기차를 멈출 수 있었다.
▶ 과거의 특정 시점(could not stop)을 기준으로 그보다 이전에 일어난 일은 과거완료(had p.p.)로 나타내므로, had가 알맞다.

EXERCISE 06   p. 47

1 will have taught	2 had hoped
3 will have earned	4 (had) operated, closed

1 미래의 특정 시점을 기준으로 그때까지 일어나게 될 일은 미래완료(will have p.p.)로 나타내므로, will have taught가 알맞다. 참고로, 시간 부사절(until ~)이므로 will retire가 아니라 retires가 쓰인 것도 알아두자.
【어휘】 retire 은퇴하다, 퇴직하다

2 과거에 이루지 못한 소망을 나타내는 표현이 되어야 한다. 소망을 나타내는 동사 hope가 과거완료(had hoped)로 쓰이면 과거에 이루지 못한 소망을 나타내므로, had hoped가 알맞다.
【어휘】 graduate school 대학원

3 미래의 특정 시점(Upon completion)을 기준으로 '~하게 될 것이다'라는 의미를 표현할 때는 미래완료(will have p.p.)를 쓴다.
【어휘】 certificate (이수) 증명서

4 과거를 나타내는 last month가 있으므로 before절에는 과거를 쓴다. 주절의 경우 과거보다 앞서 일어난 일을 표현할 때는 과거완료(had operated)를 쓰는 것이 원칙이나, before와 함께 쓰여 시간의 전후 관계를 명확히 알 수 있을 때는 과거시제(operated)를 쓸 수도 있다.

EXERCISE 07   p. 49

1 F, is conducting	2 T
3 F, were celebrating	4 T
5 T	6 F, belongs to
7 T	

1 현재 그 패밀리 레스토랑에서는 고객 만족 설문 조사를 실시하고 있다.
▶ Currently로 보아 '(현재) ~하고 있다'는 현재진행형이 되어야 한다. 따라서 was를 is로 고쳐 쓴다.
【어휘】 conduct 실시하다 survey 설문(조사)

2 매니저는 그녀가 손님들에게 무례하게 굴고 있다고 지적한다.
▶ 상태를 나타내는 be동사 다음에 형용사가 올 경우 '~하게 굴고 있다'는 의미로 일시적인 상태를 나타낼 때는 진행형을 쓸 수 있다. 따라서 being은 어법상 올바르다.

3 내가 방문했을 때 Miller 부부는 25주년 결혼 기념일을 축하하고 있었다.
▶ '(과거에) ~하고 있었다'라는 의미로 과거의 특정 시점(visited)에 진행되었던 일은 과거진행(was(were) -ing)으로 표현한다. 따라서 will be celebrating을 were celebrating으로 고쳐 쓴다.
【어휘】 wedding anniversary 결혼 기념일

4 오, 이전에 오해한 것 죄송해요. 이제 당신의 말이 무슨 의미인지 이해하겠어요.
▶ 상태를 나타내는 동사 see가 '이해하다'의 의미로 올바르게 쓰였다.
【어휘】 misunderstanding 오해, 착오

5 Hugh는 계속해서 다른 사람들의 흉을 보고 그들의 행동을 비난하고 있다.
▶ continually가 진행형과 함께 쓰이면 아주 빈번하게 일어나는 못마땅한 사건이나 상황을 나타내므로, is continually finding은 어법상 올바르다.
【어휘】 find fault with ~의 흠을 잡다, 흉보다 criticize 비난하다

6 그 휴대 전화는 내 것이다. 잘못해서 그것을 그곳에 두고 왔다.
▶ 소유나 소속을 나타내는 동사 belong to는 진행형으로 잘 쓰이지 않으므로, is belonging to를 belongs to로 고쳐 쓴다.
【어휘】 accidentally 우연히, 뜻하지 않게, 잘못하여

그 소녀는 엄마가 막 구운 머핀의 냄새를 맡아보고 있다.
▶ 감각을 나타내는 동사 smell(~ 냄새가 나다)은 진행형으로 잘 쓰이지 않지만, '(코를 대고) 냄새를 맡아 보다'라는 의미로 일시적인 동작을 나타낼 때는 진행형을 쓸 수 있다. 따라서 is smelling은 어법상 올바르다.

OVERALL EXERCISE pp. 50-51

01

1 travels	**2** has rescued
3 has taken	**4** is having
5 had misspelled	

일반적으로, 소리는 고체에서 가장 빠르게, 액체에서 그 다음으로 빠르게, 그리고 기체에서 가장 느리게 이동한다.
▶ 과학 원리나 일반적인 사실은 현재시제로 나타내므로 travels로 바꾸어 쓴다.
【어휘】 solid 고체   liquid 액체
그 자선단체는 2000년에 설립된 이래로 멸종 위기에 처한 수천 마리의 동물들을 구해 왔다.
▶ 과거의 어느 시점부터(since it was founded in 2000) 현재까지 계속되고 있는 동작이나 상태를 나타낼 때는 현재완료로 표현한다.
【어휘】 charity 자선(단체)   rescue 구하다, 구조하다 endangered 멸종 위기에 처한   found 설립하다
Lucy는 수년간 비타민 C 보충제를 복용해 왔는데, 겨울에 좀처럼 감기에 걸리지 않는다.
▶ 현재로 쓰인 catches로 보아 과거의 어느 시점부터 계속되고 있는 (for years) 동작이 현재에 영향을 미치는 일임을 알 수 있으므로 현재완료(has taken)로 바꾸어 쓴다.
【어휘】 supplement 보충제, 보충물
배달원은 지금 수령자의 연락처를 찾느라 힘든 시간을 보내고 있다.
▶ have는 진행형으로 잘 쓰이지 않는 동사이지만, '시간을 보내다'의 의미로 쓰일 경우에는 진행형으로 쓸 수 있다. right now로 보아 현재진행형이 되어야 하므로, is having으로 바꾸어 쓴다.
【어휘】 delivery man 배달원   recipient 수령자   contact information 연락처
(행사) 주최자는 행사 전단지를 배포했는데, 장소 이름에 철자 오류가 있었다는 것을 알아차렸다.
▶ 과거의 알아차린(realized) 시점보다 행사 전단지에 오류가 있었던 것이 더 먼저 일어난 일이므로 과거완료로 표현한다.
【어휘】 organizer (행사) 주최자   distribute 배포하다, 나누어 주다 flyer (광고·안내용) 전단지   venue (행사) 장소

02

1 did the car accident happen	**2** is going to
3 is ready **4** has inhabited	**5** publishes

자동차 사고는 언제 일어났니?

▶ 현재완료는 명확한 과거를 나타내는 표현(When)과 함께 쓸 수 없으며, 과거시제로 표현해야 한다.
2 번개와 천둥이 치고 있다. 곧 비가 올 것이다.
▶ 현재 바로 눈에 보이는 상황이나 증거를 두고 미래의 날씨나 사건을 예측할 때는 be going to만 쓴다.
【어휘】 lightning 번개   thunder 천둥
3 귀하의 주문품이 배송될 준비가 되면, 당신은 자동으로 문자 메시지를 받게 될 것입니다.
▶ 시간 부사절(when ~)에서는 미래 대신 현재를 쓰므로, will be를 is로 고쳐 쓴다.
【어휘】 automatically 자동적으로   order 주문(품)   ship out ~을 배송(발송)하다
4 멸종 위기에 처한 부족은 그들의 조상이 약 700년 전에 도착한 이래로 그 골짜기에 거주해 왔다.
▶ 과거(about 700 years ago)에 일어난 일이 현재까지 영향을 미치고 있는 경우에는 현재완료를 쓰므로, 과거동사 inhabited를 has inhabited로 고쳐 쓴다.
【어휘】 endangered 멸종 위기에 처한   tribe 부족   inhabit ~에 거주하다
5 Matt는 다시 새 소설을 발간하게 되면 다섯 편의 탐정 소설을 출판하는 셈이 될 것이다.
▶ 조건 부사절(if ~)에서는 미래시제 대신 현재시제를 쓰므로, will publish를 publishes로 고쳐 쓴다.
【어휘】 detective novel 탐정 소설

03

1 is, going, to
2 has, been, overwhelming, the, world
3 has, passed, since, our, research, center, was, established
4 sooner, had, a, tsunami, struck, the, area

1 일기예보에 따르면, 내일은 부분적으로 구름이 낄 것이다.
▶ 단순한 미래의 일을 나타내거나 추측할 때는 will과 be going to 둘 다 쓸 수 있다.
2 그 춤은 약 2년 전에 전 세계를 덮쳤는데 지금도 여전히 전 세계를 휩쓸고 있다.
▶ 과거(about two years ago)에 일어난 일이 현재까지 영향을 미치고 있는 경우에는 현재완료로 표현한다. 여기서는 현재진행(is overwhelming)이 쓰였으므로, 현재완료진행형(have(has) been -ing)으로 바꾸어 쓴다.
【어휘】 overwhelm 압도하다, 뒤덮다
3 우리 연구 센터는 10여 년 전에 설립되었다.
▶ '~전에 …했다'는 의미의 「주어+동사(과거)+시간+ago」 구문은, '…한 지 (시간이) 되다'의 의미인 「시간+have(has) passed since+주어+과거시제」 구문으로 바꿔 쓸 수 있다.
【어휘】 decade 10년
4 쓰나미가 그 지역을 덮치자마자 사람들은 서둘러 해변을 떠나 집으로 피난했다.

▶ 'A하자마자 B하다'는 「as soon as+주어+과거시제(A), 주어+과거시제(B)」는 「주어+had no sooner p.p.(A) ~ than+주어+과거시제(B)」로 바꾸어 쓸 수 있다. 이때, 부정어(no sooner)를 강조하여 문장 앞으로 보내면 주어와 had가 도치된다.
【어휘】 flee 달아나다, 피난하다(flee-fled-fled)   seashore 해변

04

> 1 the rotation of (the) Earth causes day and night
> 2 used to be phone booths and mailboxes
> 3 is due to be launched
> 4 have drastically decreased in recent years
> 5 had hoped to get a full scholarship
> 6 tastes different
> 7 had scarcely clicked the install button, crashed and froze

1 과학적인 원리는 시제 일치 예외로, 현재시제(causes)로 표현한다.
【어휘】 rotation 회전, 자전
2 '(전에는) ~이었는데 지금은 아니다'를 표현할 때는 「used to+동사원형」을 쓴다. 특히, 과거의 상태를 표현할 때는 「would+동사원형」은 쓸 수 없다는 것에 유의한다.
3 '~할 예정이다'는 「be due to+동사원형」으로 표현한다.
【어휘】 brand-new 신제품의, 아주 새로운   line (상품의) 종류, 제품군   apparel 의류, 의복
4 과거에 일어난 일이 현재까지 영향을 미치는 경우에는 현재완료로 나타낸다. 부사 drastically는 have와 p.p. 사이에 온다.
【어휘】 average 평균(의)   birth rate 출생률   developed country 선진국   drastically 급격하게
5 소망을 나타내는 동사 hope가 과거완료(had hoped)로 쓰이면 과거에 이루지 못한 소망을 나타낸다.
6 감각을 나타내는 동사 taste가 '맛이 나다'의 의미로 쓰일 때는 현재시제로 표현한다. 참고로, '맛을 보다'의 의미일 때는 진행형으로 표현할 수도 있다.
【어휘】 roast 굽다
7 'A하자마자 B하다'는 「주어+had scarcely(hardly) p.p.(A) ~ when(before) 주어+과거시제(B)」로 나타낸다.
【어휘】 install button 설치 버튼   crash (컴퓨터가) 고장나다   freeze (컴퓨터 시스템이) 멈추다, 정지하다

05

> 1 ② would be → used to be
> 2 If we don't spend some time

예전에는, 대다수 사람들이 직장을 잡으면 평생 동안 그것을 유지했다. 그래서, 근로 환경에 변화가 거의 없었다. 하지만, 오늘날 우리는 급격한 변화의 시대에 살고 있다. 사람들은 같은 직업에 기껏해야 몇 년 혹은 심지어 몇 달 동안만 머무는 경향이 있다. 게다가, 기술과 사업 관행도 빠르게 변해 왔다. 그 결과, 우리가 이처럼 끊임없이 변화하는 환경에서 성공하기 위해서는 평생 동안 배움을 계속하는 것이 매우 중요하다. 만일 우리가 톱을

날카롭게 하는 데 시간을 보내지 않는다면, 직업 세계에서 더 이상 살아남을 수 없을 것이다.

1 '(전에는) ~이었다'는 의미로 과거의 상태를 표현할 때는 조동사 would는 쓸 수 없으며 used to만 가능하다.
2 조건 부사절(if ~)에서는 미래시제 대신 현재시제를 쓴다.

【어휘】 take up (직장, 임무 등을) 시작하다   stick to ~을 고수하다   working environment 근로 환경   furthermore 게다가   practice 관행   critical 대단히 중요한   constantly 끊임없이

REVIEW TEST   pp. 52-53

01 ②	02 ②, ⑤	03 ③	04 ③	05 ②
06 ③	07 ②	08 ⑤	09 ④	10 ②
11 ②	12 ⑤	13 (b), (c), (e), (f)		

01 이상하게도 한동안 Brad를 보지 못했어. 그는 이틀에 한 번씩 여기서 자원봉사를 하잖아.
 ▶ 일상생활에서 반복적인 일이나 습관은 현재시제로 표현하므로, volunteers가 알맞다.
 【어휘】 weird 이상한

02 최종 면접은 며칠 후에 열릴 예정이다.
 ▶ '~할 예정이다'는 「be due(scheduled) to+동사원형」으로 표현한다.

03 과거의 어느 특정 시점(posted)보다 순서상 먼저 일어난 일은 과거완료로 표현한다.
 【어휘】 selfie 셀피, 셀카 사진

04 if절이 know의 목적어 역할을 하는 명사절이므로, 미래시제로 미래의 일을 표현하면 된다.

05 ① 나는 여권을 잃어버려서 지금 가지고 있지 않다.
 ▶ 과거에 일어난 일이 현재(now)까지 영향을 미치는 경우에는 현재완료로 표현하므로, 빈칸에는 have가 들어가야 한다.
 ② 그 화랑은 지난 달에 문을 닫기 전 30년 동안 운영되어 왔다.
 ▶ 과거의 특정 시점 last month를 기준으로 그보다 이전에 일어난 일을 나타낼 때는 과거완료로 표현하므로, 빈칸에는 had가 들어가야 한다.
 【어휘】 operate 운영하다
 ③ 그들은 2018년 이후 수년 동안 그 불치병을 위한 신약을 개발해 오고 있다.
 ▶ 과거의 특정 시점부터 현재까지 진행되는 일을 나타낼 때는 현재완료 진행(have been -ing)으로 표현하므로, 빈칸에는 have가 들어가야 한다.
 【어휘】 incurable disease 불치병
 ④ Bob과 Julia는 잘 통하는 것 같다. 그들은 4년 이상 만나 왔다.
 ▶ 첫 번째 문장의 현재시제(seem)로 보아 과거에 일어난 일이 현재까지 계속되는 현재완료가 맞다. 빈칸에는 have가 들어가야 한다.

【어휘】 have good chemistry 잘 통하다, 잘 어울리다
⑤ 그 건설회사는 올해 안에 고층 건물을 완공할 것이다.
▶ 미래의 특정 시점을 기준으로 그때까지 일어나게 될 일을 나타낼
때는 미래완료(will have p.p.)로 표현한다. 따라서 have가
들어가야 한다.
【어휘】 construction 건설, 공사　skyscraper 고층 건물, 마천루

06 ① 나는 우리가 집에 도착할 무렵까지 그녀가 숙제를 끝내지 못하고
있을 것이라고 확신해.
▶ 시간 부사절(by the time ~)에서는 미래시제 대신 현재시제를
쓴다. we'll → we
② 우리가 우리의 마음을 바꾸지 않는 한 아무 것도 바뀌지 않을 것이다.
▶ 시간 부사절(as long as ~)에서는 미래시제 대신 현재시제를
쓴다. won't → don't
③ 그가 이런 상태를 경험한 것이 이번이 세 번째였다.
▶ 「This was the third」 등이 이끄는 절에는 흔히 과거완료가
쓰인다.
④ 미국 상원은 각 주당 2명씩 선출된 의원으로 구성된다.
▶ 상태를 나타내는 동사 consist of(~로 구성되다)는 진행형으로
쓰이지 않는다. is consisting → consists
【어휘】 Senate 상원　official 관리, 의원
⑤ 팬들은 토너먼트 경기 입장권이 매진되기 전에 예약했다.
▶ 과거의 어느 특정 시점(before they were sold out)보다
입장권을 예약한 것이 순서상 먼저 일어난 일이므로 과거완료가
적절하다. have → had
【어휘】 reserve 예약하다

07 지진이 발생하자마자 정부는 재난센터를 설치했다
▶ 'A하자마자 B하다'는 다음과 같이 표현한다.
① as soon as+주어+과거시제(A), 주어+과거시제(B)
= ③ 주어+had scarcely p.p.(A) ~ when 주어+과거시제(B)
= ④ hardly had+주어+p.p.(A) ~ before 주어+과거시제(B)
= ⑤ no sooner had+주어+p.p.(A) ~ than 주어+과거시제(B)
▶ ② 「be about to+동사원형」은 '막 ~하려고 하다'는 의미
【어휘】 disaster 재해, 재난

08 ① 괌행 항공기는 대략 1시간 후에 출발할 것이다.
▶ 주로 가까운 미래에 예정되어 있는 일정이나 계획을 표현할 때는
현재진행으로 나타낸다. 따라서 is departing은 어법상 옳다.
【어휘】 flight 항공기, 항공편
② 5월 15일 이 사건 전에는 귀사의 전자제품에 어떤 문제도
없었습니다.
▶ 과거의 특정 시점(on May 15th)을 기준으로 그 이전부터
그때까지 계속되어 온 일을 과거완료로 표현한 것은 옳다.
【어휘】 incident 사건　electronics 전자제품
③ 우리는 좋은 해결책을 찾아내기 전에 짧게 브레인스토밍 시간을
가졌다.
▶ before, after 등과 같이 시간의 순서를 분명하게 알 수 있을
때는 과거완료 대신 과거시제를 사용한다.(= We had had a
short brainstorming session before we came up with a
good solution.)
【어휘】 brainstorming 브레인스토밍(무엇에 대해 여러 사람들이
동시에 자유롭게 자기 생각을 제시하는 방법)　session (특정한
활동을 위한) 시간(기간)　come up with ~을 생각해 내다

④ 저희에게 편히 연락 주시면 고객 서비스 담당자들이 기꺼이 도와드릴
것입니다.
▶ 미래의 일이므로 will로 표현한 것은 옳다.
【어휘】 feel free to 마음대로(거리낌없이) ~하다　assist 돕다
⑤ 여러분은 종합적인 교육 과정을 완료하면 전문가가 될 것입니다.
▶ 시간 부사절(after ~)에서는 미래완료 대신 현재완료를 사용한다.
will have completed → have completed
【어휘】 expert 전문가　comprehensive 종합적인, 포괄적인

09 • Chloe는 자신이 가장 좋아하는 케이팝 가수가 내일 올 것이라는
이야기를 듣고 기뻐하고 있다.
▶ 가까운 미래(tomorrow)에 일어날 일을 나타낼 때는 미래시제
(will/be going to+동사원형)나 현재진행형(be -ing)으로
표현한다.
• 그 지역 기업은 1990년 초 이래로 비영리단체를 후원해 왔다.
▶ 과거의 어느 시점(since early 1990)부터 현재까지 계속 후원해
오고 있다는 의미이므로 현재완료가 적절하다.
【어휘】 non-profit organization 비영리 기관

10 ① La Tomatina는 1945년에 열리기 시작해서 여전히 열리고 있다.
▶ 과거의 어느 시점(in 1945)부터 현재까지 계속되고 있는
동작이나 상태를 나타낼 때는 현재완료로 표현한다.
② 예전에는 여기에 숲이 정말 많았다.
▶ '(전에는) ~이었다'는 의미로 과거의 상태를 표현할 때는 used
to만 쓰며, would는 쓰지 못한다.
【어휘】 pollution 오염, 공해
③ 비행기는 자정에 착륙할 예정이었다.
▶ '~할 예정이다'는 의미의 「be+to부정사」는 「be scheduled
to+동사원형」으로 바꾸어 쓸 수 있다.
【어휘】 land 착륙하다
④ 그 경제학자는 다음 달에는 상황이 달라질 것이라고 예견한다.
▶ 단순한 미래의 일을 나타내거나 추측할 때는 will과 be going to
둘 다 사용 가능하다.
【어휘】 economist 경제학자　predict 예측하다
⑤ Dana는 6개월 전에 디지털미디어과로 전과했다.
▶ 「주어+과거시제+시간+ago」는 「시간+have(has) passed
since+주어+과거시제」로 바꿔 쓸 수 있다.
【어휘】 transfer 이동하다, 전과(전근, 전학)하다

11 나는 그렇게 불가사의한 것을 본 적이 없었다.
▶ 현재완료의 경험
【어휘】 miraculous 기적적인
① 로맨틱 코미디 영화는 막 온라인으로 개봉되었다.
▶ 현재완료의 완료
【어휘】 release (영화 등을) 개봉하다, 출시하다
② Austin은 자연사 박물관을 몇 차례 방문해 본 적이 있다.
▶ 현재완료의 경험
【어휘】 natural history museum 자연사 박물관
③ 그 이탈리아 레스토랑은 2000년 이래로 영업 중이다.
▶ 현재완료의 계속
④ 주민센터는 보수공사를 마쳤다.
▶ 현재완료의 완료
【어휘】 renovation 수리, 보수공사
⑤ Billy는 실험 보고서를 잃어버려서 다시 출력해야 한다.

▶ 현재완료의 결과

【어휘】experiment 실험 print out ~을 출력하다

12 그 까다로운 손님은 1시간 전에 서비스 품질에 관해 불평하기 시작했다. 그는 지금도 여전히 불평하고 있다.

→ 그 까다로운 손님은 1시간째 계속 서비스 품질에 관해 불평하고 있는 중이다.

▶ '(현재까지 계속해서) ~하고 있는 중이다'는 현재완료진행형 (have(has) been -ing)으로 나타낸다.

【어휘】picky 까다로운, 별나게 구는

13 (a) 손상된 네트워크가 언제 수리될지 궁금합니다.

▶ when절이 동사의 목적어 역할을 하는 명사절이므로 미래시제인 will be repaired는 적절하다.

(b) Roy는 고장나기 전 3년 동안 태블릿을 사용해 왔다.

▶ 과거의 특정 시점을 기준으로 그보다 이전에 일어난 일을 나타내므로 과거완료로 표현해야 한다. has used → had used

【어휘】break down 고장나다

(c) 나는 Paul이 근면한 학생이고 보통 저녁 식사 후에 복습을 한다는 것을 알고 있다.

▶ know 같은 인식이나 사고를 나타내는 동사는 진행형으로 잘 쓰이지 않는다. I've been knowing → I know

【어휘】hard-working 근면한

(d) Charles는 외관상 해마다 할아버지의 모습을 점점 닮아가고 있다.

▶ '닮다'라는 의미의 상태를 나타내는 동사 resemble은 진행형으로 잘 쓰이지 않지만, resemble이 '닮아가고 있다'는 의미로 변화 과정을 나타낼 경우 진행으로 쓸 수 있다.

【어휘】in appearance 외관상

(e) 개구리는 육지와 물 두 곳에서 다 살 수 있는 양서류에 속한다.

▶ 소속을 나타내는 동사 belong to는 진행형으로 잘 쓰이지 않는 동사이다. are belonging → belong

【어휘】amphibian 양서류

(f) 오, 전화가 울리고 있어. 내가 받을게.

▶ 즉흥적인 결심에는 be going to를 쓰지 않고 will을 쓴다. I'm going to → I'll

REVIEW TEST through Reading   p.54

1 ④   2 ③

1

【해석】오늘날 관광업은 이 세상에서 가장 중요한 수출 산업 중 하나이다. 관광업은 해외 여행지 방문 중에 관광객들에 의해 이루어지는 서비스 및 상품 구입으로 인해 선진국으로부터 개발도상국으로 소득을 이전할 수 있는 효과적이면서 효율적인 방식으로 여겨진다. 여행 전문가와 소비자들 사이에서 최근 책임 있는 여행이 중요한 화제가 되고 있다. 이 여행은 여행지의 천연 자원과 문화적 자원을 보존하고, 방문하는 국가에 경제적인 이익을 주고, 환경 및 사회에 부정적 영향을 덜 미치는 여행에 특별히 주안점을 둔다. 그린 호텔, 즉 환경적으로 지속 가능한 호텔이 호텔의 친환경적 이미지를 강조하기 위해 사용되는 인기 있는 개념이 되었다. 그린 마케팅의 실제 개념은 1980년대 말에 등장했다. 그 이후 호텔들은 더 많은 잠재 고객들을 끌어들이기 위해 그린 마케팅 전략을 활용하고 있다.

【해설】현재완료는 명확한 과거(in the late 1980s)를 나타내는 표현과 함께 쓸 수 없다. has emerged → emerged

【어휘】export 수출; 수출하다 effective 효과적인 efficient 효율적인 developing country 개발도상국 natural resources 천연자원

2

【해석】일상을 바꾸고 싶을 경우, 그 변화를 가능한 한 힘이 들지 않는 것으로 만드는 것이 도움이 된다. 이렇게 하기 위한 한 가지 방법은 구체적이면서 성취 가능한 목표를 정하는 것, 그리고 그 희망하는 새로운 행동을 이미 여러분 일상의 일부가 되어 있는 것과 결부시키는 것이다. 연구가 시사하듯이, 이런 종류의 '뭐뭐 할 때 — 그때 뭐뭐 하고'를 상기하도록 확고히 해두는 것이 여러분의 목표 도달 가능성을 높여줄 수 있다. 예를 들어, 운동을 매일의 일상으로 만들고자 할 경우, 소망하는 새 습관을 만드는 데 필요한 그 모든 새로운 연결 고리들이 여러분의 뇌에서 형성되는 데 시간이 걸릴 것이다. 하지만 이미 규칙적으로 행하고 있는 것을 행동의 촉매제로 사용한다면, 여러분은 즉각적인 진전을 이뤄낼 수 있을 것이다. 여러분은 "점심 먹으러 갈 때, 그때 엘리베이터 말고 계단을 이용할 거야."라고 자신에게 말하면 될 것이다. 더 나아가 "둘 중에서 선택할 수 있을 때마다 그때 나는 계단을 이용할 거야."라고 말할 수도 있을 것이다.

【해설】(A) 과거에 일어난 일이 현재까지 영향을 미치고 있는 경우에는 현재완료로 표현하므로, 선행사 something에 맞게 has가 적절하다.
(B) 조건 부사절에서는 미래시제 대신 현재시제를 쓰므로, use가 적절하다.
(C) '~할 것이다'라는 의미로 앞으로 일어날 일에 대한 주어의 의지나 결심을 나타낼 때는 미래시제로 표현하므로, will take가 적절하다.

【어휘】effortless 힘이 들지 않는, 수고를 하지 않는 specific 구체적인 desired 바라던, 바람직한 immediate 즉각적인

EXERCISE **01** p. 57

1 be able to	**2** Can	**3** have robbed
4 without	**5** taking	**6** can

1 당신은 그들이 전국 토너먼트에 진출할 수 있을 것이라고 생각하나요?
▶ 2개의 조동사를 연달아 쓸 수 없으므로 will 다음에는 be able to가 와야 한다.

2 뒤쪽의 사람들은 당신 목소리를 들을 수가 없어요. 조금 더 크게 말씀해 주시겠어요?
▶ 요청이나 부탁을 나타내는 can이 알맞다.

3 Jeff가 어제 은행을 털었을 리가 없다. 그는 하루 종일 우리와 함께 있었다.
▶ 과거에 대한 부정적인 추측은 could not have p.p.로 나타낼 수 있다.

4 이 책은 지루하다. 나는 이것을 읽으면 꼭 잠이 든다.
▶ cannot A without B: A하면 반드시 B한다, B하지 않고서는 A할 수 없다

5 철도부 장관은 기차 무임승차자들에 대해 더 강력한 조치를 취하지 않을 수 없었다.
▶ cannot help+동명사: ~하지 않을 수 없다
[어휘] fare dodger 무임승차자

6 이 집은 겨울에는 아주 춥고, 여름에는 아주 더울 수 있습니다.
▶ 문맥상 어떤 일이 발생할 가능성을 나타내는 can이 알맞다. 능력을 나타내는 be able to는 적절하지 않다.

EXERCISE **02** p. 59

1 May	**2** be	**3** as
4 may well	**5** may	**6** have divulged
7 so	**8** have helped	**9** not have

1 하시는 모든 일이 잘 되기를 바랍니다!
▶ 기원이나 소망을 나타내는 May가 알맞다. 이 경우에는 Might가 쓰이지 않는다.

2 Sally가 전화를 받지 않네. 체육관에 있을지도 모르겠다.
▶ 현재에 대한 불확실한 추측은 「may+동사원형」으로 나타낸다.

3 나는 집에서 요리를 하느니 차라리 저녁 식사로 테이크아웃 음식을 먹는 게 낫겠어.
▶ may as well A as B: B하느니 차라리 A하는 편이 낫다
[어휘] takeaway 테이크아웃 음식

4 그가 실망하는 것도 당연해. 그는 그 일을 정말 열심히 해왔거든.
▶ 문맥상 '~하는 것도 당연하다'는 의미를 나타내는 「may well+ 동사원형」이 알맞다.

5 아무리 사소해 보인다 하더라도, 삶에서 행복을 느끼도록 노력하라.
▶ 양보를 나타내는 부사절에서는 may가 쓰인다.

6 내부 정보가 경쟁사에 유출되었다. Leo가 그것을 누설했을지도 모른다.
▶ 과거에 대한 불확실한 추측을 나타내는 표현은 might have p.p. 이다.
[어휘] divulge (비밀을) 누설하다

7 그들은 스스로를 보호하기 위해 태권도를 배우고 있다.
▶ so (that)+주어+may+동사원형: ~하기 위해

8 나는 그들을 도와줄 수도 있었지만, 그들은 나에게 연락조차 하지 않았다.
▶ might have p.p.로 '~했을지도 모르는데 (안 했다)'라는 유감과 비난의 의미를 나타낼 수 있다.

9 그녀는 그 사건에 대해 진실을 말하지 않았을지도 모른다.
▶ might not have p.p.: ~하지 않았을지도 모른다

EXERCISE **03** p. 61

> **1** 아이들은 뛰어다니고 실외 놀이를 하는 것을 좋아하기 마련이다.
> **2** 그는 반복해서 현관문을 잡아당겼지만, 그것은 좀처럼 열리려고 하지 않았다.
> **3** 그들은 비가 오는 날이면 진흙 웅덩이에서 놀곤 했다.
> **4** 신사분들께서는 어르신들을 위해 옆으로 비켜 주시겠습니까?
> **5** 나는 학업을 지속했을 텐데, 가족을 부양해야만 했다.
> **6** 그는 뉴욕에 머무를 때, Jay's bar의 단골손님이었다.
> **7** 나는 내일 아침 일찍 출근하느니 차라리 오늘 밤 야근을 하겠다.
> **8** 그녀는 16살이 되기 전에는 녹색 채소를 먹지 않았다.
> **9** 우리는 이제 외딴 마을에 사는 데 익숙하다.
> **10** 지금쯤 그들은 그 발견에 대한 뉴스를 들었을 것이다.

1 일반적인 습성이나 경향을 나타내는 will: ~하기 마련이다, ~하려고 한다
2 would not+동사원형: 좀처럼 ~하려고 하지 않았다
3 would+동사원형: ~하곤 했다
4 공손한 요청을 나타내는 would: ~해 주시겠어요?
5 문맥상 would have p.p.는 과거의 사실을 반대로 가정하여 추측하는 '~했을 텐데 안 했다'라는 의미이다.
6 used to+동사원형: ~이었다 (더 이상 그렇지 않다)
[어휘] regular customer 단골 손님
7 would rather A than B: B하느니 차라리 A하겠다
8 「didn't use to+동사원형」은 「used to+동사원형」의 부정형으로 '~하지 않았다'라는 의미이다.
9 be used to+동명사: ~하는 데 익숙하다
10 문맥상 would have p.p.는 과거에 대한 단순한 추측인 '~했을 것이다'라는 의미이다.

EXERCISE 04　　　p. 63

1 to be	2 was
3 should	4 have checked
5 lest	6 take
7 have ended	8 be
9 should donate	10 ought not to

1 커피가 금방 준비될 겁니다. 잠시만 기다려 주세요.
　▶ 합리적 예상을 나타내는 ought to: ~할 것이다
2 그 용의자는 가짜 의사 면허증을 제시하며 자신이 의사라고 주장했다.
　▶ 주장을 나타내는 동사 insist 뒤의 that절에서 미래 지향적인 일이 아닌 사실을 나타낼 때는 직설법을 사용한다.
3 혹시 내가 너의 지갑을 찾게 된다면, 너에게 바로 전화할게.
　▶ if절에서 should가 사용되어 일어날 가능성이 매우 낮은 일을 나타낼 수 있다.
4 그 연수회는 완전한 실패였다. 내가 미리 모든 사항을 확인했어야 했다.
　▶ 과거에 대한 유감과 후회는 should have p.p.로 나타낼 수 있다.
5 잊어버리지 않도록 지금 바로 네 아이디어를 적어두어라.
　▶ 문맥상 '~하지 않도록'이라는 의미를 나타내는 「lest+주어 (+should)+동사원형」 구문이 알맞다.
6 이제부터 그 환자가 약을 규칙적으로 복용하는 것이 중요하다.
　▶ 미래 지향적인 중요을 나타내는 형용사 important 뒤의 that절에서 should가 생략된 형태이므로 take가 알맞다.
　【어휘】 medication 약
7 그 나라는 수십 년 된 전략적 모호성 정책을 오래 전에 끝냈어야 했다.
　▶ long ago라는 과거 시점을 나타내는 부사가 있으므로, 과거에 대한 후회와 유감을 나타내는 ought to have p.p.가 알맞다.
　【어휘】 decades-long 수십 년 간의　strategic ambiguity 전략적 모호성
8 Jones 여사는 그녀가 분실한 가방이 내일까지 그녀에게 보내어질 것을 요청했다.
　▶ 미래 지향적인 요구를 나타내는 동사 request 뒤의 that절에서 should가 생략된 형태이므로 be가 알맞다.
9 그녀가 전 재산을 자선 단체에 기부하다니 놀랍다.
　▶ 감정을 나타내는 형용사 surprising 뒤의 that에서 강조를 위해 「should+동사원형」이 쓰인다.
10 우리는 공공 장소에서 시끄러운 소음을 내지 말아야 한다.
　▶ ought to의 부정형은 ought not to이다.

EXERCISE 05　　　p. 64

1 그녀는 그렇게 긴 여행 뒤에 기진맥진해 있음이 틀림없다.
2 승객은 버스 운전사의 시야를 방해해서는 안 된다.
3 그 악명 높은 도둑이 그 그림들을 국외로 밀반출했음이 틀림없다.
4 그는 눈 수술을 받기 위해 오래 기다릴 필요가 없다.
5 모든 신입 사원들은 마케팅 교육을 받아야 했다.

1 현재의 추측과 확신을 나타내는 must: ~임이 틀림없다
2 must not+동사원형: ~해서는 안 된다
　【어휘】 interfere with ~을 방해하다
3 must have p.p.: ~이었음〔했음〕이 틀림없다
　【어휘】 notorious 악명 높은　smuggle A out of B A를 B 밖으로 밀반출하다
4 doesn't have to+동사원형: ~할 필요가 없다
5 had to+동사원형: ~해야 했다

EXERCISE 06　　　p. 65

1 judge	2 to worry
3 to express	4 didn't need to go

1 감히 네가 피부색으로 그 사람들을 판단하려 하는가?
　▶ dare가 주어 앞으로 와서 의문문을 만들고 있으므로 조동사로 쓰였음을 알 수 있다. 따라서 동사원형이 뒤따르는 것이 적절하다.
2 그녀는 시험에 대해 걱정할 필요가 없다. 그것은 그녀에게는 쉬울 것이다.
　▶ 조동사 does를 이용하여 부정문을 만들고 있으므로 need는 일반동사임을 알 수 있다. 따라서 「need to+동사원형」 형태가 되어야 한다.
3 Jeff는 도시의 공공 기반 시설을 만들려는 그들의 계획에 감히 반대 의견을 개진한다.
　▶ 3인칭 단수형 어미 -s가 붙은 dares가 쓰였으므로, dare가 일반동사 임을 알 수 있다. 따라서 「dare to+동사원형」 형태가 되어야 한다.
　【어휘】 infrastructure 공공 기반 시설
4 나는 오늘 학교에 갈 필요가 없어서 집에 있었다.
　▶ 문맥상 단순한 과거의 불필요를 나타내므로 「didn't need to+동사원형」이 알맞다.

OVERALL EXERCISE　　　pp. 66-67

01

1 used to be
2 cannot(could not) have missed
3 dare not(daren't) confront
4 must not(mustn't) enter
5 May

1 천연두는 한때 어린이들 사이의 흔한 사망 원인이었지만 더 이상은 아니다.
　▶ 더 이상 그렇지 않은 과거의 상태는 「used to+동사원형」으로 나타낸다.
2 그녀가 예배를 빠졌다는 것은 불가능한 일이다. 그녀는 독실한 기독교 신자이다.
　▶ 과거에 대한 부정적인 추측은 cannot(could not) have p.p.로 나타낸다.
　【어휘】 devout 독실한

3 그들은 그의 강압적인 태도에 대해 불평하지만, 그에게 맞설 용기가 없다.
▶ '감히 ~하지 못하다'라는 의미는 조동사 dare의 부정형인 「dare not (daren't)+동사원형」으로 나타낸다.
[어휘] coercive 강압적인
4 학생들은 허가 없이 회의실에 들어가는 것이 허용되지 않는다.
▶ 「must not(mustn't)+동사원형」으로 금지를 나타낼 수 있다.
5 우리는 두 분 모두가 퇴직 후의 삶에 좋은 일만 가득하기를 기원합니다!
▶ 기원의 의미는 May로 나타낸다.

02

1 She left early, so she ought to(should) have gotten there by now.
2 I didn't use to(never used to) sleep very well, but doing meditation helped me a lot.
3 We would rather remain silent than express our own opinions.
4 The doctor ordered that she (should) take one year's leave of absence.
5 Would you mind sharing(if you share) your experience on gender-based violence?
6 He had better deal with the local environmental issues during his presentation.

1 그녀는 일찍 떠났기 때문에 지금쯤 그곳에 도착했을 것이다.
▶ 과거에 대한 합리적 예상이나 개연성이 높은 추측은 ought to (should) have p.p.로 나타낸다.
ought to gotten → ought to(should) have gotten
2 나는 잠을 잘 자지 못했지만, 명상을 하는 것이 많은 도움이 되었다.
▶ 현재는 그렇지 않은 과거의 상태를 나타내는 used to의 부정형은 didn't use to(never used to)이다.
didn't used to → didn't use to(never used to)
3 우리는 의견을 표현하느니 차라리 침묵하겠다.
▶ would rather A than B: B하느니 차라리 A하겠다
as expressing → than express
4 의사는 그녀에게 1년 간 휴직할 것을 지시했다.
▶ 미래 지향적인 명령이나 권고를 나타내는 동사 order 뒤의 that절에서 「(should)+동사원형」 형태가 쓰인다. takes → (should) take
[어휘] leave of absence 휴직
5 성별을 기반으로 한 폭력에 대한 당신의 경험을 공유해 주시겠어요?
▶ '~해 주시겠어요?'라는 공손한 요청의 표현은 「Would you mind +동명사(if+주어+동사원형) ~?」으로 나타낼 수 있다.
if sharing → sharing(if you share)
[어휘] gender-based 성별을 기반으로 한
6 그는 발표에서 지역의 환경 문제를 다루는 편이 낫다.
▶ had('d) better+동사원형: ~하는 편이 낫다, ~해야 한다
has → had

03

1 must be
2 should(ought to) have known
3 Don't you dare cancel
4 don't have to feel / need not(needn't) feel
5 cannot(can't) thank you too much(enough)
6 had to overcome
7 may(might) well regret

1 현재의 추측과 확신을 나타내는 must: ~임이 틀림없다
2 should(ought to) have p.p.: ~했어야 했는데
3 Don't you dare+동사원형 ~!: 감히 ~하기만 해 봐!
[어휘] on one's own judgment 독단적으로
4 don't have to+동사원형: ~할 필요가 없다
= need not(needn't)+동사원형
5 cannot ~ too much(enough): 아무리 ~해도 지나치지 않다
6 had to+동사원형: ~해야 했다
7 may(might) well+동사원형: ~하는 것도 당연하다

04

1 ① are used to marking → are used to mark
2 would(should, ought to) have been very difficult

광섬유 레이저는 많은 다양한 종류의 재료에 자국을 새기는 데 사용된다. 금속류는 아마도 자국이 남는 가장 흔한 물질일 것이고, 다른 물질들로는 도자기류, 플라스틱류 등이 있다. 그 중에서 다이아몬드는 쉽게 자국이 새겨지지 않기 때문에 가장 큰 난제일 것이다. 레이저로 자국을 새기는 기술이 발명되기 이전에는 다이아몬드에 로고 혹은 숫자, 상표를 쓰거나 그리는 것이 매우 어려웠을 것이다. 하지만 이제는 상황이 다르다. 게다가 광섬유 레이저 공정은 기존의 방식보다 더 정밀하게 자국을 새길 수 있게 해 준다.

1 ① 문맥상 '사용하다'의 의미인 use의 수동태 표현 「be used to+ 동사원형」이 되어야 한다.
2 ▶ 과거에 대한 확실한 추측·합리적 예상·개연성이 높은 추측은 would(should, ought to) have p.p.로 나타낼 수 있다.

REVIEW TEST   pp. 68-69

01 ④	02 ①	03 ⑤	04 ④	05 ②	06 ⑤
07 ③	08 ②	09 ②, ④	10 ③	11 ⑤	12 ①
13 (a), (b), (f)					

01 나는 그녀가 네 살 때 모차르트를 연주할 수 있었다는 것을 믿을 수가 없다.
▶ 과거의 능력을 나타내는 could는 was able to로 바꾸어 쓸 수 있다.

02 여러분은 어떠한 상황에서도 술에 취해 운전해서는 안 됩니다.
　▶ 금지를 나타내는 must not으로 바꾸어 쓸 수 있다.
　【어휘】 under the influence of ~의 영향 아래

03 • 제가 진로 정보를 어디서 찾을 수 있는지 말씀해 주시겠어요?
　• 결혼하기 전에, 그녀는 휴식 삼아 혼자 여행을 가곤 했지만, 지금은
　　그렇지 않다.
　▶ 첫 번째 문장은 공손한 요청을 나타내고 두 번째 문장은 과거의
　　습성을 나타낸다. 공통으로 알맞은 말은 Would(would)이다.

04 매니저가 그녀에게 그 프로젝트에 대해 상세하게 설명한 것이 분명하다.
　▶ 과거에 대한 확신은 must have p.p.로 나타낼 수 있다.

05 '~하려고 하지 않았다'라는 의미를 나타내는 것은 「would not
　(wouldn't)+동사원형」이다.

06 '~하지 말아야 한다'라는 의미는 ought not to로 나타낼 수 있다.

07 네가 봤던 그 남자가 Evans일 리가 없어. 그는 지금 출장 중이거든.
　▶ 현재의 부정적 추측을 나타내는 cannot
　① 당신은 신념과 타협하지 않고서는 상황을 바로잡을 수 없다.
　　▶ 현재의 불능을 나타내는 cannot
　② 제가 이 상자들을 옮기는 것 좀 도와주시겠어요?
　　▶ 요청이나 부탁을 나타내는 can
　③ 그는 아플 리가 없다. 나는 몇 분 전에 그가 축구를 하고 있는 것을
　　봤다.
　　▶ 현재의 부정적 추측을 나타내는 can't이므로 제시된 문장과
　　　쓰임이 같다.
　④ 사람들은 직업을 통해 자기 효능감을 가질 수 있다.
　　▶ 어떤 일이 일반적으로 발생할 가능성을 나타내는 can
　　【어휘】 self-efficacy 자기 효능감
　⑤ 너희는 리포트를 마칠 때까지 이 방을 나가서는 안 돼.
　　▶ 불허를 나타내는 cannot

08 우리가 아무리 사고가 일어나지 않도록 예방하려고 애를 쓴다 하더라도
　사고는 일어나기 마련이다.
　▶ 일반적인 습성이나 경향을 나타내는 will
　① 주방에 있는 건 내 남동생일 거야.
　　▶ 현재의 추측을 나타내는 will
　② 어린 아기들은 배가 고프면 울기 마련이다.
　　▶ 일반적인 습성이나 경향을 나타내는 will이므로 제시된 문장과
　　　쓰임이 같다.
　③ 물에서 멀리 떨어져 주시겠습니까?
　　▶ 요청의 의미를 나타내는 will
　④ 놀랍게도, 이 물질은 좀처럼 타지 않는다.
　　▶ 현재의 고집이나 거절을 나타내는 will
　⑤ 우리는 똑같은 실수를 다시 저지르지 않도록 할 것이다.
　　▶ 현재의 의지와 고집을 나타내는 will

09 ① 그가 그 회사와 계약을 했을 리가 없다.
　　▶ can't have p.p.는 「it is impossible+that절」로 의미를
　　　나타낼 수 있다.
　② 런던에서는 일부든 전체든 보도 위에 주차를 해서는 안 된다.
　　런던에서는 일부든 전체든 보도 위에 주차를 할 필요가 없다.
　　▶ 첫 번째 문장의 must not은 '~해서는 안 된다'를 의미하고, 두
　　　번째 문장의 don't have to는 '~할 필요가 없다'를 의미하므로

서로 의미가 다르다.
　③ 직원들은 임금 삭감을 받아들이지 않을 수 없었다.
　　▶ have no choice but to+동사원형 = cannot (help)
　　　but+동사원형
　④ Patricia가 너와 대화하기를 거절하는 것도 당연하다.
　　Patricia가 너와 대화하기를 거절할 이유가 없다.
　　▶ '~하는 것도 당연하다'라는 의미의 「may well+동사원형」은
　　　「have good(every) reason to+동사원형」으로 바꾸어 쓸 수
　　　있지만, 「have no reason to+동사원형」과는 의미가 다르다.
　⑤ 그 정치인은 대중들과 공감했어야 했는데.
　　▶ should have p.p. = ought to have p.p.
　　【어휘】 empathize 공감하다

10 ① 혹시 추가 질문이 있다면 오후에 제 사무실로 오세요.
　　▶ If you should have로 시작하는 문장에서 should가 문두로
　　　도치되어 if가 생략된 올바른 문장이다.
　② 그들은 그가 그 숫자들을 재확인할 것을 주장했다.
　　▶ 미래 지향적인 주장을 나타내는 동사 insist 뒤의 that절에서 쓰인
　　　should가 생략되어 동사원형이 남은 올바른 문장이다.
　　【어휘】 double-check 재확인하다
　③ 예약이 어떤 예고도 없이 취소되었다니 터무니없는 일이다.
　　▶ 판단을 나타내는 형용사 absurd 뒤의 that절에 쓰인 should는
　　　생략할 수 없으므로 should be가 되어야 한다. 또는 직설법 was
　　　cancelled도 가능하다.
　④ 경찰은 그들이 그 사건에 연루되었을지도 모른다고 의심했다.
　　▶ 문맥상 that절의 내용은 과거에 대한 불확실한 추측을 나타내므로
　　　might have p.p.가 적절하게 쓰였다.
　⑤ 그 새로운 제조 공정은 생산량을 50%까지 늘릴 수도 있었다.
　　▶ 과거의 사실과 반대되는 가능성을 나타내는 could have p.p.가
　　　적절하게 쓰였다.

11 우리는 그녀의 친절과 이해심에 대해 아무리 칭찬해도 지나치지 않다.
　▶ cannot ~ too much: 아무리 ~해도 지나치지 않다
　① 우리는 그녀의 친절과 이해심에 대해 칭찬하지 않을 수 없다.
　　▶ have no choice but to+동사원형: ~하지 않을 수 없다
　② 우리는 그녀의 친절과 이해심에 대해 칭찬할 수 없다.
　　▶ be not capable of+동명사: ~할 수 없다
　③ 우리는 그녀의 친절과 이해심에 대해 칭찬하지 않을 수 없다.
　　▶ cannot help+동명사: ~하지 않을 수 없다
　④ 우리가 그녀의 친절과 이해심에 대해 칭찬했을 리가 없다.
　　▶ cannot have p.p.: ~했을 리가 없다
　⑤ 우리는 그녀의 친절과 이해심에 대해 아무리 칭찬해도 지나치지
　　않다.
　　▶ 「cannot ~ enough」는 「cannot ~ too much」와 의미가
　　　같다.

12 ① 신선 식품은 쉽게 상하지 않도록 하기 위해 냉장고에 저장됩니다.
　　▶ so that+주어+would not+동사원형: ~하지 않도록
　② 모든 승객들은 항공기 탑승 수속을 할 때 사진이 있는 유효한
　　신분증을 제시해야 할 것입니다.
　　▶ 2개의 조동사를 연달아 쓸 수 없으므로 will 다음에 have to가
　　　와야 한다.
　③ 우리는 여러분의 지원과 협력에 감사드리고 싶습니다.

▶ '~하고 싶다'라는 의미를 나타내는 것은 「would like to+동사원형」이므로 thanking은 to thank가 되어야 한다.

④ 정부는 경기가 침체되지 않도록 조치를 취할 것이다.

▶ '~하지 않도록'이라는 의미를 나타내는 「lest+주어(+should)+동사원형」은 이미 부정의 의미를 포함하고 있으므로 should not be는 should be가 되어야 한다.

【어휘】 economic recession 경기 침체

⑤ 나는 나의 신념을 버리느니 차라리 비판을 수용하겠다.

▶ 'B하느니 차라리 A하겠다'라는 의미는 「would rather〔sooner〕 A than B」로 나타낼 수 있다. 따라서 will은 would가 되어야 한다.

13 (a) 저한테 답신 전화해 달라고 그에게 전해 주시겠어요?

▶ '~해 주시겠어요?'라는 관용적 표현은 「Would you mind+동명사(if+주어+동사원형) ~?」으로 나타낸다. 따라서 to tell은 telling이나 if you tell이 되어야 한다.

(b) 설상가상으로, 나는 차의 기름이 떨어져가고 있어서 주유하기 위해 차를 세워야만 했다.

▶ must에는 과거형이 없으므로, 과거의 의무나 필요를 나타낼 때는 had to를 써야 한다.

(c) 네가 나의 조언을 무시하고, 큰 기회를 놓쳐버릴 거라고는 상상도 하지 못했다.

▶ 일반동사가 쓰인 문장에서 부정어가 문두로 도치될 때 조동사 do가 주어 앞에 쓰인다. 과거시제이므로 did가 쓰인 올바른 문장이다.

(d) 사람들은 적게 공격받지 않도록 바리케이드를 설치했다.

▶ for fear that+주어+should+동사원형: ~하지 않도록

(e) 나는 그 티켓을 낭비하고 싶지 않다. 영화를 보러 가는 편이 낫겠다.

▶ 격식을 차리지 않는 대화에서는 had better의 had를 생략하기도 하므로 올바른 문장이다.

(f) 감히 준비의 효용성을 부정하기만 해 봐.

▶ '감히 ~하기만 해 봐'의 의미는 「Don't you dare+동사원형」 형태로 나타내므로 denying은 deny가 되어야 한다.

【어휘】 usefulness 효용성, 유용성

---

    1 ⑤   **2** ③

1

【해석】 시상대 위에 서 있는 올림픽 메달리스트들이 있다고 상상해 보라. 은메달리스트와 동메달리스트 두 메달리스트 중에 누가 더 행복할 거라고 생각하는가? 당신은 은메달리스트의 만족도가 더 높다고 생각할지도 모른다. 자, 연구원들이 경주 후 은메달리스트와 동메달리스트의 얼굴 표정과 신체 언어를 분석했는데, 동메달리스트들이 더 행복해 한다는 것을 알아냈다. 왜일까? 동메달리스트는 메달을 따지 못하는 결과에서 한 발 비켰다고 생각한다. 그러니, 그들은 감사하고 만족한 마음일 수밖에 없다. 반면에, 은메달리스트들은 자신이 우승할 뻔했다고 생각한다. 그들이 금메달에 한 발 못 미쳤다는 이유로 실망하는 것도 당연하다. 과거의 일에 대한 사람들의 감정적인 반응은 가능할 수도 있었던 것에 대한 그들의 생각에 영향을 받는다. 이러한 사고 방식을 '반사실적 사고'라고 한다.

【해설】 ⑤ 문맥상 과거의 사실과 반대되는 가능성을 나타내며, 유감·비난의 의미를 내포하는 might have been이 되어야 한다.

【어휘】 grateful 감사하는

2

【해석】 3차원으로 인쇄하는 기술은 의학, 교육, 수송 등과 같은 다양한 분야에서 사용되고 있다. 그것은 심지어 음식을 만드는 데도 사용된다! 전 세계 인구가 지속적으로 늘어남에 따라, 전문가들은 현재의 식량 공급으로는 인구를 지탱할 수 없을 것이라고 생각한다. 연구들에 의하면 식충, 즉 곤충을 먹는 것이 그 문제를 해결할 잠재력이 있는 것으로 나타났다. 귀뚜라미 같은 곤충들은 완벽한 대체 단백질 공급원이다. 곤충들은 같은 양의 단백질을 공급하는 데 소나 닭보다 훨씬 더 적은 먹이와 물을 필요로 한다. 우리는 곤충처럼 생기지 않은 곤충 가루를 만든 다음 3차원으로 인쇄해서 영양가 높은 식품으로 만들 수 있다. 게다가, 3차원 인쇄는 수제 기술을 필요로 했던 전통적인 식품 제조로는 가능했을 리 없는 복잡한 디자인을 만드는 데 도움을 줄 수 있다.

【해설】 (A) 문맥상 '~하는 데 사용되다'라는 수동의 「be used to+동사원형」 형태가 되어야 하므로 make가 알맞다.
(B) 2개의 조동사를 연달아 쓸 수 없으므로, won't 다음에는 be able to가 알맞다.
(C) 문맥상 전통적인 식품 제조는 가능했을 리 없다는 과거에 대한 부정적 추측을 나타내므로 could not have p.p.의 could가 알맞다.

【어휘】 3D print 3차원으로 인쇄하다   and so forth 기타 등등 potential 가능성   intricate 복잡한

EXERCISE **01**
p. 72

1 was struck	2 disappeared
3 resembles	4 were displayed
5 was stopped	

1 그 거대한 노송은 한 달 전에 벼락을 맞았다.
▶ 주어 The great old pine tree가 동사 strike의 대상이므로 수동태인 「be동사+p.p.」 형태가 알맞다.

2 한 저명한 소아과 의사가 12월 20일에 Brighton에서 사라졌다.
▶ disappear는 자동사이므로 수동태로 쓰이지 않는다.
【어휘】 pediatrician 소아과 의사

3 그 아일랜드 소년은 자신의 할아버지를 많이 닮았다.
▶ resemble은 상태를 나타내는 타동사이므로 수동태로 쓰이지 않는다.

4 백 점 이상의 문화 유물이 그 전시회에서 전시되었다.
▶ 주어 Over 100 cultural relics가 동사 display의 대상이므로 수동태인 「be동사+p.p.」 형태가 알맞다.
【어휘】 relic 유물

5 그 용의자는 도로를 따라 도망쳤는데 경찰차에 의해 정지당했다.
▶ 주어 The suspect가 동사 stop의 대상이므로 수동태인 「be동사+p.p.」 형태가 알맞다.

EXERCISE **02**
p. 73

1 was	2 be wasted
3 to be accepted	4 been solved
5 Was	

1 우리집은 20년 전에 어느 일류 건축가에 의해 설계되었다.
▶ 과거를 나타내는 부사구 20 years ago가 있으므로 과거 시제인 was가 알맞다.
【어휘】 prestigious 일류의

2 그런 사소한 일에 네 시간이 낭비되게 하지 마라.
▶ 부정 명령문의 수동태: Don't let+목적어+be p.p.

3 그는 의대에 합격하기를 바란다.
▶ to부정사의 수동태: to be p.p.

4 그 문제들은 무명의 수학자에 의해 풀렸다.
▶ 현재완료시제의 수동태: have been p.p.
【어휘】 unknown 무명의

5 그 콘서트에서 누군가가 그 신인 가수를 알아보았나요?
▶ 의문사가 없는 의문문의 수동태: be동사+주어+p.p. ~?

EXERCISE **03**
p. 74

1 is said	2 are considered
3 It	4 to have passed away
5 were turned down	

1 누군가가 익명의 편지들로 집요하게 Simons 씨를 협박했다고 한다.
▶ 동사 say의 목적어로 명사절이 온 문장을 가주어 it을 이용하여 수동태 문장으로 만든 것이므로 「be동사+p.p.」가 알맞다.
【어휘】 persistently 집요하게   anonymous 익명인

2 아이들은 능동적으로 언어를 습득하는 것으로 여겨진다.
▶ 주어 Children이 동사 consider의 대상이므로 수동태인 「be동사+p.p.」 형태가 알맞다.

3 그는 지느러미를 얻기 위해 불법으로 상어를 잡은 것으로 생각되었다.
▶ 동사 think의 목적어로 명사절이 오는 경우 가주어 it이나 명사절의 주어를 이용하여 수동태 문장을 만들 수 있는데, 명사절에 주어가 그대로 있으므로 가주어 it이 주어임을 알 수 있다.
【어휘】 illegally 불법적으로   fin 지느러미

4 그 위대한 지휘자는 1972년에 36세의 나이로 세상을 떠난 것으로 여겨진다.
▶ 동사 believe의 목적어인 명사절의 주어가 수동태의 주어가 되고 명사절의 동사가 to부정사가 된 형태로, 주절의 시제는 현재이고 명사절의 시제는 과거이므로 앞선 시제를 나타내는 완료부정사가 알맞다.
【어휘】 conductor 지휘자   pass away 사망하다

5 슬프게도 나의 모든 제안은 시 의회에 의해 거절당했다.
▶ 주어 all my proposals가 동사구 turned down의 대상이므로 수동태가 적절하다. turn down은 동사구로서 하나의 동사로 취급하여 수동태를 만든다.
【어휘】 turn down ~을 거절하다   municipal assembly 시 의회

EXERCISE **04**
p. 75

1 The young man was taught the value of gratitude by the judge and jury. / The value of gratitude was taught to the young man by the judge and jury.

2 The company was sent a letter of complaint on Monday (by them). / A letter of complaint was sent to the company on Monday (by them).

3 Every meal is cooked for the patients in the kitchen in the hospital (by us).

4 A Valentine's card will be written to Julie on Valentine's Day by Philip.

5 All the children were kissed good night by the director of the orphanage.

그 판사와 배심원단은 그 젊은이에게 감사하는 마음의 가치를
가르쳐주었다.
▶ 동사 teach는 간접목적어와 직접목적어를 각각 주어로 하여 수동태를
만들 수 있고, 직접목적어를 주어로 할 때는 간접목적어 앞에 전치사 to를
쓴다.
【어휘】jury 배심원단

2 그들은 월요일에 그 회사에 항의 편지를 보냈다.
▶ 동사 send는 간접목적어와 직접목적어를 각각 주어로 하여 수동태를
만들 수 있고, 직접목적어를 주어로 할 때는 간접목적어 앞에 전치사 to를
쓴다.

3 우리는 병원에 있는 주방에서 환자들에게 매끼를 요리해준다.
▶ 동사 cook는 직접목적어만을 주어로 하여 수동태를 만들 수 있고,
이때 간접목적어 앞에는 전치사 for를 쓴다.

4 Philip은 발렌타인데이에 Julie에게 발렌타인 카드를 쓸 것이다.
▶ 동사 write는 직접목적어만을 주어로 하여 수동태를 만들 수 있고,
간접목적어 앞에 전치사 to를 쓴다.

5 그 고아원 원장은 모든 아이들에게 잘 자라는 입맞춤을 했다.
▶ 동사 kiss는 간접목적어만을 주어로 하여 수동태를 만든다.
【어휘】orphanage 고아원

EXERCISE 05 p. 76

1 An ordinary person was made to turn into a global
star by the popular TV show.
2 Some students were found cheating on the test
systematically by the headmaster.
3 I was persuaded to sign a contract with the firm by
my mentor.
4 I was asked to mow the lawn every other week by
Aunt Sally.
5 All the attendees in the conference room were
allowed to clap and chant that day.

1 그 인기 있는 TV 쇼는 평범한 한 사람을 세계적인 스타로 변하게
만들었다.
▶ 사역동사 make의 목적격보어인 원형부정사는 수동태에서
to부정사로 바뀐다.

2 교장은 몇몇 학생들이 조직적으로 시험에서 부정 행위를 저지르는 것을
알아챘다.
▶ 목적격보어가 분사인 경우, 수동태에서 동사 뒤에 그대로 둔다.
【어휘】headmaster 교장   systematically 조직적으로

3 나의 멘토는 내가 그 회사와 계약을 맺도록 설득했다.
▶ 목적격보어가 to부정사인 경우, 수동태에서 동사 뒤에 그대로 둔다.

4 Sally 숙모는 나에게 격주로 잔디를 깎게 했다.
▶ 사역동사 have의 수동태: be asked+to부정사

5 그는 그날 회의실에 있는 모든 참석자들이 박수를 치고 연호하는 것을
허락했다.
▶ 사역동사 let의 수동태: be allowed+to부정사
【어휘】attendee 참석자   chant 연호하다

EXERCISE 06 p. 77

1 buying	2 of	3 locks
4 to lose	5 with	6 in
7 reading	8 sell	

1 지하실 공기를 상쾌하게 유지하기 위해 가습기를 하나 더 살 만한 가치가
있다.
▶ 주어 Another humidifier는 동사 buy의 대상이므로 수동태가
되어야 하는데, be worth는 능동의 동명사를 취함으로써 수동의 의미를
나타낼 수 있으므로 buying이 적절하다.
【어휘】humidifier 가습기

2 물은 수소와 산소가 2:1의 비율로 구성되어 있다는 것을 아니?
▶ be composed of: ~으로 구성되다
【어휘】hydrogen 수소   oxygen 산소   ratio 비율

3 때때로 조수석 문이 자동으로 잠긴다.
▶ 주어 the passenger door는 동사 lock의 대상이므로 수동태가
되어야 하는데, lock은 그 자체로 수동의 의미를 나타낼 수 있으므로
locks가 적절하다.

4 우리가 당신을 도울게요. 지금은 허비할 시간이 없으니까요.
▶ 주어 no time은 동사 lose의 대상이므로 수동태가 되어야 하는데
to lose는 수동의 의미를 나타낼 수 있다.

5 청중들은 그 참전 용사의 위대한 업적에 대한 존경심으로 가득 차 있었다.
▶ be filled with: ~으로 가득 차다
【어휘】admiration 존경   veteran 참전 용사

6 요즘 많은 외국인들이 한국어에 관심이 있다.
▶ be interested in: ~에 관심이 있다

7 서평가들은 이 글이 읽을 가치가 있다고 생각하지 않는다.
▶ 주어 this article이 동사 read의 대상이므로 수동태가 되어야
하는데, deserve는 능동의 동명사를 취함으로써 수동의 의미를 나타낼
수 있으므로 reading이 적절하다.

8 저 검정색 바지는 현재 100달러에 팔린다.
▶ 주어 Those black jeans는 동사 sell의 대상이므로 수동태가 되어야
하지만, sell은 그 자체로 수동의 의미를 나타낼 수 있으므로 sell이
적절하다.

OVERALL EXERCISE pp. 78-79

01

1 lacks	2 being plagued by
3 to be invited	4 was disappointed at(in, with)
5 is taken care of by	

1 Theodor는 다른 사람들의 마음에 대한 이해가 부족하다.
▶ 상태를 나타내는 타동사 lack는 능동태로만 쓰인다.

2 나는 오랫동안 심장 질환으로 시달렸던 것을 기억한다.
▶ 동사 remember가 동명사를 목적어로 취하고, 주어 I가 동사
plague의 대상이므로 동명사의 수동태인 being plagued by가
알맞다.

3 그녀는 그들의 집들이에 초대되리라고 예상하지 못했다.
   ▶ expect는 to부정사를 목적어로 취하고, 문맥상 주어 she가 동사 invite의 대상이므로 to부정사의 수동태인 to be invited가 알맞다.
4 그 실험은 실패했고 정부는 그 결과에 실망했다.
   ▶ 주어 the government가 동사 disappoint의 대상이므로 수동태가 되어야 하며, 전치사로 at, in, with가 가능하다.
5 그 어린 아이는 부모가 외출할 때 아이를 봐주는 사람에 의해 돌보아진다.
   ▶ 수동태 문장을 만들 때 동사구는 하나의 동사로 취급하므로 is taken care of로 바꾼 후 by를 쓴다.

02

```
1 has appeared
2 needs to be repaired / needs repairing
3 is made up of
4 were ordered for
5 was made to take
6 was seen to board(boarding)
```

1 그 연세가 지긋한 배우는 지금까지 70편 이상의 영화에 출연했다.
   ▶ 자동사 appear는 수동태로 쓰이지 않으므로 has appeared가 되어야 한다.
2 그 파손된 도로로 인해 사고가 발생할 수도 있으니 그것은 급히 수리되어야 한다.
   ▶ 주어 it은 동사 repair의 대상이므로 to부정사의 수동태인 to be repaired가 되어야 한다. 그러나 동사 need가 능동의 동명사를 취함으로써 수동의 의미를 나타낼 수도 있으므로 repairing도 가능하다.
3 그 팀은 다른 문화와 인종 출신의 8인으로 구성되어 있다.
   ▶ be made up of: ~으로 구성되다
   전치사 by가 아닌 of로 수동태를 나타내는 경우이다.
4 피자 다섯 판과 탄산음료 세 병이 파티 중인 아이들을 위해 주문되었다.
   ▶ 동사 order는 직접목적어만을 주어로 하여 수동태를 만들 수 있고, 이때 간접목적어 앞에는 전치사 to가 아닌 for를 쓴다.
5 그 작가는 3년간 저술 활동을 중단하게끔 되었다.
   ▶ 사역동사 make의 목적격보어인 원형부정사는 수동태에서 to부정사로 바뀌므로 was made to take가 되어야 한다.
6 곧 그 슈퍼스타 농구 선수가 요트에 탑승하는 것이 보였다.
   ▶ 지각동사 see의 목적격보어가 원형부정사인 경우 수동태에서 to부정사로 바뀌므로 was seen to board, 또는 목적격보어가 분사인 경우 동사 뒤에 그대로 두므로 was seen boarding으로 나타낼 수 있다.

03

```
1 By, whom, was, the, child, taught
2 let, your, money, be, spent
3 is, said, that, is, said, to, have, attained
```

1 누가 그 아이에게 프랑스어를 그리 잘 가르쳤나요?

   ▶ who가 주어인 의문문의 수동태: By whom+be동사+주어+p.p. ~
2 그렇게 쓸모 없는 것을 사는 데 돈을 쓰지 마라.
   ▶ 부정 명령문의 수동태: Don't let+목적어+be p.p.
3 사람들은 그 요가 수행자가 긴 명상 후에 깨달음을 얻었다고 말한다.
   ▶ 동사 say의 시제가 현재이므로 가주어 it을 주어로 하는 수동태에서는 is를 이용하여 수동태를 만든다. 명사절의 주어 the yogi를 이용하여 수동태를 만들 때는 명사절의 동사를 to부정사로 바꾸어야 하는데, 명사절의 시제가 주절보다 앞서므로 완료부정사가 알맞다.

04

```
1 A place to stay was found for the desperate widow
2 She was allowed to go
3 The students were asked to participate
4 People are spared the trouble of waiting in line
5 What genetic features were passed to
6 The witness was heard to talk
7 The robber was caught up with by
```

1 나는 그날 밤 그 절망적인 미망인에게 머물 곳을 마련해 주었다.
   ▶ 동사 find는 직접목적어만을 주어로 하여 수동태를 만들 수 있고, 간접목적어 앞에는 전치사 for를 쓴다.
2 그들은 작년에 그녀가 시상식에 가는 것을 허락했다.
   ▶ 사역동사 let의 수동태: be allowed+to부정사
3 우리는 그 학생들이 2022년에 그 대회에 참여하게 했다.
   ▶ 사역동사 have의 수동태: be asked+to부정사
4 그 모바일 애플리케이션은 사람들이 줄 서서 기다리는 수고를 덜어준다.
   ▶ 동사 spare는 간접목적어만을 주어로 하여 수동태를 만든다.
5 그들은 후손들에게 어떤 유전적 특성을 물려주었나요?
   ▶ 의문사를 포함한 What genetic features가 수동태의 주어가 되므로, 「의문사+be동사+p.p.」 형태로 수동태를 만든다.
6 모두가 그 증인이 그 끔찍한 사고에 대해 말하는 것을 들었다.
   ▶ 지각동사 hear의 목적격보어가 원형부정사인 경우, 수동태에서 to부정사로 바뀐다.
7 그 용감한 경찰이 강도를 체포했다.
   ▶ 동사구는 하나의 동사로 취급하여 수동태로 전환하므로 be caught up with로 바꾼 후 by를 쓴다.

05

```
1 ③ didn't construct → wasn't(was not) constructed
2 is believed to be one of the most beautiful buildings
  in the world
```

수백만 명의 여행객들이 매년 타지마할을 보기 위해 인도의 도시 아그라를 방문한다. 그것의 흰 대리석 돔은 햇살에 아른아른 빛나고 달빛에 반짝거린다. 많은 사람들은 타지마할이 세계에서 가장 아름다운 건물들 중

나라고 믿는다. 대부분의 사람들은 그곳이 궁전이라고 생각하지만, 그곳은
람들이 살도록 지어지지는 않았다. 타지는 사랑하는 아내를 추모하기 위해
굴 황제 샤 자한에 의해 지어진 무덤이다. 타지마할은 그녀의 이름 뭄타즈
할을 따서 지어졌다.

③ the Taj Mahal을 지칭하는 주어 it이 동사 construct의 대상이므로
수동태인 wasn't(was not) constructed가 되어야 한다.
동사 believe는 목적어인 명사절의 주어를 이용하여 수동태를 만들
때 명사절의 동사가 to부정사로 바뀐다. 명사절과 주절의 시제가
일치하므로 단순부정사가 알맞다.

【어휘】shimmer 아른아른 빛나다   in memory of ~을 추모하여

REVIEW TEST — pp. 80-81

01 ②   02 ④   03 ⑤   04 ③   05 ④   06 ③   07 ②
08 ①   09 ②   10 ④   11 ④   12 ②, ③
13 (a), (d), (e), (f)

1 작년에 스마트폰 사용으로 인해 도로에서 많은 사고가 야기되었다.
▶ 주어 A lot of accidents가 동사 cause의 대상이므로 수동태가
적절하고 과거시제이므로 were caused가 알맞다.

2 도서관 정문이 현재 수리 중이오니 서문을 이용해주십시오.
▶ 주어 The main entrance가 동사 renovate의 대상이므로
수동태가 되어야 하며, 문맥상 현재진행형인 「be being p.p.」 형태가
알맞다.

3 병문안을 받으므로 수동의 의미이고 appreciate은 동명사를 목적어로
취하므로 동명사의 수동태인 「being p.p.」 형태가 알맞다.

4 동사 give가 간접목적어를 주어로 하는 수동태 문장이다. 이때
직접목적어 앞에 전치사가 필요하지 않고, 미래시제이므로 will be
given이 알맞다.

5 그는 그 노부인에게 고풍스러운 소파를 판매했다.
▶ 동사 sell은 직접목적어만을 주어로 하여 수동태를 만들 수 있으며,
간접목적어 앞에는 전치사 to를 쓴다.

6 정부는 그 화학 공장을 다른 곳으로 이전하게 했다.
▶ 사역동사 make의 목적격보어인 원형부정사는 수동태에서
to부정사로 바뀌어 was made to move가 된다.

7 ① 그 골짜기들은 울창한 수목으로 우거져 있었다.
▶ be filled with: ~으로 가득 차다
【어휘】densely packed 꽉 찬, 울창한
② 토마토 던지기 축제는 La Tomatina로 알려져 있다.
▶ be known as: ~으로 알려지다
해당 표현에는 전치사 as만 가능하지만 나머지는 공통적으로
with가 가능하다.
③ 사막은 모래로 뒤덮여 있으며 혹독한 환경이다.
▶ be covered with(in): ~으로 덮이다
【어휘】harsh 혹독한
④ George는 그 탐정 소설의 줄거리에 실망했다.

▶ be disappointed with(at, in): ~에 실망하다
【어휘】detective novel 탐정 소설
⑤ 그 인기 있는 보이 그룹은 팬들과 기자들, 사진사들로 둘러싸였다.
▶ be surrounded with(by): ~으로 둘러싸이다

08 ① Billy는 아주 근심스러워 보였어. 그에게 무슨 일이 생긴 거니?
▶ 자동사 happen은 수동태로 쓰이지 않으므로, What
happened to him?이 되어야 한다.
② 모든 것을 오늘까지 질서 정연하게 완료되도록 하라.
▶ 긍정 명령문의 수동태: let + 목적어 + be p.p.
【어휘】in an orderly manner 질서 정연하게
③ 축구 선수들은 코치로부터 최선을 다하라는 조언을 들었다.
▶ 동사 advise의 목적격보어인 to부정사는 수동태에서도 동사 뒤에
그대로 위치한다.
④ 그 악기는 수년 간 사용되지 않아서 조율을 해야 한다.
▶ 주어 it이 동사 tune의 대상이므로 수동태가 되어야 하는데 동사
need는 능동의 동명사를 취함으로써 수동의 의미를 나타낼 수
있다.
⑤ 프로그램이 설치되고 있습니다. 설치가 완료될 때까지 기다려
주십시오.
▶ 현재진행시제의 수동태: is being p.p.

09 • 그 카드가 다음 사람에게 전달되었나요?
• 그 위험 물질은 가장 안전한 방법으로 처리되었다.
▶ 첫 번째 문장의 동사 pass는 직접목적어를 주어로 하는 수동태에서
간접목적어 앞에 to를 쓴다. 두 번째 문장의 동사구 dispose of는
하나의 동사로 취급하여 be disposed of 형태로 수동태를 만들며,
행위자가 드러나지 않아 by는 필요하지 않다.
【어휘】trait 특성 hazardous 위험한 dispose of ~을 처리하다

10 ① 우리는 그녀가 적합하지 않다고 결정했다.
▶ 동사 decide는 목적어로 명사절이 온 경우 가주어 it을 수동태의
주어로 하고 명사절을 그대로 두어서 수동태를 만들 수 있으므로
문장 전환이 바르다.
【어휘】unsuitable 적합하지 않은
② 누가 우리의 제안을 거절했나요?
▶ who가 주어인 의문문의 수동태는 「By whom + be동사 +
주어 + p.p. ~?」로 나타내므로 문장 전환이 바르다.
③ 이 멋진 기회를 놓치지 마라.
▶ 부정 명령문의 수동태는 「Let + 목적어 + not be p.p.」로 나타낼
수 있으므로 문장 전환이 바르다.
④ 그들은 자원봉사자들이 어르신들을 위해 식사를 요리하는 것을
허락했다.
▶ 사역동사 let의 수동태는 「be allowed + to부정사」 형태로
나타내므로 were allowed to cook이 되어야 한다.
⑤ 그 경찰관은 그 용의자에게 신분증을 제시하게 했다.
▶ 사역동사 make의 목적격보어인 원형부정사는 수동태에서
to부정사로 바뀌므로 문장 전환이 바르다.

11 우리는 매 순간 경고 신호에 세심한 주의를 기울여야 한다.
▶ 조동사가 있는 수동태: 조동사 + be p.p.

12 사람들은 그 최고 경영자가 모든 어려움을 견뎌 낼 수 있는 능력을
갖추고 있다고 믿는다.
▶ 동사 believe는 목적어로 명사절이 온 경우, 가주어 it을 수동태의

주어로 하고 명사절을 그대로 두어서 수동태를 만들거나, 명사절의
주어를 수동태의 주어로 하고 명사절의 동사를 to부정사로 바꾸어
수동태를 만들 수 있다.
【어휘】 CEO 최고 경영자(chief executive officer)
withstand 견뎌 내다

13 (a) 씨족은 서로 친척인 가족들로 구성된다.
　　▶ '~으로 구성되다'라는 의미의 동사구 consist of는 그 자체로
　　수동의 의미를 나타내므로 수동태로 쓰일 수 없다. 따라서 is
　　consisted of가 아닌 consists of가 되어야 한다.
　　【어휘】 clan 씨족　related to ~와 친척 관계인
(b) 모든 학생들은 시험이 연기되어 안도했다.
　　▶ 동사구 put off를 하나의 동사로 취급하여 be put off 형태로
　　수동태를 만들었으므로 올바른 문장이다.
(c) 저희의 온라인 네트워크가 서비스 장애에 책임이 있습니다.
　　▶ to blame은 능동의 to부정사로 수동의 의미를 나타낼 수
　　있으므로 올바른 문장이다.
(d) 자판에 있는 이 부호는 무엇이라고 불리나요?
　　▶ 의문사가 있는 의문문의 수동태는 「의문사＋be동사＋주어＋
　　p.p. ~?」로 나타내므로 be를 삭제해야 한다.
(e) 사람들은 이 도구로 인해 많은 시간을 덜 수 있을 것이다.
　　▶ 동사 save는 간접목적어만을 주어로 하여 수동태를 만들기
　　때문에 People will be saved a lot of time by this tool.이
　　되어야 한다.
(f) 화재 경보가 울렸고 청중들은 가능한 한 빨리 건물에서 나가라는
　　말을 들었다.
　　▶ 동사 tell의 목적격보어인 to부정사는 수동태에서 동사 뒤에
　　그대로 두므로 to leave가 되어야 한다.
　　【어휘】 go off (경보 등이) 울리다

REVIEW TEST through Reading　　p. 82

1 ③　**2** ⑤

1
【해석】 세실리아 헬레나 페인은 영국 태생의 미국인 천문학자였다. 그녀는
하버드 대학의 래드클리프 칼리지에서 천문학 분야에서 박사 학위를 딴
최초의 인물이었다. 그녀가 대학생이었을 때, 대다수 과학자들은 태양을
포함하여 별들은 지구와 똑같은 물질로 이루어져 있다고 생각했다. 하지만
1925년도 박사 학위 논문에서 페인은 별들이 주로 수소와 헬륨으로
이루어져 있다고 제시했다. 그녀의 생각은 너무나 급진적이어서 그녀는
처음에 이를 발표하지 말라고 만류를 당했다. 하지만 그녀의 저작물은
후에 가장 탁월한 천문학 박사 학위 논문으로 여겨지게 되었다. 천문학이
남자의 분야로 여겨졌기 때문에 그녀의 탁월함에도 불구하고 그녀는 11년
동안 저임금 기술 조수로 일해야만 했다. 1938년에야 마침내 페인은
'천문학자'라는 칭호를 부여 받았고 그녀 이후의 수많은 여성들을 위해 길을
열어주었다.

【해설】 ③ 주어 she가 동사 dissuade의 대상이므로 수동태인 was
initially dissuaded가 되어야 한다.

【어휘】 British-born 영국 태생의　dissuade A from B(-ing) A가
B하지 못하게 만류하다　brilliance 탁월함　low-paid 저임금의

2
【해석】 당신은 꿈 훨씬 너머로 나아가 가능하지 않을 것 같은 목표를
설정해야 한다. 1960년대에 이 놀라운 주장이 35대 미국 대통령 존 F.
케네디에 의해 언급되었다. 그는 미국이 달에 발을 내딛는 첫 번째 국가가
되는 것이야말로 최대의 업적이 될 것이라고 생각했다. 그는 그 미션이 10년
이내에 달성될 것이라고 온 세상에 약속했다. 하지만, 미국은 이 과제를
달성하기 위한 실제적인 지식이나 그 바탕이 되는 기술을 보유하지 못했다.
그리하여, 케네디는 과학 고문들을 만났는데, 이들은 새로운 길을 찾도록
명령 받고, 자신들의 한계를 뛰어넘었으며, 이전에 존재한 적이 없었던
혁신적 기술을 개발했다. 통찰력 있는 예지력과 헌신적인 노력 덕분에,
1969년 7월 20일에 닐 암스트롱이 달에 첫발을 내디뎠다.

【해설】 (A) 주어 this surprising statement가 동사 make의
대상이므로 수동태 was made가 적절하다.
(B) 주어 the mission이 동사 accomplish의 대상이므로 수동태가
되도록 과거분사 accomplished가 알맞다.
(C) 사역동사의 목적격보어인 원형부정사는 수동태에서 to부정사로
바뀌므로 to find가 적절하다.

【어휘】 far beyond 훨씬 너머　vision 예지력, 선견지명

CHAPTER 06 부정사　　Infinitives

EXERCISE 01　　p. 84

1 그녀는 수면 중 사람들의 뇌 활동을 측정하는 것이 흥미롭다고
생각했다.
2 섭식과 기분 변화 사이의 관계를 밝히는 것은 중요하다.

3 필요한 것은 최대한 많은 지식을 얻는 것이다.
4 입원한 환자들은 처방된 약 복용을 절대 중단하지 않는 것에
동의했다.
5 문제는 그 화학 회사를 상대로 한 소송에 누구를 추천하는지이다.
6 경쟁자들은 내가 한 말을 취소하도록 열정적으로 나를 설득했다.

1 가목적어-진목적어 구문으로 it은 가목적어이고 to measure ~ sleep은 진목적어이다.
【어휘】intriguing 흥미로운
2 To figure out ~ change는 주어 역할을 한다.
3 to gain ~ possible은 주격보어 역할을 한다.
4 to부정사의 부정은 to부정사 바로 앞에 not이나 never를 쓰며, to quit ~ medication은 동사의 목적어 역할을 한다.
【어휘】hospitalized 입원한   prescribed medication 처방된 약
5 whom to ~ company는 주격보어 역할을 한다.
6 to retract my words는 목적격보어 역할을 한다.
【어휘】retract one's words ~의 말을 철회하다, 취소하다

EXERCISE 02   p. 86

1 그 소년은 다양한 종류의 겨울 스포츠를 즐길 수 있는 더 많은 기회를 갖기를 원했다.
2 그 주민들은 지진의 규모에 충격을 받은 듯했다.
3 당신은 아파트를 꾸미기 위한 특별한 무언가를 샀나요?
4 그 채팅 애플리케이션을 사용하고자 한다면, 그것을 너의 스마트폰에 다운로드 해야 한다.
5 Brian은 창 밖을 내다보았지만, 아무것도 보이지 않았다.
6 그 병원의 물리 치료사는 돌봐야 할 환자들이 많다.

1 to enjoy ~ sports는 명사 chances를 수식한다.
2 동사 seemed와 함께 to be shocked는 주격보어로 쓰였다.
【어휘】resident 주민
3 형용사와 to부정사가 동시에 -thing, -one, -body로 끝나는 대명사를 수식하는 경우 「-thing, -one, -body+형용사+to부정사」의 어순으로 쓴다.
4 '의도(~하고자 하다)'의 의미를 나타내는 「be+to부정사」이다.
5 '가능(~할 수 있다)'의 의미를 나타내는 「be+to부정사」이다.
6 to look after는 명사 patients를 수식한다.

EXERCISE 03   p. 86

1 is, to, present
2 which/that, I, will, wear
3 are, to, apologize
4 was, to, meet

1 그 생물학자는 국제 학회에서 새로운 이론을 발표할 예정이다.
▶ '예정(= be going to, will)'의 의미를 나타내는 「be+to부정사」 is to present로 바꾸어 쓸 수 있다.
2 나는 등산할 때 입을 방수 재킷을 사고 싶다.
▶ 명사나 대명사를 수식하는 형용사적 용법의 to부정사(구)는 관계사를 사용해서 형용사절로 바꾸어 쓸 수 있으므로 which/that I will wear를 써야 한다.
【어휘】waterproof 방수의
3 너는 그녀에게 거짓말을 한 것에 대해 그 교수님께 사과를 해야 한다.

▶ '의무(= should, have to)'의 의미를 나타내는 「be+to부정사」 are to apologize로 바꾸어 쓸 수 있다.
4 그 여자는 결국 그 남자를 만날 운명이었다.
▶ '운명(= be destined to)'의 의미를 나타내는 「be+to부정사」 was to meet로 바꾸어 쓸 수 있다.

EXERCISE 04   p. 88

1 나는 식당에 도착해서 모든 테이블이 예약이 되었다는 것을 알았다.
2 요약하자면, 그 고성을 철거할 계획은 연기되었다.
3 이 신약은 다양한 종류의 정신 질환을 치료하기에 상당히 효과적이다.
4 그녀가 걷는 모습을 본다면, 그녀가 소아마비에 걸렸다는 것을 절대 알 수 없을 것이다.
5 내년 경제 전망은 과장이 아니라 매우 불안정하다.

1 결과를 나타내는 to부정사는 앞에 only를 붙여서 '~해서 (결국) …되다'는 실망의 의미를 강조한다.
2 to make(cut) a long story short: 요약하자면
【어휘】demolish 철거하다
3 정도를 나타내는 to부정사로, '~하기에'의 의미를 가진다.
4 조건을 나타내는 to부정사로, '~한다면'의 의미를 가진다.
【어휘】polio 소아마비
5 to say the least: 과장이 아니라
【어휘】outlook 전망   unstable 불안정한

EXERCISE 05   p. 88

1 To put it bluntly
2 silly not to get
3 brave enough to stand up
4 too dangerous to travel in

1 to put it bluntly: 직설적으로 말하면
【어휘】subtle 민감한
2 to부정사의 부정은 to부정사 앞에 not이나 never를 쓰며, 판단의 근거를 나타내는 to부정사는 '~하다니'의 의미를 가진다.
3 형용사/부사+enough+to부정사: ~할 만큼 충분히 …한(하게)
【어휘】stand up to ~에게 맞서다   bully 괴롭히는 사람
4 too+형용사/부사+to부정사: 너무 ~해서 …할 수 없는

EXERCISE 06   p. 90

1 is said to have obtained
2 to be spreading
3 to have been reunited
4 to cut down

1 그 건물은 유명한 건축가에게서 이름을 따왔다고 한다.
▶ 주절의 시제는 현재, that절의 시제는 과거이므로 완료부정사 is said to have obtained를 써야 한다.
【어휘】 obtain A from B B에게서 A를 얻다   renowned 유명한
2 산불은 산 전체로 빠르게 퍼지고 있는 것처럼 보인다.
▶ 주절의 시제는 현재, that절의 시제는 현재진행이므로 단순부정사 진행형 to be spreading을 써야 한다.
3 Paul은 고등학교 시절의 옛 친구들과 재회했기에 기쁘다.
▶ 주절의 시제는 현재, that절의 시제는 과거 수동태이므로 완료수동태 to have been reunited를 써야 한다.
4 Julie는 전기 사용을 줄이겠다고 약속했다.
▶ 주절의 시제는 과거, that절의 시제도 과거이므로 단순부정사 to cut down을 써야 한다.
【어휘】 cut down on ~을 줄이다

EXERCISE 07 x

p. 90

1 seems to lead to
2 appears to have been motivated
3 to have become extinct
4 to consciously stop
5 decided not to

1 to부정사의 시제가 주동사의 시제와 같으므로 단순부정사 seems to lead to를 써야 한다.
【어휘】 lead to ~로 이어지다
2 to부정사의 시제가 주동사의 시제보다 앞서며 문맥상 수동태가 되어야 하므로 완료수동태 appears to have been motivated를 써야 한다.
【어휘】 motivate 동기를 부여하다   primarily 주로
3 to부정사의 시제가 주동사의 시제보다 앞서므로 완료부정사 to have become extinct를 써야 한다.
4 to와 원형부정사 사이에 부사를 삽입하는 분리부정사를 쓸 수 있으므로 to consciously stop을 써야 한다.
【어휘】 consciously 의식적으로
5 앞에 나온 동사의 반복을 피하기 위해 to부정사구 대신 to만 사용할 수 있고, to부정사의 부정은 to부정사 앞에 not을 쓰므로 decided not to를 써야 한다.

EXERCISE 08

p. 91

1 for   **2** for   **3** of   **4** for   **5** of

1 그들이 동물 서식지가 파괴되는 것을 막는 것은 불가능했다.
▶ It is 다음에 형용사 impossible이 오는 경우 to부정사의 의미상의 주어는 「for+목적격」으로 쓴다.
2 운전자는 일꾼들이 짐을 내릴 수 있도록 트럭을 주차했다.
▶ 일반적으로 to부정사 앞에 의미상의 주어는 「for+목적격」으로 쓴다.
【어휘】 set down ~을 내리다   load 짐, 화물

3 그들이 그 블로그를 통해 소문을 퍼트리다니 경솔했다.
▶ It is 다음에 사람의 성격이나 성질을 나타내는 형용사 careless가 오면 의미상의 주어는 「of+목적격」으로 쓴다.
【어휘】 careless 경솔한
4 네가 이력서를 쓸 때 기억해야 할 점이 다섯 개가 있다.
▶ 일반적으로 to부정사 앞에 의미상의 주어는 「for+목적격」으로 쓴다.
5 그녀가 모범을 보이고 그 팀에게 무엇을 해야 할지를 보여주다니 사려 깊다.
▶ It is 다음에 사람의 성격이나 성질을 나타내는 형용사 thoughtful이 오면 의미상의 주어는 「of+목적격」으로 쓴다.
【어휘】 set an example 모범을 보이다, 본보기가 되다

EXERCISE 09

p. 93

1 그 남자는 이사진이 그 회사의 주식들을 최고가에 팔도록 했다.
2 나는 TV에서 그들이 화성 표면을 탐사하고 있는 것을 보았다.
3 그는 새로운 국가의 독립을 인정하지 않을 수 없었다.
4 너는 바다에서 화산이 어떻게 분출하는지 공부하는 것이 낫다.
5 그 부부는 자신들의 관계가 괜찮은 척 했지만, 곧 이혼했다.
6 나는 그 수리공에게 내 자전거 뒤쪽 브레이크를 조정하도록 했다.
7 대통령은 국무 총리 지명과 관련된 실수에 대해 사과하는 것 말고는 다 할 것이다.
8 너는 올바른 자세를 유지하려고 노력하는 것이 낫다.

1 let+목적어+원형부정사: ~가 …하도록 하다
2 지각동사 watch는 동작이 진행중임을 강조할 때 목적격보어로 현재분사를 쓸 수 있다.
【어휘】 surface 표면
3 cannot (help) but+원형부정사: ~하지 않을 수 없다
4 might as well+원형부정사: ~하는 것이 낫다
【어휘】 erupt 분출하다
5 make believe (that): ~인 것처럼 하다
6 get+목적어+to부정사: ~가 …하도록 하다
【어휘】 adjust 조정하다   rear 뒤쪽의
7 do anything but+원형부정사: ~말고는 다 하다
【어휘】 nomination 지명
8 had better+원형부정사: ~하는 것이 낫다(강한 조언)
【어휘】 posture 자세

EXERCISE 10

p. 93

1 approach, approaching   **2** repaired
3 dig, to dig   **4** take
5 switch   **6** publish, to publish
7 hum, humming   **8** cope, complain

1 한 이웃이 사나운 개가 어린 소년에게 접근하는 것을 보았다.
▶ see는 지각동사이므로 목적격보어로 원형부정사와 현재분사를 모두 쓸 수 있다.

【어휘】 fierce 사나운

나의 부모님은 장마 전에 지붕이 수리되도록 하셨다.
▶ 사역동사 have 다음에 온 목적어 the roof가 동작의 대상이므로 과거분사를 써야 한다.

그가 땅에 깊은 구멍을 파는 것을 도와주는 것이 어때?
▶ help는 목적격보어로 원형부정사와 to부정사를 모두 쓸 수 있다.

그 큰 캐비닛은 단지 우리 교실의 공간을 차지하기만 했다.
▶ do nothing but + 원형부정사: 단지 ~하기만 하다
【어휘】 take up ~을 차지하다

5 그녀가 해야 할 일은 보일러를 켜는 것이다.
▶ what이나 all로 시작하여 행위자의 행동을 강조하는 문장에서는 주로 주격보어로 원형부정사를 쓴다.

6 그녀는 집필을 마치고 다음 달에 그 책을 출판할 것을 약속했다.
▶ 접속사 and로 to부정사구를 병렬연결할 때 to를 생략해도 의미가 명확한 경우에는 원형부정사와 to부정사를 모두 쓸 수 있다.

7 기차 안의 모든 사람이 그 남자가 흥얼거리는 것을 들었다.
▶ 지각동사 listen to는 목적격보어로 원형부정사와 현재분사를 모두 쓸 수 있다.

8 그는 운명에 대해 불평하기보다 대처하고 싶다.
▶ would rather + 원형부정사(+ than + 원형부정사): (…보다) ~하고 싶다
【어휘】 cope with ~에 대처〔대응〕하다

OVERALL EXERCISE
pp. 94-95

01

1 to persuade	2 sneak/sneaking
3 to write down	4 to be found
5 for us	6 reach
7 to be completed	

1 그는 의회의 모든 구성원들이 그 법안을 통과시키도록 설득하는 것이 어렵다고 생각했다.
▶ 가목적어-진목적어 구문으로 원래 진목적어 자리에 가목적어 it이 왔으므로 뒤에는 진목적어인 to부정사구가 와야 한다.

2 John은 한 무리의 무단 침입자들이 그의 앞마당으로 몰래 들어오는 것을 알아챘다.
▶ 지각동사 notice는 목적격보어로 원형부정사와 현재분사를 모두 쓸 수 있다.
【어휘】 sneak into ~에 몰래 들어가다

3 그 경찰관은 자신의 동료에게 자세한 사항을 받아 적도록 했다.
▶ 사역의 의미로 쓰이는 동사 get은 목적격보어로 to부정사를 쓴다.

4 램프도 손전등도 그 어두운 연구소 안에서 찾을 수 없었다.
▶ 문맥상 수동의 의미가 되어야 하므로 단순수동태를 써야 한다.

5 우리가 건축 비용을 너무 적게 잡지 않는 것이 필수적이었다.
▶ 형용사 necessary 다음에 to부정사의 의미상의 주어는 「for + 목적격」으로 쓴다.
【어휘】 underestimate (비용·규모를) 너무 적게 잡다

6 당신들은 조만간 만장일치에 이르는 것이 낫다.
▶ had better + 원형부정사: ~하는 것이 낫다

【어휘】 unanimous 만장일치의   sooner or later 조만간, 머지 않아

7 마무리 되어야 하는 중요한 업무들이 급격하게 늘어나고 있다.
▶ 대상에 중점을 둘 때는 수동형 to부정사를 쓴다.

02

1 It, to, install	2 what, to, do
3 are, to, separate	4 seems, to, have, been, granted
5 not, to, wake	6 only, to, find
7 are, to, pass	

1 새로운 운영 체제를 설치하는 것은 종종 시간이 걸리는 일이다.
▶ 가주어-진주어 구문으로 가주어 자리에 it을 쓰고 to부정사구 주어를 뒤로 보낼 수 있다.
【어휘】 install 설치하다   time-consuming 시간이 걸리는

2 Claire는 절박한 상황을 개선하기 위해서 무엇을 해야 할지 생각하고 있었다.
▶ 「의문사 + 주어 + should + 동사원형」은 「의문사 + to부정사」로 바꾸어 쓸 수 있다.
【어휘】 desperate 절박한, 절망적인

3 너는 냉장고 안에 있는 생고기와 조리한 고기를 구분해야 한다.
▶ '~해야 한다(= have to)'는 의무의 뜻을 나타내는 「be + to부정사」로 바꾸어 쓸 수 있다.
【어휘】 separate A from B A와 B를 구분하다

4 그는 작년에 영주권을 받은 것처럼 보인다.
▶ 주절의 시제는 현재, that절의 시제는 과거이며 수동태이므로 완료수동태로 바꾸어 쓸 수 있다.
【어휘】 permanent residence 영주권

5 Kate는 잠자는 아기를 깨우지 않기 위해 발끝으로 걸었다.
▶ '목적(= so as not to)'은 「not to + 부정사」로 바꾸어 쓸 수 있다.
【어휘】 walk on tiptoe 발끝으로 걷다

6 그녀는 승강장으로 급하게 갔지만, 이미 기차가 떠났다는 것을 알았다.
▶ 결과를 나타내는 to부정사는 앞에 only를 붙여서 실망의 의미를 강조할 수 있다.

7 네가 시험을 통과하려고 한다면, 수업에 빠지면 안 된다.
▶ '~하려고 하다(= intend to)'는 의도의 뜻을 나타내는 「be + to부정사」로 바꾸어 쓸 수 있다.

03

1 It was encouraging for many developing countries to join
2 anything special to accomplish in my life
3 if it is to succeed in the online commerce industry
4 so hardworking as to come up with new ideas for the experiment
5 The entrepreneur appears to have been under serious pressure
6 The doctor expected to be considered
7 are willing to lend a hand

1 많은 개발도상국가들이 세계 관광 시장에 뛰어든 것은 고무적인 일이었다.
  ▶ 「It(가주어)+is+형용사+for+명사(to부정사의 의미상 주어)+to부정사(진주어)」의 어순으로 쓴다.

2 나는 특정한 야심이 있거나 인생에서 성취해야 할 특별한 것이 있냐는 질문을 받았다.
  ▶ 형용사와 to부정사가 동시에 -thing, -one, -body로 끝나는 대명사를 수식하는 경우에는 「-thing, -one, -body+형용사+to부정사」의 어순으로 쓴다.
  【어휘】 ambition 야심, 의욕

3 그 회사가 온라인 상거래 산업에서 성공하고자 한다면 계속해서 경쟁력을 향상시켜야 한다.
  ▶ '의도(~하고자 하다)'의 의미를 나타내는 「be to+부정사」를 써야 한다.

4 그녀는 항상 매우 열심히 일해서 그 실험에 관한 새로운 생각들을 제안한다.
  ▶ so+형용사/부사+as+to부정사: 매우 ~해서 …한(하게)
  【어휘】 come up with ~을 제안하다

5 그 사업가는 새로운 제품 출시 후 심한 압박을 받았던 것처럼 보인다.
  ▶ appear to have p.p.: ~했던 것처럼 보이다
  【어휘】 entrepreneur 사업가

6 그 의사는 친절한 사람으로 생각되기를 기대했다.
  ▶ 단순수동태: to be p.p.

7 나의 이웃 사람들은 기꺼이 도움을 준다.
  ▶ be동사+willing+to부정사: 기꺼이 ~하다
  【어휘】 lend a hand 도움을 주다

04

> **1** ① of → for
> **2** normal to have nothing to talk about

나는 잘 모르는 사람들과 이야기하는 것이 항상 불편했다. 하지만 수년에 걸쳐, 나는 '무슨 말을 해야 할지 모르겠다.'라고 생각할 때마다 정확히 무엇을 해야 할지를 알게 되었다. 만약 당신이 '이야기할 게 아무것도 없는 것이 정상적이지 않은가?'라고 생각하고 있다면, 대답은 '그렇다!'이다. 나도 비슷한 고민을 하곤 했고, 나에게 뭔가 문제가 있다고 생각했다. 내 머리가 하얘지는 그러한 순간들에 대처할 수 있는 몇 가지 전략들을 단순히 익히기만 하면 된다는 것으로 밝혀졌다. 알다시피, 사회적 기술은 우리가 타고난 것이 아니다. 그것들은 말 그대로 기술일 뿐이다. 그 기술들은 연습으로 개선될 수 있다.

1 ① 형용사 uncomfortable은 의미상의 주어로 「for+목적격」을 쓴다.
2 to부정사가 -thing, -one, -body로 끝나는 대명사를 수식하는 경우에는 「-thing, -one, -body+to부정사」의 어순으로 쓴다.

【어휘】 turn out ~인 것으로 밝혀지다   go blank 텅 비다
be born with ~을 타고나다

01 ②	02 ④	03 ①	04 ⑤	05 ④	06 ②	07 ⑤
08 ⑤	09 ③	10 ④	11 ⑤	12 ②	13 ③	

01 동사 hesitate는 to부정사를 목적어로 취한다.
  【어휘】 disability 장애

02 '예정(~할 예정이다)'의 의미를 나타내는 「be+to부정사」이며 문맥상 수동의 의미이므로 단순수동태를 써야 한다.
  【어휘】 federal 연방의

03 appear+to부정사: ~인 것 같다
  【어휘】 devastating 파괴적인   coral reef 산호초

04 나는 2주 전에 미용사에게 머리 염색을 하도록 했다.
  ▶ 사역동사 have의 목적어가 동작의 대상이 되는 경우에는 목적격보어로 과거분사를 쓴다.

05 그 연사는 좋은 첫 인상을 남기는 것의 중요성을 설명할 예정이다.
  ▶ '예정(~할 예정이다)'의 의미를 나타내는 「be+to부정사」이다.
  【어휘】 make the first impression 첫 인상을 남기다
  ① 그 젊은 생물학자의 목표는 전 세계적으로 인정을 받는 것이다.
    ▶ 주격보어 역할을 하는 명사적 용법이다.
  ② 그녀는 의지할 가까운 가족이 없다.
    ▶ 명사 close family를 수식하는 형용사적 용법이다.
  ③ 이 알약들은 그녀가 자신의 과도한 식욕을 줄이는 것을 가능하게 할 것이다.
    ▶ 목적격보어 역할을 하는 명사적 용법이다.
    【어휘】 excessive 과도한   appetite 식욕
  ④ 그 부상을 입은 군인은 다시 집으로 돌아오지 못할 운명이었다.
    ▶ '운명(~할 운명이다)'의 의미를 나타내는 주어진 문장과 동일한 「be+to부정사」이다.
  ⑤ 그녀는 용감하게도 자신이 직접 그 대회에 지원했다.
    ▶ have the+추상명사+to부정사: ~하게도 …하다(부사적 용법)

06 그는 밤에 다른 손님들을 방해하지 않다니 사려 깊은 것임이 틀림없다.
  ▶ '판단의 근거(~하다니)'의 의미를 나타내는 부사적 용법이다.
  ① 모든 사람들이 그의 태도는 말할 것도 없고 그의 능력을 칭찬한다.
    ▶ not to mention: ~은 말할 것도 없이(부사적 용법)
  ② 복권에 당첨되다니 그는 얼마나 행운아인가!
    ▶ '판단의 근거(~하다니)'의 의미를 나타내는 주어진 문장과 동일한 부사적 용법이다.
  ③ 나는 그가 몇 년간 고아들을 돌보는 것이 대단하다고 생각했다.
    ▶ 가목적어-진목적어 구문으로 it은 가목적어이고 to support ~ years는 진목적어 역할을 하는 명사적 용법이다.
  ④ 그는 말하자면 보물 사냥꾼이다.
    ▶ so to speak: 말하자면(부사적 용법)
  ⑤ 나는 최선을 다했지만, 결국 작년에 대학교 입학 시험에 떨어졌다.
    ▶ '결과(~해서 …되다)'의 의미를 나타내는 부사적 용법이다.

07 그 교수님은 나에게 그 주제와 관련된 최근의 연구들을 검토하도록 요청하셨다/설득하셨다/말씀하셨다/강요하셨다.
  ▶ 동사 let은 목적격보어로 원형부정사를 써야 하므로 빈칸에 들어갈 수 없다.

08 ① 그는 그 회사의 소셜 미디어 자산을 다룰 유능한 누군가를 임명했다.
▶ 형용사와 to부정사가 동시에 -thing, -one, -body로 끝나는 대명사를 수식하는 경우 「-thing, -one, -body+형용사+to부정사」의 어순으로 쓴다.
【어휘】appoint 임명하다　capable 유능한　asset 자산

② 노동자가 자신의 일을 잘 하고자 한다면 먼저 자신의 도구를 연마해야 한다.
▶ '의도(~하고자 하다)'의 의미를 나타내는 「be+to부정사」이다.
【어휘】sharpen 날카롭게 하다, 연마하다

③ 다음 주까지 비워져야 할 건물들이 좀 있다.
▶ 문맥상 수동의 의미가 되어야 하므로 단순수동태를 쓴다.
【어휘】property 건물, 부동산　vacate 비우다

④ 그들은 교육을 통해 그들의 상황을 극복하고 개선하도록 만들어졌다.
▶ 접속사 and로 to부정사구를 연결할 때는 뒤에 오는 to를 생략하고 원형부정사를 쓸 수도 있다.

⑤ 그 독성 폐기물은 수개월 동안 그 강을 오염시켜 온 것처럼 보인다.
▶ 문맥상 능동의 의미를 가지기 때문에 능동형 완료부정사를 써야 한다.
to have been contaminated → to have contaminated
【어휘】toxic 유독성의　contaminate 오염시키다

09 ① 그들은 눈 속에서 살아있는 누군가를 발견해서 무척 기뻤다.
▶ '원인(~해서)'의 의미를 나타내는 부사적 용법이다.
【어휘】ecstatic 열광하는, 무척 기쁜

② 우리는 오늘 여기에서 일어난 일에 대해 확실하게 보고를 듣고 평가할 예정이다.
▶ to와 원형부정사 사이에 부사 certainly가 삽입된 분리부정사이다.
【어휘】debrief 보고를 듣다　evaluate 평가하다

③ 저작권의 정당성에 대해 과거에 있었던 것보다 더 많은 불평들이 있다.
▶ 앞에 나온 동사의 반복을 피하기 위해 to부정사구 대신 to만 사용할 수 있지만, be동사는 보통 생략하지 않는다.
used to → used to be
【어휘】grumbling 불평, 항의　legitimacy 정당성

④ 다음의 자료들은 여러분이 다운받을 수 있도록 무료로 제공됩니다.
▶ to부정사의 의미상의 주어는 「for+목적격」으로 나타낸다.

⑤ 그 남자는 그녀의 훌륭한 프랑스어 실력을 단지 칭찬하기만 했다.
▶ do nothing but+원형부정사: 단지 ~하기만 하다
【어휘】compliment 칭찬하다

10 그 지역 사회는 인구 고령화 문제에 직면했던 것 같다.
▶ 주절의 시제는 현재, that절의 시제는 과거이므로 완료부정사를 써야 한다.

11 ① 그 애플리케이션은 어디에서 빈 차량을 찾을 수 있는지를 보여준다.
▶ where to는 목적어 역할을 하는 「의문사+to부정사」이다.

② 과장이 아니라, 이 시스템은 최고의 비용 효율성을 제공한다.
▶ to say the least: 과장이 아니라
【어휘】cost efficiency 비용 효율성, 가성비

③ 대부분의 수영장들은 각각 다른 수영을 하는 사람들의 요구를 수용하기 위해 깊이가 다르다.
▶ 「in order to+동사원형」은 '목적(~하기 위해서)'의 의미를 나타낸다.

【어휘】accommodate 수용하다

④ 그 부서진 정원 울타리를 수리할 누군가를 보내주시겠어요?.
▶ to부정사가 -thing, -one, -body로 끝나는 대명사를 수식하는 경우 「-thing, -one, -body+to부정사」의 어순으로 쓴다.
【어휘】mend 수리하다, 고치다

⑤ 그 조교는 그 학생이 정신과 의사와 즉시 상담하도록 했다.
▶ 동사 get은 목적격보어로 to부정사를 써야 한다.
counsel → to counsel
【어휘】psychiatrist 정신과 의사

12 ① 우리는 전체 조직을 폐쇄하는 것이 낫다.
▶ might as well+원형부정사: ~하는 것이 낫다
to shut down → shut down

② 그는 자신의 침대 옆에 누군가가 서서 무언가를 속삭이는 것을 느꼈다.
▶ 지각동사 feel은 목적격보어로 원형부정사와 현재분사를 모두 쓸 수 있으므로 옳은 문장이다.

③ 법률 제정을 통해 기존의 노동법을 강화하는 것이 어떤가요?
▶ Why not+원형부정사 ~?: ~하는 것이 어때?
strengthening → strengthen
【어휘】legislation 법률 제정

④ 그 화가는 프랑스 여행에서 영감을 받았던 것처럼 보인다.
▶ 문맥상 완료수동태가 되어야 한다.
have inspired → have been inspired

⑤ 그녀는 가능한 한 지불을 미루려는 경향이 있다.
▶ be동사+inclined+to부정사: ~하려는 경향이 있다
deferring → to defer
【어휘】defer 미루다, 연기하다　(for) as long as possible 가능한 한

13 (a) 그는 가족 사업에 다시는 관련되지 않을 운명이었다.
▶ '운명(~할 운명이다)'의 의미를 나타내는 「be+to부정사」이며, to부정사의 부정은 to부정사 앞에 not이나 never를 쓴다.

(b) 그 건물은 언제라도 붕괴하기 쉽다.
▶ be동사+liable+to부정사: ~하기 쉽다
collapsing → collapse
【어휘】at any moment 언제라도

(c) 공개 석상에서 제가 당신을 당황스럽게 해서 죄송합니다.
▶ 문맥상 완료수동태가 아닌 능동형 완료부정사를 써야 한다.
have been embarrassed → have embarrassed

(d) Jamie는 마케팅 예산을 어떻게 할당해야 할지 결정할 수 없었다.
▶ 「의문사+to부정사」는 목적어 역할을 한다.
【어휘】allocate 할당하다　budget 예산

(e) 그녀는 그들과 그 일에 대해 협력하는 것 말고는 다 할 수 있다.
▶ do anything but+원형부정사: ~말고는 다 하다
【어휘】collaborate on ~에 대해 협력하다

(f) 솔직히 말하자면, 그녀는 다른 사람들을 속일 생각이었다.
▶ to be frank with you: 솔직히 말하자면
【어휘】deceive 속이다, 기만하다

1 ④ 2 ②

1

【해석】산업 분야의 로봇들은 기업들이 보다 적은 오류로 더 많은 일을 하도록 도움을 줄 수 있다. 물론, 작업 현장에 로봇을 추가할 때 안전은 중요한 요소이다. 일부 인공 지능(AI) 로봇공학 기업들이 로봇들 주위에 무엇이 있는지 파악하고 그에 따라 반응할 수 있는 곳에서 로봇 제품을 개발하는 이유가 바로 그것이다. 한 기업은 컴퓨터 비전, AI, 센서를 결합한 산업 로봇 시스템을 갖추고 있다. 이 장치는 인간이 너무 가깝게 접근하지 않으면 로봇이 전력을 다해 일하도록 한다. 그런 이유로, 로봇은 더 이상 우리 속에 갇혀 있지 않지만, 여전히 인간의 안전이 우선 순위이다. 그 기술은 인간을 치는 것을 피하기 위해서 로봇이 사람으로부터 얼마나 멀리 떨어져 있어야 하는지 가늠할 수 있도록 해준다.

【해설】④ 동사 enable은 목적격보어로 to부정사를 써야 한다.
assess → to assess

【어휘】offering (회사에서 제공하는) 제품, 서비스 computer vision 컴퓨터 비전(컴퓨터에게 인간과 같은 시각 능력을 부여하기 위해 연구하는 인공 지능 분야) setup 구성, 장치, 설정

2

【해석】나는 아버지가 밭을 가는 동안 그 옆에서 걸으며, 쟁기 날로 갈색 흙을 퍼낼 때마다 우리 집 밭갈이 말인 Paddy와 Lady의 엉덩이가 햇살 속에서 올라갔다 내려갔다 하는 것을 바라보았다. 그리고 개들도 우리 옆에서 걸었다. 아버지가 소 젖을 짤 때도, 나는 옆에 서서 그가 힘센 손으로 젖통을 잡아당겨 꽉 짜서, 양동이 안에 우유를 만드는 것을 바라보았다. 내 손은 우유를 짤 만큼 충분히 힘이 세지 않았다. 때때로 아버지는 줄을 서서 기다리는 외양간 고양이들의 입 안으로 젖을 짜주기도 했다. 나는 담장에 올라서서 아버지가 탈곡을 하는 일꾼들과 함께 일하는 것을 구경하기도 했는데, 그들은 탈곡기에서 쏟아져 내리는 황금색 밀을 마대 자루로 받아내고 있었다.

【해설】(A) 지각동사 see는 목적격보어로 원형부정사나 현재분사를 쓰므로 rise and fall을 써야 한다.
(B) 현재분사를 써서 분사구문으로 만드는 것이 자연스러우므로 making을 써야 한다.
(C) 「형용사/부사＋enough＋to부정사(~할 만큼 충분히 …한〔하게〕)」 이므로 strong enough를 써야 한다.

【어휘】milk 젖을 짜다 squeeze 짜다 barn 헛간, 외양간
stream (이어지는) 줄, 흐름

CHAPTER 07 동명사 Gerunds

EXERCISE 01 p. 100

1 그 인기 가수의 록 콘서트를 보는 것은 잊지 못할 경험이었다.
2 각각의 저자들은 초심자들을 위한 입문서를 쓰느라 바쁘다.
3 그들은 그 대회에서 높은 기준을 충족시키는 것이 어렵다는 것을 알았다.
4 그 매니저는 결코 제 시간에 사무실에 도착하지 않은 것으로 비난을 받았다.
5 네가 저 운동화를 어디에서 샀는지 말해 주겠니?
6 행복의 비결은 다른 사람들과 건강한 관계를 갖는 것이다.
7 그 남자는 긴 빗자루로 바닥을 쓸고 있다.

1 Watching ~ concert는 주어 역할을 한다.
　【어휘】unforgettable 잊지 못할
2 writing ~ beginners는 전치사 in의 목적어 역할을 한다.
　【어휘】introductory 입문자들을 위한
3 가목적어-진목적어 구문으로 it은 가목적어이고 achieving ~ competition은 진목적어이다.

4 never ~ time은 전치사 of의 목적어 역할을 하며, 동명사의 부정은 동명사 앞에 not이나 never를 붙인다.
　【어휘】be accused of ~로 비난 받다
5 명사 shoes 앞에 사용된 running은 용도나 목적을 나타내는 동명사이다.
6 having ~ others는 주격보어 역할을 한다.
7 sweeping은 동작(~하고 있는)을 나타내는 현재분사이다.
　【어휘】sweep 쓸다 broom 빗자루

EXERCISE 02 p. 101

1 resigning	2 to acquire
3 to rescuing	4 eating
5 to introducing	6 to get
7 swimming	

1 Ashley는 올해 자신의 직책에서 물러나는 것을 심각하게 고려하고 있다.
  ▶ 동사 consider는 동명사를 목적어로 취한다.
  【어휘】 resign 물러나다, 사임하다
2 그 남자는 시험을 통과했고 간신히 자격증을 취득했다.
  ▶ 동사 manage는 to부정사를 목적어로 취한다.
  【어휘】 certificate 자격증
3 그 활동가들은 유기 동물들을 구조하는 것에 헌신해오고 있다.
  ▶ be devoted to -ing: ~하는 것에 헌신하다
  【어휘】 rescue 구조하다   abandoned 유기된, 버려진
4 나는 네가 기름지고 짠 음식을 먹는 것을 피해야 한다고 생각한다.
  ▶ 동사 avoid는 동명사를 목적어로 취한다.
  【어휘】 greasy 기름진
5 그는 왜 자동적으로 글을 읽어주는 그 기술을 도입하는 것에 반대했나?
  ▶ object to -ing: ~하는 것에 반대하다
  【어휘】 automatically 자동적으로
6 지금 당장 건강 검진 받는 것을 주저하지 마세요.
  ▶ 동사 hesitate는 to부정사를 목적어로 취한다.
7 나는 그 수영장을 가로질러 왔다갔다하며 수영 연습을 했다.
  ▶ 동사 practice는 동명사를 목적어로 취한다.
  【어휘】 back and forth 왔다갔다

EXERCISE 03   p. 103

1 to sterilize	**2** hearing
3 to inform	**4** to carry, carrying
5 talking	**6** that
7 to infect, infecting	

1 매일 항생제 연고로 화상 부위를 소독할 것을 잊지 마세요.
  ▶ forget+to부정사: (미래에) ~할 것을 잊다
  【어휘】 sterilize 소독하다   burn 화상 부위, 덴 자국
  antibiotics 항생제   ointment 연고
2 너는 지난주에 그녀에게 그 가슴 아픈 이야기를 들었던 것을 기억하니?
  ▶ remember+동명사: (과거에) ~했던 것을 기억하다
  【어휘】 heartbreaking 가슴 아픈
3 우리는 우리 회사가 파산했다는 것을 알리게 되어 유감입니다.
  ▶ regret+to부정사: (앞으로) ~하게 되어 유감이다
  【어휘】 go bankrupt 파산하다
4 그녀는 단호하게 그 계획을 계속 이행할 것이다.
  ▶ 동사 continue는 동명사와 to부정사 모두를 목적어로 취하며 의미 변화가 거의 없다.
  【어휘】 carry out ~을 이행하다   with determination 단호하게
5 말하는 것을 멈추고 잠시 저에게 주목해 주세요.
  ▶ stop+동명사: ~하는 것을 멈추다
  【어휘】 pay close attention to ~의 말을 주의 깊게 듣다
6 그 연사는 탄소 배출을 줄이는 것이 중요하다는 것을 지적했다.
  ▶ point out은 that절을 목적어로 취한다.
  【어휘】 carbon emission 탄소 배출
7 그 질병은 병원에 있는 환자들을 감염시키기 시작했다.

▶ 동사 start는 동명사와 to부정사 모두를 목적어로 취하며 의미 변화가 거의 없다.
  【어휘】 infect 감염시키다

EXERCISE 04   p. 103

1 permit his family to appear
2 try to meditate
3 need considering(need to be considered)
4 went on pulling
5 advised to give up entering

1 동사 permit가 능동태로 쓰였고, 목적어가 있으므로 「permit+목적어+to부정사」로 쓴다.
2 try+to부정사: ~하려고 노력하다
  【어휘】 meditate 명상을 하다
3 「need+동명사」는 형태는 능동이지만 수동의 의미를 가지며 「need to be p.p.」로 바꾸어 쓸 수도 있다.
4 go on+동명사: 계속 ~하다
  【어휘】 rod 낚싯대
5 동사 advise가 수동태로 쓰였고, 주어가 사람이므로 「advise+to부정사」로 쓴다. 그리고 give up은 동명사를 목적어로 취한다.

EXERCISE 05   p. 105

1 being involved	**2** My
3 dropping, having dropped	**4** the snow
5 being enrolled	**6** having bought
7 suspending, having suspended	

1 그는 결국 범죄 행위에 연루되었다.
  ▶ 문맥상 수동의 의미가 되어야 하므로 단순수동태를 써야 한다.
2 내가 다른 사람의 실수를 잊는 것은 쉽지 않다.
  ▶ 문장 맨 앞에는 소유격으로 의미상 주어를 나타낸다.
3 Roberts 씨는 그 팀에서 중도 하차했던 것에 대해 나를 비난하지 않았다.
  ▶ 「blame+목적어+for+-ing」는 완료동명사 대신 단순동명사도 쓸 수 있다.
4 나는 눈이 진입로를 막은 것에 당황했다.
  ▶ 의미상 주어가 물질명사인 경우 소유격을 사용하지 않는다.
5 그 여자는 명부에 오르는 것이 두려웠다.
  ▶ 문맥상 수동의 의미가 되어야 하므로 단순수동태를 써야 한다.
6 엄마는 화분을 샀었던 것에 만족하셨다.
  ▶ 문맥상 능동이 되어야 하고 내용상 완료동명사가 알맞다.
7 그녀는 그가 외국 기업들을 합병하려는 계획들을 연기한 것을 비난했다.
  ▶ 「accuse+목적어+of+-ing」는 완료동명사 대신 단순동명사도 쓸 수 있다.
  【어휘】 suspend 연기하다, 보류하다   acquire 합병하다

EXERCISE 06

p. 105

1 playing a prominent role in the campaign
2 having been treated as a member
3 we (should) announce
4 being mentioned

1 나는 내년에 내가 그 캠페인에서 중요한 역할을 할 것이라고 확신한다.
  ▶ 주절의 시제는 현재, that절의 시제는 미래이므로 단순동명사를 써야 한다.
  【어휘】 prominent 중요한
2 그는 그 축구 클럽의 회원으로 대접받았던 것이 자랑스러웠다.
  ▶ 주절의 시제는 과거, that절의 시제는 과거완료이며 수동태이므로 완료수동태를 써야 한다.
3 그녀는 우리가 일주일 후에 그 오디션 결과를 발표할 것을 충고했다.
  ▶ 충고를 나타내는 동사 advise 다음에 오는 동명사구는 「that+주어+(should)+동사원형」으로 바꾸어 쓸 수 있다.
4 그 남자는 자신이 사고뭉치로 언급된 것이 부끄러웠다.
  ▶ 주절의 시제는 과거, that절의 시제도 과거이며 수동태이므로 단순수동태를 써야 한다.

EXERCISE 07

p. 107

1 objecting   2 to increase
3 charging   4 set
5 dealing   6 to say

1 논란이 되는 다큐멘터리의 공개를 반대해도 소용없다.
  ▶ It is no good(use) -ing: ~해도 소용없다
  【어휘】 controversial 논란이 되는
2 그 공장은 하이브리드 자동차의 생산을 늘리지 않을 수 없었다.
  ▶ have no choice(option) but to+동사원형: ~하지 않을 수 없다
3 휴대 전화 배터리를 충전하자마자, Brian은 자신의 친구에게 바로 전화를 했다.
  ▶ Upon(On) -ing: ~하자마자
  【어휘】 charge 충전하다
4 그 선수는 막 세계 기록을 깨려고 나섰다.
  ▶ be about to+동사원형: 막 ~하려고 하다
  【어휘】 set out ~에 나서다
5 까다로운 고객들을 다루는 것에 관한 한, Julia가 최고이다.
  ▶ When it comes to -ing: ~에 관한 한
  【어휘】 picky 까다로운
6 동물들에 대한 과학 실험들이 중단되어야 한다는 것은 말할 필요도 없다.
  ▶ It is needless to say that ~: ~은 말할 필요도 없다

EXERCISE 08

p. 107

1 couldn't help disclosing
2 felt like visiting
3 crosses the bridge over the river without getting
4 There is no figuring out
5 makes a point(has a habit) of observing stars

1 경찰은 피해자의 신원을 공개하지 않을 수 없었다.
  ▶ cannot(can't) help -ing(= cannot(can't) (help) but+동사원형): ~하지 않을 수 없다
  【어휘】 disclose 공개하다
2 나는 갑자기 양로원에 계신 할아버지를 방문하고 싶은 기분이었다.
  ▶ feel like -ing(= feel(be) inclined to+동사원형): ~하고 싶은 기분이다
3 그는 그 강 위의 다리를 건널 때마다, 항상 긴장한다.
  ▶ never(cannot, hardly) ~ without -ing(= Whenever(Each/Every time)+주어+동사, ...): ~할 때마다 …하다
4 폐수의 양을 줄이는 방법을 생각해 내는 것은 불가능하다.
  ▶ There is no -ing(= It is impossible to+동사원형): ~하는 것은 불가능하다
  【어휘】 wastewater 폐수
5 그 천문학자는 매일 밤 별들을 관찰하는 것을 규칙으로 삼는다.
  ▶ make a point(have a habit) of -ing(= make it a rule to+동사원형): ~하는 것을 규칙으로 삼다
  【어휘】 astronomer 천문학자   observe 관찰하다

OVERALL EXERCISE

pp. 108-109

01

1 is helping a lot of children in need
2 Writing down all your expenses will make you
3 remember to change the filter in your air purifier on a regular basis
4 not being accepted as a tenant of the apartment building
5 prevent people from posting copyrighted music files on the Internet
6 looking forward to continuing to provide you with the best flight service

1 나의 장기적인 목표는 어려움에 처한 많은 아이들을 돕는 것이다.
  ▶ 「동사+주격보어(helping ~ need)」의 어순으로 쓴다.
2 당신의 모든 지출을 기록하는 것은 당신이 소비를 줄이도록 할 것이다.
  ▶ 「주어(Writing ~ expenses)+동사+목적어」의 어순으로 쓴다.
  【어휘】 expense 지출, 비용
3 너는 정기적으로 공기 청정기의 필터를 교체할 것을 기억해야 한다.
  ▶ remember+to부정사: (미래에) ~할 것을 기억하다

【어휘】 air purifier 공기 청정기   on a regular basis 정기적으로, 규칙적으로

그는 그 아파트 건물의 세입자로 받아들여지지 않은 것에 좌절했다.
▶ 「not + 전치사의 목적어(being ~ building)」의 어순으로 쓴다.
【어휘】 tenant 세입자, 임차인

그 법은 사람들이 인터넷에 저작권이 있는 음악 파일들을 게재하는 것을 막을 것이다.
▶ prevent A from B(-ing): A가 B하는 것을 막다

우리는 계속해서 당신에게 최고의 비행 서비스를 제공할 수 있기를 고대하고 있습니다.
▶ look forward to -ing: ~하는 것을 고대하다
【어휘】 provide A with B A에게 B를 제공하다

02

> 1 She regrets making(having made) careless remarks at the formal meeting yesterday.
> 2 Environmentalist insisted that the government (should) designate the area as a conservation zone.
> 3 There is no possibility of all supporting the drastic economic policy.
> 4 Every user makes it a rule to update the anti-virus software every month.
> 5 They were on the point of losing the bid due to their lack of preparation.

그녀는 어제 그 공식 회의에서 경솔한 발언들을 했던 것을 후회한다.
▶ regret + -ing: (과거에) ~했던 것을 후회하다
to make → making(having made)
【어휘】 careless 경솔한   remark 발언

환경 운동가들은 정부가 그 지역을 보호 구역으로 지정해야 한다고 주장했다.
▶ 주장을 나타내는 동사 insist 다음에 오는 동명사구는 「주어 + (should) + 동사원형」으로 써야 한다.
designates → (should) designate
【어휘】 designate 지정하다   conservation 보호, 보존

모두가 그 과감한 경제 정책을 지지할 가능성은 없다.
▶ 동명사의 의미상 주어가 all이므로 소유격을 사용하지 않는다.
all's → all
【어휘】 drastic 과감한, 극단적인

모든 사용자는 반드시 매달 바이러스 퇴치용 소프트웨어를 업데이트해야 한다.
▶ make it a rule to + 동사원형: 반드시 ~하다
updating → to update

그들은 자신들의 준비 부족으로 인해 입찰에 실패하려는 시점에 있었다.
▶ be on the point of -ing: 막 ~하려고 하다
lose → losing
【어휘】 bid 입찰

03

> 1 getting a pay raise next year
> 2 It goes without
> 3 There is no measuring
> 4 It was no use(good) eradicating
> 5 walks out of the room without slamming
> 6 Medical ethics keeps(prevents, hinders) them from
> 7 the roof being damaged by the severe storm

1 직원들은 자신들이 내년에 임금 인상을 받을 것이라고 확신한다.
▶ 주절의 시제는 현재, that절의 시제는 미래이므로 단순동명사를 써야 한다.

2 법을 어긴 사람들은 처벌을 받아야 한다는 것은 말할 필요도 없다.
▶ It goes without saying that ~(= It is needless to say that ~): ~은 말할 필요도 없다

3 우주의 정확한 크기를 측정하는 것은 불가능하다.
▶ There is no -ing(= It is impossible to + 동사원형): ~하는 것은 불가능하다

4 그 조직에 깊게 뿌리 박힌 부패를 근절해도 소용없었다.
▶ It is no use(good) -ing(= It is useless to + 동사원형): ~해도 소용없다
【어휘】 eradicate 근절하다, 뿌리뽑다   corruption 부패

5 그녀는 방에서 나갈 때마다, 문을 쾅 닫는다.
▶ never(cannot, hardly) ~ without -ing(= Whenever(Each/Every time) + 주어 + 동사, ...): ~할 때마다 …하다

6 의료 윤리는 그들이 환자들의 사생활 정보를 폭로하는 것을 막는다.
▶ keep(prevent, hinder) A from B(-ing)(= forbid A to B(동사원형)): A가 B하는 것을 막다

7 James는 심한 폭풍에 지붕이 훼손될까 걱정했다.
▶ 주절의 시제는 과거, that절의 시제는 과거이며 수동태이므로 단순 수동태를 써야 한다. 그리고 의미상의 주어 the roof가 무생물이므로 소유격을 사용하지 않는다.

04

> 1 ③ to brushing → to brush
> 2 Remember to manage them

당신의 치아를 관리하는 데 어려움이 있나요? 우선, 당신은 밥이나 간식을 먹은 직후 양치질하는 것을 규칙으로 삼아야 합니다. 또한, 정기적으로 치과에 가야 한다는 것은 말할 필요도 없습니다. 너무 늦기 전에 치아를 관리해야 한다는 것을 기억하세요.

1 ③ make it a rule + to부정사: ~하는 것을 규칙으로 삼다
2 remember + to부정사: (미래에) ~할 것을 기억하다

01 ④ 02 ③ 03 ⑤ 04 ⑤ 05 ② 06 to undergo
07 passing 08 to apologize 09 to 10 ①
11 having seen(seeing) 12 her son(her son's) being elected 13 ⑤ 14 (b), (e)

01 regret+to부정사: (앞으로) ~하게 되어 유감이다
【어휘】alter ~을 변경하다

02 • 그 프로젝트의 주요 목표는 불치병이 있는 사람들을 지원하는 것이다.
• 그 회장은 교육 자선단체를 지원하는 것을 전혀 꺼리지 않았다.
▶ 첫 번째 문장의 빈칸은 주격보어 자리로, 동명사와 to부정사가 모두 가능하다. 두 번째 문장의 동사 mind는 동명사를 목적어로 취하는 동사이므로 동명사를 써야 한다. 따라서 공통으로 알맞은 것은 supporting이다.
【어휘】terminal disease 불치병

03 그녀는 자신의 딸이 그 교수에게서 새로운 기회를 받았던 것에 만족한다.
▶ 주어진 문장에서 주절의 시제는 현재, that절의 동사는 과거이며 수동태이므로 완료수동태를 써야 한다. 이때, 주절의 주어와 that절의 주어가 다르므로 동명사의 의미상 주어를 소유격 또는 목적격으로 쓴다.
【어휘】be contented with ~에 만족하다

04 그는 만료일 전에 자신의 운전면허증을 갱신하는 것을 실패했다/거절했다/시도했다/자원했다.
▶ 동사 consider는 동명사를 목적어로 취하는 동사이므로 빈칸에 들어갈 수 없다.
【어휘】expiration 만기, 만료

05 Kate는 몇 개의 스포츠 채널들을 시청한다고 언급했다.
▶ 동사의 목적어 역할을 한다.
① 그녀의 직업은 젊은이들이 더 나은 진로 결정을 하도록 격려하는 것이다.
▶ 주격보어 역할을 한다.
② 그 남자는 자신의 가족과 떨어져 지내는 것을 견딜 수 없다.
▶ 동사의 목적어 역할을 한다.
【어휘】endure 견디다, 참다 be apart from ~와 떨어져 있다
③ 부상당한 군인들에게 약을 공급하는 것이 시급하다.
▶ 주어 역할을 한다.
【어휘】supply A with B A에게 B를 공급하다
④ 그들은 그 새로운 암 치료법에 대해 논평하는 것에 반대했다.
▶ 전치사의 목적어 역할을 한다.
【어휘】disapprove of ~에 반대하다
⑤ 대학에서 심리학을 전공하는 것이 나의 꿈이다.
▶ 가주어-진주어 구문으로 진주어 역할을 한다.
【어휘】psychology 심리학

06 그 환자는 정교한 외과 수술을 받기 시작하고 있다.
▶ 동사 start는 to부정사와 동명사를 모두 목적어로 취하며 의미 변화가 거의 없는 동사이다. 하지만, start가 진행형으로 쓰이는 경우에는 목적어로 to부정사만 쓴다.
【어휘】delicate 정교한 surgical 외과의

07 그 CEO는 그런 훌륭한 제안을 거절하는 것을 상상할 수 없었다.
▶ 동사 imagine은 동명사를 목적어로 취한다.
【어휘】pass up 거절하다

08 그 여자는 그에게 잔인한 말들을 한 것에 대해 사과하는 척했다.
▶ 동사 pretend는 to부정사를 목적어로 취한다.

09 • 그 대회에 참가하는 것은 어떨까?
• 변명거리를 찾는 것에 관한 한, 그녀는 기발하다.
▶ 첫 번째 문장은 「What do you say to -ing ~?」, 두 번째 문장은 「When it comes to -ing」이므로 빈칸에 공통으로 to가 들어가야 한다.
【어휘】ingenious 기발한

10 ① 선생님은 생물 보고서를 제출하지 않았던 것 때문에 그를 꾸짖었다.
▶ 문맥상 능동의 의미가 되어야 하므로, 능동형 완료동명사를 써야 한다. having been handed in → having handed in
【어휘】scold A for B A를 B 때문에 꾸짖다
② 사회학 학위를 받자마자, David는 성공에 대한 열망을 가지고 미국으로 떠났다.
▶ Upon(On) -ing: ~하자마자
【어휘】aspiration (주로 복수형으로) 열망, 포부
③ 그녀가 임박한 선거를 위해 새로운 후보자를 찾는 것은 불가능했다.
▶ 문장 맨 앞에는 소유격으로 의미상의 주어를 나타낸다.
【어휘】imminent 임박한, 목전의
④ 학생들을 교육하는 것 외에도, 그 프로그램은 그들에게 동기를 부여하는 것을 목표로 한다.
▶ in addition to -ing: ~하는 것 외에도
⑤ 그 기계는 시끄러운 소리를 내더니 작동하는 것을 완전히 멈췄다.
▶ stop+-ing: ~하는 것을 멈추다

11 그들은 자신들이 어젯밤에 미확인 비행 물체를 보았던 것을 기억한다.
▶ 주절의 동사는 현재, that절의 동사는 과거이므로 완료동명사를 써야 한다. 그리고 「admit, remember, forget, regret, deny+-ing」는 완료동명사 대신 단순동명사도 쓸 수 있다.
【어휘】unidentified 미확인의, 정체불명의

12 그녀는 자신의 아들이 그 시의 시장으로 당선된 것을 자랑스러워했다.
▶ 주절의 시제는 과거, that절의 시제도 과거이며 수동태이므로 단순수동태를 써야 하며, 동명사의 의미상 주어는 소유격이나 목적격으로 쓴다.

13 ① 그 남자는 매일 한 시간 동안 산책하는 것을 규칙으로 삼는다.
▶ make a point of -ing(= make it a rule to+동사원형): ~하는 것을 규칙으로 삼다
② 그 여자는 그가 살을 좀 뺄 것을 강력하게 충고했다.
▶ 충고를 나타내는 동사 advise 다음에 오는 동명사구를 that절로 바꾸면 「주어+(should)+동사원형」으로 쓴다.
③ 그들은 그에게서 많은 양의 돈을 갈취했다고 시인했다.
▶ 동사 admit 뒤에 완료동명사가 왔으므로, that절 전환 시 that절의 시제는 주절의 시제인 과거보다 하나 앞선 과거완료로 써야 한다.
【어휘】extort A from B A에게서 B를 갈취하다
④ 그의 조각들은 그 명망 있는 예술 단체에 의해 인정을 받을 만했다.
▶ 동사 deserve 다음에 오는 동명사의 형태는 능동이지만, 수동의 의미를 가지며 「to be p.p.」로 바꾸어 쓸 수 있다.

【어휘】 prestigious 명망 있는

⑤ 나는 그 불쌍한 소년들이 겪었던 것에 대해 동정을 느끼지 않을 수 없다.
▶ can't help -ing(= have no choice but to+동사원형): ~하지 않을 수 없다
feel → to feel
【어휘】 feel sympathy for ~에 대해 동정을 느끼다

14 (a) 그녀는 모두가 자신들의 정치적 견해를 자유롭게 표현하는 것을 허용했다.
▶ 동사 permit이 능동태로 쓰인 경우 목적어가 있을 때는 「permit+목적어+to부정사」로 쓴다.

(b) 그 보고서는 몇 가지 주요 개혁을 하는 것을 제안할 것으로 예상된다.
▶ 동사 suggest는 동명사를 목적어로 취한다.
to make → making

(c) 우리는 아기 코끼리들이 야생에 다시 적응하도록 돕는 것이 보람된 일임을 알았다.
▶ 목적어 자리에 가목적어 it을 쓰고 진목적어를 뒤로 보낸 가목적어-진목적어 문장이다.
【어휘】 adjust to ~에 적응하다

(d) 모두는 한밤중에 그 아파트 건물이 붕괴된 것에 충격을 받았다.
▶ 동명사의 의미상 주어가 무생물인 경우에는 소유격을 쓰지 않는다.

(e) 그녀는 작은 집을 지을 목적으로 그 땅을 샀다.
▶ with a view to -ing: ~할 목적으로
build → building

(f) 다른 사람들을 방해하지 않는 것이 중요하다.
▶ 동명사의 부정은 동명사 앞에 not이나 never를 붙인다.

(g) 그는 그녀의 말을 듣는 척했지만, 그는 기사의 주제에 대해 생각했다.
▶ 동사 pretend는 to부정사를 목적어로 취한다.

(h) 전기차 충전소의 개수를 늘리는 것이 가장 중요하다.
▶ 동명사구가 주어 역할을 하면 단수형 동사를 쓴다.

---

　　1 ②　　2 ②

1
【해석】 대다수 선진국에서는 깨끗하고 안전한 물에 접근하는 것은 수도꼭지를 트는 정도로 간단하다. 하지만 유감스럽게도, 이들 국가의 국민들은 이를 닦고 샤워를 하고, 변기 물을 내리면서 매일 불필요하게 낭비한다. 사실, 약 11억 명의 사람들, 즉 세계 인구의 거의 7분의 1이 집에서 사용하거나 마실 물이 부족해 고통을 겪고 있다. 전 세계적으로 총 27억 명의 인구가 1년에 최소한 한 달간 깨끗한 물에 접근하는 데 어려움을 겪고 있다. 물은 지구상의 생명체를 이루는 필수적인 구성 요소이며, 우리의 몸은 주로 물로 이루어져 있다. 우리가 물이 없이 살아야만 한다면, 우리의 상황은 급속하게 악화될 것이다.

【해설】 ② as 다음에 오는 비교 대상은 accessing처럼 동명사여야 한다.
to turn → turning

【어휘】 regretfully 유감스럽게도　 water shortage 물부족
household 가정　 do without ~ 없이 살다

2
【해석】 물리학은 이 세상의 모든 자연 현상을 이해하는 데 전념한다. 실제로, 물리학자들은 가장 작은 아원자에서부터 전체 우주의 너비에 이르기까지 물질적 세계의 전반을 탐색한다. 이 분야의 넓은 연구 범위에도 불구하고, 물리학에는 지식의 공통 핵심에 초점을 맞춘 다양한 하위 분야들이 있다. 물리학의 기본 원칙에 관한 교육을 받으면, 물리학의 어떤 분야에서든 그리고 관련된 과학 및 공학 분야에서 일하는 것이 가능할 것이다. 여러분이 기술 세계에 대해 생각한다면, 아마 컴퓨터, 스마트폰, 지구 위치 파악 시스템(GPS), 위성 라디오 같은 기계들이 떠오를 것이다. 또한 여러분은 자기부상 열차나 우리 몸 속을 돌아다니며 암과 싸우는 미세 로봇과 같은 최첨단 현대 기술에 관한 보도들을 읽어 보았을 것이다. 이 모든 발전들이 물리학 원리에 크게 의존하고 있다.

【해설】 (A) be devoted to -ing: ~하는 것에 전념〔헌신〕하다
(B) 동사 allow 다음에 목적어 you가 왔으므로 「allow+목적어+to부정사」로 써야 한다.
(C) 동사를 수식하는 부사 heavily를 써야 한다.

【어휘】 physical 물질의　 scope 범위, 영역　 fundamentals 기본 원칙
global positioning system 위성 항법 장치(= GPS)
cutting-edge 최첨단의　 advance 진전, 발전　 rely on ~에 의존하다

EXERCISE **01**

p. 115

1 doubting face	2 disfigured statue
3 politician struggling	4 fallen leaves
5 long-lasting effects	6 well-known raconteur
7 family separated	

1 face는 doubt의 능동적 주체인데 동작이 진행되고 있음을 나타내야 하므로 현재분사 doubting이 face를 수식하는 것이 적절하다.
【어휘】shrug (어깨를) 으쓱하다

2 statue는 disfigure의 수동적 대상인데 동작이 행해진 상태 및 결과를 나타내야 하므로 과거분사 disfigured가 statue를 수식하는 것이 적절하다.
【어휘】disfigure 망가뜨리다, 훼손하다

3 politician이 struggle의 능동적 주체이므로 현재분사 struggling이 알맞고, 뒤에 with 전치사구가 있으므로 struggling이 politician을 뒤에서 수식하는 것이 적절하다.
【어휘】bribery scandal 뇌물 추문   dead end 막다른 길

4 leaves가 fall의 능동적 주체인데 동작이 완료된 상태 및 결과를 나타내야 하므로 과거분사 fallen이 leaves를 수식하는 것이 적절하다.

5 effects가 last의 능동적 주체이므로 현재분사 lasting이 알맞고, 부사 long이 lasting을 수식하여 하나의 복합어로서 effects를 수식하는 것이 적절하다.
【어휘】behavioral abnormalities 행동이상

6 raconteur가 know의 수동적 대상이므로 과거분사 known이 알맞고, 부사 well이 known을 수식하여 하나의 복합어로서 raconteur를 수식하는 것이 적절하다.
【어휘】raconteur 이야기꾼

7 family가 separate의 수동적 대상이므로 과거분사 separated가 알맞고, 뒤에 by 전치사구가 있으므로 separated가 family를 뒤에서 수식하는 것이 적절하다.

EXERCISE **02**

p. 117

1 그들 대부분은 지구의 날 캠페인에 적극적으로 참여하는 것으로 보였다.
2 그 회사는 일부 기밀 자료가 도난당한 것을 알아챘다.
3 그 학생들은 선생님들과 부모들에게 실망감을 준다.
4 한 노부인이 그녀의 손주들에게 둘러싸여 앉아 있었다.
5 그 영양분은 나의 식물들이 계속 잘 자라고 건강하게 해 준다.
6 그의 회복 속도는 그의 주치의를 놀라게 했다.

1 S+appear+-ing: S는 ~하는 것으로 보이다
2 S+notice+O+p.p.: S는 O가 ~당한 것을 알아채다
【어휘】confidential 기밀의

3 S+be+disappointing: S는 실망감을 주다
4 S+sit+p.p.: S는 ~된 채로 앉아 있다
5 S+keep+O+-ing: S는 O가 ~하도록 유지해 주다
【어휘】nourishment 영양분   thrive 잘 자라다
6 S+leave+O+p.p.: S는 O가 ~된 채로 두다
【어휘】recovery (건강) 회복

EXERCISE **03**

p. 117

1 infected	2 estranged	3 satisfying
4 messing	5 frightened	6 widening
7 desensitized	8 analyzing	

1 부상 부위는 수술에도 불구하고 2주 동안 감염된 상태로 있었다.
▶ The wounded area가 '감염된'이라는 수동의 의미가 되어야 자연스러우므로 infected가 알맞다.

2 그의 경제적인 어려움이 그를 가족에게서 멀어지게 만들었다.
▶ him이 '멀어진'이라는 수동의 의미가 되어야 자연스러우므로 estranged가 알맞다.
【어휘】predicament 곤경   estrange 사이를 멀어지게 하다

3 실업 수당을 늘리겠다는 그 장관의 제안은 만족스러웠다.
▶ The minister's proposal이 '만족스러운' 감정을 유발하는 능동의 의미가 되어야 자연스러우므로 satisfying이 알맞다.
【어휘】unemployment benefits 실업 수당

4 우리는 사람들이 플라스틱과 일회용품으로 환경을 더럽히는 것을 본다.
▶ people이 '더럽히는'이라는 능동의 의미가 되어야 자연스러우므로 messing이 알맞다.
【어휘】mess up ~을 더럽히다   disposables 일회용품

5 그 소녀들은 달리는 쥐들을 보고 무서워했다.
▶ The girls가 '무서운' 감정을 느끼는 수동의 의미가 되어야 자연스러우므로 frightened가 알맞다.

6 그 새로운 정책은 사회의 소득 격차가 커지게 했다.
▶ the income disparity of society가 '커지는'이라는 능동의 의미가 되어야 자연스러우므로 widening이 알맞다.
【어휘】income disparity 소득 격차   widen 커지다

7 전쟁에 대한 지속적 노출이 그들을 위협에 둔감해지도록 만들었다.
▶ them이 '둔감해지는'이라는 수동의 의미가 되어야 자연스러우므로 desensitized가 알맞다.
【어휘】desensitize 둔감하게 만들다

8 그 교수는 백신 실험 결과를 분석하면서 앉아 있었다.
▶ The professor가 '분석하면서'라는 능동의 의미가 되어야 자연스러우므로 analyzing이 알맞다.

EXERCISE 04

p. 117

1 snooping	2 broken	3 appealing
4 bewildered	5 confusing	6 released

1 a strange man과 snoop는 능동 관계이므로 snooping이 알맞다.
【어휘】 snoop 기웃거리다

2 the front door와 break는 수동 관계이므로 broken이 알맞다.

3 Her contenders와 appeal은 능동 관계이므로 appealing이 알맞다.
【어휘】 contender 경쟁자 appeal for ~을 호소하다

4 He가 '어리둥절한' 감정을 느끼므로 수동의 bewildered가 알맞다.
【어휘】 lighting 등, 조명 go out (불이) 꺼지다

5 some of the road signs가 '헷갈리는' 기분을 유발하므로 능동의 confusing이 알맞다.

6 our pent-up emotions와 release는 수동 관계이므로 released가 알맞다.
【어휘】 pent-up 억눌린

EXERCISE 05

p. 119

1 고객이 도착하기를 기다리면서 그녀는 엘리베이터 앞에 서 있었다.
2 많은 경영 위기를 넘겼기 때문에 그는 회장으로 재임명될 것이다.
3 학기 중에 다른 학교로 전학을 갔기 때문에 그는 적응하는 데 애를 먹었다.
4 비록 뛰어난 재능을 보였지만 그녀는 어떤 상에도 후보로 지명되지 않았다.
5 만약 함께 노력한다면 우리는 멸종 위기종을 멸종으로부터 보호할 수 있을 것이다.

1 문맥상 동시동작을 나타내는 분사구문으로 '~하면서'라고 해석하는 것이 적절하다.

2 문맥상 분사구문이 이유를 나타내므로 '~ 때문에'라고 해석하는 것이 적절하며, 완료분사구문이 쓰였으므로 주절보다 시제가 앞선 것에 주의한다.

3 문맥상 분사구문이 이유를 나타내므로 '~ 때문에'라고 해석하는 것이 적절하다.

4 문맥상 분사구문이 양보를 나타내므로 '비록 ~였지만'이라고 해석하는 것이 적절하다.
【어휘】 be nominated for ~의 후보로 지명되다

5 문맥상 조건을 나타내므로 '만약 ~한다면'으로 해석하는 것이 적절하다.
【어휘】 endangered 멸종 위기에 처한 extinction 멸종

EXERCISE 06

p. 119

1 Reviewing old business plans
2 Going up the stairs
3 Waiting for a subway train to come
4 Having recanted her promises to her supporters
5 making sure that their trays were in the locked position

1 그들은 오래된 사업 계획을 검토할 때, 세부 사항에 세심한 주의를 기울였다.
▶ 접속사를 생략하고 주절의 주어와 일치하는 they 또한 생략하며, 주절과 시제가 일치하므로 단순분사구문으로 바꾼다.
【어휘】 pay heed to ~에 세심한 주의를 기울이다

2 계단을 올라가시면 전망대에 다다를 것입니다.
▶ 접속사를 생략하고 주절의 주어와 일치하는 you 또한 생략하며, 주절과 시제가 일치하므로 단순분사구문으로 바꾼다.
【어휘】 observation platform 전망대

3 나는 지하철이 오기를 기다리는 동안 와이파이 네트워크에 접속하려고 했다.
▶ 접속사를 생략하고 주절의 주어와 일치하는 I 또한 생략하며, 주절과 시제가 일치하므로 단순분사구문으로 바꾼다. 진행형에 쓰인 Being은 일반적으로 생략하므로 Waiting으로 시작하는 분사구문이 적절하다.
【어휘】 connect to ~에 접속하다

4 그녀가 지지자들과의 약속을 철회했기 때문에 그녀는 곧 탄탄한 지지 기반을 잃을 것이다.
▶ 접속사를 생략하고 주절의 주어와 일치하는 she 또한 생략하며, 주절보다 시제가 앞서므로 완료분사구문으로 바꾼다.
【어휘】 recant 철회하다

5 그들은 안전벨트를 매고 자신들의 선반이 확실하게 잠금 위치에 있도록 했다.
▶ 접속사 and 생략 후 주절과 시제가 일치하므로 단순분사구문으로 바꾼다.

EXERCISE 07

p. 121

1 Being deceived	2 making
3 Not having	4 After treated
5 The weather being	

1 사기꾼에게 속아서 그는 백만 달러를 잃었다.
▶ 문맥상 분사구문의 생략된 주어 he가 동사 deceive의 수동적 대상이므로 수동형 분사구문 Being deceived가 적절하다.
【어휘】 swindler 사기꾼

2 엔진이 우르릉거리는 소리를 내면서 그 차는 속도가 줄기 시작했다.
▶ 「with + (대)명사 + 분사」 구문으로 its engine과 make가 능동 관계이므로 현재분사 making이 알맞다.
【어휘】 rumbling noise 우르릉거리는 소리

3 충분한 물 공급을 받지 못해서 모든 주민들은 격분했다.
▶ 분사구문에서 부정어는 분사 바로 앞에 위치하므로 Not having이 알맞다.

4 전문의에게 치료받은 후 나는 의식을 되찾았다.
▶ 부사절의 주어가 주절의 주어와 일치하므로 생략하고 문맥상 주어가 동사 treat의 수동적 대상이므로 수동형 분사구문이 알맞다. 이때, being은 생략이 가능하고 접속사는 의미를 명확하게 하기 위해 생략하지 않을 수 있으므로 After treated가 적절하다.
【어휘】 medical specialist 전문의 gain consciousness 의식을 회복하다

5 만약 오늘 밤 날씨가 좋다면 우리는 오로라를 볼 수 있을 것이다.
▶ 분사구문의 의미상의 주어 The weather이 주절의 주어 we와 다르므로 분사 앞에 밝혀주는 것이 적절하다.

EXERCISE 08
p. 121

> 1 Never having eaten
> 2 (Having been) Imprisoned
> 3 She having failed
> 4 with his hands (being) in his pockets

1 부사절의 시제가 주절보다 앞서므로 완료분사구문이 알맞으며, 부정어는 분사 바로 앞에 위치하므로 Never having eaten이 적절하다.

2 부사절이 수동의 의미이고 시제가 주절보다 앞서므로 수동형 완료분사구문 Having been imprisoned가 알맞다. 이때, Having been은 생략 가능하므로 Imprisoned로 나타낼 수도 있다.
【어휘】false accusation 무고   resentment 억울함, 분함

3 부사절의 주어 She가 주절의 주어 her mother와 일치하지 않으므로 분사구문에 밝혀주고 시제가 주절보다 앞서므로 완료분사구문 She having failed로 나타내는 것이 알맞다.

4 동시 동작·상황을 나타내는 「with + (대)명사 + 분사」 구문이 적절하며, 이때 being은 생략 가능하다.
【어휘】hum (노래를) 흥얼거리다

OVERALL EXERCISE
pp. 122-123

01

> 1 falling   2 hidden
> 3 funny-looking   4 thrilled
> 5 applying   6 accumulated

1 우리 가족은 자정 무렵에 유성들을 보기 위해 발코니로 나갔다.
▶ stars가 fall의 능동적 주체이므로 falling이 stars를 수식하는 것이 알맞다.

2 그들은 자신들의 의도를 숨긴 채 휴전에 합의했다.
▶ 「with + (대)명사 + 분사」 구문으로 their intention이 hide의 수동적 대상이므로 hidden이 알맞다.
【어휘】truce 휴전

3 제 아이들에게 재미있게 생긴 동물들의 사진을 좀 보여주시겠어요?
▶ animals가 look funny의 능동적 주체이므로 funny-looking이 animals를 수식하는 것이 알맞다.

4 내가 그들의 새로운 요리 중 하나를 먹어보기로 하자 웨이터는 아주 신나했다.
▶ The waiter가 '신이 난' 감정을 느끼므로 수동의 thrilled가 알맞다.

5 이 프로그램에 지원하는 학생들은 우리의 연간 장학금을 받을 자격이 될 것이다.
▶ Students가 apply의 능동적 주체이므로 applying이 Students를 수식하는 것이 적절하다.
【어휘】be eligible for ~을 받을 자격이 있다

6 그는 공학에 있어서 수십 년에 걸쳐 축적된 많은 지식을 보유하고 있다.
▶ a great deal of knowledge가 accumulate의 수동적 대상이므로 accumulated가 a great deal of knowledge를 수식하는 것이 적절하다.

【어휘】accumulate 축적하다

02

> 1 the river frozen to the bottom
> 2 with her cat dozing on her lap
> 3 Never giving consideration to others' feelings

1 한 무리의 탈옥수들이 바닥까지 꽁꽁 얼어붙은 강으로 달려갔다.
▶ 문맥상 frozen이 전치사구 to the bottom과 함께 구를 이루어 river를 뒤에서 수식하는 것이 적절하다.
【어휘】convict 죄수

2 자신의 고양이가 무릎에서 조는 채로 그 노부인은 신문을 읽고 있었다.
▶ with + (대)명사 + 현재분사: ~이 …하며(한 채로)

3 그는 남의 감정을 고려하지 않고 사사로운 이익에 따라 행동한다.
▶ 분사구문에서 부정어는 분사 바로 앞에 위치한다.
【어휘】give consideration to ~을 고려하다

03

> 1 revamped   2 Having
> 3 thwarted   4 intimidating
> 5 (Having been) Disenchanted   6 Given that

1 마침내 우리는 부활절 연휴 동안 손님방을 개조했다.
▶ the guest room이 revamp의 수동적 대상이므로 revamped가 알맞다.
【어휘】revamp 개조하다

2 몇몇 폭력적인 장면이 있기 때문에 그 영화는 일부 시청자들에게 해로울 수 있다.
▶ 분사구문의 의미상의 주어 the movie가 have의 능동적 주체이고 주절과 시제가 일치하므로 Having이 알맞다.
【어휘】detrimental 해로운

3 이전의 계획이 무산되어 그녀는 새로운 계획을 시작할 엄두를 내지 못했다.
▶ 「with + (대)명사 + 분사」 구문으로 her previous plan과 thwart가 수동 관계이므로 thwarted가 알맞다.
【어휘】thwart 좌절시키다

4 왜인지 모르겠지만 갑자기 분위기가 위협적이 되었다.
▶ the atmosphere가 '위협적인' 기분을 유발하므로 능동의 intimidating이 알맞다.
【어휘】intimidate 위협하다, 겁을 주다

5 모델 일의 현실에 환멸을 느낀 Emma는 모델 업계를 떠났다.
▶ 분사구문의 의미상의 주어 Emma가 disenchant의 수동적 대상이며 문맥상 분사구문의 시제가 주절보다 앞서므로 수동형 완료분사구문이 알맞다. 이때, Having been은 생략 가능하므로 Disenchanted로 나타낼 수도 있다.
【어휘】be disenchanted 미몽에서 깨다, 환멸을 느끼다

6 그가 눈부신 업적을 세운 것을 고려하면 그는 상을 받을 만하다.
▶ given that: ~을 고려하면

04

벤치에 앉아 있으면서 그 노숙자는 떠돌이 개에게 과자 부스러기를 먹였다.
▶ 접속사를 생략하고 부사절의 주어와 시제가 주절과 일치하므로 단순분사구문으로 바꾼다. 진행형에 쓰인 Being은 일반적으로 생략하므로 Sitting으로 시작하는 분사구문이 적절하다.
【어휘】 stray 길을 잃은, 주인이 없는   crumb 부스러기

고도 비만 진단을 받자마자 나는 치료를 받기 시작했다.
▶ 접속사를 생략하고 부사절의 주어와 시제가 주절과 일치하므로 단순분사구문으로 바꾼다. 이때 Being은 생략 가능하다.
【어휘】 be diagnosed with ~으로 진단받다   extreme obesity 고도 비만

Jane은 치매를 앓고 있지만, 그녀의 부모님은 그녀를 포기하지 않는다.
▶ 접속사를 생략하고 부사절의 시제가 주절과 일치하므로 단순분사구문으로 바꾼다. 이때 부사절의 주어 Jane이 주절의 주어 her parents와 일치하지 않으므로 분사구문에 밝혀주고 진행형에 쓰인 being은 일반적으로 생략하므로 Jane suffering으로 시작하는 분사구문이 적절하다.
【어휘】 dementia 치매   give up on ~을 포기하다

그의 무계획적인 태도로 판단하건대, 그는 많은 도전에 직면할 것이다.
▶ judging from: ~으로 판단하자면
【어휘】 haphazard 무계획적인, 닥치는 대로 하는   manner 태도

그녀는 자신의 머리를 두 손에 파묻고 있으면서 심하게 숨을 헐떡이고 있다.
▶ 「with + (대)명사 + 분사」 구문으로 나타내는 것이 적절하며, her head가 bury의 수동적 대상이므로 buried가 알맞다.
【어휘】 pant 헐떡이다

그는 집안의 명예를 더럽힌 후 사교계에서 고립되었다.
▶ 접속사를 생략하고 부사절의 주어와 시제가 주절과 일치하므로 단순분사구문으로 바꾼다.
【어휘】 disgrace ~에 먹칠하다   be isolated from ~에서 고립되다 social circles 사교계

그들은 개막식에 초대받지 못했기 때문에 매우 기분이 상했다.
▶ 접속사를 생략하고 주절의 주어와 일치하는 they 또한 생략하며, 주절보다 시제가 앞서므로 완료분사구문으로 바꾼다. 이때 부정어를 분사 바로 앞에 위치시킨다.
【어휘】 offended 기분이 상한

05

많은 동물들은 그들의 몸 속에 유용한 저장고를 가지고 있다. 예를 들어, 암컷 해마는 수컷에게 알을 낳는다. 알을 품을 때 수컷은 육아낭이라고 불리는 몸 정면의 칸막이 방을 이용한다. 그들은 2주에서 4주 후에 수중 분만으로 1,500 마리의 치어를 낳는다. 그것은 엄청나게 고된 노동을 요한다. 또한, 해달은 돌덩이나 먹이를 가지고 다닐 저장고를 팔뚝 아래에 지니고 있다. 그 저장고는 늘어진 피부로 된 주머니인데 그곳에 조개류를 까는 데 쓰이는 돌덩이나 나중에 먹으려고 모아둔 음식을 보관한다.

1 ③ a storage가 carry의 능동적 주체이므로 carrying이 알맞다.
2 접속사를 생략하고 부사절의 주어와 시제가 주절과 일치하므로 Holding으로 시작하는 단순분사구문으로 바꾼다.

【어휘】 storage 저장고   deposit (알을) 낳다   frontal 정면의 compartment 칸막이 방   brood pouch 육아낭   fry 치어, 물고기 새끼   sea otter 해달   forearm 팔뚝   crack open ~을 까다

REVIEW TEST pp. 124-125

01 그녀의 배경에 대한 진실을 알게 된다면, 그들은 몹시 화가 날 것이다.
▶ 분사구문의 의미상의 주어 they가 discover의 능동적 주체이고 문맥상 시제가 일치하므로 Discovering이 알맞다.
【어휘】 exasperated 몹시 화가 난

02 그 패션쇼는 일류 디자이너들에 의해 엄선된 의상을 선보였다.
▶ outfits가 handpick의 수동적 대상이므로 handpicked가 by top-notch designers와 함께 구를 이루어 outfits를 뒤에서 수식하는 것이 알맞다.
【어휘】 handpick 엄선하다   top-notch 최고의, 일류의

03 흥분이 잦아들자마자 군중은 재빨리 흩어지기 시작했다.
▶ 부사절의 주어 the excitement가 주절의 주어 the crowd와 일치하지 않으므로 분사구문에 밝혀주어야 하며 주절과 시제가 일치하므로 단순분사구문이 알맞다.
【어휘】 die down 잦아들다   disperse 흩어지다

04 30년 전에 지어졌기 때문에, 그 탑은 수리가 필요하다.
▶ 부사절이 수동태이고 시제가 주절보다 앞서므로 수동형 완료분사구문이 알맞다. 이때, Having been은 생략 가능하므로 Constructed로 시작하는 분사구문이 알맞다.

05 • 그 남자는 최근의 변화로 자극을 받은 것 같았다.
• 우리는 그가 정오에 사무실에 도착하는 것을 보았다.
• 화산 폭발로 인한 용암류는 무서워 보인다.
▶ 첫 번째 문장에서 the man이 galvanize의 수동적 대상이므로 galvanized가 알맞다. 두 번째 문장에서 him은 arrive의 능동적 주체이므로 arriving이 알맞다. 세 번째 문장에서 lava flow가 '무서운' 감정을 유발하므로 능동의 frightening이 알맞다.
【어휘】 galvanize ~을 자극하다   lava flow 용암류   eruption 폭발, 분화

06 분사구문의 의미상의 주어 the object가 squash의 수동적 대상이고 문맥상 시제가 일치하므로 수동형 단순분사구문 Being squashed가 알맞다. 이때 Being을 생략하거나 접속사를 남겨둘 수 있으므로 Although squashed도 가능하다.

【어휘】squash 짓누르다   intact 온전한

07 부사절의 시제가 주절보다 앞서므로 완료분사구문이 되어야 하고 분사구문의 부정어는 분사 바로 앞에 위치하므로 Not having passed가 알맞다.

【어휘】bar exam 변호사 자격 시험   practice law 변호사업을 하다

08 분사구문의 의미상의 주어 the child가 receive의 능동적 주체이므로 receiving이 알맞고 '불만스러운' 감정을 느끼므로 수동의 frustrated가 알맞다.

09 흰개미가 건물을 점령했기 때문에, 우리는 지역 해충 방제 회사에 전화했다.

▶ 부사절의 주어 termites가 주절의 주어 we와 일치하지 않으므로 분사구문에 밝혀주어야 하며 부사절의 시제가 주절보다 앞서므로 완료분사구문이 알맞다.

【어휘】termite 흰개미   take over ~을 점령하다   pest control 해충 방제

10 그 학생은 질문에 답했고 그의 눈은 흥분으로 빛났다.

▶「with+(대)명사+분사」구문에서 his eyes가 shine의 능동적 주체이므로 shining이 적절하다.

11 ① 부적절하게 사용된다면 그 약은 환자들에게 심각한 해를 끼칠 수 있습니다.

▶ 분사구문의 의미상의 주어 the medicine이 use의 수동적 대상이므로 수동형 분사구문이 쓰인 올바른 문장이다.

【어휘】improperly 부적절하게

② 어쩌다 그 은행원은 한 고객의 계좌를 일시 정지시켰다.

▶ 목적어 a client's account가 목적격보어 suspend의 수동적 대상이므로 suspended가 쓰인 올바른 문장이다.

【어휘】suspend 정지시키다

③ 나는 나와 어머니 사이의 대화가 짜증스럽다고 생각했다.

▶ 목적어 the conversation이 '짜증스러운' 감정을 유발하므로 목적격보어로 능동의 annoying이 쓰인 올바른 문장이다.

④ 처음에 그들의 제안은 이사들에게 매력적으로 보였다.

▶ 주어 their offer가 주격보어 appeal의 능동적 주체이므로 appealed는 appealing이 되어야 한다.

⑤ 그 식물에서 추출된 오일은 이 화장품에 사용되었다.

▶ The oil이 extract의 수동적 대상이므로 extracted가 from the plant와 함께 The oil을 뒤에서 수식하는 올바른 문장이다.

【어휘】extract 추출하다

12 (a) 그는 자신의 차를 소유하고 있지 않아서 장거리를 통근하는 것이 불편했다.

▶ 분사구문의 부정어는 분사 바로 앞에 위치하므로 Not having이 되어야 한다.

【어휘】commute 통근하다

(b) 사기꾼에게 속았음에도 불구하고 그녀는 전혀 당황하지 않았다.

▶ 양보의 접속사 대신 전치사 despite를 쓸 수 있다.

【어휘】trick 속이다   scammer 사기꾼   panic 당황하다, 공황 상태에 빠지다

(c) 생활비가 매년 증가하면서 우리 가족은 빠듯한 예산으로 생활하고 있다.

▶「with+(대)명사+분사」구문으로 the cost of living과 increase가 능동 관계이므로 increased는 increasing이 되어야 한다.

【어휘】on a tight budget 빠듯한 예산으로

(d) 금욕적인 생활 방식으로 살아가는 그 수도자는 타인을 섬기는 데 자신의 삶을 바친다.

▶ 분사구문은 문장 앞과 뒤, 중간 어디에나 위치할 수 있다.

【어휘】monk 수도자   austere 금욕적인   dedicate A to B A를 B에 바치다

(e) 우리의 대상 독자층이 어린이들이기 때문에, 우리는 많은 교육적인 이야기들을 쓰게 될 것이다.

▶ 부사절의 주어 Our target readers가 주절의 주어 we와 일치하지 않으므로 분사구문에 밝혀준 올바른 문장이다.

(f) 그녀는 항상 나에게 입에 음식을 가득 넣은 채로 말하지 말라고 한다.

▶「with+(대)명사+분사」구문으로 분사 being이 생략되고 형용사 full만 남은 형태의 올바른 문장이다.

REVIEW TEST through Reading   p. 126

1 ④   **2** ⑤

1

【해석】칼 세이건은 현대 행성학과 생명체를 위한 지구 밖 환경의 잠재적인 거주 가능성을 연구하는 우주 생물학 분야의 창시자였다. 태양계에 대한 과학적 연구에 있어서 주요한 역할을 하면서, 또한 그는 과학적 사고의 헌신적인 지지자이자, 그 영향력이 교실 너머 멀리 미쳤던 인기 있는 교사이자, 자신의 저서와 천문학을 다룬 텔레비전 시리즈를 통해 과학에 대한 대중적인 관심을 불러일으킨 뛰어난 교육자였다. 성공하고 싶은 강렬한 욕망에 고무되어, 그는 우리 행성계를 이해하기 위한 연구를 시작했다. 수많은 재능 있는 사람들이 그를 지원하는 가운데, 그는 과학적 발견의 흥미진진함을 다른 사람들에게 전해주었다. 학계의 일반적인 범주를 초월해서, 그는 세계에서 가장 잘 알려진 과학자들 중 하나이자 진정한 저명인사가 되었다.

【해설】④「with+(대)명사+분사」구문으로 a lot of talented people이 support의 능동적 주체이므로 supporting이 되어야 한다.

【어휘】founder 창시자   discipline 분야, 학과목   solar system 태양계   devoted 헌신적인   far beyond ~을 훨씬 넘어

2

【해석】AI, 다시 말해 '인공 지능'은 고객 체험의 미래를 위한 기본 토대이다. 브랜드들은 보다 효율적이고 보다 개인의 필요에 맞춰지기 위해 AI를 이용할 필요가 있다. 일상적인 질문에 답하기 또는 상점에서 결제하기와 같이 고객 체험의 여러 측면이 AI로 자동화되어 인간 종업원들에게 고객과 의미 있는 소통을 할 수 있는 시간을 더 많이 남겨줄 수 있다. 장래에 애플리케이션과 로봇, 아직 개발조차 되지 않은 기술이 더 많이 생겨날 것이다. 중요한 것은 기술과 인간 사이의 상호 작용 사이에서 균형을 찾는 것이다. 정보를 얻기 위해 챗봇이나 애플리케이션을 사용하는 편리함을 즐기면서도, 고객들은

매니저에게 보다 복잡한 문제를 얘기한다거나 자신들만을 위한 상품 추천을 받는 것과 같은 진짜 인간과의 접촉을 몹시 열망한다.

【해설】(A) Brands가 personalize의 수동적 대상이므로 personalized가 알맞다.

(B) 분사구문의 의미상의 주어 Many aspects가 leave의 능동적 주체이므로 leaving이 알맞다.

(C) 의미를 명확하게 하기 위해 접속사 While을 남겨둔 분사구문으로 의미상의 주어 customers가 enjoy의 능동적 주체이므로 enjoying이 알맞다.

【어휘】meaningful 의미 있는   convenience 편의, 편리   chatbot 챗봇(chatter와 robot의 합성어로 사람과 대화할 수 있는 프로그램)   anxious for ~을 몹시 열망하는

CHAPTER 09 명사·관사 Nouns & Articles

EXERCISE 01
p. 128

1 A watch	2 The camel, Camels
3 a	4 his camera
5 the	6 of
7 her daughter	

1 손목시계는 끈이나 체인 위에 달아서 손목에 착용하는 작은 기구이다.
▶ watch는 보통명사이므로 단수일 때 앞에 부정관사와 같은 한정사가 와야 한다.
【어휘】device 장치, 기구   strap 끈, 줄

2 낙타는 단거리 질주 시 시속 65km까지 달릴 수 있다.
▶ 하나의 종 전체를 가리킬 때는 복수 보통명사가 가장 흔히 쓰이며 「the＋단수명사」로도 쓸 수 있다.
【어휘】in short bursts 짧게, 단시간에

3 그 소년은 해변에서 산더미 같은 파도를 보고 있었다.
▶ a(n)＋보통명사(A)＋of＋a(n)＋보통명사(B): A와 같은 B

4 Michael은 차분하게 그의 카메라에 그 사건을 포착했다.
▶ camera는 보통명사이므로 단수일 때 소유격(his)과 같은 한정사가 와야 한다.

5 그 가슴 아픈 장면은 그녀 안의 모성애를 불러일으켰다.
▶「the＋보통명사」는 추상명사의 뜻을 나타낼 수 있다. the mother는 '모성애'를 의미한다.
【어휘】heart-breaking 가슴이 아픈

6 사람들은 십 년 전 동물원에 궁전 같은 새장을 만들었다.
▶ a(n)＋보통명사(A)＋of a(n)＋보통명사(B): A와 같은 B
【어휘】aviary (동물원의 큰) 새장

7 그 여자는 자신의 딸이 집 앞에서 배드민턴을 치고 있는 것을 보았다.
▶ daughter는 보통명사이므로 단수일 때 앞에 소유격(her)과 같은 한정사가 와야 한다.

EXERCISE 02
p. 130

1 were	2 has	3 provide
4 was	5 large	6 are
7 was, were	8 is	9 are

1 경찰이 왔지만 아무도 기소되지 않았다.
▶ police는 항상 복수 취급을 하며 복수형 동사를 쓴다.

2 각 정부는 비상 지원을 위해 6,000만 달러 씩을 약속했다.
▶ government가 each와 같은 한정사와 함께 쓰이면 단수 취급하므로 단수형 동사를 쓴다.

3 가금류는 단백질, 철분, 아연과 같이 당신의 몸이 필요로 하는 많은 영양소를 제공한다.
▶ '(닭·오리 등) 가금류'를 뜻하는 poultry는 항상 복수 취급을 하며 복수형 동사를 쓴다.
【어휘】nutrient 영양소   protein 단백질   zinc 아연

4 승객들이 수하물 컨베이어 벨트에 도착했을 때 쯤에는, 이미 수하물이 그 위에 있었다.
▶ baggage는 물질명사처럼 단수 취급을 하며 단수형 동사를 쓴다.
【어휘】carousel (공항의) 수하물 컨베이어 벨트

5 대규모의 군중이 부당한 해고에 항의하기 위해서 가두시위에 나섰다.
▶ crowd는 많고 적음을 나타내기 위해 large를 쓴다.
【어휘】take to the streets 가두시위에 나서다   unfair 부당한   dismissal 해고

6 품질이 좋은 두 개의 상품들이 그 가게에 전시되어 있다.
▶ merchandise의 수를 나타내는 two items of를 썼으므로 복수 취급을 하며 복수형 동사를 쓴다.

7 청중들은 5분 이상 박수를 치고 있었다.
▶ audience는 family형 집합명사로 화자의 의도에 따라 단수·복수형이 정해지기에 엄격한 규칙은 없다. 따라서 단수·복수 둘 다 취급이 가능하며 단수형 동사와 복수형 동사를 모두 쓸 수 있다.

8 방수가 되는 의류는 대부분의 실외 활동에 필수적이다.
▶ clothing은 물질명사처럼 단수 취급을 하며 단수형 동사를 쓴다.
9 영국의 신사 계급은 귀족 계급 바로 아래이다.
▶ gentry는 항상 정관사와 함께 쓰며 복수 취급을 하며 복수형 동사를 쓴다.
【어휘】 gentry 신사 계급   nobility 귀족 계급

EXERCISE 03

1 T	2 F, were	3 F, was / T
4 T	5 F, luggage	6 T

1 그 회사는 전반적인 고객 만족도에서 상당한 성과를 이루어냈다.
▶ firm은 family형 집합명사로 단위 개념일 때 주로 단수 취급한다.
2 성직자들은 지난주 일요일에 장례식에 참석해 달라는 요청을 받았다.
▶ clergy는 항상 복수 취급을 하며 복수형 동사를 쓴다.
3 모든 직원들이 정중하고 친절했고 그들은 그 회의에 도움이 되었다.
▶ staff가 every와 같은 한정사와 함께 쓰이면 단수 취급하므로 단수형 동사를 쓴다. 그리고 단수형 동사를 사용해도 이를 다시 받을 때는 복수형 대명사를 쓰는 것이 가능하다.
【어휘】 courteous 정중한
4 우리는 한 민족으로서 점점 더 분열되었다.
▶ people이 '사람들'이라는 의미의 집합명사가 아니라 '민족', '국민' 이라는 보통명사로 쓰일 때는 부정관사(a)와 함께 쓸 수 있다.
【어휘】 fragmented 분열된
5 우리의 수하물은 무게가 달아진 후 적재를 위해 보내졌다.
▶ luggage는 복수형으로 쓸 수 없다.
【어휘】 weigh 무게를 달다   take ~ away ~을 가져가다
loading 적재, 짐 싣기
6 하와이 수족관에는 많은 형형색색의 물고기들이 있다.
▶ fish는 단수형과 복수형이 동일한 집합명사이지만 종류를 나타낼 때는 fishes를 사용할 수 있다.

EXERCISE 04

1 a fire	2 a little
3 cheeses	4 The Johnsons

1 그들은 건조 화학 물질을 사용하여 간신히 화재를 진압했다.
▶ '화재'의 의미가 되어야 하므로 물질명사 fire 앞에 부정관사를 쓴다.
【어휘】 extinguish (화재를) 진압하다
2 반죽을 판에 치대고, 끈적거리면 약간의 밀가루를 뿌리세요.
▶ 물질명사는 a little로 정확하지 않은 양을 표현한다.
【어휘】 knead 치대다   dough 밀가루 반죽   sticky 끈적한
3 그 파이는 다양한 치즈와 계란, 소금에 절인 고기로 만들어졌다.
▶ 물질명사 cheese의 다양한 종류를 나타낼 때는 보통명사처럼 복수형을 쓸 수 있다.
【어휘】 salted 소금에 절인
4 Johnsons 씨 부부는 이번 주말에 자선 행사를 주최할 것이다.

▶ 고유명사의 복수형 앞에 the가 오면 '~ 일가, ~ 부부'의 뜻이 된다.

EXERCISE 05

1 a piece(sheet) of paper
2 a Leonardo da Vinci of modern times
3 three cups(glasses) of juice/three juices
4 auction off two Klimts/two works of Klimt
5 flashed a light
6 A Mr. Bush is waiting
7 an air of self-confidence

1 물질명사 paper는 물질의 모양을 나타내는 piece나 sheet로 수량을 나타낸다.
2 고유명사 Leonardo da Vinci가 보통명사(~와 같은 (특성을 가진) 인물)로 의미가 바뀌었으므로 앞에 부정관사를 쓴다.
3 물질명사 juice는 담는 용기를 나타내는 cup이나 glass로 수량을 나타낼 수 있고, 제품을 가리키는 보통명사로도 쓰일 수 있으므로 복수형도 가능하다.
4 고유명사 Klimt가 보통명사(~의 작품)로 의미가 바뀌었으므로 복수형을 쓰거나, 작품을 세는 단위 명사 work로 수량을 나타낼 수 있다.
【어휘】 auction off ~을 경매로 팔다
5 물질명사 light에 부정관사가 붙으면 '전등'의 의미로 쓰인다.
6 고유명사 Mr. Bush가 보통명사(~라고 하는 사람)로 의미가 바뀌었으므로 부정관사를 써야 한다.
7 an air: 태도

EXERCISE 06

1 honesty	2 piece, word	3 with
4 a great	5 The definition	6 any, much

1 최고의 관계는 정직과 건설적인 의견을 토대로 구축된다.
▶ 추상명사 honesty는 원칙적으로 관사와 복수형을 쓰지 않는다.
【어휘】 constructive 건설적인
2 그는 항상 다른 사람들에게 한 마디의 조언이나 격려의 말을 건넨다.
▶ 추상명사 advice는 수를 나타내는 경우 piece나 word 등과 함께 쓴다.
【어휘】 encouraging 격려의, 힘을 북돋아주는
3 이 애플리케이션은 손쉽게 다양한 조합을 만들어 낼 수 있다.
▶ with ease(= easily): 손쉽게
【어휘】 combination 조합
4 그녀의 소설에는 여성의 우정에 대한 훌륭한 이해가 반영되어 있다.
▶ 정신적 행동과 관련된 추상명사 understanding이 형용사와 같이 쓰이면 앞에 부정관사를 쓴다.
5 현대 가구의 정의는 끊임없이 변화하고 있다.
▶ 뒤에 수식어구 of modern furnishing이 있으므로 정관사를 쓴다.
【어휘】 definition 정의   constantly 끊임없이
6 두 선택지 사이에는 아무런/많은 차이가 없다.

48 Grammar Sharp | 완성

▶ 추상명사 difference의 양을 나타내는 경우 any와 much 둘 다 쓸 수 있다.

EXERCISE 07 p. 134

> 1 a deep distrust of the government
> 2 To my satisfaction
> 3 the courage to criticize
> 4 cruelty itself

1 정신적 행동과 관련된 추상명사 distrust가 형용사와 같이 쓰이면 앞에 부정관사를 쓴다.
2 to one's+감정을 나타내는 추상명사: ~하게도
3 have the+추상명사+to부정사: ~하게도 …하다
4 추상명사+itself: 무척 ~한

EXERCISE 08 p. 135

> 1 were   2 turns   3 is, are   4 were

1 수천 명의 통근자들이 심한 교통 체증으로 꼼짝 못하고 있었다.
  ▶ 수를 세는 명사 thousands로 막연한 다수를 나타내면 복수형을 쓰고 복수 취급하며 복수형 동사를 쓴다.
  【어휘】 commuter 통근자
2 인턴들은 병원에서 교대로 야간 근무를 섰다.
  ▶ 「take turns(교대로 ~하다)」처럼 상호관계, 상호교환을 나타내는 명사는 복수형으로 쓴다.
3 그 회사의 본사는 역사적인 동네의 중심에 위치해 있다.
  ▶ headquarters는 단수형과 복수형이 같은 명사일 뿐 아니라 단수로도 복수로도 취급이 가능하기에 단수형과 복수형 동사 모두 쓸 수 있다.
4 그의 매너는 귀족으로 나고 자란 사람의 매너였다.
  ▶ manners(예절; 풍습)는 주로 복수 취급하며 복수형 동사를 쓴다.
  【어휘】 aristocrat 귀족   born and bred (~에서, ~로) 나고 자란

EXERCISE 09 p. 136

> 1 he or she, they   2 his, her, its
> 3 her, its   4 he   5 It

1 만약 직원이 병가를 내기를 원한다면, 반드시 진단서를 제출해야 한다.
  ▶ 언급되는 사람의 성별이 분명하지 않은 경우에는 he or she로 받으며, 단수라도 they로 받을 수도 있다.
  【어휘】 present 제출하다   medical certificate 진단서
2 그 사건이 발생했을 때, 그 아기는 장난감을 가지고 놀고 있었다.
  ▶ baby는 성별에 따라 he 또는 she로 받지만 분명하지 않은 경우 it으로도 받을 수 있다.
3 그 미사일은 미국과 미국의 서방 동맹국들에게 소련에 맞서는 핵심적인

전쟁 억제 수단이 되었다.
  ▶ 현대 영어에서 국가는 주로 it으로 받지만 she로도 받을 수 있다.
  【어휘】 deterrent 억제책, 전쟁 억지력   ally 동맹국
4 우리 가족은 그 신부님이 어렸을 때부터 알고 지냈다.
  ▶ priest는 '(가톨릭의) 사제'를 의미하는 남성명사이므로 he로 받는다.
5 이것은 크리스털로 만든 목걸이이다. 그것은 약 500달러이다.
  ▶ 무생물은 일반적으로 it으로 받는다.

EXERCISE 10 p. 137

> 1 birds   2 hour's   3 Dickens's, Dickens'
> 4 dollars'   5 mercy's   6 mother-in-law's
> 7 girls'

1 그 탐험가들은 나무 위에서 새들의 둥지를 찾았다.
  ▶ 생물의 소유격은 원칙적으로 「명사+'s」로 쓰며, 「of+명사」로 바꾸어 쓸 수도 있다.
2 약 1시간의 수면 후, 포병들은 행군을 재개하기 위해 일어났다.
  ▶ 무생물의 소유격은 원칙적으로 「of+명사」로 쓰지만, 시간을 나타내면 「명사+'s」로 쓰기도 한다.
  【어휘】 trooper 포병, 기병   resume 재개하다   march 행군
3 당신은 최근에 디킨스의 소설들을 읽어본 적이 있나요?
  ▶ -s로 끝나는 단수명사의 소유격은 끝에 -'s를 붙이는 것이 원칙이나 역사적 인물을 언급할 때는 '(apostrophe)만 붙이기도 한다.
4 그 건물이 소실되었을 때, 그 오케스트라는 수 만 달러 가치의 현악기들을 잃었다.
  ▶ -s로 끝나는 복수명사는 끝에 '(apostrophe)만 붙인다.
  【어휘】 burn down (화재로) 소실되다
5 제발 제 목숨을 살려주세요.
  ▶ for mercy's(goodness', God's) sake: 제발
  【어휘】 spare ~의 목숨을 살려주다
6 그는 지난 주말에 장모님 댁에 들렀다.
  ▶ 복합명사의 소유격은 전체 단어의 끝에 's를 붙인다.
7 당신이 그 소녀들의 팔찌를 직접 만들었나요?
  ▶ -s로 끝나는 복수명사는 끝에 '(apostrophe)만 붙인다.

EXERCISE 11 p. 138

> 1 some close friends of hers
> 2 the barber's (shop)
> 3 borrowed my brother's (laptop)

1 소유격은 한정사와 이어서 쓸 수 없으므로 「한정사+명사+of+소유대명사」의 형태로 쓴다.
2 소유격 뒤의 장소를 나타내는 명사는 생략할 수도 있다.
3 맥락상 소유격 뒤에 오는 명사가 무엇인지 확실한 경우 그 명사를 생략할 수도 있다.

1 one	**2** the same	**3** a certain
4 per	**5** any	**6** per **7** one

1 당기는 종아리 근육은 보통 하루나 이틀 정도면 좋아진다.
▶ '하나의(= one)'의 의미를 가진다.
【어휘】 calf 종아리
2 교실에 있는 아이들은 모두 몸집이 같다.
▶ '같은(= the same)'의 의미를 가진다.
3 어떤 의미에서는, 거의 모든 미국인들은 이민자들이다.
▶ '어떤(= a certain)'의 의미를 가진다.
【어휘】 immigrant 이민자
4 그 연구의 대상자들은 6개월 동안 한 달에 한 번 인터뷰를 했다.
▶ '~마다, ~당(= per)'의 의미를 가진다.
5 호랑이는 사나운 동물로 알려져 있다.
▶ 종족 대표로 '~라는 것(= any)'의 의미를 가진다.
【어휘】 fierce 사나운, 험악한
6 그 고속도로에서 최고 속도는 시속 100km로 제한된다.
▶ '~마다(= per)'의 의미를 가진다.
7 로마는 하루아침에 이루어지지 않았다.
▶ '하나의(= one)'의 의미를 가진다.

1 the ribbon	**2** The Boston Globe
3 nature	**4** by **5** the cradle

1 Janet은 최근에 리본이 달린 새 드레스를 샀지만, 그녀는 곧 그 리본을 잃어버렸다.
▶ 앞에서 이미 언급된 명사 앞에는 the를 쓴다.
2 그 기자는 보스턴 글로브 지(紙)에서 5년 넘게 일하고 있다.
▶ 대부분의 신문 이름 앞에는 The를 쓴다.
3 도시에 사는 아이들은 자연과 소통하는 데 더 많은 시간을 할애해야 한다.
▶ nature, space, society 등은 관사를 쓰지 않는다.
4 그의 어머니가 그의 팔을 잡았고 그는 저항하지 않고 그녀와 함께 갔다.
▶ take(catch, pull, push, seize, hold, shake 등)+사람·동물·사물+by+the+신체부위
5 10년 동안, 그 오디션 프로그램은 많은 재능 있는 가수들을 탄생시키는 요람이었다.
▶ the+보통명사: (가끔) 추상명사
【어휘】 the cradle 요람, 발상지

1 suitcase 앞	**2** conservatives 앞
3 eye 앞	**4** Koala 앞
5 Pacific 앞	**6** pound 앞

1 당신이 지난주 토요일에 나한테 빌려갔던 그 여행가방을 돌려주는 것을 잊지 마세요.
▶ 관계사절의 수식을 받는 명사 suitcase 앞에 the를 쓴다.
2 나는 보수주의자들은 그 진보적인 법안들에 반대할 가능성이 높다고 생각한다.
▶ 그룹이나 단체를 총칭할 때 「the+복수 보통명사」로 쓰므로 conservatives 앞에 the를 쓴다.
【어휘】 conservative 보수적인   progressive 진보〔혁신〕적인
3 그는 부정도 그 어떤 말도 하지 않은 채 나의 눈을 바라보았다.
▶ 「look〔stare〕+사람·동물·사물+in+the+신체부위」이므로 eye 앞에 the를 쓴다.
4 코알라는 물을 얻기 위해 유칼립투스 나무를 이용한다.
▶ 종족이나 동물을 대표할 때 「the+단수 보통명사」로 쓰므로 Koala 앞에 the를 쓴다.
5 그 배우는 화장되었고 그의 유골은 태평양에 뿌려졌다.
▶ 바다와 해양 앞에는 항상 the를 붙여야 하므로 Pacific 앞에 the를 쓴다.
【어휘】 cremate 화장하다   ash (화장한) 유골
6 그 슈퍼마켓의 정육점 주인은 파운드 단위로 고기를 파나요?
▶ 「by the+단위를 나타내는 명사」이므로 pound 앞에 the를 쓴다.
【어휘】 butcher 정육점 주인

1 such a misery
2 Both the sides
3 rather a great example / a rather great example
4 twice the legal limit
5 so attractive a singer

1 그녀는 자신의 삶을 그렇게 불행하게 만든 사람들에게 복수하기 위해 돌아왔다.
▶ such+a(n)(+형용사)+명사
【어휘】 exact revenge on ~에게 복수하다   misery 불행, 고통
2 양측은 그 합병에 대한 자신들의 의지를 확인했다.
▶ both+the+명사
【어휘】 affirm 확인하다   commitment 약속   merger 합병
3 그것은 숙련된 솜씨의 상당히 훌륭한 예이다.
▶ 「rather+a(n)+형용사+명사」의 순서로 쓰며, 미국식 영어에서는 형용사가 있으면 「a rather+형용사+명사」로도 쓸 수 있다.
【어휘】 expert 숙련된   craftsmanship 솜씨, 손재주
4 그는 법적 한계치의 거의 두 배에 달하는 알코올 수치를 기록했다.
▶ twice+the+명사
5 나는 그렇게 매력적인 가수를 본 적이 없다.
▶ so+형용사+a(n)+명사

EXERCISE 16
p. 144

1 X	2 X	3 X	4 X, X	5 X
6 the	7 X	8 the	9 a	

1 저에게 처방전을 써주시겠어요, 의사 선생님?
▶ 직업명을 호칭으로 사용할 때는 관사를 생략한다.
【어휘】 prescription 처방전

2 George가 투옥되었을 때, 그의 온 가족은 비탄에 빠졌다.
▶ go to prison: 감옥에 가다, 투옥되다
【어휘】 devastated 비탄에 빠진, 엄청난 충격을 받은

3 Richard 총리는 2월 15일에 그 수정안에 서명했다.
▶ 관직 다음에 고유명사가 오면 관사를 생략한다.
【어휘】 amendment 수정안, 개정안

4 그들은 호수를 샅샅이 수색했다.
▶ from top to bottom: 샅샅이

5 국회는 그를 의장으로 선출했다.
▶ 관직, 신분, 혈통을 나타내는 말이 보어로 사용되면 관사를 생략한다.

6 그의 사고방식은 절대적으로 시대에 뒤떨어졌다.
▶ behind the times: 시대에 뒤떨어진

7 새로운 소프트웨어 프로그램 개발자인 Nelson이 상을 받았다.
▶ 사람 이름 뒤에 동격어구가 오면 관사를 생략한다.

8 어젯밤 늦게 그 교회 근처에 큰 화재가 발생했다.
▶ 장소나 건물이 그 자체로 쓰이면 the를 쓴다.
【어휘】 break out 발생하다

9 그들은 어제 멋진 점심 식사를 했다.
▶ 특정한 식사를 의미하거나 수식어가 붙으면 관사를 쓴다.

OVERALL EXERCISE
pp. 145-147

01

1 X	2 a	3 a	4 the, the	5 a
6 the	7 the	8 the, X	9 The, the	

1 치타는 3.3초 만에 시속 120km에 도달할 수 있는, 세계에서 가장 빠른 육상 동물이다.
▶ 한 집단이나 종 전체를 가리키는 경우 「the+단수명사」나 복수 보통명사를 사용하므로 관사를 생략한다.

2 피카소 작품의 기록상 최고가는 2,810만 파운드인데, 이 금액은 5월에 1901년작 그의 자화상 Yo Picasso에 지불되었다.
▶ 고유명사 Picasso가 보통명사(~의 작품)로 의미가 바뀌었으므로 부정관사를 써야 한다.
【어휘】 self-portrait 자화상

3 공자는 하늘을 깊이 신뢰했고 하늘이 인간의 노력을 압도한다고 믿었다.
▶ 정신적 행동과 관련된 추상명사가 형용사와 같이 쓰이면 앞에 부정관사를 쓴다.
【어휘】 Confucius 공자   overrule 압도하다, 이기다

4 요람에서 무덤까지 개인의 모든 활동을 포괄하는 정당이라는 개념은

사회주의자들에 의해 처음으로 실행되었다.
▶ the+보통명사: (가끔) 추상명사
【어휘】 embrace 포괄하다, 아우르다   put ~ into practice ~을 실행하다   socialist 사회주의자

5 이 자문 기구는 적어도 1년에 한 번씩 공식적으로 회동한다.
▶ 문맥상 '~마다, ~당(= per)'의 의미를 가지는 부정관사가 알맞다.

6 Ben은 자신의 두 번째 책을 썼다. 호평에도 불구하고, 그 책은 잘 팔리지 않았다.
▶ 앞에서 이미 언급된 명사 앞에는 정관사를 쓴다.

7 그의 멘토는 그의 등을 토닥거리며 그가 한 일에 대해 그를 칭찬했다.
▶ pat+사람·동물·사물+on+the+신체부위

8 그는 대학교 근처에서 살기 시작했지만 오래지 않아 대학을 중퇴했다.
▶ 앞의 college는 장소나 건물이 그 자체로 쓰였으므로 정관사를 쓰지만, 뒤의 college는 건물이나 장소를 나타내는 명사가 본래의 목적이나 기능으로 쓰였으므로 정관사를 생략한다.
【어휘】 drop out of ~을 중퇴하다   before long 오래지 않아

9 세계에서 가장 큰 사막은 사하라 사막이다.
▶ 최상급 형용사 앞에는 정관사를 쓰고, 사막 이름 앞에도 정관사를 쓴다.

02

1 is/are	2 is	3 are	4 is	5 are
6 is	7 is	8 is	9 are	10 are

1 정부는 흡연 억제를 진척시키기 위해 담배 제품에 대한 세금 인상을 계획하고 있다.
▶ 집합명사 government는 단수, 복수 둘 다 취급 가능하며 단수형, 복수형 동사를 모두 쓸 수 있다.
【어휘】 curb 억제하다, 제한하다

2 각각의 가족은 결혼이나 준결혼 동반자 관계 상황에 근거한다.
▶ family가 each와 같은 한정사와 함께 쓰이면 단수 취급하므로 단수형 동사를 쓴다.
【어휘】 marital 결혼의, 결혼 생활의   quasi- 준~

3 소들이 목초지에서 평화롭게 풀을 뜯고 있다.
▶ cattle은 항상 복수 취급을 하며 복수형 동사를 쓴다.
【어휘】 graze 풀을 뜯다   pasture 목초지, 초원

4 수학은 본질적으로 추상적인 개념을 이해하는 것과 관련이 있다.
▶ 학과명은 주로 단수 취급을 하며 단수형 동사를 쓴다.
【어휘】 be concerned with ~와 관계가 있다   abstract 추상적인

5 제 27조는 무기를 휴대하지 않는다면 집회의 자유를 허용한다.
▶ arms(무기)는 주로 복수 취급을 하며 복수형 동사를 쓴다.
【어휘】 article 조항   provide for ~을 허용하다   provided (만약) ~라면

6 좋은 소식은 그 도시에서 교통사고 사망률이 줄어들고 있다는 것이다.
▶ news는 단수 취급을 하며 단수형 동사를 쓴다.
【어휘】 mortality 사망률

7 이 종은 태평양 근처 해안에서 발견된다.
▶ species는 단수와 복수형이 동일하나 this와 같이 쓰였으므로 단수 취급하며 단수형 동사를 쓴다.
【어휘】 coastal 해안의

8 유전학은 유기체의 유전자와 유전적 특질의 연구와 관련된 생물학 분야이다.

▶ 학과명은 단수 취급하며 단수형 동사를 쓴다.

【어휘】 genetics 유전학 gene 유전자 heredity 유전적 특질

9 수백만 명의 사람들이 그 새로운 음악 프로그램에 열광한다.

▶ 수를 세는 명사로 막연한 다수를 나타내면 복수형을 쓰고 복수 취급하며 복수형 동사를 쓴다.

10 그의 태도는 우리의 정서에 혐오감을 자아낸다.

▶ manner(방법)가 복수형이 되면 뜻이 '태도'로 달라지고 복수형 동사를 쓴다.

【어휘】 abhorrent 혐오감을 자아내는

03

> 1 He rounded off the evening meal with two beers.
> 2 The agency collected some bits of critical information in the region.
> 3 That explanation of Liam's was very helpful for understanding the theory.
> 4 Double the expected number of people participated in the conference.
> 5 Flooding affected roads and low-lying areas along the Potomac River.
> 6 The auditorium is located in the third floor in the building.
> 7 So remarkable a gift for languages impelled his teachers to put him forward for a Foreign Office vacancy.
> 8 She is the first woman to capture a Grand Slam in her thirties.

1 그는 저녁 식사를 맥주 두 잔으로 마무리했다.

▶ beer는 물질명사이지만 음료의 개수를 나타낼 때는 복수형으로 쓸 수 있다. beer → beers

【어휘】 round off ~을 마무리하다

2 그 기관은 그 지역에서 몇 가지 중요한 정보를 수집했다.

▶ 추상명사는 복수형으로 쓸 수 없다. informations → information

3 Liam의 설명은 그 이론을 이해하는 데 많은 도움이 되었다.

▶ 원칙적으로 소유격은 한정사와 이어서 쓸 수 없으므로 「한정사＋명사＋of＋소유대명사」의 형태로 쓴다.

That Liam's explanation → That explanation of Liam's

4 예상 인원의 두 배가 그 회의에 참석했다.

▶ double＋the＋명사

The double expected → Double the expected

5 홍수는 포토맥 강을 따라 도로와 저지대에 영향을 미쳤다.

▶ 강 이름 앞에는 정관사를 쓴다.

Potomac River → the Potomac River

【어휘】 flooding 홍수 low-lying 저지대의

6 그 강당은 그 건물 3층에 위치한다.

▶ 서수 앞에는 정관사를 쓴다. a third → the third

【어휘】 auditorium 강당

7 언어에 대한 놀라운 재능으로 교사들은 그를 외무성의 공석에 추천하게 되었다.

▶ so＋형용사＋a(n)＋명사

So a remarkable gift → So remarkable a gift

【어휘】 impel (생각·기분이) ~해야만 하게 하다 put A forward B A를 B에 추천하다 vacancy 공석

8 그녀는 자신의 삼십 대에 그랜드 슬램을 달성한 첫 번째 여성이다.

▶ in one's thirties: ~의 30대

thirty → thirties

04

1 a giant of a man	**2** of importance
3 kindness itself	**4** the wisdom to help

1 Ryan은 거인 같은 남자였고 세 사람 몫의 일을 했다.

▶ a(n)＋보통명사(A)＋of＋a(n)＋보통명사(B)(= a(n) B like a(n) A): A와 같은 B

2 그 학생은 자신의 마음 속에 중요한 것이 있다.

▶ of importance = important

3 내가 많이 무서웠을 때, 그녀는 나를 안심시켰고 매우 친절했다.

▶ 추상명사＋itself(= very＋형용사): 무척 ~한

【어휘】 reassure 안심시키다

4 그 현자는 현명하게도 불행들이 생겼을 때 내가 밝은 면을 볼 수 있도록 도와주었다.

▶ have the＋추상명사＋to부정사(= be동사＋so＋형용사＋as＋to부정사): ~하게도 …하다

【어휘】 sage 현자 mishap 작은 사고(불행)

05

1 a new Marilyn Monroe	**2** take the place of
3 a fire	**4** a people
5 A better understanding	**6** To his great satisfaction

1 a(n)＋사람 이름: ~와 같은 인물

【어휘】 gain recognition 명성을 얻다

2 take the place of: ~을 대신하다

3 fire(불) — a fire(화재)

4 people은 '사람들'이라는 의미의 집합명사이지만 '민족'의 의미로 쓰이면 부정관사를 쓴다.

【어휘】 describe ~을 서술하다 suffer from ~로 고통을 받다 oppression 억압, 탄압

5 정신적 행동과 관련된 추상명사 understanding이 형용사와 같이 쓰이면 앞에 부정관사를 쓴다.

【어휘】 leukemia 백혈병 lead to ~로 이어지다 treatment 치료

6 to one's great＋감정을 나타내는 추상명사: 대단히 ~하게도

06

> **1** ⑤ the Whole Foods Market → Whole Foods Market
> **2** such a business

당신이 오늘 식료품점에 갔더라도, 그러한 가게에서 상추와 같이 평범한 상품과 관련되어 가질 수 있는 기회에 대해 제대로 생각해 보지 않았을 것이라고 우리는 예상한다. 하지만, 식품업계의 누군가는 고객이 상추 한 포기를 구매하면 먹기 전에 여전히 해야 할 일이 있다는 걸 생각해냈다. 그것은 고객이 우선 상추를 씻어서 잘게 썰어야 한다는 것이다. 이 같은 단순한 통찰이 이 농산물을 매우 수익성 높은 가공 식품으로 변신시켜 주었다. 편리함을 추가함으로써 소비자를 돕는 것은 이제 Whole Foods Market 같은 기업들이 자신들의 영업 관행을 근본적으로 바꾸고 고객 서비스에 보다 집중하는 중요한 방식이 되었다.

1 ⑤ Whole Foods Market은 고유명사로서 이름에 원래 포함된 경우가 아니라면 정관사를 쓰지 않는다.

2 such+a(n)(+형용사)+명사

【어휘】 mundane 평범한, 일상적인 figure out ~을 생각해 내다
a head of lettuce 상추 한 포기 chop up ~을 잘게 썰다 insight 통찰력 transformation 변신 commodity 산물 produce 농산물
profitable 수익성이 있는 fundamentally 근본적으로, 완전히
practice 관행

REVIEW TEST　　　　pp. 148-149

01 ③	02 ④	03 ⑤	04 ③	05 ②
06 at his wits' end		07 The sword		08 ②
09 ④	10 ②	11 ③, ④	12 ②, ⑤	13 ③
14 ②	15 (a), (c), (i)			

01 이것은 Jenny가 해결하기에 너무 복잡한 문제이다.
　▶ too+형용사+a(n)+명사

02 그녀는 자신의 자리에서 일어나서 그의 얼굴을 응시했다.
　▶ stare+사람·사물·동물+in the+신체부위: ~을 응시하다
　【어휘】 rise from one's seat ~의 자리에서 일어나다

03 에디슨과 같은 인물은 셰익스피어와 같은 인물이 될 수 없다고 말한다.
　▶ a(n)+사람 이름: ~와 같은 인물

04 육지와 바다에서의 Ben의 모험은 그의 일지에 잘 설명되어 있다.
　▶ 짝을 이루는 두 명사 land와 sea가 접속사 and로 연결된 대구표현이므로 정관사를 생략한다.

05 그 역사가는 선사 시대 종교에 대한 지식이 없다/거의 없다/약간의 지식이 있다.
　▶ 물질명사의 양을 나타낼 때 no, some, little, bits of는 쓸 수 있지만, many는 쓸 수 없다.
　【어휘】 historian 역사가 prehistoric 선사 시대의

06 at one's wits' end: 어찌할 줄을 몰라, 당황하여

07 「the+보통명사」가 추상명사의 뜻을 나타내는 경우도 있다.

08 ① 사람들은 탄생은 어떤 의미에서 죽음의 시작이라고 말한다.
　▶ in a sense: 어떤 의미에서
　② 지난주에 그 교사는 야심만만한 시저에 대해 설명했다.

　▶ ambitious처럼 특정한 수식어가 붙은 인명 앞에는 정관사를 쓴다.
　③ 간단히 말하자면, 내 주치의는 마침내 나를 신경과 전문의에게 보냈다.
　　▶ to make a long story short: 간단히 말하자면
　　【어휘】 primary doctor 주치의   refer A to B A를 B에게 보내다   neurologist 신경과 전문의
　④ 가끔 악마의 대변인 역할을 하는 것에 아무 문제가 없다.
　　▶ once in a while: 가끔
　　【어휘】 play (the) devil's advocate 악마의 대변인 역할을 하다, 일부러 반대 의견을 말하다〔선의의 비판자 노릇을 하다〕
　⑤ 깃털이 같은 새들은 함께 모인다.〔유유상종〕
　　▶ Birds of a feather flock together.: 유유상종
　　【어휘】 feather 깃털

09 ① 해왕성은 165년에 한 번씩 태양의 주위를 돈다.
　▶ 태양처럼 하나밖에 없는 유일한 대상 앞에는 정관사를 쓴다.
　【어휘】 Neptune 해왕성   revolve around ~의 주위를 돌다
　② 수세기 전 이민은 미지의 것으로의 도약이었다.
　▶ the+형용사: ~한 것(추상적인 개념)
　【어휘】 immigration 이민   leap 도약
　③ 탁자 위의 후추 좀 건네 주시겠습니까?
　▶ 상황으로 보아 명백하거나 서로 알고 있는 명사 앞에는 정관사를 쓴다.
　④ Harley와 나는 정확히 동일한 사이즈이다.
　▶ of a size: 동일한 사이즈의
　⑤ 부자들에 대한 당신의 태도는 어떻습니까?
　▶ the+형용사: 복수 보통명사

10 ① 선거에서 패배한 후, Beckham은 변호사 업무로 복귀했다.
　▶ his defeat는 Someone defeated him.의 의미로 여기서 소유격은 뒤에 나오는 행위의 의미상의 목적어이다.
　【어휘】 practice (의사·변호사 등의) 업무
　② 그 지도자들은 그들의 봉기를 그 도시로 제한하기로 합의했다.
　▶ their uprisings는 The leaders led uprisings.의 의미로 여기서 소유격은 뒤에 나오는 행위의 의미상의 주어이다.
　【어휘】 restrict 제한하다   uprising 봉기, 반란
　③ 그는 인질의 석방을 확보하기 위해 할 수 있는 모든 일을 했다.
　▶ the hostage's release는 Someone released the hostage.의 의미로 여기서 소유격은 뒤에 나오는 행위의 의미상의 목적어이다.
　【어휘】 secure 확보하다   hostage 인질
　④ 그 스캔들은 그가 정부에서 해임되는 것으로 이어졌다.
　▶ his dismissal은 Someone in the government dismissed him.의 의미로 여기서 소유격은 뒤에 나오는 행위의 의미상의 목적어이다.
　【어휘】 dismissal 해임, 해고
　⑤ 4월 1일에 대통령은 그의 비서의 고용을 끝냈다.
　▶ his secretary's employment는 The president had employed the secretary.의 의미로 여기서 소유격은 뒤에 나오는 행위의 의미상의 목적어이다.
　【어휘】 terminate 끝내다

11 ① 당신은 나에게 얼마나 큰 서류 가방을 빌리기를 원합니까?

▶ how+형용사+a(n)+명사
② 30초 후에 그의 아버지는 걱정으로 가득 찬 상태로 왔다.
　▶ half+a(n)(+형용사)+명사
③ 이전에 어떤 대통령도 이렇게 큰 차이로 선거에서 승리한 적은 없었다.
　▶ so+형용사+a(n)+명사
　so a large margin → so large a margin
　【어휘】 by ~ margin ~의 차이로
④ 그 프로젝트를 책임지고 있는 남자는 자신이 상당히 심각한 실수를 했다는 것을 인정했다.
　▶ quite+a(n)(+형용사)+명사
　a quite serious mistake → quite a serious mistake
⑤ 이러한 요인들은 우리의 행동을 결정하는 데 있어 DNA만큼 중요한 역할을 한다.
　▶ as+형용사+a(n)+명사

12 ① 여성들은 일반적으로 엄청난 가사 부담을 짊어진다.
　▶ 최상급 형용사 앞에는 정관사를 쓴다.
　【어휘】 shoulder (책임을) 짊어지다　burden 부담, 책임
② 사람들은 저녁 식사를 하면서 시드니 항구의 아름다운 풍경을 감상할 수 있다.
　▶ 항구 이름 앞에는 정관사를 쓰지 않는다.
　the Sydney Harbor → Sydney Harbor
③ 우리는 산으로 둘러싸인 외딴 마을을 방문했다.
　▶ 모든 사람들이 공유하는 자연 환경 앞에는 정관사를 쓴다.
　【어휘】 secluded 외딴, 한적한
④ 당신의 비행기는 John F. Kennedy 국제 공항에서 몇 시에 출발하나요?
　▶ 공항 이름 앞에는 정관사를 쓰지 않는다.
⑤ 그 리본은 미터 단위로 구매할 수 있다.
　▶ by the+단위를 나타내는 명사
　meter → the meter

13 ① 각각의 직원들은 지역에서 자라고 손쉽게 구할 수 있는 재료들을 활용했다.
　▶ 집합명사가 every와 함께 쓰이면 단수 취급을 하므로 단수형 동사를 쓴다. have → has
　【어휘】 utilize 활용(이용)하다　locally grown 근처에서 자란 readily 손쉽게
② 성공회 교회에서는 성직자들의 결혼이 허용된다.
　▶ 집합명사 clergy는 항상 복수 취급을 하며 복수형 동사를 쓴다. is → are
　【어휘】 Anglican 성공회의
③ 그는 그가 최근에 구입한 땅에 궁전 같은 집을 지었다.
　▶ a(n)+보통명사(A)+of+a(n)+보통명사(B): A와 같은 B
④ 학교에서 제공되는 많은 우유팩에는 표에 적힌 양보다 적은 양이 들어 있었다.
　▶ 물질명사 milk의 양을 나타내는 carton이 many와 함께 쓰였으므로 복수형을 쓴다. carton → cartons
⑤ 당신은 내 시누이의 신분증을 어디에서 찾았나요?
　▶ 복합명사의 소유격은 전체 단어의 끝에 's를 쓴다.
　sister's-in-law → sister-in-law's

14 ① 어떤 상황에서는, 도보로 침투하는 것이 가장 성공적으로 완수된다.
　▶ 교통이나 통신 수단을 나타낼 때 by를 제외한 다른 전치사를 쓰면 관사를 쓰지만 on foot은 예외이다.
　【어휘】 infiltration 침투, 침입
② 나는 우리의 우정의 징표로 나의 이 책을 당신에게 바칠 것입니다.
　▶ 소유격은 한정사와 이어서 쓸 수 없으므로 「한정사+명사+of+소유대명사」로 쓴다.
　this my book → this book of mine
　【어휘】 dedicate A to B A를 B에게 바치다　as a token of ~의 징표(표시)로
③ 그 배우는 결국 영화에 전념하기 위해 무대를 떠났다.
　▶ the+보통명사: (가끔) 추상명사
　【어휘】 devote oneself to ~에 전념하다　the stage 연극계, 무대
④ 소크라테스의 죽음은 그가 철학적인 질문을 던진 결과였다.
　▶ -s로 끝나는 단수명사도 끝에 's를 붙여 소유격을 만드는 것이 원칙이지만 역사적인 인물을 언급할 때는 '(apostrophe)만 붙이기도 한다.
　【어휘】 philosophical 철학적인
⑤ 일부 직원들은 다른 직원들보다 두 배의 유급 연차 휴가의 자격을 가진다.
　▶ double+the+명사

15 (a) 그녀는 자신의 마음속에 모성애가 솟아오르는 것을 느꼈다.
　▶ 「the+보통명사」는 추상명사의 뜻을 나타내는 경우도 있다.
　mother → the mother
(b) 영국 여왕의 아들이 그 자선 행사에 참석했다.
　▶ 복합명사의 소유격은 전체 단어의 끝에 's를 써야 한다.
(c) 상품은 경제적 가치가 있는 것은 다 해당된다.
　▶ goods는 복수로 취급하는 명사이므로 복수형 동사를 쓴다.
　is → are
(d) 나는 나의 먼 친척에게 이메일을 받았다.
　▶ 이중소유격은 「한정사+명사+of+소유대명사」로 쓴다.
(e) 이 농장에서 일하는 것은 하루에 8시간 동안 책상 뒤에 앉아 있는 것과는 전혀 다른 것이다.
　▶ quite+a(n)(+형용사)+명사
(f) 그 남자는 그녀와 악수를 했다.
　▶ 상호관계, 상호교환 등을 나타내는 명사는 복수로 쓴다.
(g) 가구는 주로 나무로 만든다.
　▶ furniture는 물질명사처럼 취급하며 단수 취급하므로 단수형 동사를 쓴다.
(h) 그는 가끔 어리석은 말을 한다.
　▶ once in a while: 가끔
(i) 그것은 템스 강 북쪽 둑에 위치해 있다.
　▶ 강 이름 앞에는 the를 쓴다. Thames → the Thames

REVIEW TEST through Reading　　p. 150

1 ③　　**2** ④

1

【해석】 CIA 본부 입구는 George Washington Memorial 공원 도로에서 떨어져 있고, 백악관에서부터 Potomac 강을 끼고 차로 약 10분 거리에 있다. 1993년 6월 화창한 어느 날, 냉방 버스 한 대가 공원 도로를 벗어나 Dolley Madison 대로로 들어서 Langley의 CIA 본부로 향하는 분기점에서 서서히 속도를 줄였다. 승객들은 도로 한가운데 잔디 구역에 놓여 있는 꽃 한 다발을 보았다. 요즘 매일, 누군가가 싱싱한 꽃 한 다발을 이곳에 가져다 놓아 3개월 전 한 파키스탄인 청년이 공격용 자동 소총을 꺼내 CIA 직원 2명을 쏘아 죽인 후 현장에서 달아난 그 지점을 나타내고 있었다. 암살 사건 이전까지만 해도 나무가 우거진 드넓은 CIA 구내로 외부인이 진입한다는 것은 절대 쉬운 일이 아니었다.

【해설】 ③ 도로명 앞에는 정관사를 쓰지 않는다.

【어휘】 headquarters 본부   off (도로 등에서) 떨어져서   boulevard 대로   a bouquet of (꽃) 한 다발의   mark (위치를) 표시하다, 나타내다; (사건을) 기념하다   assault rifle 공격용 자동 소총

2

【해석】 한 사람이 자신을 능가하는 친구와 일시적으로 거리를 둘 수 있고, 심지어 어느 정도까지 우정이 끝나도록 두는 것을 선택할 수도 있다. 하지만, 그와 같은 거리 두기 전략은 아마 연인 관계에는 부정적인 영향을 줄 것이다. 특히, 자신의 배우자와 거리를 두는 것은 어려울 것이고, 이를 시도하는 것 자체가 관계에 부담을 야기할 수 있다. 거리 두기가 계속되면, 이들 관계는 파경의 위험에 빠질 수도 있다. 상대방의 성취를 무시하거나 묵살해 버리는 것은, 질투 때문이든 다른 어떤 감정에서이든, 한층 더 해로울 수 있다. 사람들은 연인에게 무조건적인 사랑과 지지를 기대한다. 관계에서 이와 같은 지지가 결여된다면, 동반자 관계는 심각한 타격을 받게 될 것이다.

【해설】 (A) 「such+a(n)+형용사+명사」로 써야 하므로 Such a를 써야 한다.
(B) 앞에서 언급된 relationship을 나타내므로 앞에 정관사를 붙여 the relationship을 써야 한다.
(C) 추상명사 love는 앞에 형용사가 있어도 부정관사를 쓰지 않으므로 unconditional을 써야 한다.

【어휘】 to some degree 어느 정도까지   dismiss 묵살하다   damaging 해로운   tremendously 엄청나게

CHAPTER 10 대명사 Pronouns

EXERCISE 01   p. 152

| 1 himself | 2 yours | 3 themselves | 4 ours |

1 그는 오늘 아침에 면도를 하다가 베었다.
▶ 주어가 하는 동작이 주어 자신에게 되돌아가므로 목적어로 재귀대명사를 쓴다.
2 그 회의에 참석한 모든 사람은 너의 훌륭한 아이디어에 만족했다.
▶ 소유격 앞에는 부정관사나 지시형용사, 부정형용사 등과 같은 한정사가 함께 올 수 없으므로 「한정사+명사+of+소유대명사」의 형태로 쓴다.
3 그들은 자신들의 정당이 휘말린 그 문제를 직접 처리하려고 노력했다.
▶ 주어(They)가 있으므로 주어를 강조하는 재귀대명사를 쓴다. '직접', '스스로', '자신이'라는 의미를 나타낸다. 이때 재귀대명사는 생략할 수 있다.
【어휘】 handle 처리하다   party 정당   be caught up in ~에 휘말리다
4 소비자들은 우리 상품의 품질이 우수하기 때문에 우리 상품을 선호한다.
▶ '우리의 상품(our merchandise)'을 대신하는 말이 필요하므로 소유대명사를 쓴다.
【어휘】 merchandise 상품   of excellent quality 품질이 우수한

EXERCISE 02   p. 153

| 1 this | 2 those | 3 Those |
| 4 that | 5 that | 6 That |

1 이것을 들었나요? 부사장이 다음 주에 사임할 것이라고 합니다.
▶ 앞에 나온 내용이나 앞으로 나올 내용은 this를 쓴다. 또한, 막 시작되려고 하는 상황이나 사건도 this를 쓴다.
【어휘】 resign 사임하다
2 나는 그녀의 성취가 다른 학생들의 성취보다 덜 놀랍다고 생각하지 않는다.
▶ 문장 내에서 앞에 나온 복수명사(achievements)의 반복을 피하기 위해 those를 쓴다.
【어휘】 achievement 성취   remarkable 놀라운, 뛰어난
3 무시를 받는 사람들은 종종 상처를 받고 혼란스러워한다.
▶ those who: ~하는 사람들
【어휘】 silent treatment (경멸·반대·거절 등을 나타내는) 묵살, 무시   feel hurt 상처 받다
4 나는 저쪽에 있는 그 여자와 함께 가고 싶지 않다. 그녀는 매우 무례하고 거만하다.
▶ 미움 등의 부정적인 감정은 that을 써서 나타낸다.
【어휘】 arrogant 거만한

5 두 그룹의 집중도는 대조군의 집중도와 전혀 차이가 없었다.
  ▶ 문장 내에서 앞에 나온 단수명사(concentration)의 반복을 피하기 위해 that을 쓴다.
  【어휘】 concentration 집중 show no difference to ~에 차이가 없다 whatsoever 전혀 control group 대조군
6 그는 며칠 동안 오두막집에 틀어박혔다. 그것은 모두를 걱정시켰다.
  ▶ 막 끝났거나 지나간 과거의 상황이나 사건은 that을 쓴다.
  【어휘】 confine oneself to ~에 틀어박히다 cottage 오두막집

EXERCISE 03 p. 155

1 thought 다음	**2** found 다음
3 found 다음	**4** that 다음

1 모두는 그가 공학 분야에서 경력을 쌓는 것은 당연하다고 생각했다.
  ▶ 가목적어-진목적어 구문. 진목적어인 to부정사구를 뒤로 보냈으므로 원래 목적어 자리인 thought 다음에 진목적어 it을 쓴다.
2 그 남자는 용기의 부피를 계산하려고 했지만, 불가능하다는 것을 알았다.
  ▶ 앞에 나온 to부정사구(to calculate ~ container)를 받아 found 다음에 it을 쓴다.
  【어휘】 calculate 계산하다 volume 부피 container 용기
3 사람들은 왜 그들이 도량형 미터법을 사용하지 않는지가 흥미롭다고 생각했다.
  ▶ 가목적어-진목적어 구문. 진목적어인 의문사절을 뒤로 보냈으므로 원래 목적어 자리인 found 다음에 가목적어 it을 쓴다.
  【어휘】 metric system 미터법 weights and measures 도량형
4 그들이 오늘 밤 호텔로 돌아오기 전까지 너무 어둡지 않으면 좋겠다.
  ▶ that 이하에 완전한 문장이 나와야 하므로 that 다음에 명암을 나타내는 비인칭주어 it을 쓴다.

EXERCISE 04 p. 155

1 It, that	**2** it, to	**3** it
4 It, to	**5** it	**6** It, that

1 「It is(was) ~ that ...」 강조구문으로 It is(was)와 that 사이에 강조하고 싶은 말인 주어(the president)가 왔으므로 첫 번째 빈칸에는 It, 두 번째 빈칸에는 that을 쓴다.
2 가목적어-진목적어 구문. 진목적어인 to부정사구를 뒤로 보냈으므로 첫 번째 빈칸에는 가목적어 it, 두 번째 빈칸에는 to를 쓴다.
  【어휘】 make it a rule to ~하는 것을 규칙으로 하다 undergo 받다 medical check-up 건강검진
3 사람의 신원을 밝힐 때 it을 쓴다.
  【어휘】 stop by ~에 잠시 들르다
4 가주어-진주어 구문. 진주어인 to부정사구를 뒤로 보냈으므로 첫 번째 빈칸에는 가주어 It, 두 번째 빈칸에는 to를 쓴다.
  【어휘】 customary 관례적인
5 앞에 나온 절을 받을 때는 it을 쓴다.
  【어휘】 star in ~에서 주연을 맡다 stimulate 자극하다

curiosity 호기심
6 가주어-진주어 구문. 진주어인 that절을 뒤로 보냈으므로 첫 번째 빈칸에는 가주어 It, 두 번째 빈칸에는 that을 쓴다.

EXERCISE 05 p. 156

1 the same	**2** such	**3** such
4 the same	**5** such	**6** such

1 놀랍게도, 나는 너와 같은 나이이다.
  ▶ the same은 형용사로 쓰여 '같은, 동일한'의 의미를 가진다.
2 그 보고서의 정확성은 조직의 모든 교수들에게 깊은 인상을 줄 정도였다.
  ▶ be동사+such as+to부정사: ~할 정도이다
  【어휘】 accuracy 정확성 impress ~에게 깊은 인상을 주다
3 내가 너의 기분을 상하게 했을지 모르지만, 그러한 것이 내 의도는 아니었다.
  ▶ such는 대명사로 '그러한 것'의 의미를 가진다.
  【어휘】 intention 의도
4 그의 새로운 디자인은 다른 디자이너의 것과 정확히 같은 것이다.
  ▶ the same as+명사: ~와 같은 것
5 그 지역의 농부들은 커피와 차와 같은 수출용 작물을 재배하는 경향이 있다.
  ▶ A such as B(= such as A as B): B와 같은 A
6 그것은 모든 구성원을 설득할 정도로 합리적인 결정이었다.
  ▶ such ~ as+to부정사: ~할 정도로 …한, 매우 ~하여 …한
  【어휘】 rational 합리적인, 이성적인

EXERCISE 06 p. 157

1 ones	**2** it	**3** ones
4 ones, one	**5** one	

1 유인 우주 임무는 무인 우주 임무보다 더 많은 비용이 든다.
  ▶ 앞에 언급된 복수 가산명사(missions)의 반복을 피하기 위해 ones를 쓴다.
  【어휘】 manned 유인의 unmanned 무인의
2 Jason은 새 컴퓨터를 샀다. 그는 온라인 수업을 위해 매일 그것을 사용한다.
  ▶ 이미 언급된 특정한 물건(a new computer)을 지칭할 때는 it을 쓴다.
3 Smith 씨 부부가 어젯밤 급하게 경찰에 신고했던 바로 그 사람들이었다.
  ▶ the ones who ~: ~하는 바로 그 사람들
4 그 선생님은 검은색 매직펜 3개, 파란색 매직펜 2개, 빨간색 매직펜 1개가 필요하다.
  ▶ 앞에 언급된 복수 가산명사(markers)의 반복을 피하기 위해서 ones, 단수 가산명사(marker)의 반복을 피하기 위해서 one을 쓴다.
5 여기에 모든 개들이 좋아 보이지만, 나는 이 작은 개가 가장 좋아 보인다.
  ▶ 앞에 언급된 단수 가산명사(dog)의 반복을 피하기 위해 one을 쓴다.

EXERCISE 07 p. 159

1 any	2 some, some	3 some/any
4 some	5 Any	6 some, any
7 any	8 Some	9 some

1 그 당은 효과적인 경제 정책을 조금도 제안하지 못했다.
  ▶ 부정문에서 '조금도 ~않다'의 의미를 나타내는 any를 쓴다.
  [어휘] party 정당   come up with ~을 제안하다
2 그 의사는 나에게 약을 조금 주며 약간의 휴식을 취하라고 말했다.
  ▶ 긍정의 평서문에서 한정사로 '조금(의), 일부(의)'의 의미를 나타내는 some을 쓴다.
3 나는 삼촌으로부터 사과를 많이 얻었다. 원하면 말만 해.
  ▶ if절에서는 any나 some 둘 다 쓸 수 있다.
4 그 농부는 닭 몇 마리는 팔 계획이 없었다.
  ▶ 부정문이더라도 '(특정한 사람이나 사물들 중 불특정한) 일부'를 나타낼 때는 some을 쓴다.
5 이 건물 앞에 세워진 어떤 차에도 교통 위반 딱지가 발부될 것이다.
  ▶ any를 써서 희박한 가능성을 나타내어 '만약 조금이라도 있다면', '혹시 있다고 해도'의 의미를 나타낼 수 있다.
  [어휘] ticket ~에게 (교통 위반) 딱지를 떼다
6 우리는 약간의 페인트가 더 필요하다. 조금도 남지 않았다.
  ▶ 긍정의 평서문에서 '조금의'의 의미로 some, 부정의 평서문에서 '조금도 ~(않다)'의 의미로 any를 쓴다.
7 내가 무슨 말을 하고 있는지에 대해 무슨 생각이 있니, Mike?
  ▶ 의문문에서 '무엇이든', '얼마간'의 의미로 any를 쓴다.
8 봐, 여기에 중고 제품들이 많아. 가방들 중 일부는 거의 새 것이야.
  ▶ 긍정문에서 뒤에 「of+복수명사」가 오며 '~ 중 일부'라는 의미이므로 some이 알맞다.
  [어휘] second-hand 중고의
9 그 회사는 올해 상당한 30,000킬로그램의 원두를 수입했다.
  ▶ some을 숫자와 함께 쓰면 그 수가 아주 많거나 인상적이라는 뜻으로, '아주 많은', '상당한'의 의미를 나타낼 수 있다.
  [어휘] import 수입하다

EXERCISE 08 p. 159

1 any	2 some	3 any/some
4 any	5 Any	

1 부정문에서 「not ~ any」는 '조금의 …도 ~않다'의 의미를 나타낸다.
  [어휘] surgery 수술   healing 치료
2 의문문이더라도 긍정의 대답을 기대하거나 권유나 의뢰의 뜻을 나타내면 some을 쓴다.
3 if절에서는 any나 some을 모두 쓸 수 있다.
4 긍정의 평서문이지만 부정의 의미가 담긴 without이 있으므로 any를 쓴다.
  [어휘] difficulty 어려움
5 긍정의 평서문에서 '아무라도'의 의미로 any를 쓴다.

EXERCISE 09 p. 161

1 another, the other	2 others
3 One, the other	4 another
5 the others	

1 나는 세 송이의 꽃이 있다. 하나는 내 것이고, 또 다른 하나는 엄마 것이고, 나머지 하나는 네 것이다.
  ▶ one ~, another ~, the other ...: (셋 중) 하나는 ~, 또 다른 하나는 ~, 나머지 하나는 …
2 일부는 한두 개의 자선 단체에 많은 액수를 기부하는데, 또 다른 일부는 여러 자선 단체에 적은 액수를 기부한다.
  ▶ some ~, others ...: (셋 이상) 일부는 ~, 또 다른 일부는 …
  [어휘] substantial 상당한, 많은   charity 자선 단체
3 무대 위에 두 사람이 서 있다. 한 명은 파란색 셔츠를 입고 있고, 나머지 한 명은 빨간색 셔츠를 입고 있다.
  ▶ one ~, the other ...: (둘 중) 하나는 ~, 나머지 하나는 …
4 Jennifer는 새우 버거를 먹었지만, 그녀는 또 하나를 먹고 싶었다.
  ▶ '(같은 종류의) 또 하나' 혹은 '다른 하나(것)'은 another를 쓴다.
5 책상 위에 책이 세 권 있다. 한 권만 내 것이고, 나머지 전부는 남동생의 것이다.
  ▶ one ~, the others ...: (셋 이상) 하나는 ~, 나머지 전부는 …

EXERCISE 10 p. 161

1 other	2 another	3 Other	4 another

1 in other words: 다시 말해서, 달리 말하면
2 A is one thing, but B is another(= It's one thing+to부정사, but it's another (thing)+to부정사): A와 B는 별개이다
3 other than(= except): ~ 외에
4 (in) one way or another(= one way or the other): 어떻게 해서든

EXERCISE 11 p. 163

1 engages	2 has	3 of them
4 of us	5 all the time	6 Each

1 우리들 각각은 매일 여러 종류의 복잡한 활동에 관여한다.
  ▶ 「each of+복수형 목적격 인칭대명사」는 단수 취급하며 단수형 동사를 쓴다.
  [어휘] engage in ~에 관여(참여)하다
2 결론을 도출하기 전에 모든 전문가적 의견들이 고려되어야 한다.
  ▶ 「all (of)+한정사+셀 수 없는 단수명사」는 단수 취급하며 단수형 동사를 쓴다.
  [어휘] expertise 전문가적 의견, 전문 지식   draw a conclusion 결론을 내리다(도출하다)

3 그들 둘은 좋은 기회를 놓쳐서 실망했다.
　▸「both of+복수형 목적격 인칭대명사」는 of를 생략할 수 없다.
4 우리 모두는 선거운동과 관련된 소문에 당황했다.
　▸「all of+복수형 목적격 인칭대명사」는 of를 생략할 수 없다.
　【어휘】 related to ~와 관련 있는
5 내가 휴가 동안 머물렀던 그 호텔은 줄곧 덥고 습했다.
　▸ all the time: 줄곧, 내내
　【어휘】 humid 습한
6 각각의 생물학자들은 야생동물의 자연 서식지 보존의 중요성을 강조했다.
　▸ of 앞에 대명사가 와야 하지만 every는 대명사로는 쓸 수 없고 한정사로만 쓴다. 따라서 대명사로 쓸 수 있는 each를 쓴다.
　【어휘】 stress 강조하다　preserve 보존하다
　natural habitat 자연 서식지

EXERCISE 12　p. 165

1 Either, is/are	2 None, is/are
3 Neither, was/were	4 None, was/were
5 neither, was	6 either/both, end/ends
7 not, a, state	

1 either of+한정사+복수명사+단수(복수)형 동사: (둘 중) 어느 한 쪽, 어느 것이든
　【어휘】 assign to ~에게 할당하다
2 none of+한정사+복수명사+단수(복수)형 동사: (셋 이상 중) 아무(것)도(어느 것도) ~않다
3 neither of+한정사+복수명사+단수(복수)형 동사: 둘 중 어느 ~도 아닌
4 none of+한정사+복수명사+단수(복수)형 동사: (셋 이상 중) 아무(것)도(어느 것도) ~않다
5 neither+단수명사+단수형 동사: 둘 중 어느 것도 ~ 아니다
6 「either+단수명사」는 문맥에 따라 '양쪽의'라는 의미로 쓸 수 있다.
　「both+복수명사」로 바꾸어 쓸 수도 있다.
　【어휘】 flower pot 화분　corridor 복도
7 not ~ a(n)+명사: 어떤 ~도 아닌(없는)
　【어휘】 commonwealth 연방국

EXERCISE 13　p. 167

1 someone/somebody	2 anybody	3 nothing
4 nobody/nothing	5 anything	6 everything
7 somebody		

1 someone/somebody: (긍정문에서) 누군가, 어떤 사람
2 anybody: (부정문에서) 누구(아무)도 ~ 않다
3 for nothing: 거저, 공짜로; 헛되이
4 nobody/nothing: 보잘것없는 사람
5 anything but: 결코 ~이 아닌
　【어휘】 satisfactory 만족스러운

6 everything: 매우 중요한 것(사람)
7 somebody: 대단한(중요한) 사람
　【어휘】 be eager to ~하는 것을 열망하다

EXERCISE 14　p. 168

1 아무것도 Julia가 작가가 되겠다는 자신의 꿈을 좇는 것을 막을 수 없다.
2 그 관리자는 6명의 지원자들의 면접을 봤지만, 그들 중 누구도 자격이 충분하지 않았다.
3 그 기자는 이 새로운 제품들 중 모두가 친환경적인 것은 아니라고 말했다.
4 다행스럽게도, 그 여행객은 그 호텔방에 아무것도 두고 가지 않았다.
5 모두가 이 새로운 암 치료제 사용을 거부한 것은 아니었다.
6 Jackson과 나는 우리 둘 중 누구도 우리의 실수들에 대해 이야기하지 않겠다는 무언의 합의를 했다.
7 그 야구 선수들은 준결승전에 진출하겠다는 희망을 완전히 버린 것은 아니었다.
8 누구도 그녀의 배경과 혈통에 대해 몰랐다.
9 그 발표가 전혀 예상하지 못했던 것은 아니었다.
10 공사장 인부들 중 누구도 헬멧을 쓰지 않고 있었다.

1 nothing: 아무것도 ~아니다(전체부정)
　【어휘】 stop A from B A가 B하는 것을 막다　pursue 추구하다
2 none: 누구도 ~아니다(전체부정)
　【어휘】 applicant 지원자　qualified 자격이 충분한
3 not all: 모두가(모든 것이) ~인 것은 아니다(부분부정)
　【어휘】 environmentally friendly 환경 친화적인
4 not ~ anything: 아무것도 ~아니다(전체부정)
5 not everyone: 모두가 ~인 것은 아니다(부분부정)
　【어휘】 treatment 치료제
6 neither: 둘 다 ~아니다(전체부정)
　【어휘】 have an unspoken agreement 무언의 합의를 하다
7 not totally: 완전히 ~한 것은 아니다(부분부정)
　【어휘】 advance to ~에 진출하다　semi-final 준결승전
8 nobody: 누구도 ~아니다(전체부정)
　【어휘】 parentage 혈통
9 not entirely: 전혀(전적으로) ~한 것은 아니다(부분부정)
　【어휘】 announcement 발표
10 none: 누구도 ~아니다(전체부정)

EXERCISE 15　p. 170

1 What	2 whose	3 How	4 What

1 A: 그녀는 어떻게 생겼니?
　B: 그녀는 키가 크고 눈이 파란색이야.
　▸ 외모를 물을 때는 「what do(es) ~ look like?」를 쓴다.
2 A: 너는 이 카메라가 누구의 카메라인지 알겠니?

B: 내 생각에 Jane의 것 같아.
▶ '누구의'라는 의미의 의문형용사 whose를 쓴다.

3 A: 당신의 새로운 파트너에 대해 어떻게 생각하세요?
B: 저는 그가 상당히 협조적이고 친절하다고 생각합니다.
▶ 어떤 대상에 대해 전반적인 의견을 물을 때는 「how ~ feel about …?」을 쓴다.

4 A: 지구에서 가장 추운 곳은 어디인가요?
B: 남극 대륙입니다. 그곳은 또한 지구에서 가장 바람이 많이 불고 건조한 곳입니다.
▶ 장소명을 묻고 있으므로 what을 쓴다. 하지만 물리적인 위치를 물을 때는 where를 쓴다.
【어휘】 Antarctica 남극 대륙

OVERALL EXERCISE   pp. 171-173

01

1 neither	**2** all	**3** something
4 nobody	**5** another	

1 '둘 중 어느 ~도 아니다'의 의미를 나타내려면 neither를 쓴다.
2 '모든, 모두'의 의미를 나타내려면 all을 쓴다.
3 '대단한 것'의 의미를 나타내려면 something을 쓴다.
【어휘】 metal type 금속 활자
4 '아무도 ~ (않다)'의 의미를 나타내려면 nobody를 쓴다.
5 with one thing or another: 이런저런 이유로

02

1 If you don't behave yourself
2 Those who have succeeded in life
3 was late evening on the way home that
4 the same as she did at school
5 was such as to change
6 Do any of these planets have

1 당신이 올바로 행동하지 않는다면, 사람들은 당신을 존경하지도 좋아하지도 않을 것이다.
▶ If you don't 다음에 behave oneself(올바로 행동하다)를 쓴다.
2 인생에서 성공한 사람들은 그들의 집중력이 뛰어나다는 사실 덕분이다.
▶ Those who(~하는 사람들)을 먼저 쓰고 그 뒤에 have succeeded in life를 쓴다.
【어휘】 owe A to B A는 B 덕분이다   concentration 집중력
3 Dave가 나에게 미안하다고 말한 것은 바로 집으로 가는 늦은 저녁이었다.
▶ 「It is(was) ~ that …」 강조구문이므로 It was와 that 사이에 강조하고 싶은 부사구를 넣는다.
4 Tiffany는 학교를 다닐 때의 모습과 정확히 그대로이다.
▶ 「the same as+주어+동사」의 어순으로 쓴다.
5 그 증거는 그 남자에 대한 배심원단의 태도를 변하게 할 정도였다.
▶ 「be동사+such as+to부정사」의 어순으로 쓴다.

【어휘】 jury 배심원단
6 이 행성들 중 어떤 것이 생명을 유지해 줄 수 있는 조건을 갖추고 있나요?
▶ 의문문이므로 Do 다음에 「any of+한정사+명사+동사」의 어순으로 쓴다.
【어휘】 support (생명 등을) 유지하다

03

1 I have three cats. One is black, another is brown, and the other is white.
2 They decided to run some more tests on the blood samples for an exact diagnosis.
3 Each of the students has received the new handbook.
4 The temperature of Denmark is usually lower than that of Indonesia.
5 The fisherman goes fishing every other week.
6 Neither candidate has participated in the opening ceremony.
7 My cousins invited some friends of theirs to a dinner on Christmas Eve.

1 나는 고양이 세 마리가 있다. 한 마리는 검정색, 또 다른 한 마리는 갈색, 나머지 한 마리는 흰색이다.
▶ one ~, another ~, the other …: (셋 중) 하나는 ~, 또 다른 하나는 ~, 나머지 하나는 …
other → the other
2 그들은 정확한 진단을 위해 혈액 샘플에 대해 몇몇 검사들을 더 하기로 결정했다.
▶ 긍정의 평서문에서 '몇몇, 몇 개'의 의미를 나타내려면 some을 쓴다.
any → some
【어휘】 run a test on ~에 대해 검사를 하다   diagnosis 진단
3 학생들 각각은 새 안내서를 받았다.
▶ 「each of+한정사+복수명사」는 단수 취급하며 단수형 동사를 쓴다.
have → has
4 덴마크의 기온은 보통 인도네시아의 기온보다 낮다.
▶ 앞에 나온 단수명사(temperature)의 반복을 피하기 위해 that을 쓴다. this → that
5 그 낚시꾼은 격주로 낚시를 하러 간다.
▶ '두 ~마다 한 번씩, 하나 걸러'의 의미를 나타내려면 「every other+단수명사」를 쓴다. weeks → week
6 둘 중 어느 후보자도 개회식에 참석하지 않았다.
▶ 「neither+단수명사」는 단수 취급하며 단수형 동사를 쓴다. have → has
【어휘】 candidate 후보자
7 내 사촌들은 크리스마스 이브에 그들의 몇몇 친구들을 저녁 식사에 초대했다.
▶ 소유격 앞에는 부정관사나 지시형용사, 부정형용사 등과 같은 한정사가 이어서 올 수 없으므로 이중소유격(한정사+명사+of+소유대명사)을 쓴다. their → theirs

04

1 has, done, nothing		**2** everything	
3 All, of, the, priests, were		**4** both, hands	
5 anything, but, convincing			

1 그 남자는 의학 연구 발전에 도움이 되는 것은 아무것도 하지 않았다.
　▶ not ~ anything(= nothing): 아무것도 ~ (아니다)

2 좋은 대인 관계를 유지하는 것은 나에게 가장 중요한 것이다.
　▶ 「the most important thing(person)(가장 중요한 것(사람))」은
　everything으로 바꾸어 쓸 수 있다.

3 그 사제들은 모두 진실되고 정직했다.
　▶ all은 주어나 be동사, 조동사 뒤에서 주어를 강조하며 「all (of)+
　한정사+명사」로 바꾸어 쓸 수 있다.
　【어휘】 priest 사제, 성직자　sincere 진실된, 진심 어린

4 그 소녀는 양쪽 손에 아름다운 꽃을 들고 있었다.
　▶ 「either+단수명사」는 문맥에 따라 '양쪽의'라는 의미를 나타낼 수
　있고, 「both+복수명사」로 바꾸어 쓸 수 있다.

5 그의 해명이 전혀 설득력이 없다고 모두가 생각했다.
　▶ 「not ~ at all」은 「anything but(결코 ~이 아닌)」으로 바꾸어 쓸 수
　있다.
　【어휘】 excuse 해명, 변명　convincing 설득력이 있는

05

1 Not everyone
2 What do you think
3 a habit of mine
4 more competitive than those of our competitors
5 the same as the one
6 Aspiring is one thing, achieving is another

1 '모두가 ~인 것은 아니다'의 부분부정이므로 not everyone을 쓴다.
　【어휘】 intended 의도된　manner 방식, 방법

2 어떤 대상에 대해 전반적인 의견을 물을 때는 「what ~ think of ...?」를
　쓴다.
　【어휘】 budget 예산

3 소유격 앞에는 부정관사나 지시형용사, 부정형용사 등과 같은 한정사가
　이어서 올 수 없으므로 이중소유격(한정사+명사+of+소유대명사)을
　쓴다.

4 앞에 나온 복수명사(products)의 반복을 피하기 위해 those를 쓴다.
　【어휘】 competitive 경쟁력 있는

5 the same as+명사: ~와 같은 것
　【어휘】 microwave 전자레인지　commercial 광고

6 A is one thing, but B is another: A와 B는 별개이다
　【어휘】 aspire 열망하다

06

1 ⑤ The other → Other
2 almost impossible to determine the exact number of religions around the world

당신은 종교가 있는가? 세상에는 여러 다양한 종교들이 있다. 전 세계적으로
정확한 종교의 숫자를 알아내는 것은 거의 불가능하다. 하지만, 일부는
4,000개가 넘는 종교가 있다고 추정한다. 그 중에서, 기독교가 가장 보편적
인 종교인데, 신도수가 대략 23억 명으로 인구의 약 33%를 차지한다.
이슬람교는 두 번째로 큰 종교로, 신도수는 약 19억 명, 즉 세계 인구의
25%이다. 힌두교와 불교와 같은 다른 종교들도 많은 신도들이 있는데, 각각
신도수가 11억 6000만 명과 5억 700만 명이다.

1 ⑤ 문맥상 '다른'의 의미를 나타내야 하므로 other를 써야 한다.
2 가주어-진주어 구문. 가주어 it이 문장 맨 앞에 있으므로 진주어인
　to부정사구를 문장 뒤로 보낸다.

【어휘】 estimate 추정하다　Christianity 기독교　follower 신도,
따르는 사람　account for ~을 차지하다　Islam 이슬람교
Hinduism 힌두교　Buddhism 불교　respectively 각각

REVIEW TEST　pp. 174-175

01 ④	**02** ④	**03** ①	**04** ④	**05** ②	**06** ①
07 ②, ③	**08** ⑤	**09** is, is/are	**10** ③	**11** ⑤	
12 those 다음에 who are	**13** ①	**14** ⑤	**15** (d), (g)		

01 for one reason or another: 이런저런 이유로, 어찌 되었든
　【어휘】 colleague 동료

02 in spite of oneself: 자기도 모르게

03 every other+단수명사: 두 ~마다 한 번씩, 하나 걸러

04 기자들에게 누설된 정보 중 어느 것도 임원에게서 나온 것은 없었다.
　▶ 「none of+한정사+단수명사」는 단수 취급하며 단수형 동사를
　쓴다. were → was
　【어휘】 leak to ~에게 누설하다　executive officer (회사 등의)
　임원

05 • 나는 결코 도둑이 아니다.
　• 그는 자신의 경력을 위태롭게 할 일은 아무것도 하지 않을 것이다.
　▶ 첫 번째 빈칸에는 「anything but(결코 ~이 아닌)」이 와야 하므로
　anything이 알맞다. 두 번째 빈칸에도 부정문에서 '무엇, 아무것'의
　의미를 가지는 anything이 알맞다.
　【어휘】 jeopardize ~을 위태롭게 하다

06 • 나는 우리 할머니가 정말 훌륭한 요리사라고 생각한다.
　• 사람들은 세탁기와 식기세척기 같은 노동력을 절약할 수 있는
　　현대적인 기기들을 좋아한다.
　▶ 첫 번째 빈칸에는 「such+a(n) (형용사)+단수명사」가 와야 하므로
　such가 알맞다. 두 번째 빈칸에도 「A such as B」가 와야 하므로
　such가 알맞다.

【어휘】labor-saving 노동력 절약형의

07 각각의〔모든〕회원들은 투표를 할 것이다.
▶ 빈칸 뒤에 단수명사와 단수형 동사가 왔으므로 빈칸에는 Each와 Every가 알맞다. All과 Some도 뒤에 셀 수 없는 단수명사가 오면 단수형 동사를 쓰지만 member는 셀 수 있는 명사이므로 빈칸에 들어갈 수 없다. both는 뒤에 복수명사를 쓰고 복수형 동사를 써야 하므로 빈칸에 들어갈 수 없다.

08 모든 오토바이 운전자들이 헬멧을 쓰는 것은 의무적 사항이다.
▶ 가주어-진주어 구문. 진주어인 that절을 대신하는 가주어 it
【어휘】compulsory 의무적인, 강제적인
① 어젯밤에 나의 방문을 두드린 것은 바로 Alice였다.
▶「It is〔was〕~ that ....」강조구문의 it
② 거의 자정이다.
▶ 시간을 나타내는 비인칭주어 it
③ 그녀가 백화점에서 간절히 사고 싶었던 것은 바로 그 검정색 드레스였다.
▶「It is〔was〕~ that ....」강조구문의 it
【어휘】eagerly 간절히
④ 점점 바람이 불고 눈이 온다.
▶ 날씨를 나타내는 비인칭주어 it
⑤ 우리가 왜 그 약을 최소 2주 동안 복용해야 하는지 확실하지 않았다.
▶ 가주어-진주어 구문. 진주어인 의문사절을 대신하는 가주어 it

09 • 모든 상품이 선반에 진열되어 있다.
• 그 포유 동물들은 둘 다 북극에서 살 수 없다.
▶ 첫 번째 빈칸에는「all (of)+한정사+셀 수 없는 단수명사+단수형 동사」이므로 is를 쓴다. 두 번째 빈칸에는「neither of+한정사+복수명사+단수〔복수〕형 동사」이므로 is와 are 둘 다 쓸 수 있다.
【어휘】merchandise 상품   mammal 포유 동물   the Arctic 북극

10 ① 각각의 직원들은 자신들의 업무를 성공적으로 완수해야 한다.
▶ each를 대명사로 받을 때, 복수형 인칭대명사(they)로도 받을 수 있다.
【어휘】duty 업무
② 나는 내가 사는 아파트 위층 사람들을 만난 적이 없다.
▶ 문맥상 '~의 것'의 의미를 가지는 소유대명사가 알맞다.
③ 이제까지 어떤 정치인도 이 상을 받은 적이 없었다.
▶「not any+명사」는 주어로 쓸 수 없다.
Not any politicians → No politicians
④ 양쪽의 대형 사무실들은 한동안 비어 있었다.
▶「either+단수명사」는 '양쪽의'의 의미로 쓸 수 있다.
⑤ 캠핑을 하는 사람들에게는 사실 몸집이 큰 동물들이 몸집이 작은 동물보다 덜 위험하다.
▶ 복수 가산명사(animals)의 반복을 피하기 위해 ones가 알맞다.

11 ① 그들 둘 중 한 명은 그 일에 지원할 수 있었다.
▶「either of+복수형 목적격 인칭대명사」는 단수형 동사와 복수형 동사를 모두 쓸 수 있다.
② 두 짝의 양말 중 어느 것도 서랍에 없었다.
▶「neither of+한정사+복수명사」는 단수형 동사와 복수형 동사를 모두 쓸 수 있다.
③ 고고학자들이 유적 발굴에 나섰지만, 허사였다.
▶ 앞 문장 전체는 it으로 받을 수 있다.

【어휘】archeologist 고고학자   excavate 발굴하다
ruins 유적, 폐허   in vain 허사가 되어
④ 모든 작가들은 그 책에서 짧은 구절을 읽고 싶어 한다.
▶「every+단수명사」는 단수 취급하며 단수형 동사를 쓴다.
⑤ 너의 블라우스는 나의 여동생의 블라우스보다 더 화려하다.
▶ 명사의 소유격 뒤에는 대체로 one은 쓰지 않는다. 주로 one을 생략하거나「that of」를 쓴다.
my sister's one → my sister's / that of my sister

12 실직자의 수가 점점 감소하고 있다.
▶「those who」는 '~하는 사람들'을 의미하며 who are를 생략할 수 있다.
【어휘】unemployed 실직한, 실업자인   on the decrease 점점 감소하는

13 ① Henry는 2주마다 한 번씩 부모님을 뵈러 간다.
▶ every other+단수명사: 두 ~마다 한 번씩
② 진실은 다른 사람들이 생각하는 것과는 완전히 다르다.
▶ other than(= different from): ~와 다른, ~이 아닌
another → other
③ 내 프린터에 잉크가 필요해서, 그것을 살 것이다.
▶ 앞에 언급된 단수 가산명사(ink)의 반복을 피하기 위해서 one을 쓴다. it → one
④ 일부는 피자를 좋아하고, 또 다른 일부는 파스타를 좋아한다.
▶ some ~, others ...: (셋 이상) 일부는 ~, 또 다른 일부는 ...
another → others
⑤ 그들 둘 다 진단서를 제출해야 한다.
▶「both of+복수형 목적격 인칭대명사」에서 of는 생략할 수 없다.
Both them → Both of them
【어휘】present 제출하다   medical certificate 진단서

14 ①「not ~ any」로 '아무것도 (전혀) ~아니다'의 전체부정의 의미를 나타낸다.
②「either of+한정사+복수명사+단수〔복수〕형 동사」로 '(둘 중) 어느 한쪽'의 의미를 나타낸다.
③ 앞에 나온 내용이나 앞으로 나올 내용은 this로 쓴다.
④ both는 주어나 be동사, 조동사 뒤에서 주어를 강조할 수 있다.
【어휘】thorough 철저한   inspection 조사
⑤ '다만 ~만이'는「nothing but」으로 쓴다.
Anything → Nothing
【어휘】talent 재능

15 (a) Mike가 언제 들렀나요?
▶ 시간을 물을 때는 의문부사 when(= (at) what time)을 쓴다.
(b) 그는 자신이 무척 대단한 사람이라고 생각한다.
▶ something은 '대단한〔중요한〕 사람'의 의미도 가진다.
(c) 나는 지난주에 Timothy가 샀던 것과 같은 것을 살 것이다.
▶「the same as+주어+동사」는 '~와 같은 것'의 의미를 가진다.
(d) 그는 지갑에 다른 누군가의 사진을 가지고 있었다.
▶ someone은 -'s를 붙여 소유격을 나타내며, 뒤에 else가 있으면 ~ else's로 쓴다. someone's else → someone else's
(e) 저 소년들과 어울리지 마라. 그들은 심술궂다.
▶ 부정적인 감정을 표현할 때는 that〔those〕을 쓴다.
【어휘】mean 심술궂은, 비열한

(f) 그녀는 헛되이 샤워를 하고 준비를 했다.
　▶ for nothing: 헛되이
(g) 그녀는 안경을 깨뜨렸다. 그녀는 새 안경을 사야 한다.
　▶ 앞에 언급된 복수 가산명사(glasses)의 반복을 피하기 위해서
　ones를 쓴다. one → ones

REVIEW TEST through Reading　p. 176

1 ⑤　　**2** ⑤

1
【해석】 요즘, 과학 연구를 추진하는 '원동력'은 돈이다. 그것 말고 어떻게 실험실과 교수들이 실험을 계속하기 위해 필요한 물자와 학생들을 확보할 수 있겠는가? 때때로, 돈의 필요성이 너무 커서 그것이 열정을 능가하기도 하고, 금전적인 목표를 달성하기 위해 과학자들은 뉴스거리가 될 만한 결과를 가장 확실하게 얻을 수 있는 종류의 연구에 치중한다. 이는 지역 사회에 거의 가치가 없는 많은 단기적인 연구로 이어진다. 이와 같은 연구 과제들은 단순히 기본 경비를 충당하기 위해 진행된다. 한편, 완수하는 데 더 많은 시간을 필요로 하는 보다 포괄적인 연구는 좌절되는 경향이 있다. 하지만, 그와 같은 대규모 연구들이야말로 가장 가치 있는 결과를 내는 경향이 있다. 그러한 연구들을 제대로 진행하기 위해서, 연구자들은 종종 연구를 끝낼지 아니면 금전적인 지원을 위해 기업체에 의지할 것인지의 두 개의 선택에 직면한다.

【해설】 ⑤ 문맥상 「either+단수명사(둘 중 어느 것이든 하나의[한쪽의])」가 알맞다.

【어휘】 push ~ forward ~을 추진하다　laboratory 실험실　supplies 물자, 물품　realize 실현하다　lead to ~로 이어지다　comprehensive 포괄적인, 종합적인　be faced with ~에 직면하다　turn to ~에 의지하다

2
【해석】 신선한 꽃으로 만든 중앙부 장식처럼 집안을 밝히는 것은 없다. 자신만의 꽃다발을 조합해서 원하는 대로 만들고 싶은 사람들은 몇 가지 기본적인 요령들을 명심해야 한다. 꽃다발을 만들기 전에, 줄기들이 충분히 물을 흡수할 수 있도록 비스듬히 잘라야 한다. 그 다음, 줄기에서 어떤 잎이라도 제거하고 싶을 것이다. 미적인 목적으로 일부를 남기고 싶다면, 물에 잠기는 선 아래로는 잎을 남기지 않기만 하면 된다. 꽃다발을 만들 때는 가장 키가 큰 꽃부터 시작해라. 이것이 꽃다발의 높이를 결정해 줄 것이고, 그 지점을 중심으로 나머지 꽃들을 배치하면 된다. 마지막으로, 용기에 담기 전에 꽃다발을 고정시켜야 한다. 고무줄이나 끈으로 줄기를 묶으면 꽃다발이 단단하게 유지될 것이다.

【해설】 (A) 문맥상 '아무것도 ~아니다'는 전체부정의 의미의 nothing이 알맞다.
(B) '어떤 ~이라도'의 의미의 any가 알맞다.
(C) 대명사 neither는 '둘 중 어느 ~도 아니다', none은 '(셋 이상 중) 아무(것)도 ~않다'라는 의미를 가진다. 여기서는 문맥상 다수의 leaves를 지칭하므로 none이 알맞다.

【어휘】 assemble 모으다　bouquet 꽃다발　at an angle 비스듬히　when it comes to ~에 관한 한　firmly 단단하게

CHAPTER **11** 형용사·부사　Adjectives & Adverbs

EXERCISE **01**　p. 179

1 were	**2** dog asleep	**3** alive
4 literal	**5** lonely	**6** certain
7 considerable	**8** the	**9** intellectual

1 폭발 후 부상자들은 즉시 병원으로 이송되었다.
　▶ 「the+분사」는 '~한 사람들'이라는 의미의 복수 보통명사이므로 복수 동사가 알맞다.
2 그녀는 오후 내내 자신의 개를 뒷마당에서 자도록 내버려 두었다.
　▶ 5형식 문장으로 asleep이 목적격보어 자리에 오는 것이 적절하다. 또한 asleep은 서술적 용법으로만 쓰이므로 명사를 앞에서 수식할 수 없다.
3 바닷가재가 아직 살아 있다니 믿을 수가 없다.
　▶ live는 한정적 용법으로만 쓰이고, alive는 서술적 용법으로만 쓰인다. 주격보어 자리이므로 서술적 용법이 적절하다.
4 '아침 식사'라는 단어의 문자 그대로의 의미는 '단식을 깨다'이다.
　▶ 문맥상 '문자 그대로의'를 의미하는 literal이 알맞다. literate은 '학식이 있는'을 의미한다.
　【어휘】 fast 단식
5 그 젊은 유명 인사는 팔로워들이 많지만 역설적이게도 외로운 삶을 살고 있다.
　▶ 한정적 용법으로 명사를 수식할 수 있는 lonely가 알맞다. alone은 서술적 용법으로만 쓰인다.
　【어휘】 ironically 역설적이게도
6 그 문제에 관해서라면 제가 확실히 말할 수 있는 것이 없습니다.
　▶ 「전치사+형용사」 형태의 for certain(확실히)이 알맞다.
　【어휘】 when it comes to ~에 관해서라면
7 상당수의 선수들이 올림픽에 불참할 것이다.

▶ 문맥상 '상당한'을 의미하는 considerable이 알맞다. considerate는 '사려 깊은'을 의미한다.
■ 그 형제는 영혼이나 유령 같은 초자연적인 것에 대한 연구를 시작했다.
▶ 「the+분사」 형태로 '~한 것'이라는 추상적 개념을 나타낼 수 있다.
【어휘】 undertake ~에 착수하다
■ 교수진은 학생들의 지적 호기심을 어떻게 발전시킬지 논의하였다.
▶ 문맥상 '지적인'을 의미하는 intellectual이 알맞다. intelligent는 '총명한'을 의미한다.

EXERCISE 02　　　　　　　　p. 181

1 quarter　　**2** a third　　**3** hundreds
4 the sixth　　**5** second only to　　**6** Two fifths
7 four times

■ a quarter: 15분
■ a+서수사: 불특정한 하나로 another의 의미
■ 복수형 기수사+of+명사: 막연히 큰 수
■ the+서수사: 특정한 순서
【어휘】 accountant 회계사
■ second only to: ~에 버금가는
■ 분수는 분자를 기수로, 분모를 서수로 표기하며, 분자가 복수형이므로 분모도 복수형으로 표기한다.
【어휘】 obese 비만의
■ 기수사+times: ~배

EXERCISE 03　　　　　　　　p. 183

1 high　　**2** little　　**3** small
4 Many　　**5** a few　　**6** low
7 enough　　**8** much

■ 대도시에 사는 사람들은 높은 생활비로 고통받고 있다.
▶ cost는 많고 적음을 주로 high 또는 low로 나타내는데 문맥상 high가 적절하다.
■ 당선될 가능성이 거의 없어서 그는 후보에서 물러났다.
▶ 셀 수 없는 명사와 함께 쓰이고 문맥상 '거의 없는'을 의미하므로 little이 알맞다.
【어휘】 withdraw 물러나다
■ 그 실내악단은 오늘 관객이 적어서 실망했다.
▶ audience는 많고 적음을 주로 large 또는 small로 나타내는데, 문맥상 small이 알맞다.
【어휘】 chamber orchestra 실내악단
■ 많은 정치인들은 같은 실수를 반복해서 한다.
▶ many a(n)+단수명사: 많은 (명사)
■ 나는 그 영화를 여러 번 봤기 때문에 영화 속의 그의 모든 대사를 기억한다.
▶ 셀 수 있는 명사와 함께 쓰이고 문맥상 '다수의'를 의미하므로 quite 뒤에 a few가 알맞다.

■ 이번에는 참가비가 낮아서 그녀가 세미나에 참석할지도 모른다.
▶ fee는 많고 적음을 주로 high 또는 low로 나타내는데 문맥상 low가 알맞다.
■ 다행히 그 차는 승객 다섯 명과 모든 여행 가방을 넣을 수 있는 충분한 공간이 있다.
▶ 셀 수 없는 명사와 함께 쓰이고 문맥상 '충분한'을 의미하므로 enough가 알맞다.
■ 그것을 만들기 위해서 식초 다섯 컵과 그 양만큼의 간장을 준비할 필요가 있다.
▶ as much: (앞서 나온 수사와) 같은 양만큼의

EXERCISE 04　　　　　　　　p. 185

1 these three white cats
2 The last two parts
3 half the price
4 the lovely knitting bag
5 a thin Italian crust pizza
6 a jar full of cookies
7 someone trustworthy
8 the factory afire
9 180 centimeters tall
10 worth five million dollars
11 That small dotted wooden chair
12 the sum total
13 that huge red tow truck

■ 나는 동물 보호소에서 이 세 마리의 흰 고양이를 입양했다.
▶ 「대명형용사+수량형용사+성상형용사+명사」 어순이 알맞다.
■ 그 탑의 마지막 두 부분이 항구에 도착했다.
▶ 「관사+서수+기수+명사」 어순이 알맞다.
■ 두 개를 구매하시면 이것을 반값에 드릴 수 있습니다.
▶ 「배수사+관사+명사」 어순이 알맞다.
■ 파란색과 회색 무늬가 있는 그 사랑스러운 뜨개질 가방을 보세요.
▶ 「관사+성상형용사(주관적 의견+분사)+명사」 어순이 알맞다.
■ 우리는 점심으로 얇은 이탈리아식 크러스트 피자를 함께 먹었다.
▶ 「관사+성상형용사(형태+기원+명사 수식어)+명사」 어순이 알맞다.
■ 아이들이 찬장에서 쿠키가 가득 든 병을 발견했다.
▶ 형용사구를 이루어 길어진 full of cookies가 a jar를 뒤에서 수식하는 것이 알맞다.
■ 그는 그 분홍색 다이아몬드를 신뢰할 수 있는 사람에게서 구매했다.
▶ 형용사가 -one으로 끝나는 부정대명사를 수식하는 경우 부정대명사 뒤에 위치한다.
【어휘】 trustworthy 신뢰할 수 있는
■ 그녀는 자신의 기사에 실을 불타는 공장 사진이 몇 장 필요하다.
▶ 서술적 용법으로 쓰이는 형용사가 명사를 수식하는 경우 명사 뒤에 위치한다.
■ James는 키가 180cm 정도 되는 것 같다.
▶ tall이 단위를 나타내는 명사를 수식하는 경우 명사 뒤에 위치한다.
10 그 전설적인 작가의 사인은 500만 달러의 가치가 있다.

▶ worth는 단위를 나타내는 명사를 수식하는 경우에도 명사 앞에 위치한다.

【어휘】 legendary 전설적인 autograph (유명인의) 사인

11 저 작은 점 무늬 나무 의자는 이미 예약이 되어 있다.
▶ 「대명형용사＋성상형용사(크기＋무늬＋재료)＋명사」 어순이 알맞다.

【어휘】 dotted 점 무늬의

12 그녀가 총 합계를 계산해보니 300달러가 넘었다.
▶ 「명사＋형용사」 관용 표현으로 the sum total이 알맞다.

13 나는 정말로 저 거대한 빨간 견인차를 직접 타보고 싶다.
▶ 「대명형용사＋성상형용사(크기＋색상＋명사 수식어)＋명사」 어순이 알맞다.

【어휘】 tow truck 견인차

EXERCISE **05**　　　　p. 187

1 It	2 difficult	3 submit
4 to see	5 for	

1 가끔 양심의 가책을 느끼는 것은 정상이다.
▶ normal은 사람이 아닌 it을 문장의 주어로 한다.

2 내가 그들과 좋은 관계를 유지하기는 어렵다.
▶ difficult는 사람을 문장의 주어로 할 수 있으나 necessary는 그렇지 않다.

3 그녀가 자신의 학기말 리포트를 다음 주까지 제출하는 것이 지극히 필수적이었다.
▶ 미래 지향적인 당연·필요를 나타내는 「it is〔was〕＋형용사＋that ~ (should)＋동사원형」 구문에서 should가 생략된 형태이므로 동사원형 submit이 알맞다.

【어휘】 vitally 지극히

4 그녀는 자신의 집에 모인 경찰차 두 대와 경찰관 여러 명을 보고 당황했다.
▶ 감정을 나타내는 형용사가 사람을 주어로 하고 that절을 수반하는 경우, that절의 주어가 주절의 주어와 일치하면 to부정사가 쓰일 수 있다.

5 그가 친부모를 찾고 싶어 하는 것은 당연하다.
▶ it is〔was〕＋형용사＋for＋의미상의 주어＋to부정사: (의미상의 주어)가 ~하는 것은 (형용사)하다

【어휘】 biological parents 친부모

EXERCISE **06**　　　　p. 187

1 We are proud (that) we represent / We are proud to represent
2 He was easy for me
3 It is astonishing that she should agree
4 It was proper that he should give
5 I am aware that we need

1 「사람 주어＋be동사＋형용사＋that절」 구문이 적절하며, that절의 주어와 주절의 주어가 같으므로 that절 대신 to부정사를 쓸 수도 있다.

【어휘】 exceptional 뛰어난

2 「it is〔was〕＋형용사＋for＋의미상의 주어＋to부정사」 구문이 적절하며, to부정사의 목적어가 없으므로 이를 문장의 주어로 하는 것이 적절하다.

【어휘】 autobiography 자서전

3 감정을 나타내는 「it is〔was〕＋형용사＋that ~ should＋동사원형」 구문이 적절하다.

4 판단을 나타내는 「it is〔was〕＋형용사＋that ~ should＋동사원형」 구문이 적절하다.

5 형용사의 목적어로 that절을 수반하는 「사람 주어＋be동사＋형용사＋that절」 구문이 적절하다.

EXERCISE **07**　　　　p. 189

1 그 범죄 심리 분석가는 쪽지에 있는 모든 글자를 면밀히 조사했다.
2 바람이 강하니까 당신의 우산을 단단히 잡으세요.
3 그녀는 일찍이 고아가 되었고 이른 나이에 성공을 거두었다.
4 그 신입 사원은 최근에 여러 번 회사에 지각했다.
5 제가 방의 스위치를 찾을 때까지 손전등을 켜 두세요.
6 선거가 끝났을 때 모두가 결과에 궁금해했다.
7 그것은 가정에서 환경을 보호할 수 있는 간단하지만 매우 효과적인 방법이다.
8 주식 시장의 오르내림으로 미래 경제가 불확실하다.
9 양 팀 모두 공정하게 승부하기로 약속했고 그것은 공정한 경기였다.

1 동사를 수식하는 부사 closely(면밀히)
【어휘】 criminal profiler 범죄 심리 분석가
2 동사구를 수식하는 부사 tight(단단히)
【어휘】 hold on to ~을 꼭 잡다
3 동사를 수식하는 부사 early(일찍), 명사를 수식하는 형용사 early(이른)
【어휘】 be orphaned 고아가 되다
4 문장 전체를 수식하는 부사 lately(최근에)
【어휘】 recruit 사원, 직원
5 목적격보어로서 형용사 역할을 하는 on(켜진)
6 주격보어로서 형용사 역할을 하는 over(끝이 난)
7 형용사를 수식하는 부사 highly(매우)
8 명사 역할을 하는 up(상승), down(하강)
【어휘】 ups and downs 성쇠, 부침, 오르내림 stock market 주식 시장
9 동사를 수식하는 부사 fair(공정하게), 명사를 수식하는 형용사 fair(공정한)

EXERCISE **08**　　　　p. 191

1 came the moon
2 pick you up
3 must always have wanted
4 for an hour twice a week this month
5 Always remember your first day

달이 나왔고 우리는 수많은 별들도 보았다.
▶ 부사가 강조를 위해 문장의 맨 앞에 위치하는 경우 주어가 명사이면 주어와 동사가 도치된다.

2 오늘 네 삼촌이 학교에서 너를 태워 올 거야.
▶ 「타동사＋부사」에서 목적어가 대명사이면 부사는 목적어 뒤에 위치한다.

3 그는 항상 자신의 농장을 운영하고 싶었음이 틀림없다.
▶ 막연한 빈도를 나타내는 부사는 조동사가 2개 이상일 경우 첫 번째 조동사 뒤에 위치한다.

4 우리는 이번 달에 일주일에 두 번, 한 시간 동안 연습했다.
▶ 시간 부사가 기간이나 빈도를 나타내는 부사와 함께 오는 경우, 「기간＋빈도＋시간」 순서이다.

5 교사로서 학교에서의 첫날을 항상 기억하라.
▶ always는 명령문에 한해서 맨 앞에 위치할 수 있다.

EXERCISE **09**   p. 193

1 yet	2 once	3 before
4 since	5 never	6 before
7 already		

1 그 쌍둥이들은 어느 대학에 지원할지 이제 결정했나요?
▶ 의문문에서 쓰여 '이제, 벌써'의 의미를 나타내는 yet이 알맞다.

2 나의 할아버지께서는 한때 국립공원에서 관리자로 일하셨다.
▶ 긍정문에서 쓰여 과거의 '언젠가, 한때'의 의미를 나타내는 once가 알맞다.
【어휘】 superintendent 관리자

3 나는 내가 그녀와 10년 전에 함께 학교를 다닌 적이 있다는 것을 알게 되었다.
▶ 과거완료시제 문장에서 기간을 나타내는 말과 함께 쓰여 과거의 어느 시점보다 '~ 전에'의 의미를 나타내는 before가 알맞다.

4 그 나무로 된 아치 다리는 오래 전에 철거되었다.
▶ 현재완료시제 문장에서 long과 함께 쓰여 '오래 전에'의 의미를 나타내는 since가 알맞다.
【어휘】 demolish 철거하다

5 만약 당신이 파리에 가본 적이 없다면, 당신은 내가 왜 그 도시를 사랑하는지 이해할 수 없을 것이다.
▶ 문맥상 부정의 의미를 나타내는 never가 알맞다.

6 우리는 피자를 먹기 시작하자마자 삐걱거리는 소리를 들었다.
▶ hardly(scarcely, barely) ~ when(before) ...: ~하자마자 …하다

7 그 판사가 벌써 그 남자의 체포 영장을 발부했나요?
▶ 긍정문에서 쓰여 '벌써, 이미'의 의미를 나타내는 already가 알맞다.
【어휘】 issue a warrant for ~에 대한 영장을 발부하다

EXERCISE **10**   p. 195

1 much	2 so	3 very
4 enough	5 the very	6 as
7 too		

1 그 설계자들은 부수적인 세부 사항들로 인해 무척 산만해졌다.
▶ 수동태 문장의 과거분사를 수식하므로 much가 알맞다.
【어휘】 incidental 부수적인

2 Jeremy는 그녀의 비밀을 혼자만 간직할 만큼 사려 깊다.
▶ so ~ as＋to부정사: …할 만큼 ~한
【어휘】 keep ~ to oneself ~을 혼자만 간직하다

3 최근 보도에 따르면, 상황이 매우 심각하다.
▶ 형용사를 수식하므로 very가 알맞다. very much는 수동태 문장의 과거분사나 비교급을 수식한다.

4 그 어린 소녀는 통역사로 일할 만큼 충분히 유창하게 프랑스어를 구사한다.
▶ ~ enough＋to부정사: …할 만큼 충분히 ~한(하게)
【어휘】 interpreter 통역사

5 이는 경력을 쌓아나가는 중 사람들이 경험할 수 있는 단연코 최악의 일이다.
▶ very가 최상급을 수식할 때는 the very의 형태로 수식한다.

6 내 눈에는 그의 그림이 비범하다기보다 기괴했다.
▶ not so much ~ as ... : ~이라기보다는 …
【어휘】 weird 기괴한

7 청소년들은 친구를 선택함에 있어서 아무리 신중해도 지나치지 않다.
▶ cannot be too ~: 아무리 ~해도 지나치지 않다

EXERCISE **11**   p. 196

1 she is	2 either	3 neither
4 seems	5 as well	6 it here
7 also	8 too	

1 아, 방금 길에서 유명 인사를 발견했어. 저기 그녀가 있다!
▶ there이 문장 맨 앞에 오면 주어와 동사가 도치되나 주어가 대명사이므로 도치되지 않는 것이 알맞다.

2 그녀가 캠페인에 참여하지 않으면 나도 역시 참여하지 않을 거야.
▶ 문장에 이미 부정어 not이 있으므로 either이 알맞다.

3 그는 아직 그 과목을 신청하지 않았고 그녀도 역시 신청하지 않았다.
▶ 앞에 나온 부정문의 술부 내용을 대신하는 말이어야 하므로 neither이 적절하다.

4 추가 협상의 여지가 거의 없어 보인다.
▶ 「there＋동사＋주어」 도치구문이다. 주어가 단수이므로 단수 동사가 알맞다.
【어휘】 negotiation 협상

5 네가 문구점에 있으니 말인데 나에게 자도 사다 줄래?
▶ as well과 also 모두 '역시, 또한'의 의미를 나타내는데 문장 끝에 알맞은 것은 as well이다.
【어휘】 stationery store 문구점

6 나는 이곳이 싫어서 다시는 오고 싶지 않다.
▶ here은 명사로 쓰이지 않으므로 대신 it here로 나타내는 것이 적절하다.

7 이 책을 구입하시면 무료 리더십 강의 또한 들을 수 있습니다.
▶ too와 also 모두 '역시, 또한'의 의미를 나타내는데 동사 앞에는 also가 알맞다.

【어휘】 audit (강의를) 듣다

8 내 방을 진공 청소기로 다 청소하고 나면 네 방도 역시 진공 청소기로 청소해 줄게.
  ▶ 긍정문에서 '역시, 또한'의 의미를 나타내는 것은 too이다.
  【어휘】 vacuum 진공 청소기로 청소하다

OVERALL EXERCISE pp. 197-199

01

> **1** 나는 그녀가 그 직책에 어울리는 유일한 후보라는 데 절대적인 믿음을 갖고 있다.
> **2** 그 소녀들은 매우 친한 친구이며 이번 사건과 밀접하게 관련되어 있다.
> **3** 참석한 모든 학생들이 사회 과목에서 가산점을 받게 될 것이라 말하게 되어 기쁩니다.
> **4** 정부는 이제 연휴 동안 열차를 더 운행하기로 결정했나요?
> **5** 우리는 늦가을이나 초겨울에 전염성이 매우 높은 호흡기 질병인 독감에 걸린다.
> **6** 전기가 다시 끊겼고 주민들은 빈번히 일어나는 단전에 화가 나 있다.
> **7** 머지않아 큰 쇼핑몰이 시내에 문을 열 것이기 때문에 그 상점은 딱한 상황에 처해 있다.
> **8** 그 치명적인 공격은 6월 21일 자정 직후 발생했다.

1 명사 faith를 수식하는 형용사 absolute(완전한), 명사 candidate를 수식하는 형용사 sole(유일의)
2 명사 friends를 수식하는 형용사 close(가까운), 형용사 related를 수식하는 부사 closely(밀접하게)
3 명사 all students를 뒤에서 수식하는 서술적 용법의 형용사 present(참석한)
4 yet은 의문문에서 '이제, 벌써'를 의미한다.
5 형용사 contagious를 수식하는 부사 highly(매우), 명사 fall을 수식하는 형용사 late(늦은), 명사 winter를 수식하는 형용사 early(이른)
  【어휘】 contagious 전염성의 respiratory 호흡기의
6 주격보어로 형용사 역할을 하는 off(꺼진), 명사구 power cuts를 수식하는 형용사 continual(빈번히 일어나는)
7 명사 situation을 수식하는 형용사 sorry(딱한), 「전치사+형용사」 형태의 before long(머지 않아)
8 명사 attack를 수식하는 형용사 deadly(치명적인), 전치사구 after midnight을 수식하는 부사 shortly(곧), 날짜의 날에 해당하는 서수 twenty-first(21일)

02

> **1** already **2** It **3** before **4** spends

1 Katherine이 이미 대중 앞에서 연설을 했습니까?
  ▶ 문맥상 '벌써, 이미'를 의미하는 already가 알맞다.

2 최근의 자연재해로부터 배울 필요가 있다.
  ▶ necessary는 사람을 문장의 주어로 하지 않는다. 「it is(was)+형용사+for+의미상의 주어+to부정사」 구문에서 의미상의 주어가 막연한 일반인이라 생략되었다.
3 그는 20년 전에 베를린에서 그들과 동행했던 것을 기억했다.
  ▶ 과거완료시제 문장에서 기간을 나타내는 말과 함께 쓰여 과거의 어느 시점보다 '~ 전에'의 의미를 나타내는 before가 알맞다.
4 많은 도망자들이 국경을 넘는 데 수천 달러를 쓴다.
  ▶ 「many a(n)+단수명사」 구문에서는 명사의 수에 따라 동사의 수를 일치시키므로 단수 동사가 알맞다.
  【어휘】 fugitive 도망자

03

> **1** those five beautiful square golden boxes
> **2** There appears no way
> **3** they gave it up
> **4** may sometimes have wanted
> **5** neither has
> **6** for an hour three times a week this year
> **7** too perilous a try

1 우리는 저 다섯 개의 아름답고 네모난 황금 상자들을 살 것이다.
  ▶ 「대명형용사+수량형용사+성상형용사(주관적 의견+형태+재료)+명사」 어순이 알맞다.
2 이 자주색 얼룩을 제거할 방법이 없어 보인다.
  ▶ There이 강조를 위해 문장 맨 앞에 위치하고 주어와 동사가 도치되는 것이 적절하다.
  【어휘】 get rid of ~을 제거하다
3 그것이 그들이 얻을 수 있는 마지막 기회였지만 그들은 그것을 포기했다.
  ▶ 「타동사+부사」에서 목적어가 대명사이면 부사는 목적어 뒤에 위치한다.
4 그는 때때로 자신의 가족을 떠나고 싶어 했을지도 모른다.
  ▶ 막연한 빈도를 나타내는 부사 sometimes는 조동사가 2개 이상일 경우 첫 번째 조동사 뒤에 위치한다.
5 그녀는 아직 에세이의 주제를 정하지 않았고 그도 역시 정하지 않았다.
  ▶ neither+조동사+주어: (주어)도 역시 그렇다
6 나는 올해 일주일에 세 번, 한 시간 동안 운동을 했다.
  ▶ 시간 부사가 기간이나 빈도를 나타내는 부사와 함께 오는 경우, 「기간+빈도+시간」 순서이다.
7 그 높이에서 바다로 뛰어드는 것은 아주 위험한 시도이다.
  ▶ too+형용사+a(n)+명사: 너무 ~한 (명사)
  【어휘】 perilous 아주 위험한

04

> **1** quarter **2** so sensitive **3** a second
> **4** successive **5** a few **6** little

1 a quarter: 15분
2 so ~ that절: 너무 ~해서 …한
  【어휘】 irritated 따끔따끔한, 자극을 받는

3 a+서수사: another의 의미로 불특정한 하나를 나타냄

4 successive: 연속적인

[어휘] cutting-edge 최첨단의

5 셀 수 있는 명사의 수를 나타내는 quite a few: 다수의, 상당수의

6 셀 수 없는 명사의 양을 나타내는 little: (부정적 의미) 거의 없는

05

> **1** The drunken man got arrested for attempting a hit and run.
> **2** Until now, only ten million vaccines have been distributed to 27 countries.
> **3** Two fifths of women in the country face high rates of miscarriages.
> **4** I wonder why there is so much traffic this morning.
> **5** We opposed the project on the grounds that the cost was high.
> **6** The optimistic have a tendency to enjoy playing the lottery.

1 그 술 취한 남자는 뺑소니치기를 시도한 혐의로 체포되었다.
  ▶ drunk는 서술적 용법으로만 쓰이므로, 한정적 용법으로 쓰이는 drunken이 man을 수식해야 한다. drunk → drunken

2 지금까지 단지 천만 개의 백신만이 27개국에 보급되었다.
  ▶ 특정한 수는 「단수형 기수사+명사」 형태로 나타낸다.
  millions → million

3 그 나라의 여성 5분의 2가 높은 유산율에 직면해 있다.
  ▶ 분자 two가 복수형이므로 분모도 복수형이 와야 한다. fifth → fifths
  [어휘] miscarriage 유산

4 오늘 아침에는 왜 이렇게 교통량이 많은지 모르겠다.
  ▶ traffic은 셀 수 없는 명사이므로 much로 수식하는 것이 적절하다.
  many → much

5 우리는 비용이 많이 든다는 이유로 그 프로젝트에 반대했다.
  ▶ cost는 많고 적음을 주로 high 또는 low로 나타낸다. large → high
  [어휘] on the grounds that ~이라는 근거로, ~의 이유로

6 낙천적인 사람들은 복권하는 것을 즐기는 경향이 있다.
  ▶ 「the+분사」 형태로 복수 보통명사를 나타내고 있으므로 복수 동사가 와야 한다. has → have
  [어휘] the optimistic 낙천적인 사람들, 낙관론자들
  have a tendency to+동사원형 ~하는 경향이 있다

06

> **1** too personal a question
> **2** They were difficult for me
> **3** so much a colleague as a friend / a colleague so much as a friend
> **4** second to none
> **5** worth ten times the amount
> **6** the very best student
> **7** hardly(scarcely, barely) entered the building

1 too ~ a(n)+명사: 너무 ~한 (명사)

2 문맥상 「it is(was)+형용사+for+의미상의 주어+to부정사」 구문으로 쓸 수 있는데, 여기서는 to부정사의 목적어가 없으므로 이를 문장의 주어로 하는 것이 적절하다.

3 not so much ~ as ...: ~이라기보다는 … = not ~ so much as ...

4 second to none: 제일인, 첫째가는

5 worth는 단위를 나타내는 명사를 수식할 때 명사 앞에 위치한다.

6 very가 최상급을 수식할 때는 the very의 형태로 수식한다.
  [어휘] graduate 졸업생

7 hardly(scarcely, barely) ~ when(before) ...: ~하자마자 …하다

07

> **1** ⑤ the later → the latter
> **2** successful

일반적으로, 젊은이들은 새로운 사업을 시작할 때조차도 비현실적인 낙관성을 가지고 있다. 새로운 사업의 약 3분의 2는 실패로 끝난다. 하지만, 젊은 기업가들은 보통 그들의 사업이 성공적일 것이라 믿는다. 몇몇 젊은 사업가들에게 두 가지 질문이 주어졌다. 전자는 그들이 하고 있는 사업의 전형적인 사업이 성공할 확률이 얼마인지였으며 후자는 그들의 회사가 달성할 성공 확률이 얼마인지였다. 응답자들은 두 질문에 모두 50 퍼센트에서 90 퍼센트라고 답했다.

1 the latter: 후자

2 successive는 '연속되는'의 의미이다. 여기서는 문맥상 '성공적인'을 의미하는 successful이 되어야 알맞다.

[어휘] unrealistic 비현실적인 end in failure 실패로 끝나다
enterpriser 사업가, 기업가 chance 가능성, 확률 probability 확률
respondent 응답자

REVIEW TEST pp. 200-201

01 ①	02 ③	03 ②	04 ④	05 ②	06 ④
07 ②	08 ⑤	09 ③	10 ④	11 ④	12 ⑤
13 ①	14 ⑤	15 (b), (c), (e)			

01 셀 수 있는 명사의 수를 나타내는 few: (부정적 의미로) 거의 없는, 극소수의
  [어휘] work 효과가 있다

02 imaginative: 상상력이 풍부한

03 부정문에서 '역시, 또한'의 의미를 나타내는 것은 either이다.

04 사람들이 생각하는 것과 달리 Johnson은 그 직위에 오를 수 있는 충분한 자격을 갖추고 있다.
  ▶ 부사 enough는 수식하는 말 뒤에 위치하므로 형용사 qualified 뒤에 오는 것이 적절하다.

05 그 국가들은 그 후로 줄곧 디지털 백신 접종 증명서를 소지한
여행객들을 입국시켰다.
▶ 부사 since는 현재완료시제 문장에서 ever와 함께 쓰여 '그 후로
줄곧'의 의미를 나타내므로 ever 뒤에 오는 것이 적절하다.
【어휘】 certificate 증명서   vaccination 백신 접종

06 • 내가 버스 정류장에 도착하자마자 마지막 버스가 떠났다.
• 나는 쉬는 날 일하느니 차라리 오늘 밤 늦게까지 일하는 게 낫겠다.
▶ 첫 번째 문장에는 '~하자마자 …하다'의 의미를 나타내는 「hardly
~ when …」 구문이 쓰였으므로 빈칸에 hardly가 알맞다. 두 번째
문장에는 동사 work를 수식하는 부사 late(늦게)이 알맞다.

07 ① 저기 생일 주인공 소년이 온다! '생일 축하합니다' 노래를 부르자.
▶ 「there+동사+주어」 도치구문
② 경찰은 그녀가 술에 취해 있고 운전 면허증이 없는 것을 알게 됐다.
▶ drunken은 한정적 용법으로만 쓰이므로, 주격보어 자리에는
서술적 용법으로 쓰이는 drunk가 와야 한다.
③ 나는 전에 스카이다이빙을 해본 적은 없지만 번지점프는 한 번
해봤다.
▶ before는 단독으로 쓰여 '전에, 예전에'의 의미를 나타낼 수 있고,
once는 문장 끝에서 '한 번'의 의미를 나타낼 수 있다.
④ 드디어 봄학기가 끝에 다다르고 있다!
▶ near은 동사로 쓰여 '다가오다, 가까워지다'의 의미를 나타낼 수
있다.
⑤ 많은 사람들은 그들 앞에 있는 미지의 것을 두려워한다.
▶ 「the+분사」 형태로 '~한 것'이라는 추상적 개념을 나타낼 수
있다.

08 ① 나는 회의를 위해 출력물 200부와 그 수만큼의 의자를 준비해야
했다.
▶ as many: (앞서 나온 수사와) 같은 수만큼의
【어휘】 printout 출력물
② 관계 당국은 대중에게 진실을 밝히고 싶지 않았다.
▶ 형용사 concerned는 한정적 용법(걱정이 된)과 서술적
용법(관련된)으로 쓰일 수 있는데, 서술적 용법으로 쓰이면 명사를
뒤에서 수식한다.
③ 성벽은 7미터 높이에 3미터 두께이다.
▶ high와 thick는 단위를 나타내는 명사를 뒤에서 수식한다.
④ 철도 파업은 특히 시민들의 안전에 위협을 가할 수 있다.
▶ 「전치사+형용사」 형태의 in particular(특히)
【어휘】 pose a threat to ~에 위협을 가하다
⑤ 전통에 따르면, 신부들은 자신들의 신발에 새로운 무언가와
6펜스짜리 은화를 지니고 있어야 한다.
▶ -thing으로 끝나는 부정대명사를 수식할 때는 형용사가 명사
뒤에 위치하므로 new something은 something new가
되어야 한다.

09 이는 우리가 미래를 위해 다뤄야 할 주된/유일한/바로 그/주요한
사안이다.
▶ 명사를 수식하는 한정적 용법의 형용사가 필요하므로, 서술적
용법으로만 쓰이는 worth는 알맞지 않다.

10 그들은 즉시 부상자들을 병원으로 옮겼다.
▶ 복수 보통명사를 나타내는 「the+분사」 형태의 the wounded가
적절하다.

11 ① 미래 지향적인 당연·필요를 나타내는 「it is(was)+형용사+that
~ (should)+동사원형」 구문에서 should가 생략되고 동사원형
spend가 남은 것으로 올바르다.
② never은 명령문에 한해서 맨 앞에 위치할 수 있으므로 올바르다.
③ 분수는 분자를 기수로, 분모를 서수로 나타내는데, 분자가
단수형이고 이에 따라 분모도 단수형이므로 올바르다.
【어휘】 agriculture 농업
④ 형용사 ill은 한정적 용법(나쁜)과 서술적 용법(아픈, 병이 든)으로
쓰일 수 있는데, 서술적 용법으로 쓰이면 명사를 뒤에서 수식하므로
ill students는 students ill이 되어야 한다.
⑤ '4차'는 서수로, '산업 혁명'은 '산업의'를 의미하는 형용사
industrial로 나타낸 올바른 문장이다.

12 • 오늘은 습기가 너무 많은 날이라서 옷이 마르지 않을 거예요.
• 그 조각상은 너무 커서 도움 없이 나를 수 없다.
▶ 첫 번째 문장에는 「too ~ a(n)+명사」 구문이 쓰였고 두 번째
문장에는 「too ~ to부정사」 구문이 쓰였으므로 공통으로 알맞은 말은
too이다.

13 ① Jennifer는 그날 아침 사탕 항아리가 빈 것을 알아챘다.
▶ 목적격보어 자리에 왔으므로 서술적 용법으로 쓰였음을 알 수
있다. 한정적 용법인 나머지와 쓰임이 다르다.
② 나는 살아 있는 동물에 대한 화장품 실험에 강력히 반대한다.
▶ 명사를 앞에서 수식하는 한정적 용법이다.
【어휘】 cosmetic 화장의
③ 안타깝게도 그 소년은 독일의 어느 낯선 곳으로 보내졌다.
▶ 명사를 뒤에서 수식하는 한정적 용법이다.
④ 그 회사의 예산은 연 단위로 검토된다.
▶ 명사를 앞에서 수식하는 한정적 용법이다.
⑤ 너는 가능한 모든 수단을 동원해서라도 이 목표를 달성해야 한다.
▶ 명사를 뒤에서 수식하는 한정적 용법이다.

14 우리는 어르신들과 대화할 때 아무리 공손해도 지나치지 않다.
▶ cannot be too ~: 아무리 ~해도 지나치지 않다
① 우리는 너무 공손해서 어르신들과 대화할 수 없다.
▶ too ~ to부정사: 너무 ~해서 …할 수 없는
② 우리는 어르신들과 대화할 만큼 충분히 공손하다.
▶ ~ enough+to부정사: …할 만큼 충분히 ~한
③ 우리는 어르신들과 대화할 때 매우 공손하다.
▶ only too: 매우, 아주
④ 우리는 어르신들과 대화할 만큼 공손하지 않다.
▶ so ~ as+to부정사: …할 만큼 ~한(하게)
⑤ 우리는 어르신들과 대화할 때 아무리 공손 해도 지나치지 않다.
▶ 「cannot be ~ enough」는 「cannot be too ~」와 같은
의미이다.

15 (a) 내 아이들은 세 살 때부터 피아노를 배웠지만, 둘 다 음악에 거의
관심이 없다.
▶ since는 접속사로 쓰일 수 있고, little이 셀 수 없는 명사와 함께
쓰여 '거의 없는'을 의미하므로 문맥상 적절하다.
(b) 그 소수 민족은 태곳적부터 이 지역에 거주해왔다.
▶ 「명사+형용사」 관용 표현인 from time immemorial의
어순이 되어야 한다.
【어휘】 minority race 소수 민족   reside 거주하다

(c) 그들은 너무나 열심히 공부해서 전원이 시험에 합격했다.
▶ 부사 hardly는 '거의 ~않다'를 의미하므로 '열심히'를 의미하는 hard가 되어야 한다.
(d) 그는 지난달 캠핑을 위해 귀엽고 작은 낡은 초록색 랜턴을 샀다.
▶ 「관사＋성상형용사(주관적 의견＋크기＋신구＋색상)＋명사」로 어순이 알맞다.
【어휘】lantern 랜턴, 손전등
(e) 전등을 모두 켜 놓았네. 전기를 절약하려면 꺼야지.
▶ on은 목적격보어로 형용사 역할을 하고 있어 쓰임이 적절하나, turn off them에서 them이 대명사이므로 turn them off가 되어야 한다.
(f) 그 나라에서 확인된 바이러스가 전염성이 더 높고 더 치명적이라고 판명되었다.
▶ identified가 구를 이루어 명사 The virus를 뒤에서 수식하고, deadly가 형용사로서 주격보어로 쓰였으므로 올바른 문장이다.

REVIEW TEST through Reading p. 202

1 ③ 2 ⑤

1
【해석】명성은 세 가지 이유로 중요하다. 우선, 우리의 됨됨이가 어떻게 인식되느냐에 따라 삶의 많은 기회가 주어질 수 있다. 우리는 우리를 신뢰할 수 없다고 생각하는 사람에게는 절대 고용될 리 없을 것이다. 우리가 실제로 얼마나 신뢰할 만한지와 상관없이 이렇게 될 것이다. 다음으로, 많은 연구에 따르면 우리는 타인이 생각하는 우리의 인상에 맞춰 행동한다고 한다. 우리가 따뜻하고 친절하다고 기대되면, 그렇게 되는 경향이 있다.

마지막으로, 타인들이 우리에 대해 생각하는 것이 옳을지도 모른다. 우리의 됨됨이가 어떤지 알고 싶다면, 그저 주변을 둘러보면 된다. 우리의 주변 사람들은 우리를 관찰하고 우리의 됨됨이에 대해 결론을 내린다. 그런 이유로, 그들이야말로 우리의 됨됨이에 대한 피드백을 얻을 수 있는 중요한 원천이다.
【해설】③ 앞에 나온 내용을 대신할 수 있는 말이 와야 하므로, too를 so로 바꾸어야 한다.
【어휘】reputation 명성 credible 신뢰할 수 있는

2
【해석】능숙한 선수에 맞서 겨루는 체스 초보자가 있다고 가정하자. 예상대로 그 초보자는 질 것이고 이유는 바로 그가 잘못된 선택을 하기 쉽기 때문이다. 마찬가지로, 평범한 고객들은 그들에게 물건을 팔려고 애쓰는 능숙한 전문가들에 의해 지배되는 세계에서 초보자다. 사람들이 얼마나 잘 선택할 것인지는 경험적인 질문이며 정답은 다양할 수 있다. 사람들이 능숙하고 아주 잘 아는 상황에서 좋은 선택을 한다고 말하는 것이 타당하다. 하지만 사람들은 미숙하고 잘 모르는 상황에서는 그보다 못한 선택을 한다. 그리하여, 예를 들어, 30가지 아이스크림 맛 중에서 선택하려고 한다면, 당신은 자신이 어떤 맛을 좋아하는지 알기 때문에 완벽한 선택을 할 수가 있다. 하지만 여러 특성을 가진 약 중에서 선택하려고 한다면, 당신은 아마도 약간의 도움이 필요할 것이다.
【해설】(A) 뒤이은 절을 수식할 수 있는 부사 precisely가 알맞다.
(B) 동사 choose를 수식할 수 있는 부사 well이 알맞다.
(C) 문맥상 도움이 필요하므로 긍정의 의미로 쓰이는 a little이 알맞다.
【어휘】precisely 바로, 꼭, 정확히 be apt to＋동사원형 ~하기 쉽다 dominate 지배하다 vary 다양하다

CHAPTER 12 비교 Comparison

EXERCISE 01 p. 205

| 1 as | 2 gifted a | 3 twice as |
| 4 so | 5 that of mothers | 6 as |

1 이 과학 이론은 네가 생각하는 것만큼 복잡하지 않다.
▶ as＋원급＋as ...: ...만큼 ~한(하게)
2 아이작 뉴턴은 알베르트 아인슈타인만큼이나 재능 있는 과학자였다.
▶ as＋원급＋a(n)＋명사＋as ...: ...만큼 ~한 (명사)
3 이번 분기의 수익은 2/4분기 수익보다 거의 두 배나 높다.
▶ 배수사＋as＋원급＋as ...: ...보다 몇 배 ~한(하게)
4 그 팬들은 그 경기 결과에 화가 났다기보다는 어리둥절한 것처럼 보였다.
▶ not so much A as B: A라기보다는 B
【어휘】puzzled 어리둥절한
5 그 실험은 아버지의 사랑이 어머니의 사랑만큼이나 강하다는 것을 보여준다.
▶ 비교 대상 love의 반복을 피하기 위해 대명사 that이 쓰인 that of mothers가 알맞다.
6 나는 파티에서 그와 함께 있느니 차라리 집에서 TV를 보는 편이 낫겠어.
▶ may as well A as B: B하느니 차라리 A하는 편이 낫다

9 네가 운동을 더 많이 할수록, 네 심장은 더 튼튼해질 것이다.

  ▶ the + 비교급 ~, the + 비교급 ...: ~하면 할수록 더 …하다

10 넌 이런 중요한 문제들을 무시할 정도로 어리석어서는 안 된다.

  ▶ know better than to + 동사원형: ~할 정도로 어리석지 않다

EXERCISE 02   p. 207

> **1** more advanced than
> **2** five times faster than
> **3** 40 centimeters narrower than
> **4** inferior to
> **5** even(far, still, a lot, (very) much) harder
> **6** less deep than
> **7** shorter than the wavelengths(those) of

1 비교급 + than ...: …보다 더 ~한(하게)

2 배수사 + 비교급 + than ...: …보다 몇 배 더 ~한(하게)

3 수사 + 단위 명사 + 비교급 + than ...: …보다 몇 (단위) 더 ~한(하게)

4 inferior to: ~보다 열등한
　【어휘】 self-esteem 자긍심

5 '훨씬'이라는 의미로 비교급을 수식하는 말로는 even, far, still, (very) much, a lot 등이 있으며, 비교급 harder 바로 앞에 위치한다.

6 less + 원급 + than ...: …보다 덜 ~한(하게)

7 「비교급 + than」 구문이 적절하며, 비교 대상 wavelengths의 반복을 피하기 위해 대명사를 쓸 수 있는데, wavelengths가 복수이므로 those로 나타내는 것이 적절하다.
　【어휘】 wavelength 파장

EXERCISE 03   p. 209

> **1** the easier　　　　　**2** no
> **3** and more critical　　**4** the worse
> **5** than　　　　　　　**6** the better
> **7** better, worse　　　 **8** the worse
> **9** The more, the stronger　**10** better, to ignore

1 당신 생각에 둘 중에 어느 수영법이 더 쉽나요?
  ▶ the + 비교급 + of the two: 둘 중 더 ~한 쪽

2 요즘에는 문신이 더 이상 폭력배의 표시로 인식되지 않는다.
  ▶ no longer: 더 이상 ~아닌
  【어휘】 gangster 폭력배

3 그 환자의 상태는 점점 더 위태로워지고 있었다.
  ▶ more and more + 원급: 점점 더 ~한(하게)

4 Mia는 남자친구와 헤어졌음에도 조금도 더 나빠 보이지 않는다.
  ▶ none the + 비교급: 조금도(전혀) 더 ~하지 않은
  【어휘】 break up with ~와 헤어지다

5 그는 누군가 비명을 지르는 소리를 듣자마자 방 밖으로 급히 뛰어나갔다.
  ▶ no sooner A than B: A하자마자 B하다

6 그 나라의 다른 어떤 투환 선수도 Jonathan을 이길 수 없다.
  ▶ get the better of: ~을 이기다(능가하다)
  【어휘】 shot putter 투포환 선수

7 그녀의 결혼은 좋든 나쁘든 그녀의 삶을 완전히 바꾸어 놓을 것이다.
  ▶ for better or (for) worse: 좋든 싫든(나쁘든)

8 회오리바람이 더 강력해진다면, 그 지역의 주민들에게는 훨씬 더 안 좋을 것이다.

1 no less than + 사람: 다름아닌 ~인
　【어휘】 archbishop 대주교

2 A + 동사 + no more B than C + 동사 + D: A가 B 아닌(하지 않는) 것은 C가 D 아닌(하지 않는) 것과 같다

3 no later than: 늦어도 ~까지는

4 not less than + 수사: 최소한, not more than + 수사: 기껏해야
　【어휘】 repeat offender 상습범

5 no less: 바로, 역시, 과연 (문장 끝에 사용되어 놀람이나 감탄을 표현)

6 no fewer than + 수사: ~만큼이나

7 not이 아닌 no를 사용하여 부정하면 화자의 주관적 느낌과 더불어 부정의 의미가 더욱 강조된다.
　【어휘】 material 물질적인

8 no better than: ~보다 나을 건 없는

9 A + 동사 + no less B than C + 동사 + D: A가 B인(하는) 것은 C가 D인(하는) 것과 같다

EXERCISE 04   p. 211

> **1** 놀랍게도 가게에 있던 그 남자는 다름아닌 대주교님이었다.
> **2** 그들이 네 적이 아닌 것처럼 너도 그들의 적이 아니다.
> **3** 더 이상의 지체를 피하기 위해 당신은 그 일을 늦어도 이번 주 금요일까지는 마쳐야 합니다.
> **4** 상습범들은 최소한 6개월에서 기껏해야 2년 형을 받게 될 것이다.
> **5** 역시, 우리는 5 대 0으로 경기에서 이겼다!
> **6** 반대 의견을 표한 회원들이 20명이나 된다.
> **7** 물질적 풍요에도 불구하고, 요즘 사람들은 50년 전 사람들보다 더 행복하지 않다.
> **8** 그 식당의 인기 있는 버거는 길거리의 여느 버거들보다 나을 건 없었다.
> **9** 여러분의 학업 성취도 향상에 있어서 얼마나 효율적으로 공부하는지가 중요한 것은 얼마나 오래 공부하는지가 중요한 것과 같다.

EXERCISE 05   p. 213

> **1** the least simple job
> **2** most congested
> **3** the very best executive
> **4** the cheapest product but one
> **5** her most important goal
> **6** the world's highest

1 the least + 원급 + 명사: 가장 덜 ~한 (명사)

2 하나의 대상이 가진 성질이나 특징끼리 비교하는 경우 최상급에 the를

붙이지 않는다. 다른 터널과 비교하는 것이 아니라 터널을 자체 비교하고 있음에 유의한다.

3 very는 최상급을 수식할 때 the very의 형태를 취한다.

4 the+최상급+명사+but one: 두 번째로 ~한 (명사)

5 최상급 앞에 소유격이 오는 경우 the를 필요로 하지 않는다.

6 the+명사's+최상급: (명사)의 가장 ~한

EXERCISE 06   p.215

1 그 오페라 가수의 목소리는 이른 아침에는 결코 가장 좋은 상태가 아니다.
2 이 어린 거북을 자연으로 놓아주는 것이 가장 좋은 방향이다.
3 그녀는 절대 그런 터무니없는 말을 하지 않을 사람이다.
4 가장 똑똑한 교수라도 3분 만에 이 문제를 못 풀 수도 있다.
5 마지막으로 모든 자원봉사자들에게 감사를 표하고 싶습니다.
6 그들의 교수법은 잘해야 비효율적이고 최악의 경우에는 해로울 수 있다.
7 당신은 늦어도 내일 아침 7시까지 사무실에 도착해야 합니다.
8 그는 그 분야에서 다른 모든 중개인들보다 더 전문성이 있다.
9 그 기자는 압박감 속에서 빨리 집필하는 자신의 능력을 최대한 활용했다.
10 새로 수립된 정책은 전혀 환경 친화적이지 않다.

1 at one's best: 가장 좋은 상태에, 전성기인
2 for the best: 가장 좋은 방향으로
   【어휘】 tortoise (육지·민물에 사는) 거북
3 the last+명사+to부정사: 가장 ~할 것 같지 않은 (명사), 절대 ~하지 않을 (명사)
4 최상급이 조동사 may와 함께 쓰여 양보의 의미를 나타낼 수 있다.
5 last but not least: 마지막이지만 중요한 것은, 마지막으로 (말하지만 결코 무시하지 못할)
6 at best: 잘해야, at (the) worst: 최악의 경우에
   【어휘】 detrimental 해로운
7 at (the) latest: (아무리) 늦어도
8 A+동사+비교급+than all the (other)+복수명사: A는 다른 모든 (명사)보다 더 ~하다
9 make the best of: ~을 최대한 이용하다
   【어휘】 under pressure 압박감을 느끼는, 스트레스를 받는
10 not in the least: 전혀〔조금도〕 ~아닌

OVERALL EXERCISE   pp.216-217

01

1 less eye-catching than
2 browner than the colors(those) of
3 the smallest amount
4 one of the most groundbreaking inventions
5 flexible an approach
6 a most pleasant

1 less+원급+than ...: ···보다 덜 ~한〔하게〕
   【어휘】 neutral color 무채색   eye-catching 눈길을 끄는
2 「비교급+than」 구문이 적절하며, 비교 대상 colors의 반복을 피하기 위해 대명사를 쓸 수 있는데, colors가 복수이므로 those로 나타내는 것이 적절하다.
3 the+최상급+명사: 가장 ~한 (명사)
4 one of the+최상급+복수명사: 가장 ~한 ···중 하나
   【어휘】 groundbreaking 획기적인
5 as+원급+a(n)+명사+as ...: ···만큼 ~한 (명사)
6 most+원급+명사: 매우 ~한 (명사)

02

1 It is wrong to believe one ethnic group is intellectually inferior to another.
2 They sped up faster and faster to finish construction in time.
3 Steve is most enthusiastic about sharing his knowledge with the younger generation.
4 Actually, what she said was not so much a question as an opinion.
5 Reducing consumption is the very best way to solve the worldwide problem of waste.

1 한 인종 집단이 다른 인종 집단보다 지적으로 열등하다고 믿는 것은 잘못이다.
   ▶ inferior는 to를 이용하는 비교급이다. than → to
2 그들은 시간에 맞추어 공사를 마무리하기 위해 점점 더 속도를 높였다.
   ▶ fast의 비교급은 more fast가 아닌 faster이므로 「비교급+and+비교급」 구문을 이용할 때 faster and faster가 되어야 알맞다.
   more and more fast → faster and faster
   【어휘】 in time 시간에 맞춰
3 Steve는 그의 지식을 더 어린 세대와 공유하는 데 있어서 가장 열정적이다.
   ▶ 하나의 대상이 가진 성질이나 특징끼리 비교하는 경우 최상급에 the를 붙이지 않는다. the most → most
4 사실 그녀가 말했던 것은 질문이라기보다는 의견이었다.
   ▶ not so much A as B: A라기보다는 B
   than → as
5 소비를 줄이는 것이 전 세계적인 폐기물 문제를 해결할 단연코 최선의 방법이다.
   ▶ very가 최상급을 수식할 때는 the very의 형태로 수식한다.
   very the best → the very best

03

1 the second largest	2 fly any more
3 as strong as	4 wise enough not
5 by 720 meters	6 at least
7 The more reputation, the busier	

1 그것은 한국에서 두 번째로 큰 자원봉사 단체이다.
  ▶ the+최상급+but one: 두 번째로 ~한 = the second+최상급

2 키위 새가 날 수 없는 것은 타조가 날 수 없는 것과 같다.
  ▶ A+동사+no more B than C+동사+D: A가 B하지 않는 것은 C가 D하지 않는 것과 같다
  = A+동사+not B any more than C+동사+D

3 화학적으로 합성된 냄새는 자연적으로 발생하는 냄새보다 더 강하다.
  ▶ 'A가 B보다 더 ~하다'의 의미는 'B는 A만큼 ~하지 않다'와 같으므로 「not+as+원급+as」로 나타낼 수 있다.
  【어휘】 chemically 화학적으로 synthesize 합성하다 odor 냄새

4 경영진은 그렇게 위험성이 큰 모험적 사업에 참여할 정도로 어리석지 않다.
  ▶ know better than to+동사원형: ~할 정도로 어리석지 않다
  = be wise enough not to+동사원형
  【어휘】 executives 경영진 high-risk 위험성이 큰 venture 모험적 사업, 벤처 사업

5 시베리아의 바이칼호는 남극의 보스토크호보다 720미터 더 깊다.
  ▶ 수사+단위 명사+비교급+than ...: …보다 몇 (단위) 더 ~한
  = 비교급+than ...+by+수사+단위 명사

6 하루 중 이 때 즈음에는 최소한 세 시간은 걸릴 것이다.
  ▶ not less than: 최소한 = at least

7 그녀가 특별 초빙 강사로서 명성을 더 얻을수록 더 바빠질 것이다.
  ▶ the+비교급 ~, the+비교급 ...: ~하면 할수록 더 …하다

04

> **1** ④ no less effective as → no less effective than
> **2** (other) medical service system available can be as effective a tool

최근에 '원격 의료'에 있어서 갑작스런 대유행이 있었고, 몇몇 보건 의료 기관들은 원격 의료 사용을 8,000퍼센트까지 늘렸다. 이러한 변화는 예상보다 더 빠르게 일어났다. 원격 의료가 정말 대면 의료와 다를 바 없을까? 제대로 이루어진다면, 그것은 대면 의료보다 덜 효율적인 것은 아닐 수도 있다. 특히나 당뇨병과 같은 만성 질환들에 대한 지속적인 치료를 관리하는 경우에는 원격 의료가 대면 의료보다 훨씬 더 나을 수도 있다. 원격 의료는 가용한 다른 어떤 의료 서비스 체계보다 더 효율적인 도구가 될 수도 있다.

1 「less+원급+than」의 부정형이다. as는 than이 되어야 한다.
2 A+동사+비교급+than any other+단수명사: A는 다른 어떤 (명사)보다 더 ~하다
  = no (other)+단수명사+동사+as(so)+원급+as A

【어휘】 telehealth 원격 의료(컴퓨터·화상 회의 등의 장비로 원거리의 환자들에게 제공되는 의료 서비스) health care facility 보건 의료 기관 in-person 직접의 ongoing 계속 진행 중인 chronic illness 만성 질환

01 ②	02 ⑤	03 ③	04 ②	05 ⑤	06 ③
07 ④	08 ④	09 ⑤	10 ④	11 ①	12 ②

13 (b), (f)

01 이 약물은 제2형 당뇨병을 가진 성인의 혈당 수치를 낮추는 데 훨씬/약간 더 효과적일 수 있다.
  ▶ by far는 비교급이 아닌 최상급을 수식하므로 알맞지 않다.
  【어휘】 blood sugar level 혈당 수치

02 more and more+원급: 점점 더 ~한(하게)

03 last but not least: 마지막이지만 중요한 것은
  【어휘】 put ~ into practice ~을 실행하다

04 A: 상급 캘리그래피 수업료가 300달러이죠, 맞죠?
  B: 네. 납입은 늦어도 5월 27일까지예요.
  ▶ no later than: 늦어도 ~까지는
  【어휘】 tuition 수업료 calligraphy 서예, 캘리그래피(붓이나 펜으로 글자를 아름답게 쓰는 기술)

05 가장 중요한 것은 이기는 것보다는 최선을 다하는 것이다.
  ▶ not so much A as B: A라기보다는 B
  = less A than B = B rather than A = not A so much as B
  = more (of) B than A
  ⑤ '최선을 다하는 것만큼이나 이기는 것이 아니다'의 의미로 주어진 문장과 다르다.

06 건강한 것은 우리 존재의 가장 귀중한 부분이다.
  ▶ A+동사+the+최상급+명사: A는 가장 ~한 (명사)이다
  = no (other)+단수명사+동사+as(so)+원급+as A
  = no (other)+단수명사+동사+비교급+than A
  = A+동사+비교급+than any other+단수명사
  = A+동사+비교급+than all the other+복수명사
  ③ '건강한 것은 우리 존재의 다른 어떤 부분만큼 귀중하지 않다.'의 의미로 주어진 문장과 다르다.

07 • 내가 아는 한, 짧은 여행에는 비자가 필요 없다.
  • 이 새 모델은 이전 것보다 훨씬 더 많은 전력을 소비한다.
  ▶ 문맥상 첫 번째 문장에는 '~하는 한'을 의미하는 as far as가 적절하고, 두 번째 문장에는 '훨씬 더'를 의미하는 비교급 강조 표현이 적절하므로 빈칸에 공통으로 알맞은 말은 far이다.

08 • 우리가 볼 수 있듯이 심장은 흉골보다 뒤에 있다.
  • 지난해 스페인의 수출 성장은 이탈리아의 수출 성장보다 더 강력했다.
  ▶ 첫 번째 문장의 posterior는 than이 아닌 to를 이용하는 비교급이다. 두 번째 문장은 than을 이용하는 비교급으로 비교 대상인 expert growth의 반복을 피하기 위해 that을 쓰는 것이 적절하다.
  【어휘】 sternum 흉골

09 ① 그것은 이제껏 무대에 올려진 뮤지컬 중 가장 훌륭한 뮤지컬이다.
  ▶ the+최상급+명사+관계사절: (이제껏) …한 중 가장 ~한 (명사)
  = the+최상급+명사+to부정사구
  【어휘】 stage ~을 무대에 올리다
  ② 이것이 둘 중 더 저렴한 쪽인 것 같다.

▶ '둘 중 더 ~한 쪽'을 의미하는 「the+비교급+of the two」는 최상급으로도 나타낼 수 있다.

③ 설탕을 지나치게 많이 섭취하는 것은 흡연하는 것보다 나을 건 없다.

▶ no better than은 '~보다 나을 건 없는'의 의미로, 마찬가지로 안 좋거나 더 안 좋다는 의미와 같다.

④ 적절한 보상 없이는 학생들은 더 이상 학교 행사들에 참여하지 않을 것이다.

▶ no longer: 더 이상 ~아닌 = not ~ any longer(more)

⑤ 펭귄이 새인 것은 카나리아가 새인 것과 같다.
펭귄이 새가 아닌 것은 카나리아가 새가 아닌 것과 같다.

▶ 첫 번째 문장은 'A가 B인 것은 C가 D인 것과 같다'의 의미를 나타내는 「A+동사+B just as C+동사+D」 구문이며, 두 번째 문장은 'A가 B 아닌 것은 C가 D 아닌 것과 같다'의 의미를 나타내는 「A+동사+no more B than C+동사+D」 구문이므로 서로 의미가 다르다.

10 ① 새 복사기는 자주 고장이 난다.

▶ more often than not: 흔히, 자주, 대개
【어휘】 photocopier 복사기

② 때때로 사람들은 자신들의 감정이 자신들을 이기도록 내버려 둔다.

▶ get the better of: ~을 이기다(능가하다)

③ Jasmine은 파산하고 빚을 갚지 않을 사람이 절대 아니다.

▶ the last+명사+to부정사: 가장 ~할 것 같지 않은 (명사), 절대 ~하지 않을 (명사)
【어휘】 go broke 파산하다 default on a debt 빚을 갚지 않다

④ 사장이 나의 봉급을 삭감하기로 결정해서 나를 그만큼 더 분노하게 했다.

▶ 문맥상 '그만큼(훨씬) 더 ~한'의 의미를 나타내는 「all the+비교급」 구문이 적절하므로 all more furious는 all the more furious가 되어야 한다.

⑤ 교체 배관들의 지름은 낡은 배관들의 지름보다 두 배 길다.

▶ 배수사+the+단위 명사+of ...: ···보다 몇 배 ~한(하게)
【어휘】 diameter 지름

11 ① 당신네 것처럼 군침이 돌게 하는 메뉴를 만드는 비결을 좀 알려 주시겠어요?

▶ 「as+원급+a(n)+명사+as ...」 어순이 알맞으므로 as mouth-watering a menu as가 되어야 한다.
【어휘】 mouth-watering 군침이 돌게 하는

② 그들은 제조 공정을 가능한 한 신속하게 자동화시켰다.

▶ as+원급+as possible: 가능한 한 ~하게(한)
【어휘】 expeditiously 신속하게

③ 역시, 우리는 공주님의 예방을 받았다!

▶ no less: 역시, 과연, 그야말로, 바로

④ 내 친구는 기껏해야 500달러를 주식에 투자했다.

▶ at most: 기껏해야, 겨우 ~ 밖에

⑤ 비언어적 표현은 언어적 표현보다 훨씬 더 많은 정보를 전달한다.

▶ than 뒤의 종속절에서 주어가 구를 이루어 길 경우 간결한 표현을 위해 주어와 동사가 도치된다.
【어휘】 nonverbal 비언어의 verbal 언어의

12 ① so much the worse: 훨씬 더 안 좋은
【어휘】 get away from ~에서 도망치다

② few and far between은 '흔치 않은'이라는 뜻으로 '멀리 떨어진'이라는 의미와는 다르다.
【어휘】 service station 휴게소

③ for better or (for) worse: 좋든 싫든(나쁘든)

④ no less than+사람: 다름아닌 ~인
【어휘】 chief justice 대법관

⑤ as good as: (사실상) ~와 다름없는

13 (a) 그 계약은 빨라야 모레 체결될 것입니다.

▶ no earlier than: 빨라야 ~에

(b) 그녀는 검정색 옷을 입었을 때 가장 예뻐 보인다.

▶ 하나의 대상이 가진 성질이나 특징끼리 비교하는 경우에는 최상급 앞에 the를 붙이지 않으므로, looks prettiest가 되어야 한다.

(c) 그 선수의 연봉은 리그 내에서 단연코 가장 높다.

▶ far and away는 최상급 앞에 쓰여 '단연코'라는 의미로 최상급을 수식한다.

(d) 그 호텔은 공항에서 10마일이나 떨어져 있다.

▶ no less than+수사: ~만큼이나

(e) 그 상원 의원은 완고해 보인다.

▶ (as) hard as nails: 튼튼한, 완고한
【어휘】 senator 상원 의원

(f) 나는 나쁜 남자애들과 어울려 놀 정도로 어리석지 않다.

▶ '~할 정도로 어리석지 않다'라는 의미는 「know better than to+동사원형」으로 나타내므로 hang out은 to hang out이 되어야 한다.
【어휘】 hang out with ~와 어울리며 놀다

REVIEW TEST through Reading p. 220

1 ④   2 ⑤

1
【해석】 알레르기 철이 점점 길어지고 꽃가루 농도도 점점 짙어지고 있다. 최근의 한 연구에서 꽃가루 철이 2년 전보다 20일 더 길어졌지만 꽃가루 농도는 같은 기간에 21퍼센트 높아졌다는 것을 알아냈다. 기후 변화가 꽃가루 철 기간과 꽃가루 농도의 변화에 있어서 가장 큰 원인이다. 이런 추세는 우리의 호흡기 건강에 점점 더 영향을 미칠 것 같다. 하지만 흥미롭게도, 이들 문제는 사람들이 실내에서 더 많은 시간을 보내게 만들고 그리하여 공기로 운반되는 알레르기 유발 물질에의 노출을 줄이게 만든 최근의 세계적인 유행병 때문에 다소 상쇄되었을지도 모른다. 그래서, 당신이 계절성 알레르기 유발 물질과의 접촉을 피하기 위해 할 수 있는 일이 있다. 당신이 어떤 꽃가루에 대해 알레르기가 있는지 알아보고 매일 외출하기 전에 대기 중의 꽃가루 수를 확인하라. 그것이 공기로 운반되는 알레르기 유발 물질과의 접촉을 줄일 수 있는 최선의 방법들 중 하나이다.

【해설】 ④ 문맥상 '다소, 약간'이라는 의미가 적절하므로 more or fewer는 more or less가 되어야 한다.

【어휘】 seasonal 계절적인 allergic to ~에 대해 알레르기가 있는

2

【해석】요즘 여러분은 종종 '온전한 자아' 상태로 출근하고, 최상의 자아가 되고, 그럼으로써 더 진짜가 되라는 격려를 받습니다. 여러분은 여러분의 정체성의 어떤 부분들을 감추는 데 에너지를 덜 쓰게 될 것이고, 일할 에너지는 더 많아지며, 생산성을 높이게 될 것입니다. 이것은 동료들이나 상사들에게 가능한 한 완전히 용인되기를 원하는 개개인은 물론 경쟁 우위를 추구하는 조직들에게도 매력적인 생각입니다. 하지만 여러분의 진정한 자아가 조직이 추구하는 가치에서 더 벗어날수록 여러분의 진정한 자아를 드러내는 것은 더 위험해집니다. 조직은 단지 생산성이 높은 사람들이 아니라, 그 조직의 핵심 가치를 대변하는 사람들을 승진시킵니다. 이는 여러분이 조직에 잘 맞지 않을 경우 용인되지 못하거나 효과적으로 영향력을 발휘하지 못할 수 있다는 것을 시사합니다.

【해설】(A) 최상급 앞에 소유격이 오는 경우 the를 쓰지 않는다.
(B) as fully as 뒤에 they can 또는 possible이 가능하나 주어가 제시되지 않았으므로 possible이 적절하다.
(C) the+비교급 ~, the+비교급 ...: ~하면 할수록 더 …하다

【어휘】conceal 감추다 productivity 생산성 appealing 매력적인

CHAPTER 13 전치사　　Prepositions

EXERCISE 01　　　　　　　　　　p. 223

1 of importance, 형용사 역할
2 at introducing my knowledge, 부사 역할
3 with difficulty, 부사 역할
4 without a roof, 형용사 역할
5 in need of a new career, 형용사 역할
6 To everyone's sorrow, 부사 역할

1 삶의 질을 평가하는 데 있어서 중요한 것은 무엇인가?
▶ of importance는 주격보어로 형용사 역할을 한다.
【어휘】assess 평가하다
2 나는 나의 지식을 소개하는 데 미숙하다.
▶ at introducing my knowledge는 형용사 poor를 수식하는 부사 역할을 한다.
3 예상외로 그녀의 팀은 결승전에서 어렵게 이겼다.
▶ with difficulty는 동사 won을 수식하는 부사 역할을 한다.
【어휘】unexpectedly 예상외로
4 그 사업가는 지붕 없는 집을 사서 개조했다.
▶ without a roof는 a house를 수식하는 형용사 역할을 한다.
5 Mary는 자신에게 새로운 직업이 필요함을 깨달았다.
▶ in need of a career는 목적격보어로 형용사 역할을 한다.
6 모두에게 애석하게도 그 인기 많은 여배우는 너무 이른 나이에 세상을 떠났다.
▶ To everyone's sorrow는 문장 전체를 수식하는 부사 역할을 한다.
【어휘】beloved 인기 많은, 총애 받는

EXERCISE 02　　　　　　　　　　p. 223

1 나는 주변에 좋은 사람들이 많다는 점에서 운이 좋다.
2 그 목격자의 진술은 경찰 보고서와 완전히 상충되었다.
3 여러분은 자신의 음식을 어디서 구매하고 있는지 자각해야 한다.
4 우리 팀원들은 창의력과 상상력이 뛰어난 사람들이다.
5 저희는 수영장을 개장할 것이며 그것은 어린 고객들에게 유익할 것입니다.

1 in 전치사구는 형용사 lucky를 수식한다.
in that: ~이라는 점에서
2 at 전치사구는 주격보어로서 주어를 보충 설명한다.
at odds with: ~와 상충하여
3 of 전치사구는 형용사 conscious를 수식한다.
【어휘】be conscious of ~을 자각하다
4 with 전치사구는 명사 people을 수식한다.
【어휘】creativity 창의력, 독창성
5 of 전치사구는 주격보어로서 주어를 보충 설명한다.
【어휘】be of use to ~에게 유익하다

EXERCISE 03　　　　　　　　　　p. 225

1 (about) whether he was crying or laughing
2 whom　　　　　　　3 some of the topics
4 (At) what time　　　5 Benjamin
6 what　　　　　　　7 (in) the same way
8 (For) how long

나는 그가 우는지 웃는지 확신할 수 없었다.
▶ about의 목적어는 whether절이다. 형용사 sure 뒤에 whether절이 뒤따르는 경우이므로 about은 생략 가능하다.
2 그들은 그 간호사가 돌보고 있는 환자들이다.
▶ of의 목적어는 관계대명사 whom이다. of가 take care와 의미상 강하게 연결되어 목적어와 분리되었다.
3 제 강의 중에 그 주제들 중 일부가 다뤄질 것입니다.
▶ with의 목적어는 some of the topics이다. with가 수동태 구문에서 동사구에 포함된 전치사이므로 목적어와 분리되었다.
4 저희가 몇 시에 디저트를 먹게 되나요?
▶ At의 목적어는 what time이다. 의문사 what time 앞에서 전치사 at은 생략 가능하다.
5 요즘 나는 Benjamin이 대화하기에 불편하다고 느낀다.
▶ to의 목적어는 Benjamin이다. 형용사를 수식하는 to부정사 구문에 포함되므로 목적어와 분리되었다.
6 당신은 그 고객이 무엇에 대해 화가 났는지 이해하시나요?
▶ about의 목적어는 의문사 what이다. 의문사가 포함된 간접의문문 이므로 목적어와 분리되었다.
7 그 행사는 매년 같은 방식으로 거행된다.
▶ in의 목적어는 the same way이다. 방법을 나타내는 표현 앞에서 전치사 in은 생략 가능하다.
【어휘】 act out ~을 거행하다
8 여러분은 그들에게 글루텐이 없는 식사를 얼마나 오랫동안 제공해왔나요?
▶ For의 목적어는 의문사 how long이다. 지속되는 시간에 대해 쓰일 때 For는 생략 가능하다.
【어휘】 gluten-free 글루텐을 함유하지 않은

EXERCISE 04   p. 227

| 1 under | 2 over | 3 at, on |
| 4 between | 5 the front | |

1 Jasmine은 자신의 아기가 이불 속에서 기는 것을 보았다.
▶ 맞닿아 있으면서 덮이거나 숨겨진 상태를 나타내는 under가 알맞다.
2 그는 끔찍한 광경을 보지 않기 위해 자신의 손으로 눈을 덮었다.
▶ 맞닿아 있으면서 덮은 상태를 나타내는 over가 알맞다.
3 그 배달원이 문가에 있다. 그는 문을 두드리고 있다.
▶ 장소의 한 지점을 나타낼 때는 전치사 at과 표면 위의 한 지점을 나타낼 때는 on이 알맞다.
4 잠자리에 들 때 베개를 여러분의 다리 사이에 놓는 것은 좋은 생각입니다.
▶ 두 대상 사이를 나타내는 between이 알맞다.
5 그녀는 항상 책 앞쪽에 자신의 이름을 적는다.
▶ 사물 자체의 앞쪽을 나타내는 in the front of가 알맞다.

EXERCISE 05   p. 229

1 across	2 into	3 through	4 along
5 via	6 at	7 off	8 into
9 for	10 out of		

1 그 광장 건너편에 헌터리언 박물관이 있다.
▶ (강·도로 등)의 건너편을 나타내는 across가 알맞다.
2 그 약물은 아주 천천히 근육에 주입되어야 한다.
▶ 공간 안으로의 이동을 나타내는 into가 알맞다.
【어휘】 medication 약물   inject (액체)를 주입하다
3 그 범인은 창문을 통해 회의실로 들어갔다.
▶ 입체적 공간을 통과하여 이동함을 나타내는 through가 알맞다.
4 해안을 따라 차를 몰면서 우리는 그림 같은 장소들을 많이 발견했다.
▶ 도로, 강, 복도처럼 선으로 이어지는 사물을 따라감을 나타내는 along이 알맞다.
【어휘】 come upon ~을 우연히 발견하다   picturesque 그림 같은
5 Donovan은 아마 여동생을 통해 Sue에게 메시지를 보내야 할지도 모른다.
▶ 무엇을 통하거나 경유함을 나타내는 전치사 via가 알맞다.
6 내 사촌은 마이크로소프트사의 파리 지사에서 일하고 있다.
▶ 일하는 장소를 나타내는 at이 알맞다.
7 두 시간이나 말을 탄 후 나는 그녀에게 내가 말에서 내리는 것을 도와달라고 부탁했다.
▶ 표면에서 떨어지는 상황을 나타내는 off가 알맞다.
8 먼저 학생들은 전체 구절을 핀란드어로 번역해야 한다.
▶ 변화와 결과를 나타내는 into가 알맞다.
9 그는 런던으로 떠날 때 서울에 작별을 고했다.
▶ 목적지로 향함을 나타내는 for가 알맞다.
【어휘】 say farewell to ~에게 작별을 고하다   set out for ~을 향해 나서다
10 우리는 자원봉사자들 덕분에 350 킬로그램이 넘는 쓰레기를 강바닥에서 끌어냈다.
▶ 공간 밖으로의 이동을 나타내는 out of가 알맞다.
【어휘】 river bed 강바닥

EXERCISE 06   p. 231

| 1 by | 2 after, for | 3 at, on, in |
| 4 since | 5 from, until | |

1 너는 무슨 수를 써서라도 마감일까지 제안서를 제출해야 한다.
▶ '~까지'의 의미를 나타내면서 미래의 특정 시점 이전까지 일이 발생함을 나타내는 by가 알맞다.
【어휘】 due date 마감일   at all costs 무슨 수를 써서라도
2 그 개 Elvis는 이틀 동안 관 속에 갇혀 있다가 구조되었다.
▶ 시간상 뒤를 나타내는 after와 어떤 일이 지속된 기간을 나타내는 for가 알맞다.
【어휘】 be stuck in ~에 갇히다
3 마침내 그들은 2021년 3월 10일 자정에 처녀자리를 볼 수 있었다.
▶ 어느 한 시점을 나타낼 때는 at, 날짜를 나타낼 때는 on, 연도를 나타낼 때는 in이 알맞다.
【어휘】 Virgo (천문) 처녀자리
4 그 뮤지컬 표는 연초부터 판매되어왔다.
▶ 완료시제와 함께 쓰여 '~ 이후로(부터)'의 의미를 나타내는 since가 알맞다.

5 그 정원은 4월부터 5월까지 주민들에게 개방됩니다.

▶ 기간을 나타내고 있으므로 어떤 일의 시작 시점을 나타내는 from, 일정한 시점까지 일이 지속됨을 나타내는 until이 알맞다.

EXERCISE 07　　　p. 232

> **1** 그 소년은 심부름하러 가장 가까운 슈퍼마켓으로 달려갔다.
> **2** 하와이 섬은 뛰어난 자연미로 유명하다.
> **3** 폭우로 인해 뭄바이 서부 철도의 운행이 중단되었다.
> **4** Dean은 차고에 있는 신형 차를 보고 어리둥절했다.
> **5** 용맹한 암탉이 위험에 처한 자신의 병아리들을 구하러 달려왔다.
> **6** 시험 도중에 그녀는 불안 장애로 인해 외웠던 것을 잊어버렸다.

1 목적을 나타내는 on: ~의 용무로, ~ 때문에
2 이유를 나타내는 for: ~ 때문에, ~의 이유로
3 원인을 나타내는 from: ~으로 인해
【어휘】suspend 중단하다
4 감정의 원인을 나타내는 at: ~으로 인해
【어휘】bewildered 어리둥절한　at the sight of ~을 보고
brand-new 신형의
5 목적을 나타내는 to: ~을 위하여
【어휘】rush to ~을 위해 돌진하다　in danger 위험에 처한
6 이유를 나타내는 due to: ~ 때문에
【어휘】anxiety disorder 불안 장애

EXERCISE 08　　　p. 233

| **1** from | **2** through | **3** in | **4** in |

1 골든 시럽은 설탕과 물, 레몬 조각으로 만들어진다.
▶ 본래 성질을 잃는 경우의 재료를 나타내는 from: ~으로(부터)
【어휘】golden syrup 골든 시럽(조리용·식탁용의 정제 시럽)
2 독자들과 가까워지는 가장 효과적인 방법 중 하나는 소셜 미디어를 통하는 것이다.
▶ 수단을 나타내는 through: ~을 통해서, ~에 의하여
【어휘】connect with ~와 가까워지다(연결하다)
3 그의 학생들은 차근차근 연필로 파인애플을 그리기 시작했다.
▶ 도구를 나타내는 in: ~으로
【어휘】step by step 차근차근
4 응급 구조 대원들은 헬기를 타고 사고 현장에 도착했다.
▶ 수단을 나타내는 in: ~을 타고, ~으로
【어휘】emergency medical technician 응급 구조 대원
spot 현장, 장소

EXERCISE 09　　　p. 235

| **1** about | **2** Except for | **3** of |
| **4** from | **5** apart from | **6** In spite |

1 평범하고 일반적 주제를 나타내는 about: ~에 대한(관한)
2 문장 맨 앞에 위치하며 제외를 나타내는 except for: ~ 이외에
【어휘】janitor 수위
3 박탈을 나타내는 of: (…에게서) ~을
【어휘】rob A of B A에게서 B를 강탈하다　in a flash 순식간에
4 분리를 나타내는 from: ~으로부터
【어휘】make an attempt to+동사원형 ~을 시도하다
brutal 잔혹한
5 덧붙이는 의미를 나타내는 apart from: ~ 외에도(뿐만 아니라)
【어휘】bear 감당하다　venue 장소
6 양보를 나타내는 in spite of: ~에도 불구하고
【어휘】be contented with ~에 만족하다

OVERALL EXERCISE　　　pp. 236-237

01

1 With	**2** by	**3** in, at
4 before, into	**5** out of	**6** in, by
7 on, by	**8** about, on, in	**9** out of, by

1 이런 모든 장애에도 불구하고, 그 신체장애가 있는 선수는 포기하기를 거부했다.
▶ 양보를 나타내는 with가 알맞다.
【어휘】obstacle 장애　physically challenged 신체장애가 있는
athlete 선수
2 그 300년 된 은행나무는 그 지방 정부에 의해 보존되어왔다.
▶ 수동태에서 행위자를 나타내는 by가 알맞다.
【어휘】maidenhair tree 은행나무
3 우리는 토론토에 머물 예정이지만 짧게 벤쿠버에 들를 것이다.
▶ 넓은 지역을 나타내는 in, 넓은 장소이지만 잠시 거치는 지점을 나타내는 at이 알맞다.
4 그 죄수가 판사 앞에 서자 그의 미소는 찌푸림으로 변했다.
▶ 격식을 갖춘 장소나 사람의 앞을 나타내는 before, 추이·변화·결과를 나타내는 into가 알맞다.
【어휘】frown 찌푸림
5 조사는 필요성 혹은 호기심으로 인해 진행되었다.
▶ 행동에 대한 동기를 나타내는 out of가 알맞다.
【어휘】curiosity 호기심
6 그는 교외에 살며 지하철을 타고 직장으로 통근한다.
▶ 넓은 지역을 나타내는 in과 관사 없이 교통수단을 나타내는 by가 알맞다.
【어휘】suburb 교외　commute 통근하다　workplace 직장
7 그 등은 고리를 통해서 천장에 설치되었다.
▶ 표면 위의 한 지점에 닿아 있는 상태를 나타내는 on과 수단·도구를

나타내는 by means of의 of가 알맞다.

【어휘】 hook 고리

8 그녀는 네덜란드어로 전화를 통해 자신의 새로운 상사에 대해 이야기하고 있다.
▶ 평범하고 일반적 주제를 나타내는 about, 통신 수단을 나타내는 on, 언어 수단을 나타내는 in이 알맞다.

【어휘】 Dutch 네덜란드어

9 동물의 뼈로 만든 고대의 피리를 전시하는 안은 6월 30일까지 완료될 것이다.
▶ 본래 성질이 유지되는 경우의 재료를 나타내는 out of와 미래의 특정 시점 이전까지 일이 발생함을 나타내는 by가 알맞다.

02

> 1 The birds are the size of the Dalmatian Pelican.
> 2 The prolific novelist finished his fifteenth novel in two months.
> 3 Except for the bed and some clothes, nothing was found in his house.
> 4 She had a surgery last week and didn't leave the hospital until yesterday.
> 5 This is the child whom the man attempts to get custody of.

1 그 새들은 달마시안 펠리컨의 크기이다.
▶ 측정 명사가 포함된 표현이 주격보어로 be동사 다음에 오는 경우 전치사를 쓰지 않으므로 of를 삭제해야 한다.
are of the size → are the size
【어휘】 Dalmatian Pelican 달마시안 펠리컨, 사다새

2 그 다작 소설가는 자신의 열다섯 번째 소설을 두 달 만에 완성했다.
▶ 일이 완료되는 데 걸린 기간에 대해서는 in을 쓴다. for → in
【어휘】 prolific 다작하는

3 침대와 옷을 제외하고는 그의 집에서 아무것도 발견되지 않았다.
▶ except for는 문장 맨 앞에 위치할 수 있지만 except는 불가하다.
except → except for

4 그녀는 지난주에 수술을 받았고 어제에서야 비로소 퇴원했다.
▶ 문맥상 'B에야 비로소 A하다'라는 의미의 「not A until B」 구문이 적절하다. by → until

5 이 아이는 그 남자가 양육권을 얻으려고 시도하는 아이이다.
▶ 전치사 of가 get custody와 의미상 강하게 연결되어 있으므로 목적어 whom과 분리되어 뒤에 위치해야 한다.
of whom ~ custody → whom ~ custody of
【어휘】 get custody of ~의 양육권을 얻다

03

> 1 on, in   2 from, to
> 3 in, the, back, of   4 from, except/save
> 5 By, ahead, of   6 in, front, of, across

1 표면 위의 한 지점에 있는 상태를 나타내는 on: ~의 위에
교통수단을 나타내는 in: ~을 타고, ~으로

【어휘】 evacuate 대피시키다

2 이동·방향을 나타내는 from: (출발지)에서(부터)
이동·방향을 나타내는 to: (도착지)까지

3 사물 자체의 뒤쪽을 나타내는 in the back of: ~의 뒤쪽에
【어휘】 load ~을 싣다

4 구별이나 차이를 나타내는 from: ~와
제외를 나타내며 절 앞에 올 수 있는 except/save: ~을 제외하고

5 미래의 특정 시점 이전까지 일이 발생함을 나타내는 by: ~까지
ahead of: ~보다 빨리

6 장소를 나타내는 in front of: ~의 앞(정면)에
이동·방향을 나타내는 across: (강·도로 등)의 건너(반대)편에

04

> 1 ④ during → since
> 2 Do you remember the topic (that) we talked about before?

이전에 우리가 얘기했던 주제를 기억하나요? 화폐에는 실물 화폐와 명목 화폐 두 종류의 화폐가 있습니다. 실물 화폐는 명시된 가치 외에도 내재 가치를 갖습니다. 명목 화폐는 내재 가치도 (물리적인) 이용 가치도 없습니다. 처음에 명목 화폐, 다시 말해서 종이 화폐는 비축된 금이 여러분에게 지급될 것임을 나타내는 영수증에 불과했습니다. 그것은 오랫동안 사용되었으나 1970년대 이후로는 그것의 가치가 더 이상 금으로 교환되지 않습니다. 그것의 가치는 전적으로 미국 재무부가 정합니다.

1 ④ 문맥상 완료시제와 함께 쓰여 '~ 이래로(부터)'의 의미를 나타내는 since가 알맞으므로 during은 since가 되어야 한다.

2 전치사의 목적어가 관계대명사 that인 경우 전치사가 분리되어 뒤에 위치한다. 이때 목적격 관계대명사 that은 생략 가능하다.

【어휘】 commodity (money) 실물 화폐 fiat (money) 명목 화폐
intrinsic 내재하는, 본질적인 specified 명시된, 특정의
paper currency 종이 화폐 held in reserve 비축된, 예비로 남겨둔
exchangeable for ~와 교환 가능한 treasury 재무부

REVIEW TEST   pp. 238-239

01 ②, ⑤	02 ①, ③	03 ①, ④	04 ③	05 ④
06 ④	07 ⑤	08 ②, ④	09 ③	10 ⑤
11 ④	12 ②	13 (d), (f)		

01 그녀는 나이에도 불구하고 파트타임 직원으로 일하고 있고 여전히 민첩하다.
▶ 양보를 나타내는 despite: ~에도 불구하고 = in spite of, notwithstanding
【어휘】 part-timer 파트타임 직원

02 나는 내가 아는 걸 당신에게 말해줬고, 나머지에 관해서는 적당한 때에 그녀가 당신에게 말해 줄 거예요.
▶ 관련을 나타내는 for: ~에 관하여 = regarding, as for

03 Jacob은 그 병사가 숨을 거둘 때 옆에서 그의 손을 잡고 있었다.
  ▶ 장소를 나타내는 by: ~의 (바로) 옆(가)에 = beside, next to
  【어휘】 breathe one's last breath 숨을 거두다

04 ① 그 귀족 가족은 자만심에 고개를 높이 쳐들었다.
  ▶ with conceit는 동사 held를 수식하여 부사 역할을 한다.
  ② 놀랍게도 그 학생은 시험에 떨어지지 않았다. 그는 상당히 잘 봤다.
  ▶ To my surprise는 문장 전체를 수식하여 부사 역할을 한다.
  ③ 엘리베이터가 고장이 났으므로 계단을 이용해주세요.
  ▶ out of order는 주격보어로서 형용사 역할을 하므로, 부사 역할을 하는 나머지와 쓰임이 다르다.
  【어휘】 out of order 고장 난
  ④ 이달에 있게 될 변화들에 대해서 알고 있나요?
  ▶ of the changes는 형용사 aware를 수식하여 부사 역할을 한다.
  【어휘】 set A to B(동사원형) A를 B하게 하다   take place (준비된 일이) 일어나다
  ⑤ 처음으로 울타리 너머로 공을 쳐 넘긴 날을 기억하니?
  ▶ over the fence는 동사 hit을 수식하여 부사 역할을 한다.

05 ① 여러분 모두 주말까지 등록 서류를 제출해야 합니다.
  ▶ 미래의 특정 시점 이전까지 일이 발생함을 나타내는 by가 알맞다.
  ② 그 원정대는 비행기를 타고 남극 대륙으로 돌아갔다.
  ▶ 교통수단을 나타내는 by가 알맞다.
  【어휘】 expedition 원정대   Antarctica 남극 대륙
  ③ 우리는 음식과 다른 자원을 제공함으로써 그 아이들을 도울 수 있다.
  ▶ 결과를 얻기 위한 행위와 방법을 나타내는 by가 알맞다.
  ④ 시내의 그 백화점은 오전 10시부터 오후 8시까지 영업한다.
  ▶ 일정한 시점까지 일이 계속됨을 나타내는 until 또는 to가 적절하므로 나머지와 다르다.
  ⑤ 우리 가족은 그 호숫가의 고급 레스토랑에서 저녁을 먹는 것을 좋아한다.
  ▶ 장소를 나타내는 by가 알맞다.
  【어휘】 fancy 고급의, 값비싼

06 이유를 나타내는 전치사로는 due to, 분리를 나타내는 전치사로는 from, 방식을 나타내는 전치사로는 with가 적절하다.

07 • 우리는 그녀를 오랫동안 보지 못했다.
  • 그 의약품 사용에 대해 여전히 논란이 있다.
  ▶ 첫 번째 문장에는 부정어 뒤에서 시간의 지속을 나타낼 수 있는 for와 in이 모두 가능하고, 두 번째 문장에는 논쟁이나 문제에 관련되어 쓰이는 over가 적절하므로 바르게 짝지어진 것은 in과 over이다.
  【어휘】 controversy 논란

08 ① 누가 질책을 듣고 싶을까? 아무도 없지!
  ▶ at은 동사구에 포함되어 있어 수동태 구문에서 목적어와 분리되지만 생략하는 경우에 해당하지 않는다.
  【어휘】 yell at ~에게 호통치다
  ② 그들은 그 장비를 어떻게 사용하는지에 대해 완전히 확신하지는 못했다.
  ▶ sure 뒤에 의문사절이 뒤따르는 경우이므로 about을 생략할 수 있다.
  ③ 언제부터 그 국가들에 미군이 주둔해왔는가?
  ▶ Since의 목적어는 의문사 when이며 생략할 수 없다.

【어휘】 be stationed 주둔하다
  ④ 인부들은 얼마나 오랫동안 공사를 할 예정인가요?
  ▶ for의 목적어는 의문사 How long이며 지속되는 시간을 나타내므로 생략할 수 있다.
  ⑤ 그 학생들에게 자신들이 잘하는 것을 쓰게 하세요.
  ▶ at의 목적어가 관계대명사 that이므로 목적어와 분리되지만 뒤에 위치하지만 생략하는 경우에 해당하지 않는다.

09 ① from under: ~의 아래에서
  ② at: ~에, from: (출발지)에서(부터), via: ~을 경유하여(거쳐서)
  ③ '~까지'의 의미로 일정 시점까지 일이 계속됨을 나타내는 until이 되어야 하는데, 미래의 특정 시점까지 일이 발생함을 나타내는 by가 쓰였으므로 바르지 않다. by → until
  【어휘】 work on ~에 힘쓰다
  ④ on: ~으로
  ⑤ between: ~ 사이에

10 ① 그는 어떤 의도로 그 협회에 가입했는가?
  ▶ 의문사 what 뒤에 명사가 있는 경우에는 전치사 with가 문장 앞에 위치하므로 올바른 문장이다.
  【어휘】 association 협회
  ② 여러분은 이곳에서 업무에 쓸 여러 혁신적인 툴을 찾을 수 있습니다.
  ▶ with가 목적어인 innovative tools를 수식하는 to부정사 구문에 포함되어 to부정사와 함께 문장 뒤쪽에 위치한 올바른 문장이다.
  ③ 그곳은 큰 강이 가로질러 흐르는 아름다운 마을이다.
  ▶ through의 목적어로 관계대명사 which가 쓰인 올바른 문장이다.
  ④ 우리가 대화를 나눌 만한 장소로 가자.
  ▶ go to some place가 되어야 하지만 place를 포함 전치사구에서 to는 생략할 수 있으므로 올바른 문장이다.
  ⑤ 너의 가설이 근거하고 있는 이론을 설명해줄래?
  ▶ 전치사의 목적어가 관계대명사 that인 경우 전치사가 분리되므로 on이 문장 뒤에 위치하여 based on이 되어야 한다.
  【어휘】 hypothesis 가설

11 ① 그것은 그들이 실종자들을 찾기 위한 수색 팀을 언제 보낼지에 달려있다.
  ▶ depends 뒤에 의문사절이 뒤따라 왔기에 전치사 on을 생략한 올바른 문장이다.
  ② 진열장 위의 지갑은 청바지로 만들어졌습니다.
  ▶ 표면 위의 한 지점에 있는 상태를 나타내는 on과 본래 성질이 유지되는 경우의 재료를 나타내는 out of가 쓰인 올바른 문장이다.
  【어휘】 showcase 진열장
  ③ 동창회는 좋았던 옛 시절을 상기시킨다는 점에서 멋진 것 같다.
  ▶ 접속사 that 앞에는 어떤 전치사도 쓰이지 않지만 in은 '~이라는 점에서'라는 의미의 in that 형태로 예외적으로 가능하므로 올바른 문장이다.
  【어휘】 class reunion 동창회   bring back ~을 상기시키다
  ④ 그 셔츠와 바지는 가격이 같다.
  ▶ 측정 명사 price가 포함된 표현이 주격보어로 be동사 다음에 오면 전치사를 쓰지 않으므로 of를 삭제해야 한다.
  ⑤ 그 신약은 환자의 고통을 덜어줄 것으로 기대된다.
  ▶ 제거의 의미를 나타내는 of가 쓰인 올바른 문장이다.

【어휘】 relieve A of B A에게서 B를 덜어주다

12 ① 지난주 이후로 20명의 학생이 음성학 수업에 등록했다.
▶ 문맥상 완료시제와 함께 쓰여 '~ 이후로(부터)'의 의미를 나타내므로 during은 since가 되어야 한다.
【어휘】 enroll in ~에 등록하다 phonetics 음성학

② 그 배우는 커튼 뒤에서 관객들을 초조하게 엿보고 있었다.
▶ 문맥상 이중 전치사 from behind가 알맞게 쓰였다.
【어휘】 nervously 초조하게   peek at ~을 (몰래) 엿보다

③ 그가 정말로 자신의 고등학교 학업을 2년 만에 마쳤나요?
▶ 일이 완료되는 데 걸린 기간에 대해서는 in을 쓰므로 for는 in이 되어야 한다.

④ 방문객들은 침실을 제외한 모든 방을 둘러볼 수 있다.
▶ except는 단독으로 문장 맨 앞에 위치할 수 없으므로 Except for가 되어야 한다.

⑤ 그녀는 학생들에게 자신의 수업시간에는 독일어로만 말하라고 했다.
▶ 언어 수단에 대해서는 in을 쓰므로 with는 in이 되어야 한다.

13 (a) 여러분은 또한 (안에서) 잘 수 있는 침낭과 (위에서) 잘 수 있는 매트리스도 필요합니다.
▶ 명사를 수식하는 to부정사 구문에 포함된 전치사는 목적어와 분리되어 to부정사와 함께 뒤쪽에 위치하므로 올바른 문장이다.

(b) 나는 위성 항법 장치에 의존하여 사막을 횡단하는 것이 위험하다는 것을 깨달았다.
▶ 평평한 공간을 가로지르는 이동·방향의 across와 결과를 얻기 위한 행위와 방법의 by가 쓰인 올바른 문장이다.
【어휘】 rely on ~에 의존하다   GPS 위성 항법 장치(Global Positioning System 위성에서 보내는 신호를 수신해 사용자의 현 위치를 파악하는 시스템)

(c) 마을 사람들은 어제 비로소 그의 진짜 정체를 알게 됐다.
▶ 「not A until B」 구문으로 강조를 위해 부정어와 until구가 문장 맨 앞으로 위치하여 주어와 동사가 도치된 올바른 문장이다.

(d) 우리는 12월 31일에 영화관 안에서 만날 예정이다.
▶ 장소의 내부를 나타내는 in이 알맞게 쓰였으나, 연휴 중 특정한 날에 대해서는 on이 쓰이므로, at은 on이 되어야 한다.

(e) 이 가게에서 무지방 우유로 만든 요구르트를 판매하나요?
▶ 본래 성질을 잃는 경우의 재료를 나타내는 from이 쓰인 올바른 문장이다.
【어휘】 nonfat 무지방의

(f) 우리는 성별이나 나이에 상관없이 모든 신규 회원을 환영했다.
▶ 문맥상 '~에 상관없이'의 의미를 나타내야 하므로 부사 regardless와 함께 복합전치사를 이루는 of가 있어야 한다.

1 ⑤   **2** ②

1
【해석】 우리는 환경 문제, 그 원인, 가능한 해결책에 대하여 다원론자들인데, 그 이유는 그것들이 기본적으로 다차원적이기 때문이다. 우리는 주로 이론적 엄밀함이나 궁극적 이유에 대한 관심이 아닌, 실제로 문제들을 해결할 수 있는 것에 의해 동기 부여를 받는다. 따라서, 우리는 유용하면서도, 우리가 이 문제들에 대해 생각하는 방식 및 우리를 행동하게 만드는 제반 고려 사항들과 관련되는 용어들을 채택한다. 환경 문제에 대하여, 이 용어들이 과학, 기술, 경제적 고려 사항은 물론 환경의 윤리와 가치, 심미적 차원에 관한 고려 사항까지 포함한다는 것은 명백하다. 언젠가 우리는 이 굉장히 다양한 관심사들이 하나의 개념으로 수렴될 수 있음을 알게 될 수도 있겠지만, 그런 일이 실제로 일어날지 여부는 당면한 문제들을 다루는 것과는 관련이 거의 없다.

【해설】 ⑤ 문맥상 주격보어로서 형용사 역할을 할 수 있는 전치사구가 필요하므로 little은 of little이 되어야 한다.

【어휘】 motivate 동기를 부여하다   explanation 이유, 해명   consideration 고려 사항   with respect to ~에 대하여   ethics 윤리   an array of 다양한 ~   of relevance to ~와 관련이 있는   address (문제 등을) 다루다

2
【해석】 프랑스의 철학자이자, 수학자요, 과학자였던 데카르트는 자신이 알 수 있는 것을 절대적인 확신을 가지고 이해할 수 있기 위해 모든 것을 의심함으로써 그의 철학을 시작했다. 비록 자신이 생각하는 것에 잘못이 있을 수 있지만, 그가 생각하고 있다는 것만은 부인할 수 없었다. 자신이 생각하고 있다는 깨달음을 근거로, 데카르트는 자신의 생각이 자신과 분리될 수 없기 때문에 자신이 존재함을 확신할 수 있다는 결론을 내렸다. 자신의 존재를 확신하게 되자 데카르트는 자신이 누구인지 질문했다. 자신은 3차원 공간에 펼쳐져 있는 물리적인 존재가 아니라 생각하는 존재라는 것이 그의 대답이었다. 그래서, 이런 사고에 근거해 데카르트는 자신이 육체를 가지고 있는지 확신할 수 없다는 사실에도 불구하고 자신이 존재한다는 것을 깨달았다.

【해설】 (A) 전치사 by의 목적어이면서 동시에 everything을 목적어로 하는 동명사가 와야 하므로 doubting이 알맞다.
(B) 분리를 나타내는 from이 알맞다.
(C) 명사구(the fact that ~ body)를 목적어로 취할 수 있는 전치사가 필요하므로 despite가 적절하다. although는 접속사로 절이 뒤따른다.

【어휘】 philosopher 철학자   be separated from ~에서 분리되다

EXERCISE **01**　　　　　　p. 242

1 who(m)	2 whose	3 whom
4 who	5 whose	6 who

1 나는 내가 오랫동안 존경했던, 대단한 호평을 받는 화가를 초대했다.
▶ 관계사절 안에서 목적어 역할을 하는 목적격 관계대명사 who(m)를 쓴다.
【어휘】 acclaimed 환호를(호평을) 받는
2 태풍에 집이 파손된 사람들을 위해 긴급한 도움이 필요하다.
▶ 관계사절 안에서 소유격 역할을 하는 소유격 관계대명사 whose를 쓴다.
【어휘】 urgent 긴급한
3 당신이 지난 회의에서 이야기했던 그 정신과 의사를 기억하나요?
▶ 관계사절 안에서 전치사의 목적어 역할을 하는 목적격 관계대명사 whom을 쓴다.
【어휘】 psychiatrist 정신과 의사
4 그는 내 생각에 액션 영화에서 특히 매력적인 스웨덴 배우를 좋아한다.
▶ 관계사절 안에서 주어 역할을 하는 주격 관계대명사 who를 쓴다. I think는 삽입절이다.
5 전공이 천문학인 나의 아버지는 대학교에서 학생들을 가르치신다.
▶ 관계사절 안에서 소유격 역할을 하는 소유격 관계대명사 whose를 쓴다.
【어휘】 astronomy 천문학
6 나는 검은색 넥타이를 한 남자에게 말을 걸었다.
▶ 관계사절 안에서 주어 역할을 하는 주격 관계대명사 who를 쓴다.

EXERCISE **02**　　　　　　p. 243

1 which	2 whose	3 which
4 whose	5 for which	6 of which the value

1 너는 방수가 되는 가죽 줄로 된 시계를 사야 한다.
▶ 관계사절 안에서 주어 역할을 하는 주격 관계대명사 which를 쓴다.
【어휘】 leather 가죽　strap 줄, 끈　waterproof 방수의
2 금융과 일반 정책들을 감독하는 위원들로 구성된 위원회가 있다.
▶ 관계사절 안에서 소유격 역할을 하는 소유격 관계대명사 whose를 쓴다.
【어휘】 oversee 감독하다
3 Brian이 일하는 미술 자문 위원회는 다양한 지역 춤 축제들을 후원하고 있다.
▶ 관계사절 안에서 전치사의 목적어 역할을 하는 목적격 관계대명사 which를 쓴다.
4 우리는 순전히 유기농 재료로 만든 빵을 좀 구입하고 싶다.
▶ 관계사절 안에서 소유격 역할을 하는 소유격 관계대명사 whose를 쓴다.

【어휘】 ingredient 재료, 성분　purely 순전히, 완전히 organic 유기농의
5 내가 찾고 있었던 납세 고지서는 냉장고 뒤에 있었다.
▶ 문맥상 '~을 찾다'는 의미의 「look for」가 와야 하므로 「for+목적격 관계대명사」, 즉 for which를 쓴다.
【어휘】 tax notice 납세 고지서
6 이것들은 시간이 지나면 가치가 올라가는 오래된 물건들이다.
▶ 관계사절 안에서 소유격 역할을 하는 소유격 관계대명사 of which the value를 쓴다. 이는 whose value로 바꾸어 쓸 수도 있다.

EXERCISE **03**　　　　　　p. 245

1 that	2 which	3 that/which
4 that	5 that/who	6 that

1 그 외과의사는 중요한 수술에 필요한 모든 것을 확인했다.
▶ 선행사 everything을 수식하는 목적격 관계대명사가 필요하며 -thing을 포함하는 선행사를 수식할 때는 주로 that을 쓴다.
【어휘】 surgeon 외과의사　crucial 중요한　operation 수술
2 그의 할아버지는 우리가 현재 모여 있는 그 무덤에 묻혀 계신다.
▶ beside와 같은 전치사는 반드시 관계대명사 앞에 위치해야 하므로 which를 쓴다.
【어휘】 bury 묻다　grave 무덤
3 그 기준을 정한 이사회가 그 결정에 대한 책임을 졌다.
▶ 관계사절 안에서 주어 역할을 하는 주격 관계대명사 that과 which 둘 다 쓸 수 있다.
【어휘】 governing body 이사회　set down ~을 원칙으로 정하다 take responsibility for ~에 대한 책임을 지다
4 나는 쓰레기 더미에서 먹을 것을 찾고 있는 나이든 여자와 개를 보았다.
▶ an old woman and a dog를 선행사로 하는 주격 관계대명사가 필요하다. 사람과 동물이 함께 선행사일 때는 주로 that을 쓴다.
5 그녀는 정원의 유지를 담당하고 있는 바로 그 조수이다.
▶ 주격 관계대명사가 필요한데 선행사가 the very의 수식을 받으면 주로 관계대명사 that을 쓰지만 선행사가 사람인 경우에는 관계대명사 who를 쓸 수도 있다.
【어휘】 be in charge of ~을 담당하다　upkeep 유지
6 Edward는 예전의 성질을 잘 내던 사람이 아니다.
▶ 선행사가 주격보어이고 관계사절이 「주어+used to+be동사」이면 주로 관계대명사 that을 쓴다.
【어휘】 bad-tempered 성질을 잘 내는, 심술궂은

EXERCISE 04

p. 245

1 who(that) crossed the border into Austria
2 Every word that comes out of his mouth
3 which the students are tutored
4 a girl and her horse that live in the countryside
5 that the hurricane caused a lot of casualties in the area
6 Who is the person that
7 opposite which everyone stood

1 선행사가 사람이고 관계사절 안에서 주어 역할을 하므로 주격 관계대명사 who나 that을 쓴다.
【어휘】 refugee 난민　border 국경(선)　settle down 정착하다
2 선행사 앞에 every가 있으므로 관계대명사 that을 쓴다.
【어휘】 absolute 완전, 순
3 선행사가 사물이고 전치사의 목적어 역할을 하므로 목적격 관계대명사 which를 쓴다.
【어휘】 tutor ~에게 가르치다
4 사람과 동물이 함께 선행사이므로 관계대명사 that을 쓴다.
5 reported 뒤에 주어와 동사, 목적어가 있는 완전한 문장이 왔으므로 명사절을 이끄는 접속사 that을 쓴다.
【어휘】 casualty 사상자, 피해자
6 의문사 who가 선행사 앞쪽에 있으므로 관계대명사 that을 쓴다.
【어휘】 be mandated to ~할 권한을 가지다　draft 초안을 작성하다 constitution 규약
7 전치사 opposite 은 반드시 관계대명사 앞에 위치해야 하므로 which를 쓴다.
【어휘】 swing around ~의 (방향을) 휙 돌리다

EXERCISE 05

p. 246

1 believed 다음　　2 and 다음　　3 think 다음
4 them 다음　　5 soul 다음

1 아무도 그 여자가 배심원단 앞에서 자신의 남편에게 불리한 증언을 했다는 것을 믿지 않았다.
▶ 동사 believed의 목적어 역할을 하는 선행사를 포함하는 관계대명사가 필요하므로 believed 뒤에 what을 쓴다.
【어휘】 testify against ~에게 불리한 증언을 하다　jury 배심원단
2 그는 많은 돈을 잃었고, 설상가상으로 건강도 잃었다.
▶ what is worse: 설상가상으로
3 내 생각에 가장 중요한 것은 외모가 아니라 내적인 아름다움이다.
▶ I think 뒤의 종속절에서 주어 역할을 하는 선행사를 포함하는 관계대명사가 필요하므로 think 뒤에 what을 쓴다.
【어휘】 physical 신체의
4 그들에게 정보국이 수집한 모든 정보를 넘겨 주어라.
▶ 뒤에 있는 명사 information을 수식하며 '~하는 모든'이라는 의미의 관계형용사가 필요하므로 them 뒤에 what을 쓴다. what information ~ collected는 give의 직접목적어 역할을 한다.
5 음악과 정신의 관계는 공기와 육체의 관계와 같다.

▶ A be동사 to B what C be동사 to D: A와 B의 관계는 C와 D의 관계와 같다
【어휘】 soul 정신

EXERCISE 06

p. 247

1 which　　2 which is　　3 that
4 that　　5 who

1 그 명망 있는 사진작가가 찍은 사진들이 미술관에 전시되었다.
▶ 목적격 관계대명사는 생략할 수 있다.
【어휘】 prestigious 명망 있는　display 전시하다
2 그 기자는 왜 현재의 금융 제도와 무관한 기사를 썼는가?
▶ 「주격 관계대명사＋be동사」 다음에 분사나 형용사가 오면 「주격 관계대명사＋be동사」는 생략할 수 있다.
【어휘】 irrelevant to ~와 무관한
3 그녀는 현재로서 가장 경쟁력 있는 직원이다.
▶ 관계사절에 there is가 있으면 주격 관계대명사를 생략할 수 있다.
4 그 보행자는 친절하게 내가 회의장으로 가는 버스를 탈 수 있는 버스 정류장을 알려주었다.
▶ 전치사와 떨어져 있는 목적격 관계대명사는 생략할 수 있다.
【어휘】 pedestrian 보행자　assembly hall 회의장
5 내 생각에 건강했다고 생각했던 아기가 전염병으로 죽었을 때 나는 겁이 났다.
▶ 관계대명사 바로 뒤에 「주어＋동사」 형태의 삽입절이 나오면 주격 관계대명사를 생략할 수 있다.
【어휘】 terrified 겁이 난　die of ~로 죽다　communicable 전염성의

EXERCISE 07

p. 247

1 patients 다음에 who(that) are
2 mechanic 다음에 that
3 person 다음에 who(m)/that
4 woman 다음에 that
5 couch 다음에 which/that

1 구토와 오한으로 고통을 받고 있는 암환자들이 많다.
▶ 「주격 관계대명사＋be동사」 다음에 분사가 오면서 「주격 관계대명사＋be동사」가 생략되었다. 따라서 patients 다음에 who(that) are가 생략되었다.
【어휘】 vomit 토하다　the shivers 오한
2 그 여자는 최고의 정비공이다.
▶ 관계사절에 there is가 오면서 주격 관계대명사가 생략되었고 선행사 앞에 최상급 형용사가 있다. 따라서 mechanic 다음에 that이 생략되었다.
【어휘】 mechanic 정비공
3 내가 망원경을 구입한 그 판매원은 나에게 렌즈를 규칙적으로 닦으라고 말했다.

▶ 전치사와 떨어져 있는 목적격 관계대명사가 생략되었다. 따라서 person 다음에 who(m)/that이 생략되었다.
【어휘】 telescope 망원경
4 그녀는 더 이상 5년 전의 열정적인 사람이 아니다.
▶ 선행사가 관계사절 안 be동사의 보어이다. 따라서 woman 다음에 that이 생략되었다.
【어휘】 enthusiastic 열정적인
5 그것은 우리가 구입하고 싶을 수도 있는 나무로 된 독특한 긴 의자이다.
▶ 관계대명사 바로 뒤에 「주어+동사」 형태의 삽입절이 나와서 생략되었다. 따라서 couch 다음에 which/that이 생략되었다.

EXERCISE 08
p. 248

| **1** than | **2** as | **3** but | **4** as |
| **5** as | **6** but | **7** As | |

1 다음 차례의 토론은 예상보다 더 열띨 것이다.
▶ 비교급 문장이므로 유사관계대명사 than을 쓴다.
2 잘 알려진 대로, 그 나라의 인종 구성은 법 개정 이후에 근본적으로 변했다.
▶ as is well known: 잘 알려진 대로
【어휘】 racial 인종의   composition 구성   radically 근본적으로   revision 개정, 수정
3 인생에서 행복을 추구하지 않는 사람은 거의 없다.
▶ 선행사 앞에 부정어 few가 있고 주격 관계대명사가 필요하므로 유사관계대명사 but을 쓴다.
【어휘】 be eager to ~을 하고 싶어하다   seek for ~을 추구하다
4 국경 너머에서 벌어지고 있는 것과 같은 비극적인 대학살을 외면하지 말아라.
▶ 선행사 앞에 such가 있으므로 유사관계대명사 as를 쓴다.
【어휘】 turn a blind eye to ~을 외면하다   massacre 대학살
5 Peter는 그 소녀가 자신만큼 겁을 먹었다는 것을 몰랐다.
▶ 선행사 앞에 as가 있으므로 유사관계대명사 as를 쓴다.
6 가시가 없는 장미는 없다.
▶ 선행사 앞에 부정어 no가 있고 주격 관계대명사가 필요하므로 유사관계대명사 but을 쓴다.
【어휘】 thorn 가시
7 아이들에게 흔히 있는 일이지만, Henry는 의사를 두려워한다.
▶ as is often the case (with): (~에게) 흔히 있는 일이지만

EXERCISE 09
p. 250

| **1** where | **2** that, when | **3** how |
| **4** why, that | **5** when | **6** where |

1 그 국가는 지진 피해자들이 고통을 받았던 지역에 한 무리의 자원봉사자들을 파견했다.
▶ 선행사가 장소를 나타내는 the area이므로 where를 쓴다.
【어휘】 dispatch 파견하다   earthquake 지진   victim 피해자
2 그때는 저작권의 개념이 아직 존재하지 않았던 시기였다.

▶ the time은 때를 나타내는 일반적인 선행사이므로 when과 that을 쓸 수 있다.
【어휘】 copyright 저작권
3 너는 선명한 사진을 위해서 사진 장비를 다루는 방법을 배워야 한다.
▶ 문맥상 방법의 의미를 나타내는 how를 써야 한다.
【어휘】 handle 다루다   photographic 사진(술)의
4 이것이 시간과 자원의 공평한 분배가 필수적인 이유이다.
▶ the reason은 이유를 나타내는 일반적인 선행사이므로 why와 that을 쓸 수 있다.
【어휘】 division 분배   resource 자원, 재원
5 그 유명한 대기업 회장님이 돌아가신 날을 알고 있나요?
▶ 선행사가 시간을 나타내는 the day이므로 when을 쓴다.
【어휘】 prominent 유명한   conglomerate 대기업   pass away 사망하다, 돌아가시다
6 나는 더 이상 단순히 침묵을 지킬 수 없는 지점에 이르렀다.
▶ 선행사가 추상적인 의미의 '지점'을 나타내는 a point이므로 where를 쓴다.

EXERCISE 10
p. 250

1 when the number of hospital admissions for asthma attacks doubled
2 why they are trying to figure out the link between exposure to radiation and cancer
3 how the top executive in the computer firm runs her company
4 where departure is delayed because of rain

1 2019년은 천식 발작으로 인한 입원 환자의 숫자가 두 배가 된 해이다.
▶ 선행사가 때를 나타내는 the year이므로 in which를 when으로 바꾸어 쓴다.
【어휘】 admission 입원   asthma attack 천식 발작
2 그들이 방사선 노출과 암 사이의 관계를 알아내기 위해서 노력하는 이유는 무엇인가?
▶ 선행사가 이유를 나타내는 the reason이므로 for which를 why로 바꾸어 쓴다.
【어휘】 exposure to ~에의 노출   radiation 방사선
3 나는 그 컴퓨터 회사의 최고 경영자가 자신의 회사를 운영하는 방법을 존경한다.
▶ 선행사가 방법을 나타내는 the way이므로 how로 바꾸어 쓴다. how는 the way와 함께 쓸 수 없다.
【어휘】 admire 존경하다   top executive 최고 경영자   run 운영하다
4 우천으로 인해 출발이 늦어지는 상황이 있을지 모른다.
▶ 선행사가 추상적인 의미의 '상황'을 나타내는 some circumstances이므로 in which를 where로 바꾸어 쓴다.

EXERCISE 11

p. 250

1 why / that	**2** when / that
3 how	**4** where / that

 the reason이 이유를 나타내는 일반적인 선행사이므로 why나 that을 쓸 수 있다.
【어휘】 parliament (보통 무관사에 대문자) 의회　further 추가의, 더 이상　amendment 수정, 개정

The time이 때를 나타내는 일반적인 선행사이므로 when이나 that을 쓸 수 있다.
【어휘】 the Declaration of Independence (미국) 독립 선언서　be referred to ~로 불리다

문맥상 선행사가 방법을 나타내는 the way라는 것을 짐작할 수 있고 관계사절 안에서 부사구 역할을 하므로 how를 쓸 수 있다.
【어휘】 make progress 진전을 보이다　reform 개정하다　outdated 시대에 뒤진

the place가 장소를 나타내는 일반적인 선행사이므로 where나 that을 쓸 수 있다.
【어휘】 substantial 상당한　portion 부분　illiterate 문맹의

EXERCISE 12

p. 252

1 when	**2** who	**3** which	**4** as
5 where	**6** which	**7** which	

우리는 그 마을을 5월에 방문할 예정인데, 그때는 벚꽃이 만개한 시기이다.
▶ 선행사가 시간을 나타내는 May이므로 관계부사 when을 쓴다.
【어휘】 cherry blossoms 벚꽃　in full bloom 꽃이 만개한

나는 그 젊은 남자를 아는데, 그는 얼마 전에 아버지에게 재산을 물려받았다.
▶ 관계사절 안에서 주어 역할을 하는 주격 관계대명사 who를 쓴다. 관계대명사 that은 계속적 용법으로 쓸 수 없다.
【어휘】 inherit A from B B에게 A를 물려받다　fortune 재산　not long ago 얼마 전에

신뢰를 얻고 있는 대체 의학은 실제로는 논란이 많다.
▶ 관계사절 안에서 주어 역할을 하는 주격 관계대명사 which를 쓴다. 관계대명사 what은 선행사가 있으므로 쓸 수 없다.
【어휘】 alternative medicine 대체 의학　gain credence 신뢰를 얻다　controversial 논란이 많은

7살의 나이에, 그는 영어를 배우기 시작했는데, 이것은 여기에서 흔한 일이다.
▶ 유사관계대명사 as는 앞 절 전체를 선행사로 받을 수 있다. 관계대명사 that은 계속적 용법으로 쓸 수 없다.

하나의 해결책은 서식지 보호구역을 만드는 것인데, 이곳에서 야생 동물들은 가능한 한 인간의 간섭을 최소한으로 받는 상태로 산다.
▶ habitat preserves가 장소를 나타내는 선행사이고 관계사절 안에서 부사구 역할을 하므로 관계부사 where를 쓴다.
【어휘】 habitat 서식지　preserve 보호구역　interference 간섭, 방해

6 그는 변명을 하곤 했는데, 그 모든 변명은 전혀 말이 되지 않았다.
▶ 관계사절 안에서 「한정사(all)+of」 다음에 주어 역할을 하는 주격 관계대명사가 필요하므로 주격 관계대명사 which를 쓴다.
【어휘】 make an excuse 변명을 하다

7 그녀는 나에게 <노인과 바다>를 빌려주었는데, 그것은 읽기 쉬웠다.
▶ 관계사절 안에서 주어 역할을 하는 주격 관계대명사 which를 쓴다. 관계대명사 that은 계속적 용법으로 쓸 수 없다.
【어휘】 lend A B A에게 B를 빌려주다

EXERCISE 13

p. 252

1 when I stepped on the podium
2 which he found complex
3 half of whom belonged to the student council
4 most of whose statements were not consistent with the facts
5 where their father is standing trial for alleged malpractices
6 which made everyone embarrassed

1 나는 차분하게 내 생각을 가다듬으려 했고, 그리고 나서 단상 위로 올랐다.
▶ and then 대신 때를 나타내는 관계부사 when을 쓴다.
【어휘】 compose 가다듬다　step on ~에 오르다　podium 연단

2 그는 그 협회의 회원권을 신청하기로 결정했지만, 그것이 복잡하다는 것을 알았다.
▶ but, it 대신 앞에 나온 구(to apply ~ association)를 받는 which를 쓴다.
【어휘】 association 협회　complex 복잡한

3 Lisa는 여러 학생들에게 소개되었는데, 그들 중 절반은 학생회에 속했다.
▶ and half of the students 대신 관계사절 안에서 「한정사(half)+of」 다음에 관계대명사가 필요하므로 half of whom을 쓴다.
【어휘】 belong to ~에 속하다

4 그 검사는 몇몇 증인들을 조사했지만, 그들의 진술 대부분이 사실과 일치하지 않았다.
▶ but most of their statements 대신 관계사절 안에서 「한정사(most)+of」 다음에 소유격 역할을 하는 소유격 관계대명사가 필요하므로 most of whose statements를 쓴다.
【어휘】 prosecutor 검사　witness 증인　statement 진술　be consistent with ~와 일치하다

5 이것은 어려운 상황인데, 그들의 아버지가 부정행위 혐의로 재판을 받는 상황이기 때문이다.
▶ because there 대신 관계부사 where를 쓴다.
【어휘】 stand trial for ~로 재판을 받다　alleged (증거 없이) 주장된　malpractice 부정행위

6 그 역사가는 그 사건들의 연대기를 혼동했고, 그것은 모두를 당황하게 만들었다.
▶ and it 대신 앞 절 전체를 받는 관계대명사 which를 쓴다.
【어휘】 chronicle 연대기　embarrassed 당황스러운

1 Whoever	**2** Whenever	**3** wherever
4 whichever	**5** whatever	**6** However

1 독서 토론을 즐기는 사람은 누구든지 북클럽에 가입할 수 있다.
▶ '~하는 누구든지'라는 의미의 명사절을 이끄는 복합관계대명사 Whoever를 쓴다.
2 내가 언제 그의 집에 가더라도, 그는 나를 반긴다.
▶ '언제 ~하더라도'라는 의미의 부사절을 이끄는 복합관계부사 Whenever를 쓴다.
3 대인 관계 능력은 여러분이 어디에 가서 일하더라도 중요하다.
▶ '어디에서 ~하더라도'라는 의미의 부사절을 이끄는 복합관계부사 wherever를 쓴다.
【어휘】 interpersonal 대인 관계의　crucial 중요한
4 지역 사회 전체는 그녀가 어느 쪽의 결정을 하든 지지할 준비가 되어 있다.
▶ '어느 쪽의 ~든'이라는 의미의 명사절을 이끄는 복합관계형용사 whichever를 쓴다.
5 소설을 쓰는 것을 시작할 수 없다면, 당신의 머리 속에 가장 먼저 떠오르는 것은 무엇이든지 적어라.
▶ '~하는 것은 무엇이든지'라는 의미의 명사절을 이끄는 복합관계대명사 whatever를 쓴다.
6 그가 아무리 인종에 대한 편견을 극복하려고 노력하더라도, 그것은 사회에 깊이 뿌리내리고 있었다.
▶ '아무리 ~하더라도'라는 의미의 양보의 부사절을 이끄는 복합관계부사 However를 쓴다.
【어휘】 overcome 극복하다　racial 인종의　prejudice 편견　deep-rooted 뿌리 깊은

1 who(m)ever she recommends
2 however they wanted
3 wherever he goes
4 Whatever you do
5 Whichever furniture she purchases

1 '~하는 누구든지'라는 의미의 명사절을 이끄는 복합관계대명사 who(m)ever를 쓴다.
【어휘】 employ 채용하다　recommend 추천하다
2 '~하는 방법대로'라는 의미의 부사절을 이끄는 복합관계부사 however를 쓴다.
3 '~하는 곳은 어디든지'라는 의미의 부사절을 이끄는 복합관계부사 wherever를 쓴다.
【어휘】 impress 깊은 인상을 주다
4 '무엇을 ~하더라도'라는 의미의 양보의 부사절을 이끄는 복합관계대명사 whatever를 쓴다.
5 '어느 쪽의 ~든'이라는 의미의 명사절을 이끄는 복합관계형용사 whichever를 쓴다.

01

1 that	**2** where	**3** what	**4** which
5 which	**6** what	**7** when, where	**8** than

1 그녀는 5년 전의 그녀가 아니다.
▶ 선행사가 관계사절 안에서 주격보어이고 관계사절이 「주어+be동사」나 「주어+used to be동사」인 경우에는 관계대명사 that을 쓴다.
2 Brian은 자신이 사방에 적으로 둘러싸인 상황에 처했다는 것을 알았다.
▶ 선행사가 '상황' 등 추상적인 의미를 나타낼 때도 관계부사 where를 쓴다.
【어휘】 be surrounded by ~에 둘러싸이다
3 당신이 실험을 위해 가져온 모든 도구를 저에게 주세요.
▶ 뒤에 있는 명사를 수식하며 '(~하는) 모든'의 의미를 나타내는 관계형용사 what을 쓴다.
4 Christopher는 무척 감정적이지만, Paul은 그렇지 않다.
▶ 선행사가 사람의 속성, 성격, 자격을 나타낼 때는 관계대명사 which를 쓴다.
【어휘】 emotional 감정적인
5 이 그림은 그가 단 며칠 만에 완성한 것인데, 여전히 걸작으로 언급된다.
▶ 선행사가 사물이고 관계사절 안에서 목적어 역할을 하므로 목적격 관계대명사 which를 쓴다.
【어휘】 masterpiece 걸작, 명작
6 이것은 소위 화석 연료의 채취이다.
▶ what we call: 소위, 이른바
【어휘】 extraction 채취　fossil fuel 화석 연료
7 공업 국가의 많은 사람들은 임금이 낮은 국가로 공장들이 옮겨가는 경제 위기 동안 직장을 잃을 확률이 높다.
▶ 첫 번째 빈칸에는 선행사가 때를 나타내는 the economic crisis이고 뒤의 관계사절 안에서 부사구 역할을 하므로 관계부사 when, 두 번째 빈칸에는 선행사가 장소를 나타내는 the countries이고 뒤의 관계사절 안에서 부사구 역할을 하므로 관계부사 where를 쓴다.
8 다음 시합은 상상보다 더 경쟁이 치열할 것이다.
▶ 비교급 문장에서는 유사관계대명사 than을 쓴다.

02

1 Here is the place to find peculiar items (which(that) were) produced in France.
2 The information on which the conclusion was based is quite questionable. / The information (which(that)) the conclusion was based on is quite questionable.
3 I saw a truck of which the windows(the windows of which) were all broken. / I saw a truck whose windows were all broken.
4 We will discuss how the dam obstructs the flow of water in the area. / We will discuss the way (that) the dam obstructs the flow of water in the area.

> 5 The couple have four children, all of whom are in the tourist industry.
> 6 Who that has been seen the documentary can forget the last scene?

1 여기가 프랑스에서 생산된 독특한 물건들을 찾을 수 있는 곳이다.
▶ 관계사절 안에서 주어 역할을 하는 주격 관계대명사가 필요하므로 which나 that을 쓴다. 또한, 「주격 관계대명사＋be동사」 다음에 분사나 형용사가 오면 「주격 관계대명사＋be동사」를 생략할 수 있으므로 which(that) were를 생략할 수도 있다.
【어휘】 peculiar 독특한

2 그 결론이 기반으로 하는 정보는 상당히 의심스럽다.
▶ 전치사 뒤에는 관계대명사 which만 쓸 수 있고 생략할 수 없다. 하지만 전치사와 떨어져 있는 목적격 관계대명사는 생략할 수 있다.
【어휘】 questionable 의심스러운

3 나는 창문들이 모두 깨진 트럭을 보았다.
▶ 관계사절 안에서 소유격 역할을 하는 소유격 관계대명사 of which나 whose를 쓴다.

4 우리는 댐이 그 지역의 물의 흐름을 막을 방법을 논의할 것이다.
▶ 방법을 나타내는 관계부사 how는 선행사 the way와 함께 쓸 수 없고 둘 중 하나는 반드시 생략해야 한다.
【어휘】 obstruct 막다, 방해하다   flow 흐름

5 그 부부는 자녀가 네 명인데, 그들 모두 관광 산업에 종사한다.
▶ 「all(한정사)＋of」 다음에는 관계대명사 whom을 쓴다.

6 그 다큐멘터리를 본 사람은 누가 마지막 장면을 잊을 수 있겠는가?
▶ 의문사 who가 선행사이므로 관계대명사 that을 쓴다.

03

> 1 when the man reclaimed the title of world champion
> 2 the inventor of whom everyone was proud
> 3 no matter how small they are
> 4 What they really need to do
> 5 whose reputation was flawless
> 6 whichever fits me better
> 7 the same laborious process as I did

1 2020년은 그 남자가 세계 챔피언 타이틀을 되찾았던 해였다.
▶ 선행사 the year 뒤에 관계부사 when으로 시작하는 관계부사절을 쓴다.
【어휘】 reclaim ~을 되찾다

2 그녀는 조롱을 견뎌내고 결국 모두가 자랑스러워하는 발명가가 되었다.
▶ becoming의 보어가 필요하므로 the inventor가 온 다음 be proud of의 of가 앞으로 갔으므로 the inventor 다음에 of whom으로 시작하는 관계대명사절을 쓴다.
【어휘】 jeer 야유, 조롱   end up ~로 끝나다

3 그는 아무리 작더라도 어떤 위험도 감수하기를 원하지 않는다.
▶ 선행사 any risks 다음에 '아무리 ~하더라도'라는 의미의 no matter how로 시작하는 관계부사절을 쓴다.

4 그들이 정말 해야 할 것은 사람들을 자극하여 행동하도록 하는 것이다.
▶ '~하는 것'이라는 의미의 선행사를 포함한 관계대명사 What으로

시작하는 관계대명사절을 쓴다.
【어휘】 provoke A into B A를 자극하여 B하도록 하다

5 그 정당은 평판에 흠이 없는 사람을 원했다.
▶ 선행사 someone 뒤에 소유격 관계대명사 whose로 시작하는 관계대명사절을 쓴다.
【어휘】 reputation 평판   flawless 흠이 없는

6 보라색 드레스가 두 벌 있다. 나는 둘 중에서 나에게 더 어울리는 것은 무엇이든지 입을 것이다.
▶ '~하는 것은 무엇이든지'라는 의미의 복합관계대명사 whichever로 시작하는 관계대명사절을 쓴다.

7 그 여자는 내가 겪은 것과 같은 힘든 과정을 겪었다.
▶ the same 다음에 선행사 laborious process를 쓰고 그 뒤에 유사관계대명사 as로 시작하는 관계대명사절을 쓴다.
【어휘】 undergo ~을 겪다   laborious 힘든

04

> 1 whose sole business of life was to increase her wealth
> 2 The only rule that you have to follow
> 3 The woman for whom he bought the ring /
>   The person who(m)(that) he bought the ring for
> 4 where I won a literary award
> 5 The boy who(that) most people had thought was a victim
> 6 which surprised everyone

1 그는 그 여자에 대한 존경심이 없었다. 그 여자의 삶의 유일한 관심사는 자신의 부를 늘리는 것이었다.
→ 그는 삶의 유일한 관심사가 자신의 부를 늘리는 것인 그 여자에 대한 존경심이 없었다.
▶ 관계사절 안에서 sole business의 소유격 역할을 하는 소유격 관계대명사 whose를 쓴다.
【어휘】 have respect for ~을 존경하다   sole 유일한

2 유일한 규칙은 자정까지 잠자리에 드는 것이다. 여러분은 이 규칙을 지켜야 한다.
→ 여러분이 지켜야 할 유일한 규칙은 자정까지 잠자리에 드는 것이다.
▶ 두 문장의 공통 사항은 rule이므로 that이나 which가 후보가 될 수 있는데, 선행사 앞에 the only가 있으므로 주로 관계대명사 that을 쓴다.

3 그 여자는 다름 아닌 네 언니였다. 그는 그 사람을 위해 반지를 샀다.
→ 그가 반지를 사주었던 대상은 다른 아닌 네 언니였다.
▶ 두 문장의 공통 사항은 your sister이므로 who(m)이나 that이 후보가 될 수 있는데, 전치사 for가 관계사절 앞에 오면 whom, 관계사절 뒤에 오면 관계대명사 who(m)이나 that을 쓸 수 있다.

4 우리 가족은 강당으로 갔는데, 거기에서 내가 문학상을 받았기 때문이다.
→ 우리 가족은 강당으로 갔는데, 거기에서 내가 문학상을 받았다.
▶ because there 대신 장소를 나타내는 관계부사 where를 쓴다.
【어휘】 auditorium 강당   literary award 문학상

5 그 소년은 범인으로 밝혀졌다. 대부분의 사람들은 그가 피해자라고 생각했다.
→ 대부분의 사람들이 피해자라고 생각했던 그 소년이 범인으로 밝혀졌다.

정답 및 해설 **85**

▶ 두 문장의 공통 사항은 the boy이므로 관계사절 안에서 주어 역할을 하는 주격 관계대명사 who나 that을 쓴다. most people had thought는 삽입절이다.

【어휘】 culprit 범인 victim 피해자

6 그들은 대출금을 일찍 갚을 수 있었다. 그리고 이것은 모두를 놀라게 했다.
→ 그들은 대출금을 일찍 갚을 수 있었고, 이것은 모두를 놀라게 했다.
▶ 앞에 나온 절 전체를 수식하고 있으므로 계속적 관계대명사 which를 쓴다.

【어휘】 repay (빌린 돈을) 갚다 loan 대출금

05

```
1 wherever they can find artifacts
2 with whom she maintains a relationship /
  who(m)(that) she maintains a relationship with
3 that she used to be
4 the very information that you have
5 than we expected
6 that become good friends with each other
7 No matter what you do
```

1 '~하는 곳은 어디든지'의 복합관계부사 wherever를 쓴다.
【어휘】 anthropologist 인류학자 artifact 유물
2 relationship 다음에 문맥상 전치사 with가 필요하다. 전치사가 관계사절 앞에 오면 관계대명사 whom, 관계사절 뒤에 오면 관계대명사 who(m)이나 that을 쓸 수 있다.
3 선행사가 주격보어이고 관계사절이 「주어+used to+be동사」이면 관계대명사 that을 쓴다.
【어휘】 incorruptible 청렴한
4 선행사 information이 the very의 수식을 받고 있으므로 주로 관계대명사 that을 쓴다.
5 비교급 문장에서 유사관계대명사 than을 쓴다.
【어휘】 contemporary 현대의, 당대의
6 사람과 사물이 함께 선행사이므로 관계대명사 that을 쓴다.
7 '무엇을 ~하더라도'라는 의미의 no matter what을 쓴다.

06

```
1 whose
2 They had large country estates which(that) they
  derived their incomes from. / They had large country
  estates from which they derived their incomes.
```

왕족 다음으로, 작위를 가진 200명 내외의 집안들이 사회적 피라미드 꼭대기에 위치했다. 그들은 시골에 있는 큰 토지를 소유했다. 그들은 그 토지에서 수입을 얻었다. 귀족과 마찬가지로, 토지를 소유한 신사 계급도 더 적은 규모이지만 임대료 수입을 얻었다. 그들 중 약 천 명 정도에게 작위가 주어졌다. 작위가 주어진 두 계급 중 준남작은 자신의 작위가 장남에게 상속되었지만, 기사는 자신이 죽으면 작위가 소멸되었다.

1 첫 번째 빈칸과 두 번째 빈칸의 선행사는 모두 사람이고 관계사절 안에서

소유격 역할을 해야 하므로 소유격 관계대명사 whose를 쓴다.
2 estates가 두 문장의 공통사항이므로 선행사가 된다. 전치사 from이 관계사절 앞에 오면 관계대명사 which, 관계사절 뒤에 오면 관계대명사 which나 that을 쓸 수 있다.

【어휘】 title 작위, 칭호; ~에게 작위를 주다 estate 토지, 사유지
derive A from B B에서 A를 얻다 aristocracy 귀족 (계층)
on a small scale 소규모로 landed 토지를 소유한 gentry 신사 계급
rank 계급 baronet 준남작 knight 기사

01 ①	02 ⑤	03 ②	04 ③	05 ①	06 ②
07 ①	08 no action but has its train of consequences				
09 ⑤	10 ③	11 ④	12 ③	13 ⑤	14 ③

01 우리 희망상, 우리 회사에 투자할 것 같은 자본가가 내일 회사를 방문할 것이다.
▶ 삽입절인 we hope와 별개로 관계사절에서 선행사인 사람 financier는 주어 역할을 하므로 주격 관계대명사 who가 알맞다.
【어휘】 financier 자본가

02 부모님께 배운 한 가지 중요한 사실은 인생이 우리에게 우연히 가져다 주는 것은 무엇이든지 최대한 활용해야 한다는 것이다.
▶ '~하는 것은 무엇이든지'라는 의미의 명사절을 이끄는 복합관계대명사 whatever를 쓴다.

03 • 너는 네가 매일 먹는 것에 주의해야 한다.
• 심상과 시의 관계는 사실과 산문의 관계와 같다.
▶ 첫 번째 빈칸에는 선행사를 포함한 관계대명사를 써야 하므로 what, 두 번째 빈칸에는 「A is to B what C is to D(A와 B의 관계는 C와 D의 관계와 같다)」이므로 공통으로 what을 쓴다.
【어휘】 imagery 심상, 이미지, 형상 poetry 시 prose 산문

04 • 모든 직원들은 학생들이 안전하고 보살핌을 받는다고 느끼는 환경을 조성하기 위해 노력한다.
• 내 생각에 이것은 우리가 일반적인 규칙에 예외를 두어야 하는 경우이다.
▶ 첫 번째와 두 번째 문장은 선행사가 추상적 의미의 '환경(an environment)'과 '경우(a case)'이므로, 관계부사 where를 써야 한다.
【어휘】 make an exception to ~에 예외를 두다

05 ① Emily는 지난주에 내가 사과를 했던 여자이다.
▶ 전치사가 관계대명사절 앞에 위치하므로 목적격 관계대명사를 쓴다. who → whom
② 가끔 나는 다른 사람들이 나에 대해 어떻게 생각하는지 궁금하다.
▶ '어떻게'라는 의미의 의문사 what이다.
③ 그 작가는 이제까지 내가 만난 사람 중 가장 재능 있는 사람이다.
▶ 선행사 앞에 최상급 형용사가 있으므로 관계대명사 that을 쓴다.
④ 머리가 온통 백발인 그 남자는 영어와 스페인어를 둘 다 유창하게 한다.
▶ 관계사절 안에서 hair의 소유격 역할을 하는 소유격 관계대명사

whose를 쓴다.
【어휘】 fluent 유창한
⑤ 나는 나의 에세이에 사용할 만한 적절한 구어체 표현을 찾고 있었다.
▶ 관계사절 안에서 목적어 역할을 하는 목적격 관계대명사 which를 쓴다.
【어휘】 suitable 적절한, 알맞은　colloquial 구어체의

06 ① 내가 유능한 변호사라고 생각했던 Henry는 그 소송을 이길 수 없었다.
▶ 관계대명사 바로 뒤에 「주어＋동사」의 삽입절이 나오면 주격 관계대명사는 생략할 수 있다.
② 그는 나의 어머니의 수명을 거의 3년이나 연장시킨 의사를 만났다.
▶ 보통의 경우 주격 관계대명사는 생략할 수 없다.
【어휘】 prolong 연장시키다
③ 이것은 그녀가 자신의 방을 밝게 하기 위해 구입한 조명이다.
▶ 목적격 관계대명사는 생략할 수 있다.
【어휘】 illuminate ~을 밝게 하다
④ 그 남자는 현재 가장 능력 있는 정신과 의사이다.
▶ 관계사절에 there is가 있으면 주격 관계대명사는 생략할 수 있다.
【어휘】 competent 능력 있는　psychiatrist 정신과 의사
⑤ 학생들이 제출한 그림들과 도자기 작품들이 전시될 예정이다.
▶ 「주격 관계대명사＋be동사」 다음에 분사나 형용사가 오면 「주격 관계대명사＋be동사」는 생략할 수 있다.
【어휘】 ceramic 도자기　exhibit 전시하다

07 ① 우리는 도망치고 있는 남자와 고양이를 보았다.
▶ 주격 관계대명사가 필요하므로 소유격 관계대명사 whose를 쓸 수 없다.
② 그녀는 자신의 집에 오는 누구든지 환영할 것이다.
▶ whoever(= anyone who): ~하는 누구든지
③ 그는 여동생이 두 명 있었는데, 그들은 모험가가 되었다.
▶ 관계사의 계속적 용법에서 관계사는 「접속사＋대명사」로 바꾸어 쓸 수 있다.
④ 내가 그녀를 언제 보더라도, 그녀는 나에게 환한 미소를 짓는다.
▶ whenever(= no matter when): 언제 ~하더라도
⑤ 나는 주방 기구들을 구입한 매장을 방문했다.
▶ 관계부사는 「전치사＋관계대명사」로 바꾸어 쓸 수 있다.
【어휘】 implement 기구, 도구

08 일련의 결과를 가져오지 않는 행동은 없다.
▶ 선행사에 부정어 no가 있고 주격 관계대명사가 필요하므로 유사관계대명사 but을 쓴다.
【어휘】 train 일련, 연속　consequence 결과

09 • 그는 마침내 자신이 지원했던 일자리를 얻었다.
• 이곳은 Peter가 10년 동안 머물렀던 방이다.
▶ 첫 번째 빈칸에는 문맥상 「applied for」가 되어야 하므로 for which, 두 번째 빈칸에는 관계사절에 부사구가 필요하므로 where나 in which를 쓴다.

10 ① 비가 오기 시작했고, 설상가상으로 우리는 어둠 속에서 길을 잃었다.
▶ what is worse: 설상가상으로
② 나는 그녀가 그 연설에서 자신을 표현했던 방법이 마음에 든다.
▶ the way how는 쓸 수 없지만 the way that은 쓸 수 있다.
③ 그들은 그 가죽 소파를 둘 공간을 좀 마련했다.

▶ some space가 장소를 나타내는 선행사이고 관계사절 안에서 부사구 역할을 하므로 관계부사 where를 쓴다.
④ 그가 파견된 기관은 낡은 시스템을 새롭게 하는 방법을 몰랐다.
▶ 문맥상 「sent to」가 되어야 하므로 to which를 쓴다.
【어휘】 institution 기관　renovate ~을 새롭게 하다
⑤ 그는 그 다음 몇 주 동안 이익이 크게 줄어든 회사의 주식을 샀다.
▶ 관계사절 안에서 profits의 소유격 역할을 하는 소유격 관계대명사 whose를 쓴다.
【어휘】 stock 주식　following 그 다음의

11 ① 그가 숨쉬기 위해 잠시 멈출 때면 언제든지 청중들은 열정적으로 박수를 쳤다.
▶ '~할 때면 언제든지'라는 의미의 부사절을 이끄는 복합관계부사 whenever를 쓴다.
【어휘】 ardently 열정적으로　applaud 박수를 치다
pause 잠시 멈추다
② 네가 이해할 수 없는 그런 책은 읽지 마라.
▶ 선행사 앞에 such가 있으므로 유사관계대명사 as를 쓴다.
【어휘】 comprehend 이해하다
③ Joan은 자신의 말을 경청하는 누구든지 항상 그 사람의 의견을 따른다.
▶ '~하는 누구든지'라는 의미의 명사절을 이끄는 복합관계대명사 whoever를 쓴다.
④ 여기는 몇 년 전에 공무원들이 방문했던 기념관이다.
▶ 선행사가 장소를 나타내는 building이지만 관계사절 안에서 목적어 역할을 하므로 where가 아닌 목적격 관계대명사 which나 that을 쓰는 것에 유의한다.
【어휘】 memorial 기념의　public official 공무원
⑤ 아무리 강하게 그렇게 하고 싶더라도, 첫 번째 제안은 받아들이지 말아라.
▶ '아무리 ~하더라도'라는 의미의 양보의 부사절을 이끄는 복합관계부사 however를 쓴다.
【어휘】 be tempted to ~하고 싶어지다

12 ① 우리가 원했던 바로 그것은 바람과 비를 피할 수 있는 어딘가였다.
▶ 선행사 앞에 the very가 있으므로 주로 관계대명사 that을 쓴다.
【어휘】 keep out of ~을 피하다
② 나는 현재의 네 모습을 보는 것이 아니라, 계속 예전의 소녀 같은 모습을 찾는다.
▶ 선행사가 주격보어이고, 관계사절이 「주어＋used to＋be동사」인 경우 관계대명사 that을 쓴다.
③ 심지어 십 대도 안 된 많은 수의 소년들이 군인이 되기 위해 끌려 갔다.
▶ that은 「한정사＋of」와 함께 쓸 수 없고 계속적 용법으로도 쓸 수 없다. 따라서 빈칸에는 whom이 와야 한다.
④ 그들은 그 호텔에 머물렀던 그 여자와 고양이가 소셜 미디어에서 유명하다는 사실을 전혀 몰랐다.
▶ 선행사에 사람과 동물이 함께 있으므로 주로 관계대명사 that을 쓴다.
⑤ 나는 우리가 갈등에 맞서야 했던 그 때에 그것들을 못 본척하고 있었다는 것을 깨달았다.
▶ the time과 같은 일반적인 선행사가 오는 경우 관계부사는 관계대명사 that으로 대체될 수 있다.
【어휘】 conflict 갈등　confront ~에 맞서다

13 관계대명사가 전치사 about의 목적어이므로 목적격 관계대명사가 쓰인다. 하지만 관계대명사 that 앞에는 전치사를 쓸 수 없다.
【어휘】 renowned 저명한

14 (a) 그 프로젝트의 자금을 기꺼이 낼 사람은 거의 없었다.
　▶ 선행사에 부정어 few가 있으므로 유사관계대명사 but을 쓴다.
(b) 너는 항상 필요한 것보다 더 많은 식료품을 산다.
　▶ 비교급 문장에서는 유사관계대명사 than을 쓴다.
【어휘】 grocery 식료품
(c) 그 계획이 채택될 것인데, 그러면 그것은 지역 사회의 모든 사람을 기쁘게 할 것이다.
　▶ 관계대명사 that은 계속적 용법으로 쓸 수 없다. that → which
【어휘】 adopt 채택하다　please ~을 기쁘게 하다
(d) 그때는 대부분의 농업 사회가 점차 산업화되었던 시기였다.
　▶「전치사＋관계대명사 which」가 쓰인 올바른 문장이다.
【어휘】 predominantly 대부분　rural 농업의, 농사의
industrial 산업이 발달한
(e) 예전에 변호사였던 그 신입 회원은 Bob의 주장에 전혀 감명을 받지 않았다.
　▶ 관계사절에 used to be가 있는 경우 관계사는 주로 that을 쓴다.
(f) 그 나무들은 환경을 정화하는 중요한 도구가 될 것이다.
　▶ 선행사 important tools가 있으므로 관계대명사 which나 that을 쓴다. what → which/that

REVIEW TEST through Reading　　p. 260

1 ⑤　　2 ②

1
【해석】 바르셀로나에 있는 사그라다 파밀리아 성당에는 안토니 가우디의 무덤이 있는데, 이 무덤은 방문자들에게 개방된다. 가우디는 전차에 치인 후 며칠 뒤에 사망했다. 그는 옷차림이 남루했기 때문에, 거지로 오인 받아

충분한 치료를 받지 못했고, 이는 결국 사망으로 이어졌다. 그가 사망했을 때, 성당 건축은 4분의 1만이 완료된 상태였다. 성당 건축은 오늘날에도 여전히 계속되고 있다. 아주 초기 단계에서는 개인 후원자들에게 자금 지원을 받았지만, 지금은 건축 비용 대부분이 교회 입장권을 구매하는 관광객들로부터 나온다.

【해설】 (A) 사물 선행사 the tomb of Antoni Gaudí를 보충 설명하는 계속적 용법의 관계대명사 which를 쓴다.
(B) 앞 절 전체를 선행사로 받는 계속적 용법의 관계대명사 which를 쓴다.
(C) 선행사가 사람이고 관계사절 안에서 주어 역할을 하는 주격 관계대명사 who를 쓴다.

【어휘】 be mistaken for ~로 오인 받다　lead to ~로 이어지다
basilica 바실리카 풍의 성당

2
【해석】 커플들이 다른 사람이 하는 행동을 거의 의식하지 않은 채 추는 현대의 춤과는 대조적으로, 18세기와 19세기 초의 춤은 매우 집단적인 일이었다. 모든 댄서들은 서로 마주보고, 보는 이들에게 심미적인 만족을 주는 정형화된 패턴대로 움직였다. 이러한 춤 양식은 프랑스 궁정에서 유래되었는데, 그곳에서는 일정한 수의 댄서들이 정사각형이나 원 형태로 섰다. 춤이 영국의 시골 저택이나 무도회장에 맞춰지자, 춤은 무도회장의 직사각형 모양에 맞추어 변화했다. 소위 '영국 컨트리 댄스'를 뒷받침하는 이론적 근거는 18세기 예절의 세련됨과 우아함을 드러내기 위한 것이었다. 실제로, 영국 컨트리 댄스의 스텝들을 완벽하게 배워서 춘다는 것은 댄서들 입장에서 진정한 기술을 필요로 했다.

【해설】 ② 관계사절 안에서 목적어 역할을 하는 관계대명사가 필요한데 선행사가 없으므로, 선행사를 포함하는 관계대명사 what을 쓴다.

【어휘】 in contrast to ~와는 대조적으로　more or less 거의, 대략
stylized 양식화된, 정형화된　originate 유래하다　adapt to
~에 맞추다(적응하다)　rectangular 직사각형의　demonstrate
보여주다　polish (기교의) 세련

CHAPTER 15 접속사　Conjunctions

EXERCISE 01　　p. 263

1 그는 유죄 판결을 받은 범죄자이지만 그래도 주위 사람들의 추앙을 받는다.
2 메인 터미널 입구에 현금 자동 입출금기, 즉 현금 인출기가 있습니다.
3 그녀는 그들과 외교 관계를 맺기를 원하는데, 그들이 결국 세계를 지배하게 될 것이기 때문이다.
4 그 개발자는 사용자의 관점에서 애플리케이션을 재설계할 수밖에 없다.
5 사장은 회사의 매출에 만족하지 못했고 직원들도 또한 만족하지 못했다.
6 우리는 할아버지 생신 선물로 줄 달린 시계를 살 것이다.

1 A yet B: A이지만 (그래도) B

【어휘】 convicted 유죄 판결을 받은

2 A, or B: (동격) A, 즉 B

【어휘】 ATM 현금 자동 입출금기(automated teller machine)

3 이유를 나타내는 for: ~이기 때문에

【어휘】 forge 구축하다   diplomatic ties 외교 관계

4 have no option but to+동사원형: ~하는 수밖에 없다

【어휘】 developer 개발자   redesign 재설계하다

perspective 관점, 시각

5 nor: ~도 또한 아니다

6 and로 연결되어 단일 개념을 나타내는 a watch and chain: 줄 달린 시계

EXERCISE 02　　　　　　　p. 265

> **1** 담당자들은 자신들의 큰 실수를 인정하지도 부인하지도 않았다.
> **2** 우리는 새로운 조류 독감의 감지와 근절 둘 다를 위한 실행 방안을 요구했다.
> **3** 그들은 사회를 위해서가 아니라 자신들의 이익을 위해서 기부를 하고 있다.
> **4** 그녀가 재미있기 때문이 아니라 도움이 되기 때문에 그녀에게는 친구가 많다.
> **5** 너는 물을 길어 오거나 또는 모닥불을 피울 나무를 주워 와야 한다.
> **6** 그는 아이들의 교육뿐만 아니라 부모의 건강에 대해서도 흥미로운 견해를 가지고 있다.
> **7** 재활용할 수 있는 물품 구매와 대중교통 이용 둘 다 환경을 보호하는 데 도움을 줄 수 있다.
> **8** 핵폭탄은 파괴적일 뿐만 아니라 치명적이기도 한 것으로 드러났다.

1 not A or B: A도 B도 아닌

【어휘】 in charge 담당인   blunder 큰 실수, 대실책

2 both A and B: A와 B 둘 다(모두)

【어휘】 call for ~을 요구하다   action plan 실행 방안

eradicate 박멸하다, 근절하다   bird influenza 조류 독감

3 not A but B: A가 아니라 B

【어휘】 for one's own good 자신의 이익을 위해

4 not that A but that B: A 때문이 아니라 B 때문에

5 either A or B: A 또는 B

【어휘】 fetch (어디를 가서) 가지고 오다

6 not only A but also B: A뿐만 아니라 B도

【어휘】 parental 부모의

7 A and B alike: A와 B 둘 다(모두)

【어휘】 recyclable 재활용할 수 있는   public transportation 대중교통

8 B as well as A: A뿐만 아니라 B도

【어휘】 nuclear bomb 핵폭탄   destructive 파괴적인

EXERCISE 03　　　　　　　p. 265

> | **1** has | **2** but | **3** too | **4** nor | **5** and |
> |---|---|---|---|---|
> | **6** or | **7** but | **8** need | **9** to buy | **10** are |
> | **11** neither | **12** was | **13** alike | | |

1 당신 또는 Sally가 우리의 모든 구성원들에게 다양성 훈련을 시켜주어야 한다.

▶ 「either A or B」 구문은 주어일 때 B(Sally)에 동사의 수를 일치시키므로 단수형 동사 has가 알맞다.

2 그것은 영화가 길기 때문이 아니라 조잡하게 만들어졌기 때문이다.

▶ not that A but that B: A 때문이 아니라 B 때문에

3 소형 어선들뿐만 아니라 대형 화물선들도 폭풍으로 전복되었다.

▶ not only A but B too: A뿐만 아니라 B도

【어휘】 cargo ship 화물선   capsize (배를) 뒤집다

4 그는 관리직으로 승진하지도 다른 사무실로 발령받지도 않았다.

▶ neither A nor B: A도 B도 아닌

【어휘】 managerial position 관리직   assign 배정하다

5 많은 어른들과 어린이들 모두 만화 영화를 즐겨 본다.

▶ A and B alike: A와 B 둘 다(모두)

【어휘】 animated film 만화 영화

6 당신의 트럭은 목요일에도 금요일에도 되찾아 갈 준비가 안 될 거예요.

▶ not A or B: A도 B도 아닌

7 그 가수의 명성은 전 세계적일 뿐만 아니라 오래도록 계속되기까지 한다.

▶ not only A but (also) B: A뿐만 아니라 B도

【어휘】 universal 전 세계적인   enduring 오래도록 지속되는

8 식당방과 거실 둘 다 공간이 더 필요하다.

▶ 「at once A and B」 구문은 주어일 때 복수 취급하므로 복수형 동사 need가 알맞다.

9 그들은 이번에 임대가 아닌 구매할 아파트를 알아보고 있다.

▶ 문법적 성격이 대등한 두 개의 어구가 짝을 이루어야 하므로 to rent와 대등한 어구인 to buy가 알맞다.

10 당신의 남동생뿐만 아니라 여동생들도 유전병 검사를 받게 될 것입니다.

▶ 「B as well as A」 구문은 주어일 때 B(Your sisters)에 동사의 수를 일치시키므로 복수형 동사 are가 알맞다.

【어휘】 genetic disease 유전병

11 그 새로운 시스템은 효과적으로도 효율적으로도 작동하지 않는다.

▶ neither A nor B: A도 B도 아닌

【어휘】 efficiently 효율적으로

12 주최자들이 아니라 날씨가 행사 취소의 원인이었다.

▶ 「not A but B」 구문은 주어일 때 B(the weather)에 동사의 수를 일치시키므로 단수형 동사인 was가 알맞다.

【어휘】 organizer 주최자   cancellation 취소

13 그 시리즈의 최종회는 갑작스러우면서 충격적이고 잔혹했다.

▶ 'A, B, C 모두'의 의미로 3개 이상의 어구를 연결할 경우, 「A, B, and C alike」 구문으로 나타낼 수 있다.

1 whether	2 that	3 where	4 how
5 whether	6 so	7 if	8 whether
9 that	10 whether		

1 우리는 새로 발견된 식물이 식용인지 아닌지를 알아내려고 애쓰고 있다.
▶ '~인지 아닌지'의 의미로 or not과 함께 의문스럽거나 확실하지 않은 내용에 대해서 쓰는 whether이 알맞다.
【어휘】figure out ~을 알아내다　edible 식용의, 먹어도 되는

2 그 대사는 그 나라가 폭동을 진압하기 위해 최루 가스를 사용했다는 사실을 부인했다.
▶ 명사 the fact 뒤에서 동격절을 이끌 수 있는 that이 알맞다.
【어휘】ambassador 대사　tear gas 최루 가스　quell 진압하다 riot 폭동

3 나의 관심사는 이사진들이 그 소식을 어디서 알았는지이다.
▶ 보어 자리에 알맞은 것은 의문사절이다. if절은 보어 역할을 할 수 없다.

4 요리 시간은 채소가 어느 정도로 익혀지기를 바라는지에 달려 있다.
▶ 전치사의 목적어가 될 수 있는 것은 의문사절이다. if절은 전치사의 목적어가 될 수 없다. 참고로 depend on 다음에 의문사절이나 whether절이 올 경우 전치사 on은 생략 가능하다.
【어휘】depend on ~에 달려 있다

5 그들은 시장에게 오래된 정부 청사를 개조할 것인지 아닌지를 물었다.
▶ to부정사와 함께 쓸 수 있는 것은 whether이다. if는 to부정사와 함께 쓸 수 없다.
【어휘】government office building 정부 청사

6 그녀는 정신력을 회복할 수 있도록 착실하게 명상해왔다.
▶ 문맥상 '~하도록'의 의미를 나타내는 접속사구 so that이 적절하며 that이 생략된 형태이다.
【어휘】meditate 명상하다　steadily 착실하게　mental strength 정신력

7 나는 그녀가 과거의 평범하고 재미없는 삶을 그리워하는지 아닌지 확신할 수 없다.
▶ or not과 함께 의문스럽거나 확실하지 않은 내용에 대해서 쓰는 if가 알맞다.
【어휘】mundane 재미없는, 일상적인　back in the days 과거에

8 당신은 당신의 보험 보장 범위가 줄었는지 아닌지 확인해야 합니다.
▶ 바로 뒤에 or not이 올 수 있는 것은 whether이다. if는 그렇지 않다.
【어휘】insurance coverage 보험 보장 범위　narrow down ~을 줄이다

9 만약 여러분이 꿈을 이루었다면, 그 다음엔 어떻게 하겠습니까?
▶ supposing은 that과 함께 접속사구를 이루어 '만약 ~라면'의 의미를 나타낸다.
【어휘】fulfill 달성하다, 실현시키다

10 그 환자는 그 치료가 정말 최선인지 아닌지 걱정한다.
▶ 전치사의 목적어가 될 수 있는 것은 whether절이다. if절은 전치사의 목적어가 될 수 없다.

1 by the time	2 when	3 while
4 On	5 Whenever	6 before

1 당신이 귀가할 때쯤이면 모든 것이 처리되었을 거예요.
▶ '~할 때쯤이면'의 의미로 완료를 나타내는 by the time이 알맞다.

2 그는 20대 중반에 가수 Georgiana와 사귀었다.
▶ '~할 때'의 의미로 인생의 일정한 기간이나 나이를 나타내는 when이 알맞다.
【어휘】go out with ~와 사귀다

3 Jennifer가 일을 하는 동안 그녀의 부모님이 그녀의 딸을 돌보신다.
▶ '~하는 동안에'의 의미로 일정한 기간 동안 동시에 진행되는 두 가지 일이나 상황을 나타내는 while이 알맞다.

4 그는 다리를 뻗자마자 근육 경련으로 오른쪽 다리에 통증을 느꼈다.
▶ '~하자마자'의 의미로 동명사를 목적어로 취하는 On이 알맞다.
【어휘】muscle spasm 근육 경련

5 그들 사이에 갈등이 있을 때마다 그것은 전면전으로 확대되었다.
▶ '~할 때마다'의 의미로 어떤 일이나 상황이 벌어질 때마다 반복됨을 나타내는 Whenever이 알맞다.
【어휘】escalate into ~으로 확대되다　full-scale war 전면전

6 우리가 그 계획을 제안하자마자 그들이 특별한 관심을 보였다.
▶ 'A하자마자 B하다'의 의미를 나타내는 「scarcely A before B」 구문으로 부정어(scarcely)가 강조를 위해 문장 맨 앞에 위치하여 주어와 동사가 도치되었다.

1 Once	2 since	3 As
4 Not, until, did	5 sooner, than	

1 once: 일단 ~하면
【어휘】repressive regime 압제 정권　collapse 무너지다, 붕괴되다

2 '~ 이후로'의 의미를 나타내는 since가 알맞으며, 이때 현재완료시제와 함께 쓰인다.
【어휘】play Frisbee 프리스비 (원반) 던지기를 하며 놀다

3 as: ~함에 따라
【어휘】allergy season 알레르기 철

4 'B하고 나서야 비로서 A하다'의 의미를 나타내는 「not A until B」 구문으로 강조를 위해 부정어와 until절이 문장 맨 앞에 위치하여 주어와 동사가 도치되었다.
【어휘】distinguished guest 귀빈　breathe a sigh of relief 안도의 한숨을 쉬다

5 no sooner A than B: A하자마자 B하다

1 so	**2** Now
3 in order that	**4** so as
5 because	**6** affect

1 Jane은 대단한 전략가여서 그녀의 사업 계획은 대개 잘 진행된다.
▶ '너무 ~한 (명사)여서 …한'의 의미를 나타내는
「so+형용사+a(n)+명사 that …」 구문이므로 so가 알맞다.
【어휘】 strategist 전략가   pan out well 잘 진행되다

2 그가 전체 이야기를 날조했기 때문에 우리는 그의 작품을 출판하지
않기로 결정했다.
▶ '~이므로'의 의미로 이유나 원인을 나타내는 Now that이 알맞다.
【어휘】 fabricate 날조하다

3 그녀는 눈에 잘 띄도록 화려한 옷을 입었다.
▶ 문맥상 '~하도록'의 의미로 목적을 나타내는 in order that이 알맞다.
【어휘】 outfit 옷, 복장   conspicuous 눈에 잘 띄는

4 대부분의 사람들은 자신들의 경력을 망치지 않기 위해 압력에 굴복했다.
▶ '~하지 않도록'의 의미를 나타내는 「so as not to+동사원형」
구문이므로 so as가 알맞다.
【어휘】 succumb to ~에 굴복하다

5 그 무당은 죽은 사람들과 의사소통을 할 수 있다고 말하기 때문에 나를
두렵게 한다.
▶ '~이기 때문에'의 의미로 직접적이고 강력한 인과관계를 나타내는
because가 알맞다.
【어휘】 shaman 무당   the dead 죽은 사람들

6 스트레스가 당신의 생산성에 영향을 미치지 않도록 잘 다스리길
권합니다.
▶ '~하지 않도록'의 의미를 나타내는 「lest+주어(+should)+
동사원형」 구문에서 should가 생략된 형태이므로 동사원형 affect가
알맞다.

1 in, that	**2** so, that
3 on, the, grounds	**4** such, that
5 Seeing	

1 in that: ~라는 점에서, ~이므로
【어휘】 mature 성숙한   levelheaded 분별 있는

2 so+형용사(부사)+that …: 너무 ~해서 …한
【어휘】 disguise 분장하다   recognize 알아보다

3 on the grounds that: ~라는 근거로, ~의 이유로
【어휘】 deteriorate 악화되다

4 such a(n)+형용사+명사+that …: 너무 ~한 (명사)여서 …한
【어휘】 maze 미로

5 seeing (that(as)): ~인 것으로 보아, ~이므로
【어휘】 pour down 내리쏟다   reschedule 일정을 변경하다

1 Despite	**2** as if	**3** no matter
4 in case	**5** as	**6** Unless

1 우리가 사회적으로 연결되어 있다는 사실에도 불구하고 우리는 종종
고립된 느낌을 갖는다.
▶ '비록 ~이지만'의 의미로 동격의 명사절을 이끌 수 있는 despite가
알맞다.
【어휘】 socially 사회적으로   isolated 고립된

2 그 간수들은 마치 죄수들이 짐승인 것처럼 그들을 마당으로 몰아넣는다.
▶ '마치 ~인 것처럼'의 의미로 사실과 반대되는 일을 가정하여 나타내는
as if가 알맞다.
【어휘】 corral 몰아넣다

3 Webber 박사는 무슨 일이 있어도 자신의 연구실을 세우고 싶어 한다.
▶ '~이더라도'의 의미를 나타내는 「no matter+의문사」 구문이므로
no matter가 알맞다.
【어휘】 no matter what it takes 무슨 수를 써서라도

4 다칠 경우에 대비하여 구급상자를 꼭 챙기세요.
▶ '~일 경우에 대비하여'의 의미로 어떤 일이 발생할 가능성을 전제로
예방·대비함을 나타내는 in case가 알맞다. if는 어떤 일이 발생하는
시점에 행동이 이루어짐을 나타내므로 맞지 않다.

5 그 음식이 비록 영양이 풍부하지만 시장에서 소비자들의 마음을 끌지
못한다.
▶ '비록 ~이지만'의 의미를 나타내는 「형용사+as+주어+동사」
구문이므로 as가 알맞다.
【어휘】 nutrient-dense 영양이 풍부한

6 그럴듯한 핑계를 대지 않는 한, 당신의 행동은 용납되지 않을 것입니다.
▶ '~하지 않는 한'의 의미로 아직 일어나지 않은 일을 나타내는
Unless가 알맞다.
【어휘】 come up with ~을 제시하다   feasible excuse 그럴 듯한
핑계   tolerate 용인하다

OVERALL EXERCISE   pp. 274-275

01

1 or	**2** Whether	**3** so
4 that	**5** Though	**6** nor
7 but	**8** Because	**9** yet

1 그가 생각하는 좋은 시간이란 온라인 게임을 하거나 캠핑을 가는 것이다.
▶ either A or B: A 또는 B

2 우리가 생화를 쓰든 안 쓰든 큰 차이가 없을 것이다.
▶ or not과 함께 문장 앞에서 주어절을 이끌 수 있는 Whether이
알맞다.
【어휘】 make much of a difference 큰 차이가 있다

3 전기가 나가서 우리는 오래된 등유 램프를 대신 사용했다.
▶ 문맥상 결과를 나타내는 so가 알맞다.
【어휘】 go out (전기 등이) 꺼지다, 나가다   kerosene 등유

4 그가 런던에 빅토리아 시대의 대저택을 가지고 있다는 소문이 사실로 드러났다.
 ▶ 명사 The rumor 뒤에서 동격절을 이끌 수 있는 that이 알맞다.
 【어휘】 Victorian (영국) 빅토리아 (여왕) 시대의   mansion 대저택

5 비록 그의 사업이 어려운 상황에 있지만 그는 직원들을 해고하지는 않는다.
 ▶ 문맥상 양보를 나타내는 Though가 알맞다.
 【어휘】 dismiss 해고하다

6 이 지도는 그 지역에 높은 산도 광대한 황무지도 없음을 보여준다.
 ▶ neither A nor B: A도 B도 아닌
 【어휘】 wilderness 황무지

7 Sarah는 숲에 있는 외딴 오두막집뿐만 아니라 해변에 인접한 콘도도 샀다.
 ▶ not only A but (also) B: A뿐만 아니라 B도
 【어휘】 secluded 외딴, 한적한   beachfront 해변에 인접한
 condo 콘도, 분양 아파트

8 나는 일에 몰두하고 있었기 때문에 자정이 넘은 줄 몰랐다.
 ▶ 이유를 나타내면서 문장 맨 앞에 올 수 있는 Because가 알맞다.
 【어휘】 be immersed in ~에 몰두하다

9 비록 그녀는 기적을 믿지 않지만, 부인하지는 않는다.
 ▶ A yet B: A이지만 (그래도) B
 【어휘】 believe in ~을 믿다

02

1 We just found out that the oven as well as the fridges was not in working condition.
2 They agreed on whether the lack of exercise can deplete chromium or not.
3 Her doctor will prescribe antibiotics if she develops symptoms like a high fever.
4 Needless to say, the food, beverage, and accommodation alike were wonderful.
5 Because(As, Since) these glasses can make you look cute, I advise you to wear these. / I advise you to wear these, for these glasses can make you look cute.

1 우리는 냉장고들뿐만 아니라 오븐도 작동하는 상태가 아닌 것을 방금 알게 되었다.
 ▶「B as well as A」 구문은 주어일 때 B(the oven)에 동사의 수를 일치시킨다. were → was
 【어휘】 fridge 냉장고

2 그들은 운동 부족이 크롬을 대폭 감소시킬 수 있는지 없는지 여부에 의견이 일치했다.
 ▶ 전치사의 목적어가 될 수 있는 것은 whether절이다. if절은 전치사의 목적어가 될 수 없다. if → whether
 【어휘】 agree on ~에 의견이 일치하다   deplete 대폭 감소시키다, 고갈시키다   chromium (화학 원소) 크롬

3 그녀의 의사는 그녀가 고열과 같은 증상이 나타나면 항생제를 처방할 것이다.
 ▶ 조건을 나타내는 부사절은 현재시제로 미래시제를 대신한다.

will develop → develops
【어휘】 prescribe 처방하다   antibiotics 항생제

4 말할 필요도 없이, 음식과 음료, 숙소가 모두 훌륭했다.
 ▶ 'A, B, C 모두'의 의미로 3개 이상의 어구를 연결할 경우,「A, B, and C alike」 구문으로 나타낼 수 있다.
 alike the food, beverage, and accommodation
 → the food, beverage, and accommodation alike
 【어휘】 needless to say 말할 필요도 없이   accommodation 숙소

5 이 안경은 너를 귀여워 보이게 할 수 있기 때문에, 난 네가 이것을 착용하길 권해.
 ▶ 이유를 나타내는 for는 문장 맨 앞에 올 수 없으므로 for절을 뒤로 보내거나, 다른 접속사로 고쳐 써야 한다.
 For → Because(As, Since)

03

1 though he was, he decided to join the defense forces
2 they don't receive ransom money
3 had I picked up a daisy when(before) I got stung by a bee
4 she (should) get attacked
5 memorable a phrase that we wanted to jot it down
6 matter how terrifying the horror movie is, he won't even flinch
7 moment(instant, minute) they had a quick swill of wine, they frowned

1 그는 겁쟁이였지만 방위군에 입대하기로 결심했다.
 ▶ 무관사 명사+though+주어+동사: 비록 ~이지만
 【어휘】 defense forces 방위군

2 범인들은 몸값을 받지 않는 한 인질을 보내지 않을 것이다.
 ▶ unless: ~하지 않는 한 = if ~ not
 【어휘】 hostage 인질   ransom money 몸값

3 데이지 꽃 한 송이를 꺾자마자 나는 벌에 쏘였다.
 ▶ no sooner A than B: A하자마자 B하다 = scarcely(hardly, barely) A when(before) B
 부정어 scarcely가 문장 맨 앞에 위치하므로 주어와 동사를 도치시켜야 한다.

4 그녀는 공격을 당하지 않도록 개인 경호원을 고용했다.
 ▶ in order that+주어+might not+동사원형: ~하지 않도록
 = lest+주어(+should)+동사원형
 【어휘】 private security guard 개인 경호원

5 그것은 너무 인상적인 구절이어서 우리는 그것을 적고 싶었다.
 ▶ such a(n)+형용사+명사+that ...: 너무 ~한 (명사)이어서 …한
 = so+형용사+a(n)+명사+that ...
 【어휘】 memorable 기억할 만한, 인상적인   jot down ~을 적다

6 그 공포 영화가 아무리 무서워도 그는 움찔하지도 않을 것이다.
 ▶ however: 아무리 ~해도 = no matter how
 【어휘】 terrifying 무서운   flinch 움찔하다

7 그들은 포도주를 재빨리 한 모금 들이키자마자 얼굴을 찌푸렸다.
 ▶ as soon as: ~하자마자 = the moment(instant, minute)

【어휘】 swill 한 모금, 쭉 들이킴   frown 얼굴을 찌푸리다

04

1	② harm → harming	2 are

참치는 미국의 많은 가정집에 있어서 주식이다. 안타깝게도, 우리가 시장에서 발견하는 참치의 대부분은 남획과 다른 해양 동물들을 해치는 파괴적인 어업 관행으로 인한 것이다. 세계 참치 산업은 우리의 바다에서 물고기를 고갈시킬 뿐만 아니라 다른 해양 생물에게도 해를 끼치고 있다. 우리 소비자들은 기업이 소비자들에게 지속 가능한 수산 식품 옵션을 제공할 뿐만 아니라 해양을 보호하기 위해 자신의 역할을 다하도록 행동에 나서야 한다. 이것이 우리가 여기 있는 이유이며 우리는 그들이 우리와 대화를 할 준비가 될 때까지 이곳에 있을 것이다.

1 「not only A but also B」는 문법적 성격이 대등한 두 개의 어구가 짝을 이루는 구조이므로 emptying에 대응되도록 harm은 harming이 되어야 한다.

2 시간을 나타내는 부사절은 현재시제로 미래시제를 대신하므로 be동사는 are가 알맞다.

【어휘】 tuna 참치, 참다랑어   staple 주식   overfishing 남획   destructive 파괴적인   fishing practices 어업 관행   marine 해양의   empty A of B A에서 B를 비워내다   play one's part 자신의 역할을 다하다   sustainable 지속 가능한

REVIEW TEST   pp. 276-277

01 ②	02 ④	03 ②,④	04 ①,③	05 ⑤
06 ⑤	07 ②	08 ③	09 ①	10 ⑤
11 ③,④	12 ①,④	13 (b), (c), (e), (f)		

01 노른자위뿐만 아니라 바닐라도 완벽한 푸딩을 만드는 데 중요한 역할을 한다.
▶ 「not only A but (also) B」 구문은 주어일 때 B(vanilla)에 동사의 수를 일치시키므로 단수형 동사인 plays가 알맞다.
【어휘】 egg yolk 노른자위

02 이제 우리 가족을 만났으니, 그들에 대해 어떻게 생각하는지 말해주세요.
▶ 문맥상 '~이므로'의 의미로 이유나 원인을 나타내는 Now that이 알맞다.

03 저소득층은 물론이고 중소득층도 그 정책으로부터 혜택을 받는다.
▶ not alone A but (also) B: A뿐만 아니라 B도 = not only A but B too(as well)
【어휘】 low-income 저소득의   bracket 계층   middle-income 중간 소득의   benefit from ~으로부터 혜택을 받다

04 정말 필요하지 않다면 그녀는 수술을 받지 않을 것이다.
▶ if ~ not: ~하지 않는 한 = unless, except if

【어휘】 have an operation 수술을 받다

05 첫 번째 빈칸에는 '~할 때마다'의 의미로 어떤 일이나 상황이 벌어질 때마다 반복됨을 나타내는 When, Whenever, Every time이, 두 번째 빈칸에는 '~인지 아닌지'를 의미하며 to부정사가 바로 뒤에 올 수 있는 whether이 알맞다. 따라서, 바르게 짝지어진 것은 When과 whether이다.

06 • 그들은 그 소식을 듣고 너무 기뻐서 기쁨의 눈물까지 흘렸다.
• 그녀에게 주어진 부담이 그녀를 무기력하고 수척하게 만들었다.
• 그 회사가 피해자들에게 거액의 보상금을 제안했지만 그들은 받지 않았다.
▶ 첫 번째 문장에는 '너무 ~해서 …한'의 의미를 나타내는 「so+형용사(부사)+that」 구문이 쓰였으므로 so가 알맞다. 두 번째 문장에는 '그리고'의 의미로 단어와 단어를 연결하는 「A and B」 구문이 쓰였으므로 and가 알맞다. 세 번째 문장에는 '비록 ~이지만'의 의미로 양보를 나타내는 Although가 알맞다.
【어휘】 shed 흘리다   burden on one's shoulders ~에게 주어진 부담   listless 무기력한   gaunt 수척한   a large sum of 거액의   compensation 보상(금)

07 • 일단 당신이 미술 전공자가 되면, 당신은 자신만의 스타일을 찾기 위해 여러 다양한 스타일을 실험해야 할 것이다.
• 우리가 집에 돌아올 때쯤이면 우리집은 최신 가전제품으로 내부가 완비되어 있을 것이다.
▶ 첫 번째 문장에는 '일단 ~하면'의 의미를 나타내는 Once가 알맞으므로 나머지와 다르다. 두 번째 문장에는 '~할 때쯤이면'의 의미를 나타내는 by the time이 알맞다.
【어휘】 major 전공자, 전공하는 학생   experiment with ~을 실험하다   fully furnished 내부가 완비된   appliances 가전 제품

08 관련 당사자들이 오늘 여기에 있으므로 회의를 시작합시다.
▶ 이유를 나타내는 다른 접속사들과 달리 for는 문장 맨 앞에 올 수 없다.
【어휘】 parties concerned 관련 당사자들

09 ① 그는 집을 팔아야 할지 세를 놓아야 할지 결정할 수 없었다.
▶ '~인지 아닌지'의 의미를 나타내는 if 또는 whether이 알맞으므로 나머지와 다르다.
② 일을 끝내지 못한 채로 잠들면 안 되니까 나는 깨어 있으려고 얼굴에 얼음물을 끼얹었다.
▶ '~하면 안되니까'의 의미를 나타내는 「for fear (that)+주어+would+동사원형」 구문이므로 that이 알맞다.
【어휘】 splash A on B A를 B에 끼얹다
③ Rachel은 자신이 실패했다는 사실을 받아들일 수 없었다.
▶ 명사 the fact 뒤에서 동격절을 이끌 수 있는 that이 알맞다.
【어휘】 come to terms with (좋지 않은 일)을 받아들이다
④ 그들은 돌파구가 있을 수도 있다는 점에서 시도해 보기로 합의했다.
▶ '~이라는 점에서'의 의미를 나타내는 in that의 that이 알맞다.
【어휘】 give it a try 시도하다   breakthrough 돌파구
⑤ 그의 배신에 대한 기억이 너무 강하게 떠올라 그녀는 똑바로 걸을 수 없었다.
▶ '너무 ~해서 …한(하게)'의 의미를 나타내는 「so+형용사(부사)+that」 구문이므로 that이 알맞다.
【어휘】 betrayal 배신   hit (생각 등이) 떠오르다

10 ① 인간과 원숭이는 둘 다 공통된 조상으로부터 진화했다.

  ▶ at once A and B: A와 B 둘 다(모두) = A and B alike

  【어휘】 evolve from ~으로부터 진화하다

② 그 소년은 정규 교육도 홈스쿨링도 받지 않았다.

  ▶ neither A nor B: A도 B도 아닌 = not A or B

③ 창문을 열자마자 그녀는 자동차 충돌 소리를 들었다.

  ▶ on+-ing: ~하자마자 = immediately+절

④ 약속을 지켜라, 그렇지 않으면 그들은 너를 불신할 것이다.

  ▶ '~해라, 그렇지 않으면'의 의미를 나타내는 「명령문+or」 구문은 '만약 ~하지 않는다면'의 의미를 나타내는 「if ~ not」과 같은 의미이다.

  【어휘】 keep one's word 약속을 지키다   distrust 불신하다

⑤ 그녀는 적군에게 잡히지 않도록 재빨리 도망쳤다.

  ▶ '~하지 않도록'의 의미를 나타내는 「so that+주어+would not+동사원형」 구문은 「for fear that+주어+would+동사원형」 구문과 같은 의미이므로 not을 삭제해야 한다.

11 ① 그는 이 도시가 장래에 자신의 보금자리가 될지 어떨지 생각하기 시작했다.

  ▶ if절은 동사 wonder의 목적어절 역할을 할 수 있으므로 올바른 문장이다.

② 그 여자는 새 옷을 살 기회를 즐길지 어떨지 숙고하고 있었다.

  ▶ whether절은 동사 consider의 목적어절 역할을 하며 to부정사 바로 앞에서 쓰일 수 있으므로 올바른 문장이다.

  【어휘】 relish 즐기다

③ 그들은 수영객이 큰 상어의 공격을 받고 있다고 소리쳤다.

  ▶ 자동사로 잘 쓰이는 동사 뒤에서는 접속사 that을 생략하지 않으므로 They shout that으로 문장이 이어져야 한다.

④ 요점은 여러분이 인생에서 창의적인 것을 하고 싶은지의 여부이다.

  ▶ if절은 보어 역할을 하지 않으므로 whether절이 와야 한다.

⑤ 이 방법이 어떻게 더 나은 결과를 만들 수 있는지에 대해 다소 의구심이 존재한다.

  ▶ how 의문사절은 전치사의 목적어절이 될 수 있으므로 올바른 문장이다.

12 ① 그 가수는 그 나라에서 콘서트를 다시 열겠다고 여러 차례 약속했다.

  ▶ 동사 바로 뒤에 위치한 목적어절인 경우 that을 생략할 수 있으나 동사 promised 뒤에 repeatedly가 있으므로 that을 생략할 수 없다.

  【어휘】 repeatedly 여러 차례

② 그 소녀는 소풍에 맞춰 날씨가 나아지지 않을까 봐 걱정했다.

  ▶ 감정의 형용사(anxious) 뒤의 that절이 감정의 이유를 나타내므로 목적어절 역할을 하는 것으로 보아 that을 생략할 수 있다.

  【어휘】 in time 시간 맞춰

③ 저는 검토할 시간을 갖도록 보통 마감일 하루 전에 보고서를 끝마칩니다.

  ▶ 두 단어로 이루어진 상용 접속사구 so that의 경우 that을 생략할 수 있다.

④ 경찰은 안개가 사고의 원인이었다고 대답했다.

  ▶ reply와 같이 자동사로 잘 쓰이는 동사는 접속사 that을 생략하지 않는다.

⑤ 그가 격노했던 것으로 보아 무슨 일이 생겼음이 틀림없다.

  ▶ '~인 것으로 보아'의 의미를 나타내는 seeing that의 that은

생략 가능하다.

13 (a) 그 지진이 일어난 지 2년이 되었다.

  ▶ '~한 이후로'의 의미를 나타내는 since는 주절은 현재완료시제, 종속절은 과거시제인 문장에 주로 쓰인다.

(b) 도로에서 펑크가 날 경우를 대비하여 스페어 타이어를 항상 가지고 다녀라.

  ▶ if는 어떤 일이 발생하는 시점에 행동이 이루어짐을 의미하는데, 문맥상 어떤 일이 발생할 가능성을 전제로 예방·대비한다는 의미가 되어야 하므로, if는 in case가 되어야 한다.

  【어휘】 spare 여분의   blowout (자동차 바퀴의) 펑크

(c) 그들은 그를 학생 대표로 추천해야 할지 말지에 대해 토론했다.

  ▶ whether 바로 뒤에는 or not이 올 수 있지만, if는 그렇지 않으므로 if는 whether이 되어야 한다.

(d) 내가 어떤 것을 성취했더라도 나의 부모님은 내가 다음에 무엇을 할 수 있는지에 대해서만 신경 쓰신다.

  ▶ no matter+의문사: ~이더라도

(e) 그녀는 자신의 집이나 차 안에 자신의 휴대 전화를 두었다고 생각한다.

  ▶ 'A 또는 B'의 의미를 나타내는 것은 「either A or B」 구문 이므로 nor은 or이 되어야 한다.

(f) 나는 솔직한 답변만 하였고 면접은 잘 진행되었다.

  ▶ '~하기만 하다'의 의미를 나타내는 「do nothing except+동사원형」 구문이므로 giving은 give가 되어야 한다.

  【어휘】 straight 솔직한

REVIEW TEST through Reading   p.278

1 ③   **2** ①

1

【해석】 전화로 인한 알렉산더 그레이엄 벨의 성공은 사실 전보를 향상시키려던 그의 시도들로 인한 결과이다. 그가 전기 신호로 실험을 시작했을 때 전보는 약 30년간 잘 알려진 통신 수단이었다. 전보가 상당히 성공적이기는 했지만, 그것은 한 번에 하나의 메시지만 주고 받을 수 있었다. 벨은 소리의 본질에 관한 광범위한 지식과 음악에 대한 상당한 이해력을 갖추고 있었기에, 그것들은 그로 하여금 같은 전선을 통해 동시에 다수의 메시지를 전송하는 법을 생각해 낼 수 있게 해 주었다. 비록 이런 생각이 벨 이전에도 존재하기는 했지만, 그는 그것을 실제로 구현해 낸 최초의 인물이었다. 그의 생각은 신호나 음이 높이가 다를 경우 몇 개의 음이 동시에 전선을 통해 전송될 수 있다는 원리에 기초를 두고 있었다.

【해설】 ③ 절이 뒤따르므로 전치사 Despite는 접속사 Although 또는 Though가 되어야 한다.

【어휘】 noted 잘 알려진   at a time 한 번에   enable A to B(동사원형) A가 B를 할 수 있게 하다   multiple 다수의   note 음, 소리   differ in ~에 대해 다르다

2

【해석】 당신은 최소한의 수면으로도 제대로 기능할 수 있다고 생각하는가? 그렇다면 여기 당신의 주의를 환기하는 경고가 있다. 새로운 연구에 따르면,

설사 당신이 완전히 깨어 있다고 생각할지라도 뇌의 일부는 잠들어 있을 수도 있다. 과학자들이 실험실 쥐들이 평소보다 더 오랫동안 깨어 있게 만든 다음 그들 뇌의 전기적 활성도를 관찰했다. 그들은 문제 해결의 뇌 영역 같은, 실험실 쥐들의 뇌의 일부 영역들이 수면 상태에 빠져 있는 것을 발견했다. 하지만, 과학자들은 쥐들이 깨어있음의 상태가 다르다고는 말할 수 없었는데, 전반적인 두뇌 활동으로 보았을 때는 그들이 완전히 깨어 있었기 때문이다. 이 현상은 단순히 흥미로운 관찰이 아니라 실제로 행동에 영향을 미친다. 과학자들이 이 실험실 쥐들에게 어려운 과제를 수행하도록 했을 때, 잠이 부족한 쥐들은 그것을 완수하는 데 어려움을 겪었다.

【해설】 (A) 문맥상 '설사 ~일지라도'의 의미로 가정이나 가상을 나타내는 even if가 알맞다.
(B) tell의 목적어인 명사절을 이끌 수 있는 that이 알맞다.
(C) 문맥상 '~할 때'의 의미로 어떤 일이나 상황이 벌어지는 특정한 시점을 나타내는 When이 알맞다.

【어휘】 function 기능하다 problem-solving 문제 해결
observation 관찰 challenging 어려운, 힘드는
have trouble -ing ~하는 데 어려움을 겪다

CHAPTER 16 가정법 Subjunctive Mood

EXERCISE 01
p. 280

1 did	**2** if	**3** is
4 would	**5** had	

1 나는 운전면허증이 없다. 만약 (운전면허증이) 있다면, 공항으로 너를 마중나갈 수 있을 텐데.
▶ 운전 면허증이 없는 현재 사실과 반대되는 일을 가정하므로, If절에는 가정법 과거의 형태인 did가 적절하다.
2 만약 그 이야기가 논픽션이라면 더 감동적일 테지만, 그것은 픽션이다.
▶ 가정법 과거인 「If+주어+동사의 과거형 ~, 주어+would(could, might)+동사원형 …」가 순서가 바뀐 형태이므로, if가 적절하다.
3 내일 날씨가 좋으면, 더 많은 사람들이 벼룩시장에 올 것이다.
▶ 주절의 동사가 will come(직설법의 조건문)이므로, is가 적절하다.
4 만약 내가 네 입장이라면, 나는 그렇게 통명스럽게 말한 것에 대해 Emma에게 사과할 텐데.
▶ If절의 동사가 were(가정법 과거)이므로, would가 적절하다.
【어휘】 bluntly 통명스럽게, 버릇없이
5 Lewis는 요즘 바쁘다. 만약 여유가 있다면, 그는 동물 보호센터에서 자원봉사를 할 텐데.
▶ 주절의 동사가 would volunteer(가정법 과거)이므로, had가 적절하다.

EXERCISE 02
p. 282

1 had been	**2** would have been
3 had given	**4** had had, would not get
5 could study	**6** could have expanded
7 could have passed	

1 만약 안개가 짙었다면, 시카고행 항공편은 취소되었을 텐데.
▶ 가정법 과거완료는 「If+주어+had p.p. ~, 주어+would(could, might) have p.p. …」의 형태이므로 had been이 적절하다.
2 만약 Vivian이 선크림을 바르지 않았다면, 그녀의 피부는 뜨거운 햇빛에 물집이 생겼을 텐데.
▶ If절의 동사가 had not applied(가정법 과거완료)이므로, 주절의 동사는 would have been이 적절하다.
【어휘】 apply 바르다 blister ~에 물집이 생기게 하다
3 Davis 씨가 더 설득력 있는 프레젠테이션을 했더라면, 그 고객은 계약서에 서명했을 텐데.
▶ 주절의 동사가 would have signed(가정법 과거완료)이므로, if절에는 had given이 적절하다.
4 만약 George가 지난밤에 푹 잘 잤다면, 지금 졸리지 않을 텐데.
▶ '만약 (과거에) ~했다면, (지금) …할 텐데'라는 의미로 과거 사실이 현재까지 영향을 미치는 경우에는 혼합가정법 「If+주어+had p.p. ~, 주어+would(could, might)+동사원형 …」을 쓴다.
5 만약 내가 제시간에 비자를 받았다면, 나는 지금 미국에 있는 대학교에서 공부를 할 수 있을 텐데.
▶ If절의 동사는 had gotten(과거완료)이지만, 주절에는 현재를 나타내는 부사 right now가 있으므로, 과거 사실이 현재까지 영향을 미치는 혼합가정법 문장이다. 따라서 주절의 동사로는 could study(과거)가 적절하다
6 만약 Emily가 마케팅 경험이 있었다면, 그녀는 회사를 확장할 수 있었을 텐데.
▶ 가정법 과거완료 문장이므로, 주절의 동사는 「could have p.p.」가 적절하다.
7 만약 Jack이 아주 재능 있는 배우라면, 그는 지난주 오디션에 합격했을 텐데.
▶ '만약 (현재) ~라면, (과거에) …했을 텐데'라는 의미로 현재 상태를 반대로 가정해서 과거를 돌아보는 혼합가정법은 「If+주어+동사의 과거형 ~, 주어+would(could, might) have p.p. …」를 쓴다.

> 1 As I didn't look over my email before sending it, I couldn't(didn't) correct any errors.
> 2 If we had properly prepared before rainy season, we wouldn't get severe damage now.
> 3 As the firm didn't continue to invest in new technology, it doesn't remain a leader in the field today.
> 4 If we had actively taken part in brainstorming discussion, we could have gotten effective solutions.
> 5 As Owen isn't cautious for his health, he didn't get vaccinated for influenza.

1 만약 내가 이메일을 보내기 전에 검토해 봤다면, 어떤 오류든 수정할 수 있었을 텐데.
  ▶ 가정법 과거완료는 과거 사실과 반대되는 일을 가정하므로 직설법 과거 문장으로 전환할 수 있으며, 긍정(had looked, could have corrected)은 부정(didn't look, couldn't(didn't) correct)으로 바꾸어 쓴다.
  【어휘】 look over ~을 검토하다
2 우리가 장마철 전에 제대로 대비하지 않았기 때문에, 우리는 지금 극심한 피해를 입고 있다.
  ▶ 부사절은 과거 시제(didn't prepare)이고, 주절은 현재 시제(get) 이므로, If절은 가정법 과거완료(had prepared)로, 주절은 과거 (wouldn't get)인 혼합가정법 문장으로 바꾼다.
3 만약 그 회사가 새로운 기술에 계속 투자했다면, 오늘날 그 분야에서 선두 자리를 유지할 텐데.
  ▶ If절은 가정법 과거완료(had continued)이고 주절은 가정법 과거(would remain)인 혼합가정법이므로, As절의 동사는 과거(didn't continue), 주절은 현재(doesn't remain)로 바꾼다.
4 우리가 브레인스토밍 회의에 적극적으로 참여하지 않았기 때문에, 우리는 효과적인 해결책을 얻지 못했다.
  ▶ 과거 사실과 반대되는 일을 가정하는 가정법 과거완료인 「If+주어+ had p.p. ~, 주어+could have p.p. ...」로 바꾸어 쓴다.
5 Owen이 건강에 대해 조심하는 사람이라면, 유행성 감기의 백신을 맞았을 텐데.
  ▶ If절은 가정법 과거(were), 주절은 가정법 과거완료(would have gotten)의 혼합가정법이므로, As절의 동사는 현재(isn't), 주절은 과거(didn't)로 바꾼다.
  【어휘】 influenza 유행성 감기

> 1 I wish I could quit my job and just travel for the rest of my life.
> 2 I was sorry (that) my childhood dream hadn't come true.
> 3 In fact, Anna was not in charge of the entire project.

1 일을 그만두고 여생을 그저 여행을 하며 살 수 없어서 유감이다.
  ▶ '실제로는 ~하지 못해 유감이다'라는 의미의 I'm sorry ~는 '~라면 좋을 텐데'라는 의미로 현재나 미래의 이루기 힘든 소망을 나타내는 「I wish+가정법 과거」로 바꾸어 쓴다.
2 내 어린 시절 꿈이 실현되었더라면 좋았을 텐데.
  ▶ '~였다면 좋았을 텐데'라는 의미로 대과거 사실에 반대되는 소망을 나타낼 때는 「I wished+가정법 과거완료」를 쓴다.
3 Anna는 마치 전체 프로젝트를 책임지고 있는 것처럼 행동했다.
  ▶ 「과거시제+as if+가정법 과거」는 '마치 ~인 것처럼 …했다'는 의미로 과거 사실의 반대(was not)를 가정한다.

> 1 were to   2 resign   3 not
> 4 made   5 Had I not

1 만약 태양이 서쪽에서 뜬다 해도, 자식에 대한 부모의 사랑은 영원히 변하지 않을 것이다.
  ▶ 불가능한 일을 강조하여 '(그럴 리 없지만) ~한다면, …할 것이다'라고 할 때는 「If+주어+were to+동사원형 ~, 주어+조동사의 과거형+ 동사원형 …」을 쓴다.
2 사람들은 그 후보자가 스캔들 때문에 즉시 사임해야 한다고 요구했다.
  ▶ demand+that+주어+(should)+동사원형: ~해야 한다고 요구하다
3 뉴스가 대중들에게 부정확한 정보를 주어서는 안 된다는 것은 극히 중요하다.
  ▶ 「essential+that+주어+(should)+동사원형(~하는 것이 극히 중요하다)」에서 should가 생략되고 not만 남은 상태
4 뷔페 레스토랑은 음식 쓰레기를 줄이기 위해 전력을 다해야 할 때이다.
  ▶ It is time (that)+가정법 과거: (이제) ~할 때이다
5 그 프로그램을 설치하지 않았다면, 내 노트북 컴퓨터가 바이러스의 공격을 당하지 않았을 텐데.
  ▶ 가정법 문장에서 문두의 If를 생략하면 주어와 조동사는 도치되는데, 부정문의 경우 not을 축약하지 않는 것에 주의해야 한다.

> 1 It is desirable that, (should) give
> 2 It is time that we took(should take)

1 desirable+that+주어+(should)+동사원형: ~해야 한다고 요구하다
2 It is time (that)+가정법 과거
  = It is time (that)+주어+should+동사원형: (이제) ~할 때이다
  【어휘】 take action 조치를 취하다

EXERCISE 07 p. 287

1	Without	**2**	With	**3**	unless
4	provided	**5**	lest	**6**	Supposing
7	To see	**8**	Had it not been for	**9**	be

1 백신이 없다면 사람들은 그 질병으로 고통 받을 텐데.
▶ Without ~, 가정법 과거: ~이 없다면, …할 텐데

2 제품 구입 증명서가 있다면, 저희가 전액 환불해 드릴 수 있을 텐데요.
▶ With ~, 가정법 과거: ~가 있다면, …할 텐데

3 육류는 실온에 두지 않는 한 빨리 상하지 않을 것이다.
▶ unless: ~하지 않는 한 (장차 발생할 가능성이 있는 일에 대해 씀)

4 만약 우리가 다른 사람들의 권리를 침해하지 않는다면, 우리가 원하는 것을 할 자유를 가져야 한다.
▶ provided (that) 만약 ~라면(= providing (that))

5 아동학대가 일어나지 않도록 즉각적인 조치가 취해져야 한다.
▶ lest ~ (should)+동사원형: ~하지 않도록
【어휘】 child abuse 아동학대

6 만약 그 소년이 증언하기를 거절한다고 가정하면 우리는 어찌 해야 하지?
▶ supposing(suppose) (that): 만약 ~라고 가정하면

7 그가 걷는 모습을 보면, 그가 시각장애인이라는 생각은 전혀 하지 못할 것이다.
▶ to부정사구가 if절을 대신하기도 한다. To see him walk = If you saw him

8 남편의 도움이 없었더라면, 그녀는 그 책을 완성시키지 못했을 것이다.
▶ Had it not been for: ~이 없었더라면

9 그들은 소년이 기자들에게 시달리지 않도록 차까지 호위했다.
▶ lest ~ (should)+동사원형: ~하지 않도록

EXERCISE 08 p. 287

1 행인들의 필사적인 노력이 없었다면, 그들은 자동차 사고에서 그 아이를 구할 수 없었을 텐데.

2 귀하의 재정적인 지원이 있다면, 저희는 아이들이 더 나은 환경에서 배우고 놀 수 있도록 도울 것입니다.

3 그 외로운 남자는 유기견이 사납지 않다면 그것을 돌볼 것이다.

4 저 문서들을 알파벳 순으로 분류해라, 그렇지 않다면, 파일을 찾는 데 시간을 낭비하게 될 것이다.

5 분별 있는 비평가라면, 세부적인 내용에 대한 예리한 안목을 갖고 있을 텐데.

6 너는 그녀가 무대에서 '백조의 호수'를 공연하는 것을 보면, 그녀가 천재 발레리나라는 것을 깨닫게 될 텐데.

1 주절의 동사가 couldn't have saved이므로, Without은 If it had not been for의 의미이다.
【어휘】 passer-by 행인

2 주절의 동사가 would help이므로 With는 '~가 있다면'이라는 조건·가정의 의미를 나타낸다.

3 unless: ~하지 않는 한, 만약 ~하지 않는다면(= if ~ not)

【어휘】 solitary 외로운 abandoned dog 유기견

4 otherwise: 만약 그렇지 않다면(= if ~ not)

5 주어가 「a(n)+형용사+명사」의 형태이고, 동사는 would have로, 가정의 의미를 나타낸다.
【어휘】 keen 예리한

6 주절의 동사가 would이므로 to부정사구가 가정의 의미를 나타낸다.

OVERALL EXERCISE pp. 288-289

01

1	would make	**2**	had not ignored, would be
3	had worked	**4**	(should) be done
5	Offered	**6**	To hear
7	came/should come		

1 만약 Frederick이 자신의 에세이를 검토할 시간이 더 많다면, 실수를 덜 할 텐데.
▶ 가정법 과거: If+주어+동사의 과거형 ~, 주어+would(could, might)+동사원형 … (만약 ~한다면, …할 텐데)

2 만약 네가 몸에서 보내는 경고 신호를 무시하지 않았다면, 너는 지금 건강할 텐데.
▶ 혼합가정: If+주어+had p.p. ~, 주어+would(could, might)+동사원형 … (만약 (과거에) ~했다면, (지금) …할 텐데)

3 만약 안전 장치가 제대로 작동했었다면, 그 사고에서 어느 누구도 심각한 부상을 입지 않았을 텐데.
▶ 가정법 과거완료: If+주어+had p.p. ~, 주어+would(could, might) have p.p. … (만약 (과거에) ~했다면, …했을 텐데)

4 전자제품 품질 보증서에 따르는 공인된 기술자에 의해 설치가 이루어져야 한다.
▶ require that+주어+(should)+동사원형: ~해야 한다고 요구하다
installation이 do의 대상이므로 수동태(be동사+p.p.) 문장이 되어야 하는 것에 주의한다.

5 좋은 근무 환경이 제공되었더라면, 그는 그 프로젝트를 성공적으로 해냈을 텐데.
▶ 주절의 동사(would have done)로 보아 가정법 과거완료. If절은 주어인 he가 offer의 주체가 아니라 대상이므로, If he had been offered ~임을 알 수 있다. 그러나 빈칸에는 동사만 가능, 분사구문을 써야 하므로 Offered를 쓴다.

6 그 인턴사원이 말하는 것을 듣는다면 당신은 그가 초보자가 아니라 베테랑이라고 생각할 텐데.
▶ 부사적 용법(조건)의 to부정사구가 가정의 의미를 나타낸다.
【어휘】 novice 초보자

7 우리는 한 시간 전에 우리의 의견을 제출했어야 했다. 이제 결론을 내릴 시간이다.
▶ It is time (that)+가정법 과거 = It is time (that)+주어+should+동사원형: (이제) ~할 때이다

02

1 wouldn't be	2 Had Michael known
3 (should) implement	4 it were not for

1 만약 내 코치가 내게 포기하지 말라는 용기를 주지 않았더라면, 나는 지금 여기에 없을 텐데.
  ▶ 주절에 현재를 나타내는 부사 now가 있는 것으로 보아, 주절은 가정법 과거(wouldn't be)의 형태가 되어야 한다.
2 만약 Michael이 제대로 CPR을 실시할 줄 알았다면, 그는 희생자를 구할 수 있었을 텐데.
  ▶ 가정법 과거완료(If+주어+had p.p. ~, 주어+could have p.p. ...) 문장으로, If Michael had known ~의 형태가 되어야 한다. If를 생략하면 주어와 조동사가 도치된다.
3 환경 위원회는 생태계를 보존하기 위해 정부에서 장기적인 전략을 당장 시행해야 한다고 강력히 제안했다.
  ▶ suggestion that+주어+(should)+동사원형: ~해야 한다는 제안
  【어휘】 implement 시행하다
4 전기가 없다면, 우리는 말 그대로 암흑기에 살 텐데.
  ▶ If it were not for ~, 가정법 과거: ~이 없다면, …할 텐데
  【어휘】 literally 말 그대로

03

1 as if a hurricane had passed by	
2 lest his phone ringtone (should) disturb other audience members	
3 unless enough funds are raised	
4 Suppose(Supposing) (that) you won the prize money at the contest	

1 과거시제+as if+가정법 과거완료: 마치 ~였던 것처럼 …했다 (대과거 사실의 반대 가정)
2 lest ~ (should)+동사원형: ~하지 않도록
  【어휘】 vibrate mode 진동모드
3 unless: ~하지 않는 한, 만약 ~하지 않는다면 (= if ~ not)
4 suppose(supposing) (that): 만약 ~라고 가정하면

04

1 we paid more attention to the environment, we could save endangered animals from extinction	
2 it not been for your continuous support and cooperation, we wouldn't have yielded such fruitful results	
3 (that) we could afford a new washing machine	
4 I don't hear from you, I will assume that you agree to the contents of the changed curriculum	
5 you saw Eugene take a selfie, you would mistake him for a professional model	

06

6 as if(though) he understood the professor's lecture	
7 we hadn't missed the last subway, we could have arrived home in time	

1 우리가 환경에 더 주의를 기울이지 않기 때문에, 우리는 멸종 위기에 처한 동물들이 멸종되지 않도록 구할 수 없다.
  ▶ 가정법 과거 문장으로 바꾸어 쓴다. 가정법 과거는 현재 사실과 반대되는 일을 가정하므로, 부정(don't pay, can't save)은 긍정(paid, could save)으로 바꾸어 쓴다.
  【어휘】 endangered 멸종 위기에 처한
2 여러분의 지속적인 지원과 협조가 없었다면, 우리는 이렇게 알찬 성과를 거두지 못했을 겁니다.
  ▶ 주절의 동사가 wouldn't have yielded이므로, 가정법 과거완료 문장이다.
  Without ~, 가정법 과거완료: ~이 없었다면, …했을 텐데
  = If it had not been for ~
  = Had it not been for ~ <도치>
  【어휘】 yield (결과를) 거두다
3 우리가 새 세탁기를 살 여유가 없어 유감이다.
  ▶ I am sorry (that) ~ 직설법은 I wish 가정법으로 바꾸어 쓸 수 있다. that절의 동사가 can't afford(현재)이므로, 「I wish+가정법 과거」(~라면 좋을 텐데)로 바꾸어 쓴다.
4 당신에게 소식을 듣지 못하면, 당신이 변경된 교육 과정의 내용에 동의하는 것으로 간주하겠습니다.
  ▶ unless: ~하지 않는 한, 만약 ~하지 않는다면(= if ~ not)
5 Eugene이가 셀카를 찍는 것을 본다면 너는 그를 전문 모델로 착각할 것이다.
  ▶ to부정사구(부사적 용법의 조건)가 조동사 would와 함께 쓰여 가정의 의미를 나타낸다. 동사가 would mistake(과거)이므로, 가정법 과거로 바꾸어 쓴다.
6 Arthur은 고개를 끄덕이고 있지만, 사실 그는 교수의 강의를 이해하지 못한다.
  ▶ 「in fact ~」 직설법 문장은 as if 가정법 문장으로 바꾸어 쓸 수 있다. 현재시제+as if(though)+가정법 과거: 마치 ~인 것처럼 …한다(현재 사실의 반대 가정)
7 지난 밤에 우리는 마지막 지하철을 놓쳤다. 그렇지 않았다면 우리는 제때 집에 도착할 수 있었을 텐데.
  ▶ otherwise는 '만약 그렇지 않다면'(= if ~ not)의 의미로 앞에 언급된 내용과 반대되는 상황을 가정한다. 과거 사실의 반대이므로 가정법 과거완료로 고쳐 쓴다.

05

1 ③ would have been → would be	
2 it not for bees, a number of plants pollinated by bees would die off	

가장 중요한 꽃가루 매개 곤충 중 하나는 아마도 벌일 것이다. 불행하게도, 오늘날 종류를 망라하고 벌들의 개체 수가 줄어들고 있다. 설상가상으로, 일부 종은 심지어 멸종 위기로 등재되어 있다. 만약 모든 벌들이 사라져 버린다면, 세계적으로 생태계 전반에 심각한 영향이 있을 것이다. 벌들이 없다면 벌들에 의해 수분되는 수많은 식물들도 사라져 버릴 것이다.

식물뿐만 아니라 수많은 동물들도 먹이를 잃어버리게 될 텐데, 이것은 또한
생물계 분류 체계와 먹이 그물에 엄청난 영향을 미칠 수 있다. 지구상에서
[곤충]들이 없어진다면, 우리도 모두 사라지게 될 것이다!

1 '만약 ~한다면, …할 텐데'라는 의미로 현재 사실과 반대되는 일을 가정할
때는 가정법 과거(If+주어+동사의 과거형 ~, 주어+would+동사원형
…)를 쓴다.

2 가정법 과거 문장의 But for는 If it were not for 혹은 Were it not
for로 바꿀 수 있다.

【어휘】 pollinator (곤충 등) 꽃가루 매개자[체] in decline 감소하는,
쇠퇴하는 endangered 멸종 위기에 처한 die off (완전히 사라질
때까지 하나씩) 죽어가다 pollinate 수분하다 natural system 생물계
분류 체계 food web 먹이 그물(서로 의존 관계에 있는 먹이 사슬 시스템)
perish 사멸하다, 소멸되다

REVIEW TEST pp. 290-291

| 01 ② | 02 ② | 03 ④ | 04 ③ | 05 ⑤ | 06 ③ | 07 ③ |
| 08 ⑤ | 09 ④ | 10 (should) resign | 11 ②, ⑤ |
| 12 (d), (e) |

01 Were it not for ~, 가정법 과거: ~이 없다면, …할 텐데

02 • 긴 하루는 마치 결코 끝나지 않을 것처럼 보였다.
▶ 과거시제+as if+가정법 과거: 마치 ~인 것처럼 …했다(과거 사실의
반대 가정)
• 그의 헌신이 없었다면, 우리는 일부 질병에 대한 원인을 알아낼 수
없었을 텐데.
▶ Without ~, 가정법 과거 완료: ~가 없었다면, …했을 텐데
• 만약 의식적으로 노력하지 않는다면, 당신은 심각한 정신 질환을 겪을
것이다.
▶ unless: ~하지 않는 한, 만약 ~하지 않는다면(= if not)

03 ①, ②, ③, ⑤에는 If[if], ④에는 unless가 알맞다.
① 만약 작업반원들이 더 좋은 장비를 갖춘다면, 효율성을 높일 수 있을
텐데.
▶ If+주어+동사의 과거형 ~, 주어+could+동사원형 …: 가정법
과거
【어휘】 equipped 장비를 갖춘
② 그 마라톤 선수는 인내심이 없었다면, 경주를 포기했을 텐데.
▶ If it had not been for ~, 가정법 과거완료: ~이 없었다면,
…했을 텐데
【어휘】 give up on ~을 포기하다
③ Hilda는 자신과 자신의 동료 사이에 심각한 일이 전혀 없었던
것처럼 행동한다.
▶ 현재시제+as if+가정법 과거완료: 마치 ~였던 것처럼 …한다
(과거 사실의 반대 가정)
④ Wilson 씨는 꼭 필요하지 않는 한 일회용품을 사용하지 않으려고
애쓴다.
▶ unless: ~하지 않는 한, 만약 ~하지 않는다면(= if ~ not)
【어휘】 disposable 일회용의

⑤ 비록 사람들이 깨어 있기 위해 커피를 마시지만, 너무 많은 카페인은
위험하다.
▶ even if: 비록 ~일지라도

04 만약 비행편이 취소되지 않았다면, 나는 지금 열대 해변에서 일광욕을
하고 있을 텐데.
▶ If+주어+had p.p. ~, 주어+would[could, might]+동사원형
…: (혼합가정법) 만약 (과거에) ~했다면, (지금) …할 텐데

05 Eva는 미리 예약했기 때문에, 항공권을 구할 수 있었다.
▶ 직설법 과거 문장은, 과거 사실과 반대되는 일을 가정하는 가정법
과거완료(If+주어+had p.p. ~, 주어+could have p.p. …)로
바꾸어 쓸 수 있다. 이때, 긍정(booked, could get)은 부정(hadn't
booked, could not have gotten)으로 바꾸어 쓴다.

06 기존 문제에 마법 같은 해결책을 제공할 수 없어서 유감이었다.
▶ 직설법 문장이 「I was sorry (that)+주어+couldn't+
동사원형」이므로, 「I wished+가정법 과거」로 바꾸어 쓴다.

07 ① 당신이 자녀들에게 그들이 어떻게 살아야 할지에 관해 당신의 비전을
강요하는 것을 멈추어야 할 때이다.
▶ It is (high) time (that)+가정법 과거: (이제) ~할 때이다
② 만약 Bess가 그때 선생님의 조언을 받아들였다면, 그녀는 지금 큰
어려움에 처해 있지 않을 텐데.
▶ If+주어+had p.p. ~, 주어+would+동사원형 …:
(혼합가정법) 만약 (과거에) ~했다면, (지금) …할 텐데
③ 그 분노한 화가는 자신의 그림에 대한 비평가의 비평이 너무
심하다고 주장했다.
▶ 동사 insist 다음의 that절이 당위성이 아니라, 단순 사실을
언급할 때는 주절의 시제에 따른 시제 일치가 되어야 한다. 따라서
be는 was가 되어야 한다.
【어휘】 resentful 분노한 harsh 가혹한
④ 뛰어난 서식지 프로그램이었더라면 수백 마리의 야생동물을 구할 수
있었을 텐데.
▶ 명사구 주어(A brilliant habitat program)이 조동사(could
have saved)와 함께 쓰여 가정의 의미를 나타내고 있다.
⑤ 외국인들은 만약 국제 운전 면허증이 있다면 한국에서 운전할 수
있다.
▶ on condition that: ~라는 조건으로, 만약 ~라면
【어휘】 permit 허가(증)

08 ① I wish+가정법 과거: ~라면 좋을 텐데 (현재 사실에 반대되는 소망)
② 명사구가 조동사 would와 함께 쓰여 가정의 의미(If he were a
good leader ~)를 나타낸다.
③ even if: 비록 ~일지라도
【어휘】 revenge 복수
④ If+주어+had p.p. ~, 주어+would+동사원형 …: (혼합가정법)
만약 (과거에) ~했다면, (지금) …할 텐데
⑤ 과거 사실의 반대를 가정하는 '마치 ~였던 것처럼'은 「현재시제+as
if[though]+가정법 과거완료」로 쓴다. 따라서 didn't sleep을
hadn't sleep으로 고쳐야 한다.

09 작업자들이 지난 밤에 도로의 눈을 치웠기 때문에, 지금 도로가
미끄럽지 않다.
→ 만약 작업자들이 지난 밤에 도로의 눈을 치우지 않았다면, 지금
도로가 미끄러울 텐데.

▶ 직설법 과거 문장은 가정법 과거완료로, 직설법 현재 문장은 가정법 과거인 혼합가정법 문장으로 바꾸어 쓸 수 있는데, 이때 긍정은 부정으로, 부정은 긍정으로 바꾸어 쓴다.

10 대통령은 국무장관이 다음 달에 사퇴해야 한다는 명령을 하달했다.
  ▶ order(명사)＋that＋주어＋(should)＋동사원형

11 SNS가 없다면, 멀리 떨어져 있는 사람들과 관계를 유지하는 것이 더 어려울 텐데.
  ▶ '~이 없다면, …할 텐데'의 가정법 과거 문장에 쓰인 Without은 But for나 Were it not for와 같은 의미다.

12 (a) 나는 다시 태어난다면, 전혀 다른 삶을 살 텐데.
  ▶ If＋주어＋were to＋동사원형 ~, 주어＋조동사의 과거형＋동사원형 …: (그럴 리 없지만) ~한다면, …할 것이다
  (b) 우리 각자가 사회의 관습에 순응해야 한다는 것은 당연하다.
  ▶ '~하는 것이 당연하다'는 「natural＋that＋주어＋(should)＋동사원형」으로 쓴다.
  【어휘】 conform to ~에 따르다
  (c) Billy는 마치 내일이 없는 것처럼 돈을 물 쓰듯 썼다.
  ▶ 과거시제＋as though＋가정법 과거: 마치 ~인 것처럼 …했다 (과거 사실의 반대 가정)
  (d) 우리가 지금 조치를 취하지 않으면, 경제 상황은 더 악화될 것이다.
  ▶ unless 자체에 not(부정)의 의미가 포함되어 있으므로 부정의 표현을 중복해서 쓰면 안 된다. 따라서 don't를 삭제하거나 Unless를 If로 고쳐야 한다.
  (e) 반복되는 연습이 없었다면, Rachel은 지금 훌륭한 기타 연주가가 될 수 없을 텐데.
  ▶ Had it not been for: ~이 없었다면
  따라서 been은 not been이 되어야 한다.
  (f) 그녀는 날씬하지 않다. 어느 편인가 하면, 조금 통통한 편이다.
  ▶ if anything: 어느 편인가 하면, 오히려
  【어휘】 plump 통통한
  (g) 네가 그렇게 많이 쓰고자 한다면, 파산하는 것은 놀랄 일이 아니다.
  ▶ 주어의 '의지, 고집'을 나타낼 때는 if절에 will을 쓸 수 있다.
  【어휘】 go bankrupt 파산하다
  (h) Brad가 독일어를 유창하게 한다면, 그는 통역가 일을 구할 수 있었을 텐데.
  ▶ If＋주어＋동사의 과거형 ~, 주어＋could have p.p. …: (혼합가정법) 만약 (현재) ~라면, (과거에) …했을 텐데

REVIEW TEST through Reading   p. 292

1 ③   2 ③

1
【해석】 현명한 쇼핑객이 되는 방법에 관해 아이디어를 찾고 있다면, 다음 번 쇼핑할 때를 위한 유용한 정보가 여기 있다. 첫째, 예산을 세운다. 금융 전문가들은 여러분이 구매에 얼마를 쓸지 월별 한도를 정하고 그것을 반드시 지키라고 제안한다. 두 번째, 여러분이 원하는 것이 아닌 필요한 것을 구입하는 것이 중요하다. 무언가를 사기 전에, 그 물건이 정말 필요한지 아닌지 스스로에게 물어보자. 여러분이 구입한 상품은 사용하지 않으면 낭비가 될 것임을 이제는 깨달아야 한다. 필요한 물건의 목록을 만드는 것 또한 필요하다. 쇼핑을 갈 때는 그 목록을 가지고 간다. 그렇지 않으면, 불필요한 구매를 하게 될 수 있다. 마지막으로, 양보다는 질을 선택한다. 고급스러운 물건이 대개 더 비싸기는 하지만, 결국은 훨씬 더 오래 갈 것이다. 이들 요령을 명심한다면, 여러분은 어떻게 예산을 세워서 구매에 돈을 어떻게 절약할지를 제대로 아는 사람이 될 것이다.

【해설】 It is time (that)＋가정법 과거
= It is time (that)＋주어＋should＋동사원형: (이제) ~할 때이다
③ will realize → realized / (should) realize

【어휘】 tip 조언, 정보   waste 낭비, 쓰레기   quantity 양, 수량

2
【해석】 내가 고등학교 2학년에 재학 중일 때, 나한테 일어날 수 있는 최악의 일이 일어났다. 부모님께서 Oregon 주에서 Michigan 주로 이사 가기로 결정하신 것이다. 나는 소중한 친구들을 뒤로 남겨두고 완전히 새로운 삶을 시작해야 했다. 나는 마치 삶이 끝나버린 것처럼 비참한 기분이었고, 이런 식으로 나의 생활에 훼방을 놓은 것에 대해 부모님께 악감정을 느꼈다. Michigan에 도착했을 때 나는 모든 사람과 거리를 두겠다고 굳게 마음 먹었다. Oregon에서 나를 기다리는 친구들이 보고 싶을 뿐이었고, 기회만 되면 Oregon으로 돌아갈 태세였다. 새 학교에서 맞이하는 첫 날이 다가오자 나는 기분이 우울해졌다. 나는 Oregon에 있는 친구들 생각만 났고, 그들과 함께 있으면 좋겠다는 소망뿐이었다. 그래도 결국, 수학 시간에 Erica를 처음 보고 난 후 상황은 조금 나아졌다. 그녀는 내 바로 옆에 앉아 있었고, 미소를 지으며 내게 먼저 말을 걸었다. Erica는 그 어려운 시기에 나의 가장 친한 친구가 되었고, 나는 새로운 학교 생활을 즐기기 시작했다. 그녀가 없었다면, 나는 새로운 학교 생활에 적응하지 못했을 것이다.

【해설】 (A) felt as if(마치 ~인 것처럼 느꼈다)가 맞다.
(B) 문맥상 과거 사실에 반대되는 소망을 나타내므로 「I wished＋가정법 과거(~라면 좋았을 텐데)」가 맞다.
(C) 글의 흐름상, '그녀가 없었다면, 나는 새로운 학교 생활에 적응하지 못했을 것이다.'라는 의미가 되어야 하므로, could not have adjusted가 적절하다.

【어휘】 dear 소중한   miserable 비참한   be over 끝나다   determined 굳게 결심한   the first chance I had 잡을 수 있는 첫 번째 기회에, 기회만 되면   depressed 우울한   adjust to ~에 적응하다

EXERCISE 01
p.294

1 are	2 is	3 have
4 was	5 is, are	

1 저소득층 사람들은 고등 교육을 마치려는 경향이 덜하다.
▶ 「the+형용사」는 복수 취급하므로 복수형 동사를 써야 한다.
[어휘] the underprivileged 저소득층 사람들
be inclined to+동사원형 ~하려는 경향이 있다
2 토끼 그림들이 있는 긴 드레스는 나의 할머니가 주신 선물이다.
▶ 수식어구로 인해 주어가 길어졌지만 주어(dress)가 단수이므로 단수형 동사를 써야 한다.
3 많은 해양 동물들이 멸종되었다.
▶ 「a number of+복수명사(많은 ~)」는 복수 취급하므로 복수형 동사를 써야 한다.
[어휘] extinct 멸종된
4 각각의 학생들은 그들의 교수의 실종에 당황했다.
▶ 「each+단수명사」는 단수 취급하므로 단수형 동사를 써야 한다.
[어휘] be bewildered by ~에 당황하다   disappearance 실종
5 그 회사가 파트너들에게 요구하는 것은 구체적인 계획들이다.
▶ what절이 주어일 경우 문장의 동사는 원칙적으로 단수형 동사를 써야 하지만, 보어가 복수인 경우에는 복수형 동사를 쓸 수도 있으므로 단수형 동사와 복수형 동사를 모두 쓸 수 있다.
[어휘] specific 구체적인

EXERCISE 02
p.295

1 were	2 are	3 is
4 were	5 is, are	6 are
7 were	8 is	

1 수상도 내각 각료들도 그 추문에 대한 의견을 말할 의사가 없었다.
▶ 「neither A nor B」는 B(his cabinet members)에 동사의 수를 일치시켜야 하므로 복수형 동사를 써야 한다.
[어휘] cabinet 내각
2 그 아기들 중 한 명 이상이 유전적 기형으로 고통 받고 있다.
▶ 「more than one of+복수명사」는 복수 취급하므로 복수형 동사를 써야 한다.
[어휘] suffer from ~로 고통 받다   genetic 유전적인
abnormality 기형, 이상
3 경제학은 현대 사회에서 중추적인 역할을 하고 있다.
▶ 학문명은 단수 취급하므로 단수형 동사를 써야 한다.
4 대부분의 추천서들은 그 관리자들에 의해 수락되었다.
▶ 「most of+전체명사」는 전체명사(recommendations)에 수를

일치시켜야 하므로 복수형 동사를 써야 한다.
[어휘] administrator 관리자
5 9 곱하기 4는 36이다.
▶ 계산과 관련해서 단수형 동사를 사용하는 것이 원칙이지만 복수형 동사를 쓰기도 하므로 단수형 동사와 복수형 동사를 모두 쓸 수 있다.
6 모든 교육 자료들은 어려운 환경에 있는 아이들이 이용할 수 있다.
▶ 「all of+전체명사」는 전체명사(resources)에 수를 일치시켜야 하므로 복수형 동사를 써야 한다.
[어휘] resource 자료   available 이용할 수 있는
in need 어려움에 처한
7 나머지 아카데미 수상 후보는 미국 작품들에게 돌아갔다.
▶ 「the rest of+전체명사」는 전체명사(nominations)에 수를 일치시켜야 하므로 복수형 동사를 써야 한다.
[어휘] nomination (영화·배우 등의) 수상 후보
8 부통령은 여러 장관들과 함께 그 회의에 참석할 것이다.
▶ 두 개의 명사가 together〔along〕 with로 연결되면 첫 번째 명사에 수를 일치시켜야 하므로 단수형 동사를 써야 한다.

EXERCISE 03
p.297

1 are	2 will melt	3 had been
4 were	5 is, was	6 played, had played
7 is	8 arrive	9 are, were

1 우리는 사람의 신체에는 206개의 뼈가 있다는 것을 배웠다.
▶ 종속절이 과학적 사실이므로 주절의 시제와 관계 없이 현재시제를 써야 한다.
2 많은 과학자들은 북극해의 얼음이 가까운 미래에 차츰 사라질 것이라고 예측한다.
▶ 종속절에 미래시제를 나타내는 어구 in the near future가 있으므로 미래시제를 써야 한다.
[어휘] the Arctic sea ice 북극해 빙하   melt away 차츰 사라지다
3 Liam은 나에게 그가 어렸을 때 남아프리카 공화국에 가본 적이 있다고 말했다.
▶ 주절의 시제가 과거이고 종속절이 그 이전에 있었던 일을 나타내고 있으므로 과거완료시제를 써야 한다.
4 나는 제1차 세계대전 중 영국, 프랑스, 러시아 제국이 연합했다고 배웠다.
▶ 종속절이 역사적 사실이므로 주절의 시제와 관계 없이 과거시제를 써야 한다.
[어휘] ally 연합하다, 동맹을 맺다
5 그는 나에게 Vicky가 큰 병원의 간호사라고 말했다.
▶ 종속절에서 전달하려는 내용이 현재까지 지속되는 사실이면, 전달동사의 과거형 뒤에 오는 종속절의 시제를 그대로 유지할 수도 있고 바꿀 수도 있다.
6 Nick은 너에게 그가 오늘 아침 Joe와 놀았다고 말했지, 그렇지 않니?

▶ 주절과 종속절 사건의 전후관계가 명백하므로 과거시제와 과거완료 시제를 모두 쓸 수 있다.

7 할머니는 항상 예방이 치료보다 낫다고 말씀하셨다.
　▶ 종속절이 격언이므로 주절의 시제와 관계 없이 현재시제를 써야 한다.
　【어휘】prevention 예방　cure 치료

8 내가 기숙사에 도착하면, 너에게 문자 메시지를 보낼게.
　▶ when으로 시작하는 때를 나타내는 부사절에서는 현재시제가 미래를 나타내므로 현재시제를 써야 한다.

9 지금 듣고 있습니까? 제가 당신이 몇 살인지 여러 번 물었습니다.
　▶ 종속절의 전달하려는 내용이 앞으로도 변하지 않을 내용이므로 현재시제와 과거시제를 모두 쓸 수 있다.

EXERCISE 04　　　　p. 297

1 are	2 goes/went	3 is
4 enjoyed/had enjoyed	5 would	6 was

1 너는 돌고래가 가장 지능이 높은 동물 중 하나로 평가 받는다는 것을 알고 있었니?
　▶ 종속절이 과학적 사실이므로 주절의 시제와 관계 없이 현재시제를 써야 한다.

2 Peter는 나에게 자신이 항상 자정을 넘겨 잠자리에 든다고 말했다.
　▶ 종속절의 전달하려는 내용이 현재까지 지속되는 습관이므로 현재시제를 쓴다. 또는 전달동사의 시제인 과거형을 그대로 유지할 수도 있다.

3 그 동네의 길은 지금보다 예전에 훨씬 더 좁았다.
　▶ 과거와 현재를 비교하는 경우에는 시체 일치가 적용되지 않으므로 현재시제를 써야 한다.
　【어휘】neighborhood 지역, 근처

4 나는 그가 노르웨이 여행을 즐겼다는 소식을 듣고 기뻤다.
　▶ 주절의 시제가 과거인 경우 종속절에는 과거나 과거완료를 써야 한다.

5 나는 그 선수들이 골프장 입구로 돌아올 것이라고 들었다.
　▶ 주절의 시제가 과거이므로 종속절의 시제도 과거가 되어야 한다.

6 고대 사람들은 지구가 우주의 중심이라고 믿었다.
　▶ 화자의 말에 찬성하지 않거나 자신이 한 말이 아니라는 것을 명확히 할 때는 전달동사에 맞춰 종속절 동사를 바꾼다. 따라서 과거시제를 써야 한다.

EXERCISE 05　　　　p. 297

1 is primarily composed of
2 was not as green as it is today
3 was(had been) aware of
4 is a friend indeed
5 was already considered

1 종속절이 과학적 사실이므로 주절의 시제와 관계 없이 현재시제를 써야 한다.
　【어휘】Jupiter 목성　be composed of ~로 구성되다
　hydrogen 수소

2 과거와 현재를 비교하는 경우에는 시제 일치가 적용되지 않으므로 주절에는 과거시제, 종속절에는 현재시제를 써야 한다.

3 주절과 종속절 사건의 전후관계가 명백하므로 과거시제와 과거완료시제를 모두 쓸 수 있다.
　【어휘】be aware of ~을 알다　deception 속임수

4 종속절이 격언이므로 주절의 시제와 관계 없이 현재시제를 써야 한다.

5 종속절이 역사적인 사실이므로 주절의 시제와 관계없이 과거시제를 써야 한다.

EXERCISE 06　　　　p. 299

1 told, he, would, the, following, week
2 why, she, had, infused, the, day/previous, before/day
3 told, he, ought, to, then/at the time
4 told, he, hadn't, expected, those, there

1 Bobby는 우리에게 "나는 다음 주에 법정에서 그녀의 결백을 증언할 것이다."라고 말했다.
　→ Bobby는 우리에게 그 다음 주에 그가 법정에서 그녀의 결백을 증언할 것이라고 말했다.
　▶ 직접화법의 평서문을 간접화법으로 전환할 때는 say to를 tell로 바꾸고, 인칭대명사, 시제, 지시어, 부사를 문맥에 맞게 바꾼다.
　【어휘】affirm ~을 증언하다　innocence 결백, 무죄

2 Pitt 씨는 그녀에게 "어제 왜 찻잎을 우렸나요?"라고 물었다.
　→ Pitt 씨는 그녀에게 그 전날 왜 찻잎을 우렸냐고 물었다.
　▶ 의문사가 있는 의문문을 간접화법으로 전환할 때는 전달동사 ask는 그대로 쓰고 종속절은 「의문사＋주어＋동사」의 순서로 쓴다.
　【어휘】infuse (차 등을) 우리다

3 그녀는 그에게 "너는 지금 삶과 죽음에 대해 심오한 질문을 던져보아야 한다."라고 말했다.
　→ 그녀는 그에게 그때 삶과 죽음에 대해 심오한 질문을 던져보아야 한다고 말했다.
　▶ 직접화법의 평서문을 간접화법으로 전환할 때 종속절에 조동사 ought to가 있으면 시제는 변하지 않는다.
　【어휘】profound 심오한

4 Dave는 나에게 "나는 여기에서 근거도 없는 이러한 종류의 소문들을 예상하지 않았어."라고 말했다.
　→ Dave는 나에게 그는 거기에서 근거도 없는 그러한 종류의 소문들을 예상하지 않았다고 말했다.
　▶ 직접화법의 평서문을 간접화법으로 전환할 때는 say to는 tell로 바꾸고, 인칭대명사, 시제, 지시어, 부사를 문맥에 맞게 바꾼다.
　【어휘】foundation 근거

EXERCISE 07　　　　p. 299

1 told me (that) my credit card would be issued the following month
2 asked us if(whether) there had been any messages left for him that day

3 said (that) he couldn't understand what Jasmine was saying
4 where he had gone
5 what he should do(what to do) to improve the ability to relate to others

1 그 매니저는 나에게 "당신의 신용카드는 다음 달에 발급될 것입니다."라고 말했다.
→ 그 매니저는 나에게 나의 신용카드는 그 다음 달에 발급될 것이라고 말했다.
▶ 직접화법의 평서문을 간접화법으로 전환할 때는 say to를 tell로 바꾸고, 인칭대명사, 시제, 지시어, 부사를 문맥에 맞게 바꾼다.
【어휘】 issue 발급하다

2 그는 우리에게 "오늘 나에게 남겨진 메시지가 있었나요?"라고 물었다.
→ 그는 우리에게 그날 그에게 남겨진 메시지가 있었는지 물었다.
▶ 의문사가 없는 의문문을 간접화법으로 전환할 때는 전달동사 say to를 ask로 바꾸고 종속절은 「if(whether)+주어+동사」의 순서로 쓴다.

3 Mike는 "나는 Jasmine이 무슨 말을 하고 있는지 이해를 못하겠다."라고 말했다.
→ Mike는 그가 Jasmine이 무슨 말을 하고 있는지 이해하지 못하겠다고 말했다.
▶ 직접화법의 평서문을 간접화법으로 전환할 때는 say는 그대로 쓰고, 인칭대명사, 시제, 지시어, 부사를 문맥에 맞게 바꾼다.

4 그 경찰관은 그에게 "당신은 어디에 갔었나요?"라고 물었다.
→ 그 경찰관은 그에게 그가 어디에 갔었는지 물었다.
▶ 의문사가 있는 의문문을 간접화법으로 전환할 때는 전달동사 ask는 그대로 쓰고 종속절은 「의문사+주어+동사」의 순서로 쓴다.

5 그는 우리에게 "제가 다른 사람들에 공감하는 능력을 키우려면 무엇을 해야 하나요?"라고 물었다.
→ 그는 우리에게 그가 다른 사람들에 공감하는 능력을 키우려면 무엇을 해야 하는지 물었다.
▶ 「의문사+shall(should)+I+동사원형?」은 「의문사+주어+동사」나 「의문사+to부정사」로 바꾸어 쓸 수 있다.
【어휘】 relate to ~에 공감하다

EXERCISE 08   p. 301

1 not to forget to bring my umbrella that day
2 suggested(proposed) getting out that place then/ suggested(proposed) (that) we (should) get out that place then
3 if it were not(had not been) snowing, they would go(have gone) hiking
4 to proceed to tell the rest of the story
5 me to announce the winner of the contest

1 엄마는 나에게 "오늘 네 우산을 가지고 가는 것을 잊지 말아라."라고 말씀하셨다.
→ 엄마는 나에게 그날 내 우산을 가지고 가는 것을 잊지 말라고 충고하셨다.

▶ 부정명령문을 간접화법으로 전환할 때는 「not+to부정사」로 바꾸어 쓴다.
2 그는 "지금 이 곳에서 나갑시다."라고 말했다.
→ 그는 그때 그 곳에서 나가자고 제안했다.
▶ let's로 시작하는 문장을 간접화법으로 전환할 때는 「suggest (propose)+-ing」 혹은 「suggest(propose) (that) we (should)+동사원형」으로 바꾸어 쓴다.
3 그녀는 그에게 "만약 눈이 오지 않는다면, 우리는 하이킹을 갈 텐데."라고 말했다.
→ 그녀는 그에게 만약 눈이 오지 않았다면, 그들은 하이킹을 갔을 것이라고 말했다.
▶ 가정법 과거는 시제를 그대로 유지하지만, 현재의 비현실적인 상황을 가정하는 경우에는 하나 앞선 시제로 고칠 수 있다.
4 Clinton 씨는 "제가 이어서 나머지 이야기를 말씀 드리겠습니다."라고 말했다.
→ Clinton 씨는 이어서 나머지 이야기를 말하겠다고 자원했다.
▶ 「Let me ~」로 시작하는 문장을 간접화법으로 전환할 때는 「전달동사 (volunteer, offer 등)+to부정사」로 바꾸어 쓴다.
【어휘】 proceed 이어서 ~을 하다
5 Paul은 "당신이 그 대회의 우승자를 발표해 주시겠어요?"라고 물었다.
→ Paul은 나에게 그 대회의 우승자를 발표해 줄 것을 요청했다.
▶ 「Would you+동사원형 ~?」으로 시작하는 문장을 간접화법으로 전환할 때는 「주어+전달동사(ask)+목적어+to부정사」로 바꾸어 쓰며 please는 삭제한다.

EXERCISE 09   p. 302

1 expressed his wish(hope) that I would(might) recover from the illness soon
2 exclaimed with disappointment(a sigh) that he had failed the microbiology test
3 said that it was a very beautiful flower / exclaimed with joy(delight) that it was a beautiful flower
4 exclaimed with pleasure(delight) that she had received an acceptance letter from the university

1 그는 "당신이 곧 병에서 회복하시길 바랍니다!"라고 말했다.
→ 그는 내가 곧 병에서 회복하기를 바라는 소망을 표현했다.
▶ 사람에 대한 기원을 나타내는 기원문을 간접화법으로 전환할 때는 「express one's hope(wish) that+주어+would(might)+동사원형」으로 바꾸어 쓴다.
【어휘】 recover from ~에서 회복하다
2 그는 "오, 이런! 나는 미생물학 시험에서 낙제했어."라고 말했다.
→ 그는 자신이 미생물학 시험에서 낙제했다며 실망하며 탄식했다.
▶ 감탄문을 간접화법으로 전환할 때 전달동사는 exclaim을 쓰며 슬픔, 후회, 실망인 경우 with sorrow, with regret, with a sigh, with disappointment 등의 부사구를 추가한다.
【어휘】 microbiology 미생물학
3 그녀는 "와! 그것은 정말 예쁜 꽃이네!"라고 말했다.
→ 그녀는 그것은 정말 예쁜 꽃이라고 말했다. / 그녀는 그것은 예쁜 꽃이라며 환호했다.

▶ how나 what으로 시작하는 감탄문을 간접화법으로 전환할 때는 very, so를 추가하거나, with joy(delight), with pleasure, with wonder 등의 부사구를 추가한다.

4 그녀는 "좋아! 나는 그 대학으로부터 입학 허가 통지를 받았어."라고 말했다.

→ 그녀는 그 대학으로부터 입학 허가 통지를 받았다며 환호했다.

▶ 기쁨을 나타내는 감탄문을 간접화법으로 전환시 전달동사는 주로 exclaim을 쓰며 with joy(delight), with pleasure, with wonder 등의 부사구를 추가한다.

【어휘】 acceptance 수락

EXERCISE 10 p.303

1 said (that) it was getting late but that he still needed to find more information
2 not to go swimming in the ocean and said (that) the water was filthy
3 told me (that) she was very thirsty and asked if(whether) I had anything to drink

1 그는 "시간이 늦었지만, 나는 아직 정보를 좀 더 찾아야 해."라고 말했다.

→ 그는 시간이 늦었지만, 아직 정보를 좀 더 찾아야 한다고 말했다.

▶ and, but, or 등의 접속사로 연결되는 중문을 간접화법으로 전환하면, 접속사 다음에 that을 쓴다.

2 그녀는 "바다에서 수영을 하지 마라. 물이 더럽다."라고 말했다.

→ 그녀는 바다에서 수영을 하지 말라고 경고하며 물이 더럽다고 말했다.

▶ 「부정명령문+평서문」처럼 종류가 다른 문장을 간접화법으로 전환하면, 각각 다른 전달동사와 접속사를 쓰고 and로 문장을 연결한다.

【어휘】 filthy 더러운

3 Cathy는 나에게 "나는 무척 목이 마르다. 너는 마실 것이 있니?"라고 말했다.

→ Cathy는 나에게 자신은 무척 목이 마르다고 말하며 내게 마실 것이 있는지 물었다.

▶ 「평서문+의문사가 없는 의문문」처럼 종류가 다른 문장을 간접화법으로 전환하면, 각각 다른 전달동사와 접속사를 쓰고 문장을 and로 연결한다.

OVERALL EXERCISE pp.304-305

01

1 The old checkroom with its stained carpet and cracked walls needs a major refurbishment.
2 Many a man has tried but few men have succeeded.
3 The chronicle said that the Spanish flu infected one third of the world's population.
4 Gymnastics is the most popular spectator sports at the Summer Olympic Games.
5 More than one employee is going to have to work on the project.

6 The oceanographer discovered that the oceans move in circular currents.

1 얼룩진 카펫과 벽에 금이 간 그 오래된 휴대품 보관소는 대대적인 보수가 필요하다.

▶ 수식어구로 주어가 길어졌지만 주어는 The old checkroom이므로 단수형 동사를 써야 한다. need → needs

【어휘】 checkroom 휴대품 보관소 stained 얼룩진 cracked 금이 간 refurbishment 보수, 재단장

2 많은 사람들이 시도했지만 성공한 사람은 거의 없었다.

▶ 「many a(n)+단수명사」는 단수 취급하므로 단수형 동사를 써야 한다. have → has

3 그 연대기에 따르면 스페인 독감은 전 세계 인구의 3분의 1을 감염시켰다고 한다.

▶ 종속절이 역사적 사실이므로 주절의 시제와 관계 없이 과거시제를 써야 한다. had infected → infected

【어휘】 chronicle 연대기 infect 감염시키다

4 체조는 하계 올림픽 대회에서 가장 많은 관중들이 관람하는 경기이다.

▶ 운동명은 단수 취급하므로 단수형 동사를 써야 한다. are → is

【어휘】 gymnastics 체조 spectator 관중

5 한 명 이상의 직원이 그 프로젝트 작업에 참여해야 할 것이다.

▶ 「more than one+단수명사」는 단수 취급하므로 단수형 동사를 써야 한다. are → is

6 그 해양학자는 바다는 순환하며 이동한다는 것을 발견했다.

▶ 종속절이 과학적 사실이므로 주절의 시제와 관계 없이 현재시제를 써야 한다. moved → move

【어휘】 oceanographer 해양학자 circular 순환하는 current 해류

02

1 asked me when I would be able to compensate him for extra work
2 not to interrupt the view
3 exclaimed with disappointment(a sigh) that I had messed up all her arrangements
4 suggested(proposed) waiting for the elevator/ suggested(proposed) (that) we (should) wait for the elevator
5 asked if(whether) I had attended the meeting, and I replied that(said, answered (that)) I hadn't

1 Andy는 나에게 "당신은 언제 나에게 초과 근무 수당을 줄 수 있나요?"라고 물었다.

→ Andy는 나에게 내가 언제 그에게 초과 근무 수당을 줄 수 있는지 물었다.

▶ 의문사가 있는 의문문을 간접화법으로 전환하면 전달동사 ask는 그대로 쓰고 종속절은 「의문사+주어+동사」의 순서로 쓴다.

【어휘】 compensate A for B A에게 B에 대해 보상하다

2 그는 나에게 "전망을 가리지 말아주세요."라고 말했다.

→ 그는 나에게 전망을 가리지 말라고 경고했다.

▶ 부정명령문을 간접화법으로 전환하면 「not+to부정사」로 바꾸어 쓰고, please는 삭제한다.
【어휘】 interrupt (전망 등을) 가로막다

3 Ellen은 "오, 이런! 네가 나의 모든 계획들을 망쳤어."라고 말했다.
→ Ellen은 내가 그녀의 모든 계획들을 망쳤다고 실망하며 탄식했다.
▶ 슬픔, 후회, 실망 등을 나타내는 감탄문을 간접화법으로 전환하면, with sorrow, with regret, with a sigh, with disappointment 등의 부사구를 추가한다.
【어휘】 mess up ~을 망치다 arrangement 계획, 예정

4 그 소년은 "엘리베이터를 기다리자."라고 말했다.
→ 그 소년은 엘리베이터를 기다리자고 제안했다.
▶ let's로 시작하는 문장을 간접화법으로 전환하면 「suggest [propose]+-ing」 혹은 「suggest[propose] (that) we (should)+동사원형」으로 바꾸어 쓴다.

5 그녀는 "당신은 그 회의에 참석했나요?"라고 물었고, 나는 "아니오."라고 대답했다.
→ 그녀는 내가 그 회의에 참석했었는지 물었고, 나는 아니라고 대답했다.
▶ 의문사가 없는 의문문을 간접화법으로 전환하면 전달동사 ask는 그대로 쓰고 종속절은 「if[whether]+주어+동사」의 순서로 쓴다. 질문에 대해 "No."로 대답하면 「전달동사+(that)+주어+동사+not」으로 바꾸어 쓴다.

03

1 embraces various subjects
2 are going to participate
3 were taken to
4 the sun will die in the distant future
5 tastes bitter
6 is the 20th most populous country(nation)

1 학문명은 단수 취급하므로 단수형 동사를 써야 한다.
【어휘】 linguistics 언어학 embrace 포괄하다, 아우르다 phonetics 음성학 stylistics 문체론
2 「neither A nor B」는 B(critics)에 수를 일치시켜야 하므로 복수형 동사를 써야 한다.
【어휘】 critic 비평가
3 「the+형용사」는 복수 취급하므로 복수형 동사를 써야 한다.
【어휘】 the wounded 부상자들
4 종속절에 미래시제를 나타내는 부사구가 있으므로 미래시제 will을 써야 한다.
5 종속절이 격언이므로 주절의 시제와 관계 없이 현재시제를 써야 한다.
6 국가명은 단수 취급하므로 단수형 동사를 써야 한다.
【어휘】 populous 인구가 많은

04

1 ② are → is
2 clears the land and enriches the soil

매년 봄 전 세계에서 농부들과 농지 관리인들은 땅에 불을 놓는데, 이는 '처방 화입'이라고도 불린다. 농지와 배수로를 태우는 것은 다음 해의 경작을 위해 땅을 준비함에 있어 필수적인 수단이다. 불은 땅 위에 죽어 있는 물질들을 분해하고 영양분을 흙으로 돌려 보낸다. 모든 과정은 땅을 정화하고 토양을 비옥하게 한다. 또한 불놓기는 진드기와 벌레를 조절하는 것에도 도움이 되는데, 이는 가축들이 기생충이 없는 풀을 먹을 수 있도록 한다.

1 ② 동명사구 주어는 단수 취급하므로 단수형 동사를 써야 한다.
2 「all of+전체명사」는 전체명사(process)에 수를 일치시켜야 하므로 단수형 동사를 써야 한다.

【어휘】 set fire 불을 놓다 prescribed burn 처방 화입(계획적으로 불을 놓는 것) ditch 배수로 break down 분해하다 put A back to B A를 B로 돌려 보내다 earth 흙, 토양 assist 도움이 되다 tick 진드기 worm 벌레 ensure 보장하다 livestock 가축 graze on (풀을) 뜯다(먹다) parasite 기생충

REVIEW TEST pp. 306-307

01 ③	02 ③	03 ①	04 ②	05 ④	06 ②

07 asked, to, take, those, him 08 not, to, had, said, me

09 ①	10 ②	11 ④	12 ④	13 ③	14 (b), (f)

01 그 참가자들의 다수는 그 새로운 규칙들에 반대한다.
▶ 「the majority of+복수명사」는 복수 취급하므로 복수형 동사를 써야 한다.

02 어르신들은 사회적으로 보수적인 경향이 있다.
▶ 「the+형용사」는 복수 취급하므로 복수형 동사를 써야 한다.
【어휘】 conservative 보수적인

03 • 베이컨 에그는 내가 제일 좋아하는 아침 식사이다.
• 야구 경기와 농구 경기를 보는 것은 그가 좋아하는 취미이다.
▶ 첫 번째 문장에서 두 개의 명사가 and로 연결되어 관용적으로 쓰이므로 단수 취급하며 단수형 동사를 써야 한다. 두 번째 문장에서 동명사구 주어는 단수 취급하므로 단수형 동사를 써야 한다.
【어휘】 bacon and eggs 베이컨 에그(베이컨 조각에 계란 프라이를 얹은 요리) pastime 취미, 재미 삼아 하는 일

04 • 연구원들이 실험한 그 부품은 생산될 예정이다.
• 세입자들의 5분의 3은 벽에 금이 간 것에 불만을 토로하고 있다.
▶ 첫 번째 문장에서는 수식어구로 주어가 길어졌지만 The component가 주어이므로 단수형 동사를 써야 한다. 두 번째 문장에서 「분수+of+전체명사」는 전체명사(tenants)에 수를 일치시켜야 하므로 복수형 동사를 써야 한다.
【어휘】 component 부품 tenant 세입자 crack 금

05 도로에서 오토바이를 타는 한 무리의 사람들은 통행을 방해하는 경향이 있다.
▶ 「a group of+복수명사」는 복수 취급하므로 복수형 동사를 쓴다.
is → are
【어휘】 interrupt 방해하다

06 과거와 현재를 비교하는 경우에는 시제 일치가 적용되지 않으므로 현재형 동사를 써야 한다.
【어휘】strict 엄격한

07 그는 나에게 "당신이 저 대신 이 지폐들을 은행에 가져다 주시겠습니까?"라고 물었다.
→ 그는 나에게 내가 그 대신 저 지폐들을 은행에 가져다 줄 수 있는지 물었다.
▶「Would you + 동사원형 ~?」으로 시작하는 문장을 간접화법으로 전환하면「주어 + 전달동사(ask) + 목적어 + to부정사」로 쓴다.
【어휘】bill 지폐

08 그녀는 나에게 "너는 그 남자가 너에게 말했던 것을 믿지 않는 것이 낫다."라고 말했다.
→ 그녀는 나에게 그 남자가 나에게 말했던 것을 믿지 않는 것이 낫다고 충고했다.
▶「You had better + 동사원형 ~」으로 시작하는 문장을 간접화법으로 전환하면「주어 + 전달동사(advise, caution 등) + 목적어 + to부정사」로 쓰는데, 여기서는 부정문이므로 to부정사 앞에 not을 쓴다.

09 ① 그가 신고 있는 것은 화려한 운동화이다.
▶ what절은 원칙적으로 단수형 동사를 써야 하지만 보어(sneakers)가 복수인 경우에는 복수형 동사를 쓸 수도 있다.
② 지난 몇 년간 실직한 사람들의 수가 증가하고 있다.
▶「the number of + 복수명사(~의 수)」는 단수 취급하므로 단수형 동사를 써야 한다. have → has
【어휘】out of work 실직한
③ 누가 저소득층 아동들을 위한 재단을 설립할 것인가?
▶ 의문사 who가 주어인 문장은 주로 단수 취급하므로 단수형 동사를 써야 한다. are → is
【어휘】foundation 재단   underprivileged 저소득층의
④ 대대수의 사람들이 곧 그 방을 떠날 것이다.
▶「the majority of + 복수명사」는 복수 취급하므로 복수형 동사를 써야 한다. is → are
⑤ 네덜란드는 유제품에 대한 사랑으로 유명하다.
▶ 국가명은 단수 취급하므로 단수형 동사를 써야 한다. are → is
【어휘】be renowned for ~로 유명하다   dairy 유제품의

10 그는 나에게 "너는 여전히 그 토론 클럽의 회원이니?"라고 물었고, 나는 "그렇다."라고 대답했다.
→ 그는 나에게 내가 여전히 그 토론 클럽의 회원인지 물었고, 나는 그렇다고 대답했다.
▶ 의문사가 없는 의문문을 간접화법으로 전환하면 전달동사 ask는 그대로 쓰고 종속절은「if(whether) + 주어 + 동사」의 순서로 쓴다. 질문에 대해 "Yes."로 대답하면「전달동사 + (that) + 주어 + 동사」로 바꾸어 쓴다.

11 그녀는 나에게 "여기에서 수영하지 마라. 너는 익사할 수 있다."라고 말했다.
→ 그녀는 나에게 거기에서 수영하지 말라고 경고하며 내가 익사할 수 있다고 말했다.
▶「부정명령문 + 평서문」처럼 종류가 다른 문장을 간접화법으로 전환하면, 각각 다른 전달동사와 접속사를 쓰고 and로 문장을 연결한다.

【어휘】drown 익사하다

12 ① 그녀가 사무실로 돌아오면 나에게 전화를 할 것이다.
▶ when으로 시작하는 때를 나타내는 부사절에서는 현재시제가 미래를 나타낸다.
② 그들이 필요로 하는 것은 몇 명의 명석한 젊은 공학자들이다.
▶ what절은 원칙적으로 단수형 동사를 써야 하지만 보어(engineers)가 복수인 경우에는 복수형 동사를 쓸 수도 있다.
③ 나머지 물은 오염되었다.
▶「the rest + of + 전체명사」는 전체명사(water)에 수를 일치시키므로 단수형 동사를 써야 한다.
④ 그의 팀원들과 함께 Ian은 그 어려운 과제를 완수할 것이다.
▶ 두 개의 명사가 together(along) with와 같은 표현으로 연결될 때 첫 번째 명사에 수를 일치하므로 단수형 동사를 써야 한다. are → is
⑤ 두 시간은 그 학생들이 자신들의 과제를 마무리하기에 충분하다.
▶ 시간을 나타내는 표현이 하나의 의미 덩어리로 쓰이면 단수 취급하므로 단수형 동사를 쓴다.

13 ① 그녀는 "너는 정말 열이 심하구나!"라고 말했다.
→ 그녀는 내가 열이 심하다며 한숨을 쉬며 탄식했다.
▶ how나 what으로 시작하여 슬픔, 후회, 실망 등을 나타내는 감탄문을 간접화법으로 전환하면 very, so를 추가하거나, with sorrow, with regret, with a sigh 등의 부사구를 추가한다.
【어휘】awful 끔찍한, 지독한   fever 열
② 그 남자는 "당신들 모두가 함께 즐거운 시간을 보내기를 바랄게요!"라고 말했다.
→ 그 남자는 우리들 모두가 함께 즐거운 시간을 보내기를 바라는 소망을 표현했다.
▶ 기원문을 간접화법으로 전환하면「express one's hope(wish) that + 주어 + would(might) + 동사원형」으로 바꾸어 쓴다.
③ 그 소녀는 "그의 가족에 대한 이야기가 비극적이었기 때문에 나는 울음을 터트렸다."라고 말했다.
→ 그 소녀는 그의 가족에 대한 이야기가 비극적이었기 때문에 자신이 울음을 터트렸다고 말했다.
▶ 접속사 for로 연결되는 중문을 간접화법으로 전환하면, 접속사 for 다음의 that을 생략해야 한다. for that → for
【어휘】burst into tears 울음을 터트리다
④ 그 남자는 "제가 당신의 가방을 들어 드리겠습니다."라고 말했다.
→ 그 남자는 자신이 나의 가방을 들어주겠다고 제안했다.
▶「Let me ~」로 시작하는 문장을 간접화법으로 전환하면「전달동사(volunteer, offer 등) + to부정사」로 바꾸어 쓴다.
⑤ 그녀는 "나는 지금부터 누가 책임을 질 것인지 걱정된다."라고 말했다.
→ 그녀는 그때부터 누가 책임을 질 것인지 걱정된다고 말했다.
▶ 직접화법의 평서문을 간접화법으로 전환할 때 종속절에 조동사 should가 있으면 시제는 변하지 않는다.

14 (a) 많은 사람들이 그 배에 탈 것이다.
▶「many + a + 단수명사」는 단수 취급하며 단수형 동사를 쓴다.
【어휘】board ~에 승선하다
(b) 자신의 비서들을 동반한 그 회장은 벨기에로 이동 중이다.
▶ 주어 The chairman이 관계사절의 수식을 받았지만

단수이므로 단수형 동사를 써야 한다. are → is

【어휘】 be accompanied by ~을 동반하다

(c) 당신의 취업 기회를 넓히는 것이 가장 중요한 일이다.
▶ 동명사구 주어는 단수 취급하며 단수형 동사를 쓴다.
【어휘】 expand 넓히다

(d) 공무원들은 그 국가의 경제가 서서히 회복하고 있다고 생각했다.
▶ 주절에 과거시제가 왔으므로 종속절에 과거진행시제를 쓸 수 있다.

(e) 4마일은 어린 소년이 걷기에는 먼 길이다.
▶ 거리를 나타내는 표현이 하나의 의미 덩어리로 쓰이면 단수 취급하므로 단수형 동사가 알맞다.

(f) 몇 권의 월간 정기 간행물들이 그 나무 상자 안에 있다.
▶ 「a couple of+복수명사」는 복수 취급하며 복수형 동사를 써야 한다. is → are
【어휘】 periodical 정기 간행물

REVIEW TEST through **Reading**   p. 308

1 ③   2 ④

1

【해석】 전반적인 생물다양성의 축소는 멸종을 가속화할 수 있다. 점점 더 많은 식물들과 동물들이 불확실한 미래에 직면하고 있다. 자연계의 상황과 관련 있는 국제 기관은 전 세계 생물다양성의 상태를 나타내는 중요한 지표인 '멸종위기종 레드 리스트'를 계속 만들고 있다. 3만 종 이상이 멸종 위기에 놓인 것으로 등재되어 있는데, 이는 평가를 받은 종 전체의 27%에 해당한다. 우리는 지구라는 행성의 오랜 역사 속에서 이미 수백만 종이 멸종했다는 것을 알고 있다. 생물다양성의 비율은 항상 변화해 왔다. 실제로, 지금까지 한 번이라도 존재한 적이 있는 모든 생명체의 최소 99%가 현재 멸종된 상태이다. 전문가들은 6,600만 년 전 공룡들을 멸종시킨 사건을 포함해, 다섯 건의 엄청난 규모의 멸종 사건이 이미 발생했다고 생각한다.

【해설】 ③ 앞 문장 전체를 받는 계속적 용법의 관계대명사 which가 이끄는 관계사절은 단수 취급하므로 단수형 동사를 쓴다. are → is

【어휘】 overall 전반적인 speed up ~을 가속화하다 authority 기관, 권위자 status 상황, 현황 mass 대규모의

2

【해석】 인공 지능(AI)은 1950년대 중반에 학과목으로 정식 도입되었다. 그 이후 인류 발전에 중대한 영향을 미치고자 하는 부푼 희망으로 대규모 재정 지원은 물론 학문적 노력이 AI 연구에 집중되었다. 하지만, 또한 많은 사람들은 급격히 발전하는 이 기술의 잠재적 위험성에 관해 목소리를 냈다. 그들은 가까운 미래에 공상과학 영화에 묘사된 디스토피아적인 시나리오를 웃어넘길 수 없게 될지도 모른다고 경고했다. 응용 윤리학의 새로운 분야인 AI 윤리학이 시작된 것은 그 같은 타당한 우려들에 대한 반응에서 나온 것이었다. 그것은 대중의 이익을 보장할 수 있도록 AI 시스템의 책임 있는 설계 및 실행을 위한 개념적이면서 실제적인 도구들을 제공하고자 노력한다.

【해설】 (A) 「B as well as A」는 B(scholarly efforts)에 동사의 수를 일치시켜야 하므로 복수형 동사 have를 써야 한다.
(B) '숨어 있는'이라는 뜻을 가진 형용사로 쓰려면 현재분사 lurking을 써야 한다.
(C) 학문명은 단수 취급하며 단수형 동사 was를 써야 한다.

【어휘】 scholarly 학문적인 pour A into B A를 B에 쏟아 붓다 voice (감정·의견 등을) 말로 표현하다 lurking 숨어 있는 dystopian (현대사회의 부정적 측면을 암울하고 비판적으로 바라보는) 디스토피아적인 applied ethics 응용 윤리(학) ensure 보장하다

CHAPTER **18** 특수구문   Emphasis · Inversion · Ellipsis, etc.

EXERCISE **01**   p. 311

1 in the world	2 did enjoy	3 when
4 the very	5 himself	6 Do

1 도대체 왜 그들은 그 회의를 연기하고 추가 지시 사항을 기다렸습니까?
▶ 의문사 바로 뒤에서 의문사를 강조하려면 in the world를 쓴다.
【어휘】 instruction 지시 사항

2 그 남자는 뛰어난 학자들과 많은 것을 생각하게 하는 토론을 무척 즐겼다.
▶ 동사를 강조할 때는 동사원형 앞에 do(does, did)를 쓴다.
【어휘】 thought-provoking 많은 것을 생각하게 하는 leading 뛰어난

3 전 세계의 금융 분야가 붕괴하기 시작한 것은 2006년이었다.
▶ 「It is(was) ~ that ....」 강조구문에서는 강조하고자 하는 말이 It is(was)와 that 사이에 온다. 강조하고자 하는 말이 부사구이므로 when을 쓸 수 있다.

【어휘】sector 분야, 부문   fall apart 붕괴하다

4 David가 그 기발한 계획을 생각해낸 바로 그 사람이다.
▶ the very+명사: 바로 (그) ~
【어휘】come up with ~을 생각해내다   ingenious 기발한, 독창적인

5 그 남자 자신이 그렇게 극단으로 치달았던 이유는 자신의 친구를 보호하기 위한 것이었다.
▶ (대)명사 ~ oneself: 자신이, 스스로, 직접
【어휘】go to extremes 극단으로 치닫다

6 앞날을 결정짓고자 한다면 과거를 잘 살펴봐라.
▶ 명령문 앞에 Do를 쓰면 설득의 의미가 더욱 강해진다.
【어휘】define 정하다, 명백히 하다

EXERCISE 02
p. 311

> **1** All the flights were suspended as the fighting became (very) much(far, even, a lot) worse.
> **2** Who was it that spread the vicious rumor about Mr. Smith? / Who ever(on earth, in the world) spread the vicious rumor about Mr. Smith?
> **3** It was Roy that(who) exaggerated the employment rate of the graduates.
> **4** They did not seem concerned for modifying their diet in normal times at all(in the least).
> **5** It was not until June 20th that he got promoted to the vice president of the company.
> **6** Surmounting the financial crisis is by far(very, practically, much) the most urgent problem.

1 교전이 더 심각해지자 모든 항공편들이 중단되었다.
→ 교전이 훨씬 더 심각해지자 모든 항공편들이 중단되었다.
▶ 비교급은 (very) much, even, a lot 등으로 강조할 수 있다.
【어휘】suspend 중단하다

2 누가 Smith 씨에 대한 악의적인 소문을 퍼트렸나요?
→ 도대체 누가 Smith 씨에 대한 악의적인 소문을 퍼트렸나요?
▶ 의문사는 「의문사+is(was) it that ~?」의 형태나 의문사 뒤에 ever, on earth, in the world 등을 써서 강조할 수 있다.
【어휘】vicious 악의적인

3 Roy는 졸업생들의 취업률을 과장했다.
→ 졸업생들의 취업률을 과장한 사람은 Roy였다.
▶ 「It is(was) ~ that ...」 강조구문에서는 강조하고자 하는 말이 It is(was)와 that 사이에 온다. 강조하고자 하는 말이 사람 주어이므로 that 대신 who를 쓸 수 있다.
【어휘】exaggerate 과장하다   graduate 졸업생

4 그들은 평상시에는 자신들의 식단을 변경하는 것에 관심이 없어 보였다.
→ 그들은 평상시에는 자신들의 식단을 변경하는 것에 전혀 관심이 없어 보였다.
▶ 부정어를 강조할 때는 at all이나 in the least를 쓸 수 있다.
【어휘】modify 변경하다, 수정하다

5 그는 6월 20일 전까지는 그 회사의 부회장으로 승진하지 않았다.
→ 6월 20일이되어서야 그는 비로소 그 회사의 부회장으로 승진했다.

▶ 「not B until A(A하기 전까지는 B하지 않다)」는 「It is(was) not until A that B(A해서야 비로서 B하다)」로 바꾸어 쓸 수 있다.
【어휘】get promoted to ~로 승진하다

6 금융 위기를 극복하는 것이 가장 시급한 문제이다.
→ 금융 위기를 극복하는 것이 단연코 가장 시급한 문제이다.
▶ 최상급은 by far, very, practically, much 등으로 강조할 수 있다.
【어휘】surmount 극복하다   urgent 시급한

EXERCISE 03
p. 313

> **1** was his dissertation   **2** has someone been
> **3** did my grandpa   **4** Should you
> **5** Had she not

1 그의 학위 논문이 너무 잘 쓰여져서 그의 지도 교수는 그에게 그것을 책으로 출판할 것을 권유했다.
▶ 형용사 보어의 의미를 강조하기 위해 문장 첫머리에 보냈으므로 「so+형용사+동사+주어+that ~」의 어순으로 쓴다.
【어휘】dissertation (학위) 논문   supervisor 지도 교수

2 그만큼 고결한 사람은 거의 없다.
▶ 부정어의 의미를 강조하기 위해 문장 첫머리에 보냈으므로 「부정어+조동사+주어+본동사」의 어순으로 쓴다.
【어휘】high-minded 고결한, 고귀한

3 크로스워드 퍼즐을 다 풀고 난 후에야 할아버지는 차를 조금씩 마셨다.
▶ 「only+때를 나타내는 구」의 의미를 강조하기 위해 문장 첫머리에 보냈으므로 「only+때를 나타내는 구+조동사+주어+본동사」의 어순으로 쓴다.
【어휘】sip at ~을 조금씩 마시다(홀짝이다)

4 돈이 더 필요하다면, 20달러짜리 지폐를 한 장 더 가져가라.
▶ 가정법 if절의 동사가 should이면 if를 생략하고 주어와 동사를 도치한다.

5 그녀가 나에 대한 신뢰를 잃지 않았더라면, 그녀는 나에게 자신의 차를 쓰도록 해주었을 텐데.
▶ 가정법 문장을 도치할 때 not은 축약하지 않는다.

EXERCISE 04
p. 313

> **1** have I said anything
> **2** neither could other students
> **3** the soldiers disobeyed
> **4** stood people filled with ambition and enthusiasm

1 부정어구의 의미를 강조하기 위해 문장 첫머리로 보냈으므로 「부정어구+조동사+주어+본동사」의 어순으로 쓴다.
【어휘】reputation 명성

2 neither+(조)동사+주어: ~도 역시 그렇지 않다

3 부정어가 없는 목적어가 문장 첫머리에 왔으므로 주어와 동사를 도치하지 않는다.
【어휘】retreat 후퇴하다   disobey 거역하다, 반항하다

4 부사구의 의미를 강조하기 위해 문장 첫머리로 보냈으므로 「부사구+
자동사+주어」의 어순으로 쓴다.
【어휘】 filled with ~로 가득 찬   ambition 야심
enthusiasm 열정, 의욕

EXERCISE 05 p.315

> 1 his goal, completing the training fully
> 2 (if any)
> 3 (as far as I am concerned)
> 4 the claim, that she misled the parliament
> 5 (what is worse)
> 6 Steve Jackson, my brilliant little brother
> 7 (consuming much time and effort)
> 8 (I thought)
> 9 A display of his enormous wealth, his supercar
> 10 (as it is)

1 그는 그 훈련을 충실하게 마치겠다는 자신의 목표를 달성하기 위해
열심이다.
  ▶ completing the training fully가 his goal을 부연 설명하는
동격의 동명사구이다.
2 그 두 대의 모형 비행기 사이에는 비록 있다고 해도 차이점이 거의 없다.
  ▶ 관용표현 if any(비록 있다고 해도, 만약 조금이라도 있다면)가
삽입되었다.
3 내가 아는 한 Emily는 그의 유창한 연설을 무척 즐긴다.
  ▶ 부사절 as far as I am concerned가 삽입되었다.
  【어휘】 eloquent 유창한
4 그녀는 자신이 의회를 호도했다는 그 주장을 강력하게 부인했다.
  ▶ that 이하가 the claim을 부연 설명하는 동격의 명사절이다.
  【어휘】 stringently 강력하게, 엄중하게   mislead 호도하다
parliament 의회, 국회
5 설상가상으로, 그들은 자신들의 주장의 정당성을 밝히기 위해 결국
폭력에 의지했다.
  ▶ 관용어구 what is worse(설상가상으로)가 삽입되었다.
  【어휘】 resort to ~에 의지하다   make a point 주장의 정당성을
밝히다
6 나의 멋진 남동생 Steve Jackson이 마침내 감독으로 데뷔했다.
  ▶ my brilliant little brother는 Steve Jackson을 부연 설명하는
동격의 명사구이다.
7 많은 시간과 노력이 들어간 그 프로젝트가 완전히 수포로 돌아갔다.
  ▶ consuming much time and effort가 The project에 대한
추가 정보를 제공하기 위해 삽입된 분사구이다.
  【어휘】 entirely 완전히   come to naught 수포로 돌아가다
8 그는 내가 생각하기에 그 대회에서 우승할 만한 기발한 마케팅 제안서를
냈다.
  ▶ I thought가 삽입되었다.
  【어휘】 ingenious 기발한   proposal 제안서
9 그의 엄청난 재산을 보여주는 그의 슈퍼카는 고속도로로 향하는 그
도로를 따라 질주했다.

▶ A display of his enormous wealth는 his supercar를 부연
설명하는 동격의 명사구이다.
【어휘】 display 전시, 진열   enormous 엄청난, 막대한
10 동굴에 고립된 상황이라서 그 남자는 무기력하고 절망적이다.
  ▶ 분사구문을 강조하기 위해 as it is가 삽입되었다.
  【어휘】 isolated 고립된

EXERCISE 06 p.317

> 1 to 다음에 deposit $200 into the savings account
> 2 ready 다음에 to recite a poem to the class
> 3 have 다음에 left
> 4 refused 다음에 to participate in a student exchange
>   program
> 5 five 다음에 glass containers
> 6 if 다음에 it is
> 7 While 다음에 she was
> 8 humans 다음에 have
> 9 Though 다음에 he was
> 10 forgive 다음에 is

1 내가 그에게 요청을 했음에도 불구하고 그는 저축 계좌에 200달러를
예치하지 않았다.
  ▶ 앞 절에 나온 동사구의 반복을 피하기 위해 to부정사구에서 to를
제외한 나머지는 생략이 가능하다.
  【어휘】 deposit 예치〔예금〕하다   savings account 저축 계좌
2 그 교사는 그녀에게 학급 학생들 앞에서 시를 낭송하라고 말했지만,
그녀는 그럴 준비가 되어 있지 않았다.
  ▶ to부정사가 형용사 ready 뒤에 왔으므로 앞 절에 나온 동사구의
반복을 피하기 위해 to부정사구는 생략이 가능하다.
  【어휘】 recite 낭송하다
3 그 무장한 군인들은 철수하지 않았는데, 그들은 철수했어야 했다.
  ▶ 앞 절에 나온 동사를 받는 「could〔should, might, would〕 have
+과거분사」에서 과거분사는 생략이 가능하다.
  【어휘】 military equipment 군사 장비
4 Chris는 교환 학생 프로그램 참여를 요청 받았지만, 거절했다.
  ▶ to부정사가 동사 refuse 뒤에 오면 to만 남기거나 to부정사구 전체의
생략이 가능하다.
5 그 조리대 위에 10개의 유리 용기들이 있었는데, 나는 5개를 버렸다.
  ▶ 앞 절에 언급된 명사가 수사 뒤에 왔으므로 생략이 가능하다.
  【어휘】 container 용기   throw away ~을 버리다
6 가능하다면 저에게 미리 알려 주세요.
  ▶ 주절과 부사절의 주어가 같지 않아도, 관용적으로 부사절의 「주어+
be동사」는 생략이 가능하다.
  【어휘】 inform ~에게 알리다〔통지하다〕   beforehand 미리, 사전에
7 일을 마치고 집으로 걸어가는 동안에, 그녀는 전혀 모르는 사람에게
공격을 받았다.
  ▶ 시간의 부사절에서 주절의 주어와 부사절의 주어가 같을 때 부사절의
「주어+be동사」는 생략이 가능하다.
8 일부 동물들은 인간보다 더 예민한 청력을 가지고 있다.

▶ 비교 구문에서 반복되는 단어는 생략이 가능하다.

9 시험 결과에 실망했지만, 그는 다시 도전하기를 포기하지 않았다.
▶ 양보의 부사절에서 주절의 주어와 부사절의 주어가 같을 때 부사절의 「주어+be동사」는 생략이 가능하다.

10 실수를 범하는 것은 인간의 일이고, 용서를 하는 것은 신의 일이다.
▶ 반복되는 동사는 생략이 가능하다.
【어휘】 err 실수를 범하다   divine 신의

EXERCISE 07 p. 318

1 compassion	**2** reading	**3** to write
4 he was diligent	**5** take	

1 우리에게 필요한 것은 증오가 아니라 연민이다.
▶ 「not A but B」에 의해 병렬구조로 나열되어 있으므로 B에도 명사가 와야 한다.
【어휘】 hatred 증오   compassionate 연민 어린, 동정하는

2 나는 독서뿐 아니라 부모님과의 대화에서도 많은 것을 배웠다.
▶ 「B as well as A」에 의해 병렬구조로 나열되어 있으므로 A에도 동명사가 와야 한다.

3 이메일을 쓰는 것보다 직접 의사소통을 하는 것이 더 효과적이다.
▶ 비교하는 대상인 두 개의 to부정사구가 병렬구조로 나열되어 있으므로 than 다음에 to부정사가 와야 한다.
【어휘】 effective 효과적인   in person 직접

4 그는 운이 좋아서가 아니라 성실해서 성공했다.
▶ 「not because A but because B」의 병렬구조로 나열되도록 because 다음에도 완전한 문장이 와야 한다.

5 그녀는 TV에서 스포츠 방송을 보고, 몇 명의 친구들을 만나고, 그 섬으로 짧은 여행을 갈 것이다.
▶ 세 개 이상의 동사구가 나열될 때는 콤마를 사용하고 마지막 항목 앞에 and를 쓰고 같은 형태의 동사를 써야 하므로 동사원형이 와야 한다.
【어휘】 coverage 방송, 보도   take a trip to ~로 여행을 가다

EXERCISE 08 p. 319

1 생명의 기원에 대한 그 학위 논문은 나에게 다음 책에 대한 훌륭한 영감을 주었다.
2 타고난 리듬감 덕분에 그녀는 아주 유명한 발레리나가 될 수 있었다.
3 구조 조정으로 인해 많은 직원들이 그 회사를 떠나야 했다.
4 건물 밖의 갑작스러운 소동으로 인해 우리는 밖으로 나왔다.
5 한 시간 정도를 걸은 뒤 그들은 산 정상에 도착했다.
6 그는 바쁜 업무 일정 때문에 자녀들과 함께 귀중한 시간을 보내지 못했다.
7 너는 왜 너의 경력을 개발할 수 있는 그 좋은 기회를 포기했니?
8 직장에서의 극심한 스트레스로 그는 직장을 그만두었다.

1 물주+give+사람 목적어+사물 목적어
【어휘】 thesis 학위 논문   genesis 기원, 발생
2 물주(A)+enable+목적어(B)+to부정사(C)

【어휘】 innate 타고난, 선천적인   renowned 유명한
3 물주(A)+force(compel, oblige)+목적어(B)+to부정사(C)
【어휘】 restructuring 구조 조정
4 물주+bring+목적어+to부정사
【어휘】 commotion 소동, 소란
5 물주+take+목적어+to+장소
【어휘】 summit 정상
6 물주(A)+prevent(keep, prohibit, hinder)+목적어(B)+from -ing(C)
7 What makes+목적어(A)+동사원형(B) ~?
8 물주(A)+cause(drive)+목적어(B)+to부정사(C)

OVERALL EXERCISE pp. 320-321

01

1 on earth did he waste the money	
2 when the baby is sleeping can mothers find	
3 was the editor-in-chief who took notice of her talent	
4 unwilling and hesitant were his children that	
5 was not until the last year that they sought to address	
6 Korean and Japan(Japan and Korea) is	
7 had he started reading her essay before	

1 도대체 왜 그는 그토록 어리석게 돈을 낭비했나?
▶ 의문사를 강조하려면 의문사 바로 뒤에 on earth를 쓴다.
2 아기가 잠을 자야 엄마는 쉴 수 있는 시간이 생긴다.
▶ 「only+때를 나타내는 절」의 의미를 강조하기 위해 문장 첫머리에 보냈으므로 「only+때를 나타내는 절+조동사+주어+본동사」의 어순으로 쓴다.
3 처음에 그녀의 재능을 알아본 것은 그 편집장이었다.
▶ 「It is(was) ~ that ....」 강조구문에서는 강조하고자 하는 말이 It is(was)와 that 사이에 오며, that 대신 who가 있으므로 사람 주어인 the editor-in-chief를 It was와 who 사이에 쓴다.
【어휘】 editor-in-chief 편집장   take notice of ~을 알아차리다 at the outset 처음에
4 그의 아이들이 너무 싫어하고 머뭇거려서 그는 혼자서 가기로 결정했다.
▶ 형용사 보어의 의미를 강조하기 위해 문장 첫머리에 보냈으므로 「so+형용사+동사+주어+that ~」의 어순으로 쓴다.
【어휘】 unwilling 꺼리는, 싫어하는   hesitant 머뭇거리는 by oneself 혼자서
5 작년에서야 비로소 그들은 세계적인 불평등 문제를 해결하고자 노력했다.
▶ It is(was) not until A(시간) that B: A해서야 비로소 B하다
【어휘】 seek to ~하려고 노력하다   address 해결하다 inequality 불평등
6 한국과 일본(일본과 한국) 사이에 동해가 있다.
▶ 부사구의 의미를 강조하기 위해 문장 첫머리에 보냈으므로 주어와 동사를 도치한다.
7 그녀의 글을 읽기 시작하자마자 John은 그녀의 표현이 너무 모호하고 장황하다고 느꼈다.
▶ 부정어의 의미를 강조하기 위해 문장 첫머리에 보냈으므로

「부정어+조동사+주어+본동사」의 어순으로 쓴다.
【어휘】 obscure 모호한, 이해하기 힘든   verbose 장황한

02

> 1 If you should(Should you) want to find the immediate cause of his death, go to the laboratory.
> 2 The company didn't pay the damages to the affected families although the government told it to (pay the damages to the affected families).
> 3 Kate can mediate the negotiations, and so can Emily.
> 4 Applicants should be good at either administering the budge or allocating the assets.
> 5 This new welfare program will enable older people to study at college.

1 그가 사망한 직접적인 원인을 찾고 싶다면, 그 실험실로 가라.
  ▶ 가정법 if절의 동사가 should이면 if를 생략하고 주어와 동사를 도치할 수 있다. If should you → If you should(Should you)
  【어휘】 immediate 직접적인   laboratory 실험실
2 정부의 권고에도 불구하고 그 회사는 피해 가족들에게 손해보상을 하지 않았다.
  ▶ 앞 절에 나온 동사(구)의 반복을 피하기 위해 to부정사(구)에서 to를 제외한 나머지만 생략이 가능하다.
  it → it to (pay the damages to the affected families)
  【어휘】 pay the damage to ~에게 손해보상을 하다
3 Kate는 그 협상들을 중재할 수 있고, Emily도 역시 그렇다.
  ▶ so+(조)동사+주어: ~도 역시 그렇다
  so Emily can → so can Emily
  【어휘】 mediate 중재하다   negotiation 협상
4 지원자들은 예산을 집행하는 것과 자산을 배분하는 것에 능숙해야 한다.
  ▶ 전치사 at의 목적어 역할을 하는 두 개의 동명사구가 「either A or B」의 병렬구조로 나열되어야 하므로 B에도 동명사를 써야 한다.
  allocate → allocating
  【어휘】 applicant 지원자   be good at ~에 능숙하다   administer 집행하다   budget 예산   allocate 배분하다   asset 자산
5 장년층은 이 새 복지 프로그램으로 대학에서 공부를 할 수 있을 것이다.
  ▶ 물주(A)+enable+목적어(B)+to부정사(C)
  study → to study
  【어휘】 welfare 복지, 후생

03

> 1 The idea that she will write the authoritative book on history
> 2 In no way am I related to
> 3 caused its employees to go on strike
> 4 neither listened attentively nor responded truthfully
> 5 Only in the last few years has the city become

1 that 이하가 The idea를 부연 설명하는 동격의 명사절이다.

【어휘】 authoritative 권위 있는
2 부정어구의 의미를 강조하기 위해 문장 첫머리에 보냈으므로 「부정어구+be동사+주어」의 어순으로 쓴다.
  【어휘】 be related to ~와 관련이 있다 legal 법적인
3 물주(A)+cause(drive)+목적어(B)+to부정사(C)
  【어휘】 strategic 전략적인 go on strike 파업에 돌입하다
4 「neither A nor B」에 의해 두 개의 동사구가 병렬구조로 나열되었다.
  【어휘】 attentively 주의 깊게
5 「only+전치사구」의 의미를 강조하기 위해 문장 첫머리로 보냈으므로 「only+전치사구+조동사+주어+본동사」의 어순으로 쓴다.

04

> 1 ⑤ grow → to grow
> 2 was climate change that left 700 million people dispossessed of their homes

전문가들은 전 세계의 생태계와 지역 사회들이 지구 온난화로 인해 식량과 물을 확보하지 못할 위험성이 점차 증가하고 있다고 경고한다. 기후 위기의 가장 가시적인 징후인 빙하와 해빙의 용해는 북극 전 지역과 고산 지대의 토양 침식 속도를 가속화시켰다. 전 세계적으로 7억 명의 집과 농지를 빼앗아간 것은 바로 기후 변화였다. 전 세계의 식량 수확량이 35퍼센트가 감소한 것은 놀라운 일이 아니다. 특히, 그러한 영향은 극심해서 전 세계의 가장 빈곤한 지역들에서 훨씬 더 악화되고 있다. 결과적으로, 지구 온난화는 전 세계의 부국과 빈국 사이의 부의 격차가 더 커지도록 만들고 있다.

1 ⑤ 「물주(A)+force+목적어(B)+to부정사」이므로 grow는 to grow가 되어야 한다.
2 「It is(was) ~ that ....」 강조구문에서는 강조하고자 하는 말이 It is(was)와 that 사이에 온다.

【어휘】 ecosystem 생태계   be at risk of ~의 위험에 처하다
glacier 빙하   visible 가시적인   accelerate 가속화하다   rate 속도
erosion 부식, 침식   Arctic 북극의   dispossess A of B A에게서 B를 침탈하다   yield 수확량   acute 극심한, 격심한

REVIEW TEST

pp.322-323

01 ② 02 ① 03 ③ 04 ⑤ 05 ③ 06 ①, ③
07 ① 08 ③ 09 ③ 10 Rarely does Mike participate
11 ⑤ 12 (b), (d), (f)

01 A: 나는 음악 스트리밍 서비스에 가입하지 않아.
   B: 나도 역시 가입하지 않아. 나는 영화 보는 것을 더 좋아하거든.
   ▶ neither+(조)동사+주어: ~도 역시 그렇지 않다

02 No sooner+조동사+주어+본동사 ... than+주어+동사:
   ~하자마자 …하다(두 사건이 거의 동시에 일어남을 강조)
   【어휘】 emerge from ~에서 벗어나다   contract (병에) 걸리다

03 ① 나는 Adam이 나에게 말했던 것을 믿는다.
→ 나는 Adam이 나에게 말했던 것을 진심으로 믿는다.
▶ 동사원형 앞에 do(does, did)를 써서 동사를 강조할 수 있다.
② Paul은 소파 아래에서 자신의 신용카드를 찾았다.
→ Paul이 소파 아래에서 찾은 것은 바로 자신의 신용카드였다.
▶ 「It is(was) ~ that ...」 강조구문으로 his credit card를
강조하려면 It was 다음에 his credit card를 쓴다.
③ Vicky는 자신이 가장 좋아하는 가수를 길에서 만날 것이라고는 전혀
상상하지 못했다.
→ Vicky는 전혀 자신이 가장 좋아하는 가수를 길에서 만날
것이라고는 상상하지 못했다.
▶ 부정어의 의미를 강조하기 위해 문장 첫머리로 보내면
「부정어+조동사+주어+본동사」의 어순으로 쓴다.
Little Vicky dreamed → Little did Vicky dream
④ 그는 그 유물들을 발굴한 그 고고학자이다.
→ 그가 그 유물을 발굴한 바로 그 고고학자이다.
▶ the very+명사: 바로 (그) ~
【어휘】 archaeologist 고고학자   excavate 발굴하다, 출토하다
artifact 유물
⑤ 그 조각상은 브루클린 다리 옆에 있다.
→ 브루클린 다리 옆에 그 조각상이 있다.
▶ 부사구의 의미를 강조하기 위해 문장 첫머리로 보내면 「부사구+
자동사+주어」의 어순으로 쓴다.

04 ① 그는 몇몇 후보자들을 추천해줄 것을 부탁 받았지만, 그는 몇몇
후보자들을 추천할 것을 거절했다.
▶ to부정사가 refuse 뒤에 올 경우 앞 절에 나온 동사구의 반복을
피하기 위해 to만 남기거나 to부정사구 전체를 생략할 수 있다.
【어휘】 candidate 후보자
② 일부 학생들은 새로운 수업 일정에 찬성했지만, 나머지는 반대했다.
▶ 반복되는 동사는 생략할 수 있다.
③ Devon은 컴퓨터를 다루는 데 익숙하지 않았지만, 그 프로젝트를
마무리하는 책임을 맡았다.
▶ 양보의 부사절에서 주절의 주어와 부사절의 주어가 같을 때
부사절의 「주어+be동사」는 생략할 수 있다.
【어휘】 be in charge of ~을 책임지다
④ Emma는 그 전체 기관이 기부한 것보다 훨씬 더 많은 금액을
기부했다.
▶ 비교 구문에서 반복되는 동사는 생략할 수 있다.
⑤ 그 남자는 무모한 행동을 하지 않으려고 노력했지만, 결국 무모한
행동을 했다.
▶ 보어는 생략할 수 있지만, 동사는 생략할 수 없다.
【어휘】 reckless 무모한, 신중하지 못한

05 ① 자동차를 타고 갔더라면, 우리는 이미 도착했을 텐데.
▶ 가정법 if절의 동사가 had이면 if를 생략하고 주어와 동사를
도치할 수 있다.
② Fred는 비록 자신의 의견을 굽힌다고 해도 거의 굽히지 않는다.
▶ if ever: 비록 ~한다고 해도
【어휘】 compromise 굽히다, 타협하다
③ 그 불타고 있는 건물 안으로 그들이 달려갔다.
▶ 부사구의 의미를 강조하기 위해 문장 첫 머리로 보낼 때 대명사가
주어이면 주어와 동사를 도치하지 않는다. ran they → they ran

④ 너는 외국을 여행하는 동안 항상 여권을 소지해야 한다.
▶ 시간의 부사절에서 주절의 주어와 부사절의 주어가 같을 때
부사절의 「주어+be동사」는 생략할 수 있다.
⑤ 기온이 높아짐에 따라, 전기 소비량도 늘어난다.
▶ so+(조)동사+주어: ~도 역시 그렇다
【어휘】 consumption 소비량

06 ① 너는 원할 때 언제든지 우리 집에 와도 된다.
▶ would like 뒤에 오는 to부정사는 to를 제외한 나머지만 생략할
수 있다.
② 그는 정말 집을 떠나고 싶었지만, 그럴 용기가 없었다.
▶ 명사 뒤에 to부정사가 오면 to만 남기거나 to부정사 전체를
생략할 수 있다.
③ 나의 부모님은 나에게 의학을 공부하라고 하셨지만, 나는 그렇게
하고 싶지 않았다.
▶ want 뒤에 오는 to부정사는 to를 제외한 나머지만 생략할 수
있다.
④ 나는 내가 약속했던 대로 그 지시 사항들을 따랐다.
▶ promise 뒤에 to부정사가 오면 to만 남기거나 to부정사 전체를
생략할 수 있다.
⑤ 만약 네가 원하더라도 결정하는 것을 미룰 수 없다.
▶ 동사 want가 접속사 if와 함께 쓰였으므로 to부정사구 전체를
생략할 수 있다.
【어휘】 defer 미루다, 연기하다

07 ① 그 문서는 그 사건에 관한 잘못된 사실들로 가득했다.
▶ of는 '~에 관한'의 의미로 동격 관계가 아니다.
【어휘】 be loaded with ~로 가득하다
② 어떤 사람들은 그 과정의 타당성이 반드시 필요하다는 그 생각에
동의했다.
▶ the idea와 that 이하는 동격 관계이다.
【어휘】 adequacy 타당성
③ 그들이 그 대규모의 관객 앞에서 어떻게 공연을 했는지에 대한
의문은 여전히 풀리지 않았다.
▶ The question과 how 이하는 동격 관계이다.
④ 시민들은 수력 전기와 풍력을 사용한다는 그 소식을 환영했다.
▶ the news와 using 이하는 동격 관계이다.
【어휘】 hydroelectricity 수력 전기
⑤ 그들은 세계에서 가장 큰 박물관 및 교육·연구 단지인 스미소니언
협회를 방문했다.
▶ the Smithsonian Institute와 the 이하는 동격 관계이다.
【어휘】 institute 협회, 기관   complex 단지

08 ① 그는 새로운 선수들로 팀을 보강할 수 없었고, 그녀도 역시 그렇지
않았다.
▶ neither+(조)동사+주어: ~도 역시 그렇지 않다
neither she could → neither could she
【어휘】 reinforce A with B A를 B로 보강하다
② 나는 결코 이상과 현실을 혼동하지 않는다.
▶ 부정어의 의미를 강조하기 위해 문장 첫머리로 보냈으므로 주어와
동사를 도치해야 한다. Never I did → Never did I
【어휘】 confuse A with B A와 B를 혼동하다   the ideal 이상
the real 현실
③ 나는 그 사고에 대해 전혀 알지 못한다.

▶ at all은 부정문에서 부정어를 강조할 수 있다.
④ 그것은 그가 이제까지 했던 연설 중 가장 최악의 연설이었다.
▶ 최상급은 by far로 강조할 수 있다. far → by far
⑤ 그 남자는 업무를 관리할 수 있을 뿐 아니라 절차도 개선할 수 있다.
▶ 「not only A but also B」로 동명사가 병렬구조로 나열되어야
한다. improve → improving
【어휘】 be capable of ~을 할 수 있다   procedure 절차

09 ① a. 그 호수를 따라 키 큰 소나무들이 많이 있다.
▶ 부사구의 의미를 강조하기 위해 문장 첫머리로 보냈으므로
「부사구+자동사+주어」의 어순으로 쓴다.
b. 그녀는 공포 영화를 좋아하고, 나도 그렇다.
▶ '나도 공포 영화를 좋아한다'의 의미가 되어야 하므로, do동사를
써야 한다. am → do
② a. Jessica는 어떠한 상황에서도 자신의 꿈을 포기하지 않는다.
▶ 부정어구의 의미를 강조하기 위해 문장 첫머리로 보냈으므로
「부정어구+조동사+주어+본동사」의 어순으로 쓴다.
Jessica gives → does Jessica give
b. 공부하는 동안 음악을 듣는 것은 학생들이 학습물을 이해하는
것을 어렵게 만든다.
▶ 시간의 부사절에서 주절의 주어와 부사절의 주어가 같을 때
부사절의 「주어+be동사」는 생략할 수 있다.
③ a. 그의 병 때문에 그는 중요한 회의에 참석하지 못했다.
▶ 물주(A)+hinder+목적어(B)+to부정사(C)
b. 대부분의 대학생들은 졸업 후의 진로에 대해 무척 걱정한다.
▶ 동사원형 앞에 do(does, did)를 써서 동사를 강조할 수 있다.
④ a. 짧은 산책은 나의 식욕이 살아나게 한다.
▶ 물주+give+사람 목적어+사물 목적어
【어휘】 appetite 식욕
b. 작년에 세계에서 최고의 도시로 선정된 곳은 바로 샌프란시스코
였다.
▶ 「It was ~ that ....」 강조구문에서 강조하는 말이 주어이므로
that을 써야 한다. when → that
⑤ a. 저기 기차가 간다.
▶ 「there+동사+주어」의 어순으로 쓴다.
the trains goes → goes the train
b. 교장선생님의 말씀은 내가 생각하기에 교육적이고 유익했다.
▶ 추가 정보를 제공하기 위해 I think가 문장 중간에 삽입되었다.
【어휘】 informative 유익한

10 Mike는 격렬한 논쟁에 거의 참여하지 않는다.
▶ 부정어의 의미를 강조하기 위해 문장 첫머리로 보냈으므로 「부정어+
조동사+주어+본동사」의 어순으로 쓴다.
【어휘】 fierce 격렬한

11 ① 여론 때문에 국가들은 환경을 정화해야 했다.
▶ 물주(A)+force(compel, oblige)+목적어(B)+to부정사(C)
= B have to C because (of) A
② 당신 회사의 제품 디자인이 경쟁사 제품의 디자인과 동일하다는
것을 알게 되면 어떻게 하실 건가요?
▶ what will happen if는 will happen을 생략하고 what if로
쓴다.
③ 만약 이번에도 실패하면, 그만 포기해라.
▶ 가정법 if절의 동사가 should이면 if를 생략하고 주어와 동사를

도치한다.
④ 고통이 없으면, 얻는 것도 없다.
▶ 속담이나 격언에서는 반복된 표현을 생략할 수 있다.
⑤ 자동차 덕분에 사람들은 더 자유롭게 이동할 수 있게 되었다.
▶ 물주(A)+enable+목적어(B)+to부정사(C) = B can C
thanks to A
People enable cars → Cars enable people
【어휘】 mobile 이동할 수 있는

12 (a) 스쿠버 다이버들은 화려한 물고기들을 많이 보았다.
▶ 부정어가 없는 목적어가 문장 첫머리로 가면 도치는 일어나지
않는다.
(b) 내가 이 수업을 주의 깊게 듣지 않았더라면, 100점을 맞을 수
없었을 텐데.
▶ 가정법 문장을 도치할 때 had not은 축약하지 않는다.
Hadn't I → Had I not
(c) 쉬운 영어로 쓰여졌기에 그 설명서는 일반 소비자들에게 적합하다.
▶ 분사구문을 강조하기 위해 as it is를 삽입할 수 있다.
【어휘】 manual 설명서
(d) 그녀는 남동생이 손을 흔들고, 그녀의 이름을 부르며, 그녀를 향해
달려오는 것을 보았다.
▶ 여러 개의 동사구가 and로 병렬되어 나열되고 있으므로 saw의
목적격보어와 같은 형태인 현재분사를 써야 한다. ran → running
(e) 그 전기 울타리는 양들이 목장에서 탈출하지 못하도록 했다.
▶ 물주(A)+prevent(keep, prohibit, hinder)+목적어(B)+
from -ing(C)
【어휘】 electric fence 전기 울타리   ranch 목장
(f) 예전보다 지금 탑승자가 더 많다.
▶ to부정사의 동사가 be동사이면 생략할 수 없다. to → to be
(g) Brian은 내가 아는 한 모델로 두각을 나타내게 되었다.
▶ as far as I know: 내가 아는 한
【어휘】 come to prominence 두각을 나타내게 되다

REVIEW TEST through **Reading**   p. 324

1 ①   **2** ③

1
【해석】 최근의 한 보고서에 따르면 계층간의 사회적 이동이 꾸준히 줄어드는
경향이 있고, 이 줄어든 사회적 이동은 수입 불평등과 상당히 관련이 있다고
한다. 이 분석에서 중점적으로 연구한 것은 바로 국가들 내에서 확대되는
부의 격차였다. 저소득층 가정들은 양질의 교육 및 보건 의료에 대한 접근이
가능하지 않았기 때문에, 결과적으로 그들은 사회 계층의 사다리를 올라갈
수 있는 기회가 훨씬 적었다. 또한 그 보고서는 지속적인 빈곤 속에서
살아가는 가정에 가해진 정신 건강 문제도 강조했다. 그들은 만성 불안과
우울증으로 훨씬 더 고통 받는 것으로 나타났다. 지속적이고 체계적인
조정 프로그램의 시행에 의해서만 전 세계 지역 사회는 교육, 건강, 삶의
기회에까지 영향을 미치는 불평등 문제와 맞서 싸울 수 있다.

【해설】 ① 「It is(was) ~ that ....」 강조구문이며 강조하고자 하는 말이
목적어이므로 that이나 which를 써야 한다.

【어휘】decline 줄어들다, 감소하다 analyze 분석하다 be denied access to ~에 대한 접근이 가능하지 않다 social ladder 사회 계층의 사다리 highlight 강조하다 suffer from ~로 고통 받다 anxiety 불안 depression 우울증 sustained 지속적인 intervention 조정, 개입 tackle ~와 싸우다 extend to ~까지 미치다

2

【해석】소셜 미디어가 이처럼 십 대들의 일상 생활에 엄청나게 영향을 미친 적은 없었다. 소셜 미디어가 십 대들의 삶에서 너무 중요해져서 그 해로운 영향력과 관련해 우려가 제기되고 있는데, 몇 가지만 열거하면 부적절한 내용에 대한 노출, 개인 정보 침해, 사이버 폭력 등이 그 예이다. 하지만 지지자들은 소셜 미디어를 사용하는 것의 교육적인 이점들을 언급한다. 그들은 소셜 미디어가 십 대들로 하여금 온라인 활동을 즐기면서 디지털 미디어 정보 지식을 습득할 수 있게 해준다고 주장한다. 게다가, 소셜 미디어는 십 대들의 창조적인 에너지와 자기 표현을 위한 발산 수단을 제공한다. 소셜 미디어 지지자들이 주장하기를, 소셜 미디어와 관련해 정말 흥미로운 것은 소셜 미디어가 학습 자료를 공유하고 다른 생각에 대해 토론하기 위한 참여적인 학습 공간으로 기능할 수 있다는 것이다.

【해설】(A) 부정어구의 의미를 강조하기 위해 문장 첫머리로 보냈고 조동사가 has이므로 현재완료 시제를 만들 수 있는 과거분사 shaped가 알맞다.
(B) such as 다음에 세 개의 명사구가 and로 연결된 병렬구조 문장이다. cyberbully는 '사이버폭력 가해자; 사이버폭력을 가하다'의 의미이며, cyberbullying은 '사이버폭력'의 의미이므로, 문맥상 cyberbullying이 알맞다.
(C) 주어 역할을 하는 관계대명사로 선행사를 포함하는 What을 써야 한다.

【어휘】social media 소셜 미디어, 사회 관계망 서비스(= SNS) shape 형성하다 day-to-day 일상의 concern 우려, 걱정 inappropriate 부적절한 cyberbully 사이버 폭력 가해자; 사이버폭력을 가하다 to name a few 몇 가지 예를 들면 voice (말로) 표현하다 self-expression 자기 표현 thrilling 흥미로운 advocate 옹호자, 지지자 maintain 주장하다 function ~로 기능하다

[01-04]

> 01 Every participant in the summer hiking camp / will be given a backpack as a gift.
> 02 Thinking about changing careers after working in the same field for several years / is considered to be a bad idea.
> 03 The common belief that taking vitamin supplements is good for your health / is not always true.
> 04 People spending long hours working on computers / are likely to suffer from TATT(Tired All The Time) syndrome.

01 하계 하이킹 캠프에 참가하는 모든 참가자들에게는 선물로 배낭이 주어질 것이다.
▶ Every participant in the summer hiking camp가 주부이고, will be given(수동형)이 동사이다. 전치사구인 in the summer hiking camp는 앞의 명사구 Every participant를 수식하는 형용사 역할을 한다.
[어휘] participant 참가자

02 수년 동안 같은 분야에서 일한 후에 전직을 고려하는 것은 안 좋은 생각으로 간주된다.
▶ 동명사구인 Thinking about changing careers after working in the same field for several years가 주부이고, is considered가 동사이다. 참고로 동명사구 주어는 단수 취급하므로 단수형 동사 is가 왔다.
[어휘] change careers 전직하다, 직업을 바꾸다

03 비타민 보충제를 먹는 것이 건강에 좋다는 일반적인 믿음이 늘 맞는 것은 아니다.
▶ 명사구인 The common belief that taking vitamin supplements is good for your health가 주부이고 is가 동사이다. 주부에서 The common belief와 명사절 that taking vitamin supplements is good for your health는 동격 관계이다.
[어휘] supplement 보충제, 추가물

04 컴퓨터로 작업하는 데 오랜 시간을 쓰는 사람들은 TATT(항상 피곤하다고 느낌) 증후군에 걸리기 쉽다.
▶ People spending long hours working on computers가 주부이고, are가 동사이다. 분사구인 spending long hours working on computers는 명사 People을 수식하는 형용사 역할을 한다.
[어휘] syndrome 증후군

[05-09]

> 05 devoted 06 has 07 unreasonable
> 08 thoughtful 09 frequently

05 건축 천재인 Antoni Gaudí는 1926년에 죽을 때까지 사그라다 파밀리아 대성당을 짓는 데 전념했다.
▶ Antoni Gaudí, the architectural genius가 주부이고, to devote는 동사 자리이다. in 1926으로 보아 과거시제임을 알 수 있으므로, 과거동사 devoted로 고쳐 쓴다. 참고로, Antoni Gaudí와 the architectural genius는 동격 관계이다.
[어휘] architectural 건축의, 건축학의 devote oneself to ~에 전념하다

06 현대적인 시설의 그 호텔 객실은 바다가 보이는 전망과 넓은 발코니를 갖추고 있다.
▶ 문장의 핵심 주어가 The hotel room(단수)이므로, 동사도 이에 수 일치하여 단수형이 되어야 한다. 따라서 have를 has로 고쳐 써야 한다.
[어휘] facility 시설 spacious 널찍한, 넓은

07 Hearst 씨는 특별 활동에 관해 두어 개의 제안을 했지만, 그것들은 나에게는 불합리하게 들렸다.
▶ 부사는 동사 sound의 주격보어로 쓰일 수 없다. 따라서 unreasonably를 형용사인 unreasonable로 고쳐 써야 한다.
[어휘] regarding ~에 관하여 extra-curricular activities 특별(과외) 활동

08 Jasmine은 새로운 동료가 사려 깊고 친절하다고 생각했다.
▶ 동사 found의 목적격보어로, and 뒤에 온 considerate(형용사)과 병렬구조가 되도록 thought을 형용사 thoughtful로 고쳐 쓴다.
[어휘] considerate 마음씨 좋은, 친절한

09 FAQ는 기본적인 정보를 제공하기 위해 온라인에서 가장 빈번하게 문의되는 질문과 대답의 목록이다.
▶ 뒤에 온 과거분사(asked)를 수식하는 부사가 필요하므로 형용사 frequent를 부사 frequently로 고쳐 쓴다.

[10-12]

> 10 (1) 주격보어 (2) 목적어 11 (1) 목적어 (2) 주격보어
> 12 (1) 주어 (2) 목적격보어

10 (1) 교통 혼잡은 즉시 해결되어야 할 시급한 문제이다.
▶ 명사구 an urgent problem은 주격보어로 쓰였다. 관계사절 that needs to be solved immediately는 이를 수식하는 형용사절 역할을 한다.
[어휘] traffic congestion 교통 혼잡(= traffic jam)
(2) Martin은 여름 방학 동안에 아르바이트를 해서 재정적인 문제를 극복했다.
▶ his financial problem은 동사 overcame의 목적어로 쓰였다. 참고로, 동명사구 doing part-time job during summer vacation은 전치사 by의 목적어이다.
[어휘] financial 재정의, 금융의

1 (1) 에어컨 필터를 정기적으로 교체해야 한다는 것에 유념하세요.
▶ 동사원형 note로 시작하는 명령문으로, that 이하는 동사 note의 목적어인 명사절이다.
(2) 시장의 발표문은 2025년 7월에 새 공항이 개장된다는 것이었다.
▶ The announcement ~ made가 주부이고, that 이하는 주격보어이다.
[어휘] make an announcement 발표하다

12 (1) 외딴 마을에서 아이들을 격려하는 것이 사제로서 그의 임무 중 하나였다.
▶ 동명사구 Inspiring ~ villages가 동사 was의 주어이다.
(2) 대부분의 노인들은 평생교육에 대한 다큐멘터리가 고무적이었다고 생각했다.
▶ 「주어(Most of the elderly people)+동사(found)+목적어(the documentary on life-long education)+목적격보어」의 구조로, inspiring은 목적격보어이다.
[어휘] life-long education 평생교육 inspiring 고무하는, 용기를 주는

[13-17]

13 helps to improve brain function
14 organizing the materials for our presentation
15 get through the most frustrating times
16 to record their lives online
17 based on events that took place in New York a century ago

13 악기를 연주하는 것은 뇌 기능을 향상시키는 데 도움이 된다.
▶ 동명사구 주어 Playing musical instruments의 술부 자리이므로, 동사구인 helps to improve brain function과 get through the most frustrating times가 가능한데, 동명사구 주어는 단수 취급하므로 복수형 동사인 get은 빈칸에 들어갈 수 없다.
[어휘] musical instrument 악기
14 우리 발표 자료를 준비하는 것은 다 끝났나요?
▶ 동사 finished의 목적어 자리이므로, 동명사구인 organizing the materials for our presentation이 들어가야 한다.
[어휘] organize 준비하다, 정리하다
15 우리 부모님의 격려와 지지 덕분에 나는 가장 힘든 시기를 넘길 수 있었다.
▶ 「사역동사(make)+목적어(me)+목적격보어(원형부정사)」의 구조이므로, 빈칸에는 원형부정사가 들어가야 한다. 따라서 보기 중 동사원형으로 시작하는 get through the most frustrating times가 들어가야 한다.
[어휘] get through (고비나 위기 등을) 넘기다, 벗어나다
frustrating 불만스러운, 좌절감을 주는
16 인터넷과 소셜 미디어의 사용이 사람들로 하여금 자신들의 삶을 온라인에 기록하도록 했다.
▶ 「동사(lead)+목적어(people)+목적격보어(to부정사)」의 구조이므로, 빈칸에는 to부정사구인 to record their lives online이 들어가야 한다.

17 Rainbow 극단은 최근에 1세기 전에 뉴욕에서 일어난 사건을 바탕으로 한 뮤지컬을 발표했다.
▶ 「주어(The Rainbow Troupe)+동사(released)+목적어(a musical)」를 갖춘 완전한 문장이므로, 빈칸에는 필수 요소가 아닌 선택 요소가 들어가야 한다. 따라서 명사구 a musical 뒤에는 수식어구인 based on events that took place in New York a century ago가 들어가야 한다.
[어휘] troupe 공연단, 극단 release 공개하다, 발표하다

[18-22]

18 Spending time with companion animals can benefit
19 couldn't anticipate how severe the storm would be
20 What helps children to feel safe and secure
21 a user's manual which provides a brief overview of the program
22 Since you are a member of our loyalty program

18 「동명사구 주어(Spending ~ animals)+동사구(can benefit)+목적어(our mental health)」의 구조가 되어야 한다. '시간을 ~와 함께 보내다'는 spend time with로 표현한다.
19 주어 The residents 뒤에는 동사구(can't anticipate)가 와야 하며, 동사 anticipate 뒤에는 목적어인 명사절(의문사절)이 와야 한다. 의문사절은 「의문사(how severe)+주어(the storm)+동사(would be)」의 어순으로 쓴다.
[어휘] resident 주민, 거주자 anticipate 예상하다
20 동사 is의 주어 자리이다. '아이들이 안전과 안정감을 느끼는 데 도움이 되는 것'은 「관계대명사(what)+동사(helps)+목적어(children)+목적격보어(to부정사)」의 어순으로 쓴다.
[어휘] secure 안심하는, 안정된 affection 애정
21 동사 downloaded의 목적어 자리이다. 목적어인 명사구 a user's manual을 먼저 쓴 뒤에, 이를 수식하는 관계사절을 쓴다. 관계사절은 「주격 관계대명사(which)+동사(provides)+목적어(a brief overview of the program)」의 어순으로 쓴다.
[어휘] manual 설명서 brief 간단한, 짧은 overview 개관, 개요
22 「주어(you)+동사(are)+주격보어(eligible)」를 갖춘 완전한 문장이므로, 빈칸은 절 전체를 수식하는 부사절 자리이다. 「부사절 접속사(since)+주어(you)+동사(are)+주격보어(a member)」의 어순으로 쓴 후에, a member 뒤에 수식어구인 of our loyalty program을 쓴다.
[어휘] eligible ~할 자격이 되는 special offer 특별 할인, 특가 판매(품)

[01-05]

> **01** Emerson 씨의 신랄한 불평은 정말 중요했다.
> **02** 나는 힘든 일이 늘 결국에는 보람이 있다고 믿는다.
> **03** 너는 그가 좋은 남편이 될 것이라는 것을 어떻게 알 수 있니?
> **04** 내가 당신의 머리를 자르는 동안 가만히 있어 줄래요?
> **05** 수상자들에게 상이 주어지기 전에 시장은 청중에게 연설을 했다.

01 count는 자동사로 '중요하다'(= be important)의 의미가 있다.
[어휘] bitter 신랄한, 격렬한
02 pay는 자동사로 쓰일 때 '수고한 보람이 있다'(= be profitable)는 의미가 있다.
[어휘] in the long run 결국에는
03 make는 자동사로 쓰일 때 '~이 되다'(= become)의 의미가 있다.
04 stand still은 '가만히 있다'라는 의미이다.
05 「bestow A upon B(사람)」는 'B에게 A를 수여하다'의 의미인데, 수동태로 바꿔 쓴 형태이다. address는 '~에게 연설하다'라는 의미의 타동사이다. address 뒤에 전치사 to를 쓰지 않도록 유의한다.

[06-10]

| **06** for | **07** for | **08** from, to | **09** X | **10** with |

06 침체된 경제에서 회사의 성장 이유를 어떻게 설명하겠어요?
▶ 자동사 account는 전치사 for와 함께 쓰여 '설명하다'의 의미를 나타낸다.
[어휘] stagnant 침체된
07 내 부탁 하나 들어줄 수 있는지 모르겠네. 내 직장 동료에게 줄 집들이 선물 좀 골라줄 수 있어?
▶ choose는 3형식 문장일 때 「choose + 직접목적어(a housewarming gift) + for + 간접목적어(my co-worker)」의 어순으로 쓰므로, 빈칸에는 for가 들어가야 한다.
[어휘] housewarming gift 집들이 선물
08 그 법은 모든 소매업자들이 미성년자들에게 에너지 드링크를 판매하지 못하도록 한다.
▶ 'A가 B하지 못하게 하다'는 의미는 「prohibit A(all retailers) from B(-ing)」의 형태로 나타내므로 from이 들어가야 한다.
sell은 3형식 문장으로 쓸 때, 「sell + 직접목적어(energy drinks) + to + 간접목적어(minors)」의 형태로 쓰므로, 빈칸에는 to가 들어가야 한다.
[어휘] retailer 소매업자, 소매상인 minor 미성년자
09 영양은 겉보기에는 사슴을 닮았지만, 그들은〔영양과 사슴은〕 분류학상 다른 과에 속한다.
▶ resemble은 타동사이므로 전치사 없이 바로 목적어(deer)를 쓴다.
[어휘] antelope 영양 in appearance 겉보기에는, 외관상
family (동물의) 과

10 마케팅 팀은 기업의 수익을 10% 증진시킨 훌륭한 아이디어를 생각해 냈다.
▶ '~을 생각해내다'는 come up with(동사 + 부사 + 전치사)로 표현한다.
[어휘] corporate 기업의

[11-13]

| **11** to, a, customs, officer | **12** to, be, that, is |
| **13** to, practice, practiced | |

11 Emma는 세관원에게 자신의 여권과 비자를 보여주었다.
▶ show는 3형식 문장으로 쓸 때 간접목적어 앞에 to를 써서, 「show + 직접목적어(her passport and visa) + to + 간접목적어(a customs officer)」의 형태로 쓴다.
[어휘] customs officer 세관원
12 몇몇 학자들은 아테네의 파르테논 신전을 고전 건축물의 아이콘이라고 간주한다.
▶ consider는 「consider + 목적어(the Parthenon in Athens) + 목적격보어(to be the icon of classical architecture)」의 5형식 문장의 형태로 쓴다. 이때 to be는 생략할 수 있다. 또한 that절을 목적어로 취하여 3형식 문장으로도 쓴다.
[어휘] architecture 건축학, 건축물
13 코치는 운동선수들에게 매일 운동 루틴을 연습하도록 시켰다.
▶ 사역동사 have는 「have + 목적어 + 목적격보어」의 형태로 쓰는데, 목적어(the athletes)가 목적격보어의 주체이면 목적격보어 자리에 원형부정사(practice)를 쓰고, 목적어(the daily exercise routine)가 목적격보어의 대상이면 p.p.(practiced)를 쓴다.
get도 「get + 목적어 + 목적격보어」의 형태로 쓰는데, 목적어(the athletes)가 목적격보어의 주체이면 목적격보어 자리에 to부정사(to practice)를 쓴다.

[14-22]

| **14** have risen |
| **15** it seems appropriate |
| **16** obey |
| **17** respond to the brief questionnaire |
| **18** prepare himself for |
| **19** had the client meeting rescheduled |
| **20** cost you a lot of money |
| **21** mentioned many benefits |
| **22** reached |

14 아파트 가격은 최근 몇 년간 도시의 중심 지역에서 극적으로 올랐다.

▶ 동사 뒤에 목적어 없이 부사(dramatically)가 왔으므로, 타동사 raise를 자동사 rise로 고쳐 써야 한다. 따라서 raised를 rise의 p.p.인 risen으로 고쳐 쓴다.

[어휘] dramatically 극적으로

15 회담 후에 공식 행사가 있을 것이니 정장 복장을 하는 것이 더 적절할 것이다.
▶ seems의 보어 자리이므로, 부사 appropriately를 형용사 appropriate로 고쳐 쓴다. 부사는 보어로 쓰일 수 없다.

[어휘] conference 회담, 회의 attire 복장, 의복

16 그녀의 개는 최근에 몇 가지 명령어에 복종하는 것을 배웠다.
▶ obey는 '~에 복종하다'라는 의미의 타동사이므로, 전치사 to 없이 바로 목적어(several commands)를 쓴다. 따라서 to를 삭제한다.

[어휘] command 명령(어)

17 첨부한 간단한 설문지에 답변해 주시면 정말 감사하겠습니다.
▶ respond는 자동사이므로 바로 뒤에 목적어(the brief questionnaire)를 취할 수 없으며, 전치사 to와 함께 쓰여 목적어를 취할 수 있다. 따라서 respond를 respond to로 고쳐 쓴다.

[어휘] appreciate 감사하다, 고마워하다 questionnaire 설문지 attach 첨부하다

18 Johnson 씨는 내년에 퇴사할 것이므로, 시간을 내어 그에 대비해야 한다.
▶ prepare는 「prepare oneself for」의 형태로 써서 '~에 대비하다'라는 의미를 나타낸다. 따라서 him을 himself로 고쳐 써야 한다.

[어휘] retire from ~에서 퇴직하다

19 이사는 고객 회의가 수요일 대신에 화요일로 변경되도록 했다.
▶ 사역동사 have는 「have+목적어(the client meeting)+목적격보어」의 형태로 쓰는데, 목적어 the client meeting이 reschedule의 대상이므로 목적격보어 자리에는 p.p.를 쓴다. 따라서 to reschedule을 rescheduled로 고쳐 쓴다.

[어휘] director 이사, 임원 reschedule 일정을 변경하다

20 최신 장비는 많은 돈이 들 것이지만, 효율성과 생산성을 증진시킬 것이다.
▶ cost는 「cost+직접목적어+전치사+간접목적어」의 어순으로 쓸 수 없는 동사이므로, cost a lot of money for you를 cost you a lot of money로 고쳐 쓴다.

[어휘] state-of-the-art 최신의 equipment 장비, 기기

efficiency 효율(성) productivity 생산성

21 점원은 북클럽 회원이 되는 것과 관련된 많은 이점을 언급했다.
▶ mention은 타동사로 전치사 없이 바로 목적어(many benefits)를 취하므로, about을 삭제한다.

[어휘] associated with ~와 관련된

22 구조대는 대지진 발생 30분 뒤에 그 지점에 도달했다.
▶ reach는 타동사로 전치사 없이 바로 목적어(the spot)를 취하므로, to를 삭제한다.

[23-27]

23 lived a colorful life
24 lay awake worrying about
25 made fun of
26 disappear(disappearing) into the distance
27 got it fixed

23 live는 뒤에 동족목적어(life)를 취해 live a life의 형태로 '살다'라는 의미로 쓰인다.

[어휘] highs and lows 기복, 고저

24 '눕다'라는 의미의 자동사 lie의 과거형은 lay이고, '누워서 잠을 이루지 못하다'는 lie awake로 표현한다. 또 '~에 대해 걱정하다'는 worry about으로 표현한다.

[어휘] final exam 기말 시험

25 '~을 놀리다'는 make fun of로 나타낸다.

[어휘] light bulb 전구

26 지각동사 watch는 「watch+목적어(the tail lights of Eric's car)+목적격보어(원형부정사/현재분사)」의 형태로 쓴다. 따라서 목적격보어 자리에 disappear나 disappearing을 쓴다.

[어휘] tail light (자동차의) 미등 disappear into the distance 멀리 사라져 가다

27 동사 get은 「get+목적어(it)+목적격보어」의 형태로 쓰는데, 목적어인 it(= his car)이 fix의 대상이므로 목적격보어 자리에는 p.p.인 fixed를 쓴다.

CHAPTER 03 시제 **EXERCISE** pp. 6-7

[01-05]

01 reflects	**02** was, finalized
03 will fix	**04** had been
05 have worked	

01 A: 너는 우유가 우리 눈에 하얗게 보이는 이유를 아니?
B: 응, 과학적으로 말하면, 우유는 햇빛의 모든 색깔을 반사하기 때문에 하얗게 보이는 거야.
▶ 과학 원리나 일반적인 사실은 현재시제로 나타내므로, reflects가 적절하다.

[어휘] reflect 반사하다

02 A: 안녕하세요, 어제 공급업체와의 회의는 어땠어요?
　　B: 생산적이었어요. 우리는 합의에 도달해서 계약을 마무리지었어요.
　　▶ 과거(yesterday)에 일어난 일은 과거시제로 나타내므로 동사의 과거형(finalized)을 쓴다. 참고로, finalized는 and로 연결되어 앞의 reached와 병렬구조를 이루고 있다.
　　[어휘] supplier 공급회사, 공급업체　fruitful 생산적인, 유익한　reach an agreement 합의에 도달하다　finalize 마무리짓다

03 A: 그녀의 머리 좀 봐!
　　B: 오, 머리핀이 머리에서 빠지려고 해! 내가 머리핀을 고쳐 줄게.
　　▶ 대화로 보아 머리핀이 빠지려는 상황을 보고 즉흥적 결심을 하고 있으므로 will을 써야 한다.
　　[어휘] hair clip 머리핀

04 A: 너 방학 동안 또 로마로 여행 갔었다면서!
　　B: 맞아. 로마에 갔다 온 게 이번이 세 번째였어.
　　▶ It was the third 등이 이끄는 절에는 흔히 과거완료를 쓴다.

05 A: 팀장과 팀원들의 궁합이 환상적인 거 같아요.
　　B: 네, 그들은 팀워크가 아주 좋아요. 그들은 팀이 만들어진 이래로 같이 근무해 왔어요.
　　▶ 과거의 특정 시점(since the team was created)부터 현재까지 계속되고 있는 상태나 동작은 현재완료로 표현한다. 따라서 have worked가 알맞다.
　　[어휘] chemistry (사람 사이의) 공감대, 궁합

06 I am going to(will) make		**07** to happen	
08 need	**09** had		**10** has gone
11 have been conducting / have conducted			
12 (had) worked			

06 교통체증에 걸리지 않도록 일찍 출발할 거야.
　　▶ 미래 시점에 발생할 일은 보통 「will+동사원형」이나 「be going to+동사원형」으로 나타낸다.
　　[어휘] make a start 출발하다　get stuck in a traffic jam 교통체증으로 움직일 수 없게 되다, 차가 막혀 꼼짝 못하다

07 우리는 뭔가 나쁜 일이 막 일어날 것임을 예상하고 있을 때 두려움을 느낀다.
　　▶ 「be about to+동사원형」은 '막 ~하려고 하다'라는 의미로 미래를 나타낼 때 쓴다.
　　[어휘] dread 두려운, 무서운

08 도움이 필요한 경우에는 안내 데스크의 직원이 기꺼이 도와드릴 것입니다.
　　▶ 조건 부사절(if ~)에서는 미래시제 대신 현재시제를 쓰므로, need가 적절하다.
　　[어휘] give ~ a hand ~을 돕다　assistance 도움, 지원

09 나는 최근 야근을 많이 하고 있다. 우리 아이들과 함께할 수 있는 시간이 더 많으면 좋을 텐데.
　　▶ 현재나 미래의 이루기 힘든 소망을 나타낼 때는 「I wish+주어+동사의 과거형」을 쓴다. 따라서 had가 적절하다.
　　[어휘] overtime 야근, 시간 외 근무

10 Victor는 오늘 사무실에 없다. 그는 프랑크푸르트 도서 박람회에 참석하기 위해 독일에 갔다.
　　▶ '~에 가고 (여기에) 없다'는 의미의 결과를 나타낼 때는 「have(has) gone to」를 쓴다.
　　[어휘] fair 박람회

11 제약 회사들은 그 이후로 백신을 개발하기 위해 계속되는 실험을 실시하고 있다.
　　▶ 과거의 어느 시점(since then)부터 계속되고 있는 동작을 나타낼 때는 현재완료(have(has) p.p.)나 현재완료진행형(have(has) been -ing)을 쓴다.
　　[어휘] pharmaceutical 약학의, 제약의　conduct 실시하다, 수행하다　ongoing 계속 진행 중인

12 Richter 씨는 마케팅 분석가로 우리 회사에 입사하기 전에 10년 동안 강사로 일해왔다.
　　▶ 과거의 어느 특정 시점보다 순서상 먼저 일어난 일은 보통 과거완료로 나타내는데, before와 같이 시간의 순서를 분명하게 알 수 있을 때는 과거완료(had worked) 대신 과거시제(worked)도 쓸 수 있다.
　　[어휘] analyst 분석가

13 T	**14** F, had been walking
15 T	**16** F, will be lying
17 T	**18** T
19 F, cost	**20** F, enjoy
21 F, believed / T	

13 Shane은 면적과 인구 둘 다에서 가장 큰 대륙이 아시아라는 것을 들었다.
　　▶ 주절의 시제가 과거인 경우 종속절의 시제는 과거나 과거완료를 쓰는 것이 원칙이나 일반적인 사실이나 진리는 예외로 현재시제로 표현한다. 따라서 is는 어법상 옳다.
　　[어휘] continent 대륙

14 그 길 잃은 아이는 우연히 경찰관을 만났을 때 한 시간 동안 계속 길을 걷고 있던 중이었다.
　　▶ 과거의 특정 시점을 기준으로 그보다 이전에 일어난 일을 나타낼 때는 과거완료(진행)를 쓰므로, has been walking을 had been walking으로 고쳐 쓴다.

15 그 세계적인 축구 스타는 올해 말이면 은퇴할 것이다.
　　▶ 미래의 특정 시점(by the end of this year)을 기준으로 그때까지 일어나게 될 일은 미래완료를 쓴다. 따라서 will have retired는 어법상 옳다.
　　[어휘] world-wide 세계적인

16 나는 다음 주 토요일 이때쯤이면 열대 해변 어딘가에서 해먹에 누워 있을 것이다.
　　▶ '~하고 있을 것이다'라는 미래의 의미로, 미래의 특정 시점(this time next Saturday)에 진행될 일을 나타낼 때는 미래진행형을 쓴다. 따라서 was lying을 will be lying으로 고쳐 쓴다.
　　[어휘] tropical 열대 지방의, 열대의

17 심사위원들은 지금 요리 대회의 우승자를 뽑기 위해 각 요리를 맛보고 있다.
　　▶ 감각동사 taste는 진행형으로 잘 쓰이지 않지만, '맛을 보다'의 의미로 일시적인 동작을 나타낼 때는 진행형을 쓸 수 있다. 따라서 are tasting은 어법상 옳다.

[어휘] culinary 요리의, 음식의

18 내가 Nathan에게 연락해서 그가 학회에서 첫 번째 회의를 진행할 수 있는지 알아볼게.
▶ if가 이끄는 조건 부사절에서는 미래시제 대신 현재시제를 쓰지만, 여기서 if절은 동사 check의 목적어인 명사절이므로 미래시제로 미래의 일을 나타낸다. 따라서 will be able to lead는 어법상 옳다.
[어휘] session (특정한 활동을 위한) 시간, 회기, 회의

19 세계 최초의 휴대 전화는 1983년 Motorola에 의해 출시되었으며, 그때 가격은 약 4천 달러였다.
▶ then은 in 1983(과거)를 나타내며, 과거에 일어난 일은 과거시제로 표현한다. 따라서 costs를 과거형인 cost로 고쳐 써야 한다.
[어휘] launch 출시하다 approximately 대략, 약

20 Colin은 교외에서 농장을 하며 주말을 즐기곤 했으나, 요즘에는 그럴 시간이 없다.
▶ '~하곤 했다'는 의미로 과거의 반복적인 습관이나 행동을 나타낼 때는 「used to+동사원형」을 쓰므로, enjoying을 enjoy로 고쳐 쓴다.
[어휘] in the suburbs 교외에서

21 내가 그렇게 느꼈던 유일한 사람이라고 믿었지만, 이제 나 같은 사람이 많다는 것을 알고 있다.
▶ 인식이나 사고를 나타내는 believe, know 같은 동사는 진행형으로 잘 쓰이지 않는다.

[22-26]

22 warms the earth's surface and atmosphere
23 is working a part-time job, finds a job

24 haven't seen Max since he left
25 sooner had Dave finished
26 is seeing a patient, Will you leave

22 주절의 시제가 과거인 경우 종속절의 시제는 과거나 과거완료를 쓰는 것이 원칙이나, 일반적인 사실이나 과학 원리는 예외로 현재시제로 쓴다. 따라서 warm을 warms로 쓰는 것에 유의한다.
[어휘] article 기사(문)

23 '~하고 있는 중이다'라는 의미로 지금 현재 진행되고 있는 일을 나타낼 때는 현재진행형(is working)으로 나타낸다. 또, 시간 부사절(until ~)에서는 미래시제 대신 현재시제를 쓰므로, 현재형 동사(finds)가 적절하다.

24 과거의 어느 시점부터 현재까지 계속되고 있는 동작이나 상태를 나타낼 때는 현재완료를 쓴다.
[어휘] doctorate degree 박사 학위

25 'A하자마자 B하다'는 「주어+had no sooner p.p.(A) ~ than+주어+과거시제(B)」의 형태로 나타내는 데, 부정어(no sooner)를 문장 앞으로 보내고 주어와 had를 도치할 수도 있다. 따라서 No sooner had Dave finished의 어순으로 쓴다.

26 감각동사 see는 진행형으로 잘 쓰이지 않지만, '(진료를) 보다, 만나다' 등의 의미로 쓰일 때는 진행형(is seeing)을 쓴다. '~하시겠어요?'라는 권유의 의미로 상대방의 의사를 물을 때는 「Will you+동사원형 ~?」을 쓴다.

CHAPTER
01 ▶ 03

실전 TEST

01 ⑤ 02 ② 03 ④ 04 ⑤ 05 ④ 06 ①, ⑤ 07 ④
08 Can you spare a few minutes for me?(Can you spare me a few minutes?) I have something urgent to discuss.
09 for 10 made 11 ③ 12 ② 13 ② 14 ⑤ 15 ②
16 ① 17 ③ 18 ③ 19 ④ 20 ① 21 ① 22 ③ 23 ⑤
24 (that) I had seen 25 introduces to you where you should go 26 has been chatting with her childhood friends 27 ④ receive → will receive 28 inform me of the reason for this delay 29 ② Check Plus ④ 30 ③
Check Plus ③

01 과학 캠프 참가자들은 Patel 씨로부터 첫 번째 과제를 받았다.
▶ their first _____는 동사 received의 목적어 자리이므로, 목적어 역할을 할 수 있는 명사 assignment가 알맞다. to부정사구도

목적어 자리에 쓸 수 있으나, 소유격(their)나 서수(first) 뒤에 쓰일 수 없으므로 빈칸에 들어갈 수 없다.

02 Chris는 룸메이트인 Vincent에게 자신이 가장 좋아하는 배낭을 빌려주었다.
▶ 빈칸은 동사 자리로, 「동사+직접목적어(his favorite backpack)+to+간접목적어(his roommate Vincent)」의 구조이다. 따라서 lent가 알맞다. get, choose, buy, order는 「동사+직접목적어+for+간접목적어」의 형태로 쓰인다.

03 Anna는 그녀의 예전 학창 시절에 _____.
① 자원봉사 활동을 하고 있다 (현재완료진행)
② 체험 학습을 갈 것이다 (미래시제)
③ 과외활동을 즐긴다 (현재시제)
[어휘] extracurricular activities 과외활동
④ 수줍음이 많고 말이 없는 소녀였다 (과거시제)
▶ 명확한 과거를 나타내는 표현(in her old school days)은

과거시제와 함께 쓰인다. 「used to+동사원형」은 '(전에는)
~이었다'라는 의미로 과거의 상태를 나타낼 때 쓴다.
　⑤ 다양한 장르의 책을 읽을 것이다 (미래시제)

04 ① 셀카를 잘 찍는 방법을 네가 나에게 가르쳐줄 수 있는지 궁금해.
　　▶ am wondering의 목적어 역할을 하는 명사절로 문장의 필수
　　요소
　　[어휘] selfie (스마트폰 등으로 자신을 찍은) 셀카
　② 나이가 들면서 변화에 대한 개방성이 감소한다는 것은 통설로
　　받아들여지고 있다.
　　▶ is accepted의 주어 역할을 하는 명사절(문장의 필수 요소)
　　[어휘] openness 개방성, 열려 있음
　③ 좋은 관계를 유지하는 데 있어 가장 중요한 것은 상호 신뢰이다.
　　▶ is의 주어 역할을 하는 명사절(문장의 필수 요소)
　　[어휘] mutual 상호간의, 서로의
　④ 근본적인 문제는 부자와 가난한 사람들의 격차를 어떻게 줄일 수
　　있는가이다.
　　▶ is의 주격보어 역할을 하는 명사절(문장의 필수 요소)
　　[어휘] fundamental 근본적인, 핵심적인　gap 차이, 격차
　⑤ 우리가 지난 여름 방학 동안 머물렀던 펜션은 외딴 곳에 위치해
　　있었다.
　　▶ The pension을 수식하는 형용사절(문장의 선택 요소)
　　[어휘] isolated 외딴, 고립된

05 A: Patrick, 무슨 일이니? 네게 연락할 수 없었어.
　　B: 미안해, 아무 이유 없이 내 휴대 전화가 어제부터 잘 작동하지
　　않았어.
　　▶ 과거의 어느 시점(since yesterday)에 일어난 일이 현재까지
　　영향을 미칠 때는 현재완료를 쓴다. 따라서 hasn't worked가 알맞다.

06 그 소책자는 국제 학생들에게 새로운 문화에 적응하는 것에 관한
　훌륭한 조언을 보여 준다 / 제공한다 / 준다.
　　▶ 「동사+직접목적어(some good tips on adjusting to a new
　　culture)+to+간접목적어(international students)」의 형태이다.
　　따라서 간접목적어 앞에 for를 쓰는 prepare나 of를 쓰는 require는
　　빈칸에 들어갈 수 없다.
　　[어휘] booklet 팸플릿, 소책자　tip 조언　adjust to ~에 적응하다

07 • 나는 상관없어. 네가 선택하는 모델은 어느 것이든 좋아.
　　▶ matter / matter는 자동사로 쓰일 경우 '문제가 되다, 중요하다'의
　　의미로 be important와 바꿔 쓸 수 있다.
　• 당신이 수건과 시트를 재사용하면 저희 호텔이 물과 에너지 소비를
　　절감하는 데 도움이 됩니다.
　　▶ help / 「동사+목적어(our hotel)+목적격보어(원형부정사)」의
　　형태이므로, 목적격보어로 원형부정사를 취할 수 있는 help가 들어가야
　　한다.
　　[어휘] consumption 소비
　• 그 보안 프로그램은 승인 받지 않은 사용자들이 기밀 정보에 접속하는
　　것을 막을 수 있다.
　　▶ stop / 「동사+A(unauthorized users)+from B(-ing)」의
　　형태로, 'A가 B하는 것을 막다'라는 의미를 나타내는 stop이 들어가야
　　한다.
　　[어휘] security 보안, 안전　unauthorized 승인되지 않은
　　access ~에 접속(접근)하다　confidential 기밀의
　• 우리가 소음 레벨에 더 신경 쓴다면, 이웃과의 마찰은 없을 것이다.
　　▶ pay / pay attention to(~에 주의를 기울이다)에 맞는 pay가

08 내게 잠시 시간을 내줄 수 있어요? 긴급하게 논의해야 할 것이 있어요.
　　▶ spare는 「spare+직접목적어(a few minutes)+for+
　　간접목적어(me)」의 형태로 쓰므로, to를 for로 고쳐 쓴다. 혹은
　　4형식으로 고쳐 쓴다.
　　discuss는 '~에 대해 논의하다'라는 의미의 타동사이므로 전치사
　　about과 함께 쓰지 않는다.

09 • Santos 씨는 자신이 회사에 있는 동안 자신의 아들을 돌봐줄 수 있는
　　베이비시터를 구하고 있다.
　　▶ care for: ~을 돌보다
　　[어휘] babysitter 베이비시터, 아이를 봐 주는 사람
　• 자원봉사자들은 어르신들을 위한 크리스마스 특선 점심을 만들었다.
　　▶ 수여동사인 make를 3형식 문장으로 바꿔 쓸 때 간접목적어 앞에
　　for를 쓴다.

10 • 팬들의 지지와 사랑으로 저는 오늘밤 이 무대에 오를 수 있었습니다.
　　▶ 원형부사가 목적격보어로 왔으므로 빈칸에는 사역동사가 올 수
　　있다.
　• 오래된 공장 단지는 1년 전에 주민들을 위한 공원이 되었다.
　　▶ 문맥상 a park는 주격보어로 짐작된다. 2형식 동사가 빈칸에 올 수
　　있다. make는 become과 바꿔 쓸 수 있는 2형식 동사로도 쓰인다.
　　a year ago는 명확한 과거를 나타내는 표현이므로, 빈칸에는 동사의
　　과거형이 들어가야 한다.
　　[어휘] complex 단지　resident 주민, 거주자
　• Justin은 작년 발렌타인 데이에 여자 친구를 위해 꽃다발을 만들었다.
　　▶ 문맥상 「make+직접목적어(a bouquet of flowers)+for+
　　간접목적어(his girlfriend)」가 알맞고, last year로 보아 빈칸에는
　　동사의 과거형이 들어가야 한다.
　　따라서 세 빈칸에 적합한 동사는 make의 과거형 made이다.

11 ① Stella는 최고 학년 때 인턴십 프로그램에 참가했다.
　　▶ participate in(~에 참가하다)은 타동사 attend와 바꿔 쓸 수
　　있다.
　② 우리 비행기는 30분 후에 목적지 공항에 착륙할 것입니다.
　　▶ 현재진행형은 가까운 미래에 예정되어 있는 일정이나 계획을
　　나타낼 수 있으므로, 「be going to+동사원형」으로 바꿔 쓸 수
　　있다.
　　[어휘] land 착륙하다　destination 목적지
　③ 나는 유학을 하기를 바랐지만 입학이 거부되었다.
　　→ 다행히도, 나는 결국 원하던 대로 유학을 할 수 있었다.
　　▶ 소망을 나타내는 동사 wish는 과거완료로 쓰이면 과거에 이루지
　　못한 소망을 나타낸다. (= Unfortunately, I could not study
　　abroad as I wished.)
　　[어휘] admission 입학
　④ 저희의 새로운 무료 오디오 가이드로 인해 방문객들은 화랑에서
　　전시를 깊이 있게 관람할 수 있습니다.
　　▶ 「allow+목적어(visitors)+목적격보어(to부정사구)」는
　　「let+목적어(visitors)+목적격보어(원형부사)」로 바꾸어 쓸 수
　　있다.
　⑤ 숙면을 취하는 것은 신진대사와 건강에 중요하다.
　　▶ to부정사구로 시작해서 주어(To get a good night's sleep)
　　가 길어지면 가주어 it을 문두에 쓰고, 진주어인 to부정사구를 뒤로
　　보낸다.
　　[어휘] metabolism 신진대사

12 • 추가 정보가 필요하면 이 이메일에 답변하세요.

▶ 빈칸 뒤에 전치사 to가 왔으므로, to와 함께 쓰여 목적어를 취할 수 있는 자동사 reply나 respond가 들어가야 한다. answer는 타동사이므로 전치사 to 없이 바로 목적어가 온다.

• 그 해산물 레스토랑은 올해 말쯤이면 여기서 10년째 영업한 것이 될 것이다.

▶ 미래의 특정 시점(by the end of this year)을 기준으로 그때까지 일어나게 될 일을 나타낼 때는 미래완료를 쓴다. 따라서 will have operated가 들어가야 한다.

[어휘] operate 영업〔운영〕하다

13 ① Mario는 특별한 요리법으로 만든 자신이 가장 좋아하는 새우 요리를 먹고 있다.

[어휘] recipe 요리법, 조리법

② Nicholas는 다른 아르바이트를 하나 더 구해서 지금은 두 개의 일을 가지고 있다.

③ Amy는 반 친구들과 함께 벼룩 시장에서 쇼핑하는 동안 즐거운 시간을 보내고 있다.

[어휘] flea market 벼룩 시장

④ 주인은 새로운 세입자를 환영하기 위해 뒷마당에 바비큐 파티를 열고 있다.

[어휘] landlord 주인 tenant 세입자, 임차인

⑤ 패널들은 교통 문제를 해결하기 위해 다리를 건설하는 것에 대해 논의하고 있다.

[어휘] construction 건설, 공사

▶ '가지다'라는 소유의 의미를 지닌 have는 진행형으로 잘 쓰이지 않지만, 일시적인 동작이나 상태를 나타내는 다른 의미로 쓰이는 경우 진행형으로 쓸 수 있다.

14 ① 소포가 언제 배송될지 알고 싶습니다.

▶ 여기서 when절은 시간 부사절이 아니라 to know의 목적어 역할을 하는 명사절이므로, 미래시제(will be shipped)로 쓰인 것은 옳다.

[어휘] ship 배송하다

② 나는 신청서를 막 제출하려던 참에 철자가 잘못된 단어를 발견했다.

▶ 「be about to+동사원형」은 '막 ~하려고 하다'라는 의미로, noticed(과거)로 미루어 was about to submit은 어법상 올바르게 쓰였다.

[어휘] submit 제출하다 application 지원〔서〕

③ Emma는 거실의 새 실내장식이 자신의 취향에는 너무 화려하다는 것을 알게 되었다.

▶ 「find+목적어(the new interior of the living room)+목적격보어(형용사)」의 형태로 too fancy는 어법상 옳다.

[어휘] fancy 화려한, 장식이 많은 taste 취향, 기호

④ 나는 학문적인 지식이 늘 우리를 올바른 결정으로 이끈다고는 믿지 않는다.

▶ that 이하는 동사 believe의 목적어 역할을 하는 명사절로, 접속사 that은 올바르게 쓰였다.

⑤ 그 세계적인 영화배우는 자신의 팬들에게 배우 생활 은퇴를 발표했다.

▶ announce는 4형식 문장으로 쓸 수 없으며, 「announce A to B(사람)」의 형태로 써야 한다. 따라서 announced to her fans로 고쳐 쓴다.

15 _____ 은〔는〕 스트레스를 관리하고 줄이는 데 도움이 된다.

① 그것 (대명사 주어)

② 웃어넘겨라

▶ 빈칸은 동사 helps의 주어 자리이므로, 동사구는 들어갈 수 없으며, Laughing it off(동명사구)나 To laugh it off(to부정사구)로 고쳐 쓴다.

[어휘] laugh ~ off ~을 웃어넘기다

③ 매일 하는 명상 (명사구 주어)

[어휘] meditation 명상

④ 한동안 쉬는 것 (명사절 주어)

[어휘] take time out (늘 하던 일·활동 등을 한동안) 쉬다

⑤ 클래식 음악을 듣는 것 (동명사구 주어)

16 Sanders 씨는 _____.

① 자신의 말을 명확히 이해시켰다

▶ 「make+목적어(himself)+목적격보어」의 형태로, oneself가 understand의 주체가 아니라 대상이다. 따라서 동사원형인 understand를 p.p.인 understood로 고쳐 쓴다.

[어휘] make oneself understood 자기 말을 남에게 이해시키다

② 자신의 딸을 천재 피아니스트로 만들었다

▶ 「make+목적어(his daughter)+목적격보어(명사구)」의 형태로, 어법상 옳다.

③ 야생 동물들을 보호하기 위해 새로운 법을 만들었다

▶ 「make+목적어(a new law)」의 3형식 문장으로 어법상 옳다.

④ Abigail에게 신선한 재료로 샌드위치를 만들어주었다

▶ 「make+간접목적어(Abigail)+직접목적어(a sandwich)」의 4형식 문장으로 어법상 옳다.

[어휘] ingredient 재료

⑤ 캠핑을 하는 사람들에게 떠나기 전에 캠핑장을 치우도록 했다

▶ 「make+목적어(campers)+목적격보어(원형부정사)」의 5형식 문장으로, 목적격보어로 원형부정사인 clean up을 쓴 것은 어법상 옳다.

[어휘] campsite 캠핑장, 야영지

17 이사들은 모레 취업 지원자들을 면접볼 것이다.

▶ the day after tomorrow로 보아 미래를 나타내는 표현이 들어가야 하는데, 「will/be going to+동사원형」, 「be+to부정사」, 미래진행형(will be -ing)은 모두 미래를 나타낸다. 현재완료인 have interviewed는 빈칸에 들어갈 수 없다.

[어휘] board member 이사 job applicant 취업 지원자

18 ① 지금 Pham 씨는 쇼핑몰에서 쇼핑을 하고 있고, 그녀의 남편은 아이들을 돌보고 있다.

▶ now로 보아 '지금 ~하고 있다'는 현재진행형(be -ing)이 되어야 한다. 따라서 was를 is로 고쳐 쓴다.

[어휘] mall 쇼핑몰

② 최첨단 시설을 갖춘 스포츠센터가 다음 주에 문을 열 예정이다.

▶ The sports center with state-of-the-art facilities가 주어이고 to open은 동사 자리이다. next weekend로 미래가 되어야 한다. 따라서 to open을 is to open으로 고쳐 쓴다. 참고로, 「be+to부정사」는 '~할 예정이다'라는 의미로 미래를 나타내는 표현이다.

[어휘] state-of-the-art 최첨단의, 최신 기술의 facility 시설

③ 팬데믹이 시작된 지 거의 2년이 지났다.

▶ '~한 지 (시간)이 되다'는 「It has been〔is〕+시간+since+

정답 및 해설 **123**

주어＋과거시제」로 표현하므로 옳은 문장이다.

[어휘] pandemic 팬데믹(세계적인 유행병)

④ 누구든 참가할 수 있습니다! 게다가, 모든 참가자들은 사은품을 받게 될 것입니다.

▶ 뒤에 온 절 전체를 수식하는 부사가 되어야 하므로 형용사 Additional을 부사 Additionally로 고쳐 써야 한다.

[어휘] attendee 참석자, 참가자   complimentary gift 사은품, 무료 선물

⑤ 지역 환경운동가들은 제안된 개발 프로젝트에 반대했다.

▶ object는 자동사로 뒤에 목적어를 취할 수 없으므로, 전치사 to와 함께 써야 한다.

[어휘] environmentalist 환경 운동가   proposed 제안된

19 • 교장 선생님은 연극 동아리 회원들이 최종 예행연습을 하는 것을 지켜보았다.

▶ 「observe(지각동사)＋목적어(drama club members)＋목적격보어(원형부정사/현재분사)」의 5형식 문장으로, 빈칸에는 원형부정사인 perform이나 현재분사인 performing이 들어가야 한다.

• Bryce 씨는 Robert에게 시에서 후원하는 만화 대회에 참가하도록 격려했다.

▶ encourage는 목적격보어로 to부정사를 취하는 동사이므로, 빈칸에는 to enter가 들어가야 한다.

[어휘] enter (대회에) 출전〔참가〕하다

• 감동적이고 강력한 연설은 모든 청중들에게 깊은 인상을 주었다.

▶ 「make＋목적어(all the audience)＋목적격보어」의 5형식 문장으로, 목적어인 all the audience가 impress의 주체가 아니라 대상이므로 p.p.인 impressed가 들어가야 한다.

20 envy는 4형식 동사로 쓰인다.

21 'A하자마자 B하다'는 「주어＋had no sooner p.p.(A) ~ than 주어＋과거시제(B)」, 「주어＋had scarcely〔hardly〕p.p.(A) ~ when〔before〕＋주어＋과거시제(B)」, 「as soon as＋주어＋과거시제(A), 주어＋과거시제(B)」로 표현하며, 부정어(no sooner, hardly, scarcely)가 문장 앞으로 나가면 주어와 had가 도치된다.

② Tiffany checked → had Tiffany checked

③ did Tiffany check → had Tiffany checked, had unpacked → unpacked

④ has → had

⑤ checks → checked

22 (a) 부모는 아이들 앞에서 말과 행동에 유의해야 한다.

▶ 「주어＋be동사＋주격보어」의 2형식 문장으로, 주격보어로 형용사 careful이 쓰인 것은 옳다.

(b) Daisy는 운전면허증을 갱신하기 위해 사진을 찍었다.

▶ 「have(사역동사)＋목적어(her picture)＋목적격보어」의 5형식 문장으로, 목적어 her picture가 take의 대상이므로 p.p.로 고쳐 써야 한다. take → taken

[어휘] renew 갱신하다

(c) 공동 취미를 가지는 것은 관계를 더 굳건하고 강하게 만들어 준다.

▶ 동명사구 주어(Having some shared hobbies)는 단수 취급하므로, 단수형 동사 makes가 온 것은 어법상 옳다. 또한 「make(사역동사)＋목적어(relationships)＋목적격보어(형용사)」의 5형식 문장으로, 목적격보어 자리에 형용사의 비교급인 firmer and stronger가 온 것은 어법상 옳다.

(d) 그 자선단체는 난민들에게 은신처와 물품을 제공한다.

▶ 'A(사람)에게 B를 제공하다'고 할 때 supply는 「supply A with B」나 「supply B to A」를 쓴다. for → with

[어휘] charity 자선 (단체)   refugee 난민   shelter 은신처, 대피처   commodity 물품, 상품

(e) 네가 다음 주 금요일까지 돌려줄 수 있다면 그것을 네게 빌려줄게.

▶ 직접목적어가 대명사인 경우 「동사＋간접목적어＋직접목적어」의 어순으로 쓸 수 없다. lend you it → lend it to you

(f) 내가 잠재 고객의 연락처를 구하는 대로 당신에게 알려줄게요.

▶ 시간 부사절(as soon as ~)에서는 미래시제 대신 현재시제를 쓴다. I'll have → I have

[어휘] potential customer 잠재 고객

(g) 의사는 환자에게 침대에 누우라고 요청한 뒤에 몇 가지 테스트를 실시했다.

▶ 뒤에 목적어가 없으므로, '눕다'라는 의미의 자동사 lie가 온 것은 옳다.

(h) 폭우로 인해 그 댐의 수위가 2미터 상승했다.

▶ 뒤에 목적어가 없으므로, '오르다'라는 의미의 자동사 rise의 p.p.인 risen이 온 것은 옳다.

23 ① a. 새로운 규정은 슈퍼마켓에서 쇼핑객들에게 일회용 비닐 봉지를 제공하는 것을 금했다.

▶ 'A가 B하는 것을 금지하다'는 「ban A from B(-ing)」의 형태로 나타내므로, to offer를 from offering으로 고쳐 쓴다.

[어휘] regulation 규정 disposable 일회용의, 사용 후 버리게 되어 있는

b. 나는 창가에 앉아 있는 말총머리를 한 소녀를 안다.

▶ 뒤에 목적어가 없으므로 타동사 seating은 '앉아 있다'라는 의미의 자동사 sitting으로 고쳐 쓴다.

[어휘] ponytailed 머리를 뒤로 묶은, 말총머리의

② a. Mark의 결심이 아주 확고해서 그의 부모님들은 그가 결심을 바꾸도록 설득할 수 없었다.

▶ persuade는 목적격보어로 to부정사를 취하는 동사이므로 어법상 옳다.

[어휘] resolution 결심

b. 그녀가 학위 과정을 마칠 때쯤이면 그녀는 5년 동안 영국에 있는 것이 될 것이다.

▶ 시간 부사절(By the time)에서는 미래시제 대신 현재시제를 쓰므로 will complete을 completes로 고쳐 쓴다.

[어휘] degree 학위

③ a. 인센티브 프로그램은 직원들에게 계속 동기를 부여할 것이다.

▶ 「keep＋목적어(employees)＋목적격보어(형용사)」의 5형식 문장으로 어법상 옳다.

[어휘] motivated 동기가 부여된

b. Alex가 그의 아내 Jennifer와 결혼한 지 20년이 넘었다.

▶ 명확한 과거를 나타내는 부사(more than two decades ago)는 현재완료와 함께 쓰지 못한다. for more than two decades로 고쳐 쓴다.

④ a. 그 소포는 주소가 정확하지 않아서 Henry에게 늦게 도착했다.

▶ reach는 타동사이므로 전치사 to 없이 바로 목적어를 취한다. 따라서 reached to를 reached로 고쳐 쓴다.

b. 내가 탈 캘리포니아행 비행기는 곧 짙은 안개가 걷히지 않으면 취소될 것이다.

▶ 조건 부사절(unless)에서는 미래시제 대신 현재시제를 쓰므로 will clear를 clears로 고쳐 쓴다.

⑤ a. 그들은 마침내 새로 태어난 아기의 이름을 Laura라고 짓는 데 동의했다.
　▶ 「name + 목적어(their new-born baby) + 목적격보어(명사)」의 5형식 문장으로 어법상 옳다.
　b. 그의 부모는 그가 유학을 가는 것에 반대했다.
　▶ object는 자동사로 전치사 to와 함께 쓰여 동명사구(his going abroad to study)를 목적어로 취하고 있으므로 어법상 옳다. 참고로, his는 동명사구의 의미상의 주어로 쓰였다.

24 과거의 어느 시점을 기준으로 그보다 이전에 일어난 일을 나타낼 때는 과거완료를 쓴다.

25 The tourist guidebook, which includes maps가 주부이고, 핵심 주어가 tourist guidebook(단수)이므로, 단수형 동사(introduces)를 쓴다. 또 introduce는 뒤에 「간접목적어 + 직접목적어」의 어순으로 쓸 수 없는 동사이므로 introduces to you로 쓴다는 것에 유의한다.

26 '(현재까지) ~하고 있는 중이다'는 현재완료진행(have(has) been -ing)으로 표현한다.

[27-28]

> 저는 지난 주에 귀사의 웹사이트에서 줄무늬 깔개를 주문했으며, 추가로 5달러를 지불하고 빠른 배송 옵션을 선택했습니다. 깔개는 구입 후 영업일 기준으로 이틀 이내에 배송될 예정이었습니다. 그런데 깔개를 주문한 지 열흘이 지났지만, 아직 도착하지 않았습니다. 이렇게 지연된 이유를 제게 알려 주시겠어요? 그리고 언제 주문품을 받을 수 있는지 알려주세요. 저는 귀사가 이 문제를 조사해 보시기를 바라고 있습니다.

27 ④ 시간 부사절에서는 미래시제 대신 현재시제를 쓰지만, 여기서 when절은 know의 목적어 역할을 하는 명사절이므로 미래시제로 미래의 일을 나타낸다. 따라서 receive를 will receive로 고쳐 쓴다.

28 inform은 「inform A of B」의 형태로 쓰는 동사이므로, inform me of the reason for this delay와 같이 쓴다.

[어휘] order 주문하다; 주문(품) striped 줄무늬가 있는 rug 깔개, 양탄자 express delivery 빠른 배송 option 옵션, 선택사항 additional 추가적인, 부가의 be due to ~할 예정이다 business day 영업일 look into ~을 조사하다

29

> Abraham Harold Maslow는 마슬로우의 인간 욕구 단계를 생각해 낸 미국의 심리학자이다. 그가 인간 욕구에 관한 논문에서 제시한 것처럼, 학생들이 학습에 주의를 기울이기 위해서는 기본적인 욕구가 우선적으로 충족되어야 한다. 먹을 것, 묵을 곳, 피해로부터의 안전이 확보되고 나서야 사람들은 애정과 존중을 다음으로 가장 중요한 욕구로 추구하게 된다. 배려심 있고 관심있는 교사들은 자신의 학생들을 알게 되면서 교사와 학생들 간에는 물론 학생들 서로 간에 친밀한 관계와 믿음을 생기게 할 수 있다. 이 믿음은 교실 안에 심리적으로 안정된 분위기를 만들어 주는데, 이는 학생들에게 안도감을 준다. 이 같은 안도감으로, 학생들은 새로운 학습에 대한 지적인 불편함을 극복하고

기존의 심성 모형을 조절해 새로운 생각들을 수용하게 된다. 또한, 소속감과 존중 받는다는 느낌은 학생들이 그 같은 모험을 받아들일 가능성을 최대화시켜 준다.

▶ food, shelter, and safety from harm이 부사절의 주부로 복수이므로 동사도 그에 수 일치하여 복수형 동사가 와야 한다. ② is → are

Check Plus 학생들이 학습에 주의를 기울이기 위해서는 기본적인 욕구인 안전이 우선적으로 충족되어야 하니, 교사는 친밀한 관계와 믿음이 생길 수 있도록 안전한 분위기, 즉 안전한 교육 환경을 조성해야 한다는 내용의 글이다. 따라서 필자가 주장하는 바로 가장 적절한 것은 ④이다.
[어휘] paper 논문 pay attention to ~에 주목하다, 주의를 기울이다 a sense of security 안도감 discomfort 불편(함) maximize 최대화하다, 극대화하다 chance 가능성 take a risk (되든 안 되든) 한번 해보다

30

> 당신은 따분한 프레젠테이션 발표를 피하고 싶을 때 종종 유머를 사용 하기도 한다. 유머는 사람들을 당신 쪽으로 끌어 당기는 데 결정적인 역할을 할 수 있고 또한 당신의 주장을 이해시키는 데도 유머가 필요 하다. 일단 재미있고 멋진 농담으로 프레젠테이션을 시작하면, 청중들이 당신의 말에 더 귀를 기울일 수 있게 될 것이다! 당신의 훌륭한 유머가 그들을 당신과 친해지도록 해 줄 수 있다. 하지만 유머를 사용하는 것에는 위험 요소가 있다. 당신의 유머는 당신이 하는 말에서 사람들의 주의를 앗아갈 수 있다. 프레젠테이션이 끝나고 몇몇 사람들이 "프레젠테이션 정말 재미있었는데요, 발표자가 말하고자 했던 게 뭐죠?"라고 말하는 걸 들은 기억이 난다. 당신의 유일한 목적이 사람들이 당신과 즐거운 시간을 가지도록 하는 것이라면 아마도 문제가 되지 않겠지만, 하고 싶은 중요한 말이 있다면 그것은 문제가 된다. 따라서, 당신은 중요한 프레젠테이션에서는 유머를 남용하지 않도록 조심해야 한다.

▶ (A) 조건 부사절(Once)에서는 미래시제 대신 현재시제를 쓰므로 start가 적절하다.
(B) 전치사 from의 목적어 역할을 하는 명사절이다. 앞에 선행사가 없으므로 선행사를 포함한 관계대명사 what이 적절하다.
(C) 「주어(you) + 동사(have) + 목적어(an essential point)」의 3형식 구조이다. 문맥상 '하고 싶은 중요한 말'이라는 의미가 되어야 하므로, 목적어인 an essential point를 수식할 수식어구인 to make(to부정사구)가 적절하다.

Check Plus 주어진 문장의 however가 문제 해결의 단서로, ③ 앞에서는 프레젠테이션에 유머를 사용한 경우의 이점을 설명하고 있으며, ③ 뒤에서는 프레젠테이션에서 유머를 사용한 경우의 문제점에 대해 설명하고 있다. 따라서 주어진 문장이 ③에 들어가야 글의 흐름이 자연스러워진다.
[어휘] presentation 프레젠테이션, 발표 play a (crucial) role in ~에서 (극히 중요한) 역할을 하다 be more likely to 좀 더 ~할 가능성이 많다 presenter 발표자 make a point 주장하다, 생각을 밝히다

[01-11]

01 내 컴퓨터가 제대로 작동이 안 되네요. 뭔가 문제가 있는 것이 틀림없어요.

02 제게 당신 의견을 말해주셔도 됩니다만, 전 제 마음을 바꾸지 않을 겁니다.

03 당신이 누구든, 그 지역 관습을 존중해야 합니다.

04 당신은 그렇게 비싸면서 쓸모 없는 기기를 사기 위해 그렇게 오래 기다릴 필요가 없어요.

05 그 노부인은 항상 9시 버스를 타곤 했다.

06 새로운 연구는 잃어버린 장기 기억이 회복될 수 있을지도 모른다는 것을 시사한다.

07 여러분 모두 행복하고 번창하시기를!

08 그가 의도적으로 당신에게 그토록 무례하(했)다니 충격적인 일입니다.

09 세계 시민 의식 교육이 매우 필요하다는 생각은 아무리 강조해도 지나치지 않다.

10 그는 그 잘못에 대해 알았어야 했고 그것을 관계 당국에 보고했어야 했다.

11 당신은 완벽하기 위해 노력하느니 차라리 실수를 통해 배우는 과정을 즐기는 편이 낫겠어요.

01 현재의 추측과 확신을 나타내는 must: ~임이 틀림없다

02 won't+동사원형: (좀처럼) ~하려고 하지 않는다

03 양보의 부사절에서 쓰이는 may: ~하든지, ~하더라도
[어휘] local 지역의

04 don't need to+동사원형: ~할 필요가 없다
[어휘] worthless 쓸모 없는

05 would+동사원형: ~하곤 했다

06 '~일지도 모른다'의 의미를 나타내는 might에 「be able to+동사원형」이 이어져 '~할 수 있을지도 모른다'의 의미를 나타낸다.
[어휘] long-term 장기적인   restore 회복시키다

07 May+주어+동사원형 ~!: (부디) ~하기를!'
[어휘] prosperous 번창한, 번영한

08 should는 개인적 감정을 나타내는 단어(a shock) 뒤의 that절에 쓰여 '~하다니'의 의미를 나타낸다.
[어휘] intentionally 의도적으로

09 cannot ~ too much: 아무리 ~해도 지나치지 않다
[어휘] global citizenship 세계 시민 의식

10 ought to have p.p.: ~했어야 했는데 (하지 못했다)
[어휘] authorities concerned 관계 당국

11 may as well A as B: B하느니 차라리 A하는 편이 낫다

[12-17]

12 Her grandfather used to reminisce about the days when he was in the U.S. Navy.

13 Parents ought not to allow their children to watch violent movies.

14 You had better not water begonia too often, which is sensitive to overwatering.

15 The chef ordered that he (should) make 100 meals by tomorrow.

16 Did she use to be very shy as a teenager?

17 Her parents live nearby, so she can't but go there on holidays.

12 그녀의 할아버지는 자신이 미국 해군에 있던 날들을 추억하곤 하셨다.
▶「be used to+동사원형」은 '~하는 데 사용되다'라는 뜻의 수동태 문장이다. 문맥상 '~하곤 했다'라는 의미의 「used to+동사원형」 구문이 와야 하므로 was를 삭제해야 한다.
[어휘] reminisce about ~을 추억하다

13 부모들은 자신들의 아이들이 폭력적인 영화를 보도록 허용해서는 안 된다.
▶ ought to의 부정형은 ought not to가 되어야 한다.
don't ought to → ought not to

14 너는 베고니아에 너무 자주 물을 주지 않는 게 좋은데, 그것은 지나치게 물을 주는 것에 민감하다.
▶ had better 뒤에는 동사원형이 오며, had better의 부정형은 had better not이 되어야 한다.
had not better to water → had better not water
[어휘] sensitive to ~에 민감한   overwatering 물을 지나치게 주는 것

15 그 주방장은 그에게 내일까지 100인분의 식사를 만들라고 지시했다.
▶ 미래 지향적인 명령을 나타내는 단어(order) 뒤의 that절에 should가 쓰이므로 makes는 should make가 되어야 한다. 이때 should는 생략 가능하다. makes → (should) make

16 그녀는 십 대일 때 매우 수줍어했니?
▶ used to가 의문문이 될 때는 「Did+주어+use to+동사원형」의 형태가 된다. Did she used to → Did she use to

17 그녀의 부모님이 근처에 사셔서 그녀는 휴일마다 그곳에 가지 않을 수 없다.
▶ '~하지 않을 수 없다'의 의미는 「cannot (help) but+동사원형」 구문으로 나타낸다. cannot but to go → cannot but go

[18-25]

18 will, have, to	19 would, not
20 would, rather, than	21 ought, not, to, have
22 may(might), have, been	23 used, to
24 may, well	25 no, choice, but, to

[26-28]

26 must have mistaken	27 didn't need to work
28 should have left	

18 will have to+동사원형: ~해야 할 것이다
[어휘] inaccuracies 오류, 틀림

19 would not+동사원형: (좀처럼) ~하려고 하지 않았다

20 would rather A than B: B하느니 차라리 A하겠다
[어휘] treadmill 러닝머신

21 ought not to have p.p.: ~하지 않았어야 했는데 (했다)
[어휘] crash 사고 tremendous 엄청난

22 may(might) have p.p.: ~했을지도 모른다
[어휘] battle field 전장, 싸움터

23 used to+동사원형: ~이었다 (더 이상 그렇지 않다)

24 may well+동사원형: ~하는 것도 당연하다
[어휘] unbeatable 무적의

25 have no choice but to+동사원형: ~하지 않을 수 없다

26 A: Jake는 폐렴 진단을 받을 때까지 일주일 동안이나 병원에 안 갔어.
　B: 아, 이런! 그는 그걸 일반 감기로 잘못 안 게 틀림없구나.
　▶ must have p.p.: ~했음이 틀림없다
[어휘] be diagnosed with ~으로 진단받다 pneumonia 폐렴
mistake A for B A를 B로 잘못 알다

27 A: 너는 어젯밤 늦도록 안 자고 있었던 거 아니지, 그렇지?
　B: 응. 나는 어제 아침에 리포트를 끝내서 밤에 작업할 필요가 없었어.
　▶ didn't need to+동사원형: ~할 필요가 없었다
[어휘] stay up late 늦도록 안 자고 있다

28 A: 그가 극심한 교통 체증 때문에 기차를 놓쳤다고 들었어.
　B: 아, 그가 더 일찍 떠났어야 했는데.
　▶ should have p.p.: ~했어야 했는데 (하지 않았다)

CHAPTER 05 수동태 EXERCISE

pp. 16-17

[01-04]

01 be exhibited	02 discovered
03 has been rebuilt	04 be repeated

01 그녀의 그림은 2주 동안 전시될 것이다.
　▶ 조동사가 있는 수동태: 조동사+be p.p.

02 어떻게, 그리고 언제 그 고대 벽들이 발견되었니?
　▶ 의문사가 있는 의문문의 수동태: 의문사+be동사+주어+p.p. ~?

03 그 교회는 1600년 이후로 화재 사고들로 인해 세 차례 재건축되었다.
　▶ 현재완료시제의 수동태: have(has) been p.p.

04 같은 문의가 여러 번 반복되도록 하지 마시오.
　▶ 부정 명령문의 수동태: Don't let+목적어+be p.p.
[어휘] query 문의

[05-09]

05 were not allowed to
06 is believed to have happened
07 were seen to
08 It was agreed
09 was caught up with

05 그녀는 그 아이들이 텐트 안에서 먹고 마시도록 허락하지 않았다.
　▶ 사역동사 let의 수동태: be allowed+to부정사

06 그들은 그 사고가 미끄러운 도로로 인해 발생했다고 믿는다.
　▶ 동사 believe는 목적어인 명사절의 주어를 이용하여 수동태를 만들 때 명사절의 동사가 to부정사로 바뀌는데, 명사절의 시제가 주절보다 앞서고 있으므로 완료부정사가 된다.
[어휘] slippery 미끄러운

07 나는 며칠 전에 너와 Jim이 산책하러 나가는 것을 봤어.
　▶ 지각동사 see의 목적격보어가 원형부정사이므로 수동태에서 to부정사로 바뀐다.
[어휘] go out for a walk 산책하러 나가다

08 우리는 그 제안이 우리의 문제에 최고의 해결책을 제공한다는 데 동의했다.
　▶ 동사 agree의 목적어로 명사절이 오는 경우 가주어 it이나 명사절의 주어를 이용하여 수동태 문장을 만들 수 있는데, 명사절이 그대로 있으므로 가주어 it을 이용한 수동태가 된다.

09 경찰은 캐나다 국경에서 그 은행 강도를 체포했다.
　▶ 동사구는 하나의 동사로 취급하므로 동사구의 전치사까지 모두 포함하여 수동태로 만든다.
[어휘] catch up with ~을 체포하다; ~을 따라잡다

> 10 are met, be made
> 11 showed, were affected
> 12 will complete, will be published
> 13 decides, developing / to be developed

10 그 기준들이 충족되는지 여부에 대한 결정이 내려져야 한다.
▶ whether절의 주어 the criteria가 동사 meet의 대상이고 현재시제이므로 are met이 알맞다. 주절의 주어 The decision은 동사 make의 대상이면서 조동사 뒤에 오므로 be made 형태가 알맞다.
[어휘] criteria criterion(기준)의 복수형

11 그 연구는 많은 사업들이 그 세계적인 유행병에 영향을 받았음을 보여주었다.
▶ 주절의 주어 The research는 동사 show의 주체이고 과거시제이므로 showed가 알맞다. that절의 주어 many businesses는 동사 affect의 대상이고 과거시제이므로 were affected가 알맞다.
[어휘] pandemic 세계적인 유행병

12 그들은 곧 그 조사를 완료할 것이며 그것은 대중에 발표될 것이다.
▶ 앞 절의 주어 They는 동사 complete의 주체이고 미래시제이므로 will complete가 알맞다. 뒤 절의 주어 it은 동사 publish의 대상이고 미래시제이므로 will be published가 알맞다.
[어휘] publish 발표하다

13 그녀의 팀은 어떤 종류의 소프트웨어가 개발되어야 하는지를 결정한다.
▶ 주절의 주어 Her team이 동사 decide의 주체이고 현재시제이므로 decides가 알맞다. what절에서 주어 software는 develop의 대상이므로 조동사 need의 목적어인 to부정사에서 수동태인 to be developed로 나타낼 수 있다. 또는 need는 능동의 동명사를 취함으로써 수동의 의미를 나타낼 수도 있으므로 developing도 가능하다.

> 14 By whom was the ridiculous term coined?
> 15 Let the invitation be sent to all the guests.
> 16 Sadly, the poor child's feelings are being ignored (by them).
> 17 The magnificent palace was built for his wife by the emperor.
> 18 The satellites were made to collect and deliver data in space by scientists.
> 19 The teacher was looked up to by every student in the class.
> 20 The man is secretly envied his enormous success and fame by Matt.
> 21 Is the medicine kept in the original container (by you)?

14 누가 그 우스꽝스러운 용어를 만들어냈니?
▶ who가 주어인 의문문의 수동태: By whom+be동사+주어+p.p. ~?

[어휘] coin (새로운 말을) 만들다 term 용어

15 초대장을 모든 손님들에게 보내세요.
▶ 긍정 명령문의 수동태: let+목적어+be p.p.

16 슬프게도 그들은 그 가엾은 아이의 감정을 무시하고 있다.
▶ 현재진행형 수동태: am(are, is)+being p.p.

17 그 황제는 그의 아내에게 웅장한 궁전을 지어주었다.
▶ 동사 build는 직접목적어만을 주어로 하여 수동태를 만들 수 있고, 간접목적어 앞에는 전치사 for를 쓴다.

18 과학자들은 그 위성들이 우주에서 정보를 수집하고 전달하도록 했다.
▶ 사역동사 make의 목적격보어인 원형부정사는 수동태에서 to부정사로 바뀐다.
[어휘] satellite 위성

19 그 학급의 모든 학생은 그 선생님을 존경했다.
▶ 동사구는 하나의 동사로 취급하므로 동사구의 전치사까지 모두 포함하여 수동태로 만든다.

20 Matt는 그 남자의 막대한 성공과 명성을 은밀히 질투한다.
▶ 동사 envy는 간접목적어만을 주어로 하여 수동태를 만든다.
[어휘] secretly 은밀히

21 여러분은 약을 원래의 용기에 보관하나요?
▶ 의문사가 없는 의문문의 수동태: be동사+주어+p.p. ~?

> 22 were promised a bonus for reaching sales goals by the company, was promised to employees by the company
> 23 is said that he did his best to support his family, is said to have done his best to support his family
> 24 was shown the way through the city by my GPS map, was shown (to) me by my GPS map

22 그 회사는 직원들에게 영업 목표 도달에 대해 보너스를 약속했다.
▶ 동사 promise는 간접목적어와 직접목적어를 각각 주어로 하여 수동태를 만들 수 있고, 직접목적어를 주어로 할 때는 간접목적어 앞에 전치사 to를 쓴다.

23 그들은 그가 자신의 가족을 부양하기 위해 최선을 다했다고 말한다.
▶ 동사 say는 목적어로 명사절이 온 경우, 가주어 it을 수동태의 주어로 하고 명사절을 그대로 두어서 수동태를 만들거나, 명사절의 주어를 수동태의 주어로 하고 명사절의 동사를 to부정사로 바꾸어 수동태를 만든다. 이때 명사절의 시제가 주절보다 앞서므로 완료부정사가 알맞다.

24 나의 GPS 지도는 내게 도시를 통해 가는 방법을 보여주었다.
▶ 동사 show는 간접목적어와 직접목적어를 각각 주어로 하여 수동태를 만들 수 있고, 직접목적어를 주어로 할 때는 간접목적어 앞에 전치사 to를 쓴다. 이때 간접목적어가 인칭대명사인 경우 전치사를 생략하기도 한다.
[어휘] GPS 위성 항법 장치(Global Positioning System 위성에서 보내는 신호를 수신해 사용자의 현 위치를 파악하는 시스템)

[01-04]

01 그 수업에서 좋은 점수를 받고자 한다면 모든 코스 활동 참여가 의무적이다.

02 Megan은 그 끔찍한 차 사고에서 살아남다니 운이 좋다고 느꼈다.

03 그 남자는 그녀가 잘못했던 것을 폭로할 만큼 충분히 용감했다.

04 높은 실업률을 낮추는 것은 그 문제를 악화시키지 않도록 신중한 처리를 필요로 한다.

01 '의도'의 의미를 나타내는 「be+to부정사」: ~하고자 하다
　[어휘] mandatory 의무적인

02 '판단의 근거'를 나타내는 to부정사의 부사적 용법: ~하다니
　[어휘] horrendous 끔찍한, 대단히 충격적인

03 형용사/부사+enough+to부정사: ~할 만큼 충분히 …한(하게)
　[어휘] make a disclosure of ~을 폭로하다

04 in order not to: ~하지 않기 위해서
　[어휘] unemployment rate 실업률　aggravate (상황을) 악화시키다

[05-09]

05 his decision to become
06 had better not eat out
07 something hot to drink
08 a house to live in
09 considerate of them to provide

05 Jackson은 농학자가 되겠다는 결심이 확고했고 한결같았다.
　▶ 명사를 수식하는 to부정사는 명사 뒤에 와야 한다.
　[어휘] consistent 한결같은, 일관된　agriculturist 농학자

06 너는 건강을 유지하고 돈을 절약하기 위해 너무 자주 외식하지 않는 것이 낫겠다.
　▶ 문맥상 '~하지 않는 것이 낫다'가 되어야 하므로 「had better+not+원형부정사」로 쓴다.

07 긴 눈싸움을 한 후에, 그 어린 소년들은 마실 뜨거운 무언가를 원했다.
　▶ 형용사와 to부정사가 동시에 -thing(-one, -body)로 끝나는 대명사를 수식하는 경우에는 「-thing(-one, -body)+형용사+to부정사」로 쓴다.

08 일부 전문가들은 살 집을 사는 것이 부를 축적하는 좋은 방법은 아니라고 말한다.
　▶ 동사 live가 명사 a house를 수식하기 위해 전치사 in이 필요하므로 「명사+to부정사+전치사」로 쓴다.

09 그들이 겨울 밤을 지내는 보안 직원에게 여분의 히터를 제공하다니 사려 깊었다.
　▶ It is 다음에 사람의 성격이나 성질을 나타내는 형용사 considerate이 왔으므로 「형용사+of+목적격+to부정사」로 쓴다.
　[어휘] considerate 사려 깊은　provide A for(to) B B에게 A를 제공하다　security 보안, 경비

[10-13]

10 We often found it so annoying to have pop-ups before we could use a mobile application.

11 Spending a year working in Australia helped me (to) broaden my horizon.

12 The management got the promising singer-songwriter to sign a new long-term contract.

13 When they watched the stars move(moving), they noticed that the stars were in some patterns.

10 우리는 종종 우리가 모바일 애플리케이션을 사용하기 전에 팝업들을 보는 것이 무척 짜증나는 일이라는 것을 알았다.
　▶ 가목적어-진목적어 구문. to부정사로 시작하는 진목적어 부분을 뒤로 보냈으므로 그 자리에 가목적어 it을 써야 한다. that → it

11 호주에서 일하며 일년을 보낸 것은 나의 시야를 넓히는 데 도움이 되었다.
　▶ 준사역동사인 help는 목적격보어로 원형부정사와 to부정사를 둘 다 쓸 수 있다. broadening → (to) broaden
　[어휘] broaden 넓히다　horizon 시야, 수평선

12 경영진은 그 유망한 싱어송라이터가 새 장기 계약서에 서명하도록 했다.
　▶ get은 목적격보어로 to부정사를 쓴다. sign → to sign
　[어휘] promising 유망한　sign a contract 계약서에 서명하다　long-term 장기적인

13 그들이 별들이 움직이는 것을 관찰할 때, 그 별들에 일정한 패턴에 있다는 것을 알았다.
　▶ 지각동사 notice는 목적격보어로 원형부정사를 쓴다. 이때, 동작이 진행중임을 강조할 때는 현재분사를 쓸 수도 있다.
　to move → move(moving)

[14-20]

14 feel, too, tired, to, exercise
15 Needless, to, say
16 clever, enough, to, identify
17 not, to, mention
18 when, to, go, whom, to, go
19 to, have, been, stolen
20 to, name, a, few

14 too+형용사/부사+to부정사: 너무 ~해서 …할 수 없는
　[어휘] lack 부족, 결핍

15 needless to say: 말할 필요도 없이
　[어휘] academically 학업적으로

16 형용사/부사+enough+to부정사: ~할 만큼 충분히 …한
　　[어휘] identify 찾다, 발견하다　flaw 결함　logic 논리
17 not to mention: ~은 말할 것도 없이
18 「의문사+to부정사」는 문장에서 목적어 역할을 할 수 있다.
19 to부정사가 수동의 의미를 가지는 동시에 주동사의 시제보다 앞설 때는 완료수동태(to have been p.p.)를 쓴다.
　　[어휘] sculpture 조각품
20 to name a few: 두세 개 예를 들면
　　[어휘] vegetarian 채식주의(자)의　lettuce 상추

[21-24]

> **21** where, they, should, invest
> **22** It, was, to, grant, equal, rights
> **23** appears, to, be
> **24** is, to, get

21 많은 소프트웨어 회사들은 그들의 자원과 예산을 어디에 투자해야 할지 확신하지 못한다.
　▶「의문사+to부정사」는 「의문사+주어+should+동사원형」으로 바꾸어 쓸 수 있다.
　　[어휘] resource 자원　budget 예산
22 조직의 구성원들에게 동등한 권리를 부여하는 것이 기본 원칙이었다.
　▶ 가주어-진주어 구문. to부정사로 시작하는 진주어 부분을 뒤로 보내고 그 자리에 가주어 it을 쓴다.
　　[어휘] grant 주다　principle 원칙
23 디지털 지식은 성인뿐 아니라 아이들에게도 중요한 것 같다.
　▶ 주절의 시제가 현재(appears)이고 that절의 시제도 현재(is)이므로 단순부정사(to+동사원형)로 바꾸어 쓸 수 있다.
　　[어휘] literacy 지식, 능력
24 온 가족이 모여서 아기의 첫 번째 생일을 축하할 예정이다.
　▶ '예정(= be going to, will)'의 의미를 나타내는 「be+to부정사」를 쓴다.

CHAPTER 04 ▶ 06

실전 TEST

pp. 20-25

> **01** ⑤　**02** ①　**03** ②, ⑤　**04** ②, ③, ⑤　**05** ④　**06** ①
> **07** ②　**08** A long letter was written to the president by a boy named Jack.　**09** with　**10** had　**11** ④　**12** ④　**13** ③
> **14** ③　**15** ⑤　**16** ①　**17** ①　**18** ③　**19** ②　**20** ⑤　**21** ④
> **22** ⑤　**23** that she should leave so early
> **24** was too small for a big family to live in
> **25** was the old truck found
> **26** ⑤　**27** (b), (d), (g)
> **28** ① doesn't permit → isn't(is not) permitted
> **29** are posted, to educate
> **30** ③　Check Plus ⑤　**31** ④　Check Plus ⑤

01 그 최고 경영자는 20년 전에 입양되었던 것으로 밝혀졌다.
　▶ to부정사가 수동의 의미를 가지는 동시에 주동사의 시제보다 앞설 때는 완료수동태(to have been p.p.)를 쓴다.
　　[어휘] CEO 최고 경영자(chief executive officer)　adopt 입양하다
02 그 젊은 여자는 입고 있던 옷 때문에 식당에서 나가도록 정중하게 요청받았다.
　▶ 동사 ask는 to부정사를 목적격보어로 취하며, 수동태에서 목적격보어가 to부정사이므로 동사 뒤에 그대로 쓴다.
03 Jones 씨는 그 죄수가 문으로 도망가는 것을 알아챘다.
　▶ 지각동사 notice는 목적격보어로 원형부정사를 쓴다. 이때, 동작이 진행중임을 강조할 때는 현재분사를 쓸 수도 있다.
　　[어휘] flee 도망치다, 달아나다

04 그녀가 자신의 부모님을 찾기 위해 실종된 아이를 경찰에 신고하지 않은 것은 분명히 경솔했다(이기적이었다, 사려 깊지 못했다).
　▶ 의미상의 주어를 「of+목적격」으로 썼으므로 It is(was) 다음에 사람의 성격이나 성질을 나타내는 형용사만 올 수 있다.
　　[어휘] report A to B A를 B에 신고하다　careless 경솔한　selfish 이기적인　inconsiderate 사려 깊지 못한
05 shouldn't have p.p.: ~하지 말았어야 했다
06 당위를 나타내는 형용사 necessary 뒤의 that절에서 should가 생략된 형태이므로 get이 알맞다.
　　[어휘] caretaker 관리인, 경비원
07 첫 빈칸에는 '어떻게 경고해야 하는지'의 의미가 되도록 「의문사+to부정사」인 how to warn을 쓴다. 두 번째 빈칸에는 '~을 만지지 말라'라는 의미가 되어야 하며, 이때 to부정사의 부정은 to부정사 앞에 not이나 never를 쓴다.
08 Jack이라는 이름의 소년은 그 대통령에게 긴 편지를 썼다.
　▶ 수여동사 write는 직접목적어만을 주어로 하여 수동태를 만들 수 있고, 간접목적어 앞에는 전치사 to를 쓴다.
09 • 그 책상은 서류들로 덮여 있다.
　• Norah는 형편없는 교사가 될 것이다. 우선, 그녀는 아이들을 좋아하지 않는다.
　▶ 첫 번째 문장에는 '~으로 덮이다'라는 의미의 be covered with가 알맞다. 두 번째 문장에는 '우선'이라는 의미의 to begin with가 알맞다. 따라서 공통으로 필요한 단어는 with이다.
10 • 그 클럽은 폭우 후에 오늘의 경기를 취소할 수밖에 없었다.
　• Ed, 너는 자기 전에 양치질을 하는 게 좋을 거야.
　▶ 첫 번째 문장에는 '~하지 않을 수 없다'라는 의미의 「have no

choice but to+동사원형」이 알맞다. 두 번째 문장에는 '~하는 편이
낫겠다'라는 의미의 「had better+동사원형」이 알맞다. 따라서
공통으로 알맞은 단어는 had이다.
[어휘] call off ~을 취소하다

11 • 그 정치인은 자신의 무례한 말에 대해 사과하게끔 되었다.
 • 그들의 얼굴은 창백해졌으며, 그들의 눈은 공포로 가득했다.
 ▶ 첫 번째 문장의 사역동사 make는 목적격보어인 원형부정사가
수동태에서 to부정사로 바뀌므로 빈칸에는 to apologize가 알맞다.
두 번째 문장의 빈칸에는 문맥상 '~으로 가득한'의 의미를 나타내는
filled with가 되어야 한다.
[어휘] impolite 무례한 terror 공포(심)

12 • 그 프로그램은 학생들의 흥미를 불러일으키며 최대치를 배우도록
도움을 주었다.
 • 당신이 그 일자리에 뽑히기를 원한다면, 당신은 그 분야에 정통하고
경험이 있어야 한다.
 ▶ 첫 번째 문장의 준사역동사인 help는 목적격보어로 원형부정사나
to부정사를 모두 쓸 수 있으므로 빈칸에 learn과 to learn이 둘 다
가능하다. 두 번째 문장의 주어인 you와 choose는 '네가 뽑히다'라는
수동의 관계이므로 빈칸에 수동태인 be chosen이 알맞다.
[어휘] arouse one's interest ~의 흥미를 불러일으키다
well-informed 잘 아는, 정통한 experienced 경험이 있는,
능숙한

13 • 프랑스어 단어들은 사람들이 그 용어가 무엇을 의미하는지 이해할 수
있도록 명확성을 위해 추가된다.
 • 그 작은 세포들이 종양 세포들에 강력하게 달라붙는 것이 보였다.
 ▶ 첫 번째 문장의 빈칸에는 '~할 수 있다'라는 의미의 능력을 나타내는
can understand가 알맞다. 두 번째 문장의 지각동사 see는
목적격보어가 원형부정사인 경우 수동태에서 to부정사로 바뀌고 cell과
stick은 능동 관계이므로 빈칸에 were seen to stick이 알맞다.
[어휘] clarity 명확성 tumor 종양 stick to ~에 달라붙다

14 could have p.p.: ~했을 수도 있는데 (안 했다)

15 ① 그가 어떻게 감히 단골 고객인 나에게 바에서 나가도록 요구한단
말인가?
 ▶ How dare+주어+동사원형 ~?: 어떻게 감히 ~한단 말인가?
 [어휘] regular customer 단골 손님
② 세계 역사상 어느 누구도 다른 사람에 의해 무시당하는 것을
좋아하는 사람은 없다.
 ▶ 문맥상 수동의 의미를 가지는 단순수동태(to be ignored)가
알맞다.
③ 실수가 있는지 확실히 확인해라.
 ▶ be동사+sure+to부정사: 확실히 ~하다
④ 그날 하루 종일 내 작은 방에는 아무 소리도 들리지 않았다.
 ▶ '가능(~ 할 수 있다)'의 의미를 나타내는 「be+to부정사」이다.
⑤ 그 4살 된 소녀는 매일 밤 아빠에 의해 책이 읽혀졌다.
 ▶ 수여동사 read는 직접목적어만을 주어로 하여 수동태를 만들고
간접목적어 앞에 전치사 to를 쓰므로 The book was read to
the four-year-old girl로 이어지는 문장이 알맞다.

16 ① 나는 이번 주말에 단지 쉬기만 할 것이다.
 ▶ 문맥상 '단지 ~하기만 하다'라는 의미의 「do nothing but+
원형부정사」를 써야 하므로 rest가 알맞다.
② 그 조직은 당국이 유죄인 모든 사람들을 처벌할 것을 강력히
촉구했다.

 ▶ 동사 encourage는 목적격보어로 to부정사를 쓴다.
③ "나는 치료를 위해 그 병원에 가느니 차라리 감옥에서 죽겠어."라고
그들 중 한 명이 말했다.
 ▶ would rather+원형부정사+ than+원형부정사: …보다
~하고 싶다
④ 그들이 설문을 완료한 직후 결정이 내려질 것이다.
 ▶ 주어 decision은 동사 make의 대상이므로 수동태 be
made가 알맞다.
⑤ 마케팅 예산에 관해서라면 너는 그의 말을 듣는 편이 낫겠다.
 ▶ had('d) better+동사원형: ~하는 편이 낫겠다
 [어휘] when it comes to ~에 관해서라면

17 나는 5일 동안 그 호텔에 머물렀는데 그들은 침대보를 결코 단 한 번도
교체하지 않았다! 그들은 위생과 청결에 대해 신경 쓰는 것으로 보이지
않았다. 간략히 말해서, 나는 당신이 그곳에 결코 머물지 말기를 권한다!
 ▶ ① 일반동사가 사용된 문장에서 부정어가 문두로 도치되면 주어 앞에
조동사 do가 쓰인다. 과거시제이므로 did를 이용하여 never did
they change 어순이 되어야 한다.
[어휘] bed linen 침대보 hygiene 위생

18 영국에 근거지를 둔 Arsenal 축구 클럽은 올해 리그에서 우승을
하고자 한다면 발전해야 한다. 또한 그 팀은 우승하기 위해 수비 라인을
지원하는 새로운 센터 백이 절실히 필요하다. Arsenal이 승리하기를!
 ▶ ③ to부정사가 명사 a new center back을 수식하는 to부정사의
형용사적 용법으로, 문맥상 능동의 의미가 되어야 하므로 to
support가 알맞다.
[어휘] center back 센터 백, 후위 중앙에 위치하는 선수
defensive line 수비 라인

19 그 화려한 다이아몬드 왕관은 Mary 공주에게 넘겨지기 전까지 그녀의
할머니의 것이었다고 여겨지며, 그 멋진 푸른색 팔찌도 그러했다.
 ▶ ② belong은 자동사이므로 수동태로 쓰이지 않는다.
was belonged to는 belonged to가 되어야 한다.
[어휘] glorious 화려한 gorgeous 아주 멋진 bracelet 팔찌

20 ① 그 첨부 파일들은 컴퓨터로 다운로드될 수 없었다.
 ▶ '~할 수 없었다'라는 의미의 were not able to는 could
not으로 나타낼 수 있다.
 [어휘] attachment file 첨부 파일
② 이번 목요일까지 제안서를 제출하시기 바랍니다.
 ▶ '~하라'라는 의미의 긍정의 명령문은 '~되게 하라'라는 의미의
긍정 명령의 수동태 「let+목적어+be p.p.」로 나타낼 수 있다.
③ 나는 그 광경에 웃음을 터뜨리지 않을 수 없었다.
 ▶ cannot help+동명사(= cannot (help) but+동사원형):
~하지 않을 수 없다
 [어휘] burst into (갑자기) ~을 터트리다
④ 너는 일출을 보려면 5시 전에 일찍 일어나야 한다.
 ▶ be+to부정사(의무): ~해야 한다(= have to, should)
⑤ 그 부끄럼 많은 소년이 관심의 대상이 되는 것을 싫어하는 것도
당연하다.
 ▶ '~하는 것도 당연하다'라는 의미의 「may well+동사원형」은
「have good reason to+동사원형」으로 바꾸어 쓸 수 있지만,
「have no reason to+동사원형」과는 의미가 다르다.

21 ① 혹시 당신이 마음을 바꾼다면, 제게 알려 주세요.
 ▶ if절에서 should가 쓰여 일어날 가능성이 매우 낮은 일을 나타낼
때 should가 문두로 도치되면서 if가 생략되기도 한다.

② 그들은 지구가 평평하다고 믿었다.
　▶ 동사 believe는 목적어인 명사절의 주어를 수동태의 주어로 하고 명사절의 동사를 to부정사로 하여 같은 의미를 나타낼 수 있다.
③ 어느 쪽이 책임이 있는지를 말하는 것은 불가능하다.
　▶ to blame은 to부정사로서 수동의 의미를 나타낼 수 있으므로 to be blamed와 의미가 같다.
④ 우리는 도로에서 자전거를 타는 데 면허를 가질 필요가 없다.
　▶ 「don't have to+동사원형」은 '~할 필요가 없다'의 의미를 나타내며 「must not(mustn't)+동사원형」은 '~해서는 안 된다'의 의미를 나타내므로 의미가 서로 다르다.
⑤ 우리 팀은 네가 회원들과 교류를 하기를 바란다.
　▶ hope, expect, promise 등과 같은 동사 뒤에 오는 to부정사는 주동사의 시제 이후인 미래를 나타낼 수 있다.
　[어휘] interact with ~과 교류하다

22 ① 그 기관은 모든 연령과 배경을 가진 사람들이 변화에 대처하는 것을 도왔다.
　▶ 준사역동사인 help는 목적격보어로 원형부정사나 to부정사를 모두 쓸 수 있으므로 빈칸에 to가 들어갈 수 있다.
② 아름다운 스카프를 추천해주다니 너는 친절했다.
　▶ It is 다음에 사람의 성격이나 성질을 나타내는 형용사가 오면 「It is+형용사+of+목적격+to부정사」를 쓰므로 빈칸에 to가 들어갈 수 있다.
③ Brandon은 그녀의 전남편이었는데, 그녀는 그와 2010년에서 2015년까지 결혼한 상태였다.
　▶ marry는 by 대신 to를 이용해 be married to 형태로 수동태를 만든다. 따라서 빈칸에 to가 들어갈 수 있다.
④ Clare는 12시에 은행을 떠나는 것이 목격되었다.
　▶ 지각동사 see의 목적격보어가 원형부정사인 경우, 수동태에서 to부정사로 바뀐다. 따라서 빈칸에 to가 들어갈 수 있다.
⑤ 우리는 그의 초대를 받아들이지 않을 수 없었다.
　▶ '~하지 않을 수 없다'는 표현은 「cannot (help) but+동사원형」이므로 빈칸에 to가 들어갈 수 없다.

23 개인적 감정을 나타내는 단어(a shame) 뒤의 that절에 should가 쓰여 '~하다니'의 의미를 나타낸다

24 「too+형용사/부사+to부정사(너무 ~해서 …한(하게)」로 쓴다. 이때 to부정사의 의미상 주어는 「for+목적격」으로 쓰며, 「to부정사+전치사」가 의미상 명사(the house)를 수식하고 있으므로, 전치사 in을 생략하지 않도록 주의한다.

25 「의문사+be동사+주어+p.p. ~?」 형태의 수동태가 되어야 하며 과거시제이므로 be동사는 was를 써야 한다.

26 ① A: 제가 당신 것을 사용해도 되나요?
　B: 아니, 안 돼요.
　▶ 「May I+동사원형 ~?」은 '제가 ~해도 되나요?'라는 허락의 요청이며, 불허의 답으로는 may not 또는 can't가 가능하다.
② A: 그들은 왜 그의 의견에 반대하려는 경향이 있나요?
　B: 그는 편견이 있어요.
　▶ be동사+inclined+to부정사: ~하려는 경향이 있다
③ A: 그 책은 정말 잘 팔려.
　B: 응, 그것은 독자들에게 호평을 받아.
　▶ 동사 sell은 동사 자체가 자동사로 '팔리다'라는 수동의 의미를 나타낸다. speak highly of는 동사구로서 하나의 동사로 취급하여 is spoken highly of로 수동태를 만든다.

④ A: 그는 당장 가야 할 필요가 있나요?
　B: 네, 그는 그래야 합니다.
　▶ 「Need+주어+동사원형 ~?」에 대해 must를 이용하여 긍정의 응답을 할 수 있다.
⑤ A: 그 회사는 그래픽 디자이너들을 뽑고 있어.
　B: 나는 네가 이번에 그 기회를 놓치지 않기를 바라.
　▶ to부정사의 부정은 to부정사 앞에 not이나 never를 붙인다. 즉, 「want+목적어(you)+not+to부정사(목적격보어)」가 되어야 한다. to not → not to

27 (a) 그들은 그 어린 소년을 너무 일찍 깨우지 않는 편이 낫겠다.
　▶ had better not+동사원형: ~하지 않는 편이 낫겠다
　had better not to wake → had better not wake
(b) 그 여인이 그의 죽음에 책임이 있는 것으로 여겨졌다.
　▶ 동사 feel의 목적어인 명사절의 주어가 수동태의 주어가 되고 명사절의 동사가 to부정사가 된 올바른 문장이다.
(c) 우리는 그녀의 냉혹한 말에 실망했다.
　▶ 동사 disappoint는 수동태 문장으로 전환할 때 on이 아니라 at(in, with)이 쓰인다.
　[어휘] harsh 냉혹한
(d) 나는 그 코스에 대한 몇 가지 좋은 정보를 얻었다.
　▶ 동사 give의 간접목적어가 수동태의 주어가 된 올바른 문장이다.
(e) 우리는 그 기술에 의해 시간뿐 아니라 돈도 절약했다.
　▶ 동사 save는 간접목적어만을 주어로 하여 수동태를 만들 수 있으므로 We were saved not only time but money by the technology.가 되어야 한다.
(f) 금이 그 건물의 기둥들을 칠하는 데 사용되었다.
　▶ '~하는 데 익숙하다'라는 의미의 「be used to+동명사」는 문맥상 맞지 않다. '~하는 데 사용되다'라는 의미의 수동태가 되어야 하므로 was used to painting은 was used to paint가 되어야 한다.
(g) 주식 시장에서 언제 투자를 할지 결정하는 것은 쉽지 않다.
　▶ to부정사는 문장에서 주어 역할을 한다.
　[어휘] invest in ~에 투자하다

[28-29]

〈에스컬레이터 이용 시 안전 지침〉
- 무거운 짐은 허용되지 않습니다.
- 아이들이 디딤판에 앉거나 놀지 않도록 하십시오.
- 어르신이나 아이들은 동반자가 필요합니다.
- 헐렁한 옷과 신발끈은 끼일 수 있습니다.
- 플립플롭을 신고 있는 경우 에스컬레이터 양쪽은 피하도록 주의하십시오.
- 긴급 멈춤 버튼은 입구와 출구에 위치해 있습니다.

28 ① permit은 '허용하다'라는 뜻의 동사로 이 문장에서는 알맞지 않다. 여기서는 '허용되다'는 수동의 의미가 알맞으므로 doesn't permit은 isn't(is not) permitted가 되어야 한다.
29 위의 지침은 에스컬레이터 이용자들에게 에스컬레이터를 이용하는 동안의 안전 규칙에 대해 가르치고자 하는 목표를 갖고 게재되어 있다.
　▶ 주어 instructions는 post의 대상이므로 첫 빈칸에는 수동태인 are posted가 알맞다. 두 번째 빈칸에는 앞의 명사 goal을 후치

수식하면서 목적어(the escalator users)를 갖는 준동사가 필요한 자리이므로 to부정사인 to educate가 알맞다.

[어휘] instructions 지시 사항   escalator 에스컬레이터
accompany ~와 동반하다   shoelace 신발끈   take precaution
주의하다   flip-flop 플립플롭(끈을 발가락 사이로 끼워 신는 슬리퍼)
exit 출구   post (안내문 등을) 게시하다

30

아보카도는 주로 건강 상의 이점 때문에 슈퍼푸드 중 하나가 되었는데, 아보카도는 여러 가지 비타민과 무기질을 함유하고 있다. 멕시코는 전 세계 다른 어떤 나라보다 더 많은 아보카도를 생산하지만, 이 '녹색 금'은 주로 미국과 유럽, 아시아에서 소비된다. 이 과일의 엄청난 수요 때문에 멕시코에서는 아보카도 나무를 심기 위해 관목과 오래된 나무들이 잘려나가고 있고, 이는 삼림 벌채, 그리고 결과적으로는 지구 온난화와 기후 변화를 불러온다. 게다가, 아보카도를 재배하는 데 하루에 약 95억 리터나 되는 물이 필요하다. 이런 이유로, 아보카도 재배는 미초아칸주 대수층에서 대량으로 물을 끌어내는 것을 필요로 하고, 이것이 소규모 지진 같은 예상치 못한 결과들을 초래한다. 지역 당국에서는 아보카도와 관련해 물을 뽑아내는 것이 지진 운동을 야기할 수도 있는 하층토 동굴들을 생성시켰다고 시인한다.

▶ ③ 주어 shrubs and old trees가 cut down의 대상이므로 cut
down은 수동태인 are cut down이 되어야 한다.

Check Plus
① 비타민과 무기질 함량이 높다고 언급했다
② 미국은 대량 재배지가 아닌 주 소비층이라고 언급했다.
③ 유럽도 미국과 아시아와 함께 아보카도의 주 소비층이라고 언급했다.
④ 아보카도 재배에는 많은 물이 필요하다.
⑤ 중반부 Hence에 이어지는 문장으로 알 수 있는 내용이다.
[어휘] massive 거대한, 대규모의   Michoacan 미초아칸(멕시코
서남부의 주)   open up ~을 열다

31

많은 사람이 반려동물을 소유하고 싶어 한다. 연구에 따르면, 2017년에 미국 가정의 약 70퍼센트가 어떤 종류이든 반려동물을 소유했다. 하지만 동시에, 수백만 마리 반려동물이 몇 달 혹은 몇 년도 안 되어 단지 사람들의 기대나 요구에 부응하지 않는다는 이유로 유기되어 동물 보호소로 보내졌다. 그러므로 동물을 선택하기 전에 당신 자신이나 가족들의 요구를 잘 생각해 보자. 또한 당신 자신의 요구뿐만 아니라 동물의 요구까지 유념하는 것도 중요하다. 예를 들어, 개들은 많은 관심과 보살핌을 필요로 하는 매우 붙임성 있고 다정한 동물이다. 많은 개들이 고양이나 토끼, 물고기처럼 하루 종일 집에 홀로 내버려질 수 없다. 개들은 또한 규칙적으로 산책을 시켜줘야 한다. 개를 키우려고 생각할 때는, 개를 산책시키거나 함께 놀아 주는 데 최소한 하루 한 시간씩 쓸 수 있는지 분명하게 할 것을 권한다. 개들은 수명이 10년 내지 그 이상이므로, 장기적인 헌신을 해야 함을 명심하라.

▶ (A) 주어 pets가 동사 abandon의 대상이므로 수동태인 were
abandoned가 알맞다.
(B) dogs를 의미하는 주어 They가 walk의 대상이므로 수동태인 be
walked가 알맞다.
(C) 「recommend+목적어+목적격보어(to부정사)」의 구조가 되어야
하므로 to make가 알맞다.

Check Plus 반려동물의 요구 또한 염두에 두어야 한다고 하며 개의
요구에 대해 구체적으로 설명하고 있으므로, For example이 알맞다.
[어휘] household 가정   meet (필요, 요구 등을) 충족시키다
fair 상당한   attention 관심, 주목

CHAPTER
07 동명사   EXERCISE

pp. 26-27

[01-03]

01 그 건설 회사는 주주들에게 절대 수익을 돌려주지 않았던 것으로
   악명 높다.
02 캠핑 장비의 중요한 부분 중 하나는 좋은 침낭이다.
03 나에게 아무 잘못이 없다는 것을 그에게 납득시키기 위한 나의
   오랜 시간의 시도에도 불구하고, 나는 그를 설득할 수 없었다.

01 전치사 for의 목적어 역할을 하는 완료동명사이며, 동명사 앞에
   never가 있는 부정형 동명사이다.
   [어휘] be notorious for ~로 악명 높다   return 수익
   shareholder 주주
02 동명사와 현재분사가 명사 앞에 사용되는 경우 동명사는 용도나
   목적을, 현재분사는 동작이나 상태를 나타낸다. sleeping bag(침낭)
   에서 sleeping은 '~을 위한, ~용의'라는 의미의 동명사이다.
   [어휘] gear (특정 활동에 필요한) 장비

03 동명사의 주어가 문장의 주어와 다를 때 소유격이나 목적격으로 동명사의 의미상의 주어를 나타낸다.

[어휘] attempt to ~하려고 시도하다   convince 납득시키다

[04-07]

04 to get	**05** being
06 us to smoke, smoking	**07** arguing

04 컴퓨터 앞에서 일하는 동안 지쳐서, 나는 약간의 휴식을 취하기 위해 멈췄다.
▶ stop+to부정사: ~하기 위해 멈추다
[어휘] exhausted 지친, 기진맥진한

05 만족과 행복은 우리가 함께 하기를 즐기는 사람들과 보내는 시간에서 나온다.
▶ 동사 enjoy는 동명사를 목적어로 취한다.
[어휘] stem from ~에서 나오다

06 그들은 (우리가) 호텔 방에서 담배를 피우는 것을 허용하지 않는다.
▶ 동사 allow가 목적어가 있을 때는 「동사＋목적어＋to부정사」, 목적어가 없을 때는 「동사＋-ing」로 주로 쓴다. 따라서 둘 다 가능하다.

07 지구 온난화가 기상 이변의 주된 원인인지 아닌지에 대해 논의해도 소용없다.
▶ It is no use(good) -ing: ~해도 소용없다
[어휘] argue 논의하다   irregularity 이상, 변칙

[08-11]

08 Taking the intermediate or advanced level math courses isn't that easy for the elementary students.
09 Ms. Johnson regretted not speaking out publicly about her concerns at the city council meeting.
10 People say the politician enjoys criticism and doesn't mind being called rude, arrogant, or disrespectful.
11 The man forgot to turn off the lights when he left.

08 중급이나 상급 단계의 수학 수업을 듣는 것이 초등학생들에게 그렇게 쉬운 것은 아니다.
▶ 동명사구가 주어이면 단수형 동사를 쓴다. aren't → isn't
[어휘] intermediate 중급의   advanced 상급의

09 Johnson 씨는 시 위원회 회의에서 그녀의 우려들에 대해 공개적으로 말하지 못했던 것을 후회했다.
▶ regret+동명사: (과거에) ~했던 것을 후회하다
to speak → speaking
[어휘] publicly 공개적으로   concern 우려, 걱정

10 사람들은 그 정치인이 비판을 즐기며, 무례하거나 오만하거나 예의 없다고 불리는 것을 신경 쓰지 않는다고 말한다.
▶ 문맥상 '~라고 불리는'의 수동의 의미가 되어야 하므로 단순수동태 (being p.p.)를 쓴다. calling → being called
[어휘] criticism 비판   arrogant 오만한   disrespectful 예의 없는, 무례한

11 그 남자는 나갈 때 불을 끄는 것을 잊었다.

▶ forget+to부정사: (미래에) ~할 것을 잊다
turning → to turn

[12-15]

12 he, will, come
13 she, should, cut
14 having, lied
15 On(Upon), finishing, his, homework

12 의료진들은 그가 혼수상태에서 곧 깨어날 것일지 확신하지 못한다.
▶ 단순동명사(v-ing)는 동명사의 시제가 문장의 시제와 같거나 미래를 나타낼 때 쓰는데, 이 문장에서는 문맥상 미래시제를 쓰는 것이 알맞다. 그리고 동명사의 의미상의 주어(his)도 he로 바꾸어 써야 한다.
[어휘] personnel 직원들   coma 혼수상태

13 그 영양학자는 그녀가 한 달 동안 자신의 식단에서 정크 푸드를 제외해야 한다고 제안했다.
▶ 주장, 제안, 요구, 충고 등을 나타내는 동사 다음에 오는 동명사구는 「that＋주어＋(should)＋동사원형」으로 바꾸어 쓸 수 있다.
[어휘] nutritionist 영양학자   cut A out of B B에서 A를 제외하다   diet 식단

14 그 증인은 이전에 했던 거짓말들을 숨기기 위해 대배심 앞에서 선서를 하고 거짓 증언을 했다는 것을 시인했다.
▶ 문장의 시제(admitted)보다 that절의 시제(had lied)가 앞서므로 완료동명사(having p.p.)로 바꾸어 쓴다.
[어휘] witness 증인   under oath 선서를 하고   grand jury 대배심   cover up ~을 숨기다

15 숙제를 마치자마자, Tim은 그의 어머니가 집안일을 하는 것을 도왔다.
▶ On(Upon) -ing(= As soon as(The moment, The minute, The instant, Immediately)+주어+동사): ~하자마자
[어휘] household chores 집안일

[16-21]

16 is no use speculating
17 couldn't help smiling
18 kept us from playing
19 regret to tell you
20 is looking forward to hearing
21 When it comes to dealing with

16 It is no use(good) -ing: ~해도 소용없다
[어휘] speculate 추측(짐작)하다

17 cannot(can't) help -ing: ~하지 않을 수 없다

18 keep(prevent, hinder) A from B(-ing): A가 B하는 것을 막다

19 regret+to부정사: (앞으로) ~하게 되어 유감이다
[어휘] proposal 제안

20 look forward to -ing: ~하는 것을 고대하다

21 when it comes to -ing: ~에 관한 한

[01-08]

01 Although / Though, seeing
02 got, injured
03 intimidating, gestures
04 local, businesses, struggling
05 The, driver, distracted
06 With, the, ceremony, broadcast(ed)
07 Not ,having, attended
08 The, disappointing, sales, number

1 분사구문의 의미상의 주어 I가 see의 능동적 주체이고 문맥상 시제가 일치함을 알 수 있다. 양보의 의미를 명확하게 하기 위해 접속사를 남겨둔 Although seeing 또는 Though seeing이 알맞다.

2 주어 one과 주격보어 injure가 수동의 관계이므로 got injured가 알맞다.

3 gestures가 intimidate의 능동적 주체이므로 intimidating이 gestures를 수식하는 것이 알맞다.

4 local businesses가 struggle의 능동적 주체이므로 struggling이 알맞고, 뒤에 due to 전치사구가 있으므로 struggling이 local businesses를 뒤에서 수식하는 것이 적절하다.
[어휘] natural disaster 자연 재해

5 The driver가 distract의 수동적 대상이므로 distracted가 알맞고, 뒤에 by 전치사구가 있으므로 distracted가 The driver를 뒤에서 수식하는 것이 적절하다.
[어휘] distract 집중이 안 되게(산만하게)하다

6 동시 동작·상황을 나타내는 「with + (대)명사 + 분사」 구문이 적절하며 the ceremony와 broadcast가 수동 관계이므로 분사 자리에 broadcast(ed)가 알맞다.
[어휘] witness 보다, 목격하다

7 부사절의 시제가 주절보다 앞서므로 완료분사구문이 알맞으며 부정어는 분사 바로 앞에 위치하므로 Not having attended가 적절하다.

8 sales number가 disappoint의 능동적 주체로 '실망스러운' 감정을 유발하므로 disappointing이 sales를 수식하는 것이 알맞다.
[어휘] downsize (인원을) 축소하다

[09-13]

09 stood tapping
10 If used
11 were very confusing
12 Having heard the story
13 keep the door locked

9 그 면접 대상자는 자신의 차례를 기다리는 동안 초조하게 발을 툭툭 치며 서 있었다.
▶ 주어 The interviewee와 주격보어 tap이 능동의 관계이므로 stood tapped는 stood tapping이 되어야 한다.
[어휘] interviewee 면접 대상자 tap (가볍게) 툭툭 치다

10 부적절하게 또는 부주의하게 사용된다면, 어떤 의료 제품도 상처를 유발할 수 있다.
▶ 분사구문의 의미상 주어 any medical product는 use와 수동의 관계이므로 If using은 If used가 되어야 한다.
[어휘] improperly 부적절하게 carelessly 부주의하게

11 그 질문 중 몇몇은 학생들에게 매우 혼란스러웠다.
▶ Some of the questions가 confuse의 능동적 주체로 '혼란스러운' 기분을 유발하므로 were very confused는 were very confusing이 되어야 한다.

12 전에 그 이야기를 수 차례 들었기 때문에, 그녀는 그것이 어떻게 끝나는지 알고 있다.
▶ 문맥상 부사절의 시제가 주절보다 앞서는 완료분사구문이 적절하므로 Hearing the story는 Having heard the story가 되어야 한다.

13 내 할아버지는 외출할 때 문을 잠긴 상태가 되게 하는 것을 잊지 않으신다.
▶ 목적어 the door와 목적격보어 lock이 수동의 관계이므로 keep the door locking은 keep the door locked가 되어야 한다.

[14-18]

14 passing
15 threatened
16 coming, annoying
17 provided, providing
18 leaning, exhausted

14 강을 지나면서 그녀는 수위가 최고점에 도달한 것을 알아차렸다.
▶ 분사구문의 의미상의 주어 she가 pass의 능동적 주체이므로 passing이 알맞다.
[어휘] pass by ~ 옆을 지나가다 water level 수위(水位)

15 나는 어린 소년이 학교에서 아이들을 괴롭히는 학생들의 무리에 의해 위협받는 것을 목격했다.
▶ 목적어 a little boy와 목적격보어 threaten이 수동의 관계이므로 threatened가 알맞다.
[어휘] a bunch of 다수의 school bully 학교에서 아이들을 괴롭히는 학생

16 그 기계에서 나오는 소리가 너무 짜증스러워서 나는 귀마개를 꼈다.
▶ The sound가 come의 능동적 주체이므로 coming이 수식하는 것이 알맞고, annoy의 능동적 주체로서 '짜증스러운' 감정을 유발하므로 annoying이 알맞다.

17 연장 신청서는 그들이 계속해서 기준을 충족시키는 조건으로 승인될 수 있다.
▶ providing(provided) that: ~을 조건으로
[어휘] renewal 갱신, 연장 criteria criterion(기준)의 복수형

18 그 어른신은 등을 벽에 기댄 채 앉아 있었고 지쳐 보였다.
▶ 「with + (대)명사 + 분사」 구문에서 his back과 lean이 능동 관계이므로 분사 자리에 leaning이 알맞고, 주어 The old man과 주격보어 exhaust가 수동의 관계이므로 exhausted가 알맞다.

> 19 company located in Singapore
> 20 not being aware of
> 21 Though never having been a smoker
> 22 talk with their mouth full

19 싱가포르에 위치한 한 회사가 새 매니저들을 뽑고 있다.
▶ located가 in 전치사구와 함께 A company를 뒤에서 수식하는 어순이 적절하다.

20 Jake는 조류의 위험을 인지하지 못한 채 해변으로부터 멀리 헤엄쳤다.
▶ 문장 중간에 위치한 분사구문이며 부정어는 분사 바로 앞에 위치하므로 not being aware of의 어순이 적절하다.
[어휘] current 조류, 해류

21 흡연자였던 적이 결코 없었음에도 불구하고 그녀는 폐암으로 진단 받았다.
▶ 접속사가 맨 앞에 위치하고 부정어는 분사 바로 앞에 위치한다. Though never having been으로 이어지는 분사구문이 적절하다.
[어휘] be diagnosed with ~으로 진단받다   lung cancer 폐암

22 나는 내 아이들에게 입에 음식이 가득 든 채 말하지 말라고 한다.
▶ 「with + (대)명사 + 형용사」구문을 이용하여 talk with their mouth full로 나타내는 것이 적절하다.

> 23 (Even though) Crowdfunding having many merits
> 24 (Being) Given enough time to prepare
> 25 Not having pushed myself hard enough
> 26 The shoreline (having been) formed by wave erosion for a long time

23 크라우드 펀딩이 많은 장점들이 있지만, 우리는 온라인에 만연한 신용 사기와 편법을 경계해야 한다.
▶ 부사절의 주어 crowdfunding이 주절의 주어 we와 일치하지 않으므로 분사구문에 밝혀주고 시제가 일치하므로 단순분사구문으로 바꾼다. 접속사는 의미를 명확하게 하기 위해 남겨둘 수도 있다.
[어휘] crowdfunding 크라우드 펀딩(소셜 네트워크 서비스나 인터넷을 활용하여 일반 개인들로부터 투자 자금 따위를 모으는 방식) merit 장점   be wary of ~을 경계(조심)하다   scam 신용 사기 prevail 만연(팽배)하다

24 준비할 충분한 시간이 주어진다면, 우리는 해낼 수 있다.
▶ 접속사를 생략하고 부사절의 주어와 시제가 주절과 일치하므로 수동형 단순분사구문으로 바꾼다. 이때 Being은 생략 가능하다.

25 나는 내 자신을 충분히 열심히 몰아붙이지 않았기 때문에, 내 경쟁자 들을 뛰어넘을 기회를 잃었다.
▶ 접속사를 생략하고 주절의 주어와 일치하는 I 또한 생략하며, 완료시제이므로 완료분사구문이 알맞다. 부정어는 분사 바로 앞에 위치한다.
[어휘] push oneself 스스로 채찍질하다   surpass 능가하다, 뛰어넘다   competitor 경쟁자

26 그 해안선은 오랜 시간 동안 파도의 침식에 의해 형성되었기 때문에, 고운 모래로 된 많은 해변들이 있다.
▶ 접속사를 생략하고 부사절의 주어 the shoreline이 주절의 주어 there과 일치하지 않으므로 분사구문에 밝혀준다. 시제가 주절보다 앞서므로 수동형 완료분사구문이 되며, 이때 having been은 생략 가능하다.
[어휘] shoreline 해안선   erosion 침식

CHAPTER 09 명사·관사 EXERCISE

pp.30~31

[01-10]

01 The, the	02 X, X	03 X, X	04 the
05 X	06 X	07 a	08 X
09 the, the	10 the		

01 첫 번째 총알은 범인을 빗나갔지만, 다른 총알 세 발은 그의 가슴에 맞았다.
▶ 첫 번째 빈칸에는 서수 앞이므로 The를 쓴다. 두 번째 빈칸에는 「hit(pat, strike 등) + 사람·동물·사물 + on + the + 신체부위」이므로 the를 쓴다.
[어휘] miss 빗나가다

02 A: 너는 보통 회사에 어떻게 가니, Bill?
B: 버스로 가곤 했는데, 요즘에는 걸어서 가려고 해. 너도 알다시피, 나는 운동을 해야 하거든.
▶ 첫 번째 빈칸에는 「by + 교통·통신수단」이므로 관사를 쓰지 않는다. 두 번째 빈칸에는 on foot이므로 관사를 쓰지 않는다.

03 우연히 발생한 많은 과학적 발견들이 우리의 삶을 변화시켰다.
▶ 첫 번째 빈칸에는 「take place(발생하다)」이므로 관사를 쓰지 않는다. 두 번째 빈칸에는 「by chance(우연히)」이므로 관사를 쓰지 않는다.

04 현재의 추세로는 실직자의 수가 증가하고 있다.
▶ 복수 보통명사의 의미를 가지는 「the + 형용사·분사」이므로 the를 쓴다.

05 연구자들은 코끼리의 코가 시간 당 540km의 속도로 물을 빨아올릴 수 있다는 것을 계산했다.
▶ water가 물질명사이므로 관사를 쓰지 않는다.
[어휘] trunk (코끼리의) 코   suck up ~을 빨아올리다

06 한 남자가 실수로 자신의 은행 계좌에 들어온 50만 달러를 돌려주는 것을 거부한 뒤 체포되었다.
▶ by mistake: 실수로
[어휘] arrest 체포하다   put A into B A를 B에 넣다

07 그 남자는 자신이 어렸을 때 좋은 교육을 받은 것에 감사했다.
▶ 일부 사람의 감정이나 정신적 행동과 관련된 추상명사(education)는 주로 형용사와 함께 쓰여 a(n)이 붙는다.

08 그 회사는 우주의 개척자가 되기를 원한다.
▶ space, society, nature 등의 명사는 앞에 관사를 쓰지 않는다.
[어휘] pioneer 개척자, 선구자

09 총 길이가 약 6,650km인 나일 강은 지구상에서 가장 긴 강이다.
▶ 첫 번째 빈칸에는 강 이름 앞이므로 the를 쓰고, 두 번째 빈칸에는 최상급 앞이므로 the를 쓴다.

10 사람들은 개가 단연코 인간의 가장 충직한 친구라고 말한다.
▶ 빈칸에는 최상급 앞이므로 the를 쓴다.
[어휘] loyal 충실한   mankind 인간, 인류

[11-14]

11 the, fortune, to	**12** were, cruelty, itself
13 of, importance	**14** had, the, wisdom, to, help

11 우리 그룹은 운이 좋게도 굉장한 일몰을 보았다.
▶ have the+추상명사(+to부정사)(= 부사+동사): ~하게도 …하다
[어휘] spectacular 굉장한   sunset 일몰

12 Jackson 일가는 노예들을 다루는 데 무척 잔인했다.
▶ 추상명사+itself(= very+형용사): 무척 ~한
[어휘] slave 노예

13 고객 만족도를 높게 유지하는 것은 중요하다.
▶ of importance(= important): 중요한

14 그는 현명하게도 내가 가까운 친구들과의 문제를 해결하는 것에 도움을 주었다.
▶ have the+추상명사+to부정사(= be동사+so+형용사+as+to부정사): ~하게도 …하다

[15-19]

15 At the end of the match, the football player exchanged T-shirts with the referee.
16 Everybody agrees that it is difficult to imagine the magnitude of the universe.
17 The big supermarket sells merchandise at competitive prices.
18 The clergy are going to accept responsibility for whatever happens.
19 Many products are made from machinery rather than by hand.

15 경기가 끝났을 때, 축구 선수는 심판과 티셔츠를 교환했다.
▶ 상호관계, 상호교환 등을 나타내는 명사는 항상 복수형으로 쓴다.
a T-shirt → T-shirts
[어휘] referee 심판

16 모든 사람은 우주의 규모를 상상하는 것이 어렵다는 것에 동의한다.
▶ 모든 사람이 공유하는 자연 환경, 주변의 세계와 기후 등을 나타내는 명사 앞에는 the를 쓴다. universe → the universe
[어휘] magnitude 규모

17 그 큰 슈퍼마켓은 가격 경쟁력이 있는 물건을 판다.
▶ merchandise는 물질명사처럼 취급하며, 부정관사를 붙이지 않고 복수형도 불가능하며 단수 취급한다.
a merchandise → merchandise
[어휘] merchandise 물품, 상품

18 성직자들은 무슨 일이 일어나든 책임을 질 것이다.
▶ cattle, clergy, police 등은 부정관사를 붙이지 않고 복수형도 불가능하지만 복수 취급하며 복수형 동사를 쓴다. is → are
[어휘] clergy (특히 기독교의) 성직자들

19 많은 제품들이 사람 손보다 기계로 만들어진다.
▶ machinery는 물질명사처럼 취급하며, 부정관사를 붙이지 않고 복수형도 불가능하며 단수 취급한다. a machinery → machinery
[어휘] machinery 기계(류)   by hand 사람 손으로

[20-26]

20 in her fifties, in the eighties
21 half the price
22 Jim's and Sean's dad are
23 behind time
24 so sunny a day
25 are of a mind
26 a Mr. Shorty took her by the wrist

20 첫 번째 빈칸에는 '50대의 나이'라는 의미가 되어야 하므로 in her fifties가 알맞다. 두 번째 빈칸에는 '80년대에'라는 의미가 되어야 하므로 in the eighties가 알맞다.

21 「all(both, double, half, twice 등)+the+명사」의 어순으로 쓰이므로 half the price가 알맞다.

22 'Jim의 아빠와 Sean의 아빠'는 개별소유격을 써야 하므로 Jim's and Sean's dad를 써야 하고 복수형 동사(are)를 써야 한다.

23 behind time: 시간에 늦어서
[어휘] casualty 사상자, 피해자   blizzard 눈보라

24 「so+형용사+a(n)+명사」의 어순이므로 so sunny a day가 알맞다.

25 부정관사에는 '같은(= the same)'이라는 의미도 있으므로 are of a mind가 알맞다.
[어휘] A and B alike A와 B 둘 다   modernization 현대화

26 고유명사 앞에 a를 붙이면 '~라는 사람'의 의미가 된다. 또한 '그녀의 손목을 잡았다'는 「take+사람·동물·사물+by+the+신체부위」로 나타내므로, a Mr. Shorty took her by the wrist가 알맞다.

01 ② 02 ② 03 ② 04 ① 05 ② 06 ⑤ 07 ③ 08 ⑤
09 ③ 10 of 11 point 12 ④ 13 ④ 14 ④ 15 ⑤
16 ③ 17 ② 18 ⑤ 19 ② 20 ③ 21 ① 22 ① 23 ①
24 ④ 25 ⑤ 26 with her arms folded 27 stopped
talking, suggested going out 28 Dozens of joggers
were 29 ④ 30 ① 31 ③ reduce → reducing/to reduce
32 They claim to have evidence backing up their views
and theories. 33 ③ Check Plus ④ 34 ③ Check Plus ③

01 그 서비스 팀의 책임자는 좀 더 디지털화된 업무 현장에서 일하는 것에
익숙해질 시간이 필요하다.
▶ 「get used(accustomed) to -ing(~하는 데 익숙해지다)」가
되어야 하므로 빈칸에는 to working이 알맞다.
[어휘] digitized 디지털화된 workplace 업무 환경, 직장

02 그 회사는 지난달 저자에 의해 완전히 개정된 제2판을 발행했다.
▶ the second edition이 revise의 수동적 대상이므로 the
second edition을 수식하는 말로 빈칸에 revised가 알맞다.
[어휘] edition (출간 횟수를 나타내는) 판 revise 개정하다

03 상공에서 보면, 그 유적은 거대한 원들과 사각형들 같다.
▶ 분사구문의 의미상의 주어 the remains와 see가 수동 관계이며
문맥상 주절과 시제가 같으므로 수동형 단순분사구문이 알맞다.
빈칸에는 Being을 생략한 형태의 Seen이 알맞다.
[어휘] remains 유적

04 "그 화학 물질은 서빙되기 전에 실수로 아니면 고의로 음식에
들어갔습니다."라고 경찰은 말했다.
① 실수로 ② 외워서 ③ 그들이 놀랍게도
④ 걱정 없이 ⑤ 간단명료하게
▶ 「either A or B(A 또는 B)」의 표현에서 A에 해당하는 부분이
필요하다. B에 해당하는 부분은 on purpose(고의로)이므로
빈칸에는 이와 대치되는 '실수로'라는 뜻의 관사가 생략된 관용어구 by
mistake가 적절하다.
[어휘] chemical 화학 물질

05 분사구문의 의미상의 주어인 Jason이 sentence의 수동적 대상이며
분사구문의 시제가 주절보다 앞서므로 수동형 완료분사구문이 알맞다.
이때, Having been은 생략 가능하므로 Sentenced가 알맞다.
[어휘] sentence to ~형을 선고하다 imprisonment 금고(형)

06 소유격은 부정관사, 지시형용사, 부정형용사 등과 같은 한정사와
이어서 쓸 수 없으므로, 「한정사+명사+of+소유대명사」의
이중소유격 형태로 쓴다. 따라서 many books of yours가 알맞다.

07 「regret+to부정사」는 '(앞으로) ~하게 되어 유감이다'의 의미이므로,
이 문장에서는 to tell이 알맞다.

08 「half(double, twice 등)+the+명사」의 어순으로 써야 하므로 for
less than half the price가 알맞다.
[어휘] vacuum 진공청소기

09 밤에 제대로 잠을 잘 수가 없어서 나는 의사의 진료를 받았다.
▶ 접속사를 생략하고 주절의 주어와 일치하는 I 또한 생략하며, 주절과

시제가 일치하므로 단순분사구문이 적절하다. 이때 부정어는 분사 바로
앞에 위치하므로 Not being able로 이어지는 분사구문이 알맞다.

10 • 당신의 후원은 우리가 목표를 추구함에 있어 매우 가치 있는 것이 될
것이다.
• 초콜릿 바 한 개의 무게는 약 480그램이다.
▶ 첫 번째 문장은 '매우 가치 있는'의 의미가 되어야 하므로 「of+
추상명사」인 of great value, 두 번째 문장은 chocolate과 같은
물질명사의 단위를 표현하는 「a bar(slice, piece, sheet, loaf
등)+of+물질명사」를 쓴다. 따라서 빈칸에 공통으로 of를 쓰는 것이
알맞다.
[어휘] pursue 추구하다 mass 중량, 무게

11 • 그는 전화가 왔을 때 막 떠나려고 했다.
• 많은 미국인들은 추수감사절에 칠면조를 먹는 것을 규칙으로 한다.
▶ 첫 번째 문장은 '막 ~하려고 하다'는 의미가 되어야 하므로 「be
on the point of -ing」, 두 번째 문장은 '의례 ~하다, ~하는 것을
규칙으로 삼다'는 의미가 되어야 하므로 「make a point of -ing」를
쓴다. 따라서 빈칸에 공통으로 point를 쓰는 것이 알맞다.

12 • 그가 다시 집권할 가능성은 거의 없다.
• 팬들은 그 경기의 결과가 창피스러웠다고 말했다.
▶ 첫 번째 빈칸에는 동명사의 의미상 주어가 와야 하는데 소유격이나
목적격으로 쓸 수 있으므로 him coming과 his coming 둘 다 쓸 수
있다. 두 번째 빈칸에는 the result가 '창피스러운' 감정을 유발한다는
의미가 되어야 하므로 embarrassing이 알맞다.
[어휘] come to power 집권하다, 권력을 잡다 embarrassing
창피스러운

13 • 한 남자가 몸을 날려 기적적으로 그 소년의 다리를 잡았다.
• 1990년대 내내, 마이클 조던과 그의 팀은 NBA에서 강력한 세력
이었다.
▶ 첫 번째 문장에는 「catch+사람·동물·사물+by+the+신체부위」
가 와야 하므로 by the가 알맞다. 두 번째 문장에는 「the+연도+-s
(~년대)」가 와야 하므로 the 1990s가 알맞다.
[어휘] miraculously 기적적으로 dominant 우세한, 지배적인
force 영향력

14 ①②③⑤는 모두 '남성 명사-여성 명사'의 관계이지만, ④ priest
(사제, 신부)와 monk(수도승)는 둘 다 남성 명사이다. '(여자) 성직자'
는 priestess로 쓴다.
[어휘] wizard 마법사 witch 마녀

15 동시 동작·상황을 나타내는 「with+(대)명사+분사」 구문이 적절하며,
being on strike에서 being이 생략되어 전치사구만 남은 형태가
된다.

16 ① 월요일이라서, 교통량이 특히 많다.
▶ 부사절의 비인칭 주어 it이 주절의 주어 the traffic과
일치하지 않으므로 분사구문에 밝혀주고 주절과 시제가 일치하여
단순분사구문으로 바꾼 것으로 의미가 같다.
② 일반적으로 말해서 그것들은 두 개의 범주로 나뉘는 것 같다.
▶ 분사구문의 의미상의 주어가 주절의 주어와 다르지만 일반인을
의미하는 we이기 때문에 생략한 독립분사구문을 이용한 문장으로

의미가 같다.

[어휘] fall into ~으로 나뉘다

③ 그 소녀는 용감하게 새로운 것을 시도했다.
 ▶ 「have the+추상명사+to부정사(~하게도 …하다)」는 「be동사+형용사+enough+to부정사」로 바꾸어 쓸 수 있다. enough brave → brave enough

④ 그 변호사는 그녀가 법적 조처를 취해야 한다고 주장했다.
 ▶ 주장이나 제안을 나타내는 동사 다음에 동명사구가 올 경우 「that+주어+(should)+동사원형」으로 바꾸어 쓸 수 있다.

[어휘] take legal action 법적 조처를 취하다

⑤ Sam은 무척 친절하다. 그는 항상 기꺼이 돕고자 한다.
 ▶ 「추상명사+itself(무척 ~한)」은 「very+형용사」로 바꾸어 쓸 수 있다.

17 그 책들과 기사들이 성찰 없이 읽혀지고 그리하여 충분히 이해되지 못하면 종종 득보다 해가 많을 수 있다.
 ▶ 문장 중간에 위치한 분사구문의 의미상의 주어 books and articles와 read가 수동 관계이므로 being read가 되어야 한다. 이때 being은 보통 생략되므로 reading은 read가 되어야 한다.

[어휘] reflection 숙고, 성찰 do more harm than good 득보다 해가 많다

18 그 위원회는 자동 진단 방식이 정확하고 믿을 수 있으며 주의해서 사용된다면 더 낫다는 것을 인정한다.
 ▶ 「전치사+추상명사」는 형용사나 부사 역할을 하며, 관사 없이 with care로 써야 한다.

[어휘] diagnostic 진단의 preferable 더 좋은 reliable 믿을 수 있는

19 한 마디로 항생제는 적절히 사용만 된다면 특정 전염병들을 물리치고 아픈 사람들의 생명을 구하는 데 도움을 줄 수 있는 강력하고 놀라운 의약품이다.
 ▶ astonish의 수식을 받는 medicines가 '놀라운' 감정을 유발하는 능동의 의미이므로 astonished는 astonishing이 되어야 한다.

[어휘] antibiotics 항생제 infection 감염, 전염병

20 ① 피카소 작품 두 점은 보스턴 시에 팔릴 것이다.
 ▶ 고유명사에 관사나 복수형을 써서 '~의 작품'의 의미로 쓸 수 있다.
② 엄마는 남동생이 나를 놀렸던 것 때문에 남동생을 꾸짖으셨다.
 ▶ 동명사의 시제가 문장의 시제보다 앞설 때는 완료동명사(having p.p.)를 쓴다.

[어휘] scold A for B A를 B 때문에 꾸짖다 make fun of ~을 놀리다

③ 교수님은 경제학이 주로 부족과 선택에 관한 연구라고 말씀하셨다.
 ▶ 학과명 economics는 단수 취급하며 단수형 동사를 쓴다. are → is

[어휘] primarily 주로 scarcity 부족, 결핍

④ 대부분의 직원들은 회사 수익의 너무 적은 몫을 받았다.
 ▶ 「too(so, as, how 등)+형용사+a(n)+명사」의 어순으로 쓴다.

[어휘] share 몫, 지분 corporate 기업(회사)의 earning 수익

⑤ 많은 승객들이 자신들의 수하물을 기다리고 있다.
 ▶ luggage는 물질명사처럼 취급하며 부정관사를 붙이지 않고 복수형도 불가능하다.

21 ① 어떤 사람들은 마틴 루터 킹의 이름을 따서 그 학교명을 짓는 것에

반대했다.
 ▶ be opposed to -ing: ~하는 것에 반대하다
name → naming

[어휘] name A after B B의 이름을 따서 A를 짓다

② 그 선생님은 나에게 충고를 한 마디 하셨다.
 ▶ 추상명사 advice는 「a piece(word) of」로 수량을 나타낸다.
③ Wood 부부는 남아 있는 신혼여행을 즐겼다.
 ▶ 고유명사에 정관사와 복수형을 써서 '~ 부부'의 의미로 쓸 수 있다.
④ 소비재는 소비를 위해 구입되는 제품이다.
 ▶ goods(상품)은 주로 복수 취급하며 복수형 동사를 쓴다.

[어휘] consumption 소비

⑤ 비행기 추락 사고에서 살아남은 후 Williams 부인은 자신의 버킷 리스트를 이행하고 있다.
 ▶ 문맥상 분사구문의 시제가 주절보다 앞서므로 완료분사구문이 알맞게 쓰였다.

[어휘] carry out ~을 이행하다 bucket list 버킷 리스트(죽기 전에 하고 싶은 일들을 적은 목록)

22 그들은 쇼핑몰에 가는 것을 연기했다/포기했다/제안했다.
 ▶ 빈칸 뒤에 동명사가 왔으므로 빈칸에는 목적어로 동명사를 취하는 동사가 와야 한다. promise는 to부정사를 목적어로 취하는 동사 이므로 빈칸에 알맞지 않다.

[어휘] put off 미루다, 연기하다

23 소들/염소들/많은 양들/많은 말들은 일생의 대부분을 농장에서 산다.
 ▶ 동사가 live이므로 빈칸에는 복수형 주어가 와야 한다. The pig도 종족을 대표할 수 있지만, 뒤에 단수 동사가 와야 하므로 빈칸에 들어갈 수 없다.

24 공항에 도착하자마자, 그녀는 아버지에게 전화를 걸었다.
 ▶ On(Upon) -ing(= As soon as(The moment, The minute, The instant, Immediately)+주어+동사): ~하자마자

25 ① 대단히 놀랍게도, 나의 부모님은 그 생각에 반대하셨다.
 ▶ 「to one's+감정을 나타내는 추상명사」는 '~하게도'라는 뜻을 가지며, 강조하고 싶을 때는 「to one's+great+추상명사」로 쓴다.
disappoint → disappointment

[어휘] object to ~에 반대하다

② 나는 네가 하고 있는 것을 깊이 신뢰한다.
 ▶ 일부 사람의 감정이나 정신적 행동과 관련된 추상명사는 주로 형용사와 함께 쓰여 a(n)이 붙는다. deep trust → a deep trust
③ 캐나다의 Peyto 호수는 밝은 청록색으로 유명하다.
 ▶ 호수명에는 관사를 붙이지 않는다.
The Peyto Lake → Peyto Lake

[어휘] turquoise 청록색의

④ 그들의 친구 중 한 명이 소포를 분실한 것에 대해 나를 탓했다.
 ▶ 이중소유격은 「한정사+명사+of+소유대명사」로 쓴다.
their → theirs

⑤ 간단히 말하면, 우리는 비 때문에 제시간에 공항에 도착하지 못했다.
 ▶ to make a long story short: 간단히 말하면

[어휘] keep A from B A가 B하지 못하게 하다

26 동시 동작·상황을 나타내는 「with+(대)명사+분사」 구문이 적절하며, her arms와 fold의 관계가 수동이므로 with her arms folded가 알맞다.

27 첫 번째 빈칸에는 「stop+-ing(~하는 것을 멈추다)」이므로 stopped

talking이 알맞다. 두 번째 빈칸에는 suggest는 동명사를 목적어로
취하는 동사이므로 suggested going out이 알맞다.

28 수를 세는 명사 dozen을 복수로 써서 막연한 다수를 나타내면 복수
취급하며 복수형 동사를 쓴다.

29 ① A: 아침에 학교에 어떻게 가니?
  B: 나는 자전거로 가거나 걸어서 가.
  ▶ 「by+교통·통신수단」과 on foot은 관사를 붙이지 않는다.
② A: 오렌지를 어떻게 파시나요?
  B: 킬로그램 단위로 팝니다.
  ▶ by the+단위를 나타내는 명사: ~ 단위로
③ A: 주문할 준비가 되셨나요?
  B: 네, 맥주 두 잔과 와인 한 잔을 주문할게요.
  ▶ 주문 등으로 음료의 개수를 나타내는 경우에는 물질명사에
  부정관사를 쓰거나 복수형으로 쓸 수 있다. 또한 앞에 「a glass
  of」를 붙여서 나타낼 수 있다.
④ A: 거의 백만 톤의 먼지가 매년 봄 고비 사막에서 와요.
  B: 그거 끔찍하네요.
  ▶ 강, 바다, 군도, 산맥, 사막, 호텔, 박물관, 미술관, 국가, 신문,
  공공건물 등 앞에는 the를 붙인다.
  Gobi Desert → the Gobi Desert
⑤ A: 우리 해변에 가는 게 어때?
  B: 미안하지만, 나는 기말고사를 준비하느라 바빠.
  ▶ be busy -ing: ~하느라 바쁘다
  [어휘] final 기말고사(= final exam)

30 (a) 그 공사는 도로망을 현대화하는 것을 목적으로 실시되었다.
  ▶ with a view to -ing: ~하는 것을 목적으로
  to modernize → to modernizing
  [어휘] carry out ~을 실시하다   modernize 현대화하다
(b) 하루에 탄산음료 두 잔을 마시는 것은 심장질환의 위험성을 두 배로
  만든다.
  ▶ 주문 등으로 음료의 개수를 나타내는 경우에는 물질명사에
  부정관사를 쓰거나 복수형으로 쓸 수 있다.
(c) 그 직원이 이 기준들을 충족시킨다면, 서면 요청서를 제출해도 된다.
  ▶ 앞에 언급되는 사람(the employee)의 성별이 분명하지 않은
  경우에는 he or she로 받을 수 있다.
  [어휘] criteria criterion(기준)의 복수형
(d) 그 프로젝트에 동참한 것은 놀라운 경험이었다.
  ▶ experience가 amaze의 능동적 주체로 '놀라운' 감정을
  유발하므로 amazing의 쓰임이 알맞다.
(e) 그들 중 한 명이 소리를 지르며 내 어깨를 당겼다.
  ▶ 「pull(catch, take, seize, hold, shake 등)+사람·동물·
  사물+by the+신체부위」로 쓴다. in → by
(f) 이것은 잘 작동하고 있는 정부 조직 모델들을 면밀히 조사한다.
  ▶ government organizations가 well-perform의 능동적
  주체이다. well-performed → well-performing
  [어휘] scrutinize 면밀히 조사〔검토〕하다
(g) 가치 없는 것들과 시시한 사람들에 귀중한 시간을 낭비하지 말아라.
  ▶ 물질명사 time은 부정관사를 붙일 수 없고 복수형으로 쓰지
  않는다.
  [어휘] worthless 가치 없는   futile 시시한
(h) 그들은 다음 달에 필리핀 군도에 가야 했다.

▶ 강, 바다, 해양, 운하, 만, 군도 등에는 항상 the를 붙인다.
[어휘] the Philippine Islands 필리핀 군도

[31-32]

지구 온난화 논의에 대해 이야기를 할 때, 정치인들 및 다른 잘 알려진
인물들뿐 아니라 많은 과학자들도 지구 온난화는 전혀 걱정할 일이
아니라고 주장한다. 그들은 산업과 관련된 활동에서 발생하는 온실
가스를 줄이는 것이 지구 온난화보다 우리 경제에 더 나쁜 영향을
미칠 수 있다고 말한다. 그들은 자신들의 견해와 이론들을 뒷받침하는
증거가 있다고 주장한다.

31 that절의 주어가 필요하므로 동명사(reducing)이나 to부정사(to
reduce)가 되어야 한다.
32 관계사절 that backs up ~은 앞의 명사 evidence를 후치 수식하는
현재분사 backing up ~으로 바꿀 수 있다.
[어휘] figure (중요한) 인물, 명사   be concerned about
~을 걱정하다   greenhouse gas 온실 가스(특히 이산화탄소)
emit 내뿜다   back up ~을 뒷받침하다

33

산호 종들은 성공적인 번식 확률을 높이기 위해 종종 매년 봄 한 주 동안
난자와 정자를 동시에 낳는다. 많은 연구들은 매년 발생하는 대규모
산란과 정확한 시기는 수온과 조류, 날씨와 같은 환경의 미묘한 조합에
달려있다는 것을 보여준다. 무엇보다도 보름달이 뜬 후에 발생하는
놀라운 동시 산란은 달빛이 중요한 역할을 한다는 것을 시사한다.
산호는 빛에 민감한 분자들을 가지고 있어서 빛을 감지하고 빛에
반응한다. 연구자들은 야간 인공 조명의 등장이 달빛과 길항 작용을
하며, 이것이 산호들의 산란을 방해할 수 있고, 달빛 감지 시스템을
교란시킨다고 말한다. 달빛이 산란 기간에 미치는 영향은 일년에 한 번
일어나는 산호의 번식에 매우 중요하다. 따라서, 지나친 인공 조명으로
인한 빛 공해는 산호의 번식과 결과적으로 생존에까지 진정한 위협이
될 수 있다.

▶ ③ 문맥상 주어 synchronization of spawning과 능동 관계인
occur이 현재분사로서 after 전치사구와 함께 synchronization of
spawning을 수식하는 형태가 적절하다. 문장의 동사는 suggests이다.
occurs → occurring

Check Plus
① 산호는 어떻게 번식하는가
② 산호의 달빛 감지 시스템
③ 산호는 왜 동시에 산란하는가
④ 산호의 산란을 방해하는 빛 공해
⑤ 인공 불빛이 산호 알과 정자에 주는 영향
▶ 빛에 민감한 분자를 갖고 있는 산호는 보름달 이후에 동시 산란을 해서
번식률을 높이는데, 야간 인공 조명 등은 이들의 달빛 감지 시스템을
교란시켜 이들의 번식과 생존에 큰 위협이 될 수 있다는 글이다. 따라서
주제로 ④가 알맞다.
[어휘] simultaneously 동시에   annual 매년의, 연례의   mass 대량의,
대규모의   artificial 인공의   compete with ~와 경쟁하다

사람들과 함께 식사를 하는 것이 사회적 상호작용의 기본 중 하나라는 것은 명백하다. 우리는 자라면서 저녁 식사 자리에서 생기는 가족과의 상호 작용의 중요성에 대해 알게 된다. 하지만, 사람들은 모여서 식사를 하고 직접 요리를 하는 전통을 잃어 가고 있다. 사람들은 그 어느 때보다 외식을 많이 한다. 2015년과 2019년 사이에 실시된 설문 조사 결과를 담은 한 보고서에 따르면 뉴욕에서 혼자 외식을 하는 사람의 수는 80%가 늘었다고 한다. 사람들은 혼자만의 세계로 숨어들면서 점점 더 서로에게서 단절되고 있다. 음식 배달 서비스의 인기가 급격하게 올라가고, 이들 중 다수가 혼자 먹는 한끼 식사를 위한 것인데, 이는 인간적인 측면에서 그다지 바람직하지는 않은 것일 수도 있다. 여러 이유로 우리가 혼자 식사를 하게 될지라도, 바라건대, 음식 앞에 함께 모이고 싶은 소망이 우리 마음 속에 깊숙이 보편적으로 남아 있기를 기대한다.

▶ (A) that절의 주어가 와야 하므로 주어 역할을 하는 동명사 eating이 알맞다.
(B) 분사구문의 의미상의 주어 we와 grow up은 능동 관계이므로 Growing이 알맞다.
(C) 분사구문의 의미상의 주어 People과 retreat은 능동 관계이므로 retreating이 알맞다.

Check Plus
① 오직 우리 자신만을 위해서 요리하다
② 사람들과 온라인으로 상호작용을 하다
③ 음식 앞에 함께 모이다
④ 우리 자신의 사적인 세상을 즐기다
⑤ 사회로부터 연결이 끊어지다
▶ 우리 마음 깊숙이 보편적으로 남아 있기를 바라는 내용이 빈칸에 와야 한다. 빈칸 앞의 Even if절의 내용(몇몇 요인이 우리가 혼자 식사하도록 하지만)과 대치되는 내용이 나와야 하므로 빈칸에는 함께 모여 식사하는 것과 관련된 내용이 와야 함을 유추할 수 있다. 따라서 이와 유사한 맥락의 ③이 알맞다.
[어휘] eat out 외식하다   more than ever 그 어느 때보다도, 여느 때보다 더   dine 식사를 하다

CHAPTER 10 대명사 EXERCISE

pp. 38-39

[01]

(a) other (b) mine (c) some (d) such (e) who (f) it

01 며칠 전에 길을 걷다가, 나는 내 친구 중 한 명인 Jim을 만났다. 그는 부모님과 함께 손님들을 위한 고기, 유제품, 야채와 같은 식품을 좀 사려고 식료품 가게에 가는 길이었다. 나는 그에게 "그런데, 누가 올 거니?"라고 물었다. 그는 "내 조부모님과 이모가 오실 거야."라고 대답했다. "사실, 이번 주 토요일이 내 생일이거든. 너무 기대돼!" Jim이 웃으며 덧붙였다.
▶ (a) the other day: 며칠 전에
(b) '내 친구 중 한 명'라는 의미의 이중소유격(한정사＋명사＋of＋소유대명사)이 되어야 하므로 mine이 알맞다.
(c) 긍정의 평서문에서 '약간'의 의미로 some을 쓰는 것이 알맞다.
(d) A such as B: B와 같은 A
(e) '누가'라는 의미의 의문대명사 who가 알맞다.
(f) 날짜를 나타내는 비인칭주어 it이 알맞다.

[02-04]

| 02 have | 03 supports | 04 have, has |

02 판사들은 양측 모두가 비용을 지불할 의무가 있다고 말했다.
▶ 「both (of)＋한정사＋복수명사」는 복수 취급하므로 have가 알맞다.
[어휘] have an obligation 의무가 있다   expense 비용, 돈
03 각 사례들이 너의 의견을 어떻게 뒷받침하는지 논의할 준비를 해라.
▶ 「each of＋한정사＋복수명사」는 단수 취급하므로 supports가 알맞다.
04 그 학생들 둘 중 누구도 그 단어가 무엇을 의미하는지 모른다.
▶ 「neither of＋한정사＋복수명사」는 단수와 복수 취급이 모두 가능하므로 have와 has 둘 다 쓸 수 있다.

05 the same as that of 1990
06 such phenomena as chemical changes /
phenomena such as chemical changes
07 such a talented actor as to
08 who do you guess would be

05 '1990년의 그것과 동일한'이 되어야 하므로 「the same as+명사」로
쓴다. 그리고 문장 내에서 앞에 나온 명사의 반복을 피하기 위해 명사
자리에 that을 쓴다.
06 'B와 같은 A'가 되어야 하므로 「such A as B = A such as B」로
쓴다.
[어휘] phenomena phenomenon(현상)의 복수형
07 '~할 정도로 …한'은 「such ~ as+to부정사」로 쓴다.
[어휘] talented 재능 있는   candidate 후보자
08 주절의 동사가 guess이므로, 「의문사+do you guess+주어+동사」
로 쓴다.

[09-12]

09 some, others   10 One, the other
11 the one, the other   12 another

09 some ~, others …: (셋 이상) 일부는 ~, 또 다른 일부는 …
[어휘] factor 요소   have nothing to do with ~와 관련이 없다
10 one ~, the other …: (둘 중) 하나는 ~, 나머지 하나는 …

11 on the one hand ~, on the other hand …: 한편으로는 ~, 다른
한편으로는 …
12 '(같은 종류의) 또 다른 하나(것)'을 의미하는 another가 알맞다.

[13-17]

13 that of fossil fuel
14 but it was in vain
15 Not all of the baseball players are big
16 Where do you think the next Winter Olympics will
17 one thing to know what to do, but it's another
(thing) to do it

13 앞에 언급된 단수명사 combustion의 반복을 피하기 위해 that을
쓴다.
[어휘] biofuel 바이오 연료   combustion 연소
fossil fuel 화석 연료
14 앞에 나온 절 전체를 받을 때는 대명사 it을 쓴다.
[어휘] in vain 헛되이
15 '모두가 ~인 것은 아니다'의 부분부정의 의미를 나타내려면 「not all
~」을 쓴다.
16 주절의 동사가 think이므로 「의문사+do you think+주어+동사」로
쓴다.
17 It's one thing+to부정사(A), but it's another (thing)+
to부정사(B)(= A is one thing, but B is another): A와 B는
별개이다

CHAPTER 11 형용사·부사 EXERCISE

pp. 40-41

[01-07]

01 economic   02 yet
03 considerable   04 before
05 either   06 slow, slowly, completely
07 Typically, high

01 그 개발 도상국은 여태껏 가장 긴 경제 팽창을 겪고 있다.
▶ 문맥상 '경제의'를 의미하는 economic이 알맞다. economical은
'절약하는'을 의미한다.
[어휘] developing country 개발 도상국   expansion 확대, 팽창
02 그 산악인들은 아직 피로에서 회복되지 못했다.
▶ 부정문에서 쓰여 '아직'의 의미를 나타내는 yet이 알맞다.
[어휘] fatigue 피로
03 잘 조직된 압력 단체들은 정부 정책에 상당한 영향력을 행사할 수 있다.
▶ 문맥상 '상당한'을 의미하는 considerable이 알맞다.
considerate은 '사려 깊은'을 의미한다.
[어휘] pressure group 압력 단체   exert influence on ~에
영향력을 행사하다
04 그녀는 예전에 내 개인적인 이야기에 대해 들은 적이 있었기 때문에
내게 몇 가지 질문을 했다.
▶ 주로 완료시제에 쓰여 '예전에'의 의미를 나타내는 before가 알맞다.
ago 앞에는 기간을 나타내는 말이 오며 과거시제와 함께 쓰인다.
05 그 학생들은 시험 정책을 싫어했고, 내 설명에 대해서도 역시 마음에
들어 하지 않았다.
▶ 부정문에서 쓰여 '역시', '또한'의 의미를 나타내는 either이 알맞다.
06 당신이 안개 낀 지역을 완전히 벗어날 때까지 서서히 조심스럽게
운전하세요.
▶ 주절의 slow는 -ly가 붙든 안 붙든 뜻이 같은 부사로 둘 다 동사
drive를 수식할 수 있고, 종속절의 부사 out을 수식할 수 있는 것은

부사 completely이다.

[어휘] foggy 안개가 낀

07 일반적으로 항공기는 31,000에서 38,000피트 높이 사이에서 비행한다.
▶ 문장 전체를 수식할 수 있는 것은 부사이므로 Typically가 알맞고, 단위를 나타내는 명사를 뒤에서 수식할 수 있는 것은 형용사 high이다. highly는 '매우'라는 의미의 부사이다.

[어휘] aircraft 항공기   feet 피트(길이의 단위로 30.48센티미터에 해당)

[08-10]

> **08** were keys, credit cards, and bundles of paper tied with string
> **09** low that he couldn't get into any prestigious colleges
> **10** is difficult for us to be on good terms with

08 열쇠들, 신용 카드들, 끈으로 묶인 종이 뭉치들이 서랍 안에 있었다.
▶ 강조를 위해 부사가 문장의 맨 앞에 위치하고 주어가 명사구이므로, 주어와 동사가 도치되는 문장으로 바꿀 수 있다.

[어휘] a bundle of ~ 한 뭉치   tie A with B A를 B로 묶다

09 Jonathan의 성적은 너무 낮아서 어떤 일류 대학에도 들어갈 수가 없었다.
▶ '너무 ~해서 …할 수 없다'라는 의미의 「too ~ to부정사」는 「so ~ that+주어+cannot+동사원형」으로 나타낼 수 있다.

10 우리가 그 새로 온 매니저와 좋은 관계를 맺는 것은 어렵다.
▶ '(의미상의 주어)가 ~하는 것은 (형용사)하다'라는 의미의 「it is(was)+형용사+for+의미상의 주어+to부정사」는 to부정사의 목적어가 사람이면, 이 목적어를 주어로 같은 의미의 문장을 만들 수 있다.

[어휘] be on good terms with ~와 좋은 관계를 맺다, ~와 사이좋게 지내다

[11-13]

> **11** Becky is pouring three quarters of the water into the flask.
> **12** Due to his twins, Professor Dunster has been in a pretty good mood lately.
> **13** Many people thought that it was too sensitive an issue.

11 Becky는 물의 3/4을 플라스크에 따르고 있다.
▶ 분자가 복수형(2 이상)이므로 분모도 복수형이 되어야 한다.
quarter → quarters

[어휘] flask (화학 실험용) 플라스크

12 Dunster 교수는 자신의 쌍둥이 아이들 때문에 최근 매우 기분이 좋다.
▶ 형용사 good을 수식할 수 있는 것은 '매우'의 의미를 나타내는 부사 pretty이며, 문맥상 '최근에'의 의미로 문장 전체를 수식할 수 있는 것은 부사 lately이다.   prettily → pretty, late → lately

13 많은 사람들이 그것은 너무 민감한 문제라고 생각했다.

▶ too ~ a(n)+명사: 너무 ~한 (명사)
a too sensitive issue → too sensitive an issue

[14-17]

> **14** lovely little pink pearl necklace
> **15** for two hours twice a week that year
> **16** enough room for both of us to work comfortably
> **17** could hardly explain the effects

14 나는 그녀에게 아름답고 작은 분홍색 진주 목걸이를 주었다!
▶ 「주관적 의견+크기+색상+재료+명사」 어순이 알맞다.

15 Jack은 그해 일주일에 두 번, 두 시간 동안 개인 훈련을 받았다.
▶ 시간 부사가 기간이나 빈도를 나타내는 부사와 함께 오는 경우, 「기간+빈도+시간」 어순이 알맞다.

16 집에는 우리 둘이 편안하게 일하기에 충분한 공간이 있다.
▶ enough+명사+for+의미상의 주어+to부정사: 의미상의 주어가 ~하기에 충분한 (명사)

17 그 팀은 농업에 미치는 다음의 환경적 요인들의 영향을 거의 설명할 수 없었다.
▶ 빈도를 나타내는 부사 hardly는 조동사 뒤, 일반동사 앞에 위치한다.

[어휘] agriculture 농업

[18-22]

18 much	**19** enough	**20** few
21 so	**22** little	

18 일부 낭만주의 화가들은 Blake의 작품에 매우 크게 영향을 받았다.
▶ 수동태 문장의 과거분사를 수식할 땐 (very) much를 주로 쓴다.

[어휘] Romantic 낭만주의의

19 그 이야기는 나의 온 관심을 끌 정도로 아주 흥미로웠다.
▶ ~ enough+to부정사: …할 만큼 충분히 ~한

[어휘] intriguing 아주 흥미로운

20 나는 소매업을 위한 내 웹 사이트에 방문객이 거의 없어서 매우 실망감을 느낀다.
▶ 셀 수 있는 명사와 함께 쓰여 문맥상 '거의 없는'을 의미하므로 few가 알맞다.

[어휘] retail business 소매업

21 그녀는 영국 시민권을 가지고 있고 그녀의 남편인 Simpson 씨도 그렇다.
▶ so+do동사+주어: (주어)도 역시 그렇다
참고로 her husband와 Mr. Simpson은 동격이다.

[어휘] citizenship 시민권

22 안타깝게도 지난여름 그 선수는 부상에서 회복할 시간이 거의 없었다.
▶ 셀 수 없는 명사와 함께 쓰이고 문맥상 '거의 없는'을 의미하므로 little이 알맞다.

> 23 the former sounds
> 24 It was weird that she should
> 25 enough for my son with braces to eat
> 26 hardly finished cleaning when my daughter

23 '전자'라는 의미는 the former로 나타낼 수 있고 단수 취급하므로 단수 동사가 오는 것이 알맞다.

24 「it is(was)+형용사+that ~ should+동사원형」 구문에 감정을 나타내는 형용사 weird가 쓰여 '~하다니'의 의미를 나타낼 수 있다.

25 ~ enough+for+의미상의 주어+to부정사: 의미상의 주어가 …할 만큼 충분히 ~한
[어휘] braces 치아 교정기

26 hardly(scarcely, barely) ~ when(before) …: ~하자마자 …하다
[어휘] spill 쏟다, 엎지르다

CHAPTER 12 비교 EXERCISE
pp. 42-43

[01-06]

> 01 half, the, size, of
> 02 a, hobby, rather, than
> 03 as, much, as
> 04 at, the, latest
> 05 more, popular, than, any, other, sport
> 06 knew, better, than, to

01 유럽은 남아메리카의 절반 정도의 크기이다.
▶ '…보다 몇 배 ~한'라는 의미의 「배수사+as+원급+as …」는 「배수사+the+단위 명사+of …」로 바꿔 쓸 수 있다. 크기를 비교하는 것이므로 단위 명사로는 size가 알맞다.

02 그녀는 그것을 일이라기보다는 취미로 여긴다.
▶ 'A라기보다는 B'라는 의미의 「not so much A as B」는 「B rather than A」로 바꿔 쓸 수 있다.

03 아마존 열대 우림은 입구 쪽 넓이가 200마일이나 된다.
▶ '~만큼이나'라는 의미의 「no less than+수사」는 「as much as+수사」로 바꿔 쓸 수 있다.

04 당신의 최종 보고서는 늦어도 이번 주 화요일까지는 제출되어야 합니다.
▶ '늦어도 ~까지는'라는 의미의 no later than은 at the latest와 바꿔 쓸 수 있다.

05 내가 알기로 아이스하키는 캐나다에서 가장 인기 있는 스포츠이다.
▶ 「A+동사+the+최상급+명사」는 「A+동사+비교급+than any other+단수명사」로 바꿔 쓸 수 있다.

06 우리는 그들이 우리의 제안을 무조건적으로 받아들이는 것을 믿을 정도로 어리석지 않았다.
▶ '~할 정도로 어리석지 않다'라는 의미의 「be wise enough not to+동사원형」은 「know better than to+동사원형」으로 바꿔 쓸 수 있다.

[어휘] unconditional 무조건적인   acceptance 승인, 받아들임

[07-11]

> 07 one of the most useful inventions
> 08 the second highest daily count
> 09 by far the longest one
> 10 make the most of your internship program
> 11 were not in the least

07 이것은 이제껏 내가 본 중 가장 유용한 발명품들 중 하나이다.
▶ one of the+최상급+복수명사: 가장 ~한 … 중 하나

08 그 수치는 그 세계적인 유행병의 시작 이후로 두 번째로 높은 일간 총계이다.
▶ the second+최상급+명사: 두 번째로 ~한 (명사)
[어휘] figure 수치   pandemic 세계적인 유행병

09 저자에 의하면 세 번째 단계가 단연코 가장 긴 것이었다.
▶ by far는 '단연코'라는 의미로 최상급을 수식한다.
[어휘] phase 단계, 시기

10 기회를 이용하고 당신의 인턴 사원 프로그램을 최대한 활용하는 방법이 여기에 있다.
▶ make the most of: ~을 최대한 활용하다
[어휘] take advantage of ~을 이용하다   internship program 인턴 사원 프로그램

11 유럽 국가들은 남쪽으로부터의 침공에 전혀 준비되어 있지 않았다.
▶ not in the least: 전혀(조금도) ~아닌
[어휘] invasion 침공, 침략

12 much(even, far, still, a lot) more information than

13 The more antibiotics we use, the more

14 as fast a runner as

15 had no sooner occurred than

16 (as) cool as a cucumber

17 faster than all the other planets

18 as(so) long as it is reasonable

19 More often than not, getting involved in corruption scandals is the first thing politicians get in trouble for.

20 The new policy will offer much more practical protection for the poor than before.

21 His progress as a swimmer is all the more remarkable when taking into account his handicap.

12 '훨씬'이라는 의미로 much(even, far, still, a lot)가 비교급 more을 수식하는 것이 알맞다.

13 the more ~, the more ...: ~하면 할수록 더 …하다
[어휘] antibiotics 항생제   resistant 저항하는   thrive 번성하다

14 as+원급+a(n)+명사+as ...: …만큼 ~한 (명사)
[어휘] world-class 세계 최상급의   athlete (운동)선수

15 no sooner A than B: A하자마자 B하다
[어휘] explosion 폭발

16 (as) cool as a cucumber: 대단히 침착한
[어휘] podium 연단, 지휘대

17 A+동사+비교급+than all the other+복수명사: A는 다른 모든 (명사)보다 더 ~하다
[어휘] Mercury 수성

18 as(so) long as: ~하기만 하면, ~하는 한
[어휘] physical discipline 체벌   abuse 학대

19 흔히, 부패 스캔들에 연루되는 것은 정치인들이 곤란에 처하게 되는 첫 번째 사안이다.
▶ '흔히, 대개, 자주'라는 의미의 more often than not에는 the가 없으므로 the를 삭제해야 한다.
[어휘] get involved in ~에 연루되다   corruption 부패, 타락   get in trouble for ~으로 곤란에 처하다

20 그 새 정책은 가난한 사람들에게 이전보다 훨씬 더 실용적인 보장을 제공할 것이다.
▶ 문맥상 「비교급+than」 구문이 적절하다.
as before → than before
[어휘] practical 실용적인   the poor 가난한 사람들

21 수영하는 사람으로서 그의 발전은 그의 장애를 고려했을 때 그만큼 더 놀랍다.
▶ 문맥상 '그만큼(훨씬) 더 ~한'의 의미인 「all the+비교급」이 적절하므로 the를 써주어야 한다.
all more remarkable → all the more remarkable
[어휘] take into account ~을 고려하다
handicap (신체·정신적) 장애

CHAPTER 10 ▶ 12

실전 TEST

pp. 44-49

[어휘] chestnut 밤   relatively 상대적으로

01 ③ 02 ① 03 ①, ⑤ 04 ⑤ 05 ② 06 ① 07 ②
08 ③ 09 ④ 10 ④ 11 ③ 12 ① 13 that 14 ①
15 ⑤ 16 ④ 17 ④ 18 ③ 19 Some, others
20 big enough for both of us to lie
21 less you have, the more it is worth
22 It was outside the classroom that everything exciting was waiting for me.
23 Up and up climbed the two friends.
24 No (other) city in Korea is as(so) big as Seoul.
25 ④ 26 ⑤ 27 ② them → themselves
28 for parents to set guidelines as clearly as possible (they can)   29 ⑤   Check Plus ③   30 ②   Check Plus ④

01 밤은 다른 견과류와 씨의 칼로리와 비교하면 상대적으로 칼로리가 낮다.
▶ 앞에 언급된 단수명사 calorie의 반복을 피하기 위해 that을 쓰는 것이 알맞다.

02 Sophie는 15살이고 Kevin은 16살이다. Sophie는 Kevin만큼 나이 들지 않았다.
▶ Sophie의 나이가 Kevin보다 어리므로 '…만큼 ~하지 않는'이라는 의미의 「not as(so)+원급+ as ...」로 나타내는 것이 적절하다. 비교급을 이용하여 younger than으로 나타낼 수도 있다.

03 그녀가 내년까지 전체 과정을 마치는 것이 중요했다.
▶ 미래 지향적인 중요를 나타내는 형용사 crucial은 that절을 수반하여 당연·필요를 나타낼 수 있는데, 이때 that절에는 should가 쓰이거나 혹은 생략될 수 있으므로, 빈칸에 should complete 또는 complete가 모두 가능하다.

04 • 나는 지난주에 흰색 케이스를 샀는데 그것은 약간 더러워지기 시작했다. 나는 아마 다음에는 검정색 케이스를 살 것이다.
• A: 나는 그냥 논쟁에 연루되고 싶지 않아.
  B: 나도 그래.
▶ 첫 번째 빈칸에는 앞에 언급된 단수 가산명사 case의 반복을 피하기 위한 one이 알맞다. 두 번째 빈칸에는 부정문에서 쓰여 '역시, 또한'의

의미를 나타내는 either가 알맞다.

[어휘] go for ~을 노리다, 시도하다　be involved in ~에 연루되다
controversy 논란

05 그 여자는 세 명의 아들이 있다. 한 명은 독일에 있고, 또 다른 한 명은 미국에 있고, 나머지 한 명은 태국에 있다.

▶ one ~, another ~, the other ...: (셋 중) 하나는 ~, 또 다른 하나는 ~, 나머지 하나는 …

06 • 온라인 구매는 매장을 방문하는 것보다 선호되는데, 그것이 시간을 절약해주기 때문이다.

• 우리의 연구는 많은 인내심과 공손한 개인적 상호 작용을 필요로 할 것이다.

▶ 첫 번째 문장의 preferable은 than 대신 to를 이용하여 우열을 나타내므로 빈칸에 to visiting이 알맞다. 두 번째 문장에는 '공손한'의 의미로 personal interaction을 수식하는 형용사 respectful이 알맞다. respective는 '각각의'라는 의미로 문맥에 맞지 않다.

[어휘] patience 인내심　interaction 상호 작용

07 • 기술의 진보는 Julia의 몸에서 발견되었던 스카프에 DNA 검사를 하는 것을 가능하게 만들었다.

• 내재된 부력이 배가 침몰되었을 때 물에 뜨도록 해주었다.

▶ 첫 번째 문장은 가목적어-진목적어 구문이다. 진목적어인 to부정사구 (to do ~)를 뒤로 보내고 원래 목적어 자리에 가목적어 it을 써야 하므로 it possible이 알맞다. 두 번째 문장은 5형식 문장으로 목적격 보어로 쓰일 수 있는 서술적 용법의 형용사가 필요하므로 afloat가 알맞다.

[어휘] built-in 내재된, 붙박이의　buoyancy 부력, 부양성 afloat (물에) 뜬　swamp (배를) 침몰시키다

08 '…만큼 ~하지 않게'라는 의미의 「not as(so)+원급+as ...」 구문과 '밀접하게'라는 의미의 부사 closely를 이용하여 나타내는 것이 적절하다.

[어휘] be associated with ~와 연상(연관)되다

09 '모든 ~가 …인 것은 아니다'라는 의미의 부분부정은 「not all ~」로 쓴다.

[어휘] meet (요구 등을) 충족시키다

10 이 군침이 돌게 하는 동그란 바닐라 푸딩은 푸딩 그릇이나 금속 빵틀에서 만들어질 수 있다. 푸딩을 뜨겁게 먹고 싶다면, 나는 푸딩 그릇을 추천한다. 그러나 푸딩이 차갑기를 원한다면, 빵틀을 이용하라. 개인적으로 나는 후자를 선호하는데, 이렇게 하면 푸딩이 조각들로 잘릴 정도로 충분히 굳어지기 때문이다.

▶ 푸딩을 만드는 두 가지 방법 중 하나를 나타내기 위한 표현이므로 '후자의'라는 의미의 형용사 latter가 알맞다. later → latter

[어휘] mouth-watering 군침이 돌게 하는　loaf 빵 한 덩이 tin (금속 소재의) 통　set 굳다

11 Bill이 Julie보다 두 배의 무게가 나간다고 가정할 때, 시소 위에서 그들이 균형을 유지하기 위해서는 Bill이 Julie보다 중심 쪽으로 두 배 더 가까이 앉아야 한다.

▶ 문맥상 '…보다 몇 배 더 ~한(하게)'라는 의미의 「배수사+비교급+than ....」 구문이 적절하다. close → closer

[어휘] weigh 무게가 ~이다　balance 균형을 유지하다

12 후쿠시마에서의 그처럼 끔찍한 사건 이후 나는 핵 에너지만큼 민감한 부문의 미래에 대한 문제는 성급하게 마련된 해결책들 이상을 필요로 한다고 믿게 되었다.

▶ 「such+a(n) (형용사)+단수명사」가 되어야 하므로 awful an

event는 an awful event가 되어야 한다.

[어휘] awful 끔찍한　hastily 급히, 서둘러서　arrange 마련하다 resolution 해결책

13 • 고어는 너무 구식이어서 누구도 더 이상 쓰지 않는 죽은 말을 가리킨다.

• 모든 고대 문명들 가운데, 안데스 문명이 나를 가장 놀라게 했다.

▶ 첫 번째 문장에는 문맥상 '너무 ~해서 …한'의 의미를 나타내는 「so ~ that절」이 적절하고, 두 번째 문장에는 앞에 나온 명사(culture)를 대신하는 대명사 that이 필요하므로, 빈칸에 공통으로 알맞은 말은 that이다.

[어휘] archaism 고문체, 고어　refer to ~을 나타내다 old-fashioned 옛날식의, 구식의

14 ① 나에게 무료로 수학을 가르쳐주겠다고 자원한 것은 바로 Gina였다
▶ 「It is(was) ~ that ....」 강조구문의 it

② 도서관에서 사람들이 시끄럽게 말하는 것을 듣는 것은 짜증스러웠다
▶ 가주어-진주어 구문. 진주어인 to부정사구를 대신하는 가주어 it

③ 그가 하루 만에 그 책을 다 읽은 것은 나를 놀라게 했다.
▶ 가주어-진주어 구문. 진주어인 that절을 대신하는 가주어 it

④ 네가 그 과정을 암기하는 것은 중요하다.
▶ 가주어-진주어 구문. 진주어인 to부정사구를 대신하는 가주어 it
[어휘] know ~ by heart ~을 외우다

⑤ 우주에 대해 알려진 것이 얼마나 적은지를 아는 것은 상당히 놀랍다.
▶ 가주어-진주어 구문. 진주어인 동명사구를 대신하는 가주어 it

15 • 이 특별판은 Sussex 대학교의 전직 교수인 고(故) Hopkins D. Hufford 박사에게 헌정합니다.

• Smith는 심지어 회의에 참석하지 못할 정도로 너무 늦었다.

▶ 첫 번째 문장의 빈칸에는 '고(故), 작고한'의 의미가 적절하고, 두 번째 문장의 빈칸에는 '늦은, 지각한'의 의미가 적절하므로, 한정적 또는 서술적 용법에 따라 이러한 의미를 모두 나타낼 수 있는 late가 적절하다.

[어휘] dedicated to ~에 헌정하는　former 이전의

16 ① 관중들은 모두 흥분했다.
▶ all은 주어나 be동사, 조동사 뒤에서 주어를 강조하며 「all (of)+한정사+명사」로 바꾸어 쓸 수 있다.
[어휘] spectator 관중

② 이것은 누구의 지갑이니?
▶ whose는 뒤에 명사가 오는 경우 '누구의'라는 뜻의 의문형용사로도 쓰이고 '누구의 것'이라는 뜻의 의문대명사로도 쓰인다.

③ 그들은 오직 기도만이 그녀를 구할 수 있다고 믿었다.
▶ nothing but은 '단지 ~만이'라는 뜻으로 only로 바꾸어 쓸 수 있다.

④ 그녀는 그 소년들 둘 중 어느 한 명도 모른다.
▶ 「not ~ either」는 neither로 바꾸어 쓴다. one → neither

⑤ 온라인상에서 구할 수 있는 정보도 사용될 수 있다.
▶ 서술적 용법으로 쓰인 형용사가 명사를 뒤에서 수식하는 경우 「관계대명사+be동사」 형태로 나타낼 수 있다.

17 ① 아이들은 그 교육 과정 동안 가능한 한 상상력을 발휘하도록 장려된다.
▶ 「as+원급+as+possible」은 '가능한 한 ~한(하게)'라는 의미로 「as+원급+ as+주어+can」으로 바꾸어 쓸 수 있다.
[어휘] imaginative 상상력이 풍부한

② 그에게 그것은 위기라기보다는 기회였다.

▶「not so much A as B」는 'A라기보다는 B'라는 의미로 「more of B than A」로 바꾸어 쓸 수 있다.

③ 나는 보도 양쪽에 장미를 심었다.
　▶「either+단수명사」는 문맥에 따라 '양쪽의'라는 의미를 나타내므로, 「both+복수명사」로 바꾸어 쓸 수 있다.

④ John은 그것에 그의 모든 돈을 쓸 정도로 어리석지 않다.
　▶「know better than to+동사원형」은 '~할 정도로 어리석지 않다'의 의미로 「be wise enough not to+동사원형」으로 바꾸어 쓸 수 있으므로 to spend는 not to spend가 되어야 한다.

⑤ 고래가 물고기가 아닌 것은 말이 물고기가 아닌 것과 같다.
　▶「A+동사+no more B than C+동사+D」는 ' A가 B 아닌〔하지 않는〕것은 C가 D 아닌〔하지 않는〕것과 같다'의 의미로 「A+동사+not B any more than C+동사+D」로 바꾸어 쓸 수 있다. D가 반복되어 생략되었다.

18 ① A: 우리 아들은 반에 있는 다른 아이들과 놀지 않아요.
　　B: 내 딸도 그래요!
　　▶「neither〔nor〕+do동사+주어」는 부정적인 내용에 응하여 '~도 마찬가지이다'의 의미를 나타낸다.

② A: 어떤 쪽이 좋니?
　　B: 솔직히, 나는 둘 다 마음에 들지 않아.
　　▶which는 '어떤'의 의미를 가지는 의문형용사로 쓸 수 있으므로 알맞은 대화이다.

③ A: Jason의 성격은 어때?
　　B: 그는 날씬하고 키가 커.
　　▶「what ~ like?」는 사람의 성격이나 인성 등을 물을 때 쓰이므로, 외모에 대해 말한 B는 적당한 대답이 아니다. B의 대답에 맞는 질문은 What does Jason look like?이다.

④ A: 당신의 새로운 상사는 어떤가요?
　　B: 그는 괜찮아요. 그는 함께 일하기 좋은 사람입니다.
　　▶어떤 대상에 대해 전반적인 의견을 물을 때는 「what do you think of ~?」를 쓸 수 있으므로 알맞은 대화이다.

⑤ A: 그런데, 몇 시니?
　　B: 3시 30분이야.
　　▶what time(= when)은 때를 묻는 의문사이므로 알맞은 대화이다.

19 some ~, others ...: (셋 이상) 일부는 ~, 또 다른 일부는 ...

20 ~ enough for+의미상의 주어+to부정사: 의미상의 주어가 ...할 만큼 충분히 ~한

21 the+비교급 ~, the+비교급 ...: ~하면 할수록 더 ...하다

22 흥미진진한 모든 것은 교실 밖에서 나를 기다리고 있었다.
　▶「It is〔was〕~ that ...」 강조구문에서 부사구 outside the classroom을 강조하기 위해서 It was와 that 사이에 부사구를 쓴다.

23 두 친구는 계속해서 위로 올라갔다.
　▶부사가 강조를 위해 문장의 맨 앞에 위치하는 경우, 주어가 명사이면 주어와 동사가 도치된다.

24「no (other)+단수명사+동사+as〔so〕+원급+as A」으로 최상급을 나타낼 수 있다.

25 ① a. 말하는 것과 쓰는 것은 별개이다.
　　▶「A is one thing, but B is another(= It's one thing+ to부정사, but it's another (thing)+to부정사)」는 'A와 B는 별개이다'는 표현이다. the other → another

b. 너는 그들이 무엇을 생각하고 있었다고 생각하니?
　▶주절의 동사가 believe이므로, 「의문사+do you believe+주어+동사 ~?」의 어순이 알맞다.

② a. 단지 네가 취했다는 이유로 즉시 떠날 필요는 없다.
　▶drunken은 한정적 용법으로만 쓰이는 형용사이므로 주격보어 자리에 알맞지 않다. 서술적 용법으로 쓰이는 drunk로 고쳐 써야 한다.
[어휘] at once 즉시

b. 처음의 두 회의는 내가 예상했던 것만큼 생산적이지 않았다.
　▶서수와 기수가 명사를 수식하는 경우 「서수+기수+명사」의 어순을 따르며, 문맥상 '...만큼 ~하지 않는'을 의미하는 「not as〔so〕+원급+as ...」가 알맞게 쓰였으므로 올바른 문장이다.
[어휘] productive 생산적인

③ a. 이 고급스럽고 큰 사각의 파란색 다이아몬드를 봐!
　▶「대명형용사+성상형용사(주관적 의견+크기+형태+색상)+명사」의 어순이 되어야 하므로 this luxurious big square blue diamond가 되어야 한다.

b. 그 신사는 키가 크고 잘생겼으며 말쑥했다.
　▶여러 형용사가 서술적으로 쓰이는 경우 형용사 사이에 콤마를 반드시 써야 한다.
tall handsome and smart → tall, handsome, and smart

④ a. 그 커플은 알려지지 않은 이유로 결혼식을 취소했다.
　▶「타동사+부사」 형태에서 목적어가 명사이면 부사는 목적어 앞, 뒤 어디든 위치할 수 있으므로 올바른 문장이다.

b. 그것을 포기하지 않는 것이 절대적으로 중요하다.
　▶부사 definitely가 형용사 vital을 앞에서 수식하고 있고, 「타동사+부사」 형태에서 목적어가 대명사이므로 부사가 목적어 뒤에 위치한 올바른 문장이다.

⑤ a. 기껏해야 그것들은 아무 의미가 없고 최악의 경우에 호도한다.
　▶'기껏해야'를 의미하는 at best와 '최악의 경우에'를 의미하는 at worst가 문맥에 알맞게 쓰였다.
[어휘] meaningless 의미 없는   misleading 호도하는

b. 그 책은 누구에게 보내졌니?
　▶의문대명사가 들어간 문장에서 전치사는 보통 문장 끝에 위치하지만, 격식을 갖춘 표현으로 「전치사+whom」으로 쓰기도 한다. 따라서 To whom으로 써야 알맞다.
[어휘] address A to B A를 B앞으로 보내다

26 ① a. 일반적으로, 개미들은 매우 근면한 일꾼들이다.
　　▶문맥상 '근면한'을 의미하는 형용사 industrious의 쓰임이 알맞다.

b. 나의 계산은 소프트웨어의 계산만큼 정확하지 않다.
　▶'...만큼 ~하지 않는'이라는 의미의 「not as〔so〕+원급+as ....」가 쓰였다. 이때 비교 대상인 software의 calculation이 명확하게 표현되지 않았으므로, 이를 명확하게 나타내면서 명사의 반복을 피하기 위해 that of software로 나타내 주어야 한다.

② a. 스위트룸은 3층에 위치해 있다.
　▶3층은 특정한 순서를 나타내므로 「the+서수사」를 이용하여 the third floor라고 해야 한다.
[어휘] suite (호텔의) 스위트룸

b. 거의 모든 뉴스는 무엇이 잘못되고 있는가에 초점을 맞추었다.
　▶「all (of)+한정사+셀 수 없는 단수명사」는 단수 취급하므로 단수형 동사 was가 알맞게 왔다.

③ a. 그가 프랑스어뿐만 아니라 스페인어도 독학했다는 것은 정말 놀랍다.
▶ 가주어-진주어 구문. 진주어 that절을 뒤로 보내고 그 자리에 가주어 it이 알맞게 왔다.
[어휘] teach oneself 독학하다
b. 작년에 그녀가 인도로 돌아간 것은 위험했다.
▶ 가주어 it, 진주어 to부정사 구문에서 형용사 unsafe가 쓰인 경우 의미상의 주어는 「for+목적격」으로 쓴다. 즉 이 문장에서 of her는 for her가 되어야 한다.
④ a. 참석자의 절반은 추운 방에서 검사를 받았고, 다른 절반은 더운 방에서 검사를 받았다.
▶ 「half+of+목적격 인칭대명사」인 경우 반드시 of로 서로 연결되어야 하므로, Half of them이 되어야 한다.
b. 나는 밤에 늦게 공부하고 일찍 일어나는 방법을 정말 알고 싶다.
▶ 문맥상 '늦게'를 의미하는 부사 late가 알맞다. lately는 '최근에' 라는 뜻이다.
⑤ a. 힘겨운 현실은 낮은 소득과 높은 생활비에 의해 특징지어졌다.
▶ income과 cost는 주로 high 또는 low로 많고 적음을 나타내므로 쓰임이 올바르다.
[어휘] characterize 특징짓다   cost of living 생활비
b. 나는 그 남자가 정말 대단한 사람이라고 생각한다.
▶ something은 '대단한(중요한) 사람'의 의미도 가진다.

[27-28]

부모들은 때로 자신들의 자녀가 올바로 행동하는 법을 알아야 한다고 생각한다. 하지만 그들에게 예시를 보여주지 않는다면, 그들은 부모가 무슨 말을 하는지 상당히 자주 이해하지 못한다. 만약 부모가 그들의 자녀들이 올바르게 행동하기를 원한다면, 그들은 자녀가 그들에게 기대되는 바가 무엇인지를 이해하도록 만들어야 한다. 부모들이 가능한 한 명확하게 지침들을 세우는 것이 또한 중요하다.

27 ② '올바로 행동하다'라는 의미의 behave oneself가 되어야 하므로 them을 themselves로 써야 알맞다.
28 '(의미상의 주어)가 ~하는 것은 (형용사)하다'를 나타내는 「it is(was)+형용사+for+의미상의 주어+to부정사」가 적절하다. 이때 to부정사와 연결되는 표현으로는 '가능한 한 ~하게'를 의미하는 「as+원급+as+possible(주어+can)」이 알맞다.
[어휘] behave oneself 올바로 행동하다   guideline 지침

29

프랑스는 장엄한 경관, 뛰어난 음식, 역사적인 건축물들로 유명할 뿐만 아니라 향수와 화장품을 만드는 기술로도 유명하다. 프랑스는 전 세계 다른 어떤 나라보다도 더 높은 국제적 향수 판매고를 유지하고 있다. 프랑스 향수들은 이 세상에서 가장 명성이 높은 브랜드들이다. 처음으로 향수를 사용한 사람들은 고대 그리스인들과 로마인들이었다. 향수를 만드는 기술은 서양의 메소포타미아 문명에서 시작되었다. 메소포타미아 최초의 향수는 7천 년 전으로 거슬러 올라가는 것으로 추정되는데, 참기름과 포도주를 기본으로 했다. 사람들은 원치 않는 신체의 악취들을 감추고 자신들을 보다 매력적으로 보이게 만들기 위해 향수를 사용했다. 향수가 유럽에 도입된 것은 14세기에 시작된 르네상스 시기였다. 그 당시만 해도, 왕족과 부자들만이 향수를 구입할

여유가 있었다. 패션의 한 형태로 프랑스에 향수를 소개한 사람은 Henry 2세 왕의 부인인 Catherine De Medici였다고 어떤 사람들은 말한다.

▶ '~한 사람들'이라는 의미를 나타내도록 「the+형용사」 형태가 되어야 하므로 wealth는 wealthy가 되어야 한다.
the royal and wealth → the royal and wealthy

Check Plus
① 프랑스의 화장품은 그곳의 음식만큼 유명하지는 않다.
▶ 화장품과 음식에 대해 우열 비교를 하고 있지 않다.
② 고대 그리스인들과 로마인들이 화장품을 발명했다.
▶ 향수를 만드는 기술은 메소포타미아 문명에서 시작되었다.
③ 최초의 향수는 약 7천 년 전에 발명되었다.
▶ 약 7천 년으로 언급하고 있으며 decade는 '10년'의 의미로 700 decades는 '7천 년'이 됨에 유의한다.
④ 프랑스 사람들은 참기름과 포도주로 향수를 만들었다.
▶ 재료는 맞지만 장소는 프랑스가 아닌 메소포타미아이다.
⑤ Catherine De Medici는 유럽에 향수를 소개했다.
▶ 유럽이 아닌 프랑스에 소개했다.
[어휘] historic 역사적인   sesame oil 참기름   charming 매력적인 back then 그 당시에

30

스몸비가 금시초문이라고? 그렇다 해도 당신은 매일 어디서나 이들을 볼 수 있다. '스마트폰 좀비'의 약자인 스몸비라는 용어는 자신의 스마트폰을 들여다보느라 길을 걸으면서도 주변을 의식하지 못하는 사람을 가리키기 위해 만들어졌다. 스마트폰 사용자 숫자는 급격하게 증가했고 스몸비로 인한 사고 건수도 역시 그러하다. 전문가들은 이들이, 특히 사람들이 밀집한 지역에서는, 주의가 산만해져서 자신들은 물론 다른 사람들에게도 위험한 상황을 야기할 수 있다고 경고한다. 연구에 따르면, 몇몇 유럽 대도시에서 보행자의 약 18%가 걸으면서 어떻게든 스마트폰에 몰두하는 것으로 추정된다. 이 놀라운 현상에 대응해서, 전 세계 도시들은 이 금세기의 도전 과제를 해결하기 위한 획기적인 대책을 찾기 위해 열심히 힘쓰고 있다. 대한민국 서울은 사람들이 길을 건너기 전에 올려다보도록 그리고 운전자들은 속도를 줄여 교통사고를 방지할 수 있도록 경고하기 위해 일부 교차로에 깜박거리는 빛 표지나 레이저 광선을 설치했다.

▶ (A) 긍정적인 내용에 응하여 '~도 역시 그렇다'라는 의미를 나타내는 것은 「so+조동사+주어」이다.
(B) '또 다른 일부'의 의미가 되도록 others가 오는 것이 알맞다. the others는 나머지 전부를 지칭하므로 알맞지 않다.
(C) '열심히'를 의미하며 동사 work를 수식할 수 있는 부사 hard가 알맞다. hardly는 '거의 ~ 않다'라는 의미이다.

Check Plus 예를 들어, 일본의 야마토 시에서는 걷는 동안 스마트폰의 사용을 금지했다. 보행자들은 그들의 스마트폰 사용이 허용되지 않는다.
▶ 전 세계 도시의 노력을 언급한 후에 for example이라는 표현과 함께 구체적인 예시를 제시하기 시작하는 것이 적절하므로 주어진 문장이 들어갈 위치로 적절한 곳은 ④이다.

[어휘] and yet 그렇다 해도   term 용어   surroundings 환경
not only A but also B A뿐만 아니라 B도   estimate 추정하다
phenomenon 현상   challenge 도전 과제   install 설치하다

CHAPTER 13 전치사 EXERCISE

pp. 50-51

[01-10]

01 out	**02** in, on	**03** on, at, in
04 from, until, during		**05** in, at, out
06 prior to	**07** below, in	**08** with
09 at, on	**10** on, prior to	

01 그녀는 청동으로 만들어진 그 큰 조각상을 구매하고 싶어 했다.
▶ 재료의 본래 성질이 유지되는 경우에 주로 쓰이는 out of의 out이 알맞다.
[어휘] bronze 청동

02 경주용 휠체어를 탄 한 남자가 시상대 위에서 자신의 승리를 축하하고 있다.
▶ 앉아서 이동할 수 있는 수단을 나타내는 in과 표면 위의 한 지점을 나타내는 on이 알맞다.
[어휘] racing 경주용의   podium 연단, 시상대

03 주간 회의는 회의실에서 월요일 정오에 열릴 것이다.
▶ 요일을 나타내는 on과 어느 한 시점을 나타내는 at, 장소의 내부를 나타내는 in이 알맞다.

04 이슬람교도들은 금식 기간 동안 새벽부터 해질 때까지 먹는 것을 삼간다.
▶ 일의 시작 시점을 나타내는 from, 일정 시점까지 일이 계속됨을 나타내는 until, 어떤 일이 일어난 시기 동안을 나타내는 during이 알맞다.
[어휘] abstain from ~을 삼가다   fasting 금식

05 쇄도는 많은 사람들이 공포심 때문에 동시에 대개 같은 방향으로 통제 불가능한 방식으로 갑자기 움직이는 것이다.
▶ 방식을 나타내는 in과 어느 한 시점을 나타내는 at, 행동에 대한 동기를 나타내는 out of의 out이 알맞다.
[어휘] stampede 우르르 몰림, 쇄도   uncontrolled 통제가 안 되는

06 샐러드는 대개 식욕을 돋우는 것으로 여겨져서 메인 코스 식사 이전에 제공된다.
▶ 문맥상 '~에 앞서'라는 의미의 prior to가 적절하다.
[어휘] appetite builder 식욕을 돋우는 것

07 예보에 따르면 오늘 기온이 영하 15도일 것이라고 한다. 우리는 그냥 호텔 방에 머무는 것이 낫겠다.
▶ 온도 수치가 기준점보다 아래임을 나타내는 below와 장소의 내부를 나타내는 in이 알맞다.
[어휘] forecast 예보   below zero 영하

08 나는 네가 앞으로는 사람들 앞에서 신중하게 말을 선택할 것을 권한다.
▶ 방식을 나타내는 with가 알맞다.
[어휘] in public 사람들 앞에서   with care 신중하게
from now on 앞으로는

09 나는 크리스마스 연휴에 파리에 가니까 크리스마스 날에 방문할 만한 멋진 곳들을 찾아볼 거야.
▶ Christmas에는 연휴 전체 기간을 나타내는 at이 알맞고, 연휴 중 특정한 날인 Christmas Day에 대해서는 on이 알맞다.

10 승객들은 또한 출발 전에 인터넷으로 좌석을 예약할 수 있다.
▶ 통신 수단을 나타내는 on과 문맥상 시간적으로 '~에 앞서'라는 의미의 prior to가 알맞다.
[어휘] passenger 승객

[11-14]

11 regardless of	**12** during
13 with	**14** in, despite

11 중요: 이 규칙은 여러분이 예약을 위해 선지급을 했는지 여부와 상관없이 적용됨에 주의하세요.
▶ regardless of: ~에 상관없이
[어휘] pre-payment 선지급   booking 예약

12 임신부들은 특히 임신 기간 동안 균형 잡힌 식단을 따르는 것이 매우 중요하다.
▶ 특정 시기 동안을 나타내는 during이 알맞다.
[어휘] pregnant woman 임신부   balanced diet 균형 잡힌 식단
pregnancy 임신; 임신 기간

13 당신의 자녀가 현미경으로 실험을 하는 것을 좋아한다면, 우리의 수업은 그들에게 좋은 선택이 될 수 있습니다.
▶ 도구를 나타내는 with가 알맞다.
[어휘] microscope 현미경

14 보험 업계에서 컨설턴트로 일하고 있는 Louis는 이 모든 장애에도 불구하고 다른 사람들보다 어떻게든 더 나은 결과를 냈다.
▶ 직업 분야를 나타내는 in, 양보의 의미를 나타내는 despite가 알맞다.
[어휘] consultant 컨설턴트, 고문   insurance industry 보험 업계
outperform ~보다 더 나은 결과를 내다   barrier 장애

15 Apart, from, ocean, temperature
16 performed, above, his, ability
17 in, that, she, had
18 Since, when, did
19 all, through, the
20 for, the, sake, of, protecting

15 apart from: ~ 외에도〔뿐만 아니라〕
[어휘] play a role 한몫을 하다   coral bleaching 산호 백화
16 수치나 수준을 나타내는 above: ~을 넘는
17 in that: ~이라는 점에서
18 전치사의 목적어가 의문사인 경우 보통 전치사가 분리되어 문장 뒤에 위치하지만 since는 분리되지 않고 문장 앞에 위치한다.
19 처음부터 끝까지의 의미를 내포하는 through: (특정 기간 동안) 내내(줄곧)
20 복합전치사 for the sake of: ~을 위하여
전치사의 목적어로는 동명사가 적절하므로 protecting 형태가 알맞다.
[어휘] object to ~에 반대하다   presence 주둔, 있음

[21-25]

21 Surprisingly, the twin sisters are exactly the same height.
22 Except for that one typo, there were no mistakes in the book.

23 This is the baby whom the young woman is looking after.
24 That pot is completely out of stock. I can't even find any in the back of the store.
25 Does he know about the disease that she is suffering from?

21 놀랍게도 그 쌍둥이 자매는 키가 완전히 똑같다.
▶ 측정 명사인 height가 포함된 표현이 주격보어로 be동사 다음에 오는 경우에는 전치사를 쓰지 않는다.
of the same height → the same height
22 그 하나의 오타를 제외하고 그 책에는 오류가 없었다.
▶ except는 문장 맨 앞에 위치할 수 없다. Except → Except for
23 이 아기가 그 젊은 여자가 돌보고 있는 아기이다.
▶ 전치사 after의 목적어가 관계대명사 whom이지만 동사 look와 의미상 강하게 연결되므로 목적어와 분리되어 문장 뒤에 위치하는 것이 알맞다.
after whom ~ looking → whom ~ looking after
24 그 냄비는 완전히 품절이다. 나는 상점의 뒤쪽에서도 전혀 찾을 수가 없다.
▶ 문맥상 상점 자체의 뒤쪽이어야 하므로 사물 자체의 뒤쪽을 나타내는 in the back of가 알맞다.
in back of → in the back of
[어휘] out of stock 품절이 되어
25 그는 그녀가 앓고 있는 병에 대해서 알고 있니?
▶ 전치사의 목적어가 관계대명사 that인 경우 전치사가 분리되므로, from이 문장 뒤에 위치하여 suffering from이 되어야 한다.
from that ~ suffering → that ~ suffering from

CHAPTER 14 관계사   EXERCISE

pp. 52-53

[01-05]

| 01 who | 02 what | 03 whose |
| 04 that | 05 which | |

01 마라톤을 완주한 참가자들은 메달을 받을 것이다.
▶ 관계사절 안에서 사람 선행사 Participants의 주어 역할을 하는 주격 관계대명사 who가 알맞다.
02 때때로 나는 사람들이 실제로 의미하는 것이 무엇인지를 아는 것이 어렵다.
▶ 선행사가 없으므로 선행사를 포함하는 관계대명사 what이 알맞다.
03 나는 예상치 못한 사고로 삶이 산산조각 난 여자를 안다.
▶ 관계사절 안에서 life의 소유격 역할을 하는 소유격 관계대명사 whose가 알맞다.

[어휘] be shattered by ~로 산산이 부서지다
04 그 소년은 크리스마스에 받은 유일한 선물의 포장지를 뜯었다.
▶ 선행사 gift가 the only의 수식을 받고 있으므로 관계대명사 that가 가장 알맞다.
[어휘] unwrap (포장지 등을) 뜯다
05 운송 분야는 온실 가스의 가장 큰 원인인데, 이는 그것이 기후 변화의 해결에 큰 부분이 될 수 있음을 의미한다.
▶ 앞 절 전체를 선행사로 받는 계속적 용법의 관계대명사 which가 알맞다.
[어휘] transportation 운송, 수송   contributor to ~의 원인 제공자   greenhouse gas 온실 가스

> 06 where(that) you can enjoy a relaxing holiday together
> 07 whose performance was very impressive
> 08 when the bell rang
> 09 whenever she feels back pain

06 Jack 삼촌의 헛간은 장소이다. 당신은 그곳에서 함께 여유로운 휴가를 즐길 수 있다.
→ Jack 삼촌의 헛간은 당신이 여유로운 휴가를 함께 즐길 수 있는 장소이다.
▶ the place가 장소를 나타내는 일반적인 선행사이므로 where나 that을 써서 문장을 연결한다.
[어휘] barn 헛간

07 Ashley는 기타 연주자이다. 그녀의 연주는 매우 인상적이었다.
→ Ashley는 연주가 매우 인상적이었던 기타 연주자이다.
▶ 관계사절 안에서 performance의 소유격 역할을 하는 소유격 관계대명사 whose를 써서 문장을 연결한다.

08 나는 4시경에 집을 떠나려던 참이었는데, 그때 초인종이 울렸다.
▶ 콤마(,)로 보아 계속적 용법의 관계사가 필요하며, 선행사가 시간을 나타내는 4 o'clock이므로 and then을 관계부사 when으로 바꾸어 문장을 연결한다.

09 그녀는 요통이 있을 때면 언제든지 병원에 간다.
▶ '~할 때면 언제든지'라는 의미의 at any time when은 복합관계부사 whenever로 바꿀 수 있다.

> 10 He will teach me the way(how) I make chicken soup.
> 11 I'm writing this email to inquire about my laptop, which I purchased a few weeks ago.
> 12 Language reflects the culture from which it is derived and developed. / Language reflects the culture that(which) it is derived and developed from.
> 13 Ben was the man who I thought would do anything for her.

10 그는 나에게 치킨 수프를 만드는 방법을 가르쳐 줄 것이다.
▶ 관계부사 how는 선행사 the way와 함께 쓸 수 없고 반드시 하나를 생략해야 한다.

11 저는 제 노트북에 대해 묻고자 이 이메일을 쓰고 있는데, 저는 그것을 몇 주 전에 구입했습니다.
▶ 선행사 laptop 뒤에 콤마(,)가 있으므로 계속적 용법의 관계대명사 which를 써야 한다. 관계대명사 that은 계속적 용법으로 쓸 수 없다.
[어휘] inquire about ~에 관해 묻다

12 언어는 그것이 비롯되고 발달된 문화를 반영한다.
▶ 전치사 from 다음에는 관계대명사 that을 쓸 수 없고 which를 써야 한다. 관계대명사 that을 쓰려면 전치사는 반드시 문장 끝에 두어야 한다.
[어휘] reflect 반영하다   derive A from B A는 B에서 비롯되다 (나오다)

13 Ben은 내 생각에 그녀를 위해 무엇이든 할 남자였다.
▶ I thought는 삽입절이다. 관계사절 안에서 would do의 주어 역할을 하는 주격 관계대명사가 필요하므로 whom은 who가 되어야 한다.

> 14 no, matter, what, you, try
> 15 where, people, lose, faith
> 16 whose, porch, is
> 17 Whoever, gossips, to, you

14 나쁜 일들이 일어나려고 하면, 네가 그 일들이 일어나는 것을 막기 위해 아무리 노력해도 그냥 일어날 것이다.
▶ '무엇을 ~하더라도'라는 의미의 복합관계대명사 whatever는 no matter what으로 바꾸어 쓸 수 있다.

15 개발 도상국은 국민들이 의회 민주주의에 대한 신뢰를 잃는 상황을 감당할 수 없다.
▶ 선행사가 추상적인 의미의 '상황'을 나타내는 a situation이므로 in which는 관계부사 where로 바꾸어 쓸 수 있다.
[어휘] afford ~을 감당할 여유가 있다   lose faith in ~에 대한 신뢰를 잃다   parliamentary democracy 의회 민주주의

16 현관이 화려한 장식으로 유명한 그 대성당은 주로 로마네스크 고딕 스타일이다.
▶ 소유격 관계대명사 of which는 whose로 바꾸어 쓸 수 있다. 이때 whose 뒤의 명사는 무관사이다.
[어휘] Romanesque 로마네스크 양식의   Gothic 고딕 양식의   porch 현관   be notable for ~로 유명하다   extravagant 화려한, 사치스러운

17 너에게 다른 사람의 험담을 하는 사람은 누구든 너에 대한 험담을 할 것이다.
▶ '~하는 누구든지'라는 의미의 anyone who는 복합관계대명사 whoever로 바꾸어 쓸 수 있다.
[어휘] gossip 험담을 하다

> 18 wherever you are and who(m)ever you're with
> 19 the candidate who they believe can
> 20 however cruel the destiny is
> 21 that were playing in the zoo
> 22 why(that) I practice swimming every day

18 '어디에서 ~하더라도'라는 의미의 양보의 부사절을 이끄는 복합관계부사 wherever와 '누구를 ~하더라도'라는 의미의 양보의 부사절을 이끄는 복합관계대명사 who(m)ever를 쓴다.

19 선행사 the candidate 다음에 관계사절 안에서 주어 역할을 하는 주격 관계대명사 who를 쓰고, 그 다음에 삽입절 they believe를 쓴다. 이후에는 관계사절의 동사 can solve로 이어져야 한다.
[어휘] the board of directors 이사회   candidate 후보자

20 '아무리 ~하더라도'라는 의미의 복합관계부사 however는

「however+형용사+주어+동사」로 쓴다.
[어휘] cruel 잔인한 as long as ~하는 한

21 a man and an elephant를 선행사로 하는 주격 관계대명사가 필요하다. 사람과 동물이 함께 선행사일 때는 주로 that을 쓴다.

22 the reason이 이유를 나타내는 일반적인 선행사이므로 why나 that을 쓸 수 있다.

[01-06]

01 such an exceptional performance that
02 Not only James but (also) I am
03 why they want to push
04 In case we encounter unexpected barriers
05 the fact that the company has covered up
06 not that he is good at it but that he works hard

01 such a(n)+형용사+명사+that ...: 너무 ~한 (명사)여서 …한
[어휘] exceptional 뛰어난, 훌륭한 be fascinated by ~에 매료되다

02 'A뿐만 아니라 B도'의 의미를 나타내는 「not only A but (also) B」는 주어일 때 B(I)에 동사의 수를 일치시킨다.
[어휘] vulnerable to ~에 취약한

03 목적어 역할을 할 수 있는 간접의문문 형태의 의문사절이 필요하다. why를 이용하여 「의문사+주어+동사」 어순으로 나타낼 수 있다.

04 in case: ~일 경우에 대비하여
[어휘] encounter 맞닥뜨리다, 접하다 unexpected 예상 밖의 barrier 장애(물)

05 the fact 뒤에 that절을 이용하여 동격으로서 앞 말에 대한 구체적인 내용을 제시할 수 있다.
[어휘] cover up 숨기다, 은폐하다 embezzlement 횡령 up to now 지금까지

06 not that A but that B: A 때문이 아니라 B 때문에

[07-11]

07 The teachers and the students alike
08 lest she (should) wake up the baby
09 except if the people themselves refuse to go to war
10 in order not to get stuck in the rush-hour traffic
11 In spite of the fact that he wanted to live in the suburbs

07 그 선생님들과 학생들 모두 그 강연자의 의도를 이해할 수 있었다.
▶ both A and B: A와 B 둘 다(모두) = A and B alike

[어휘] lecturer 강연자 intent 의도

08 그 여자는 자신이 아기를 깨울까 봐 아기 침대 주변에서 발끝으로 살금살금 걸었다.
▶ for fear (that)+주어+would(should, might, may, will)+동사원형: ~하지 않도록 = lest+주어(+should)+동사원형
[어휘] tiptoe 발끝으로 살금살금 걷다 crib 아기 침대

09 그는 "사람들 스스로 전쟁에 나가는 것을 거부하지 않는 한 어떤 것도 전쟁을 끝낼 수 없을 것이다."라고 말했다.
▶ unless: ~하지 않는 한 = except if

10 너는 금요일 출퇴근 시간대의 교통 혼잡 속에 갇히지 않도록 일찍 떠나는 것이 낫겠다.
▶ so as not to+동사원형: ~하지 않기 위해서 = in order not to+동사원형
[어휘] rush-hour traffic 출퇴근 시간대의 교통 혼잡

11 그는 교외에 살기를 원했지만, 아이들을 위해 도시에 정착했다.
▶ '비록 ~이지만'을 의미하는 접속사 though를 전치사구 in spite of를 이용한 문장으로 만들 때, 전치사가 절을 이끌 수 없으므로 In spite of the fact that의 형태로 나타낸다.
[어휘] settle in ~에 정착하다 suburb 교외

[12-17]

12 Whether	13 though
14 as if	15 The moment
16 but	17 Although / Though

12 그가 누군가의 사유지에 무단 침입했는지 여부는 그의 판결에 크게 영향을 미칠 것이다.
▶ or not과 함께 '~인지 아닌지'의 의미로 명사절을 이끄는 Whether이 알맞다.
[어휘] trespass on ~에 무단 침입하다 property 사유지, 건물 sentencing 판결(문)

13 그녀는 내가 그녀를 위해 했던 것에 매우 만족했다. 그리 오래는 아니었지만.
▶ 문맥상 문장 끝에서 '~이긴 하지만'의 의미를 나타내어 부사로 쓰일 수 있는 though가 알맞다.

14 내가 무섭거나 깜짝 놀랄 때마다, 나는 마치 심장이 잠깐 동안 멈춘 것처럼 느낀다.
　▶ '마치 ~인 것처럼'의 의미로 사실과 반대되는 일을 가정하여 나타내는 「as if+가정법」이 알맞다.
　[어휘] startled 깜짝 놀란

15 카메라들이 꺼지자마자 그 배우는 긴장을 풀 수 있었다.
　▶ 문맥상 '~하자마자'의 의미를 나타내는 The moment가 알맞다.

16 손님들에게 고기가 없는 저녁 식사를 대접하는 것은 드문 일이지만, 그 파티 주최자는 그것을 요청했다.
　▶ 서로 대등한 절을 연결하며 내용이 대조되고 있으므로 but이 알맞다.
　[어휘] meatless (식사에) 고기가 없는 organizer 주최자

17 그 바이러스가 내 노트북에 큰 피해를 입히긴 했지만, 나는 일부 중요한 파일들을 복구할 수 있었다.
　▶ 문맥상 양보를 나타내는 Although 또는 Though가 알맞다.
　[어휘] wreak havoc on ~에 큰 피해를 입히다

[18-21]

18 that		**19** since
20 even though		**21** whether

18 그 동물 권리 운동가는 길 잃은 동물들을 위한 더 많은 보호소들이 필요하다는 견해를 주장했다.
　▶ 앞의 명사 the idea와 동격인 절을 이끄는 접속사 that이 알맞다.
　[어휘] animal-rights activist 동물 권리 운동가 insist on ~을 주장하다 stray 길 잃은, 주인이 없는

19 그는 자신의 지역 사회에 있는 불우한 사람들에게 도덕적 빚을 지고 있다고 느끼기 때문에 그들을 돌본다.
　▶ 문맥상 이유를 나타내는 since가 알맞다.
　[어휘] the less fortunate 불우한 사람들 moral 도덕적인

20 수술이 잘 되었음에도 불구하고 그의 암 예후는 좋지 않을 것이다.
　▶ 문맥상 양보·대조를 나타내는 even though가 알맞다.
　[어휘] prognosis (의학) 예후, 예상

21 그들은 의장이 그 제안을 동의할지 안 할지에 대해 궁금했다.
　▶ 전치사의 목적어가 될 수 있는 것은 whether절이다. if절은 전치사의 목적어가 될 수 없다.
　[어휘] give one's consent to ~을 동의(승낙)하다

[22-25]

22 Neither you nor your friend is invited to attend the event.
23 I know you're irritated, but I have no choice but to intervene here.
24 Since(Because, As) she believed in them, she continued to support them financially.
25 Not until the 1950s was it possible for the immigrants to assimilate into American society.

22 너도 너의 친구도 그 행사에 참석해 달라는 초청을 받지 않았다.
　▶ 「neither A nor B」 구문은 주어일 때 B(your friend)에 동사의 수를 일치시킨다. are → is

23 네가 짜증이 나는 건 알지만, 내가 여기에 개입할 수밖에 없다.
　▶ have no choice but to+동사원형: ~하는 수밖에 없다
intervene → to intervene
　[어휘] irritated 짜증이 난 intervene 개입하다

24 그녀는 그들에 대한 믿음이 있었기 때문에, 그들을 경제적으로 계속 지원했다.
　▶ 이유를 나타내는 for는 문장 맨 앞에 올 수 없으므로 이유를 나타내는 다른 접속사로 바꾸어 써야 한다. For → Since(Because, As)
　[어휘] financially 재정적으로

25 1950년대가 되어서야 그 이민자들은 미국 사회에 동화될 수 있었다.
　▶ 「not A until B」 구문이 쓰인 문장으로 강조를 위해 부정어와 until구가 문장 맨 앞에 위치하였으므로 주어와 동사가 도치되어야 한다. it was → was it
　[어휘] immigrant 이민자 assimilate into ~에 동화되다

CHAPTER **13 ▶ 15** **실전 TEST** pp. 56-61

01 ②　**02** ⑤　**03** ③　**04** ⑤　**05** ③　**06** ②　**07** that **08** with　**09** which, the, man, came　**10** cannot, choose(help), but, quit　**11** in, order, that **12** behind, the, times, in, that　**13** because, through **14** not, that, but　**15** ④　**16** ①　**17** ⑤　**18** ②　**19** ③ **20** ④　**21** ②　**22** ④　**23** ⑤　**24** ②　**25** which(that)

26 who　**27** ⑤　**28** ⑤　**29** The defendant whose case(of which the case) will be sent to the Supreme Court will be able to receive legal aid.　**30** The firm needs to create a climate where(in which) business can prosper. **31** ③ of → that　**32** who　**33** ③　Check Plus ②　**34** ① Check Plus ③

01 Samuel은 지난 며칠 동안 두통과 위통이 있었음에도 불구하고 기말고사에서 특히 과학과 수학에서 매우 잘했다.
▶ 문맥상 양보·대조의 의미를 나타내고 동명사를 목적어로 취할 수 있는 전치사 despite가 알맞다.
[어휘] gastric pain 위통

02 며칠 전, 내 여동생과 나는 Kevin의 집에 갔는데, 우리는 이전에 거기에 가본 적이 없었다.
▶ 문맥상 전치사 to가 필요하므로 「전치사＋목적격 관계대명사」, 즉 to which가 알맞다.

03 숨바꼭질은 아이들이 했던 가장 인기 있는 게임이었다.
▶ 선행사 game을 최상급 형용사가 수식하고 있으므로 관계대명사 that이 알맞다.
[어휘] hide and seek 숨바꼭질

04 Bella는 그 생각에 감명받지 않은 것 같았고, 어느 누구도 그렇지 않은 것 같았다.
▶ 부정어 not이 포함된 절 뒤에서 부정적으로 연관된 내용을 소개하는 nor이 적절하며, 주절의 동사가 be동사이므로 nor 뒤에도 be동사가 알맞다.

05 전문가들은 그 보험 회사가 부실한 경영과 리더십 때문에 폐업했다고 말한다.
▶ 문맥상 이유를 나타내는 전치사 due to, for, because of, owing to는 알맞으나, 양보·대조를 나타내는 in spite of는 적절하지 않다.
[어휘] go out of business 폐업하다

06 ① a. 그 팀은 자신들이 이길 수 있다고 믿었다.
▶ 동사 바로 뒤에 위치한 목적어절인 경우 that을 생략할 수 있다.
b. James는 훌륭한 남편일 뿐만 아니라 훌륭한 아버지이기도 했다.
▶ 「not only A but (also) B」의 only는 생략할 수 없다.
② a. 그 왕자는 그의 부모님이 원하지 않았던 소녀와 결혼했다.
▶ 관계사절 안에서 목적어 역할을 하는 목적격 관계대명사 whom은 생략할 수 있다.
b. 내가 당신에게 추가 정보를 보낼 수 있도록 내게 당신의 이메일을 주소를 알려주세요.
▶ 두 단어로 이루어진 상용 접속사구 so that에서 that은 생략할 수 있다.
③ a. 가끔 내리는 소나기를 제외하고 날씨가 좋을 것이다.
▶ except for는 문장 맨 앞에 위치할 수 있지만 except는 불가하므로 for를 생략할 수 없다.
b. 그는 그들과 함께 어울리던 때가 그리웠다.
▶ the time 같이 시간을 나타내는 일반적인 선행사 다음에 오는 관계부사 when은 생략할 수 있다.
④ a. 원조가 그 나라들에게 나쁜 영향을 미친다는 생각은 잘못되었다.
▶ 동격절을 이끄는 접속사 that은 생략할 수 없다.
[어휘] exert a bad influence on ~에 나쁜 영향을 미치다
b. 그 노트북이 내가 이야기하고 있는 노트북이다.
▶ 관계사절 안에서 선행사를 포함하는 관계대명사 what은 생략할 수 없다.
⑤ a. 정상이 눈으로 덮인 저 산을 보아라.
▶ 관계사절 안에서 소유격 역할을 하는 관계대명사 whose는 생략할 수 없다.
b. 너는 그 사고에서 다친 남자들을 아니?
▶ 분사 injured 앞의 「주격 관계대명사＋be동사」는 생략할 수 있다.

07 • 공상 과학 영화라는 것 이외에 그 새 영화에 대해 거의 알려진 것이 없었다.
• 우리가 파리에 있으니, 우리는 에펠탑을 방문해야 한다.
▶ 첫 번째 문장의 except 뒤에 절이 왔으므로 빈칸에는 접속사 that이 적절하다. 두 번째 문장에서는 문맥상 '~이므로'라는 의미의 접속사 now that이 적절하므로 빈칸에 that이 알맞다. 따라서 공통으로 들어갈 말은 that이다.

08 • 그의 회사는 우리의 팀이 함께 사업을 하고 싶은 회사는 결코 아니었다.
• 그 최종 연구 결과는 우리의 이전 연구 결과와 상충했다.
▶ 첫 번째 문장은 do business with의 with가 목적어인 관계대명사 앞에 위치한 형태가 되는 것이 적절하므로 빈칸에 with가 알맞다. 두 번째 문장에는 문맥상 '~와 상충하여'라는 의미의 at odds with가 적절하므로 빈칸에는 with가 알맞다. 따라서 빈칸에 공통으로 들어갈 말은 with이다.
[어휘] finding (연구) 결과

09 경찰은 그 남자가 온 국가와 대화를 할 것이다.
▶ 주어진 문장에서 that은 목적격 관계대명사로, 전치사 from의 목적어이다. 전치사 from이 앞으로 왔으므로 관계대명사 that은 쓸 수 없다. 따라서 from 다음에 which the man came이 알맞다.

10 일부 여성들은 자신들의 일을 그만두고 자녀들과 함께 집에 머물 수밖에 없다.
▶ '~하는 수밖에 없다'라는 의미의 「have no choice but to＋동사원형」은 「cannot choose(help) but＋동사원형」으로 바꾸어 쓸 수 있다.

11 내 사촌은 영어 실력을 향상시키려고 여름 방학 동안 필리핀에 갈 것이다.
▶ '~하도록'이라는 의미의 「so (that)＋주어＋can(may, might, will)＋동사원형」은 「in order that＋주어＋can(may, might, will)＋동사원형」으로 바꾸어 쓸 수 있다.

12 '~라는 점에서'라는 의미는 in that으로 나타내며, '시대에 뒤떨어진'이라는 의미는 behind the times로 나타낼 수 있다.

13 '~ 때문에'라는 의미는 because of로 나타낼 수 있고, 처음부터 끝까지의 의미를 내포하는 '내내'라는 의미는 through로 나타낼 수 있다.

14 'A 때문이 아니라 B 때문에'라는 의미는 「not that A but that B」로 나타낼 수 있다.
[어휘] nuclear weapon 핵무기

15 • 그 교회는 1990년 미사일로 붕괴되었을 때까지 그곳에 서 있었다.
• 당신이 어려운 문제를 해결해야 했던 상황을 설명해주세요.
▶ 첫 번째 문장의 빈칸에는 어떤 일이나 상황이 지속되고 있음을 나타내는 until(till)이 알맞다. 두 번째 문장은 선행사가 추상적인 의미의 '상황'을 나타내는 the situation이므로 빈칸에는 관계부사 where가 알맞다.
[어휘] bring down 붕괴시키다

16 • 이것은 네가 운전하던 것과 같은 종류의 자동차이다.
• 너 또는 네 남동생은 Hush를 수의사에게 데려가야 한다.
▶ 첫 번째 문장은 선행사 car를 the same이 수식하고 있으므로 유사관계대명사 as가 알맞다. 두 번째 문장의 「either A or B」는 주어일 때 B(your brother)에 동사의 수를 일치시키므로 has가 알맞다.
[어휘] vet 수의사

17 • Sarah는 남편의 모든 단점들에도 불구하고 그를 사랑했다.
• 표지가 빨간색과 검은색인 멋진 잡지를 봐.
▶ 첫 번째 문장에는 문맥상 '~에도 불구하고'의 의미를 나타내는 with와 in spite of가 가능하다. 두 번째 문장은 관계사절 안에서 소유격 역할을 하는 소유격 관계대명사가 필요하므로 whose 또는 of which가 알맞다. of which 다음에는 the cover를 써야 하므로 이 문장에는 알맞지 않다. 따라서 알맞게 짝지어진 것은 in spite of와 whose이다.

18 강좌 시작 일주일 전에 환영 패키지가 각 학생에게 보내질 것인데, 그것은 학생 안내 소책자와 평가 제출 방법에 대한 일반적인 정보로 구성될 것이다.
▶ 문맥상 '~에 앞서'의 의미를 나타내는 prior to가 되어야 하므로 to를 써주어야 한다.
[어휘] booklet 소책자 assessment 평가

19 고모는 내 곁을 지나면서 화가 나서 소리치셨다. "Jimmy, 네가 머물고 싶든 말든 그건 내 알 바가 아니야. 하지만 네가 여기에 머무는 한 올바로 행동하도록 해."
▶ '~인지 아닌지'의 의미를 나타내는 if는 문장 앞에 위치하는 주어 역할을 할 수 없다. if는 whether이 되어야 한다.
[어휘] none of my business 내 알 바가 아닌
behave oneself 올바로 행동하다

20 내가 그녀를 처음 만났을 때, Anderson 씨는 옷을 입은 방식뿐 아니라 무척 카리스마가 있어서 나에게 강한 인상을 남겼다.
▶ 관계부사 how는 선행사 the way와 동시에 쓸 수 없으므로, how를 생략해야 한다.
[어휘] make an impression on ~에게 인상을 남기다
charismatic 카리스마가 있는

21 그것은 아시아 민족으로 15년 전 우리가 태국에서 이 나라로 이주해온 이후로 여러 해 동안 우리 가족에게 일어났던 일이다.
▶ since는 '~한 이후로 (줄곧)'의 의미를 나타내는 접속사로 since절에는 과거시제가 오고, 주절에는 현재완료시제가 온다. happened는 has happened가 되어야 한다.
[어휘] immigrate 이주해 오다

22 그 분석들은 DNA 패턴과 무사 분열의 특징을 포함하는데, 이것은 분석들이 도출된 세포의 건강 상태와 기원에 대한 정보를 보여줄 수 있다.
▶ 전치사 다음에 관계대명사 that을 쓸 수 없으므로, 관계대명사 which가 되어야 한다.
[어휘] analyses analysis(분석)의 복수형 fragmentation (핵의) 무사 분열 profile (사람·물건의) 특징, 특성 derive A from B A를 B에서 도출하다(얻다)

23 ① 언제부터 이 공연이 케이팝 문화에 대한 것이었나?
▶ 전치사의 목적어가 의문사인 경우 보통 전치사가 분리되어 문장 뒤에 위치하지만 since는 분리되지 않고 문장 앞에 위치하므로 Since when ~ culture?의 문장이 되어야 한다.
[어휘] K-pop 한국 대중음악, 케이팝
② 그 개는 그 남자를 보자마자 달아났다.
▶ ~하자마자 …하다'라는 의미의 「scarcely ~ before ...」 구문으로 주절에는 과거완료시제, 종속절에는 과거시제를 쓰므로 주절의 saw는 had seen이 되어야 하며, 부정어가 문장 앞에 위치하므로 주어와 동사가 도치되어 Scarcely had the dog seen으로 이어지는 문장이 되어야 한다.

③ 그 모든 소문들에도 불구하고, 나는 그를 여전히 믿는다.
▶ although는 문장 끝에서 '~이긴 하지만'의 의미를 나타내는 부사로 쓰일 수 없다. although는 though가 되어야 한다.
④ 그 학생들은 다른 학급들이 방해받지 않도록 조용히 걸어야 했다.
▶ 「lest+주어+(should)+동사원형」은 '~하지 않도록'의 의미로 이미 부정의 의미가 있으므로 뒤에 부정어를 쓰지 않는다. not을 삭제해야 한다.
[어휘] disturb 방해하다
⑤ 그 학자들은 그 책들이 언제 쓰여졌는지에 대해 확신하지 못했다.
▶ 형용사 certain 뒤에 when이 이끄는 의문사절이 온 경우로 전치사 about이 생략될 수 있으므로 올바른 문장이다.

24 ① 나는 몸이 그다지 좋지 않아서 10시 전에 일찍 떠나야 했다.
▶ 이유를 나타내는 접속사 for는 문장 맨 앞에 오지 않으므로 For는 Because, Since 혹은 As가 되어야 한다.
② 내 친구들의 지원이 없었더라면, 나는 그 어려운 시절을 결코 이겨낼 수 없었을 것이다.
▶ 일어나지 않은 일을 가정해서 말할 때 but for를 쓸 수 있으므로 올바른 문장이다.
③ 그가 아무리 열심히 노력할지라도, Eric은 그의 스마트폰을 고칠 수 없었다.
▶ '아무리 ~할지라도'는 「however+형용사/부사+주어+동사」로 써야 하므로, However hard he tried로 쓴다.
④ 변호사로서 나는 많은 다양한 고객들을 대신해 일한다.
▶ '~을 대신해'의 의미를 나타내는 것은 on behalf of이므로 for는 of가 되어야 한다.
⑤ 나의 남동생은 신발 한 켤레를 샀는데, 그것은 10달러였다.
▶ 관계대명사 앞에 콤마(,)가 있으므로 계속적 용법으로 쓸 수 있는 관계대명사 which가 와야 한다. 관계대명사 that은 계속적 용법으로 쓸 수 없다.

25 그녀는 프랑스에서 구입한 비싼 신발을 신었다.
▶ 관계사절에 목적어 역할을 하는 목적격 관계대명사가 필요하므로, which나 that을 쓴다.

26 Samuel은 내가 추측하기에 증권 중개인인 아들이 하나 있다.
▶ I guess는 삽입절이다. 관계사절 안에서 주어 역할을 하는 주격 관계대명사 who를 써야 한다.
[어휘] stockbroker 증권 중개인

27 ① 그는 프랑크푸르트를 거쳐 파리로 가고 싶었다.
▶ via는 '~을 경유하여(거쳐서)'의 의미로 by way of로 바꾸어 쓸 수 있다.
② 그는 그녀에게 좋은 일자리를 제안했고, 그녀는 감사히 그것을 수락했다.
▶ 주어 역할을 하는 주격 관계대명사가 필요하므로 and she는 계속적 용법의 관계대명사 who로 바꾸어 쓸 수 있다.
[어휘] gratefully 감사히, 기꺼이
③ 내 일을 끝내자마자, 나는 체육관에 갈 것이다.
▶ 「upon+-ing」는 '~하자마자'의 뜻으로 「as soon as+주어+동사」로 바꾸어 쓸 수 있다. 참고로 시간을 나타내는 부사절에서는 미래시제 대신 현재시제(finish)를 쓴다.
④ 그녀는 그가 자신에게 무엇을 말하더라도 듣지 않을 것이다.
▶ 양보의 부사절을 이끄는 복합관계대명사 whatever는 '무엇을 ~하더라도'라는 의미의 no matter what으로 바꾸어 쓸 수 있다.
⑤ 네가 입는 무슨 옷이든 너에게 잘 어울릴 것이다.

▶ 복합관계형용사 whatever는 뒤에 나오는 명사 clothes를 수식하는 명사절을 이끌며 Any clothes that으로 바꾸어 써야 한다.

28 ① 너의 일은 경제적으로뿐만 아니라 심리적으로도 수고한 보람이 있니?
　　▶ 「B as well as A」는 'A뿐만 아니라 B도'의 의미로 「not only A but (also) B」로 바꾸어 쓸 수 있다.
　　[어휘] psychologically 심리적으로
② 나는 실패하지 않도록 시도조차 원치 않는 누군가를 알고 있다.
　　▶ 「for fear of+동명사」는 '~하지 않도록'의 의미로 「so as not to+동사원형」으로 바꾸어 쓸 수 있다.
③ 만약 운동을 시작하지 않는다면 당신은 심각한 건강 문제를 일으킬 수 있다.
　　▶ unless는 '만약 ~가 아니라면'의 뜻으로 「if ~ not」으로 바꾸어 쓸 수 있다.
④ 방사선 기법들에 관하여 열띤 토론이 뒤따랐다.
　　▶ regarding은 '~에 관하여'의 의미로 as for로 바꾸어 쓸 수 있다.
　　[어휘] heated 열띤　radiation technique 방사선 기술
⑤ 부엌은 테이블 위에서 타고 있는 촛불 하나를 제외하고는 완전히 어두웠다.
　　▶ save for는 '~을 제외하고는'의 의미이고, despite는 '~에도 불구하고'의 의미이므로 두 문장의 의미는 다르다.

29 그 피고는 법적인 도움을 받을 수 있을 것이다. 그의 사건은 대법원으로 이송될 것이다.
→ 자신의 사건이 대법원으로 이송될 그 피고는 법적인 도움을 받을 수 있을 것이다.
▶ 관계사절 안에서 case의 소유격 역할을 하는 소유격 관계대명사로 문장을 연결해야 한다. whose case나 of which the case를 쓸 수 있다.
[어휘] defendant 피고　legal 법적인　Supreme Court 대법원

30 그 회사는 분위기를 조성할 필요가 있다. 사업은 그 분위기에서 번창할 수 있다.
→ 그 회사는 사업이 번창할 수 있는 분위기를 조성할 필요가 있다.
▶ 선행사가 추상적인 의미의 '분위기'를 나타내는 a climate이므로 관계부사 where나 in which를 쓸 수 있다.
[어휘] prosper 번창하다, 잘 되다

[31-32]

누가 최초로 감자튀김을 만들어냈는지는 종종 논쟁이 되는 문제이다. 그러나, 감자튀김에 대한 가장 일반적인 이야기는 뉴욕에 있는 한 식당의 요리사였던 George Crum과 관련되어 있다고 한다. 1853년 어느 날, 감자튀김을 주문했던 한 손님이 감자튀김이 너무 두껍고 질척하다고 불평하며 그것들을 부엌으로 돌려보냈고, George는 매우 화가 났다. 그 손님에게 따끔한 맛을 보여주기 위해, 그는 감자를 최대한 얇게 썰고 바삭거릴 때까지 더 오래 튀겨서 소금과 함께 내놓았다. 그러나 그 손님은 화를 내는 대신, 그 새로 튀긴 감자를 마음에 들어 했다. 세계인들이 즐겨 먹는 간식은 순전히 손님을 화나게 하려는 요리사의 분노와 바람에서 태어난 것이었다.

31 동사 complain 뒤에 목적어 역할을 하는 절이 왔으므로 전치사 of가 아닌 접속사 that을 써야 한다.
32 관계사절 안에서 주어 역할을 하는 주격 관계대명사 who가 알맞다.

[어휘] controversy 논란　soggy 질척한　give ~ a lesson ~에게 따끔한 맛을 보이다　crispy 바삭바삭한　rage 분노　irritate 짜증나게 하다, 자극하다

33

열대 우림은 적도 가까이에서 발견되며 그것들의 거의 60퍼센트는 라틴 아메리카에 있다. 이 열대 우림에는 전 세계 식물과 동물 종의 반 이상이 서식하고 있다. 그곳 식물들에게, 열대 우림은 전쟁터와 마찬가지인데, 그 안에서 식물들은 곤충, 새, 초식 동물들뿐 아니라 다른 식물들과도 경쟁한다. 열대 우림에는 매일 12시간씩 햇빛이 비침에도 불구하고, 그 중 2퍼센트도 안 되는 햇빛만이 울창한 우림 속 지면에 도달한다. 열대 우림은 대개 3개의 서로 다른 층, 즉 임관층, 하층, 지층을 이룬다. 더 높이 올라갈수록, 더 많은 햇빛을 받는다. 그래서, 더 많은 햇빛을 받기 위해서 열대 우림 나무들은 인접한 나무들보다 더 빠르고 더 높이 성장하며 경쟁을 벌인다. 이러한 빠른 수직 성장은 나무들에게 훌륭한 생존 전략이다. 예를 들어, 매우 흔한 우림 식물 중 하나인 리아나는 다른 기후에 사는 리아나들보다 훨씬 더 높이 자란다.

▶ ③ 전치사 despite 뒤에는 (동)명사가 와야 하는데, 여기서는 「주어+동사」의 절이 왔다. 따라서 Despite the fact that으로 쓰거나 또는 접속사 Despite를 Although나 Though로 바꿔야 한다.

Check Plus
① 헛된 노력
② 빠른 수직 성장
③ 느리지만 꾸준한 성장
④ 고온에의 빠른 적응
⑤ 곤충들과 새들과의 경쟁에서의 성공
▶ 앞 문장에 '더 많은 햇빛을 받기 위해 주변 나무들보다 더 빨리, 더 높게 자란다'는 내용이 나왔으므로, '빠른 수직 성장'으로 이어지는 것이 알맞다.
[어휘] grass-eating 초식의　dense 빽빽한, 밀집한　layer 층, 단계

34

당신은 우유를 마시는가? 우유는 종종 단백질, 칼슘과 비타민이 풍부한 영양상 완전 식품이라고 불린다. 그것이 우리가 때때로 모든 사람으로부터 우유를 마시라는 권고를 받는 이유이다. 하지만, 일부 다른 의견도 있다. 우선, 우유는 젖당을 함유한다. 많은 사람들이 젖당 과민증이 있기 때문에, 젖당을 소화하는 데 어려움을 겪는다. 그리고 여러 연구에 따르면, 많은 항생제와 성장 호르몬이 우유에서 발견되었다. 이러한 약물과 호르몬은 소의 사료를 통해 섭취되거나 때로는 소에게 직접 주어진다. 중요하게도, 우유는 단백질이나 칼슘의 유일한 공급원이 아니다. 우유에 들어 있는 모든 영양소는 콩, 연어, 아몬드, 케일과 같은 같은 다른 식품들에서도 발견될 수 있다. 그래서 어떤 사람들은 현재 우유 소비를 장려하는 것은 과학이 아닌, 낙농업계의 정치적인 로비와 연관이 있을 수 있다고 의심한다. 그들은 젖소의 젖은 인간이 아닌 송아지를 위한 것이라고 생각한다.

▶ (A) is의 주어 역할을 하는 주격 관계대명사 that이 알맞다. what은 선행사를 포함하는 관계대명사이므로 쓸 수 없다.
(B) 「That's why ~」는 '그것은 ~의 이유이다, 그래서 ~하다', 「That's because ~」는 '그것은 ~ 때문이다'의 의미로 원인과 결과 부분이 정반대임에 유의해야 한다. 여기서는 문맥상 전자의 의미가 알맞으므로

why가 알맞다.

C) 문맥상 '~에 따르면'이라는 의미의 according to가 알맞다. except for는 '~을 제외하고'라는 의미이다.

Check Plus 완전 식품으로 알려진 우유에 대한 다른 의견들(젖당으로 인한 소화의 어려움, 우유에서 발견되는 항생제와 성장 호르몬, 우유가 단백질과 칼슘의 유일한 공급원이 아님 등)을 제시하고 있으므로, 우유

섭취에 쟁점이 되는 부분들이 있음을 주장하는 글이다.

[어휘] protein 단백질   urge 촉구하다   have a difficult time -ing ~하는 데 어려움이 있다   growth hormone 성장 호르몬
calves calf(송아지)의 복수형

CHAPTER 16 가정법 / EXERCISE

[01-05]

> 01 were not, would arrive
> 02 couldn't have led
> 03 were, behaved
> 04 on condition that
> 05 hadn't done, restarted/should restart

01 A: Andrew는 지금 차가 막혀서 동아리 모임에 늦을 거야.
   B: 저런. 만약 교통이 그렇게 나쁘지 않다면, 그는 제때 도착할 텐데.
   ▶ 가정법 과거는 「If+주어+동사의 과거형 ~, 주어+would(could, might)+동사원형 …」의 형태로 현재 사실과 반대되는 일을 가정하므로, 긍정은 부정으로 바꾸어 쓴다.
   [어휘] be stuck in traffic 교통 정체에 걸리다, 차가 막히다

02 A: 잘했어! 네 발표는 전혀 흠잡을 데가 없었어.
   B: 고마워. 만약 동료들의 도움이 없었다면 성공적으로 발표를 진행할 수 없었을 거야.
   ▶ 과거 사실과 반대되는 일을 가정하므로, 「가정법 과거완료+without ~」(~이 없었다면, …했을 텐데)을 쓴다.
   [어휘] leave nothing to be desired 전혀 흠잡을 데가 없다
   co-worker 동료   assistance 도움, 지원

03 A: 때때로 Rivera 씨는 마치 우리가 그의 하인인 것처럼 우리를 대해.
   B: 맞아. 그가 우리에게 좀 더 예의 바르게 행동하면 좋을 텐데.
   ▶ 「현재시제+as if+가정법 과거」는 '마치 ~인 것처럼 …한다'라는 의미로 현재 사실의 반대를 가정할 때 쓴다.
   「I wish+가정법 과거」는 '~라면 좋을 텐데'라는 의미로 현재나 미래의 이루기 힘든 소망을 나타낸다.

04 A: 제가 그 문서에 어떻게 접근할 수 있을까요?
   B: 당신이 그것을 그 누구와도 공유하지 않는다는 조건으로 그 문서를 받을 수 있습니다.
   ▶ on condition that은 '~라는 조건으로, 만약 ~라면'의 의미를 나타낸다.
   [어휘] get(have, gain) access to ~에 접근하다
   document 문서, 서류

05 A: 오디션에서 엄청난 실수를 했어. 실수를 하지 않았더라면 좋을 텐데!
   B: 그건 잊어버려. 나는 이제 네가 다시 시작할 때라고 생각해.

▶ 「I wish+가정법 과거완료」는 '~였더라면 좋을 텐데'라는 의미로 과거 사실에 반대되는 소망을 나타낸다.
「It is time (that)+가정법 과거」는 '(이제) ~할 때이다'라는 의미로, 「It is time (that)+주어+should+동사원형」으로 쓰기도 한다.

[06-10]

> 06 he had been an average student
> 07 were, would not have given up my dream
> 08 I wish I could have a chance
> 09 both parties are not open, can't reach an agreement
> 10 I didn't learn how to surf then, I can't enjoy surfing here in Hawaii now

06 보통의 학생이었다면 지치지 않고 과정을 쉽게 이수할 수 있었을 텐데.
   → 만약 그가 보통의 학생이었다면, 그는 지치지 않고 그 과정을 쉽게 이수할 수 있었을 텐데.
   ▶ 주어(An average student)가 if절의 대용으로, 동사가 could have completed이므로, 가정법 과거완료로 바꿔 쓴다.
   [어휘] average 보통의, 평균의   burn out (너무 무리한 결과) 매우 지치다

07 나는 발레에 재능이 없기 때문에, 발레리나가 되겠다는 꿈을 포기했다.
   → 만약 내가 발레에 재능이 있다면, 나는 발레리나가 되겠다는 꿈을 포기하지 않았을 텐데.
   ▶ 주어진 문장은 '만약 (현재) ~라면, (과거에) …했을 텐데'라는 의미의 혼합가정법으로, 현재 상태를 반대로, 가정해서 과거를 돌아보는 경우에 쓴다. 따라서 am not은 were로, gave up은 would not have given up으로 바꿔 쓴다.
   [어휘] talented 재능이 있는

08 나는 할머니가 그립다. 내가 할머니의 김치를 다시 먹을 수 있는 기회가 없어서 유감이다.
   → 나는 할머니가 그립다. 내가 할머니의 김치를 다시 먹을 수 있는 기회가 있으면 좋을 텐데.
   ▶ 「I wish+가정법 과거」는 '~라면 좋을 텐데'라는 의미로 현재나 미래의 이루기 힘든 소망을 나타낸다. 따라서 can't have를 could

have로 바꾸어 쓴다.

09 만약 두 당사자가 협상과 타협할 용의가 있지 않다면, 그들은 합의에 도달할 수 없다.
▶ unless는 '~하지 않는 한, 만약 ~하지 않는다면'이라는 의미로 장차 발생할 가능성이 있는 일에 대해 쓰며, if ~ not으로 바꿔 쓸 수 있다.
[어휘] party (소송·계약 등의) 당사자, 관계자   negotiation 협상   compromise 타협, 절충   reach an agreement 합의에 도달하다

10 만약 내가 그때 서핑을 배웠더라면, 나는 지금 여기 하와이에서 서핑을 즐길 수 있을 텐데.
→ 나는 그때 서핑을 배우지 않았기 때문에, 지금 여기 하와이에서 서핑을 즐길 수 없다.
▶ 주어진 문장은 '만약 (과거에) ~했다면, (지금) …할 텐데'라는 의미의 혼합가정법으로 과거 사실이 현재까지 영향을 미치는 경우에 쓴다. 가정법은 반대되는 일을 가정하는 것이므로, if절의 had learned는 didn't learn으로, 주절의 could enjoy는 can't enjoy로 바꿔 쓴다.

[11-16]

11 as though	**12** Unless	**13** otherwise
14 Should	**15** lest	**16** Supposing

11 힘든 하루였다. 마치 하루가 결코 끝나지 않는 것처럼 생각되었다.
▶ 「과거시제＋as though(if)＋가정법 과거」는 '마치 ~인 것처럼 …했다'라는 의미로 과거 사실의 반대를 가정할 때 쓴다.
[어휘] have a long day 힘든(피곤한) 하루를 보내다

12 당신이 즉시 예약하지 않으면, 특별 할인 기회를 놓칠지도 모른다.
▶ 문맥상 '~하지 않는 한, 만약 ~하지 않는다면'의 Unless가 알맞다.
[어휘] make a reservation 예약하다   special offer 특별 할인, 특가품

13 곧 소식을 주시기를 원합니다. 만약 그렇지 않다면, 제 의견에 이의가 없는 것으로 간주하겠습니다.
▶ '만약 그렇지 않다면'의 의미인 otherwise가 알맞다. 여기서 otherwise는 if I don't hear from you soon을 대신한다.
[어휘] assume 간주하다   have no objection to ~에 이의가 없다

14 만약 문제가 발견되면 저희 고객 서비스 부서에 연락해 주세요.
▶ 가정법 문장에서 if를 생략하면 주어와 조동사(should)가 도치된다. If you should discover any problem이 도치 전 문장이다.
[어휘] department 부, 부서

15 그 매니저는 어떤 중요한 업무 약속도 놓치지 않기 위해 자신의 휴대 전화에 알람을 맞춰 놓았다.
▶ 문맥상 '~하지 않도록'이라는 의미의 「lest ~ should＋동사원형」가 알맞다.
[어휘] set an alarm 알람을 맞추다   appointment (업무 관련) 약속, (진료 등) 예약

16 만약 네가 학급회장으로 선출된다면, 너는 가장 먼저 무엇을 할 거니?
▶ '만약 ~라고 가정하면'이라는 의미의 supposing (that)이 알맞다.

[17-20]

17 F, should	**18** T
19 T / F, couldn't be	**20** T

17 Feroli 의사 선생님의 권고는 Silveira 씨가 일을 덜 하고 운동을 더 해야 한다는 것이다.
▶ recommendation(권고)＋that＋주어＋(should)＋동사원형의 형태로 쓰므로 would를 should로 고쳐 쓴다.

18 만약 갑자기 중력이 사라진다면, 우리는 우주에서와 마찬가지로 떠다닐 수 있을 텐데.
▶ 「If＋주어＋were to＋동사원형 ~, 주어＋조동사의 과거형＋동사원형 …」은 불가능한 일을 강조하여 '(그럴 리 없지만) ~한다면, …할 것이다'라는 의미를 나타낸다.
[어휘] gravity 중력   all of a sudden 갑자기   float (물위·공중에) 뜨다

19 만약 Brandon이 그때 골든 타임 내에 제대로 치료를 받지 못했더라면, 그는 지금 살아있지 못할 텐데.
▶ then과 now로 미루어 보아, '만약 (과거에) ~했다면, (지금) …할 텐데'라는 의미의 혼합가정법 문장임을 알 수 있다. 따라서 couldn't have been은 couldn't be로 고쳐 쓴다.
[어휘] treatment 치료

20 그 용의자는 자신은 강도 사건과 전혀 관련이 없다고 강력하게 주장했다.
▶ 주절에 insist가 쓰였어도 that절이 당위성을 포함하지 않고, 단순 사실을 언급할 때는 주절의 시제(과거)에 따른 시제 일치가 되어야 한다. 따라서 had는 어법상 옳다.
[어휘] suspect 용의자   firmly 확고하게, 단호하게   connection 관련, 연결   burglary (주거 침입) 강도

[21-23]

21 is crucial that every student (should) develop
22 he not met his mentor, would have lived a miserable life
23 I had maintained

21 「be동사＋crucial＋that＋주어＋(should)＋동사원형」의 어순으로 쓴다.

22 과거 사실의 반대를 표현하는 가정법 과거완료 「If＋주어＋had p.p. ~, 주어＋would(could, might)＋have p.p. ….」 문장이 되어야 한다. 여기서는 문두에 Had가 나온 것으로 보아 가정법 문장에서 If가 생략된 문장임을 알 수 있다. 이때는 주어(he)와 조동사(had)가 도치된다.
[어휘] miserable 불운한

23 '~였더라면 좋았을 텐데'라는 의미로 대과거 사실에 반대되는 소망을 나타내는 「I wished＋가정법 과거완료」가 알맞다.
[어휘] equipment 장비, 기기   properly 적절하게

[01-05]

01 makes	02 were	03 provides
04 was	05 could operate	

01 당뇨병은 사람들에게 심장병과 시력 상실과 같은 심각한 합병증에 더 쉽게 걸리게 한다.
▶ 주어가 Diabetes로, 병명은 단수 취급하므로 단수형 동사(makes)를 쓴다.
[어휘] diabetes 당뇨병　more likely to 좀 더 ~할 것 같은　complication 합병증, 문제　heart disease 심장병

02 인사부장은 지원자의 1/4 이상이 자격을 갖추지 못했다고 말했다.
▶ 「분수 + of + 전체명사」는 전체명사에 수를 일치한다. 또한 주절의 시제가 과거시제(said)이므로 종속절에도 과거시제(were)가 적절하다.
[어휘] human resources manager 인사부장　quarter 1/4　applicant 지원자　qualified 자격을 갖춘

03 수학의 한 종류인 통계학은 우리에게 데이터를 요약하는 데 유용한 전략을 제공한다.
▶ 주어가 Statistics로, 학문명은 단수 취급하므로 단수형 동사(provides)를 쓴다. 참고로, Statistics와 a type of mathematics는 동격 관계이다.
[어휘] statistics 통계(학)　strategy 전략, 방법　summarize 요약하다

04 어제 우리는 통밀 쿠키를 구웠는데, 그것은 아주 재미있었다.
▶ 여기서 which는 주격 관계대명사로 선행사는 앞의 절이다. 따라서 과거시제의 단수형 동사를 써야 한다.
[어휘] wholemeal 통밀로 된　hilarious 아주 재미있는

05 Wilson 씨는 기술자에게 새 전자레인지 작동법을 물었다.
▶ 「전달동사(asked) + 목적어 + 의문사(how) + 주어(she) + 동사(could operate)」 구문이다. asked(과거)에 맞추어, 과거시제(could)를 쓰는 것에 주의한다.
[어휘] engineer 기술자, 수리공　operate 작동시키다　microwave oven 전자레인지

[06-10]

06 The top designer, the models
07 the landlord, tenants
08 the piano, the trumpets
09 will be, is
10 tonight, that night

06 모델들뿐만 아니라 그 최고의 디자이너도 패션쇼 마지막에 런웨이를 행진할 것이다.
▶ 「B as well as A」는 B에 동사의 수를 일치하므로, 단수 동사(is)에 맞추어 B 자리에 단수명사구(The top designer)를 쓴다.

07 집주인이 아니라 세입자들이 전구 교체와 같은 기본적인 가사 관리에 책임이 있다.
▶ 「not A but B」는 B에 동사의 수를 일치하는데, 동사가 are(복수)이므로 B 자리에 복수명사(tenants)를 쓴다.
[어휘] landlord (집)주인　tenant 세입자, 임차인　household maintenance 가사 유지(관리)　replace 교체하다　light bulb 전구

08 피아노뿐만 아니라 트럼펫들도 트럭에 실렸다.
▶ 「not only A but also B」는 B에 동사의 수를 일치하는데, 동사가 were(복수)이므로 B 자리에 복수명사구인 the trumpets를 쓴다.
[어휘] load (짐을) 싣다

09 예약을 확인하기 전에 10퍼센트의 보증금을 미리 지불해야 할 것입니다.
▶ before로 시작하는 때를 나타내는 부사절에서는 현재시제가 미래를 나타내므로, 주절에는 미래시제를 쓰고 부사절에는 현재시제를 쓴다.
[어휘] deposit 보증금　in advance 미리, 사전에

10 Anna는 "나는 오늘밤에는 너무 지쳐서 체육관에서 운동을 할 수 없다."고 말했다.
→ Anna는 그날 밤에는 너무 지쳐서 체육관에서 운동을 할 수 없다고 말했다.
▶ 직접화법에 쓰인 tonight은 간접화법에서는 that night으로 바꿔 쓴다.
[어휘] exhausted 지친, 기진맥진한　do a workout 운동을 하다　gym 체육관

[11-15]

11 F, was / T	12 T	13 T
14 F, is / F, floats	15 F, told	

11 고대에 사람들은 지구가 평평하다고 믿었지만, 오늘날 우리는 그것이 사실이 아니라는 것을 알고 있다.
▶ 지구가 평평하다는 것은 과학적 사실이 아니므로 주절의 시제(과거)에 맞추어 과거시제(was)로 써야 한다.
[어휘] flat 평평한

12 3주는 입학 시험 결과를 기다리기에는 너무 긴 시간인 것 같다.
▶ Three weeks(시간)와 같은 표현이 하나의 의미 덩어리가 아닌 낱낱의 의미를 강조할 때는 복수형 동사(seem)를 쓸 수 있으므로 옳은 문장이다.
[어휘] admission test 입학 시험

13 승인되지 않은 사이트에서 영화를 내려받는 것은 불법이다.
▶ 동명사구(Downloading movies from unauthorized sites)가 주어이고 is가 동사이다. 동명사구 주어는 단수 취급하므로 어법상 옳은 문장이다.
[어휘] unauthorized 공인(승인)되지 않은　illegal 불법적인

14 Joe는 화학 시간에 기름이 물보다 더 가벼워서 늘 기름이 물의 표면에

뜬다는 것을 배웠다.

▶ 일반적인 진리나 과학적 사실은 주절의 시제와 관계 없이 종속절에서 항상 현재시제를 쓴다. 따라서 was는 is로, floated는 floats로 고쳐 쓴다.

[어휘] chemistry 화학   float (표면에) 뜨다

15 Ellis 씨는 학생들에게 에세이는 짧고 분명해야 한다고 말했다.

▶ 뒤에 간접목적어 his students가 있으므로 said는 told로 바꾼다.

[16-21]

16 if(whether) there was anybody in there
17 what color of blouse she would like to try on
18 to take that medication three times a day
19 not to go outside alone after midnight
20 (that) he wished he could stay at the tropical beach resort
21 booking our museum tour early since we have a large group / (that) we (should) book our museum tour early since we have a large group

16 소방관은 문을 두드리면서 거기에 누가 있는지를 물었다.

▶ 의문사가 없는 의문문의 종속절은 「if(whether)+주어+동사」의 순서로 쓴다.

[어휘] firefighter 소방관

17 판매 사원은 Simmons 씨에게 그녀가 어떤 색의 블라우스를 입어보고 싶은지를 물었다.

▶ 의문사가 있는 의문문의 종속절은 「의문사+주어+동사」의 순서로 쓴다. 인칭대명사 you는 문맥에 맞게 she로 바꾼다.

[어휘] salesclerk 판매 사원, 점원   try on ~을 입어보다, ~을 써보다

18 의사는 나에게 하루에 세 번 그 약을 복용하라고 지시했다.

▶ 긍정명령문(Take ~)은 「전달동사(ordered)+목적어(me)+to부정사」로 바꾸어 쓴다. 간접화법에서 please는 생략한다.

[어휘] medication 약

19 관광 가이드는 관광객들에게 자정 이후에는 혼자 밖으로 나가지 말라고 경고했다.

▶ 부정명령문(Don't ~)은 「전달동사(warned)+목적어(the tourists)+not+to부정사」로 바꾸어 쓴다.

20 Jason은 자신이 열대 해변 휴양지에서 머물 수 있다면 좋을 것이라고 말했다.

▶ 「I wish (that)+가정법」이 간접화법으로 바뀌면 wish는 주절의 시제(과거)에 맞추어 바꾸지만 that절의 동사(could stay)는 바뀌지 않는다.

[어휘] tropical 열대의   resort 휴양지, 리조트

21 Bella는 우리가 인원이 많으니 박물관 견학을 일찍 예약해야 한다고 제안했다.

▶ Let's로 시작하는 문장은 「suggest -ing」나 「suggest (that) we (should)+동사원형」으로 바꾸어 쓴다.

[어휘] book 예약하다

[22-26]

22 are interested in subscribing to our monthly magazine
23 try hard to make sure (that) every student feels safe
24 Who discovered that the light of the sun is
25 will be humid and partly cloudy tomorrow, it would be humid and partly cloudy the next(following) day
26 Do you have a minute, something to discuss with you, asked Nora if(whether) she had a minute and told her that he had something to discuss with her

22 관계사절의 동사는 선행사(People)의 수와 인칭에 일치시킨다.

[어휘] subscribe to ~을 구독하다   monthly magazine 월간지

23 every ~는 단수 취급하므로 단수형 동사(feels)를 쓴다.

[어휘] principal 교장   make sure (that) 반드시 (~하도록) 하다, 확실히 ~하다

24 과학적 사실은 주절의 시제와 관계 없이 종속절에 항상 현재시제를 쓴다.

[어휘] be composed of ~으로 구성되다

25 평서문의 직접화법을 간접화법으로 전환할 때는 said 뒤에 접속사 that을 쓰고, 시제(will be)를 전달동사의 시제(과거)에 일치시키고, tomorrow는 the next day나 the following day로 바꾼다.

26 종류가 다른 문장의 화법을 전환할 때는 각각 다른 전달동사와 접속사를 쓰며, 문장은 and로 연결한다. 의문사가 없는 의문문은 전달동사 said to를 asked로 바꾸고, 종속절은 「if(whether)+주어+동사」의 순서로 쓴다. 평서문은 전달동사 said to를 told로 바꾼다. 인칭대명사는 전달자의 시점에 맞게 바꾸고, 시제는 전달동사의 시제(과거)에 일치시킨다.

[01-04]

01 it, was, that		**02** do, love	
03 Little, did, I, dream		**04** afraid, not	

01 A: 너는 J. K. Rowling이 언제 자신의 일을 시작했는지 알고 있니?
　　B: 내가 알기로 그녀는 1990년대 초가 되어서야 비로소 자신의 일을 시작했어.
　▶「It was not until A(시간) that B」는 'A해서야 비로소 B했다'라는 의미이다. 부사절 not until the early 1990s를 It was와 that 사이에 넣어 강조한다.
　[어휘] career 직업, 경력

02 A: 우리 할머니의 요리법으로 만든 이 카르보나라 좀 먹어봐. 네가 파스타를 좋아하면 좋겠다!
　　B: 와, 정말 맛있어 보여. 물론 나는 파스타를 정말 좋아해.
　▶ 동사를 강조할 때는 동사원형 앞에 do(does, did)를 쓴다.
　[어휘] recipe 요리법, 조리법　yummy 아주 맛있는

03 A: 축하해! 네가 오디션에서 우승했다고 들었어.
　　B: 고마워, 믿을 수가 없었어. 내가 오디션에서 우승하리라고는 꿈에도 생각하지 못했어.
　▶「부정어(Little)+조동사(did)+주어(I)+본동사(dream)」의 어순으로 쓴다.
　[어휘] win first prize 일등상을 타다

04 A: 우리는 Molly의 집들이에 갈 거야. 너도 우리와 함께 갈래?
　　B: 미안하지만, 갈 수 없어. 나는 다른 약속이 있어.
　▶「I'm afraid not.」은 '유감스럽지만 그렇지 않다'는 의미이다. 이때, not은 부정의 절을 대신하는데, 여기서 not은 I can't join you를 대신한다.
　[어휘] housewarming party 집들이

[05-09]

05 neither, could, Tiffany
06 No, sooner
07 the, former, Olympic, medalist, from, competing
08 Should, you
09 affected

05 Jake는 새로운 소프트웨어를 설치하는 방법을 알 수 없었고, Tiffany도 역시 알 수 없었다.
　▶ '~도 역시 그렇지 않다'고 할 때는 「neither+(조)동사+주어」의 어순으로 쓴다.
　[어휘] figure out 알다, 이해하다　install 설치하다

06 그 스포츠 명사가 인터뷰를 하러 나타나자마자 사진기 플래시가 퍼붓기 시작했다.
　▶「scarcely had+주어+p.p. ... when+주어+동사 ~」는 '... 하자마자 ~하다'의 의미로「no sooner had+주어+p.p. ...

than+주어+동사 ~」로 바꾸어 쓸 수 있다.
　[어휘] celebrity 유명 인사, 명사　fire off 퍼붓다

07 그 전 올림픽 메달리스트는 어깨 부상 때문에 세계 선수권 대회에 참가할 수 없었다.
　▶「B cannot C because (of) A」는 'A 때문에 B는 C할 수 없다'의 의미로「물주(A)+prevent+목적어(B)+from -ing(C)」로 바꾸어 쓸 수 있다.
　[어휘] compete (시합에) 참가하다, 겨루다

08 부가적인 정보가 필요하시면, 언제든지 제게 연락주세요.
　▶ 가정법 문장에서 If를 생략하면, 주어(you)와 조동사(should)가 도치된다.
　[어휘] additional 추가의, 부가적인　feel free to 언제든지 (마음대로) ~하다

09 그 저명한 감독은 최근에 자연 재해로 피해를 본 가족에 대한 다큐멘터리 영화를 개봉했다.
　▶「주격 관계대명사+be동사」는 생략이 가능하다.
　[어휘] renowned 명성 있는, 저명한　release 개봉하다, 출시하다　affect ~에 영향을 미치다　natural disaster 자연 재해

[10-17]

10 is → are	**11** ever → any
12 which → that	**13** upgraded → upgrading
14 efficient → efficiency	**15** by far → far
16 we can → can we	**17** went they → they went

10 당신이 요청한 문서의 스캔 파일이 이 이메일에 첨부되었습니다.
　▶「분사(+부사구)+동사+주어」 구문으로, the scanned files of the documents you requested가 문장의 주부인데, 핵심 주어가 the scanned files(복수)이므로, is를 are로 고쳐 쓴다.
　[어휘] attach 첨부하다

11 가능성이 거의 없지만, 만약 조금이라도 있다면 Chloe가 총학생회 선거에서 당선될 거야.
　▶ if ever는 '비록 ~한다고 해도'라는 의미이고, if any는 '비록 있다고 해도, 만약 조금이라도 있다면'이라는 의미이다. 따라서 문맥상 if ever는 if any가 되어야 한다.
　[어휘] student council election 총학생회 선거

12 그 마라톤 선수는 부상을 당했음에도 불구하고 경주를 완주할 수 있다는 강한 확신이 있었다.
　▶ a strong conviction과 he could complete the race despite suffering an injury는 동격 관계이므로 which를 that으로 고쳐 쓴다.
　[어휘] conviction 강한 신념, 확신　suffer an injury 부상을 당하다

13 소프트웨어 프로그램을 업그레이드하는 동안 일시적인 시스템 장애를 겪을 수도 있습니다.

▶ 시간 부사절(while ~)에서 주절의 주어와 부사절의 주어가 같을 때, 부사절의 「주어＋be동사」는 생략 가능하다. (= ~ while (you are) upgrading your software program.)

[어휘] temporary 일시적인   system failure 시스템 장애

14 제조업 자동화는 그들이 속도, 정확도, 안전 및 효율성을 증진시키는 것을 도와주었다.

▶ 명사(speed, accuracy, safety)의 병렬구조이므로, 형용사 efficient를 명사 efficiency로 고쳐 쓴다.

[어휘] manufacturing 제조(업), 제작   automation 자동화   accuracy 정확(도)   efficient 효율적인

15 일부 영양학자들은 마늘이 아스피린보다 혈액을 묽게 하는 데 훨씬 더 효과가 있다고 말한다.

▶ 비교급은 far로, 최상급은 by far로 강조한다. 여기서는 뒤에 비교급 (better)가 왔으므로, by far를 far로 고쳐 쓴다.

[어휘] nutritionist 영양학자, 영양사   garlic 마늘   work 작용하다, 효과가 있다   thin (액체를) 묽게 만들다

16 다양한 고통을 경험한 이후에야 우리는 회복력이 매우 강해질 수 있다.

▶ 「only after절＋조동사(can)＋주어(we)＋본동사(become)」의 어순으로 쓰므로, we can을 can we로 고쳐 쓴다.

[어휘] remarkably 두드러지게, 몹시, 매우   resilient 회복이 빠른

17 두세 명의 군인들이 완벽하게 위장을 하고 숲에서 걸어 나와 산길을 걸어 내려갔다.

▶ 부사(구)를 강조할 때는 「부사(구)＋자동사＋주어」의 어순으로 쓰나, 주어가 대명사일 때는 도치하지 않는다. 따라서 went they를 they went로 고쳐 쓴다.

[어휘] camouflage 위장, 분장   trail 오솔길, 산길

[18-22]

> **18** was the spacious backyard garden that(which)
> **19** what is(what's) more
> **20** hanging a banner on the wall
> **21** enables employees to work from home
> **22** on the very first day of class, did realize

18 '…한 것은 바로 ~이었다'라고 강조할 때는 It is(was)와 that 사이에 강조하고자 하는 말을 쓴다. 주어 the spacious backyard garden을 강조하므로, that 대신에 which를 쓸 수도 있다.

[어휘] spacious 널찍한, 넓은   appealing 매력적인, 흥미로운

19 '게다가'라는 의미로 삽입할 때는 what is(what's) more로 쓴다.

[어휘] cactus 선인장   take care of ~을 돌보다   block 차단하다, 막다   electromagnetic wave 전자파

20 by의 목적어 역할을 하는 동명사구(decorating ~ and hanging ~)의 병렬구조로, 동명사구를 쓴다.

[어휘] celebratory event 축하 행사   decorate 장식하다   banner 현수막

21 「물주(A)＋enable＋목적어(B)＋to부정사(C)」는 'A 덕분에 B가 C할 수 있다'는 의미이다.

[어휘] innovative 획기적인, 혁신적인

22 '바로 (그) ~'라는 의미로 명사를 강조할 때는 「the very＋명사」를 쓰고, 동사를 강조할 때는 동사원형 앞에 do(does, did)를 쓴다.

CHAPTER 16 ▶ 18   실전 TEST

01 ③ **02** ⑤ **03** ③ **04** ④ **05** ③ **06** if **07** ⑤ **08** ②
09 ④ **10** ① **11** ③ **12** Only when her baby was sleeping could Esther find **13** ⑤ **14** ① **15** ② **16** ①
17 ② **18** ② **19** ④ **20** ⑤ **21** told Lucas that she couldn't download the app and asked him if(whether) he could help her **22** do the majority of working mothers have time **23** my flight hadn't been cancelled, could watch northern lights **24** ⑤ does → do
25 to make sure you have a rainbow on your plate
26 ③ **Check Plus** ⑤ **27** ③ **Check Plus** ④

---

01 A: 나는 정말 내일 하루 쉬는 것을 고대하고 있어.
B: 나는 지금 일이 밀어닥쳐 정신을 못 차리고 있어. 나는 하루 휴가를 낼 수 있으면 좋을 텐데.

▶ '~라면 좋을 텐데'라는 의미로 현재나 미래의 이루기 힘든 소망을 가정할 때는 「I wish＋가정법 과거」를 쓴다.

[어휘] take a day off 하루 휴가를 내다   be swamped with ~가 밀어닥쳐 정신을 못 차리다

02 A: 나는 요즘 돈이 없어서 호텔 1박에 100달러보다 많이 쓰고 싶지는 않아.
B: 나도 그래. 인터넷을 좀 더 검색해 보자.

▶ '~도 역시 그렇지 않다'라고 할 때는 「neither＋(조)동사＋주어」를 쓴다. I don't want to spend more than $100 a night for a hotel, either.의 의미이므로, want를 대신할 대동사 do를 쓴다.
cf. so＋(조)동사＋주어: ~도 역시 그렇다

[어휘] on a tight budget 돈이 없는, 예산이 빠듯한   surf the Internet 인터넷을 검색하다

03 ①, ②, ④, ⑤ 동격 관계 / ③ 명사구와 분사구(수식)
① Marco는 혼자 여행하는 습성으로 재충전을 한다.

▶ Marco's habit = traveling alone(동격 관계)

[어휘] recharge one's batteries (원기 회복을 위해) 휴식을

취하다, 재충전하다
② 20곡 이상의 야상곡이 피아노의 시인인 쇼팽에 의해 작곡되었다.
  ▶ Chopin = the poet of the piano(동격 관계)
  [어휘] nocturne 녹턴, 야상곡   compose 작곡하다
③ 매년 다른 지역에서 열리는 재즈 축제가 올해는 토론토에서 열릴
  것이다.
  ▶ 삽입된 분사구(held in a different location each year)가
  명사구 The jazz festival을 수식하는 구조이다.
  [어휘] take place 열리다
④ 철학과 조교수인 Pierce 씨는 항상 학생들의 질문에 즉각 대답한다.
  ▶ Mr. Pierce = assistant professor of Philosophy(동격 관계)
  [어휘] assistant professor 조교수   respond to ~에 응답하다
  promptly 즉각, 지체 없이   inquiry 질문, 문의
⑤ 그 지역의 해수면이 전 세계 평균 비율보다 더 빠르게 상승하고
  있다는 뉴스는 주민들에게 충격적이었다.
  ▶ The news = that the local sea levels are rising faster
  than the average global rate(동격 관계)
  [어휘] sea level 해수면   resident 주민, 거주자
04 '만약 (과거에) ~했다면, (지금) …할 텐데'라는 의미의 혼합가정법
  문장으로, 「If+주어+had p.p. ~, 주어+would(could, might)+
  동사원형 …」으로 쓴다.
  [어휘] crew 작업 반원   slippery 미끄러운
05 ① 저 여행 가방은 좀 작아 보이니, 이것으로 할게요.
  ▶ 앞 절에 언급된 명사(suitcase)가 한정사(this) 뒤에 오면 생략이
  가능하다. this는 this suitcase를 대신한다.
② 나는 그 다큐멘터리 영화가 재미없었어. 너는 그 영화가 재미있었니?
  ▶ 앞 절에 언급된 명사구(documentary film)가 한정사(the)
  뒤에 오면 생략이 가능하다. the film은 the documentary
  film을 대신한다.
③ Billy는 해외 여행을 할 시간이 없지만, 언젠가는 그러기를 바란다.
  ▶ hope, love, want, choose, would like 등의 동사 뒤에서는
  to를 제외한 나머지 부분만 생략 가능하다. 따라서 hopes를
  hopes to로 고쳐 쓴다.
  [어휘] overseas 해외로, 해외에서
④ 인생에 목적이 있는 사람들은 (목적이) 없는 사람들보다 더 삶을
  즐기는 경향이 있다.
  ▶ 반복되는 동사구(have a purpose in life)는 생략할 수 있다.
⑤ Jane Goodall은 침팬지를 연구하다가 침팬지들이 멸종되지
  않도록 보호해야 할 긴급한 필요성을 깨달았다.
  ▶ While과 researching 사이에는 she was가 생략되어 있다.
  [어휘] urgent 긴급한, 시급한   extinction 멸종
06 • 나는 가능하다면 산 속 조용한 곳에서 지내는 것을 선호한다.
  ▶ '가능하다면'은 if possible로 표현하므로 빈칸에는 if가 들어가야
  한다.
  [어휘] spot 장소, 곳
• 이웃집의 소음은 마치 폭탄이 폭발하는 것처럼 들렸다.
  ▶ '마치 ~인 것처럼 …했다'는 의미로 과거 사실의 반대를 가정할 때는
  「과거시제+as if(though)+가정법 과거」로 표현하므로, 빈칸에는
  if나 though가 들어가야 한다.
  [어휘] detonate 폭발하다
• 고객 서비스 담당자는 Durant 씨에게 도움이 필요한지 물었다.
  ▶ 의문사가 없는 의문문의 화법을 전환할 때 종속절은

「if(whether)+주어+동사」의 순서로 쓴다. 따라서 빈칸에는 if나
  whether가 들어가야 한다.
  [어휘] customer service representative 고객 서비스 직원
07 수사관은 용의자에게 "지난 밤 10시에 어디에 있었나?"라고 말했다.
  → 수사관은 용의자에게 그 전날 밤 어디에 있었는지 물었다.
  ▶ 주절의 동사(asked) 시제에 맞추어 were는 had been(과거완료)
  으로 바꾸고, last ~는 the previous ~로 바꾼다.
  [어휘] detective 탐정, 수사관   suspect 용의자
08 만약 내게 충분한 돈이 있다면, 나는 아파트를 샀을 텐데.
  ▶ 「If+주어+동사의 과거형 ~, 주어+would(could, might) have
  p.p. ….」는 '만약 (현재) ~라면, (과거에) …했을 텐데'라는 의미의
  혼합가정법으로, 현재 상태를 반대로 가정해서 과거를 돌아보는 경우에
  쓴다. if절은 직설법 현재로, 주절은 직설법 과거 문장으로 전환한다.
  [어휘] condominium 아파트
09 그 매니저는 시간이 부족해서 고객에게 더 자세히 설명할 수 없었다.
  ▶ 「B cannot C because (of) A」는 「물주(A)+prevent(keep,
  prohibit, hinder)+목적어(B)+from -ing(C)」로 바꿔 쓸 수 있다.
  [어휘] give ~ details ~에게 자세히 설명하다
10 ① 그것은 오래된 성 근처에 서 있었다.
  ▶ 부사구가 문두에 와도 주어(It)가 대명사이므로 주어와 동사가
  도치되지 않는다. 따라서 stood it을 it stood로 고쳐 쓴다.
  [어휘] castle 성, 성곽
② 일부 영어 글자는 발음과 좀처럼 맞지 않는다.
  ▶ 부정어 seldom을 강조해 문장 앞에 쓰면 「Seldom(부정어)+
  조동사(do)+주어(some English letters)+본동사(match)」의
  어순이 된다.
③ 우리는 왜 그 지루한 전시회에 가야만 하는 거니?
  ▶ in the world는 '도대체'라는 의미로 의문사 뒤에서 의문사를
  강조할 때 쓴다.
  [어휘] exhibition 전시회
④ Angela의 따뜻한 미소로 인해 Anthony는 그녀와 사랑에 빠졌다.
  ▶ 「It was ~ that ….」 강조구문으로, 주어인 Angela's heart-
  warming smile을 강조하고 있다.
  [어휘] heart-warming 마음이 따뜻해지는, 훈훈한
⑤ 대부분의 예술가들은 비평을 좋아하지 않지만, 이 영화 감독은
  그것이 그녀의 연출에 크게 도움이 된다고 믿는다.
  ▶ 동사를 강조할 때는 동사원형 앞에 do(does, did)를 쓴다.
  [어휘] criticism 비평, 비난   film director 영화 감독
  directing 연출
11 • Jerry, 왜 그렇게 생각해?
  ▶ what / 「what makes+목적어(A)+동사원형(B)?」은 이유를
  묻는 표현이다.
• 점원은 내게 현금으로 지불할 것인지 카드로 지불할 것인지 물었다.
  ▶ whether / 의문사가 없는 의문문의 종속절은 「whether(if)+
  주어+동사」의 순서로 쓴다.
• 4D 영화의 물리적 효과는 마치 내가 영화의 주인공인 것처럼 느끼게
  만들었다.
  ▶ though / '마치 ~인 것처럼 …했다'라는 의미로 과거 사실의
  반대를 가정할 때는 「과거시제+as though(if)+가정법 과거」를
  쓴다.
  [어휘] physical effect (객석의 진동이나 움직임, 물방울 분사, 섬광
  조명, 냄새 발산 등의) 물리적 효과

- 알파벳 노래가 기반으로 하는 것은 바로 '반짝반짝 작은별'이다.
  ▶ that / '…한 것은 바로 ~이다'라는 의미로 전치사구(on "Twinkle, Twinkle, Little Star")를 강조할 때는 「It is ~ that …」 강조구문을 쓴다.
  [어휘] tune 곡조, 선율

12 Esther는 아기가 잠자고 있을 때에만 밥을 먹을 시간을 찾을 수 있었다.
  ▶ 「only가 들어간 절+조동사(could)+주어(Esther)+본동사(find)」의 어순으로 쓴다.

13 ① Brian은 "아아, 내 강아지가 어제 죽었어."라고 말했다.
  → Brian은 자신의 강아지가 전날 죽었다고 슬픔에 차서 말했다.
  ▶ 슬픔, 후회, 실망 등을 나타내는 감탄문은 with sorrow 등의 부사구를 추가하며, yesterday는 the previous day로 바꾼다.
  [어휘] alas (슬픔·유감을 나타내는 소리) 아아
② 독자들은 그의 최신 소설에 찬사를 보냈고, 비평가들도 역시 찬사를 보냈다.
  → 독자들은 그의 최신 소설에 찬사를 보냈고, 비평가들도 역시 그랬다.
  ▶ '~도 역시 그렇다'는 「so+(조)동사+주어」로 나타낸다.
  [어휘] critic 비평가
③ Angela는 Jacob에게 "너는 서울에서 어느 장소를 방문할 거니?"라고 말했다.
  → Angela는 Jacob에게 서울에서 어느 장소를 방문할지를 물었다.
  ▶ 의문사가 있는 의문문의 직접화법을 간접화법으로 전환할 때 종속절은 「의문사+주어+동사」의 순서로 쓰며, 이는 「의문사+to부정사」로도 바꾸어 쓸 수 있다.
④ 케이팝 가수가 무대를 떠나자마자 관객들은 "앙코르, 앙코르."하고 외치기 시작했다.
  ▶ '~하자마자 …하다'라는 의미의 「hardly had+주어+p.p. ~ when+주어+과거시제」는 「no sooner had+주어+p.p. ~ than+주어+과거시제」로 바꿔 쓸 수 있다.
⑤ 근면한 노력이 없다면, 그 선수들은 메달 단상에 올라갈 수 없을 텐데.
  ▶ 「But for ~, 가정법 과거」는 '~이 없다면 …할 텐데'라는 의미로 If it were not for ~와 바꿔 쓸 수 있다. 이때 If를 생략하면, 주어와 동사가 도치되어 Were it not for ~의 어순이 된다. 따라서 Were it for를 Were it not for로 고쳐 쓴다.
  [어휘] painstaking 노고를 아끼지 않는, 근면한   step onto the medal podium 메달 단상에 오르다

14 _____은(는) 행사에 참석할 것이다.
① 많은 공무원들
  ▶ 빈칸 뒤의 동사가 are인데, 「many a+단수명사」 뒤에는 단수형 동사가 와야 하므로 빈칸에 들어갈 수 없다.
  [어휘] public official 공무원
② 대부분의 직원들
  ▶ 「부분명사(most)+of+전체명사」는 전체명사(the employees)에 수 일치하므로 복수형 동사 are 앞에 들어갈 수 있다.
③ 주민들의 1/3
  ▶ 「부분명사(분수)+of+전체명사」는 전체명사(the residents)에 수 일치하므로 복수형 동사 are 앞에 쓸 수 있다.
  [어휘] resident 주민, 거주자

④ 시장뿐만 아니라 시민들
  ▶ 「B as well as A」는 B(The citizens)에 수 일치하므로 복수형 동사 are 앞에 쓸 수 있다.
⑤ 교수뿐만 아니라 졸업생들
  ▶ 「not only A but also B」는 B(graduates)에 수 일치하므로 복수형 동사 are 앞에 쓸 수 있다.

15 그 제조회사는 생산성뿐만 아니라_____도 향상시키려고 애쓰고 있다.
① 안전
② 비용을 절감하다
  ▶ not only 뒤에 명사가 왔으므로, but also 뒤에도 명사(구)가 와야 한다. 따라서 동사구인 save costs는 빈칸에 들어갈 수 없다.
③ 업무 효율성
④ 직원 복지
⑤ 고객 만족
  [어휘] productivity 생산성

16 _____이(가) 있다.
① 그것
  ▶ 「Here+동사+명사 주어」의 어순으로 쓰는데, 주어가 대명사일 경우에는 「Here+대명사 주어+동사」의 어순으로 쓴다. 따라서 대명사인 it은 빈칸에 들어갈 수 없다.
② 훌륭한 조언
③ 잔돈
④ 영수증
⑤ 당신의 신용 카드

17 ① 경찰관은 운전자에게 면허증을 제시하라고 말했다.
  ▶ said 다음에는 간접목적어에 해당하는 the driver가 올 수 없다. 「전달동사(tell, ask, order 등)+목적어+to부정사」의 형태가 되도록 told(asked, ordered) the driver로 쓴다.
  [어휘] driver's license 운전 면허증
② 구입품에 문제가 있으면, 서비스 직원에게 연락하세요.
  ▶ 가정법 문장에서 If가 생략되면 주어(you)와 조동사(should)가 도치되어 Should you ~의 어순이 되니 어법상 옳다.
  [어휘] purchase 구입(품)   service representative (고객) 서비스 담당자, 서비스 안내 직원
③ 자동화 수요가 증가하고, 실업자도 역시 그렇다.
  ▶ '~도 역시 그렇다'라는 의미의 「so+동사+주어」 구문으로, 여기서 is는 grows를 대신해야 하므로 does로 고쳐 쓴다.
  [어휘] demand 수요   automation 자동화   unemployed worker 실업자
④ 자원봉사자는 컴퓨터 소프트웨어에 대한 기본적인 지식을 확실히 갖고 있어야 한다.
  ▶ 동사를 강조할 때는 동사원형 앞에 do(does, did)를 쓰므로, needs를 need로 고쳐 쓴다.
⑤ 우표를 붙인 봉투 안에 연하장을 넣어 보내는 것은 전자 카드를 쓰는 것으로 대체되었다.
  ▶ 동명사구(Sending paper greeting cards in stamped envelopes)가 문장의 주어로, 동명사구 주어는 단수 취급하므로 were를 was로 고쳐 쓴다.
  [어휘] greeting card 연하장   be replaced by ~로 대체되다

18 (a) 모든 어린이가 동일한 교육 기회를 가지는 것이 바람직하다.
  ▶ 「desirable+that+주어+(should)+동사원형」의 형태에서

should가 생략된 형태이므로 올바르다.
(b) 대부분의 참가자들은 교육 시간이 유익하고 도움이 되었다고
생각한다.
▶ 「the majority of + 복수명사」 뒤에는 복수형 동사가 온다.
thinks → think
[어휘] participant 참가자   training session 교육 시간
informative 유익한, 유용한 정보를 주는
(c) 그가 악기를 연주하는 것을 보면, 너는 그가 들을 수 없다는 것을
전혀 모를 것이다. 사실, 그는 5살 때 청력을 잃었다.
▶ To ~ instrument는 뒤의 would로 보아 If you saw him
play the musical instrument를 대신하여 올바르게 쓰였다.
[어휘] musical instrument 악기
(d) Franz Liszt가 작곡을 시작한 것은 바로 그가 8살의 나이였다.
▶ 「It was ~ that ....」 강조구문으로, 부사구 at the age of
eight을 강조하고 있는 올바른 문장이다.
(e) 그녀는 지금 다양한 글을 읽고 몇 개의 독해 문제를 풀고 있다.
▶ solve는 reading과 병렬구조를 이루어야 한다.
solve → solving
(f) 여러분은 공장을 견학하기 전에 짧은 교육용 동영상을 보게 될
것입니다.
▶ before로 시작하는 때를 나타내는 부사절이므로 현재시제가
미래시제를 대신한다. you'll → you
[어휘] instructional 교육용의
(g) 설문조사에 따르면, 대부분의 반려동물 소유주들은 자신의
반려동물을 마치 자신들의 아이처럼 대한다.
▶ 「부분명사 + of + 전체명사」는 전체명사(companion animal
owners)에 수를 일치시킨다. treats → treat
[어휘] survey 설문조사

19 ① a. Scarlett은 해먹에 누워 하늘의 구름을 보는 것을 좋아한다.
▶ 동사 like는 동명사와 to부정사를 모두 목적어로 쓸 수 있지만,
동일한 품사를 쓰는 병렬구조를 이루어야 한다. 따라서 lying을
to lie로 수정하거나, to look을 looking으로 고쳐 쓴다.
b. 인도식 카레 라이스는 일본식 카레 라이스와 아주 다르다.
▶ 두 개의 명사가 and로 연결되어 관용적으로 나타내는 경우에는
단수형 동사를 쓴다. are → is
② a. 한 개 이상의 당근이 냉장고에 있다는 것을 나는 알고 있다.
▶ 「more than one + 단수명사」는 단수형 동사를 쓴다.
are → is
b. 전체 응답자 가운데 절반은 나쁜 객실 상태와 형편 없는 서비스에
관해 불평한다.
▶ 「부분명사 + of + 전체명사」는 전체명사(respondents)에 수
일치하므로 complain은 올바르게 쓰였다.
[어휘] respondent 응답자
③ a. 의자 위에 한 꾸러미의 만화책들이 있다.
▶ 「부사(구) + 자동사 + 주어」의 어순으로 써야 한다.
a bundle of comic books was → was a bundle of
comic books
[어휘] stool 스툴, 의자   a bundle of 한 꾸러미의〔묶음의〕
b. 그 상담가의 제안은 회사가 새로운 장비에 투자해야 한다는
것이다.
▶ 「suggestion that + 주어 + (should) + 동사원형」에서
should가 생략되고 동사원형만 남은 상태로 올바르게 쓰였다.

[어휘] consultant 컨설턴트, 상담가   equipment 장비, 기기
④ a. 그 영화 배우는 가족에 관련된 스캔들에 관해 질문을 받았을 때
침묵을 지켰다.
▶ 부사절의 주어가 주절의 주어와 동일한 경우, 부사절에서 「주어 +
be동사」를 생략할 수 있다. 생략 전 문장은 When he was
asked about ~이다.
b. 내가 원하는 것은 정말 재미있는 영화들이다.
▶ What절이 문장의 주어일 경우 동사는 원칙적으로 단수형 동사를
써야 하지만 보어가 복수인 경우 복수형 동사도 쓸 수 있다.
⑤ a. 만약 내가 겨울 캠프를 신청했더라면, 나는 지금 신나는 눈싸움을
하고, 눈사람을 만들고, 스노보드를 타며 즐거울 텐데.
▶ 동명사구 병렬(throwing ~, making ~, and riding ~)
구조가 되어야 한다. ride → riding
[어휘] sign up for ~을 신청하다
b. 캐디와 함께 그 골프 선수는 곧 등장할 것입니다.
▶ 두 개의 명사가 along with와 같은 표현으로 연결될 때 첫 번째
명사가 단수이면 동사도 단수형 동사를 사용한다. are → is

20 ① 확신이 안 서면, 저희 웹사이트 www.service.com을 방문하세요.
▶ if in doubt는 주절과 부사절의 주어가 같지 않아도, 「주어 +
be동사」가 생략되어 관용적으로 굳어진 표현이므로 올바르게
쓰였다.
② 골든 호텔에서 무료로 1박 할 수 있는 상품권을 동봉합니다.
▶ 분사 보어를 강조할 때는 「분사(+ 부사구) + 동사 + 주어」의
어순이므로 올바르게 쓰였다.
[어휘] enclose 동봉하다   gift certificate 상품권
③ 만약 항공편을 놓쳤다고 가정하면, 너는 어떻게 했을까?
▶ supposing (that)은 '만약 ~라고 가정하면'의 의미로, 뒤에
가정법 문장이 온 올바른 문장이다.
④ 내가 미리 예약을 했었더라면 지금 하와이에서 스노클링을 즐기고
있을 텐데.
▶ 혼합가정법(If + 주어 + had p.p. ~, 주어 + would + 동사원형
...) 문장으로, If를 생략하여 주어(I)와 조동사(had)가 도치된
올바른 문장이다.
[어휘] make a reservation 예약하다   in advance 미리,
사전에
⑤ 스카이다이빙, 번지점프, 빙벽 등반 같은 극한 스포츠는 우리에게
독특한 스릴감을 준다.
▶ 주어 Extreme sports(복수)이므로 단수형 동사를 복수형
동사로 고쳐 써야 한다. gives → give

21 Clara는 Lucas에게 "나는 앱을 내려받을 수 없어. 나 좀 도와줄 수
있어?"라고 말했다.
→ Clara는 Lucas에게 그녀는 앱을 내려받을 수 없다고 말하고는 그가
그녀를 도와줄 수 있는지 물었다.
▶ 종류가 다른 문장의 화법을 전환할 때는 각각 다른 전달동사와
접속사를 쓰며, 문장은 and로 연결한다.

22 부정어(hardly)를 강조하여 문장 앞으로 보내면 주어와 동사가
도치되어 「부정어 + 조동사 + 주어 + 본동사」의 어순이 된다. 또한
동사는 「the majority of + 복수명사」에 맞춰 복수형 동사가 온다.

23 at that time(과거)과 tonight(현재)으로 보아 혼합가정법임을
알 수 있다. 따라서 「If + 주어 + had p.p. ~, 주어 + 조동사의
과거형 + 동사원형 ...」의 어순으로 쓴다.

기분이 우울하거나, 이번 주 기운이 전혀 안 나는 것처럼 느껴지는가? 식품 전문가 Martelli 박사는 "반드시 여러분 접시 위에 무지개를 놓도록 하세요."라고 말했다. 다시 말해, 그의 충고는 우리가 밝고 화려한 색깔의 과일과 채소를 섭취해야 한다는 것이다. 우리 신체는 온갖 종류와 색깔의 신선한 과일 및 채소에서 이익을 얻는다. 예를 들어, 레몬이나 오렌지 같은 노란색과 오렌지색 과일은 비타민 C가 풍부하고 우리의 면역 체계를 강화시킨다. 딸기나 토마토 같은 붉은색 과일과 채소는 심장병 위험을 줄이는 데 도움이 된다. 시금치나 브로콜리 같은 녹색 채소는 에너지를 증진시킨다. 당신이 에너지 수치를 높이고 보다 생산적이고 싶다면, 이 간단한 조언들을 반드시 마음에 새기기 바란다.

24 ⑤ 동사를 강조할 때는 동사원형 앞에 do(does, did)를 쓰는데, 주어가 you(명령문의 생략된 주어)이므로 does를 do로 고쳐 쓴다.

25 긍정명령문은 알맞은 전달동사와 목적어를 써준 다음 to부정사의 형태로 바꿔 쓴다.
[어휘] gloomy 우울한 immune system 면역 체계
tip (실용적인) 조언

26

어느 날, Timothy는 온실로 현장 학습을 가서 토마토가 겨울에도 실내에서 잘 자란다는 것을 배웠다. 온실 주인은 Timothy에게 "온실 기후를 유지하는 게 아주 중요해. 온실 내 기후가 토마토를 악천후 위험과 해충으로부터 보호받게 해 주기 때문에 토마토를 성공적으로 재배할 수 있는 거야."라고 말했다. Timothy는 집에 돌아오자마자 온실에 대해 엄마에게 모든 것을 이야기했다. 그는 그들이 집 뒷마당에 온실을 만들 수 있는지 물었다. 엄마는 말했다. "온실은 재미있고 흥미롭게 들리지만 네가 생각하는 것보다 힘이 들 수도 있어. 그러니까, 우선 화분에 토마토를 조금 키우면서 네가 식물 키우는 재주가 있는지 두고 보는 게 어떻겠니?" Timothy는 일년 내내 토마토를 보호해 줄 온실이 있었으면 하고 바라기는 했지만, 온실 계획을 포기하고 화분에 토마토를 키우겠다고 말했다.

▶ 'A하자마자 B하다'는 「Scarcely had+주어+p.p.(A) ~ when [before]+주어+과거시제(B)」로 나타낼 수 있으므로, ③ has를 had로 고쳐 써야 한다.

Check Plus 온실을 만들기 전에 먼저 토마토를 잘 기를 수 있는지 알아보기 위해 화분에 토마토를 길러 보자는 맥락이므로, 밑줄 친 부분이 의미하는 바로는 ⑤가 가장 적절하다.
① 토마토는 과일이 아니라 야채이다
② 화분에서 토마토를 기르는 것이 더 쉽다
③ 네가 직접 온실을 지을 수 있다
④ 녹색 토마토가 우리 건강에 좋다
⑤ 너는 토마토를 잘 기를 수 있는 능력이 있다
[어휘] all year around 일 년 내내

27

지구상에서 가장 큰 육상 동물인 코끼리는 매일 약 200킬로그램의 먹이를 섭취하고 최고 100킬로그램의 대변을 배설한다. 흥미롭게도, 이 동물의 많은 양의 배설물은 여러 측면에서 인간과 자연에 유용할 수 있다. 코끼리 대변은 섬유질이 가득하며, 이로 인해 몇 가지 목적에 사용될 수 있다. 우선, 이 고형 폐기물은 종이로 만들어질 수 있다. 코끼리 똥 종이를 사용하는 것은 근처 숲의 토종 나무 개체군들이 잘려 나가는 것을 막아 주기 때문에 간접적으로 자연을 보호해 준다. 두 번째로, 그 거름은 놀랍게도 맛있는 이점이 있다. 코끼리 대변이 없다면 우리는 코끼리 똥 커피라고 알려진 Black Ivory Coffee를 마실 수 없을 것이다. 마지막으로, 코끼리는 아주 중요한 생물학적 역할을 한다. 이들의 대변은 여러 식물에서 나온 씨앗들을 포함하고 있다. 코끼리 행동 반경의 긴 거리를 고려할 때, 식물 종들이 멀리 흩어져 새로운 풀과 관목, 나무로 자랄 수 있다. 코끼리 대변이 그 같은 귀중한 자원이 될 수 있다는 것을 누가 알았겠는가?

▶ (A) Elephants가 문장의 주어이고, 동사 consume과 and로 연결된 병렬구조이므로 produce가 적절하다.
(B) 문맥상 '~이 없다면'의 의미가 되어야 하므로 Without이 적절하다.
(C) '~을 고려해볼 때'는 Given을 쓴다.

Check Plus 코끼리의 배설물이 몇 가지 다양한 용도로 유용하게 사용될 수 있다는 내용의 글이다. 따라서 빈칸에는 ④ '귀중한 자원'이 가장 적절하다.
① 맛있는 식사 ② 해로운 물질 ③ 단기간의 효과 ⑤ 친환경 세제
[어휘] produce 생산하다, 배출하다 up to (최고) ~까지
bodily waste 배설물 a variety of 다양한 indirectly 간접적으로
cut down ~을 자르다 seed 씨, 씨앗

영문법의 바른 기준

GRAMMAR SHARP

영문법의 바른 기준
**GRAMMAR
SHARP**

A Real-World Guide to English Grammar

영문법의 바른 기준

GRAMMAR
SHARP